Fehlzeiten-Report 2016

Bernhard Badura
Antje Ducki
Helmut Schröder
Joachim Klose
Markus Meyer (Hrsg.)

Fehlzeiten-Report 2016

Unternehmenskultur und Gesundheit –
Herausforderungen und Chancen

Zahlen, Daten, Analysen aus allen Branchen der Wirtschaft

Mit 130 Abbildungen und 253 Tabellen

 Springer

Herausgeber

Prof. Dr. Bernhard Badura
Universität Bielefeld
Fakultät Gesundheitswissenschaften
Universitätsstr. 25, 33615 Bielefeld

Prof. Dr. Antje Ducki
Beuth Hochschule für Technik Berlin
Luxemburger Straße 10, 13353 Berlin

Helmut Schröder

Joachim Klose

Markus Meyer
Wissenschaftliches Institut der AOK (WIdO) Berlin
Rosenthaler Straße 31, 10178 Berlin

ISBN-13 978-3-662-49412-7
DOI 10.1007/978-3-662-49413-4

ISBN 978-3-662-49413-4 (eBook)

Die Deutsche Nationalbibliothek verzeichnet diese Publikation in der Deutschen Nationalbibliografie;
detaillierte bibliografische Daten sind im Internet über http://dnb.d-nb.de abrufbar.

Springer Medizin
© Springer-Verlag Berlin Heidelberg 2016

Planung: Dr. Fritz Kraemer, Heidelberg
Projektmanagement: Hiltrud Wilbertz, Heidelberg
Lektorat: Elke Fortkamp, Wiesenbach
Projektkoordination: Michael Barton, Heidelberg
Umschlaggestaltung: deblik Berlin
Fotonachweis Umschlag: © Ricky John Molloy / Image Source
Satz und Zeichnungen: Fotosatz-Service Köhler GmbH – Reinhold Schöberl, Würzburg

Gedruckt auf säurefreiem und chlorfrei gebleichtem Papier

Springer Medizin ist Teil der Fachverlagsgruppe Springer Science+Business Media
www.springer.com

Vorwort

Unternehmen stehen unter einem permanenten Innovations-, Wettbewerbs- und Kostendruck. Um erfolgreich am Markt bestehen zu können, ist es für die Unternehmen notwendig, auf die zur Verfügung stehenden Leistungspotenziale und Ressourcen der Beschäftigten zurückgreifen zu können. Eine intakte Unternehmenskultur spielt dabei eine entscheidende Rolle. Sie ist nicht nur Voraussetzung für den wirtschaftlichen Erfolg eines Unternehmens, sondern auch für die Arbeitszufriedenheit und damit für das Wohlbefinden und die Gesundheit der Mitarbeiter. Häufig wird davon gesprochen, dass die Unternehmenskultur die DNA eines Unternehmens bildet, denn sie definiert den unternehmensspezifischen Kanon an Werten, Normen und Grundhaltungen. Damit kann eine gemeinsame Identität geschaffen werden, die wiederum Basis für loyale Mitarbeiter ist. Fehlt eine positive Kultur, ist die Mitarbeiterbindung fragil. Aber auch hohe Krankenstände und eine hohe Fluktuation können die Folge sein. In Zeiten, in denen die Arbeitswelt zunehmend um gute Fachkräfte konkurriert, wird eine positive Unternehmenskultur zum entscheidenden Wettbewerbsfaktor: Mitarbeiter werden langfristig an das Unternehmen gebunden und deren Gesundheit und Leistungsfähigkeit wird gefördert.

Moderne Interventionen und Konzepte des Betrieblichen Gesundheitsmanagements haben den Anspruch, sich an einem ganzheitlichen Ansatz zu orientieren. Neben dem Fokus auf das individuelle Gesundheitsverhalten rücken auch die organisationalen Bedingungen in den Unternehmen in den Mittelpunkt. Dies impliziert ein breiteres Verständnis der Lebens- und Arbeitsweise der Menschen, das nicht nur die täglichen sozialen Interaktionen, sondern auch die spezifischen sozialökonomischen Lebens- und Arbeitsbedingungen berücksichtigt. In diesem Sinne liegt es nahe, dass eine erfolgreiche Betriebliche Gesundheitsförderung eine mitarbeiterorientierte Unternehmenskultur braucht, die der Vielzahl der Einflussfaktoren wie etwa dem Arbeitsklima, der Kommunikationskultur, dem Problemlösungsverhalten und dem allgemeinen Führungsstil Rechnung trägt.

Doch was kann ein Unternehmen tun, um eine positive Unternehmenskultur zu entwickeln und zu erhalten? Welche Herausforderungen ergeben sich hierbei für die Unternehmen? Und was können sie tun, um über die Unternehmenskultur die Gesundheit und einen gesunden Lebensstil ihrer Beschäftigten zu fördern?

Experten aus unterschiedlichen Fachrichtungen beleuchten diese Fragen im vorliegenden Fehlzeiten-Report und geben dem Praktiker wertvolle Hinweise für das Betriebliche Gesundheitsmanagement im Hinblick auf die Gestaltung einer positiven Unternehmenskultur.

Neben den Beiträgen zum Schwerpunktthema liefert der Fehlzeiten-Report wie in jedem Jahr aktuelle Daten und Analysen zu den krankheitsbedingten Fehlzeiten in der deutschen Wirtschaft. Er stellt detailliert die Entwicklung in den einzelnen Wirtschaftszweigen dar und bietet einen schnellen und umfassenden Überblick über das branchenspezifische Krankheitsgeschehen. Neben ausführlichen Beschreibungen der krankheitsbedingten Fehlzeiten der knapp 12 Millionen AOK-versicherten Beschäftigten in mehr als 1,5 Millionen Betrieben im Jahr 2015 informiert er ausführlich über die Krankenstandsentwicklung aller gesetzlich krankenversicherten Arbeitnehmer wie auch der Bundesverwaltung.

Aus Gründen der besseren Lesbarkeit wird innerhalb der Beiträge in der Regel die männliche Schreibweise verwendet. Wir möchten deshalb darauf hinweisen, dass diese ausschließliche Verwendung der männlichen Form explizit als geschlechtsunabhängig verstanden werden soll.

Wir möchten uns herzlich bei allen bedanken, die zum Gelingen des Fehlzeiten-Reports 2016 beigetragen haben. Zunächst gilt unser Dank natürlich den Autorinnen und Autoren, die trotz ihrer vielfältigen Verpflichtungen das Engagement und die Zeit gefunden haben, uns aktuelle und interessante Beiträge zur Verfügung zu stellen.

Danken möchten wir auch allen Kolleginnen und Kollegen im WIdO, die an der Buchproduktion beteiligt waren. Zu nennen ist hier vor allem Frau Miriam Meschede, die uns bei der Organisation, der Betreuung der Autorinnen und Autoren und bei der redaktionellen Arbeit exzellent unterstützt hat. Ebenso gilt unser Dank Frau Susanne Sollmann für das wie immer ausgezeichnete Lektorat und last but not least Frau Johanna Modde für ihre professionelle Unterstützung bei der Autoren-recherche und -akquise.

Unser Dank geht weiterhin an den Springer-Verlag für die gewohnt hervorragende verlegerische Betreuung insbesondere durch Frau Hiltrud Wilbertz wie auch Frau Elke Fortkamp für die gelun-gene Erstellung des Layouts und der Abbildungen.

Berlin und Bielefeld, im Juni 2016

Inhaltsverzeichnis

Was wird unter Unternehmenskultur verstanden?

Facetten einer guten Unternehmenskultur

Herausforderungen für die Unternehmenskultur

Praxisbeispiele

Daten und Analysen

Unternehmenskultur und Gesundheit: Ein Überblick

Editorial

B. Badura

B. Badura et al. (Hrsg.) *Fehlzeiten-Report 2016*,
DOI 10.1007/978-3-662-49413-4_1, © Springer-Verlag Berlin Heidelberg 2016

Der Fehlzeiten-Report 2016 beschäftigt sich mit einem praktisch hochbedeutsamen, aber erstaunlich wenig untersuchten Thema: dem Einfluss der Kultur auf Gesundheit und Betriebsergebnisse. Die Autoren dieser Publikation eint das Ziel, einen Bewusstseinswandel im Sinne einer Mehrbeachtung von Kultur und ihrer gesundheitlichen Auswirkung herbeizuführen. Führungskräften und Gesundheitsexperten soll bestehender Handlungsbedarf nahegebracht und interessierte Wissenschaftler auf Forschungsbedarf hingewiesen werden. Ein Grund für die lange Vernachlässigung der hier gewählten Thematik dürfte sein, dass »Kultur« wie auch »Gesundheit« zwar breit verwendete Konzepte sind, jedoch sehr unterschiedlich definiert und gemessen werden, was ihr Verständnis und ihre wissenschaftliche und praktische Bearbeitung erschwert.

Unternehmenskultur ist ein Merkmal des sozialen Systems einer Organisation. Ihre Beachtung und Förderung erfordert weniger materiellen, dafür umso mehr psychischen Aufwand, verspricht aber dauerhaft erheblichen individuellen ebenso wie kollektiven Nutzen. Kultur besteht aus Gemeinsamkeiten, die verbinden, insbesondere aus gemeinsamen Werten, Überzeugungen und Regeln. Kultur ist ein kollektives Phänomen, ein Merkmal von Gruppen, Organisationen und Gesellschaften, das individuelles Verhalten vorherzusagen erlaubt und damit wesentlich zur Berechenbarkeit und Vertrautheit der sozialen Umwelt beiträgt. Kultur setzt Maßstäbe, prägt das moralische Bewusstsein und die intrinsische Motivation. Die Kultur eines Unternehmens, einer Verwaltung oder einer Dienstleistungseinrichtung kann sich positiv, aber auch negativ auf die Gesundheit auswirken – je nachdem, wie verbindlich gemeinsame Überzeugungen, Werte und Regeln erlebt werden und wie weit sie mit den persönlichen Überzeugungen und Werten ihrer Mitglieder und ihrer sozialen Umwelt übereinstimmen

oder zumindest mit ihnen vereinbar sind. Kultur beeinflusst maßgeblich die Attraktivität einer Organisation, die Verbundenheit ihrer Mitglieder sowie deren Aufmerksamkeit und Energieeinsatz. Kultur ist beides: »moralischer Kompass« und »Sinnspeicher« einer Organisation. Übt sie eine starke Bindekraft aus, dann identifizieren sich die Mitarbeiter mit ihrer Organisation und arbeiten reibungsärmer zusammen. Die Bindungskraft einer Organisation erleichtert die Bewältigung kollektiver Herausforderungen oder Bedrohungen. Positiv erlebte Gemeinsamkeiten im Denken, Fühlen und Handeln fördern gegenseitiges Vertrauen und persönliches Wohlbefinden. Eine Kultur der Angst und des Misstrauens bewirkt das Gegenteil, erzeugt vermeidbare Belastungen und ist ein Risikofaktor für die Gesundheit mit negativen Auswirkungen auf das Betriebsergebnis. Psychische und physische Gesundheit sind Grundvoraussetzungen hoher Leistungsfähigkeit und Leistungsbereitschaft.

Mitarbeiter entwickeln ein eigenes Selbstbewusstsein und eigene Erwartungen an die Arbeitswelt. Hierarchie und Kontrolle sind bei ihnen immer weniger beliebt, selbstständiges Arbeiten bis hin zur Selbstorganisation umso mehr. Arbeit ist heute wissensbasiert und deshalb in sehr viel stärkerem Maß intrinsisch motiviert als dies zu Beginn der Industrialisierung der Fall war. Welche Konsequenzen hat das für Unternehmensführung und Unternehmensbewertung? Hinweise dazu finden sich in einer Veröffentlichung der Deutschen Börse Group über »Nachhaltigkeit in der Kapitalmarktkommunikation« aus dem Jahr 2013. »Nachhaltigkeit« wird dabei an drei Themen festgemacht, die es nach Meinung der Autoren zukünftig stärker in der Unternehmenspraxis zu berücksichtigen gilt: »Umwelt«, »Soziales« und »Unternehmensführung«. Internationale, aber auch nationale Erfahrungen – so heißt es dort – sprechen dafür, neben finanzi-

1

ellen Kennziffern Umweltaspekten, Arbeits- und Organisationsbedingungen und der Qualität der Führung mehr Beachtung zu schenken: »Nur wenn die oberste Führungsebene mit gutem Beispiel vorangeht, kann sich nachhaltiges Denken in einem Unternehmen durchsetzen« (Deutsche Börse Group 2013, S. 8). Als Beispiele für das Investorenverhalten werden immer wichtigere »soziale« Aspekte genannt: »Arbeitsbedingungen/Diversity/Schulungen/Gesundheit/Sicherheit/Lieferantenvereinbarungen/Auswirkungen auf das direkte Umfeld/Soziales Engagement/Wertschöpfung je Stakeholder« (ebd., S. 12). »Interne Faktoren« hätten sowohl kurz-, als auch längerfristig Einfluss auf die Fähigkeit eines Unternehmens, sich wandelnden politischen, marktspezifischen, sozialen, technologischen und rechtlichen Aspekten anzupassen. »Kultur« wird in diesem Zusammenhang immerhin einmal erwähnt (ebd.,S. 18). »Geldstrafen, Gerichtsverfahren, Imageschäden« würden durch nachhaltiges Wirtschaften vermieden (ebd., S. 11). Vielen Lesern dieser Zeilen wird das als selbstverständlich gelten. Die Deutsche Börse Group sieht Anlass, darauf explizit hinzuweisen. Leidet die Reputation, gefährdet das den Unternehmenserfolg. Die Autoren wollen Standards guter Unternehmensführung setzen und hoffen, dass Unternehmen ihnen freiwillig, weil im eigenen Interesse, nachkommen. Sich gegenwärtig stark häufende Pressemeldungen zu eklatanten Verstößen gegen diese Standards wecken daran Zweifel. Man darf gespannt sein, wie sich das Verhältnis zwischen Wirtschaft und Politik beim Thema Arbeit und Gesundheit weiterentwickelt. In diesem Zusammenhang muss auf eine neue »Richtlinie« der Europäischen Union (EU) verwiesen werden. Sie reguliert erstmalig die unternehmerische Berichterstattung zu nichtfinanziellen Informationen über Umwelt, Arbeitnehmerbelange, Menschenrechte, Korruptionsbekämpfung und Diversität in den Leitungs- und Kontrollorganen. Diese Richtlinie hat verbindliche Gesetzeswirkung für alle EU-Mitgliedsstaaten und wurde bereits im Oktober 2014 vom Europäischen Parlament und dem Rat der EU verabschiedet. Sie soll im Dezember dieses Jahres in Kraft treten (EU 2014).

Veränderungen in der Arbeitswelt werden heute mit Stichworten wie »Alterung der Bevölkerung«, »Globalisierung« und »Digitalisierung« angesprochen. Folgt, und das interessiert gegenwärtig ganz besonders, der »industriellen« eine »digitale Revolution«? Einiges spricht dafür. Mit der Dampfmaschine begann der Prozess der Substitution physischer Energiegewinnung durch menschliche Erfindungskraft. Beginnt mit der Digitalisierung der Wirtschaft die Substitution bisher alleine dem Menschen vorbehaltener geistiger Fähigkeiten durch den Computer? In einer bemerkenswerten Publikation behaupten Erik Brynjolfsson und Andrew McAfee genau das (Brynjolfsson u McAfee 2014). Wir, so heißt es, seien bereits mitten im Prozess der Entstehung einer neuen Arbeitsteilung zwischen Mensch und Maschine. Digitale Techniken wie Rechner, Software und Kommunikationsnetze könnten bereits heute schon »jede zeichenbasierte Aufgabe erfüllen, von Mathematik über Logik bis zu Sprache« (ebd., S. 27). Digitale Techniken würden all Merkmale einer Basis- oder Universaltechnologie aufweisen. Von den Autoren herangezogene Untersuchungen zeigen, dass Unternehmen digitale Techniken zur effizienten Prozessgestaltung einsetzen. Dadurch ließen sich bisher ungeahnte Produktivitätsschübe erzielen. Die Kehrseite der Digitalisierung seien eine weiter zunehmende Einkommensspreizung und ver breite Arbeitslosigkeit von Menschen mit geringe Qualifikation (ebd., S. 112 ff.). Folgt man Brynjolfsson und McAfee, dann bedeutet Digitalisierung von Arbei insbesondere Zweierlei: Substitution einfacher geis tiger Tätigkeiten durch Technik sowie schnelle un zuverlässige Bewältigung komplexer kognitiver Aufga ben. Arbeit beinhaltet jedoch weit mehr als kognitiv Problemlösung. Arbeit beinhaltet auch Gefühlsregu lierung, Motivationsregulierung und Beziehungsar beit. Wenig explizit oder gar nicht äußern sich di Autoren über organisationale oder persönliche Folge der Digitalisierung, z. B. für Führung, Gesundhei intrinsische Motivation oder zwischenmenschlich Beziehungen. Digitale Techniken wie z B. das iPhon beanspruchen immer mehr Aufmerksamkeit un beeinträchtigen unsere persönlichen Beziehungen i und außerhalb der Arbeit – schreibt Daniel Goleman (Goleman 2013, S. 5). Je mehr Zeit wir mit technischer Verbindungen verbringen, umso stärker verarme unsere sozialen Fähigkeiten. Internetabhängigkeit ent wickele sich in den USA zu einer »nationalen Gesund heitskrise«. Informationsreichtum fördere die Unfä higkeit, sich auf etwas zu konzentrieren (ebd., S. 9) Dabei sei die Fähigkeit zur Konzentration (»focus« eine der wichtigsten Fähigkeiten zur Arbeitsbewäl tigung. Volle Konzentration auf Probleme, dere Lösung als wichtig erachtet wird, fördere positiv Emotionen. Störung der Konzentrationsfähigkeit z. B durch negative Gedanken oder Gefühle, beeinträchtig unsere Arbeitsfähigkeit (ebd., S. 115 ff.). Lassen sich die unerwünschten Nebenwirkungen der Digitalisie rung durch ihre eigenen Produkte vermeiden? Sin Fitnessarmbänder oder Gesundheits-Apps tatsächlic geeignet, uns gegen neue Risiken wie ständige Erreich barkeit oder Multitasking zu immunisieren? Oder is es nicht vielmehr so, dass Sorgen, Wut, Ängste ode

Hilflosigkeitsgefühle an der Mensch-Mensch-Schnittstelle sehr viel stärker unsere Gesundheit und Arbeitsfähigkeit bedrohen als das Internet oder das iPhone und deshalb auch durch Innovationen an der Mensch-Maschinen-Schnittstelle kaum wirksam zu bewältigen sein dürften?

Eine neue Studie der Fraunhofer-Gesellschaft und der Bertelsmann Stiftung zeigt, dass sich Digitalisierung und dadurch bedingte Flexibilisierung hierzulande bereits auf die mittlere und untere Führungsebene auswirken. Mitarbeiterführung wird in einer digitalisierten Arbeitswelt zu einer deutlich komplexeren Aufgabe. Eine Kultur vertrauensvoller Kooperation und ein deutliches Mehr an Selbstorganisation ließen sich – so die Ergebnisse der Studie – nur durch stark verbesserte Zwischenmenschlichkeit, durch mehr soziale Kompetenz und mehr Mut zur Delegation von Verantwortung verwirklichen. Fach- und Methodenkompetenz seien demgegenüber für Führungskräfte zukünftig von zweitrangiger Bedeutung (Gebhardt et al. 2015).

Die im Fehlzeiten-Report 2016 veröffentlichten Erkenntnisse sprechen in jedem Fall dafür, Unternehmen als soziale Systeme zu betrachten, deren Erfolg keineswegs nur von innovativer Technik und einer effizienten Prozesssteuerung abhängt, sondern zuallererst von Ideenreichtum, Gesundheit und dem Energieeinsatz ihrer Mitarbeiter sowie von einer Kultur vertrauensvoller Kooperation. Das neue Präventionsgesetz (PrävG 2015) räumt deshalb zu Recht »strukturellen« Veränderungen in Organisationen klaren Vorrang vor verhaltensbezogenen Maßnahmen ein. Auch der Sachverständigenrat zur Begutachtung der Entwicklung im Gesundheitswesen (2015) folgt mit einem Kapitel zum Betrieblichen Gesundheitsmanagement in seinem Sondergutachten aus dem Jahr 2015 weitgehend diesem Ansatz.

1.1 Die Beiträge im Einzelnen

▪ Abschnitt 1: Einführung

Eichhorst, Tobsch und Wehner untersuchen den Wandel der »Arbeitskulturen« und greifen dabei sowohl auf deutsche, wie auf europäische Daten zurück. Unter Arbeitskulturen verstehen sie die »konkrete Arbeitsumgebung im Unternehmen, insbesondere die Arbeitsorganisation«. Sie vertreten die These, die organisationale Entscheidungsfreiheit würde insbesondere hierzulande nicht schritthalten mit den arbeitsbedingten Anforderungen, die zunehmend durch »Mitunternehmertum« gekennzeichnet seien. Diese Diskrepanz ist für sie ein zentraler Grund für die zwischen 2006

und 2012 stark zugenommenen »psychischen Beanspruchungen«.

Kratzer befasst sich mit dem in der Wirtschaft stark verbreiteten Zeit- und Leistungsdruck. In zwei Betriebsfallstudien mit Daten aus 66 qualitativen Interviews interessiert ihn, wie qualifizierte Wissensarbeiter mit als überzogen erlebten Erwartungen der Geschäftsführung umgehen. Und er beschäftigt sich mit der Frage, welchen Beitrag die Kulturentwicklung leisten könnte, damit Erwartungen der Geschäftsführung und Leistungskraft der Beschäftigten stärker miteinander zu vereinbaren sind. Sein Vorschlag besteht in dem Eingeständnis einer »Kultur des Scheiterns« als Gegenmodell zur dominanten »Erfolgskultur« und im pragmatischeren Umgang mit der »Leistungslücke« zwischen unrealistischen Erwartungen und tatsächlichen Möglichkeiten.

Flüter-Hoffmann vertritt die These, die Unternehmenskultur habe einen starken Einfluss auf jede Art von Unternehmen unabhängig von der Branche und Größe; dies insbesondere bei Personalrekrutierung, Kundenbindung, Produkterstellung oder Beziehungen zu Geschäftspartnern. Wegweisende Werte seien Führungsqualität, Kundenorientierung, Wirtschaftlichkeit, Veränderungsbereitschaft, Zielorientierung und Innovationsförderlichkeit. Vertrauen und kooperatives Arbeitsklima seien »Schlüsselelemente« moderner Unternehmensführung im Zeitalter zunehmender Digitalisierung von Arbeit. Nicht mehr Arbeitszeit bzw. Anwesenheit der Arbeitnehmer sollte entscheidend sein für ihre Bezahlung, sondern die Arbeitsergebnisse. In einer »Ergebniskultur« spiele Gesundheit und Vertrauen eine große Rolle.

Beckmann, Meschede und Zok untersuchen im Rahmen einer repräsentativen Stichprobe Erwerbstätiger im Alter zwischen 16 und 65 Jahren den Zusammenhang zwischen Kultur und Gesundheit. Gesundheit korreliert mit der erlebten Organisationskultur. Die Akzeptanz der Kultur einer Organisation nimmt mit zunehmender Führungsverantwortung zu. Merkmale ihres sozialen Systems, wie Führungsstil, Arbeitsklima oder Entlohnungsgerechtigkeit, beeinflussen die Akzeptanz von Organisationen. Hier identifizieren Autoren erheblichen Entwicklungsbedarf.

Im Fehlzeitenreport soll auch einmal ein Blick in die Zukunft gewagt werden. Dies leistet der Beitrag von *Kühmayer*. Unter »Antiwork« plädiert der Autor für eine neue Arbeitsethik, die sich keinesfalls nach Arbeitsverweigerung sehnt, sondern nach einer anderen Arbeitswelt: weg von Hierarchie, Fremdbestimmung und Kontrolle, hin zu Selbstorganisation, Sinn und Freude bei der Arbeit. Wer seine Arbeit als ganz überwiegend fremdgesteuert erlebt, »verliert nicht nur

Engagement und Freude an der Tätigkeit, sondern riskiert zunehmend auch emotionelle Verarmung«. Der Autor verweist auf Studienergebnisse, die belegen, dass Unternehmen mit besonders stark engagierten Mitarbeitern 4,5-mal mehr Umsatzwachstum erzielen als Unternehmen mit weniger engagierten Beschäftigten. Dabei geht es – so der Autor – keinesfalls um Selbstausbeutung, sondern um eine Haltung und Verhaltensweisen, die entstehen, wenn Mitarbeiter ihren unmittelbaren Beitrag zum Unternehmenserfolg sehen und dadurch ihre Arbeit als sinnstiftend erleben. Es gilt Mitarbeiter zu mehr Autonomie und Selbstorganisation zu befähigen und die Unternehmenskultur dementsprechend weiterzuentwickeln.

▪ Abschnitt 2: Was wird unter Unternehmenskultur verstanden?

Der Beitrag von *Badura und Ehresmann* geht von der Bindungsthese aus und befasst sich mit dem Zusammenhang zwischen Unternehmenskultur, Mitarbeiterbindung, Gesundheit und Betriebsergebnis. Sie begreifen Kultur als ein Merkmal sozialer Systeme, das die Mitglieder zur Kooperation befähigt und ihr Bedürfnis nach Sinnstiftung und Bindung befriedigt. Sie machen Vorschläge dazu, wie Kultur operationalisiert und gemessen werden kann und welche Kennziffern dabei herangezogen werden sollten. Sie vergleichen die Kultur von 17 Organisationen aus allen Teilen der Wirtschaft und Verwaltung. Ihre Daten bestätigen die von ihnen unterstellten Wirkketten. Die Autoren machen zudem Vorschläge zur Entwicklung einer Kultur der Achtsamkeit für Gesundheit und Unternehmenserfolg.

Rump, Schiedhelm und Eilers vertreten in ihrem Beitrag die These, der Wandel der Arbeitswelt erfordere eine gesundheitsorientierte Mitarbeiterführung zur Erhaltung lebenslanger Arbeitsfähigkeit. Entwicklungsbedarf sehen sie vor allem bei der Führungskultur. Führungskräfte wüssten oft nicht, was unter gesundheitsorientierter Führung zu verstehen ist und wie sie von ihnen realisiert werden soll. Gerade steigende Eigenverantwortung und Beteiligung der Mitarbeiter erfordere ein Mehr an Fürsorgepflicht der Führungskräfte. Führung sollte primär unterstützend und sinnvermittelnd wirken. Sie empfehlen u. a. die Entwicklung von Leitlinien zur gesunden Führung, von Lern- und Dialogangeboten und Coachings zur gesundheitsbewussten Selbstführung.

▪ Abschnitt 3: Facetten einer guten Unternehmenskultur

Ricker und Hauser betonen in ihrem Beitrag die Bedeutung der sozialen Beziehungen in Organisationen für die psychische Gesundheit. Die Gestaltung soziale Beziehungen sei in starkem Maße von der Unternehmenskultur abhängig. Zentral für eine mitarbeiterorientierte Kultur seien Vertrauen, Glaubwürdigkeit Respekt und Fairness. Sie stellen ein dafür entwickelte Messinstrument und damit ermittelte Ergebnisse eine repräsentativen Studie zum Thema »Gesund Arbeiten« vor. Befragte sehen die größten gesundheitsförderlichen Wirkungen in der Sensibilisierung der Führungskräfte für stark belastende Situationen und für persönliche Wertschätzung und Anerkennung gute Arbeit. Ein Vergleich mit Ergebnissen zweier weiterer Stichproben belegt die Bedeutung von Beteiligung Anerkennung, Aufmerksamkeit der Führungskräft und von ihrem Interesse an Verbesserungsvorschlägen

Die Erwartung, Familie und Beruf gut miteinander zu vereinbaren, steht auf der Wunschliste entsprechen der Befragungen junger Nachwuchskräfte heute wei oben. Für die Unternehmen bedeutet das: Familienbewusste Personalpolitik wird zum Wettbewerbsfaktor um junge Talente. Der Beitrag von *Ahrens* unterrichte über Ergebnisse einer Repräsentativbefragung zum Thema und begründet, warum die Unternehmenskultur dabei eine große Rolle spielt. Unternehmen sollte ihre Familienpolitik transparent machen. Die positiven Beiträge einer aktiven Familienpolitik sollte herausgestellt werden und familienbewusste Personal politik sollte stets den sich wandelnden Verhältnisse angepasst werden.

Felfe und Wombacher untersuchen den Zusammenhang zwischen Mitarbeiterbindung und Gesundheit. Unter Commitment verstehen sie die »affektive« »kalkulatorische« und »normative« Bindung an ein Organisation. Das affektive Commitment hat, wie zahlreiche Studien belegen, den größten Einfluss au die Gesundheit neben dem normativen Einfluss durch moralische und persönliche Verpflichtung gegenübe Kollegen, Vorgesetzten oder der Familie. Je stärker di Identifikation mit der Arbeit, desto geringer sei di emotionale Erschöpfung und die Beeinträchtigung von Arbeitsfähigkeit bzw. Leistungsvermögen. Organisationen die als »gerecht« erlebt werden und eine hoh Attraktivität hätten, beeinflussen das Commitmen positiv.

Mense beschäftigt sich mit dem Zusammenhang zwischen sozialer Ungleichheit, Geschlecht und Gesundheit. Gesundes Ernährungsverhalten lasse sich durch Bildung, Einkommen und beruflichen Status vorhersagen. Gleiches gelte auch für das Geschlecht Frauen ernähren sich gesünder. Sie essen wenige Fleisch und trinken weniger Alkohol. Ein hoher Verzehr an Obst und Gemüse sowie ein niedriger Verzeh an Fetten, Fleisch und Wurstwaren gelten als Indika toren gesunder Ernährung. Bei niedrigem Einkommen sei der Preis eines Essens oder Nahrungsmittels der bestimmende Faktor. Körperliche Arbeit und hohe Belastungen durch Arbeit, z. B. Zeitdruck, würden ebenfalls das Ernährungsverhalten negativ beeinflussen. Geschlechtersensibilität der Führung und Gesundheitsmanagement sind Ausdruck der Unternehmenskultur.

Emrich, Pieter und Fröhlich setzen sich kritisch mit der allgemein unterstellten positiven Wirkung des Betriebssports auseinander. Anhand eigener Daten aus einem pharmazeutischen Unternehmen verweisen sie auf eine überproportionale Beteiligung männlicher Beschäftigter an sportlicher Betätigung in Fitnesscentern. Beliebt seien ferner Lauftreffs, Fußball sowie Spinning, Rückenschule und Body-Pump. Wer in einem Verein oder Fitnesscenter Sport treibt, nimmt auch häufiger am Betriebssport teil. Die Autoren belegen an ihrer nichtrepräsentativen Stichprobe ferner, dass die generelle positive Wirkung betriebssportlicher Betätigung auf die Gesundheit keinesfalls zwingend eintreten würde. Hier bestehe hoher Forschungsbedarf.

- ## Abschnitt 4: Herausforderungen für die Unternehmenskultur

Köper und Richter untersuchen den Zusammenhang von Restrukturierungen, die heute auf der Tagesordnung von Unternehmen stehen, und den Folgen für die Gesundheit der Arbeitnehmer. Sie tun dies mit Daten aus zwei Erhebungen des Bundesinstituts für berufliche Bildung und der Bundesanstalt für Arbeitsschutz und Arbeitsmedizin. Ihr Erkenntnisinteresse richtet sich auf die Bedeutung der Kultur für Arbeitsverhalten und Gesundheit im Zusammenhang von Fusionen und Zusammenschlüssen. Kultur wird mit Hofstede definiert als »kollektive Programmierung des Geistes, durch die sich Menschen in Gruppen voneinander unterscheiden«. Restrukturierungen sind in Deutschland weit verbreitet und mit psychischen Belastungen verbunden, wenn sie mit der Einführung neuer Dienstleistungen, neuer Techniken, neuen Vorgesetzten und mit Stellenabbau verbunden sind. Damit dies nicht zu Risiken für die Beschäftigten führt, empfehlen die Autoren einen verstärkten Dialog zwischen Belegschaft und Unternehmensführung.

Afflerbach und Gläsener befassen sich mit dem Thema Digitalisierung. In einem durch Digitalisierung »flexibilisierten« Arbeitsumfeld werde von den Mitarbeitern erwartet, immer mehr selbstständig zu entscheiden, wann sie arbeiten, wo sie es tun und wie. Das könne positiv erlebt werden als Möglichkeit selbstbestimmt tätig zu sein. Das könne aber auch das Risiko von Selbstgefährdung bergen. Eine Kultur des Vertrau-

ens auf Basis von zuverlässigen Reziprozitätserwartungen sei wichtig zur Bewältigung der durch Digitalisierung bedingten Veränderungen. Vorgesetzte haben einen entscheidenden Einfluss auf die Gestaltung von Kultur und damit auch auf die Gesundheit und Leistungsfähigkeit ihrer Mitarbeiter.

Gläsener beschäftigt sich mit den Folgen der Unterschiedlichkeit (Diversity) von Belegschaften. Einerseits fördere Diversity Energie, Kreativität und Ideenreichtum. Andererseits berge Diversity auch das Risiko für Konflikte, Missverständnisse und Frustration. Kulturelle Vielfalt sei ein »zweischneidiges Schwert«. Der Beitrag berichtet über Ergebnisse aus qualitativen Interviews und teilnehmender Beobachtung. Führungsverhalten sei dann »kultursensibel«, wenn sich eine Führungskraft mit der eigenen kulturellen Prägung auseinandersetzt. Die Sprachfertigkeiten der Mitarbeiter spielen dabei eine zentrale Rolle. Innere Kündigung resultiere auch aus dem Gefühl aufgrund mangelhaft empfundener Sprachfertigkeit ausgeschlossen zu werden.

Bamberg, Dettmers und Tanner leisten einen konzeptionellen Beitrag zu den Wechselwirkungen zwischen Organisation und Umwelt in einer globalisierten Arbeitswelt. Die Autor-/innen plädieren dafür, durch Einbeziehung der Austauschbeziehungen zwischen Organisationskultur und Organisationsumwelt einen gezielten Beitrag von Gesundheitsmanagement zu ermöglichen. Besondere Bedeutung kommt dabei nach Auffassung der Autor-/innen dem Konzept der »Corporate Social Responsibility« und der Europäischen Kommission bei der Weiterverfolgung ihrer »Richtlinie« zur nichtfinanziellen Berichterstattung zu. Betriebliches Gesundheitsmanagement kann die Reputation und Attraktivität von Unternehmen in den Augen ihrer Shareholder und Stakeholder verbessern und somit ihre Investitionsentscheidung beeinflussen.

- ## Abschnitt 5: Praxisbeispiele

Permantier liefert eine Einzelfallstudie zur Gestaltung der Unternehmenskultur in einem Start-up-Unternehmen über mehrere Phasen der Unternehmensentwicklung hinweg. Er erachtet dies als Führungsaufgabe und befasst sich mit der angestrebten mitarbeiterorientierten Führungskultur dieses Unternehmens. Nur wenn die Führungskultur und die Wertvorstellungen der Mitarbeiter miteinander vereinbar sind oder »übereinstimmen«, seien Gesundheit und Betriebserfolg gewährleistet. »Wir glauben, dass sinnstiftend gelebte Werte, mit denen sich die Mitarbeiter identifizieren, entscheidend zur Gesundheit beitragen«. Nur dadurch sei eine hohe »intrinsische Motivation« gewährleistet. Entwickelt wurde ein »Werte-Target« zur Kennzahlenentwicklung sowie ein »gemeinsames Bild der Wunschzukunft« als Maßstab und Referenz der Unternehmensentwicklung.

John, Geißer und Scheder stellen ein von der AOK Bayern entwickeltes Seminarprogramm zur Stressbewältigung vor. Die Evaluation dieses Programms belegt, dass diese Interventionsmaßnahme dazu beitragen kann, Stresserleben zu reduzieren und die Ressourcen der Teilnehmer zu aktivieren. Das Programm zielt auf den Wandel der Unternehmenskultur, insbesondere auf Veränderungen der »automatisierten Bewertungsprozesse, die in der Regel nicht bewusst ablaufen«. Im Einzelnen strebt das Programm einen konstruktiven Umgang mit Konflikten, verbesserte Kooperation und gegenseitige Unterstützung an.

Winter und Grünewald kommen mit Blick auf zahlreiche einschlägige Studien zu dem Schluss, es seien »ausschließlich nicht-monetäre Faktoren« für die Bewertung der eigenen Arbeit ausschlaggebend, sofern das Bedürfnis nach einem sicheren Arbeitsplatz befriedigt sei. Die Unternehmenskultur sei für die Arbeitgeberattraktivität besonders wichtig, gefolgt von Innovationsfähigkeit, systematischer Personalentwicklung und der Berücksichtigung der Work-Life-Balance der Beschäftigten. Auch das Betriebliche Gesundheitsmanagement spiele eine, aber keine besonders hervorgehobene, Rolle. Allerdings sei die affektive Bindung an Unternehmen mit Betrieblichem Gesundheitsmanagement signifikant höher als an Unternehmen ohne Betriebliches Gesundheitsmanagement.

Der Beitrag von *Kratz, Pointer, Sauerland, Mihailović und Braun* befasst sich mit dem Thema Selbstmanagementkompetenz. Er macht deutlich, wie Angebote zur Verbesserung der Selbstmanagementkompetenz konzipiert, durchgeführt und evaluiert werden können. Im »BGM-Forum Südpfalz – Netzwerk für Betriebliches Gesundheitsmanagement« treffen sich regelmäßig Organisationsvertreter mit dem Ziel, durch Erfahrungsaustausch ihre Handlungskompetenz zu verbessern und zu lernenden Organisationen zu werden. Im Einzelnen beschreibt der Beitrag Trainingsmaßnahmen zur Verbesserung des psychischen Wohlbefindens. Unter Selbstmanagement verstanden werden »Bemühungen einer Person, das eigene Verhalten zielgerichtet zu verbessern«. Insgesamt wurden 89 Mitarbeiter unterschiedlicher Netzwerkmitglieder in acht Veranstaltungen trainiert. Und die Ergebnisse dieser Veranstaltung wurden evaluiert.

■ **Abschnitt 6: Daten und Analysen**
Meyer und Meschede fassen in ihrem Beitrag detaillierte Informationen zu krankheitsbedingten Fehlzeiten in der deutschen Wirtschaft auf Basis der Statistiken der AOK für das Jahr 2015 zusammen. *Busch* stellt das Arbeitsunfähigkeitsgeschehen in der GKV dar. Der Beitrag von *Schlipphak* beschreibt die Rahmenbedingungen für das Betriebliche Gesundheitsmanagement in der Bundesverwaltung und die Entwicklung der Fehlzeiten bis ins Jahr 2015. Die »Analyse« der Ist-Situation (»Organisationsdiagnostik«) bildet demnach das »Kernstück«, die Einhaltung des Datenschutzes eine zentrale vertrauensbildende Voraussetzung. Die Abwesenheitsquote des Bundes lag in 2015 bei 6,2 Prozent und damit knapp 1 Prozent über der Fehlzeitenquote aller AOK-Versicherten.

Literatur

Deutsche Börse Group (Hrsg) (2013) Nachhaltigkeit in der Kapitalmarktkommunikation. Frankfurt/Main

Brynjolfsson E, McAfee A (2014) The Second Machine Age. Wie die nächste digitale Revolution unser aller Leben verändern wird. Börsenmedien AG, Kulmbach

Gebhardt B, Hofmann J, Roehl H (2015) Zukunftsfähige Führung. Bertelsmann Stiftung, Gütersloh

Goleman D (2013) Focus. The Hidden Driver of Excellence. Harper Collins Publishers, New York

Europäische Union (2014) Richtlinie 2014/95/EU des Europäischen Parlamentes und des Rates vom 22. Oktober 2014. URL: http://www.vnu-ev.de/content_public/p down/Aufz/2015/141022_2014_95_EU_Richtlinie_DE TXT.pdf. Gesehen 08 Jun 2016

Sachverständigenrat zur Begutachtung der Entwicklung im Gesundheitswesen (2015) Krankengeld – Entwicklung, Ursachen und Steuerungsmöglichkeiten. Sondergutachten 2015. http://www.svr-gesundheit.de/index.php?id=6 Gesehen 08 Jun 2016

Präventionsgesetz (PrävG) (2015) Gesetz zur Stärkung der Prävention und Gesundheitsförderung. Vom 17. Juli 2015. Bundesgesetzblatt Jahrgang 2015 Teil I Nr. 31, ausgegeben zu Bonn 24. Juli 2015, Bundesanzeiger Verlag

Einführung
und Hintergrund

Neue Qualität der Arbeit?

Zur Entwicklung von Arbeitskulturen und Fehlzeiten

W. Eichhorst, V. Tobsch, C. Wehner

B. Badura et al. (Hrsg.) *Fehlzeiten-Report 2016*,
DOI 10.1007/978-3-662-49413-4_2, © Springer-Verlag Berlin Heidelberg 2016

Zusammenfassung *Dieser Beitrag zeigt auf, wie sich die Arbeitswelt in Deutschland in Bezug auf Beschäftigungsformen, die inhaltliche und organisatorische Arbeitnehmerautonomie sowie krankheitsbedingte Fehltage und psychische Beanspruchungen am Arbeitsplatz in den letzten Jahren verändert hat. Der Arbeitsmarkt hierzulande wird in einem größeren Umfang als früher von flexiblen Erwerbsformen gekennzeichnet, und insbesondere spielt das Element der inhaltlichen Arbeitnehmerautonomie in der Gegenwart eine stärkere Rolle. Die Arbeit wird daher vielfältiger und anspruchsvoller, erfordert aber auch ein höheres Maß an Eigeninitiative. Damit geht eine wachsende Autonomie und Verantwortung der Beschäftigten einher, was tendenziell zu höherer Arbeitszufriedenheit und weniger Fehlzeiten führen kann. Psychische Belastungen auf der Grundlage eines ungünstigen Verhältnisses von Anforderungen und Ressourcen treten in der neuen Arbeitswelt gegenüber hohen physischen Belastungen in den Vordergrund. Somit kommt der Arbeitskultur gerade in den generell wachsenden wissensintensiven Bereichen des Arbeitsmarktes eine besondere Bedeutung für die Produktivität und Motivation der Beschäftigten, aber auch für die Arbeitszufriedenheit und die psychische Gesundheit der Arbeitnehmer zu.*

2.1 Einleitung

Die Arbeitswelt unterliegt einem ständigen Wandel. Dieser wird getrieben von vier zentralen Faktoren: Globalisierung, demografischem Wandel, technologischem Fortschritt sowie institutionellen Reformen und Veränderungen. Diese Entwicklungen verändern die Struktur der Erwerbstätigkeit im Hinblick auf Wirtschaftszweige, Berufe und Erwerbsformen, aber auch die Arbeitskulturen in den Unternehmen (vgl. Eichhorst 2015).

◘ Abb. 2.1 zeigt den Erwerbsstatus aller Personen im erwerbsfähigen Alter von 15 bis 64 Jahren in Deutschland bezogen auf die jeweilige vorrangige Erwerbsform auf Basis der Daten des Sozio-oekonomischen Panel (SOEP)[1]. Zunächst fällt auf, dass der Anteil jener Personen seit Ende der 1990er Jahre merklich zurückgegangen ist, der keine Bindung zum Erwerbsleben hat, also inaktiv ist. Auch der Anteil der Personen in Arbeitslosigkeit hat sich seit Mitte der 2000er Jahre verringert. Damit sind mehr Personen erwerbstätig als in der Vergangenheit. Während konstant rund 40 Prozent aller erwerbsfähigen Personen ein unbefristetes Vollzeitarbeitsverhältnis haben, das nach wie vor die dominante Erwerbsform darstellt, ist der Anteil jener gewachsen, die in bestimmten flexiblen oder atypischen Formen erwerbstätig sind. Dies gilt etwa für die sozialversicherungspflichtige Teilzeitarbeit ebenso wie für Zeitarbeit, befristete Arbeitsverhältnisse und Minijobs. Ein größerer Teil der zusätzlichen Erwerbstätigkeit entfällt auf diese Erwerbsformen, wenngleich diese Expansion in jüngster Vergangenheit zum Stillstand gekommen ist.

Die Verteilung der Erwerbsformen zeigt, dass die atypische Beschäftigung, die gegenüber dem »Normalarbeitsverhältnis« von abweichenden Arbeitszeitmodellen, tendenziell geringerer Bestandssicherheit oder dem Verzicht auf abhängige Beschäftigung geprägt ist, in erheblichem Umfang zum Arbeitsplatzaufbau in den 2000er Jahren beigetragen hat (Eichhorst u. Tobsch 2015). Neben der wachsenden Bedeutung

---

1 Das SOEP ist eine jährliche Längsschnittbefragung der Wohnbevölkerung in Deutschland seit 1984. Die Stichprobe ist repräsentativ für Haushalte und umfasst derzeit etwa 11.000 Haushalte. Befragt werden alle erwachsenen Personen – derzeit ca. 30.000. Zum Fragebogenprogramm gehören zentrale individuelle Merkmale bezüglich Erwerbstätigkeit, Einkommen, Bildung und Gesundheit sowie haushaltsbezogene Charakteristiken (Wagner et al. 2007; DIW 2015).

2

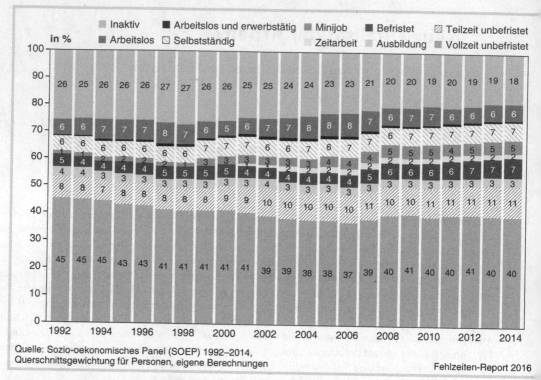

Abb. 2.1 Entwicklung der Beschäftigung in Deutschland 1992 bis 2014

flexibler Vertragsformen verändert sich jedoch auch die Arbeitswelt in einem mehr organisatorischen Sinne in Bezug auf die Arbeitskulturen in der betrieblichen Praxis. Unter Arbeitskultur wird hier die konkrete Arbeitsumgebung im Unternehmen, insbesondere die Arbeitsorganisation im Hinblick auf die Verteilung von Aufgaben, die Kommunikations- und Kooperationsbeziehungen, aber auch Arbeitszeitmodelle verstanden. In einer flexiblen und in vielen Bereichen auch zunehmend wissensintensiveren Arbeitswelt verlagert sich die Verantwortung für Arbeitsergebnisse in mancher Hinsicht stärker auf Teams und Individuen, während klassische hierarchische Organisations- und Führungsmodelle an Boden verlieren. Dies bietet neue Handlungsspielräume, birgt aber auch neue Belastungen und Gesundheitsrisiken durch psychische Beanspruchung[2].

2.2 Veränderung von Autonomie, Stress und Fehlzeiten

Die inhaltliche und organisatorische Arbeitsauto nomie der Beschäftigten stellt einen Bereich de sich wandelnden Unternehmenskultur dar. ☐ Abb. 2. und ☐ Abb. 2.3 zeigen die Veränderung der inhalt lichen (»Mitunternehmertum«) sowie der organisa torischen (»Entscheidungsfreiheit«) Autonomie zwi schen 2006 und 2012 gestaffelt nach Berufsgruppe (Internationale Standardklassifikation der Beruf nach ISCO88). Die Abbildungen aus ▶ Abschn. 2. und ▶ Abschn. 2.3 basieren auf Daten der BIBB BAuA-Erwerbstätigenbefragung, die 2006 und 201 in Deutschland durchgeführt wurde[3]. Beschäftigt die hohe Werte im Autonomie-Indikator »Mitunter nehmertum« erreichen, haben die Anforderung, i

2 Psychische Belastungen sind »die Gesamtheit aller erfass- baren Einflüsse, die von außen auf den Menschen zukom- men und psychisch auf ihn einwirken.« Eine psychische Beanspruchung ist »die unmittelbare (nicht langfristige) Auswirkung der psychischen Belastung im Individuum in Abhängigkeit von seinen jeweiligen überdauernden oder

augenblicklichen Voraussetzungen, einschließlich der individuellen Bewältigungsstrategien« (Deutsches Institu für Normung 2000).
3 Die BIBB/BAuA-Erwerbstätigenbefragung ist eine telefoni sche Befragung von ca. 20.000 Erwerbstätigen, die vom Bun desinstitut für Berufsbildung (BIBB) und der Bundesansta

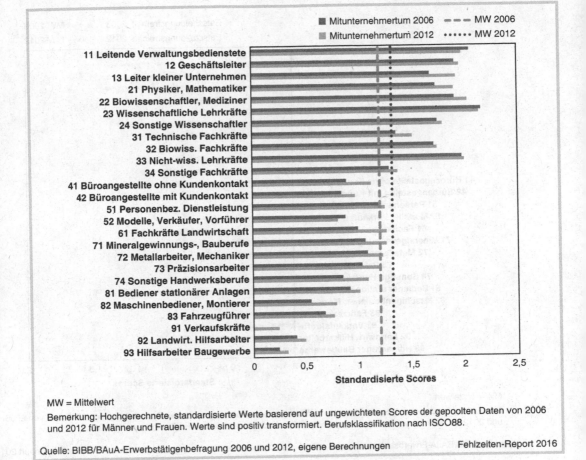

Abb. 2.2 Veränderung des Autonomie-Indikators »Mitunternehmertum« zwischen 2006 und 2012

ihrem Arbeitsalltag auf Probleme zu reagieren und diese zu lösen, eigenständig Entscheidungen zu treffen, Wissenslücken zu erkennen und zu schließen, Personalverantwortung zu übernehmen, andere zu überzeugen und Kompromisse zu finden, sich in neue Aufgaben hineinzudenken, bisherige Verfahren zu verbessern sowie verschiedenartige Vorgänge gleichzeitig im Auge zu behalten. Beschäftigte, die hohe Werte im Autonomie-Indikator »Entscheidungsfreiheit« aufweisen, können ihre eigene Arbeit selbst planen und einteilen, haben Einfluss auf die ihnen

zugewiesene Arbeitsmenge und können entscheiden, wann sie Pausen machen.

Abb. 2.2 veranschaulicht, dass Beschäftigte in Berufsgruppen, die tendenziell höhere Qualifikationsanforderung haben, wie Geschäftsleiter, Mediziner oder wissenschaftliche Lehrkräfte, im Durchschnitt auch höhere inhaltliche Arbeitsautonomie besitzen als Beschäftigte, deren berufliche Qualifikationsanforderungen geringer sind, wie zum Beispiel aus der Landwirtschaft oder dem Baugewerbe. Dies ist insofern nicht überraschend, denn das der Berufsgruppe unterstellte Bildungsniveau ist meist positiv mit ihrer hierarchischen Stellung im Unternehmen korreliert. Darüber hinaus zeigt sich jedoch, dass die inhaltliche Autonomie zwischen 2006 und 2012 über nahezu alle Berufsgruppen hinweg gestiegen ist. Diese Entwicklung lässt sich auf die breit angelegte Flexibilisierung der Arbeitswelt im Zeitalter von Globalisierung und

---

für Arbeitsschutz und Arbeitsmedizin (BAuA) durchgeführt und vom Bundesministerium für Bildung und Forschung (BMBF) gefördert wird. Die Daten werden alle sechs Jahre erhoben (Bundesinstitut für Berufsbildung 2015; Hall u. Tiemann 2009; Hall et al. 2015). Beide Autonomie-Indikatoren wurden mittels Faktorenanalyse gebildet und getestet.

2

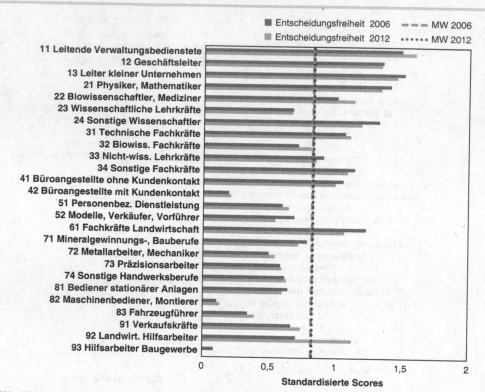

MW = Mittelwert

Bemerkung: Hochgerechnete, standardisierte Werte basierend auf ungewichteten Scores der gepoolten Daten von 2006 und 2012 für Männer und Frauen. Werte sind positiv transformiert. Berufsklassifikation nach ISCO88.

Quelle: BIBB/BAuA-Erwerbstätigenbefragung 2006 und 2012, eigene Berechnungen   Fehlzeiten-Report 2016

▣ Abb. 2.3 Veränderung des Autonomie-Indikators »Entscheidungsfreiheit« zwischen 2006 und 2012

Digitalisierung mit ihren veränderten Anforderungen an Betriebe und Beschäftigte zurückführen, die zu einer anhaltenden Verschiebung von routineintensiven hin zu komplexeren, wissensintensiven Tätigkeiten führen.

Im Gegensatz dazu zeigt ▣ Abb. 2.3, dass sich die Autonomie in Hinblick auf die organisatorische Entscheidungsfreiheit zwischen 2006 und 2012 weit weniger verändert hat. Zwar wird auch hier ersichtlich, dass eine höhere berufliche Qualifikation mit mehr organisatorischer Entscheidungsfreiheit einhergeht. Dennoch unterscheiden sich die Mittelwerte der Autonomie-Indikatoren in den Jahren 2006 und 2012 kaum voneinander. Damit scheint es sich bei der organisatorischen Autonomie um eine eher konstante Variable der Unternehmenskultur zu handeln.

Insgesamt ergibt sich damit ein durchaus spannungsgeladenes Bild, denn die organisatorische Ent-

scheidungsfreiheit ist weniger gewachsen als di inhaltliche Autonomie. So kann die organisatorisch Entscheidungsfreiheit grundsätzlich als gesundheit liche Ressource verstanden werden, da sie den Be schäftigten die Möglichkeit bietet, flexibel auf ein hohe Arbeitsbelastung zu reagieren. Hohe inhaltlich Arbeitsautonomie kann dagegen der psychische Gesundheit sowohl zuträglich als auch abträglic sein. So bietet die inhaltliche Autonomie den Be schäftigten die Möglichkeit der Mitsprache und per sönlichen Weiterentwicklung. Andererseits könnt hohe inhaltliche Autonomie auch zu verstärkter psy chischer Beanspruchung führen, wenn diese einher geht mit geringen Ressourcen, die die Bewältigun von Belastungen und Stress erschweren, wie gering organisatorische Autonomie, schlechte soziale Bezie hungen und Führung sowie hohe Arbeitsplatzun sicherheit.

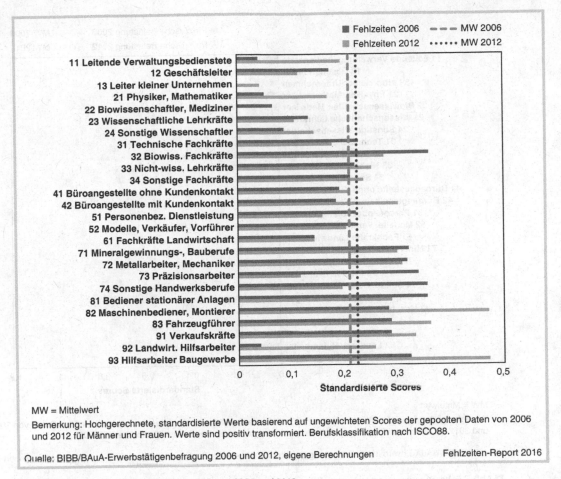

Abb. 2.4 Veränderung der Fehlzeiten zwischen 2006 und 2012

Die ◘ Abb. 2.4 und ◘ Abb. 2.5 beziehen sich auf die Gesundheit der Beschäftigten. Betrachtet werden dabei zum einen die Zahl der krankheitsbedingten Fehltage und zum anderen die subjektiv wahrgenommene individuelle psychische Beanspruchung, wobei nach Berufsgruppen (ISCO88) unterschieden wird. ◘ Abb. 2.4 verdeutlicht, dass Berufsgruppen mit einem niedrigeren Bildungsniveau eine höhere Anzahl an Fehltagen verzeichnen als Berufsgruppen mit höherer Bildung. Dieses Ergebnis wird am Ende dieses Abschnittes noch genauer diskutiert.

In ◘ Abb. 2.4 wird zudem deutlich, dass die durchschnittliche Anzahl an Fehltagen zwischen 2006 und 2012 leicht gestiegen ist. Neben physischen Erkrankungen sind zunehmend auch psychische Erkrankungen für die Zunahme verantwortlich, wobei diese stark mit individuellen Charakteristika wie dem Geschlecht, dem Alter, dem sozioökonomischen Hintergrund oder

der Persönlichkeit einer Person schwanken (Borghans et al. 2016; DAK-Gesundheit 2015). ◘ Abb. 2.5 zeigt das durchschnittliche Auftreten von psychischen Beanspruchungen nach Berufsgruppen. Psychische Beanspruchungen sind hier gemessen durch nächtliche Schlafstörungen, allgemeine Müdigkeit, Mattigkeit oder Erschöpfung, Nervosität und Reizbarkeit, Niedergeschlagenheit sowie körperliche und emotionale Erschöpfung.[4] Es zeigt sich, dass psychische Beanspruchungen zwischen 2006 und 2012 über alle Berufsgruppen hinweg stark zugenommen haben.

Vergleicht man ◘ Abb. 2.4 und ◘ Abb. 2.5, so wird deutlich, dass der Anstieg von psychischen Beanspruchungen nicht deckungsgleich ist mit einer Zunahme an Fehltagen. Nichtsdestotrotz steigt mit psychischen

---

4 Der Indikator wurde ebenfalls mittels Faktorenanalyse gebildet und getestet.

2

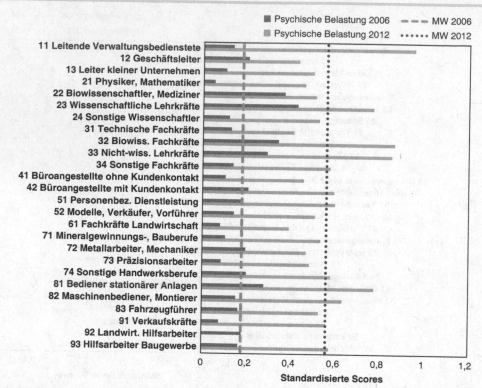

☐ Abb. 2.5 Veränderung der psychischen Beanspruchung zwischen 2006 und 2012

Beanspruchungen das Risiko von psychischen Erkrankungen und Absentismus stark an, was aktuelle Zahlen zu krankheitsbedingten Fehlzeiten belegen (Badura et al. 2015; DAK-Gesundheit 2015). Um die langfristig hohen Folgekosten psychischer Erkrankungen für Individuen, Unternehmen und die Gesellschaft möglichst gering zu halten, sollte bei der Schaffung oder Umgestaltung der Unternehmenskultur darauf geachtet werden, psychischen Belastungen am Arbeitsplatz vorzubeugen. Dabei stellt sich die wichtige Frage, wo die Gründe für steigende arbeitsbedingte psychische Beanspruchung und Erkrankungen liegen.

Die OECD (2012) macht deutlich, dass die in Deutschland beobachtete Problematik auch in anderen OECD-Ländern auftritt. Verantwortlich für diese Entwicklungen sind laut Experten zum einen die gesunkene Tabuisierung von psychischen Erkrankungen in der Gesellschaft (OECD 2012; DAK-Gesundheit 2015).

Zum anderen werden aber auch ungünstige Arbeitsbedingungen für psychische Beanspruchung und Erkrankungen verantwortlich gemacht. Zu den bekannten arbeitsbedingten Belastungen zählen dabei die Verknüpfung von hohen Arbeitsanforderungen in Form von Zeitdruck, Arbeitsverdichtung oder Fristen mit geringer Arbeitsautonomie (Karasek 1979) sowie mit ausbleibender Gratifikation durch geringe Aufstiegsmöglichkeiten, geringe Arbeitsplatzsicherheit oder geringe persönlicher Wertschätzung (Siegrist 1996). Studien zeigen zudem, dass psychosoziale Anforderungen und die Qualität sozialer Beziehungen am Arbeitsplatz (Schütte et al. 2014) sowie länderspezifische Institutionen des Arbeitsmarktes und der Gesundheitssysteme (Cottini u. Lucifora 2013) eine wichtige Rolle für die psychische Gesundheit der Beschäftigten spielen. Eine mögliche Erklärung für den negativen Zusammenhang zwischen krankheitsbedingten Fehlzeiten

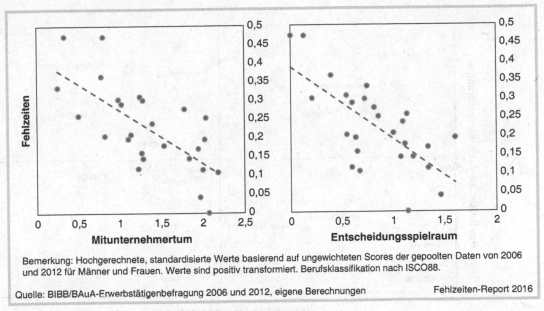

Bemerkung: Hochgerechnete, standardisierte Werte basierend auf ungewichteten Scores der gepoolten Daten von 2006 und 2012 für Männer und Frauen. Werte sind positiv transformiert. Berufsklassifikation nach ISCO88.

Quelle: BIBB/BAuA-Erwerbstätigenbefragung 2006 und 2012, eigene Berechnungen   Fehlzeiten-Report 2016

◘ **Abb. 2.6** Relation zwischen Autonomie und Fehlzeiten 2012

und den Qualifikationsanforderungen der Berufsgruppen (◘ Abb. 2.4) ist demnach, dass Beschäftigte in Jobs mit niedrigeren Qualifikationsanforderungen zum einen höheren physischen Anforderungen ausgesetzt sind, zum anderen auch ein höheres Risiko besitzen, am Arbeitsplatz Faktoren ausgesetzt zu sein, die abträglich für die psychische Gesundheit sind.

2.3 Relation zwischen Autonomie und Fehlzeiten

Bezugnehmend auf Karasek (1979) betrachten wir im Folgenden den Zusammenhang zwischen Fehlzeiten und der Arbeitsautonomie einzelner Berufsgruppen. Dabei wird wiederum zwischen inhaltlicher (»Mitunternehmertum«) sowie organisatorischer Autonomie (»Entscheidungsspielraum«) unterschieden (▶ Abschn. 2.2). Laut Karasek (1979) ist das Zusammenspiel von beruflichen Anforderungen und der zur Verfügung stehenden Autonomie für die Beschäftigten von großer Bedeutung hinsichtlich der Wahrnehmung individueller psychischer Beanspruchungen am Arbeitsplatz. Besonders ungünstig für die Gesundheit wirkt sich dabei die Kombination von hohen Arbeitsanforderungen und geringer Autonomie aus. Eine Unternehmenskultur, die geprägt ist von individueller Kontrolle im Arbeitsprozess, sollte sich dagegen positiv auf die psychische Gesundheit und

damit auf Fehlzeiten auswirken, da diese den Beschäftigten die Möglichkeit gibt, flexibel mit einer hohen Arbeitsbelastung umzugehen.

◘ Abb. 2.6 verdeutlicht die Relation von inhaltlicher (»Mitunternehmertum«) sowie organisatorischer (»Entscheidungsspielraum«) Autonomie und Fehlzeiten auf Ebene der Berufsgruppen. Es werden jeweils die Mittelwerte der Berufsgruppen als Punkte dargestellt. Wie erwartet zeigt sich, dass Fehlzeiten und individuelle Autonomie über die Berufsgruppen hinweg negativ korreliert sind. Das heißt, dass die Anzahl der durchschnittlichen krankheitsbedingten Fehltage einer Berufsgruppe umso geringer ausfällt, je mehr die Beschäftigten den Arbeitsprozess beeinflussen können. Dieses Ergebnis entspricht somit dem Modell von Karasek und zeigt, dass die individuelle Autonomie ein wichtiges Kriterium bei der Entwicklung oder Anpassung der Unternehmenskultur darstellen sollte.

Wichtig ist jedoch zu beachten, dass es sich bei ◘ Abb. 2.6 um eine unbereinigte Korrelation der besprochenen Variablen handelt. Dabei wird nicht für weitere entscheidende Einflussfaktoren wie zum Beispiel physische berufliche Belastung, Geschlecht oder Alter kontrolliert, die das Ergebnis verzerren könnten. Auch wäre denkbar, dass sich ein hohes Maß an inhaltlicher Autonomie in Verbindung mit hohen Anforderungen bzw. geringen Ressourcen am Arbeitsplatz eher nachteilig auf die psychische Gesundheit der Betroffenen auswirken könnte.

2

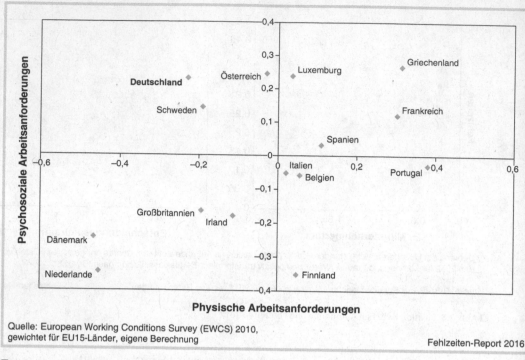

Quelle: European Working Conditions Survey (EWCS) 2010,
gewichtet für EU15-Länder, eigene Berechnung

Fehlzeiten-Report 2016

◘ **Abb. 2.7** Arbeitsanforderungen in EU15-Ländern im Jahr 2010

2.4   Anforderungen und Ressourcen am Arbeitsplatz im europäischen Vergleich

Hinsichtlich des Ausmaßes von Arbeitsplatzanforderungen gehört Deutschland im europäischen Vergleich zu den Ländern, in denen psychosoziale Belastungen in einem höheren Maße und physische Anforderungen am Arbeitsplatz eher weniger ausgeprägt sind (◘ Abb. 2.7).[5] Das heißt, es gibt in Deutschland trotz einer starken industriellen Basis vergleichsweise we-

nige Jobs, die das Heben schwerer Lasten, das Einnehmen von schmerzenden Positionen, langes Stehen oder wiederholende Arm- und Handbewegungen bei der Arbeit erfordern. Tätigkeiten, die mit Stress verbunden sind, als emotional belastend von den Beschäftigten wahrgenommen werden oder bei denen die Beschäftigten in Konflikt mit ihren persönlichen Werten geraten und Gefühle verbergen müssen, sind in Deutschland hingegen stärker vertreten. ◘ Abb. 2. zeigt die durchschnittlichen physischen und psychosozialen Arbeitsanforderungen auf Basis der Date des European Working Conditions Survey (EWCS) 2010 für EU15-Länder im Vergleich, wobei der Kreuzungspunkt der beiden Achsen dem Gesamtmitte

---

5 Zu den physischen Anforderungen zählen Beeinträchtigungen am Arbeitsplatz z. B. durch Lärm, Vibrationen, hohe oder niedrige Temperaturen, das Heben schwerer Lasten, langes Stehen und wiederholende Hand- und Armbewegungen. Entstehen bei der Arbeit Konflikte mit den eigenen persönlichen Werten oder Stress, müssen Gefühle verborgen oder verärgerte Kunden betreut werden, besteht Unsicherheit darüber, was am Arbeitsplatz erwartet wird oder haben Fehler bei der Arbeit externe Konsequenzen, so zählt dies zu den psychosozialen Anforderungen. Beide Anforderungsdimensionen wurden mittels Faktorenanalyse gebildet und getestet. Hohe Werte bedeuten dabei ein sehr häufiges Auftreten der entsprechenden Beeinträchtigungen während der Arbeit.

6 Das EWCS ist eine Querschnittsbefragung, die seit 1990 alle fünf Jahre in Europa mit einem einheitlichen Fragebo gen durchgeführt wird. Es handelt sich dabei um Zufalls stichproben von Erwerbstätigen, die repräsentativ für die einzelnen Länder sind. Im Jahr 2010 wurden insgesamt etwa 44.000 Erwerbstätige befragt. Neben allgemeinen Informationen zur Erwerbstätigkeit werden verschiedene Dimensionen der Arbeitsplatzqualität wie physische und psychosoziale Risiken, Gesundheit, Sicherheit am Arbeitsplatz, soziale Unterstützung und Work-Life-Balance erfass (Eurofound 2012a, b).

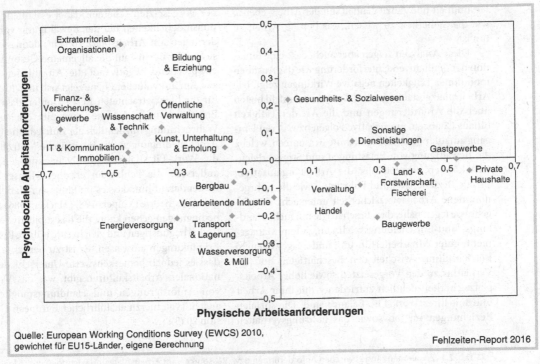

Quelle: European Working Conditions Survey (EWCS) 2010, gewichtet für EU15-Länder, eigene Berechnung

Fehlzeiten-Report 2016

◻ **Abb. 2.8** Arbeitsanforderungen in EU15-Ländern im Jahr 2010

aller betrachten Länder entspricht (vgl. hierzu ausführlich Eichhorst u. Tobsch 2014).

Im Ländervergleich zeigen sich hinsichtlich der psychosozialen Arbeitsplatzanforderungen Unterschiede zwischen den Arbeitskulturen, bspw. zwischen den Niederlanden und Deutschland, die sich auch bei anderen Indikatoren wie der Länge und Flexibilität der Arbeitszeit oder der Work-Life-Balance zeigen (vgl. OECD 2013). Bei der Betrachtung von gesamtwirtschaftlichen Durchschnittswerten einzelner Länder ist die Struktur der Volkswirtschaft, also die Verteilung der Arbeitsplätze nach Branchen, implizit enthalten, ohne dafür zu korrigieren. Die Vergleichbarkeit ist somit verzerrt, da sich in den Länderdurchschnitten auch die Wirtschaftsstruktur widerspiegelt. Physische Arbeitsplatzanforderungen sind vor allem in den Ländern geringer, in denen der Dienstleistungssektor größer und der technologische Standard höher ist. In ◻ Abb. 2.8 sind daher für alle betrachteten Länder die durchschnittlichen physischen und psychosozialen Arbeitsanforderungen nach Industriesektoren dargestellt. Die Verteilung gilt sowohl für die EU15-Staaten insgesamt als auch für Deutschland. Im Gastgewerbe, in der Land- und Forstwirtschaft, Fischerei, Baugewerbe und in privaten Haushalten sind die physischen Anforderungen aus Sicht der Beschäftigten am größten. Psychosoziale Arbeitsanforderungen werden hingegen vor allem im Bereich Bildung und Erziehung sowie im Gesundheits- und Sozialwesen wahrgenommen.

Inwieweit Anforderungen und Ressourcen am Arbeitsplatz auf wichtige individuelle Indikatoren wie Gesundheit, Arbeitszufriedenheit, Work-Life-Balance und Absentismus wirken, ist in ◻ Tab. 2.1 dargestellt (vgl. hierzu ausführlich Eichhorst u. Tobsch 2014). Ihr liegen multivariate Analysen auf Basis des EWCS aus dem Jahr 2010 für alle EU15-Länder zugrunde, bei denen für weitere Einflussgrößen kontrolliert wurde, u. a. Land, Branche, Qualifikation, Berufserfahrung, Alter und Geschlecht. Insgesamt zeigt sich ein eindeutiges Bild: Quantitative Anforderungen, vor allem Arbeitsintensität (Zeitdruck, Fristen und Geschwindigkeit), physische Anforderungen sowie psychosoziale Anforderungen wirken sich sowohl negativ auf die subjektiv eingeschätzte Gesundheit als auch auf die allgemeine Arbeitszufriedenheit (Arbeitsbedingungen), die Zufriedenheit mit dem Einkommen und den Karrierechancen (extrinsische Motivation) sowie die Vereinbarkeit von Familie und Beruf (Work-Life-Balance) aus. Höhere kognitive oder qualitative Anforderungen wirken hingegen leicht positiv auf die

2

Gesundheit und Zufriedenheit mit der Arbeit, ebenso wie die Sicherheit zu wissen, was bei der Arbeit zu tun ist.

Diese Analysen zeigen aber auch, dass eine Situation der qualitativen Unterforderung wie das Ausüben monotoner Tätigkeiten negative Wirkungen zeigt. Die Arbeitsplatzgestaltung sowie das Arbeitsumfeld bieten über die Anforderungen und die Art der Tätigkeit hinaus Chancen, um negative Folgen bzw. deren Umgang aufzufangen. Als sogenannte Ressourcen, welche die Bewältigung von Belastungen und Stress erleichtern können, werden hier die Arbeitsorganisation, soziale Beziehungen und Führung sowie die wahrgenommene Arbeitsplatzsicherheit untersucht. Die Ergebnisse legen nahe, dass Beschäftigte mit mehr Handlungs- und Entscheidungsspielraum, gutem Management, guter Mitarbeiterführung und ausgewogenem Betriebsklima zwischen den Beschäftigten und im Verhältnis zu den Vorgesetzten sowie hoher Arbeitsplatzsicherheit deutlich zufriedener mit ihrer Arbeit und mit ihrer Work-Life-Balance sind. Die sozialen Beziehungen im Job sowie das Führungsverhalten der Vorgesetzten scheinen dabei essentielle Regulationsmöglichkeiten bei der Bewältigung von Anforderungen am Arbeitsplatz zu sein, denn sie wirken sich sogar positiv auf die allgemeine Gesundheit und entsprechend negativ auf die Anzahl der Fehltage aus. Auf individueller Ebene zeigt sich im Durchschnitt für die hier betrachteten EU15-Länder, dass größere Entscheidungsspielräume einerseits die subjektive Wahrnehmung hinsichtlich der Zufriedenheit mit den Arbeitsbedingungen, die intrinsische Motivation und die Work-Life-Balance positiv begünstigen, jedoch andererseits die Fehlzeiten erhöhen. Dieser Befund deutet darauf hin, dass es im Sinne der Handlungsregulationstheorie (Volpert 1987; Hacker 1986) Arbeitsbedingungen geben kann, die das subjektive Wohlbefinden begünstigen und gleichzeitig höhere Risiken für Erkrankungen aufweisen. Es ist zu berücksichtigen, dass es jedoch bemerkenswerte Unterschiede in den nationalen Arbeitskulturen gibt, was das Verhältnis von Anforderungen und Handlungsmöglichkeiten angeht (vgl. hierzu ausführlicher European Commission 2015).

◼ **Tab. 2.1** Zusammenhänge zwischen Anforderungen bzw. Ressourcen am Arbeitsplatz und wichtigen individuellen Outputindikatoren

	Gesundheitszustand	Arbeitszufriedenheit			Work-Life-Balance	Absentismus
		Arbeitsbedingungen	Extrinsische Motivation	Intrinsische Motivation		
Anforderungen						
Quantitativ						
Zeitdruck, Geschwindigkeit, Deadlines	---	---	--	---	---	+
Arbeit in der Freizeit (Intensität)	-	---			---	--
Physisch						
Vibrationen, Lärm, Temperaturen	---	---	---		-	+++
Schmerzende Körperhaltung, Heben schwerer Lasten, langes Stehen, wiederholende Hand- und Armbewegungen	---	---	---	+++	---	+++
Kognitiv (qualitativ)						
Computer- und Internetnutzung	+	+++	++		+++	
Präzision, Qualitätsorientierung, Problemlösung, komplexe Aufgaben, Neues Lernen		+		+++	+++	
Monotone Tätigkeiten	(-)	---	-		-	
Psychosozial						
Emotional eingebunden, Konflikte mit persönlichen Werten, Stress, Gefühle verbergen	---	---		+++	---	+
Kundenkontakt, Umgang mit verärgerten Kunden					---	+
Externe Konsequenzen eines Fehlers (physischer Schaden an Anderen, finanzieller Verlust für die Organisation)	---	---		(+)	---	

◘ Tab. 2.1 (Fortsetzung)

	Gesund-heits-zustand	Arbeitszufriedenheit			Work-Life-Balance	Absen-tismus
		Arbeitsbe-dingungen	Extrinsische Motivation	Intrinsische Motivation		
Sicherheit, was am Arbeitsplatz erwartet wird	+++	+++	++	+++	(+)	
Ressourcen						
Arbeitsorganisation						
Handlungsspielraum (Arbeitsabläufe, Methoden, Geschwindigkeit, Pausen)		+++	+++	+++	+++	
Entscheidungsspielraum (Ziele, Arbeitsorganisation, Partner, Pausen, Einfluss auf Entscheidungen)		+++	(+)	+++	+++	+++
Teamarbeit (Ref. nein)			+	(–)	–	
Jobrotation (Ref. nein)					–	+++
Arbeitszeitregelung (Ref. Fix vom AG vorgegeben)						
– Wahl zwischen vorgegebenen Arbeitszeitmustern		(+)			+++	
– Gleitzeit/Flexitime				–––	+++	
– Vertrauensarbeitszeit	++	+++			+++	
Soziale Beziehungen/Führung						
Gute Manager (respektiert Mitarbeiter, löst Konflikte, kann gut planen und organisieren)	+++	+++	+++	+++	+++	–––
Gute Führung (gibt Feedback, ermuntert an wichtigen Entscheidungen teilzuhaben)	+++	+++	+++	+++	+++	
Unterstützung von Kollegen und Vorgesetzten	+	+++	+++	+++	+	–
Arbeitsplatzsicherheit	+++	+++	+++	+++	+++	

+++ (sehr hoch signifikant positiv) ++ (hoch signifikant positiv) + (signifikant positiv) (+) (schwach signifikant positiv)

––– (sehr hoch signifikant negativ) –– (hoch signifikant negativ) – (signifikant negativ) (–) (schwach signifikant negativ)

Quelle: EWCS 2010, EU15-Länder, abhängig Beschäftigte (eigene multivariate Analysen, unter Kontrolle von Geschlecht, Alter, Bildungsniveau, Berufserfahrung, Vertragsart, individuelles Einkommen, Wohlfahrtsniveau des Haushaltes, Land, Branche, Betriebsgröße, Organisationsform, Diskriminierung und Mobbing am Arbeitsplatz)

Fehlzeiten-Report 2016

2.5 Fazit

Unser Beitrag zeigt auf, wie sich die Arbeitswelt in Deutschland in Bezug auf Beschäftigungsformen, die inhaltliche und organisatorische Arbeitnehmerautonomie sowie krankheitsbedingte Fehltage und psychische Beanspruchungen am Arbeitsplatz in den letzten Jahren verändert hat. Der Arbeitsmarkt hierzulande wird in einem größeren Umfang als früher durch flexible Erwerbsformen gekennzeichnet und insbesondere spielt das Element der inhaltlichen Arbeitnehmerautonomie in der Gegenwart eine stärkere Rolle als in der Vergangenheit. Arbeitsplätze werden in der Tendenz mehr als früher von wissensintensiven Tätigkeiten geprägt. Die Arbeit wird dadurch vielfältiger und anspruchsvoller, erfordert aber ein höheres Maß an Eigeninitiative. Damit geht eine wachsende Autonomie und Verantwortung der Beschäftigten einher, was tendenziell zu höherer Arbeitszufriedenheit und weniger Fehlzeiten führen kann. Gleichzeitig lässt sich aber ein verändertes Profil von krankheitsbedingten Fehlzeiten beobachten. Psychische Beanspruchungen auf der Grundlage eines ungünstigen Verhältnisses von Anforderungen und Ressourcen treten in der neuen Arbeitswelt gegenüber hohen physischen Belastungen in den Vordergrund. Damit kommt der Arbeitskultur gerade in den generell wachsenden wissensintensiven Bereichen des Arbeitsmarktes eine besondere Bedeutung für die Produktivität und Motivation der Beschäftigten, aber auch für deren Arbeitszufriedenheit und psychische Gesundheit zu. Personalpolitik, Führung und generell die sozialen Beziehungen am Arbeitsplatz sind hierbei elementare Handlungsfelder. Es wird entscheidend sein, dass in modernen Arbeitskulturen wachsende inhaltliche Entscheidungsspielräume derart gestaltet werden, dass gleichzeitig auch die individuelle Handlungsfähigkeit verstärkt wird, um diese Spielräume effektiv nutzen zu können. Nur damit lassen sich weiter anwachsende Risiken psychischer Überlastung und der damit verbundenen Fehlzeiten vermeiden. Betriebliche Gesundheitspolitik geht vor diesem Hintergrund über Maßnahmen zur Verbesserung der körperlichen Fitness hinaus. Vielmehr wird die Entwicklung einer positiven Arbeitskultur und Arbeitsorganisation entscheidend sein für die psychische Gesundheit der Beschäftigten. Das legt intensive Bemühungen um positive, unterstützende und wertschätzende soziale Beziehungen in der Arbeitswelt und entsprechende inhaltliche und organisatorische Spielräume nahe.

Literatur

Badura B, Ducki A, Schröder H, Klose J, Meyer M (2015) Fehlzeiten-Report 2015. Neue Wege für mehr Gesundheit – Qualitätsstandards für ein zielgruppenspezifisches Gesundheitsmanagement. Springer, Berlin

Borghans L, Schils T, Wehner C (2016) The Relation between Personality and Mental Health. Mimeo Maastricht University

Bundesinstitut für Berufsbildung (2015) BIBB/BAuA-Erwerbstätigenbefragung. Arbeit und Beruf im Wandel, Erwerb und Verwertung beruflicher Qualifikationen. https://www.bibb.de/de/12138.php. Gesehen 20 Dez 2015

Cottini E, Lucifora C (2013) Mental Health and Working Conditions in Europe. ILR Review 66(4):959–988

DAK-Gesundheit (2015) Psychoreport 2015. Deutschland braucht Therapie. Herausforderungen für die Versorgung. DAK-Gesundheit, Hamburg

Deutsches Institut für Normung (2000) DIN EN ISO 10075-1:2000-11, Ergonomische Grundlagen bezüglich psychischer Arbeitsbelastung – Teil 1: Allgemeines und Begriffe (ISO 10075:1991)

Deutsches Institut für Wirtschaftsforschung (DIW) (2015) Sozio-oekonomisches Panel (SOEP) 1992–2014. DOI:10.5684/soep.v31

Eichhorst W (2015) Der Wandel der Erwerbsformen in Deutschland. Gesundheits- und Sozialpolitik, 69(1):15–22

Eichhorst W, Tobsch V (2014) Flexible Arbeitswelten. Bericht im Auftrag der Bertelsmann-Stiftung an die Expertenkommission »Arbeits- und Lebensperspektiven in Deutschland. IZA Forschungsbericht 59. IZA, Bonn

Eichhorst W, Tobsch V (2015) Not So Standard Anymore Employment Duality in Germany. Journal for Labour Market Research 48(2):81–95

Eurofound (2012) Fifth European Working Conditions Surve Publications Office of the European Union, Luxemburg

European Commission (2015) Employment and Social Developments in Europe 2014. Publications Office of the European Union, Luxemburg

European Foundation for the Improvement of Living an Working Conditions (2012) European Working Condition Survey 2010. UD Data Servise, SN:6971. http://dx.doi.org 10.5255/UKDA-SN-6971-1

European Foundation for the Improvement of Living an Working Conditions (Eurofound) (2012a) Fifth Workin Conditions Survey. Publications Office of the Europea Union, Luxemburg

European Foundation for the Improvement of Living an Working Conditions (Eurofound) (2012b) European Working Conditions Survey (EWCS) 2010. UK Data Service, SN 6971. http://dx.doi.org/10.5255/UKDA-SN-6971-1

Hacker W (1986) Arbeitspsychologie: Psychische Regulatio von Arbeitstätigkeiten. Huber, Bern

Hall A, Tiemann M (2009) BIBB/BAuA-Erwerbstätigenbefragun 2006 – Arbeit und Beruf im Wandel. Erwerb und Verwer tung beruflicher Qualifikationen. Suf_1.0. Forschungszen trum im BIBB (Hrsg) GESIS Köln (Datenzugang). Bundesin stitut für Berufsbildung, Bonn. DOI:10.7803/501.12.1.1.40

Hall A, Siefer A, Tiemann M (2015) BIBB/BAuA-Erwerbstät genbefragung 2012 – Arbeit und Beruf im Wandel. E werb und Verwertung beruflicher Qualifikationen. Suf4. Forschungszentrum im BIBB (Hrsg) GESIS Köln (Dater zugang). Bundesinstitut für Berufsbildung, Bonn DOI:10.4232/1.11072

Karasek RA (1979) Job Demands, Job Decision Latitude, an Mental Strain: Implications for Job Redesign. Administra tive Science Quarterly 24(2):285–308

OECD (2012) Sick on the Job? Myths and Realities abou Mental Health and Work. OECD Publishing, Paris

OECD (2013) How's Life? 2013: Measuring Well-being. OEC Publishing, Paris

Siegrist J (1996) Adverse Health Effects of High-Effort/Low Reward Conditions. Journal of Occupational Health Ps chology 1(1):27–41

Schütte S, Chastang JF, Malard L, Parent-Thirion A, Vermeyle G, Niedhammer I (2014) Psychosocial Working Condition and Psychological Well-being Among Employees in 3 European Countries. International Archives of Occupa tional and Environmental Health 87(8):897–907

Volpert W (1987) Psychische Regulation von Arbeitstätigke ten. In: Kleinbeck U, Rutenfranz J (Hrsg) Enzyklopädie de Psychologie. Hogrefe, Göttingen, S 1–42

Wagner GG, Frick JR, Schupp J (2007) The German Socio Economic Panel Study (SOEP) – Scope, Evolution an Enhancements. Schmollers Jahrbuch 127(1):139–169

Unternehmenskulturelle Aspekte des Umgangs mit Zeit- und Leistungsdruck

N. Kratzer

B. Badura et al. (Hrsg.) *Fehlzeiten-Report 2016*,
DOI 10.1007/978-3-662-49413-4_3, © Springer-Verlag Berlin Heidelberg 2016

Zusammenfassung *Ausgehend von einer Analyse der Ursachen und Folgen sowie der Umgangsweisen mit Zeit- und Leistungsdruck fragt der Beitrag nach Bausteinen einer gesundheitsförderlichen Unternehmenskultur. Zeit- und Leistungsdruck ist, so die empirischen Befunde, die subjektive Wahrnehmung eines objektiven Leistungsproblems: Im Zusammenspiel steigender Anforderungen einerseits und einer kostenorientierten Personalpolitik andererseits entsteht – systematisch – eine Situation, in der die vollumfängliche Erfüllung hoher und widersprüchlicher Leistungserwartungen erschwert oder gar unmöglich ist. Angesichts einer solchen »systematischen Überlastung« muss eine gesundheitsförderliche Unternehmenskultur Bewertungs- und Handlungsorientierungen zum Umgang mit unerfüllbaren Leistungserwartungen bereitstellen. Vorgeschlagen werden in diesem Zusammenhang insbesondere zwei Bausteine: Zum einen eine Kultur des »gesunden Scheiterns« (wenn Scheitern möglich oder sogar unausweichlich ist, dann muss Scheitern auch erlaubt sein). Zum anderen die Klärung erwarteter Umgangsweisen: »Perfektionismus« muss möglich, »Pragmatismus« legitim sein.*

3.1 Einleitung

Psychische Belastungen spielen in der gegenwärtigen Arbeitswelt eine große und wohl eher zunehmende Rolle (Junghanns u. Morschhäuser 2013; Meyer u. Meschede in diesem Band). Zeit- und Leistungsdruck dürfte dabei ein Schlüsselphänomen sein: Es gibt keine andere psychische Anforderung, die so weit verbreitet ist *und* die von so vielen Menschen als belastend wahrgenommen wird (Lohmann-Haislah 2012). Als eine Antwort auf diese Entwicklung gilt die Formulierung von Leitlinien einer gesundheitsförderlichen (oder »-orientierten«) Unternehmenskultur. Welche Rolle solche unternehmenskulturellen Leitbilder dann auch tatsächlich spielen und spielen können, ist allerdings eine offene Frage: Zum einen unterscheiden sich bekanntermaßen »offizielle« Leitbilder (»Werte«) und gelebte Praxis (etwa Bardmann u. Franzpötter 1990). Die Werte, die sich ein Unternehmen gibt, müssen nicht der in der Praxis herrschenden Kultur entsprechen – und nicht selten werden in den Unternehmen auch solche Widersprüche zwischen »explizierter« und »praktizierter« Kultur artikuliert. So etwa, wenn wie in einem unserer Interviews eine junge Mutter sagt: »Aber die (Firma) sagt ja, wir sind familienfreundlich. Aber da habe ich bis jetzt nichts bemerkt.

… Ich finde hier keine Familienfreundlichkeit. Es ist alles nur … steht bloß da. Aber es wird nicht gelebt.«

Zum anderen – und das ist der Aspekt, der hier weiterverfolgt werden soll – ist die Unternehmenskultur vor allem dann ein wesentlicher Beitrag zur Lösung des Problems (steigender) psychosozialer Belastungen, wenn die Kultur auch das wesentliche Problem ist. Wenn sich psychosoziale Belastungen auch oder besonders auf die spezifische Kultur eines Unternehmens zurückführen lassen (etwa »Misstrauenskultur«, »Hochleistungskultur«), dann ist das sicher etwas anderes, als wenn das Hauptproblem – nur als Beispiel – in einem anhaltenden Personalmangel besteht. Wir wollen im Folgenden daher zunächst danach fragen, was eigentlich das Problem ist: Woher kommt Zeit- und Leistungsdruck, welche Folgen hat er und wie gehen Beschäftigte mit Zeit- und Leistungsdruck um? Daran anschließend stellt sich die Frage, wie eine gesundheitsförderliche Unternehmenskultur aussehen müsste, die dieses Problem auch adäquat adressiert.

Wir stützen uns dabei auf die Befunde eines kürzlich abgeschlossenen Forschungsprojektes zu den Ursachen und Folgen von »Zeit- und Leistungsdruck bei Wissens- und Interaktionsarbeit«. Das Projekt »Zeit- und Leistungsdruck bei Wissens- und Interaktionsarbeit« wurde von der Bundesanstalt für Arbeitsschutz und Arbeitsmedizin (BAuA) gefördert und vom ISF München in Zusammenarbeit mit der Technischen Universität Chemnitz (Christoph Handrich, Caroline Koch-Falkenberg; G. Günter Voß) und einem Eigenprojekt der BAuA (Anika Schulz-Dadazcinsky, Gisa Junghanns) durchgeführt.[1]

Ausgangspunkt dieses Projektverbundes ist der Befund, dass viele Befragungen die quantitative Bedeutung von Zeit- und Leistungsdruck zeigen, aber auch – und gerade für das Feld der (hoch)qualifizierten Dienstleistungstätigkeiten – viele Fragen offen lassen, so vor allem: Was ist eigentlich »Zeit- und Leistungsdruck«? Welche Ursachen und Folgen hat er? Wie wird Zeit- und Leistungsdruck wahrgenommen, wie mit ihm umgegangen? Die Beantwortung dieser – qualitativen – Fragen erfordert ein qualitatives Forschungsdesign; gewählt wurde für das hier zentrale Teilprojekt des ISF München das Design einer (industriesoziologischen) Betriebsfallstudie: Vor dem Hintergrund der konzeptionellen Thesen »neuer Steuerungsformen« (etwa Kratzer u. Nies 2009) bzw. einer »subjektivierten Leistungspolitik« (Matuschek 2010) erscheint ein tätigkeitsbezogener Ansatz zur Erfassung von Zeit- und Leistungsdruck (Junghanns 2012) erweiterungsbedürftig: Zwar steht die Frage nach den Ursachen, Formen, Folgen und Umgangsweisen von bzw. mit Zeit- und Leistungsdruck bei qualifizierten Dienstleistungstätigkeiten im Zentrum, aber zu untersuchen sind sie »im Kontext« der betrieblichen Steuerung einerseits und subjektiver Praxen andererseits (vgl. dazu ausführlich Dunkel u. Kratzer 2016). Aus dem weiten Feld qualifizierter Dienstleistungstätigkeiten wurden zwei Tätigkeitsfelder ausgewählt, die für die Entwicklung der Dienstleistungsarbeit insgesamt von großer Bedeutung sind, sich aber in zentralen Tätigkeitsmerkmalen grundlegend unterscheiden: »Wissensarbeit« (Arbeit am Produkt) und »Interaktionsarbeit« (Arbeit mit Kunden). Durchgeführt wurden zwei Betriebsfallstudien: Als Beispiel qualifizierter Interaktionsarbeit wurde der telefonische und schriftliche Support von Kunden im »IT-Service« eines größeren Software-Unternehmens untersucht. Die Tätigkeiten umfassen die Beratung der Kunden, darüber hinaus aber oft aber auch noch die Mitwirkung bei internen Projekten und/oder etwa im Produktmanagement. Die Beschäftigten verfügen überwiegend über eine kaufmännische Ausbildung. Neben generellen

Interaktionskompetenzen sind vor allem gute Kenntnisse der sehr komplexen Produkte des Unternehmens sowie der Arbeitsabläufe bei den Kunden unabdingbar. Das Tätigkeitsfeld Produktentwicklung steht dem gegenüber exemplarisch für das Feld der hochqualifizierten Wissensarbeit. Die Untersuchungen zur »Produktentwicklung« wurden in einem mittelständischen Unternehmen der elektrotechnischen Industrie an einem reinen Entwicklungsstandort durchgeführt. Die untersuchten Beschäftigten sind allesamt Ingenieure und mit der Entwicklung von Software- oder Hardwarekomponenten für die Produkte des Unternehmens befasst.

Die empirische Basis der Untersuchungen umfasst insgesamt 66 Interviews: 15 ausführliche Interviews mit Vertretern aus Management, Betriebsrat und Gesundheitsschutz (IT-Service: 6; Entwicklung: 9), 20 Interviews mit Führungskräften auf Abteilungs- und Teamleiterebene (IT-Service: 10; Entwicklung: 10) sowie leifadengestützte Intensivinterviews mit Beschäftigten (IT-Service: 16; Entwicklung: 15). Darüber hinaus wurden betriebliche Materialien ausgewertet und jeweils mehrere Vorbereitungs- und Feedback-Veranstaltungen durchgeführt. Im nächsten Abschnitt werden die wichtigsten Befunde dieser Untersuchung kurz und fallübergreifend zusammengefasst (eine ausführliche Darstellung findet sich in Dunkel u. Kratzer 2016).

3.2 Zeit- und Leistungsdruck bei Wissens- und Interaktionsarbeit. Ursachen, Folgen und Umgangsweisen

3.2.1 Zeit- und Leistungsdruck: Definition und Verbreitung

Die Befunde zeigen, dass die Befragten vor allem dann »unter Druck« stehen, wenn sie mit widersprüchlichen Anforderungen konfrontiert sind. Zwei Widerspruchskonstellationen haben sich dabei als besonders bedeutsam erwiesen: Der quantitative Widerspruch zwischen der Anforderungsmenge und den vorhandenen zeitlichen oder personellen Ressourcen – die Beschäftigten haben dann schlicht zu viel zu tun – und ein qualitative Widerspruchskonstellation: Hier besteht der Widerspruch nicht zwischen Anforderungen und Ressourcen, sondern zwischen den Anforderungen selbst[2]: Die Beschäftigten sind nicht mit einer, son-

---

1 Eine ausführliche Darstellung der Ergebnisse des Teilprojekts des ISF München findet sich in Dunkel u. Kratzer 2016. Für Ergebnisse der Teilprojekts der TU Chemnitz siehe Handrich et al. 2016, für das Teilprojekt der BAuA: Schulz-Dadaczynski u. Junghanns 2014.

2 Die empirischen Befunde zu den beiden Widerspruchskonstellationen sind an das von Moldaschl vorgelegte Konzept der »Widersprüchlichen Arbeitsanforderungen«

dern mit mehreren und vor allem auch *verschiedenen* Anforderungen konfrontiert, die nicht selten auch zueinander im Widerspruch stehen: Hohe Qualität, aber wenig Zeit; gute Beratung, aber möglichst kurze Gespräche u. a. Diese beiden Widerspruchskonstellationen treten häufig zusammen auf und verstärken sich wechselseitig, sie können aber auch jede für sich zu Zeit- und Leistungsdruck führen (vgl. dazu auch Junghanns 2012).

»Zeit- und Leistungsdruck« ist nach unseren Befunden dann die subjektive Wahrnehmung einer Arbeitssituation, die durch widersprüchliche Anforderungen gekennzeichnet ist. Zum Problem wird diese Situation, das zeigen unsere Befunde, vor allem deswegen, weil sie die Erfüllung von Leistungserwartungen erschwert oder sogar unmöglich macht. Wir definieren Zeit- und Leistungsdruck deshalb als *subjektive Wahrnehmung eines objektiven Leistungsproblems*: Die Arbeitssituation wird als eine Situation erlebt, in der die Leistungserwartungen mit einer »normalen« Leistung nicht vollumfänglich erfüllt werden können, sondern (wenn überhaupt) nur durch eine erhöhte Anstrengung.

Die Situation »Zeit- und Leistungsdruck« haben alle Befragten schon erlebt – sei es in der jetzigen oder in einer früheren Tätigkeit (beim jetzigen oder einem anderen Arbeitgeber). Es gibt aber erhebliche Unterschiede insbesondere in der Art, Häufigkeit und Dauer von Zeit- und Leistungsdruck-Situationen: So wird Zeit- und Leistungsdruck in der Entwicklung vor allem als Termindruck wirksam, d. h. als drohendes Missverhältnis von spezifizierten Entwicklungszielen und festgelegten Fertigstellungsterminen, im IT-Services aber vor allem als Zeitdruck, d. h. als Missverhältnis zwischen der Menge an Servicenachfragen und der zur Bearbeitung verfügbaren Zeit (vgl. zur Unterscheidung von Zeitdruck und Leistungsdruck auch Junghanns 2012, S. 108). Aber auch innerhalb der Entwicklung und des IT-Service gibt es große Unterschiede, die u. a. mit der jeweiligen Kundenstruktur und den spezifischen Tätigkeitsanforderungen zu tun haben. Kurz: Manche erleben nur selten Zeit- und Leistungsdruck, für andere (insbesondere Führungskräfte) ist Zeit- und Leistungsdruck dagegen Alltag.

Eine große Rolle spielt dabei die Funktion der Person: Bei allen Unterschieden lässt sich als Faustregel feststellen, dass die Wahrscheinlichkeit von Zeit- und Leistungsdruck, d. h. die Wahrscheinlichkeit, häufiger mit einem Leistungsproblem konfrontiert zu sein, mit

der Anzahl der Kooperationsbezüge, d. h. der Schnittstellen (zu anderen Personen, Arbeitsgruppen, Funktionen) steigt. Die Führungskräfte beider Unternehmen weisen eine Vielzahl solcher Schnittstellen auf, aber es gibt eben auch eine ganze Reihe »normaler« Beschäftigter, die in eine größere Zahl von Kooperationsbezügen eingebunden sind. Dazu zählen etwa die Teilprojektleiter (ohne Führungsfunktion) in der »Entwicklung«, aber auch die Service-Mitarbeiter, die neben der Servicetätigkeit noch weitere Aufgaben haben (Produktmanagement, Sonderaufgaben, Projekte etc.). In beiden Fallbetrieben gewinnt man den Eindruck, dass die Zahl der Schnittstellen eher zu- als abnimmt: Mit komplexeren Produkten und wachsenden Kundenanforderungen steigt auch die Komplexität der Organisation – und mit dieser die Zahl der Schnittstellen.

Bei allen Unterschieden in der Betroffenheit und bei aller Subjektivität in der Wahrnehmung hat die Wahrnehmung von Zeit- und Leistungsdruck in Fallbetrieben einen objektiven Hintergrund: Im Fall Entwicklung ist es »normal«, dass die Produkte oder Teilprodukte zum festgesetzten Termin nicht in versprochener Qualität vorliegen. Auf dem internen Markt für Entwicklungsaufträge erhöhen knappe Kalkulationen die Chance der Genehmigung und auf dem externen Markt die Chance, den Auftrag zu erhalten oder die Anforderungen der Kunden zu erfüllen. Dass ein Meilenstein nicht erreicht wird, so sagte es ein Entwickler, »...*ist eigentlich bei uns relativ normal*«. Im Fall Service ist es ebenfalls so, dass die Vorgaben insbesondere zur Erreichbarkeit des Service häufig nicht erfüllt werden. Und auch hier gibt es ganz verschiedene Ursachen, aber auch hier ist die Diskrepanz zwischen Anforderungen und Ressourcen mindestens zum Teil auch »hausgemacht«: Die Anforderungen steigen, aber nicht zuletzt aus Kostengründen können die Personalkapazitäten nicht in gleichem Umfang wachsen. Die Qualitätsziele werden jedoch auch nicht nach unten korrigiert – und hier ist die Erreichbarkeit neben der Beratung an sich natürlich ein ganz wichtiger Faktor der für den Kunden erfahrbaren Servicequalität.

»Zeit- und Leistungsdruck« ist keine neue Situation, sondern wird von den Beschäftigten und Führungskräften als selbstverständlicher Bestandteil einer anspruchsvollen Tätigkeit angesehen und im Prinzip auch weitgehend akzeptiert. Dabei war Zeit- und Leistungsdruck in der Vergangenheit an bestimmte, mehr oder weniger vorhersehbare und planbare, zeitlich befristete Situationen geknüpft (etwa Projektabschluss in der Entwicklung, Jahresabschluss im IT-Service). In beiden Fällen zeigt sich nun aber die Tendenz, dass Situationen, in denen Zeit- und Leistungsdruck entste-

---

anschlussfähig: Moldaschl konzipiert widersprüchliche Arbeitsanforderungen als Diskrepanzen zwischen Zielen, Regeln und Ressourcen (vgl. dazu etwa Moldaschl 2012).

3

hen, zunehmend häufiger und weniger vorhersehbar werden: Die Projekte in der Entwicklung unterliegen einer projekttypischen Dynamik mit einem zu wichtigen Terminen hin ansteigenden Zeit- und Leistungsdruck. Für eine Verstetigung sorgt hier, dass die Zyklen durch engere Termine kürzer werden und zugleich die Unterbrechungen häufiger, wobei diese ihrerseits teils indirekte Folge »unrealistischer« Ziele sind (weil man bei der Eskalation von Projekten woanders einspringen muss oder ausgelieferte Produkte zur Nachbearbeitung zurückkommen), teils Folge des »kundengetriebenen« Geschäfts sind. Auch im Service gibt es eine klare Tendenz zur Verlängerung der bekannten »Hochphasen«. Solche Phasen kommen häufiger vor, weil die Frequenz der Datenupdates bzw. der Produktentwicklung zugenommen hat. Der Ablauf von Hochphasen zum Jahresende und dem »Sommerloch«, wo wenig zu tun war, existiert – so ein Servicemitarbeiter – nicht mehr: *»Das gibt es nicht mehr, jetzt ist Jahreswechsel-Stress und das ganze Jahr Stress, so Grundtendenz in der Firma.«*

3.2.2 Zeit- und Leistungsdruck: Ursachen

Zur Entstehung des objektiven Leistungsproblems tragen in den beiden Fallbetrieben das Zusammenwirken von insbesondere vier Bedingungen bei: Beide Unternehmen sind erstens mit hohen Anforderungen der Kunden an die Qualität der Produkte, aber auch an die Qualität der Kundenbetreuung konfrontiert. Sie haben es mit anspruchsvolle(re)n Kunden zu tun, aber auch mit einer zunehmenden Komplexität der Produkte. Dies gilt für die Geräte des Entwicklungsfalls, aber auch für die Softwareprodukte des Servicefalls, die z. B. mehr Optionen für die Oberflächengestaltung durch die Kunden haben sollen. Zweitens berichten die Experten, die Führungskräfte und auch die Beschäftigten von einer umfassenden Beschleunigung der Innovationszyklen, der Organisationsentwicklung, aber auch der Arbeit selbst. Drittens sind beide Fallbetriebe hochkomplexe Organisationen mit einer Vielzahl von Schnittstellen und Kooperationsbezügen. So sind an Entwicklungsprojekten meist mehrere Teilprojekte beteiligt und darüber hinaus auch noch der Einkauf, der technische Service, das Produktmanagement usw. Auch die Serviceorganisation weist eine hohe Komplexität auf: Verschiedene Servicelevels bilden mit unterschiedlichen Serviceangeboten und Produktgruppen eine nicht leicht durchschaubare Matrix. Insbesondere im Fall der Entwicklung erhöhen zusätzlich ausländische Standorte und eine globale Kundenstruktur die

Komplexität beträchtlich. Und viertens reichen in be[i] den Unternehmen die Personalressourcen regelmäßi[g] nicht aus, um die Leistungserwartungen vollumfäng[-] lich zu erfüllen. Auch wenn beide Unternehmen au[f]grund ihrer Eigentümerstruktur nicht so renditege[-] trieben sind wie wohl manche Aktiengesellschaf[t] müssen sie doch Rendite erwirtschaften und dies m[it] relativ hochpreisigen Produkten auf umkämpfte[n] Märkten. Beide Unternehmen »leben« von der hohe[n] Qualität ihrer Produkte und der Qualität der Kun[-] denbetreuung, müssen aber natürlich auch darau[f] achten, dass die Kosten nicht aus dem Ruder laufe[n] Das objektive Leistungsproblem entsteht, kurz gesag[t,] dadurch, dass hohe qualitative Anforderungen i[m] Rahmen komplexer Prozesse und Organisationsstruk[-] turen mit unzureichenden Ressourcen bearbeitet wer[-] den müssen. Es entsteht durch die – temporäre ode[r] dauerhafte – Unvereinbarkeit bzw. Widersprüchlich[-] keit von Anforderungen, durch die Unerfüllbarke[it] mindestens einer der verschiedenen Leistungsanfor[-] derungen (Termine, Qualität, Kosten, Kundenzufrie[-] denheit u. a.). In der Folge sind die Leistungsverspre[-] chungen, die die Unternehmen dem Markt oder de[n] Kunden gegenüber machen, mit den gegebenen Res[-] sourcen allein nicht (immer) oder nicht in vollem Um[-] fang einzuhalten. Die Maßnahmen der Unternehme[n] – Prozesse werden optimiert, Kosten gesenkt, Syner[-] gien gesucht (und gefunden), Personal eingestell[t] Externe und Leiharbeitskräfte beschäftigt usw. – re[i]chen aber ganz offensichtlich nicht aus, um die Lück[e] gänzlich zu schließen – teilweise wird sie sogar größe[r]

Diese Leistungslücke müssen nicht zuletzt di[e] Beschäftigten schließen: durch Mehrarbeit, wenn e[s] nötig ist, durch schnelleres Arbeiten, durch Verzich[t] auf Pausen, Abstriche bei der Qualität, durch Priorisie[-] ren usw. – eben nicht mit »normaler« Leistung, son[-] dern durch eine erhöhte Leistungsverausgabung. Das[s] die Beschäftigten das dann auch tun, also mit eine[r] erhöhten Leistungsbereitschaft und Leistungsveraus[-] gabung reagieren, setzt voraus, dass sie sich das unter[-] nehmerische Leistungsproblem aneignen, es zu ihre[m] eigenen Problem machen. Und das tun die von un[s] befragten Beschäftigten in einer Weise, dass (ihne[n] selbst) am Ende gar nicht mehr klar ist, ob man sic[h] den Stress oder Druck nicht vor allem selbst mach[t.] Aber warum tun sie das? Auf der Basis der Unter[-] suchung lassen sich drei Antworten geben:

Erstens sind in beiden Fallbetrieben unerreichbar[e] oder herausfordernde Ziele keine Seltenheit und fü[r] die Begründung dieser Situation werden Sachargu[-] mente angeführt (Engpässe, Kundenanforderunge[n] Kostendruck etc.), die von den meisten Beschäftigte[n] auch akzeptiert werden. Die Leistungslücke ist dam[it] ein *legitimes*, von den Beschäftigten akzeptiertes unternehmerisches Problem. Zweitens sehen sich die Beschäftigten in beiden Fallbetrieben in der Verantwortung für die Service- bzw. Produkt*qualität*. An dieser Verantwortung halten sie auch fest, weil sie den Kern ihrer arbeitsinhaltlichen Orientierung und auch ihres Selbstbewusstseins ausmacht (vgl. dazu auch Nies 2015). Selbst wenn die Beschäftigten sich das unternehmerische Problem nicht unmittelbar aneignen, eignen sie es sich doch mittelbar an, weil sie prinzipiell selbst bestrebt sind, ihren eigenen Anspruch und den ihrer Leistungsabnehmer in dem durch die begrenzten Ressourcen enger gesteckten Rahmen zu erfüllen. Drittens – und nicht zuletzt: In ihrem Bemühen, trotz begrenzter Ressourcen die Leistungserwartungen zu erfüllen, stehen die Beschäftigten unter ständiger und eben auch intensivierter Beobachtung«:[3] Zum einen, weil mit der zunehmenden Digitalisierung der Arbeitsprozesse immer mehr Daten zur Verfügung stehen, die auch Auskunft über die individuelle Leistung geben (etwa zum Projektstatus, zur Erreichbarkeit etc.); zum anderen, weil mit der wachsenden Komplexität der Organisationen die Zahl der Schnittstellen steigt – und damit auch die Zahl der Abnehmer und/ oder Beobachter der eigenen Leistung. Dass die gestiegene Beobachtbarkeit die Beschäftigten oft zusätzlich unter Druck setzt, wurde in den Fallanalysen ebenso deutlich wie der Umstand, dass mit steigendem Mengen-, Qualitäts- und Koordinationsdruck auch die Beobachtungsintensität ansteigt: Droht sich die Auslieferung des Produkts zu verzögern oder sinkt die Erreichbarkeit des Service, steigt, wie es hieß, die »Management Attention« und erzeugt zusätzlichen Druck. Diese Mischung aus einer systematischen »Leistungslücke«, einem transparenten unternehmerischen Problem, einer hohen intrinsischen Motivation sowie einer verstärkten Beobachtungsintensität ist typisch für neue Formen der Leistungssteuerung (vgl. dazu Kratzer u. Nies 2009; Menz 2009; Kratzer et al. 2015).

Es drängt sich der Eindruck auf, dass »unerfüllbare« oder »ehrgeizige« Ziele, »optimistische Planungen« etc. kein »Fehler im System« sind, sondern Ergebnis des Versuchs, eine bestimmte Leistung zu vertretbaren Kosten anzubieten. In der Folge steigt der Druck auf und für die Beschäftigten, weil das Verhältnis von (steigenden) Anforderungen und (begrenzten) Ressourcen (Beschäftigte, Zeit) nicht stimmt und dann auch die unterschiedlichen Anforderungen (Qualität, Zeit, Menge) zueinander in Widerspruch geraten. Zeit-

und Leistungsdruck erfüllt dann aber eben auch eine wichtige Funktion zur Bewältigung betrieblicher Leistungsprobleme. Nur mit zumindest temporär immer wieder erhöhter Leistungsverausgabung lassen sich die betrieblichen Leistungsversprechen einlösen und systematisch angelegte Leistungsprobleme bearbeiten. Zeit- und Leistungsdruck ist aus betrieblicher Sicht eine Lösung für das systematisch angelegte Leistungsproblem.[4]

3.2.3 Zeit- und Leistungsdruck: Folgen und Umgangsweisen

Zum Problem wird diese Lösung, auch für die Unternehmen, vor allem durch die Folgen: Den positiven Folgen – einer erhöhten Leistung und (teilweise) Erfolgserlebnissen – stehen ganz eindeutig negative Folgen gegenüber: Vor allem eine Arbeitssituation, die über längere Zeit hinweg durch Zeit- und Leistungsdruck geprägt ist, führt – so die Befragten – zu Qualitätsverlusten (und zwar sowohl der Ergebnis- als auch der Arbeitsqualität), Motivationsproblemen[5] und negativen Folgen für Gesundheit, Vereinbarkeit von Familie und Beruf sowie Wohlbefinden.

Welche subjektiven Folgen Zeit- und Leistungsdruck hat, hängt von einer Reihe von Bedingungen ab, nicht zuletzt auch von den Umgangsweisen der Beschäftigten und Führungskräfte mit dieser Situation. Insgesamt dominieren reaktive Umgangsweisen, d. h. es geht nicht darum, die Situation zu verändern, sondern möglichst gut mit ihr zurechtzukommen. Die befragten Beschäftigten und Führungskräfte reagieren sowohl in ihrer Lebens- als auch in ihrer Arbeitsweise:

Die Situation Zeit- und Leistungsdruck wird zum einen als private Herausforderung für den Erhalt der eigenen Leistungsfähigkeit wahrgenommen. Die meisten sehen die Verantwortung für die richtige Balance zwischen Anstrengen und Erholen vor allem bei sich selbst und suchen gezielt nach einem Ausgleich für die negativen Begleiterscheinungen von Zeit- und Leistungsdruck. Eine Schlüsselrolle spielt dabei Sport, aber

---

3 In eine ähnliche Richtung geht die These der »permanenten Bewährung« (vgl. dazu etwa Kämpf 2015).

4 Zu einer vergleichbaren Einschätzung kommen auch Streicher u. Frey, die sie allerdings eher als Forderung formulieren: »Die Mitarbeiter müssen bereit sein, freiwillig Leistungen im Sinne des Unternehmens zu erbringen, die über ihre arbeitsrechtlichen Verpflichtungen hinausgehen« (Streicher u. Frey 2009, S. 129).

5 Viele Beschäftigte plagt, so etwa empirische Untersuchungen bei Kundenberatern in den Finanzdienstleistungen, ein Gefühl des »permanenten Ungenügens« (vgl. dazu Dunkel et al. 2010).

3

auch ein ausgeglichenes Privatleben, das man entsprechend vor den Belastungen der Arbeitswelt auch schützen muss.

Zeit- und Leistungsdruck ist aber auch eine Herausforderung für die Arbeitsweise. Wenn man mit einem transparenten, objektiven Leistungsproblem konfrontiert ist, muss man in irgendeiner Form reagieren (oder agieren). Und bei aller Vielfalt im Konkreten scheint es dabei zwei (ideal)typische – konträre – Umgangsweisen zu geben, die sich systematisch auf das Problem eines widersprüchlichen Verhältnisses von Anforderungen und Ressourcen beziehen[6]:

»*Perfektionismus*«: Das Ziel dieser Umgangsweise ist hier, auch unter erschwerten Bedingungen möglichst *alle* Leistungserwartungen und insbesondere auch die eigenen Anforderungen an das Ergebnis, aber auch die Arbeitsqualität zu gewährleisten. Konfrontiert mit zu hohen quantitativen und/oder widersprüchlichen Anforderungen zielt die Umgangsweise »Perfektionismus« darauf ab, das Leistungsproblem durch die Anpassung der Ressourcen zu lösen: durch eine effizientere Arbeitsweise (»Selbstoptimierung«) und/oder durch die (Selbst-)Extensivierung der Arbeitszeit, indem länger – und häufig auch außerhalb der erfassten Arbeitszeit – gearbeitet wird.

Eine zweite, dazu konträre Umgangsweise bezeichnen wir als »*Pragmatismus*«: Während im Perfektionismus die Ressourcenseite flexibel ist, ist es im Pragmatismus die Anforderungsseite. Die Anpassung von Anforderungen und Ressourcen erfolgt hier über eine Absenkung der Anforderungen. Während man aber die eigenen Vorstellungen von Qualität selbst senken (oder erhöhen) kann, entziehen sich die fremdgesetz-

---

6 Theoretisch grundlegend ist hier das Konzept einer »subjektivierten« Leistungspolitik (etwa Kratzer u. Nies 2009; Matuschek 2010), in dem die Vorstellung zentral ist, dass Beschäftigte in zunehmendem Maße nicht nur für die Selbststeuerung ihrer Leistungsverausgabung, sondern auch für die Bewältigung unternehmerischer Widersprüche (eben etwa Qualität vs. Kosten) zuständig sind. Empirisch haben wir dazu die Antworten der Befragten zum Umgang mit objektiven Leistungsproblemen ausgewertet. Dabei zeigten sich auf der Subjektebene typische Kombinationen von Begriffen und Aussagen, die offensichtlich zwei diametral unterschiedliche Umgangsweisen anzeigen, die sich, dann wieder mit Bezug auf das theoretische Grundkonzept, als »Perfektionismus« und »Pragmatismus« bezeichnen lassen. Auch wenn angesichts der kleinen Fallzahlen quantitative Aussagen zur Stärke der beiden Gruppen wenig Sinn machen: Einiges deutet darauf hin, dass im IT-Service häufiger »Pragmatismus«, im Fall Entwicklung häufiger »Perfektionismus« anzutreffen ist.

ten Anforderungen, also die betrieblichen Vorgabe[n] im Hinblick auf Menge, Zeit, Qualität u. ä., auch i[n] unseren Fallbetrieben weitgehend der subjektive[n] Einflussnahme: Hier geht es dann vor allem auch u[m] eine Anpassung der Haltung zur Arbeit: Pragmatis[-] mus funktioniert bei überfordernden fremdgesetzte[n] Anforderungen nur dann, wenn man sich zumindes[t] teilweise der Aneignung des betrieblichen Leistungs[-] problems verweigert. Das Credo dieser Umgangsweis[e] lautet: »*Mehr als Arbeiten kann man nicht*« (Service[-] mitarbeiter).

»Perfektionismus« und »Pragmatismus« sin[d] empirisch vorfindbare Typen des unterschiedliche[n] Umgangs mit einem Missverhältnis von Anforderun[-] gen und Ressourcen – und keine Personentypen. Pe[r-] sonentypen (das wären dann »Perfektionisten« un[d] »Pragmatiker«) und Typen von Umgangsweisen wei[-] sen einige Entsprechungen auf, deckungsgleich sin[d] sie aber eben nicht: Im Sample gibt es einige eindeutig[e] »Perfektionisten« und genauso klare »Pragmatiker[«,] aber es gibt auch spezifische Dynamiken: Einige de[r] Befragten berichten darüber, dass sie ihre Umgangs[-] weise verändert haben, wobei die Richtung zumeis[t] vom Perfektionismus zum Pragmatismus weist. Per[-] fektionismus und Pragmatismus sind nicht nur Um[-] gangsweisen der Person, sondern auch Umgangs[-] weisen der Organisation – die in einem ungeklärte[n] Verhältnis zueinander stehen: Erwünscht ist von de[n] Beschäftigten sowohl Perfektionismus als auch Prag[-] matismus, und zwar Perfektionismus insbesondere i[m] Hinblick auf die qualitativen Anforderungen un[d] Pragmatismus im Hinblick auf die betriebswirtschaf[t-] lichen Anforderungen. Die Widersprüchlichkeit de[r] Anforderungen verdoppelt sich in einer widersprüch[-] lichen Anforderung an die Umgangsweise der Subjekt[e] – auch deshalb sind die »Realtypen« von Umgangswei[-] sen kaum jemals konsequent »perfektionistisch« ode[r] »pragmatisch«, sondern zumeist eine Mischung au[s] beidem.

Die Spielräume für unterschiedliche Umgangswei[-] sen sind nicht nur personenabhängig, sondern variie[-] ren auch je nach der jeweiligen Tätigkeit und der Leis[-] tungskultur des Bereichs. Deutlich wird das dara[n,] dass es im Servicefall mehr Befragte gab, denen wi[r] eine eher »pragmatische« Umgangsweise zuschreibe[n] als im Fall der Entwicklung.

Unsere Befunde lassen erahnen, dass »Perfektio[-] nismus« und »Pragmatismus« mit unterschiedliche[n] Folgen für Gesundheit und Wohlbefinden verbunde[n] sind. »Pragmatismus« dürfte die gesündere Umgangs[-] weise mit Zeit- und Leistungsdruck sein, während de[r] »Perfektionismus« die Gefahr der Selbstüberforderun[g] bzw. »interessierten Selbstgefährdung« (Peters 2011[)]

– und angesichts unerfüllbarer Leistungsanforderungen auch der Enttäuschung und des Scheiterns – inhärent ist. Hochproblematisch ist, dass »Perfektionismus« eine legitime und auch geforderte Umgangsweise ist (siehe oben), dass aber die möglichen negativen Folgen offensichtlich eher individualisiert werden. Scheitert jemand mit einer perfektionistischen Umgangsweise oder fällt gar krankheitsbedingt aus, dann kann ihm Perfektionismus durchaus auch implizit vorgeworfen werden – mit der Folge, dass eine an sich legitime Umgangsweise im Einzelfall für »falsch« erklärt und die »Schuld« letztlich beim Betroffenen gesehen wird.

Diese beiden idealtypischen Umgangsweisen sind nicht nur in empirischer Hinsicht bedeutsam, sie erfahren auch eine logische Bestätigung durch die Art und Weise, wie die Unternehmen mit »ihrem« Leistungsproblem umgehen. Wenn die Bearbeitung der »Leistungslücke« auch dadurch erfolgen soll, dass sich die Beschäftigten das unternehmerische Problem tendenziell unerfüllbarer Leistungsversprechen aneignen und in der Folge als eigenes, d. h. subjektives Leistungsproblem betrachten, das sie nur mit einer erhöhten Leistungsbereitschaft und Leistungsverausgabung bewältigen können, dann folgt daraus zweierlei: Erstens ist Zeit- und Leistungsdruck dann aus Sicht des Unternehmens zunächst kein zu bearbeitendes Problem, sondern im Gegenteil eine potenzielle Lösung für das Problem unerfüllbarer Leistungsanforderungen. Zum Problem für die Unternehmen wird Zeit- und Leistungsdruck dann erst über die negativen Folgen (v. a. Qualitätsprobleme, Gesundheitsprobleme). Zweitens: Wenn der subjektiv wahrgenommene Zeit- und Leistungsdruck eine Folge der Aneignung des betrieblichen Leistungsproblems durch die Subjekte ist, dann ist »Pragmatismus« als partiell verweigerte Aneignung tatsächlich – und eben: logisch – auch eine wirksame Entlastungsstrategie.

3.3 Unternehmenskulturelle Bausteine zur gesundheitsförderlichen Gestaltung von Zeit- und Leistungsdruck

Unternehmen (zumindest die allermeisten) haben ein großes Interesse daran, dass ihre Mitarbeiter auch langfristig gesund und leistungsfähig sind. Allerdings haben sie auch ein großes (und naturgemäß oft noch größeres) Interesse daran, ihren Kunden konkurrenzfähige Leistungen zu versprechen und das zu Kosten, bei denen sich Gewinne erzielen lassen. Infolge steigender Anforderungen und begrenzter Ressourcen

entsteht dann aber oft eine »Leistungslücke«. Diese Leistungslücke erzeugt ein Leistungsproblem, das die Beschäftigten als Zeit- und Leistungsdruck wahrnehmen und erleben. Zeit- und Leistungsdruck ist, wie gesehen, somit eine »Lösung« für die Bewältigung dieser Leistungslücke – offensichtlich durchaus erfolgreich, aber eben auch hochproblematisch: Es drohen Qualitätsverluste, Demotivation und Überlastung.[7]

Aber so problematisch Zeit- und Leistungsdruck ist, »abschaffen« lässt er sich wohl nicht. Oder jedenfalls nicht so einfach, weil Unternehmen dann entweder die versprochenen Leistungen nicht mehr liefern können oder die Erträge sinken. Die Frage ist deshalb, wie sich Zeit- und Leistungsdruck so gestalten lässt, dass sich die damit verbundene – eindeutige – Gefährdung für die Qualität, die Motivation, Vereinbarkeit, Gesundheit und das Wohlbefinden der Beschäftigten wenigstens einigermaßen begrenzen lässt.

Natürlich muss es dabei in erster Linie darum gehen, die geschilderten Verhältnisse möglichst so zu gestalten, dass Beschäftigte nicht immer wieder – und wohl auch immer häufiger – mit einem Missverhältnis von Anforderungen und Ressourcen konfrontiert sind, das sie beinahe automatisch in die schwierige Situation bringt, mit einer »normalen« Leistung die an sie gerichteten Erwartungen nicht erfüllen zu können und am Ende selbst – Stichwort: »Interessierte Selbstgefährdung« (Peters 2011) – gegen die Richtlinien einer gesunden Arbeitsweise zu verstoßen. Gefragt ist in erster Linie eine »realistischere« Planung bzw. eine «balanceorientierte Leistungspolitik«, die das Verhältnis von Anforderungen und Ressourcen selbst zum

---

7 Weil sich der betriebliche Gesundheitsschutz eben auch negativ auf die Kokurrenzfähigkeit des Unternehmens auswirken könnte, kommt ja der überbetrieblichen Regulierung auch eine so große Rolle für die gesundheitsförderliche Arbeitsgestaltung zu – und dem Druck von Betriebsräten und Beschäftigten: Ohne gesetzliche Grundlage wäre etwa die Verbreitung von Gefährdungsbeurteilungen noch dürftiger als sie ohnehin ist. In einer europaweiten Befragung geben 85 Prozent der befragten Betriebe an, dass das Erfüllen von gesetzlichen Vorschriften der Hauptgrund für die Befassung mit Fragen von Sicherheit und Gesundheitsschutz sei. Als zweithäufigstes Motiv (79 Prozent) wird das Erfüllen von Erwartungen seitens der Beschäftigten oder ihrer Vertreter genannt (ESENER 2015, S. 12). In einer ESENER-Befragung von Führungskräften geben für Deutschland 53 Prozent die Erfüllung gesetzlicher Vorschriften und 42 Prozent die Erwartungen von Beschäftigten oder Betriebsräten als wichtige Gründe für die Durchführung von Maßnahmen zum Umgang mit psychosozialen Risiken an (Beck et al. 2012, S. 118).

Gegenstand einer gesundheitsförderlichen Arbeitsgestaltung macht (vgl. dazu Kratzer et al. 2015).[8]

Aber auch die Unternehmenskultur kann einen Beitrag zur Begrenzung der Gefahr einer »systematischen Überlastung« leisten. Wenig hilfreich ist dafür allerdings die Formulierung allgemeiner Leitsätze etwa zum »wertschätzenden Umgang« und dem »nachhaltigen Umgang mit den Ressourcen«. Was das in der Praxis konkret heißen soll, bleibt oft unklar – eine Handlungsorientierung ist damit kaum zu vermitteln. Ebenfalls wenig hilfreich ist es, eine mehr oder weniger ausschließlich auf das Verhalten der Beschäftigten gerichtete »Gesundheitskultur« zu propagieren: Der Appell, sich in- und außerhalb der Arbeit gesundheitsbewusst(er) zu verhalten, erzeugt nicht nur zusätzlichen Druck, er unterstellt auch implizit, dass die Beschäftigten und ihr Verhalten das wesentliche Problem darstellen und individualisiert so strukturelle Probleme (vgl. dazu auch Kölker u. Bittlingmayer 2013).

Hilfreicher erscheint es hier, gerade nicht davon auszugehen, dass Leistungsanforderungen und Gesundheit prinzipiell gut zusammengehen und auch nicht davon, dass das Problem vor allem die Beschäftigten sind. In einer Arbeitssituation, die durch eine systematische Diskrepanz zwischen Anforderungen und Ressourcen gekennzeichnet ist (so etwa die typische »optimistische« Projektplanung)[9], muss eine gesundheitsförderliche Unternehmenskultur Bewertungs- und Handlungsorientierungen für diese Situation einer »systematischen Überlastung« (vgl. dazu Kratzer et al. 2011; Kratzer et al. 2015) bieten. Genau das zeichnet eine gesundheitsförderliche Unternehmenskultur in Zeiten wachsender psychischer Belastungen aus.

Wir wollen im Folgenden die zwei Bausteine eine Kultur des (immer möglichen) Scheiterns kurz umrei ßen. Der erste Baustein zielt auf die Ebene der organi sationalen Beobachtung und Bewertung von Leistung Im zweiten Baustein geht es dagegen um die Umgangs bzw. Arbeitsweisen von Beschäftigten und Führungs kräften:

- **1. Gesundes Scheitern: Wenn Scheitern immer möglich ist, dann muss Scheitern auch erlaubt sein**

Eine Kultur des »gesunden Scheiterns« geht davon au dass angesichts der Diskrepanz von steigenden Anfor derungen und begrenzten Ressourcen die vollumfäng liche Erfüllung aller Leistungserwartungen eher d Ausnahme als die Regel ist. Eine solche Kultur ist da Gegenmodell zur dominanten »Erfolgskultur« (Neck 2008) – und wäre in den Betrieben auch ein Gegenmo dell zur üblichen Praxis. Die »Erfolgskultur« in viele Unternehmen hat dazu geführt, dass das tatsächlich Scheitern durch Herumtaktieren, Zahlenspielerei und Manipulationen so lange wie möglich verdeck wird. Ein aktuelles und besonders spektakuläres Be spiel ist der VW-Abgasskandal: »Grund für die Mani pulation …«, so das Manager Magazin unter Berufun auf Insider, »…sei gewesen, dass die vom inzwische zurückgetretenen VW-Chef Martin Winterkorn ge steckten Ziele nicht mit legalen Mitteln hätten erreich werden können« (Manager Magazin 2015). Und i einem Bericht der Süddeutschen Zeitung: »Nach An gaben eines der Mitwirkenden habe es sich um ein Art ‚Verzweiflungstat‘ gehandelt. Im Konzern hab das Klima geherrscht: Wir können alles; dass etwa nicht geht, gibt es nicht.« (Mascolo u. Ott 2016, S. 27 Solche spektakulären Beispiele für die Auswüchse de

---

8 Eine offene Frage ist dabei, welche Gestaltungsspielräume es für eine »balanceorientierte Leistungspolitik« gibt. Dabei geht es zunächst um die Unausweichlichkeit eines Konflikts zwischen steigenden Marktanforderungen und einer aus Kostengründen notwendigen »restriktiven Personalpolitik« (vgl. dazu auch Dunkel u. Kratzer 2016) – und damit um die betriebswirtschaftlichen Kalkulationsgrundlagen, aber natürlich auch um die Legitimität der jeweiligen Ertragserwartungen von Unternehmen. *Dass* es aber überhaupt Spielräume gibt, zeigt nicht zuletzt die Praxis: In den von uns untersuchten Unternehmen zeigt sich, dass Führungskräfte und Beschäftigte nahezu täglich Lösungen für das Problem unerreichbarer Ziele finden müssen – und auch finden. Häufig kommt es dabei zu Lösungen, die darin bestehen, dass explizit oder implizit die Anforderungen gesenkt werden.

9 Wir haben dieses Phänomen an anderer Stelle als »systematische Überlastung« bezeichnet (vgl. dazu etwa

Kratzer et al. 2011). Die These der systematischen Überlastung behauptet, dass es im Rahmen (kapital)marktorientierter Steuerungsstrategien von Unternehmen zu einer wachsenden Diskrepanz (und Widersprüchlichkeit) zwischen Anforderungen und Ressourcen kommt und dass diese Diskrepanz eben »systematisch« erzeugt wird, also nicht Ergebnis einer Fehlsteuerung ist. Wir gehen im Gegenteil davon aus, dass die Überlastung selbst zu einem wesentlichen Element der Leistungssteuerung wird. Die empirischen Befunde, die diese These stützen, reichen von quantitativen Ergebnissen zur Verbreitung von Zeit- und Leistungsdruck (etwa Lohmann-Haislah 2012) über Befragungsergebnisse zur Erreichbarkeit von Zielvorgaben (etwa Pangert et al. 2011) und zum Verhältnis von Anforderungen und Ressourcen (Pangert et al. 2015) bis hin zu qualitativen Betriebsfallstudien (vgl. dazu die Dunkel u. Kratzer 2016; Kratzer et al. 2015; Kratzer et al. 2011).

»Erfolgskultur« gibt es einige (z. B. aus Banken im Zuge der Finanzkrise 2008/2009), aber es gibt eben auch – und auch in den von uns untersuchten Betrieben – die Praxis des (wie es oft heißt) »kreativen« Umgangs mit Vorgaben und Planungen[10]: Ein solcher Umgang reduziert den Erfolgsdruck, stabilisiert und reproduziert aber letztlich die »Erfolgskultur« und führt – siehe VW – zur zunehmenden Entkoppelung betrieblicher Parallelwelten: Hier eine Welt der Erfolgsmeldungen und Planzahlen, dort eine Welt des »Muddling Through«. Die »offizielle« Anerkennung des (immer möglichen) Scheiterns würde demgegenüber den Druck verringern, trotz schwieriger Bedingungen unter allen Umständen erfolgreich sein zu müssen, würde mehr Ehrlichkeit und Transparenz (und damit auch bessere Planzahlen) bedeuten und nicht zuletzt Zeit sparen, die man ansonsten allein für den »strategischen« Umgang mit unerreichbaren Zielen bräuchte.

▪ 2. Perfektionismus ermöglichen, Pragmatismus legitimieren

Wie gesehen lassen sich empirisch und »logisch« zwei idealtypische Umgangsweisen mit dem Problem eines Missverhältnisses von Anforderungen und Ressourcen erkennen: Beim »Perfektionismus« versuchen Beschäftigte und Führungskräfte, ihre Ressourcen den gestiegenen Anforderungen anzupassen – nicht selten auch auf Kosten ihrer Gesundheit und ihres Privatlebens. »Pragmatismus« beinhaltet dagegen, die Anforderungen den Ressourcen anzupassen. Während der »Perfektionismus« eher in der Linie offizieller Unternehmenskulturen liegt – den Kunden werden schließlich »maßgeschneiderte Lösungen« auf »höchstem Niveau« versprochen, entspricht der »Pragmatismus« eher der gelebten Kultur. Das Problem ist nun erstens, dass zwar Pragmatismus die realistischere – und so wie es aussieht auch gesündere – Umgangsweise ist, Unternehmen aber beides brauchen: Perfektionismus und Pragmatismus. Perfektionismus gilt allerdings nur solange als die richtige (und auch lobenswerte) Umgangsweise, bis es am Ende ein gutes Ergebnis gibt und die Betroffenen nicht daran zerbrechen. Ist das jedoch der Fall, wird Perfektionismus, wie wir in unserer Empirie sehen konnten, zur individuellen Unfä-

higkeit erklärt, sich mit den Realitäten (hoher Anforderungen bei knappen Ressourcen) arrangieren zu können. Das Problem ist zweitens, dass Pragmatismus eine überaus gängige Umgangsweise in der Praxis ist – dass diese Umgangsweise aber eine Eskalationsstrategie ist, die erst dann eine gewisse Legitimation erhält, wenn endgültig klar ist, dass man die Ziele nicht vollumfänglich erreichen können wird. Auch dann begegnen sich Führungskräfte und Beschäftigte häufig in einer Grauzone nur halb legitimierten Handelns. Drittens mag Pragmatismus zielführend und realistisch sein, er befreit einen jedoch nur begrenzt aus seiner Not: Die Beschäftigten sind dann selbst mit dem Ergebnis unzufrieden – und der Kunde ist es in der Regel auch. Wichtig wäre hier eine Kultur, die zum einen die Widersprüchlichkeit der Lösung widersprüchlicher Verhältnisse aufgreift und Leitlinien für eine bessere Balance von Perfektionismus und Pragmatismus[11] bereithält (auch Perfektionismus muss möglich sein!) und die zum anderen den Pragmatismus aus der Schmuddelecke nur halb legitimer Notstrategien befreit und zu einer absolut legitimen Umgangsweise erklärt.

Diese beiden Bausteine einer gesundheitsförderlichen Unternehmenskultur sind weniger revolutionär als sie womöglich erscheinen: Sie sind auch heute schon Teil der gelebten Kultur, mit »unrealistischen« Zielen zurechtzukommen. Das immer mögliche Scheitern heißt dann »Fehlertoleranz«, der Pragmatismus steckt schon in der oft geäußerten »80-Prozent-Lösung«. Unsere Fallbetriebe sind in dieser Hinsicht nicht nur gute Beispiele für systematisch erzeugte Leistungsprobleme, sondern auch für eine – positive – Kultur des Umgangs mit unrealistischen Zielen. So berichten etwa die Entwickler darüber, dass eine Ziel-

---

10 Ein Beispiel für einen kreativen Umgang mit (überfordernden) Anforderungen: So können etwa Servicemitarbeiter mehr Fälle bearbeiten, wenn sie gar nicht erst versuchen, schwierigere Fälle selber zu lösen, sondern gleich an andere Stellen (etwa Second Service) weiterleiten – auch wenn das andere Serviceeinheiten überlastet und dem Kunden nicht weiterhilft.

11 Perfektionismus und Pragmatismus sind *beides* notwendige Umgangsweisen: Ohne Pragmatimus führen die Widersprüche steigender Anforderungen und begrenzter Ressourcen nahezu automatisch zur Überlastung von Mensch und Organisation, aber ohne Perfektionismus bleibt – wiederum angesichts dieser Widersprüche – die Arbeits- und Ergebnisqualität auf der Strecke. Da Pragmatismus notwendig ist, aber eben auch Perfektionismus möglich sein muss, bedarf es der gezielten Gestaltung des Verhältnisses beider Umgangsweisen – und das Ziel dieser Gestaltung kann man dann »Balance« nennen: Anstehende Aufgaben müssten dann eben nicht nur priorisiert werden, sondern es müsste auch deren Realisierbarkeit eingeschätzt und dann – *vorab* (und nicht erst im Eskalationsfall) – entschieden werden, ob diese Aufgabe mit möglichst geringem Ressourcenverbrauch zu bearbeiten ist oder ein möglichst gutes Ergebnis erzielt werden soll.

verfehlung keine unmittelbaren Konsequenzen hat und es auf Seiten der Vorgesetzten viel Verständnis für durch technische Probleme bedingte Verzögerungen gibt. Schon etwas revolutionärer wäre es aber, diese implizite Kultur des Umgangs mit systematischer Überlastung auch zu explizieren, weil das eben auch hieße, offiziell anzuerkennen, dass Anforderungen und Ressourcen nicht immer oder nicht so einfach zusammengehen und Scheitern immer möglich, manchmal auch unausweichlich ist. Man kann auf der Unternehmensebene natürlich schlecht das »Scheitern« zum Unternehmensziel erheben, aber vielleicht doch realistischere Erwartungen formulieren (und dazu gehört dann eben auch die Erwartung, dass sich u. U. nicht alle Ziele erreichen lassen werden) – und im Gegenzug darauf verzichten, unrealitische Zielvorstellungen mit Sportmetaphern (»sportliche Ziele« etc.) auf der Erfolgs(kultur)schiene halten zu wollen. Und auf der Arbeitsebene ginge es eben darum, von vornherein abzuschätzen, ob die Ziele erreichbar sind, und dann darauf bezogene Handlungsorientierungen zu vermitteln. So hielt etwa eine Führungskraft im Fall »IT-Service« die vorgegebenen Erreichbarkeitsziele für unrealistisch und hat offen – nach oben wie nach unten – kommuniziert, dass diese Ziele für *ihre* Bewertung der Leistung keine Relevanz haben. Mit einer expliziteren Thematisierung der Möglichkeit des Scheiterns und der Notwendigkeit des Pragmatismus würde nicht nur die bisherige Praxis kulturell legitimiert, sondern wäre auch die Grundlage geschaffen für einen betrieblichen Dialog über die Erreichbarkeit von Zielen und den Umgang mit unerreichbaren Zielen – auch und gerade mit den Führungskräften der untersten Ebene und den Beschäftigten.

Angesichts einer zunehmend systematischen Überlastung zeichnet sich, so das Fazit, eine gesundheitsförderliche Unternehmenskultur gerade dadurch aus, dass sie legitime Handlungsorientierungen für den Umgang mit unrealistischen Leistungserwartungen bereitstellt. Unternehmen brauchen nicht nur eine Erfolgskultur, sondern auch eine Kultur des »gesunden Scheiterns«.

Literatur

Bardmann T, Franzpötter R (1990) Unternehmenskultur. Ein postmodernes Organisationskonzept? Soziale Welt 4:424–440

Beck D et al (2012) Gefährdungsbeurteilung bei psychischen Belastungen in Deutschland. Verbreitung, hemmende und fördernde Bedingungen. Prävention und Gesundheitsförderung 2:115–119

Dunkel W, Kratzer N (2016) Zeit- und Leistungsdruck be Wissens- und Interaktionsarbeit. edition sigma, Berlin

Dunkel W, Kratzer N, Menz W (2010) »Permanentes Ungenüger und »Veränderung in Permanenz« – Belastungen durc neue Steuerungsformen. WSI Mitteilungen 7:357–364

ESENER (Europäische Agentur für Sicherheit und Gesund heitsschutz am Arbeitsplatz) (2015) Zweite europäisch Unternehmensbefragung über neue und aufkommend Risiken ESENER-2. https://osha.europa.eu/de/survey: and-statistics-osh/esener. Gesehen 12 Jan 2016

Handrich C, Koch-Falkenberg C, Voß GG (2016) Professionelle Umgang mit Zeit- und Leistungsdruck. edition sigm Berlin

Junghanns G (2012) Termin- und Leistungsdruck, In: Lohmann Haislah A (Hrsg) Stressreport Deutschland 2012. Psych sche Anforderungen, Ressourcen und Befinden. Bundes anstalt für Arbeitsschutz und Arbeitsmedizin, Dortmund Berlin/Dresden, S 107–112

Junghanns G, Morschhäuser M (Hrsg) (2013) Immer schnelle immer mehr. Psychische Belastung bei Wissens- un Dienstleistungsarbeit. Springer VS, Wiesbaden

Kämpf T (2015) »Ausgebrannte Arbeitswelt« – Wie erlebe Beschäftigte neue Formen von Belastung in moderne Feldern der Wissensarbeit? Berliner Journal für Soziologi 25:133–159

Kölker I, Bittlingmayer U (2013) Die »dunkle Seite« des Betrieb lichen Gesundheitsmanagements, Zwischen Autonomi Eigenverantwortlichkeit und strukturellen Widerspr chen. Jahrbuch für Kritische Medizin und Gesundheit: wissenschaft 49: 122–140

Kratzer N, Nies S (2009) Neue Leistungspolitik bei Angestellte ERA, Leistungssteuerung, Leistungsentgelt. edition sigm Berlin

Kratzer N, Dunkel W, Becker K, Hinrichs S (Hrsg) (2011) Arbe und Gesundheit im Konflikt. Analysen und Ansätze für e partizipatives Gesundheitsmanagement. edition Sigm Berlin

Kratzer N, Menz W, Pangert B (Hrsg) (2015) Work-Life-Baland – eine Frage der Leistungspolitik. Springer VS, Wiesbade

Lohmann-Haislah A (2012) Stressreport Deutschland, Psych sche Anforderungen, Ressourcen und Befinden. Bunde anstalt für Arbeitsschutz und Arbeitsmedizin, Dortmund Berlin/Dresden

Manager Magazin (2015) Betrügen und Schweigen – a Angst vor Winterkorn. http://www.manager-magazin.de unternehmen/autoindustrie/volkswagen-ingenieure raeumen-co2-manipulationen-ein-a-1061701.html. Gese hen 20 Dez 2015

Mascolo G, Ott K (2016) Ein Kronzeuge packt aus. Süddeutsch Zeitung Nr. 18, 23./24. Januar 2016:27

Matuschek I (2010) Konfliktfeld Leistung. Eine Literaturstud zur betrieblichen Leistungspolitik. edition sigma, Berlin

Menz W (2009) Die Legitimität des Marktregimes. Leistung und Gerechtigkeitsorientierungen in neuen Formen be trieblicher Leistungspolitik. VS Verlag für Sozialwissen schaften, Wiesbaden

Moldaschl M (2012) Das Konzept der Widersprüchliche Arbeitsanforderungen (WAA) – Ein nichtlinearer Ansat zur Analyse von Belastung und Bewältigung in der Arbeit. In: Faller G (Hrsg) Lehrbuch Betriebliche Gesundheitsförderung Huber, Bern, S 102–112

Neckel S (2008) Flucht nach vorn. Die Erfolgskultur der Marktgesellschaft. Campus, Frankfurt/New York

Nies S (2015) Nützlichkeit und Nutzung von Arbeit, Beschäftigte im Konflikt zwischen Unternehmenszielen und eigenen Ansprüchen. edition sigma, Berlin

Pangert B, Dunkel W, Menz W (2011) Auch das noch!? Gesundheit als Führungsaufgabe in ergebnisorientiert gesteuerten Arbeitssystemen. In: Kratzer et al (Hrsg) Arbeit und Gesundheit im Konflikt. Analysen und Ansätze für ein partizipatives Gesundheitsmanagement. edition sigma, Berlin, S 215–236

Pangert B, Schiml N, Schüpbach H (2015) Arbeitssituation, individuelles Handeln und Work-Life-Balance. Der Einfluss von Arbeitssituation und individuellen Handlungsstrategien auf die Passung von Lebensbereichen. In: Kratzer N et al (Hrsg) Work-Life-Balance – eine Frage der Leistungspolitik. Springer VS, Wiesbaden, S 77–122

Peters K (2011) Indirekte Steuerung und Interessierte Selbstgefährdung, Eine 180-Grad-Wende bei der betrieblichen Gesundheitsförderung. In: Kratzer N et al. (Hrsg) Arbeit und Gesundheit im Konflikt. edition sigma, Berlin

Schulz-Dadaczynski A, Junghanns G (2014) Gefordert unter Druck? – Anforderungen und Zeitdruck bei qualifizierter Dienstleistungsarbeit. Journal Psychologie des Alltagshandelns 7(2):20–36

Streicher B, Frey D (2009) Förderung des Unternehmenserfolgs und Entfaltung der Mitarbeiter durch neue Unternehmens- und Führungskulturen. In: Badura B et al (Hrsg) Fehlzeiten-Report 2009. Arbeit und Psyche: Belastungen reduzieren – Wohlbefinden fördern. Springer, Wiesbaden, S 129–136

Vertrauen – Ergebnisorientierung – Eigenverantwortung: Unternehmenskultur aus Sicht der Arbeitgeber

C. Flüter-Hoffmann

B. Badura et al. (Hrsg.) *Fehlzeiten-Report 2016,*
DOI 10.1007/978-3-662-49413-4_4, © Springer-Verlag Berlin Heidelberg 2016

Zusammenfassung *Unternehmenskultur nimmt in der deutschen Wirtschaft einen hohen Stellenwert ein: Zwei Drittel aller Unternehmen haben Unternehmensleitlinien, in denen sie ihre Werte und Einstellungen schriftlich fixieren und erläutern. 95 Prozent aller Unternehmen streben eine Unternehmenskultur an, die von Vertrauen geprägt ist – als dem wichtigsten Faktor der Unternehmenskultur selbst sowie des Miteinanders von Beschäftigten und Führungskräften. Unternehmenskultur hat einen großen Einfluss auf die Arbeitszufriedenheit der Mitarbeiter, die in Deutschland mit einem Wert von 84 Prozent sehr hoch liegt. Bestimmte Führungsinstrumente wie Mitarbeitergespräche oder Zielvereinbarungen, mit denen die Arbeitszufriedenheit positiv beeinflusst werden kann, sind unterschiedlich weit verbreitet: Mitarbeitergespräche nutzen bereits zwei Drittel der Unternehmen in Deutschland, Zielvereinbarungen erst ein Viertel. Auffällig ist, dass tendenziell eher die wirtschaftlich erfolgreichen Unternehmen diese Instrumente einsetzen. In Krisenzeiten überdenken viele Unternehmen ihre Unternehmenskultur und schaffen einen neuen Wertekodex, wie das Beispiel der Deutschen Bank zeigt. Solche Veränderungen nehmen allerdings viel Zeit und große Anstrengungen in Anspruch. Angesichts der Digitalisierung wird Vertrauen als wesentlicher Faktor jeder Unternehmenskultur in Zukunft an Bedeutung zunehmen.*

4.1 Einführung – was die Unternehmen wollen und was sie dafür tun

Unternehmenskultur als ein Bündel an Werten und Einstellungen prägt nicht nur ein Unternehmen, sondern auch die Entscheidungen und das Verhalten von Management, Führungskräften und Mitarbeitern. In Großunternehmen erhält die Unternehmenskultur meist eine ausgefeilte Strategie im Rahmen von Corporate Culture mit konkreter Zielsetzung, in kleinen Unternehmen entwickelt sich die Unternehmenskultur eher aufgrund des Vorbildes sowie der Entscheidungen und Haltungen von Geschäftsführung und Führungskräften. In jedem Fall, seien es Großunternehmen oder kleine und mittlere Unternehmen (KMU), trägt die Unternehmenskultur nicht nur zu einem bestimmten Betriebsklima bei, sondern hat konkreten Einfluss darauf, wie sich bestimmte Mitarbeitergruppen und einzelne Mitarbeiter im Unternehmen fühlen, wie leistungsbereit und leistungsfähig sie sind und ob das Unternehmen auch nach außen als attraktiver Arbeitgeber oder interessanter Ausbildungsbetrieb wahrgenommen wird, mit positiver Auswirkung auf die Rekrutierung von Fachkräften. Damit spielt die Unternehmenskultur auch eine wichtige Rolle für die Gesundheit der Beschäftigten.

Nach einer Studie des Forschungsverbundes aus Institut für Arbeitsmarkt- und Berufsforschung (IAB), Zentrum für Europäische Wirtschaftsforschung (ZEW) und der Universität Köln im Auftrag des Bundesministeriums für Arbeit und Soziales (BMAS) haben zwei Drittel aller Unternehmen in Deutschland (66 Prozent) festgelegte Unternehmensleitlinien, bei den kleineren Unternehmen mit 50 bis 99 Beschäftigten sind es 61 Prozent, bei den Großunternehmen mit mehr als 500 Beschäftigten sind es 80 Prozent. Solche festgelegten Wertekodizes veranschaulichen, wie wichtig den Unternehmen die Unternehmenskultur ist, die sie mit der Festlegung ihrer Werte erreichen wollen (Steffes et al. 2014, S. 121).

Eine vertrauensvolle Unternehmenskultur streben nach dem Ergebnis einer repräsentativen Befragung durch das Institut der deutschen Wirtschaft Köln, dem

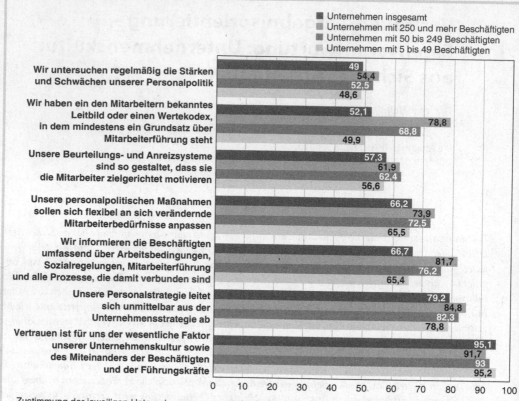

Zustimmung der jeweiligen Unternehmensgruppe zur Aussage »voll und ganz« oder »eher« in %
Befragung von 1.561 Geschäftsführern und Personalverantwortlichen in Unternehmen mit mindestens
5 sozialversicherungspflichtig Beschäftigten im Frühjahr 2013

Quelle: Institut der deutschen Wirtschaft Köln, 2013

Fehlzeiten-Report 2016

■ **Abb. 4.1** Aspekte der Unternehmenskultur wie Leitbild, Mitarbeiterführung, Anreizsysteme, Personalpolitik, Transparenz von Informationen

sogenannten IW-Personalpanel[1] 95,1 Prozent aller Unternehmen in Deutschland an. Sie setzen auf Vertrauen als den wichtigsten Faktor ihrer Unternehmenskultur sowie des Miteinanders von Beschäftigten und Führungskräften (■ Abb. 4.1).

Fast acht von zehn Unternehmen leiten ihre Personalstrategie aus der Unternehmensstrategie ab. Darüber hinaus sind zwei Drittel aller Unternehmen um die

Transparenz von Informationen zu Arbeitsbedingungen, Sozialregelungen oder Mitarbeiterführung sehr bemüht (67 Prozent) und fast genauso viele versuchen ihre Personalpolitik an die unterschiedlichen Bedürfnisse der Beschäftigten über den gesamten Erwerbsverlauf hinweg anzupassen (Hammermann u. Stette 2014, S. 27).

Die Ergebnisse der Befragung des IW-Personalpanels zeigen bereits viele Maßnahmen, die die Unternehmen zur Schaffung einer vertrauensvollen Unternehmenskultur ergreifen:

– Offenheit und Transparenz im Unternehmen betrifft vor allem die Kommunikationspolitik des Unternehmens, aber auch das Verhalten der Führungskräfte: Wenn das Unternehmen offen nicht nur über Erfolge berichtet, sondern auch Krisen anspricht und wie sie zu lösen sind, hilft dies dabei, der sogenannten »Gerüchteküche«

---

1 Das IW-Personalpanel befragt jedes Jahr in mindestens zwei Wellen (Frühjahr und Herbst) zwischen 1.300 und 1.900 Personalverantwortliche in Unternehmen in Deutschland. Die Themen sind sehr vielfältig: von A wie Alphabetisierung und Grundbildung über Betriebliches Gesundheitsmanagement, Digitalisierung, Familienfreundliche Personalpolitik bis hin zu Z wie Zeitpolitik. Die Ergebnisse sind repräsentativ für die Wirtschaft in Deutschland.

vorzubeugen, die sich immer schädlich auf das Betriebsklima und das aufgebaute Vertrauen auswirken kann. Zur Offenheit gehört auch, Fehler einzugestehen und Konsequenzen daraus abzuleiten, was vielfach immer noch als Zeichen von Schwäche eingeschätzt wird. Dabei wird es von der Mehrzahl der Mitarbeiter als Stärke wahrgenommen, wenn ihr Geschäftsführer einen Fehler eingesteht und dies als Lernchance nutzt, um Maßnahmen zu ergreifen, damit solch ein Fehler künftig nicht mehr passieren kann. Das stärkt die vertrauensvolle Unternehmenskultur und das Vertrauen in die Geschäftsführung.

- Mitarbeiter benötigen eine Rückmeldung zu ihrer Arbeit, wie gut ihre Leistung eingeschätzt wird, welchen Beitrag sie damit zum Unternehmenserfolg leisten und welche Bedeutung ihre Arbeit hat. Hier sind die Führungskräfte gefragt: Durch eine systematische Feedback-Kultur mit Anerkennung und Wertschätzung von guten Leistungen sowie Abhilfe und Unterstützung bei schlechten Leistungen, mit der Transparenz von Informationen, wie ihre Organisationseinheit zum Erfolg der Firma beiträgt, machen die Führungskräfte einen wesentlichen Teil von Unternehmenskultur aus. Sie können Rahmenbedingungen schaffen, dass ihre Mitarbeiter erfolgreich sind – und damit auch die ganze Organisationseinheit. Eine solche Vertrauens- und Wertschätzungskultur mit einem motivierenden Beurteilungssystem schafft ein angenehmes Betriebsklima, und die Arbeitszufriedenheit der Mitarbeiter steigt.

- Eine mitarbeiterorientierte Personalpolitik, die sich einerseits aus der Unternehmensstrategie ableitet, andererseits flexibel an den Bedürfnissen der Mitarbeiter in jeder ihrer Lebens- und Erwerbsphasen orientiert, trägt zu einer vertrauensvollen Unternehmenskultur bei. Die Mitarbeiter erkennen, dass sich ihr Arbeitgeber mit den Rahmenbedingungen und Unterstützungsangeboten auf ihre individuelle Situation so weit wie möglich einstellt und wissen dies zu schätzen. Sie sind loyaler, motivierter und produktiver, als wenn sie unter »Vereinbarkeitsstress« leiden würden, also ihre Arbeitssituation nur schwer mit der Kinderbetreuung, der Pflege von Angehörigen oder einem Ehrenamt vereinbaren könnten. Unternehmen leisten damit einen wichtigen Beitrag zur Mitarbeiterbindung. Für beide Seiten – Beschäftigte und Betriebe – entsteht eine Win-win-Situation.

4.2 Einfluss der Unternehmenskultur auf die Arbeitszufriedenheit

Grundsätzlich sind die Mitarbeiter in den Unternehmen in Deutschland sehr zufrieden oder zufrieden mit ihrer Arbeit. Nach einer Studie des Instituts für Demoskopie Allensbach ist die überwiegende Mehrheit der Berufstätigen zufrieden mit ihrer Arbeit: 60 Prozent sind zufrieden, 24 Prozent sogar sehr zufrieden. Lediglich 13 Prozent sind weniger oder gar nicht zufrieden mit ihrer Arbeit (Insitut für Demoskopie Allensbach 2014). 79 Prozent der Berufstätigen möchten gerne bei ihrem jetzigen Arbeitgeber bleiben, lediglich gut jeder Zehnte möchte das Unternehmen lieber wechseln.

Auch im internationalen Vergleich sind die Beschäftigten in Deutschland sehr zufrieden: Das European Working Conditions Survey (EWCS) weist für den Anteil von Beschäftigten, die mit den Arbeitsbedingungen in ihrer Haupttätigkeit zufrieden oder sehr zufrieden sind, einen Wert von 88,3 Prozent für Deutschland im jüngsten Beobachtungsjahr 2010 aus. Hierfür haben die Forscher 2.100 Erwerbstätige in Deutschland, 35.000 in der EU und europaweit 44.000 befragt. Nur in vier Ländern waren mehr Beschäftigte als in Deutschland mit ihren Arbeitsbedingungen sehr zufrieden oder zufrieden, nämlich in Dänemark (94,9 Prozent), dem Vereinigten Königreich (92,6 Prozent), Norwegen (91,3 Prozent) und Österreich (90,8 Prozent). Hier war dieser Anteil signifikant größer als in Deutschland, in 21 Ländern hingegen signifikant kleiner (Hammermann u. Stettes 2013).

Verschiedene Führungsinstrumente, die ein Teil der Unternehmenskultur sind, wie Mitarbeitergespräche oder auch (schriftlich fixierte) Zielvereinbarungen, korrelieren positiv mit der Arbeitszufriedenheit, so eines der Ergebnisse der Studie des oben beschriebenen Forschungsverbundes aus IAB, ZEW und der Universität Köln im Auftrag des Bundesministeriums für Arbeit und Soziales (Steffes et al. 2014, S. 70).

Solche Führungsinstrumente nutzen knapp zwei Drittel der Unternehmen (jährliche Mitarbeitergespräche: 64,5 Prozent) bzw. gut ein Viertel der Unternehmen (Zielvereinbarungen: 26,2 Prozent). Nach Unternehmensgrößenklassen eingeteilt sind es mehr große Unternehmen, die jährliche Mitarbeitergespräche führen (81 Prozent) als kleine (64 Prozent). Auch bei den Zielvereinbarungen haben die Großunternehmen die Nase vorn (61 Prozent) im Vergleich mit den kleinen Betrieben, von denen ein Viertel (25 Prozent) mit Zielvereinbarungen arbeitet (Flüter-Hoffmann 2012). Bei diesen Ergebnissen ist besonders bemerkenswert, dass die wirtschaftlich erfolgreichen Unternehmen diese Instrumente wesentlich häufiger einsetzen als wirtschaftlich weniger erfolgreiche Unternehmen (◘ Abb. 4.2). Beim Führungsinstrument »jährliche Mitarbeitergespräche« gibt es einen Unterschied von fast 20 Prozentpunkten, beim Führungsinstrument »Zielvereinbarungen« immerhin von fast 12 Prozentpunkten. Zwar kann hierbei kein Ursache-Wirkungs-Zusammenhang festgestellt werden, wohl aber eine statistische Signifikanz.

Tendenziell sind es also eher die erfolgreicheren Unternehmen, die solche Führungsinstrumente wie Mitarbeitergespräche oder Zielvereinbarungen einsetzen, die einen positiven Effekt auf die Arbeitszufriedenheit haben.

4.3 Unternehmenskultur und die Rolle der Führungskräfte

Führungskräfte spielen für die Unternehmenskultur eine enorm wichtige Rolle: Da wundert es nicht, dass über die Hälfte der Unternehmen inzwischen ein Leitbild oder einen Wertekanon entwickelt hat, in dem auch mindestens ein Prinzip der Mitarbeiterführung verankert ist. Denn Führungskräfte können durch ihr Verhalten fast alles ermöglichen, aber auch vieles verhindern oder sogar zerstören. Sie sind Dreh- und Angelpunkt für das wichtigste Kapital jedes Unternehmens: die Mitarbeiter. Ihre Potenziale zu erschließen und zu nutzen, ihre Motivlage zu erkennen und produktiv für das Unternehmen einzusetzen – dies alles ist eine schwierige, aber lohnende Aufgabe. Lieber Coach statt Kontrolleur und lieber ein Befähiger statt ein Kommandeur sein – so lautet heute schon das Credo in vielen Führungskräfteentwicklungsseminaren: Künftige Führungskräfte werden viel stärker als heute noch über (Unternehmens-, Abteilungs- und Mitarbeiter-)Ziele führen und dabei Visionen einer erfolgreichen Firma und den Beitrag dazu mit der Abteilung und den Mitarbeitern gemeinsam entwickeln. Wenn Führungskräfte die Rahmenbedingungen für ihre Mitarbeiter so mit Ressourcen, Befugnissen und Qualifizierungen aufstellen, dass die Mitarbeiter ihre Ziele erreichen können, erleben diese sich auch als erfolgreich, denn dann leisten sie einen wesentlichen Beitrag zum Erfolg des Unternehmens (Flüter-Hoffmann 2013).

Dass ein schlechtes Vertrauensverhältnis zwischen der Führungskraft und ihrem Team erhebliche Auswirkungen auf die Zufriedenheit und das Commitment der Beschäftigten hat, ist inzwischen durch zahlreiche Studien nachgewiesen worden. Enste und Möller haben in ihrem Vertrauens-Index 2015 zahlreiche Studienergebnisse zusammengetragen: Sie weisen

auf die Studie von Falk hin, mit der er belegen konnt dass Kontrolle in Form eines Sanktionsmechanismu das zwischen Arbeitgeber und Arbeitnehmer beste hende implizite Vertrauensverhältnis zerstören kan (Frey 1993) sowie auf die Studie von Cho und Par aus dem Jahr 2011, die zeigen konnten, dass ei schlechtes Vertrauensverhältnis erhebliche Auswir kungen auf die Zufriedenheit und das Commitmer der Arbeitnehmer hat. Und schließlich zitieren Enst und Möller die Studie von Salamon und Robinso (2008), die nachweisen konnten, dass ein gutes, ko lektives Vertrauensgefühl, wenn Vorgesetzte ihre Beschäftigten eher vertrauen als sie zu kontrolliere nicht nur die intrinsische Motivation der Mitarbeite bewahrt, sondern auch die empfundene Verantwo tung des Einzelnen für den Unternehmenserfolg er höht und diesen dadurch positiv beeinflusst (Enste u Möller 2015, S. 11).

In einem internationalen Vergleich konnte Hammermann und Stettes nachweisen, dass die A beitszufriedenheit in Deutschland und Europa insge samt maßgeblich vom Verhalten der Führungskräf beeinflusst wird. Für die Beschäftigten in Deutschlan ist vor allem die Unterstützung durch ihre Vorgeset ten und deren Fähigkeit, Konflikte zu lösen, wesen lich. Für die Arbeitszufriedenheit der Beschäftigten i Europa insgesamt spielen der respektvolle Umgang de Führungskräfte mit den Arbeitnehmern, ihr Organi sationstalent und ihr Planungsvermögen sowie ei partizipativer Führungsstil eine wesentliche Roll (Hammermann u. Stettes 2013). Einen partizipative Führungsstil, bei dem die Führungskraft die Mita beiter ermuntert, sich an der Entscheidungsfindun in wichtigen Fragen zu beteiligen, erleben in der El knapp zwei Drittel (63,4 Prozent) der Beschäftigte Nahezu alle Beschäftigten in Europa (rund 95 Prozen fühlen sich von ihrer Führungskraft respektiert. Eine Unterschied zwischen dem Durchschnitt von Europ und den Ergebnissen für Deutschland gibt es bei de Frage der Unterstützung der Beschäftigten durch ihre Vorgesetzten: Während in Europa insgesamt 81,4 Pro zent angeben, zumindest manchmal von ihrer Füh rungskraft unterstützt zu werden, sind es hierzuland nur 69,1 Prozent (Hammermann u. Stettes 2013). Da zeigt noch Nachholbedarf für Deutschland an. Die Stu die zeigt also auch für den internationalen Vergleic wie stark sich das Verhalten der Führungskräfte auf di Arbeitszufriedenheit ihrer Mitarbeiter auswirkt. Da hat die Mehrzahl der Unternehmen in Deutschlan auch längst erkannt: Bereits 2010 haben fast zwei Drit tel der Unternehmen in Deutschland ihre Führungs kräfte befähigt, die Arbeitszufriedenheit ihrer Mitar beiter positiv zu beeinflussen (◘ Abb. 4.2), und ebens

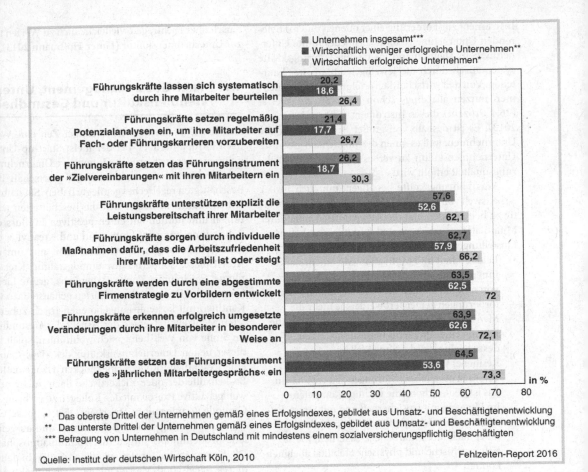

■ Unternehmen insgesamt***
■ Wirtschaftlich weniger erfolgreiche Unternehmen**
■ Wirtschaftlich erfolgreiche Unternehmen*

Führungskräfte lassen sich systematisch durch ihre Mitarbeiter beurteilen
20,2
18,6
26,4

Führungskräfte setzen regelmäßig Potenzialanalysen ein, um ihre Mitarbeiter auf Fach- oder Führungskarrieren vorzubereiten
21,4
17,7
26,7

Führungskräfte setzen das Führungsinstrument der »Zielvereinbarungen« mit ihren Mitarbeitern ein
26,2
18,7
30,3

Führungskräfte unterstützen explizit die Leistungsbereitschaft ihrer Mitarbeiter
57,6
52,6
62,1

Führungskräfte sorgen durch individuelle Maßnahmen dafür, dass die Arbeitszufriedenheit ihrer Mitarbeiter stabil ist oder steigt
62,7
57,9
66,2

Führungskräfte werden durch eine abgestimmte Firmenstrategie zu Vorbildern entwickelt
63,5
62,5
72

Führungskräfte erkennen erfolgreich umgesetzte Veränderungen durch ihre Mitarbeiter in besonderer Weise an
63,9
62,6
72,1

Führungskräfte setzen das Führungsinstrument des »jährlichen Mitarbeitergesprächs« ein
64,5
53,6
73,3

in %

0   10   20   30   40   50   60   70   80

* Das oberste Drittel der Unternehmen gemäß eines Erfolgsindexes, gebildet aus Umsatz- und Beschäftigtenentwicklung
** Das unterste Drittel der Unternehmen gemäß eines Erfolgsindexes, gebildet aus Umsatz- und Beschäftigtenentwicklung
*** Befragung von Unternehmen in Deutschland mit mindestens einem sozialversicherungspflichtig Beschäftigten

Quelle: Institut der deutschen Wirtschaft Köln, 2010   Fehlzeiten-Report 2016

◻ Abb. 4.2 Verbreitung von Führungsinstrumenten in der deutschen Wirtschaft

viele erkennen erfolgreich umgesetzte Veränderungen durch ihre Mitarbeiter in besonderer Weise an (Flüter-Hoffmann u. Stettes 2011, S. 11).

Manche Unternehmen, vor allem KMU, nutzen den strukturellen Ansatz von Empowerment: Sie beziehen die Mitarbeiter sehr stark in die unternehmerischen Prozesse mit ein, das heißt, die Verantwortung für bestimmte Aufgabenbereiche wird an Mitarbeiter übertragen, die damit nicht mehr nur ausführende Tätigkeiten haben, sondern (mit-)gestalten und (mit-)entscheiden können – und dies oft auf unterster Hierarchie-Ebene, also ganz anders als in Großunternehmen. Ob die Mitarbeiter dies aber als »Empowerment« empfinden, was zu einer großen Leistungssteigerung führen kann, hängt davon ab, ob

— sie den Sinn ihrer Aufgaben erkennen können, welche Bedeutung dies für das Unternehmen hat und wie es mit den eigenen Werten korrespondiert,

— sie die Aufgaben bewältigen können, also die richtige Kompetenz haben und weder unter- noch überfordert sind,

— sie das Gefühl haben, Autonomie über die Arbeitsprozesse zu haben.

Beispielsweise nehmen in 49 Prozent der kleinen Unternehmen, aber nur in 38 Prozent der Großunternehmen Mitarbeiter hierarchieübergreifend an Strategiesitzungen der Geschäftsführung teil. In drei Viertel der kleinen Unternehmen, aber nur in 60 Prozent der Großunternehmen gestalten die Beschäftigten ihre Arbeitsprozesse mit (Flüter-Hoffmann u. Stettes 2011). Hier haben also die KMU aufgrund der flacheren Hierarchien und des geringeren Organisationsgrades große Vorteile, die sich positiv auf die Unternehmenskultur auswirken.

Weniger verbreitet in den Unternehmen ist das sogenannte Führungskräfte-Feedback, ein geeignetes

4

Instrument zur Förderung einer offenen und motivierenden Unternehmenskultur: Erst jedes fünfte Unternehmen in Deutschland lässt seine Führungskräfte systematisch durch die jeweiligen Mitarbeiter beurteilen. Von den wirtschaftlich erfolgreichen Unternehmen nutzen allerdings schon mehr als ein Viertel (26,4 Prozent) dieses Instrument (Flüter-Hoffmann 2013). Es ist deshalb von großer Bedeutung für die Unternehmen, weil es ihnen die Möglichkeit gibt, ihre Unternehmenskultur zu verbessern, indem die Führungsqualität erhöht wird.

Was Führungskräfte benötigen, um auch in der Arbeitswelt von morgen die Unternehmenskultur positiv zu beeinflussen und die Arbeitszufriedenheit ihrer Mitarbeiter zu erhöhen, sind folgende Kompetenzen, Einstellungen und Haltungen (nach Brühl 2010):

- Leidenschaft und Motivation: Mit einem starken inneren Antrieb als Motor für die Arbeitswelt von morgen können die bevorstehenden Herausforderungen gemeistert werden; je mehr die Menschen sich für ein Thema, eine Aufgabe, die Lösung eines Problems begeistern können, desto leichter wird es ihnen fallen.
- Resilienz: Widerstandsfähigkeit und innere Toleranz gegenüber »Störungen« zu entwickeln, das ist heute schon eine wichtige Kompetenz im Umgang mit Unsicherheit und mit Stress. Es wird immer wichtiger für die Führungskräfte (aber auch ihre Mitarbeiter), zu lernen, wie sie sich psychische und physische Stabilität aneignen können.
- Ambiguitätstoleranz: Die Arbeitswelt von morgen wird noch komplexer. Scheinbar widersprüchliche Situationen aushalten zu können und trotz Unsicherheitszonen eindeutige Ziele zu setzen und Entscheidungen zu treffen, das wird immer wichtiger in der Arbeitswelt von morgen. Brühl plädiert dafür, weg von einem »Entweder-oder-Denken« hin zu »Sowohl-als-auch-Lösungen« zu kommen.
- Beziehungskompetenz: Die Menschen müssen lernen, Vertrauen aufzubauen und verbindliche Beziehungen einzugehen, auch wenn die Beziehungen nicht auf Dauer angelegt sind. Denn gerade eine Vertrauenskultur mit belastbaren Beziehungen und Verlässlichkeit kann auch für produktive Ergebnisse sorgen.

Und schließlich spielt künftig die Vernetzung eine ganz entscheidende Rolle: Die sozialen Netzwerke werden auch in der Arbeitswelt an Bedeutung gewinnen. Ein gutes Netzwerk dient nicht nur der weiteren Karriereentwicklung, sondern ebenfalls dem Austausch über Fachfragen, vielleicht auch zu Werten und zur Unternehmenskultur (Flüter-Hoffmann 2013).

4.4   Feel-Good-Management, Unternehmenskultur und Gesundheit

Aus den USA schwappte vor einiger Zeit eine Welle nach Europa herüber, bei der meist Start-up-Unternehmen, aber auch größere, innovative Unternehmen aus der IT-Branche und der Kreativwirtschaft ihre Beschäftigten regelrecht »gepflegt« haben: Sie schufen Arbeitsräume, in denen sich die Beschäftigten wohl fühlen und hofften auf einen positiven Einfluss der Arbeitsumgebung auf Motivation und Kreativität der Mitarbeiter. Es ging dabei aber nicht nur um die Arbeitsplätze, sondern Entspannungsräume, Kreativräume, Spielräume, Konferenzbereiche, grüne Liegewiesen oder Denkerzellen gehörten genauso dazu wie Kantinen mit kostenlos angebotenen frisch zubereiteten Mahlzeiten. Gerade der Aspekt der Gesundheit im Sinne von Well-being, sich wohlfühlen, spielt bei dieser neuen Unternehmenskultur des »Feel Good« eine wesentliche Rolle. Daher locken Hängematten, Basketballfelder oder Kickertische dazu, mehr oder weniger aktive Pausen mit den Kollegen zu verbringen. Gesunde Verpflegung mit frischem Obst, Gemüse, Getränken, eine angenehme Beleuchtung und ausgefallene Bequemmöbel sorgen für Wohlfühlatmosphäre. Die Firmen im kalifornischen Silicon Valley, in denen dieses »Feel-good-Management« zuerst praktiziert wurde, holen ihre Beschäftigten bis heute mit Bussen im 20 Kilometer nördlich gelegenen San Francisco ab, damit diese sich nicht mit den Staus auf den Freeways herumplagen oder in überfüllte Nahverkehrszüge einsteigen müssen. Mit diesem Feel-good-Management wollen die Unternehmen ihre Unternehmenskultur unterstreichen und verdeutlichen, was für Rundum-sorglos-Pakete sie ihren Beschäftigten bieten (Luckerson 2014; Farr 2014).

In Deutschland stellen manche solcher Unternehmen inzwischen »Feel-good-Manager« ein, die sich darum kümmern, dass sich die Beschäftigten wohl fühlen. Sie sind zentrale Ansprechpartner für Fragen der Unternehmenskultur. Sie schaffen Strategien, um das Betriebsklima zu verbessern, umsorgen die Beschäftigten regelrecht, organisieren aber auch Treffen sowie gemeinsame Ausflüge und Erlebnisse, die zur Identifikation mit dem Unternehmen beitragen sollen. Sie bereiten Besprechungen in einer solchen Weise vor, dass sich alle Beteiligten von Anfang an wohl fühlen können und mit Freude den Austausch von Ideen mit verschiedenen Teams praktizieren. Auch nehmen

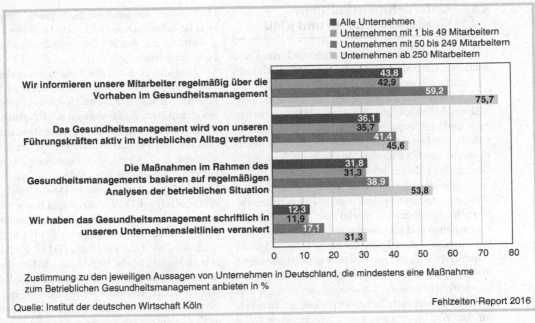

Zustimmung zu den jeweiligen Aussagen von Unternehmen in Deutschland, die mindestens eine Maßnahme zum Betrieblichen Gesundheitsmanagement anbieten in %

Quelle: Institut der deutschen Wirtschaft Köln

Fehlzeiten-Report 2016

◘ **Abb. 4.3** Gesundheitsmanagement mit strategischer Ausrichtung

diese Feel-good-Manager die Vorschläge und Ideen der Beschäftigten auf, um Strukturen und Prozesse zu verbessern – insgesamt wollen sie die interne Kommunikation und Arbeitsatmosphäre als wesentliche Gesundheitsfaktoren positiv beeinflussen (Esche 2014).

Für manche Beschäftigte ist dies aber schon zu viel des Guten (Krenz 2013). Sie haben nichts gegen Wohlfühlatmosphäre, aber sprechen von einem Hype und von übertriebenem Schnickschnack. Solche Entwicklungen zeigen, wie wichtig es ist, eine gute Balance von Angebot und Nachfrage auch in Fragen von Arbeits- und Betriebsklima zu schaffen. Was dem einen Beschäftigten sehr gut gefällt, ihn inspiriert, motiviert und sogar eine Ressource für seine Gesundheit darstellt, ist für andere eher abschreckend. Dies auszuloten, wie beispielsweise Ergonomie am Arbeitsplatz gesundheitsförderlich eingesetzt werden kann, um Arbeitsprozesse zu fördern, zu erleichtern und zu optimieren und dabei gleichzeitig die Leistungsfähigkeit und Leistungsbereitschaft jedes individuellen Beschäftigten zu erhöhen, das ist die große Kunst, mit der auch die entsprechende Unternehmenskultur einen wesentlichen Beitrag zur Gesunderhaltung der Beschäftigten leisten kann. Ein innovativer Ansatz dafür ist die Kombination aus individueller und organisationaler Resilienz im Unternehmen: Wenn einerseits die Beschäftigten durch Unterstützung seitens der Kollegen und Vorgesetzten gestärkt werden, wenn sie entsprechende Kompetenzen erwerben können, um auf ihrem Arbeitsplatz optimal handlungsfähig zu sein, erhöhen sie die individuelle Resilienz, die sie widerstandsfähig auch bei besonderen Anforderungen macht. Wenn gleichzeitig auch die Geschäftsprozesse stabilisiert und transparent gemacht werden, wenn klare Verantwortlichkeiten bei allen Prozessen existieren und die Mitarbeiter auf mögliche Störfälle vorbereitet sind, sodass sie in solchen Fällen nicht überfordert sind, sondern handlungsfähig bleiben, schaffen die Unternehmen auch für die Organisation Resilienz (Flüter-Hoffmann 2015).

Ein solches Konzept der individuellen und organisationalen Resilienz bereitet die Unternehmen nicht nur auf die Anforderungen der Digitalisierung vor, sondern schafft auch eine gesundheitsförderliche Unternehmenskultur.

Die Verankerung von Betrieblichem Gesundheitsmanagement in unternehmerische Leitlinien spricht dafür, dass die Unternehmen dies als einen wesentlichen Teil der Unternehmenskultur ansehen. Die Umsetzung eines Betrieblichen Gesundheitsmanagements hat schon knapp ein Drittel der Großunternehmen und 12 Prozent insgesamt vorgenommen (◘ Abb. 4.3). Es ist allerdings zu berücksichtigen, dass gerade die KMU vielfach keinerlei Unternehmensleitlinien haben. Dennoch gibt es auch bei ihnen eine für die Beschäftigten vielfach unmittelbar spürbare Unternehmenskultur.

4

4.5 Unternehmenskultur in Großunternehmen und KMU

Die deutsche Wirtschaft ist vor allem von kleinen und mittleren Unternehmen (KMU) geprägt: Nach dem Unternehmensregister gibt es in Deutschland 3,6 Millionen Unternehmen, von denen 3,3 Millionen maximal neun Beschäftigte und etwa 325.000 zwischen zehn und 249 Beschäftigten haben. Nur 13.112 Unternehmen in Deutschland zählen zu den Großunternehmen – nach EU-Definition – mit mindestens 250 Beschäftigten (Statistisches Bundesamt 2015).

Großunternehmen haben meist ein ausgefeiltes Wertemanagement-System, das aus der Unternehmensstrategie abgeleitet ist und nach außen Transparenz schaffen und nach innen Orientierung geben soll. Sie entwickeln dazu Leitbilder sowie einen »Code of Conduct«, also Regelungen für richtiges Verhalten ihrer Beschäftigten und Führungskräfte, und stellen in den Geschäftsberichten die Umsetzung der Strategie und den Aufbau oder auch Umbau ihrer Unternehmenskultur dar. Wichtig ist dabei, dass die festgelegten Werte auch in der Unternehmens- und Führungskultur verankert werden: Die Werte müssen vom Management und den Führungskräften konsequent vorgelebt und von den Beschäftigten umgesetzt werden. Wenn Verstöße gegen die propagierten Werte – seien sie vom Management, von den Führungskräften oder den Beschäftigten begangen worden – ohne Konsequenz bleiben, verlieren nicht nur die Werte an Bedeutung. Das ganze Unternehmensleitbild mit dem Wertekanon sowie die Glaubwürdigkeit des Managements können dadurch ins Wanken geraten. Solch ein möglicher Vertrauensverlust wird häufig unterschätzt – manchmal kann durch einen größeren Skandal das aufgebaute Vertrauen von Jahrzehnten zerstört werden – mit gravierenden Folgen für den Marktwert des Unternehmens, für die Attraktivität seiner Produkte oder Dienstleistungen und für die Vertrauenswürdigkeit als Arbeitgeber.

In KMU erleben die Mitarbeiter ihre Unternehmenskultur vielfach unmittelbarer als in Großunternehmen. Die Beschäftigten sind näher am Management, kennen den Geschäftsführer meist persönlich und erleben ihn als Vorbild und Träger der Unternehmenswerte. In KMU gibt es oft keine ausgefeilte Strategie, sondern vielfach einige Leitsätze, wofür das Unternehmen steht. Manchmal ist das Wertesystem der Unternehmenskultur in kleinen Unternehmen sogar nur implizit vorhanden und wird durch das Verhalten und die Entscheidungen von Geschäftsführung und Führungskräften veranschaulicht, ist aber an keiner Stelle schriftlich niedergelegt. Dabei würde dies den Mitarbeitern Orientierung und den Kunden ein klareres Bild des Unternehmens geben. Empfehlenswert ist daher auch für KMU, ein Leitbild mit Werten gemeinsam mit den Beschäftigten zu entwickeln und zu kommunizieren.

Eine andere Art, seine Unternehmenskultur mit Einstellungen und Werten nach außen zu kommunizieren, ist die Teilnahme an Prüfverfahren. Denn mit Prädikaten, Auditierungen oder Zertifizierungen können die Unternehmen nicht nur Standards für die Qualität der Produkte und Prozesse verdeutlichen, sondern auch Werte und Einstellungen, also ihre Unternehmenskultur transparent machen. Fast zwei Drittel aller Unternehmen in Deutschland (65 Prozent) nutzen solche Verfahren und deren Siegel, um bestimmte Werte, Einstellungen und Standards nach außen zu verdeutlichen (Steffes et al. 2014, S. 128). Beispielsweise wird das Prädikat »TOTAL E-QUALITY von vielen Betrieben, Verwaltungen, Forschungseinrichtungen und Hochschulen dazu genutzt, ihre Werte und Einstellungen zur Chancengleichheit und zu Vielfalt zu präsentieren. Diese Organisationen setzen sich nicht nur für die Förderung von Frauen in Führungspositionen ein, sondern auch für die Vereinbarkeit von Beruf und Familie, für eine chancengerechte Personalbeschaffung und Personalentwicklung, für die Förderung partnerschaftlichen Verhaltens am Arbeitsplatz sowie für die Berücksichtigung von Chancengleichheit in den Unternehmensgrundsätzen. TOTAL E-QUALITY ist eine Selbstverpflichtung der Unternehmen und Organisationen, um Chancengleichheit auf breiter Basis zu verwirklichen und die zugrunde liegende Unternehmenskultur nach außen zu zeigen. Dass auch die Bundeskanzlerin das Prädikat befürwortet und die Unternehmen zu ihrem Engagement für Chancengleichheit von Frauen und Männern beglückwünscht und ihnen Zukunftsfähigkeit attestiert, ist für viele der Prädikatsträger ein großer Mehrwert (www.total-e-quality.de).

Zwei Praxisbeispiele
Deutsche Bank (98.138 VZ-Kräfte, Stand: Dez. 2014
Die Deutsche Bank wollte Vorreiter in der Branche sein, um nach der Finanz- und Wirtschaftskrise 2008/2009 das Vertrauen der Gesellschaft und der Kunden zurückzugewinnen. Daher hat die Deutsche Bank einen Kulturwandel in den Fokus ihrer Strategie 2015+ genommen. Die Unternehmenskultur soll auch wesentlicher Bestandteil der Strategie 2020 sein. Die neuen sechs Unternehmenswerte (Integrität, Nachhaltige Leistung, Kundenorientierung, Innovation, Disziplin, Partnerschaft) sind in die Personalmanagementinstrumente wie Zielvereinbarungen, das Performance-Management, die Führungs- und Managementbewertungen sowie Instrumente zur Perso

nalentwicklung mit eingeflossen. Es wurden Kennziffern und Systeme entwickelt, die die Umsetzung der Werte messen sollen, zum Beispiel Kundenmanagement-Informationssysteme, Kennzahlen zur Kundenzufriedenheit oder Systeme zur Leistungsmessung. Vergütungspraktiken und -richtlinien wurden auf eine neue Grundlage gestellt, eine unabhängige Vergütungskommission ins Leben gerufen und Kontrollmechanismen weiter verbessert. Der Kulturwandel wird in vielfältiger Weise vorangetrieben: Er ist integraler Bestandteil der Strategie der Deutschen Bank. Das Senior Management bekennt sich zum Kulturwandel. Etwa 90 Prozent des Managements nahmen an einem wirtschaftsethischen Kompaktseminar der IW-Akademie teil. Die Bank hat ihren Verhaltens- und Ethikkodex im Einklang mit den Werten und Überzeugungen überarbeitet. Sowohl die Strategie der Unternehmenskultur als auch der Prozess des Kulturwandels werden transparent nach innen und außen kommuniziert. Die Deutsche Bank war 1999, 2002 und 2005 Prädikatsträger von TOTAL E-QUALITY.
https://www.deutsche-bank.de/cr/de/konkret-kultur-wandel.htm

Sepago (58 Beschäftigte, Stand: März 2015)

Das kleine Unternehmen Sepago ist ein IT-Dienstleister mit Sitz in Köln. Sepago hat mehrmals die Auszeichnung »Great Place to Work« gewonnen, im Jahr 2015 sogar den ersten Platz bei den kleinen Unternehmen belegt. Sepago propagiert die Werte »Glaubwürdigkeit«, »Vertrauen«, »Fairness« und »Teamorientierung«. Das Unternehmen steht für Vielfalt und erlebt die verschiedenen Facetten der einzelnen Mitarbeiter als Bereicherung. Neuen Mitarbeitern werden persönliche Mentoren zur Seite gestellt. Ein regelmäßiger Austausch sorgt für eine schnelle und gute Integration in das Sepago-Team. Das Unternehmen legt Wert auf eine wertschätzende Feedback-Kultur, die Kommunikation wird intensiv gefördert. Mit einer offenen Fehlerkultur will das Unternehmen Verbesserungspotenziale erschließen.
www.sepago.de

4.6 Ausblick

Unternehmenskultur ist ein ganz wesentlicher Faktor jedes Unternehmens, ob Konzern oder Mikrounternehmen, denn es wirkt auf alle Bereiche ein, seien es Personalrekrutierung, Kundenbindung, Produkterstellung oder die Beziehung zu Geschäftspartnern: Eine vertrauensvolle Unternehmenskultur ist ein entscheidender Vorteil für Unternehmen im Wettbewerb um Fachkräfte, Absatzmärkte oder Kunden, aber auch im Streben nach gesellschaftlichem Ansehen.

Als Kienbaum im Jahr 2009 insgesamt 157 Unternehmensvertreter danach befragte, welche Werte ihre Unternehmenskultur in Zukunft besonders ausmachen würden, erhielten sie folgende Rangfolge: Führungsqualität (79 Prozent), Kundenorientierung (75 Prozent), Wirtschaftlichkeit/Effizienz (73 Prozent), Veränderungsbereitschaft (72 Prozent), Zielorientierung (69 Prozent) und Innovationsförderung mit 64 Prozent (Kienbaum 2010). Diese Werte sind in vielen Unternehmen auch heute noch von großer Bedeutung und wegweisend für die Zukunft. Hinzugekommen sind in manchen Unternehmen inzwischen noch die Werte Integrität und Vertrauen.

In den vergangenen Jahren sind zahlreiche Studien zum Thema Vertrauen in den Unternehmen durchgeführt worden. Die Ergebnisse zeigten sehr eindeutig, von welch großer Bedeutung das Vertrauen in den Beziehungen zwischen Geschäftsführung, Führungskräften und Beschäftigten ist. Und dies nicht nur, weil es dazu beiträgt, die Arbeitszufriedenheit, Motivation und Produktivität der Beschäftigten zu steigern, sondern der Erfolg des Unternehmens selbst wird dadurch positiv beeinflusst. Insofern lohnen sich auch betriebswirtschaftlich gesehen Investitionen in den Aufbau eines vertrauensvollen Arbeitsklimas und in die Führungskräfteentwicklung, die dazu beiträgt, dass die Führungskräfte stärker zu vertrauen lernen. Enste und Möller bezeichnen sogar »ein kooperatives Arbeitsklima … welches Vertrauen aufbaut, … als eines der Schlüsselelemente der modernen Unternehmensführung« (Enste u. Möller 2015, S. 10).

Vertrauen als zentraler Faktor der Unternehmenskultur wird künftig noch wichtiger werden als es heute schon der Fall ist, denn aufgrund der bevorstehenden Digitalisierung aller Geschäftsprozesse erhalten die Beschäftigten durch die mobile und flexible Arbeitsorganisation mehr Zeitsouveränität und Autonomie bei der Gestaltung ihrer Arbeit. Führungskräfte trauen ihren Mitarbeitern nicht nur eigenverantwortliches Handeln zu, sondern vertrauen auch darauf, dass sie die vereinbarten Ziele erreichen können. Die Mitarbeiter vertrauen ihren Führungskräften und ihrem Unternehmen, dass sie weder unter- noch überfordert werden, sondern gemäß ihren Kompetenzen eingesetzt, aber auch zum Erwerb weiterer Kompetenzen gefördert werden. Diese Entwicklung wird es auch mit sich bringen, dass wir immer stärker von der Arbeitszeitkultur in eine Ergebniskultur kommen: Heute werden die meisten Beschäftigten noch für geleistete Arbeitszeiten bezahlt und nicht für die Ergebnisse. Dabei ist Anwesenheit im Normalfall noch keine Leistung, sondern erst das Arbeitsergebnis (Flüter-Hoffmann 2012). Für eine solche Ergebniskultur spielt das Vertrauen wiederum eine wichtige Rolle: Insofern ist es sehr gut, dass heute schon 95 Prozent der Unternehmen eine vertrauensvolle Unternehmenskultur anstreben.

Literatur

Brühl K (2010) Future Jobs. Wie wir in Zukunft in Europa arbeiten werden. Arbeitswelt 2020 – eine qualitative Trendstudie, hrsg. von der DIS AG in Kooperation mit dem Zukunftsinstitut, Kelkheim.

Cho Y, Park H (2011) Exploring the relationships among trust employee satisfaction and organizational commitment. Public Management Review 13(4):551–573

Enste D, Möller M (2015) IW-Vertrauensindex 2015 – Vertrauen in Deutschland und Europa. IW policy papers 20/2015. http://www.iwkoeln.de/_storage/asset/236963/storage/master/file/7335205/download/IW-VertrauensindexProzent202015Prozent20policyProzent20paper.pdf. Gesehen 06 Okt 2015

Esche B (2014) FEEL-GOOD-MANAGER. Ein bisschen Google in deutschen Firmen. Handelsblatt, 16.12.2014

Farr C (2014) Technology: Silicon Valley takes benefits ›arms race‹ to health care. Reuters, Oct 2nd, 2014, http://www.reuters.com/article/us-tech-benefits-idUSKCN0HR12F20141002.

Flüter-Hoffmann C (2012) Vertrauenskultur und Ergebnisorientierung – zwei Seiten der neuen Erfolgsmedaille in Unternehmen. In: Gesellschaft für Arbeitswissenschaft (Hrsg) Gestaltung nachhaltiger Arbeitssysteme. Bericht zum 58. Arbeitswissenschaftlichen Kongress, Dortmund, S 799–803

Flüter-Hoffmann C (2013) Vertrauen, Vernetzung, Vielfalt. Herausforderungen generationenübergreifender Personalarbeit und Führung. In: Kießler B, Dahms R, Rogge-Strang C (Hrsg) Wechsel auf die Zukunft. Demografischer, technologischer und gesellschaftlicher Wandel – Worauf sich die Personalarbeit in Banken einstellen muss. Bank-Verlag, Köln, S 65–76

Flüter-Hoffmann C (2015) Ausbalancierte Flexibilität – Wie werden Anforderungen und Angebote zu einer echten Win-win-Situation für Betriebe und Beschäftigte? In: Schlick CM (Hrsg) (2015) Arbeit in der digitalisierten Welt – Beiträge der Fachtagung des BMBF 2015. Campus-Verlag, Frankfurt am Main, S 127–133

Flüter-Hoffmann C, Stettes O (2011) Neue Balance zwischen betrieblicher Flexibilität und Stabilität: Ergebnisse einer repräsentativen IW-Befragung. In: IW-Trends: Vierteljahresschrift zur empirischen Wirtschaftsforschung aus dem Institut der deutschen Wirtschaft Köln:38(1):3–18

Frey B (1993) Does monitoring increase work effort? The rivalry with trust and loyalty. Economic Inquiry 31(4):663–670

Hammermann A, Stettes O (2014) Lebensphasenorientierte Personalpolitik. Theoretisches Konzept und empirische Evidenz. Köln

Hammermann A, Stettes O (2013) Qualität der Arbeit – zu? Einfluss der Arbeitsplatzmerkmale auf die Arbeitszufrie denheit im europäischen Vergleich. In: IW-Trends: Vierte jahresschrift zur empirischen Wirtschaftsforschung au dem Institut der deutschen Wirtschaft Köln 40(2):93–10?

Institut für Demoskopie Allensbach (Hrsg) (2014) Zufrieder Berufstätige. Allensbacher Kurzbericht Nr. 18 (IfD-Um frage 11029). http://www.ifd-allensbach.de/uploads/t reportsndocs/PD_2014_18.pdf. Gesehen 14 Sep 2015

Kienbaum Management Consultants (2010) Unternehmen kultur, ihre Rolle und Bedeutung – Studie 2009/201 Gummersbach. http://www.kienbaum.de/Portaldata/ Resources//Studie_Unternehmenskultur_Kienbaum harvard_Business_Manager_2009_2010.pdf. Gesehen ? Sep 2015

Krenz D (2013) Feel-Good-Manager. Und alle so... YEAAHH! D SPIEGEL, 16. Dez 2013

Luckerson V (2014) Careers & Workplace: 10 Most Lavish J Perks in Silicon Valley. TIME, Oct 14, 2014, http://tim com/3506815/10-best-job-perks/

Salamon S, Robinson S (2008) Trust that binds: The impa of collective felt trust on organizational performanc Journal of applied Psychology 93(3):593–601

Statistisches Bundesamt (2015) Unternehmensregister. Wie baden. https://www.destatis.de/DE/ZahlenFakten/G samtwirtschaftUmwelt/UnternehmenHandwerk/Unte nehmensregister/Tabellen/UnternehmenBeschaeftigte groessenklassenWZ08.html. Gesehen 06 Okt 2015

Steffes S, Mohrenweiser J, Nolte A, Bellmann L, Bender Bossler M, Stephani J, Wolter S, Sliwka D, Kampkötter Laske K (2014) Arbeitsqualität und wirtschaftlicher Erfol Längsschnittstudie in deutschen Betrieben. Erster Zw schenbericht. Bundesministerium für Arbeit und Soziale und Institut für Arbeitsmarkt- und Berufsforschun Mannheim

Unternehmenskultur und Gesundheit: Ergebnisse einer repräsentativen Umfrage unter Erwerbstätigen

O. Beckmann, M. Meschede, K. Zok

B. Badura et al. (Hrsg.) *Fehlzeiten-Report 2016*,
DOI 10.1007/978-3-662-49413-4_5, © Springer-Verlag Berlin Heidelberg 2016

Zusammenfassung *Die gelebte Kultur eines Unternehmens wird als bedeutsame Einflussgröße für unterschiedliche Faktoren wie Mitarbeiterbindung und -gesundheit gesehen, die wiederum für die Leistungsfähigkeit eines Unternehmens essenziell sind. In der vorliegenden Untersuchung werden in diesem Kontext Elemente benannt, die für Beschäftigte eine gute Unternehmenskultur ausmachen und ferner gezeigt, dass diesbezüglich ein großer Handlungsbedarf besteht: Das tatsächliche Erleben von positiver Unternehmenskultur bleibt häufig hinter den Erwartungen der Befragten zurück. Wie bedeutsam eine solche Unternehmenskultur allerdings – wie vermutet – ist, zeigt die Studie ebenfalls auf: So wiesen Befragte, die eine positive Unternehmenskultur erleben, meist einen besseren Gesundheitszustand hinsichtlich psychischer und physischer Beschwerden auf, auch ist ihr Umgang mit Krankheit am Arbeitsplatz achtsamer. Dabei stellten die Betroffenen die Angaben zu ihren körperlichen wie auch psychischen Beschwerden häufig in einen direkten Zusammenhang mit ihrer beruflichen Tätigkeit. Insbesondere die Gestaltung unterstützender Beziehungen am Arbeitsplatz, eines angenehmen Arbeitsklimas und förderlicher Arbeitsbedingungen sind für Unternehmen wichtige Ansatzpunkte, um eine gesundheitsförderliche Unternehmenskultur zu etablieren. Diese Faktoren erwiesen sich in der Untersuchung als besonders bedeutsam für eine positiv erlebte Unternehmenskultur.*

5.1 Einleitung

In der heutigen Unternehmenslandschaft erscheint der Verweis auf den Einfluss der Unternehmenskultur als ausschlaggebende DNA einer Firma allgegenwärtig. Während sich die verschiedenen Wissenschaftsdisziplinen (z. B. Anthropologie, [Sozial-]Psychologie und Soziologie) bereits seit Ende der 1970er Jahre intensiv mit dem Unternehmenskulturbegriff auseinandergesetzt haben (Oechsler 2006), finden unternehmenskulturelle Sichtweisen seit einiger Zeit zunehmend auch Eingang in die Betriebswirtschaftslehre (Bea u. Haas 2005; Heinen u. Fank 1997), diverse Wirtschaftsbereiche und die Politik (Beile 2007, S. 26). Darüber hinaus haben inzwischen so gut wie alle Unternehmen die Unternehmenskultur als »wichtiges Entwicklungs- und Strategiefeld« (ebd., S. 26) identifiziert. In den Fokus rückt dabei der Einfluss des »weichen« Faktors Unternehmenskultur, etwa auf die Identifikation mit der jeweiligen Firma, die Arbeitsmotivation oder die Mitarbeitergesundheit, mit dem sich in der Folge »harte« Fakten wie betriebs-

wirtschaftliche Zahlen und der Unternehmenserfolg insgesamt erklären lassen sollen. Steigende Krankenstände oder eine hohe Mitarbeiterfluktuation werden dagegen häufig auf das Fehlen einer positiven Kultur zurückgeführt. Die »Kultur einer Organisation [kann als] der mit Abstand einflussreichste ›Treiber‹ von Gesundheit und Betriebsergebnis« bezeichnet werden, da sie dem Menschen den Rahmen gibt, »seine psychischen Prozesse und sein Verhalten zu organisieren« (Badura et al. 2013, S. 10)[1]. Vor diesem Hintergrund befasst sich der vorliegende Beitrag mit der Frage, welcher Zusammenhang zwischen Unternehmenskultur und Gesundheit besteht. Dabei soll insbesondere identifiziert werden, was aus Sicht des Arbeitnehmers »gute Unternehmenskultur« ausmacht. Darüber hinaus wird erstmals der Frage nachgegangen, ob ein Zusammenhang zwischen der erlebten Unternehmenskultur und der Gesundheit von Beschäftigten im Betrieb besteht.

---

[1] Zum Zusammenhang von Kultur und Gesundheit siehe auch Badura und Ehresmann in diesem Band.

5

Nicht neu ist, dass die Gesundheit der Beschäftigten eine wichtige Säule der Leistungsfähigkeit von Unternehmen darstellt. Vor dem Hintergrund eines zunehmenden Fachkräftemangels als Folge eines voranschreitenden demografischen Wandels gewinnen unter anderem Maßnahmen der Betrieblichen Gesundheitsförderung stärker an Bedeutung (Hasselhorn u. Ebener 2014, S. 75–83). Unternehmen sind demzufolge auch in einem höheren Maße bestrebt, leistungsfähige Fachkräfte an sich zu binden. Eine Möglichkeit dies positiv zu beeinflussen kann darin bestehen, eine Arbeitsumgebung zu schaffen, die die Beschäftigten als positiv bewerten. Gleichzeitig wandelt sich die Erwartungshaltung der Beschäftigten gegenüber ihrem Unternehmen. Ein positives Arbeitsklima sowie eine Tätigkeit, mit deren übergeordneten Werten und Idealen eine intrinsische Motivation verbunden ist, stehen im Vordergrund; monetäre Aspekte werden dagegen als weniger wichtig erachtet (Felfe u. Wombacher in diesem Band). Das Ziel »Gesundheit« kann dabei als Bindeglied zwischen den wechselseitigen Interessen von Arbeitnehmern und Arbeitgebern fungieren: Während ein guter Gesundheitszustand den Betrieben eine hohe Leistungsfähigkeit ermöglicht, sorgt eine Arbeitsumgebung, die den Gesundheitszustand der Beschäftigten positiv beeinflusst, für eine höhere Zufriedenheit und Identifikation mit der Arbeit (Felfe u. Wombacher in diesem Band). Die Unternehmenskultur kann als Rahmen für diese Zusammenhänge begriffen werden. Angesichts der wichtigen Rolle, die die Gesundheit sowohl für Arbeitnehmer- als auch Arbeitgeberinteressen spielt, weisen zunehmende Krankenstände im Allgemeinen sowie die steigende Anzahl psychischer Erkrankungen im Besonderen auf einen vermehrten Handlungsbedarf hin (Meyer u. Meschede in diesem Band).

Die große Verbreitung des Begriffs der Unternehmenskultur in den verschiedenen gesellschaftlichen Bereichen und die damit verbundenen divergierenden Auffassungen über kulturelle Zusammenhänge und Ursachen in Unternehmen erklären sich vor allem durch eine Vielzahl von unterschiedlichen Definitionen des Begriffs (Martins 2007, S. 45) sowie voneinander abweichende Sichtweisen auf das Thema.

Auch wenn keine allgemein anerkannte und einheitliche Begriffsbestimmung zur Unternehmenskultur vorliegt, ist unstrittig, dass Unternehmen aktiv Kultur produzieren. Als eine Gruppe, in der »gearbeitet und kommuniziert [wird]«, besitzen sie »über einen langen Zeitraum Stabilität und Dauerhaftigkeit« und entwickeln in diesem Zusammenhang »Verhaltensregeln und Ordnungssysteme« (Feldmann 2006, S. 19). Dabei ist allerdings nicht das Materielle, sondern viel-

mehr die ideelle und kognitive Beschaffenheit der Kultur von Bedeutung (Sackmann 2002, S. 22 ff.). Sie setzt sich aus »grundlegenden Annahmen, Überzeugungen und Wertevorstellungen [zusammen], die sich auch in entsprechenden Erwartungen ausdrücken« (Beckerkamp o. J., S. 2). Das weit verbreitete Modell von Schein (1995) diente bereits zahlreichen Studien als Grundlage oder Anknüpfungspunkt. Der Ansatz wird als Kombination von funktionalistischer und interpretativer Perspektive der Unternehmenskultur betrachtet und als »reflektiert funktionalistisch« bezeichnet (Unterreitmeier 2004, S. 4). Nach Schein ist Unternehmenskultur ein »Muster gemeinsamer Grundprämissen, das die Gruppe bei der Bewältigung ihrer Probleme externer Anpassung und interner Integration erlernt hat, das sich bewährt hat und somit als bindend gilt« (Schein 1995, S. 25). Die Unternehmenskultur vermittelt ein Zusammengehörigkeitsgefühl, mit dem sich das Unternehmen einerseits gegen eine turbulente und unsichere Umwelt abgrenzt und andererseits dieser Umwelt anpassen kann und mit ihr in einen Austausch tritt.

Beim inneren Aufbau der Unternehmenskultur unterscheidet Schein mit den *Artefakten* (1), den *Werten* (2) und den *Grundannahmen* (3) drei Ebenen. Während Artefakte (1), zu denen etwa wiederkehrende Rituale oder beobachtbare Verhaltensweisen zählen, sichtbare Ereignisse sind, lassen sich Werte und Wertvorstellungen (2) »nur auf einer höheren Ebene des Bewusstseins« (Martins 2007, S. 46) der Organisationsmitglieder finden. Als »Auffassungen von Wünschenswertem und als Orientierungsleitlinien« (Unterreitmeier u. Schwinghammer 2004, S. 6) lassen sich Werte oft durch Firmenleitbilder oder die jeweilige Firmenphilosophie nachvollziehen (ebd., S. 6). Mit der Zeit entwickeln sich aus den Werten grundlegende Annahmen (3), die durch die Mitarbeiter des Unternehmens als selbstverständlich angesehen und nicht hinterfragt werden, sofern sie sich als erfolgreich erwiesen haben. Die Allgemeingültigkeit und Selbstverständlichkeit der Wertvorstellungen führen letztlich dazu, dass den Unternehmensmitgliedern der Einfluss dieser Grundannahmen nicht mehr bewusst ist (ebd., S. 6). In der Forschung wird in der Regel zudem auf den Einfluss von Normen »als verhaltenssteuernde und konstitutives Element der (Unternehmens-)Kultur« (ebd., S. 6) eingegangen. Auch wenn diese in Bezug auf die Unternehmenskultur in Scheins Ansatz nicht explizit erwähnt werden (ebd., S. 6), können Werte nicht ohne Normen betrachtet werden (Wien u. Franzke 2014, S. 30). Werte und Normen zusammen bilden die »Verhaltensstandards«, die »Verhaltensrichtlinien, Maximen, Verbote und Gebote [umsetzen], welche alle Mitglieder einer Kultur bzw. einer Organisation miteinander teilen, akzeptieren und dementsprechend leben« (ebd., S. 29).

5.1.1 Erhebungen zur Unternehmenskultur und Operationalisierung

Zur Untersuchung der Unternehmenskultur existiert eine Vielzahl verschiedener methodischer Ansätze. Dabei sind sowohl Erfassungsmethoden, die nur eine Komponente der Unternehmenskultur betrachten (Sackmann 2007, S. 11), als auch Analysen »mehrerer Komponenten auf verschiedenen Ebenen« (ebd., S. 11), die unterschiedliche Datenerhebungsmethoden kombinieren (ebd., S. 11), anwendbar. Eine umfassende Übersicht zu bestehenden Erfassungsinstrumenten und empirischen Möglichkeiten findet sich bei Sackmann (2006b).

Nach Sackmann kann »keine einzelne Dimension oder einziger Indikator allein eine Aussage zur Güte und Beschaffenheit von Unternehmenskultur machen« (Sackmann 2006a, S. 17). Eine Einigkeit darüber, welche Dimensionen von Relevanz sind und wie deren Operationalisierung zu erfolgen hat, beziehungsweise welchen Dimensionen oder Indikatoren eine übergeordnete Bedeutung zukommt, besteht jedoch nicht (Unterreitmeier u. Schwinghammer 2004, S. 10). Allerdings wird deutlich, dass »vielen Erhebungsinstrumenten ähnliche Kulturdimensionen zugrunde [liegen]« (ebd., S. 10). Insbesondere Unterreitmeier konnte beim Vergleich quantitativer Analysen zur Unternehmenskultur gemeinsame Dimensionen identifizieren, die sich in »ähnlicher Form« (ebd., S. 10) in unterschiedlichen Arbeiten wiederfinden lassen. Der daraus resultierende Fragebogen, der weitgehend auf das Modell von Schein rekurriert, allerdings um Normen erweitert wurde, basiert »auf den häufigsten Dimensionen bestehender Instrumente« (Sackmann 2006a, S. 17).

Dieses Messinstrument bezieht sich ausschließlich auf die Ebenen der Artefakte, Werte und Normen. »Grundannahmen (d. h. »Wertvorstellungen«, Anmerkung der Verfasser) entziehen sich dagegen einer quantitativen Erfassung und sind in der einschlägigen Literatur zu diesem Thema nicht vorzufinden, da sie nur durch iterative Tiefeninterviews analysiert werden können« (Unterreitmeier u. Schwaiger 2006, S. 9). Daher verzichtete Unterreitmeier auf diese Dimension der Wertvorstellungen. Insgesamt konnte Unterreitmeier zehn Dimensionen (s. hierzu S. 6) zur Operationalisierung von Unternehmenskultur ermitteln (Unterreitmeier 2004, S. 92 f.):

1. Entscheidungsprozesse und Führungsstil
2. Ergebnis- und Karriereorientierung
3. Mitarbeiterorientierung
4. Entlohnungsgerechtigkeit
5. Problemlösungsverhalten
6. Arbeitsklima im engeren Sinne[2]
7. Wettbewerbsorientierung
8. Kundenorientierung
9. Unternehmensumwelt
10. Artefakte

5.1.2 Auswahl des Messinstruments

Bei der Erhebung zur Bedeutung von Unternehmenskultur für die Gesundheit kam der von Unterreitmeier entwickelte Fragebogen zur Anwendung. Der Nutzen des Messinstruments besteht darin, dass die Güte bereits qualitativ überprüft wurde. Die Ergebnisse wurden dann auch in einer Replikationsstudie mit zehn Unternehmen und mehr als 600 Beschäftigten bestätigt. Damit konnte dieses Messinstrument insgesamt als »reliabel und valide zur Messung von Unternehmenskultur und zur Erfassung unternehmenskultureller Differenzen« (Unterreitmeier u. Schwinghammer 2004, S. 1) angesehen werden. Neben der Validität liegt die Stärke des Messinstruments auch in der fundierten Entwicklung des Fragebogens, der auch psychometrische Maßgrößen umfasst (Sackmann 2006c, S. 86).

5.1.3 Adaption des Messinstruments

Insgesamt werden in dem von Unterreitmeier entwickelten Fragebogen 52 Indikatoren in 20 Faktoren und zehn Dimensionen der Unternehmenskultur operationalisiert. Die Aufteilung der Ebenen in Dimensionen und Faktoren erscheint sinnvoll, da eine inhaltliche Trennung der Dimensionen besteht, die sich auch empirisch durch die Daten nachweisen ließ (Unterreitmeier u. Schwinghammer 2004, S. 11). Die vorliegende Studie basiert auf der im Rahmen der Validierung geringfügig erweiterten und modifizierten Itembatterie (Unterreitmeier u. Schwinghammer 2004, S. 10). Darauf aufbauend wurden eigene Anpassungen vorgenommen, die in der verwendeten Umfragemethodik per *Computer Assisted Telephone Interview* (CATI) begründet waren. Die Befragten gaben sowohl an, in welchem Umfang die Aussagen zur Unternehmenskul-

---

2 Die Dimension wurde in Anlehnung an Unterreitmeier u. Schwinghammer (2004) so bezeichnet, um sie von dem Begriff »Betriebsklima« zu differenzieren (ebd., S. 32).

tur zutreffen, als auch, wie sie die Wichtigkeit des entsprechenden Statements einschätzen (ebd., S. 12). Vor diesem Hintergrund konnten auf Grundlage einer Korrelationsmatrix aus einer vorangegangenen Studie (edb.) die Items einer Dimension bestimmt werden. Da Telefoninterviews einer zeitlichen Beschränkung unterliegen, wurde die Anzahl der Items nach einer inhaltlichen Bewertung reduziert. Auf diese Weise verblieben pro Dimension maximal drei zu bewertende Statements (bzw. neun Statements bei der Dimension »Arbeitsklima«). Auf die Abfrage der Dimension »Artefakte« wurde verzichtet. Bereits Unterreitmeier und Schwinghammer betonen in ihrer Replikationsstudie, dass die Struktur dieser Dimension »nicht als allgemein gültig« (ebd., S. 44) bewertet werden kann, da grundsätzlich branchentypische Einflussfaktoren die identifizierten Strukturen stark bestimmen (ebd., S. 44). Aus diesem Grund sollte eine Analyse von Artefakten immer »speziell an die zu untersuchenden Unternehmen angepasst« (ebd., S. 44) werden. Dieser Anspruch wurde im Rahmen der vorliegenden Untersuchung, in deren Rahmen Beschäftigte bundesweit repräsentativ und branchenübergreifend befragt wurden, nicht verfolgt. Für die vorliegende Untersuchung werden somit neun Dimensionen der Unternehmenskultur ausgewählt (▶ Übersicht 1).

Übersicht 1: Inhalte der Dimensionen von Unternehmenskultur

1. *Entscheidungsprozesse und Führungsstil:* In welchem Ausmaß werden Ziele gemeinsam mit den Mitarbeitern festgelegt und wie ist die Entscheidungsbeteiligung im Arbeitsprozess geregelt?

2. *Ergebnis- und Karriereorientierung:* Sind die Unternehmensziele den Mitarbeitern bewusst, werden Leistungserwartungen kommuniziert und welchen Stellenwert nimmt die Arbeit in Relation zur Freizeit ein?

3. *Mitarbeiterorientierung:* In welchem Ausmaß fördert ein Unternehmen seine Mitarbeiter und welche Voraussetzungen für gesundheitsfördernde Arbeitsbedingungen sind vorhanden?

4. *Entlohnungsgerechtigkeit:* Wie wird das Verhältnis von geleisteter Arbeit und der monetären Vergütung/Sozialleistungen des Arbeitgebers bewertet?

5. *Problemlösungsverhalten:* Ist die Arbeit abwechslungsreich und wie werden Probleme angesehen und gelöst?

6. *Arbeitsklima im engeren Sinne:* Wie wird die Kollegialität, das Verhältnis zu den Vorgesetz-

ten, die interne Konkurrenz und die Offenheit im Unternehmen bewertet?

7. *Wettbewerbsorientierung:* Wird eine Beobachtung der Marktbeteiligten durchgeführt und besteht der Anspruch des Unternehmens, zu den Besten im Wettbewerbsumfeld zu gehören?

8. *Kundenorientierung:* Inwieweit geht das Unternehmen qualifiziert auf die Bedürfnisse und Kritik des Kunden ein?

9. *Unternehmensumwelt:* Wie wird die Übernahme gesellschaftlicher Verantwortung und das soziale Engagement des Unternehmens bewertet?

Das Messinstrument beinhaltete auch Fragen, d[ie] den Gesundheitszustand des Beschäftigten erfasse[n] sollten (subjektive Bewertung des eigenen Gesun[d]heitszustands, Häufigkeit von gesundheitlichen Be[-]schwerden, Krankschreibungen sowie Angaben zu[m] eigenen Umgang mit Krankheit am Arbeitsplatz), w[ie] auch die Bitte um eine Einschätzung, ob die gesund[-]heitlichen Beschwerden im Zusammenhang mit d[er] beruflichen Tätigkeit stehen.

5.2   Methodisches Vorgehen und Stichprobenbeschreibung

Die Datengrundlage für die durchgeführte Analys[e] basiert auf einer Repräsentativbefragung von Erwerb[s-]tätigen. Auf Quotenvorgaben hinsichtlich Branche[n-]zugehörigkeit, Wirtschaftszweig, Unternehmensgröß[e,] Dauer der Betriebszugehörigkeit, Lebensalter, Ei[n-]kommen oder Region wurde vor diesem Hintergru[nd] verzichtet. Die Stichprobe setzt sich aus 2.007 befra[g-]ten Personen zusammen, von denen 1.123 männli[ch] und 884 weiblich waren und deren Alters zwischen 1[6] und 65 Jahren liegt. Der Abgleich zwischen den Stru[k-]turergebnissen in der Stichprobe und der Grundge[-]samtheit zeigte keine Auffälligkeiten, sodass davo[n] ausgegangen werden kann, dass die vorliegenden E[r-]gebnisse repräsentativ für alle Beschäftigten zwische[n] 16 und 65 Jahren in Deutschland sind. Mit der Durch[-]führung der Umfrage wurde die GfK Health vom Wis[-]senschaftlichen Institut der AOK (WIdO) beauftra[gt.] Die Umsetzung erfolgte per CATI-Methode im Febru[-]ar 2016. Bei diesem computergestützten telefonische[n] Interviewverfahren liest der Interviewer die Fragen v[or] und gibt die Antworten direkt in seinen Rechner ei[n.] Die Vorteile der Methode liegen darin, dass komple[xe]

◘ Tab. 5.1 Verwendete Items mit zugehörigen Unternehmenskulturdimensionen

Unternehmenskultur- dimensionen	Items
Entscheidungsprozesse und Führungsstil	1.1 Vorgesetzte und Mitarbeiter legen die Arbeitsziele der Mitarbeiter gemeinsam fest.
	1.2 Veränderungen werden mit davon betroffenen Personen oder Gruppen abgesprochen.
	1.3 Den Mitarbeitern wird die Möglichkeit gegeben, auf wichtige Entscheidungen Einfluss zu nehmen.
Ergebnis- und Karriere- orientierung	2.1 Das Unternehmen besitzt klar definierte Ziele, die jedem Mitarbeiter verständlich sind.
	2.2 Den Mitarbeitern wird genau gesagt, welche Leistungen und Ergebnisse von ihnen erwartet werden.
	2.3 Arbeit ist wichtiger als Freizeit.
Mitarbeiterorientierung	3.1 Kreativität wird gefördert.
	3.2 Das Unternehmen steht hinter seinen Mitarbeitern.
	3.3 Das Unternehmen trägt für optimale physische Arbeitsbedingungen (Licht, Raum, Ausstattung etc.) Sorge.
Entlohnungsgerechtigkeit	4.1 Wer hier viel leistet, erhält viel Geld, und wer weniger leistet, weniger Geld.
	4.2 Das Unternehmen bietet neben dem Gehalt gute freiwillige Sozialleistungen.
	4.3 Wenn es der Firma schlecht geht, sind auch die Mitarbeiter zu Verzichten bereit.
Problemlösungsverhalten	5.1 Die Arbeit ist so abwechslungsreich, dass man ständig Neues lernt.
	5.2 Die Mitarbeiter bringen viele neue Ideen ein (z. B. durch betriebliches Vorschlags- wesen).
	5.3 Probleme werden von den Mitarbeitern als Herausforderungen angesehen.
Arbeitsklima im engeren Sinne	6.1 Für gute Arbeit werden die Mitarbeiter gelobt.
	6.2 Die Mitarbeiter geben sich gegenseitig Anerkennung für ihre Arbeit.
	6.3 Das Verhältnis zu den direkten Vorgesetzten ist gut.
	6.4 Die Mitarbeiter unterstützen sich gegenseitig, um ihre Aufgaben besser zu bewältigen.
	6.5 Unter den Mitarbeitern herrscht ein starker Konkurrenzkampf.
	6.6 Man geht hier locker und ungezwungen miteinander um.
	6.7 Neuen Mitarbeitern gegenüber ist man im Unternehmen sehr offen.
	6.8 Die Vorgesetzten sind Vorbild für die Mitarbeiter.
	6.9 Die Energie geht häufig durch interne Reibungen (Konkurrenzkämpfe etc.) verloren.
Wettbewerbsorientierung	7.1 Wir beobachten unsere Wettbewerber sehr genau.
	7.2 Wir sind bestrebt, zu den Besten der Branche zu gehören.
	7.3 Im Unternehmen herrscht große Sensibilität für die Veränderungen am Markt.
Kundenorientierung	8.1 Das Unternehmen besitzt die Fähigkeit, dem Kunden zuzuhören und dessen Probleme und Wünsche zu verstehen.
	8.2 Es wird darüber nachgedacht, warum Kunden zur Konkurrenz wechseln.
	8.3 Beschwerden der Kunden werden sehr ernst genommen.
Unternehmensumwelt	9.1 Das Unternehmen trägt zum Wohl der Gesellschaft bei.
	9.2 Das Unternehmen engagiert sich auch für den Erhalt der Umwelt.

Fehlzeiten-Report 2016

Fragebogenabläufe abgearbeitet werden können und die Daten unmittelbar nach der Erhebung in maschinenlesbarer Form vorliegen. Im Anschluss an die telefonische Erhebung wertete das WIdO die Daten aus. Zur Übersicht stellt ◘ Tab. 5.1 alle Dimensionen der Unternehmenskultur mit ihren jeweils abgefragten Items dar. Der anschließende Auswertungsteil befasst sich mit den Ergebnissen der repräsentativen Umfrage.

5.3 Auswertung

◘ Tab. 5.2 zeigt, welche Aspekte der Unternehmenskultur für die Beschäftigten die wichtigsten sind, ◘ Tab. 5.3 stellt dar, welche die Beschäftigten am stärksten im eigenen Betrieb erleben. Zusätzlich werden die Items aufgeführt, bei denen die Differenz zwischen Wichtigkeit und Erleben am größten ist (◘ Tab. 5.4). Die

◘ Tab. 5.2 Top-5-Items sortiert nach Wichtigkeit in % (Darstellung der Anteile der Skalenendpunkte (5+6+7); 7 = »das ist mir überaus wichtig«)

Item	Wichtigkeit	Erleben	Differenz
3.2 Das Unternehmen steht hinter seinen Mitarbeitern.	78	55	24
6.3 Das Verhältnis zu den direkten Vorgesetzten ist gut.	72	60	12
6.4 Die Mitarbeiter unterstützen sich gegenseitig, um ihre Aufgaben besser zu bewältigen.	72	58	14
2.1 Das Unternehmen besitzt klar definierte Ziele, die jedem Mitarbeiter verständlich sind.	71	63	8
2.2 Den Mitarbeitern wird genau gesagt, welche Leistungen und Ergebnisse von ihnen erwartet werden.	70	65	5

Fehlzeiten-Report 2016

◘ Tab. 5.3 Top-5-Items sortiert nach Erleben in % (Darstellung der Anteile der Skalenendpunkte (5+6+7); 7 = »trifft voll und ganz zu«)

Item	Wichtigkeit	Erleben	Differenz
2.2 Den Mitarbeitern wird genau gesagt, welche Leistungen und Ergebnisse von ihnen erwartet werden.	70	65	5
2.1 Das Unternehmen besitzt klar definierte Ziele, die jedem Mitarbeiter verständlich sind.	71	63	8
8.3 Beschwerden der Kunden werden sehr ernst genommen.	68	60	8
6.3 Das Verhältnis zu den direkten Vorgesetzten ist gut.	72	60	12
8.1 Das Unternehmen besitzt die Fähigkeit, dem Kunden zuzuhören und dessen Probleme und Wünsche zu verstehen.	68	59	9

Fehlzeiten-Report 2016

◘ Tab. 5.4 Items sortiert nach der Differenz zwischen Wichtigkeit und Erleben in %

Item	Wichtigkeit	Erleben	Differenz
3.2 Das Unternehmen steht hinter seinen Mitarbeitern.	78	55	24
6.1 Für gute Arbeit werden die Mitarbeiter gelobt.	69	50	19
1.3 Den Mitarbeitern wird die Möglichkeit gegeben, auf wichtige Entscheidungen Einfluss zu nehmen.	61	42	19
1.2 Veränderungen werden mit davon betroffenen Personen oder Gruppen abgesprochen.	65	48	17
4.2 Das Unternehmen bietet neben dem Gehalt gute freiwillige Sozialleistungen.	62	46	17

Fehlzeiten-Report 2016

Bewertung der Items erfolgte jeweils auf einer siebenstufigen Rating-Skala[3].

---

3 Den Befragten wurde jeweils eine Ordinal-Skala von 1 bis 7 vorgestellt. Zur Ermittlung der Wichtigkeit (»1 = das ist mir überhaupt nicht wichtig«, bzw. »7 = das ist mir überaus wichtig«) und des Erlebens (»1 = trifft überhaupt nicht zu«, bzw. »7 = trifft voll und ganz zu«) wurden die Befragten nach ihrer Bewertung der einzelnen Items gefragt.

Den Beschäftigten ist insbesondere die Loyalität ihres Arbeitgebers, die Beziehung zum direkten Vorgesetzten und die Unterstützung durch Kollegen wichtig (◘ Tab. 5.2). Aber auch klar definierte Ziele und Erwartungen spielen für sie eine große Rolle. Während die Unternehmen in Bezug auf die definierten Ziele und Erwartungen gegenüber den Beschäftigten gut abschneiden – die Mehrheit der Befragten erlebt die auch in ihrem Berufsalltag (◘ Tab. 5.3) –, verdeutlich

■ Tab. 5.4, dass bei anderen Faktoren deutliche Unterschiede zwischen Wunsch und Wirklichkeit im Betrieb bestehen: So erleben nur 55 Prozent der Beschäftigten, dass das Unternehmen hinter ihnen steht, wie auch lediglich die Hälfte der Beschäftigten für gute Arbeit gelobt wird. Gerade aber die Loyalität des Arbeitgebers und der Aspekt des Lobens werden von den Beschäftigten als besonders wichtiger Aspekt der Unternehmenskultur eingeschätzt.

Ausgehend von den einzelnen Items zur Unternehmenskultur wird eine Verdichtung auf neun Dimensionen der Unternehmenskultur vorgenommen. Als Maß für die interne Konsistenz der einzelnen Dimensionen wird das Cronbachs α[4] sowohl für die Wichtigkeit als auch das Erleben angegeben (■ Tab. 5.5). Darüber hinaus werden für jede Dimension und pro Item die Ergebnisse zur Wichtigkeit und zum Erleben sowie die Differenz zwischen beiden als Mittelwerte der oben beschriebenen siebenstufigen Rating-Skala ausgewiesen. Die unzureichenden Werte des Cronbachs α (< 0,6) für die Dimension »Ergebnis- und Karriereorientierung« weisen darauf hin, dass keine interne Konsistenz der Skala gegeben ist, sodass diese Dimension von der weiteren Auswertung ausgeschlossen wird. In vorangegangenen Untersuchungen wurden für diese Skala konsistente Werte ermittelt. Daraus ergibt sich weiterer Forschungsbedarf, dem in Rahmen dieser Studie nicht nachgegangen werden konnte. Im Folgenden werden somit acht Dimensionen der Unternehmenskultur ausgewertet.

---

4 Cronbachs alpha beschreibt die interne Konsistenz einer Skala, also das Maß, in dem die Items einer Skala miteinander in Beziehung stehen.

■ **Tab. 5.5** Übersicht über alle Unternehmenskulturdimensionen und die entsprechenden Items; Darstellung der Mittelwerte für Wichtigkeit, Erleben und Differenz

Unternehmenskulturdimensionen	Mittelwerte			Chronbachs alpha		Items	Mittelwerte		
	Wichtigkeit	Erleben	Differenz	Wichtigkeit	Erleben		Wichtigkeit	Erleben	Differenz
Entscheidungsprozesse und Führungsstil	5,6	5,0	0,6	0,83	0,85	1.1 Vorgesetzte und Mitarbeiter legen die Arbeitsziele der Mitarbeiter gemeinsam fest.	5,4	5,0	0,4
						1.2 Veränderungen werden mit davon betroffenen Personen oder Gruppen abgesprochen.	5,7	5,2	0,5
						1.3 Den Mitarbeitern wird die Möglichkeit gegeben, auf wichtige Entscheidungen Einfluss zu nehmen.	5,5	4,8	0,7
Ergebnis- und Karriereorientierung	5,3	5,3	0,0	0,26	0,55	2.1 Das Unternehmen besitzt klar definierte Ziele, die jedem Mitarbeiter verständlich sind.	6,0	5,7	0,3
						2.2 Den Mitarbeitern wird genau gesagt, welche Leistungen und Ergebnisse von ihnen erwartet werden.	5,9	5,7	0,2
						2.3 Arbeit ist wichtiger als Freizeit.	4,0	4,5	−0,5
Mitarbeiterorientierung	5,7	5,2	0,5	0,62	0,71	3.1 Kreativität wird gefördert.	5,1	4,7	0,4
						3.2 Das Unternehmen steht hinter seinen Mitarbeitern.	6,2	5,4	0,8
						3.3 Das Unternehmen trägt für optimale physische Arbeitsbedingungen (Licht, Raum, Ausstattung etc.) Sorge.	5,9	5,4	0,4

5

◾ **Tab. 5.5** (Fortsetzung)

Unternehmenskulturdimensionen	Mittelwerte			Chronbachs alpha		Items	Mittelwerte		
	Wichtigkeit	Erleben	Differenz	Wichtigkeit	Erleben		Wichtigkeit	Erleben	Differenz
Entlohnungsgerechtigkeit	5,4	4,9	0,4	0,56	0,73	4.1 Wer hier viel leistet, erhält viel Geld, und wer weniger leistet, weniger Geld.	5,5	5,0	0,5
						4.2 Das Unternehmen bietet neben dem Gehalt gute freiwillige Sozialleistungen.	5,7	5,1	0,6
						4.3 Wenn es der Firma schlecht geht, sind auch die Mitarbeiter zu Verzichten bereit.	4,9	4,7	0,2
Problemlösungsverhalten	5,5	5,1	0,4	0,80	0,83	5.1 Die Arbeit ist so abwechslungsreich, dass man ständig Neues lernt.	5,4	5,0	0,4
						5.2 Die Mitarbeiter bringen viele neue Ideen ein (z. B. durch betriebliches Vorschlagswesen).	5,5	5,0	0,5
						5.3 Probleme werden von den Mitarbeitern als Herausforderungen angesehen.	5,6	5,3	0,4
Arbeitsklima im engeren Sinne	5,5	5,1	0,4	0,78	0,77	6.1 Für gute Arbeit werden die Mitarbeiter gelobt.	5,9	5,3	0,6
						6.2 Die Mitarbeiter geben sich gegenseitig Anerkennung für ihre Arbeit.	5,6	5,1	0,5
						6.3 Das Verhältnis zu den direkten Vorgesetzten ist gut.	6,0	5,6	0,4
						6.4 Die Mitarbeiter unterstützen sich gegenseitig, um ihre Aufgaben besser zu bewältigen.	6,0	5,5	0,5
						6.5 Unter den Mitarbeitern herrscht ein starker Konkurrenzkampf.	3,4	3,8	−0,5
						6.6 Man geht hier locker und ungezwungen miteinander um.	5,7	5,4	0,3
						6.7 Neuen Mitarbeitern gegenüber ist man im Unternehmen sehr offen.	5,7	5,5	0,3
						6.8 Die Vorgesetzten sind Vorbild für die Mitarbeiter.	5,8	5,4	0,4
						6.9 Die Energie geht häufig durch interne Reibungen (Konkurrenzkämpfe etc.) verloren.	3,4	3,7	−0,4

◻ Tab. 5.5 (Fortsetzung)

Unter-nehmens-kultur-dimensionen	Mittelwerte			Chronbachs alpha		Items	Mittelwerte		
	Wich-tigkeit	Erle-ben	Diffe-renz	Wich-tigkeit	Erle-ben		Wich-tigkeit	Erle-ben	Diffe-renz
Wettbe-werbsorien-tierung	5,5	5,5	0,1	0,86	0,84	7.1 Wir beobachten unsere Wettbewerber sehr genau.	5,4	5,4	0,0
						7.2 Wir sind bestrebt, zu den Besten der Branche zu gehören.	5,6	5,5	0,0
						7.3 Im Unternehmen herrscht große Sensibilität für die Veränderungen am Markt.	5,6	5,5	0,1
Kunden-orientierung	5,8	5,6	0,2	0,86	0,83	8.1 Das Unternehmen besitzt die Fähigkeit, dem Kunden zuzuhören und dessen Probleme und Wün-sche zu verstehen.	5,8	5,6	0,2
						8.2 Es wird darüber nach-gedacht, warum Kunden zur Konkurrenz wechseln.	5,6	5,5	0,2
						8.3 Beschwerden der Kunden werden sehr ernst genommen.	5,9	5,6	0,2
Unterneh-mensumwelt	5,5	5,2	0,3	0,69	0,67	9.1 Das Unternehmen trägt zum Wohl der Gesellschaft bei.	5,6	5,4	0,2
						9.2 Das Unternehmen engagiert sich auch für den Erhalt der Umwelt.	5,4	5,0	0,3
Durch-schnittlich erlebte Unterneh-menskultur über alle neun Dimen-sionen	5,5	5,2	0,3	0,70	0,75				

Fehlzeiten-Report 2016

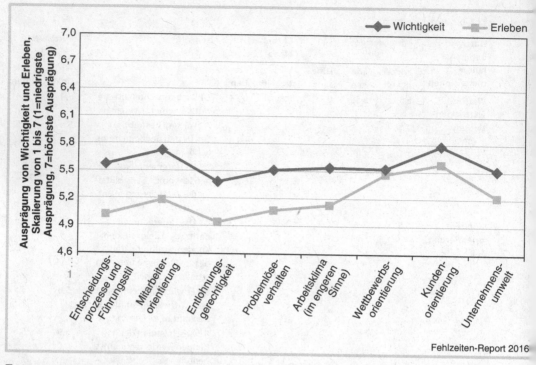

Fehlzeiten-Report 2016

◻ **Abb. 5.1** Mittelwertunterschiede im Erleben und in der Wichtigkeit

5.3.1 Erleben und Wichtigkeit

Die acht Dimensionen der Unternehmenskultur werden nunmehr sowohl hinsichtlich ihrer Wichtigkeit für die Beschäftigten als auch hinsichtlich des subjektiven Erlebens im Betrieb gegenübergestellt. Sie berechnen sich als Mittelwert der zur jeweiligen Dimension gehörenden Items. ◻ Abb. 5.1 zeigt die Mittelwerte der Antworten zum Erleben einer Unternehmenskulturdimension[5] und zur Wichtigkeit der Dimension für die Befragten[6].

Obwohl im Großen und Ganzen Wunsch und Wirklichkeit in Einklang sind, werden doch Unterschiede deutlich. Insbesondere in den Dimensionen »Entscheidungsprozesse und Führungsstil«, »Mitarbeiterorientierung«, »Entlohnungsgerechtigkeit« und »Arbeitsklima« sind Inkonsistenzen zu verzeichnen. Nur geringe Unterschiede zwischen Wunsch und Wirklichkeit bestehen bei der Dimension »Wettbewerbsorientierung«. Innerhalb der unternehmenskulturellen Ausprägung »Mitarbeiterorientierung« zeigen sich – berücksichtigt man die Auswertung nach Top-

boxen – die stärksten Abweichungen zwischen der Wichtigkeit und dem tatsächlichen Erleben im Arbeitsalltag: Durchschnittlich ist 52,6 Prozent aller Befragten eine starke Mitarbeiterorientierung wichtig bzw. überaus wichtig. Tatsächlich erleben dies am Arbeitsplatz lediglich 30,2 Prozent. Als am wichtigsten werden insgesamt die Dimensionen »Entscheidungsprozesse und Führungsstil«, »Mitarbeiterorientierung« und »Kundenorientierung« bewertet.

5.3.2 Unterschiede im Erleben und in der Wichtigkeit der Unternehmenskultur differenziert nach Alter, Geschlecht, beruflicher Stellung und Betriebsgröße

Wie zu erwarten war, werden Unterschiede zwischen der als wichtig eingeschätzten und der erlebten Unternehmenskultur bei spezifischen Beschäftigtengruppen deutlich. Im Folgenden werden ausgewählte Unterschiede zwischen Geschlechts- und Altersgruppen der Beschäftigten dargestellt, wie auch Unterschiede zwischen verschiedenen beruflichen Stellungen oder der Größe der Betriebe, in denen die Befragten tätig sind.

---

5 1 = trifft überhaupt nicht zu; 7 = trifft voll und ganz zu
6 1 = das ist mir überhaupt nicht wichtig; 7 = das ist mir überaus wichtig

◘ Tab. 5.6 Wichtigkeit/Erleben; Antworten nach Topboxen (≥ 6) differenziert nach Geschlecht

Durchschnittlich erlebte Unternehmenskultur nach Geschlecht		Männlich	Weiblich
Durchschnitt der Antworten über alle Dimensionen ≥ 6 in %	Wichtigkeit	47,34	45,11
	Erleben	34,78	31,35
	Abweichung	12,56	13,76
			Fehlzeiten-Report 2016

◘ Tab. 5.7 Wichtigkeit/Erleben; Antworten nach Topboxen (≥ 6) differenziert nach Alter

Durchschnittlich erlebte Unternehmenskultur nach Alter		< 30 Jahre	30–39 Jahre	40–49 Jahre	50–65 Jahre
Durchschnitt der Antworten über alle Dimensionen ≥ 6 in %	Wichtigkeit	42,90	50,80	47,00	45,20
	Erleben	27,30	36,50	34,20	34,30
	Abweichung	15,60	14,30	12,80	10,90
					Fehlzeiten-Report 2016

◘ Tab. 5.6 gibt einen Überblick über die Antworten zu Wichtigkeit und Erleben auf der Ebene der Unternehmenskultur insgesamt differenziert nach Geschlecht. Die Prozentangaben stellen die Mittelwerte der Ergebnisse zu Wichtigkeit und Erleben dar, die über alle acht Dimensionen gebildet wurden.

Die männlichen Beschäftigten schätzen Unternehmenskultur als wichtiger ein als ihre Kolleginnen (◘ Tab. 5.6). Dies betrifft alle Unternehmenskulturdimensionen, wobei lediglich für die Dimensionen »Entlohnungsgerechtigkeit« und »Unternehmensumwelt« signifikante[7] Unterschiede zu erkennen sind ▶ Abschn. 5.8, ◘ Tab. 5.10). Dieses Phänomen setzt sich auch bei der Bewertung der Realität fort: Männer bewerten die Umsetzung der Dimensionen von Unternehmenskultur im eigenen Betrieb in allen Dimensionen positiver als Frauen. Ein signifikanter Unterschied kann jedoch ausschließlich beim »Problemlösungsverhalten« festgehalten werden. Die Diskrepanz zwischen dem Stellenwert von Unternehmenskultur und der tatsächlich erlebten Unternehmenskultur ist bei den weiblichen Befragten etwas höher (◘ Tab. 5.6). Auch auf Dimensionsebene replizieren sich die stärkeren Diskrepanzen zwischen Wunsch und Wirklichkeit bei den weiblichen Befragten, wobei alle Dimensionen signifikante Unterschiede zeigen.

In der Gruppe der 30- bis 39-Jährigen ist das Bewusstsein für die Wichtigkeit einer Unternehmenskultur am stärksten ausgeprägt (◘ Tab. 5.7). Hier bewertet etwa die Hälfte der Befragten eine gute Unternehmenskultur als überaus wichtig oder wichtig. Mit zunehmendem Alter nimmt für die Beschäftigten aber die Relevanz der Unternehmenskultur ab. Während die Befragten in den meisten Altersgruppen die Kultur ihres Unternehmens als ähnlich gut erleben, erfahren die jüngsten Umfrageteilnehmer unter 30 Jahre seltener eine positive Unternehmenskultur. Dementsprechend ist in den jüngeren Altersgruppen auch der Unterschied zwischen Wichtigkeit und Erleben am größten: Dies kann möglicherweise darauf zurückgeführt werden, dass sich diese Altersgruppe zumeist noch in einer Orientierungsphase befindet und aufgrund kürzerer Arbeitserfahrung ihre Erwartungen noch nicht der Arbeitsrealität anpassen konnte. Diese Annahme wird durch das Ergebnis untermauert, dass in der Altersgruppe der 50- bis 65-Jährigen in allen Dimensionen der Unternehmenskultur eine Annäherung zwischen Wunsch und Wirklichkeit stattfindet (▶ Abschn. 5.8, ◘ Tab. 5.11). Die Unterschiede zwischen Wunsch und Wirklichkeit differenziert nach Altersgruppen sind in allen Dimensionen signifikant.

In Bezug auf die Größe des Betriebs wird deutlich, dass Beschäftigten in Kleinunternehmen (10–99 Mitarbeiter) die Unternehmenskultur am wichtigsten ist (◘ Tab. 5.8). Hier ist jedoch auch die Differenz zwischen erlebter und erwünschter Unternehmenskultur am größten. Bei größeren Unternehmen mit mehr als 100 bzw. mehr als 500 Mitarbeitern ist eine geringere Abweichung zu verzeichnen. Bei der Betrachtung der einzelnen Unternehmenskulturdimensionen zeigen sich keine konsistenten Unterschiede hinsichtlich der Bewertung und dem Erleben der Unternehmenskultur (▶ Abschn. 5.8, ◘ Tab. 5.12). Bei der Dimension »Entscheidungsprozesse und Führungsstil« wird allerdings deutlich, dass die Differenz zwischen der Wichtigkeit und dem Erleben mit zunehmender Unternehmensgröße ansteigt. Dies zeigt, dass die erlebte

---

7 Die Signifikanz wurde mithilfe des Chi²-Tests berechnet. Das Signifikanzniveau wurde bei 0,05 festgelegt.

⬛ Tab. 5.8 Wichtigkeit/Erleben; Antworten nach Topboxen (≥ 6) differenziert nach Betriebsgröße

Durchschnittlich erlebte Unternehmenskultur nach Betriebsgröße		< 10	10–99	100–499	≥ 500
Durchschnitt der Antworten über alle Dimensionen ≥ 6 in %	Wichtigkeit	45,69	47,74	40,01	44,09
	Erleben	34,53	33,99	31,25	35,03
	Abweichung	11,16	13,75	8,76	9,06

Fehlzeiten-Report 2016

⬛ Tab. 5.9 Wichtigkeit/Erleben; Antworten nach Topboxen (≥ 6) differenziert nach beruflicher Stellung

Durchschnittlich erlebte Unternehmenskultur nach beruflicher Stellung		Schüler, Azubi	Ungelernter Arbeiter	Arbeiter, Facharbeiter	Vorarbeiter, Meister, Angestellter	Qual. Angestellter	Ltd. Angestellter
Durchschnitt der Antworten über alle Dimensionen ≥ 6 in %	Wichtigkeit	48,50	40,40	42,00	48,10	47,80	47,40
	Erleben	29,00	25,80	29,80	33,10	38,10	46,30
	Abweichung	19,50	14,60	12,20	15,00	9,70	1,10

Fehlzeiten-Report 2016

Führungskompetenz mit der Größe des Unternehmens sinkt.

Mit höherer beruflicher Stellung steigt sowohl die Bedeutsamkeit einer positiven Unternehmenskultur als auch die persönlich erlebte Unternehmenskultur an (⬛ Tab. 5.9). So erachtet nahezu die Hälfte der leitenden Angestellten eine positive Unternehmenskultur als wichtig, gleichzeitig erleben etwa 46 Prozent diese auch am Arbeitsplatz. Bei den ungelernten Arbeitern gibt lediglich rund ein Viertel an, eine gute Unternehmenskultur zu erleben, obwohl circa 40 Prozent diese als wichtig bewerten. Diese Unterschiede zeigen sich auch auf der Ebene der verschiedenen Dimensionen der Unternehmenskultur (▶ Abschn. 5.8, ⬛ Tab. 5.13). Während zum Beispiel rund neun Prozent der ungelernten Arbeiter ein positives Arbeitsklima erleben, sind es bei den leitenden Angestellten knapp 30 Prozent der Beschäftigten. Zusätzlich wird mit steigender beruflicher Stellung der Anteil der Befragten größer, der die Dimension »Entlohnungsgerechtigkeit« als relevant bewertet.

Die Differenz zwischen Erleben und Wichtigkeit ist bei den leitenden Angestellten am geringsten, bei der Gruppe der Schüler, Studenten und Azubis ist die Diskrepanz dagegen am größten: Insbesondere bei den Dimensionen »Entscheidungsprozesse und Führungsstil« und »Mitarbeiterorientierung« bestehen sehr große Abweichungen. Bei den Unternehmenskulturdimensionen »Entscheidungsprozesse und Führungsstil« und »Kundenorientierung« entspricht das Er-

leben der leitenden Angestellten sogar exakt ihre Bewertung der Wichtigkeit.

Die Differenzierung nach beruflicher Stellun. ergab für alle Dimensionen der Unternehmenskultu signifikante Unterschiede.

5.3.3 Gesundheitszustand der Befragten

Der Gesundheitszustand der Beschäftigten und il Verhalten im Krankheitsfall wurde anhand ausge wählter Fragen untersucht. So wurden die Bewertu. des subjektiv empfundenen Gesundheitszustandes, d körperlichen und psychischen Beschwerden, die A zahl der AU-Tage und das Verhalten im Krankheitsfa (Präsentismus) abgefragt.

Im Großen und Ganzen wird der subjektiv emp fundene Gesundheitszustand als positiv eingeschätz 63 Prozent der Befragten geben an, zufrieden oder se zufrieden mit ihrem Gesundheitszustand zu sei. Lediglich 14,3 Prozent beurteilen ihre Gesundheit a kritisch. Wie zu erwarten nimmt bei den Befragten d Zufriedenheit mit dem eigenen Gesundheitszustan mit zunehmendem Alter ab: Während 75 Prozent d Beschäftigten unter 30 Jahren mit ihrer Gesundheit z frieden oder sehr zufrieden sind, sind es in der Alters klasse der 50- bis 65-Jährigen nur noch 52 Prozent.

Im Folgenden werden die Beschwerden in körpe liche und psychische unterteilt (⬛ Abb. 5.2). Kopf- un

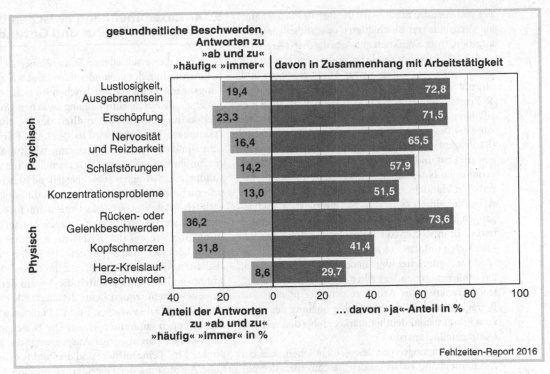

Abb. 5.2 Genannte Beschwerden und davon Beschwerden in Zusammenhang mit beruflicher Tätigkeit in %

Rückenschmerzen sowie Herz-Kreislauf-Beschwerden werden folglich den körperlichen, die restlichen Symptome den psychischen Beschwerden zugeordnet. Mehr als ein Drittel aller Befragten gibt an, mindestens ab und zu jeweils unter Rücken- oder Gelenkbeschwerden oder Kopfschmerzen zu leiden. Unter Erschöpfung und Lustlosigkeit/Ausgebranntsein leidet immer noch rund ein Fünftel der Befragten mindestens ab und zu. Der Anteil der psychischen Beschwerden ist bei allen Befragten insgesamt geringer als der Anteil der körperlichen Symptome. Grundsätzlich werden zahlreiche dieser Beschwerden in Zusammenhang mit der Arbeit gebracht.

In der vorliegenden Befragung geben 33 Prozent der Beschäftigten an, im vergangenen Jahr nicht krankgeschrieben gewesen zu sein. Im Vergleich dazu lag die Anzahl der AOK-Mitglieder ohne Arbeitsunfähigkeitsbescheinigung im Jahr 2015 bei 45,1 Prozent, was sicherlich auf die unterschiedliche Behandlung der Karenztage zurückzuführen ist[8]. In der

vorliegenden Untersuchung waren 7,2 Prozent der Beschäftigten mindestens einen bis maximal drei Tage, 19,6 Prozent bis zu einer Woche und 20,0 Prozent bis zu zwei Wochen krankgeschrieben. Mehr als zwei Wochen fehlten 20,4 Prozent der Befragten krankheitsbedingt.

Differenziert nach beruflicher Stellung zeigen sich deutliche Unterschiede: Rund 43 Prozent der leitenden und qualifizierten Angestellten hatten im vergangenen Jahr keinen AU-Tag, während in allen anderen Berufsgruppen dieser Wert im Mittel nur bei rund 33 Prozent lag. Sobald leitende Angestellte jedoch über krankheitsbedingte Fehlzeiten berichten, fällt auf, dass die Hälfte der Befragten länger als acht Tage krankgeschrieben war. Nur ein sehr geringer Anteil der leitenden Angestellten fehlte zwischen einem einzigen Tag und einer Woche.

Die Frage, ob Beschäftigte auch krank zur Arbeit gehen, wurde in den letzten Jahren in Deutschland häufig diskutiert (Badura u. Steinke 2011). Im Rahmen

---

8 Die Differenz zwischen den Werten kann dadurch bedingt sein, dass keine einheitliche Regelung bezüglich des Umgangs mit Karenztagen besteht. So verlangen einige Unternehmen bereits ab dem ersten Fehltag ein ärztliches Attest, während andere erst ab dem dritten Tag der Erkrankung einen ärztlichen Nachweis fordern. Für den Fehlzeiten-Report des WIdO werden alle Krankheitsfälle berücksichtigt, für die ein ärztliches Attest vorliegt.

der vorliegenden Studie wird der Begriff Präsentismus als Verhalten von Beschäftigten operationalisiert, die angeben, trotz Krankheit zur Arbeit gehen (Aronsson et al. 2000). Die einleitende Frage »Ist es im letzten Jahr mal vorgekommen, dass Sie zur Arbeit gegangen sind, obwohl Sie sich richtig krank gefühlt haben?« bejahen 46 Prozent der befragten Erwerbstätigen. Weitere spezifizierende Fragen basierend auf der Selbsteinschätzung der Beschäftigten ergeben, dass knapp ein Drittel (31 Prozent) zur Genesung bis zum Wochenende gewartet hat und sieben Prozent zur Genesung Urlaub genommen hat. Die enger formulierte Frage, die bereits ein Handeln gegen den Rat des behandelnden Arztes inkludiert (»…, dass Sie Ihrer Arbeit nachgegangen sind, obwohl der Arzt Ihnen davon abgeraten hat?«), beantworten zwölf Prozent der befragten Beschäftigten mit ja.

Eine Unterscheidung nach Altersgruppen zeigt, dass mit zunehmendem Alter die Bereitschaft steigt, trotz Krankheit zur Arbeit zu gehen. Zudem ist bei Befragten mit höherer beruflicher Stellung der Hang zum Präsentismus deutlich stärker als bei den anderen Umfrageteilnehmern.

Die Befragungsergebnisse verdeutlichen, dass ein Zusammenhang zwischen den Beschwerden der Befragten und der Tätigkeit am Arbeitsplatz besteht. ◘ Abb. 5.2 zeigt die Angaben hinsichtlich der Beschwerdehäufigkeit (ab und zu/häufig/immer) sowie den Anteil dieser Beschwerden, welche die Beschäftigten in Zusammenhang mit ihrer beruflichen Tätigkeit bringen[9].

Der größte Zusammenhang zeigt sich dabei vor allem für die psychischen Beschwerden: Lustlosigkeit/Ausgebrannt sein, Nervosität und Reizbarkeit, Konzentrationsprobleme sowie Erschöpfung und Schlafstörungen werden von mindestens jedem zweiten Befragten, der diese Symptome aufwies, in Zusammenhang mit dem Arbeitsplatz gebracht. An der Spitze der Beschwerden, unter denen die Befragten ab und zu, häufig oder immer leiden, stehen Rücken- und Gelenkbeschwerden (36,2 Prozent). Fast drei Viertel von ihnen sehen hier einen Zusammenhang mit ihrem Arbeitsplatz (73,6 Prozent). Benannte Herz-Kreislauf-Probleme bringen die Beschäftigten dagegen am wenigsten in Verbindung mit ihrer Arbeitstätigkeit.

5.3.4 Zusammenhang zwischen Unternehmenskultur und Gesundheit

Nachdem die verschiedenen Dimensionen der Unternehmenskultur, der Gesundheitszustand wie auch der Umgang mit Krankheit beschrieben wurden, stellt sich die Frage, ob ein Zusammenhang zwischen Unternehmenskultur und der Gesundheit der Beschäftigten erkennbar wird. Dabei wird lediglich das Erleben der acht Dimensionen von Unternehmenskultur als Referenzgröße herangezogen, da letztendlich für die Gesundheit der Befragten ausschlaggebend ist, wie sie die unternehmenskulturellen Rahmenbedingungen tatsächlich erfahren. Für jede Unternehmenskulturdimension wurde ein Index als ungewichteter Punktsummen-Score auf der Basis von Angaben zu den dazugehörigen Items gebildet. Die jeweils ordinal skalierten Antworten auf die einzelnen Items wurden addiert und die Summe durch die Anzahl der zu der Dimension gehörenden Items dividiert. Die erreichte Gesamtpunktzahl zwischen 1 und 7 Punkten wurde in drei Gruppen zusammengefasst: Die Skalenpunkte bis 3 zeigen eine niedrige Ausprägung, die Skalenpunkte 4 bis 5 eine mittlere und die Punkte 6 bis 7 eine hohe Ausprägung der einzelnen Dimension. Im Folgenden wird die Darstellung zweier Gruppen gegenübergestellt: Einerseits Beschäftigte, die die verschiedenen Dimensionen und die Unternehmenskultur insgesamt als positiv erleben (»Positiv erlebte Unternehmenskultur«), also die den Wert 6 oder 7 angegeben haben, und andererseits Beschäftigte, die die verschiedenen Dimensionen und die Unternehmenskultur insgesamt als eher schlecht wahrnehmen (»Negativ erlebte Unternehmenskultur«), also Werte von 1 bis angegeben haben[10] (s. auch ▶ Abschn. 5.8, ◘ Tab. 5.14).

In einer ersten Bewertung wird deutlich: Eine positiv erlebte Unternehmenskultur geht häufiger mit einer höheren subjektiven Gesundheit einher und mit weniger körperlichen und psychischen Beschwerden. Auch krankheitsbedingte Fehlzeiten sowie die Anwesenheit im Betrieb entgegen dem ärztlichen Rat kommen seltener vor. Die Zusammenhänge zwischen den einzelnen Dimensionen der Unternehmenskultur und der subjektiven Gesundheit der Befragten sowie zwischen den physischen und psychischen Beschwerden ergeben durchweg signifikante Unterschiede.

---

9 Die Frage lautete: »Falls diese Beschwerden bei Ihnen auftreten, haben Sie den Eindruck, dass sie mit Ihrer Tätigkeit oder Ihrem Arbeitsplatz zusammenhängen?«

10 Damit bei der Fokussierung auf die Extremgruppen eine ausreichende Zellgröße generiert wird, werden im positiven Bereich zwei Punkte, im negativen Bereich drei Skalenpunkte gewertet.

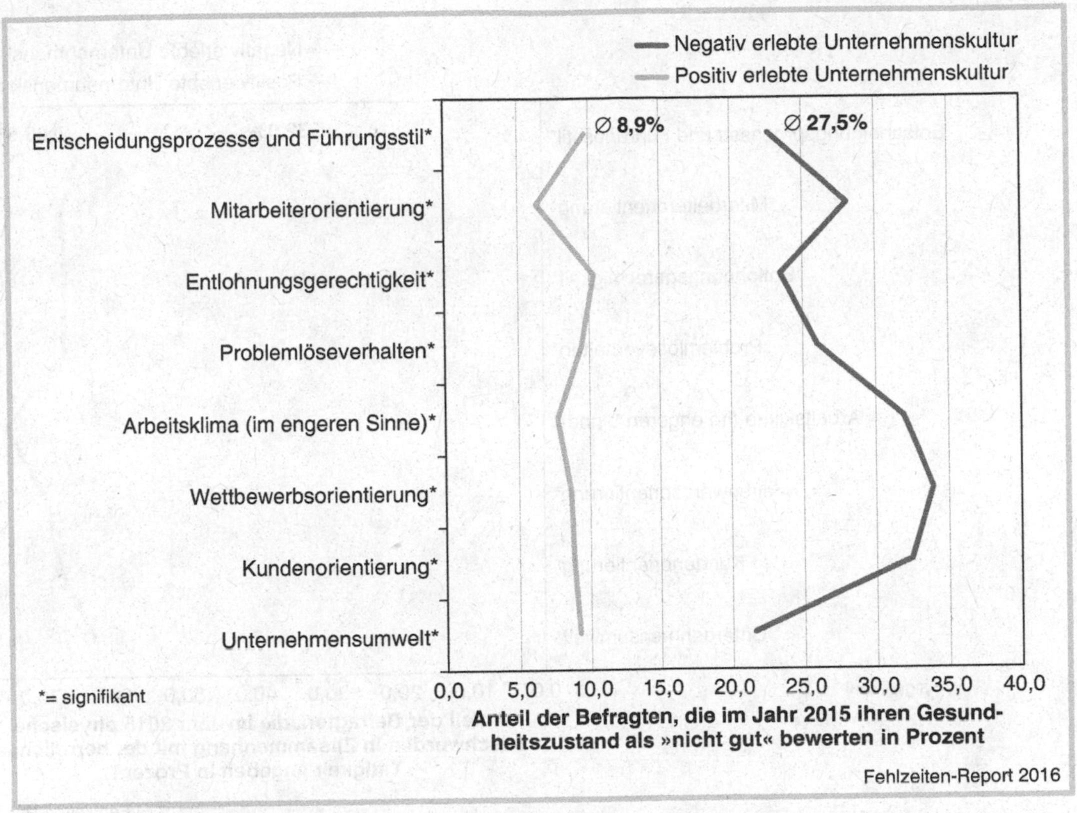

Abb. 5.3 Zusammenhang zwischen der Zufriedenheit mit der eigenen Gesundheit und der erlebten Unternehmenskultur in %

Geringe Zufriedenheit mit erlebtem Gesundheitszustand

Wird die Unternehmenskultur im Unternehmen weniger positiv erlebt, geht dies häufig mit einer geringeren Zufriedenheit mit der eigenen Gesundheit einher (Abb. 5.3). Nur 8,9 Prozent der Beschäftigten mit einer positiv erlebten Unternehmenskultur sind weniger zufrieden mit ihrem Gesundheitszustand. Bei der Vergleichsgruppe der Beschäftigten mit einer als schlecht erlebten Unternehmenskultur liegt der Wert hingegen bei 27,5 Prozent. Dies ist konsistent bei allen Dimensionen der Unternehmenskultur zu beobachten. Besonders ausgeprägte Unterschiede kommen bei den Dimensionen »Arbeitsklima« »Wettbewerbsorientierung« und »Kundenorientierung« zum Tragen.

Physische Beschwerden

Den Zusammenhang zwischen dem Auftreten körperlicher und psychischer Symptome sowie dem positiven bzw. negativen Erleben der Unternehmenskultur verdeutlichen Abb. 5.4 und Abb. 5.5. Auch hier zeigt sich, dass die erlebte Unternehmenskultur in Zusammenhang mit der Gesundheit der Beschäftigten steht: Je schlechter die Beschäftigten die Unternehmenskultur einschätzen, desto öfter benennen sie körperliche und psychische Symptome.

Während mehr als die Hälfte der Arbeitnehmer vor dem Hintergrund einer negativen Unternehmenskultur das Vorliegen von körperlichen Beschwerden in allen Unternehmenskulturdimensionen mit der beruflichen Tätigkeit in Verbindung bringt, sind es bei den Umfrageteilnehmern, die die Unternehmenskultur als positiv empfinden, lediglich knapp ein Drittel. Dies wird am deutlichsten bei der Dimension »Arbeits-

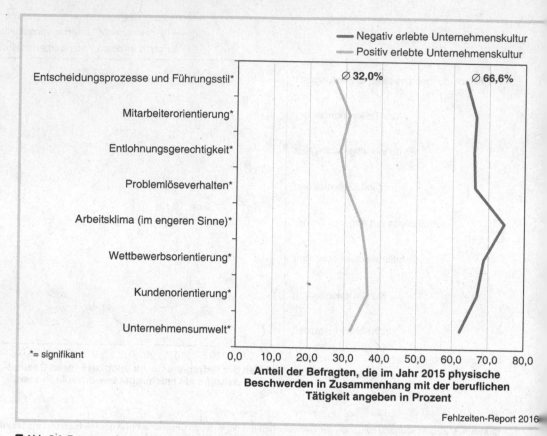

■ **Abb. 5.4** Zusammenhang zwischen dem Auftreten physischer Beschwerden und der erlebten Unternehmenskultur in %

klima«: Die Beschäftigten, die das Arbeitsklima im eigenen Betrieb als schlecht empfinden, berichten am häufigsten über physische Beschwerden, die sie auf ihre berufliche Tätigkeit zurückführen.

Negativ erlebte Unternehmenskultur korreliert aber auch stark mit psychischen Beschwerden: Im Durchschnitt berichtet 65,1 Prozent dieser Beschäftigten über mindestens ein psychisches Symptom, bei der Vergleichsgruppe mit einer positiv erlebten Unternehmenskultur sind es nur circa 36 Prozent. Insbesondere das Arbeitsklima scheint eine bedeutende Rolle zu spielen: 69,3 Prozent der Befragten, die das erlebte Arbeitsklima schlecht bewertet, berichtet auch über psychische Beschwerden, die sie auf ihre berufliche Tätigkeit zurückführen.

AU-Tage

■ Abb. 5.6 zeigt, dass 2015 deutlich weniger Personen mehr als zwei Wochen krankheitsbedingt am Arbeitsplatz gefehlt haben, wenn die Unternehmenskultur positiv erlebt wurde. Auch hier ergeben sich bei der Dimension »Arbeitsklima« die deutlichsten Zusam-

menhänge: Bewerten die Beschäftigten das Arbeit klima an ihrem Arbeitsplatz als negativ, fehlen meh als 37 Prozent der Beschäftigten länger als 15 Tag Wird das Arbeitsklima hingegen als positiv wahrge nommen, ist der Anteil der Beschäftigten, die läng als 15 Tage krankheitsbedingt fehlen, deutlich niedr ger und liegt bei knapp 13 Prozent.

Präsentismus (»gegen den Rat des Arztes krank zur Arbeit gehen«)

Auch die Bereitschaft der Arbeitnehmer, gegen d Empfehlung des Arztes zur Arbeit zu gehen, häng von der erlebten Unternehmenskultur im eigene Betrieb ab: Eine als negative wahrgenommene Unte nehmenskultur führt dazu, dass die Betroffenen hä figer entgegen dem ärztlichen Rat krank zur Arbe gehen. Hierfür scheinen aber weniger die Dime sionen »Entscheidungsprozesse und Führungsstil »Arbeitsklima« und »Wettbewerbsorientierung« ve antwortlich zu sein, als vielmehr die Dimensione »Unternehmensumwelt« und »Mitarbeiterorientie rung« (■ Abb. 5.7).

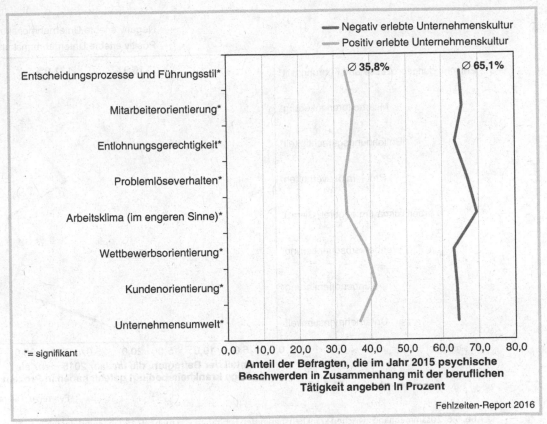

Abb. 5.5 Zusammenhang zwischen dem Auftreten psychischer Beschwerden und der erlebten Unternehmenskultur in %

Exkurs: BGM-Maßnahmen im Zusammenhang mit Unternehmenskultur

In der Studie wurde auch nach dem Angebot und der Inanspruchnahme von BGM-Maßnahmen in den Betrieben der Befragten gefragt. Insgesamt wird deutlich, dass Beschäftigte, welche die Unternehmenskultur in ihrem Unternehmen als positiv wahrnehmen, über ein größeres Angebot wie auch eine größere Bereitschaft berichten, die BGM-Maßnahmen in ihrem Unternehmen anzunehmen. So geben von den Umfrageteilnehmern, die keine gute Unternehmenskultur erleben, rund 60 Prozent an, dass ihr Unternehmen keine BGM-Maßnahmen anbietet. Bei Beschäftigten mit besserer Unternehmenskultur sinkt dieser Wert auf 38 Prozent, während die Bereitschaft, sich an mehr als vier BGM-Angeboten zu beteiligen, mit zunehmend positiv erlebter Unternehmenskultur ansteigt. Die Teilnahme an den BGM-Maßnahmen hängt zudem von der beruflichen Stellung ab. Je höher die berufliche Position, desto größer ist die Bereitschaft der Beschäftigten, sich an der Betrieblichen Gesundheitsförderung zu beteiligen. Die Ergebnisse weisen grundsätzlich darauf hin, dass die Etablierung von ansprechenden BGM-Angeboten einen wichtigen Baustein zur Förderung der Unternehmenskultur ausmacht.

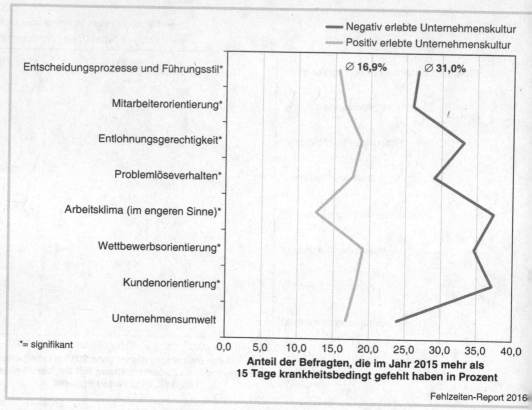

◻ **Abb. 5.6** Zusammenhang zwischen krankheitsbedingten Fehltagen von mehr als 15 Tagen und der erlebten Unternehmenskultur in %

5.4 Diskussion der Ergebnisse

Die vorliegende Studie untersuchte den Einfluss der Unternehmenskultur auf die Gesundheit von Beschäftigten. Zudem sollte ermittelt werden, was Arbeitnehmer unter guter Unternehmenskultur verstehen. Nach dem Replikationsmodell von Unterreitmeier und Schwinghammer wurde das Konstrukt Unternehmenskultur durch neun Dimensionen operationalisiert. Eine Dimension musste von der weiteren Analyse ausgeschlossen werden, da die interne Konsistenz nicht gewährleistet war. Die Gesundheit der Befragten wurde anhand der vier Parameter Zufriedenheit mit dem eigenen Gesundheitszustand, körperliche und psychische Beschwerden, Anzahl der AU-Tage und Verhalten im Umgang mit Krankheit am Arbeitsplatz abgefragt.

- **Unternehmenskultur: Das Erleben bleibt hinter den Erwartungen zurück – Handlungsbedarf besteht insbesondere bei den »sozialen« Kulturdimensionen**

Die Untersuchung stellte heraus, dass einige Kulturdimensionen für die Befragten wichtiger sind als andere. So zeigte sich, dass insbesondere die »Mitarbeiterorientierung« und »Kundenorientierung« in einem Unternehmen einen besonderen Stellenwert für die Beschäftigten haben. Die Dimension »Kundenorientierung« bildet ab, inwieweit Mitarbeiter in ihrem Berufsalltag die Möglichkeit haben, auf Kundenwünsche und -kritik einzugehen bzw. eingehen zu können. Kratzer (in diesem Band) erläutert in seinem Beitrag die Problematik, die sich für Mitarbeiter ergibt, wenn sie einerseits eine qualitativ hochwertige Arbeit abliefern sollen und wollen, andererseits aber aufgrund von Zeitdruck diesen Ansprüchen nicht gerecht werden können. Bleiben diese Bedingungen über einen längeren Zeitraum bestehen, sind Zeit- und Leistungsdruck und langfristig Schäden für die

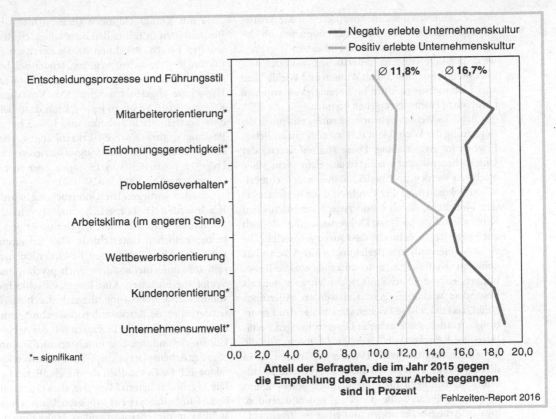

○ Abb. 5.7 Zusammenhang zwischen Präsentismus und Unternehmenskultur In %

Gesundheit, die Work-Life-Balance und das Wohlbefinden die Folge.

Die Anforderungen an die Unternehmenskulturdimensionen steigen mit dem Alter an. Doch auch wenn die jungen Befragten die geringsten Ansprüche stellen, bleiben ihre Erwartungen hinter der Realität zurück. Grund dafür kann sein, dass die Berufserfahrung der Altersgruppe der 30- bis 39-Jährigen gegenüber derjenigen der unter 30-Jährigen zugenommen hat, parallel dazu aber auch die Anforderungen ansteigen, die die Angehörigen dieser Gruppe an ihren Arbeitgeber stellen. Deshalb werden die unterschiedlichen unternehmenskulturellen Faktoren zunehmend wichtiger eingestuft. Für die höheren Altersgruppen kann vermutet werden, dass sich die persönlichen Erwartungen an das Arbeitsumfeld mit der Zeit an die Realität angepasst haben, sodass die Wichtigkeit der Unternehmenskultur mit zunehmendem Alter niedriger eingeschätzt wird. Ob auch Kohorteneffekte für diese Unterschiede zwischen den beiden Altersgruppen verantwortlich gemacht können, kann mit der vorliegenden Querschnittuntersuchung nicht beantwortet werden.

Auffällig ist, dass Befragte in hohen oder höheren beruflichen Stellungen die Unternehmenskultur an ihrem Arbeitsplatz fast genau in der Ausprägung erleben, die sie sich wünschen. Im Gegenzug besteht bei den ungelernten Arbeitern die höchste Differenz zwischen Wunsch und Wirklichkeit. Es kann davon ausgegangen werden, dass die Unterschiede darauf zurückzuführen sind, dass Beschäftigte in besseren beruflichen Positionen eher über den beruflichen Gestaltungsspielraum verfügen, um ihre Erwartungen an eine gute Unternehmenskultur auch mit der Realität in Einklang zu bringen. Weiterhin lässt sich vermuten, dass Bemühungen vonseiten der Führungsetagen, die Unternehmenskultur zu stärken, bei den unteren Beschäftigungsgruppen nicht ankommen oder dort eventuell andere Vorstellungen darüber vorliegen, was der Unternehmenskultur zuträglich wäre. In jedem Fall stellen Beschäftigte mit einer niedrigeren beruflichen Stellung eine wichtige Zielgruppe für die partizipative Gestaltung der unter-

5

nehmenskulturellen Rahmenbedingungen dar. Weiterführende Studien können die Frage aufgreifen, ob Unternehmenskultur auf höheren Sozialebenen geprägt wird und differenzierter untersuchen, wodurch sich die Unterschiede hinsichtlich Wunsch und Wirklichkeit von Unternehmenskultur in Anhängigkeit von den beruflichen Positionen ergeben könnten.

Bei der »Wettbewerbsorientierung« entsprach die Bewertung der Wichtigkeit nahezu dem tatsächlichen Erleben im Arbeitsalltag. Diese »harte« Facette der Unternehmenskultur scheint in ausreichendem Maße erlebt zu werden und bedarf keiner unternehmerischen Fokussierung. Im Vergleich dazu bestehen bei den »weichen«, sozialen und zwischenmenschlichen Dimensionen die höchsten Diskrepanzen. So zeigt sich auf Ebene der Einzelitems, dass Aussagen, welche die zwischenmenschlichen Beziehungen am Arbeitsplatz abbilden (Kollegialität, unterstützende soziale Beziehungen, ein gutes Verhältnis zu den Vorgesetzten) als besonders wichtig eingeschätzt werden. Allerdings bleibt das tatsächliche Erleben stark hinter den Erwartungen zurück. Auch aktuelle Untersuchungen bestätigen die Relevanz von »weichen Faktoren« für die Arbeitnehmerattraktivität (Winter u. Grünewald in diesem Band). Hier lassen sich entsprechend Handlungsempfehlungen für Unternehmen ableiten. Ein besonderer Fokus sollte dabei auf unterstützenden, loyalen Arbeitsbeziehungen und einer positiven, kollegialen Atmosphäre liegen.

Auf Basis der Ergebnisse kann den Unternehmen zudem empfohlen werden, vermehrt über partizipative Entscheidungsprozesse nachzudenken, denn hier war die Diskrepanz zwischen der eingeschätzten Wichtigkeit und dem Erleben im Betrieb hoch.

- **Gesundheit: Beschwerden hängen häufig mit beruflicher Tätigkeit zusammen – der Umgang mit Krankmeldungen steht in Verbindung zur beruflichen Position**

Längerfristige Abwesenheiten mit einer Dauer von mehr als 15 Tagen gab es vor allem bei Beschäftigten in höherer beruflicher Stellung. Das lässt zwei Vermutungen zu: Einerseits ist es durchaus wahrscheinlich, dass Beschäftigte in führenden oder höheren Berufsgruppen in Bezug auf kurzfristige Erkrankungen einen allgemein besseren Gesundheitszustand haben. Entsprechend des Demand-Control-Modells von Karasek (1979, S. 285–308) kann dies darauf zurückgeführt werden, dass eine höhere berufliche Position mit mehr Verantwortung, aber auch mehr Handlungsspielraum verbunden ist, was einen positiven gesundheitlichen Effekt hat. Andererseits könnten die längerfristigen Erkrankungen einen Hinweis auf einen anderen Um-

gang mit Krankmeldungen (Präsentismus) bei de Beschäftigten in führenden oder leitenden Berufspositionen liefern. Bei ihnen ist die Bereitschaft, tro Erkrankung zur Arbeit zu gehen, tendenziell höher a in den anderen Berufsgruppen. Daraus kann folgen Hypothese abgeleitet werden: Das Verhalten, tro Krankheit zur Arbeit zu gehen, kann dazu beitrage dass Beschäftigte in höheren und hohen beruflich Positionen ihre Kurzzeit-Erkrankungen eher ve schleppen und nicht rechtzeitig auskurieren, was in d Folge zu Fehlzeiten von 15 Tagen oder mehr füh (Bergström et al. 2009, S. 629–638).

In der vorliegenden Untersuchung wurden d Beschwerden in körperliche und psychische Be schwerden unterteilt – die Ergebnisse zeigen jedoc keine deutlichen Unterschiede. Die Vermutung lie nahe, dass die körperlichen Beschwerden nicht n rein somatoforme, sondern auch psychosomatisch Symptome umfassen. Eine insgesamt schlechtere g sundheitliche Verfassung, die sich durch regelmäß wiederkehrende Beschwerden auszeichnet, bringt d überwiegende Teil der Befragten mit der Arbeitstäti keit in Verbindung. Das unterstreicht die Annahm dass der Arbeitsplatz einen äußerst wichtigen Einflus faktor auf die Gesundheit der Beschäftigten darstel Die Ergebnisse liefern Hinweise, dass ein Handlung bedarf insbesondere bei größeren Unternehmen b steht. Für die entsprechenden Maßnahmen ist außerdem wichtig, die höheren Bedarfe der weiblich sowie der älteren Arbeitnehmer zu beachten, da s von körperlichen und psychischen Beschwerden stä ker betroffen sind.

- **Zusammenhang zwischen Unternehmenskultur und Gesundheit der Beschäftigten**

Die Angaben zum Gesundheitszustand der Befragte variieren je nachdem, ob die Unternehmenskultur a gut oder schlecht erlebt wurde. Alle gesundheitliche Parameter stehen in direktem Zusammenhang sowo mit der Unternehmenskultur insgesamt als auch m den acht Unternehmenskulturdimensionen. Darau lassen sich vier Kernaussagen ableiten:

- - **1. Zusammenhang von Unternehmenskultur und der Zufriedenheit mit dem eigenen Gesundheitszustand**

Die Zufriedenheit mit der eigenen Gesundheit i eine wichtige Messgröße zur Erfassung des Gesund heitszustands eines Menschen. Aktuelle Studien be legen, dass die subjektive Einschätzung der eigene Gesundheit eine höhere Vorhersagewahrscheinlich keit besitzt als objektive Kriterien wie Diagnosen un Befunde (Wurm et al. 2009). Die Ergebnisse zeige auf, dass die Zufriedenheit mit der eigenen Gesundheit mit der erlebten Unternehmenskultur korreliert, sodass bei einer als positiv erlebten Unternehmenskultur auch die Zufriedenheit mit der eigenen Gesundheit höher ist. Ein starker Effekt kommt insbesondere dem Arbeitsklima als einer Dimension der Unternehmenskultur zu. Auch wenn kein Kausalzusammenhang aus dieser Untersuchung abgeleitet werden kann, fällt trotz allem der im Vergleich zu den anderen Dimensionen der Unternehmenskultur stärkste Zusammenhang zwischen Arbeitsklima und Zufriedenheit mit der eigenen Gesundheit auf. Obwohl das Arbeitsklima im engeren Sinne ein bedeutsamer Faktor für die Unternehmenskultur ist und an dieser und an folgenden Stellen die Handlungsempfehlungen zu dieser Dimension fokussiert werden, ist zu betonen, dass das Arbeitsklima kein Synonym für Unternehmenskultur ist, sondern als eine Dimension begriffen werden muss.

■■ 2. Zusammenhang von Unternehmenskultur und körperlichen und psychischen Beschwerden

Körperliche und psychische Beschwerden können einerseits zu krankheitsbedingten Fehlzeiten führen, andererseits die Leistungsfähigkeit am Arbeitsplatz einschränken. Umgekehrt konnte die Studie aufzeigen, dass die berufliche Tätigkeit mit dem Auftreten von Beschwerden korreliert. Die Unternehmenskultur ist in diesem Zusammenhang als ein relevanter Faktor zu sehen: Je schlechter die Unternehmenskultur durch die Beschäftigten erlebt wird, desto größer ist der Anteil an Beschwerden, der in Zusammenhang mit der beruflichen Tätigkeit stand. Dementsprechend führt ein Großteil der Befragten die Beschwerden auf die Rahmenbedingungen ihrer Arbeitstätigkeit zurück und damit indirekt auch auf die jeweils erlebte Unternehmenskultur. Da zwischen der Dimension »Arbeitsklima« und einer guten Unternehmenskultur die größten Zusammenhänge bestehen, sollten Unternehmen bei Interventionen diesen Aspekt der Unternehmenskultur fokussieren. Dies kann gegebenenfalls helfen, die Anzahl der körperlichen und psychischen Beschwerden in einem relevanten Ausmaß zu senken. Das Arbeitsklima wird insbesondere durch das Führungsverhalten, aber auch durch gegenseitige Unterstützung der Beschäftigten geprägt.

■■ 3. Zusammenhang zwischen Unternehmenskultur und krankheitsbedingten Fehlzeiten

In Deutschland war im Jahr 2014 jeder Arbeitnehmer im Durchschnitt 14,4 Tage arbeitsunfähig, was 2014 zu Produktionsausfällen von insgesamt 57 Milliarden Euro führte (Bundesministerium für Arbeit und Soziales u. Bundesanstalt für Arbeitsschutz und Arbeitsmedizin 2016).

Die vorliegende Untersuchung von 2.007 beschäftigten Personen zeigt, dass lange Fehlzeiten von mehr als zwei Wochen insbesondere dann stark zunehmen, wenn die Befragten die Unternehmenskultur als schlecht erleben. Für Unternehmen ergeben sich daraus Handlungsempfehlungen: Unabhängig von der Zusammensetzung der Belegschaft und der Betriebsgröße scheint es sich zu lohnen, in eine gute Unternehmenskultur zu investieren, damit gegebenenfalls auch lange AU-Zeiten reduziert werden können. Vor dem Hintergrund zunehmender psychischer Erkrankungen – die häufig lange krankheitsbedingte Ausfälle zur Folge haben – (Meyer u. Meschede in diesem Band), sollten insbesondere Maßnahmen in Betracht gezogen werden, die helfen, psychosoziale Risikofaktoren zu identifizieren, zu reduzieren und gegebenenfalls deren Entstehung vorzubeugen. Auch wenn diese Erkenntnis nicht neu ist, erhält sie im Zusammenhang mit der Unternehmenskultur eine neue Brisanz.

■■ 4. Zusammenhang von Unternehmenskultur und dem Präsentismus-Phänomen

Verluste an Produktivität durch gesundheitliche Beschwerden gehen nur zu einem Teil auf konkrete Fehlzeiten zurück. Einen bedeutsamen Anteil an den Leistungseinbußen hat zusätzlich Präsentismus (Badura u. Walter 2014, S. 150). Die Bereitschaft, gegen die Empfehlung des Arztes und trotz gesundheitlicher Beeinträchtigungen zur Arbeit zu gehen, scheint bei einer negativ erlebten Unternehmenskultur höher zu sein. Handlungspotenziale bestehen vor allem bei der »Unternehmensumwelt«, worunter in erster Linie sinnstiftende Unternehmensziele verstanden werden können, sowie der »Mitarbeiterorientierung«, d. h. wenn die Beschäftigten das Unternehmen als fürsorgend erleben. Insbesondere in diesen unternehmenskulturellen Dimensionen können innerbetriebliche Entwicklungen und langfristig angelegte Investitionen dazu führen, dass sich das positive Erleben verstärkt und in der Folge präsentismusbedingte Leistungsabfälle reduziert werden. Dabei sollten besonders Arbeitnehmer in höheren Positionen adressiert werden, da sie einerseits – wie die Untersuchung zeigen konnte – häufiger entgegen der Empfehlung des Arztes zur Arbeit gehen und andererseits eine Vorbildfunktion einnehmen. Grundsätzlich sollte bei Interventionen, die darauf abzielen, Präsentismus entgegenzuwirken, bedacht werden, dass die Ursache je nach beruflicher Position variieren kann. So kann vermutet werden, dass Präsentismus bei Positionen mit viel Verantwortung in einem Gefühl der starken Verpflichtung gegenüber den Aufgaben, bei befristeten oder unsicheren Arbeitsplätzen in der Angst um den eigenen Arbeitsplatz begründet ist (Badura u. Steinke 2011).

5.5   Fazit

Im Rahmen der Untersuchung wurden für alle Unternehmenskulturdimensionen konsistente Effekte festgestellt. Damit bestätigt sich, dass die acht beschriebenen Dimensionen zur Messung von Unternehmenskultur relevant sind. Der Ansatz zur Operationalisierung von Unternehmenskultur durch Unterreitmeier konnte dementsprechend validiert werden. Abschließend kann damit auch die Frage beantwortet werden, was für die Beschäftigten eine »gute Unternehmenskultur« ausmacht und inwiefern ein Zusammenhang zwischen Unternehmenskultur und der Gesundheit von Beschäftigten erkennbar wird.

Das Fazit: Es besteht ein deutlicher Zusammenhang zwischen der erlebten Unternehmenskultur und der Gesundheit von Beschäftigten. Gute Unternehmenskultur schafft und äußert sich durch eine Arbeitsumgebung, die von den Beschäftigten als fair, wertschätzend, sinnhaft, fördernd, richtungsweisend, konstruktiv und qualitätsorientiert erlebt wird. Diese Rahmen kann einen Nährboden für gesundheitliches Wohlbefinden und die Freisetzung individueller Entwicklungspotenziale darstellen. Eine gute Unternehmenskultur ist letztendlich eine Kultur, welche die Gesundheit von Beschäftigten am Arbeitsplatz erhält und fördert. Mit gesunden Beschäftigten können Betriebe auch zukünftig erfolgreich am Markt bestehen.

5.6   Weiterführende Ergebnisse der Befragung

5.6.1   Geschlecht

❏ Tab. 5.10 Wichtigkeit/Erleben; Antworten nach Topboxen (≥ 6) differenziert nach Geschlecht

Wichtigkeit und Erleben; Darstellung der Antworten ≥ 6 in %		Männlich	Weiblich
Entscheidungsprozesse und Führungsstil	Wichtigkeit	52,60	50,30
	Erleben	34,30	33,50
	Abweichung*	18,30	16,80
Mitarbeiterorientierung	Wichtigkeit	53,30	51,70
	Erleben	31,30	28,60
	Abweichung*	22,00	23,10
Entlohnungsgerechtigkeit	Wichtigkeit*	36,50	32,80
	Erleben	25,20	22,20
	Abweichung*	11,30	10,60
Problemlösungsverhalten	Wichtigkeit	46,70	44,00
	Erleben*	33,70	28,60
	Abweichung*	13,00	15,40
Arbeitsklima im engeren Sinne	Wichtigkeit	35,80	35,60
	Erleben	20,20	16,60
	Abweichung*	15,60	19,00
Wettbewerbsorientierung	Wichtigkeit	48,00	44,00
	Erleben	44,00	40,30
	Abweichung*	4,00	3,70
Kundenorientierung	Wichtigkeit	56,10	54,60
	Erleben	48,30	43,30
	Abweichung*	7,80	11,30
Unternehmensumwelt	Wichtigkeit*	49,70	47,90
	Erleben	41,20	37,70
	Abweichung*	8,5	10,20

*= signifikant bei einem Signifikanzniveau von 0,05

5.6.2 Alter

◻ **Tab. 5.11** Wichtigkeit/Erleben; Antworten nach Topboxen (≥ 6) differenziert nach Alter

Wichtigkeit und Erleben, Darstellung der Antworten bei 6 und 7 in Prozent		< 30 Jahre	30–39 Jahre	40–49 Jahre	50–65 Jahre
Entscheidungsprozesse und Führungsstil	Hohe Wichtigkeit*	46,2	57,3	55,1	48,9
	Positives Erleben*	26,2	38,0	34,3	35,6
	Unterschied zwischen Wunsch und Wirklichkeit*	20,0	19,3	20,8	13,3
Mitarbeiterorientierung	Hohe Wichtigkeit	49,7	54,3	53,2	53,0
	Positives Erleben*	24,6	34,8	30,0	31,1
	Unterschied zwischen Wunsch und Wirklichkeit*	25,1	19,5	23,2	21,9
Entlohnungs-gerechtigkeit	Hohe Wichtigkeit*	29,9	39,3	35,0	35,0
	Positives Erleben*	17,6	23,6	25,5	26,9
	Unterschied zwischen Wunsch und Wirklichkeit*	12,3	15,7	9,5	8,2
Problemlösungs-verhalten	Hohe Wichtigkeit	44,1	50,0	46,8	42,4
	Positives Erleben	26,0	32,5	34,6	32,2
	Unterschied zwischen Wunsch und Wirklichkeit*	18,1	17,5	12,2	10,3
Arbeitsklima im engeren Sinne	Hohe Wichtigkeit	38,5	38,4	34,6	32,9
	Positives Erleben	15,8	21,8	19,2	18,0
	Unterschied zwischen Wunsch und Wirklichkeit*	22,7	16,6	15,4	15,0
Wettbewerbs-orientierung	Hohe Wichtigkeit*	40,4	54,3	44,1	46,2
	Positives Erleben*	33,4	47,7	44,5	43,1
	Unterschied zwischen Wunsch und Wirklichkeit*	7,0	6,6	–0,4	3,2
Kundenorientierung	Hohe Wichtigkeit*	49,2	60,0	57,0	55,4
	Positives Erleben*	40,4	50,2	45,8	47,3
	Unterschied zwischen Wunsch und Wirklichkeit*	8,8	9,8	11,2	8,2
Unternehmensumwelt	Hohe Wichtigkeit	45,2	53,0	50,0	47,7
	Positives Erleben	34,6	43,6	39,9	40,2
	Unterschied zwischen Wunsch und Wirklichkeit*	10,7	9,3	10,1	7,6

*= signifikant bei einem Signifikanzniveau von 0,05

Fehlzeiten-Report 2016

5.6.3 Betriebsgröße

◻ **Tab. 5.12** Wichtigkeit/Erleben; Antworten nach Topboxen (≥ 6) differenziert nach Unternehmensgröße

Wichtigkeit und Erleben; Darstellung der Antworten bei 6 und 7 in %		< 10	10–99	100–499	≥ 500
Entscheidungsprozesse und Führungsstil	Hohe Wichtigkeit*	46,6	53,5	47,1	57,9
	Positives Erleben*	37,0	35,1	29,5	32,9
	Unterschied zwischen Wunsch und Wirklichkeit *	9,6	18,4	17,6	25,0
Mitarbeiterorientierung	Hohe Wichtigkeit*	51,9	54,1	46,3	48,7
	Positives Erleben*	28,7	32,3	27,9	23,7
	Unterschied zwischen Wunsch und Wirklichkeit *	23,2	21,8	18,4	25,0
Entlohnungsgerechtigkeit	Hohe Wichtigkeit*	35,2	36,4	31,1	31,6
	Positives Erleben*	26,2	25,0	18,4	27,6
	Unterschied zwischen Wunsch und Wirklichkeit *	9,0	11,4	12,7	4,0
Problemlösungsverhalten	Hohe Wichtigkeit*	47,8	46,5	39,8	46,1
	Positives Erleben	34,0	32,6	26,6	31,6
	Unterschied zwischen Wunsch und Wirklichkeit *	13,8	13,9	13,2	14,5
Arbeitsklima im engeren Sinne	Hohe Wichtigkeit	34,0	34,8	41,0	34,2
	Positives Erleben*	22,5	16,2	24,2	28,9
	Unterschied zwischen Wunsch und Wirklichkeit *	11,5	18,6	16,8	5,3
Wettbewerbsorientierung	Hohe Wichtigkeit*	49,4	47,9	40,6	38,2
	Positives Erleben*	42,9	42,9	41,4	44,7
	Unterschied zwischen Wunsch und Wirklichkeit *	6,5	5,0	−0,8	−6,5
Kundenorientierung	Hohe Wichtigkeit*	56,5	56,9	49,6	59,2
	Positives Erleben*	46,0	46,9	44,3	52,6
	Unterschied zwischen Wunsch und Wirklichkeit *	10,5	10,0	5,3	6,6
Unternehmensumwelt	Hohe Wichtigkeit*	44,1	51,8	24,6	36,8
	Positives Erleben	38,9	40,9	37,7	38,2
	Unterschied zwischen Wunsch und Wirklichkeit *	5,2	10,9	−13,1	−1,4

*= signifikant bei einem Signifikanzniveau von 0,05

Fehlzeiten-Report 2016

5.6.4 Berufliche Stellung

▫ Tab. 5.13 Wichtigkeit/Erleben, Antworten nach Topboxen (≥ 6) differenziert nach beruflicher Stellung

Wichtigkeit/Erleben, Darstellung der Antworten bei ≥ 6 in %		Schüler, Azubi	Unge- lernter Arbeiter	Arbeiter, Fach- arbeiter	Vorarbeiter, Meister, Angestellter	Qual. An- gestellter	Ltd. An- gestellter
Entscheidungs- prozesse und Führungsstil	Hohe Wichtigkeit*	52,2	45,7	47,2	55,0	52,0	47,8
	Positives Erleben*	22,6	28,7	31,1	33,4	42,2	47,8
	Unterschied zwischen Wunsch und Wirklichkeit *	29,6	17,0	16,1	21,6	9,8	0,0
Mitarbeiter- orientierung	Hohe Wichtigkeit*	57,4	46,8	49,7	53,5	53,9	53,7
	Positives Erleben*	20,9	24,5	25,5	31,8	37,7	44,8
	Unterschied zwischen Wunsch und Wirklichkeit *	36,5	22,3	24,2	21,7	16,2	8,9
Entlohnungs- gerechtigkeit	Hohe Wichtigkeit*	33,9	29,8	28,6	35,4	42,6	50,7
	Positives Erleben*	19,1	20,2	21,0	21,6	30,4	44,8
	Unterschied zwischen Wunsch und Wirklichkeit *	14,8	9,6	7,6	13,8	12,2	5,9
Problem- lösungs- verhalten	Hohe Wichtigkeit*	49,6	43,6	41,2	45,6	47,1	52,2
	Positives Erleben*	27,0	28,7	28,0	28,5	40,2	49,3
	Unterschied zwischen Wunsch und Wirklichkeit *	22,6	14,9	13,2	17,1	6,9	2,9
Arbeitsklima im engeren Sinne	Hohe Wichtigkeit*	42,6	24,5	28,4	39,9	34,3	29,9
	Positives Erleben*	18,3	8,5	13,7	19,8	21,1	28,4
	Unterschied zwischen Wunsch und Wirklichkeit *	24,3	16,0	14,7	20,1	13,2	1,5
Wettbewerbs- orientierung	Hohe Wichtigkeit*	47,0	43,6	40,9	47,6	52,9	49,3
	Positives Erleben*	40,0	29,6	37,3	44,3	45,1	52,2
	Unterschied zwischen Wunsch und Wirklichkeit *	7,0	14,0	3,6	3,3	7,8	−2,9
Kunden- orientierung	Hohe Wichtigkeit*	53,9	45,7	50,5	59,0	54,4	50,7
	Positives Erleben*	46,1	35,1	41,8	47,2	50,0	50,7
	Unterschied zwischen Wunsch und Wirklichkeit *	7,8	10,6	8,7	11,8	4,4	0,0
Unternehmens- umwelt	Hohe Wichtigkeit*	51,3	43,6	49,2	48,7	45,1	44,8
	Positives Erleben*	38,3	30,9	39,6	38,5	37,7	52,2
	Unterschied zwischen Wunsch und Wirklichkeit *	13,0	12,7	9,6	10,2	7,4	−7,4

Fehlzeiten-Report 2016

5

Tab. 5.14 Erleben der Unternehmenskultur in Zusammenhang mit den gesundheitlichen Parametern auf Dimensionsebene als Gesamtkonstrukt und im Vergleich insgesamt in %

Erlebte Dimensionen	Ausprägung	n	Subjektiver Gesundheitszustand		Beschwerden vorhanden		AU-Tage					Präsentismus
			Nicht gut (1–4)	Sehr gut (7)	Physisch	Psychisch	0	1–7	8–14	15 +	MW	Ja – gegen Empfehlung des Arztes zur Arbeit
Entscheidungsprozesse und Führungsstil	Niedrig	352	22,7	23,0	63,4	64,8	26,4	23,3	23,6	26,7	12,8	14,5
	Hoch	681	9,8	33,8	27,0	33,2	39,8	27,3	17,3	15,6	7,8	9,8
Mitarbeiterorientierung	Niedrig	231	28,1	19,9	66,2	65,4	25,5	27,7	20,8	26,0	12,7	18,2
	Hoch	607	6,4	37,2	31,1	35,4	37,6	26,9	19,1	16,5	8,1	11,4
Entlohnungsgerechtigkeit	Niedrig	344	23,5	21,8	65,7	63,4	25,9	22,1	18,9	33,1	13,0	16,3
	Hoch	479	10,4	30,1	28,6	34,4	40,5	23,4	17,3	18,8	8,9	11,3
Problemlösungsverhalten	Niedrig	300	26,0	21,7	66,0	66,7	25,0	25,0	21,0	29,0	12,2	16,7
	Hoch	632	9,5	33,1	30,4	32,9	38,9	25,5	18,0	17,6	8,3	11,1
Arbeitsklima im engeren Sinne	Niedrig	166	31,9	16,3	74,1	69,3	20,5	19,9	22,3	37,3	15,1	15,1
	hoch	374	7,8	54,5	34,5	33,4	37,2	32,4	17,9	12,6	8,6	14,7
Wettbewerbsorientierung	Niedrig	127	33,9	15,0	68,5	63,0	28,3	21,3	15,7	34,6	16,2	15,7
	Hoch	850	8,7	36,0	36,0	38,8	34,8	25,8	20,4	19,1	8,5	11,9
Kundenorientierung	Niedrig	105	32,4	16,2	66,7	63,8	22,9	22,9	17,1	37,1	15,9	18,1
	Hoch	925	8,9	35,7	36,4	41,3	36,6	25,1	20,2	18,1	9,0	13,0
Unternehmensumwelt	Niedrig	218	21,6	24,8	61,9	64,2	31,2	25,7	19,3	23,9	10,9	18,8
	Hoch	796	9,3	34,2	31,7	36,8	34,8	28,8	19,6	16,8	9,1	11,4
Durchschnittlich erlebte Unternehmenskultur über alle Dimensionen	Niedrig		27,5	19,8	66,6	65,1	25,7	23,5	19,8	31,0	13,6	16,7
	Hoch		8,9	36,8	32,0	35,8	37,5	26,9	18,7	16,9	8,5	11,8

Grau unterlegt = nicht signifikant

Literatur

Aronsson G, Gustafsson K, Dallner M (2000) Sick but yet at work. An empirical study of sickness presenteeism. Journal of Epidemiology & Community Health 54:502–509

Badura B, Steinke M (2011) Präsentismus. Ein Review zum Stand der Forschung. Dortmund Berlin Dresden

Badura B, Walter U (2014) Führungskultur auf dem Prüfstand. In: Badura B, Ducki A, Schröder H, Klose J, Meyer M (Hrsg) Fehlzeitenreport 2014. Springer, Berlin

Badura B, Greiner W, Rixgens P, Ueberle M, Behr M (2013) Sozialkapital. Grundlagen von Gesundheit und Unternehmenserfolg. 2. Auflage. Springer, Berlin Heidelberg

Bea FX, Haas J (2005) Strategisches Management. Lucius & Lucius, Stuttgart

Beckenkamp M (o J) Unternehmenskultur und Unternehmenserfolg – Psychologie im Konflikt zwischen Wettbewerb und Vertrauen. MPI Collective Goods, Bonn

Beile J (2007) Ansatzpunkte zur Messung von Unternehmenskulturen. Grundlage für die Entwicklung eines Audit »Beteiligungsorientierte Unternehmenskultur«. In: Nerdinger FW (Hrsg) Ansätze zur Messung von Unternehmenskultur. Möglichkeiten, Einordnung und Konsequenzen für ein neues Instrument. Arbeitspapier Nr 7 aus dem Projekt TiM, Universität Rostock, S 26–43

Bergstrom G, Bodin L, Hagberg J, Aronsson G, Josephson M (2009) Sickness presenteeism today, sickness absenteeism tomorrow? A prospective study on sickness presenteeism and future sickness absenteeism. J Occup Environ Med 51:629–638

Bundesanstalt für Arbeitsschutz und Arbeitsmedizin (BAuA) (2015) Volkswirtschaftliche Kosten durch Arbeitsunfähigkeit 2013. http://www.baua.de/de/Informationen-fuer-die-Praxis/Statistiken/Arbeitsunfaehigkeit/pdf/Kosten-2013.pdf;jsessionid=E8151797032474ED2FE4FF4E17AF5FD9.1_cid343?__blob=publicationFile&v=3. Gesehen 29 Mar 2016

Bundesministerium für Arbeit und Soziales/Bundesanstalt für Arbeitsschutz und Arbeitsmedizin (2016) Sicherheit und Gesundheit bei der Arbeit 2014. 2., korrigierte Auflage Unfallverhütungsbericht Arbeit. Dortmund Berlin Dresden

Feldmann K (2006) Soziologie kompakt. Eine Einführung. 4., überarbeitete Auflage. VS Verlag für Sozialwissenschaften, Wiesbaden

Felfe J, Wombacher J (2016) Mitarbeiterbindung und Gesundheit In: Badura B, Ducki A, Schröder H, Klose J, Meyer M (Hrsg) Fehlzeiten-Report 2016. Unternehmenskultur und Gesundheit – Herausforderungen und Chancen. Springer, Berlin Heidelberg

Hasselhorn HM, Ebener M (2014) Gesundheit, Arbeitsfähigkeit und Motivation bei älter werdenden Belegschaften. In: Badura B, Ducki A, Schröder H, Klose J, Meyer M (Hrsg) Fehlzeiten-Report 2014. Erfolgreiche Unternehmen von morgen – gesunde Zukunft heute gestalten. Springer, Berlin Heidelberg, S 75–84

Heinen E, Fank M (1997) Unternehmenskultur: Perspektiven für Wissenschaft und Praxis. Oldenbourg Wissenschaftsverlag GmbH, München

Karasek RA (1979) Job Demands, Job Decision Latitude, and Mental Strain: Implications for Job Redesign. Administrative Science Quarterly 24(2):285–308

Kratzer N (2016) Unternehmenskulturelle Aspekte des Umgangs mit Zeit- und Leistungsdruck. In: Badura B, Ducki A, Schröder H, Klose J, Meyer M (Hrsg) Fehlzeiten-Report 2016. Unternehmenskultur und Gesundheit – Herausforderungen und Chancen. Springer, Berlin Heidelberg

Martins E (2007) Beteiligungsorientierte Unternehmenskultur: Konzept und Messung. In: Nerdinger FW (Hrsg) Ansätze zur Messung von Unternehmenskultur. Möglichkeiten, Einordnung und Konsequenzen für ein neues Instrument. Arbeitspapier Nr 7 aus dem Projekt TiM, Universität Rostock

Meek LV (1988) Organizational Culture: Origins and Weaknesses. Organization Studies 9(4):453–473

Meyer M, Meschede M (2016) Krankheitsbedingte Fehlzeiten der deutschen Wirtschaft. In: Badura B, Ducki A, Schröder H, Klose J, Meyer M (Hrsg) Fehlzeiten-Report 2016. Unternehmenskultur und Gesundheit – Herausforderungen und Chancen. Springer, Berlin Heidelberg

Oechsler WA (2006) Personal und Arbeit: Grundlagen des Human Resource Management und der Arbeitgeber-Arbeitnehmer-Beziehungen. Oldenbourg Wissenschaftsverlag GmbH, München

Sackmann SA (1990) Möglichkeiten der Gestaltung von Unternehmenskultur. In: Lattmann C (Hrsg) Die Unternehmenskultur. Ihre Grundlagen und ihre Bedeutung für die Führung der Unternehmung. Physica, Heidelberg, S 153–188

Sackmann SA (2002) Unternehmenskultur. Analysieren – Entwickeln – Verändern. Mit Checklisten, Fragebogen und Fallstudien. Hermann Luchterhand, München

Sackmann SA (2006a) Betriebsvergleich Unternehmenskultur. Welche kulturellen Faktoren beeinflussen den Unternehmenserfolg? Verlag der Bertelsmann-Stiftung, Gütersloh

Sackmann SA (2006b) Unternehmenskultur und Unternehmenserfolg: Ansätze und Methoden zur Erfassung von Unternehmenskultur, beobachtete Zusammenhänge mit Unternehmenserfolg und Empfehlungen. Verlag der Bertelsmann-Stiftung, Gütersloh

Sackmann SA (2006c) Assessment, Evaluation, Improvement: Success through Corporate Culture. Verlag der Bertelsmann-Stiftung, Gütersloh

Sackmann SA (2007) Methoden zur Erfassung von Unternehmenskultur. In: Nerdinger FW (Hrsg) Ansätze zur Messung von Unternehmenskultur. Möglichkeiten, Einordnung und Konsequenzen für ein neues Instrument. Arbeitspapier Nr 7 aus dem Projekt TiM, Universität Rostock, S 6–25

Schein EH (1995) Unternehmenskultur: Ein Handbuch für Führungskräfte. Campus, Frankfurt a M

Unterreitmeier A (2004) Unternehmenskultur bei Mergers & Acquisitions. Ansätze zur Konzeptualisierung und Operationalisierung. Deutscher Universitäts-Verlag/GWV Fachverlage GmbH, Wiesbaden

Unterreitmeier A, Schwaiger M (2006) Die Messung kultureller Differenzen bei Mergers & Acquisitions. In: Wirtz B (Hrsg) Handbuch Mergers & Acquisitions Management. Gabler, Wiesbaden, S 957–982

Unterreitmeier A, Schwinghammer F (2004) Die Operationa-
    lisierung von Unternehmenskultur – Validierung eines
    Messinstruments. Schriftenreihe EFOplan der LMU Mün-
    chen, Arbeitspapier 1804, München

Wien A, Franzke N (2014) Unternehmenskultur: Zielorientierte
    Unternehmensethik als entscheidender Erfolgsfaktor.
    Springer Fachmedien, Wiesbaden

Wurm S, Lampert T, Menning S (2009) Subjektive Gesundheit.
    In: Böhm K, Tesch-Römer C, Ziese T (Hrsg) Gesundheit und
    Krankheit im Alter. Beiträge zur Gesundheitsberichterstat-
    tung des Bundes. Robert Koch-Institut, Berlin, S 79–91

5

Standpunkt: Antiwork

Wie Unternehmen auf der Basis einer starken Unternehmenskultur Arbeit neu organisieren müssen, um zukunftsfähig zu bleiben

F. Kühmayer

B. Badura et al. (Hrsg.) *Fehlzeiten-Report 2016*,
DOI 10.1007/978-3-662-49413-4_6, © Springer-Verlag Berlin Heidelberg 2016

Zusammenfassung *Damit Zukunft gelingen kann, braucht es weniger Sicherheitsdenken und mehr Mut; weniger Struktur und mehr Freiheit. Deutsche Unternehmen brauchen mehr Verrückte! Im Strudel der Veränderung können Unternehmen nicht dadurch gelenkt werden, dass hoch an der Spitze ein Kapitän und seine Brücken-Crew den Blick in die Zukunft richten und das Ruder fest in der Hand haben. Stattdessen können – ja, müssen! – Führungskräfte organisatorische und inhaltliche Rahmenbedingungen schaffen, damit sich Mitarbeiter weitgehend selbst organisieren können. Das Konzept der Antiwork als Alternative zur aktuellen Arbeitsethik leitet direkt zu einem Umdenken von Organisation und Führung. Die stabile Grundlage für Betriebe wird künftig mehr denn je ihre starke Unternehmenskultur darstellen. Diese neue Arbeitsphilosophie wird von einem Gesundheitsbegriff geprägt sein, der darauf beruht, dass ein zunehmend autonomer Umgang mit Komplexität Voraussetzung für Gesundheit im Arbeitsleben des 21. Jahrhunderts wird. Denn die Offenheit neuer Arbeitswelten und das Verschwimmen von Arbeit und Freizeit sind auf der einen Seite ein Befreiungserlebnis für viele, bringen aber auch neue Risikofelder ins Spiel. Es braucht daher nicht nur eine neue Form der Unternehmenskultur, sondern auch eine neue Ethik der Arbeit, die Eigenverantwortung stärkt.*

6.1 Mehr Mut. Mehr Verantwortung.

Währungskrise, Digitalisierung, Stagnation: Viel zu oft beherrschen Krisen die Themenlage auf der Führungsebene. Hinzu kommt die Unübersichtlichkeit der Gesamtsituation: Zu komplex und volatil sind die Umgebungsbedingungen, um noch mit langfristiger Planung bearbeitbar zu sein. Das düstere Außenbild kann verheerende Konsequenzen nach innen haben. Denn aus dem Alarmismus der permanenten Bedrohungslage entsteht vielfach ein ängstlicher Blick auf die Zukunft und ein in sich gekehrtes Betriebsklima. Wie Mehltau legt sich dann das Zögerliche, Vorsichtige und Beharrende über alle Vorstandsdebatten und Managemententscheidungen. In diesem Klima blüht ein Führungsstil, der immer neue Kontrollinstrumente schafft, um für Stabilität zu sorgen. Dieses systemerhaltende Mikromanagement auf allen Ebenen verhindert notwendige Veränderungen und steht der Innovationsbereitschaft des Betriebes diametral gegenüber.

In fordernden und unsicheren Zeiten finden Reformverweigerer oft Mehrheiten bei Beschlussfassungen. Statt über radikal neue Geschäftsmodelle auch nur nachzudenken, wird marginalen Produkt- und Prozessverbesserungen der Vortritt gelassen, und das, obwohl die Erfolgsaussichten eine völlig andere Strategie nahelegen würden (Pillkahn 2007). Auch auf gesellschaftlicher Ebene sei die Sehnsucht nach Geborgenheit im Angesicht von Abstiegsängsten wahrnehmbar, konstatieren Soziologen (Koppetsch 2013). Unter dem Eindruck des gesellschaftlichen Biedermeiers verkrusten Systeme und erstarren Entscheider. Aus Furcht davor, Fehlentscheidungen zu treffen, werden tatsächlich gemachte Fehler anderer noch stärker als Versagen punziert, als es in der vorsichtigen Kultur Zentraleuropas ohnehin schon der Fall ist.

Das muss sich ändern, wenn Unternehmen im Wettbewerb um Wachstum und Marktanteile an die Spitze wollen. Führungskräfte brauchen jetzt vor allem zwei Dinge: mehr Mut, Richtungen vorzugeben und mehr Bereitschaft, die Zukunft aktiv zu gestalten.

Fordernde Zeiten sind immer auch ein fruchtbarer Boden für frische Ideen, in diesem Sinne leben wir in einer geradezu prototypischen Aufbruchzeit. Auch

6

wenn es paradox klingt: Es ist grundvernünftig, gerade jetzt mutig zu denken und zu handeln.

Mut ist eine persönliche Haltung, die wir für die Bewältigung der Herausforderungen in vielen Handlungsfeldern dringend brauchen. Es ist die Erkenntnis, dass wirtschaftliches Handeln immer risikobehaftet ist, und die Bereitschaft, dieses Risiko aktiv zu gestalten. Daraus entsteht der Unterschied zwischen einer fremd- oder einer selbstbestimmten Zukunft, und ob Chancen genutzt werden oder vorbeiziehen. Ausgerechnet Mut – und nicht übertriebene Vorsicht – stärkt die Resilienz von Unternehmen. Mutige Entscheidungen zu treffen, auch mal riskantere, etwas auszuprobieren – das war noch nie so einfach wie heute. Auf der einen Seite zählen die Maßstäbe der Vergangenheit immer weniger, auf der anderen Seite hält die global vernetzte digitalisierte Wissensgesellschaft enorme neue Möglichkeiten parat. Als WhatsApp von Facebook für die Rekordsumme von 19 Milliarden Dollar übernommen wurde, hatte das Unternehmen bereits 450 Millionen Kunden – aber nur 35 Mitarbeiter. Heute, knapp zwei Jahre später, hat sich die Zahl der Anwender mehr als verdoppelt. Fast jeder achte Mensch weltweit nutzt WhatsApp. Betrieben wird der Service weiterhin von einer winzig kleinen Anzahl von Mitarbeitern: Gerade einmal 50 Techniker halten den Betrieb am Laufen (Metz 2015). Möglich ist das nur durch frisches Denken und den Mut, in neuen Geschäfts- und Betriebsmodellen zu denken. Und auch in neuen Beschäftigungsfeldern und Jobprofilen.

Erfolgreiche Führungsarbeit muss daher mehr denn je auf der Grundlage einer zuversichtlichen Denk- und Handlungsweise im Umgang mit Unsicherheit und Risiko aufbauen. Veränderungen, Umwälzungen und eine Welt in ständiger Bewegung sind nicht abwendbar. Leadership bedeutet, einen Rahmen schaffen, der es Mitarbeitern ermöglicht, positiv mit diesen Dynamiken umzugehen, Zukunft zu gestalten und nicht gestaltet zu werden. Führung darf deshalb nicht länger versuchen, Menschen in einem falsch verstandenen System aus Fehlervermeidung und Kontrolle in vermeintliche Sicherheit zu betten, sondern soll sie unterstützen, selbstständig und mutig zu sein.

Die meisten Unternehmen haben echten Bedarf nach Verrückten. Nicht umsonst sind die Stellenanzeigen gefüllt mit der Suche nach innovativen Querdenkern, die neue Ideen mitbringen. Die Schlüsselfrage ist allerdings nicht, wie es gelingt, dass das Neue seinen Weg ins Unternehmen findet, sondern vor allem, wie es dort überlebt und seine Frische behält. Die Verantwortung dafür kann nicht delegiert werden, sie ist auf der obersten Führungsebene verankert und muss von dort aus als Leuchtfeuer ins Unternehmen wirken, mit dem Ziel, eine Kultur zu schaffen, in der Mitarbeit auf allen Ebenen Verantwortung übernehmen. Dies fördern und zu fordern bringt alle weiter.

Von allein geht das nicht, es braucht deshalb ei Narrativ, eine »Story«, mit der glaubwürdig erzäh wird, warum Unternehmergeist wichtig ist, welch Freiheitsgrade dafür bereitstehen und welche Richtur eingeschlagen werden soll. Dieser Rahmen entsteht a der Basis der Unternehmenskultur, er muss Teil d Betriebssystems des Unternehmens sein, um authen tisch zu wirken. Andere zu kopieren, auch im löblich Bestreben, sogenannte Best Practice zu übernehme muss daher scheitern.

Das bedeutet allerdings nicht, dass sich nic bestimmte Grundeigenschaften eines fruchtbare Bodens für Intrapreneurship festmachen ließen. D Gewissheit, Sinnhaftes zu leisten, eigenständiges Den ken anwenden zu können, Transparenz und Offenhe wahrzunehmen, gehören sicherlich dazu. Unterneh merischer Mut ist jedenfalls kein träumerischer Fre brief für eine Hurra-Mentalität des Draufgängertum Der entscheidende Aspekt ist der Anspruch, wertsi tend, wertsteigernd und werterhaltend zu agiere auch über den Quartals-Forecast und eine linea Zukunftsperspektive hinaus. Dazu gehört eine sorgfä tige Balance aus Verrücktheit und Verantwortun Mitarbeiter sollen den Mut haben können, neue Pfa zu beschreiten und gleichzeitig einen Rahmen vo finden, in dem sie Verantwortung für ihr Tun übe nehmen können.

Eine offene Intrapreneurship-Kultur brauc jedenfalls entsprechende Rahmenbedingungen un Anreize, echte Vorbilder, mehr Fehlertoleranz, ei finanzielle und organisatorische Infrastruktur – un vor allem ein umfassendes Verständnis von Innovatic und Innovationssystemen. Und es braucht die richt gen Fragen, die tief genug gehen, um für eine positiv Atmosphäre der Rastlosigkeit zu sorgen. »Wenn Ih Ziele nicht den Großteil Ihres Unternehmens nerv machen, sind sie vermutlich nicht hoch genu gesteckt.« provoziert Strategieberater McKinsey un fordert Unternehmen dazu auf, »unreasonably aspir tional« zu sein – also auf geradezu unvernünftig amb tionierte Visionen zu zielen (Olanrewaju et al. 2014)

6.2   Mehr Ermöglichen. Weniger Steuern.

Doch wie lassen sich Strukturen, die auf mehr Freihe ausgerichtet sind, in der Unternehmenspraxis un setzen? Und welche Rolle kommt dabei der Persona arbeit zu? Die oberste Zielsetzung in der Personalfü rung ist es, die richtigen Mitarbeiter zu finden und Strukturen zu errichten, in denen die besten Ergebnisse entstehen. Aus dieser Maxime ist in der Vergangenheit ein geradezu mechanistisches Verständnis von Organisation entstanden: Schon der Begriff »Human Ressources« legt das nahe: Mitarbeiter sind Mittel, Punkt. Wer sein Arbeitsleben nicht aktiv und selbstbestimmt erlebt, sondern vor allem passiv und fremdgesteuert, verliert nicht nur Engagement und Freude an der Tätigkeit, sondern riskiert zunehmend auch emotionale Verkümmerung – mit schleichenden, aber nicht weniger weitreichenden Folgen. Denn eine solch unbefriedigende Umgebung fördert das Zustandekommen einer Negativspirale aus wahrgenommener lähmender Nutzlosigkeit der eigenen Persönlichkeit, innerer Kündigung als Folge, destruktiven Handlungsstrategien und letztlich Symptomatiken, die in die Nähe der Erschöpfungsdepression reichen – die Diagnose lautet dann Boreout, ein im Ergebnis dem Burnout sehr ähnliches Phänomen (Prammer 2013).

In sogenannten Bottom-up-Organisationen, die nach weitgehend demokratischen Gesichtspunkten organisiert sind, ist das anders: Dort sind Mitarbeiter tatsächlich Mittelpunkt. Ein kleiner sprachlicher, aber ein großer kultureller Unterschied. Und einer, der zu einem entscheidenden Wettbewerbsfaktor werden kann: »Eine der wichtigsten Aufgaben für Top Manager wird es sein, andere Arten zusammen zu arbeiten und Arbeit zu organisieren auszuloten.« ist MIT-Professor Thomas Malone überzeugt (Malone 2004).

Denn immer mehr Unternehmen erkennen, dass ihre Wirklichkeit nicht mehr mit simplen Ursache-Wirkungs-Prinzipien erklärbar ist, die Systeme komplexer werden. An der Unternehmensspitze ist längst nicht mehr die Summe der Kompetenzen des Unternehmens vereint und immer seltener auch die Deutungshoheit über Entscheidungen. Die logische Konsequenz ist: Es wird zunehmend sinnvoll, Vorgaben von oben zu reduzieren und Freiheitsgrade für Mitarbeiter zu erhöhen. Allerdings: Selbstbestimmtes Arbeiten auch organisatorisch abzubilden, haben bislang nur wenige Unternehmen gewagt.

Dabei existieren eigenverantwortliche Systeme ohnehin bereits in den Unternehmen – unter den Augen der Führungskräfte, deren Blick auf formale Strukturen gerichtet ist. Indessen sitzen die eigentlichen Entscheidungsträger und Einflüsterer oft ganz woanders. Während Manager auf die Frage, wie die Organisation aussieht, ein Organigramm aus der Schublade ziehen, das zeigen soll, wie Entscheidungen getroffen werden oder wer an wen berichtet, geben ihre Mitarbeiter vielfach ganz andere Antworten. Das formelle Organisationsbild sagt oft erstaunlich wenig über die tatsächlich wirksamen Strukturen aus. Wo und von wem Entscheidungen beeinflusst oder gefällt werden, ist meist eher ein Ergebnis informeller sozialer Prozesse als formaler Abläufe.

Zukunftsorientierte Führungsarbeit reagiert darauf nicht mit weiteren Organisationsveränderungen, sondern wesentlich smarter, indem Schneisen in tradierte Machtstrukturen geschlagen werden. Das Ziel: Formelle und informelle Organisationen aneinander anzugleichen, um die Effektivität zu steigern, Doppelgleisigkeiten zu vermeiden und Leerläufe zu verhindern. Kein einfaches Unterfangen, denn im Gegensatz zur formellen Organisation, die auf geplanten Schritten beruht, entwickeln sich informelle Strukturen emergent und diffus. Doch es führt kein Weg daran vorbei, das Bewusstsein dafür zu erhöhen, um die eigentlichen Einflussgrößen für die Leistungsfähigkeit von Organisation zu verstehen.

Die Autorität zur Führung von Organisationen und Menschen wird ohnehin seit jeher von unten – also von den Mitarbeitern – verliehen. Wer Leadership als Joblevel versteht und kraft einer bestimmten Hierarchiestufe auszuüben versucht, ist jedenfalls zum Scheitern verurteilt. Warum also die Dialektik von Top-down vs. Bottom-up nicht gleich ganz auflösen und eine Organisationsform etablieren, in der die vertikalen Perspektiven von »oben« und »unten« nicht mehr entscheidend sind. Wer Mitarbeiter tatsächlich ins Zentrum stellen möchte, sollte sie nicht länger »mit-arbeiten« lassen, sondern ihr souveränes und selbstbewusstes Handeln unterstützen. Sollen sich Mitarbeiter nicht nur informell, sondern auch formell aktiv einmischen, gerade auch in Angelegenheiten, die ihre Jobdescription übersteigen, und eine weiter gefasste Perspektive einnehmen – idealerweise eine, die das gesamte Unternehmen umfasst –, müssen sie dazu kooperative Strukturen vorfinden.

Der Schlüssel dafür ist echte Partizipation. Wer eingebunden wird, übernimmt Verantwortung. Wer Verantwortung wahrnimmt, realisiert auch besser Veränderungs- und Reformbedarf – und setzt sich dafür ein, dass sich die Dinge in die richtige Entwicklung bewegen. Dazu kommt: Die notwendige Bürokratie zur Aufrechterhaltung des Betriebes sinkt, Menschen sehen mehr Sinn im eigenen Tun und können deutlicher und unmittelbarer beitragen. Gleichzeitig entsteht Orientierung und das Engagement der Menschen steigt.

Das ergibt auch unter nüchterner Faktenlage Sinn: Das Beratungs- und Trainingsunternehmen Dale Cargenie schätzt, dass weniger als ein Viertel aller Mitarbeiter in deutschen Unternehmen ihr volles Engagement zeigen; im Gegenteil seien 35 Prozent

»disengaged«, also nahe an der inneren Kündigung (Dale Carnegie 2014). Eine Gallup-Studie schätzt die volkswirtschaftlichen Kosten nicht motivierter Mitarbeiter auf über 200 Milliarden Euro pro Jahr. Wer sich dagegen im Unternehmen engagiert, bleibt auch länger treu: 88 Prozent der hochengagierten Mitarbeiter würden auch dann nicht den Betrieb wechseln, wenn ihnen ein 20 Prozent höheres Gehalt geboten würde (Widhalm 2015).

Zwischen engagierten, unternehmerisch denkenden Mitarbeitern und innovativen Unternehmen herrscht eine belegte hohe Korrelation. Unternehmen mit hoch engagierten Mitarbeitern schaffen mehr Output, haben loyalere Kunden und erwirtschaften insgesamt eine bessere finanzielle Performance. Unternehmen mit besonders stark engagierten Mitarbeitern erreichen zudem 4,5-mal mehr Umsatzwachstum als Unternehmen mit wenig engagierten Beschäftigten (Bosma et al. 2012).

Im Kern von Partizipation stehen Teilhabe an Entscheidungen, gleichberechtigte Gestaltung der Ausrichtung und Übernahme von Verantwortung für die getroffenen Beschlüsse. Damit ein solches Konzept Realität wird, muss den Mitarbeitern ein breites Spektrum von Rechten und Pflichten vor allem auch in strategischen Angelegenheiten übertragen werden. Denn anders als in reinen Bottom-up-Organisationen geht es nicht um eine Demokratisierung der Entscheidungsprozesse, sondern um tatsächliche Partizipation auf Augenhöhe.

Ein erster Schritt ist das Niederreißen möglichst aller Informations- und Kooperationshemmnisse im Unternehmen: Daten- und Abteilungssilos müssen aufgebrochen werden, Fürstentümer abgeschafft und stattdessen transparente, offene Informations- und Kommunikationsplattformen etabliert werden.

Um tatsächlich intellektuelles und emotionales Commitment zu Höchstleistungen zu fördern, also die Bereitschaft, sich im Job mit Herz und Hirn einzubringen, gehört allerdings deutlich mehr, nämlich vor allem ein sehr hohes Maß an Souveränität der Mitarbeiter. Denn erst die Übertragung von mehr Eigenverantwortung führt letztlich dazu, dass Mitarbeiter echte »Employee Citizenship« ausüben. Eine Haltung, die über das aus der Organisationslehre bekannte Phänomen des »Organizational Citizenship Behaviour (OCB)« weit hinausreicht. Es geht nicht um freiwillige Mehrleistungen im Interesse des Unternehmens, die außerhalb der vereinbarten Pflichten des Mitarbeiters liegen, sondern im Gegenteil um eine Haltung, ein Denkmodell und Handlungsweisen, die sehr wohl gefordert – und gefördert – werden. Schon allein dadurch wird Arbeit sinnstiftend, da jeder Mitarbeiter

seinen unmittelbaren Beitrag zum Unternehmenerfolg als Wert an sich erfährt.

Ob das klappt, ist nicht nur eine Frage der Strukturen, die etabliert sind, sondern auch der Unternehmenskultur. Und es ist eine Frage des Menschenbildes das sich Führungskräfte zurechtgelegt haben. Es ist di Frage, ob man daran glaubt, dass Menschen in de Organisation bereit sind, sich einzubringen und in de Lage sind, Entscheidungen zielführend zu treffe (Kühmayer 2015). Natürlich setzt das ein hohes Ma an Vertrauen voraus. »Vertrauen provoziert zwar ei gewisse Verletzlichkeit, ist aber ökonomischer a Kontrolle.« sagt Organisationsentwicklerin Kar Weigl (Weigl 2015). Vertrauen ist nicht nur praktisc es reduziert auch die Komplexität in Unternehme (Kühmayer 2014).

Beispiele, aus denen man lernen kann, entstehe immer häufiger, denn das Prinzip Selbstverantwortu wird zunehmend in der Realität ausprobiert. Bere mehr als ein Drittel der Unternehmen plant, sei Unternehmenskultur in Richtung stärkerer Mitarbe tereinbindung zu adaptieren, hat die Personalberatur Robert Half kürzlich festgestellt und die Stellschraube herausgestrichen, die von Führungskräften als wesen lich angesehen werden: »Insbesondere die Komm nikation und die Wertschätzung, die beispielswei durch die Einbindung in Entscheidungsprozes erfahren wird, sind dabei zwei äußerst wichtige Fa toren.« (Hennige 2015).

Das Maß an Selbstbestimmung ist dabei durchau unterschiedlich. Es reicht von flexiblen Gestaltung möglichkeiten der Arbeitsprozesse und Arbeitsumge bungen, wie etwa Home Office oder auch unbegren bezahltem Urlaub. So dürfen etwa in manchen Unte nehmen Mitarbeiter solange sie wollen von der Arbe fernbleiben – Hauptsache, die Leistung stimmt. In Ze ten von eng verwobenen Strukturen ist das allerdin keine Individualentscheidung mehr, sondern set Selbstorganisation auf Teamebene voraus.

Noch radikaler sind Ansätze, auch die Aufbau organisation aufzulösen und die Entscheidungsarch tektur weitestgehend partizipativ zu gestalten. So h etwa das traditionsreiche Technikunternehmen Te Haase seine Organisation radikal umgebaut, sich vo Management getrennt und setzt stattdessen darau dass Mitarbeiter Verantwortung übernehmen. An d Stelle eines pyramidenartigen Org-Charts treten Mi arbeiter in sechs Gremien zusammen und bestimme über die Geschicke des Unternehmens: Innovatio Umwelt, Marketing/Vertrieb, Geschäftsplan, Organ sation, Qualitätssicherung. Der Strukturumbau b Tele Haase ist noch nicht abgeschlossen, schon jet steht aber fest: Die Mitarbeiter fühlen sich wertg schätzt und können sich nur schwer vorstellen, wieder in eine Firma mit klassischer Hierarchie zu wechseln (Welebil 2015). Auch dem Obsthändler Andreas Schindler kam das Prinzip seltsam vor, dass seine 30 Mitarbeiter zwar viele Dinge besser können er selbst, aber dennoch vor allem nur seine Ideen umsetzen sollten. Daher hat er seine Firma in eine »Plattform für Quasi-Chefs« verwandelt, in der die Mitarbeiter die Entwicklung treiben und selbst entscheiden, was sinnvoll ist (Sywottek 2015).

Die Beispiele zeigen: Auf den richtigen Mix kommt es an, und der ist nur unternehmensspezifisch zu interpretieren. In innovationsgetriebenen Branchen ist eine Dynamisierung der Strukturen wohl wichtiger als in stabilen Branchen. Eines ist jedoch recht sicher: Die theoretische Gefahr, zu viele Freigeister im Unternehmen zu beschäftigen, ist in der Praxis gering.

Die mögliche Kehrseite solcher neuen Steuerungsformen: Beschäftigte verhalten sich zunehmend bewusst gesundheitsschädigend, um ihre Ziele zu erreichen. Die fremdbestimmte Ausbeutung der frühen Industrialisierung wandelt sich zu einer dem Leistungsdruck geschuldeten Selbstausbeutung. So sind beispielsweise 71 Prozent der Arbeitnehmer schon einmal krank zur Arbeit gegangen, 30 Prozent sogar gegen den ausdrücklichen Rat eines Arztes und 70 Prozent haben zur Genesung bis zum Wochenende gewartet (Badura et al. 2010). Unter selbst auferlegtem bzw. durch das System gefördertem Leistungsdruck wird auf Erholungspausen verzichtet, am Wochenende oder im Urlaub gearbeitet, in hohem Ausmaß unbezahlte Mehrarbeit geleistet. Die körperliche Abnutzung der Fließbandarbeit weicht der gestiegenen Dauerüberforderung der Wissensarbeit, und dies mit sehendem Auge. Solche Phänomene kamen auch in der Vergangenheit vor, beispielsweise aufgrund hoher Identifikation mit dem Unternehmen – wird allerdings eine Unternehmenskultur etabliert, die eben diese Grundlagen nicht als Ausnahme, sondern als allgemein gültigen Standard setzt, steigt das gesundheitliche Gefährdungspotenzial.

Die Herausforderung in der täglichen Praxis besteht also darin, eine Balance zwischen der positiv zu bewertenden gestiegenen Autonomie der Beschäftigten und der dadurch induzierten Veränderung und Zunahme psychischer Beanspruchungen und gesundheitlicher Belastungen zu finden. Linienführungskräfte, aber auch Personalverantwortliche sind darauf vielfach nicht ausreichend vorbereitet. Wie weit auch immer man in der Implementierung von Partizipation geht, jedenfalls wandelt sich Führen von einer im buchstäblichen Sinne richtungsweisenden Aufgabe zu einer dienenden. Leadership und wird zum Dienst am Mitarbeiter, um ihn in die Lage zu versetzen, nicht nur Klarheit über seine eigentliche Aufgabe, individuelle Leistung und persönliche Entwicklung zu haben, sondern darüber hinaus Einfluss auch auf den ganz individuellen Arbeits- und Lebensstil zu nehmen.

Leichter wird Führungsarbeit dadurch nicht. Es ist persönlich fordernd, die Grenzen der eigenen Wirksamkeit anzuerkennen, nicht der positionsimmanenten Eitelkeit – oder noch schlimmer: Hybris – zu verfallen und stattdessen Mitarbeitern weitreichende Gestaltungs- und Mitbestimmungsmöglichkeiten einzuräumen. Hinzu kommt: Souverän agierende Mitarbeiter sind anstrengend zu führen und vieles an partizipativem Führen ist noch unerforschtes und unerprobtes Terrain, für das Führungskräfte nicht oder nur unvollständig ausgebildet sind. Umso wichtiger ist es, dass sie sich auf ein stabiles persönliches Grundgerüst an Werten und Haltungen stützen können und in der Lage sind, durch das Gestalten einer entsprechenden Unternehmenskultur Orientierung und Sinn zu stiften. Führen bedeutet in diesem Kontext, immer weniger Hoheit über strukturelle oder fachliche Prozesse zu besitzen, sondern auf normativer Ebene zu wirken: Über Verhalten, Interaktionen, Symbole und über das beispielgebende Vorleben.

Denn natürlich hat eine mit hohen Freiheitsgraden ausgestattete Organisation ein hohes Zerstreuungspotenzial. Richtungsgebend kann in einem solchen System allerdings nicht mehr ein enger Korridor an Budgetplänen und minutiösen Zielvorgaben sein – die verbindende Kraft muss aus dem Kohärenzfaktor der gelebten Unternehmenskultur geschöpft werden.

6.3 Antiwork. Die neue Arbeitsethik.

Die neuen Freiheitsgrade in der Arbeit der Zukunft können ein erlösender Gedanke sein: Endlich nicht mehr an ein enges Korsett von Arbeitszeit und Arbeitsort gebunden zu sein und auch über weitgehende Flexibilität bei der Wahl der Arbeitsmethoden zu verfügen, solange nur die Ergebnisse stimmen, klingt wie eine verlockende Frohbotschaft für manche. Doch eben nicht für alle. Denn Multi-Optionalität bedeutet auch die Notwendigkeit zu eigener Reflexion und Entscheidungsfreude, nicht selten mit ungewissem Ausgang. Was also dem einen lohnenswert erscheint, setzt den anderen unter Stress. Das enge Korsett von vorgeschriebener Anwesenheitszeit und klar definierten Grenzen ist für den einen einschränkend, dem anderen spendet es Orientierung und Stabilität. Der Verlust dieser stützenden Elemente wird nicht selten durch interessierte Selbstgefährdung kompensiert, nicht selten auch mit Gruppendruck. Mitarbeiter zeigen dann nicht nur ein gesundheitlich riskantes Verhalten sich selbst gegenüber, sondern entwickeln zunehmend ein persönliches Interesse daran, dass ihre Kollegen die gleiche Leistung erbringen: »Leistungsschwächere« sind dann nicht gern gesehen.

Work-Life-Balance will Arbeit und Freizeit in Einklang bringen, Schlagworte wie Bleisure (Kühmayer 2015) oder Work-Life-Blending beschreiben die zunehmende Verschmelzung von Arbeits- und Privatleben. Vielleicht ist es aber an der Zeit, diese Vorstellungen kompromissloser zu hinterfragen und als Konsequenz Arbeit völlig neu zu denken. Denn selbst in der heutigen Zeit, in der wir von Kreativ- und Wissensarbeitern sprechen und in der unter dem Eindruck zunehmender Digitalisierung abzusehen ist, dass viele Routinejobs automatisiert werden, denken wir noch immer in tradierten Kategorien – unterfüttert durch historische kulturelle Vorstellungen. So machte nicht zuletzt der Protestantismus aus den Menschen harte Arbeiter: Nur wer in seinem Leben schuftet, verdient sich auch ein besseres Leben im Jenseits. Und wer nichts tat, wurde zuerst bemitleidet und später vom kapitalistischen System verachtet. Faulenzer werden nicht geduldet.

Dieses Verständnis von harter Arbeit prägt bis heute viele Unternehmen – Führungskräfte wie Mitarbeiter gleichermaßen. Dass Arbeit jene Leidenschaft ist, die sich selbst bezahlt, erweist sich aktuell für viele als sozialromantische Illusion der Kreativökonomie. Eine unübersehbare Fülle an Produktivitäts-Ratgebern, -Tipps und -Apps gibt Zeugnis darüber, dass auch unter großen Freiheitsgraden die tollen Eingebungen nicht einfach so zugeflogen kommen, sondern anstrengend erarbeitet werden müssen. Die Folge: Beinahe jeder fünfte Manager in Deutschland zeigte bereits die Symptome eines totalen Erschöpfungszustandes, jeder zweite sorgt sich darum, im Laufe seiner Karriere einen Burnout zu erleiden (Faller 2014). Das Konzept von Arbeit als mehr oder weniger notwendig auferlegter Mühsal des Lebens führt zu geradezu paradoxen Effekten. In einem Experiment der Harvard Business School wurde gezeigt, dass Menschen beim Bedienen einer Flugbuchungs-Webseite lieber 60 Sekunden lang einem sich aufbauenden Fortschrittsbalken zusehen, als sofort Ergebnisse geliefert zu bekommen (Burkemann 2011). Wir wertschätzen offenbar nicht nur das Resultat der Arbeit, sondern vor allem auch den Aufwand.

Damit muss Schluss sein, wenn wir in eine lohnende Zukunft blicken wollen. Ein Drei-Stunden-Arbeitstag, an dem spannende neue Ideen entstanden sind, ist produktiver als ein Zehn-Stunden-Tag voller

mühsamer Meetings ohne wirkliche Ergebnisse. Inte lektuell leuchtet uns das ein, emotional ist es no nicht angekommen. Und auch organisatorisch un rechtlich nicht.

Dass die alten Regeln des Arbeitsrechts in eine Zeitalter, in dem das bestimmende Berufsbild jenes d Wissensarbeiters ist, nur teilweise ihre Wirksamke entfalten können, zeigt schon die Tatsache, dass vie Bestimmungen der Arbeitnehmerschutzverordnu gen für leitende Angestellte keine oder nur eing schränkte Anwendung finden. Dabei gilt als Maßsta dafür, wer leitend ist, nicht die Hierarchie im Unte nehmen, sondern die Bedeutung des Mitarbeiters f den unternehmerischen Erfolg. Leitend ist nämlic nach § 5 Betriebsverfassungsgesetz, wer »für den B stand und die Entwicklung des Unternehmens vo Bedeutung ist und […] Entscheidungen im Wesen lichen frei von Weisungen trifft oder sie maßgeblic beeinflusst«. Suchte man nach einer Definition für d vielgesuchten und hochgeschätzten selbständig un intrapreneurhaft agierenden Mitarbeiter, würde ma zu genau dieser Beschreibung gelangen. In der Zukun der Arbeit sind solche Mitarbeiter aber nicht ein dünne Schicht von herausragenden Führungskräfte sondern stellen die überwiegende Mehrheit der Mita beiter. Und für eben diese Mehrheit finden die Bestim mungen der alten Arbeitsgesundheitsgesetze kein Anwendung. Dass sie im Grunde dennoch relevan sind, zeigen alle Statistiken, die sich mit psychische Belastungssymptomen von Wissensarbeitern ausein andersetzen – die Zahl der Fehltage aufgrund psych scher Erkrankungen steigt stetig an. Im Jahr 2012 wu den laut Bundesministerium für Arbeit und Sozial über 60 Mio. Arbeitsunfähigkeitstage aus diese Grund registriert. Es gibt also nicht nur innerbetrie lichen, sondern auch rechtlichen Aufholbedarf: D Arbeitsrecht muss an aktuelle Berufs- und Belastung bilder herangeführt werden.

Auch dabei hilft die Orientierung an alten Lei planken nicht mehr. Gut zu sehen ist dies in eine zentralen Feld des Arbeitsrechts, nämlich der Arbeit zeit. Immerhin steht derzeit die vermutlich letz Generation im Arbeitsprozess, die den Begriff d Zeitaufzeichnung noch aus der Praxis kennt. Hinz kommt: Heute ist die Arbeitswelt vielschichtiger, ab auch diffuser geworden. Aus ehemals deutlich abg grenzten Arbeitszeiten wird auf dem Wege unte schiedlicher Flexibilisierungen ein ständiger Wechse Gleitzeit, Vertrauensarbeitszeit, Zeitautonomie, Arbe auf Abruf und vieles mehr. Verstärkt wird diese En wicklung durch den technischen Fortschritt und orga nisatorische Maßnahmen. War es bis vor kurzem auc für Wissensarbeiter notwendig, ins Büro zu fahre weil ebendort die Produktionsmittel (Schreibma-schine, Akten, Telefon, ...) verortet waren, so hat man diese Mittel inzwischen immer dabei: Notebook und Smartphone erlauben in der Tat zeit- und ortsunab-hängiges Arbeiten. Das führt, nicht nur potenziell, sondern ganz real zu einer Entgrenzung der Arbeit, zu einem Durchdringen ehemals geschützter Lebens-bereiche mit Arbeit.

Radikalvorschläge wie etwa den Zugriff auf E-Mails nach Dienstschluss zu unterbinden sind eher mit Entzugsprogrammen für Süchtige zu vergleichen als mit echter Lösungsorientierung. Denn natürlich profitieren wir auch von der Entgrenzung, erst sie erlaubt einen selbständig bestimmten Tagesablauf. Arbeitsflexibilisierung bringt selbstverständlich auch Vorteile für Arbeitnehmer.

Zielführender ist wohl die Erkenntnis, dass die Welt an Komplexität gewonnen hat und daher auch vielschichtigere Lösungen gefragt sind. In der Vergan-genheit haben uns gesetzliche Rahmenbedingungen die Defragmentierung unseres Lebens abgenommen: Arbeit und Freizeit waren die zwei großen, diametra-len Zeitblöcke in unserem Leben. Heute besteht unser Leben zunehmend aus einer großen Vielzahl kleiner Blöcke, die sich in rascher Folge abwechseln: Während der Bürozeiten die eigene eBay-Versteigerung verfol-gen oder Facebook-Nachrichten lesen, am Nachmittag Zeit mit den Kindern statt im Büro zubringen: Freizeit-blöcke während der Arbeitszeit. Zwischen Abendessen und Schlafengehen oder eben am Wochenende im Kaffeehaus kurz Mails beantworten: Arbeitsblöcke während der Freizeit. Und die Verantwortung für das Verwalten dieser Blöcke lässt sich nicht mehr so ein-fach an ein starres Regelwerk delegieren. Eine völlige Entgrenzung sollte daraus dennoch nicht ableitbar sein. Neben einem aktualisierten Arbeitsrecht bedarf es daher vor allem einer Unternehmenskultur, die auf das Entfallen von ordnenden Rahmenbedingungen verantwortungsvoll reagiert.

Dabei muss nicht tatsächlich alles vorbildlich sein, was auf den ersten Moment glänzt. Das zeigen die Innovationsführer im Silicon Valley, die an ihren Ar-beitsstätten mittlerweile weit über eine hierzulande übliche Grundversorgung ihrer Belegschaft hinaus-gehen: Im Traumbüro an der US-Westküste wird den Mitarbeitern die Putzfrau bezahlt, es gibt eine Mit-gliedschaft im Fitnessclub (bzw. ist das Fitness-Center ins Bürogebäude integriert), Pilates-Angebote, Mani-küre und Pediküre, einen Reinigungsservice für Klei-dung und Autos usw., ein Handwerkerservice für zu Hause, Kinderbetreuungseinrichtungen, eigene Pend-lerdienste (natürlich mit WLAN an Bord) – alles kos-tenlos oder subventioniert. Inzwischen hat das Ange-bot die Schwelle des Reizvollen überwunden und ist schon zur Voraussetzung geworden, um als Arbeit-geber überhaupt in Betracht gezogen zu werden.

Im Silicon Valley zeigt sich die Speerspitze des Kampfes um die besten Talente. Wie unter einem Brennglas lässt sich hier studieren, zu welchen Mitteln Unternehmen greifen, um Mitarbeiter anzuziehen, zu halten und zu Höchstleistungen zu treiben. Denn diese Maßnahmen sind selbstverständlich keine Wohl-fühlprogramme von selbstlosen Firmen. Neben dem Aspekt des Employer Brandings sind auch ganz klar produktivitätssteigernde Effekte eingerechnet. Ist also künftig zu erwarten, dass ein Kandidat für einen Job als Lohnbuchhalter in einem mittelständischen deutschen Betrieb beim Bewerbungsgespräch nicht mehr nach Überstundenregelungen, sondern nach dem firmen-eigenen Pediküre-Service fragt?

Die Antwort lautet: Nein – und das ist gut so. Denn Arbeitswelten, die auch jenseits der Grenzen des Büros als geradezu hermetische Lebenswelt entworfen sind, zeigen in Wahrheit auch die Schattenseiten der neuen Arbeitswelt auf. Wer nicht nur den überwiegenden Anteil seiner Wachzeit im Büro zubringt, sondern es auch als Mittelpunkt seines Soziallebens positioniert, empfindet das möglicherweise im Augenblick als prak-tisch und bequem. Spätestens mittelfristig leidet der Mensch in einem solchen Soziotop aber an emotiona-ler Entfremdung und sozialer Verarmung. Aus dem Traumbüro wird auf diese Weise eine perfide Falle. Denn in letzter Konsequenz führt es dazu, dass Mitar-beiter in einer eigenen Blase arbeiten und leben und vom Alltag »da draußen« abgekapselt sind. Das kann letztlich auch nicht im Interesse von Unternehmen sein, denn es verkümmert nicht nur der Mensch, son-dern auch die Inspirationsquelle für neue Ideen und der Bezug zu Markt und Kunden. Auf Dauer ist der Zusammenhang zwischen der sogenannten »New Work« und der Produktivität und Zufriedenheit der Mitarbeiter nämlich keineswegs so klar, wie es vor-dergründig scheint (Radloff 2016). Das Übersteuern von grundlegenden Arbeitsvoraussetzungen durch »traumhafte« Arbeitsbedingungen kann kein Ersatz für Rahmenbedingungen sein, unter denen produktive und gesunde Wissensarbeit stattfindet.

Diese Thematik ist vor allem im Zusammenhang mit der sogenannten »Generation Y« von Bedeutung. Denn eben diese Generation wird in der öffentlichen Diskussion, durchaus untermauert von entsprechen-den Studien, mit einer neuen Arbeitsethik verbunden, die bei der Beurteilung der Arbeitgeberattraktivität unternehmenskulturrelevante Faktoren tendenziell über monetäre Aspekte stellt. Dabei sollte der Blick auf die jungen Hochtalentierten nicht den Blick darauf

6

verstellen, was die Debatte beim Rest der Belegschaft ausgelöst hat. Auf die ursprünglich ablehnende Haltung der hart Arbeitenden gegenüber der Anspruchsgeneration – nach dem Motto: »Die sollen erst mal etwas leisten« – hat sich schleichend ein zustimmendes Nicken eingestellt. Ganz so falsch wäre eine Arbeitswelt ja doch nicht, die nicht Frondienst und grenzenlosem Wachstum nacheifert, sondern sinnstiftendes Wirtschaften und balanciertes Leben anstrebt. Daher werden nur jene Unternehmen erfolgreich sein, die Fragen nach zukunftsorientierten Arbeitsformen nicht als reine Recruiting-Maßnahme für einige wenige junge Talente interpretieren, sondern gesamthaft und glaubwürdig im Unternehmen umsetzen.

Antiwork als neue Arbeitsethik ist dabei keine Verweigerung von Leistung und auch nicht die Sehnsucht nach weniger Arbeit. Es ist eher ein Protest gegen die aktuelle Arbeitswelt, der ausdrückt, wie immer mehr Menschen nicht arbeiten möchten: Nämlich den Tag in als sinnlos erachteten Tretmühlen zuzubringen, nur um den Preis eines hohen Gehaltes, das zunehmend als Schmerzensgeld betrachtet wird. Immer mehr Menschen stellen fest, dass ein Hamsterrad von innen aussieht wie eine Karriereleiter. An deren Stelle soll eine Arbeitswelt treten, in der Tätigkeit und Muße, Engagement und Talent ineinander übergehen, wo Arbeit Kontemplation wird und als sinnstiftend wahrgenommen wird. Das Prinzip der selbstbestimmten Arbeit lässt Menschen Verantwortung übernehmen, aber auch darüber nachdenken, wer sie sein wollen. So wird Arbeit wieder zu einer ganzheitlichen Tätigkeit.

Den Weg dorthin vorzuzeichnen ist die unternehmenskulturelle Herausforderung der Zukunft. Leadership bedeutet daher die Umsetzung eines Wertebildes, in dem sehr klar der Mensch im Mittelpunkt steht. Damit ist keine Versorgungsmentalität gemeint, sondern eine anspruchsvolle, leistungsorientierte Arbeitsumgebung, die Empowerment und Autonomie des Mitarbeiters für seine Arbeitsergebnisse, aber auch für sein eigenes Wohlbefinden und seine Gesundheit fördert und fordert. Auf normativer Ebene bedeutet das ein Überdenken und Weiterentwickeln der Unternehmenskultur, auf strategischer Ebene das Einbeziehen von Gesundheitsparametern in die Unternehmensbeurteilung, auf operativer Ebene die Sensibilisierung und Ausbildung von Führungskräften und Mitarbeitern und die Erarbeitung von Maßnahmenkatalogen, damit es in der Umsetzung nicht bei leeren Worthülsen bleibt.

Literatur

Badura B, Schröder H, Klose J, Macco K (2010) Fehlzeiten Report 2009. Springer, Berlin Heidelberg

Bosma N, Wennekers S, Amorós J (2012) Global Entrepreneurship Report. GERA, London

Burkemann O (2011) The Labour Illusion. Guardian, London

Dale Carnegie (2014) Wie engagiert ist Österreich. Dale Carnegie Austria, Wien

Hennige S (2015) Führungswandel. Robert Half, Wien

Faller M (2014) Deutschland Deine Manager. Baumann, Frankfurt

Izdebski D (2015) Meine besten Fehler. Stein, Bad Traunstein

Koppetsch C (2013) Die Wiederkehr der Konformität. Campus, Frankfurt

Kühmayer F (2014) Leadership Report. Zukunftsinstitut, Frankfurt

Kühmayer F (2015) Leadership Report Digitale Disruption. Zukunftsinstitut, Frankfurt

Malone T (2004) The Future of Work. Harvard Business Review Press, Boston

Metz C (2015) Why WhatsApp Only Needs 50 Engineers for 900M Users. Wired, New York

Olanrewaju T, Smaje K, Willmott P (2014) The seven traits effective digital enterprises. McKinsey, New York

Pillkahn U (2007) Strategieentwicklung. Publicis Publishing, Erlangen

Palla R (2014) Verschwundene Arbeit. Brandstätter, Wien

Prammer E (2013) Boreout – Biografien der Unterforderung. Wiesbaden

Radloff S (2016) The Effects of Flexible Office Concepts. Universität Wien

Sywottek C (2015) Von wegen mit Zitronen gehandelt. Brand Eins, Hamburg

Weigl K (2015) Wie man Selbstorganisation organisiert. Die Presse, Wien

Welebil S (2015) Raus mit dem Management. ORF FM4, Wien

Wildhalm C (2015) Wer ist motiviert. Ausbilden. Wirtschaftsverlag Wien

Was wird unter Unternehmenskultur verstanden?

Unternehmenskultur, Mitarbeiterbindung und Gesundheit

B. Badura, C. Ehresmann

B. Badura et al. (Hrsg.) *Fehlzeiten-Report 2016*,
DOI 10.1007/978-3-662-49413-4_7, © Springer-Verlag Berlin Heidelberg 2016

Zusammenfassung *Aufrufe zum Kulturwandel häufen sich gegenwärtig in Wirtschaft und Politik. Was genau damit gemeint ist, bleibt dabei oft unklar. Vernachlässigung der Unternehmenskultur gilt aber auch als einer der häufigsten Gründe, warum der Wandel von Organisationen misslingt. Im folgenden Beitrag wird ein Vorschlag unterbreitet, wie Unternehmenskultur gemessen und gestaltet werden kann. Unter Kultur werden gemeinsame Überzeugungen, Werte und Regeln verstanden, die in mehr oder weniger tief empfundenen Gefühlen der Billigung oder Missbilligung verankert sind. Behandelt werden Beiträge zur Konzeptualisierung von Kultur, wie sie in den Sozialwissenschaften und der Neuroforschung diskutiert werden. Ihre »soziale Natur« motiviert Menschen, nach Bindung und Anerkennung durch Mitglieder ihrer Spezies zu streben. Kultur prägt dieses Bedürfnis, allerdings auf sehr vielfältige Weise. Je besser die Kultur einer Organisation mit den erworbenen Überzeugungen, Werten und Regeln ihrer Mitglieder übereinstimmt oder zumindest mit ihnen vereinbar ist, umso wahrscheinlicher ist es, dass sie die emotionale Bindung fördert, die Gesundheit und das Betriebsergebnis. Diese These wird auf Basis einer Stichprobe aus 17 Organisationen (6.750 Fälle) überprüft.*

7.1 Hintergrund

In den zurückliegenden Jahrzehnten hat sich das Thema Unternehmenskultur zu einem eigenen Forschungsfeld entwickelt, mit Beiträgen aus der Anthropologie, Soziologie, Psychologie und der Ökonomie. Einer der zentralen Denkanstöße zum Zusammenhang zwischen der Kultur einer Gesellschaft und ihrer wirtschaftlichen Entwicklung geht auf Max Weber und seine These vom Einfluss der protestantischen Ethik auf die Entstehung des modernen Kapitalismus zurück (Weber [1904] 1965). In der Fortführung dieses Arguments werden Unternehmensforscher nicht müde, auf die Bedeutung der Kultur für das Verhalten der Mitarbeiter und die Wettbewerbsfähigkeit ihrer Unternehmen hinzuweisen (Hartnell et al. 2011). Eine dabei oft unterstellte positive Wirkung von Kultur, verstanden als Vorrat kollektiver Überzeugungen, Werte und Regeln, sollte – so Edgar Schein, der weltweit wohl prominenteste Experte zum Thema – einer Betrachtung weichen, die sowohl die Licht- als auch die Schattenseiten solcher »Gemeinsamkeiten« zu untersuchen erlaubt. Seine zentralen Thesen lauten: 1. Unternehmerpersönlichkeiten sind die Hauptarchitekten von Kultur; 2. entwickelte Unternehmenskulturen entscheiden darüber, wie Führung ausgeübt wird; 3. wenn sich Kultur für den weiteren Unternehmenserfolg als »dysfunktional« erweist, ist es Aufgabe der Führung, einen Kulturwandel einzuleiten (Schein 2010, S. XI). »Dysfunktional« bzw. »funktional« – dem wollen wir im Folgenden nachgehen – kann eine Kultur nicht nur mit Blick auf den Unternehmenserfolg sein, sondern auch mit Blick auf Bindung und Gesundheit der Mitarbeiter und auf Konformität mit verbreiteten Wertvorstellungen oder gesetzlichen Regeln. Dysfunktional oder funktional kann eine Unternehmenskultur schließlich auch mit Blick auf ihre natürliche Umwelt sein. Schein unterscheidet »Makrokulturen« ganzer Gesellschaften, ethnischer oder religiöser Gemeinschaften; »Organisationskulturen« privater oder staatlicher Institutionen; »Subkulturen«, z. B. eigene Kulturen unterschiedlicher Branchen und Berufe, und schließlich »Mikrokulturen« innerhalb oder außerhalb von Organisationen (Schein 2010, S. 2). Sozialwissenschaftliche Kulturforschung befasst sich mit der Entstehung, den Folgen und dem Wandel des »Kollektivbewusstseins« (Durkheim 1965 [1885]), also *kollektiver Überzeugungen, Werte und Regeln* (Schein 2010, S. 7).

Von dem wissenschaftlichen Erkenntnisinteresse an der Entschlüsselung kultureller Einflüsse in Organisationen ist das praktische Interesse einer Unternehmensführung zu unterscheiden, ganz bestimmte Werte in kurzer Frist durchzusetzen, weil der Wettbewerb oder eine Krise sie dazu zwingt. Wir sind überzeugt davon, dass Kultur gemessen und Kulturentwicklung *längerfristig* bewusst gesteuert werden kann. Kultur hat maßgeblichen Einfluss auf die Funktionsfähigkeit von Organisationen und auf die Leistungsfähigkeit und Leistungsbereitschaft ihrer einzelnen Mitglieder, auch auf deren Gesundheit. Vernachlässigung der Unternehmenskultur gilt heute als einer der wichtigsten Gründe, warum der Wandel von Organisationen misslingt (Cameron u. Quinn 2011). Weil Kultur, psychisches Wohlbefinden und Organisationserfolg eng zusammenhängen – wie zu zeigen sein wird –, sollten sich Organisationspraktiker und Wissenschaftler sehr viel gründlicher mit dem Thema Kultur auseinandersetzen, als dies bisher geschieht. Was man nicht messen kann – so heißt es – kann man auch nicht managen. Der von Bielefelder Forschern erarbeitete Vorschlag zur Konzeptualisierung und Messung von Kultur hat seine Wurzeln in der Soziologie, Psychologie und Neuroforschung.

Zentraler Gegenstand der meisten wissenschaftlichen Publikationen ist der Zusammenhang zwischen Unternehmenskultur und wirtschaftlichem Erfolg, wie er hierzulande bspw. in der repräsentativen Studie von Hauser et al. (2008) aufgezeigt wird. Der Zusammenhang zwischen Unternehmenskultur und Gesundheit ist dagegen bisher kaum untersucht (Napier et al. 2014). Weder Organisations- noch Gesundheitsexperten widmen diesem Thema große Aufmerksamkeit[1]. In von unserer Bielefelder Forschergruppe bei Unternehmen, Verwaltungen und Dienstleistungseinrichtungen vorgenommenen Organisationsdiagnosen korreliert Kultur deutlich stärker mit Gesundheitsindikatoren als die vertikalen und horizontalen Beziehungen der Mitarbeiter oder ihre Arbeitsbedingungen, auf die sich bisher die Aufmerksamkeit der Forschung konzentriert (Badura et al. 2013; Badura 2016); Kultur ist ein oft auf den ersten Blick nicht leicht erkennbares, weil überwiegend immaterielles Merkmal von Organisationen. Gesundheit ist, im herkömmlichen Verständnis, Merkmal einzelner Mitglieder. Organisatio-

nen und ihre Mitglieder sind durch Kommunikation und Interaktion miteinander verbunden, mit Folgen – so unterstellen wir – für Denken, Fühlen, Motivation und Verhalten. Diese wiederum können gesundheitsförderliche oder die Gesundheit beeinträchtigende Konsequenzen haben. Welche biopsychosozialen Wirkzusammenhänge bieten sich zur Erklärung mitarbeiterorientierter und wirtschaftlich erfolgreicher Organisationen an?

7.2   Kultur (ver-)bindet, prägt und kontrolliert

Richtungweisende konzeptionelle Hinweise zum Einfluss von Kultur auf die Gesundheit finden sich in den Arbeiten Sigmund Freuds. In den »Studien über Hysterie« vertreten er und sein Co-Autor Breuer die These, dass die Kultur einer Gesellschaft auf die Gesundheit ihrer Mitglieder Einfluss nimmt, indem sie in ihr höchst persönliches Erleben, Fühlen und Verhalten eingreift (Freud u. Breuer 1973). Dieses Argument wird in seinem späteren Werk zu einer allgemein gehaltenen Gesellschaftskritik fortentwickelt, insbesondere in seiner berühmten Abhandlung über »Das Unbehagen in der Kultur« (Freud [1930] 1974). Menschen streben nach Bindungen, weil ihre Natur sie dazu drängt. Im Konflikt dieser natürlichen Bedürfnisse mit den realen gesellschaftlichen Erwartungen vermutet Freud eine wichtige Ursache psychischer Störungen. Menschen werden neurotisch – so seine These – weil sie das »Maß an Versagungen nicht ertragen«, das ihnen »die Gesellschaft im Dienst ihrer kulturellen Ideale auferlegt« (Freud 1974, S. 218). Freud setzt Kultur weitgehend gleich mit Religion und folgt damit prominenten Vorbildern wie Max Weber und Émile Durkheim. Ihn faszinieren die psychischen »Energien«, die von »Kirchen und Religionssystemen« mobilisiert und »gewiss auch aufgezehrt« würden (Freud 1974, S. 197), insbesondere das »Gefühl der unauflösbaren Verbundenheit, der Zusammengehörigkeit mit dem Ganzen der Außenwelt«, das wir der Religion zu verdanken hätten (Freud 1974, S. 198).

Freud betont daneben die Bedeutung emotionaler Bindungen innerhalb der Familie für die psychische Gesundheit: In Beziehungen strebt der Mensch nach Glück, macht sich dadurch zugleich jedoch besonders verletzlich: »Das Leiden, das aus dieser Quelle stammt, empfinden wir vielleicht schmerzlicher als jedes andere« (Freud 1974, S. 209). Ähnlich ambivalent ist seine Einstellung zum Thema Arbeit. Auf der einen Seite behauptet er, Menschen würden nur »notge-

---

1 Einen Überblick über den Einfluss der »Gesundheitskultur« auf das Bewegungs-, Ernährungs- und Rauchverhalten geben Aldana et al. (2012). »Gesundheitskultur« bleibt dabei allerdings undefiniert. Und die Autoren verweisen selbst in ihrem Fazit auf erheblichen Forschungsbedarf zum Zusammenhang zwischen »Gesundheitskultur«, »gesünderem Verhalten« und »Betriebsergebnissen« (Aldana et al. 2012, S. 418).

drungen« arbeiten aus »natürlicher Arbeitsscheu«. Auf der anderen Seite heißt es: »Keine andere Technik der Lebensführung bindet den Menschen so fest … in die menschliche Gemeinschaft« (Freud 1974, S. 212).

Der austro-amerikanische Psychiater, Neuroforscher und Nobelpreisträger für Medizin Eric Kandel würdigt in seinem Werk über »Das Zeitalter der Erkenntnis« mit dem Untertitel »Die Erforschung des Unbewussten in Kunst, Geist und Gehirn« Freud als Pionier psychologischer Emotionsforschung, als frühen Brückenbauer zwischen den Geistes- und den Naturwissenschaften und als Visionär der Gehirnforschung. Er bezieht sich dabei ausdrücklich auf Freuds Strukturtheorie aus »Es«, »Ich« und »Über-Ich«, der »unbewussten Instanz« moralischer Werte (Kandel 2014, S. 99). Das menschliche Verhalten wird, neurobiologisch betrachtet, von zwei Leitmotiven gesteuert: dem Vermeiden von Situationen und Personen, die erfahrungsgemäß als beängstigend bzw. bedrohlich oder aber nur als unerfreulich bewertet werden; und dem Streben nach Situationen und Personen, die erfahrungsgemäß mit positiven Gefühlen verbunden sind, die Wohlbefinden fördern oder steigern. Neurobiologen verwenden dafür Begriffe wie »Annäherung« und »Rückzug« (»approach«, »withdrawal«) (z. B. Adolphs 2003, S. 175). Kandel spricht in Anlehnung an Darwin von einem »Annäherungs- und Vermeidungssystem« (Kandel 2014, S. 103). Wieder andere unterscheiden ein »Belohnungs«- und ein »Angst«-System (z. B. MacDonald u. MacDonald 2010, S. 14). Bindung und »Belohnung« suchen Menschen mit bzw. bei anderen Mitgliedern ihrer Spezies. Menschen sind zuallererst nach emotionalen Bindungen mit anderen Menschen strebende Wesen (siehe dazu auch Insel 2003; MacDonald u. MacDonald 2010). Menschen handeln als *Kulturwesen* werteorientiert (vgl. dazu Parsons 1951, S. 11 ff.) und werden dabei als *Naturwesen* beeinflusst von tief im Zwischenhirn verwurzelten Impulsen ihres Annäherungs- und Vermeidungssystems. Kandel sieht starke Übereinstimmungen zwischen Freuds Spekulationen und Befunden moderner Neuroforschung (vgl. dazu Kandel 2014, S. 103, S. 423 ff.).

Für die Rekonstruktion möglicher Zusammenhänge zwischen Kultur und Gesundheit besonders wegweisend sind u. E. folgende Grundgedanken Freuds: sein Hinweis auf die Bedeutung des Wertebewusstseins für die Gefühlsregulierung, seine Betonung der Bedeutung zwischenmenschlicher Beziehungen für die psychische Gesundheit und seine Idee: Menschen entwickeln emotionale Bindungen nicht nur an Menschen, sondern auch an (religiöse) Überzeugungen, Werte und Regeln (»Über-Ich«).

Grundlegend für die sozialwissenschaftliche Beschäftigung mit kulturbedingter Gefühlsregulierung ist zudem das von Freud beeinflusste Werk von Norbert Elias »Über den Prozess der Zivilisation«, zuerst veröffentlicht 1936. »Kultur« entwickelt sich mit der Gruppe, »deren Ausdruck sie ist und deren Geschichte und Situation sich in ihr widerspiegelt« (Elias 1976 [1936], S. 5 f.). Deutlicher als Freud unterscheidet Elias Grundemotionen, die durch die Umwelt ausgelöst werden, z. B. Angst in einer bedrohlichen Situation und soziale Gefühle, die durch das innere Wertebewusstsein hervorgerufen werden, z. B. Scham-, Schuld- oder Peinlichkeitsängste bei einem Verstoß gegen Regeln oder sogenannte »gute Sitten«. Zum Verständnis kulturgeprägter Gefühlsregulierung führt Elias den Begriff »Affektstandard« ein. Affektstandards regulieren als Teil der Über-Ich-Strukturen die »bewußten und unbewußten Regungen im Seelenhaushalt des ›zivilisierten‹ Menschen« (Elias 1976 [1936], S. LXXIX). Sie dienen dazu, »gesellschaftlich unerwünschte Trieb- und Lustäußerungen« (Elias 1976 [1936], S. 282) durch die Erzeugung von Ängsten und Unlustgefühlen zu verhindern oder zu bestrafen. Im allgemeinen Sprachgebrauch wird Letzteres auch als »Gewissensbisse« bezeichnet.

Beide, Elias und Freud, sehen Kultur einerseits als verbindende Kraft, andererseits als Instrument eines Kollektivs zur sozialen Kontrolle seiner Mitglieder. Freud und Elias beschäftigten sich mit dem prägenden Einfluss der Kultur als einem objektiven Merkmal sozialer Kollektive auf das innere, subjektive Erleben und Fühlen, auf Problemlösung und Gefühlsregulierung einzelner Individuen. Hier liegt eine wesentliche Gemeinsamkeit mit der aktuellen Forschung zum Thema Kultur im weiteren und Unternehmenskultur im engeren Sinne.

7.3 Kultur orientiert, befähigt und begeistert

Zugrunde liegt dem Wort »Kultur« das lateinische »colere«; es bedeutet Eingriffe des Menschen in eine vormals unberührte, sich selbst überlassene Natur mit einem semantischen Echo bis tief hinein in die heutigen Naturwissenschaften (»Zellkultur«) oder die Epidemiologie (»natürlicher Krankheitsverlauf«). Veränderungen im genetischen Bauplan unserer Spezies bilden den aktuellen Höhepunkt menschlicher Bemühungen zur zweckorientierten, also kulturbedingten, Manipulation biologischer Prozesse. Geisteswissenschaftler verweisen zur Herleitung ihres Kulturverständnisses auf Ciceros »cultura mentis«: eine philosophisch begründete Lebensführung.

Das in den Sozialwissenschaften heute verbreitete Kulturverständnis entstammt ursprünglich der anthropologischen Forschung. Verstanden wird dort unter Kultur Werte, Überzeugungen, Sitten, Gebräuche und Kompetenzen, die von einer Generation auf die nächste oder von einem Kulturkreis in einen anderen übertragen werden. Kultur prägt und ergänzt – so wird hier ähnlich wie bei Freud und Elias unterstellt – das genetisch vorgegebene Verhaltensprogramm durch erlernte Gemeinsamkeiten im Denken, Fühlen und Streben, die Menschen dazu befähigen, mit Ihresgleichen zu kooperieren (z. B. Parsons 1951, S. 15). Zeitgenössische Autoren beklagen eine erhebliche Beliebigkeit und Konfusion bei der Verwendung des Begriffs »Kultur« und schlagen deshalb vor, ganz auf ihn zu verzichten (siehe dazu Jahoda 2012). Für uns – und vermutlich die Mehrheit der Soziologen, Psychologen, Wirtschaftswissenschaftler und Biologen – ist Kultur jedoch ein zentrales Konzept, das zu verstehen erlaubt, wie in einer Gruppe oder Organisation gedacht, gefühlt und gehandelt wird, was als wichtig oder unwichtig, gut oder böse, richtig oder falsch, tabu oder diskutabel, angemessen oder unangemessen bewertet wird, was »große Gefühle« hervorruft, z. B. Begeisterung oder Ablehnung, oder »kalt« lässt. Kultur verstehen wir in diesem um die Gefühlsregulierung erweiterten Verständnis als Befähiger und Motivator sozialer Kollektive.

Wichtige Beiträge zum Thema Gefühlsregulierung durch Organisationskultur finden sich bei Weick und Sutcliffe: »Das Unerwartete managen. Wie Unternehmen aus Extremsituationen lernen«. »Kultur« – so Weick und Sutcliffe – besteht aus »Erwartungen (Denken), die durch tief empfundene Gefühle der Billigung oder Missbilligung lebendig gehalten werden« (Weick u. Sutcliffe 2003, S. 158). Der Begriff Unternehmenskultur verweist auf Wertvorstellungen, die Menschen wichtig sind (Weick u. Sutcliffe 2003, S. 158). Das »Herz« von Kultur stecke aber nicht in den kognitiven Inhalten, sondern in den damit verbundenen »Emotionen« (Weick u. Sutcliffe 2003, S. 158).

Kultur prägt das menschliche Annäherungs- und Vermeidungsverhalten, prägt Problemlösung und Gefühlsregulierung. Dieses Kulturverständnis eint Autoren wie Freud und Elias, Weick und Sutcliffe. Und es schlägt die Brücke zur zeitgenössischen Neuroforschung und der dortigen Erkenntnis, dass »das Gefühl integraler Bestandteil des Denkens« ist (Damasio 1994, S. 12). Eine knappe Beschreibung der Top-down-Steuerung kognitiver und emotionaler Informationen im Gehirn findet sich bei Kandel (Kandel 2014, S. 423 f.). Von hier ist es nur noch ein kleiner Schritt zu Weick und Sutcliffe, wenn sie schreiben: »Die Kultur pumpt Gefühle und heiße Leidenschaft in normalerweise kühle Ideen, Werte und Erwartungen« (Weick u. Sutcliffe 2003, S. 159).

Kultur ist ein hochkomplexes Merkmal sozialer Systeme und erfüllt zahlreiche Funktionen auf der kollektiven, der zwischenmenschlichen und individuellen Ebene (vgl. dazu bereits Parsons 1951). Sozialwissenschaftlich betrachtet ist Kultur zunächst eine regelsetzende und soziale Ordnung stiftende Kraft. Sie ist aber bei sich rasch verändernden Umweltbedingungen ein immer häufiger auch veränderungsbedürftiges Strukturelement von Organisationen. Als kollektives Phänomen befähigt Kultur zur reibungsarmen Kooperation. Kultur ist ein für die Alltagsbewältigung von Individuen und Gruppen unverzichtbarer »Sinnspeicher« und »moralischer Kompass«. Kultur strukturiert das Erleben und Handeln eines Kollektivs durch ihren mehr oder weniger tiefgreifenden Einfluss auf Gedanken, Gefühle und Wünsche (»Kollektivbewusstsein«). Sie stattet die Verstandestätigkeit mit Sinn und Bedeutung aus, indem sie »kühle« Ideen und Werte mit handlungsmotivierenden Emotionen verknüpft. Und schließlich: Überzeugungen, Werte und Verhaltensregeln wandern bei häufiger Verwendung allmählich ab ins Unbewusste und beeinflussen dadurch unser Verhalten, oft ohne dass wir uns dessen im Klaren sind. Der Wandel von Kultur ist daher mit einem energieraubenden Lernen neuer Denk-, Fühl- und Verhaltensweisen verbunden. Wandel von Kultur setzt zudem energieraubendes Verlernen eingeübter Denk-, Fühl- und Verhaltensweisen voraus. Daher stößt er nahezu zwangsläufig auf Widerstand (Schein 2003, S. 40).

Von Kultur zu unterscheiden sind biologische Gemeinsamkeiten der Spezies homo sapiens, z. B. Sprachvermögen und die biologischen Voraussetzungen des Annäherungs- und Vermeidungsverhaltens. Von Kultur zu unterscheiden sind auch singuläre Merkmale einer bestimmten Person, z. B. einzigartige künstlerische Begabungen. Viele Gemeinsamkeiten erleichtern vertrauensvolle Kooperation. Sie begrenzen zugleich jedoch die Aufmerksamkeit und Energie eines Kollektivs auf ganz bestimmte Wege und Ziele (»Tunnelblick«) und fördern kollektive Blindheit. Zu wenige Gemeinsamkeiten sind ebenfalls problematisch, denn sie blockieren oder erschweren Kooperation. Gemeinsame Muster des Denkens, Fühlens und Strebens haben heute längst nicht mehr ihre Wurzeln nur in Religion oder Familie. Sie haben ihre Wurzeln auch in während ausgedehnter Phasen der Bildung erworbenen mentalen Modellen und professionellen Standards. Und sie haben ihre Wurzeln in Zugehörigkeit zu unterschiedlichen ethnischen Gruppen, zu Verbänden und Organisationen und unterschiedlichen wissen schaftlichen Disziplinen. Je ausdifferenzierter und multikultureller eine Gesellschaft ist, umso größer ist deshalb die Wahrscheinlichkeit von Wertekonflikten zwischen Einzelnen und ihren Organisationen. Im Folgenden gehen wir auf die Zusammenhänge zwischen Unternehmenskultur, Mitarbeiterbindung, Gesundheit und Arbeitsverhalten ein und berichten erste Ergebnisse aus der anwendungsorientierten Forschung und Entwicklung.

7.4 Konzeptionelle Eingrenzung und Untersuchungshypothesen

Wegweisende Anstöße zur sozialwissenschaftlichen Analyse von Organisationskultur hat Pettigrew in seinem 1979 veröffentlichten Aufsatz »On Studying Organizational Cultures« gegeben (Pettigrew 1979). Hervorgehoben wird dort insbesondere Kulturentwicklung durch charismatische Führungsfiguren sowie der Einfluss von Kultur auf die Bindung der Mitarbeiter (»commitment«). Seitdem sind zahlreiche wissenschaftliche Beiträge zur Organisationskultur veröffentlicht worden, inspiriert durch die Annahme, Kultur sei wichtig, »weil sie das Verhalten von Organisationen und ihrer Mitglieder beeinflusst« (Hartnell et al. 2011, S. 677). Zwischen der Begeisterungsfähigkeit einer Führungsfigur (»Charisma«) und der Bindewirkung auf ihre Gefolgschaft liegt ein hochkomplexes Wirkgeflecht. Werden Überzeugungen, Werte und Regeln zu einem festen Bestandteil der Kultur eines Kollektivs, dann – so wird hier unterstellt – verselbstständigen sie sich von ihrem »Schöpfer«, gewinnen geistige Macht über ihre Mitglieder und werden Bestandteil ihres Kollektivbewusstseins.

Kultur, verstanden als *Kollektivbewusstsein*, drückt sich aus in »Arten des Handelns, Denkens, Fühlens, deren wesentliche Eigentümlichkeit darin besteht, dass sie außerhalb des individuellen Bewusstseins existieren« (Durkheim 1965 [1885], S. 106). Durkheim stellt eine enge Beziehung zwischen »Kult« und Kultur her: »Wer eine Religion wirklich praktiziert…, weiß genau, daß es der Kult ist, der die Freude, die innere Ruhe, den Frieden, die Begeisterung erregt, die für den Gläubigen Erfahrungsbeweis für den Glauben ist« (Durkheim 1984 [1912], S. 559). Kultur in Form von Religion ist laut Durkheim eine »eminent soziale Angelegenheit«, weil sie »Kollektivvorstellungen« und »Kollektivwirklichkeiten« ausdrückt, die in Verbindung mit Kollektivpraktiken wie »Kult« oder »Riten« für sozialen Zusammenhalt und damit den Erhalt der Gruppen und die Gestaltung ihres Gemeinschaftslebens von zentraler Bedeutung sind (Durkheim 1984 [1912],

S. 28). In Form von Religion erzeugt Kultur besondere Handlungsenergie: »Der Gläubige… ist ein Mensch, der *mehr kann*. Er fühlt mehr Kraft in sich, entweder um Schwierigkeiten seines Lebens zu ertragen oder um sie zu überwinden« (Durkheim 1984 [1912], S. 558). Unser Kulturkonzept lehnt sich daran an und orientiert sich darüber hinaus an neueren Erkenntnissen der Neuroforschung zur »sozialen Natur« des Menschen (Badura u. Walter 2014).

Kultur, auch Unternehmenskultur, prägt durch Vorbilder, Lernprozesse und zwischenmenschliche Kontrolle unsere Vorlieben und Abneigungen und damit unser Annäherungs- und Vermeidungsverhalten (z. B. Han et al. 2013). In Form erlernter Gedanken, Gefühle und Absichten prägt Kultur das innere Kollektiverleben (»Kollektivbewusstsein«) des Menschen, stiftet Sinn und mobilisiert Energie. Kultur ermöglicht dadurch Kooperation innerhalb einer Wertegemeinschaft. Sie befähigt und motiviert zur Verfolgung gemeinsamer Ziele. Sie beeinträchtigt oder verhindert damit zugleich jedoch die Kooperation zwischen Angehörigen unterschiedlicher Wertegemeinschaften (Portes u. Vickstrom 2011; van der Meer u. Tolsma 2014).

- Unter Kultur verstehen wir gemeinsame Werte, Überzeugungen und Regeln eines Kollektivs, die seine Mitglieder zur Kooperation befähigen und ihr Bedürfnis nach Bindung und Sinnstiftung befriedigen.
- Die Kultur eines Kollektivs prägt Kognition, Emotion und Motivation und dadurch das Annäherungs- und Vermeidungsverhalten sowie Aufmerksamkeit und Energieeinsatz ihrer Mitglieder.

Unser Erkenntnisinteresse gilt dem Verständnis einzelner Organisationen und ihrem Vergleich. Organisationen unterscheiden sich u. a. in ihrer Größe, in ihrer Branchenzugehörigkeit, in ihren Geschäftsmodellen und in zahlreichen weiteren Merkmalen. Unter »einem Dach« arbeiten Menschen in unterschiedlichen Positionen und Abteilungen, mit unterschiedlichen Aufgaben und Zielen. Sie unterscheiden sich zudem nach Alter, Bildungsgrad, Geschlecht, Beruf und ethnischem Hintergrund und weiteren Charakteristika. Trotz dieser vielen Unterschiede – so unser naturalistisches Kulturverständnis – sind sich Menschen ähnlich in ihrem Streben nach vertrauensvoller Zusammenarbeit, nach Anerkennung, sinnvoller Betätigung und Zugehörigkeit zu einem positiv bewerteten größeren Ganzen. Organisationskulturen – so unterstellen wir weiter – unterscheiden sich dadurch, wie weit sie diesen Grunderwartungen entgegenkommen oder

7

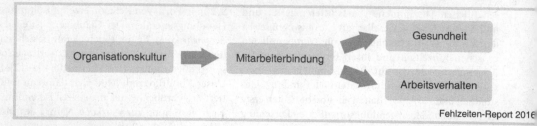

Fehlzeiten-Report 2016

◘ **Abb. 7.1** Untersuchungsmodell

sich davon entfernen. Und das lässt sich u. E. durchaus quantitativ erfassen, ungeachtet der in der Literatur von prominenter Seite immer wieder unterstellten Auffassung, Kultur lasse sich nur qualitativ beschreiben (z. B. Pettigrew 1979; Schein 2010; Morgan 1997). Menschen sind – so unsere Überzeugung – keine geborenen Egoisten, sondern qua biologischer Grundausstattung besonders begabt zur Kooperation und zur Praktizierung von Gemeinsinn (Badura 2013, S. 1–38). Diese Überzeugung war bei der an der Fakultät für Gesundheitswissenschaften der Universität Bielefeld entwickelten Skala zur Unternehmenskultur (◘ Tab. 7.2) handlungsleitend.

Wie lässt sich ausgehend von der Freudschen Bindungsthese der Wirkzusammenhang zwischen Kultur als Merkmal eines Kollektivs, z. B. einer Organisation, und Gesundheit als Merkmal einzelner Mitglieder rekonstruieren? Hierzu hat die sozialpsychologische Commitment-Forschung in den zurückliegenden Jahrzehnten einen wesentlichen Beitrag geliefert. Unter Commitment wird dort die Bindung eines Mitarbeiters an eine Organisation bezeichnet. Durchgesetzt haben sich in der Commitment-Forschung die Unterscheidung in 1. emotionale Bindung, 2. Wertebindung (Pflichtgefühl) und 3. pragmatische Bindung an materielle Vorteile (Becker et al. 2009, S. 419 ff.). Die emotional bindende Wirkung sozialer Kollektive, z. B. von Organisationen, wird in der Literatur auch mit Konzepten wie Loyalität, Identifikation, »organizational attachment«, »involvement« oder »engagement« umschrieben (Klein et al. 2009, S. 5 ff.). Bezüge zu betriebswirtschaftlich relevanten Indikatoren wie Absentismus, Fluktuation, Motivation, Leistung und prosozialem Verhalten werden in der Commitment-Forschung häufig hergestellt (Klein et al. 2009); Konsequenzen für die Mitarbeiter werden seltener untersucht; gleichwohl gibt es mittlerweile mehrere Studien, die auf einen Zusammenhang zwischen dem affektivem Commitment und der Mitarbeitergesundheit verweisen (Meyer u. Maltin 2010).

Im Rahmen unserer eigenen Forschung betrachten wir das affektive Commitment bzw. die emotionale

Bindung als ein zentrales Bindeglied zwischen sozialen und personalen Systemen einerseits und Gesundheit und Arbeitsverhalten andererseits (Badura 2016 Soziale Systeme haben, insbesondere durch ihre Kultur – so wird im Folgenden unterstellt – eine eher abstoßende oder anziehende Wirkung auf ihre Mitglieder Commitment ist ein Indikator für ihre Bindewirkung, für Loyalität, Gesundheit und Arbeitsverhalte Unsere allgemeinen Forschungshypothesen lauten:

— Eine hohe Attraktivität der Organisationskultur, bedingt durch die Vereinbarkeit von kollektiven und persönlichen Werten, mobilisiert das Annäherungssystem ihrer Mitglieder und erhöht dadurch die Wahrscheinlichkeit starker emotionaler Bindungen (»Commitment«) mit positiven Konsequenzen für Gesundheit und Energieeinsatz (◘ Abb. 7.1).

— Arbeiten ohne emotionale Bindung bzw. Commitment und erst recht wider die persönlichen Emotionen, Überzeugungen, Werte und Regeln mobilisiert ihr biologisches Vermeidungssystem, erhöht die Fluktuationsbereitschaft und beeinträchtigt Gesundheit und Energieeinsatz.

Im Folgenden werden die Ergebnisse einer empirischen Analyse zum Zusammenhang speziell vc Unternehmenskultur, Mitarbeiterbindung, Gesundheit und Arbeitsverhalten dargelegt. Vorab wird i ▶ Abschn. 7.5 ein Überblick über die untersuchte Stichprobe, die einbezogenen Merkmale und ihre Messur sowie die verwendeten statistischen Analyseverfahre gegeben.

7.5 Methodisches Vorgehen

Die statistische Analyse basiert auf empirischen Date die durch standardisierte Mitarbeiterbefragungen e hoben wurden. Konkret erfolgte die Datenerhebung 17 Organisationen im Zeitraum zwischen 2006 un 2014. Insgesamt wurden im Rahmen dieser Primärstu dien 13.451 Fälle adressiert; 6.750 Mitarbeiter beteilig

□ Tab. 7.1 Überblick über die untersuchten Organisationen

Nummer	Branche	Jahr der Befragung	Voll- erhebung	Mitarbeiter absolut	Rücklauf absolut	Rücklauf relativ
1	Öffentliche Verwaltung	2014	ja	143	135	81,0 %
2	Soziale Einrichtung	2013	ja	78	65	83,3 %
3	Produktion	2013	ja	229	205	89,5 %
4	Öffentliche Verwaltung	2013	nein	107	89	83,2 %
5	Metallverarbeitung	2012	ja	417	301	72,2 %
6	Akutkrankenhaus	2012	ja	1.776	712	40,1 %
7	Soziale Einrichtung	2012	ja	662	348	52,6 %
8	Öffentlicher Dienstleister	2011/2012	ja	956	696	72,8 %
9	Akutkrankenhaus	2011	ja	1.036	872	84,2 %
10	Produktion	2009/2010	ja	680	411	60,4 %
11	Metallverarbeitung	2009	ja	859	280	32,6 %
12	Öffentliche Verwaltung	2008	ja	1.811	379	20,9 %
13	Chemieunternehmen	2007	nein	n. b.	228	n. b.
14	Lebensmittelindustrie	2006	ja	867	276	31,8 %
15	Finanzdienstleister	2006	ja	1.325	1.017	76,8 %
16	Metallverarbeitung	2006	nein	83	60	72,3 %
17	Produktion	2006	nein	2.422	676	27,9 %
Gesamt	–	–	–	13.451	6.750	50,18 %

n. b. = nicht bekannt

Fehlzeiten-Report 2016

ten sich an der Befragung, was einer Rücklaufquote von 50,18 Prozent entspricht. Dabei variiert der Rücklauf je nach befragter Organisation zwischen 20,9 und 89,5 Prozent, wobei ein erheblicher Teil der befragten Unternehmen eine hohe Beteiligung mit Rücklaufquoten von mehr als 70 Prozent aufweist. □ Tab. 7.1 fasst die Eckdaten der Befragungen zusammen. Die untersuchten Organisationen stammen aus den Bereichen Dienstleitung, Wirtschaft und Verwaltung.

Die Stichprobe umfasst zu nahezu gleichen Anteilen Daten von männlichen und weiblichen Teilnehmern; 54,5 Prozent sind männliche und 45,5 Prozent weibliche Organisationsmitglieder. 59,9 Prozent der Mitarbeiter sind der Altersgruppe ≤ 45 Jahren zuzuordnen, 40,1 Prozent sind demgegenüber älter als 45 Jahre; Führungsverantwortung tragen insgesamt 15,7 Prozent, geführt werden demgegenüber 84,3 Prozent der befragten Organisationsmitglieder.

Die Erfassung der im vorliegenden Beitrag in den Blick genommenen Variablen erfolgte durch den standardisierten »ProSoB«[2]-Fragebogen (vgl. Badura et al. 2013). Dieser wurde im Rahmen eines Forschungsprojektes an der Universität Bielefeld entwickelt. Er dient

der Messung von Sozialkapital, Mitarbeitergesundheit und Betriebsergebnissen in Unternehmen und kam mittlerweile in zahlreichen Organisationen hierzulande zur Anwendung (vgl. Badura et al. 2013).

□ Tab. 7.2 zeigt die Operationalisierung der *Unternehmenskultur*, wie sie im Bielefelder Sozialkapital-Index (BISI) vorgenommen wird. Bei der Skala handelt es sich um eine standardisierte validierte Skala mit einer hohen Reliabilität (> 0,900) (vgl. Rixgens 2010). Der »Rohstoff« von Kultur, so demonstrieren die Items, sind Gemeinsamkeiten, die verbinden. Gemeinsame Überzeugungen, Werte und Regeln, z. B. dazu, wie mit Konflikten umgegangen und welcher Wert einem guten Teamgeist beigemessen wird, wie sehr die Mitglieder von ihrer Organisation, von ihrem Management und den Organisationszielen überzeugt sind, wie stark das »Wir-Gefühl« ausgeprägt ist, wie vertrauensvoll sie zusammenarbeiten und wie fair und gerecht sich die Mitarbeiter behandelt fühlen – dies alles sind Beispiele für Kulturmerkmale sozialer Systeme, die über ihre Attraktivität und Bindewirkung entscheiden. Sie bilden deshalb Kerndimensionen zur Erfassung der Organisationskultur. Werteorientiert ist eine Führung, die bemüht ist, diesen Grunderwartungen ihrer Mitarbeiter gerecht zu werden. Und die sich regelmäßig darüber informiert, wie weit ihr das gelingt.

2 ProSoB ist ein Akronym für Produktivität von Sozialkapital in Betrieben.

◻ Tab. 7.2 Items zur Messung der Qualität der Unternehmenskultur aus dem Bielefelder Sozialkapital-Index (Quelle: Rixgens 2010, S. 267)

1.	Konflikte und Meinungsverschiedenheiten werden in unserem Unternehmen sachlich und vernünftig ausgetragen.
2.	Bei uns gibt es in allen Bereichen einen sehr großen Teamgeist unter den Beschäftigten.
3.	Bei uns setzen sich fast alle Beschäftigten mit großem Engagement für die Ziele des Unternehmens ein.
4.	Als Beschäftigter kann man sich voll und ganz auf unsere Unternehmensleitung verlassen.
5.	Die Wertschätzung eines jeden einzelnen Mitarbeiters ist in unserem Unternehmen sehr hoch.
6.	Führungskräfte und Mitarbeiter orientieren sich bei ihrer täglichen Arbeit sehr stark an gemeinsamen Regeln und Werten.
7.	Unser Unternehmen kann man fast mit einer großen Familie vergleichen.
8.	In unserem Unternehmen gibt es gemeinsame Visionen bzw. Vorstellungen darüber, wie sich der Betrieb weiterentwickeln soll.
9.	Bei uns werden alle Beschäftigten gleich behandelt.
10.	Insgesamt habe ich den Eindruck, dass es bei uns im Umgang mit den Beschäftigten fair und gerecht zugeht.

Fehlzeiten-Report 2016

Zur Messung der emotionalen *Mitarbeiterbindung* wurden in der vorliegenden Analyse zwei Items verwendet, die aus einer Commitment-Skala von Brücker et al. (2004) stammen. Die hier verwendeten Items der Skala lauten 1.) »Ich bin stolz darauf, für dieses Unternehmen arbeiten zu können« und 2.) »Mir ist es eigentlich egal, ob ich mein Geld hier oder in einem anderen Unternehmen verdiene« (das Item wurde rekodiert).

Die *Gesundheit* der Organisationsmitglieder wurde über drei Skalen gemessen. Die erste Skala erfasst das *Wohlbefinden* mit insgesamt vier Items und geht auf Riemann und Udris (1997) zurück. Beispielitems sind »Ich war unbeschwert und gut aufgelegt« oder »Ich war ruhig und ausgeglichen«. Eine zweite, von Badura et al. konstruierte Skala erfasst das Ausmaß an *Depressivität* mit insgesamt fünf Items (vgl. Badura et al. 2013). Beispielitems sind: »Ich kann mich nicht so freuen wie früher« oder »Ich fühle mich in meiner Aktivität gehemmt«. Eine dritte Skala dient der Ermittlung der *Häufigkeit psychosomatischer Beschwerden* (vgl. von Zerssen 1976). Insgesamt wird mit sieben Items die

Häufigkeit von Kopfschmerzen, Magenschmerzen Rückenschmerzen, Müdigkeit, Störungen der Konzentration, Schlafstörungen sowie Schmerzen im Bereich des Herzens abgefragt. Im Rahmen der Berechnung d Strukturgleichungsmodells wurden die drei Gesundheitsindikatoren – Wohlbefinden, Depressivität ur Häufigkeit psychosomatischer Beschwerden – eine übergeordneten Konstrukt »Gesundheit« zugeordn In diesem Zusammenhang wurden die Items der Skale »Depressivität« und »Psychosomatische Beschwerde rekodiert.

Das *Arbeitsverhalten* wird am Beispiel des *Qua tätsbewusstseins* der Mitarbeiter untersucht. Dies wurde mit einer standardisierten und validierten Ska aus dem sogenannten Mitarbeiterkennzahlenfrag bogen »MIKE« (Pfaff et al. 2004) gemessen. Die Ska erfasst das Qualitätsbewusstsein mit vier Items: » meiner Abteilung... 1.) ...dreht sich unser Denken u die Kunden; 2.) ... verbessern wir stets die Qualit unserer Leistungen; 3.) ... halten wir uns an Standard und Leitlinien; 4.) ... wird auf die Qualität der Arbeit ergebnisse geachtet«.

Bei allen Skalen handelt es sich um 5-stufig Likert-Skalen mit den Ausprägungen 1 = «trifft übe haupt nicht zu«, 2 = «trifft eher nicht zu«, 3 = «trif teilweise zu«, 4 = »trifft eher zu« und 5 = »trifft voll ur ganz zu«, wobei bei der Skala »Häufigkeit psychos matischer Beschwerden« die Antworten entsprechen »praktisch nie«, »mehrmals im Jahr« »mehrmals i Monat«, »mehrmals in der Woche« und »fast tägli lauten. Die Skalen demonstrieren an der vorliegende Stichprobe eine durchweg hohe Reliabilität gemä Cronbachs Alpha (◻ Tab. 7.3).

Die Erstellung der deskriptiven Statistiken erfolg auf Basis der Software SPSS. Auch die Unternehmen kulturvergleiche wurden in SPSS erstellt. Die Hyp thesen wurden mit einem Strukturgleichungsmode getestet, das mit dem Programm Mplus berechn wurde. In einem Strukturgleichungsmodell werde gerichtete Zusammenhänge zwischen latenten Kon trukten untersucht, die über Indikatoren operation lisiert werden. Dabei können mehrere »unabhängige (exogene) Variablen und »abhängige« (endogen Merkmale einbezogen werden. Der Vorteil ein Strukturgleichungsmodells besteht nicht nur in ein hohen Messgenauigkeit, sondern auch darin, dass i direkte Zusammenhänge untersucht werden könne (vgl. Backhaus et al. 2013, S. 65 ff., S. 126 ff.; Christ Schlüter 2012, S. 49). Die Bewertung der Modellgü orientiert sich an gängigen Fit-Maßen bzw. Richtwe ten: RMSEA (Root-Mean-Square-Error of Approx mation) < 0,80, CFI (Comparative-Fit-Index) > 0,9 TLI (Tucker-Lewis-Index) > 0,90, SRMR (Standa

◧ Tab. 7.3 Deskriptive Statistiken und Reliabilität

Merkmal	M	S.D.	Min	Max	Range	Cronbachs Alpha	Anzahl Items
Organisationskultur	3,13	0,70	1	5	1–5	0,917	10
Emotionale Bindung	3,86	0,85	1	5	1–5	0,703	2
Wohlbefinden	3,72	0,74	1	5	1–5	0,804	4
Depressivität	2,21	0,84	1	5	1–5	0,888	5
Psychosomatische Beschwerden	2,05	0,72	1	5	1–5	0,813	7
Qualitätsbewusstsein	3,74	0,68	1	5	1–5	0,766	4

M = Mittelwert; S.D. = Standardabweichung; Min = Minimum; Max = Maximum; Range = Skalenbereich

Fehlzeiten-Report 2016

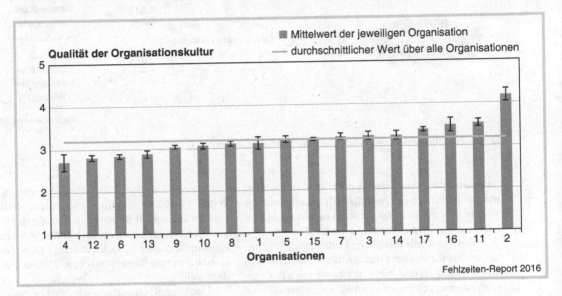

◧ Abb. 7.2 Kultur im Organisationsvergleich

dized-Root-Mean-Residual) < 0,10 (vgl. Weiber u. Mühlhaus 2014, S. 222). Auf die Bewertung anhand des X^2-Tests wird hier verzichtet, weil dessen Aussagekraft bei hohen Fallzahlen problembehaftet ist (vgl. Weiber u. Mühlhaus 2014, S. 204; Hoelter 1983, S. 330; Taylor 2008, S. 9 f.). Beim hier berechneten Strukturgleichungsmodell ist der X^2-Wert von 6.629,393 (df[3] = 545) erwartungsgemäß signifikant (p < 0,001). Als Kontrollvariablen fungieren die Merkmale Alter, Geschlecht sowie die Position (Führungsverantwortung ja/nein). Der Anteil fehlender Werte in der Stichprobe ist niedrig. Er bewegt sich je nach Merkmal zwischen 4,0 und 6,2 Prozent; bei der Organisationskultur ist er mit 11,2 Prozent etwas höher, allerdings werden in einem Strukturgleichungsmodell fehlende Werte ohnehin adäquat statistisch ersetzt (Graham 2012, S. 53).

---

3 df = Degrees of Freedom (Freiheitsgrade)

7.6 Ergebnisse

Die deskriptiven Statistiken gehen aus ◧ Tab. 7.3 hervor. Demnach ist die Qualität der Organisationskultur mit einem Durchschnittswert von 3,13 auf einer Skala von 1 bis 5 mittelstark ausgeprägt. Die emotionale Mitarbeiterbindung erreicht im Mittel ein Ausmaß von 3,86 von 5 Punkten. Auch sind das Wohlbefinden und das Qualitätsbewusstsein der Organisationsmitglieder mit Mittelwerten von 3,72 bzw. 3,74 als relativ hoch einzustufen. Psychosomatische Beschwerden treten entsprechend eher selten auf. Das Ausmaß an Depressivität ist ebenfalls vergleichsweise niedrig mit einem Wert von 2,21 auf einer Skala von 1 bis 5. Alle Befragungswerte streuen allerdings verhältnismäßig stark um die Mittelwerte, wie die Standardabweichungen zeigen.

◧ Abb. 7.2 gibt einen Überblick über die Qualität der Kultur im Organisationsvergleich (die Organisations-

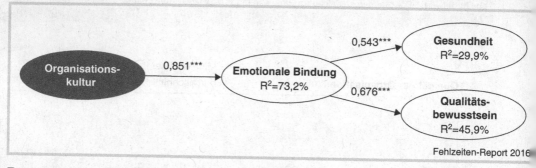

Tab. 7.4 Korrelationsmatrix der latenten Merkmale

	Wohlbefinden	Depressivität	Psychosomatische Beschwerden	Qualitäts- bewusstsein
Kultur	0,468***	−0,420***	−0,418***	0,643***
Emotionale Bindung	0,463***	−0,398***	−0,390***	0,534***
***Signifikant zum Niveau von 0,001				

Fehlzeiten-Report 2016

Abb. 7.3 Strukturgleichungsmodell der untersuchten Beziehungen

nummern entsprechen denen in ◘ Tab. 7.1). Sie zeigt, wie unterschiedlich die Qualität die Organisationskultur ausgeprägt sein kann. Das Merkmal variiert signifikant zwischen den Organisationen (p = < 0,001).

Dabei sind teils erhebliche Unterschiede erkennbar, wie bspw. zwischen Organisation 4, einem Landesministerium, das eine kritische Grenze von 3 Punkten noch unterschreitet und Organisation 2, einer sozialen Einrichtung, deren Organisationskultur mit mehr als 4 von 5 möglichen Skalenpunkten eine auffallend hohe Qualität aufweist (p = < 0,001). Der Durchschnittswert über die Organisationen hinweg beträgt 3,19 Skalenpunkte.

◘ Tab. 7.4 fasst die Ergebnisse bivariater Analysen der interessierenden Merkmale zusammen. Sie verdeutlicht, dass die Merkmale signifikant miteinander korrelieren. Besonders hervorzuheben ist der sehr starke Zusammenhang zwischen der Organisationskultur und dem Qualitätsbewusstsein (0,643). Die Organisationskultur ist auch mit den Gesundheitsindikatoren vergleichsweise stark assoziiert mit Werten, die sich zwischen -0,420 und 0,468 bewegen. Je besser die Qualität der Organisationskultur, desto geringer ist das Ausmaß an Depressivität, desto höher ist das Wohlbefinden der Mitarbeiter und desto seltener treten psychosomatische Beschwerden wie Kopfschmerzen, Rückenschmerzen oder Magenschmerzen auf. Analoge Ergebnisse finden sich entsprechend beim Merkmal emotionale Bindung.

Die aus dem Forschungsstand abgeleiteten Wir[k]ketten zwischen den interessierenden Merkmale[n] wurden schließlich in einem multivariaten Struktu[r]gleichungsmodell untersucht. ◘ Abb. 7.3 zeigt d[ie] Ergebnisse dieser Modellrechnung. Es werden d[ie] standardisierten Regressions- bzw. Pfadkoeffiziente[n] dargestellt.

Das Modell belegt einen sehr starken Zusamme[n]hang zwischen der Organisationskultur und der emo[]tionalen Mitarbeiterbindung. Verbessert sich die Qu[a]lität der Organisationskultur, dann verbessert sich d[ie] emotionale Mitarbeiterbindung signifikant (< 0,001[). Der positive Zusammenhang ist mit einem standard[i]sierten Regressionskoeffizienten von 0,851 sehr sta[rk] ausgeprägt. Die Organisationskultur erklärt mehr a[ls] 70 Prozent der Varianz der emotionalen Mitarbeite[r]bindung.

Die emotionale Mitarbeiterbindung hängt ihre[r]seits signifikant sowohl mit den Indikatoren d[er] Gesundheit als auch mit dem Qualitätsbewusstse[in] zusammen. Zwischen der emotionalen Organisation[s]bindung der Mitarbeiter und ihrem Gesundheitsz[u]stand besteht ein starker positiver Zusammenhang m[it]

---

4 Standardisierte Regressionskoeffizienten sind untereinander vergleichbar, die Werte liegen zwischen -1 und +1 Je höher der Wert, desto stärker ist der Zusammenhang zwischen den untersuchten Merkmalen (vgl. Weiber u. Mühlhaus 2014, S. 228 ff.; Backhaus et al. 2011, S. 70).

einem standardisierten Regressionskoeffizienten von 0,543 (p < 0,001). Steigt die emotionale Bindung, dann steigt überdies auch das Qualitätsbewusstsein der Mitarbeiter signifikant an; der Zusammenhang ist hier mit einem Koeffizienten von 0,676 (p < 0,001) stark ausgeprägt.

Durch die Verknüpfung mit der emotionalen Mitarbeiterbindung hängt die Organisationskultur ihrerseits indirekt mit den Indikatoren der Gesundheit sowie dem Qualitätsbewusstsein zusammen. So besteht zwischen der Organisationskultur und der Mitarbeitergesundheit ein starker indirekter Zusammenhang mit einem standardisierten Koeffizienten von 0,462 (p < 0,001). Je höher die Qualität der Organisationskultur, desto besser ist folglich der Gesundheitszustand der Mitarbeiter. Eine Verbesserung der Organisationskultur ist außerdem mit einer Verbesserung des Qualitätsbewusstseins der Mitarbeiter assoziiert; der indirekte Zusammenhang ist mit einem Koeffizienten von 0,575 (p < 0,001) sehr stark ausgeprägt. Diese Beziehungen zwischen der Organisationskultur und der Gesundheit einerseits sowie dem Qualitätsbewusstsein andererseits werden über die emotionale Mitarbeiterbindung vermittelt (in der Abbildung nicht dargestellt).

Die Modellvariablen erklären rund 30 Prozent der Varianz der Mitarbeitergesundheit sowie 45,9 Prozent der Varianz des Qualitätsbewusstseins. Die Güte des Strukturgleichungsmodells ist gemäß den Fit-Werten als hoch zu bewerten (RMSEA = 0,042; CFI = 0,926; TLI = 0,919; SRMR = 0,037)[5].

7.7 Methodische Limitationen

Die Ergebnisse des vorliegenden Beitrags sind vor dem Hintergrund methodischer Grenzen einzuordnen. So sind aufgrund des Querschnittdesigns zwar Zusammenhänge nachweisbar, es sind jedoch keine Rückschlüsse hinsichtlich kausaler Wirkrichtungen möglich; allerdings sind die hier postulierten Wirkketten theoretisch plausibel. Die Daten erheben zudem keinen Anspruch auf Repräsentativität für die Erwerbsbevölkerung, da es sich nicht um Zufallsstichproben handelt. Positiv hervorzuheben ist jedoch der bemerkenswerte Rücklauf zahlreicher Organisationen, wohingegen lediglich eine Minderheit einen Rücklauf von unter 50 Prozent aufweist. Letztgenannte weisen im

5 Die aus Gründen der Übersichtlichkeit nicht dargestellten Faktorladungen der einbezogenen latenten Merkmale sind durchweg signifikant (p < 0,001) und ausreichend hoch > 0,500 bzw. bei zwei Indikatoren ~ 0,500.

Mittel zwar in Bezug auf die emotionale Bindung und das Qualitätsbewusstsein signifikant geringere Werte als Organisationen mit einem höheren Rücklauf auf, die Unterschiede sind allerdings als praktisch nicht relevant zu erachten (-0,15 bzw. -0,04). Die relativ starke Korrelation zwischen den Merkmalen Organisationskultur und emotionale Mitarbeiterbindung bzw. das R^2 (Anteil der erklärten Varianz) ist für einen Wert in Strukturgleichungsmodellen nicht ungewöhnlich (Geiser 2010, S. 65, 91). Beide Konstrukte ließen sich zudem im Rahmen von explorativen und konfirmatorischen Faktorenanalysen eindeutig voneinander abgrenzen. Erst bei Korrelationen von mehr als 0,900 ist in Strukturgleichungsmodellen von zu starken inhaltlichen Überlappungen auszugehen (Backhaus et al. 2013, S. 91). Aufgabe der Praxis sollte es ungeachtet dessen sein, die hier aufgezeigten Beziehungen anhand von eigenen Daten, idealerweise auf Basis einer standardisierten Mitarbeiterbefragung, in der eigenen Organisation zu überprüfen.

7.8 Diskussion und Fazit

Der vorliegende Beitrag zeigt die Bedeutung der Organisationskultur für die Gesundheit und das Arbeitsverhalten der Mitglieder einer Organisation auf. Die Organisationskultur beeinflusst die emotionale Bindung ihrer Mitglieder. Diese Bindung ist wiederum ein relevanter Faktor für die Gesundheit und das Qualitätsbewusstsein. Je stärker die Qualität der Organisationskultur im Sinne gemeinsamer Werte, Überzeugungen und Regeln ausgeprägt ist, bzw. je höher die Akzeptanz der Kultur, desto stärker sind die Mitarbeiter an ihre Organisation gebunden. Sie sind stolz auf die von ihnen geleistete Arbeit und würden nicht in einer anderen Organisation arbeiten wollen. Je stärker sie gebunden sind, desto höher ist ihr Wohlbefinden, desto geringer ist das Ausmaß an Depressivität und desto seltener treten psychosomatische Beschwerden auf. Organisationskultur und emotionale Bindung erklären rund 30 Prozent der Varianz der Mitarbeitergesundheit. Angesichts eines so komplexen Phänomens wie der Gesundheit, die von multiplen, auch privaten Faktoren abhängt, ist dies ein besonders prägnantes Ergebnis. Es ist ein Beleg für den Stellenwert der Arbeit, mehr noch für die Bedeutung der Organisationszugehörigkeit eines Mitarbeiters für dessen Gesundheit. Mitarbeiter, die eine hohe emotionale Bindung aufweisen, orientieren sich außerdem stärker an gemeinsamen Standards, sie achten auf die Qualität ihrer Arbeitsergebnisse und verfügen insgesamt über ein höheres Qualitätsbewusstsein. Damit verweisen die Ergebnisse auch auf mögliche positive Folgen der Organisationskultur für die Betriebsergebnisse.

Die Analyseergebnisse stellen eine Erweiterung einer Studie von Lükermann (2013) dar, in der die Chance für eine hohe emotionale Bindung in Abhängigkeit von Organisationsmerkmalen untersucht wurde. Besonders das Gemeinschaftsgefühl, die erlebte Sinnhaftigkeit der Arbeit, das Ausmaß der gelebten Unternehmenskultur und gemeinsame Werte erwiesen sich dort als Bindungsfaktoren einer Organisation. Übereinstimmung besteht auch mit Blick auf die Ergebnisse einer Studie von Ehresmann (2016), in der ein Zusammenhang zwischen der Organisationskultur, der emotionalen Bindung und dem Burnout-Ausmaß von Mitarbeitern nachgewiesen wurde. Die Ergebnisse fügen sich zudem in die Erkenntnisse aus der Commitment-Forschung ein, in denen Zusammenhänge zwischen der affektiven Bindung und dem Gesundheitszustand von Mitarbeitern aufgezeigt werden (vgl. dazu den Beitrag von Felfe in diesem Band; vgl. Meyer u. Maltin 2010) oder in denen ein Bezug zu betriebswirtschaftlich relevanten Ergebnissen hergestellt wird (z. B. Meyer et al. 2002). Die Ergebnisse des vorliegenden Beitrags legen nahe, dass die emotionale Bindung ihrerseits von der Organisationskultur abhängt und dass die Kultur je nach Akzeptanz eine hohe oder geringe Bindung der Mitarbeiter bewirken kann. Der Beitrag unterstreicht damit die Bedeutung des kulturellen Kontextes für die Bindung, die Gesundheit und das Arbeitsverhalten in Organisationen. Dabei ist zu berücksichtigen, dass sich Organisationskulturen stark voneinander unterscheiden können und somit ein weniger oder stärker ausgeprägtes Potenzial besitzen, Mitarbeiter binden und verbinden zu können. In der vorliegenden Studie zeigten alle Organisationen noch Verbesserungspotenzial im Bereich ihrer Kultur.

Kultur prägt via Sozialisation die Verschaltungen im Gehirn und damit die intrinsische Motivation. Im Verlauf ihrer Biographie sind Menschen in entwickelten Gesellschaften unterschiedlichen Kulturen und Lernprozessen ausgesetzt, die mehr oder weniger gut miteinander vereinbar sind. Es beginnt mit der primären Sozialisation innerhalb des Familien- und Verwandtschaftsverbandes. Hier entwickeln sich mit dem moralischen Bewusstsein tief im Zwischenhirn verankerte Werte, von denen angenommen wird, dass sie besonders nachhaltigen Einfluss auf Denken, Fühlen, Motivation und Verhalten ausüben. Darauf folgt die sekundäre Sozialisation innerhalb von Freundschaftsnetzwerken und Bildungseinrichtungen. Tertiäre Sozialisation bezeichnet Einflüsse auf das Wertebewusstsein, die in der Arbeitswelt durch Berufs- und Organisationskulturen ausgeübt werden. Diese Überlegungen

sollten durch weitere Forschung überprüft werde[n]. Unterschiede u. a. im Alter, Geschlecht, Bildungsgr[ad] oder der Position und neuerdings durch Flüchtling[s]ströme bewirkte kulturelle Vielfalt und Fragment[ie]rung können ein »Fluch«, aber auch ein »Segen« se[in]. können die Kooperation in Organisationen erschw[e]ren und damit auch die Gesundheit der Mitarbeit[er] beeinträchtigen. Sie können aber auch eine Quel[le] kollektiver Intelligenz sein, wenn es der Führung g[e]lingt, einen *brückenbildenden Vorrat an verbindende[n] Gemeinsamkeiten* zu entwickeln. Wir haben dazu [in] diesem Beitrag einen Vorschlag gemacht, wie Kult[ur] definiert, operationalisiert und gemessen werde[n] kann. Wir sind zudem davon überzeugt, dass die G[e]sundheit der Mitarbeiter eine wesentliche Grundla[ge] für den Unternehmenserfolg bildet und Fortschritte [in] der Kulturentwicklung durch Fortschritte in der Ve[r]besserung der psychischen Fitness und des Qualität[s]bewusstseins beurteilt werden können. Wir habe[n] auch Vorschläge dazu gemacht, welche Indikatore[n] dazu herangezogen werden sollten. Und wir habe[n] schließlich gezeigt, dass sich die in diesem Beitr[ag] theoretisch unterstellten Wirkketten empirisch bel[e]gen lassen.

Das hier vorgestellte Verständnis von Organisa[-]tionskultur als kollektiver »Sinnspeicher« und »mor[a]lischer Kompass« erleichtert eine vertrauensvol[le] Zusammenarbeit, reduziert Kontrollaufwand, träg[t] zur Vermeidung von Beziehungskonflikten bei un[d] ermöglicht dadurch die volle Konzentration und de[n] vollen Energieeinsatz für eine erfolgreiche Arbeitsb[e]wältigung. Kultur steckt den Rahmen ab für effizien[te] Kooperation. Eine Kultur vertrauensvoller Kooper[a]tion lässt sich entwickeln durch:

1. Formulierung spezifischer »brückenbildender« Werte und einfacher Spielregeln, denen sich Füh[r]rungskräfte und Mitarbeiter verpflichtet fühlen, weil sie sich mit ihnen identifizieren können, z. [B.] mehr Achtsamkeit für Gesundheit.

2. Förderung von Transparenz, Beteiligung und Selbstorganisation durch flache Hierarchien, Dezentralisierung und Delegation von Verantwortung und

3. eine dementsprechende Auswahl und Weiterqualifizierung von Führungskräften.

4. Eine regelmäßige Organisationsdiagnose mit Routinedaten (z. B. Fehlzeitenstatistik, BEM-Sta[-]tistik, Unfallzahlen) und Mitarbeiterbefragunge[n]

5. Kontinuierliche Förderung der Sozial- und Gesundheitskompetenz bei Führungskräften und Mitarbeitern.

6. Einführung eines Betrieblichen Gesundheitsmanagements zur kontinuierlichen Verbesserun[g]

der kulturellen und sonstigen Rahmenbedingungen von Wohlbefinden bzw. Gesundheit, wie Führung und Beziehungsklima.

7. Entwicklung von Kennzahlen zum Controlling der Unternehmenskultur und der Gesundheit der Führungskräfte und Mitarbeiter.

Je rascher der gesellschaftliche Wandel und je turbulenter das wirtschaftliche Umfeld einer Organisation, umso wichtiger ihr innerer Zusammenhalt durch Bindung an gemeinsame Überzeugungen, Werte und Regeln.

Literatur

Adolphs R (2003) Cognitive neuroscience of human social behavior. Nature Reviews, Neuroscience 4:165–178

Aldana SG, Anderson DR Adams TB, Whitmer W, Merrill RM, George V, Noyce J (2012) A Review of the Knowledge Base on Healthy Worksite Culture. American College of Occupational and Environmental Medicine 54(4):414–419

Backhaus K, Erichson B, Weiber, R (2011) Multivariate Analysemethoden. Eine anwendungsorientierte Einführung. Springer, Heidelberg

Backhaus K, Erichson B, Weiber R (2013) Fortgeschrittene Multivariate Analysemethoden. Eine anwendungsorientierte Einführung. 2. Aufl. Springer Gabler, Berlin

Badura B (2013) Auf der Suche nach den Wurzeln von Gemeinsinn und Solidarität. In: Badura B, Greiner W, Rixgens P, Ueberle M, Behr M (Hrsg) Sozialkapital. Grundlagen von Gesundheit und Unternehmenserfolg. 2. Aufl. Springer Gabler, Berlin Heidelberg, S 1–18

Badura B, Walter U (2014) Führungskultur auf dem Prüfstand. In: Badura B, Ducki A, Schröder H, Klose J, Meyer M (Hrsg) Fehlzeiten-Report 2014. Erfolgreiche Unternehmen von morgen – gesunde Zukunft heute gestalten. Springer, Berlin Heidelberg, S 139–161

Badura B, Greiner W, Rixgens P Ueberle M, Behr, M (2013) Sozialkapital. Grundlagen von Gesundheit und Unternehmenserfolg. 2. Aufl. Springer Gabler, Berlin Heidelberg

Badura B (2016) Arbeit und Gesundheit im 21. Jahrhundert. Sozialkapital, Gesundheit und Organisationserfolg. Springer Gabler, Berlin Heidelberg (in Erscheinung)

Becker TE, Klein HJ, Meyer JP (2009) Commitment in Organizations: Accumulated Wisdom and New Directions. In: Klein HJ, Becker TE, Meyer JP (eds) Commitment in Organizations. Routledge, New York, pp 419–452

Brücker H, Bock-Rosenthal E, Rixgens P (2004) Fragebogen zu interprofessionellen Arbeitsstrukturen im Krankenhaus: 10 Instrumente für die schriftliche Befragung von Führungskräften und Mitarbeitern in 5 verschiedenen Berufsgruppen. Forschungsprojekt »Interprofessionelle Arbeitsstrukturen im Krankenhaus«, Fachbereich Pflege, Fachhochschule Münster, Münster

Cameron KS, Quinn RE (2011) Diagnosing and Changing Organizational Culture. Jossey Bass, San Francisco

Christ O, Schlüter E (2012) Stukturgleichungsmodelle mit Mplus: eine praktische Einführung. Oldenbourg, München

Damasio AR (1994) Descartes' Irrtum. List, München

Durkheim E (1965) Die Regeln der soziologischen Methode. Luchterhand, Neuwied

Durkheim E (1984) Die elementaren Formen des religiösen Lebens. Suhrkamp, Frankfurt

Ehresmann C (2016) Burn-out und das Sozialkapital von Organisationen: auf die Bindung kommt es an. Eine quantitative Analyse zum Zusammenhang von Sozialkapital, Commitment und Burn-out am Beispiel von 21 medizinischen Rehabilitationskliniken (vorläufiger Titel). Dissertation an der Fakultät für Gesundheitswissenschaften, Universität Bielefeld, Bielefeld, in Vorbereitung

Elias N (1976) Über den Prozess der Zivilisation. Band I. Suhrkamp, Frankfurt

Freud S (1974) Kulturtheoretische Schriften. Fischer, Frankfurt

Freud S, Breuer J (1973) Studien über Hysterie. Fischer, Frankfurt

Geiser C (2010) Datenanalyse mit Mplus. Eine anwendungsorientierte Einführung. VS Verlag für Sozialwissenschaften, Wiesbaden

Graham JW (2012) Missing Data. Analysis and Design. Springer Science+Business Media, New York

Han S, Northoff G, Vogeley K, Wexler BE, Kitayama S, Varnum MeW (2013) A cultural neuroscience approach to the biosocial nature of the human brain. Annual Review of Psychology 64:35–359

Hartnell CA, Ou AYO, Kinicki A (2011) Organizational culture and organizational effectiveness: A meta-analytic investigation of the competing values framework's theoretical suppositions. Journal of Applied Psychology 96(4):677–694

Hauser F, Schubert A, Aicher M (2008) Unternehmenskultur, Arbeitsqualität und Mitarbeiterengagement in den Unternehmen in Deutschland. Bundesministerium für Arbeit und Soziales, Bonn

Hoelter JW (1983) The analysis of covariance structures. Goodness of fit indices. Sociological methods and research 11(3):325–344

Insel TR (2003) Is social attachment an addictive disorder? Physiology and Behavior 79:351–357

Jahoda G (2012) Critical reflections on some recent definitions of »culture«. Culture & Psychology 18(3):289–303

Kandel E (2014) Das Zeitalter der Erkenntnis. Die Erforschung des Unterbewussten in Kunst, Geist und Gehirn von der Wiener Moderne bis heute. Pantheon, München

Klein HJ, Molloy JC, Cooper JT (2009) Conceptual Foundations: Construct Definitions and Theoretical Representations of Workplace Commitments. In: Klein HJ, Becker TE, Meyer JP (eds) Commitment in Organizations. Routledge, New York, pp 3–36

Lükermann S (2013) Sozialkapital und Qualität von Produkten und Dienstleistungen. In: Badura B, Greiner W, Rixgens P et al (Hrsg) Sozialkapital. Grundlagen von Gesundheit und Unternehmenserfolg. 2., erweiterte Aufl. Springer Gabler Verlag, Berlin Heidelberg, S 211–230

MacDonald K, MacDonald TM (2010) The peptide that binds: A systematic review of Oxytocin and its prosocial effects in humans. Harvard Review of Psychiatry 18(1):1–20

Meyer JP, Maltin ER (2010) Employee commitment and well-being: A critical review, theoretical framework and research agenda. Journal of Vocational Behavior 77:323–337

Meyer JP, Stanley DJ, Herscovitch L et al (2002) Affective, continuance, and normative commitment to the organization: A meta-analysis of antecedents, correlates, and consequences. Journal of Vocational Behavior 61(1):20–52

Morgan G (1997) Images of Organization, Sage Publications, Thousand Oaks

Napier AD, Ancarno C, Butler B, Calabrese J, Chater A, Chatterjee H et al (2014) Culture and health. Lancet 384:1607–1639

Parsons T (1951) The Social System. Free Press, Glencoe

Pettigrew AM (1979) On studying organizational cultures. Administrative Science Quarterly 24(4):570–581

Pfaff H, Pülhofer F, Brinkmann A et al (2004) Der Mitarbeiter-kennzahlenbogen (MIKE): Kompendium valider Kennzahlen. Kennzahlenhandbuch. Klinikum der Universität zu Köln, Abteilung Medizinische Soziologie (Hrsg), Köln

Portes A, Vickstrom E (2011) Diversity, social capital and cohesion. Annual Review of Sociology 37:461–479

Riemann M, Udris I (1997) Subjektive Arbeitsanalyse: Der Fragebogen SALSA. In: Strohm O, Ulich E (Hrsg) Unternehmen arbeitspsychologisch bewerten: Ein Mehr-Ebenen-Ansatz unter besonderer Berücksichtigung von Mensch, Technik und Organisation, Zürich, vdf Hochschulverlag AG an der ETH, S 281–298

Rixgens P (2010) Messung von Sozialkapital im Betrieb durch den »Bielefelder Sozialkapital-Index« (BISI). In: Badura B, Macco K, Klose J et al (Hrsg), Fehlzeiten-Report 2009. Arbeit und Psyche: Belastungen reduzieren – Wohlbefinden fördern. Springer, Berlin Heidelberg, S 263–274

Schein EH (2003) Organisationskultur. Edition Humanistische Psychologie, Bergisch Gladbach

Schein EH (2010) Organizational Culture and Leadership. 4th Edition. Jossey Bass, San Francisco

Taylor AB (2008) Two new methods of studying the performance of SEM fit indexes. Dissertation. Arizona State University. http://gateway.proquest.com/openurl?url_ver=Z39.88-2004&res_dat=xri:pqdiss&rft_val_fmt=info:ofi/fmt:kev:mtx:dissertation&rft_dat=xri:pqdiss:3318439. Gesehen 10 Feb 2016

Van der Meer T, Tolsma J (2014) Ethnic diversity and its effects on social cohesion. Annual Review of Psychology 40:459–478

Weber M (1965) Die protestantische Ethik und der Geist des Kapitalismus. Herausgegeben von Johannes Winkelmann. J.C.B. Mohr (Paul Siebeck), Tübingen

Weiber R, Mühlhaus D (2014) Strukturgleichungsmodellierung. Eine anwendungsorientierte Einführung in die Kausalanalyse mit Hilfe von Amos, SmartPLS und SPSS. 2. Aufl. Springer, Berlin Heidelberg

Weick KE, Sutcliffe K (2003) Das Unerwartete Managen. Klett-Cotta, Stuttgart

Zerssen D von (1976) Klinische Selbstbeurteilungs-Skalen (KSb-S) aus dem Münchner Psychiatrischen Informationssystem (PSYCHIS München). Die Beschwerdenliste. Beltz, Weinheim

Gesundheit anordnen? Die Rolle der Führungskultur im Rahmen des Betrieblichen Gesundheitsmanagements

J. Rump, M. Schiedhelm, S. Eilers

B. Badura et al. (Hrsg.) *Fehlzeiten-Report 2016*,
DOI 10.1007/978-3-662-49413-4_8, © Springer-Verlag Berlin Heidelberg 2016

Zusammenfassung *Vor dem Hintergrund der Beschleunigung und Verdichtung von Arbeitsprozessen, aber auch aufgrund der verlängerten Lebensarbeitszeit und des Wettbewerbs um Fachkräfte in strukturschwachen Regionen gewinnt die Gesundheitsförderung als Managementaufgabe in vielen Unternehmen zunehmend an Bedeutung. Dies ist mit der Frage verknüpft, inwiefern es als Arbeitgeber möglich ist, die eigene Belegschaft gesund und leistungsfähig zu erhalten. Unter anderem bedarf es einer Mitarbeiterführung mit gesundheitsorientierter Haltung. Wie es gelingt, solch eine Unternehmens- und Führungskultur zu etablieren und welche Rahmenbedingungen und Maßnahmen hierfür notwendig sind, soll im nachstehenden Beitrag erörtert werden.*

8.1 Unternehmensressource Beschäftigungsfähigkeit und Gesundheit

Die heutige Arbeitswelt erfordert eine hohe Veränderungsbereitschaft und eine ständige Anpassung in vielen Unternehmen. Change-Prozesse und ständige Neuerungen prägen inzwischen den Arbeitsalltag von Führungskräften und Mitarbeitern. Um zukunftsfähig zu bleiben, spielen eine lebenslange Jobfitness sowie Gesundheit der Belegschaft eine erhebliche Rolle und sind als Unternehmensressource anzusehen. Lebenslange Jobfitness ist hier synonym als Beschäftigungsfähigkeit zu verstehen. Damit ist die Fähigkeit gemeint, die individuellen Kompetenzen unter sich wandelnden Rahmenbedingungen zielgerichtet und eigenverantwortlich anzupassen und einzusetzen, um eine Beschäftigung zu erhalten oder zu erlangen. Maßnahmen zur Gesundheitsförderung und -erhaltung sind deshalb gleichzeitig auch Instrumente zur Sicherung der lebenslangen Jobfitness von Mitarbeitern (Rump u. Eilers 2011; Rump u. Schiedhelm 2015).

Des Weiteren gilt es zu berücksichtigen, dass viele Unternehmen und einige Branchen sich immer stärker in einem Spannungsfeld bewegen: Auf der einen Seite steigt der Bedarf an Fachkräften immer weiter an, auf der anderen Seite verringert sich gleichzeitig deren Verfügbarkeit. Daneben verändern sich auch die Erwartungen von Arbeitnehmern an einen attraktiven Arbeitgeber, einhergehend mit gesellschaftlichen Wandlungsprozessen wie zum Beispiel dem Wertewandel unterschiedlicher Generationen, den Individualisierungstendenzen und der steigenden Teilhabe von Frauen am Arbeitsmarkt. Maßnahmen zur Steigerung der Arbeitgeberattraktivität sind deshalb entscheidend, um Fachkräfte zu gewinnen und zu halten. Diese Maßnahmen beziehen sich nun auch vermehrt auf die Work-Life-Balance, die Gesundheitsförderung sowie den Erhalt und die Förderung einer lebenslangen Jobfitness (Rump 2015).

Insbesondere die technologisch-ökonomischen Entwicklungen nehmen einen erheblichen Einfluss auf die Gesundheit von Arbeitnehmern. Die rasante Entwicklung der Informations- und Kommunikationsmittel sowie das Voranschreiten der Wissens- und Innovationsgesellschaft führen zu einer täglich steigenden Informationsflut. Hieraus resultiert unter anderem auch das Phänomen der Arbeitsverdichtung: Die Tatsache, dass wir immer mehr gleichzeitig schaffen und abarbeiten wollen, führt häufig zu Stress, Überforderung und Überlastung (psyGa o. J.; Rump u. Schiedhelm 2015). In der öffentlichen Diskussion stehen vor allem psychische Beschwerden, die aufgrund von zunehmender Belastung durch steigende Anforderungen und Stress bei der Arbeit entstehen.

Kompetenzen/Qualifikationen

Eigen-
verantwortung

**Beschäftigungs-
fähigkeit**

Unternehmens-
verantwortung

Identifikation/
Motivation

Gesundheit/
Wohlbefinden

Fehlzeiten-Report 2016

Abb. 8.1 Magisches Dreieck der Beschäftigungsfähigkeit

Der Begriff »Burnout« ist dahingehend schon in aller Munde und wird häufig als Folge von anhaltendem Stress diskutiert. Damit ist der Zustand der Erschöpfung aufgrund enormer beruflicher psychischer Belastung gemeint. In der Forschung zur Arbeitsmedizin werden häufig die Wirkungszusammenhänge von Arbeitsbedingungen wie Termin- und Leistungsdruck, Arbeitszeiten, Multitasking, aber auch Präsentismus einerseits und psychischen Störungen andererseits erforscht (BAuA 2012). So gaben bei einer Erhebung im Rahmen des Fehlzeiten-Reports 2015 21,3 Prozent der Befragten an, Belastungen ausgesetzt zu sein, die sich negativ auf ihr Wohlbefinden auswirken könnten. Die am häufigsten genannten Gründe für diesen Umstand waren starker Zeitdruck und Arbeitsüberlastung mit 16,6 Prozent (Crößmann u. Schüller 2015).

Vor dem Hintergrund der Fachkräftesicherung, dem Aspekt der Arbeitgeberattraktivität und der nur allzu oft thematisierten Verdichtung von Arbeitsprozessen sind Unternehmen immer stärker darin gefordert, Strategien zu entwickeln, um ihre Mitarbeiter langfristig beschäftigungsfähig, leistungsfähig, aber auch gesund zu erhalten. Dies alles gilt es jedoch aus zwei Richtungen zu beleuchten: Einerseits sind für die betriebliche Zukunftsfähigkeit Strategien für ein Betriebliches Gesundheitsmanagement sowie zur Motivation und Qualifizierung von Mitarbeitern notwendig. Andererseits ist jeder Einzelne gefordert, in Eigenverantwortung an der individuellen Zukunftsfähigkeit und somit auch an der persönlichen Gesundheit und Gesunderhaltung, aber auch an den individuellen Kompetenzen und der Motivation zu arbeiten (Rump 2015). Das magische Dreieck der Beschäftigungsfähigkeit verdeutlicht dies (Abb. 8.1).

8.1.1 Unternehmens- und Führungs-kultur

Um sich dem Thema der gesundheitsförderliche Unternehmens- und Führungskultur nähern zu kö nen, ist es sinnvoll, den Begriff Kultur im Unte nehmenskontext vorab zu erläutern. Die Versuch Unternehmenskultur zu definieren, sind vielfältig ur oftmals auch widersprüchlich (Bolten 2009; Rath 2009). Einer der frühesten anthropologischen Kultu definitionen lässt sich auf den Unternehmenskonte übertragen (Rathje 2009), wobei Kultur als komple× Gesamtheit menschlicher Gewohnheiten verstande wird (Tylor 1871). Der Vorteil bei dieser Definitio liegt in der Tatsache, dass »[...] beschreibbare, überi dividuelle Gewohnheiten innerhalb von Unternehme existieren [...]«, aber gleichzeitig »[...] bewusst kei Aussage über das Maß ihrer Homogenität [...]« getro fen wird (Rathje 2009, S. 2).

Was die Definitionsversuche angeht, ist ein Par digmenwechsel innerhalb der letzten Jahre zu erker nen. Häufig stolpert man gerade in der traditionelle Betriebswirtschaftslehre über die Forderung nac Kohärenz als Voraussetzung für eine starke Unterneh menskultur. Die Vorstellung, dass nur eine möglich kohärente Kultur erfolgreich sein kann, erweist sich f die Praxis jedoch als fraglich, denn kulturelle Einhei lichkeit in Organisationen lässt sich nur schwer umse zen – insbesondere vor dem Hintergrund der steiger den Diversität von Belegschaften. Zudem lässt sich d Zusammenhang zwischen Unternehmenserfolg ur der proklamierten Kohärenz von Unternehmenskult empirisch nicht nachweisen (Rathje 2009).

Zeitgemäße Definitionen betrachten Kultur ga allgemein als Gewohnheiten von Kollektiven, die vo »Diversität, Heterogenität, Divergenzen und Wide sprüchen« gekennzeichnet sind (Hansen 2000, S. 182

Ein Zugehörigkeitsgefühl entwickelt sich dabei über die Vertrautheit mit den »differenten Gewohnheiten einer Organisation« (Rathje 2009, S. 6). Ziel einer starken und erfolgreichen Unternehmenskultur sollte nicht der Homogenitätsgedanke sein, sondern vielmehr Kohäsion im Sinne eines starken Mitarbeiterzusammenhalts (Rathje 2004; 2009).

Bei der Frage, ob Unternehmenskultur überhaupt beeinfluss- oder gar steuerbar ist, gilt es zu berücksichtigen, dass Kultur ein soziales Phänomen und damit funktional, erlernbar sowie wandelbar ist (Kaschube 1993). Die Gestaltung von Unternehmenskultur kann »als Ergebnis der Aktivierung unterschiedlicher kommunikativer Dynamiken, die einerseits Einheitlichkeit fördern, andererseits Differenzen vertraut machen und erhalten« betrachtet werden (Rathje 2009, S. 11). Die Unternehmenskulturgestaltung ist somit ein Prozess, der vom Management veranlasst werden kann, jedoch von allen Organisationsmitgliedern gelebt und getragen werden muss (Schönborn 2014). Das Verhalten von Kulturen und Subkulturen lässt sich auch auf Organisationen übertragen, bei denen typische Verhaltensweisen der Organisationsmitglieder zu beobachten sind. Die Organisationsmitglieder machen gemeinsame Erfahrungen und bilden ein gemeinsames Orientierungssystem aus (Schein 2003). Beschränkt man diesen Gedanken auf die Gruppe von Führungskräften innerhalb einer Organisation bzw. innerhalb eines Unternehmens, so entsteht aufgrund von gemeinsamen Führungserfahrungen eine Führungskultur (Grilz 2011).

Der Begriff Führungskultur meint gemeinsame Annahmen und Verhaltensweisen von Führungskräften innerhalb einer Organisation. Dabei kann zwischen sichtbaren und nicht-sichtbaren Teilen der Führungskultur differenziert werden (Grilz 2011). Die sichtbaren umfassen die im Unternehmen verwendeten Führungsinstrumente, Entscheidungsprozesse, definierten Verantwortungsbereiche sowie Aufgaben von Führungskräften, den Kommunikationsstil, die Leitbilder und Wertesysteme, aber auch Statussymbole und Organigramme. Im Gegensatz dazu beziehen sich die nicht-sichtbaren Teile auf die implizit vorhandenen Autoritätskonzepte, auf bestimmte Wert- und Leistungsansprüche, Vermutungen bezüglich der Erfolgsfaktoren von Führungsarbeit oder Haltungen in Bezug auf die Eigenverantwortlichkeit (ebd.).

Daraus abgeleitet kann die Führungskultur als Summe aller geschriebenen und ungeschriebenen akzeptierten Regeln in einem Unternehmen verstanden werden. Sie umfasst die Erwartungen bezüglich der Führung, die Art und Weise zu führen, aber auch die Einstellung der Unternehmensleitung zur Personalführung (ebd.).

8.2 Führungskultur und Gesundheit

8.2.1 Gesundheitsgerechte Mitarbeiterführung

Immer mehr Unternehmen erkennen mittlerweile die Notwendigkeit von gesunder Führung. Eine Studie der Bundesanstalt für Arbeitsschutz und Arbeitsmedizin (BAuA) zeigt, dass eine gesundheitsförderliche Führung nachhaltige Effekte auf das Engagement und die psychische Gesundheit der Beschäftigten und kurzfristigere Effekte für das Teamklima hat (BAuA 2014). Diese breit angelegte Pilotstudie einer deutsch-schwedisch-finnischen Forschungsgruppe zur wertschätzenden und nachhaltigen gesundheitsförderlichen Führung bestätigt den positiven Einfluss einer gesundheitsförderlichen Führung auf das Teamklima, wobei es sich um einen kurzfristigen Effekt handelt. Der Effekt wurde nur über einen kürzeren Zeitraum von acht Monaten nachgewiesen, sodass es für Führungskräfte immer wieder neu erforderlich ist, sich um ein gutes Teamklima zu bemühen.

Zudem ist zu konstatieren, dass sich Mitarbeiter durch eine Führung, die sie in ihrer Selbständigkeit unterstützt, weniger erschöpft fühlen (ebd.). Nicht zuletzt der demografische Wandel verdeutlicht die Wichtigkeit einer gesundheitsgerechten Führung. Zum einen muss die Arbeitsfähigkeit der alternden Belegschaften aufrechterhalten werden, andererseits muss bereits vorsorglich eine Gesunderhaltung der ohnehin knappen jungen Mitarbeiter gewährleistet werden (Sandrock u. Breutmann 2015).

In der Praxis nutzen jedoch nur wenige Führungspersönlichkeiten ihr volles Potenzial beim Gesundheitsmanagement aus. Viele Führungskräfte wissen nicht wirklich, wie sie genau führen sollen, um ihre Mitarbeiter fit zu halten (BAuA 2014; BAuA 2012; Hernstein Management Report 2014). Führungskräfte sollten wissen, dass die wahrgenommene soziale Unterstützung ein zentrales Bewältigungsmittel in der Auseinandersetzung mit Stress und Stressfolgen ist (Cohen u. Wills 1985). Es existiert ein signifikanter Zusammenhang zwischen der Unterstützung durch die direkte Führungskraft und der Anzahl von Gesundheitsbeschwerden. Mitarbeiter, die angeben, häufig unterstützt zu werden, berichten deutlich weniger von gesundheitlichen Beschwerden als Mitarbeiter, die manchmal, selten oder nie Unterstützung erfahren (BIBB/BAuA 2012). Der Stressreport für Deutschland zeigt allerdings, dass gerade hier noch Verbesserungspotenzial existiert (BAuA 2012). Noch nicht einmal 60 Prozent der Befragten erfahren regelmäßige Unterstützung durch ihren Vorgesetzten (ebd.) (◘ Abb. 8.2).

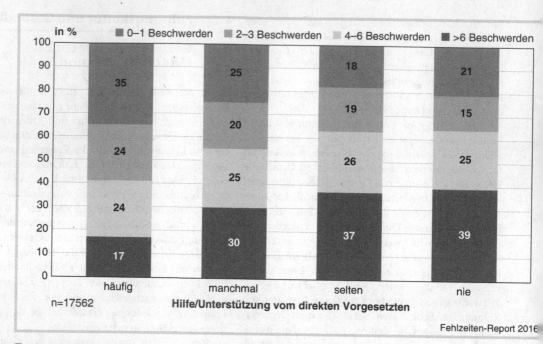

◘ Abb. 8.2 Anzahl Beschwerden und Hilfe/Unterstützung vom direkten Vorgesetzten (Quelle: eigene Darstellung auf der Basis von BAuA 2012)

Neben der sozialen Unterstützung sind noch weitere Aspekte entscheidend für eine gesundheitsförderliche Personalführung. Dazu zählen die Gewährung von Mitbestimmungs- und Beteiligungsmöglichkeiten sowie Anerkennung und Wertschätzung (Gregersen et al. 2011; Pelster 2011). Thomas Sattelberger als Botschafter der Initiative Neue Qualität der Arbeit (INQA) für gute Personalführung ist der Ansicht:

» Mitarbeiterinnen und Mitarbeiter werden immer mehr zu Unternehmensbürgern, die Souveränität und Mitsprache fordern. Und das ist gut! Menschen, die das Unternehmen aktiv mitgestalten, fühlen sich wohler und sind engagierter. Wir müssen weg von einer Führungskultur, die sich nur an Zahlen orientiert, und hin zu einem Führungsstil, der eine ganzheitlich funktionierende Unternehmenskultur fördert. (PsyGa Pressemitteilung 2015)

Auch wenn die Eigenverantwortung der Beschäftigten steigt, haben Führungskräfte nichtsdestotrotz auch eine gewisse Fürsorgepflicht gegenüber ihrem Personal. Belastungen und Anforderungen der Arbeit sollten an die entsprechenden Ressourcen und Leistungsfähigkeit der Mitarbeiter angepasst sein (iga.Report 2015). Dies bedeutet in der Praxis beispielsweise, Fehlbelastungen abzubauen, aber auch den »richtigen« Mitarbeiter für

die »richtige« Arbeitsaufgabe auszuwählen, um Übe[r] und Unterforderungen entgegenzuwirken. Dabei ist hilfreich, mit den Mitarbeitern regelmäßig zu komm[u] nizieren und Arbeitsergebnisse zu besprechen. Zude[m] sollten konkrete und vor allem realistische Arbeitszie[le] vereinbart werden (Stadler u. Spieß 2002).

8.2.2 Vorbildrolle Führungskraft

Zur Förderung der Mitarbeitergesundheit komm[t] den Führungskräften und der gesundheitsförder[li] chen Personalführung eine Schlüsselrolle zu – um[so] verwunderlicher, dass das Thema Gesundheit vo[n] Führungskräften selbst eine untergeordnete Rolle [in] Wissenschaft und Praxis zu spielen scheint. Die Lite[ra] tursichtung in der Studie »Psychische Gesundheit vo[n] Manager/innen« (Zimber u. Hentrich 2015) zeigt, da[ss] nur unzureichend internationale Literatur zu ps[y] chischen Gesundheitsrisiken von Führungskräfte[n] existiert, woraus ein Forschungsdefizit abgeleitet we[r] den kann. Das Argument in der Praxis besteht haup[t] sächlich darin, dass Führungskräfte auch gleichzeit[ig] Mitarbeiter und daher in Betriebliche Gesundheit[s] förderungsmaßnahmen mit eingeschlossen sind, s[o] dass sie keinerlei zusätzlicher Aufmerksamkeit bedü[r] fen (ebd.).

Als zentrale Belastungsquellen, die ein potenzielles Gesundheitsrisiko implizieren, identifiziert die Studie bei Führungskräften lange Arbeitszeiten, eine hohe Arbeitsintensität, Rollenkonflikte aufgrund der hierarchischen Position und Konflikte zwischen dem Berufs- und Privatleben. Die Arbeitsintensität ist dabei der mit Abstand größte Belastungsfaktor, wobei die Befragten damit Multitasking, eine hohe Arbeitsmenge sowie ein hohes Arbeitstempo und einen ausgeprägten Zeitdruck meinen. Hingegen sind körperliche Anstrengungen nur selten Thema für Führungskräfte. Die Ergebnisse ähneln auch den Aussagen der Deutschen Gesellschaft für Personalführung zur Beanspruchungssituation von Führungskräften. Diese stehen unter beruflichem Dauerstress und besonders das mittlere Management ist gefährdet. Ursache für die Belastungen ist das ständige Aushandeln im Spannungsfeld zwischen den Erwartungen der Unternehmensleitung auf der einen Seite und den Mitarbeiterinteressen auf der anderen Seite. Zudem führen Erfolgs- und Zeitdruck, die Notwendigkeit der ständigen Erreichbarkeit, die Arbeitsverdichtung sowie der fehlende Ausgleich in der Freizeit zu Stress (DGFP 2011).

Langfristige Folgen der Belastung sind emotionale Erschöpfung und depressive Symptome – und zwar unabhängig vom Alter, der Anzahl von Arbeitsstunden und der Branchenzugehörigkeit der befragten Führungskräfte. Die Ausprägung der emotionalen Erschöpfung fällt jedoch bei den weiblichen Führungskräften statistisch höher aus. Da es sich vor allem um langfristige Folgen für die Gesundheit handelt, muss von einer hohen Leistungsmotivation und einer vermutlich höheren Verausgabungsneigung von Führungskräften ausgegangen werden. Ganz nach dem Motto: Was einen nicht tötet, härtet ab (Zimber u. Hentrich 2015).

Gerade Führungskräfte sind in ihrer Rolle als Vorbilder in Bezug auf das Gesundheitsverhalten enorm wichtig (iga.Report 2015; Paul 2015; Zander 2015; Felfe et al. 2014; Krampitz 2015). Widersprüche im Verhalten der Führungskraft und dem geforderten Verhalten gegenüber Mitarbeitern wirken sich dabei negativ auf deren Glaubwürdigkeit aus. Die Studie »Führung, Gesundheit & Resilienz« der Bertelsmann Stiftung weist nach, dass das Führungsverhalten im Zusammenhang mit dem Bedürfnis nach »Sinn und Stimmigkeit« steht, woraus sich ableiten lässt, dass Führungskräfte durch ein authentisches, vorbildliches und sinn-vermittelndes Führungsverhalten einen positiven Einfluss auf die Zufriedenheit und Gesundheit von Mitarbeitern nehmen (Mourlane et al. 2013). Anders gesagt: Eine Führungskraft kann kein gesundheitsbewusstes Verhalten von den eigenen Mitarbeitern einfordern, sofern er oder sie nicht selbst als authentisches Vorbild agiert (iga.Report 2015; Paul 2015; Zander 2015).

Eine gesundheitsbewusste Selbstführung ist daher notwendig und es gilt, als Führungskraft das eigene Gesundheitsverhalten zu reflektieren (Paul 2015). Eine Diskrepanz der Wahrnehmung zeigt jedoch der Hernstein Management Report zur gesunden Führung: Der Großteil der Befragten aus dem oberen Management ist der Ansicht, eine gesunde Führungskultur vorzuleben und ist selbst davon überzeugt, fit zu sein und mit gutem Beispiel voranzugehen. Hingegen konstatiert das mittlere Management, dass sie ein gesundheitsorientiertes Verhalten seitens ihrer Vorgesetzten vermissen (Hernstein Management Report 2014).

Es ist daher notwendig, Führungskräfte im Betrieblichen Gesundheitsmanagement als Multiplikatoren und Vorbilder, aber gleichzeitig auch als Zielgruppe von Präventionsmaßnahmen anzusehen. Krampitz plädiert daher auch dafür, »verstärkt in die Gesundheit, Sicherheit und das Wohlbefinden seiner Führungsverantwortlichen [zu] investieren« (Krampitz 2015, S. 180). Maßnahmen speziell für Führungskräfte sind unter anderem die Reduzierung von Arbeitszeiten und eine Entlastung von einer hohen Arbeitsmenge und -geschwindigkeit. Darüber hinaus benötigen auch Führungskräfte soziale Unterstützung, und zwar sowohl von ihren Vorgesetzten als auch von gleichgestellten Kollegen. Ein weiterer Ansatz ist die Ausbildung von Erholungskompetenz und die Vermeidung von Selbstausbeutung, da Führungskräfte häufiger zum Überengagement und zu hoher Verausgabung tendieren (Zimber u. Hentrich 2015).

8.2.3 Maßnahmen zur Etablierung einer gesundheitsförderlichen Führungskultur

Über Führungskräfte wird das Thema Gesundheit im Betrieb über die nachfolgenden Ebenen hinweg getragen und befördert. Nur wenn sich daraus ein gesundheitsbewusstes Orientierungs- und Wertesystem bei einer Vielzahl von Mitgliedern der Führungsebenen entwickelt, kann eine gesunde Führungskultur im Ganzen entstehen. Insbesondere eine nachhaltige Implementation von Maßnahmen zur Gesundheitsförderung hängt davon ab, ob die Führungsverantwortlichen dazu bereit sind (Krampitz 2015). Glücklicherweise ist eine gesundheitsförderliche Personalführung erlernbar. Maßnahmen wie Workshops und Coachings zum Thema Gesundheitsmanagement können den Führungsstil und das Gesundheitsempfinden von Führungskräften verbessern (BAuA 2014; Felfe et al. 2014).

Führungskräfte, die einen mitarbeiterorientierten Führungsstil verfolgen, leisten einen wichtigen Beitrag zur gesunden Arbeitskultur. Vor allem die soziale Unterstützung ist für Mitarbeiter, aber auch für Führungskräfte selbst ein entscheidendes Schlüsselelement für Wohlbefinden und Gesundheit im Arbeitsalltag. Unterstützung wirkt hier als »Stresspuffer«: Belastungen werden reduziert, da durch Hilfestellungen und Ratschläge Lösungswege aufgezeigt werden. Unterstützung ruft zudem das Gefühl hervor, sich auf andere verlassen zu können. Arbeitsbelastungen wie zum Beispiel Termindruck werden durch Hilfe und Unterstützung reduziert (BIBB/BAuA 2012).

Für eine solche Kultur der Arbeit sind bestimmte Rahmenbedingungen notwendig. Unterstützung darf nicht als »lästige Zusatzaufgabe« verstanden werden und zielt somit auf eine bestimmte Grundhaltung ab. Maßnahmen zu »effizientem Unterstützen« können mögliche Ansatzpunkte sein. Das Prinzip der sozialen Unterstützung sollte in der Unternehmenskultur und im Leitbild verankert sein, aber auch die Arbeits- und Organisationsgestaltung sowie das Führungs- und Mitarbeiterverhalten mit einschließen. In der Praxis kann dies beispielsweise in Form von Führungskräfteschulungen zur Sensibilisierung für Unterstützungsprozesse umgesetzt werden. Eine weitere Möglichkeit besteht darin, die Unterstützung von Kollegen zu einem Kriterium der Personalbeurteilung zu machen (Stadler u. Spieß 2002). Darüber hinaus gilt es aber auch, entsprechende Ressourcen für Unterstützungsleistungen von Seiten des Unternehmens zur Verfügung zu stellen. Im Sinne der Eigenverantwortung sind Beschäftigte aber auch selbst gefragt, um Unterstützung zu bitten, sich selbst aktiv um Problemlösungen zu bemühen und konkrete Hilfsangebote zu erfragen (BIBB/BAuA 2012).

Neben einer »Kultur der Unterstützung« sind Maßnahmen des Betrieblichen Gesundheitsmanagements zur Etablierung einer gesunden Führungskultur erforderlich. Diese sollten folgende Aspekte mit in den Blick nehmen (in Anlehnung an iga.Report 2015):

■ 1. Führungsleitlinien in Bezug auf Gesundheit erarbeiten

Hierfür kann der Faktor Gesundheit als fester und wesentlicher Bestandteil in das Unternehmensleitbild aufgenommen werden. Dabei muss die Führungskraft eine Vorbildfunktion einnehmen, indem sie – je nach Arbeitsumgebung – etwa auf ein ausgeglichenes Zeitmanagement achtet oder auf gesundheitsgefährdende Situationen hinweist und diese auch selbst meidet

(Krampitz 2015). Erst indem die Führungskräfte sich bar eine Gesundheitskultur pflegen, kann das BG seine Wirkung entfalten. Voraussetzung dafür ist, d Gesunderhaltung der Mitarbeiter als explizite Fü rungsaufgabe zu definieren (Elke 2001). Zielvorgabe zur Umsetzung eines solchen Leitbildes können Fü rungsverantwortliche zusätzlich dazu motivieren, di auch tatsächlich umzusetzen. Diese Zielvorgabe müssen allerdings Kennzahlen enthalten, auf welch die Führungsperson Einfluss nehmen kann, wie etv Unfälle am Arbeitsplatz, die durch die Schaffung ein sicheren Umgebung vermieden werden können.

■ 2. Gesundheitskonzept für Personal- und Führungskräfteentwicklung etablieren

Hier ist eine Kooperation mit Krankenkassen denkba die Unternehmen bei der Konzeption eines Gesun heitsmanagements unterstützen und entsprechend Konzepte bereitstellen oder auch individuell mit de Unternehmen erarbeiten. Beispiele für Konzepte, d in der Personalentwicklung stattfinden können, sir Anti-Stress-Seminare, Rückenschulen, Gesundheit werkstätten oder Gesundheitszirkel, in denen Fül rungskräften und Mitarbeitern Wissen vermittelt wir und die Führungspersonen für ihre eigene Gesundhe und die der Mitarbeiter sensibilisiert werden (Hol 2015).

■ 3. Beratungsangebote ermöglichen

Ein Angebot an vertraulichen Sprechstunden b einem Gesundheitsbeauftragten des Unternehmer oder beim eigenen Vorgesetzten kann für den Mi arbeiter als erste Unterstützung bei gesundheitliche Fragen oder Problemen dienen. Allerdings kann hi die Hemmschwelle zur Kontaktaufnahme aufgrun der Betriebszugehörigkeit der beratenden Perso unter Umständen zu hoch sein. Dies ist insbesonde bei psychischen Belastungen oder Suchtprobleme die eine Stigmatisierung zur Folge haben könne denkbar. Daher empfiehlt es sich, eine externe Ber tung anzubieten, um das Vertrauen in die Diskretio der Beratung und damit die Nutzung solcher Angebo zu erhöhen (Schulte-Meßtorff u. Wehr 2013).

■ 4. Lern- und Dialogangebote für bestimmte Zielgruppen anbieten

Auch der Austausch mit Gleichgesinnten kann eine wichtigen Beitrag zur Prävention, aber auch zur Bewä tigung gesundheitlicher Probleme leisten. Denkba sind hier zielgruppenspezifische Schulungen un Workshops, beispielsweise zum Thema Rauchentwö nung oder Burnout. Durch die Auseinandersetzun mit Kollegen, die ähnliche Probleme teilen, kann e offener Umgang erreicht werden und die Betroffenen können von den Erfahrungen anderer Betroffener profitieren.

▪ 5. Führungsinstrumente entwickeln, die Führungskräfte in ihrer Arbeit unterstützen

Ein bestehendes Instrument ist der Work Ability Index oder auch Arbeitsbewältigungsindex, der verschiedene Faktoren der Eignung eines Mitarbeiters für bestimmte Tätigkeiten erhebt. Mit Hilfe eines solchen Messinstrumentes kann eine den individuellen Anforderungen der Mitarbeiter angepasste Einstufung erfolgen und dadurch einer psychischen und auch physischen Überlastung vorgesorgt werden. Darüber hinaus können Maßnahmen zur Gesundheitsförderung und -intervention erhoben werden, was es dem Vorgesetzten erleichtert, den Mitarbeiter aktiv zu unterstützen. In der Praxis findet das Messinstrument beispielsweise bei Henkel Verwendung, wo es erstmals 2005 eingeführt wurde und einen Mehrwert für das Unternehmen leisten konnte (Reifferscheid 2007).

▪ 6. Coachings zur gesundheitsbewussten Selbstführung initiieren

Zahlreiche Bildungsanbieter, Krankenkassen oder Beratungsunternehmen bieten ein großes Spektrum an Coachings und Trainings zu gesundheitlichen Themen an. Auch Weiterbildungsmöglichkeiten zum Gesundheitsmanagement-Experten werden bereitgestellt, sodass diese als Coaches fungieren können. Die stetig steigende Nachfrage hat Unternehmensberatungen hervorgebracht, die auf das Thema Gesundheit am Arbeitsplatz spezialisiert sind. Es besteht also ein breites Angebot an Coaching-Maßnahmen zur individuellen Gesundheitskompetenz. In Brandenburg wurden beispielsweise in einem Projekt, das die Gesundheitskompetenz von KMU fördern soll, 250 Beschäftigte zum Gesundheitscoach qualifiziert, wodurch es möglich wurde, dass innerbetriebliche Coaches das BGM kontinuierlich begleiten (Baumeister u. Jurchen 2015).

▪ 7. Vorträge und Seminare zur Vermittlung von Informationen zur individuellen Gesundheitskompetenz und zur Work-Life-Balance anbieten

Auch hier ist eine Kooperation mit entsprechend spezialisierten Experten empfehlenswert. Diese können die Wissensgrundlagen für die individuelle Gesundheitskompetenz von Mitarbeitern und Führungskräften vermitteln. Beispiele können Seminare über gesunde Ernährung, Stressfaktoren oder auch Entspannungsmethoden sein, wie sie von zahlreichen Institutionen und Beratungen angeboten werden.

8.3 Fazit

Für Unternehmen ist eine gesundheitsförderliche Führung aus verschiedenen Gründen von Relevanz: Die Personalführung wirkt sich unmittelbar auf das psychische Wohlbefinden der Beschäftigten und deren Arbeitszufriedenheit aus. Außerdem können Unternehmen auf diese Weise leistungsfähige und motivierte Mitarbeiter binden und so dem Mangel an Fachkräften entgegenwirken.

Allerdings gilt es Gesundheit unter dem ganzheitlichen Aspekt der Beschäftigungsfähigkeit zu betrachten. Führungskräfte nehmen dabei eine Schlüsselfunktion ein. Dabei gilt die Devise: Vorleben statt Verordnen. Da Führungskräfte selbst häufig unter Stress und Belastungserscheinungen leiden, sollten sie ihre eigene Selbstführung reflektieren und als authentisches Vorbild agieren. Ein gesundheitsförderlicher Führungsstil ist erlernbar. Er zeichnet sich durch Mitarbeiterorientierung im Sinne von Unterstützung, Mitbestimmungs- und Beteiligungsmöglichkeiten sowie Anerkennung und Wertschätzung aus. Für Unternehmen gilt es deshalb, Führungskräfte in Bezug auf ihren Führungsstil zu coachen. Darüber hinaus sollten sie bei Maßnahmen zur Gesundheitsförderung als gesonderte Zielgruppe selbst im Fokus stehen.

Insgesamt ist die Führungskultur als ein wichtiges Bindeglied zwischen Führungskräften und den Mitarbeitern sowie zwischen den Mitarbeitern und dem gesamten Unternehmen anzusehen. Eine gesundheitsorientierte Kultur prägt somit in hohem Maße das gesamte Arbeitsumfeld aller Akteure. Nur wenn Führungskräfte das Thema Gesundheit selbst ernst nehmen, kann eine gesundheitsförderliche Führungskultur im Ganzen entstehen. Dabei sollte die individuelle und kollektive Gesundheitsförderung und -erhaltung als Unternehmensaufgabe verstanden werden.

Literatur

Baumeister A, Jurchen A (2015) Qualifizierung zum betrieblichen Gesundheitscoach in kleinen und mittleren Unternehmen. In: Badura B, Ducki A, Schröder H, Klose J, Meyer M (Hrsg) Fehlzeiten-Report 2015: Neue Wege für mehr Gesundheit – Qualitätsstandards für ein zielgruppenspezifisches Gesundheitsmanagement. Springer, Berlin, S 293–302

Bolten J (2009) Kultur als historisch vermittelte Reziprozitätsdynamik. In: Strohschneider S, Heimann R (Hrsg) Kultur und sicheres Handeln. Verlag für Polizeiwissenschaft, Frankfurt/M, S 239–256

Bundesanstalt für Arbeitsschutz und Arbeitsmedizin (BAuA) (2012) Stressreport Deutschland 2012 Psychische Anforderungen, Ressourcen und Befinden. http://www.baua.de/de/Publikationen/Fachbeitraege/Gd68.pdf?__blob=publicationFile. Gesehen 11 Feb 2016

Bundesanstalt für Arbeitsschutz und Arbeitsmedizin (BAuA) (2014) Rewarding and sustainable healthpromoting leadership. http://www.baua.de/de/Publikationen/Fachbeitraege/F2199.html. Gesehen 11 Feb 2016

Bundesinstitut für Berufsbildung (BIBB)/Bundesanstalt für Arbeitsschutz und Arbeitsmedizin (BAuA) (2012b) Factsheet 09. Unterstützung durch Vorgesetzte – Dreifach wichtig, einfach unterschätzt. http://www.baua.de/de/Publikationen/Faktenblaetter/BIBB-BAuA-09.pdf?__blob=publicationFile&v=5. Gesehen 11 Feb 2016

Cohen S, Wills TA (1985) Stress, Social Support, and the Buffering Hypothesis. Psychological Bulletin 98(2):310–357

Crößmann A, Schüller F (2015) Der Beschäftigtenmarkt in Deutschland: Zahlen, Daten, Fakten. In: Badura B, Ducki A, Schröder H, Klose J, Meyer M (Hrsg) Fehlzeiten-Report 2015: Neue Wege für mehr Gesundheit – Qualitätsstandards für ein zielgruppenspezifisches Gesundheitsmanagement. Springer, Berlin, S 11–20

Deutsche Gesellschaft für Personalführung e. V. (DGFP) (2011) Psychische Beanspruchung von Mitarbeitern und Führungskräften. https://static.dgfp.de/assets/empirischestudien/2011/02/dgfp-studie-psychische-beanspruchung-von-mitarbeitern-1290/dgfp-studie-psychische-beanspruchung.pdf. Gesehen 11 Feb 2016

Elke G (2001) Sicherheits- und Gesundheitskultur I – Handlungs- und Wertorientierung im betrieblichen Alltag. In: Zimolong B (Hrsg) Management des Arbeits- und Gesundheitsschutzes – Die erfolgreichen Strategien der Unternehmen. Gabler, Wiesbaden, S 171–200

Felfe J, Ducki A, Franke F (2014) Führungskompetenzen der Zukunft. In: Badura B, Ducki A, Schröder H, Klose J, Meyer M (Hrsg) Fehlzeiten-Report 2014: Erfolgreiche Unternehmen von morgen – gesunde Zukunft heute gestalten. Springer, Berlin, S 139–148

Grilz W (2011) Gestaltung von Führungskultur durch Personalentwicklung. PersonalEntwickeln 147. Erg.-Lfg. http://www.trigon.at/mediathek/pdf/downloads/05_fuehrung/Gestaltung_von_Fuehrungskultur.pdf. Gesehen 11 Feb 2016

Gregersen S, Kuhnert S, Zimber A, Nienhaus A (2011) Führungsverhalten und Gesundheit – Zum Stand der Forschung. Das Gesundheitswesen 73:3–12

Hansen KP (2000) Kultur und Kulturwissenschaft, 2. Aufl. UTB, Paderborn

Hernstein Management Report (2014) Gesunde Führung II. http://www.hernstein.at/Media/Hernstein-Management-Report-Gesunde-Fuehrung-II_2014_.pdf. Gesehen 11 Feb 2016

Holm T (2015) Gesundheitsmanagement im Unternehmen – Mit Unterstützung der Techniker Krankenkasse eine leistungsfähige und motivierte Belegschaft sichern. B&G Bewegungstherapie und Gesundheitssport 31(01):44–45

Initiative Gesundheit & Arbeit (2015) iga.Report 29. Führungskräfte sensibilisieren und Gesundheit fördern – Ergebnisse aus dem Projekt »iga.Radar«. http://www.iga-info.de/fileadmin/redakteur/Veroeffentlichungen/iga_Reporte/Dokumente/iga-Report_29_Fuehrungskraeft sensibilisieren_Gesundheit_foerdern.pdf. Gesehen 11 Feb 2016

Kaschube J (1993) Betrachtung der Unternehmens- und Organisationskulturforschung aus (organisations-)psychologischer Sicht. In: Dierkes M, von Rosenstiel L, Steger U (Hrsg) Unternehmenskultur in Theorie und Praxis. Frankfurt a. M., S 90–146

Krampitz J (2015) Führungskräfte – Einfluss des betrieblichen Status auf die Gesundheit. In: Badura B, Ducki A, Schröder H, Klose J, Meyer M (Hrsg) Fehlzeiten-Report 2015: Neue Wege für mehr Gesundheit – Qualitätsstandards für ein zielgruppenspezifisches Gesundheitsmanagement. Springer, Berlin, S 165–184

Mourlane D, Hollmann D, Trumpold K (2013) Studie »Führung, Gesundheit & Resilienz«. Bertelsmann Stiftung, Gütersloh & mourlane management consultants, Frankfurt am Main

Paul C (2015) Betriebliches Gesundheitsmanagement als Führungsaufgabe. Bachelor + Master Publishing, Hamburg

Pelster K (2011) Führung und Gesundheit in klein- und mittelständischen Unternehmen. In: Badura B, Ducki A, Schröder H, Klose J, Macco K (Hrsg) Fehlzeiten-Report 2011: Führung und Gesundheit. Zahlen, Daten, Analysen aus allen Branchen der Wirtschaft. Springer, Berlin, S 97–102

PsyGa. http://psyga.info/stress-vermeiden/arbeitsverdichtung Gesehen 17 Mai 2015

PsyGa Pressemitteilung, 2015. »Gute Führung schützt die Psyche« http://psyga.info/fileadmin/user_upload/Presse/psyGA_Pressemitteilung_Gute_FuProzentCCProzent88hrung_schuProzentCCProzent88tzt_Psyche.pdf. Gesehen 11 Feb 2016

Rathje S (2004) »Corporate Cohesion – Handlungsansatz zur Gestaltung interkultureller Unternehmenskultur«. In: Bolten J (Hrsg) Interkulturelles Handeln in der Wirtschaft – Positionen, Modelle, Perspektiven, Projekte. Verlag Wissenschaft & Praxis, Sternenfels, S 112–124

Rathje S (2009) Gestaltung von Organisationskultur – Ein Paradigmenwechsel. In: Barmeyer C, Bolten J (Hrsg) Interkulturelle Personal- und Organisationsentwicklung. Methoden, Instrumente und Anwendungsfälle. Verlag Wissenschaft & Praxis, Sternenfels

Reifferscheid T (2007) Der Arbeitsbewältigungsindex als Instrument des Gesundheitsmanagements. In: Holz M, Da Cruz P (Hrsg) Demografischer Wandel in Unternehmen. Gabler, Wiesbaden, S 143–157

Rump J (2015) Zukunftsfähiges Personal – eine Herausforderung für alle. netzwerk. Magazin für Kooperation Management Genossenschaftsverband e. V. 04:14–15

Rump J, Eilers S (2011) Employability – Die Grundlagen. In: Rump J, Sattelberger T (Hrsg) Employability Management 2.0. Einblick in die praktische Umsetzung eines zukunftsorientierten Employability Managements. Verlag Wissenschaft & Praxis, Sternenfels, S 73–166

Rump J, Schiedhelm M (2015) Gesundes Arbeiten – Schlüsselfaktor für eine zukunftsorientierte Personalarbeit. sicher ist sicher Juli/August:363–365

Sandrock S, Breutmann N (2015) Betriebliches Gesundheitsmanagement aus Unternehmenssicht – Adressaten-
gerechtes Vorgehen bei jüngeren Beschäftigten und bei
Beschäftigten mit Migrationshintergrund. In: Badura B,
Ducki A, Schröder H, Klose J, Meyer M (Hrsg) Fehlzeiten-
Report 2015: Neue Wege für mehr Gesundheit – Qualitätsstandards für ein zielgruppenspezifisches Gesundheitsmanagement. Springer, Berlin, S 31–38

Schein EH (2003) Organisationskultur. EHP, Bergisch-Gladbach

Schönborn G (2014) Unternehmenskultur als Erfolgsfaktor der
Corporate Identity. Die Bedeutung der Unternehmens-
kultur für den ökonomischen Erfolg von Unternehmen.
Springer, Heidelberg

Schulte-Meßtorff C, Wehr P (2013) Employee Assistance Programs: Externe Mitarbeiterberatung im betrieblichen
Gesundheitsmanagement. Springer, Heidelberg

Stadler P, Spieß E (2002) Mitarbeiterorientiertes Führen und
soziale Unterstützung am Arbeitsplatz. Bundesanstalt
für Arbeitsschutz und Arbeitsmedizin, Berlin, Dresden.
http://www.baua.de/cae/servlet/contentblob/699238/
publicationFile/46791/Gd5.pdf. Gesehen 11 Feb 2016

Stadler P, Spieß E (2012) Mitarbeiterorientiertes Führen und
soziale Unterstützung am Arbeitsplatz. Bundesanstalt
für Arbeitsschutz und Arbeitsmedizin, Berlin, Dresden.
http://www.inqa.de/SharedDocs/PDFs/DE/
Publikationen/mitarbeiterorientiertes-fuehren-und-
soziale-unterstuetzung-am-arbeitsplatz.pdf?__
blob=publicationFile. Gesehen 11 Feb 2016

Tylor EB (1871) Primitive culture – Researches into the development of mythology, philosophy, religion, language, art
and custom. J. Murray, London

Zander K (2015) Gesundheitsorientierte Führung: Der Einfluss
der Führungskultur auf die Gesundheit der Mitarbeiter.
Igel Verlag, Hamburg

Zimber A, Hentrich S (2015) Führen und gesund bleiben. Ergebnisse der Studie »Psychische Gesundheit von Manager/
innen (PsyGeMa). http://www.hochschule-heidelberg.de/
fileadmin/srh/heidelberg/images/fakultaeten/
Angewandte_Psychologie/Tagungen/PsyGeMa_092015/
Ergebnisbericht_PsyGeMa_FProzentC3ProzentBChren_
und_gesund_bleiben.pdf. Gesehen 11 Feb 2016

Facetten einer guten Unternehmenskultur

Arbeitsplatzkultur und Gesundheit – ganzheitliche Gestaltung der organisationalen Beziehungen zur Stärkung der psychischen Gesundheit von Mitarbeitern

S. Ricker, F. Hauser

B. Badura et al. (Hrsg.) *Fehlzeiten-Report 2016*,
DOI 10.1007/978-3-662-49413-4_9, © Springer-Verlag Berlin Heidelberg 2016

Zusammenfassung *Ungünstig gestaltete organisationale Beziehungen sind eine häufige Ursache für das Auftreten psychischer Fehlbelastungen im Arbeitskontext. Umgekehrt stellen positive soziale Beziehungen im Unternehmen eine wichtige Ressource zur Förderung der psychischen Gesundheit dar. Eine mitarbeiterorientierte Arbeitsplatzkultur, die das Betriebliche Gesundheitsmanagement als einen wichtigen Baustein integriert, kann einen wertvollen Beitrag dazu leisten, dass der Erhalt und die Förderung der psychischen Gesundheit und des Wohlbefindens der Mitarbeiter ganzheitlich und nachhaltig gelingen. Eine zentrale Rolle bei der Gestaltung guter – und damit auch gesundheitsförderlicher – sozialer Beziehungen spielen der Aufbau und die Pflege einer von Vertrauen geprägten Kultur der Zusammenarbeit. Differenziert betrachtet werden drei organisationale Beziehungsebenen: die Beziehungen von Unternehmen zu den Mitarbeitern insgesamt, die Beziehung der Führungskräfte zu ihren Mitarbeitern sowie die kollegialen Beziehungen. Dabei werden Ergebnisse der von Great Place to Work® 2015 durchgeführten Repräsentativstudie »Gesund arbeiten« vorgestellt. Diese werden schließlich in Relation gesetzt zu den Ergebnissen der im Rahmen des Wettbewerbs »Deutschlands Bester Arbeitgeber« durch Great Place to Work® ausgezeichneten Arbeitgeber. Zudem werden auf Basis von Best-Practice-Beispielen aus Managementbefragungen Gestaltungsmöglichkeiten vorgeschlagen, die in Unternehmen bereits erfolgreich eingesetzt werden.*

9.1 Die Rolle der psychischen Gesundheit in Unternehmen

Gesundheit erlebt als Managementthema in den Unternehmen seit einigen Jahren einen neuen Frühling. Verantwortlich ist zum einen die demografische Entwicklung, die das Erfordernis erhöht, dafür zu sorgen, dass auch ältere Mitarbeiter arbeitsfähig bleiben. Zugleich sind die psychischen Belastungen in der modernen Arbeitswelt deutlich gestiegen und stellen mittlerweile die häufigste Ursache für Fehlzeiten dar (INQA 2014; Badura et al. 2015). Mehr denn je ist daher heute ein ganzheitliches Gesundheitsverständnis gefragt, wie es bereits seit langem von der WHO und der Ottawa-Charta zur Gesundheitsförderung postuliert wird: »Gesundheit ist ein Zustand vollkommenen körperlichen, geistigen und sozialen Wohlbefindens und nicht allein das Fehlen von Krankheit und Gebrechen.[…] Gesundheitsförderung schafft sichere, anregende, befriedigende und angenehme Arbeits- und Lebensbedingungen.« (WHO 1946). Gesundheit ist also nicht ein Zustand der Abwesenheit von Krankheit, sondern ein zu gestaltender mehrdimensionaler Prozess mit unterschiedlichen Ressourcen, in dem Gesundheit erst zur Entfaltung kommt.

Unternehmen sind gefordert, mit Hilfe eines ganzheitlichen Betrieblichen Gesundheitsmanagements die Arbeitsbedingungen so zu gestalten, dass auch der Erhalt der psychischen Gesundheit und des Wohlbefindens ihrer Mitarbeiter gefördert wird. Verglichen mit körperlichen Erkrankungen sind die Ausfallzeiten bei psychischen Erkrankungen um das Dreifache höher (Ulrich 2008; Badura et al. 2015). Zwar investieren Unternehmen viel, um gesundheitliche Schäden auszugleichen und die Gesundheit ihrer Mitarbeiter wiederherzustellen, doch es gibt noch zu wenige Aktivitäten, um gesundheitlichen Beeinträchtigungen vorzubeugen (Expertenkommission 2004). »Gesundheit kostet Geld, Krankheit ein Vermögen«, warnt daher die Initiative Neue Qualität der Arbeit (INQA) in ihrer

Handlungshilfe und zeigt, dass sich jeder investierte Euro in präventive Maßnahmen der Gesundheitsförderung 2,2-fach auszahlt (INQA 2014). Die Expertenkommission Betriebliche Gesundheit kritisiert: »Gesundheit als Mittel zum Unternehmenszweck ist auf der obersten Führungsebene meist überhaupt kein Thema« und fordert eine Aufwertung der Themen Wohlbefinden und Gesundheit in Unternehmen ein (Expertenkommission 2002).

Das Konzept des Betrieblichen Gesundheitsmanagements (BGM) umfasst daher alle Maßnahmen zur Förderung und zum Erhalt der Gesundheit von Mitarbeitern. Es dient der systematischen Steuerung diesbezüglicher Prozesse und Aktivitäten im Unternehmen. Dabei werden zwei Gestaltungsbereiche unterschieden: der *Verhaltensbereich* und der *Verhältnisbereich*. Der Verhaltensbereich umfasst personenbezogene Maßnahmen, die auf eine *Veränderung des persönlichen Verhaltens* bzw. eine gesunde Selbststeuerung Einfluss nehmen. Hierzu zählen beispielsweise Kurse zur Stressbewältigung, Rückenschulen oder Ernährungsberatung. Der *Verhältnisbereich* ist darauf ausgerichtet, im Unternehmen gesunde Arbeitsbedingungen bzw. gesundheitsförderliche Strukturen und Prozesse zu schaffen. Hierzu zählen, neben einer Verbesserung der Arbeitsausstattung, der Arbeitsplatz-Ergonomie und der Beseitigung von Störungen im Arbeitsablauf auch solche systemischen bzw. beziehungsorientierten Faktoren, die für ein gesundes Miteinander in der Zusammenarbeit zwischen Führungskräften und Mitarbeitern sowie zwischen Kollegen relevant sind (INQA 2014). Um einen ganzheitlichen Ansatz im Rahmen des BGMs zu verfolgen, ist es wichtig, beide Ebenen zu berücksichtigen. Zur Debatte steht aktuell, inwiefern die Maßnahmen des BGM in Unternehmen erfolgreich sind und den Bedürfnissen der Mitarbeiter gerecht werden (Lohman-Haislah 2012). Zwar ist die Bedeutung des bedingungsbezogenen Verhältnisbereiches in der Theorie anerkannt; in der Praxis finden sich jedoch vornehmlich Maßnahmen, die sich allein auf Veränderungen im persönlichen Verhalten beziehen (Ulrich 2008). Dies deutet darauf hin, dass es für Unternehmen besonders herausfordernd ist, die Rahmenbedingungen und die organisationalen Beziehungen so zu gestalten, dass die Mitarbeiter ein Umfeld für »gesundes Arbeiten« vorfinden.

Die Gestaltungsfelder für das BGM zum Erhalt und zur Förderung der psychischen Gesundheit von Mitarbeitern wurden von der Gemeinsamen Deutschen Arbeitsschutzstrategie (GDA) beschrieben. Sie konkretisiert die Faktoren, die auch im Rahmen der gesetzlich vorgeschriebenen betrieblichen Gefähr-

dungsbeurteilung und speziell auch der psychisch Gefährdungsbeurteilung untersucht werden müss (Nationale Arbeitsschutzkonferenz 2012): Arbeitso ganisation, Arbeitsinhalte, Arbeitsumgebung sow die sozialen Beziehungen (Nationale Arbeitsschut konferenz 2015).

Im Folgenden wird der Fokus insbesondere a die Gestaltung der Qualität der organisationalen bz sozialen Beziehungen und deren Einfluss auf die ps chische Gesundheit der Mitarbeiter gelegt. Wie d organisationalen Beziehungen gestaltet werden, dabei in starkem Maße von der im Unternehmen vo herrschenden Kultur der Zusammenarbeit abhäng In einer mitarbeiterorientierten Arbeitsplatzkultu stellt Vertrauen – basierend auf Glaubwürdigkeit, Re pekt und Fairness[2] – die entscheidende Beziehung qualität dar. Eine in hohem Maße von Vertrauen g prägte Arbeitsplatzkultur, die jenen Teilbereich d Unternehmenskultur darstellt, der die unmittelba Gestaltung arbeitsrelevanter Bedingungen betrifft, fö dert die Zufriedenheit und das Wohlergehen der M arbeiter und stellt auch speziell bei der Förderung d psychischen Gesundheit eine elementare Basis da Dafür werden die Ergebnisse verschiedener Studi genutzt, die Great Place to Work® im Jahr 2015 durc geführt hat: Erkenntnisse aus der Repräsentativstud »Gesund Arbeiten«, Ergebnisse aus den Mitarbeite befragungen der besten 100 Unternehmen, die an d Benchmarkstudie »Deutschlands Beste Arbeitgebe teilgenommen haben, sowie Best-Practice-Beispie aus dem Great Place to Work®-Kultur Audit, einer et blierten Management-Befragung.

9.2 »Gesund Arbeiten«: Befragungs instrument und Studie

In der Zusammenarbeit mit jährlich mehreren hu dert Unternehmen aller Größen und Branchen zei sich für das Great Place to Work®-Institut Deutschla seit einigen Jahren die zunehmende Relevanz der B trieblichen Gesundheitsförderung.

---

1 Die Arbeitsplatzkultur beschreibt für die Zusammenarbe grundlegende Annahmen und geteilte Einstellungen sowie Werte und Normen, die als Selbstverständlichkeit im Unternehmen gelten. Darauf beruhende gemeinsam Überzeugungen bestimmen das Denken und Handeln aller im Unternehmen (vgl. BMAS 2008, S. 36 f.).

2 Die Dimensionen Glaubwürdigkeit, Respekt und Fairnes sind drei von fünf Dimensionen des Great Place to Work® Modells und bilden gemeinsam das Kernmerkmal der Arbeitsplatzkultur, das erlebte Vertrauen.

Die standardisierten Befragungsinstrumente von Great Place to Work® für Mitarbeiterbefragungen[3] und das Kultur-Audit zu Maßnahmen der Personalarbeit umfassten immer schon Aspekte zur Gewährleistung der körperlichen Sicherheit und der psychischen Gesundheit sowie die Förderung der Gesundheit und der Life-Balance der Mitarbeiter als Merkmale einer mitarbeiterorientierten Arbeitsplatzkultur. Um dem Thema noch größere Aufmerksamkeit und Analysetiefe zu geben, wurde seit 2014 zusätzlich das vertiefende Befragungsmodul »Gesund Arbeiten« entwickelt und im Sommer 2015 im Rahmen einer Repräsentativbefragung[4] validiert. Ziel war es, ein kompaktes Instrument für die betriebliche Praxis zu entwickeln, das sowohl zuverlässige Erkenntnisse zum aktuellen Gesundheitszustand der Mitarbeiter liefert als auch Handlungsfelder und Potenziale für Verbesserungen im Bereich der Gesundheitsförderung aufzeigt und damit auch den Anforderungen der psychischen Gefährdungsbeurteilung entspricht.

Für die Entwicklung des Great Place to Work®-Befragungsmoduls »Gesund Arbeiten« wurden verschiedene theoretische Konzepte[5] zugrunde gelegt und die dort beschriebenen für die psychische Gesundheit relevanten Faktoren in sechs Gruppen zusammengefasst: Arbeitsorganisation, Arbeitsinhalte, sozialer Rückhalt, Arbeitsplatzgestaltung, Wertschätzung und Handlungsspielraum. Die Operationalisierung erfolgte mit Hilfe von 40 positiv formulierten Aussagen, die die Mitarbeiter auf einer 5-stufigen »Trifft-zu«-Antwortskala[6] bewerteten. Je größer der Anteil der verneinenden Antworten ist, desto stärker der Hinweis, dass in diesem Themenbereich Handlungsbedarf besteht, damit der Erhalt der psychischen Gesundheit gewährleistet werden kann.

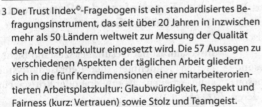

Fehlzeiten-Report 2016

⬛ **Abb. 9.1** Inhalte des Befragungsinstruments »Gesund Arbeiten« von Great Place to Work®

Zur Erfassung des aktuellen Gesundheitsstatus der Belegschaft wurden vier weitere Merkmale ergänzt, bei denen Mitarbeiter eine subjektive Einschätzung zu ihrem Gesundheitszustand und Belastungsniveau abgeben (⬛ Abb. 9.1). Die arbeitsbedingten Belastungen werden mithilfe einer elfstufigen Skala von »gar nicht« bis »sehr stark« gemessen. Die Bildung eines »Gesundheitsindex« aus den Gesundheitsfragen erlaubt zudem, die Ergebnisse in zweierlei Hinsicht zu klassifizieren: Die Einstufung der Gesundheit der Mitarbeiter in vier Kategorien (sehr gut, gut, moderat, kritisch) zeigt die aktuelle Gesundheitssituation im Unternehmen[7]; zusätzlich wird der subjektive Gesundheitszustand in Relation zur Bewertung in anderen Unternehmen in Deutschland gesetzt.

Korrelative Auswertungen verdeutlichen zudem den Zusammenhang des Gesundheitsindex mit den Einflussfaktoren auf die psychische Gesundheit und ermöglichen eine Priorisierung der im einzelnen Unternehmen besonders relevanten Verbesserungsfelder.

Für die Validierung des Befragungsinstruments »Gesund Arbeiten« wurden zwei frei verwendbare wissenschaftlich fundierte Instrumente herangezogen: der Work Ability Index (WAI, Hasselhorn u. Freude 2007) und der Copenhagen Psychosocial Questionnaire (COPSOQ, Nübling et al. 2005). Beide Instrumente messen die psychischen und körperlichen Fol-

---

3 Der Trust Index©-Fragebogen ist ein standardisiertes Befragungsinstrument, das seit über 20 Jahren in inzwischen mehr als 50 Ländern weltweit zur Messung der Qualität der Arbeitsplatzkultur eingesetzt wird. Die 57 Aussagen zu verschiedenen Aspekten der täglichen Arbeit gliedern sich in die fünf Kerndimensionen einer mitarbeiterorientierten Arbeitsplatzkultur: Glaubwürdigkeit, Respekt und Fairness (kurz: Vertrauen) sowie Stolz und Teamgeist.

4 Beteiligt waren 1.030 Mitarbeiter mit einem Beschäftigungsumfang von mindestens 15 Wochenstunden in Unternehmen mit mindestens 50 Mitarbeitern. Die Stichprobe ist repräsentativ bzgl. Alter, Geschlecht und Branche.

5 Maßgeblich waren insbesondere das Belastungs-Beanspruchungsmodell von Karasek und Theorell (1990) und das Modell der Gratifikationskrise nach Siegrist (1996).

6 Die Antwortmöglichkeiten sind verneinend (»trifft fast gar nicht zu« und »trifft überwiegend nicht zu«), neutral (»teils/teils«) oder zustimmend (»trifft überwiegend zu« und »trifft fast völlig zu«).

7 Die Einteilung erfolgt nach den Ergebnisniveaus des Index: sehr gut = 0–3,75; gut = 4–5,75; moderat = 6–7,25 und kritisch = 7,5–10.

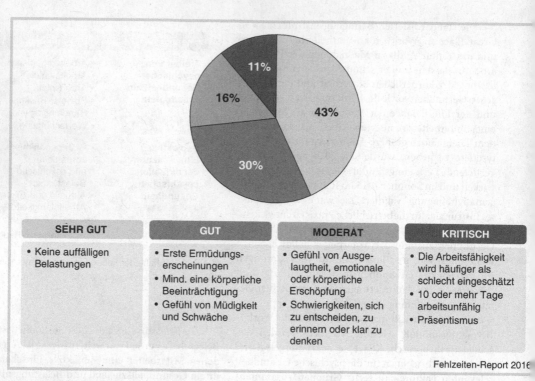

SEHR GUT	GUT	MODERAT	KRITISCH
• Keine auffälligen Belastungen	• Erste Ermüdungs-erscheinungen • Mind. eine körperliche Beeinträchtigung • Gefühl von Müdigkeit und Schwäche	• Gefühl von Ausge-laugtheit, emotionale oder körperliche Erschöpfung • Schwierigkeiten, sich zu entscheiden, zu erinnern oder klar zu denken	• Die Arbeitsfähigkeit wird häufiger als schlecht eingeschätzt • 10 oder mehr Tage arbeitsunfähig • Präsentismus

Fehlzeiten-Report 2016

◻ **Abb. 9.2** Gesundheitszustand von Arbeitnehmern in Deutschland: Ergebnisse der Repräsentativstudie »Gesund Arbeite

◻ **Tab. 9.1** Anteil der Zustimmungen in Abhängigkeit vom Gesundheitsniveau

Aktueller Gesundheitszustand	Sehr gut	Gut	Moderat	Kritisch
Zustimmung zur Aussage: »Alles in allem kann ich sagen, dies hier ist ein sehr guter Arbeitgeber.«	80 %	52 %	36 %	8 %

Fehlzeiten-Report 2016

gen von Stress und Belastungen im Arbeitskontext. Die Validität des Great Place to Work®-Gesundheitsindex konnte durch einen starken Zusammenhang zwischen den drei Instrumenten belegt werden[8].

Bei der Betrachtung der Ergebnisse zum Gesundheitsempfinden von Arbeitnehmern sind insbesondere die Gruppen als gefährdet einzustufen, deren Gesundheitsstatus im Bereich eines moderaten oder kritischen Zustands liegt: Hier kommt es häufig zu Erschöpfungserscheinungen und die Leistungsfähigkeit sowie die Konzentration sind beeinträchtigt. Zudem treten hier oft Gefühle von Ausgelaugtheit und emotionaler oder körperlicher Erschöpfung auf.

8 Nach Bravais Pearson beträgt der Zusammenhang mit dem WAI r = –0.609, p < 0.001, mit dem COPSOQ = 0.647, p < 0.001.

9.2.1 Ergebnisse der Repräsentativstudie »Gesund Arbeiten«

Insgesamt ist der Gesundheitszustand mehr als jede vierten Teilnehmers der Repräsentativstudie »Ge sund Arbeiten« als moderat oder kritisch einzustufe (◻ Abb. 9.2).

Das Angebot an gesundheitsförderlichen Maßna men ist zudem ausbaufähig: Ein Drittel der befragte Arbeitnehmer verneint die Aussage, hilfreiche Ma nahmen zur Förderung der Gesundheit zu erhalte Ein Viertel lehnt die Aussage ab, dass die psychisc Gesundheit an ihrem Arbeitsplatz gewährleistet ist.

Ein starker Zusammenhang zeigt sich darüber h naus zwischen dem Gesundheitszustand der Arbei nehmer und der Zufriedenheit mit dem Arbeitgebe Je besser sie selbst ihren Gesundheitszustand einst

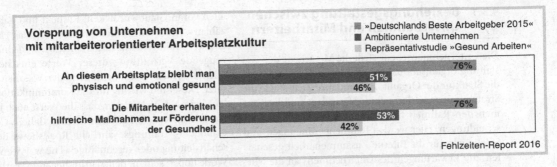

○ **Abb. 9.3** Benchmark-Vergleich psychische Gesundheit und Gesundheitsförderung (Zustimmungswerte)

fen, desto höher ist auch ihre Zufriedenheit mit dem Arbeitgeber (○ Tab. 9.1).

■ **Gesundheit und Arbeitsplatzzufriedenheit**

Dass Mitarbeiter in Unternehmen mit ausgezeichneter Arbeitsplatzkultur auch in Fragen der Gesundheitsförderung zufriedener sind und angebotene Maßnahmen zur Gesundheitsförderung als hilfreich empfinden, zeigt auch ein Vergleich der Ergebnisse der Repräsentativstudie »Gesund Arbeiten« mit der aktuellen Great Place to Work® Benchmark-Studie »Deutschlands Beste Arbeitgeber 2015«[9] (○ Abb. 9.3).

■ **Vorsprung von Unternehmen mit mitarbeiterorientierter Arbeitsplatzkultur**

Wie aber gelingt es Unternehmen, Arbeitsbedingungen zu schaffen, die als »großartig« erlebt werden und der psychischen Gesundheit der Mitarbeiter in hohem Maße zuträglich sind? Ein ganz wesentlicher Schlüssel hierfür liegt in der Gestaltung einer hohen Qualität der organisationalen Beziehungen bzw. in der übergeordneten Kultur und alltäglichen Praxis der Zusammenarbeit (Burchell u. Robin 2011).

---

9 Jährlich führt Great Place to Work® Deutschland im Rahmen der Benchmarkstudie »Deutschlands Beste Arbeitgeber« Untersuchungen in Unternehmen durch mit dem Ziel zu erheben, inwiefern die Arbeitsumgebung von den Beschäftigten als besonders vertrauenswürdig, wertschätzend und motivierend erlebt wird. Untersuchungsbasis sind eine Great Place to Work®-Mitarbeiterbefragung (Trust Index©) sowie eine Analyse der Maßnahmen der Personal- und Führungsarbeit (Kultur-Audit) in ihrem Unternehmen. Inhaltliche Bewertungsgrundlage ist das Great Place to Work®-Modell, das die Kernqualitäten ausgezeichneter Arbeitgeber beschreibt.

9.3 Zur Gestaltung organisationaler Beziehungen

In ihrem »Arbeitsprogramm Psyche« nennt die GDA im Merkmalsbereich »Soziale Beziehungen« zwei relevante Ebenen, auf denen es bei kritischen Ausprägungen zu psychischen Fehlbelastungen im Arbeitskontext kommen kann: die Beziehungen zwischen Führungskräften und Mitarbeitern sowie die Beziehungen zwischen Kollegen. Aus unternehmenskultureller Perspektive zu ergänzen ist die Beziehung des Unternehmens zu seinen Mitarbeitern insgesamt, zumal sich im Betrieblichen Gesundheitsmanagement letztlich die Unternehmenskultur ausdrückt (Badura u. Hehlmann 2003). Auf der übergeordneten kulturellen Beziehungsebene zeigt sich, welche Bedeutung die Mitarbeiter im Unternehmen haben, welcher Stellenwert dem Erhalt und der Förderung ihrer psychischen Gesundheit zukommt und welche übergreifenden Maßnahmen der Gesundheitsförderung ergriffen werden. Gesundheit wird dann als Unternehmenswert verstanden und damit wird auch der Forderung der Expertenkommission nachgekommen, die Gesundheit als Mittel zum Unternehmenszweck einzusetzen.

Im Folgenden werden die genannten organisationalen Beziehungsebenen beschrieben und ihre kritischen wie auch positiven Wirkungen auf die psychische Gesundheit der Mitarbeiter sowie die Entwicklung einer »Gesunden Organisation« (Badura u. Hehlmann 2003) analysiert.

9.3.1　Beziehungsgestaltung zwischen Unternehmen und Mitarbeitern

Die Unternehmensebene stellt die Metaebene der Gestaltung organisationaler Beziehungen dar: Hier sind die Struktur der Organisation und ihre Ziele sowie die Strategien zur Zielerreichung festgelegt und bestimmen den Rahmen für unternehmenspolitische Entscheidungen. Hier werden Rahmenbedingungen und Spielregeln für die interne Zusammenarbeit geschaffen, die Erwartungen des Unternehmens an die Mitarbeiter und im Gegenzug die angebotenen Gratifikationen definiert. Neben strukturellen Faktoren spielen hier mehr oder weniger bewusste Werte-Systeme und Welt- und Menschenbilder eine tragende Rolle, die als Arbeitsplatzkultur bzw. Unternehmenskultur im Inneren die Zusammenarbeit im Unternehmen regulieren und normativ auf die Gestaltung der sozialen Beziehungen und des Miteinanders in der Zusammenarbeit zwischen Gruppen und Einzelnen auf den darunter liegenden Ebenen wirken (Schein 1980).

Damit verbundene Fragen sind unter anderem: Wie steht das Unternehmen zu seinen Mitarbeitern? Werden die Bedürfnisse der Mitarbeiter bei grundlegenden Unternehmensentscheidungen berücksichtigt? In welcher Weise werden soziale und speziell mitarbeiterbezogene Werte in der Praxis gelebt und gepflegt? Sind die Beziehungen des Unternehmens eher an Funktionen oder an Personen ausgerichtet? Überwiegt eine Kultur des Vertrauens oder des Misstrauens?

Mit spezifischem Blick auf die Gesundheit wird erst durch die Verankerung auf der Unternehmensebene deutlich, dass die Förderung und der Erhalt der psychischen Gesundheit der Mitarbeiter einen hohen Stellenwert im Unternehmen hat (Gesundheit als Unternehmenswert) und gesundheitsförderliche Aspekte in unternehmenspolitische Entscheidungen einbezogen werden.

Und erst in dem Fall, dass Gesundheitsförderung zum Unternehmensziel wird, kann von einer »Präventionsreife« (Pfaff 2014) die Rede sein: Es wird dann nicht nur der Wille zur Förderung und zum Erhalt der psychischen Gesundheit der Mitarbeiter gezeigt, sondern es werden auch entsprechende Infrastrukturen und gesundheitsförderliche Beziehungen auf- und ausgebaut. Kurz: Wenn Gesundheitsförderung zum integralen Teil einer mitarbeiterorientierten Arbeitsplatzkultur wird und gesundheitsförderliche Werte gemeinsam geteilt werden, sind die besten Voraussetzungen für eine »Gesunde Organisation« (NIOSH nach Lowe 2003) geschaffen.

Damit gesundheitsrelevante Werte im Unternehmen – zu denen im Hinblick auf soziale Beziehungen allen voran Glaubwürdigkeit, Respekt und Fairness zählen – wirksam werden können und das Hande[ln] aller verbindlich daran ausgerichtet wird, ist eine übe[r]zeugende Vermittlung dieser Werte entscheiden[d.] Hierzu werden häufig Leitlinien oder Visionen eing[e]setzt. Diese sind wichtig für die Kommunikation, ste[l]len aber noch nicht sicher, dass die Werte auch im A[ll]tag gelebt werden. Hilfreich können daher »Code [of] Conduct«- Trainings, jährliche Roadshows der G[e]schäftsleitung oder regelmäßige »The way we work[«] Workshops[11] sein, in denen grundlegende Werte nic[ht] nur erläutert, sondern auch lebendig in ihrem unmi[t]telbaren Alltagsbezug diskutiert werden.

Ein sehr gutes Beispiel tiefgreifender Verankeru[n]gen ist auch der Einsatz einer »Balanced Scorecard[«] im Betrieblichen Gesundheitsmanagement, durch d[e]ren Einsatz regelmäßig neue Anforderungen und Th[e]men für die Gesundheitsförderung sichtbar werde[n.] Als ein Sonderpreisträger für »Betriebliche Gesun[d]heitsförderung« im Rahmen der Great Place to Work[®]-Wettbewerbe ist auch das TESA-Werk in Offenbu[rg] ein Vorbild: Die Vernetzung interner und extern[er] Experten und die aktive Beteiligung der Geschäftsfü[h]rung an der BGM-Arbeitsgruppe gibt das deutlic[h]

10　Gesundheitsrelevante Auswirkungen der drei Grundwerte, die zusammen das Vertrauen der Mitarbeiter in die Führungskräfte und die Unternehmensleitung wiedergeben, kommen dann zum Tragen, wenn Mitarbeiter sorgen- und störungsfrei ihre Aufgaben erfüllen können. Das ist der Fall, wenn sie die dafür notwendige[n] Informationen haben und Führungskräfte ansprechen können (und dürfen), sollten sie Fragen haben. Das ist weiterhin der Fall, wenn die Führungskräfte Mitarbeite[r] in deren Entwicklung fördern und besondere Leistunge[n] würdigen, dabei auch eine Balance zwischen Berufs- un[d] Privatleben unterstützen. Schließlich ist es förderlich fü[r] die psychische Gesundheit, wenn unfaire Situationen vermieden werden, alle Mitarbeiter die gleichen Chancen und Möglichkeiten erhalten und weder Bevorzugu[n]gen noch Diskriminierung wahrgenommen werden (Burchell u. Robin 2011).

11　In »Code of Conduct«-Trainings lernen die Mitarbeiter den im Unternehmen gültigen Verhaltenskodex kenne[n] und verpflichten sich dazu, sich danach zu verhalten. Dem gleichen Zweck dienen Roadshows der Geschäfts[-]führung, die dann die einzelnen Unternehmensbereich[e] besuchen, um Vereinbarungen für das Miteinander zu verbreiten, oder »The way we work«-Schulungen, in denen die Regeln für die Zusammenarbeit vermittelt werden.

12　Die Balanced Scorecard macht die Verbindung zwische[n] Unternehmensstrategie und den operativen Einheiten sichtbar. Sie unterstützt als solches die operative Umse[t]zung der Unternehmensstrategie.

Signal, dass die Mitarbeitergesundheit dem Unternehmen nicht nur auf dem Papier wichtig ist (Hauser u. Haase 2012).

Für den nachhaltigen Erfolg gesundheitsförderlicher Angebote und gesundheitsrelevanter struktureller Rahmenbedingungen ist deren regelmäßige Überprüfung wichtig. Nur so lässt sich erkennen, ob diese tatsächlich wirksam sind und die Bedürfnisse der Mitarbeiter treffen oder ob es noch blinde Flecken für Verbesserungsbedarf in der Gestaltung gesundheitsförderlicher sozialer Beziehungen gibt. Zur Vermeidung von »Flops« und Enttäuschungen sollten die Mitarbeiter daher als Experten in eigener Sache frühzeitig in die Planung übergreifender Maßnahmen zur Förderung der psychischen Gesundheit und des Wohlbefindens einbezogen werden.

Die regelmäßige Durchführung fokussierter Mitarbeiterbefragungen, die Ansatzpunkte und den Erfolg von Maßnahmen für »Gesundes Arbeiten« untersuchen, unterstreicht den Stellenwert, den die Gesundheitsförderung im Unternehmen einnimmt und beteiligt die Mitarbeiter am Auf- und Ausbau eines Betrieblichen Gesundheitsmanagements, was dessen Akzeptanz deutlich erhöht (GDA 2016).

Einen weiteren bedeutsamen Faktor im Rahmen eines integrierten Betrieblichen Gesundheitsmanagements stellt die unternehmensweite Förderung positiver sozialer Kontakte und des damit verbundenen sozialen Rückhalts dar. Umgekehrt wirken sich häufige konflikthafte Beziehungen und ein fehlender sozialer Rückhalt negativ auf die psychische Gesundheit der Mitarbeiter aus (INQA 2012). Wertvoll und nützlich sind daher Rahmenangebote, die es auch weniger proaktiven Mitarbeitern erleichtern, selbständig soziale Kontakte zu knüpfen und sich persönlich im Unternehmen zu vernetzen. Klassische Beispiele sind hier Betriebssport, gemeinsames Mittagessen und Betriebsfeiern. Möglich sind aber auch »Set Rotations«, bei denen die Mitarbeiter in regelmäßigen Abständen den Arbeitsplatz wechseln und mit unterschiedlichen Kollegen in direkten Kontakt kommen. Darüber hinaus unterstützen – so die Erfahrung von Great Place to Work® – kreative Formen der Gemeinschaftsbildung wie etwa Workshops zur Gestaltung der Büroräume, Gründung firmeninterner Musikbands, Filmwettbewerbe, Kochkurse und Spieleabende die Vertiefung sozialer Beziehungen und die Stärkung der sozialen Integration.

Verfolgt man das Konzept sowohl der Primärprävention als auch der Gesundheitsförderung, bei dem nicht nur bereits aufgetretene Fehlbelastungen reduziert, sondern bei dem Gesundheit als Prozess ganzheitlich gefördert wird, muss die Ausrichtung des BGM über die Einführung von Maßnahmen, die allein der Vermeidung von Erkrankungen dienen und ausschließlich den gesetzlichen Bestimmungen des § 5 ArbSchG zugrunde liegen, hinausgehen. Betriebliche Gesundheitsförderung ist weit mehr als die Einhaltung des Arbeitsschutzes oder das Angebot einzelner unverbundener und unverbindlicher Maßnahmen. Erst eine unternehmenskulturelle Verankerung eines modernen Gesundheitsbegriffs und die steuernde Wirkung einer im Ganzen gesundheitsbewussten und gesundheitsorientierten Arbeitsplatzkultur tragen dazu dabei, Fehlbelastungen und Fehlzeiten durch negativen psychischen Stress wirksam zu reduzieren, Demotivation und innere Kündigung abzubauen, das Wohlbefinden der Mitarbeiter zu steigern und vorhandene Entwicklungs- und Leistungspotenziale zu fördern und nachhaltig zu nutzen (Bengel et al. 2001). Eine ganz wesentliche Rolle spielt dabei auch die Führungskultur und nicht zuletzt auch das Verhältnis der Führungskräfte zu ihrer eigenen Gesundheit.

9.3.2 Gestaltung der Beziehungen zwischen Führungskräften und Mitarbeitern

Führungskräfte gestalten die Arbeitsbedingungen ihrer Mitarbeiter unmittelbar und haben großen Einfluss auf deren Wohlbefinden und psychische Gesundheit (Felfe et al. 2014). Nicht zuletzt stehen die Mitarbeiter aufgrund der Weisungsbefugnis ihrer Vorgesetzten in einem Abhängigkeitsverhältnis zu diesen. Für die Gestaltung der sozialen Beziehungen zwischen Führungskräften und Mitarbeitern nennt die GDA drei Ausprägungen, die besondere Beachtung finden sollten: die Vermeidung negativer sozialer Stressoren, die positive Würdigung und Anerkennung guter Arbeit sowie das Angebot sozialer Unterstützung im Bedarfsfall (GDA 2014).

Im Rahmen der aktuellen Repräsentativstudie »Gesund Arbeiten« von Great Place to Work® wurden die befragten Arbeitnehmer daher gebeten, Maßnahmen zu priorisieren, die aus ihrer Sicht besonders relevant für die Förderung ihrer psychischen Gesundheit sind. Die Befragten, die angaben, unter starker psychischer Belastungen im Arbeitskontext zu stehen, sehen die größte gesundheitsförderliche Wirkung in der Sensibilisierung der Führungskräfte für stressauslösende Situationen (58 Prozent) und für persönliche Wertschätzung und Anerkennung guter Arbeit (54 Prozent). Auch dass erlebte Stress-Situationen bei der Arbeit regelmäßig besprochen werden, empfinden die Beschäftigten mit hoher Stressbelastung als gesundheitsförderlich (53 Prozent).

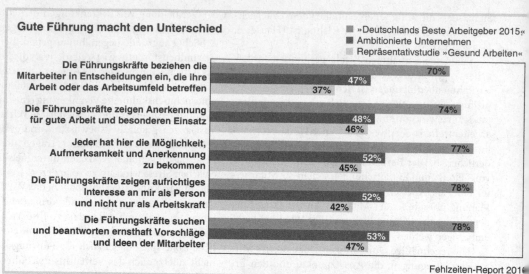

Gute Führung macht den Unterschied

■ »Deutschlands Beste Arbeitgeber 2015«
■ Ambitionierte Unternehmen
■ Repräsentativstudie »Gesund Arbeiten«

Die Führungskräfte beziehen die Mitarbeiter in Entscheidungen ein, die ihre Arbeit oder das Arbeitsumfeld betreffen
70%
47%
37%

Die Führungskräfte zeigen Anerkennung für gute Arbeit und besonderen Einsatz
74%
48%
46%

Jeder hat hier die Möglichkeit, Aufmerksamkeit und Anerkennung zu bekommen
77%
52%
45%

Die Führungskräfte zeigen aufrichtiges Interesse an mir als Person und nicht nur als Arbeitskraft
78%
52%
42%

Die Führungskräfte suchen und beantworten ernsthaft Vorschläge und Ideen der Mitarbeiter
78%
53%
47%

Fehlzeiten-Report 201⬦

◼ Abb. 9.4 Förderliches und gesundes Führungsverhalten im Benchmark-Vergleich (Basis: Anonyme Mitarbeiterbefragungen, durchgeführt 2014)

Betrachtet man damit verbundene Merkmale des Führungsverhaltens im Benchmark-Vergleich, zeigt sich das in ◼ Abb. 9.4 dargestellte Bild.

▪ Gute Führung macht den Unterschied

In Bereichen, die die Qualität der Beziehungen zwischen Führungskräften und Mitarbeitern beschreiben, erreichen Unternehmen mit einer überdurchschnittlich guten Arbeitsplatzkultur eine um 30 Prozent höhere Zustimmungsquote. Selbst ambitionierte Unternehmen[13] überschreiten kaum das Niveau der Zufallsauswahl aus der Repräsentativstudie. Im Ganzen zeigen die dargestellten Ergebnisse aus diesen Studien, die Great Place to Work® durchgeführt hat, dass gute Führung einen bedeutsamen Einfluss auf die Zufriedenheit und die Gesundheit der Mitarbeiter hat.

Ziel eines ganzheitlichen BGM ist es daher, dass es Führungskräften gelingt, sich selbst und andere gesund zu führen (INQA 2014). Durch gesunde Selbstführung und Achtsamkeit[14] für die eigene Gesundheit sind diese Vorbild für die Beschäftigten. Dabei hilft die Sensibi-

sierung für Belastungsfaktoren und das frühzeitige E kennen von Belastungssymptomen. Zeigen Führung kräfte neben guter Sozialkompetenz auch »gesundhe liche Kompetenz«[15], erkennen sie die Belastungsgre zen ihrer Mitarbeiter. Kontinuierlicher, offener u insbesondere fairer und respektvoller Austausch n einzelnen Mitarbeitern und in Teams – auch in Pr blem- und Konfliktsituationen – fördert das wechselse tige Verständnis, stärkt die Beziehung und unterstü ein vertrauensvolles, angstfreies Klima (Badura 2012

Bei schlecht gestalteten Beziehungen zwische Führungskräften aller Ebenen und den Mitarbeite sind psychische Fehlbelastungen hingegen prograi miert. An deren Ende kommt es nicht selten zu inner Kündigung oder zu depressiven Erkrankungen bz sogenanntem »Burnout« (Scharnhorst 2012). In d Beziehung zwischen Führungskräften und Mitarbe tern lösen insbesondere anhaltende und intensiv Konflikte und ambivalente Beziehungsformen Stre

---

13 Unter »ambitionierten Unternehmen« sind diejenigen zu verstehen, in denen das Thema Arbeitsplatzkultur ein Thema ist, die also mit der Entwicklung der Arbeitsplatzkultur begonnen haben und noch nicht das Niveau der ausgezeichneten Unternehmen erreichen konnten.

14 Achtsamkeit erlebt derzeit Konjunktur und wird als hilfreiche Methode für gesunde Selbstführung beworben. Vgl. z. B. Handelsblatt (2015), S. 44–51.

15 Nach Mödlers (2012) ist die »gesundheitliche Kompetenz« eine Kernkompetenz, die Führungskräfte heutzutage neben der Sozialkompetenz benötigen. Gesundheitliche Kompetenz bei Führungskräften beschreibt d Fähigkeit und das Fingerspitzengefühl von Führungskräften, ihre Mitarbeiter einerseits zu fördern und durc Herausforderungen zum Ausbau ihrer Kompetenzen beizutragen. Gleichzeitig erkennen sie, wenn ein Mitarbeiter an seine Grenzen stößt oder Verhaltensveränderungen zeigt, die auf psychische Belastungen schließe lassen.

aus und wirken negativ auf die psychische Gesundheit. Wird der Erhalt der psychischen Gesundheit nicht als Wert im Unternehmen gelebt, wird ihr eine geringere Relevanz und Bedeutung zugemessen. Führungskräfte stehen freilich häufig im Spagat: Sie sind verantwortlich dafür, dass wirtschaftliche Kennzahlen erreicht werden, und sollen zugleich gesunde Arbeitsbedingungen ermöglichen. Erst durch eine vom Gesamtunternehmen getragene Arbeitsplatzkultur mit darin verankerten gesundheitlichen Werten lassen sich dafür praktische Orientierungsrahmen vorgeben und mögliche Zielkonflikte lösen.

Ist die Förderung der psychischen Gesundheit und des Wohlbefindens der Mitarbeiter im Führungsverständnis des Unternehmens fest verankert, sind Führungskräfte-Trainings zur Sensibilisierung für Gesundheitsthemen, die Förderung der eigenen Gesundheit und die der Mitarbeiter sowie auch zum Umgang mit psychisch erkrankten Mitarbeitern fester Teil der Führungskräfteentwicklung.

Dazu kommen Themen wie emotionale Intelligenz, die Fähigkeit Konflikte zu lösen oder Belastungsgrenzen der Mitarbeiter zu erkennen. Dass Führungskräfte die Bedürfnisse sowie die Stärken, Talente und Unterstützungsbereiche ihrer Mitarbeiter erkennen, hat für Unternehmen mit ausgezeichneter Arbeitsplatzkultur auch einen hohen Stellenwert.

Ein vertrauensvolles Verhältnis verstärkt die Beziehung zwischen beiden und kann anhaltende Konflikte vermeiden, wenn Probleme untereinander offen angesprochen werden können. Ist das Verhältnis von Vertrauen und Offenheit geprägt, ist es wahrscheinlich, dass Mitarbeiter signalisieren, wenn sie an ihre Grenzen geraten, sodass die Gefahr der Führungskräfte reduziert wird, die Mitarbeiter zu fordern und sie gleichzeitig zu überfordern (Bengel 2001). Regelmäßige Einzelgespräche oder Jours Fixes zwischen Mitarbeitern und ihrer Führungskraft können dies unterstützen. Unternehmen, in denen eine Feedback-Kultur stark ausgeprägt ist, setzen auf Führungskräfte-Feedbacks (anonym) oder Stimmungsbarometer (öffentlich): Mitarbeiter bewerten dabei die Führungswirkung ihrer Führungskraft und anschließend werden gemeinsam Verbesserungen für die Zusammenarbeit entwickelt. Einige Unternehmen bieten ihren Mitarbeitern für interne Beschwerden anonyme Hotlines oder onlinebasierte Kummerkästen an, wenn es doch zu Konflikten kommt.[16]

Die Würdigung erbrachter Leistungen, Lob und Anerkennung sind wichtige Aspekte, die das Selbstwertgefühl und damit die psychische Gesundheit stärken und gleichzeitig die Motivation steigern. Sie fungieren als Verhaltensverstärker und Anreize für die Bewältigung kommender Aufgaben (Sanders u. Lampe 2011). Außerdem sind sie Zeichen dafür, dass die Leistung des Mitarbeiters gesehen und gewürdigt wird. Tolle Maßnahmen, die Unternehmen hier benennen, sind beispielsweise die Erwähnung besonderer Leistungen in den Führungskräfte-Runden, Recognition-Interviews oder die Ehrung des »Helden des Tages« für Mitarbeiter, die einen besonderen Erfolg erzielt haben. Werden die besonderen Leistungen in der Führungsrunde geteilt, bekommt ein Mitarbeiter nicht nur von seiner eigenen Führungskraft Anerkennung, sondern auch von anderen. Bei »Recognition-Interviews« erfährt die Führungskraft individuelle Präferenzen des Mitarbeiters und erfragt, welche Art von Anerkennung ihn am ehesten anspricht und motiviert. Das Interview selbst wirkt dann schon anerkennend, weil die Individualität des Mitarbeiters berücksichtigt wird. Eine ganz besondere Maßnahme ist die Nominierung für den »Circle of Champions«: Hier nominieren Mitarbeiter ihre Führungskraft dafür, dass sich die Mitarbeiter anerkannt und als wichtiges Mitglied des Teams fühlen.

Durch die soziale Unterstützung leisten Führungskräfte Hilfe bei der Bewältigung von Aufgaben, haben ein offenes Ohr und geben durch hilfreichen Rat Rückhalt. Um die Erreichbarkeit für Mitarbeiter im Bedarfsfall zu gewährleisten, müssen zeitliche Puffer eingeplant werden. Soziale Unterstützung zeigt sich auch durch das Vertrauen, das Führungskräfte den Mitarbeitern entgegenbringen, und im Feedback, das als soziale und fachliche Begleitung für die eigene Entwicklung dient oder Lob und Anerkennung für gute Arbeit darstellt. Je größer die Teams sind, desto schwieriger wird es für Führungskräfte, persönlich zur Verfügung zu stehen. Eine gute Maßnahme ist ein »Führungskräfte-Rundgang«, bei dem Führungskräfte alle Mitarbeiter an ihren Arbeitsplätzen besuchen, sich miteinander austauschen, Fragen und Probleme erörtern und Lösungen gefunden werden. Durch den Besuch am Arbeitsplatz bekommen Führungskräfte außerdem einen direkten Eindruck vom Arbeitsalltag und von generellen Sorgen oder Problemen. Live Chats

---

16 Der Umgang mit persönlichem Feedback kann für Führungskräfte eine Herausforderung darstellen. Es ist daher wichtig, bei der systematischen Einführung von Führungsfeedbacks einerseits eine professionelle Begleitung (z. B. Beratung, Coaching) für Führungskräfte anzubieten.

Zum anderen ist die Ausrichtung des Führungsfeedbacks auf seine intendierte Wirkung zu gestalten. Diese kann im einen Extrem ein reines Dialoginstrument sein, im anderen Extrem ein Instrument zur Beurteilung der Führungsleistung.

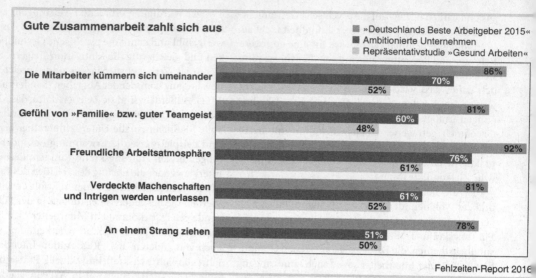

Abb. 9.5 Qualität der organisationalen Zusammenarbeit im Benchmark-Vergleich (Basis: Anonyme Mitarbeiter-befragungen, durchgeführt 2014)

mit Führungskräften sind eine Alternative in dezentralen Organisationen. Unternehmen, die ihre Führungskräfte als »Personalentwickler vor Ort« verstehen, bieten neben fachlichen Hilfestellungen und Schulungen auch die zeitlichen Ressourcen. Besonders umfassend ist die Ausbildung »Psycho-soziale Führungs- und Leitungskompetenz«, aber auch Trainings unter dem Motto »Gesund führen«. Um gezielt Unterstützung anbieten zu können, dient ein »Manager's Desktop Informationstool«: Es bietet einen Überblick über die Personaldaten der Mitarbeiter und deren Kompetenzen[17].

9.3.3 Gestaltung kollegialer Beziehungen

Soziale Unterstützung im Bedarfsfall spielt auf allen organisationalen Beziehungsebenen eine wichtige Rolle für die psychische Gesundheit der Mitarbeiter. Besondere Bedeutung kommt dem sozialen Rückhalt daher auch in den kollegialen Beziehungen zu.

---

17 Damit Führungskräfte ihrerseits in dieser Rolle keine Überforderung oder Überlastung erleben, ist es wichtig, dass ein gemeinsames Führungsverständnis vorherrscht, Führungskräfte für diese Aufgaben geschult sind und eine klare Abgrenzung von Verantwortlichkeiten zwischen den Aufgaben des Personalmanagements und der Führungskräfte besteht.

Der Rückhalt, den sich die Mitarbeiter untereinander geben oder vorenthalten, hat bedeutsamen Einfluss auf deren psychische Gesundheit. Da sich dieser Beziehungsbereich oft dem unmittelbaren Einfluss der Organisation und seiner Führungskräfte entzieht, kommt den kulturell vermittelten Modellen kollegialer Zusammenarbeit wesentliche Bedeutung zu. Dem Stellenwert von Teamgeist, aber auch der Umgang mit sozialen Konkurrenz- und Drucksituationen spielt hierbei eine wesentliche Rolle.

Zudem können sich übermäßiges Einzelkämpfertum und mangelndes Vertrauen von oben nach unten bis auf die Team- und Mitarbeiterebenen durchsetzen. Negativ gefärbte kollegiale Beziehungen gefährden ab ebenso wie schlechte Führungsbeziehungen die Qualität der Zusammenarbeit und der Leistungskraft und nicht zuletzt auch die psychische Gesundheit der Mitarbeiter.

Kollegen innerhalb von Teams beschäftigen sich mit ähnlichen Aufgaben, somit ist gegenseitiges Lernen eine wertvolle Quelle der Entwicklung. Eine gut vertrauensvolle Zusammenarbeit anstelle von Bereichsegoismen ist darüber hinaus auch an den organisationalen Schnittstellen wichtig für die psychische Gesundheit der Mitarbeiter. Mitarbeiter, die sich in ihrem Team wohl fühlen, sind produktiver, verantwortungsbewusster und entwickeln häufiger Verbesserungen und neue Ideen (INQA 2015).

Einen Überblick zu den Qualitäten gelingender sozialer Beziehungen zwischen Kollegen und darüber hinaus gibt **Abb. 9.5**.

■ **Gute Zusammenarbeit zahlt sich aus**

Im Bereich der kollegialen Beziehungen sind die Unterschiede zwischen ausgezeichneten Arbeitgebern und den Ergebnissen der Repräsentativstudie »Gesund Arbeiten« besonders deutlich. Intensive Konflikte unter Kollegen sowie mangelnde Transparenz oder unvollständige Informationen im Team, die zu Gerüchten führen können, sind ein Nährboden für psychische Belastungen. Sie wirken direkt auf das emotionale Wohlbefinden und verhindern, sich auf die eigentlichen Aufgaben zu konzentrieren. Von Gerüchten betroffene Mitarbeiter fühlen sich verletzt, missverstanden und verunsichert. Werden Streitigkeiten und Intrigen nicht rechtzeitig erkannt, gelöst und unterbunden, kann Mobbing die Folge sein. Eine lösungsorientierte Grundhaltung und eine offene Gesprächskultur in Teams sorgen dafür, dass Konflikte produktiv genutzt werden. Denn: Jeder Konflikt hat Potenzial für Veränderungen und Verbesserungen (Scharnhorst 2012).

Vertrauensmangel in den Beziehungen unter Kollegen kommt häufig dann vor, wenn diese in einem als intransparent oder unfair empfundenen Wettbewerb um Aufmerksamkeit, Anerkennung oder Vergünstigungen zueinander stehen. Die soziale Gleichbehandlung der Mitarbeiter – ohne deren individuelle Unterschiede zu ignorieren – sowie der Verzicht auf einseitige Bevorzugungen ist daher eine wirksame Prävention gegen mangelnden Teamgeist.

Offener und regelmäßiger Austausch im Team, Reflexionen und »Lessons learned« nach Abschluss bestimmter Meilensteine und die Möglichkeit, Ideen einzubringen und mit anderen zu diskutieren, fördern einen kollegialen und kooperativen Umgang untereinander. Eine Maßnahme, die bei Ärgernissen konstruktive Lösungen fördert, ist die Aufnahme eines Tagesordnungspunkts »Sand im Getriebe« in alle Team-Sitzungen. So können Probleme im unmittelbaren Arbeitsumfeld zeitnah angesprochen und Verbesserungen erarbeitet werden. Auch der Einsatz von »Konflikt-Buddies« als ausgebildete Mediatoren aus der Mitarbeiterschaft kann erfolgreiche Konfliktbewältigungen unterstützen und das Stressniveau reduzieren. Ähnliches gilt für ein Beschwerdemanagement, das mittels eines institutionalisierten Deeskalationsmodells festgelegte Schritte zum Umgang mit Konflikten definiert und so das »Festfahren« konfliktbehafteter Situationen verhindert. In einer von Offenheit geprägten Arbeitsplatzkultur stärkt das kollegiale Feedback zudem den sozialen Rückhalt, indem authentische Rückmeldung zur eigenen Arbeit gegeben und Verbesserungsmöglichkeiten aufgezeigt werden. Der für die psychische Gesundheit und die persönliche Weiterentwicklung aller Mitarbeiter hohe Wert kollegialer Unterstützung im Unternehmen lässt sich zudem durch monatliche »Teamgeist-Awards« oder andere Formen der Anerkennung stärken.

9.4 Fazit

Unternehmen mit einer ausgeprägt mitarbeiterorientierten Arbeitsplatzkultur schenken der psychischen Gesundheit und dem Wohlbefinden ihrer Mitarbeiter bereits deutlich größere praktische Aufmerksamkeit als der Durchschnitt der Unternehmen. Zugleich ist festzuhalten, dass auch bei den im Vergleich besten Arbeitgebern längst noch nicht alle Mitarbeiter der Aussage zustimmen können, am eigenen Arbeitsplatz psychisch gesund zu bleiben oder gesundheitlich gefördert zu werden. Andere Unternehmen stehen hier allerdings erst ganz am Anfang. Doch der Weg lohnt sich: Investitionen in ein Betriebliches Gesundheitsmanagement mit einem modernen ganzheitlichen Gesundheitsverständnis und eine damit verbundene übergeordnete gesundheitsförderliche Arbeitsplatzkultur – in der die Arbeitsorganisation, die Arbeitsinhalte, die materiellen Arbeitsbedingungen und nicht zuletzt die Qualität der vielfältigen organisationalen Beziehungen in gesundheitsbewusster Weise gestaltet und weiterentwickelt werden – zahlt sich doppelt und dreifach aus: durch signifikant geringere Fehlzeiten und geringere Fluktuation, durch deutlichen Abbau innerer Kündigungen, größere Leistungs- und Innovationsstärke und auch bessere Chancen bei zunehmend gesundheitsbewussten Bewerbern.

Mit der Betrachtung von drei organisationalen Beziehungsebenen konnten systematisch Handlungsbereiche für die Gestaltung der sozialen Beziehungen aufgezeigt werden, die kritische Gefährdungsbereiche ebenso wie wichtige Ressourcen darstellen. Auf jeder Ebene sind für die Gestaltung dieser Beziehungen unterschiedliche Aspekte relevant: Gesundheit als Teil der Arbeitsplatzkultur und als Unternehmenswert, die Sensibilisierung und Ausbildung der Führungskräfte für Belastungen und gesundes Führen sowie ein vertrauensvolles Miteinander in der Zusammenarbeit. Als sinnstiftendes Konstrukt kann die Arbeitsplatzkultur ihre Strahlkraft entfalten: Der Wert der Gesundheit jedes Einzelnen ist von allen anerkannt und das Verhalten aller im Unternehmen orientiert sich an dieser organisationalen Grundhaltung.

Zur Inspiration diesbezüglicher Gestaltungsarbeiten möchten wir mit einem an den berühmten griechischen Arzt Herophilos von Chalkedon aus Alexandrien angelehnten Zitat (* um 330 v.Chr.) schließen:

» Wo Gesundheit fehlt, kann Weisheit nicht offenbar werden, Kunst keinen Reichtum finden, Stärke nicht kämpfen, Reichtum keine Werte schaffen und Klugheit nicht angewandt werden.

Literatur

AOK-Bundesverband (Hrsg) (2015) Führungskräfte sensibilisieren und Gesundheit fördern – Ergebnisse aus dem Projekt »iga.Radar«. AOK, Berlin

Badura B (2012) Führungskräfte – Täter oder Opfer? Vortrag im Rahmen der Bielefelder BGM-Fachtagung 2012: »Betriebliches Gesundheitsmanagement: Fokus Führungskräfte«. http://www.bgm-bielefeld.de/index.php?page=24. Gesehen 06 Jul 2016

Badura B, Hehlmann T (2003) Betriebliche Gesundheitspolitik: Der Weg zur gesunden Organisation. Springer, Berlin Heidelberg

Badura B, Ducki A, Schröder H, Klose J, Macco K (Hrsg) (2011) Fehlzeiten-Report 2011. Führung und Gesundheit. Springer, Berlin Heidelberg

Badura B, Ducki A, Schröder H, Klose J, Meyer M (Hrsg) (2015) Fehlzeiten-Report 2015. Neue Wege für mehr Gesundheit – Qualitätsstandards für ein zielgruppenspezifisches Gesundheitsmanagement. Springer, Berlin Heidelberg

Bengel J, Strittmacher R, Willmann H (2001) Was erhält Menschen gesund? Antonovskys Modell der Salutogenese – Diskussionsstand und Stellenwert. Erw. Neuauflage. dgvt Verlag, Köln

Burchell M, Robin J (2011) The Great Workplace: How to Build It, How to Keep It, and Why It Matters. Jossey Bass, San Francisco

Expertenkommission der Bertelsmann Stiftung und Hans-Böckler-Stiftung (Hrsg) (2002) »Zukunftsfähige betriebliche Gesundheitspolitik.« Zwischenbericht. Verlag Bertelsmann Stiftung, Gütersloh Düsseldorf

Expertenkommission der Bertelsmann Stiftung und Hans-Böckler-Stiftung (Hrsg) (2004) »Zukunftsfähige betriebliche Gesundheitspolitik.« Schlussbericht, Kurzfassung. Verlag Bertelsmann Stiftung, Gütersloh/Düsseldorf

Felfe J, Ducki A, Franke F (2014) Führungskompetenzen der Zukunft. In: Badura B, Ducki A, Schröder H, Klose J, Meyer M (Hrsg) Fehlzeiten-Report 2014. Erfolgreiche Unternehmen von morgen – gesunde Zukunft heute gestalten. Springer, Berlin Heidelberg, S 139–148

Gemeinsame deutsche Arbeitsschutzstrategie (2014) Empfehlungen zur Umsetzung der Gefährdungsbeurteiung psychischer Belastungen. Bundesministerium für Arbeit und Soziales, Berlin

Gemeinsame deutsche Arbeitsschutzstrategie (2016) Empfehlungen zur Umsetzung der Gefährdungsbeurteiung psychischer Belastungen, 2. erweiterte Aufl. Bundesministerium für Arbeit und Soziales, Berlin

Great Place to Work® Deutschland (Hrsg) Gesund Arbeiten. Informationen zur Studie sind unter http://kurzlink.de/gesund-arbeiten veröffentlicht

Hasselhorn HM, Freude G (2007) Der Work Ability Index – Leitfaden. Haupt Verlag, Dortmund Berlin Dresden

Handelsblatt Wochenende (2016) Nr 5, 8./9./10. Januar

Hauser F, Haase J (2012) Von der Pflicht zur Kür. Person magazin 9

Hauser F, Schubert A, Aicher M (2008) Unternehmenskult Arbeitsqualität und Mitarbeiterengagement in den Unte nehmen in Deutschland. Bundesministerium für Arb und Soziales, Bonn

INQA (Hrsg) (2012) Mit Verstand und Verständnis. Bundesa stalt für Arbeitsschutz und Arbeitsmedizin, Berlin

INQA (Hrsg) (2014) Gesunde Mitarbeiter – gesunde Unte nehmen. Bundesanstalt für Arbeitsschutz und Arbei medizin, Berlin

INQA (Hrsg) (2015) Kein Stress mit dem Stress – Eine Han lungshilfe für Beschäftigte. Bundesanstalt für Arbei schutz und Arbeitsmedizin, Berlin

Karasek R, Theorell T (1990) Healty Work – Stress, Productivi and the Reconstruction of Working Life. Basic Books, Ne York

Leitung des GDA-Arbeitsprogramms Psyche (Hrsg) (201 Empfehlungen der GDA-Träger zur Umsetzung der G fährdungsbeurteilung psychischer Belastung. Bundesm nisterium für Arbeit und Soziales, Berlin

Leitung des GDA-Arbeitsprogramms Psyche (Hrsg) (201 Empfehlungen zur Umsetzung der Gefährdungsbeurt lung psychischer Belastung, 2. erw. Auflage. Bundesmin terium für Arbeit und Soziales, Berlin

Lohman-Haislah A (2012) Verhältnisprävention geht vor Ve haltensprävention: Psychische Belastung – was tun? ba Aktuell – Ausgabe 2. Amtliche Mitteilungen der Bunde anstalt für Arbeitsschutz und Arbeitsmedizin, S 6–7

Lowe G (2003) Building healthy organizations takes more th simple putting in a wellness program. In: Canadian Report, Toronto.

Mölders W (2012) Jetzt soll ich mich auch noch um Gesundhe kümmern! Vortrag im Rahmen der Bielefelder BGM-Fac tagung »Betriebliches Gesundheitsmanagement: Fok Führungskräfte«

Nationale Arbeitsschutzkonferenz (Hrsg) (2012) Leitlinie Be tung und Überwachung bei psychischer Belastung a Arbeitsplatz. Bundesanstalt für Arbeitsschutz und Arbei medizin, Berlin

Nationale Arbeitsschutzkonferenz (Hrsg) (2015) Leitlinie G fährdungsbeurteilung und Dokumentation. Bundesa stalt für Arbeitsschutz und Arbeitsmedizin, Berlin

Nübling M, Stößel U, Hasselhorn HM, Michalis M, Hofmann (2005) Methoden zur Erfassung psychischer Belastung – Erprobung eines Messinstrumentes (COPSOQ). Wi schaftsverlag NW, Bremerhaven

Pfaff H (2014) An einem Strang ziehen: Erfolgsfaktor Sozi kapital. In: Geschäftsstelle der Initiative Neue Qualität d Arbeit (Hrsg) Gesunde Mitarbeiter – gesundes Unterne men. Eine Handlungshilfe für das Betriebliche Gesun heitsmanagement. Bundesanstalt für Arbeitsschutz u Arbeitsmedizin, Berlin

Sanders F, Lampe A (2011) Gesundheitsmanagement bei Volk wagen Nutzfahrzeuge. In: Badura B, Ducki A, Schröder

9

Klose J, Macco K (Hrsg) Fehlzeiten-Report 2011: Führung und Gesundheit. Springer, Berlin Heidelberg

Scharnhorst J (2012) Burnout-mit Arbeitshilfen Online: Präventionsstrategien und Handlungsoptionen für Unternehmen. Haufe, Freiburg

Schein EH (1980) Organisationspsychologie. Ins Deutsche übersetzt von Hofmann M. Gabler, Wiesbaden

Siegrist J (1996) Soziale Krisen und Gesundheit. Eine Theorie der Gesundheitsförderung am Beispiel von Herz-Kreislauf-Risiken im Erwerbsleben. Hogrefe, Göttingen Bern Toronto Seattle

Ulrich E (2008) Psychische Gesundheit am Arbeitsplatz. In: Vorstand des Berufsverbandes Deutscher Psychologinnen und Psychologen e. V. (BDP) (Hrsg) Psychische Gesundheit am Arbeitsplatz in Deutschland. Berlin

WHO (1946) Verfassung der Weltgesundheitsorganisation. WHO, New York

Unternehmenskultur als Schlüssel zu einer nachhaltigen familienbewussten Personalpolitik

R. Ahrens

B. Badura et al. (Hrsg.) *Fehlzeiten-Report 2016*,
DOI 10.1007/978-3-662-49413-4_10, © Springer-Verlag Berlin Heidelberg 2016

Zusammenfassung *Beruf und Familie besser miteinander vereinbaren zu können – das wünschen sich viele Beschäftigte. Für Unternehmen ist eine familienbewusste Personalpolitik in den letzten Jahren daher zu einem wichtigen Wettbewerbsfaktor geworden. Um eine solche aber erfolgreich umsetzen zu können, braucht es mehr, als dass entsprechende Leistungen angeboten werden: Die Unternehmenskultur ist entscheidend dafür, ob Beschäftigte ihren eigenen Arbeitgeber als besonders familienbewusst bewerten oder nicht. Neben Ergebnissen aus repräsentativen Studien zum Thema familienbewusste Personalpolitik liefert der Beitrag vor allem einen detaillierten Blick in die Praxis. Basierend auf ihren Erfahrungen aus der Beratung von Unternehmen beantwortet die Autorin folgende Fragen: Warum ist die Unternehmenskultur so wichtig für das Familienbewusstsein? Was können Unternehmen tun, um eine familienbewusste Unternehmenskultur zu etablieren? Und: Lohnt sich der Einsatz aus betriebswirtschaftlicher Sicht überhaupt?*

10.1 Einleitung

Während der Begriff der Work-Life-Balance alle Aspekte umfasst, die eine Vereinbarkeit von Berufs- und Privatleben ermöglichen, konzentriert sich eine familienbewusste Personalpolitik auf den Teil der Belegschaft, der (potenziell) neben der Erwerbstätigkeit auch Familienaufgaben nachgeht. Ein Hintergedanke dabei ist, dass Familien nicht nur gesellschaftlich und volkswirtschaftlich relevante Funktionen erfüllen (Gerlach 2010). In vielen Unternehmen unterschiedlicher Branchen und Regionen – v. a. natürlich in solchen, in denen der Fachkräftemangel bereits spürbar ist – hat sich mittlerweile die Erkenntnis durchgesetzt, dass es sich lohnt, Beschäftigte mit Familienpflichten gezielt anzuwerben bzw. zu halten. Denn sie erwerben durch ihre Familienaufgaben auch beruflich relevante (z. B. soziale) Kompetenzen.[1] Ein noch wichtigeres Argument ist aber meist, dass ihr Arbeitszeitausfall bzw. das Verlassen des Unternehmens mit höheren finanziellen und zeitlichen Kosten verbunden wäre

als ihre (z. B. durch betriebliche Kinderbetreuungsangebote unterstützte) Weiterbeschäftigung (siehe hierzu auch Ahrens u. Schneider 2013). Besonders Arbeitgebende des öffentlichen Dienstes und nicht gewinnorientierte Unternehmen haben darüber hinaus ein gesteigertes Interesse daran, sich als familienbewusste Arbeitgebende zu positionieren, da sie i. d. R. keine vergleichbar hohen Gehälter wie die Privatwirtschaft anbieten können.

Wie wichtig es für alle Arbeitgebenden ist, sich mit dem Thema Familienbewusstsein auseinanderzusetzen, zeigt sich anhand von Umfrageergebnissen: In einer repräsentativen Befragung von mehr als 5.000 Beschäftigten wurde die Vereinbarkeit von Beruf und Familie mit durchschnittlich 87 von 100 Punkten als besonders wichtig eingestuft (Gerlach et al. 2015, S. 59). Bei der Wahl des Arbeitgebenden wird die Vereinbarkeit von Beruf und Familie als genauso wichtig eingeordnet wie ein gutes Gehalt (vgl. z. B. BMFSFJ 2008, S. 6). Es ist davon auszugehen, dass die Bedeutung dieses Themas – auch vor dem Hintergrund der wachsenden Anzahl von Beschäftigten, die ihre Erwerbstätigkeit mit der Pflege von Angehörigen vereinbaren möchten – in den kommenden Jahren noch weiter zunehmen wird.

Das einer familienbewussten Personalpolitik zugrunde liegende Verständnis von »Familie« ist dem-

---

1 Das Deutsche Jugendinstitut hat hierzu beispielsweise das Instrument der »Kompetenzbilanz« entwickelt, das Arbeitgebende im Rahmen ihrer Personalentwicklung nutzen können (für Details siehe z. B. http://www.dji.de/fileadmin/user_upload/bibs/33_633komp.pdf).

entsprechend – zumindest aus wissenschaftlicher Sicht – breit gefasst: Adressiert werden nicht nur erwerbstätige Eltern mit Kindern im betreuungsintensiven Alter, sondern beispielsweise auch Erwerbstätige, die neben dem Beruf Angehörige pflegen. Eine nachhaltige familienbewusste Personalpolitik nimmt darüber hinaus auch diejenigen Mitarbeitenden in den Blick, die sich (voraussichtlich) in der Zukunft Familienaufgaben widmen werden.

Durch die wissenschaftliche Auseinandersetzung mit dem Themenbereich – zu der u. a. auch die Ermittlung der betriebswirtschaftlichen Effekte einer solchen gehört (Gerlach et al. 2013; Schneider et al. 2008b) – ist die familienbewusste Personalpolitik in den letzten Jahren von einem »randständigen Frauenthema« zu einem ernst zu nehmenden Bereich der Personalentwicklung geworden. In der Praxis bewährt hat sich ein (wissenschaftlich fundiertes) dreidimensionales Verständnis von familienbewusster Personalpolitik (siehe hierzu Schneider et al. 2008a).

Danach besteht eine familienbewusste Personalpolitik zum einen aus den Maßnahmen, die ein Arbeitgebender für seine Mitarbeitenden vorhält (Dimension »Leistung«). Gemeint sind freiwillige Leistungen des Arbeitgebenden, also nicht solche (wie z. B. die Elternzeit), die gesetzlich geregelt sind. Die Möglichkeiten reichen von der Unterstützung bei der Suche nach einem Pflegeplatz im Seniorenwohnheim über spezielle Homeoffice-Lösungen bis hin zu betrieblichen Kinderbetreuungsangeboten (z. B. Großtagespflegestelle, Betriebskita). Für jede Branche und jede Größenklasse gibt es dabei passende Lösungen. Ein einfaches Beispiel: Der zeitliche und finanzielle Aufwand bei der Einrichtung einer Betriebskita lohnt sich grundsätzlich für einen Arbeitgebenden mit mehreren tausend Beschäftigten eher als für ein Kleinunternehmen. Gerade für kleine und mittelständische Arbeitgebende kommt es u. U. eher infrage, eine Großtagespflegestelle einzurichten oder die Mitarbeitenden bei der Vermittlung von Tageseltern zu unterstützen.

In der zweiten Dimension »Dialog« liegt der Fokus darauf, vorhandene und geplante Maßnahmen am tatsächlichen Bedarf der aktuellen (und zukünftigen) Belegschaft auszurichten. So gilt es, »gegenwärtige und zukünftige Bedürfnisse und Wünsche der Mitarbeiter nicht nur zu kennen, sondern darüber hinaus bewusst auf diese einzugehen« (Schneider et al. 2008a, S. 39). Informationsdefizite auf Seiten der Mitarbeitenden oder des Arbeitgebenden können hingegen dazu führen, dass beispielsweise vorhandene Maßnahmen nicht angenommen werden. Unternehmensindividuelle Bedarfsanalysen und Evaluationen können hier vorbeugen, wie sich im Folgenden noch zeigen wird.

Für den Erfolg einer familienbewussten Personalpolitik ist es darüber hinaus ganz entscheidend, w diese in die Unternehmenskultur verankert ist. M Blick auf die Dimension »Kultur« ist ein verständni volles Miteinander zwischen Unternehmensleitun (mittlerer) Führungsebene und Belegschaft von er scheidender Bedeutung. Denn: Nur wenn die Ina spruchnahme vorhandener Maßnahmen als »norma empfunden wird, kann eine familienbewusste Pers nalpolitik ihre volle positive Wirkung entfalten.

Vor diesem Hintergrund geht der vorliegen Beitrag der Rolle der Unternehmenskultur bei d Einführung und Umsetzung einer familienbewusst Personalpolitik nach. Einleitend wird hierzu kurz a den Nutzen einer familienbewussten Personalpolit eingegangen. Auf Basis konkreter Handlungsemp fehlungen werden interessierten Arbeitgebenden a schließend Anregungen für die (Weiter-)Entwicklu ihrer familienbewussten Personalpolitik gegeben.

10.2   Zum Nutzen einer familienbewussten Personalpolitik

Dass sich eine familienbewusste Personalpolitik au aus betriebswirtschaftlicher Sicht lohnt, konnte erstm auf Basis einer deutschlandweiten repräsentativen U ternehmensbefragung aus dem Jahr 2007 nachgewies werden (Schneider et al. 2008b). Für die Untersuchu wurde – basierend auf den oben erläuterten Dimensi nen Leistung, Dialog und Kultur – ein Index entwicke mit dem sich das Familienbewusstsein eines Arbeitg benden messen lässt (Schneider et al. 2008a). Mithi eines detaillierten Fragebogens wurde auf Basis v Aussagen von Personalverantwortlichen und Geschäft führenden von mehr als 1.000 Unternehmen ermitte wie familienbewusst Unternehmen in Deutschla sind. Die Spannweite reichte von 0 (»gar nicht familie bewusst«) bis 100 (»sehr familienbewusst«). Zum Zei punkt der Befragung wurde ein Mittelwert von ￼ Punkten gemessen – bei einer Wiederholungsbefragu im Jahr 2012 waren es 67 von 100 Punkten. Es zeig sich, dass insbesondere solche Unternehmen gut a schnitten, die (nach eigener Einschätzung) unter eine besonderen Wettbewerbsdruck auf dem Personalma standen, von einem guten kommunalen Kinderbetre ungsangebot vor Ort profitierten und die wirtscha liche Lage als gut bewerteten. Grundsätzlich scheine auch der Frauenanteil in einem Unternehmen sowie e geringes Durchschnittsalter der Belegschaft dazu z führen, dass Unternehmen sich eher mit dem Them Familienbewusstsein auseinandersetzen (Schneider al. 2013; siehe hierzu auch Schneider et al. 2010).

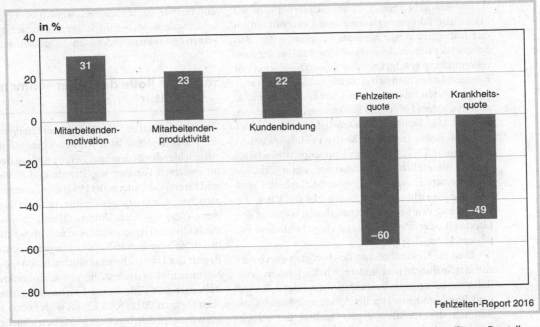

◘ Abb. 10.1 Maximale Differenz zwischen sehr und wenig familienbewussten Unternehmen in Prozent (Eigene Darstellung, mod. nach Gerlach et al. 2013, S. 63)

Die befragten Unternehmen wurden anschließend anhand des erreichten Punktwertes miteinander verglichen (zur Methodik siehe Gerlach et al. 2013). So sollte herausgefunden werden, ob besonders familienbewusste Unternehmen mit Blick auf bestimmte betriebswirtschaftliche Kennzahlen anders abschneiden als weniger familienbewusste Unternehmen. Untersucht wurden neben der Fehlzeiten- und der Krankheitsquote beispielsweise auch die Motivation und Produktivität der Mitarbeitenden und die Kundenbindung. Und tatsächlich: Die Fehlzeitenquote ist bei sehr familienbewussten Unternehmen um 60 Prozent geringer als bei wenig familienbewussten Unternehmen, bezogen auf die Krankheitsquote zeigt sich eine Differenz von 49 Prozent. Auch bei der Mitarbeitendenmotivation, der Mitarbeitendenproduktivität und der Kundenbindung zeigen sich deutliche Unterschiede zwischen sehr familienbewussten und wenig familienbewussten Unternehmen, wie ◘ Abb. 10.1 zeigt.

Auch wenn den skizzierten Untersuchungen ein umfassendes Verständnis von Vereinbarkeit (im Sinne von Kinderbetreuung und Angehörigenpflege) zugrunde liegt, so lohnt es sich dennoch, einen gezielten Blick auf die betrieblichen Folgekosten einer mangelnden Vereinbarkeit von Beruf und Pflege zu werfen. Schneider et al. (2011) haben hierzu interessante Ergebnisse vorgelegt. Sie schätzen die Summe der be-

trieblichen Folgekosten auf knapp 19 Milliarden Euro pro Jahr. Pro Beschäftigtem mit Pflege- bzw. Hilfeaufgaben müssten Unternehmen durchschnittlich mit betrieblichen Folgekosten in Höhe von rund 14.000 Euro pro Jahr rechnen, wenn sich Beruf und Angehörigenpflege nicht vereinbaren lassen, so das Forschungsteam. Neben dem Wechsel des Berufsstatus, z. B. von Voll- auf Teilzeit (10,3 Prozent), der Berufsaufgabe (14,7 Prozent) und der Abwesenheit vom Arbeitsplatz (»Absentismus«; 20,3 Prozent) ermitteln Schneider et al. den sogenannten Präsentismus mit einem Anteil von 47,3 Prozent an den betrieblichen Folgekosten als Hauptkostenpunkt. Besonders teuer wird es für Unternehmen also, wenn pflegende Beschäftigte zwar am Arbeitsplatz erscheinen, aber aufgrund von (dauerhafter) Erschöpfung (weil sich ihre Erwerbstätigkeit schlecht mit der Pflege vereinbaren lässt) keine gute Arbeitsleistung bringen können. Eine familienbewusste Personalpolitik, die gezielt auch (ältere) Beschäftigte mit Pflegeaufgaben adressiert und die hilft, das Thema Pflege zu enttabuisieren, kann dem entgegenwirken.

Die für familienbewusste Maßnahmen entstehenden Kosten fallen sehr unterschiedlich aus. Kosten-Nutzen-Analysen sind daher maßnahmen- und unternehmensspezifisch durchzuführen. Für einzelne betriebliche Lösungen, wie z. B. die betrieblich unterstützte Kinderbetreuung, können Unternehmen auf öffentliche Förderprogramme und Unterstützungen durch das zuständige Jugendamt zurückgreifen. Am Beispiel der Betriebskita zeigt sich, worauf bei der Kostenermittlung geachtet werden muss: Die Kosten pro Krippenplatz richten sich nicht nur nach der am Standort gewährten öffentlichen Förderung, sondern u. a. auch nach dem Lohn- und Preisniveau. Das Netzwerk Erfolgsfaktor Familie (www.erfolgsfaktor-familie.de) nennt als Referenzsummen Kosten in Höhe zwischen 949 Euro und 5.224 Euro pro Krippenplatz pro Jahr.[2] Andere, wesentlich kostengünstigere (wenn nicht sogar kostenfreie) familienbewusste Maßnahmen sind z. B. die Einrichtung eines Netzwerks für Väter, die Etablierung von Kontakthalteangeboten während der Elternzeit oder die Erarbeitung eines Leitfadens für pflegende Angehörige.

Dass die Gesundheit von Beschäftigten durch solche Maßnahmen und andere arbeitsplatzbezogene Rahmenbedingungen beeinflusst wird, zeigt z. B. eine vom Bundesministerium für Arbeit und Soziales im Rahmen der Initiative Neue Qualität der Arbeit (INQA) in Auftrag gegebene Studie. Danach sind Beschäftigte, die ihre eigenen Arbeitsbedingungen als gut bewerten, gesünder und leistungsfähiger als Beschäftigte, die mit ihren Arbeitsbedingungen unzufrieden sind. Die Vereinbarkeit von Beruf und Familie wird als wichtiger Baustein der Arbeitszufriedenheit verstanden (BMAS 2015). In der Literatur wird auch an anderer Stelle auf die Verzahnung von familienbewusster Personalpolitik bzw. Work-Life-Balance und Betrieblichem Gesundheitsmanagement hingewiesen (z. B. Gross 2012; Stähr 2010; Badura u. Vetter 2003). Familienbewusstsein und Betriebliches Gesundheitsmanagement werden auch deshalb zusammen gedacht, weil beide Aspekte Auswirkungen auf die Arbeitszufriedenheit und -qualität haben. Sowohl durch familien- als auch durch krankheitsbedingte Ausfälle kann es zudem zu Fehlzeiten kommen, die für den Arbeitgeber mit hohen Kosten verbunden sind. Die übergeordneten Ziele von familien- sowie von gesundheitsbewussten Maßnahmen sind somit in vielen Fällen kongruent. Für Unternehmen bietet es sich in der Tat an, vorhandene und geplante Maßnahmen in den Bereichen Familienbewusstsein und Betriebliches Gesundheitsmanagement auf Synergien zu prüfen. So kann beispielsweise eine bereits vorhandene Beratungsstelle für Gesundheitsfragen auch als Anlaufstelle für Fragen zum Thema Vereinbarkeit von Beruf

und Familie weiterentwickelt werden oder Vereinbarkeitsfragen werden zum Schwerpunktthema bei einzelnen gesundheitsfördernden Angeboten gemacht.

10.3   Die Rolle der Unternehmenskultur

Für die erfolgreiche Umsetzung einer familienbewussten Personalpolitik ist die Unternehmenskultur von entscheidender Bedeutung. Bereits Anfang der 1980er untersuchten Forscher wie Pascale und Athos (198...) und Peters und Waterman (1982) den Zusammenhang zwischen Unternehmenskultur und -erfolg. Auch wenn diese – je nach Untersuchungsgegenstand und methodischem Ansatz – unterschiedlich definiert worden ist, so ist grundsätzlich davon auszugehen, dass der Begriff der Unternehmenskultur neben Aspekten wie Normen und Wertvorstellungen auch konkrete Einstellungen und Verhaltensweisen umfasst (siehe hierzu auch Deitmar 2011, S. 25 f.). Im weiter oben skizzierten wissenschaftlichen Konstrukt »betriebliches Familienbewusstsein« finden in der Dimension »Kultur« entsprechend die Subdimensionen Normen/Werte, Kontinuität, Unternehmensführung und Kollegialität Berücksichtigung.

Bei der Messung des betrieblichen Familienbewusstseins auf Basis dieses Konstruktes werden die drei Dimensionen Leistung, Dialog und Kultur gleichrangig behandelt, d. h. bei der Ermittlung des Index-Wertes zum Familienbewusstsein eines Unternehmens werden die Bereiche Leistungen, Dialog und Unternehmenskultur nicht unterschiedlich gewichtet (siehe hierzu auch Schneider et al. 2008a, S. 45 ff.). Dies erleichtert es, Rückschlüsse von verschiedenen äußeren Einflussfaktoren (wie Branche und Unternehmensgröße) auf das betriebliche Familienbewusstsein zu ziehen. So zeigte sich zum Beispiel in Untersuchungen, dass Unternehmen unterschiedlicher Branchen punkto Familienbewusstsein unterschiedlich gut abschnitten (z. B. 73 von 100 Punkten in der Branche »Bergbau, Energie- und Wasserversorgung, Entsorgung« gegenüber 63,7 Punkten im Baugewerbe; vgl. Gerlach et al. 2013). In einer repräsentativen Befragung von Beschäftigten in NRW wurde deutlich, dass insbesondere Kleinstbetriebe mit Blick auf die Vereinbarkeit von Beruf und Familie besonders gut abschneiden.

---

2 Beispielrechnungen zu den Kosten einer Betriebskita finden sich unter http://www.erfolgsfaktor-familie.de/default.asp?id=40.

3 Weitere Anregungen bietet z. B. der Praxisleitfaden »Familienbewusst Gesundheit fördern« der Metropolregion Rhein-Neckar. Im Internet unter https://www.m-r-n.com/fileadmin/PDF-Downloads/2014_Familienbewusst_Gesundheit_foerdern_01.pdf.

den – mit einem betrieblichen Familienbewusstsein von 71,3 (von 100 möglichen) Punkten gegenüber 63,5 Punkten bei Großbetrieben ab 250 Beschäftigten (vgl. Gerlach et al. 2011). Die Daten lassen auch Rückschlüsse auf die Unternehmenskultur zu. Auch hier zeigt sich beispielsweise – sogar noch deutlicher – ein Unterschied zwischen Kleinst- und Großunternehmen: Während Arbeitgebende mit bis zu neun Beschäftigten einen Wert von 71,8 in der Dimension Kultur erreichten, kamen Großunternehmen lediglich auf 63,5 Punkte (Gerlach et al. 2011). Ein Grund hierfür könnte sein, dass gerade in Kleinstunternehmen häufig informelle und damit besonders bedarfsorientierte Lösungen gefunden werden können. Gefördert wird dies vermutlich durch die kurzen (Informations-) Wege zwischen Unternehmensleitung und Belegschaft.

Repräsentative Studien wie die oben zitierten erlauben zwar, das betriebliche Familienbewusstsein auf der (unternehmensübergreifenden) Makroebene zu untersuchen und Vergleichsdaten zu generieren, sie geben jedoch keine detaillierte Auskunft über den tatsächlichen Stellenwert der Unternehmenskultur für das Familienbewusstsein eines Arbeitgebenden. Hierfür lohnt sich ein Blick auf die (unternehmensindividuelle) Mikroebene.

Ein solcher Blick ins Detail zeigt nicht selten, dass die Unternehmenskultur einen ganz entscheidenden Einfluss darauf hat, ob familienbewusste Maßnahmen von der Belegschaft angeregt und angenommen werden und als wie familienbewusst der eigene Arbeitgeber insgesamt bewertet wird. Die betriebliche Praxis verdeutlicht: Selbst wenn schlagkräftige Leistungen und ausgefeilte Kommunikationsstrategien vorliegen, kann eine familienbewusste Personalpolitik ins Leere laufen. Woran liegt das?

Jede Unternehmenskultur spiegelt fest verankerte gesellschaftliche und arbeitsplatzbezogene Normen und Wertvorstellungen wider. Lange Zeit war das Thema Familie nur am Rande eines, das in Arbeitszusammenhängen (auch mit den Vorgesetzten) offen angesprochen wurde. Gleichzeitig war es immer eines, das stark normativ besetzt war. Überspitzt gesagt: In der (männlich dominierten) Arbeitswelt wurde es gern gesehen, wenn der Mitarbeiter sich um seine Kinder kümmerte – aber bitte nur außerhalb der Dienstzeiten, schließlich war Kinderbetreuung in der Hauptsache Frauenangelegenheit. Auch von Seiten der Politik wurde jahrzehntelang stärker eine sukzessive denn eine simultane Vereinbarkeit von Beruf und Familie unterstützt (zum Wandel in der Kombination von Erwerbs- und Familienarbeit siehe z. B. Klammer u. Klenner 2004). Daran hat sich in den letzten Jahren –

nicht zuletzt durch die Einführung des Elterngeldes mit den zwei Partnermonaten (sogenannte »Vätermonate«) – einiges geändert: Immer mehr Väter wünschen sich neben der Berufstätigkeit mehr Zeit für ihre Familie, insgesamt wünschen sich Eltern eine gleichberechtigtere Verteilung von Erwerbs- und Familienarbeit (IfD 2015). Im 2. Quartal 2015 waren 13,4 Prozent der Elterngeldbeziehenden Väter – wenn auch ihre Bezugsdauer nur bei durchschnittlich 4,1 Monaten lag (gegenüber 11,8 Monaten bei den Müttern; Statistisches Bundesamt 2015). Hierdurch kommt es auch zu Veränderungen in der Arbeitskultur. Unternehmen tun gut daran, sich klar zu diesen Entwicklungen zu positionieren. Denn wenn unklar ist, wofür das Unternehmen in punkto Vereinbarkeit von Beruf und Familie wirklich steht, kann kein vereinbarkeitsförderndes Klima entstehen.

Ein Beispiel aus der Praxis: In einem männerdominierten, von Berufspendlern geprägten Betrieb möchte die Unternehmensleitung prüfen lassen, ob sich die Einrichtung einer Betriebskita lohnt. Über die Personalabteilung bittet sie interessierte Mitarbeiter, sich persönlich bei ihrem zuständigen Sachbearbeiter zu melden, sollte Interesse an einem betrieblichen Kinderbetreuungsplatz bestehen. Wie geht die Geschichte weiter? Aus dem gut gemeinten Ansatz des Unternehmens entsteht – nichts. Es wird keine Betriebskita eingerichtet, da nur sehr wenige Beschäftigte ihr Interesse äußerten. Der genauere Blick zeigt: Das Angebot hatte nicht den Bedarfen der (werdenden) Eltern im Betrieb entsprochen, die zumeist eine wohnortnahe Kinderbetreuung wünschten. Darüber hinaus hatten viele potenziell Interessierte sich nicht gemeldet, aus der Befürchtung heraus, die Unternehmensleitung oder der direkte Vorgesetzte könne aus dieser vermeintlich unverbindlichen Interessensbekundung an die Personalabteilung einen konkreten Kinderwunsch ableiten, der wiederum negative Konsequenzen auf die weitere Personalplanung in der Abteilung haben könnte.

Welche konkreten Empfehlungen lassen sich nun hieraus für den unternehmerischen Alltag ableiten?

10.4 Handlungsempfehlungen für Arbeitgebende

Das oben stehende Beispiel zeigt, dass drei Akteursgruppen für eine familienbewusste Unternehmenskultur von zentraler Bedeutung sind:

Die Unternehmensleitung ist maßgeblich dafür verantwortlich, dass das übergeordnete Ziel des Unternehmens mit Blick auf eine familienbewusste Personalpolitik klar kommuniziert wird. Deutlich sollte dabei nicht nur werden, dass das Unternehmen Beschäftigte mit Familienpflichten unterstützen möchte, sondern auch, wie breit das Zielgruppenverständnis ist: Sollen beispielsweise nur Mütter adressiert werden oder auch Väter, pflegende Angehörige, Beschäftigte mit Kinderwunsch etc.? Wichtig ist dabei das Wissen darum, dass diese Zielgruppen und die für sie konzipierten Maßnahmen sich durchaus gut ergänzen (und auch mit anderen vorhandenen Maßnahmen, z. B. des Betrieblichen Gesundheitsmanagements, verzahnt werden) können. Wichtig ist vor allem eine glaubwürdige, durch Vorleben gekennzeichnete Kommunikation.

Daneben sind (mittlere) Führungskräfte Ermöglicher und u. U. gleichzeitig selbst Betroffene von Vereinbarkeitskonflikten (vgl. Gerlach u. Schneider 2010). Sie entscheiden in vielen Fällen letztendlich über die Inanspruchnahme gewisser Leistungen durch die Mitarbeitenden. Gleichzeitig sind einige vereinbarkeitsfördernde Maßnahmen nicht für Führungskräfte konzipiert oder diese sind gar explizit von der Nutzung der Maßnahmen ausgeschlossen (z. B. Homeoffice- oder Teilzeit-Regelungen). Wenn sie dazu noch den Eindruck gewinnen, das Thema Vereinbarkeit spiegele lediglich die Begehrlichkeiten der Unternehmensleitung (»Image«) und die Anspruchshaltung der Mitarbeitenden (»Freizeit«) wider, werden Führungskräfte sich nicht für die Vereinbarkeit von Beruf und Familie im Unternehmen einsetzen. Es gilt also, sie rechtzeitig in die (Weiter-)Entwicklung des betrieblichen Familienbewusstseins einzubinden, sie für den umfassenden Nutzen zu sensibilisieren und ggf. sogar spezielle Maßnahmen zu konzipieren, die ihrem Arbeitsalltag gerecht werden (z. B. eine unternehmensindividuelle Vereinbarung für Teilzeit-Führung).

Wie familienbewusst ein Arbeitgebender bewertet wird, darüber entscheiden in letzter Konsequenz allerdings die Mitarbeitenden. Sie sind es, die langfristig für ein gutes Image nach innen und außen sorgen. Allerdings sind auch sie mit dafür verantwortlich, dass das betriebliche Familienbewusstsein zum Erfolg wird. Dazu beitragen können sie vor allem, indem sie (z. B. auch anonym über Personalvertretungen oder über das ggf. vorhandene betriebliche Ideen- und Vorschlagmanagement) realistische Bedarfe äußern, Anregungen einbringen und vorhandene Möglichkeiten nutzen. Eine immer wieder auftretende Herausforderung sind Neiddebatten zwischen unterschiedlichen Mitarbeitergruppen, z. B. älteren Beschäftigten (ohne Kleinkinder) und jüngeren Beschäftigten (mit Kleinkindern). Hier trägt die Belegschaft – unterstützt durch die Führungskräfte und die Unternehmensleitung – Verantwortung dafür, dass Bedürfnisse und Sorgen möglichst offen kommuniziert und auch auf individueller Ebene gemeinsam Lösungen gefund werden.

Vor diesem Hintergrund lassen sich aus der b trieblichen Praxis heraus folgende Empfehlungen f Arbeitgebende formulieren:

- **Transparenz schaffen**

Die Vereinbarkeit von Beruf und Familie ist privat u beruflich zugleich. Sie wird sich immer im Spannung feld von individuellen Wünschen, betrieblichen Erf dernissen sowie Normen und Wertvorstellungen bew gen. Es kann daher kein richtig oder falsch geben. W allerdings von Unternehmensseite gefördert und unte stützt wird, welche übergeordneten Ziele verfolgt we den, das sollte transparent aufgezeigt werden. Dazu g hört auch eine Kommunikation, die alle (auch die pote ziell) betroffenen Zielgruppen anspricht, ohne dab vermeintlich »Unbeteiligte« außer Acht zu lassen. Ei familienbewusste Personalpolitik sollte hierfür über d klassische Verständnis der (Klein-)Familie hinausgeh und lebensphasenorientiert ausgestaltet sein. Geziel Informationsveranstaltungen und -angebote könn helfen, Neiddebatten in der Belegschaft oder zwische Mitarbeitenden und Vorgesetzten zu verhindern.

- **Familienbewusstsein greifbar machen**

Ein familienbewusstes Unternehmen besteht aus Me schen, die Familie und Beruf gut miteinander verei baren können. Nur wenn deutlich wird, mit welch Unterstützung des Arbeitgebenden es gelingen kan die beiden Lebensbereiche in Einklang zu bringen u welchen positiven Effekt dies für alle (mittelbar u unmittelbar) Beteiligten hat, wird Akzeptanz für ei familienbewusste Personalpolitik entstehen. Es g daher besonders in großen Betrieben, Beispiele gut Praxis von Beschäftigten und Führungskräften a dem Unternehmen aufzuzeigen und Individuallösu gen zu überwinden. Spezielle Veranstaltungsforma (z. B. Workshops) helfen in der Planungs- und Eval ierungsphase von familienbewussten Maßnahme nicht nur, Führungskräfte und Beschäftigte aktiv ei zubeziehen und die Maßnahmen am Bedarf der B troffenen auszurichten. Über den direkten Austaus der Beteiligten machen sie das Familienbewusstse des Unternehmens auch greifbarer und können einen positiven Anreiz für die Nutzung der entwicke ten Maßnahmen geben.

- **Passgenaue Lösungen finden**

Ergänzend zur systematischen Analyse von Bedarf (z. B. über Beschäftigtenbefragungen) sowie von Ko ten und Nutzen sollten alle weiter oben erwähnten A teursgruppen – sofern sinnvoll und aus organisi torischer Sicht möglich – aktiv in die (Weiter-)Entwicklung des betrieblichen Familienbewusstseins einbezogen werden. Dies gilt insbesondere für »neue« Zielgruppen wie Väter, pflegende Angehörige und Führungskräfte, für die eine familienbewusste Personalpolitik bisher eventuell noch nicht im Fokus des Interesses stand. Nur über den Einbezug dieser Zielgruppen kann es gelingen, passgenaue, an den aktuellen Bedarfen des gesamten Unternehmens ausgerichtete Maßnahmen (weiter) zu entwickeln und die Wahrscheinlichkeit einer Nutzung derselben zu erhöhen.

- **Nachhaltig planen**

Eine familienbewusste Personalpolitik unterliegt dem Wandel der Zeit. Sie muss laufend an die Bedürfnisse des Unternehmens und der Belegschaft angepasst werden: Wenn beispielsweise die Einrichtung einer Betriebskita zu einem bestimmten Zeitpunkt sinnvoll war, da sie zahlreiche Beschäftigte dabei unterstützte, ihre Erwerbstätigkeit mit der Kinderbetreuung zu vereinbaren, so erfordert eine alternde Belegschaft andere Lösungen. Es gilt daher, langfristig zu planen, die Bedarfe regelmäßig zu erheben und bei jeder Entscheidung für eine bestimmte Maßnahme auch deren Weiterentwicklungspotenzial im Blick zu haben. Viele Maßnahmen, die ursprünglich für Beschäftigte mit kleinen Kindern gedacht waren, können beispielsweise ohne allzu großen Aufwand auch für Beschäftigte mit pflegebedürftigen Angehörigen angepasst werden (z. B. Pflegeleitfaden, Pflegebeauftragter, Unterstützung bei der Suche nach Kurzzeitpflegeplätzen…).

- **Netzwerke nutzen**

Viele gute Beispiele eines gelungenen betrieblichen Familienbewusstseins lassen sich mittelweile in Plattformen wie dem Erfolgsfaktor Familie (www.erfolgs-faktor-familie.de) oder in einschlägigen Broschüren[4] finden. Zusammenschlüsse von Unternehmen und anderen Akteuren vor Ort (wie zum Beispiel die Lokalen Bündnisse für Familie[5]) sind aber häufig noch besser dazu geeignet, Anregungen zu erhalten und potenzielle Partner für gemeinsame Aktivitäten zu finden. Denn sie sind an den konkreten Rahmenbedingungen

vor Ort und daher häufig sehr umsetzungsorientiert ausgerichtet. Ein Austausch mit anderen Arbeitgebenden kann helfen, gemeinsame Herausforderungen zu identifizieren und entsprechende Lösungen zu finden. Denn viele Maßnahmen können in Kooperation umgesetzt werden, z. B. die Einrichtung einer gemeinsamen Großtagespflegestelle in einem Gewerbegebiet. Gerade mit Blick auf die Unternehmenskultur gilt allerdings: Anregungen können helfen – die (Weiter-)Entwicklung der eigenen Unternehmenskultur muss allerdings individuell erfolgen.

10.5 Fazit

Veränderte gesellschaftliche und arbeitsbezogene Rahmenbedingungen haben dazu geführt, dass die Vereinbarkeit von Beruf und Familie neu gedacht wird. In vielen Unternehmen ist sie bereits zu einem zentralen Bestandteil einer lebensphasenorientierten Personalpolitik geworden, welche die Work-Life-Balance der Beschäftigten unterstützen und dem Fachkräftemangel entgegenwirken soll. Durch zukünftige demografische und gesellschaftspolitische Entwicklungen ist damit zu rechnen, dass eine familienbewusste Personalpolitik weiter an Bedeutung gewinnen wird. Dies gilt u. a. mit Blick auf die steigende Anzahl Pflegebedürftiger (und damit pflegender Erwerbstätiger): Im Jahr 2013 waren bereits mehr als 2,6 Millionen Personen in Deutschland pflegebedürftig, mehr als 1,8 Millionen wurden (zum Teil oder ausschließlich) durch Angehörige versorgt (Statistisches Bundesamt 2013). Aber auch politische Maßnahmen oder Reformen – z. B. die des Bundeselterngeld- und -elternzeitgesetzes von 2015 – werden das Gesicht der betrieblichen Familienpolitik in Zukunft prägen: Die Gesetzesnovelle rund um das Elterngeld Plus und den Partnerschaftsbonus zielt darauf ab, Müttern und Vätern eine partnerschaftlichere Aufteilung von Erwerbs- und Familienarbeit zu ermöglichen und fördert eine Teilzeitbeschäftigung schon während des Elterngeldbezugs (zu den Hintergründen und zur praktischen Umsetzung siehe Ahrens 2016).

Zudem ist davon auszugehen, dass sich die Ansprüche der Beschäftigten an die Vereinbarkeit von Beruf und Familie in den nächsten Jahren weiter erhöhen werden. In einer Umfrage von 2013 nannten 74 Prozent der Befragten (und 81 Prozent der befragten Eltern mit Kindern unter 18 Jahren) die Verbesserung der Vereinbarkeit von Beruf und Familie als wichtigstes Ziel der Familienpolitik (IfD 2013). Drei Jahre zuvor hatten lediglich 69 Prozent (78 Prozent der Eltern mit Kindern unter drei Jahren) das Thema als

---

4 Z. B. bpa (Bundesverband privater Anbieter sozialer Dienste) 2015: Altenpflege: Vereinbarkeit von Beruf und Familie – gute Beispiele aus der Praxis. Berlin; BMFSFJ 2014: Familienbewusste Personalpolitik für Väter – so funktioniert's. Wie Unternehmen Väter bei der Vereinbarkeit von Beruf und Familie unterstützen können. Berlin; siehe auch http://www.erfolgsfaktor-familie.de/default.asp?id=570.

5 www.lokale-buendnisse-fuer-familie.de.

ähnlich wichtig bewertet (IfD 2010). Es entstehen somit neue Herausforderungen für Arbeitgebende, diese sich verändernden Bedürfnisse in ihre Unternehmenskultur zu integrieren und somit eine stetige Weiterentwicklung ihrer Personalpolitik zu ermöglichen.

Literatur

Ahrens R (2016) (im Erscheinen): Familienpolitik für junge Eltern zwischen Leitbild und Alltag – Elterngeld (Plus) und Kinderbetreuungs-Rechtsanspruch auf dem Prüfstand. In: Gerlach I (Hrsg) Neue Elternschaft – Kooperationskonzepte und Realität zwischen Autonomie und Unterstützung. Wiesbaden

Ahrens R, Schneider AK (2013) »Ich bin dann mal weg« – warum sich eine familienbewusste Personalpolitik lohnt. Personal im Fokus 5:44

Badura B, Vetter C (2003) »Work-Life-Balance« – Herausforderung für die betriebliche Gesundheitspolitik und den Staat. In: Badura B, Schellschmidt H, Vetter C (Hrsg) Fehlzeiten-Report 2003. Wettbewerbsfaktor Work-Life-Balance: Zahlen, Daten, Analysen aus allen Branchen der Wirtschaft. Berlin, Heidelberg, S 1–17

Bundesministerium für Arbeit und Soziales (BMAS) (2015) Forschungsbericht 456. Gewünschte und erlebte Arbeitsqualität. Abschlussbericht. Juni 2015. Freiburg, Bonn, Münster

Bundesministerium für Familie, Senioren, Frauen und Jugend (BMFSFJ) (2008) Familienfreundlichkeit als Erfolgsfaktor für die Rekrutierung und Bindung von Fachkräften. Ergebnisse einer repräsentativen Umfrage unter Arbeitgebern und Beschäftigten. http://www.bmfsfj.de/RedaktionBMFSFJ/Broschuerenstelle/Pdf-Anlagen/Familienfreundlichkeit-als-Erfolgsfaktor-f_C3_BCr-die-Rekrutierung-und-Bindung-von-Fachkr_C3_A4ften,property=pdf,bereich=bmfsfj,sprache=de,rwb=true.pdf. Gesehen 16 Jan 2016

Deitmar HL (2011) Die Beziehung von Unternehmenskultur und Unternehmensmarke. Ein Beitrag zum Behavioral Branding. Wiesbaden

Gerlach I (2010) Familienpolitik. 2., aktualisierte und überarbeitete Auflage. Wiesbaden

Gerlach I, Schneider H (2010) Vereinbarkeit von Beruf und Familie bei Führungskräften. FFP-Thesenpapier 3/2010. Münster und Berlin

Gerlach I, Juncke D, Laß I (2011) Familienbewusstes NRW – Was tun Unternehmen? Repräsentative Befragung von Beschäftigten 2011. Düsseldorf

Gerlach I, Schneider H, Schneider AK, Quednau A (2013) Status quo der Vereinbarkeit von Beruf und Familie in deutschen Unternehmen sowie betriebswirtschaftliche Effekte einer Familienbewussten Personalpolitik. Münster und Berlin

Gerlach I, Knerr P, Lass I, Lincke HJ, Nübling M, Schröder H (2015) Gewünschte und erlebte Arbeitsqualität. Die Arbeitssituation in deutschen Unternehmen aus Sicht der Beschäftigten. Abschlussbericht. Berlin.

Gross W (2012) Work-Life-Balance. In: Badura B, Ducki A, Schröder H, Klose J, Meyer M (Hrsg) Fehlzeiten-Report 2012. Gesundheit in der flexiblen Arbeitswelt: Chanc nutzen – Risiken minimieren. Berlin, Heidelberg, S 147–1

Institut für Demoskopie Allensbach (IfD) (2010) Monitor Far lienleben 2010. Einstellungen und Lebensverhältnis von Familien. Ergebnisse einer Repräsentativbefragu Berichtsband. http://www.bmfsfj.de/RedaktionBMFS Abteilung2/Pdf-Anlagen/familienmonitor-2010,prope =pdf,bereich=bmfsfj,sprache=de,rwb=true.pdf. Gesehe 16 Jan 2016

Institut für Demoskopie Allensbach (IfD) (2013) Monitor Far lienleben 2013. Einstellungen der Bevölkerung zur Fam enpolitik und zur Familie. http://www.ifd-allensbach.d uploads/tx_studies/7893_Monitor_Familienleben_201 pdf. Gesehen 16 Jan 2016

Institut für Demoskopie Allensbach (IfD) (2015) Weichenst lungen für die Aufgabenverteilung in Familie und Ber Untersuchungsbericht zu einer repräsentativen Befragu von Elternpaaren im Auftrag des Bundesministeriums Familie, Senioren, Frauen und Jugend. http://www.i allensbach.de/uploads/tx_studies/Weichenstellunge pdf. Gesehen 16 Jan 2016

Klammer U, Klenner C (2004) Geteilte Erwerbstätigkeit gemeinsame Fürsorge. Strategien und Perspektiven d Kombination von Erwerbs- und Familienleben in Deutsc land. In: Leitner S, Oster I, Schratzenstaller M (Hrsg) Wo fahrtsstaat und Geschlechterverhältnis im Umbruch. W kommt nach dem Ernährermodell? Jahrbuch für Europ und Nordamerika-Studien. Wiesbaden, S 177–207

Pascale RT, Athos AG (1981) The Art of Japanese Manageme New York

Peters TJ, Waterman RH (1982) In Search of Excellence: Lesso from America's Best-run Companies. New York

Schneider H, Gerlach I, Wieners H, Heinze J (2008a) Der beru undfamilie-Index – ein Instrument zur Messung d betrieblichen Familienbewusstseins. Forschungszentru Familienbewusste Personalpolitik. FFP-Arbeitspapi 4/2008. Münster und Berlin

Schneider H, Gerlach I, Juncke D, Krieger J (2008b) Betriebswi schaftliche Ziele und Effekte einer familienbewussten Pe sonalpolitik. FFP-Arbeitspapier 5/2008. Münster und Ber

Schneider H, Gerlach I, Heinze J, Wieners H (2010) Betrieblich Familienbewusstsein – geschlechts- oder qualifikatior getrieben? Eine empirische Analyse des Familienbewuss seins deutscher Unternehmen unter besonderer Berü sichtigung der Geschlechts- und Qualifikationsstrukt der Beschäftigten. Die Betriebswirtschaft 2:125ff

Schneider H, Heinze J, Hering D (2011) Betriebliche Folgeko ten mangelnder Vereinbarkeit von Beruf und Pflege. Ber

Stähr U (2010) Vom Konzept zur praktischen Umsetzur Erfolgsfaktoren und Stolpersteine. In: Esslinger A Emmert M, Schöffski O (Hrsg) Betriebliches Gesundhei management. Mit gesunden Mitarbeitern zu unterne merischem Erfolg. Wiesbaden, S 270–281

Statistisches Bundesamt (2013) Pflegestatistik 2013. Pflege i Rahmen der Pflegeversicherung. Deutschlandergebniss Wiesbaden

Statistisches Bundesamt (2015) Statistik zum Elterngeld. Le tungsbezüge. 2. Vierteljahr 2015. Wiesbaden

10

Mitarbeiterbindung und Gesundheit

J. Felfe, J. Wombacher

B. Badura et al. (Hrsg.) *Fehlzeiten-Report 2016*,
DOI 10.1007/978-3-662-49413-4_11, © Springer-Verlag Berlin Heidelberg 2016

Zusammenfassung *Der Beitrag geht der Frage nach, wie sich Commitment auf die Gesundheit der Mitarbeiter auswirkt. Commitment steht für das psychologische Band zwischen dem einzelnen Mitarbeiter und der Organisation bzw. dem Unternehmen. Dabei hat sich die Unterscheidung zwischen affektivem, kalkulatorischem und normativem Commitment etabliert. Es gibt unterschiedliche Positionen, ob Commitment eher als Ressource zu betrachten ist oder auch ein Gesundheitsrisiko darstellen kann. Vor diesem Hintergrund wird ein Überblick darüber gegeben, welche Zusammenhänge zwischen organisationalem Commitment, Zufriedenheit, Leistung und insbesondere Gesundheit der Mitarbeiter bestehen und wie Commitment vor diesem Hintergrund gefördert werden kann. Dabei zeigt sich, dass affektives Commitment als gesundheitsförderlich betrachtet werden kann, während kalkulatorisches Commitment als Risiko einzustufen ist. Entsprechend sollten Organisationen bestrebt sein, das affektive Commitment ihrer Beschäftigten zu fördern und zu entwickeln. Im Sinne eines aktiven Commitmentmanagements werden hierfür mehrere Schritte und konkrete Ansatzpunkte auf unterschiedlichen Ebenen wie Organisation, Führung und Arbeitsaufgabe benannt.*

11.1 Einleitung

Die Bedeutung einer starken Bindung der Mitarbeiter an ihr Unternehmen oder an eine Organisation ist weithin akzeptiert. Sie ist Ausdruck einer hohen Identifikation mit den Werten und Zielen einer Organisation, Indikator für einen hohen Zusammenhalt der Organisationsmitglieder und gilt als Voraussetzung sich zu engagieren und für die Organisation einzusetzen. Dies zeigt sich insbesondere in schwierigen Zeiten oder wenn attraktive alternative Jobperspektiven bestehen. Organisationen, die sich systematisch und erfolgreich um den Erhalt und die Förderung der Bindung ihrer Beschäftigten bemühen, verfügen über eine ausgeprägte Bindungskultur. Zahlreiche Studien belegen den Einfluss der Mitarbeiterbindung, die auch als organisationales Commitment bezeichnet wird, auf Zufriedenheit, Leistung und eine geringe Fluktuationstendenz der Mitarbeiter (Felfe 2008; Felfe u. Wombacher 2013). Damit wird deutlich, dass Commitment einen strategischen Beitrag zum Unternehmenserfolg leistet. Doch wie wirkt sich Commitment auf die Gesundheit der Mitarbeiter aus?

Einerseits wird Commitment als Ressource betrachtet (Meyer u. Maltin 2010), die sich gesundheitsförderlich auswirkt. Andererseits wird im Zusammenhang von »Selbstausbeutung« oder »interessierter Selbstgefährdung« (Krause et al. 2012) immer wieder auf mögliche Gefahren von zu hohem Commitment hingewiesen. Mittlerweile gibt es zahlreiche Studien, die den Zusammenhang zwischen Commitment und Gesundheit untersucht haben und hier für Klarheit sorgen können. Wir werden in diesem Beitrag einen Überblick darüber geben, welche Zusammenhänge zwischen organisationalem Commitment, Zufriedenheit, Leistung und insbesondere Gesundheit der Mitarbeiter bestehen und wie Commitment vor diesem Hintergrund gefördert werden kann.

Das Interesse dafür, wie sich Mitarbeiter zukünftig gewinnen und langfristig binden lassen, hat vor dem Hintergrund folgender aktueller Trends zugenommen:

1. der demografische Wandel mit seinen vielfältigen Konsequenzen (Fach- und Führungskräftemangel, »war for talents«),
2. die permanenten Veränderungsprozesse mit erhöhten Anforderungen in den Bereichen »Change Management« und Innovationsfähigkeit und nicht zuletzt
3. eine neue Generation von Mitarbeitern (Generation Y), die zunehmende Erwartungen an sinnerfüllte und gesunde Arbeit und an die Vereinbarkeit von Beruf und Familie stellt (Felfe et al. 2014).

In der Gesellschaft wie auch bei Arbeitnehmern wird dies an den Forderungen nach einer verbesserten Vereinbarkeit von Familie und Beruf bzw. Karriere, sinnvoller Arbeit, ökologischer Nachhaltigkeit und gesamtwirtschaftlicher Verantwortung, an Diskussionen zur Bankenkrise oder Leiharbeit deutlich. Arbeitgeber, die diesen Entwicklungen Rechnung tragen, dürften von potenziellen Bewerbern als attraktiver wahrgenommen werden und eher in der Lage sein, ihre Mitarbeiter zu binden. Aktuelle Studien zeigen, dass Betriebliches Gesundheitsmanagement (BGM) und damit die Aussicht auf gesunde Arbeit und eine gesunde Unternehmenskultur als wichtiger Bestandteil der Arbeitgeberattraktivität gesehen wird. Regelmäßige Umfragen und Wettbewerbe (z. B. »Great Place to Work«) versuchen dieser Entwicklung Rechnung zu tragen. Diese Initiativen und Maßnahmen werden aber nur erfolgreich sein, wenn die gelebte und erlebte Führungskultur den Erwartungen der Mitarbeiter entspricht und es gelingt, diese auch langfristig an das Unternehmen zu binden.

11.2   Mitarbeiterbindung

Mitarbeiterbindung wird auch als organisationales Commitment bezeichnet. Commitment steht für das psychologische Band zwischen dem einzelnen Mitarbeiter und der Organisation bzw. dem Unternehmen. Qualität und Stärke dieses Bandes können unterschiedlich ausgeprägt sein. In der Commitmentforschung hat sich die Unterscheidung zwischen affektivem, kalkulatorischem und normativem Commitment etabliert (Felfe 2008). Neben der Bindung an eine Organisation oder ein Unternehmen können sich Beschäftigte in Organisationen aber auch in besonderem Maße ihrem Team bzw. ihrer Arbeitsgruppe oder auch ihrer Tätigkeit verbunden fühlen. Neben unterschiedlichen Bindungsqualitäten werden daher auch verschiedene Bindungsziele unterschieden.

11.2.1 Bindungsqualitäten

Affektives organisationales Commitment bezeichnet vor allem die emotionale Bindung an das Unternehmen. Es beinhaltet: 1.) Identifikation mit den Werten und Zielen des Unternehmens, 2.) Stolz, dem Unternehmen anzugehören, sowie 3.) ein starkes Gefühl der Zugehörigkeit zur Organisation.

Kalkulatorisches organisationales Commitment bezeichnet eine Bindung, die auf rationalen Überlegungen basiert. Die Chancen eines Wechsels werden gering eingeschätzt und/oder die Kosten des Austri aus dem Unternehmen werden mit dem Nutzen d Verbleibs bilanziert. Erweist sich ein Wechsel als teuer oder zu risikoreich, kann auch eine starke Bi dung resultieren, die aber eher vernunftgeleitet ist u nicht dem eigenen Wünschen und Wollen entsprech muss. Im Vordergrund steht hier das »Müssen«.

Normatives organisationales Commitment b zeichnet die Bindung, die aufgrund sozialer od moralischer Verpflichtung gegenüber anderen Pers nen entsteht. Man möchte Erwartungen, die ande (Familie, Kollegen, Führungskraft etc.) stellen, nic enttäuschen. Wesentlich hierfür sind individuelle No men und Wertvorstellungen, die im Rahmen fami ärer, aber auch betrieblicher Sozialisationsprozes erworben wurden.

Während beim affektiven Commitment also d Wünschen und Wollen im Vordergrund stehen, ist d kalkulatorische Commitment eher durch ein Müss oder eine Vernunftentscheidung charakterisiert. D normative Commitment ist eher durch ein Sollen g prägt. In welchem Zusammenhang diese unterschie lichen Bindungsqualitäten zur Gesundheit stehe werden wir später genauer betrachten.

11.2.2 Bindungsziele

Darüber hinaus gibt es neben dem Unternehmen bz der Organisation noch weitere Bindungsziele, die f das Verhalten von Mitarbeitern relevant sind. M **Teamcommitment** ist die Bindung an das eigene Tea bzw. die eigene Arbeitsgruppe gemeint. Vor allem großen und komplexen Unternehmen fühlen si Mitarbeiter eher ihrem unmittelbaren Bereich als d Gesamtorganisation zugehörig. Commitment gege über dem **Beruf oder der Tätigkeit** bezeichnet d Bindung an den Beruf bzw. die aktuell ausgeübte Täti keit. Bei hohem beruflichem Commitment ist d Tätigkeit zentraler Bestandteil der eigenen Identi (»Wer bin ich?«). Für diese Personen kann es v nachrangiger Bedeutung sein, in welcher Organisatio sie tätig sind. Insbesondere bei Tätigkeiten, die dur hohe Professionalität (z. B. Wissenschaftler, Rechtsa wälte, Ingenieure) oder besonderes Berufsethos (Ärz Krankenpflege) gekennzeichnet sind, ist beruflich Commitment oftmals wichtiger als organisational Commitment. Neben Organisation, Team und Ber werden in der Forschung noch weitere Bindungszie differenziert (z. B. Commitment gegenüber **Patiente** Schülern/Kunden, gegenüber der **Beschäftigung form** (z. B. selbstständig) oder gegenüber **Veränderu gen**). Grundsätzlich wird dabei immer zwischen d

◘ **Tab. 11.1** Metaanalytische Zusammenhänge zwischen Commitment, Bedingungsfaktoren und Konsequenzen

	OCA (affektives Commitment)	OCC (kalkulatorisches Commitment)
Organisationale Unterstützung	.63 [a]	-.11 [a]
Organisationale Gerechtigkeit	.38 bis .50 [a]	-.06 bis -.16 [a]
Arbeitsaufgabe	.46 [a]	
Konflikte	-.30 [a]	-.13 [a]
Transformationale Führung	.46 [a]	-.14 [a]
Leistung	.27 [c]	-.12 [c]
Stresserleben	-.21 [a]	.14 [a]
Emotionale Erschöpfung	-.44 [b]	
OCB (Organizational Citizenship Behavior)	.35 [a,d]	.05 [d]
Kündigungsabsicht	-.58 [cd]	-.20 [d]

Anmerkungen: Koeffizienten sind jeweils gemittelte und korrigierte Schätzungen ρ (roh)

[a] Meyer et al. 2002

[b] Lee et al. 2000

[c] Cooper-Hakim und Viswesvaran 2005

[d] Meyer et al. 2014

Fehlzeiten-Report 2016

drei Bindungsqualitäten (affektiv, kalkulatorisch, normativ) unterschieden. Auch können alle drei Bindungsqualitäten gleichzeitig auftreten (z. B. hoch affektiv und normativ) und multiple Commitments zu unterschiedlichen Bindungszielen existieren (z. B. Organisation und Team). Bei der Mitarbeiterbindung handelt es sich somit um ein komplexes Phänomen, wobei Bindungsqualität und Bindungsziele differenziert erfasst werden müssen.

11.3 Bedeutung von Commitment

Zur differenzierten Erfassung von organisationalem Commitment liegt für den deutschsprachigen Raum mittlerweile ein flexibel einsetzbares Instrument vor, das sich in zahlreichen Studien als valide erwiesen hat (COMMIT, Felfe u. Franke 2012). Die Ergebnisse können im Rahmen der Auswertung mit Normwerten verglichen werden (Benchmarking), die auf Basis von über 11.000 Befragten aus 39 Organisationen unterschiedlicher Größen und Branchen gewonnen wurden.

Die umfangreiche Forschung zu organisationalem Commitment als dem »psychologischen Band« zwischen Mitarbeitern und Unternehmen hat gezeigt, dass insbesondere das affektive Commitment oder auch die emotionale Bindung an das Unternehmen nicht nur das Engagement, sondern auch die Bereitschaft, dem Unternehmen »treu« zu bleiben, in hohem Maße beeinflusst (Meyer et al. 2014; Felfe u. Wombacher 2013).

So fanden Cooper-Hakim und Viswesvaran (2005) in ihrer Metaanalyse auf der Basis von 63 Stichproben mit über 14.000 Befragten einen durchschnittlichen Zusammenhang zwischen affektivem organisationalem Commitment und Leistung von ρ = .27. Der Zusammenhang zu kalkulatorischem Commitment ist mit ρ = -.12 eindeutig negativ. ◘ Tab. 11.1 gibt einen Überblick über die zentralen metaanalytischen Befunde. Zudem gibt es auch Belege für weitere konkrete Leistungskriterien. Ergebnisse einer Studie von Schmidt (2006a) in deutschen Finanzämtern mit insgesamt über 2.100 Mitarbeitern in 111 Veranlagungsstellen zeigen, dass die Anfechtungsquote (r = -.26) und die Durchlaufzeiten (r = -.24) umso geringer waren, je höher das Commitment in den Veranlagungsstellen war. Felfe und Heinitz (2010) konnten zudem zeigen, dass das Commitment der Mitarbeiter in Dienstleistungsunternehmen mit der Kundenzufriedenheit korrelierte.

Wenn es nicht nur um die vertraglich vereinbarte Leistung (Zielerreichung, Fehlerquoten), sondern um besonderes Engagement geht, sind die Zusammenhänge sogar höher. Die Bereitschaft, sich zusätzlich zu engagieren, hängt in noch stärkerem Maße vom affektiven organisationalen Commitment ab. In der Metaanalyse von Meyer et al. (2014) korrelieren affektives Commitment und Engagement (OCB) zu ρ = .35. Kalkulatorisches Commitment hingegen korreliert nicht oder negativ mit OCB. Noch deutlicher sind die Zusammenhänge zur Fluktuationsabsicht. Cooper-Hakim und Viswesvaran (2005) berichten einen Zusammenhang von $\rho = -.58$. Der Zusammenhang zu tatsächlichem Fluktuationsverhalten ist mit $\rho = -.20$ deutlich geringer. Noch besser ließen sich die Kündigungsabsichten von Mitarbeitern vorhersagen, wenn zusätzlich zum organisationalen Commitment auch das berufsbezogene Commitment erfasst wurde (Meyer et al. 1993; Lee et al. 2000). Durch die gleichzeitige emotionale Bindung an die Organisation und den eigenen Bereich (»duales affektives Commitment«) wird die Kooperationsbereitschaft mit anderen Bereichen in der Organisation gefördert. Demgegenüber kann eine zu einseitige bereichsbezogene Bindung zu einer Verschärfung von Konflikten innerhalb der Organisation führen (Wombacher u. Felfe 2014). Die Vorhersage der Leistungen von Vertriebsmitarbeitern ließ sich verbessern, wenn neben dem organisationalen Commitment auch das Commitment gegenüber der Führungskraft berücksichtigt wurde (Siders et al. 2001). Dies sind nur ausgewählte Beispiele, die zeigen, dass die Betrachtung unterschiedlicher Bindungsqualitäten und -ziele zu verbesserten Vorhersagen führen. In Unternehmen, in denen das Commitment gefördert und entwickelt wird und Mitarbeiter ein hohes organisationales Commitment haben, etabliert sich eine positive Bindungskultur. Insgesamt trägt eine positive Bindungskultur maßgeblich zum Unternehmenserfolg bei.

11.4   Commitment und Gesundheit

Wie wirkt sich Commitment auf die Gesundheit der Mitarbeiter aus? Die Zunahme psychischer Belastungen stellt Unternehmen vor große Herausforderungen (Badura et al. 2011). Die Folgen von psychischen Belastungen sind vielfältig. Sie reichen von kurz- bis mittelfristigen Stressreaktionen, wie z. B. Befindensbeeinträchtigungen (Anspannung, Ärger, Gereiztheit), bis hin zu langfristigen chronischen körperlichen und/oder psychischen Erkrankungen (Zapf u. Semmer 2004). Für den Anstieg psychischer Gesundheitsrisiken werden unterschiedliche Ursachen benannt. Hierzu zählen die *Zunahme von Arbeitsintensivierung, Flexibilisierung und Kommunikationsverdichtung* (Lohmann-Haislah 2012). Bruch und Vogel (2011) haben mit Blick auf Überbelastung (zu wenige Ressourcen), Mehrfachbelastung (zu viele Aufgaben gleichzeitig) und Dauerbelastung (keine Erholung) eine Beschleunigungsfalle identifiziert. Aktuelle Managementkonzepte, wie z. B. Zielvereinbarungen, bei denen weniger der Einsatz, sondern vor allem das Ergebnis zählt, können bewirken, dass Angestellte wie Selbstständige denken und handeln (Peters 2011). Der

Anstieg der Selbststeuerung und Eigenverantwortung kann zu erhöhtem Verantwortungsdruck führen. D[ie] einerseits erwünschte hohe Identifikation mit d[er] Arbeit birgt anderseits das Risiko, sich zu überforder[n,] um den Erfolg sicherzustellen, wenn die Zielerre[i]chung gefährdet ist, was auch als »interessierte Selb[st]gefährdung« bezeichnet wird (Krause et al. 201[2].) Chevalier und Kaluza (2015) weisen in ihrer aktuell[en] Studie darauf hin, dass mit steigendem Ziel- u[nd] Ergebnisdruck (Zielspirale) bei vielen Menschen d[as] Risiko der Selbstgefährdung wächst. Neue Technol[o]gien eröffnen zudem die Möglichkeit oder Erwartun[g,] immer und überall verfügbar zu sein. Damit geh[en] Chancen der Erholung und Distanzierung verlor[en] (Rau 2012). Inwieweit wirkt Commitment hier a[ls] Ressource oder gar als Risikofaktor?

11.4.1 Ressource oder Risiko

Bereits Mathieu und Zajac (1990) postulierten ei[ne] Verbindung zwischen Commitment und Stresserl[e]ben. Für Mitarbeiter, die sich mit ihrer Organisati[on] verbunden fühlen und sich identifizieren, kann dies[es] positive Gefühl der Verbundenheit und sozialen Zug[e]hörigkeit als Ressource dienen, die Stressempfind[en] direkt reduziert oder indirekt die Belastungsfolgen a[b]mildert. Meyer et al. (2002) haben in ihrer Metaan[a]lyse tatsächlich einen negativen Zusammenhang zw[i]schen Stresserleben und affektivem Commitment [in] Höhe von $\rho = -.21$ ermittelt. Noch stärker ist der Z[u]sammenhang von Stress und Commitment gegenüb[er] dem Beruf bzw. der Tätigkeit (Lee et al. 2000): je st[är]ker die Identifikation mit dem Beruf oder der Täti[g]keit, desto geringer sind die emotionale Erschöpfu[ng] ($\rho = -.44$), die Beeinträchtigung des Leistungsverm[ö]gens ($\rho = -.43$) und das Risiko von Depersonalisati[on] ($\rho = -.37$). Umgekehrt zeigen sich positive Beziehu[n]gen zu positiven Gesundheitsindikatoren wie dem a[ll]gemeinen physischen Wohlbefinden (Siu 2002) od[er] »mental health« (Grawitch et al. 2007).

Allerdings ist insbesondere eine differenzier[te] Betrachtung der Commitmentkomponenten erforde[r]lich. Ein positiver Effekt ist vor allem bei affektive[m] Commitment zu erwarten. Sind Mitarbeiter hingeg[en] eher kalkulatorisch an das Unternehmen gebund[en,] indem ihr Commitment auf mangelnden Alternativ[en] oder drohenden Verlusten basiert, ist eine positi[ve] Wirkung unwahrscheinlich. Vielmehr kann das Em[p]finden, gegen den eigenen Willen gebunden zu se[in,] selbst als Belastungsfaktor wirken (Meyer et al. 200[2].) Daher ist eher ein positiver Zusammenhang zwische[n] kalkulatorischem Commitment und Stresserleben [zu] erwarten. Tatsächlich berichten Meyer et al. (2002), dass kalkulatorisches Commitment positiv mit Stresserleben korreliert (ρ = .14). Diese Zusammenhänge konnten auch in zahlreichen deutschen Studien bestätigt werden: Stresserleben und affektives Commitment korrelieren zu r = -.24, während der Zusammenhang mit kalkulativem Commitment positiv ist (Felfe et al. 2008; Felfe u. Franke 2012). Auch in der bereits genannten Finanzamtsstudie von Schmidt (2006a) fand sich ein hoher negativer Zusammenhang zwischen affektivem Commitment und gesundheitlichen Beeinträchtigungen von r = -.40. In einer aktuellen Studie mit Bundeswehrangehörigen zeigen sich zusätzlich zu den negativen Zusammenhängen zum Stresserleben positive Zusammenhänge zwischen affektivem Commitment und dem allgemeinen Gesundheitszustand sowie der Resilienz (Felfe et al. 2015). Dies gilt gleichermaßen für Zivilisten und Soldaten.

Zusammenfassend kann Commitment als wichtiger Faktor für die Mitarbeitergesundheit eingestuft werden. Allerdings bedarf es hier einer differenzierten Betrachtung. Vor dem Hintergrund der vorliegenden Befunde ist deutlich zwischen den Commitmentkomponenten zu unterscheiden. Während affektives Commitment eindeutig als gesundheitsförderlich betrachtet werden kann, ist kalkulatorisches als Risiko einzustufen. In dieser Unterscheidung könnte auch eine Erklärung für vermeintliche negative Konsequenzen von Commitment im Sinne von fehlender Distanzierung, »Selbstausbeutung« oder »interessierter Selbstgefährdung« (Krause et al. 2012) liegen. Kalkulatives Commitment vor dem Hintergrund drohender Verluste (Gefährdung bisheriger Investitionen oder zukünftiger Zielerreichung) und mangelnder Alternativen erzeugt Druck und Abhängigkeit mit den entsprechenden gesundheitlichen Risiken (z. B. psychische Erschöpfung).

11.4.2 Commitment als Puffer

Affektives Commitment kann aber nicht nur direkt als Ressource, sondern auch als Puffer wirken. Hier wird Commitment als Schutzschild betrachtet. Positive Emotionen wie Sicherheit und Zugehörigkeit immunisieren Personen gegen Belastungen. So kann zum Beispiel der Zusammenhang zwischen Belastungen und Stresserleben durch Commitment abgemildert werden. Insgesamt liegen aber vergleichsweise wenige Studien vor, welche die Rolle von Commitment als Moderator untersucht haben.

Begley und Czajka (1993) konnten in einer Längsschnittstudie zeigen, dass Commitment nicht nur direkte Zusammenhänge zu Gesundheitsmerkmalen aufweist, sondern zusätzlich als Moderator im Sinne der Pufferhypothese die Zusammenhänge zwischen Stress und Unzufriedenheit beeinflusst. Während sich bei Personen mit niedrigem Commitment Belastungen auf die Unzufriedenheit auswirken, bleibt dieser Einfluss bei hohem Commitment unbedeutend. In einer deutschen Studie mit Altenpflegekräften (Schmidt 2006b) und einer Studie mit 506 Verwaltungsangestellten konnte Schmidt (2007) ebenfalls zeigen, dass sich die Wirkungen hoher Arbeitsbelastungen auf emotionale Erschöpfung und Depersonalisation mit zunehmendem Commitment abschwächen. Während bei der emotionalen Erschöpfung Commitment den Effekt der Belastung auf die Reaktionen abschwächte, wurde der Zusammenhang zur Depersonalisation durch hohes Commitment sogar aufgehoben. Zum gleichen Ergebnis gelangen Schmidt und Diestel (2012) für die Auswirkungen von hohen Anforderungen bezüglich Selbstbeherrschung und Emotionskontrolle auf emotionale Erschöpfung und Depersonalisation bei Krankenschwestern und Pflegekräften. Auch hier wirkte Commitment als Puffer.

Diese Ergebnisse stützen die Pufferhypothese und darüber hinaus auch die Annahme, dass Commitment eine bedeutsame Ressource bei der Arbeit darstellt. Von Commitment gehen ähnliche Wirkungen wie von sozialer Unterstützung und Kontrolle aus. Insbesondere unter Bedingungen hoher Arbeitsbelastungen, die in vielen Fällen nicht unmittelbar abgebaut werden können, bietet sich Commitment als Ansatzpunkt zur Gesundheitsförderung und Prävention an.

11.4.3 Risikokonstellationen oder auch zu viel Commitment?

Hohes affektives organisationales Commitment darf allerdings nicht mit Erschöpfung und übermäßigem Arbeitseinsatz verwechselt werden, was z. B. bei Siegrist (1996) auch als Overcommitment bezeichnet wird. Trotzdem wurde der Frage nachgegangen, ob sich vielleicht der positive Einfluss von Commitment bei hohen Ausprägungen oder bei bestimmten Kombinationen der Komponenten ins Gegenteil verkehrt. Dazu wurde getestet, ob Moderatormodelle und kurvlineare Modelle zu besseren Vorhersagen führen. Mit den Moderatoranalysen kann zum Beispiel geprüft werden, ob affektives Commitment nicht doch ein Risiko darstellen kann, wenn gleichzeitig das normative Commitment besonders stark ausgeprägt ist. Kurvlineare Modelle hingegen prüfen, ob der Zusammenhang zum Beispiel von Commitment und Gesundheit nicht linear verläuft, sondern sich bei hohen Werten ins Gegenteil verkehrt, zum Beispiel wenn Commitmentsteigerungen bis zu einem kritischen Punkt förderlich sind, sich aber jenseits dieses Scheitelpunktes als gefährdend herausstellen.

Hierzu wurden 19 Einzelstudien mit insgesamt über 5.000 Teilnehmern ausgewertet (Krause 2013). Die Zusammenhänge zum Stresserleben betrugen erwartungsgemäß für OCA $r = -.21$ für OCC $r = .11$ und für OCN $r = .05$. Werden alle drei Komponenten gleichzeitig zur Vorhersage genutzt, bestätigen die standardisierten Betagewichte das Bild: $-.26$, $.16$ und $.05$, wobei alle Gewichte signifikant sind. Die ebenfalls geprüften Interaktionen waren in der Gesamtstichprobe nicht signifikant. Nonlineare Zusammenhänge wurden nur in Teilstichproben des öffentlichen Dienstes gefunden. Hier zeigte sich bei höheren Commitmentwerten (OCA) keine weitere Abnahme des Stresslevels. Damit gibt es zwar in einigen Bereichen Hinweise darauf, dass der positive Effekt von Commitment sich abschwächt bzw. verschwindet, aber keine empirischen Belege für einen Anstieg des Stresserlebens bei hohem Commitment. Allerdings gibt es Indizien darauf, dass sich in bestimmten Kontexten spezifische Zusammenhangsmuster zeigen. So fanden Felfe und Franke (2011) in einer Studie mit 201 Pflegekräften, dass der Einfluss von affektivem Commitment von normativem Commitment moderiert wird. Bei hohem normativem Commitment ist der Zusammenhang zwischen affektivem Commitment und Stresserleben nicht negativ, sondern positiv. Die positive Wirkung von affektivem Commitment wird also in diesem Fall durch normatives Commitment neutralisiert und sogar ins Gegenteil verkehrt. Eine mögliche Erklärung für diesen Befund: Das Erfordernis, bei hohem affektivem Commitment auch auf eigene Bedürfnisse zu achten und sich auch mal zu distanzieren, wird durch das starke normative Commitment eingeschränkt und erhöht das Risiko sich »aufzuopfern«. Auch wenn weitere kontextrelevante Commitmentfoki einbezogen werden, verändert sich das Bild. Bei hohem Commitment gegenüber den Patienten ist der Zusammenhang zwischen affektivem Commitment und Stresserleben ebenfalls nicht negativ, sondern positiv. Möglicherweise kommt es hier vor dem Hintergrund knapper und begrenzter Ressourcen zu einem Zielkonflikt, der belastend wirkt. Auf der einen Seite wird versucht, den Erwartungen und Anforderungen des Hauses gerecht zu werden, auf der anderen Seite, die Bedürfnisse der Patienten zu erfüllen.

11.5 Bindungsmanagement

Bei den für die Verbesserung der Bindung relevant Faktoren lassen sich mehrere Handlungsfelder unte scheiden. Der erste Bereich umfasst Merkmale d Organisation wie etwa die wahrgenommene organis tionale Gerechtigkeit. Der zweite Bereich beinhal die Merkmale der Arbeit selbst. Hierunter fallen in besondere der Arbeitsinhalt und der Handlungsspi raum. Der dritte Bereich betrifft die Mitarbeite führung, womit vor allem die direkte Führungskra angesprochen ist.

11.5.1 Ebene der Organisation

Organisationale Unterstützung bezieht sich auf d Überzeugung der Mitarbeiter, dass sich die Organis tion für ihr Wohlbefinden interessiert und sie dab unterstützt, ihre Fähigkeiten zum Erreichen der Unte nehmensziele einzusetzen. Tatsächlich zeigt sich e deutlicher Zusammenhang von $\rho = .63$ zwischen d wahrgenommenen organisationalen Unterstützu und affektivem Commitment (Meyer et al. 200 **Organisationale Gerechtigkeit** bezieht sich darauf, und inwieweit sich Mitarbeiter von ihrem Unterne men fair behandelt fühlen. Dabei lassen sich zw Dimensionen (distributiv, prozedural) unterscheide Die distributive Gerechtigkeit oder Verteilungsgerec tigkeit bezieht sich auf das Ergebnis eines Verteilung prozesses (z. B. Beförderung, Gehalt), das dann a gerecht empfunden wird, wenn das Verhältnis d eigenen Beitrags (Arbeitsleistung) zum eigenen Ertr (Gehalt, Beförderung) als angemessen erlebt wird. B der prozeduralen Gerechtigkeit geht es um den Vert lungsprozess selbst. Eine Entscheidungsfindung wi dann als gerecht empfunden, wenn der Prozess als f und transparent angesehen wird. Meyer und Kolleg ermitteln in ihrer Metaanalyse hohe durchschnittlic Zusammenhänge zwischen den beiden Gerechti keitsdimensionen und affektivem organisationale Commitment (distributiv, $\rho = .47$ bzw. prozedur $\rho = .38$). Aber auch die **Arbeitgeberattraktivität** b züglich Gesundheit (Engagement einer Organisatio für das Thema Gesundheit z. B. durch systematisch BGM) kann sich positiv auf das Commitment der B schäftigten auswirken, wie eine aktuelle Studie zei (Felfe et al. 2015). Zum einen wurde hier ein substa zieller Zusammenhang von $r = .34$ gefunden und zu anderen zeigte sich, dass durch die Teilnahme an BG Angeboten das Commitment tendenziell gesteige werden konnte. Häufig wird auf die **Bezahlung** a Möglichkeit verwiesen, Commitment zu steiger

Empirische Befunde zeigen jedoch, dass der Zusammenhang im Vergleich zum Arbeitsklima oder zum Arbeitsinhalt (s. u.) deutlich niedriger ausfällt.

11.5.2 Ebene der Arbeitsaufgabe

Der Inhalt der Arbeit und der damit verbundene **Handlungs- und Entscheidungsspielraum** tragen wesentlich zur Entstehung von Commitment bei. Idealerweise bietet der Arbeitsplatz die Möglichkeit, unterschiedliche Aufgaben zu erledigen, die mit verschiedenen geistigen und körperlichen Anforderungen verbunden sind (**Variabilität**). Zudem sollten Mitarbeiter selbständig über Arbeitsverfahren und Vorgehensweisen, die Verwendung von Arbeitsmitteln und die zeitliche Einteilung entscheiden können (Handlungs- und Entscheidungsspielraum). In der Metaanalyse von Mathieu und Zajac (1990) zeigt sich ein starker Zusammenhang zwischen Arbeitsinhalt und affektivem Commitment gegenüber der Organisation (ρ = .50). Meyer et al. (2002) berichten in ihrer Metaanalyse einen durchschnittlichen Zusammenhang zwischen affektivem Commitment und intrinsisch motivierender Arbeit von ρ = .68. Für deutsche Stichproben fanden Felfe et al. (2008) einen Zusammenhang von r = .45. Im Vergleich zeigte sich in dieser Studie kein Zusammenhang zum kalkulatorischen Commitment. **Rollenkonflikte** und Rollenambiguität in der Arbeit, die z. B. aus Zielkonflikten, widersprüchlichen Aufgaben, unklaren Prioritäten etc. resultieren, wirken sich hingegen negativ auf das Commitment aus. Entsprechend berichten Meyer et al. (2002) vergleichsweise hohe durchschnittliche Zusammenhänge von Rollenkonflikten und Rollenambiguität auf der einen und Commitment auf der anderen Seite von ρ = -.30 bzw. ρ = -.39. Damit sind ein abwechslungsreicher Arbeitsinhalt, ein möglichst großer Handlungs- und Entscheidungsspielraum sowie wenig Rollenkonflikte nicht nur eine Voraussetzung für selbständiges, eigenverantwortliches und damit auch effektives Arbeiten, sondern tragen wesentlich zum affektiven organisationalen Commitment bei. Umgekehrt dürften neben restriktiven Aufgaben und Konflikten auch illegitime Aufgaben, d. h. Aufgaben, die als sinnlos, überflüssig oder unzumutbar erlebt werden (Semmer et al. 2010), das Commitment gefährden.

11.5.3 Ebene der Mitarbeiterführung

Darüber hinaus kommt den unmittelbaren Führungskräften eine zentrale Rolle bei der Entwicklung und dem Erhalt von Commitment und Identifikation zu. Wie schon gezeigt, sind die wahrgenommene Unterstützung durch die Organisation und der Arbeitsinhalt ebenfalls wichtige Faktoren. Die Bedeutung von Führungskräften ist nicht zuletzt deswegen so wichtig, weil sie auch hierauf einen Einfluss haben. Zunächst berichten Mathieu und Zajac (1990) Zusammenhänge zwischen Commitment und partizipativer und mitarbeiterorientierter Führung von ρ = .39 bzw. .34. Die jüngere Forschung hat gezeigt, dass insbesondere transformationale Führung das Commitment der Mitarbeiter positiv beeinflussen kann. Führungskräfte, die transformational führen, binden und motivieren ihre Mitarbeiter dadurch, dass sie überzeugend attraktive Visionen vermitteln (inspirational motivation), selbst als glaubwürdig und vorbildlich wahrgenommen werden (idealized influence), zu unabhängigem, selbstständigem Denken anregen, Veränderungen unterstützen (intellectual stimulation) und die Entwicklung der Beschäftigten fördern (individualized consideration). Dabei werden vor allem die Werte und Motive der Geführten beeinflusst (transformiert): An die Stelle kurzfristiger materieller Ziele (extrinsische Motivation) treten langfristige übergeordnete Werte und Ideale (intrinsische Motivation). Das Selbstkonzept wird so entwickelt, dass Selbstvertrauen und Einsatzbereitschaft der Mitarbeiter steigen (Bass 1985; Shamir et al. 1993, Felfe 2006). Bei deutschen Stichproben korrelieren die Dimensionen transformationaler Führung mit affektivem Commitment zwischen r = .26 und .35 (Felfe 2006). Meyer et al. (2002) haben in ihrer Metaanalyse mit ρ = .46 einen ähnlichen durchschnittlichen Zusammenhang zwischen transformationaler Führung und affektivem organisationalem Commitment ermittelt. Mittlerweile gibt es auch einige Studien, die die Wirkmechanismen zwischen transformationaler Führung und Commitment untersucht haben. So zeigte sich, dass der Zusammenhang zwischen transformationaler Führung und Commitment durch die Entwicklung und Förderung von Autonomie, Kompetenz und Einfluss (empowerment) der Mitarbeiter erklärt wird (Avolio et al. 2004). Bono und Judge (2003) identifizierten die Förderung der Identifikation der Mitarbeiter mit ihren Zielen (self-concordance) als weitere Mediatorvariable. Eine höhere Kohäsion in der Gruppe (Pillai u. Williams 2004) sowie eine stärkere kollektive Selbstwirksamkeit (Walumbwa et al. 2004) wurden ebenfalls als Mediatoren nachgewiesen. Die genannten Wirkmechanismen sind ebenfalls als gesundheitsrelevant einzustufen. Dies erklärt auch den positiven Zusammenhang zwischen transformationaler Führung und Gesundheit (Franke u. Felfe 2011; Franke et al. 2014). Transformationale Führung hat das

Potenzial, individuelle und kollektive Ressourcen (Selbstwirksamkeit, Selbstwert, Sinn, Identität etc.) zu stärken. Hierzu zählt auch die Entwicklung und Förderung von Commitment.

11.6   Fazit

Zusammenfassend kann Commitment nicht pauschal als Ressource oder Risiko eingestuft werden. Vor dem Hintergrund der vorliegenden Befunde ist deutlich zwischen den Commitmentkomponenten zu unterscheiden. Während affektives Commitment eindeutig als gesundheitsförderlich betrachtet werden kann, ist kalkulatorisches Commitment als Risiko einzustufen. Affektives organisationales Commitment erhöht nicht nur die Bereitschaft, sich für die Organisation zu engagieren, sondern wirkt auch als Gesundheitsressource. Commitment entspricht dem Bedürfnis nach Zugehörigkeit und Identifikation und ermöglicht Sinnerleben. Bei kalkulativem Commitment basiert Bindung hingegen auf Sorge vor Verlusten, Druck und Einschränkung der eigenen Handlungsmöglichkeiten. Diese Konstellation ist für sich bereits aversiv und erhöht zudem durch übermäßige Verausgabung, um Ziele doch noch zu erreichen oder Verluste zu vermeiden, das Risiko der »Selbstausbeutung« und »Selbstgefährdung«.

Entsprechend sollten Organisationen bestrebt sein, die affektive Bindung ihrer Beschäftigten zu fördern und zu entwickeln. In einer positiven, gesundheitsförderlichen Bindungskultur hat Bindung einen hohen Stellenwert und wird systematisch gefördert. Zudem ist sie durch ein hohes Maß an affektivem Commitment geprägt. Im Sinne eines aktiven Commitmentmanagements lassen sich hierfür mehrere Schritte und konkrete Ansatzpunkte benennen, die zu einer positiven und damit gesundheitsförderlichen Bindungskultur beitragen.

1. Zunächst sollte Mitarbeiterbindung vom Management und der Geschäftsleitung als Unternehmenswert und wichtiger Faktor für den Unternehmenserfolg erkannt werden: Was haben wir davon, wenn sich die Belegschaft in hohem Maße gebunden fühlt und identifiziert bzw. welche Risiken erwachen aus einem geringen affektiven oder eher kalkulativen Commitment?

2. In einem zweiten Schritt geht es darum, bei der Beantwortung der Frage nach dem Commitment der Belegschaft ein objektives, belastbares Bild zu erhalten. Wie das Commitment der Mitarbeiter in den einzelnen Bereichen ausgeprägt ist, lässt sich durch systematische Diagnose im Rahmen einer Mitarbeiterbefragung feststellen (Felfe 2014). Hierfür gibt es standardisierte Verfahren wie z. B. den COMMIT (Felfe u. Franke 2012). Hier gilt es zusätzlich zum Commitment nicht nur die bekannten Bedingungsfaktoren zu eruieren (Führung, Arbeitsinhalt etc.), um relevante Ansatzpunkte zu identifizieren, sondern offen für aktuelle, neue Einflussgrößen zu sein. Hierzu gehören z. B. Bedingungen in der Organisation im Bereich der Vereinbarkeit oder der Gesundheitsförderung.

3. In einem dritten Schritt sollten Maßnahmen zur Entwicklung und Verbesserung der Mitarbeiterbindung umgesetzt werden. Dabei sind unterschiedliche Ebenen wie Organisation, Führung und Arbeitsaufgabe zu unterscheiden.

Literatur

Avolio BJ, Zhu W, Koh W, Bhatia P (2004) Transformational leadership and organizational commitment: mediating role of psychological empowerment and mediating role of structural distance. Journal of Organizational Behavior 25:951–968

Badura B, Ducki A, Schröder H et al (2011) Fehlzeiten-Report 2011. Führung und Gesundheit. Springer, Berlin Heidelberg

Bass BM (1985) Leadership and performance beyond expectations. Free Press, New York

Begley TM, Czajka JM (1993) Panel analysis of the moderating effects of commitment on job satisfaction, intent to quit and health following organizational change. Journal of Applied Psychology 78:552–556

Bono JE, Judge TA (2004) Personality and transformational and transactional leadership: A meta analysis. Journal of Applied Psychology 89:901–910

Bruch H, Vogel B (2011) Fully charged: How great leaders boost their organizations' energy and ignite high performance. Harvard Business Review Press, Boston

Chevalier A, Kaluza PDG (2015) Psychosozialer Stress am Arbeitsplatz: Indirekte Unternehmenssteuerung, selbstgefährdendes Verhalten und die Folgen für die Gesundheit. In: Böcken J, Braun B, Meierjürgen R (Hrsg) Gesundheitsmonitor 2015. Bürgerorientierung im Gesundheitswesen Kooperationsprojekt der Bertelsmann Stiftung und der BARMER GEK. Bertelsmann Stiftung, Gütersloh, S 228–2?

Cooper-Hakim A, Viswesvaran C (2005) The construct of work commitment: Testing an integrative framework. Psychological Bulletin 131:241–259

Felfe J (2006) Transformationale und charismatische Führung – Stand der Forschung und aktuelle Entwicklungen. Zeitschrift für Personalpsychologie 5(4):163–176

Felfe J (2008) Mitarbeiterbindung. Hogrefe-Verlag, Göttingen

Felfe J (2014) Organisationsdiagnose. In: Schuler H, Moser (Hrsg) Lehrbuch Organisationspsychologie. Huber, Bern, 409–456

Felfe J, Franke F (2011) Commitment als Ressource?! Rostock, Vortrag auf der Tagung der Fachgruppe AOW der Deutschen Gesellschaft für Psychologie

Felfe J, Franke F (2012) COMMIT. Verfahren zur Erfassung von Commitment gegenüber der Organisation, dem Beruf und der Beschäftigungsform. Hans Huber, Bern

Felfe J, Heinitz K (2010) The impact of consensus and agreement of leadership perceptions on commitment, OCB and customer satisfaction. European Journal of Work- and Organizational Psychology 19:279–303

Felfe J, Wombacher J (2013) Mitarbeiterbindung (Commitment) In: Pekruhl U, Spaar R, Zölch M (Hrsg) Human Resource Management Jahrbuch 2013. WEKA Verlag, Zürich, S 11–50

Felfe J, Schmook R, Schyns B, Six B (2008) Does the form of employment make a difference? – Commitment of traditional, temporary, and self-employed workers. Journal of Vocational Behavior 72:81–94

Felfe J, Yan W, Six B (2008) The impact of individual collectivism on commitment and its influence on OCB, turnover, and strain in three countries. International Journal of Cross-Cultural Management 8:211–237

Felfe J, Ducki A, Franke F (2014) Führungskompetenzen der Zukunft. In: Badura B et al (Hrsg) Fehlzeiten-Report 2014. Springer, Berlin, S 139–148

Felfe J, Renner B, Stein M, Elprana G et al (2015) Der Zusammenhang zwischen Stress, gesundheitsförderlicher Führung und Selbstführung und Arbeitgeberattraktivität in Bezug auf Gesundheit sowie Akzeptanz der BGF Maßnahmen. Wehrmedizinisches Symposium »Betriebliches Gesundheitsmanagement im Geschäftsbereich des Bundesministeriums der Verteidigung (BMVg)«, München

Felfe J, Renner B, Stein M, Klamar A et al. (2015) Der Zusammenhang zwischen Commitment, Arbeitszufriedenheit, Arbeitgeberattraktivität und der Teilnahme an BGF-Maßnahmen. Wehrmedizinisches Symposium »Betriebliches Gesundheitsmanagement im Geschäftsbereich des Bundesministeriums der Verteidigung (BMVg)«, München

Franke F, Felfe J (2011) How does transformational leadership impact employees' psychological strain? Examining differentiated effects and the moderating role of affective organizational commitment. Leadership 7:295–316

Franke J, Felfe J, Pundt A (2014) The impact of health-oriented leadership on follower health: Development and test of a new instrument measuring health-promoting leadership. Zeitschrift für Personalforschung. German Journal of Research in Human Resource Management 28:139–161

Grawitch MJ, Trares S, Kohler JM (2007) Healthy workplace practices and employee outcomes. International Journal of Stress Management 14:275–293

Krause M (2013) Organisationales Commitment und Stressempfinden -Untersuchung direkter und indirekter Zusammenhänge. Unveröffentlichte Masterarbeit. Helmut Schmidt Universität, Hamburg

Krause A, Dorsemagen C, Stadlinger J et al (2012) Indirekte Steuerung und interessierte Selbstgefährdung: Ergebnisse aus Befragungen und Fallstudien. Konsequenzen für das betriebliche Gesundheitsmanagement. In: Badura B, Ducki

A, Schröder H et al (Hrsg) Fehlzeiten-Report 2012. Gesundheit in der flexiblen Arbeitswelt: Chancen nutzen – Risiken minimieren. Springer, Berlin Heidelberg, S 191–202

Lee K, Carsfeld JJ, Allen NJ (2000) A meta-analytic review of occupational commitment: Relations with person- and work- related variables. Journal of Applied Psychology 85:799–811

Lohmann-Haislah A (2012) Stressreport Deutschland 2012. Dortmund: Bundesanstalt für Arbeitsschutz und Arbeitsmedizin

Mathieu JE, Zajac DM (1990) A review and meta-analysis of the antecedents, correlates, and consequences of organizational commitment. Psychological Bulletin 180:171–194

Meyer JP, Maltin ER (2010) Employee commitment and well-being: A critical review, theoretical framework and research agenda. Journal of Vocational Behavior 77:323–337

Meyer JP, Allen NJ, Smith CA (1993) Commitment to organizations and occupations: Extension and test of a three-component model. Journal of Applied Psychology 78:538–551

Meyer JP, Stanley DJ, Herscovitch L et al (2002) Affective, continuance, and normative commitment to the organization: A meta-analysis of antecedents, correlates, and consequences. Journal of Vocational Behavior 61(1):20–52

Meyer JP, Stanley DJ, McInnis K, Jackson TA, Chris A, Anderson B (2014) Employee Commitment & Behavior Across Cultures: A Meta-analysis. ICAP, Paris

Peters K (2011) Indirekte Steuerung und interessierte Selbstgefährdung. Eine 180-Grad-Wende bei der betrieblichen Gesundheitsförderung. In: Kratzer N, Dunkel W, Becker K et al (Hrsg) Arbeit und Gesundheit im Konflikt. Edition sigma Verlag, Berlin, S 105–122

Pillai R, Williams EA (2004) Transformational leadership, self-efficacy, group cohesiveness, commitment, and performance. Journal of Organizational Change Management 17:144–159

Rau R (2012) Erholung als Indikator für gesundheitsförderlich gestaltete Arbeit. In: Badura B, Ducki A, Schröder H et al (Hrsg) Fehlzeiten-Report 2012. Gesundheit in der flexiblen Arbeitswelt: Chancen nutzen – Risiken minimieren. Springer, Berlin Heidelberg, S 181–190

Schmidt KH (2006a) Beziehung zwischen Arbeitszufriedenheit und Arbeitsleistung: Neue Entwicklungen und Perspektiven. In: Fischer L (Hrsg) Arbeitszufriedenheit: Konzepte und empirische Befunde. 2., vollst. überarb. u. erw. Aufl. Hogrefe, Göttingen, S 189–204

Schmidt KH (2006b) Haupt- und Moderatoreffekte der affektiven Organisationsbindung in der Belastungs-Beanspruchungs-Beziehung. Zeitschrift für Personalpsychologie 5:121–130

Schmidt KH (2007) Organizational commitment: A further moderator in the relationship between work stress and strain? International Journal of Stress Management 14:26–40

Schmidt KH, Diestel S (2012) The relation of Self-control demand to job strain: the moderating role of organizational commitment. Applied Psychology: an international review 61:479-497

Semmer NK, Tschan F, Meier LL, Facchin S, Jacobshagen N (2010) Illegitimate tasks and counterproductive work behavior. Applied Psychology: An International Review 59 (1):70–96

Siders MA, George G, Dharwadkar R (2001) The relationship of internal and external commitment foci to objective performance measures. Academy of Management Journal 44:570–579

Siegrist J (1996) Soziale Krisen und Gesundheit. Eine Theorie der Gesundheitsförderung am Beispiel von Herz-Kreislauf-Risiken im Erwerbsleben. Hogrefe, Göttingen

Siu O (2002) Occupational stressors and well-being among Chinese employees: The role of organisational commitment. Applied Psychology: An International Review 51:527–544

Shamir B, House R, Arthur M (1993) The motivational effects of charismatic leadership: A self-concept-based theory. Organization Science 4:577–594

Walumbwa FO, Peng W, Lawler J, Kan S (2004) The role of collective efficacy in the relations between transformational leadership and work outcomes. Journal of Occupational & Organizational Psychology 77:515–530

Wombacher J, Felfe J (2014) Multiple commitments and intergroup conflicts in organizations. Annual conference of the SIOP, Hawaii

Zapf D, Semmer NK (2004) Stress und Gesundheit in Organisationen. In Schuler H (Hrsg) Enzyklopädie der Psychologie, Themenbereich D, Serie III, Band 3 Organisationspsychologie. 2. Aufl. Hogrefe, Göttingen, S 1007–1112

11

Bedeutung von gesunder Ernährung im Rahmen Betrieblicher Gesundheitsförderung

L. Mense

B. Badura et al. (Hrsg.) *Fehlzeiten-Report 2016*,
DOI 10.1007/978-3-662-49413-4_12, © Springer-Verlag Berlin Heidelberg 2016

Zusammenfassung *Der Arbeitsplatz stellt für das Ernährungshandeln der Beschäftigten eine wichtige soziale Rahmenbedingung dar. Im Kontext des Konzepts des alltäglichen Ernährungshandelns am Arbeitsplatz stehen dabei nicht ausschließlich das individuelle Ernährungsverhalten der Beschäftigten im Vordergrund, sondern auch die Arbeitsbedingungen und die Strukturen des Arbeitsplatzes. Diese Doppelstruktur des Ernährungshandelns ist in vielfältiger Weise verflochten mit Fragen sozialer Ungleichheit und Fragen des Geschlechts, nicht nur bei der Ernährung. Anhand des Forschungsstandes und aktueller Studienergebnisse wird die Bedeutung sozialer Ungleichheiten in Verbindung mit Geschlechterverhältnissen in verschiedenen Feldern des Ernährungshandelns im Alltag und am Arbeitsplatz herausgearbeitet. Im Fokus stehen auch die subjektiven Vorstellungen der Beschäftigten von gesunder Ernährung und ihre Bedeutung für die Programmplanungen im Rahmen Betrieblicher Gesundheitsförderung.*

12.1 Einleitung

Erwerbstätige Personen verbringen am Arbeitsplatz einen Großteil ihrer Zeit. Er ist daher von besonderer Bedeutung für die Beschäftigten in Bezug auf ihr Wohlbefinden und ihre Gesundheit. Neben der Verhütung von Unfällen und der Minimierung von Gesundheitsrisiken steht die Förderung des Wohlbefindens und der Gesundheit der Beschäftigten im Fokus der Betrieblichen Gesundheitsförderung. Die Ernährung stellt dabei ein wichtiges Feld dar.

Bei der Durchsicht der vorliegenden Literatur zum Handlungsfeld Ernährung in der Betrieblichen Gesundheitsförderung ist auffällig, dass der Begriff der »gesunden Ernährung«[1] in der Regel als klar definiert vorausgesetzt wird und die Ernährung unter einer Defizitperspektive betrachtet wird. Auch wenn verschiedene Forschungsergebnisse zeigen, dass die Ernährungsgewohnheiten in den westlichen (post)industrialisierten Ländern insgesamt gesünder geworden seien (Muff 2009, S. 82), wird regelmäßig eine in der Tendenz »falsche Ernährung« der Bevölkerung beklagt (vgl. Deutsche Gesellschaft für Ernährung 2012; Max Rubner-Institut 2008a), die es zu verbessern gelte. In diesem Zusammenhang werden spezielle Anforderungen an die Individuen gestellt, ihre Ernährungsweise an die Erfordernisse der Gesunderhaltung, d. h. an Expertensysteme auszurichten und sie aus den Alltagsbezügen herauszulösen (vgl. Mense 2011).

Die Zusammenhänge von Gesundheit und Ernährung sind allerdings äußerst komplex und vielschichtig und einfache Ursache-Wirkungs-Kausalitäten lassen

---

1 Im ernährungswissenschaftlichen und medizinischen Kontext orientieren sich die Definitionen gesunder Ernährung an den Empfehlungen der Deutschen Gesellschaft für Ernährung. Diese gibt gemeinsam mit den Gesellschaften für Ernährung in Österreich (ÖGE) und der Schweiz (SGE/SVE) die Referenzwerte für die Nährstoffzufuhr heraus. Sie gelten als wissenschaftlich abgesicherte Richtwerte für alle Ernährungsfachkräfte in Wissenschaft, Forschung, Ernährungsberatung und Industrie, auf deren Grundlage die DGE zehn Ernährungsregeln formuliert, die eine gesundheitsfördernde Ernährung gewährleisten sollen. Diese Regeln lauten: 1. Vielseitig essen, 2. Reichlich Getreideprodukte und reichlich Kartoffeln, 3. Gemüse und Obst – Nimm 5 am Tag, 4. Täglich Milch- und Milchprodukte, ein- bis zweimal in der Woche Fisch; Fleisch, Wurstwaren sowie Eier in Maßen, 5. Wenig Fett und fettreiche Lebensmittel, 6. Zucker und Salz in Maßen, 7. Reichlich Flüssigkeit, 8. Schmackhaft und schonend zubereiten, 9. Nehmen Sie sich Zeit, genießen Sie Ihr Essen, 10. Achten Sie auf Ihr Gewicht und bleiben Sie in Bewegung. Diese Regeln beziehen neben Nahrungsmitteln und Inhaltsstoffen auch Zubereitungsarten, die Art des Verzehrs sowie Fragen des Gewichts und der Bewegung mit ein (Deutsche Gesellschaft für Ernährung e. V. 2012).

sich nicht herstellen[2]. Aussagen darüber, wie sich das alltägliche Ernährungshandeln der Beschäftigten am Arbeitsplatz überhaupt konkret gestaltet, sind dabei nur selten enthalten. Damit Ernährung am Arbeitsplatz einen Beitrag zur Gesunderhaltung bzw. Gesundheitsförderung auch im Unternehmenskontext leisten kann, ist es jedoch notwendig, die verschiedenen Dimensionen der Ernährung in den Blick zu nehmen.

Elfriede Feichtinger (1995) unterscheidet Ernährung entlang ihrer physiologischen, psychologischen, kulturellen und sozialen Funktionen. Ernährung ist demnach nicht nur eine physiologische Notwendigkeit, wie die Versorgung des Körpers mit Nährstoffen und Energie, sondern darüber hinaus mit je spezifischen Wertesystemen, Gebräuchen und Normen, mit Fragen des Genusses, der emotionalen Sicherheit und auch von Identität verbunden. Das individuelle Ernährungsverhalten ist demnach von subjektiven Bedürfnissen, Vorlieben und Motivationen geprägt und nicht zuletzt von ökonomischen und strukturellen Faktoren (Friel et al. 2015; Muff u. Weyers 2010).

Dies bedeutet für eine Betrachtung der Ernährung am Arbeitsplatz, dass die vielfältigen Verflechtungen zwischen dem individuellen Handeln der Beschäftigten und den strukturellen Bedingungen des Arbeitsplatzes sowie die Bedeutung sozialer Ungleichheiten zu berücksichtigen sind. Ich werde mich im vorliegenden Aufsatz dem Konzept des Ernährungshandelns, wie es Barlösius und Schiek entwickelt haben, anschließen:

»*Ernährungshandeln umfasst die Aktivitäten zur Gestaltung des Ernährungsalltages, die damit verbundenen Handlungsmotive und die soziale Konstruktion von Ernährung und Essen.*« *(Barlösius u. Schiek 2006, S. 10).*

Diese Definition des Ernährungshandelns nimmt Bezug auf die soziale Konstruktion von Essen und Ernährung und weist über das individuelle Ernährungsverhalten von Menschen hinaus. Im Sinne dieses umfassenderen Verständnisses von Ernährung wird im Folgenden zunächst den sozialen Differenzierungsprozessen nachgegangen und es werden Zusammenhänge zwischen der sozialen Schicht und dem Ernährungshandeln skizziert. Die Indikatoren der sozialen Schicht[3] besitzen für sich genommen noch keine um-

fassende Aussagekraft für das Ernährungshandel[n] weil sie mit weiteren sozialen Merkmalen wie b[ei]spielsweise dem Geschlecht verwoben sind. Anha[nd] aktuellerer Forschungsergebnisse werden die Zusa[m] menhänge von Ernährung, sozialer Lage und G[e] schlecht vorgestellt. Hieran anknüpfend werden [die] Bedeutungen und Vorstellungen von Gesundheit u[nd] Ernährung am Arbeitsplatz in den Blick genomme[n]. Die Zusammenschau subjektiver Vorstellungen u[nd] Konzepte von Ernährung und ihre Einbettung in so[zi] ale Strukturen bietet vielfältige Anknüpfungspunk[te] auch für die Gesundheitsförderung und Prävention [im] Feld der Ernährung, wie abschließend herausgearbe[i] tet werden soll.

12.2 Soziale Ungleichheiten im Ernährungshandeln

12.2.1 Soziale Ungleichheiten im Lebensmittelverzehr

Soziale Ungleichheiten in der Ernährung sind in ve[r] schiedenen deskriptiven Ernährungsstudien festg[e] stellt worden, wie auch in der repräsentativ angeleg[ten] Zweiten Nationalen Verzehrsstudie (Max Rubner-In[sti] titut 2008a, b). Die Existenz der sozialen Ungleichh[ei] im Ernährungshandeln kann als evident gelten, w[ie] Muff und Weyers in ihrem internationalem Fo[r] schungsüberblick darlegen (Muff u. Weyers 201[,] S. 85). In den Studien zeigt sich ebenfalls, dass neb[en] der Betrachtung des sozialökonomischen Status' au[ch] sogenannte horizontale soziale Ungleichheiten w[ie] beispielsweise Geschlecht, Alter, Familienstand u[nd] Nationalität/Ethnizität zu berücksichtigen sind, de[nn] auch diese korrelieren mit dem Ernährungshande[ln] (Arganini et al. 2012; Wardle et al. 2004). Soziale U[n] gleichheiten in der Ernährung sind somit komplex u[nd] stellen die Forschung vor große Herausforderunge[n,] weshalb die Zusammenhänge vertikaler und horizo[n] taler sozialer Ungleichheiten in der Ernährung bish[er] auch erst in Ansätzen geklärt sind. So fehlen beispie[ls] weise bundesweite repräsentative Studien zum Zusa[m] menhang von Ernährung und Migration[4], wohingeg[en]

---

2 Hier sei auf die kontroversen Diskussionen um den Einfluss des Körpergewichts auf die Morbidität und Mortalität von Menschen, bekannt als »obesity-paradox« (Flegal et al. 2005; Hainer u. Aldhoon-Hainerová 2013) oder auch um die Evidenzbasiertheit der Empfehlungen der Deutschen Gesellschaft für eine kohlenhydratreiche, fett- und cholesterinarme Ernährung (Scholl u. Schneider 2015) verwiesen.

3 Es liegen unterschiedliche theoretische Ansätze zur Beschreibung sozialer Ungleichheiten vor. Die im Folgen-

den genannten empirischen Studien verwenden unterschiedliche Begriffe wie sozialökonomischer Status oder Schicht. Schichtungsmodelle nutzen in der Regel die Indikatoren Einkommen, Bildung und/oder Beruf oder daraus gebildete Schicht-Indizies zur statistischen Messung der sozialen Ungleichheit, manchmal werden die Indikatoren auch einzeln erhoben.

4 Die Herkunftskultur von Individuen ist ein wichtiger Faktor im Ernährungshandeln, doch ist die Forschungslage [.]

◘ Tab. 12.1 Durchschnittlicher Lebensmittelverzehr (g/Tag) nach Schichtzugehörigkeit und Geschlecht (Datenquelle: Max Rubner-Institut 2008b, S. 176 ff.; eigene Zusammenstellung)

Lebensmittelgruppen	Untere Schicht		Mittelschicht		Oberschicht		Gesamt	
	Frauen	Männer	Frauen	Männer	Frauen	Männer	Frauen	Männer
Gemüse	109	86	117	103	139	110	121	104
Obst	251	182	266	220	284	233	270	222
Fleischerzeugnisse und Wurstwaren	35	70	31	65	25	46	30	61
Fette und Öle	22	29	19	30	19	26	20	29
Fleisch	22	40	23	41	24	42	23	42
Alkoholische Getränke	61	338	72	296	113	304	81	308

In der Zweiten Nationalen Verzehrsstudie wurden für die soziale Schichtzugehörigkeit fünf Klassen gebildet (vgl. hierzu ausführlich Max Rubner-Institut 2008a). Aus Platzgründen wurde hier auf die Darstellung der Werte der unteren sowie der oberen Mittelschicht verzichtet.

Fehlzeiten-Report 2016

Korrelationen geschlechter- und schichtspezifischer Einflüsse auf das Ernährungshandeln gut dokumentiert sind.

Auf Grundlage der Ergebnisse der Zweiten Nationalen Verzehrsstudie (Max Rubner-Institut 2008b)[5] lassen sich beispielsweise für Deutschland zusammenfassend die folgenden Tendenzen hinsichtlich der Zusammenhänge des Ernährungshandelns mit dem sozialökonomischen Status und dem Geschlecht feststellen: Die mittleren und oberen Schichten verzehren mengenmäßig mehr Obst und Gemüse als die unteren

---

den kulturspezifischen Einflüssen bislang äußerst dünn. Es liegen einige kleinere, regionale Studien zum Zusammenhang von Ernährung und Migration vor, die zeigen, dass Personen mit Migrationshintergrund eher den aktuellen Ernährungsempfehlungen entsprechen würden als Personen ohne Migrationshintergrund. Einen Überblick über die Datenlage auch für den europäischen Raum liefert der Endbericht »Ernährungsverhalten von Kindern und Jugendlichen mit Migrationshintergrund«, der eine Sonderauswertung des bundesweiten Kinder- und Jugendgesundheitssurveys (KiGGS) ist (vgl. Kleiser et al. 2010). Die Ernährungsmuster in Bezug auf Gesundheit unterscheiden sich nicht nur entlang der unterschiedlichen Herkunft der untersuchten Kinder und Jugendlichen, sondern auch das Alter und Geschlecht sowie insbesondere der soziale Status haben einen signifikanten Einfluss.

5 Einen dezidierten Überblick zur Ernährungssituation (Verzehrdaten, Lebensmittelverbrauch sowie Nährstoff- und Energieversorgung) in Deutschland liefern ebenfalls die im vierjährigen Rhythmus herausgegebenen Ernährungsberichte der Deutschen Gesellschaft für Ernährung. Der aktuelle Bericht von 2012 enthält eine Sonderauswertung zum Lebensmittelverzehr aus den Daten der Zweiten Nationalen Verzehrsstudie (Deutsche Gesellschaft für Ernährung 2012).

Schichten, wobei Frauen über alle Schichten hinweg tendenziell mehr Obst und Gemüse essen als Männer (Max Rubner-Institut 2008b, S. 195 ff.) (◘ Tab. 12.1).

Der Verzehr von Wurstwaren und Fleischerzeugnissen sinkt dagegen mit der Höhe der Schichtzugehörigkeit. Auch beim Verzehr von Wurstwaren und Fleischerzeugnissen finden sich deutliche geschlechterdifferenzierte Einflüsse auf den sozialen Gradienten. Frauen der in der Zweiten Nationalen Verzehrsstudie gebildeten untersten Schicht verzehren im Durchschnitt mit 35 g/Tag mengenmäßig immer noch weniger Wurstwaren und Fleischerzeugnisse als die Männer der obersten Schicht mit einem durchschnittlichen Verzehr von 46 g/Tag.

Ähnliches gilt für den Konsum von Fetten und Ölen. In der Tendenz sinkt der Verzehr mit steigender Schichtzugehörigkeit (vgl. hierzu auch Muff u. Weyers 2010, S. 85), aber auch in der Lebensmittelgruppe der Öle und Fette ist der Unterschied zwischen Frauen und Männern ausgeprägter und Frauen der untersten Schicht konsumieren mit 22 g/Tag im Durchschnitt weniger als die Männer der obersten Schicht mit 26 g/Tag.

Beim Verzehr von Fleisch sind, anders als für die Lebensmittelgruppe Wurstwaren und Fleischerzeugnisse, die Effekte der sozialen Schicht nicht eindeutig. Muff und Weyers bestätigen die inkonsistente Befundlage für diesen Zusammenhang (Muff u. Weyers 2010, S. 85). Es besteht ein deutlicher geschlechterspezifischer Unterschied im Fleischkonsum. Männer verzehren mit durchschnittlich 42 g/Tag doppelt so viel Fleisch wie Frauen mit durchschnittlich 23 g/Tag (Max Rubner-Institut 2008b, S. 179), womit sich die These von Monika Setzwein bestätigt, wonach der Fleischkonsum den zentralen statistischen Ernährungsunterschied zwischen Frauen und Männern darstellt

(Setzwein 2006, S. 42). Ein weiterer deutlich geschlechterspezifischer statt schichtspezifischer Unterschied lässt sich für den Alkoholkonsum feststellen: Der mengenmäßige Konsum alkoholischer Getränke ist bei den Frauen deutlich niedriger als bei den Männern. Während bei den Männern der Alkoholkonsum in der untersten Schicht (mit 338 g/Tag) am höchsten ist und mit steigender Schichtzugehörigkeit (auf 304 g/Tag in der obersten Schicht) sinkt, steigt der Alkoholkonsum bei Frauen mit der Schichtzugehörigkeit an (von 61 g/Tag in der untersten auf 113 g/Tag in der obersten Schicht). Dies gilt insbesondere für den Verzehr von Wein und Sekt (Max Rubner Institut 2008b, S. 196 ff.).

Die vorangestellten Beispiele belegen, dass der Lebensmittelverzehr sowohl von schicht- als auch von geschlechterspezifischen Effekten geprägt ist, die sich gegenseitig verstärken, aber auch minimieren können. Es lassen sich also folgende Tendenzen zum Zusammenhang von sozialer Lage, Geschlecht und Ernährungshandeln finden, trotz der Inkonsistenzen und der Forschungslücken: Ein hoher Verzehr an Obst- und Gemüse sowie ein niedriger Verzehr an Fetten, Fleischerzeugnissen und Wurstwaren gelten als Indikator einer gesunden Ernährung. Beim Verzehr von Lebensmitteln praktizieren sowohl Frauen als auch Angehörige der oberen Schichten eine Ernährungsweise, die den Empfehlungen einer gesunden Ernährung eher entspricht als die Ernährung von Männern bzw. von Angehörigen der unteren Schichten.

12.2.2 Begründungen für die Nahrungswahl

Die Begründungszusammenhänge für die Nahrungswahl, die subjektiven Vorstellungen und Konzepte von gesunder Ernährung sind multidimensional. Sie unterliegen sowohl strukturellen als auch psychosozialen Einflüssen. Insbesondere aus der sozialpsychologischen Forschung liegen Studien vor, die in vielfältiger Weise die Einflüsse auf die Nahrungswahl untersuchen (vgl. für eine Übersicht Mense 2011). Wichtige Aspekte der Essenauswahl sind Bequemlichkeit, Qualität, Preis und Geschmack[6], genauso wie persönliche Abneigungen oder Vorlieben. Aber auch Fragen der Gewichts- bzw. Körperkontrolle und gesundheitliche Aspekte

sind bestimmende Faktoren der Essenswahl. Wie si zeigt, wird die Nahrungsauswahl im Alltag in der Re unbewusst getroffen und die Begründungen dafür b wegen sich oft entlang eher diffuser Faktoren (Bauc gefühl, Intuition) oder sie thematisieren Fragen d Geschmacks und Genusses.

Bei der Nahrungswahl finden sich wie im Leber mittelverzehr soziale Unterschiede. Der Preis ein Essens oder von Nahrungsmitteln ist für Personen n niedrigem Einkommen der bestimmende Faktor (M u. Weyers 2010). Lebensmittel mit einem günstig Preis-Mengen-Verhältnis wie Kartoffeln, Teigwar und Brot werden daher bevorzugt gewählt (Leonhäus u. Lehmkühler 2002, S. 24). Darüber hinaus spielen f den Kontext des Essens am Arbeitsplatz überhaupt d zur Verfügung stehenden Angebote eine Rolle. G sundheitliche Bestimmungsgründe für die Auswa werden dagegen eher von Frauen insgesamt, älter Personen und Personen mit einem höheren Bildung abschluss genannt (Lennernäs et al. 1997).

12.2.3 Bedeutung von gesunder Ernährung im Alltag

Eine an Gesundheit orientierte Ernährungswei bedarf des Wissens um die Zusammenhänge v Gesundheit und Ernährung und einer reflektiert Nahrungswahl. Als Indikatoren für eine Gesundhei orientierung gelten ein hohes Interesse für Ernä rungsfragen, die Ausrichtung der Ernährung na bestimmten Regeln wie beispielsweise das Einhalt von Diäten sowie der Stellenwert, welcher der Ernä rung im Leben überhaupt zugewiesen wird. Die pe sönlichen Definitionen von gesunder Ernährung s wie die subjektiven Gesundheitsdefinitionen spiel hierbei eine wichtige Rolle. Wie für die Nahrungswa gilt auch für die Gesundheitsorientierung, dass die nicht allein individuumspezifisch zu erklären ist.

Die Zweite Nationale Verzehrsstudie kommt dem Ergebnis, dass Frauen insgesamt eine stärkere G sundheitsorientierung im Ernährungsverhalten au weisen, da sie besser über den Zusammenhang v Gesundheit und Ernährung informiert sind und üb ein höheres Ernährungswissen verfügen als Männ (Max Rubner-Institut 2008a). Als weiterer Beleg f die höhere Gesundheitsorientierung wird auf d

---

6 Pierre Bourdieu hat in seinem Werk »Die feinen Unterschiede« dargestellt, dass auch der Geschmack kein individuelles Merkmal darstellt, sondern sich im Geschmack Zugehörigkeiten zu bestimmten Gruppen oder Klassen ausdrücken. Bourdieu arbeitet zwei

gegensätzliche Geschmacksorientierungen heraus: dem aus Luxus und Freizügigkeit geborenen Geschmack der oberen Klassen und dem aus (Not-)wendigkeit geborenen Geschmack der unteren Klassen (Bourdieu 1997, S. 289).

geringere Verbreitung von Übergewicht und Adipositas bei Frauen gegenüber Männern hingewiesen. Zur Kontrolle ihres Körpergewichts praktizieren Frauen häufiger als Männer Diäten zur Gewichtsreduktion. Sie seien zudem eher bereit, ihre Ernährungsweise an die Erfordernisse einer gesunden Ernährung anzupassen (vgl. Mense 2011; Muff 2009). Wardle et al. (2004) betonen in ihren Untersuchungen, dass das angenommene gesündere Ernährungshandeln von Frauen nicht ausschließlich mit einer höheren Gesundheitsorientierung einhergeht, sondern die gefundenen geschlechterspezifischen Unterschiede auch mit einer Schlankheitsorientierung begründet werden können (vgl. hierzu auch Mense 2011).

Auch für die Angehörigen der oberen sozialen Schichten lassen sich insgesamt höhere Gesundheitsorientierungen bei der Ernährung finden. So ist das Interesse an Ernährungsfragen und an sogenannten alternativen Ernährungsweisen in Bevölkerungsgruppen mit einem hohen Bildungsstand deutlich höher. In diesem Sinne gilt auch hier, dass sich die Angehörigen der oberen sozialen Lagen gesünder ernähren würden als Angehörige unterer sozialer Lagen (vgl. Muff 2009).

Vor dem Hintergrund der bisherigen Ausführungen zum Forschungsstand zeigt sich, dass vor allem das Ernährungshandeln der mittleren und oberen Schichten den Empfehlungen für eine gesunde Ernährung entspricht, während die unteren Schichten eher von diesen Vorgaben abweichen (vgl. hierzu auch Friel et al. 2015). Ein ähnliches Verhältnis lässt sich zwischen der Kategorie Geschlecht und dem Ernährungshandeln feststellen. Hier ist das Ernährungshandeln von Frauen eher an den gesundheitlichen Empfehlungen ausgerichtet, während die Ernährungsweisen von Männern eher als »ungesund« gelten.

Wie die Kategorien Geschlecht und die sozioökonomischen Kategorien in ihrem Zusammenwirken das Ernährungshandeln prägen, lässt sich nicht genau ausmachen, denn die Studienlage zum Zusammenhang von sozialer Lage, Geschlecht und Ernährung ist widersprüchlich. Zum einen wird konstatiert, dass die Geschlechterdifferenzen mit zunehmendem Bildungsgrad abnehmen und dass insbesondere bei Männern der sozioökonomische Status das Ernährungshandeln beeinflusse, andere Studien weisen dem Geschlecht dagegen die höhere Aussagekraft zu (vgl. Muff 2009, S. 130 f.). Diese Inkonsistenzen sind zum Teil auf die Verwendung von unterschiedlichen Indikatoren zur Messung der sozialen Ungleichheit wie auch auf unterschiedliche Studiendesigns zurückzuführen. Anhand der im Rahmen der Zweiten Nationalen Verzehrsstudie erhobenen Daten zum Lebensmittelverzehr zeigte sich, dass je nach Lebensmittelgruppe eher schicht-

und/oder geschlechterspezifische Effekte wirksam wurden. Dies bedeutet, dass verallgemeinernde Aussagen bezüglich des Ernährungshandelns nach Geschlechtern oder des sozialökonomischen Status nicht getroffen werden können.

12.2.4 Persönliche Definitionen von gesunder Ernährung

Als Zwischenfazit lässt sich festhalten, dass das Ernährungshandeln von vielfältigen Einflüssen wie dem Geschlecht, dem sozioökonomischen Status, dem Ort, aber auch von subjektiven Faktoren wie dem Geschmack und dem individuellen Ernährungswissen abhängt. Ein weiterer wichtiger Bestandteil der subjektiven Vorstellungen über gesunde Ernährung sind überhaupt erst die persönlichen Definitionen von gesunder Ernährung (Margetts et al. 1997). Diese werden im Rahmen von Maßnahmen zur Gesundheitsförderung bislang nur vereinzelt berücksichtigt, auch wenn sie vielfältige Anknüpfungspunkte für eine gute Praxis der Gesundheitsförderung bieten würden. Die bisherigen Untersuchungen über persönliche Definitionen gesunder Ernährung spiegeln die Komplexität der Zusammenhänge von Gesundheit und Ernährung wider (Falk et al. 2001; Margetts et al. 1997; Mense 2011; Meyer 1997) und zeigen verschiedene Dimensionen gesunder Ernährung auf. Als wiederkehrende Aspekte einer gesunden Ernährung nennen die Befragten überdurchschnittlich häufig Ausgewogenheit und Abwechslung sowie den reichlichen Verzehr von Obst und Gemüse (Margetts et al. 1997; Mense 2011; Meyer 1997). Häufiger Teil der persönlichen Definitionen ist das Thema fettarme Ernährung (Falk et al. 2001; Margetts et al. 1997) oder es wird insgesamt auf eine maßvolle Ernährung verwiesen (Falk et al. 2001; Mense 2011). In Meyers Befragung von Beschäftigten in einem Versicherungsunternehmen spielte dagegen zur persönlichen Definition einer gesunden Ernährung die Frage der Reichhaltigkeit in den Aussagen der Befragten eine wichtige Rolle (Meyer 1997).

Die genannten Dimensionen der persönlichen Definitionen gesunder Ernährung entsprechen insgesamt den Bestimmungen, wie sie die Deutsche Gesellschaft für Ernährung definiert. Dies zeigt, dass ernährungswissenschaftliche Empfehlungen Teil der persönlichen Definitionen gesunder Ernährung sind. Dies trifft insbesondere für Personen mit den höchsten Bildungsgraden zu (Margetts et al. 1997). Insgesamt sind die Einflüsse des Bildungsgrades, von Ethnizität und Geschlecht auf die persönlichen Definitionen gesunder Ernährung aber nicht eindeutig, wohingegen die Frage des Alters Wirkung entfaltet (Falk et al. 2001; Margetts et al. 1997; Mense 2011). Die persönlichen Definitionen zeigen auch weitere Aspekte auf, die im alltäglichen Ernährungshandeln von Individuen wichtig sind; so kann auch vermeintlich ungesundes Essen als sogenannter »Seelentröster« dazu beitragen, das subjektive Wohlbefinden zu erhalten und damit letztlich der Gesundheit dienen (vgl. Mense 2011).

12.3   Ernährungshandeln am Arbeitsplatz

12.3.1 Ernährung als Feld der Betrieblichen Gesundheitsförderung

Unternehmen haben vielfältige Möglichkeiten, eine an Gesundheit und Wohlbefinden orientierte Ernährung der Beschäftigten im Berufsalltag zu fördern. Darüber hinausgehend kann ein Arbeitsumfeld, das gute Bedingungen für eine bedarfsgerechte Ernährung schafft, die Arbeitszufriedenheit der Beschäftigten erhöhen und somit insgesamt zu einem guten Arbeitsklima beitragen. Das Handlungsfeld Ernährung ist vor diesem Hintergrund ein wesentlicher Baustein einer mitarbeiterorientierten Unternehmenskultur.

Im Rahmen der Betrieblichen Gesundheitsförderung wurden eine Vielzahl von Maßnahmen entwickelt, die zum einen auf das individuelle Verhalten von Menschen abzielen, die sogenannte Verhaltensprävention, und zum anderen ein gesundheitsförderndes Umfeld schaffen sollen, die sogenannte Verhältnisprävention. Programme zur Förderung einer gesunden Ernährung sowie zur Gewichtskontrolle sind Bestandteil dieser Maßnahmen. Beispiele für Maßnahmen im Bereich der Verhaltensprävention sind Schulungen der Beschäftigten oder Informationsprogramme zum Thema »Gesunde Ernährung«. In den Bereich der verhältnispräventiven Maßnahmen fallen beispielsweise die ernährungsspezifische Kennzeichnung von Mahlzeiten oder Nahrungsmitteln und die Verbesserung des Angebots in der Kantine, in Verkaufsstellen oder Automaten. Die aufgeführten Maßnahmen werden oftmals in Kombination mit Programmen zur Förderung der physischen Aktivität kombiniert. Es existieren mittlerweile vielfältige Interventionsstudien für den europäischen und insbesondere auch englischsprachigen Raum, die die verschiedenen ernährungsbezogenen Maßnahmen und Programme auf ihre Wirksamkeit hin überprüfen (Anderson et al. 2009). Eine gute Zusammenfassung dieser Studien bietet der aktuelle IGA-Report 28 »Wirksamkeit und Nutzen betrieblicher Gesundheitsförderung und Prävention« (Pieper et al. 2015). zeigt, dass die zuvor genannten Programme durch aus Effekte in Bezug auf eine gesündere Ernährung weise der Beschäftigten erzielen[7]. Allerdings erreich die angebotenen Maßnahmen vielfach nur diejenig Beschäftigten – Ältere, höhere Bildungsgrade u Frauen –, denen bereits ein gesünderes Ernährung handeln attestiert wird (vgl. hierzu auch Kilpatrick al. 2014).

So vielfältig wie die Programme und Maßnahm der ernährungsbezogenen Betrieblichen Gesundhei förderung sind auch die Strukturen und Bedingung der Arbeitsplätze sowie die Angebote für die Verpfl gung: Steht eine Kantine zur Verfügung oder eine Te küche, beispielsweise zum Aufwärmen von Speise oder gibt es nur Verkaufsautomaten oder sind d Beschäftigten auf Verpflegungsstellen außerhalb d Unternehmens angewiesen? Wie ist die Qualität d angebotenen Essens und der Nahrungsmittel? Gibt angenehme Räumlichkeiten, in denen die Pause ve bracht und Essen verzehrt werden kann? Auch d Arbeitsbedingungen und -zeiten der Beschäftigt haben also einen Einfluss auf das Ernährungshandel ebenso wie – hierauf wurde mehrfach verwiesen – d soziodemografischen Merkmale wie Geschlecht, Alt Bildungsgrad, Einkommen, Haushaltsgröße, Nation lität und im beruflichen Kontext die berufliche Po tion. Auch Fragen der Arbeitsplatzsicherheit sind re vant für das Ernährungshandeln. In Situationen, denen Beschäftigte befürchten, ihren Arbeitsplatz verlieren, stehen diese unter besonderem Stress, de oftmals mit einem stärkeren Verzehr von allgeme kohlenhydrat- und fettreichem Essen begegnet wi (Haupt 2009). Auch die Verbindungen der Erwerb tätigkeit mit dem privaten Leben, wie beispielswei die Verantwortung für Kinder oder kranke Angehö rige, beeinflussen das Ernährungshandeln, da au grund der Betreuungsverpflichtungen weniger Zeit f

---

7 Die gesündere Ernährung der Beschäftigten wird in der Regel anhand eines durchschnittlich erhöhten Obst- und Gemüseverzehrs sowie einer Reduktion der Fettaufnahm operationalisiert. Die in den Interventionsstudien beobachteten Effekte auf die gesündere Ernährung sind jedoch nur von kleiner Reichweite und können oft nur mit geringer bis moderater Evidenz bestätigt werden. Darüber hinaus leiden die untersuchten Interventionsstudien unter methodischen Mängeln. Diese sind insbesondere durch die Vielfalt der Programme begründet, aber auch durch fehlende Kontrollgruppen sowie das Fehlen objek tiver Parameter. Da die Änderung des Ernährungsverhaltens insbesondere über das Selbstreporting der Beschäf tigten erfolgt, sind die Ergebnisse darüber hinaus mit de gebotenen Vorsicht zu bewerten.

die Ernährungsarbeit, wie das Zubereiten von Mahlzeiten, zur Verfügung steht (vgl. Nobrega et al. 2015) oder es wird auf die Mittagspause am Arbeitsplatz verzichtet, da die gemeinsame Mahlzeit mit der Familie Vorrang hat (vgl. Mense 2011).

Es stellt sich somit die Frage, inwiefern sich vor dem Hintergrund der oben aufgezeigten komplexen Zusammenhänge und Wechselwirkungen von Gesundheit, Ernährung und soziodemografischen Merkmalen überhaupt Wirksamkeiten quantitativ zufriedenstellend messen lassen. Nach Muff und Weyers sind nämlich solche gesundheitsförderlichen Interventionen im Ernährungshandeln, d. h. Maßnahmen, wirksam, »(...) die Erfolg versprechend sind *(promising)*, da sie auf einer theoretischen Grundlage beruhen, für die zumindest in Teilen empirische Evidenz vorliegt« (Muff u. Weyers 2010, S. 87; Herv. i. O.). Das bedeutet, sich im Rahmen der Betrieblichen Gesundheitsförderung auch von solchen Interventionen inspirieren zu lassen, die als Beispiele guter Praxis dienen können. Das Bundesministerium für Gesundheit hat Praxisbeispiele für unterschiedliche Handlungsfelder – darunter auch das Feld Ernährung – im Rahmen der Betrieblichen Gesundheitsförderung gesammelt und nach Bundesländern sortiert auf seiner Webseite veröffentlicht[8]. Beispielhaft sei hier auf das Projekt »Genuss is(s)t gesund!« der Beiersdorf AG (Hamburg) hingewiesen, das zielgruppenspezifische Schulungsangebote sowie eine eigens entworfene Kennzeichnung der im Betriebsrestaurant angebotenen Speisen beinhaltet.

12.3.2 Arbeitsbedingungen als soziale Determinanten für eine gesunde Ernährung

Die Bedeutung des Arbeitsplatzes für die Gesundheit der Beschäftigten ist in vielen empirischen Untersuchungen belegt, wohingegen für die Wechselwirkungen zwischen Ernährung, Gesundheit und Arbeitsbedingungen noch Forschungslücken bestehen. Es lassen sich aber Forschungen insbesondere im angloamerikanischen Raum finden. Diese beziehen sich vielfach auf Fragen des Übergewichts/Adipositas, die aber eng mit dem Ernährungshandeln korreliert sind. Auch wenn länderspezifische Bedingungen des Arbeitsmarktes und des Ernährungshandelns bei der Interpretation der Forschungsergebnisse zu berücksichtigen sind, liefern sie doch vielfältige Impulse auch für die Betriebliche Gesundheitsförderung in Deutschland.

8 http://www.bmg.bund.de/themen/praevention/
betriebliche-gesundheitsfoerderung.html.

Fragen der sozialen Ungleichheit im Ernährungshandeln sowie der gesundheitlichen Ungleichheit überhaupt treten im Kontext der Erwerbsarbeit deutlich hervor (Friel et al. 2015; Muff 2009). Nach Friel et al. sind die Art der Beschäftigung und die Arbeitsbedingungen zentrale soziale Determinanten für eine gute Ernährung. Es gilt als belegt, dass lange Arbeitszeiten mit wenig Pausen, wenig Entscheidungsbefugnisse, Schichtarbeit, Arbeitsplatzunsicherheit und der damit verbundene Stress das Ernährungshandeln dahingehend beeinflussen, dass eher schnell sattmachende und damit energiereiche Nahrungsmittel verzehrt werden (Friel et al. 2015; Muff u. Weyers 2010; Nobrega et al. 2015). Die genannten Arbeitsplatzbedingungen sind in der Regel mit Niedriglohnarbeitsplätzen assoziiert, was bedeutet, dass den Beschäftigten anders als den Beschäftigten mit mittlerem und höherem Einkommen aufgrund ihrer finanziellen Restriktionen kaum Ressourcen zur Verfügung stehen, um diese gesundheitsrelevanten Bedingungen zu kompensieren. So fehlen den Beschäftigten im Niedriglohnbereich oftmals die finanziellen Mittel, um in der Freizeit kommerzielle Sport- und Bewegungsangebote oder Kurse zum Stressabbau wahrzunehmen oder bei Zeitmangel auf gesündere Essalternativen im Außer-Haus-Bereich auszuweichen. Nobrega et al. (2015) weisen darauf hin, dass die Beschäftigten im Niedriglohnsektor zum einen nicht von den betrieblichen Maßnahmen der Gesundheitsförderung erreicht werden und zum anderen die spezifische Situation dieser Beschäftigtengruppe bei den Programmplanungen nicht angemessen berücksichtigt wird. Die qualitative und partizipativ angelegte Studie von Nobrega et al., die die Rolle der Arbeitsbedingungen im Zusammenhang mit Adipositas/Übergewicht im Niedriglohnsektor in den USA untersucht, zeigt, dass sich vier Themen identifizieren lassen, die die Befragten in Fokusgruppengesprächen wiederkehrend als Barrieren für eine an Gesundheit orientierte Ernährungsweise benannten:

1. *Körperlich fordernde Arbeit*, die zu Krankheiten und Verletzungen führen kann und die Beschäftigten dermaßen erschöpft, dass keine Energie mehr für körperliche Aktivitäten in der Freizeit bleibt.

2. *Psychosoziale Stressoren* wie hohe Anforderungen an die Leistungserbringung bei gleichzeitiger geringer Kontrolle und Einflussmöglichkeiten auf Arbeitszeiten, Angst vor Arbeitsplatzverlust, mangelnde soziale Unterstützung durch Vorgesetzte und Kolleginnen und Kollegen. Diese Stressoren führen dazu, dass zu schnell und zu viel gegessen wird (vgl. auch Devine et al. 2007; Solovieva et al. 2013).

3. *Ernährungsbezogenes Umfeld vor Ort* wie fehlender Zugang zu gesünderen Lebensmitteln in Kantinen und Verkaufsautomaten oder Verpflegungsstellen in der näheren Umgebung sowie angemessene Ausstattung von Teeküchen oder Pausenräumen, in denen auch mitgebrachtes Essen aufgewärmt beziehungsweise verzehrt werden kann.

4. *Zeitdruck,* der keine ausreichenden Pausen zum Essen lässt, was dazu führt, dass zu schnell und zu viel gegessen wird (Nobrega et al. 2015).

Die hier genannten Barrieren in Bezug auf ein gesundheitsförderliches Umfeld im Feld der Ernährung lassen sich in Abstufungen auch auf Beschäftigte in anderen Branchen und höheren Einkommensgruppen übertragen.

12.4   Fazit und Handlungsempfehlungen

Insgesamt ist es für die Gestaltung von Maßnahmen in der Betrieblichen Gesundheitsförderung lohnenswert, die Bedürfnisse und Wünsche der Beschäftigten miteinzubeziehen (Kilpatrick et al. 2014). Beschäftigte wünschen sich angemessene Pausenzeiten und -orte, um in Ruhe eine Mahlzeit zu sich nehmen zu können. Unabhängig davon, ob Essen mitgebracht wird, Kantinen oder andere Verpflegungsmöglichkeiten zur Verfügung stehen, werden Termindruck und Arbeitsdichte als zentrale Hindernisse für ein an Gesundheit orientiertes Ernährungshandeln benannt. Sofern Kantinen oder andere Verpflegungsstellen im Unternehmen vorhanden sind, sollten diese eine möglichst breite Vielfalt an Nahrungsmitteln bereithalten. Der Preisgestaltung kommt in diesem Zusammenhang ebenfalls eine wichtige Rolle zu – insbesondere Beschäftigte mit niedrigem Einkommen achten bei der Nahrungswahl auf den Preis. Aber auch Maßnahmen wie Schulungsangebote und Gesundheitsprogramme, die auf das individuelle Handeln abzielen, werden von Beschäftigten begrüßt, wenn sie auch nicht an erster Stelle stehen. Essen ist zwar eingebettet in soziale und kulturelle Praktiken und Strukturen, doch zugleich auch eine höchst »private« Angelegenheit für Individuen. Insofern ist es also wichtig, Programme zu gestalten, die die subjektiven Vorstellungen von Gesundheit und Ernährung anerkennen.

Literatur

Anderson LM, Quinn TA, Glanz K et al (2009) The Effectiveness of Worksite Nutrition and Physical Activity. Interventions for Controlling Employee Overweight and Obesity. Am J Prev Med 37(4):340–357

Arganini C, Saba A, Comitato R et al (2012) Gender Difference in Food Choice and Dietary Intake in Modern Western Societies. In: Maddock J (ed) Public Health – Social and Behavioral Health. Intech:83–102

Barlösius E, Schiek D (2006) Das Profil öffentlicher Ernährungskommunikation – eine Synopse. In: Barlösius E, Rehaag R (Hrsg) Skandal oder Kontinuität. Anforderungen an eine öffentliche Ernährungskommunikation. Discussion Paper SP 2006-306 WZB Berlin, S 9–19

Bourdieu, P (1997) Die feinen Unterschiede. Kritik der gesellschaftlichen Urteilskraft. Suhrkamp, Frankfurt a. M.

Deutsche Gesellschaft für Ernährung e.V. (Hrsg) (2012) Ernährungsbericht 2012. Bonn

Devine CM, Nelson JA, Chin, N et al (2007) Pizza Is Cheaper Than Salad: Assessing Workers' Views for an Environmental Food Intervention. Obesity 15 Suppl 1:57S–68S

Falk LW, Sobal J, Bisogni CA et al (2001) Managing Healthy Eating. Definitions, Classifications, and Strategies. Health Education & Behavior (28)4:425–439

Feichtinger E (1995) Armut und Ernährung im Wohlstand. Topographie eines Problems. In: Barlösius E, Feichtinger E, Köhler BM (Hrsg) Ernährung in der Armut. Ed Sigma, Berlin, S 291–305

Flegal KM, Graubard BI, Williamson DF et al (2005) Excess Deaths Associated with Underweight, Overweight, and Obesity. Jama 293:1861–1867

Friel S, Hattersley L, Ford L et al (2015) Addressing inequities in healthy eating. Health Promot Int 30 Suppl 2:ii77–ii88

Hainer V, Aldhoon-Hainerová I (2013) Obesity Paradox Does Exist. Diabetes Care 36 Suppl 2:276–281

Haupt CM (2009) Der Zusammenhang von Arbeitsplatzunsicherheit und Gesundheitsverhalten in einer bevölkerungsrepräsentativen epidemiologischen Studie. Badura B, Schröder H, Klose J et al (Hrsg) Fehlzeiten-Report 2009 – Arbeit und Psyche: Belastungen reduzieren – Wohlbefinden fördern. Springer, Heidelberg, S 101–102

Kilpatrick M, Blizzard L, Sanderson K et al (2014) Workplace Health Promotion. What Public-Sector Employees Want, Need, and Are Ready to Change. JOEM 56(6):45–651

Kleiser C, Mensink G, Kurth BM et al (2010) Ernährungsverhalten von Kindern und Jugendlichen mit Migrationshintergrund. KiGGS-Migrantenauswertung. Endbericht Bundesministerium für Ernährung, Landwirtschaft und Verbraucherschutz. Online: urn:nbn:de:0257-100409. Gesehen 10 Feb 2016

Lennernäs M, Fjellström C, Becker W et al (1997) Influences on food choice perceived to be important by nationally representative samples of adults in the European Union. European Journal of Clinical Nutrition 51 Suppl 2:8–15

Leonhäuser IU, Lehmkühler S (2002): Ernährung und Armut. Erste empirische Befunde. Zeitschrift für Gesundheitswissenschaften (10)1:21–33

Margetts BM, Martinez JA, Saba A et al (1997): Definitions of ›healthy‹ eating. A pan-EU survey of consumer attitudes to food, nutrition and health. European Journal of Clinical Nutrition 51 Suppl 2:23–35

Max Rubner-Institut (Hrsg) (2008a) Nationale Verzehrsstudie II. Ergebnisbericht, Teil 1. Karlsruhe, Max Rubner-Institut. https://www.bmel.de/SharedDocs/Downloads/Ernaehrung/NVS_Ergebnisbericht.pdf?__blob=publicationFile. Gesehen 10 Feb 2016

Max Rubner-Institut (Hrsg) (2008b) Nationale Verzehrsstudie II. Ergebnisbericht, Teil 2. Karlsruhe, Max Rubner-Institut, Bundesforschungsinstitut für Ernährung und Lebensmittel https://www.bmel.de/SharedDocs/Downloads/Ernaehrung/NVS_ErgebnisberichtTeil2.pdf?__blob=publicationFile. Gesehen 10 Feb 2016

Mense E (2011) Hauptsache gesund? Subjektive Vorstellungen von Ernährung in der Kantine. Eine empirische Fallstudie. Dissertation, Ruhr-Universität Bochum. Online: urn:nbn:de:hbz:294-30536: Gesehen 10 Feb 2016

Meyer J (1997) Ernährung am Arbeitsplatz. Empirische Studie über das Ernährungsverhalten Berufstätiger in einem Versicherungsunternehmen. Witterschlick Verlag M. Wehle, Bonn

Muff C (2009) Soziale Ungleichheiten im Ernährungsverhalten. Theoretische Hintergründe und empirische Befunde. Lit Verlag, Zürich

Muff C, Weyers S (2010) Sozialer Status und Ernährungsqualität. Ernährungsumschau 2(10):84–89

Nobrega S, Champagne N, Abreu M et al (2016) Obesity/Overweight and the Role of Working Conditions. A Qualitative, Participatory Investigation. Health Promot Pract Month 17(1):127–136

Pieper C, Schröer S, Haupt J (2015) Wirksamkeit und Nutzen betrieblicher Gesundheitsförderung und Prävention. Zusammenstellung der wissenschaftlichen Evidenz 2006 bis 2012. IGA-Report 28

Scholl J, Schneider M (2015) Gesundheitspolitik Gesundheitsförderung und Prävention weiterdenken. Ein Plädoyer für eine nachhaltige »Health-in-all-policies-Strategie« Dtsch Arztebl 112(44):A-1830/B-1511/C-1475

Setzwein M (2006) Frauenessen – Männeressen? Doing Gender und Essverhalten. In: Kolip P, Altgeld T (Hrsg) Geschlechtergerechte Gesundheitsförderung und Prävention. Theoretische Grundlagen und Modelle guter Praxis. Juventa, Weinheim München, S 41–60

Solovieva S, Lallukka T, Virtanen M et al (2013) Psychosocial factors at work, long work hours, and obesity: a systematic review. Scand J Work Environ Health 39(3):241–258

Warde A, Martens L (2000) Eating Out. Social Differentiation, Consumption and Pleasure. University Press, Cambridge

Wardle J, Haase AM, Steptoe A et al (2004): Gender Differences in Food Choice. The Contribution of Health Beliefs and Dieting. Annals of Behavioral Medicine 27:107–116

Betriebssport als Element der Unternehmenskultur – Zwischen theoretischem Anspruch und empirischer Wirklichkeit

E. Emrich, A. Pieter, M. Fröhlich

B. Badura et al. (Hrsg.) *Fehlzeiten-Report 2016*,
DOI 10.1007/978-3-662-49413-4_13, © Springer-Verlag Berlin Heidelberg 2016

Zusammenfassung *Der sportlichen Aktivität als Bestandteil der Betrieblichen Gesundheitsförderung wird oftmals der Stellenwert eines Produktionsfaktors zugeschrieben. Beispielsweise wird postuliert, dass sportlich aktive Mitarbeiter ihren Gesundheitszustand und ihr subjektives Wohlbefinden steigern und zu einem besseren Betriebsklima beitragen können. Darüber hinaus wird angenommen, dass die Teilnahme an Betriebssportangeboten die Unternehmensidentifikation und das »Wir-Gefühl« stärken kann. Tatsächlich stellt sich die Forschungslage als sehr indifferent dar. In dem vorliegenden Beitrag wird zum einen der aktuelle Forschungsstand skizziert und zum anderen werden die methodischen Probleme bei der Messung möglicher Effekte von Betriebssportangeboten kritisch diskutiert.*

13.1 Begriffliche Abgrenzungen

Ein Betrieb, eine nach überwiegender Ansicht in der Betriebswirtschaftslehre dem Unternehmen übergeordnete Organisationsform (vgl. Schmalenbach 1948), kombiniert Produktionsfaktoren, also sowohl materielle als auch immaterielle Mittel und Leistungen, für die betriebliche Produktion von Gütern und/oder Dienstleistungen (Gutenberg 1983). Unter Betriebssport kann man die mehrperspektivisch motivierte freizeit- und/oder breitensportliche Aktivität von Beschäftigten im Kontext eines Betriebes verstehen (Knoll 2003; Mees 2008).

Der Betriebssport kann dabei sowohl seitens der Beschäftigten als auch des Betriebs organisiert (Tofahrn 1991) und über verschiedene Ausführungsmodelle realisiert werden. Beispielsweise kann das private Sporttreiben durch betriebliche Vergünstigungen bei außerbetrieblichen Sportanbietern wie Vereinen, Fitnessstudios etc. subventioniert werden oder aber es werden mehr oder weniger subventionierte innerbetriebliche sportliche Aktivitäten organisiert, z. B. klassische Betriebssportgruppen, Trainingsmöglichkeiten auf dem Betriebsgelände etc. (siehe auch Pieter et al. 2014). Zu den beliebtesten Betriebssportarten bzw. sportbezogenen Aktivitäten zählen in diesem Kontext Fußball, Leichtathletik, Squash, Nordic Walking, Rückenschule, Bowling/Kegeln und Skat.

Relevant für die ökonomische Analyse eines Betriebes wird Betriebssport dann, wenn man darunter einen immateriellen Produktionsfaktor mit mittelbarer Wirkung für den Produktionsprozess versteht.

13.2 Reklamierte und nachgewiesene Wirkungen des Betriebssports

Gemäß dem Deutschen Betriebssport-Verband (DBSV) werden dem Betriebssport vielfältige direkte und indirekte Effekte zugeschrieben, so etwa ein verbesserter Gesundheitszustand, eine erhöhte Leistungsfähigkeit, eine wachsende Leistungsbereitschaft, die Förderung sozialer Kontakte über funktionale und soziale Hierarchien hinweg, die Verstärkung abteilungsinterner und abteilungsübergreifender Kommunikation und Gruppenbildung, eine höhere Identifikation mit dem Unternehmen sowie eine verringerte Unfallhäufigkeit am Arbeitsplatz. Intendiert ist dabei, das subjektive Wohlbefinden der Beschäftigten zu steigern und darüber hinaus das Betriebsklima und das »Wir-Gefühl« im Unternehmen zu fördern (Brand et al. 2006; Cox u. Miles 1994; Stubbe 1988), was dann wiederum idealerweise in eine positive Entwicklung der Identifikation der Mitarbeiter mit dem Betrieb münden soll (Boni 2004; Klein 1999; Mellerowicz u. Dürrwächter 1986, Felfe 2008, zur

Differenz von Commitment und Identifikation vgl. Franke u. Felfe 2008).

Es ist also angesichts der von den Befürwortern des Betriebssports reklamierten Funktionen rational, wenn sich eine Betriebsführung von der Einrichtung interner Betriebssportangebote oder der teilweisen oder vollständigen Finanzierung betriebsexterner Sportangebote für Betriebsangehörige bestimmte positive Effekte verspricht, so etwa die mittelbare Verbesserung der Produktivität durch Förderung der körperlichen Aktivität bzw. durch die damit verknüpften positiven Effekte (Brandenburg et al. 2000; Pieter et al. 2014; Thiehoff 1999). Dem liegt die Annahme zugrunde, dass gesunde und aktive Mitarbeiter einen erheblichen Beitrag zur Steigerung der Wirtschaftlichkeit und der Produktivität leisten und der körperlichen Aktivität deshalb ein großer Anteil an der Wettbewerbsfähigkeit des Betriebes zukomme. Des Weiteren werde im betriebssportlichen Engagement eine nachhaltige ökonomische, ökologische und soziale Verantwortung des Betriebs gegenüber seinen Beschäftigten nach innen und nach außen zum Ausdruck gebracht.

Aus betriebswirtschaftlicher Sicht handelt es sich somit beim Einsatz von materiellen und immateriellen Ressourcen für interne und externe Betriebssportangebote um ein rationales Kalkül, als dessen Ergebnis die Produktionsfunktion des Betriebes verbessert werden soll, indem man durch Betriebssport produktivere Mitarbeiter mit weniger Fehlzeiten und engerer Bindung an den Betrieb zu erhalten glaubt. Im Fall der Finanzierung betriebsinterner oder -externer Sportangebote handelt es sich im Prinzip um einen unvollständigen Vertrag zwischen Betrieb (Management bzw. Betriebsleitung) und Arbeitnehmern, der wie jeder Vertrag durch zumindest partiell gegensätzliche Interessen geprägt ist (vgl. dazu Richter u. Furubotn 1999). Im Sinn dieses Ansatzes ergeben sich für die beiden Vertragspartner, nämlich die Betriebsführung und die Vertretung der Arbeitnehmer, unterschiedliche Asymmetrien, weil beide versuchen, unter unvollständiger Information jeweils rational ihren Nutzen zu maximieren. Da sowohl die Betriebsführung als auch die Arbeitnehmervertretung über sich selbst und ihre konkreten Absichten mehr wissen als über den jeweils anderen, wechseln die Asymmetrien (strukturelle Ungleichgewichte) abhängig davon, ob man sich zeitlich in der Phase vor oder nach Vertragsabschluss befindet (Einrichtung von Betriebssportangeboten als Ergebnis von Verhandlungen zwischen Betriebsleitung und Arbeitnehmervertretung sowie deren individuelle Nutzung durch Betriebsangehörige) und auch abhängig davon, ob es sich bei der Betriebsführung um den Eigentümer des Betriebs handelt oder nicht. Selbst

wenn die erwarteten positiven Effekte nicht nachwe bar sein sollten, wäre die Aufgabe der Finanzieru von sportlichen Angeboten mit Exit-Kosten für d Betrieb belegt, wie sie entstehen, wenn Betrieb sportangebote nicht mehr vorgehalten würden. E Kosten der Aufrechterhaltung des Angebotes wär dann in der Gesamtnettobilanz des Betriebes gering als die drohenden negativen Effekte bei Streichu eines bestehenden Angebotes etwa durch enttäusch Mitarbeiter usw. Damit wäre die Betriebsführung, mit den Betriebsangehörigen einen unvollständig Vertrag über die Bereitstellung von Betriebssportang boten geschlossen hat, nach Abschluss des Vertrages einer spezifischen Moral-Hazard-Situation, wür doch die Aufhebung des Vertrages erhebliche negati Effekte bringen (zu unvollständigen Verträgen sie Richter u. Furubotn 1999). Insofern können diese Ex Kosten abhängig von ihrer Höhe eine Fortsetzung d Finanzierung von Betriebssportangeboten nahelege auch wenn die intendierten gesundheitlichen u motivationalen Effekte nicht nachweisbar sind (in di sem Szenario wäre der Betriebssport als Imageka pagne sowie als soziales Gewissen eines Unternehme zu interpretieren, dazu zählte dann auch die demo trative Teilnahme von Angehörigen der Betriebsle tung am Betriebssport).

Da eine Betriebsführung rechtlichen Zwäng unterliegt – ein Eigentümerunternehmer könnte i Gegensatz zu einem in seinem Auftrag handelnd Management problemlos altruistisch handeln u Aktivitäten fortsetzen, die nicht den erwarteten Effe haben, solange es seine Finanzlage gestattet –, kann für die Betriebsführung zur Vermeidung größer negativer Effekte notwendig sein, dauerhaft die B triebssportangebote weiter zu finanzieren, auch we die erwarteten positiven Effekte ausbleiben sollte Zur Legitimation dieser Entscheidung könnte d Management eines Betriebes also gezwungen sein, d »segensreichen« Wirkungen des Betriebssports als fa tisch gegeben zu kommunizieren, obwohl sie mö licherweise nicht bzw. nicht im gewünschten Umfa nachweisbar sind. In wie vielen Fällen diese Strateg interne und externe Kommunikationsprozesse b stimmt und dabei u. a. genutzt wird, um den sozial Frieden im Betrieb aufrechtzuerhalten, lässt sich a tuell nur bedingt beantworten.

Tatsächlich liegen belastbare empirische Befun zur kurz-, mittel- und langfristigen ökonomischen u sonstigen Bewertung des Betriebssports bis dato r vereinzelt vor. So konnten Emrich et al. (2009) die der Literatur vielfach diskutierten positiven Auswi kungen des Betriebssports nur in Teilen bestätige Betriebssportler unterschieden sich in dieser Unte suchung beispielsweise signifikant von Nichtbetriebssportlern hinsichtlich der Identifikation mit dem Unternehmen. Hinsichtlich der subjektiven Gesundheit oder der Zufriedenheit mit dem Unternehmen wiesen die Ergebnisse der Betriebssportler und der Nichtbetriebssportler dagegen große Übereinstimmungen auf. In die gleiche Richtung gehen die Ergebnisse von Mees (2008) im Rahmen seiner Untersuchung von Betriebssportangeboten als Determinante für die soziale Integration von Mitarbeitern.

Die unklare Forschungslage liegt u. a. darin begründet, dass sich insbesondere die ökonomische Bewertung von Betriebssportangeboten recht schwierig gestaltet und nur schwer operational fassen lässt (so sind z. B. die Reduktion von Krankheitstagen, Fehlzeiten etc. nur bedingt Kriterien, um die Wirkung von Betriebssportangeboten abschätzen zu können). So können nicht alle mit Betriebssport assoziierten möglichen Effekte monetär bewertet werden und auch eine Zuordnung von positiven Effekten zu konkreten Ursachen ist oftmals nur schwer vorzunehmen (Helmenstein et al. 2004; Wenniger et al. 2007) – dessen ungeachtet wird dem Betriebssport oftmals die Wirkung zugeschrieben, auf psychischer, sozialer und physischer Ebene positive Wirkungen mit sich zu bringen, die sich letztlich monetär auswirken.

13.3 Bisherige Forschungslage

Ein nicht unerheblicher Teil der Studien zum Betriebssport weist auf eine positive Wirkung von Betriebssportangeboten auf die Gesundheit der daran teilnehmenden Beschäftigten hin. Sportprogramme scheinen sich positiv auf das physische Befinden sowie auf Surrogatparameter wie Stressverarbeitung, Blutdruck und Belastungsempfinden etc. auszuwirken. Weiterhin zeigte sich, dass körperliche Aktivität positiv mit der Lebenszufriedenheit und dem Wohlbefinden in Zusammenhang steht (Emrich et al. 2009; Lehr 1991; Pieter et al. 2014; Rau u. Buyken 2015). Befunde zu kurzfristigen Stimmungsveränderungen in Bezug auf das aktuelle psychische Gesundheitsempfinden deuten darauf hin, dass insbesondere für fitnessorientierten Sport ein positiver Effekt zu verzeichnen ist (Bässler 1995). Ein ausdauerorientiertes Bewegungstraining scheint den Umgang mit Stress und Belastungen günstig zu beeinflussen und unter bestimmten Voraussetzungen sogar zu einer Art von Stressresistenz zu führen (z. B. Aufbau von psychischen Widerstandsressourcen im Hinblick auf Resilienz). Hierzu existieren eine Reihe physiologischer Erklärungsmodelle wie Veränderungen der Katecholaminausschüttung, der

Beta-Adreno-Rezeptorenanzahl, des Endorphinspiegels oder auch der Durchblutung des Gehirns während sportlicher (Ausdauer-)Belastung. Darüber hinaus werden auch motivations- und sozialpsychologische Prozesse zur Erklärung der Effekte herangezogen (Abele et al. 1991). Müller-Seitz (2004) beschreibt in diesem Kontext, dass aktive Betriebssportler unter den Beschäftigten insgesamt eine geringere Fluktuation, eine erhöhte Leistungspermanenz und eine hohe Unternehmensidentifikation aufweisen und hoch motiviert sind. Weiterhin wird dem Betriebssport zugeschrieben, dass er über die Moderatorvariable der Identifikation mit dem Arbeitgeber das Betriebsklima positiv erhöhe (Klein 1999).

Die Forschungslage deutet zusammenfassend darauf hin, dass Bewegungsangebote im betrieblichen Kontext durchaus positive Effekte im Hinblick auf psychische Aspekte, Wohlbefinden und Commitment zeigen und als »ein Wegbereiter zur Entwicklung sozialer Kompetenzen und Netzwerke genutzt« werden können (Hehlmann 2010). Allerdings empfiehlt sich angesichts der grundlegenden Problematik affirmativer Ergebnisse im Kontext sportbezogener Evaluationsstudien (vgl. dazu Emrich 2015; Emrich u. Pitsch 2015) und eingedenk zahlreicher methodischer Probleme einschlägiger Studien, die Befundlage zu erweitern. So entwickeln auch universitäre Forscher angesichts zunehmender Drittmittelbedeutung und insgesamt wachsender außerwissenschaftlicher Einflüsse auf die Disziplin (z. B. durch mediale Einflüsse) ein Gespür dafür, zentrale Erwartungen des Auftraggebers zu antizipieren und in einer Art rationalem Kalkül nicht zu enttäuschen (siehe auch zu außerwissenschaftlichen Impulsen auf die Sportwissenschaft Emrich 2006). Um diese Problematik einzuhegen, werden zwecks Erweiterung der Perspektiven ergänzend neuere Befunde von Emrich et al. (2009) sowie Pieter et al. (2014) herangezogen.

13.3.1 Teilnahme und Motivation zur Teilnahme an Betriebssportangeboten

Emrich et al. (2009) befragten in einem mittelgroßen pharmazeutischen Unternehmen insgesamt 206 Betriebsangehörige (78 Betriebssportler, 128 nicht im Rahmen des Betriebssports aktiv). In der Stichprobe zeigten sich weder hinsichtlich der Geschlechterverteilung noch hinsichtlich des Alters oder des Bildungsniveaus signifikante Unterschiede. An der Untersuchung von Pieter et al. (2014) nahmen 369 Mitarbeiter (90 Betriebssportler, 279 nicht im Rahmen des Betriebssports aktiv) eines mittelgroßen Unternehmens der Steuerungs- und Automatisierungstechnik teil. Auch in dieser Stichprobe zeigten sich keine Geschlechter-, Alters- oder Bildungsunterschiede. In beiden Fällen wurden die Untersuchungen mittels standardisierter schriftlicher Befragung durchgeführt. In beiden Studien wurde ein Fragebogen eingesetzt, der die Skalen »subjektives Gesundheitsempfinden«, »Betriebsklima« und »Unternehmensidentifikation« umfasste und darüber hinaus noch Fragen zur Nutzungsstruktur, zur Qualitätsbeurteilung sowie zur Wirkung des Betriebssports beinhaltete.

Es konnte gezeigt werden, dass sich unter den tatsächlichen Nutzern der Betriebssportangebote überproportional häufig Männer befinden und dass diese im Mittel einmal pro Woche die jeweiligen Trainingsprogramme besuchen (Emrich et al. 2009; Pieter et al. 2014). Die Anregung, am Betriebssportangebot teilzunehmen, stammt dabei sehr häufig von Kollegen (55 Prozent), 22 Prozent der aktiven Betriebssportler wurden über einen Aushang am Schwarzen Brett und 12 Prozent über das Intranet auf die Möglichkeit des Betriebssports aufmerksam.

Hinsichtlich der Angebotsformen überwiegt das Betriebssportangebot im Fitnesscenter (35,1 Prozent), in der Reihenfolge der angebotenen Häufigkeit folgen Lauftreffs (25,7 Prozent), Fußball (17,6 Prozent) und Kursprogramme (wie z. B. Spinning, Rückenschule, Body-Pump; 16,2 Prozent). Angebote wie Kegeln und Squash spielen eine eher untergeordnete Rolle (1,4 Prozent) (Emrich et al. 2009; Pieter et al. 2014).

Insgesamt scheint der Betriebssport als ein betriebliches Zusatzangebot additiv zu den in der Freizeit bereits individuell betriebenen Sportaktivitäten wahrgenommen zu werden. So ist jeder zweite Betriebssportler zusätzlich noch in einem örtlichen Sportverein oder bei kommerziellen Sportanbietern aktiv. Andersherum betrachtet: Wer in einem Verein oder Fitnesszentrum aktiv Sport treibt, ist auch häufiger im Betriebssport zu finden. Die mittlere Trainingshäufigkeit außerhalb des Betriebssports wurde von den Teilnehmern der Betriebssportangebote mit ca. 2,5 Trainingseinheiten und einem Umfang von ca. 3,8 Stunden pro Woche angegeben. Die Hauptmotive lagen dabei neben dem eigentlichen Sporttreiben im sozialen und gesundheitlichen Bereich und unterschieden sich nicht substanziell von den Motiven für Betriebssport (Emrich et al. 2009; Pieter et al. 2014).

Neben dem Ausüben sportlicher Aktivitäten sind die wichtigsten Motive zur Teilnahme am Betriebssport in vermuteten positiven Auswirkungen auf die individuelle Gesundheit und körperliche sowie psychische Leistungsfähigkeit zu sehen. Weniger plausibel

sind als Motiv auf Teilnehmerseite angenomme positive Wirkungen auf das Gemeinschaftsgefühl u das Betriebsklima, während dieses Motiv sicherli betriebsseitig stark als Movens für die Einrichtung s cher Angebote dient.

74,9 Prozent der von Pieter et al. (2014) befragt Nicht-Betriebssportler sind in ihrer Freizeit sportli aktiv. Die Antworten auf die Frage, welche Moti Arbeitnehmer, die noch nicht am Betriebssport te nehmen, nach eigenen Angaben hierzu motivier könnten, zeigen, dass über 33 Prozent der Befragt am Betriebssport teilnehmen würden, wenn dies au ihr direkter Vorgesetzter/Abteilungsleiter tun würd Hierin drückt sich einerseits der hohe Stellenwe sozialer Komponenten im Rahmen betrieblich Strukturen und Hierarchien aus, andererseits anti piert der potenzielle Teilnehmer hier möglicherwe bestimmte Nutzenerwartungen einer persönliche für den Vorgesetzten sichtbaren Teilnahme im Sin eines spezifischen Signallings (vgl. auch Altenhöne al. 2014). Insgesamt 32,1 Prozent der bisher passiv Betriebsangehörigen gaben an, am Betriebssport te zunehmen, wenn das Angebot andere Sportarten u fassen würde, Prämien für die Teilnahme gezal (19,4 Prozent) und die Angebote zeitlich veränd würden (spätere Uhrzeit, Schichtdienst berücksich gen 18,2 Prozent) (Pieter et al. 2014).

13.3.2 Auswirkungen von Betriebssport auf Betriebsklima und Unternehmensidentifikatio

Betriebsklima umfasst nach Rosenstiel (1983) d Wahrnehmung und Bewertung von Organisation einheiten auf der Ebene der Belegschaft und in di sem Kontext insbesondere die »Stimmung«, d. h. d Atmosphäre, die in einem Betrieb und seinen Te einheiten vorherrscht (Nerdinger 2005). Das Betrieb klima wird durch die Mitarbeiter aus ihrer subjektiv Sicht bewertet und umfasst in seinem Ausmaß imm die Bewertung ganzer Arbeitsgruppen, komplett Abteilungen oder gar der gesamten Belegschaft ein Betriebes (Rosenstiel 1983). In diese Beurteilung fli ßen Aspekte ein, die das Betriebsklima primär beei flussen, wie etwa die Kollegen und Vorgesetzten, d Aufbau- und Ablauforganisation, die Mitsprachemö lichkeiten oder die Zusammenarbeit zwischen einze nen Abteilungen (Nerdinger 2005).

Ein gutes Betriebsklima ist gemeinhin u. a. dur ein hohes »Wir-Gefühl« (Commitment) gekennzeic net (Nerdinger 2005). Hierunter wird die Identifik tion im Sinne der Bindung der Beschäftigten an d

Betrieb verstanden (Wunderer u. Mittmann 1995). Nach Wunderer und Mittmann (1995) dienen Vorgesetzten und Beschäftigten Arbeitsaufgaben als Identifikationsobjekte, sobald sie Werte und Ziele verkörpern, die als wünschenswert betrachtet werden bzw. eigenen Werten und Lebensweisen ähnlich sind. In diesem Sinne wird die Identifikation mit dem Unternehmen bzw. die Loyalität diesem gegenüber als Indikator für den Grad der Bindung an den Betrieb verstanden. Diese Bindung wird in ihrer Intensität als Hinweis auf die Gefühle, die Beschäftigte dem Betrieb entgegenbringen, und auf die Bereitschaft zum Engagement für die Betriebsziele gedeutet (Badura et al. 2009).

Untersuchungen in diesem Kontext deuten darauf hin, dass ein positiver Zusammenhang zwischen der Identifikation mit dem Unternehmen und der Leistungsbereitschaft der Beschäftigten besteht (Wunderer u. Mittmann 1995). Aus diesem Grund stellt ein zentraler Aspekt bei den Bemühungen von Unternehmen, das Betriebsklima zu erhöhen, die Hoffnung dar, hierdurch mittelbar auch die Arbeitsleistung zu steigern und die Kosten für Absentismus und Fluktuation zu senken (Benson 2003; Wilke et al. 2015). In diesem Kontext wird angenommen, dass die indirekt durch Betriebssport erhöhte Leistung der Beschäftigten die Produktivität und Wirtschaftlichkeit von Unternehmen und somit die Wettbewerbsfähigkeit positiv beeinflusst (Holzbecher u. Meschkutat 1998).

Die wissenschaftlichen Befunde dazu, inwieweit betriebssportliche Angebote einen positiven Einfluss auf das Betriebsklima, die Arbeitszufriedenheit oder die Unternehmensidentifikation aufweisen, sind indifferent (siehe hierzu ◘ Abb. 13.1). So deuten einige Studien darauf hin, dass durch betriebssportliche Angebote die genannten Bereiche positiv beeinflusst werden können (Boni 2004; Brand et al. 2006; Cox u. Miles 1994), andere Studien zeigen jedoch, dass keine signifikanten Unterschiede hinsichtlich dieser Faktoren zwischen Betriebssportlern und Beschäftigten, die nicht an Betriebssportangeboten teilnehmen, bestehen (Emrich et al. 2009; Pieter et al. 2014). In Letzteren zeigte sich recht deutlich, dass für die Identifikation mit dem Unternehmen der Betriebssport eine eher untergeordnete Rolle einzunehmen scheint.

Unabhängig davon können durch eine Teilnahme am Betriebssport soziale und kooperative Aspekte wie beispielsweise der informelle Austausch mit Kollegen, Geselligkeit und organisationales Commitment gefördert werden (Mees 2008). Die Qualität sozialer Beziehungen in einem Unternehmen scheint aufgrund ihrer Vieldimensionalität zu komplex zu sein, um sie

exklusiv durch Betriebssport verändern zu können. Die Wahrnehmung des Betriebsklimas scheint vielmehr von äußeren Umständen, dem individuellen Wollen sowie dem persönlichen Können abhängig zu sein (Rosenstiel 2003) und lässt sich nicht auf die einzelne Komponente Betriebssport reduzieren. Vielmehr scheinen weitere Faktoren wie Mitarbeiterpartizipation, Gratifikationssysteme, die aktuelle Strukturlage, interne und externe Konflikte sowie die medial vermittelte Darstellung des Unternehmens etc. die Einschätzung des Betriebsklimas stärker zu beeinflussen.

Hinsichtlich der positiven Auswirkungen der Identifikation mit dem Gesamtunternehmen auf die Leistungsbereitschaft liegen ebenfalls empirische Studien vor (Luh 1998). Insbesondere im Rahmen der Förderung des Zusammenhalts und der Leistungsbereitschaft unterscheiden sich Betriebssportler deutlich von Nichtbetriebssportlern (Emrich et al. 2009; Luh 1998). Hierfür kann eine Vielzahl von Gründen vermutet werden. So können das gemeinsame Sportinteresse und die gemeinsame Sportausübung zwischen den Gruppenmitgliedern mehr oder weniger den Kontakt über den rein dienstlichen Austausch hinaus fördern und die Bildung informeller Gruppen begünstigen. Hierfür spricht auch der Umstand, dass insbesondere die Geselligkeit und das sportliche Spiel mit Kollegen nach der Arbeit bei den Motiven für die Betriebssportteilnahme einen hohen Stellenwert einnehmen (Emrich et al. 2009). Diese Befunde werden auch durch die Ergebnisse von Mees (2008) gestützt, der anhand von Regressionsanalysen positive Effekte der sozialen Ressourcen auf soziale Unterstützung, organisationales Commitment und Arbeitszufriedenheit zeigen konnte.

13.4 Fazit

Letztlich konnte gezeigt werden, dass die intendierten positiven Effekte des Betriebssports keineswegs zwingend eintreten müssen. Zwar hat eine Vielzahl empirischer Studien durchaus positive Effekte des Betriebssports auf den Gesundheitszustand sowie auf das subjektive Wohlbefinden gezeigt, allerdings müssen diese Befunde aufgrund häufiger methodischer Probleme vorsichtig interpretiert werden (◘ Abb. 13.1).

Im systematischen Vergleich von Betriebssportlern mit der Gruppe der Nicht-Betriebssportlern zeigt sich beispielsweise, dass letztere zwar nicht am jeweiligen Betriebssportangebot teilnehmen, jedoch etwa drei Viertel in ihrer Freizeit durchaus sportlich aktiv

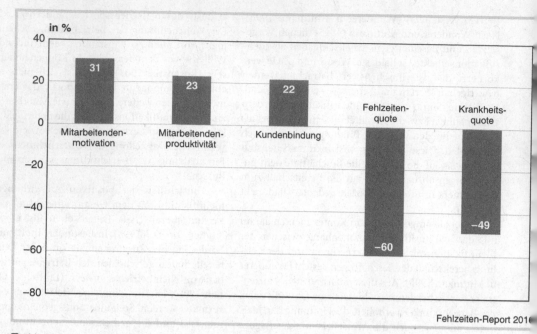

☐ Abb. 13.1 Aktuell empirisch nachgewiesene Effekte von Betriebssport

sind. Damit wird eine Betrachtung der exklusiven Effekte von Betriebssport unmöglich. Als Gründe für die Nichtteilnahme gaben die Befragten an, dass Sport aus ihrer Sicht eine private Angelegenheit sei oder dass organisatorische Gründe gegen die Teilnahme sprechen. Auf die Frage, welche Bedingungen gegeben sein müssten, damit eine Teilnahme am Betriebssport möglich erscheine, gab ein Drittel der Befragten an, dass sie am Betriebssport teilnehmen würden, wenn der direkte Vorgesetzte dies auch täte. Außerdem wünschten sie sich, dass die Angebote um andere Sportarten erweitert und zu anderen Uhrzeiten stattfinden würden. Dies bedeutet, dass im Rahmen von Betriebssportangeboten insbesondere der Stellenwert sozialer Komponenten in Form einer Vorbildfunktion der Vorgesetzten nicht vernachlässigt werden sollte. Auch sollte gezielter auf die Bedürfnisse der Mitarbeiter hinsichtlich gewünschter Sportarten oder Arbeitszeiten eingegangen werden.

Angesichts der methodischen Probleme der Messung der Effekte (u. a. Forschungsdesigns, Ex-ante-Betrachtungen, soziale Erwünschtheit etc.), der Vielzahl der zu berücksichtigenden Variablen, der problematischen Abgrenzung zwischen körperlicher Aktivität und Sport, der Messprobleme bei der Erfassung des Ausmaßes körperlicher Aktivität, der problematischen Abgrenzung der Wirkungen sportlicher Aktivität außerhalb und innerhalb des Betriebssports,

der schwierigen Abgrenzung sozialer Effekte im Ko... text sportlicher Aktivitäten selbst und von Gesell... keitsaktivitäten im Kontext von Sport usw. überrasc... dies eigentlich nicht. Auch die uneingeschränkt po... tive Sicht, z. B. des Deutschen Betriebssportverband... kann nicht überraschen, vertritt der Verband doch ... Zweckverband einschlägig die Interessen seiner M... glieder.

Insgesamt kann man somit konstatieren, dass d... aktuelle Forschungslage in verschiedenen Bereich... angestrebter Wirkungen des Betriebssports noch ... indifferent erscheint, um zu einem eindeutigen Urt... über die verschiedenen diskutierten Funktionen d... Betriebssports zu gelangen. Was somit fehlt, si... detailliertere Längsschnittuntersuchungen, wob... angesichts der Problematik affirmativer Befun... im Kontext sportbezogener Evaluationsstudien (v... dazu Emrich 2015; Emrich u. Pitsch 2015) und e... gedenk der geschilderten methodischen Problem... dringend auf die Beachtung der Werturteilsfreih... im Kontext entsprechender Forschungsaktivitä... zu achten ist (Fröhlich et al. 2013). Angesichts d... Vielzahl von Anbietern verschiedener Formen B... trieblichen Gesundheitsmanagements unter häufig... Einbeziehung von Sport als einer entsprechend... Maßnahme ist mit werturteilsfreien, nicht affirm... tiven Evaluationsstudien im Moment nicht immer ... rechnen.

Literatur

Abele A, Brehm W, Gall T (1991) Sportliche Aktivität und Wohl-befinden. In: Abele A, Becker P (Hrsg) Wohlbefinden Theo-rie, Empirie, Diagnostik. Juventa, München, S 279–296

Altenhöner T, Köhler M, Philippi M, Alaze F (2014) Maßnahmen des betrieblichen Gesundheitsmanagements. Evaluation einer Seminarreihe für Führungskräfte. Prävention und Gesundheitsförderung 9:3–9

Badura B, Schröder H, Vetter C (2009) Fehlzeiten-Report 2008. Betriebliches Gesundheitsmanagment: Kosten und Nut-zen. Springer, Heidelberg

Bässler R (1995) Befindlichkeitsveränderungen durch Sport-treiben. Eine Analyse der Fitnessaktivitäten zur Stress-bewältigung von Führungskräften. Sportwissenschaft 3:245–264

Benson M (2003) Gutes Betriebsklima rechnet sich! In: Hange-brauck UM, Kock K, Kurzner W, Musesmann G (Hrsg) Handbuch Betriebsklima. Rainer Hampp Verlag, Mering, S 97–106

Boni N (2004) Exercise and physical fitness. The impact on work outcomes, cognition, and psychological well-being for police. Australasian Centre for Policing Research 10:1–8

Brand R, Schlicht W, Grossmann K, Duhnsen R (2006) Effects of a physical exercise intervention on employees' perception of quality of life: a randomized controlled trail. Social and Preventive Medicine 51:14–23

Brandenburg U, Nieder P, Susen B (2000) Leistung fördern – Gesundheit fördern. In: Brandenburg U, Nieder P, Susen B (Hrsg) Gesundheitsmanagement im Unternehmen Grundlagen, Konzepte und Evaluation. Juventa, Wein-heim, München, S 9–20

Cox MH, Miles DS (1994) Workplace active living and total qua-lity management. A paradigm for a new corporate culture. In: Quinney HA, Gauvin L, Wall EA (Hrsg) Towards active living Human Kinetics, Champaign, Illinois, S 179–186

Emrich E (2006) Sportwissenschaft zwischen Autonomie und außerwissenschaftlichen Impulsen. Sportwissenschaft 36:151–170

Emrich E (2015) Evaluation zwischen Angebot und Nachfrage – Vom Ethos der Forschung und dessen Wirkung auf die Wissensmärkte. In: Hennefeld V, Meyer W, Silvestrini A (Hrsg) Nachhaltige Evaluation? Auftragsforschung zwi-schen Praxis und Wissenschaft Festschrift zum 60 Ge-burtstag von Reinhard Stockmann. Waxmann, Münster, New York, S 73–98

Emrich E, Pitsch W (2015) Sportwissenschaft als Kirche der Ver-nunft und ihre Gläubigen – Normative Spannungslinien in der Scientific Community der Sportwissenschaftler. In: Körner S, Schürmann V (Hrsg) Reflexive Sportwissenschaft – Konzepte und Fallanalysen. Lehmanns, Berlin, S 85–97

Emrich E, Pieter A, Fröhlich M (2009) Eine explorative Studie zur betrieblichen Gesundheitsförderung – Auswirkungen von Betriebssport auf das Betriebsklima, die Unternehmens-identifikation und das subjektive Wohlbefinden der Teil-nehmer. Zeitschrift für Sozialmanagement 7:65–82

Franke F, Felfe J (2008) Commitment und Identifikation in Organisationen. Ein empirischer Vergleich beider Kon-zepte. Zeitschrift für Arbeits- und Organisationspsycho-logie 52(3):135–146

Fröhlich M, Klein M, Emrich E (2013) Forschendes Lernen im und nach dem Studium – Theorien, Forschungsmethoden und wissenschaftliches Arbeiten. In: Güllich A, Krug M (Hrsg) Sport – Das Lehrbuch für das Sportstudium. Sprin-ger Spektrum, Berlin, Heidelberg, S 25–45

Gutenberg E (1983) Grundlagen der Betriebswirtschaftslehre. Band 1 – Die Produktion. Springer, Berlin

Hehlmann T (2010) Verhaltenswissenschaftliche Grundlagen In: Badura B, Walter U, Hehlmann T (Hrsg) Betriebliche Gesundheitspolitik – Der Weg zur gesunden Organsiation Springer, Berlin, S 91–104

Helmenstein C, Hofmarcher M, Kleissner A, Riedel M, Röhrling G, Schnabl A (2004) Ökonomischer Nutzen betrieblicher Gesundheitsförderung

Holzbecher M, Meschkutat B (1998) Mobbing am Arbeitsplatz. Wirtschaftsverlag NW, Bremerhaven

Klein ML (1999) Betriebssport in der Bundesrepublik Deutsch-land. In: Pfister G (Hrsg) Zwischen Arbeitnehmerinteressen und Unternehmenspolitik: Zur Geschichte des Betriebs-sports in Deutschland. Academia, Sankt Augustin, S 121–127

Knoll M (2003) Betriebssport. In: Röthig P, Prohl R (Hrsg) Sport-wissenschaftliches Lexikon. Hofmann, Schorndorf, S 78

Lehr U (1991) Hundertjährige – ein Beitrag zur Langlebigkeits-forschung. Zeitschrift für Gerontologie 24:227–232

Luh A (1998) Betriebssport zwischen Arbeitgeberinteressen und Arbeitnehmerbedürfnissen. Meyer & Meyer, Aachen

Mees F (2008) Sport und Sozialisation. Wege zur Integration neuer Beschäftigter in Betrieben. Hofmann Verlag, Schorndorf

Mellerowicz H, Dürrwächter H (1986) Bewegungsmangel kos-tet Milliarden. In: Spiegel R (Hrsg) Sport als Faktor beruf-licher Leistung. Deutscher Instituts-Verlag, Köln

Müller-Seitz P (2004) Betriebssport. In: Gaugler E (Hrsg) Hand-wörterbuch des Personalwesens. Schäffer-Poeschel, Stutt-gart

Nerdinger F (2005) Organisationsklima und Organisations-kultur. In: Ulich E (Hrsg) Arbeitspsychologie. Schäffer-Poeschel, Stuttgart, S 138–147

Pieter A, Fröhlich M, Emrich E (2014) Aktiv – motiviert – leis-tungsstark? Empirische Überprüfung der Wirkung eines Betriebssportangebotes. Sciamus – Sport und Manage-ment 1:1–17

Rau R, Buyken D (2015) Der aktuelle Kenntnisstand über Erkrankungsrisiken durch psychische Arbeitsbelastun-gen. Ein systematisches Review über Metaanalysen und Reviews. Zeitschrift für Arbeits- und Organisationspsy-chologie 59:113–129

Richter R, Furubotn Eg (1999) Neue Institutionenökonomik. Mohr Siebeck, Tübingen

Rosenstiel Lv (1983) Betriebsklima geht jeden an. Max Schick GmbH, München

Rosenstiel Lv (2003) Betriebsklima und Leistung – eine wissen-schaftliche Standortbestimmung. In: Hangebrauck UM, Kock K, Kutzner W, Muesmann G (Hrsg) Handbuch Betriebsklima. Rainer Hampp Verlag, München, S 23–38

Schmalenbach E (1948) Pretiale Wirtschaftslenkung. Band 2 – Pretiale Lenkung des Betriebes. Horn, Bremen

Stubbe H (1988) Fitness ist nicht nur Chefsache. In: Spiegel R (Hrsg) Sport als Faktor beruflicher Leistung. Deutscher Institut-Verlag, Köln, S 55–67

Thiehoff R (1999) Arbeitsschutz und Wirtschaftlichkeit. BAuA, Dortmund

Tofahrn KW (1991) Arbeit und Betriebssport. Duncker & Humblot, Berlin

Wenniger S, Gröben F, Bös K (2007) Betriebliche Sport- und Bewegungsförderung. In: Fuchs R, Göhner W, Seelig H (Hrsg) Aufbau eines körperlich aktiven Lebensstils. Hogrefe, Göttingen, S 235–253

Wilke C, Elis T, Biallas B, Froböse I (2015) Gesundheitsbedingte Leistungseinbußen bei der Arbeit durch Präsentismus. Prävention und Gesundheitsförderung 10:35–40

Wunderer R, Mittmann J (1995) Identifikationspolitik. Einbindung des Mitarbeiters in den unternehmerischen Wertschöpfungsprozess. Schäffer-Poeschel, Stuttgart

13

Herausforderungen für die Unternehmenskultur

Restrukturierung und Gesundheit

B. Köper, G. Richter

B. Badura et al. (Hrsg.) *Fehlzeiten-Report 2016*,
DOI 10.1007/978-3-662-49413-4_14, © Springer-Verlag Berlin Heidelberg 2016

Zusammenfassung *Restrukturierung beinhaltet für Organisationen die Chance auf mehr Markt- und Wettbewerbsfähigkeit. Gleichzeitig bestehen bei schlecht geplanten und durchgeführten Veränderungsprozessen mit hohem Belastungszuwachs insbesondere im Hinblick auf psychische Belastungen auch Risiken für die Motivation, das Wohlbefinden und die Gesundheit der Mitarbeiter. Der vorliegende Beitrag stellt die Bedeutung des Phänomens Restrukturierung und potenzielle Auswirkungen auf die Mitarbeiter auf Basis einer für Deutschland repräsentativen Mitarbeiterbefragung dar. Es zeigt sich, dass Restrukturierungen signifikant mit der Erhöhung von Belastungen und Beeinträchtigungen der Gesundheit zusammenhängen. Aspekten der Unternehmenskultur in Veränderungen wird durch die Diskussion der spezifischen Restrukturierungsform »Mergers & Acquisitions« Rechnung getragen, für die die Beachtung kultureller Rahmenbedinungen eine besondere Bedeutung spielt. Gestaltungshinweise für Restrukturierung beziehen sich auf faire und beteiligungsorientierte Prozesse und vor allem auf eine transparente Kommunikation bezüglich der Ziele und der Umsetzungsprozesse von Restrukturierungen.*

14.1 Einführung/Zielstellung

Das Thema »Wandel der Arbeit« ist in aller Munde, wenngleich Veränderungen in der Arbeitswelt nicht neu sind. Die von Heraklit geprägte Metapher des ständig in Veränderung befindlichen Flusses ist etwa 2.500 Jahre alt und verdeutlicht, dass es schon immer mehr oder weniger drastische und gravierende Veränderungsphasen gab. Der Grad der derzeitigen Dynamik und die Veränderung von Arbeitsbelastungen für Beschäftigte indes führen zu einer intensivierten Diskussion um den zukünftigen Charakter von Arbeit. So hat etwa mit dem Grünbuch »Arbeiten 4.0 – Arbeit weiter denken« das Bundesministerium für Arbeit und Soziales einen neuen politischen Impuls in der Diskussion um die Veränderung der Arbeitswelt gesetzt.

Veränderte makroökonomische und gesamtgesellschaftliche Kontextbedingungen sowie ökonomische Rationalisierungsvorstellungen führen dazu, dass eine Vielzahl von Organisationen mit Restrukturierungsentscheidungen reagieren (Eurofound 2012; Rigotti et al. 2014). Diese verändern die organisationalen Strukturen und/oder zentrale Prozesse und folgen in der Regel eher einer effizienzorientierten als einer potenzialorientierten Logik (Kädtler 2014). In der Veränderung steckt die Chance der besseren Gestaltung von Prozessen und Arbeitssituationen, die die Prosperität des Unternehmens unterstützen können. Andererseits ist mit solchen Umbrüchen auch das Risiko der Fehlsteuerung und negativer Auswirkungen auf die Beschäftigten verbunden, die die eigentliche Zielstellung der Restrukturierung konterkarieren können. So scheitern geschätzte zwei Drittel der organisationalen Veränderungsmaßnahmen (Cartwright u. Schoenberg 2006) unter anderem deshalb, weil die Folgen der strategischen Entscheidungen für die Mitarbeiter nicht hinreichend in den Umsetzungsprozessen der Veränderungen berücksichtigt werden (Burnes 2011). Dies geht in der Regel mit erhöhtem Stress und Arbeitsverdichtung sowie gesundheitlichen Beeinträchtigungen bei den Beschäftigten einher. Insbesondere bei Unternehmensverschmelzungen und -akquisitionen (Mergers & Acquisitions/M&A) liegt eine besondere Herausforderung in der Integration der Kulturen vormals eigenständiger Unternehmen (Rigotti et al. 2014).

Ziel des vorliegenden Beitrags ist es vor dem beschriebenen Hintergrund datenbasiert darzustellen, welche Bedeutung (Verbreitung) das Phänomen »Restrukturierung« hat und welche Herausforderungen in gravierenden organisationalen Veränderungsprozessen im Hinblick auf die Belastungen sowie die Gesundheit der Mitarbeiter bestehen. Zudem wird (überwiegend literaturbasiert) diskutiert, welche spezifischen Risiken von der unzureichenden Berücksichtigung kultureller Gegebenheiten ausgehen können. Dies wird am Beispiel von Fusionen/Unternehmenszusammenschlüssen (Mergers & Acquisitions/M&A) als spezifischer Reorganisationsform beschrieben.

Dazu stellen wir in den folgenden Absätzen zunächst ganz grundsätzlich die Befundlage zum Zusammenhang von Restrukturierung und Veränderungen der Arbeitssituation sowie die daraus potenziell folgenden Konsequenzen für die Gesundheit der Mitarbeiter dar.

Es folgt eine Beschreibung von Forschungsbefunden zu den spezifischen Risiken in M&As. Auf der Grundlage einer für Deutschland repräsentativen Beschäftigtenbefragung (BiBB/BAuA) werden dann Prävalenzen von Restrukturierung sowie Zusammenhänge von Restrukturierung mit veränderten Arbeitsbedingungen, Belastungen und gesundheitlichen Beeinträchtigungen aufgegriffen.

14.2 Restrukturierung und Gesundheit

Um den Zusammenhang gravierender Veränderungsmaßnahmen mit Gesundheit zu diskutieren, werden in den folgenden Abschnitten zunächst die allgemeine Literaturlage in diesem Themenfeld (► Abschn. 14.2.1) und dann (► Abschn. 14.2.2) die spezifischen (kulturbezogenen) Herausforderungen bei Fusionen dargestellt. Prozessmodelle zum Verlauf von Restrukturierungsmaßnahmen (vgl. Michel u. Gonzalez-Morales 2013; Udris u. Weiss 2010) unterstellen, dass sich gesundheitliche Auswirkungen vermittelt durch Veränderungen der Arbeits- und Belastungssituation ergeben. Diese Aspekte werden in den folgenden Abschnitten aufgegriffen.

14.2.1 Allgemeine Erkenntnisse zum Zusammenhang von Restrukturierung und Gesundheit

Studien, die den Zusammenhang von »überlebter« Restrukturierung, vor allem nach *downsizings* (Brockner et al. 1992), und potenzieller gesundheitlicher Folgen untersuchen, zeigen, dass die in den Organisationen verbleibenden Mitarbeiter z. T. erhebliche gesundheitliche Beeinträchtigungen erleben, wie etwa schlechte Schlafqualität (Campbell-Jamison et al. 2001), erhöhtes Stressempfinden (Kivimäki et al. 2003), kardiovaskuläre Beeinträchtigungen (Vahtera et al. 2004), erhöhter Drogenkonsum (Kivimäki et al. 2007), erhöhte Verschreibung/Einnahme von Psychopharmaka (Kivimäki et al. 2007), verstärktes Rauchen und erhöhter Alkoholmissbrauch (Frone 2008; Weber et al.

2007), Verstärkung von Muskel-Skelett-Erkrankung (Kivimäki et al. 2001), Zunahme der Anzahl v Erwerbsunfähigkeitsrenten (Vahtera et al. 2004) u eingeschränkte Erholungsunfähigkeit (Richter et 2010).

In einem Review über 41 Studien bericht Quinlan et al. (2001) von negativen Zusammenhäng zwischen Restrukturierung und Gesundheit in 36 41 einbezogenen Studien. Dazu, welche Arbeitsbed gungen im Einzelnen die wesentlichen Einflüsse a gesundheitliche Beeinträchtigungen ausüben, lieg bisher eher wenige Erkenntnisse vor. Gründe si wahrscheinlich steigende Arbeitsanforderungen u Arbeitsmenge (Kalimo et al. 2003), höhere psychisc Beanspruchung (Wanberg u. Banas 2000), das zune mende Empfinden von Hilflosigkeit und Kontrollve lust sowie Verlust der Vertrauenskultur im Unterne men (Campbell-Jamison et al. 2001).

14.2.2 Bedeutung von Kultur und sozialer Identität für Gesundhe am Beispiel von Fusionen und Zusammenschlüssen

Restrukturierungen sind in der Regel auf kurzfristi Produktivitätszuwächse ausgerichtet. Existenzielle ganisationale Krisen erfordern Entscheidungen unt großem Zeitdruck und hoher Ergebnisunsicherhe Gleichwohl gibt es keine eindimensionale Sachlog die Entscheidungen und Entwicklungspfade detern niert. Auch unter Zeitdruck können grundsätzlich p tizipative Strategien verfolgt werden. Ob kostenorie tierte Strategien, die auf die verbesserte Anpassung d betrieblichen Wertschöpfung an die Rahmenbedi gungen abzielen und meist vorrangig die Personalko ten beschneiden, oder potenzialorientierte Strategie die auf Innovationen und die Veränderung der Ra menbedingungen setzen, verfolgt werden, ist imm eine strategische Entscheidung, die die Unterne mensführung in Abstimmung mit Stakeholdern u Beschäftigten fällen muss (Kädtler 2013).

Bei Fusionen (Mergers) schließen sich zwei Unte nehmen zusammen oder gehen eine sonstige Verbi dung ein, wohingegen bei einer Übernahme (Acqui tion) eine Organisation in den Entscheidungsberei einer anderen übergeht und ganz oder teilweise ih Autonomie verliert (Nerdinger 2011). Die forma Verschmelzung zweier Organisationen garanti nicht, dass die intendierten Ziele wie Steigerung d Unternehmenswerts, Wachstum oder Nutzung v Synergien tatsächlich erreicht werden (Cartwright al. 2000; Cartwright u. Schoenberg 2006). Auf oper

◘ Tab. 14.1 Das Merger-Syndrom nach Mirvis und Marks (1986), modifiziert nach Nerdinger (2011, S. 161)

Veränderungen in der Kommunikation	
Gerüchteküchen	Es breiten sich Gerüchte und wilde Spekulationen aus (informelle Kommunikation), die Mitarbeiter beschäftigen sich bevorzugt mit den »Worst-Case-Szenarios«. In der Folge wird die (formale) Unternehmenskommunikation kaum noch wahrgenommen.
Eingeschränkte Kommunikation	Der Kontakt zwischen Belegschaft und Entscheidern verringert sich, die Ziele des Zusammenschlusses und das weitere Vorgehen bleiben intransparent.
Unglaubwürdige Kontrolle	Beteuerungen des Managements, es verfüge über einen detaillierten Plan für die Fusion, mit dem sich die Schwierigkeiten kontrollieren und abfedern lassen, werden nicht geglaubt.
Kulturprobleme	
Kampf der Kulturen	Die Differenzen zwischen den Kulturen der beteiligten Unternehmen werden besonders prägnant wahrgenommen, ähnliche Kulturmerkmale werden gezielt ausgeblendet.
Wir versus sie	Die Mitarbeiter konzentrieren sich auf die Differenzen zu den neuen Kollegen, diese werden im Laufe der Zeit verschärft wahrgenommen.
Gewinner versus Verlierer	Bei den Mitarbeitern des übernommenen Unternehmens entsteht schnell ein Verlierergefühl, das zu Resignation und hoher Fluktuation führt.
Angriff und Verteidigung	Die Mitarbeiter konzentrieren sich auf die Veränderungen in der anderen Organisation und versuchen gleichzeitig, die eigene vor dem Wandel zu schützen. Eine vergleichbare Haltung sehen sie auch im anderen Unternehmen.
Kulturüberlegenheit	Die Bewertung der eigenen Leistung wird zu einem permanenten Vergleich mit der anderen Kultur, wobei jeder seine eigene Kultur als überlegen betrachtet.
Unsicherheit, Stress, Gesundheit	
Befangenheit	Die Mitarbeiter sind von den Ereignissen der Fusion vollständig eingenommen und spekulieren verstärkt über die Folgen der Fusion für die eigene Person.
Stressreaktionen	Es treten gehäuft Aggressionen, Rückzugsverhalten und körperliche Reaktionen wie Kopfschmerzen, Schlaflosigkeit, steigender Alkohol- und Zigarettenkonsum auf.

Fehlzeiten-Report 2016

tionaler Ebene treffen vielmehr unterschiedliche Unternehmenskulturen aufeinander. Grundlegende Überzeugungen der Mitarbeiter, ihre Werte und Normen stehen unter Umständen in der neu entstandenen Organisation(seinheit) auf dem Prüfstand bzw. mit der »neuen Kultur« im Widerspruch. Kultur kann definiert werden als »*the collective programming of the mind distinguishing the members of one group or category of people from another*« (Hofstede 2001). Die eigene Unternehmenskultur in einer neuen Arbeitsumgebung nach einer M&A-Maßnahme unfreiwillig aufzugeben kann dabei empfindlich die Vorstellung über die eigene soziale Identität in der Organisation beeinträchtigen (Selenko 2015). Die soziale Identitätstheorie (Abrams u. Hogg 1988) postuliert, dass die individuelle Identität zu einem Großteil aus der Zugehörigkeit zu sozialen Gruppen heraus geformt und definiert wird. Auf den Arbeitskontext bezogen bedeutet dies, dass Beschäftigte bestrebt sind, der eigenen Gruppe in der neuen Organisationsstruktur eine gute Position zu verschaffen, um die eigene soziale Identität beibehalten zu können. Es hat sich gezeigt, dass die Identifikation mit der Organisation für Arbeitseinstellungen und Leistung eine hohe Bedeu-

tung hat (Dutton et al. 1994; Mael u. Ashforth 1995; Walumbwa et al. 2011).

Die spezifischen Auswirkungen von M&As haben Mirvis and Marks (1986) unter dem Stichwort Merger-Syndrom (*merger syndrome*) zusammengefasst (◘ Tab. 14.1). Demgemäß sind M&A mit den in ◘ Tab. 14.1 dargestellten Merkmalen verbunden (nach Nerdinger 2011, S. 161).

Auf Basis der transaktionalen Stresstheorie (Lazarus u. Folkman 1984) sind aufgrund von Stressoren wie Kontrollverlust, erlebter Unsicherheit, vermehrtem Arbeitsvolumen und Arbeitsintensivierung etc. auch gesundheitliche Auswirkungen zu erwarten. M&A sind mit negativen Emotionen, Angst und Unsicherheit (Sinkovics et al. 2011) sowie Beeinträchtigungen der allgemeinen psychischen Gesundheit (Joslin et al. 2010) verbunden. Im Rahmen von Längsschnittstudien konnte gezeigt werden, dass Fusionen und Übernahmen mit erhöhtem Blutdruck (Marks 1997) sowie Angst und depressiven Symptomen (Haruyama et al. 2008) im Zusammenhang standen. Je besser es gelang, in der zusammengeschlossenen Organisation eine neue Kultur zu etablieren und dabei auch Elemente der ehemaligen Kulturen zu berücksichtigen, desto weniger

Stress erlebten die Mitarbeiter (Joslin et al. 2010). Es ist also davon auszugehen, dass M&A mit Stressoren und gesundheitlichen Beeinträchtigungen (s. unterer Teil ◨ Tab. 14.1) einhergehen und dass die Berücksichtigung kultureller Aspekte und damit die Erhaltung der sozialen Identitäten der Mitarbeiter beider ehemals eigenständiger Organisationen zur Abmilderung dieser gesundheitlichen Beeinträchtigungen beitragen kann.

Nachdem der Zusammenhang von Restrukturierung – allgemein und insbesondere bezogen auf M&A – mit Gesundheit dargestellt wurde, soll nun datenbasiert für die Situation in Deutschland analysiert werden, wie hoch die Bedeutung/Prävalenz von Restrukturierung ist und wie sich in Restrukturierungen die Arbeitssituation, die (psychischen) Belastungen und die Gesundheit der Mitarbeiter verändern. Damit greifen wir die unter ▶ Abschn. 14.2.1 skizzierte Forschungslücke zu organisationalen Mechanismen auf, die wahrscheinlich die vermittelnden Aspekte im Zusammenhang von Restrukturierung und Gesundheit darstellen.

14.3   Datenbasis/Methode

Im vorangegangen Absatz wurde die Bedeutung von Unternehmenskultur für die Mitarbeitergesundheit am Beispiel von M&A literaturbasiert dargestellt. Auf Basis der verwendeten Daten für diesen Beitrag lässt sich nicht überprüfen, ob der Verfall der Unternehmenskultur einen besonderen Stressor darstellt oder ob Maßnahmen zur Berücksichtigung der Unternehmenskultur den Zusammenhang von Restrukturierung und gesundheitlichen Beeinträchtigungen moderieren. Was wir jedoch darstellen können, ist die Prävalenz von Restrukturierung (allgemein) und M&A im Speziellen sowie die allgemeine Belastungssituation, psychische Belastungen und gesundheitliche Beeinträchtigungen von Beschäftigten in restrukturierten versus nicht restrukturierten Unternehmen.

Dazu wurden die Daten zweier Erhebungen der BiBB/BAuA-Erwerbstätigenbefragung (BAuA 2006, 2012) herangezogen. Es handelt sich dabei um eine repräsentative Beschäftigtenbefragung, die regelmäßig alle sechs Jahre durchgeführt wird.

Die Grundgesamtheit bildet alle Beschäftigten ab 15 Jahren in Deutschland ab. Die Stichprobe ist repräsentativ für diese Grundgesamtheit und umfasst für beide Erhebungszeitpunkte etwa 20.000 Beschäftigte. Die Datenerhebung erfolgt jeweils über ca. 45-minütige strukturierte Telefoninterviews und erfragt verschiedenste Aspekte der Arbeitsbedingungen jeweils in dem Zeitraum von zwei Jahren vor der Datenerhebung bis zur Befragung (d. h. 10/2003 bis 03/2006

◨ **Tab. 14.2** Durchführung der Untersuchung und Stichprobe

	BiBB/BAuA 2005/2006	BiBB/BAuA 2011/2012
Erhebungszeitraum	10/2005 bis 03/2006	10/2011 bis 03/2012
Erhebungsform	strukturierte Telefoninterviews	strukturierte Telefoninterviews
Stichprobengröße	N = 20.000	N = 20.036

Quelle: BIBB/BAuA-Erwerbstätigenbefragung 2006, 2012

Fehlzeiten-Report 201

sowie 10/2009 bis 03/2012). Restrukturierung als zentrales Element der vorliegenden Fragestellung wur über das Item »Wurden in den letzten zwei Jahr Umstrukturierungen oder Umorganisierungen vorg nommen, die Ihr unmittelbares Arbeitsumfeld betr fen?« erfasst. Für die spezifische Restrukturierung form »Mergers & Acquisitions« wurde gefragt, ob den letzten zwei Jahren vor der Befragung der Zusa menschluss mit einem anderen Unternehmen stattg funden hat (ja/nein).

Belastungen bzw. Items zu den konkreten Verä derungen am Arbeitsplatz wurden beispielhaft v folgt erfasst »Wie haben sich (in den letzten beid Jahren) Stress und Arbeitsdruck verändert? Haben zugenommen, sind sie gleich geblieben oder haben abgenommen?«

Es wurde eine Reihe gesundheitlicher Beschwerd erfragt über das Item »Sagen Sie mir bitte, ob die folge den gesundheitlichen Beschwerden bei Ihnen in d letzten 12 Monaten während der Arbeit bzw. an Arbei tagen aufgetreten sind. Uns interessieren die Beschwe den, die häufig vorkamen«. Für die Berechnung v statistischen Zusammenhängen wurden für Interva skalierte Skalen Korrelationen nach Pearson, für ordi skalierte Skalen Phi-Koeffizienten verwendet. Letzte sind zu interpretieren wie Korrelationskoeffizienten.

Einzelheiten zur Durchführung der Befragu und Stichprobengröße sind in ◨ Tab. 14.2 zusamme gefasst.

14.4   Ergebnisse

14.4.1 Verbreitung von Restrukturierun

In unserer Untersuchung bewegt sich die Anzahl de Mitarbeiter, die die Frage nach Restrukturierung bej hen, seit Jahren auf einem hohen Niveau (Gesamtpr

◘ **Tab. 14.3** Vergleich Restrukturierung 2006–2012 in Prozent (N = 20.036)

Sektor	2006	2012	Differenz
Öffentlicher Dienst	53,1	47,6	–5,5
Industrie	53,2	49,8	–3,4
Handwerk	26,8	25,0	–1,8
Handel	26,9	34,8	7,9
Unternehmensgröße/ Beschäftigtenzahl	**2006**	**2012**	**Differenz**
Bis 9	26,9	24,8	–2,1
10 bis 49	39,1	36,1	–3,0
50 bis 249	49,5	43,0	–6,5
250 bis 499	58,2	49,4	–8,8
500 bis 999	57,2	53,0	–4,2
Über 1000	66,8	60,1	–6,7
Zusammenschluss mit anderen Unternehmen: ja (Item nur 2012 enthalten)	--	17,8	–

Quelle: BIBB/BAuA-Erwerbstätigenbefragung 2006, 2012

Fehlzeiten-Report 2016

valenz für Restrukturierung über alle Branchen und Unternehmensgrößen hinweg lag 2012 bei 40,7 Prozent).

Insbesondere in der Industrie und im öffentlichen Dienst berichtet etwa die Hälfte der Beschäftigten von gravierenden Restrukturierungen oder Reorganisationen.

Vor dem Hintergrund, dass Restrukturierungen in der Regel einer kostenorientierten Effizienzlogik folgen (Kädtler 2014), könnte vermutet werden, dass die Finanzkrise 2008 die Anzahl der Reorganisationen erhöht hätte. Dies konnte indes nicht bestätigt werden. Gegenüber 2006 wurde in der Datenerhebung von 2012 eher ein moderater Rückgang von Restrukturierungen und entsprechend auch von Veränderungen in der Arbeitsumgebung der Beschäftigten festgestellt. Die Anzahl der Befragten, die Restrukturierungen erlebten, hat sich dabei in fast allen Sektoren und in allen Unternehmensgrößen tendenziell leicht verringert anstatt erhöht, wie ◘ Tab. 14.3 verdeutlicht.

Bei den Wirtschaftssektoren nahmen die Umstrukturierungen lediglich im Handel zu. Die Befunde bestätigen Analysen verschiedener anderer Datenbanken zur Prävalenz von Restrukturierung in Deutschland. Danach waren neben der Industrie vor allem auch Dienstleistungsbranchen wie die Finanzbranche, Transport und Verkehr, die Kommunikationsbranche sowie allgemeine Dienstleistungen von Veränderungen/Fusionen geprägt (Köper u. Richter 2012; Rigotti

u. Otto 2012). In den Bereichen Finanzen, Transport/Verkehr und Kommunikation kam es insbesondere auch verstärkt zu Fusionen (ebenda).

Bezogen auf die Unternehmensgrößen nahm insbesondere in mittelständischen Unternehmen mit 250 bis unter 500 Mitarbeitern die Anzahl der Beschäftigten, die eine Umstrukturierung erlebten, um fast 9 Prozent ab. Insgesamt ist es nach wie vor so, dass große Unternehmen und auch der öffentliche Dienst besonders stark in Restrukturierungsprozessen stehen.

Das Ausmaß der Restrukturierungsaktivitäten in Deutschland ist mit ca. 40 Prozent im europäischen Vergleich eher gering. So weist der European Working Condition Survey (EWCS) etwa für die skandinavischen Länder deutlich höhere Prävalenzen auf (z. B. in Finnland 60 Prozent; Eurofound 2012). Veränderungen im Hinblick auf M&A im Vergleich der beiden Erhebungszeiträume können nicht dargestellt werden, da in der Erhebung von 2006 das Item nicht in dem Datensatz enthalten war. Insgesamt berichteten 2012 in der BiBB/BAuA Befragung 3.178 Beschäftigte, ihr Unternehmen habe mit anderen fusioniert. Das entspricht einem Beschäftigtenanteil von 17,8 Prozent.

14.4.2 Restrukturierung und Veränderungen der Arbeitssituation

Wie unter ▶ Abschn. 14.2.1 beschrieben, werden potenzielle gesundheitliche Auswirkungen von Restrukturierungen wahrscheinlich von konkreten Veränderungen in der Arbeitssituation wie erhöhter Unsicherheit und dem Anstieg von Belastungen (z. B. Arbeitsmenge) und Anforderungen vermittelt. Dem soll im folgenden Abschnitt auf Grundlage der BiBB/BAuA-Befragung nachgegangen werden.

Neben der generellen Frage nach organisationaler Restrukturierung wurden in der BiBB/BAuA-Erwerbstätigenbefragung insofern auch konkrete Veränderungen in der direkten Arbeitsumgebung der Beschäftigten erfragt und mit Restrukturierung in Beziehung gesetzt.

Es zeigt sich erwartungsgemäß, dass in umstrukturierten Organisationen Veränderungen im Arbeitsumfeld deutlich häufiger berichtet werden (◘ Tab. 14.4). Es bestehen durchweg hoch signifikante Zusammenhänge zwischen der Tatsache, dass Organisationen restrukturiert wurden, und den Veränderungen der konkreten Arbeitsbedingungen. Die höchsten Zusammenhänge bestehen für Veränderungen wie »Einführung neuer Dienstleistungen« (0,28), »neue Vorgesetzte« (0,25), »neue Technik und Programme« (je 0,23) und »Stellenabbau« (0,22). Der Zusammenhang von

◻ **Tab. 14.4** Vergleich Veränderungen am Arbeitsplatz in Organisationen mit/ohne Restrukturierungen in Prozent

Veränderungen in Arbeitsumgebung	Restrukturierung x Veränderungen Phi	Restrukturiert ja (%)	M&A ja (%)	Nicht restrukturier (%)
Neue Technik	0,23**	49,1	50,6	26,9
Neue Programme	0,23**	57,7	58,7	34,5
Neue Maschinen/Anlagen	0,11**	45,5	48,0	34,7
Neue Produkte/Werkstoffe	0,15**	34,4	36,3	21,2
Neue Dienstleistungen	0,28**	41,7	37,1	16,7
Stellenabbau	0,22**	42,0	41,6	21,2
Mehr freie Mitarbeiter, Leiharbeiter etc.	0,13**	45,9	50,2	33,2
Neuer direkter Vorgesetzter	0,25**	38,5	39,1	16,6
Zunahme Stress/Arbeitsdruck	0,19**	52,4	53,1	34,4
Zunahme fachliche Anforderungen	0,16**	58,2	55,4	40,3

Ausgewertet wurde die Antwortskala »Veränderung kommt vor/ja« bzw. bei Stress und Anforderungen »hat zugenommen«. 20.000 < n < 20.036; Zusammenhangsmaß: Phi-Koeffizient, p < .05*; p <.01**

Quelle: BIBB/BAuA-Erwerbstätigenbefragung 2006, 2012

Restrukturierung und Stress/Arbeitsdruck lag bei knapp 0,2.

Diejenigen Beschäftigten, deren Organisationen fusioniert wurden, berichten bezüglich der meisten Merkmale sogar noch leicht höhere Belastungen als Beschäftigte in Organisationen mit anderen Restrukturierungsprozessen. Insbesondere der Einsatz von mehr atypischer Beschäftigung (Einsatz freier Mitarbeiter, befristeter Mitarbeiter, Leiharbeiter, Zeitarbeiter etc.) ist bei M&A höher als im Durchschnitt aller Restrukturierungsarten.

Je mehr technische und organisatorische Veränderungen berichtet werden, desto höher ist die Wahrscheinlichkeit, dass sich auch Stress und Arbeitsanforderungen erhöht haben. Der Zusammenhang von Restrukturierung und der Zunahme von Stress und Arbeitsdruck liegt bei nahezu Ph = 0,20. Zudem ist davon auszugehen, dass eine Kumulation von Veränderungen bei den Arbeitsbedingungen das Risiko für Stress noch deutlicher erhöht. Bei fünf oder mehr Veränderungen war die Wahrscheinlichkeit (Odds Ratio) für mehr Stress und Arbeitsdruck 3,2-mal höher als ohne Veränderungen (Rigotti et al. 2014). Belege für die Tatsache, dass Veränderungen und Restrukturierungen bei Mitarbeitern nicht zu Gewöhnung führen, sondern kumulieren und zu mehr Stress führen, finden sich auch bei Wiezer et al. (2011). Hier verglichen die Autoren Beschäftigte, die mehrere aufeinanderfolgende Restrukturierungen erlebt hatten, mit einer Kontrollgruppe ohne Restrukturierung. Die Beschäftigten in der Gruppe mit wiederholten Restrukturierungen wiesen mehr Beschäftigte emotionale Er-

schöpfung, geringere Arbeitszufriedenheit, wen Arbeitsengagement und signifikant mehr krankhe bedingte Abwesenheit auf. Die Hypothese, dass schäftigte sich bei wiederholten Restrukturierunger die Dynamik gewöhnen und besser mit ihr umgeh konnte daher nicht bestätigt werden (ebenda).

14.4.3 Restrukturierung und psychische Belastungen

Neben Stress und Arbeitsdruck wurde in der Bil BAuA-Befragung auch nach anderen psychisch Belastungen gefragt. Außer Monotonie (Arbeit w derholt sich) stehen durchgängig alle Belastungsme male positiv mit Restrukturierung im Zusamme hang, d. h., wenn Restrukturierung stattfindet, si die psychischen Belastungen höher. Die höchst Zusammenhänge ergeben sich für Termin- und Le tungsdruck (0,18), Störungen und Unterbrechung (0,18), Anforderungen an Multitasking (0,16) u Arbeiten an der Leistungsgrenze (0,16). Bei Besch tigten in fusionierten Organisationen (M&A) war im Vergleich zu Beschäftigen ohne Restruktur rung ebenfalls Termin- und Leistungsdruck, Störu gen und Multitasking besonders relevante Belastung (◻ Tab. 14.5).

Die Stärke der Zusammenhänge war durchgäng hoch signifikant und konsistent im Sinne der Annal me, dass Restrukturierung mit der Erhöhung psyc scher Belastungen einhergeht (vgl. ▶ Abschn. 14.2 Ausnahme: Monotonie).

◘ **Tab. 14.5** Vergleich häufige psychische Belastung in Organisationen mit/ohne Restrukturierungen in Prozent

Psychische Belastungen	Restrukturiert x Belastung r	Restrukturiert ja (%)	M&A ja (%)	Nicht restrukturiert (%)
Termin/Leistungsdruck	0,18**	61,8	60,9	45,3
Arbeitsgang wiederholt sich	−0,02**	46,8	48,6	49,4
Neue Aufgaben	0,14**	47,0	44,6	35,5
Verfahren verbessern, Neues ausprobieren	0,14**	33,8	30,8	23,5
Störungen/Unterbrechungen	0,18**	52,8	50,9	36,2
Mindestleistung vorgeschrieben	0,11**	34,9	35,8	26,0
Nicht Gelerntes verlangt	0,14**	10,0	9,0	5,9
Verschiedene Arbeiten gleichzeitig	0,16**	68,1	65,2	52,5
Kleine Fehler, großer finanzieller Verlust	0,10**	19,5	21,1	14,6
An der Grenze der Leistungsfähigkeit arbeiten	0,16**	21,1	20,0	13,5
Sehr schnell arbeiten	0,12**	43,7	44,5	34,9

Ausgewertet wurde die Antwort »kommt häufig vor«. 20.000 < n < 20.036; r: Korrelation nach Pearson, p < .05*; p <.01**

Quelle: BIBB/BAuA-Erwerbstätigenbefragung 2006, 2012

Fehlzeiten-Report 2016

◘ **Tab. 14.6** Beschwerden in Organisationen mit/ohne Restrukturierungen in Prozent

Beschwerden	Restrukturiert x Beschwerde Phi	Restrukturiert (%)	M&A (%)	Nicht restrukturiert (%)
Niedergeschlagenheit	0,11**	26,6	26,0	17,5
Nervosität, Reizbarkeit	0,13**	35,1	33,8	22,9
Allgemeine Müdigkeit, Mattigkeit, Erschöpfung	0,12**	53,1	52,0	40,8
Schlafstörungen	0,11**	32,2	32,9	22,7
Hautreizungen, Juckreiz	0,05**	11,6	13,2	8,8
Herzschmerzen, Stiche, Engegefühl in der Brust	0,06**	9,1	10,1	6,1
Kopfschmerzen	0,09**	39,3	38,7	30,2
Rückenschmerzen	0,04**	49,0	49,5	44,6

Ausgewertet wurde die Antwort »ja, kommt häufig vor«. 20.000 < n < 20.036, Zusammenhangmaß: Phi-Koeffizient; p < .05*; p <.01**

Quelle: BIBB/BAuA-Erwerbstätigenbefragung 2006, 2012

Fehlzeiten-Report 2016

14.4.4 Restrukturierung und Gesundheit

Aufgrund der Studienlage zum korrelativen Zusammenhang von Restrukturierung und Gesundheit (Kivimäki et al. 2007, Kieselbach et al. 2009; Ferrie 2004) war davon auszugehen, dass die Erwerbstätigen in Deutschland in reorganisierten Unternehmen häufiger von Gesundheitsbeeinträchtigungen berichten würden. Dies konnte auch aufgrund der vorliegenden Analyse der BiBB/BAuA-Daten für die Beschäftigten in Deutschland bestätigt werden. Dabei wurde danach gefragt, welche gesundheitlichen Beschwerden in den zwölf Monaten vor der Befragung besonders häufig auftraten (◘ Tab. 14.6).

Die gesundheitlichen Beeinträchtigungen waren in restrukturierten Unternehmen und spezifisch auch in fusionierten Unternehmen z. T. deutlich höher als in Organisationen ohne Restrukturierung. Insbesondere Beeinträchtigungen des mentalen Befindens (Nervosität, Reizbarkeit, Ermüdung, Erschöpfung und Schlafstörungen) kamen in Organisationen, die in Veränderungsprozessen standen, häufiger vor. Psychische Beeinträchtigungen (Niedergeschlagenheit, Erschöpfung, Reizbarkeit; Phi = 0,11–0,13) wiesen einen stärkeren Zusammenhang mit Restrukturierung auf als physische Erkrankungen (Hauterkrankungen, kardiovaskuläre Probleme, Rückenschmerzen; Phi = 0,04–0,09).

Aus der Literatur ist bekannt, dass insbesondere Häufigkeit und Schwere der Veränderungen mit gesundheitlichen Beeinträchtigungen im Zusammenhang stehen (Dahl 2011; Kivimäki et al. 2003). Wahrscheinlich ist nicht die Art der Restrukturierung, sondern das Ausmaß, in dem im Rahmen der Veränderungsprozesse die Charakteristika des Arbeitsplatzes verändert werden, das wesentliche Element, das mit Beeinträchtigungen der Gesundheit im Zusammenhang steht (Wiezer et al. 2011). Dies konnten wir auch auf Basis der BiBB/BAuA-Daten für die Beschäftigten in Deutschland zeigen. Die Anzahl der Veränderungen am Arbeitsplatz hängt mit der Einschätzung des subjektiven Gesundheitszustandes zusammen. Beschäftigte, die viele Veränderungen in ihrem Arbeitsumfeld erleben, schätzen ihren Gesundheitszustand schlechter ein als solche, die nur wenige Veränderungen berichten. Die Korrelation dieser beiden Merkmale lag bei (r = 0.114; Rigotti u. Otto 2012).

14.5   Diskussion und Empfehlungen

Restrukturierungen in Organisationen sind an der Tagesordnung und stehen, wie wir zeigen konnten, in signifikanter Beziehung mit veränderten Arbeitsbedingungen, erhöhten Belastungen und Beeinträchtigungen der Gesundheit. Dies gilt in gleichem Maße für solche Restrukturierungen, bei denen eine spezielle Herausforderung in der Zusammenführung der Unternehmenskultur liegt (M&A). Inwiefern spezifische Aspekte der Kultur auf die Belastungen und die Gesundheit der Mitarbeiter wirken, konnten wir auf Basis der verfügbaren Daten nicht quantitativ überprüfen. Die Aussagen zu Belastung und Gesundheit in M&As können im Zusammenhang mit dem einleitenden ▶ Abschn. 14.2.2 insofern nur als Proxy dafür interpretiert werden, dass kulturelle Aspekte, die auf Basis der Theorie zur sozialen Identität das Wohlbefinden und die Gesundheit der Mitarbeiter beeinträchtigen, eine Rolle spielen.

Restrukturierung steht in einem hoch signifikanten Zusammenhang mit Veränderungen am Arbeitsplatz (Spannweite für Phi: 0,11/neue Maschinen – 0,28/neue Dienstleistungen), psychischen Belastungen (Spannweite für r: -0,02/Monotonie – 0,18/Störungen, Unterbrechungen/Leistungsdruck) und gesundheitlichen Beeinträchtigungen (Spannweite für Phi: 0,04/Rückenschmerzen – 0,13/Nervosität, Reizbarkeit). Bei einer modellhaften Prozesskette beginnend mit der Restrukturierungsentscheidung über Veränderungen der Ar-

beitssituation und der Belastungen hin zu gesundheitlichen Störungen (vgl. Udris u. Weiss 2010) überrasc die Abnahme der Zusammenhangmaße, die im Hi blick auf ihre Mittelbarkeit weiter von der Restruk rierungsentscheidung entfernt sind, nicht. In diese Sinne konnten wir auch in unserer Auswertung höh Zusammenhangmaße zwischen Restrukturierung u Belastungen als zwischen Restrukturierung und G sundheit feststellen (vgl. ◻ Tab. 14.4 und ◻ Tab. 14.6)

In der Klassifizierung von Effektstärken na Cohen (1992) sind die Zusammenhänge zwisch Restrukturierung und gesundheitlichen Beeinträc tigungen als »klein« einzuschätzen. Die geringen Z sammenhangsstärken bedeuten indes nicht, dass org nisationale Veränderungen für die Gesundheit d Beschäftigten und für Gestaltungsbedarf irreleva wären. Auf der Grundlage der Abschätzung attribu ver Risiken (Kreienbroch et al. 2012) kann die Bede samkeit bestimmter Zusammenhänge bei gegeben Prävalenzraten für eine Exposition ermittelt werde Die Prävalenz von Restrukturierung lag in Deuts land 2012 bei 40,7 Prozent. Bei einem mittleren k relativen Zusammenhang von Restrukturierung u mentalen Befindensbeeinträchtigungen (etwa Nerv sität, Reizbarkeit, Erschöpfung, Schlafstörungen) v ca. 0,12 ergäbe sich ein attributives Risiko von 8 Pr zent[1]. Dies bedeutet, dass 8 Prozent der Fälle mental Gesundheitsbeeinträchtigungen bei den befragt Beschäftigten in Deutschland durch Restrukturieru verursacht sind.

Zur Frage nach vermittelnden und moderierend Aspekten für den Zusammenhang von Restrukturi rung und Gesundheit besteht noch Forschungsbeda Wie schon in ▶ Abschn. 14.2.1 erläutert, sind verm telnde Aspekte wahrscheinlich diejenigen, die wir unserer Analyse berücksichtigt haben: Veränderung am Arbeitsplatz sowie zunehmende Belastung (Arbeitsmenge, Arbeitsintensität, Anforderunger Ein wichtiger Aspekt ist zudem die mit der Reorgar sation verbundene Unsicherheit und Angst (Köper Gerstenberg 2016; Mohr 2000). Subjektive Arbeitspla unsicherheit – also die Wahrnehmung des Risikos, absehbarer Zeit den Arbeitsplatz zu verlieren – ste sowohl mit mentalen wie auch physischen Gesun heitsbeeinträchtigungen im Zusammenhang (Che

---

1

$$PAR = \frac{p_{pop}(R-1)}{1+p_{pop}(R-1)} \; ; \; OR = exp\left(\frac{2r\pi}{\sqrt{3(1-r^2)}}\right) \; ; \; R = \frac{OR}{1-q(1-OR)}$$

mit PAR = populationalattributales Risiko; OR = Odds Ratio; R = relatives Risiko; Ppop = Populationsprävalenz; r = Korrelationskoeffizient; q = Inzidenz bei den Nicht-Exponierten Personen, konservativ geschätzt mit 0,5

u. Chan 2008; Sverke et al. 2002). Aber auch die sogenannte »qualitative Arbeitsplatzunsicherheit« ist mit
gesundheitlichen Risiken verbunden. Diese bezieht
sich auf die Sorge um das Risiko verschlechterter Arbeitsbedingungen wie z. B. Karriere und Gehaltsent-
wicklung, Nutzung der Beschäftigtenkompetenz und
Arbeitsinhalte (Isaksson et al.1998). Auch kulturelle
Aspekte bzw. das Scheitern im Hinblick auf die Zusammenführung von Unternehmenskulturen speziell bei
M&A ist wahrscheinlich ein vermittelndes Element
(Joslin et al. 2010; Marks 1997; Mirvis u. Marks 1986).
In diesem Beitrag konnten wir uns der Frage, welchen
Einfluss kulturelle Aspekte in Reorganisationen haben,
datenbasiert nur indirekt über die Analyse der verän-
derten Arbeitsbedingungen und Belastungen in M&A
als besonderer Reorganisationsform nähern.

Die Ergebnisse zeigen indes, dass Mitarbeiter in
fusionierten Unternehmen sogar mehr Veränderungen der Arbeitscharakteristika berichten als im Durchschnitt aller Restrukurierungsformen. Bei den psychischen Belastungen und den Gesundheitsbeeinträchtigungen konnten für M&A spezifisch keine
Besonderheiten festgestellt werden. Das Niveau der
Belastungen und das der gesundheitlichen Beeinträchtigungen war ebenso hoch wie das aller anderen
Restrukturierungen im Durchschnitt.

In der Literatur zu Unternehmensfusionen wird
die besondere Bedeutung der Unternehmenskultur
bzw. die Notwendigkeit, die »ehemaligen« Kulturen
planvoll miteinander zu integrieren, adressiert. Eine
neue Unternehmenskonfiguration, sei es durch Auf-
kauf oder Fusion mit einer anderen Organisation,
fordert von den betroffenen Beschäftigten insbesondere eine Neuausrichtung ihrer sozialen Identität
(Haunschild et al. 1994). Selbst wenn die Fusion nicht
als »feindliche Übernahme« geschieht, kann nicht
davon ausgegangen werden, dass sich die Fusionspart-
ner in der neuen Organisation gleichberechtigt gegen-
überstehen. Eine der ehemals eigenständigen Organisationen wird aufgrund ihrer Wirtschaftsmacht eine
dominierende Rolle einnehmen (Rentsch u. Schneider
1991). Die mit der Fusion verbundene Diskontinuität
und der Verlust oder die Beeinträchtigung der eigenen
sozialen Identität stellen bedeutsame Hindernisse bei
der Schaffung einer neuen gemeinsamen Kultur und
Identität dar. In der Forschung zu Auswirkungen von
Arbeitsplatzunsicherheit zeigen neuere Befunde, dass
Kulturaspekte mit beeinflussen, ob und wie durch
diese Unsicherheit die Gesundheit der Beschäftigten
beeinträchtigt wird (Debus et al. 2012; Otto et al. 2015).
Insofern ist die Frage von Kultur in Veränderungsprozessen nicht nur im Hinblick auf Identität, sondern
auch auf Gesundheit relevant.

Was also ist im Hinblick auf die Gestaltung von
Reorganisationsprozessen (allgemein und im Hinblick
auf M&A) zu beachten? Wenngleich spezifische Ge-
staltungsempfehlungen noch zu entwickeln sind, gibt
es doch bestimmte grundlegende und handlungs-
leitende Prinzipien wie Fairness, transparente Kommunikation und soziale Unterstützung, die sich nach-
weislich in Transformationsprozessen als förderlich
erwiesen haben.

Proaktiv agierende Unternehmen mit einer Unternehmenskultur, die abrupte organisatorische Veränderungsprozesse z. B. durch die Vereinbarung der Beschäftigungssicherung für die Mitarbeiter kalkulierbar
macht, stellen sicher, dass alle Schlüsselpersonen, insbesondere Führungskräfte, darin geschult werden,
Veränderungen mitzutragen. Die Einbeziehung und
Schulung der Führungskräfte auf allen Hierarchieebenen der Organisation sowie flankierende organisationale Konzepte zur Struktur-, Prozess- und Kul-
turanpassung sind entscheidend für den Erfolg der
Restrukturierung, da eine vertrauensvolle Zusammenarbeit mit den Führungskräften (Unternehmensleitung, Management, direkte Führungskräfte) den
Widerstand der Beschäftigten gegenüber Veränderungen reduziert. Die persönliche Bereitschaft zur Veränderung ist ein wichtiger Moderator hinsichtlich der
Bewältigung von Veränderungen (Oreg et al. 2008).

Eine transparente und gut strukturierte Kommunikation (über die Ziele und den Prozess der Restrukturierung) ist unabdingbar, damit die Mitarbeiter die
Veränderung nachvollziehen, tragen und voranbringen.
Wichtiger als Informationen zu den technischen und
organisatorischen Veränderungen ist für die Mitarbeiter
zu wissen, was im Hinblick auf ihre Beschäftigung in der
Organisation und insbesondere in ihren eigenen Teams
geschieht, wie die Organisation und der eigene Arbeitsplatz künftig aussehen und welche Rolle sie persönlich
in der Organisation haben werden (Richter et al. 2013).

Es ergibt sich mithin bei jeder Restrukturierung
eine unvermeidliche Spannung zwischen Planung und
Kommunikation, denn es ist teilweise in der Planungs-
phase schwierig bis unmöglich, verbindliche und kom-
munizierbare Zustände festzulegen, die dann auch eine
verlässliche Informationsbasis für die Mitarbeiter ermöglichen. In Restrukturierungsphasen ändern sich
die Rahmenbedingungen und auch die Detailbedin-
gungen für die Veränderungen in der Organisation.
Widersprüchliche und unzuverlässige Informationen
verunsichern die Belegschaft zusätzlich. Die Kommunikation ist daher extrem gut zu planen. Zu viel oder
nicht angemessen reflektierte Kommunikation kann
die Angst und Unsicherheit der Arbeitnehmer erhöhen (Köper u. Schauerte 2011; v. Schwarzkopf 2013).

Transparente Kommunikation bedeutet, dass ein Dialog zwischen Belegschaft und Unternehmensleitung entsteht, der offen für die Ideen der Belegschaft ist. Die Kommunikation in der Phase der Veränderung sollte also ein zweiseitiger Prozess sein. Damit in Restrukturierungsprozessen das Potenzial der Belegschaft als Triebkraft zur Überwindung der Organisationskrise genutzt werden kann, muss diese nicht nur informiert, sondern durch partizipative Prozesse beteiligt werden. Diese partizipativen Prozesse sind neben den oben angesprochenen Vereinbarungen z. B. zur Beschäftigungssicherung ein weiteres wichtiges Merkmal einer zeitgemäßen Unternehmenskultur.

Spezifisch bei Fusionen mit ihrer besonderen Kultur- und Identitätsproblematik hat sich Folgendes gezeigt: Vertrauen in das Management, eine hohe Arbeitszufriedenheit vor der Fusion und positive Erwartungen im Hinblick auf Entlohnung und Entwicklungsmöglichkeiten zeigten einen positiven Zusammenhang zur Akzeptanz der Fusion (Rigotti et al. 2014).

Literatur

Abrams D, Hogg MA (1988) Comments on the motivational status of self-esteem in social identity and intergroup discrimination. European Journal of Social Psychology 18(4):317–334

BAuA (2006) BIBB/BAuA-Erwerbstätigenbefragung. Bundesanstalt für Arbeitsschutz und Arbeitsmedizin, Dortmund

BAuA (2012) BIBB/BAuA-Erwerbstätigenbefragung. Bundesanstalt für Arbeitsschutz und Arbeitsmedizin, Dortmund

Brockner J, Grover S, Reed TF, DeWitt RL (1992) Layoffs job insecurity, and survivors' work effort: evidence of an inverted-U relationship. Academy of Management Journal 35:413–425

Burnes B (2011) Introduction: Why does change fail, and what can we do about it? Journal of Change Management 11(4):445–450

Campbell-Jamison F, Worrall L, Cooper C (2001) Downsizing in Britain and its effects on survivors and their organizations. Anxiety, Stress & Coping: An International Journal 14(1):35–58

Cartwright S, Schoenberg R (2006) Thirty years of mergers and acquisitions research: Recent advances and future opportunities. British Journal of Management 17(S1):S1–S5

Cartwright S, Cartwright S, Cooper CL (2000) HR know-how in mergers and acquisitions. CIPD Publishing, London

Cheng GHL, Chan DKS (2008) Who suffers more from job insecurity? A meta-analytic review. Applied Psychology: An International Review 57(2):272–303

Cohen J (1992) A power primer. Psychological bulletin 112(1):155

Dahl MS (2011) Organizational Change and Employee Stress. Management Science 57(2):240–256. doi:10.1287/mnsc.1100.1273

Debus ME, Probst TM, König CJ, Kleinmann M (2012) Catch m I fall! Enacted uncertainty avoidance and the social saf net as country-level moderators in the job insecurity-j attitudes link. Journal of Applied Psychology 97(3):690–6

Dutton JE, Dukerich JM, Harquail CV (1994) Organizatio images and member identification. Administrative Scie Quarterly 239–263

Eurofound (2012) Fifth European Working Conditions Surv Luxembourg: Publications Office of the European Uni pp 1–160

Ferrie JE (Hrsg) (2004) Work Stress and Health: the Whiteha Study. Public and Commercial Services Union on behal Council of Civil Service Unions/Cabinet Office

Frone MR (2008) Are work stressors related to employee s stance use? The importance of temporal context asse ments of alcohol and illicit drug use. Journal of Appli Psychology 93(1):199

Haruyama Y, Muto T, Ichimura K, Yan Y, Fukuda H (2008) Chanc of subjective stress and stress-related symptoms afte merger announcement: a longitudinal study in a merg planning company in Japan. Ind Health 46(2):183–187

Haunschild PR, Moreland RL, Murrell AJ (1994) Sources of sistance to Mergers Between Groups1. Journal of Appl Social Psychology 24(13):1150–1178

Hofstede G (2001) Culture's consequences: Comparing valu behaviors, institutions, and organizations across natio Vol. 41. Sage Publications, Thousand Oaks, California

Isaksson K, Hellgren J, Pettersson P (1998) Structural transf mation in Swedish retail trade: Follow-up of a reorgani tion an layoff in KF/KDAB. Vol. 97. Stockholm Universi Reports from the Department of Psychology, Stockholr

Joslin F, Waters L, Dudgeon P (2010) Perceived acceptance a work standards as predictors of work attitudes and I havior and employee psychological distress following internal business merger. Journal of Managerial Psyc logy 25(1):22–43

Kädtler J (2013) Restrukturierung, Innovation und fai Tausch? In: Richter R, Köper B, Dorschu J (Hrsg) Arbeitne mer in Restrukturierungen – Gesundheit und Kompete erhalten. Bertelsmann, Bielefeld, S 13–26

Kädtler J (2014) Finanzmarktöffentlichkeit und Finanzmar rationalität. Zu den Bestandsbedingungen einer Fo bedingter Rationalität in der Krise. In: Langenohl A, Wet DJ (Hrsg) Finanzmarktpublika. Moralität, Krisen und T habe in der ökonomischen Moderne. Springer, Wiesl den, S 173–195

Kalimo R, Taris TW, Schaufeli WB (2003) The effects of past a anticipated future downsizing on survivor well-bei An equity perspective. Journal of Occupational Hea Psychology 8:91–109

Kieselbach T, Armgarth E, Bagnara S, De Greef M, Elo AL et (2009) Health in Restructuring – Innovative Approacl and Policy Recommendations. European Commision, I Employment, Brussels

Kivimäki M, Vahtera J, Ferrie JE, Hemingway H, Pentti J (20 Organisational downsizing and musculoskeletal pro lems in employees: a prospective study. Occup Envir Med 58(12):811–817

Kivimäki M, Elovainio M, Vahtera J, Ferrie JE (2003) Organisational justice and health of employees: prospective cohort study. Occup Environ Med 60(1):27–34

Kivimäki M, Honkonen T, Wahlbeck K, Elovainio M, Pentti J, Klaukka T, Vahtera J (2007) Organisational downsizing and increased use of psychotropic drugs among employees who remain in employment. Journal of Epidemiology and Community Health 61(2):154–158

Köper B, Gerstenberg S (2016) Psychische Gesundheit in der Arbeitswelt, Themenfeld Führung und Organisation – Arbeitsplatzunsicherheit/JI. BAuA, Dortmund/Berlin, S 419–525

Köper B, Richter G (2012) Restrukturierung in Organisationen und möglichen Auswirkungen auf die Mitarbeiter. Dortmund: BAuA, S 1–12

Köper B, Schauerte B (2011) The Health Impact of Restructuring on Public sector employees and the role of social dialogue (HIRES.public): Case study in the German »health sector« with the focus on hospitals, www.healthyrestructuring.eu. European Commission DG Employment Social Affairs and Inclusion, Brussels

Kreienbroch L, Piegeot I, Ahrens W (2012) Epidemiologische Methoden. Springer, Heidelberg

Lazarus RS, Folkman S (1984) Stress, Appraisal, and Coping. Vol 1. Springer, New York

Mael FA, Ashforth BE (1995) Loyal from day one: Biodata, organizational identification, and turnover among newcomers. Personnel Psychology 48(2):309–333

Marks ML (1997) Consulting in mergers and acquisitions: Interventions spawned by recent trends. Journal of Organizational Change Management,10(3):267–279

Michel A, Gonzalez-Morales MG (2013) 4 Reactions to organizational change: an integrated model of health predictors, intervening variables, and outcomes. The Psychology of Organizational Change: Viewing Change from the Employee's Perspective 65

Mirvis PH, Marks ML (1986) The merger syndrome: Managing organizational crises. Mergers & Acquisitions 20(3):71–77

Mohr G (2000) The changing significance of different stressors after the announcement of bankruptcy: A longitudinal investigation with special emphasis on job insecurity. Journal of Organizational Behavior 21(3): 337–359

Nerdinger FW (2011) Organisationsentwicklung Arbeits- und Organisationspsychologie. Springer, Heidelberg, S 149–158

Oreg S, Bayazit M, Vakola M, Archiniega L, Barcauskiene R et al (2008) Dispositional Resistance to Change Measurement. Equivalence and link to personal valued across 17 nations. Journal of Applied Psychology 93(4):935–944

Otto K, Isaksson K, Loeb C, Kinnunen U, Perko K, Rigotti T (2015) Which culture suffers more from job insecurity? Different impact on job attitudes and health caused by masculinity vs. femininity. Paper presented at the 17th European Congress of Work and Organizational Psychology

Quinlan M, Bohle P, Mayhew C (2001) The Health and Safety Effects of Job Insecurity: An Evaluation of the Evidence. Economic and Labour Relations Review: 12(1):32–60. doi: http://search.informit.com.au/browseJournalTitle;res=IELBUS;issn=1035-3046

Rentsch JR, Schneider B (1991) Expectations for postcombination organizational life: A study of responses to merger and acquisition scenarios. Journal of Applied Social Psychology 21(3):233–252

Richter P, Nebel C, Wolf S (2010) Ja, mach nur einen Plan! Gesundheitsinterventionen in turbulenten Zeiten. In: Rigotti T, Korek S, Otto K (Hrsg) Gesund mit und ohne Arbeit. Papst, Lengerich, S 73–90

Richter G, Köper B, Dorschu J, Thomson G (2013) Gestaltungsanregungen für Restrukturierungen. In: Richter R, Köper B, Dorschu J (Hrsg) Arbeitnehmer in Restrukturierungen – Gesundheit und Kompetenz erhalten. Bertelsmann, Bielefeld, S 183–195

Rigotti T, Otto K (2012) Organisationaler Wandel und die Gesundheit der Beschäftigten. Zeitschrift für Arbeitswissenschaft 66(4):253–267

Rigotti T, Korek S, Otto K (2014) Gains and losses related to career transitions within organisations. Journal of Vocational Behavior 84(2):177–187

Rigotti T, Otto K, Köper B (2014) Herausforderung Restrukturierung – Bedeutung, Auswirkungen, Gestaltungsoptionen. BAuA, Dortmund

Schwarzkopf H von (2013) Krankenhäuser in permanenter Restrukturierung, Beschäftigte unter Dauerdruck – ein Fallstudie aus betriebsärztlicher Perspektive. In: Richter R, Köper B, Dorschu J (Hrsg) Arbeitnehmer in Restrukturierungen – Gesundheit und Kompetenz erhalten. Bertelsmann, Bielefeld, S 183–195

Selenko E (2015) Does job insecurity threaten your status as a member of the working population? A longitutinal investigation of job insecurity, social identity, and mental health. Paper presented at the EAWOP – 17th Conference of the European Association of Work and Organizational Psychology, May 20th–23rd, Norway, Oslo

Sinkovics RR, Zagelmeyer S, Kusstatscher V (2011) Between merger and syndrome: The intermediary role of emotions in four cross-border M&As. International Business Review 20(1):27–47

Storrie DW, Ward T (2007) ERM Report 2007: Restructuring and Employment in the EU: the Impact of Globalisation: European Foundation for the Improvement of Living and Working Conditions

Sverke M, Hellgren J, Näswall K (2002) No security: A meta-analysis and review of job insecurity and its consequences. Journal of Occupational Health Psychology 7(3):242–264

Udris I, Weiss V (2010) Downsizing: Was danach? Zur Situation bei Verbleibenden nach Personalabbau. In: Rigotti T, Korek S, Otto K (Hrsg) Gesund mit und ohne Arbeit. Pabst, Lengerich, S 353–367

Vahtera J, Kivimäki M, Pentti J, Linna A, Virtanen M, Virtanen P, Ferrie JE (2004) Organisational downsizing, sickness absence, and mortality: 10-town prospective cohort study. Bmj 328(7439):555

Walumbwa FO, Mayer DM, Wang P, Wang H, Workman K, Christensen AL (2011) Linking ethical leadership to employee performance: The roles of leader-member exchange, self-efficacy, and organizational identification.

Organizational Behavior and Human Decision Processes 115(2):204–213

Wanberg CR, Banas JT (2000) Predictors and outcomes of openness to changes in a reorganizing workplace. Journal of Applied Psychology 85(1):132

Weber A, Hörmann G, Heipertz W (2007) Arbeitslosigkeit und Gesundheit aus sozialmedizinischer Sicht. Deutsches Ärzteblatt 104(43):2957–2962

Wiezer N, de Jong T, Hökberg A, Roozeboom MB, Kraan K, Joling C (2011) Exploring the link between restructuring and employee wellbeing. [Onlinedokument] www.tno.nl/downloads/PSYRES_book.pdf. Gesehen 19 Okt 2012

14

New Ways of Working – Vertrauen und Selbstmanagement in einer digitalisierten Arbeitswelt

T. Afflerbach, K. M. Gläsener

B. Badura et al. (Hrsg.) *Fehlzeiten-Report 2016*,
DOI 10.1007/978-3-662-49413-4_15, © Springer-Verlag Berlin Heidelberg 2016

Zusammenfassung *Mit dem zunehmenden Fortschritt der Informations- und Kommunikationstechnologie schreitet die Digitalisierung und damit auch die Flexibilisierung der Arbeitswelt voran. Die Wissensarbeiter können heutzutage vermehrt selbstständig entscheiden, wann, wo und wie sie ihre Arbeitsaufgaben erledigen. Deshalb stellen wir in diesem Beitrag diesen Trend exemplarisch am Beispiel der Schweiz dar und zeigen, wie sich diese Flexibilisierung der Arbeitswelt – New Ways of Working – in den Unternehmen manifestiert. Wir betrachten sowohl den Nutzen als auch die Herausforderungen für die Mitarbeiter, Führungskräfte und Organisationen. Daraus leiten wir Schlüsse für die Unternehmenskultur ab. Konkret schlagen wir die Verankerung einer Vertrauenskultur und die Ertüchtigung der Mitarbeiter im Selbstmanagement vor. Und obwohl damit nicht alle Risiken von New Ways of Working abgemildert werden, zeigt dieser Beitrag anhand von Szenarien auf, wie Unternehmen durch Vertrauen und Selbstmanagement häufige Probleme von New Ways of Working – wie die Isolation und die Vermischung von Arbeits- und Privatleben – erfolgreich adressieren können.*

15.1 Einleitung

Durch die zunehmende Digitalisierung am Arbeitsplatz (Johns u. Gratton 2013) und das Bestreben der Unternehmen, inspirierende Arbeitsumfelder zu schaffen (Bakker u. Derks 2010), verändern sowohl Unternehmen als Arbeitgeber als auch deren Mitarbeiter als Arbeitnehmer ihre Einstellung zur Arbeit. Ein zentraler Bestandteil ist die Flexibilisierung der Arbeitsprozesse – ein Trend, der allgemein unter dem Begriff *New Ways of Working* zusammenfasst wird (Ten Brummelhuis et al. 2012). Es wird prognostiziert, dass im Jahr 2020 etwa 89 Prozent der Unternehmen weltweit ihren Mitarbeitern flexible Arbeitsplätze anbieten werden (Citrix 2012)[1]. Viele Unternehmen haben bereits in den letzten Jahren ein oder mehrere Aspekte von *New Ways of Working* implementiert. Dabei subsumiert man unter diesem Konzept eine Vielzahl von verschiedenen Methoden der Arbeitsgestaltung, um sowohl eine zeitliche und örtliche Flexibilität der Mitarbeiter als auch die Flexibilität bei der Wahl der Kommunikationsmedien zu ermöglichen

(Ten Brummelhuis et al. 2012). Im Fokus stehen dabei vor allem die Beschäftigten in dienstleistungsbezogenen und wissensbasierten Berufen, in denen das Arbeiten im Home Office oder im Co-Working Space zur Norm wird (z. B. Deloitte 2016). Der Nutzen für die Unternehmen ist bereits in verschiedenen Studien hervorgehoben worden (Sánchez et al. 2007): *New Ways of Working* soll zur Reduktion von operativen Kosten, gleichzeitig produktiveren Mitarbeitern und effizienteren Arbeitsprozessen führen (Rennecker u. Godwin 2005). Demnach soll das Arbeitsengagement und die Zufriedenheit der Mitarbeiter steigen, da die Mitarbeiter mehr Kontrolle über ihre Arbeitsprozesse bekommen (u. a. Gajendran u. Harrison 2007).

Auch wenn *New Ways of Working* eine Vielzahl an Vorteilen versprechen, sollten die Herausforderungen für die Unternehmen und die Auswirkungen auf die Gesundheit und das Wohlergehen der Mitarbeiter differenziert betrachtet werden. Deshalb hinterfragen Blok und ihre Kollegen (2011) in ihrem Literaturreview berechtigterweise, ob es einen nachweislichen Zusammenhang zwischen *New Ways of Working* und den angestrebten Unternehmenszielen gibt. Interessanterweise finden sie für eine Vielzahl dieser hypothetischen Beziehungen nur wenige oder keine wissenschaftlichen Belege. Auch Demerouti und ihre

---

1 Basierend auf einer repräsentativen Stichprobe von 1.900 Entscheidungsträgern aus dem Bereich IT aus 19 verschiedenen Ländern weltweit im August 2012.

Kollegen (2014) nehmen eine kritische Position zu dieser flexibilisierten Arbeitsgestaltung ein, indem sie anmerken, dass häufig lediglich die vermeintlichen Effizienz- und Kosteneffektivitätsgewinne auf der organisationalen Ebene betrachtet werden, nicht aber, welchen Einfluss New Ways of Working auf die Mitarbeiter, deren Privatleben und deren Familien haben können. Denn die Flexibilität von New Ways of Working bedeutet gleichzeitig die Auflösung von zeitlichen und örtlichen Grenzen und die Möglichkeit, überall und jederzeit zu arbeiten und für die Kollegen und Führungskräfte quasi permanent erreichbar zu werden. Damit steigt das Risiko eines Erschöpfungsgefühls bei den Mitarbeitern (Derks u. Bakker 2010), weil der Arbeitstag bei einer Erreichbarkeit von »24 Stunden am Tag, an sieben Tagen in der Woche« niemals endet. Folglich führen New Ways of Working auf der einen Seite zu mehr Autonomie, auf der anderen Seite steigt mit dem Wandel hin zu einer indirekten, beziehungsweise ergebnisorientierten Steuerung im Unternehmen das Risiko einer interessierten Selbstgefährdung der Mitarbeiter, die für den beruflichen Erfolg ohne Rücksicht auf die eigene Gesundheit beispielsweise mehr als zwölf Stunden oder trotz Krankheit arbeiten (Krause et al. 2012). Realistisch betrachtet hat die Flexibilisierung bei der Wissensarbeit sowohl Vorteile (z. B. bessere Vereinbarkeit von Beruf und Familie, Zeitersparnis durch Wegfall des Arbeitsweges, Gewinn an zeitlicher Flexibilität, Kosteneinsparungen durch die Reduktion von Arbeitsfläche, Reduktion der Verkehrsbelastung) als auch Nachteile (z. B. Gefühl der Überlastung, ständige Erreichbarkeit, Herausforderungen für die Arbeit-Familien-Balance, Gefühl der Isolation, Gefahr der interessierten Selbstgefährdung).

Für die Zusammenarbeit mit Kollegen und Führungskräften ist im Kontext von New Ways of Working wichtig zu berücksichtigen, dass traditionelle Formen von (Führungs-)Verhalten schwierig und nicht zielführend sind (Scherm u. Süß 2000; Offelmann u. Zülch 2006). Deshalb müssen dezentralisierte Ansätze zur Sicherstellung der Zusammenarbeit gewählt werden. Ein Ansatz ist Vertrauen, das laut einer aktuellen Studie von De Leede und Kraijenbrink (2014) essenziell für den Erfolg von New Ways of Working ist. Vertrauen ist wichtig für die Menschen, um zusammenzuleben, miteinander zu kooperieren und ihr Verhalten und ihre Bemühungen zu koordinieren. Täglich erleben die Menschen eine Vielzahl von sozialen Situationen, in denen sie abhängig von dem teilweise unvorhersehbaren Verhalten anderer Menschen sind (z. B. Righetti u. Finkenauer 2011). Bei solch einer Ungewissheit kann Vertrauen eine Kooperation ermöglichen (De Cremer et al. 2001; Mulder et al. 2006), auch in Situa-

tionen wie New Ways of Working, wo eine Sich[e] stellung der Arbeitsleistung durch Überprüfung s[o] wohl durch die Führungskräfte als auch durch [die] Kollegen nicht – oder nur bedingt – möglich ist. Da[mit] erzeugt ein Vertrauenssprung (Möllering 2001), ind[em] eine Person sich entscheidet, der anderen Person [zu] vertrauen, ein Gefühl der Verpflichtung zum zielfü[h]renden, konformen Verhalten (Skinner et al. 201[...]. Dieses Gefühl entsteht auch aufgrund der Norm z[ur] Reziprozität, die durch Vertrauen bedingt wird (C[...] 2004). Mayer und seine Kollegen (1995) schlagen v[or,] dass drei Aspekte für die Entscheidung, ob m[an] Gegenüber vertrauenswürdig ist oder nicht, wich[tig] sind: Fähigkeit, Wohlwollen und Integrität (Mayer [et] al. 1995). Dabei konnten Righetti und ihre Kolleg[en,] Finkenauer (2011) in Experimenten nachweisen, da[ss] es einen Einfluss auf die Bewertung der Vertrauenswü[r]digkeit einer Person hat, wenn man bei ihr die Fähi[g]keit zum Selbstmanagement wahrnimmt (Righetti [u.] Finkenauer 2011). Gerade im Kontext von New Wa[ys] of Working ist Selbstmanagement, also die eigenstä[n]dige Sicherstellung des Arbeitsengagements durch d[en] einzelnen Mitarbeiter (Breevaart et al. 2014) nicht n[ur] ein Substitut für ein traditionelles Führungsverhalt[en] (Manz u. Sims 1980), sondern eine wichtige Fähigke[it,] um die gewonnene Flexibilität zielführend zu nutz[en] und auf der Basis von Vertrauen zusammenzuarbeit[en.]

Aus der Perspektive einer positiven Arbeits- u[nd] Gesundheitspsychologie (Bakker u. Derks 2010) u[nd] dem zugrunde liegenden Konzept der Salutogene[se] von Aaron Antonovsky widmen wir uns in diesem B[ei]trag der Fragestellung, welchen Nutzen und welc[he] Herausforderungen New Ways of Working für Wisse[ns]arbeiter bieten und wie Vertrauen und Selbstmanag[e]ment deren zielführende Zusammenarbeit im Rahm[en] von New Ways of Working sicherstellen können.

15.2 Die Arbeitswelt im Jahr 2016: Digital, virtuell und flexibel

Der Begriff »Digitalisierung« umfasste ursprüngli[ch] lediglich den Wandel von analogen zu digitalen I[n]formationen und Prozessen im technischen Sin[ne] (Negroponte 1995). Im Zuge dieses Beitrags interessi[e]ren wir uns auch für die veränderten Verhaltensweis[en] und die neuen Anforderungen an die Unternehme[n,] Führungskräfte und Mitarbeiter aufgrund der Dig[i]talisierung und die damit einhergehenden Möglic[h]keiten. Denn nicht nur der vermehrte Einsatz neu[er] Informations- und Kommunikationstechnologi[en] ermöglicht und erfordert neue Formen der Strukturi[e]rung und Organisation von Arbeit, Technologien u[nd]

Menschen (De Leede u. Kraijenbrink 2014), sondern auch die Zunahme der Beschäftigen im Dienstleistungssektor, die vornehmlich Wissensarbeit erbringen, eröffnet die Chance zu mehr Flexibilität in der Arbeitswelt im Jahr 2016.

■ **Definition von New Ways of Working**

Neben der Digitalisierung stellt das Konzept von *New Ways of Working* gemäß der Definition von Blok und ihren Kollegen (2011) vor allem den Aspekt der Flexibilität in den Mittelpunkt (vgl. auch Ten Brummelhuis et al. 2012; De Leede u. Kraijenbrink 2014). Demnach wird in einem flexibilisierten Arbeitsumfeld von Wissensarbeitern erwartet, selbstständig zu entscheiden, *wann* sie arbeiten, *wo* sie arbeiten und *wie* sie arbeiten. Das *wann* impliziert dabei, dass die Mitarbeiter eine größere Autonomie haben, gemäß ihrer eigenen Präferenzen zu entscheiden, zu welcher Zeit sie arbeiten möchten. Diese *schedule flexibility* löst die fixen Arbeitszeiten wie das früher übliche »nine to five« ab. Das *wo* bezieht sich auf den Ort der Tätigkeit. Die Mitarbeiter können frei wählen, ob sie lieber im Büro, zu Hause, im Café, im Co-Working-Space oder auch während des Pendelns im Bus oder im Flugzeug arbeiten möchten. Im Unternehmen gibt es keine fest zugewiesenen, personalisierten Büroarbeitsplätze mehr (Kelliher u. Anderson 2008), sondern es werden neutrale Arbeitsplätze zur Verfügung gestellt, die für alle Mitarbeiter, die an diesem Tag in das Büro kommen, angemessen und zugänglich sind (sogenannte »Hot Desks«). Das *wie* beziehungsweise *mit welchen Kommunikationsmitteln* bezieht sich in dieser flexibilisierten Arbeitswelt auf die verschiedenen Kommunikationskanäle, die den Mitarbeitern bei der Interaktion mit Kollegen, Führungskräften und Kunden zur Verfügung stehen. Dies kann Telefongespräche, E-Mail, Online Messaging oder (online) virtuelle Meetings (Ten Brummelhuis et al. 2012; De Leede u. Kraijenbrink 2014; Demerouti et al. 2014), aber auch das persönliche Face-to-Face-Treffen umfassen.

■ **Nutzen von *New Ways of Working* für die Mitarbeiter und Unternehmen**

Die Möglichkeiten der flexiblen Arbeitsgestaltung von *New Ways of Working* ergeben sich vor allem aus der in den letzten Jahren signifikant weiterentwickelten Informations- und Kommunikationstechnologie. Heutzutage ist die E-Mail die am weitesten verbreitete Form der computergestützten Kommunikation in Unternehmen. Dabei können die Menschen auch über geografische Distanz hinweg in Kontakt miteinander treten (Renaud et al. 2006). Die Kommunikation via E-Mail ermöglicht es, Informationen aus vielen verschiedenen Quellen zu erhalten (Demerouti et al. 2014). Mit der zunehmenden Verbreitung von mobilen Endgeräten wie Smartphones erreicht die E-Mail-Kommunikation eine neue Dimension: Die Mitarbeiter sind heutzutage mit ihren mobilen Endgeräten zu jeder Zeit und an (fast) jedem Ort erreichbar (Derks u. Bakker 2010; Demerouti et al. 2014). Dabei können sie mit ihrem Smartphone nicht nur telefonieren und berufliche E-Mails schreiben und empfangen, sondern auch auf den Kalender (Middleton 2008), das Firmennetzwerk und die entsprechenden Softwareanwendungen sowie unternehmensinternen Informationen zugreifen. Wie Demerouti und ihre Ko-Autoren (2014) weiter ausführen, hat das Smartphone das Potenzial, die Ansprechbarkeit und die Verfügbarkeit von Informationen in Echtzeit zu erhöhen, die Entscheidungsfindung zu beschleunigen und die Flexibilität bei der Arbeitszeiteinteilung zu vergrößern. Neben dem Nutzen, der sich aus der intensiven Verwendung von Informations- und Kommunikationstechnologie ergibt, zeichnen sich *New Ways of Working* vor allem auch durch ihre Flexibilität aus. *New Ways of Working* eröffnen den einzelnen Mitarbeitern die Chance, eine bessere Balance zwischen den Domänen Arbeit, Freizeit und Familie zu finden (»Work-Life- und Work-Family-Balance«), indem sie sich die Zeit für ihre Arbeits- und Privataktivitäten so einteilen, wie es am besten zu ihrer aktuellen Situation passt (vgl. z. B. Collins et al. 2013; Dahm 2011; Park et al. 2011). Dies geht einher mit einem gestiegenen Gefühl der Autonomie (Gajendran u. Harrison 2007). Zusammenfassend, auch basierend auf den aktuellen Studien von Citrix (2012), Bitkom (2013), dem Bundesministerium für Arbeit und Soziales (2015) und Deloitte (2016), können folgende Vorteile von *New Ways of Working* aus Sicht der Arbeitnehmer und Arbeitgeber festgehalten werden:

- Bessere Vereinbarkeit von Arbeit, Freizeit und Familie für die Arbeitnehmer (»Work-Life- und Work-Family-Balance«)
- Zeit- und Kostenersparnis durch den Wegfall des Arbeitsweges
- Gewinn an zeitlicher und örtlicher Flexibilität
- Gefühl der Autonomie durch mehr Kontrolle über den eigenen Arbeitstag und den Prozess der Leistungserbringung
- Generelle Kosteneinsparungen für die Arbeitgeber (weniger Arbeits- und Büroflächen, Büroausstattung, Büromaterial usw.)
- Reduktion der Verkehrsbelastung für die Gesellschaft als Ganzes aufgrund von weniger Fahrten der Arbeitnehmer zum Arbeitsplatz im Büro

■ **Herausforderungen für die Mitarbeiter und Führungskräfte durch *New Ways of Working***

Auch wenn in zahlreichen Studien die Vorteilhaftigkeit von *New Ways of Working* hervorgehoben wird, entstehen dadurch auch diverse Herausforderungen. Bereits im Jahr 1985 haben Hiltz und Turoff vorausgesehen, dass mit der Verbreitung von E-Mails die Mitarbeiter sich mit Schwierigkeiten beim Management von eingehenden Nachrichten konfrontiert sehen werden (Hiltz u. Turoff 1985). Es kann ein Gefühl der Überlastung nicht nur durch die Anzahl und Länge der E-Mail-Nachrichten (Rennecker u. Derks 2012), sondern auch durch den Druck, schnell zu antworten entstehen (Derks u. Bakker 2010; Thomas et al. 2006). Darüber hinaus kann die Flexibilität von *New Ways of Working* und insbesondere auch die Nutzung von elektronischen Kommunikationsmitteln den Arbeitstag in den Abend, das Wochenende und den Urlaub verlängern und sich damit negativ auf das Privat- und Familienleben auswirken (Bundesministerium für Arbeit und Soziales 2015). Durch die intensive Nutzung von mobilen Endgeräten kann eine Norm im Unternehmen entstehen, die sich durch nomadisches Arbeiten und kontinuierliche Kommunikation auszeichnet (Hassan 2003). Die Möglichkeit zur permanenten Verbundenheit breitet sich in neue Umgebungen aus und resultiert in einem neuen Grad an ständiger Verfügbarkeit und Ansprechbarkeit allerorts (Pangert u. Schüpbach 2013). Es gibt Indikatoren dafür, dass das Verschwimmen dieser Grenzen die Ausgewogenheit von Arbeits- und Privatleben verschlechtert (Jarvenpaa u. Lang 2005). Des Weiteren haben Studien gezeigt, dass die Mitarbeiter von einem Gefühl der Isolation berichten, Schwierigkeiten haben, ohne Struktur zu arbeiten und der Wissens- und Informationsaustausch mit den Kollegen und Führungskräften erschwert ist (z. B. Cascio 2000). Folglich ergeben sich, auch basierend auf den Studien von Citrix (2012), Bitkom (2013), des Bundesministeriums für Arbeit und Soziales (2015) und von Deloitte (2016), folgende Herausforderungen für die Arbeitnehmer und Arbeitgeber in einem Umfeld der *New Ways of Working*:

— Gefühl der Überlastung durch Anzahl und Länge der E-Mails sowie Gefühl von Druck, schnell zu antworten

— Ständige Erreichbarkeit: Der Arbeitstag wird teilweise in den Abend, das Wochenende oder den Urlaub verlängert

— Herausforderungen für die Work-Life- und Work-Family-Balance durch fließende Grenzen zwischen Berufs- und Privatleben

— Die Arbeit von zu Hause führt zu einem Gefühl der Isolation von den Kollegen

— Die Virtualität erschwert den Wissens- und Informationsaustausch zwischen Kollegen

New Ways of Working haben damit Auswirkung sowohl auf das Arbeits- als auch auf das Privatleb mit weitreichenden Folgen für die Gesundheit d Mitarbeiter. Mit dem Wandel hin zu einer indirekt beziehungsweise ergebnisorientierten Steuerung i Unternehmen steigt auch das Risiko einer interessie ten Selbstgefährdung der Mitarbeiter. Das Konzept d interessierten Selbstgefährdung umfasst die persön chen Arbeitshandlungen im Interesse des beruflich Erfolgs ohne Rücksicht auf die eigene Gesundheit, w beispielsweise »krank zur Arbeit kommen, auf Erh lungspausen oder Urlaub verzichten, am Wochenen oder nachts arbeiten« (Krause et al. 2012, S. 192). der bisherigen Forschung wird deutlich, dass vor alle für die folgenden Aspekte von Gesundheitsmanag ment im Unternehmen eine Herausforderung dur *New Ways of Working* besteht:

— Work-Life- und Work-Family-Balance: Fehlend Trennung von Arbeit und Privatleben kann den Erholungsprozess stören (u. a. Geurts u. Sonner tag 2006; Ten Brummelhuis et al. 2010) und Str verursachen (Mann u. Holdsworth 2003), auch mit der Familie (Middleton 2008)

— Gefahr der fehlenden Erholung, da durch die pe manente Erreichbarkeit nicht mehr »abgeschal tet« werden kann (u. a. Demerouti et al. 2014; Meijman u. Mulder 1998; Rook u. Zijlstra 2006)

— Damit einhergehendes mangelndes Wohlbe finden (z. B. Schlafstörungen, Müdigkeit, u. a. Grebner et al. 2005; Van Hooff et al. 2006)

— Risiko von Erschöpfung, da die flexibilisierte Arbeit anstrengender sein kann und Extraaufgaben erforderlich sind (u. a. Ten Brummelhuis et al. 2012; Kattenbach et al. 2010)

— Risiko von interessierter Selbstgefährdung der Mitarbeiter (u. a. Krause et al. 2012)

15.3 New Ways of Working am Beispiel der Schweiz

New Ways of Working ist ein weltweiter Trend, d durch den Wandel hin zur Dienstleistungs- und W sensarbeit ermöglicht wird. Diese Entwicklung wi hier exemplarisch am Beispiel der Schweiz dargeste weil die Schweiz im internationalen Vergleich ein der höchsten Werte für wissensbasierte Berufe au weist. Die aktuelle Schweiz-Studie »Der Arbeitspl der Zukunft« der Beratungsfirma Deloitte (2016) nu die Ergebnisse einer Befragung, die 2015 vom Bunde

15

amt für Statistik (BFS), der Forschungsstelle für Sozial- und Wirtschaftsgeschichte der Universität Zürich und dem Befragungsinstitut Research Now durchgeführt wurde. Insgesamt 1.000 in der Schweiz wohnhafte Personen im erwerbsfähigen Alter nahmen an der repräsentativen Umfrage teil. Zusätzlich wurden persönliche Interviews mit Experten unter anderem der AXA Winterthur, Microsoft Schweiz, SBB, Swisscom und der Schweizerischen Post durchgeführt. Aktuell arbeiten 75 Prozent der Schweizer Beschäftigten im Dienstleistungssektor. Durch den Übergang von der Agrar- und Industriegesellschaft zur Dienstleistungsgesellschaft kommt den wissensbasierten Berufen somit eine immer größere Bedeutung zu. Die Wissensarbeit umfasst all jene Tätigkeiten, die vorwiegend aus wissens- und logikbasierter Kopfarbeit bestehen und nicht-routinemäßige Probleme durch nichtlineares und kreatives Denken lösen (Reinhardt et al. 2011). In der Schweiz ist die Anzahl der Beschäftigten in wissensintensiven Tätigkeiten seit 2008 von rund 1,7 Mio. auf 1,9 Mio. Beschäftigte gestiegen. Dieses entspricht einer Zunahme von 14 Prozent. Gemessen an der Zahl der Gesamtbeschäftigung hat der Anteil wissensintensiver Tätigkeiten im selben Zeitraum von 40 Prozent auf 43 Prozent zugenommen; die Schweiz ist damit ein internationaler Spitzenreiter. Im Vergleich dazu beträgt der Durchschnitt für die EU 36 Prozent und in den USA hat die Wissensarbeit einen Anteil von 38 Prozent (Deloitte 2016).

Dabei eröffnet die Zunahme von dienstleistungsbezogenen und wissensbasierten Berufen auf der einen Seite und die fortschreitende Digitalisierung auf der anderen Seite für die Menschen die Chance, orts- und zeitunabhängig arbeiten zu können. Schweizer Unternehmen setzen auf flexible Arbeitsplatzmodelle und ermöglichen es ihren Mitarbeitern, von zu Hause aus oder in Co-Working-Spaces zu arbeiten. Die Deloitte-Studie zeigt, dass 28 Prozent der Schweizer Beschäftigten zumindest teilweise im Home Office arbeiten (Deloitte 2016). Der Anteil an Home-Office-Arbeit in der Schweiz dürfte in den nächsten Jahren weiter zunehmen – insgesamt könnte etwa die Hälfte aller Beschäftigten in der Schweiz mobil oder von zu Hause aus arbeiten (Weichbrodt 2014). Hinzu kommt, dass dies von den Arbeitnehmern selbst gewünscht wird: Von den 72 Prozent der Schweizer Befragten, die noch kein Home Office machen, möchten 29 Prozent dies gerne tun (Deloitte 2016). Mit dieser Entwicklung hin zu flexibleren Arbeitsplatzmodellen liegt die Schweiz im weltweiten Trend. Gemäß einer globalen Umfrage von Citrix hatte 2012 jedes vierte der 1.900 befragten Unternehmen breitflächig mobile Arbeitsformen eingeführt. 2020 dürfte dieser Anteil auf 89 Prozent stei-

gen. Dazu schaffen die meisten Unternehmen fixe Arbeitsplätze ab und setzen auf Hot-Desking, also neutrale, für alle nutzbare Arbeitsplätze, mit Folgen für die Anzahl der Arbeitsplätze. Laut der Citrix-Studie dürfte die Anzahl physischer Arbeitsplätze pro zehn wissensbasierte Mitarbeiter auf sieben physische Arbeitsplätze bis zum Jahr 2020 abnehmen (Citrix 2012). Hier zeigt sich erneut, wie weit fortgeschritten die Schweizer Betriebe zum Teil sind. Bereits jetzt existieren bei den Firmen SBB, Swisscom und der Schweizerischen Post pro zehn Mitarbeiter nur acht physische Arbeitsplätze. Bei Microsoft Schweiz kommen auf zehn Mitarbeiter sogar nur sechs physische Arbeitsplätze (Deloitte 2016).

Doch was sollten Unternehmen bei der Implementierung von *New Ways of Working* beachten? Die Schweizer Experten geben dafür in der Studie von Deloitte (2016) einige Handlungsempfehlungen:

- Mitarbeiter sollten nicht nur von zu Hause arbeiten, sondern es sollte Tage mit Anwesenheitspflicht geben
- Klare Abstimmung im Team, wer wann wo ist und wann alle verfügbar sind
- Geeignete Balance im Team zwischen Anwesenheit und Abwesenheit schaffen
- Clean-Desk-Policy einführen, sodass am nächsten Tag ein neuer Mitarbeiter denselben Arbeitsplatz nutzen kann (»Hot Desks«)
- Gemeinschaftsgefühl im Team durch Zuordnung von bestimmten flexiblen Arbeitsplätzen an ein bestimmtes Team stärken, flankiert mit Teamevents
- Begegnungszonen im Unternehmen aktiv gestalten, damit sich die Mitarbeiter bei Anwesenheit im Büro in entspannter Atmosphäre austauschen können
- Das Unternehmen als einen Ort kreieren, an dem sich die Mitarbeiter wohlfühlen, z. B. durch eine Aufwertung der Einrichtung und die Einführung von Ruhezonen, Lounge-Bereichen und großen Cafeterien

Entscheidend für die erfolgreiche Umsetzung dieser praktischen Handlungsempfehlungen ist die entsprechende Unternehmens- und Führungskultur. Denn das Verhalten und die Führung sind kritische Erfolgsfaktoren für die zielführende Implementierung von *New Ways of Working* in Unternehmen (De Leede u. Kraijenbrink 2014). Damit die oben genannten Aspekte von den Mitarbeitern erfolgreich angenommen, berücksichtigt und umgesetzt werden, muss eine Kultur vorhanden sein, die von Vertrauen und Selbstmanagement gekennzeichnet ist, wie im Folgenden dargelegt wird.

15.4 Vertrauen, Selbstmanagement und Unternehmenskultur in New Ways of Working

Im Kontext von *New Ways of Working* ist es wichtig zu berücksichtigen, dass traditionelle Formen von (Führungs-)Verhalten durch die physische Verteilung der Mitarbeiter über verschiedene Arbeitsorte schwierig sind. In der heutigen digitalisierten Arbeitswelt ist Vertrauen deshalb essenziell (Bijlsma-Frankema u. Koopman 2004; Offelmann u. Zülch 2006). Auch die Fähigkeit zum Selbstmanagement, also die eigenständige Sicherstellung des Arbeitsengagements durch den einzelnen Mitarbeiter, ist im *New-Ways-of-Working*-Arbeitsumfeld ein Substitut für traditionelles Führungsverhalten. »Unter den Bedingungen zunehmender Virtualität und Flexibilität muss Führung noch stärker als bisher befähigen: Rahmenbedingungen müssen so gestaltet werden, dass eine selbstgesteuerte, eigenverantwortliche Aufgabenerledigung der Mitarbeiter möglich wird (Felfe et al. 2014, S. 146). Im Sinne einer Salutogenese, also einer auf positive Veränderungen ausgerichteten Gesundheitsförderung, kann durch eine Vertrauens- und Selbstmanagementkultur die arbeitsbezogene Gesundheit unterstützt und ein Aufblühen (»flourishing«) und die Entfaltung der Mitarbeiter ermöglicht werden (Fredrickson u. Dutton 2008). Dabei sehen sich die Mitarbeiter und Führungskräfte mit verschiedenen Chancen und gleichzeitig mit einigen Herausforderungen konfrontiert.

15.4.1 Vertrauen als Bestandteil der Unternehmenskultur

Je flexibler Unternehmen sind, desto größer ist der Bedarf an Vertrauen (Ducki 2012). Hierbei heben De Leede und Kraijenbrink (2014) hervor, dass die Einführung von *New Ways of Working* kein Allheilmittel an sich ist, sondern lediglich als Möglichkeit angesehen werden kann, die Mitarbeiter auf Basis von Vertrauen zu organisieren (De Leede u. Kraijenbrink 2014). Gemäß der häufig zitierten Vertrauensdefinition von Mayer und seinen Kollegen (1995) bezeichnet Vertrauen die »willingness of a party to be vulnerable to the actions of another party based on the expectation that the other will perform a particular action important to the trustor, irrespective of the ability to monitor or control that other party« (Mayer et al. 1995, S. 712). Demzufolge ermöglicht Vertrauen eine Zusammenarbeit auch in Situationen, in denen eine Überprüfung nicht oder nur bedingt möglich ist. Mit dem gewährten Vertrauensvorschuss verhalten sich

die Individuen aufgrund positiver Erwartungen so, wenn kein Risiko der Ausnutzung bestünde (Möller 2001). Zusätzlich ergibt sich aus Vertrauen eine gewisse Verpflichtung (Skinner et al. 2014): We jemand anderes bestimmte Erwartungen an ein richtet, ist es schwierig, sich aufgrund der Norm z Reziprozität nicht konform zu verhalten (Cox 200 Rigdon 2009; Carlin u. Love 2011). Darüber hina erzeugt Vertrauen ein Gefühl der Zusammengehör keit, eine Art inneren Drang, die Kollegen und Führungskräfte nicht hängen zu lassen (Shiue et 2010). Infolgedessen steigt mit Vertrauen der Grad Kooperation (De Cremer et al. 2001; Mulder et 2006), wobei die wahrgenommene Vertrauenswürd keit, die sich aus Fähigkeit, Wohlwollen und Integri zusammensetzt (Mayer et al. 1995), wichtig für Vertrauensentscheidung ist:

- Fähigkeit bezieht sich dabei auf die Fertigkeiten und Eigenschaften, die es dem Individuum ermöglichen, vom Interaktionspartner als kompetent wahrgenommen zu werden.
- Wohlwollen bezieht sich auf gute Absichten und das Ausmaß, bis zu welchem einem Individuum zugetraut wird, anderen über die persönlichen Beweggründe oder den individuellen Nutzen hinaus zu helfen.
- Integrität als dritter Aspekt der Vertrauenswürdigkeit bezieht sich auf das Ausmaß, bis zu welchem jemandem zugetraut wird, sich an gewisse Prinzipien zu halten, die das Individuu für das Gegenüber als zuverlässig und glaubwürdig erscheinen lässt.

Bei Vertrauen im Kontext von *New Ways of Work* bestehen einige Besonderheiten in der Art und Wei wie Vertrauen aufgebaut und zum Ausdruck gebrac wird. Denn aufgrund der häufigen virtuellen Kooper tion zwischen den einzelnen Mitarbeitern sind direk verbale Kommunikation und visuelle Hinweisrei wie z. B. Mimik und Gestik nicht oder nur eing schränkt gegeben. Folglich ist ein bewusstes digital Kommunikationsverhalten wichtig, z. B. die expliz Verschriftlichung von Engagement, Freude und Op mismus, um eine Vertrauensentwicklung mit d Interaktionspartnern zu ermöglichen (Jarvenpaa Leidner 1999). Vertrauen in einer digitalisierten A beitswelt drückt sich unter anderem dadurch aus, da Versäumnisse oder eine Verringerung der Kommu kation durch den anderen verziehen und geg benenfalls externen Faktoren zugeschrieben werd (Jarvenpaa et al. 2004). Vertrauende Personen würd folglich das digitale Schweigen des anderen eher tec nischen Problemen zuschreiben, wohingegen nich vertrauende Personen eben dieses Schweigen als willentliche Arbeitsverweigerung des Interaktionspartners interpretieren (Cramton 2001; Piccoli u. Ives 2003). Eine Person, die den anderen vertraut, nimmt an, dass die anderen an der Aufgabe arbeiten – egal ob mit oder ohne Kommunikation und Interaktion (Dirks u. Ferrin 2001; Jarvenpaa et al. 2004). Kritisch betrachtet besteht in der virtuellen Zusammenarbeit ohne Sichtkontakt der Interaktionspartner gleichzeitig ein (größeres) Risiko, dass das Vertrauen ausgenutzt wird und der Vertrauensnehmer sich nicht konform verhält (z. B. Alnuaimi et al. 2010).

In ihrer Fallstudie zu *New Ways of Working* in einem niederländischen Versicherungsunternehmen konnten De Leede und Kraijenbrink (2014) zeigen, dass die Leistung der Mitarbeiter ansteigt, wenn sie das Gefühl haben, dass ihnen ihre Führungskräfte und ihre Kollegen vertrauen, »obwohl« sie zu Hause oder in einem flexiblen Büro arbeiten. Auch Badura und Walter (2014) weisen darauf hin, dass Mitarbeiter, die Vertrauen in ihre Führungskraft haben, bessere Arbeit leisten. Diese Erkenntnis deckt sich mit den Forschungsergebnissen von Peters und Kollegen (2014), die herausfanden, dass »solely implementing of a bundle of new working conditions on the job-category level does not suffice to achieve the desired positive work outcomes« (Peters et al. 2014, S. 13). Vertrauen ist in diesem flexiblen Arbeitskontext eine wichtige Jobressource (Peters et al. 2014; De Leede u. Kraijenbrink 2014). Auch aus der Literatur zu virtuellen Teams ist bekannt, dass Vertrauen essenziell für erfolgreiche und zufriedene Mitarbeiter bei der Arbeit über Distanz hinweg ist – sowohl Vertrauen zwischen Mitarbeitern und Führungskräften als auch Vertrauen zwischen Kollegen (vgl. z. B. De Leede et al. 2008; De Leede u. Kraijenbrink 2014; Jarvenpaa u. Leidner 1999).

Es liegt an den Unternehmen, eine Vertrauenskultur als Teil der Organisationskultur zu etablieren. Dabei wird eine Unternehmenskultur »...geprägt durch Vorgesetzte, die überdurchschnittlichen Einfluss in der Organisation haben, sei es durch ihre unmittelbaren Anweisungen oder dadurch, dass sie als Vorbild wirken oder prägen« (Von Rosenstiel 2007, S. 388). Eine Vertrauenskultur manifestiert sich dadurch, wie Entscheidungen getroffen oder Handlungen durchgeführt werden und wird auch beeinflusst durch die Art der Kommunikation. Dabei lebt Vertrauen von Erfahrungen (Lewicki u. Bunker 1995). Für die Entwicklung einer Vertrauenskultur im Unternehmen können die Führungskräfte eine Vorbildrolle übernehmen, indem sie ihren Mitarbeitern einen Vertrauensvorschuss (Möllering 2001) gewähren und die Mitarbeiter dies mit reziprokem Verhalten honorieren (Cox 2004; Rigdon 2009; Carlin u. Love 2011). Aber nicht nur

zwischen Führungskräften und Mitarbeitern, sondern auch bei den Kollegen untereinander ist Vertrauen wichtig. Denn die Kollegen in einer flexibilisierten, virtuellen Arbeitswelt müssen sich darauf verlassen können, dass alle Aufgaben erledigt werden und nicht die Kollegen im Home Office nur die »angenehmen« Teile der Arbeit übernehmen und die »unangenehmen« für die Kollegen im Büro übrig lassen (De Leede u. Kraijenbrink 2014).

Doch wie lassen sich die Herausforderungen von *New Ways of Working* durch Vertrauen lösen? Das folgende Szenario soll die Rolle von Vertrauen im Kontext von *New Ways of Working* exemplarisch aufzeigen.

Herausforderung: Die Arbeit im Home Office oder Co-Working Spaces führt bei den Mitarbeitern zu einem Gefühl der Isolation und einer Unsicherheit bezüglich der Leistungserbringung von den Kollegen.

— Im Sinne einer Vertrauenskultur im Unternehmen sollten sowohl die Führungskräfte als auch die Mitarbeiter versuchen, den eigenen Arbeitsstil (u. a. Zeiten, Rhythmus, Erreichbarkeit) zumindest teilweise mit den Arbeitsstilen der Interaktionspartner zu synchronisieren. Damit demonstriert man Wohlwollen zur Zusammenarbeit – ein wichtiger Bestandteil von Vertrauen. Ein gleicher Arbeitsstil führt dabei zu einem Gefühl der Zusammengehörigkeit (Nikolova et al. 2015) und wirkt folglich dem Gefühl der Isolation und Unsicherheit bezüglich der Kooperation entgegen.

— Eine regelmäßige und offene Kommunikation mit den Kollegen und Führungskräften signalisiert vor allem in virtuellen Situationen, in denen man sich nicht sieht, dass man engagiert ist und an einem guten Ergebnis im Interesse aller Beteiligten arbeitet. Der Austausch von Wissen und Informationen mit den Kollegen liefert eine Vertrauensgrundlage für zukünftige Interaktionen (Jarvenpaa et al. 2004). Eine regelmäßige Kommunikation – per E-Mail oder Telefon – hilft den Interaktionspartnern bei der Einschätzung des Engagements, weil eine »traditionelle« Überprüfung nicht oder nur bedingt möglich ist. Wenn Vertrauen herrscht, wird ein »digitales Schweigen« beispielsweise aufgrund von anderweitigen Verpflichtungen nicht missbilligend gewertet.

— Zusätzlich sollte es fest vereinbarte Tage der Anwesenheit im Büro geben, an denen alle Teammitglieder physisch am selben Ort sind (Deloitte 2016), um durch eine persönliche Face-to-Face-Interaktion Vertrauen aufzubauen und das Gefühl der Zugehörigkeit und Verbundenheit zu den Kollegen, zur Abteilung und zum Unternehmen zu stärken.

Wie die obigen Ausführungen zeigen, ist eine Vertrauenskultur eine wichtige Bedingung für eine ergebnisorientierte, flexible Arbeitswelt im Kontext von *New Ways of Working*. Allerdings kann man Vertrauen nicht »erzwingen«, sondern lediglich dessen Entwicklung unterstützen (Luhmann 2000; Osterloh u. Weibel 2006). Auch ist Vertrauen kein Allheilmittel, um allen Herausforderungen von *New Ways of Working* zu begegnen und eine arbeitsbezogene Gesundheitsförderung zu erreichen. Jedoch kann Vertrauen in seiner positiven, kooperationsfördernden Kraft viele Risiken von *New Ways of Working* abmildern. Dabei vertrauen die Führungskräfte und Kollegen auch in der Erwartung, dass die Vertrauensnehmer die an sie gestellten Aufgaben eigenverantwortlich erledigen werden. Damit ist die individuelle Fähigkeit zum Selbstmanagement nicht nur im flexibilisierten Arbeitskontext wie *New Ways of Working* im Allgemeinen essenziell, sondern ganz besonders wichtig in einer von Vertrauen geprägten Unternehmenskultur, wie im Folgenden dargestellt wird.

15.4.2 Eine Selbstmanagementkultur im Unternehmen etablieren

Durch die zunehmende Flexibilisierung von Arbeitszeit und -ort sind die Mitarbeiter nicht länger unter der konstanten und direkten Supervision von Kollegen und Führungskräften. Folglich wird die Fähigkeit zum selbstständigen Arbeiten wichtiger. Die Mitarbeiter müssen selbst die Führung über sich und ihre Tätigkeit übernehmen und ihr eigenes Arbeitsengagement sicherstellen. Selbstmanagement bezieht sich dabei auf das Management und die Kontrolle der Mitarbeiter über ihr eigenes Verhalten anstelle der externen Kontrolle durch ihre Führungskraft. Ebenso bedeutet es, dass die Mitarbeiter für ihre selbst getroffenen Entscheidungen verantwortlich sind (Breevaart et al. 2014). Interessanterweise sehen Manz und Sims (1980) im Selbstmanagement ein Substitut für Führungseffekte, weil die Individuen beim Selbstmanagement selbst die typischen Führungsaufgaben wie Leistungskontrolle, korrigierende Aktivitäten und Ressourcensuche übernehmen und ausführen. Dabei bedeutet Selbstmanagement auch, dass die Mitarbeiter trotz nicht gegebener externer Kontrolle gegebenenfalls Entscheidungen treffen, die für sie als Individuum selbst weniger attraktiv, aber für das Team oder das Unternehmen insgesamt wünschenswert sind (Manz u. Sims 1980; Breevaart et al. 2014). Insgesamt hat die bisherige Forschung zu Selbstmanagement gezeigt, dass Individuen, die sich selbst managen, zufriedener

mit ihrer Arbeit und ihrer Karriere sind, mehr leist und eine höhere Selbstwirksamkeit haben (Murphy Ensher 2001; Raabe et al. 2007; Uhl-Bien u. Gra 1998). Gemäß Houghton und Neck (2002) umfa Selbstmanagement die folgenden Aktivitäten:

- Selbstbeobachtung
- selbstständig Ziele setzen
- Selbsterinnerung
- Selbstbelohnung
- Selbstbestrafung

Dabei haben Frayne und Latham (1987) mit ihrer Fo schung zu Selbstmanagement-Trainings bereits v fast 30 Jahren gezeigt, dass Selbstmanagement traini werden kann. Auf diesen Erkenntnissen aufbaue haben Frayne und Geringer (2000) ein Schulungspr gramm für Organisationen entwickelt, wobei sich der Pilotstudie eine Gruppe von 15 Schulungste nehmern einmal pro Woche mit ihrem Trainer tr Während dieser zweistündigen Treffen erhielten Teilnehmer Vorlesungen, betrachteten gemeinsa Fallstudien und führten Gruppendiskussionen spezifischen Selbstmanagementstrategien durch. Vergleich zur Kontrollgruppe verbesserte sich der Selbstwirksamkeit und Arbeitsleistung. Interessant weise steigerte sich die Arbeitsleistung der Teilnehm auch ein Jahr nach dem Training weiter (Frayne Geringer 2000). Die Ertüchtigung und Sensibilisieru der Belegschaft durch solche Selbstmanagementsch lungen eröffnet den Unternehmen die Möglichke ihre Mitarbeiter gezielt auf die veränderten Anford rungen von *New-Ways-of-Working*-Arbeitsumfelde im Zuge eines Betrieblichen Gesundheitsmanageme vorzubereiten. Durch die regelmäßige Arbeit bei ph sischer Abwesenheit vom Büro liegt auch die Verar wortung und Zuständigkeit für die Gesundheit, z. die Arbeitsplatz- und Pausengestaltung, vermeh beim Mitarbeiter selbst, während der Arbeitschu durch das Betriebliche Gesundheitsmanageme unterstützender Natur wird (Ducki 2015; Lüdema 2015). Deshalb sind Trainings zweckdienlich, au weil Selbstmanagement »ansteckend« sein kann. We ein Mitarbeiter bei einem Kollegen oder einer Fü rungskraft die Ausübung von Selbstmanageme wahrnimmt, steigert es den eigenen Grad an Selb management (Ackerman et al. 2009), was die Bezi hungsqualität verbessern kann und somit dem Woh der Beziehung förderlich ist. Denn Beziehungen si am besten, wenn beide Partner ein hohes Level Selbstmanagement haben (Vohs et al. 2011; Righetti Finkenauer 2011).

Doch wie lassen sich die Herausforderungen v *New Ways of Working* durch Selbstmanagement löse

Das folgende Szenario soll die Rolle von Selbstmanagement im *New Ways of Working* exemplarisch aufzeigen.

Herausforderung: Die fließenden Grenzen zwischen Berufs- und Privatleben können den Erholungsprozess stören und Stress bei den Mitarbeitern verursachen (Herausforderungen für die Work-Life- und Work-Family-Balance)

- Im Sinne von Selbstmanagement und wie es für Verhaltensänderungen nötig ist, ist als erster Schritt zur Veränderung ein Bewusstsein für die aktuelle Situation zu erlangen (Bandura 1977). Deshalb muss der Mitarbeiter sich selbst dafür sensibilisieren, dass seine Grenzen zwischen Berufs- und Privatleben verschwimmen. Dies kann beispielsweise dadurch erreicht werden, dass man mittels einer reflektierten Selbstbeobachtung einen durchschnittlichen Arbeitstag in einer *New-Ways-of-Working*-Arbeitswelt mit Zeitangaben, Arbeitsorten und Kommunikationsmedien erstellt.

- Anschließend können die persönlichen Ziele und einzelnen Verantwortlichkeiten aufgeschrieben und nach Wichtigkeit und Präferenzen priorisiert werden. Da dies sowohl Arbeitsaufgaben und -zeiten als auch Tätigkeiten im Haushalt, Aufgaben als Vater/Mutter oder Ehemann/Ehefrau, Freizeitaktivitäten etc. umfasst, ermöglicht es die Planung einer »optimalen Woche«. Dafür ist es wichtig, sich sowohl mit seiner Familie und mit Freunden als auch mit seinen Kollegen und Führungskräften abzustimmen. Indem der Mitarbeiter ein derartiges Selbstmanagement demonstriert, wird er sowohl von den Kollegen als auch von den Führungskräften als vertrauenswürdiger wahrgenommen (Righetti u. Finkenauer 2011). Das »geschenkte« Vertrauen der Kollegen und Führungskräfte wiederum bedingt reziprokes konformes Verhalten (Cox 2004; Rigdon 2009; Carlin u. Love 2011) und motiviert damit wiederum Selbstmanagement beim Vertrauensnehmer.

- Da die Mitarbeiter sich nun selbst organisieren, werden sie zu selbstständigen Gesundheitsmanagern (Lüdemann 2015) und müssen selbstständig genügend Erholungsphasen für sich einplanen oder sich um die Arbeitsplatzgestaltung kümmern. Wichtig ist es deshalb auch, den erstellten Zeitplan mit dem tatsächlichen Tages-/Wochenablauf zu vergleichen und – wo nötig – Anpassungen vorzunehmen (vgl. Demerouti et al. 2014).

Neben den genannten Vorteilen wie einer größeren Zufriedenheit, einer höheren Performanz und der Möglichkeit, Selbstmanagementkompetenzen in Trainings zu verbessern, unterscheiden sich Menschen grundsätzlich hinsichtlich ihrer Disposition zur Selbstmanagementfähigkeit (Tangney et al. 2004). Das bedeutet, dass die Fähigkeit sich selbst zu managen auch von der Neigung und Veranlagung des Individuums abhängt und damit nicht für jeden in der gleichen Ausprägung erlernbar und nutzbar ist. Daher merken De Boer und seine Kollegen (2015) an, dass die Mitarbeiter mit einem hohen Grad an Selbstmanagementkompetenz eher von flexibleren Arbeitsmodellen profitieren, weil sie besser mit den Möglichkeiten eigenverantwortlicher Kontrolle und entsprechender Verpflichtungen umgehen können. Im Gegensatz dazu führt die Autonomie, wie sie *New Ways of Working* bietet, bei Individuen mit einer geringer ausgeprägten Fähigkeit zum Selbstmanagement zu schlechteren Arbeitsergebnissen und gegebenenfalls zu Burnout (z. B. Schmidt et al. 2007; De Boer et al. 2015). Zusätzlich handelt es sich beim Selbstmanagement um eine begrenzte Ressource. In verschiedenen Experimenten wurde bereits vor 20 Jahren nachgewiesen, dass »das Vermögen«, sich selbst zu managen und zu kontrollieren, bei zu starker Beanspruchung eben diese Fähigkeiten abnehmen (z. B. Baumeister u. Heatherton 1996; Muraven et al. 1998). Folglich ist es wichtig, die Fähigkeit zum Selbstmanagement bei der Personalauswahl, bei der Arbeitsvergabe und der Aufgabenzuteilung zu berücksichtigen. Die Etablierung einer Selbstmanagementkultur und von Selbstmanagement-Trainings allein reicht demnach nicht aus, um allen Herausforderungen von *New Ways of Working* erfolgreich zu begegnen. Dennoch ist eine Selbstmanagementkultur ein wichtiger Bestandteil, der hilft, die Risiken eines flexiblen Arbeitsumfeldes zumindest teilweise abzumildern und sollte fest im Gesundheitsmanagement verankert werden.

15.5 Zusammenfassung

Die Entwicklung hin zu mehr Flexibilität in der Arbeitswelt bietet interessante Chancen für eine inspirierende Arbeit. Gleichzeitig sind *New Ways of Working* aber auch eine große Herausforderung für die Unternehmen. Ein richtiger Umgang der Mitarbeiter und Führungskräfte mit der gewonnenen Flexibilität und der damit einhergehenden permanenten Erreichbarkeit ist wichtig und muss im Sinne eines ganzheitlichen Betrieblichen Gesundheitsmanagements unterstützt werden. Denn mit *New Ways of Working* geht nicht nur eine Veränderung im Umgang mit der Informations- und Kommunikationstechnologie einher, sondern sie erfordern auch Verhaltensänderungen in der Zusammenarbeit zwischen den Mitarbeitern und den Führungskräften, ebenso wie bei der Zusammenarbeit unter Kollegen. Indem die Mitarbeiter flexibler in der Wahl von Ort und Zeit für die Erledigung ihrer Arbeit sind, nimmt der Anteil des selbstständigen Arbeitens zu. Dies erfordert nicht nur ein neues Verständnis von Führung, sondern stellt auch verschiedene neue Anforderungen an jeden einzelnen Mitarbeiter (Breevaart et al. 2014). Mit *New Ways of Working* wird es erforderlich, dass die Mitarbeiter ihre Arbeit selbstständiger organisieren und ohne die direkte Supervision durch die Führungskräfte und teilweise auch ohne die (physische) Anwesenheit von Kollegen eigenmotiviert Leistung erbringen. Diese gewährte und gewonnene Autonomie über das *wann*, *wo* und *wie* der Arbeit erfordert folglich eine Unternehmenskultur, welche die Mitarbeiter und Führungskräfte unterstützt, indem sie zwischenmenschliches Vertrauen fördert und gleichzeitig die Fähigkeiten zum Selbstmanagement stärkt. Dabei haben wir in diesem Beitrag gezeigt, dass eine Vertrauens- und Selbstmanagementkultur im Unternehmen für eine erfolgreiche *New-Ways-of-Working*-Arbeitswelt dienlich ist, es aber weiterhin noch Herausforderungen gibt, die in der Praxis und Wissenschaft in Bezug auf *New Ways of Working* auch zukünftig berücksichtigt werden müssen.

Literatur

Ackerman JM, Goldstein NJ, Shapiro JR, Bargh, JA (2009) You wear me out: The vicarious depletion of self-control. Psychological Science 20:326–332

Alnuaimi OA, Robert LP, Maruping LM (2010) Team size, dispersion, and social loafing in technology-supported teams: A perspective on the theory of moral disengagement. Journal of Management Information Systems 27(1):203–230

Badura B, Walter U (2014) Führungskultur auf dem Prüfstand. In: Badura B, Ducki A, Schröder H, Klose J, Meyer M (Hrsg) Fehlzeiten-Report 2014. Erfolgreiche Unternehmen von morgen – gesunde Zukunft heute gestalten. Springer, Berlin Heidelberg, S 149–161

Bandura A (1977) Self-efficacy: toward a unifying theory of behavioral change. Psychological Review 84:191–215

Bakker AB, Derks D (2010) Positive Occupational Health Psychology. In: Leka S, Houdmont J (Hrsg) Occupational Health Psychology. Wiley-Blackwell, Hoboken (New Jersey), S 194–224

Baumeister RF, Heatherton TF (1996) Self-regulation failure: An overview. Psychological Inquiry 7:1–15

Bijlsma-Frankema K, Koopman P (2004) The oxymoron of control in an era of globalisation: Vulnerabilities of a mega myth. Journal of Managerial Psychology 19(3):204–217

Bitkom (2013) Arbeit 3.0 – Arbeiten in der digitalen Welt. Bundesverband Informationswirtschaft, Telekommunikation und neuere Medien e. V., Berlin. https://www.bitkom.o Publikationen/2013/Studien/Studie-Arbeit-3-0/Stud Arbeit-30.pdf. Gesehen 25 Feb 2016

Blok M, Groenesteijn L, Van Den Berg C, Vink P (2011) New w of working: a proposed framework and literature revie International Conference on Ergonomics and Hea Aspects of Work with Computers, S 3–12

Breevaart K, Bakker AB, Demerouti E (2014) Daily self-ma gement and employee work engagement. Journal Vocational Behavior 84:31–38

Bundesministerium für Arbeit und Soziales (2015) Forschun bericht 460 – Mobiles und entgrenztes Arbeiten. http www.bmas.de/SharedDocs/Downloads/DE/PD Publikationen/a873.pdf;jsessionid=31E90DC4B8C379 28996AEF31240CF7?__blob=publicationFile&v=2. Ges hen 25 Feb 2016

Carlin RE, Love GJ (2011) The Politics of Interpersonal Trust a Reciprocity: An Experimental Approach. Political Behav 1:1–20

Cascio WF (2000) Managing a virtual workplace. The Acade of Management Executive 14(3):81–90

Citrix (2012) Workplace of the future: a global market resear report. https://www.citrix.com/content/dam/citrix/e us/documents/products-solutions/workplace-of-th future-a-global-market-research-report.pdf. Gesehen Feb 2016

Collins AM, Cartwright S, Hislop D (2013) Homeworkir negotiating the psychological contract. Human Resour Management Journal 23(2):211–225

Cox JC (2004) How to identify trust and reciprocity. Games a Economic Behavior 46(2):260–281

Cramton CD (2001) The Mutual Knowledge Problem and Consequences for Dispersed Collaboration. Organizati Science 12(3):346–371

Dahm MH (2011) Alles eine Frage der Führung, Kommunik tion und Organisation. Chancen und Risiken der Te arbeit. Personalführung 44(3):16–27

De Boer BJ, Van Hooft EAJ, Bakker AB (2015) Self-control work: its relationship with contextual performance. Jo nal of Managerial Psychology 30(4):406–442

De Cremer D, Snyder M, Dewitte S (2001) The less I trust, t less I contribute (or not)? The effects of trust, accou ability and self-monitoring in social dilemmas. Europe Journal of Social Psychology 31(1):93–107

De Leede J, Kraijenbrink J (2014) The Mediating Role of Tr and Social Cohesion in the Effects of New Ways of Wo ing: A Dutch Case Study. Human Resource Manageme Social Innovation and Technology, Advanced Series Management 14:3–20

De Leede J, Kraan KO, Den Hengst M, Van Hooff MLM (20C Conditions for innovation behaviour of virtual team me bers: A ›high-road‹ for internationally dispersed virt teams. The Journal of E-working 2:22–46

Deloitte (2016) Der Arbeitsplatz der Zukunft – Wie digit Technologie und Sharing Economy die Schweizer Arbei welt verändern. http://www2.deloitte.com/ch/de/page

15

consumer-business/articles/workplace-of-the-future.
html. Gesehen 25 Feb 2016

Demerouti E, Derks D, Ten Brummelhuis LL, Bakker AB (2014)
New Ways of Working: Impact on Working Conditions,
Work-family Balance, and Well-being. In: Korunka C,
Hoonakker P (Hrsg) The Impact of ICT on Quality of Wor-
king Life. Springer Science+Business Media, Dordrecht,
S 123–141

Derks D, Bakker AB (2010) The impact of e-mail communication on organizational life. Cyberpsychology. Journal of
Psychosocial Research on Cyberspace 4(1):1–16

Dirks K, Ferrin DL (2001) The role of trust in organizational
settings. Organization Science 12(4):450-467

Ducki A (2012) Gesundheit und Gesundheitsförderung in der
flexiblen Arbeitswelt: Ein Überblick. In: Badura B, Ducki A,
Schröder H, Klose J, Meyer M (Hrsg) Fehlzeiten-Report
2012. Gesundheit in der flexiblen Arbeitswelt: Chancen
nutzen – Risiken minimieren. Springer, Berlin Heidelberg,
S vii-xii

Ducki A (2015) Smart einmischen. In: Wieland R, Strohm O,
Hacker W, Sachse P (Hrsg) Wir müssen uns einmischen –
Arbeitspsychologie für den Menschen. Asanger Verlag,
Kröning, S 15–25

Felfe J, Ducki A, Franke F (2014) Führungskompetenzen der
Zukunft. In: Badura B, Ducki A, Schröder H, Klose J, Meyer
M (Hrsg) Fehlzeiten-Report 2014. Erfolgreiche Unterneh-
men von morgen – gesunde Zukunft heute gestalten.
Springer, Berlin Heidelberg, S 139–148

Frayne CA, Geringer JM (2000) Self-management training for
improving job performance: A field experiment involving
salespeople. Journal of Applied Psychology 85:361–372

Frayne CA, Latham GP (1987) Application of social learning
theory to employee self-management of attendance.
Journal of Applied Psychology 72:387–392

Fredrickson B, Dutton J (2008) Unpacking positive organizing:
Organizations as sites of individual and group flourishing.
Journal of Positive Psychology 3:1–3

Gajendran RS, Harrison DA (2007) The good, the bad, and the
unknown about tele-commuting: meta-analysis of psychological mediators and individual consequences. Journal of Applied Psychology 92:1524–1541

Geurts SAE, Sonnentag S (2006) Recovery as an explanatory
mechanism in the relation between acute stress reactions
and chronic health impairment. Scandinavian Journal of
Work Environment and Health 32:482–492

Grebner S, Semmer NK, Elfering A (2005) Working conditions
and three types of well-being: a longitudinal study with
self-report and rating data. Journal of Occupational
Health Psychology 10:31–43

Hassan R (2003) Network time and new knowledge epoch.
Time and Society 12:225–241

Hiltz SR, Turoff M (1985) Structuring computer-mediated
communication systems to avoid information overload.
Communications of the ACM 28:680–689

Houghton JD, Neck CP (2002) The revised self-leadership
questionnaire: Testing a hierarchical factor structure for
self-leadership. Journal of Managerial Psychology 17:672–
691

Jarvenpaa S, Lang K (2005) Managing the paradoxes of mobile
technology. Information Systems Management Journal
22:7–23

Jarvenpaa SL, Leidner DE (1999) Communication and Trust in
Global Virtual Teams. Organization Science 10(6):791–815

Jarvenpaa SL, Shaw TR, Staples DS (2004) Towards Contextua-
lized Theories of Trust: The Role of Trust in Global Virtual
Teams. Information Systems Research 15(3):250–267

Johns T, Gratton L (2013) The third wave of virtual work.
Harvard Business Review 91(1):66–73

Kattenbach R, Demerouti E, Nachreiner F (2010) Flexible working times: effects on employees' exhaustion, work-non-
work conflict and performance. Career Development
International 15:279–295

Kelliher C, Anderson D (2008) For better or for worse? Analysis
of how flexible working practices influence employees
perceptions of job quality. The International Journal of
Human Resource Management 19:419–431

Krause A, Dorsemagen C, Stadlinger J, Baeriswyl S (2012) Indi-
rekte Steuerung und interessierte Selbstgefährdung:
Ergebnisse aus Befragungen und Fallstudien. Konse-
quenzen für das Betriebliche Gesundheitsmanagement.
In: Badura B, Ducki A, Schröder H, Klose J, Meyer M (Hrsg)
Fehlzeiten-Report 2012. Gesundheit in der flexiblen
Arbeitswelt: Chancen nutzen – Risiken minimieren. Sprin-
ger, Berlin Heidelberg, S 191–202

Lewicki RJ, Bunker BB (1995) Trust in relationships: A model of
development and decline. Jossey-Bass, San Francisco US

Luhmann N (2000) Vertrauen: Ein Mechanismus der Reduktion
sozialer Komplexität. Lucius & Lucius, Stuttgart

Lüdemann P (2015) Gesundheit und Gesundheitsmanage-
ment bei selbstständigen Außendienstmitarbeitern. In:
Badura B, Ducki A, Schröder H, Klose J, Meyer M (Hrsg)
Fehlzeiten-Report 2015. Neue Wege für mehr Gesundheit
– Qualitätsstandards für ein zielgruppenspezifisches
Gesundheitsmanagement. Springer, Berlin Heidelberg,
S 117–131

Mann S, Holdsworth L (2003) The psychological impact of teleworking: stress, emotions and health. New Technology,
Work and Employment 18:196–211

Manz CC, Sims HP (1980) Self-management as a substitute for
leadership: A social learning theory perspective. Academy
of Management Review 5:361–368

Mayer RC, Davis JH, Schoorman FD (1995) An integrative
model of organizational trust. Academy of Management
Review 20(3):709–734

Meijman TF, Mulder G (1998) Psychological aspects of work-
load. In: Drenth PJD, Thierry H (Hrsg) Handbook of work
and organizational psychology. Psychology Press, Hove
England, S 5–33

Middleton C (2008) Illusions of balance and control in an
always-on environment: a case study of BlackBerry users.
Journal of Media & Cultural Studies 21:165–178

Möllering G (2001) The nature of trust: from Georg Simmel to
a theory of expectation, interpretation and suspension.
Sociology 35(2):403–420

Mulder LB, Van Dijk E, De Cremer D, Wilke HA (2006) Undermin-
ing trust and cooperation: The paradox of sanctioning

systems in social dilemmas. Journal of Experimental Social Psychology 42(2):147–162

Muraven M, Tice DM, Baumeister RF (1998) Self-control as limited resource: Regulatory depletion patterns. Journal of Personality and Social Psychology 74:774–789

Murphy SE, Ensher EA (2001) The role of mentoring support and self-management strategies on reported career outcomes. Journal of Career Development 27:229–246

Negroponte N (1995) Being Digital. Vintage Books, New York NY

Nikolova N, Möllering G, Reihlen M (2015) Trusting as a ›Leap of Faith‹: Trust-building practices in client–consultant relationships. Scandinavian Journal of Management 31(2):232–245

Offelmann N, Zülch J (2006) Was ist an virtuellen Teams anders? In: Zülch J, Barrantes L, Steinheuser S (Hrsg) Unternehmensführung in dynamischen Netzwerken – Erfolgreiche Konzepte aus der Life-Science-Branche. Springer, Berlin Heidelberg, S 117–130

Osterloh M, Weibel A (2006) Investition Vertrauen – Prozesse der Vertrauensentwicklung in Organisationen. Gabler, Wiesbaden

Pangert B, Schüpbach H (2013) Die Auswirkungen arbeitsbezogener erweiterter Erreichbarkeit auf Life-Domain-Balance und Gesundheit. Bundesanstalt für Arbeitsschutz und Arbeitsmedizin, Dortmund

Park Y, Fritz C, Jex SM (2011) Relationships between work-home segmentation and psychological detachment from work: The role of communication technology use at home. Journal of Occupational Health Psychology 16(4):457–467

Peters P, Poutsama E, van der Heijden BIJM, Bakker AB, de Bruijn T (2014) Enjoying new ways to work: An HRM-Process Approach to study flow. Human Resource Management 53(2):271–290

Piccoli G, Ives B (2003) Trust and the unintended Effects of Behavior Control in Virtual Teams. MIS Quarterly 27(3): 365–395

Raabe B, Frese M, Beehr TA (2007) Action regulation theory and career self-management. Journal of Vocational Behavior 70:297–311

Reinhardt W, Schmidt B, Sloep P, Drachsler H (2011) Knowledge Worker Roles and Actions – Results of Two Empirical Studies. Knowledge and Process Management 18 (3):150–174

Renaud K, Ramsay J, Hair M (2006) You've got mail – Shall I deal with it now? Electronic mail from a recipients perspective. Journal of Human-Computer Interaction 21:313–332

Rennecker J, Derks D (2012) E-Mail overload: fine tuning the research lens. In: Derks D, Bakker AB (Hrsg) The psychology of digital media and work. Psychology Press, London UK, S 14–38

Rennecker J, Godwin L (2005) Delays and interruptions: a self-perpetuating paradox of communication technology use. Information and Organization 15:247–266

Rigdon M (2009) Trust and reciprocity in incentive contracting. Journal of Economic Behavior & Organization 70(1):93–105

Righetti F, Finkenauer C (2011) If you are able to control yourself, I will trust you: the role of perceived self-control in interpersonal trust. Journal of Personality and Social Psychology 100(5):874–886

Rook JW, Zijlstra FRH (2006) The contribution of various types of activities to recovery. European Journal of Work and Organizational Psychology 15:218–240

Sánchez AM, Pérez M, De Luis Carnicer P, Vela Jiménez (2007) Teleworking and workplace flexibility: A study impact on firm performance. Personnel Review 36:42–

Scherm E, Süß S (2000) Mitarbeiterführung in virtuellen Unternehmen – eine Analyse diskutierter Instrumente und Substitute der Führung. Zeitschrift für Personalforschung 14(1):79–103

Schmidt KH, Neubach B, Heuer H (2007) Self-control demands a source of stress at work. International Journal of Stress Management 14(4):398–416

Shiue YC, Chiu CM, Chang CC (2010) Exploring and mitigating social loafing in online communities. Computers in Human Behavior 26(4):768–777

Skinner D, Dietz G, Weibel A (2014) The Dark Side of Trust When Trust Becomes a ›Poisoned Chalice‹. Organization 21(2):206–224

Tangney JP, Baumeister RF, Boone AL (2004) High self-control predicts good adjustment, less pathology, better grades and interpersonal success. Journal of Personality 72:271–322

Ten Brummelhuis LL, Haar JM, van der Lippe T (2010) Collegiality under pressure: The effects of family demands and flexible work arrangements in the Netherlands. International Journal of Human Resource Management 21:283–2847

Ten Brummelhuis LL, Bakker AB, Hetland J, Keulemans L (20 Do new ways of working foster work engagement? Psychothema 24(1):113–120

Thomas GF, King CL, Baroni B, Cook L, Keitelman M, Miller Wardle A (2006) Reconceptualizing e-mail overload. Journal of Business and Technical Communication 20:252–2

Uhl-Bien M, Graen GB (1998) Individual self-management Analysis of professionals' self-managing activities in functional and cross-functional work teams. Academy Management Journal 41:340–350

Van Hooff MLM, Geurts SAE, Kompier MAJ, Taris TW (200 Work-home interference: How does it manifest itself from day to day? Work and Stress 20(2):145–162

Vohs KD, Finkenauer C, Baumeister RF (2011) The sum friends' and lovers' self-control scores predicts relationship quality. Social Psychological and Personality Science 2(2):138–145

Von Rosenstiel L (2007) Grundlagen der Organisationspsychologie: Basiswissen und Anwendungshinweise. Schäffer Poeschel, Stuttgart

Weichbrodt J (2014) SwissFlexWork 2014: Repräsentative Befragung der Schweizer Erwerbstätigen zur Verbreitung von mobiler Arbeit und Home Office. Hochschule für Angewandte Psychologie FHNW, Olten

15

Cultural Diversity Management – Organisationsidentität, Unternehmenssprache und Führung multikultureller Teams in multinationalen Unternehmen

K. M. Gläsener

B. Badura et al. (Hrsg.) *Fehlzeiten-Report 2016*,
DOI 10.1007/978-3-662-49413-4_16, © Springer-Verlag Berlin Heidelberg 2016

Zusammenfassung *Zahlreiche Studien zeigen die Bedeutung multikultureller Teams für die heutige Arbeitswelt. Gleichwohl sind die Erfahrungen mit diesen Teams gemischt. Unternehmen stehen vor der Herausforderung, eine für kulturelle Diversität spezifische Unternehmenskultur zu etablieren, die einer Vielzahl an Einflussfaktoren auf der Unternehmensebene Rechnung trägt. Mit einem qualitativen Forschungsdesign wird in diesem Beitrag analysiert, welche Bestandteile einer Unternehmenskultur essenziell für eine erfolgreiche multikulturelle Teamarbeit sind. Ziel ist es aufzuzeigen, wie Unternehmen durch die Etablierung von Diversität als Bestandteil der Organisationsidentität, einer gemeinsamen Unternehmenssprache und einer entsprechenden Führung multikultureller Teams eine reibungslosere Zusammenarbeit ermöglichen können.*

16.1 Einleitung

Multikulturelle Teams sind ein fester Bestandteil der heutigen Unternehmenspraxis (Podsiadlowski 2002; Kassis Henderson 2005). Dabei stehen Unternehmen vor der Herausforderung, entsprechende Rahmenbedingungen zu etablieren, die multikultureller Teamarbeit Rechnung tragen, denn gut funktionierende Teamarbeit ist keine Selbstverständlichkeit (Kauffeld u. Lehmann-Willenbrock 2008). Die Ergebnisse von Feldstudien zu heterogenen Gruppen sind sehr vielfältig (Rastetter 2006). In multikulturellen Teams seien sowohl mehr Energie, Kreativität und Ideenreichtum als auch mehr Konflikte, Missverständnisse und Frustration vorhanden (u. a. Stahl et al. 2010; Thomas 2000).

Der Handlungskontext der Teams spielt dabei eine besondere Rolle, denn Teams können weder ihren Prozess noch ihren Output vollständig selbst steuern, sondern sie unterliegen äußeren Einflüssen durch den Unternehmenskontext (Gladstein 1984; Hackman 1987). Eine wichtige Kontextvariable ist die Unternehmenskultur, die das Geschehen in der Organisation bestimmt. Die Unternehmenskultur hat einen direkten Einfluss auf die Interaktionsprozesse in Teams (Steinmann u. Schreyögg 1997). Auch ein positiver Einfluss auf die Arbeitszufriedenheit und das Gesundheitsbefinden der Mitarbeiter wird der Unternehmenskultur zugeschrieben. Und Unternehmen, die in die Gesundheit und die Arbeitszufriedenheit ihrer Mitarbeiter investieren, investieren dadurch in die Leistung der Mitarbeiter und den Erfolg des Unternehmens (Badura u. Walter 2014). Zu dem Begriff »Unternehmenskultur« gibt es verschiedene Konzepte und Definitionen mit teilweise unterschiedlichen Annahmen und Schwerpunkten (zu einer ausführlichen Reflexion siehe Beckmann et al. in diesem Band). Dieser Beitrag folgt der bekannten Definition des Wirtschaftswissenschaftlers Rolf Wunderer (1996), der Unternehmenskultur als die Summe der Werte und Normen bezeichnet, die das Verhalten der Beschäftigten in einem Unternehmen bestimmen und die in konkreten Gestaltungsformen erkennbar werden.

Dieser Beitrag untersucht in einer qualitativen Studie die Frage, welche zentralen Bedingungen eine Unternehmenskultur erfüllen sollte, um aus multikulturellen Teams erfolgreiche und zufriedene Teams zu machen. Denn multikulturelle Teams verlangen nach einer für kulturelle Diversität spezifischen Unternehmenskultur, welche die Verschiedenartigkeit der Belegschaft berücksichtigt (Aretz u. Hansen 2003).

Der Fokus liegt dabei auf multikulturellen Teams in multinationalen Organisationen. Zunächst wird die theoretische Grundlage zu Cultural Diversity Management eingeführt. Im Anschluss werden die Herausforderungen durch multikulturelle Teams für die Unternehmenskultur dargelegt. Darauf aufbauend werden die empirischen Ergebnisse zu den Themen Organisationsidentität, Unternehmenssprache und Führung multikultureller Teams beschrieben und interpretiert. Abschließend werden die zentralen Erkenntnisse zusammenfassend dargestellt.

16.2 Cultural Diversity Management: Kontext und Herausforderungen

Diversity als Merkmal von Mitarbeitern in Organisationen beschreibt die Verschiedenheit, Vielfalt, Diversität und Mannigfaltigkeit der Beschäftigten. Vielfalt bezieht sich hierbei auf eine Bandbreite an Merkmalen. Als relevante Diversity-Merkmale werden meist Geschlecht, Nationalität, Alter, Behinderung, Religion und sexuelle Orientierung thematisiert (Krell et al. 2007; Lederle 2007). Cultural Diversity fokussiert sich dabei auf die kulturelle Heterogenität, d. h. die Verschiedenartigkeit hinsichtlich Nationalität, regionaler Herkunft oder ethnischer Zugehörigkeit (Köppel 2007).

Mit dem Begriff Diversity Management werden »Strategien, Programme und Maßnahmen für einen konstruktiven und produktiven Umgang mit Vielfalt« (Krell et al. 2007, S. 9) bezeichnet. Diversity Management ist somit ein strategisches Element der Unternehmensführung (Aretz u. Hansen 2003) mit dem Ziel, die Motivation und Leistung der Mitarbeiter zu steigern (Köppel et al. 2007). Cultural Diversity Management umfasst dabei das Konzept zum Umgang mit kultureller Diversität im Unternehmen.

■ Begründungen für die Notwendigkeit eines Cultural Diversity Managements

Die zunehmende Bedeutung eines Cultural Diversity Managements in deutschen Unternehmen fußt vor allem auf zwei verschiedenen, miteinander verwobenen Entwicklungen:

– Kulturelle Vielfalt durch eine zunehmende Immigration aus dem europäischen und nicht-europäischen Ausland
– Wahrgenommene Vorteilhaftigkeit von kultureller Vielfalt im Unternehmen

Durch die Globalisierung sowie die Immigration aus dem europäischen und nicht-europäischen Ausland steigt die kulturelle Vielfalt in der Bevölkerung in Deutschland (Krell et al. 2007). Im Jahr 2014 lag [der] Anteil der Menschen mit Migrationshintergrund [in] Deutschland bei 20,3 Prozent der Bevölkerung, [mit] steigender Tendenz. Im Vergleich zum Jahr 2011 ist [die] Zahl der Zuwanderer in Deutschland um gut 1,5 M[il]lionen Menschen angestiegen (Statistisches Bunde[s]amt 2015). Betrachtet man die steigende Internatio[na]lisierung auf dem Arbeitsmarkt, so wird deutlich, d[ass] auch die kulturelle Diversität in den Unternehm[en] ansteigt (Köppel et al. 2007).

Hinzu kommt, dass zahlreiche Studien die Vorte[il]haftigkeit von kultureller Diversität im Unternehm[en] aufzeigen. Dabei verspricht man sich von einer größe[re]ren Diversität unter den Beschäftigten viele Vortei[le], beispielsweise die kulturelle Vielfalt als strategisc[he] Ressource zur Lösung komplexer Probleme zu nutze[n]. Des Weiteren erhofft man sich eine bessere Kunde[n]orientierung bei zunehmend globaleren Absatz- u[nd] Beschaffungsmärkten (Aretz u. Hansen 2003). V[or] allem mithilfe des Informationsverarbeitungsansat[zes] wird argumentiert, dass kulturelle Diversität zu ein[er] Bandbreite an Perspektiven, Ideen, Problemlösung[s]ansätzen, Kreativität, Innovation und Handlungsalt[er]nativen führt (u. a. Ancona u. Caldwell 1992; Aus[tin] 1997; Cox u. Blake 1991). Einige Ergebnisse deut[en] explizit auf eine signifikante positive Korrelation zw[i]schen Diversität und Effektivität hin (siehe hierzu [die] Meta-Analyse von Stahl et al. 2010). Die Unterschie[d]lichkeit in den Informationsquellen, Wissensstruktu[re]ren und der Art Informationen aufzunehmen, zu ve[r]arbeiten und zu speichern führt zu der Annahme, d[ass] kulturelle Diversität in Teams einen positiven Einflu[ss] auf die Ergebnisse der Zusammenarbeit hat (Aus[tin] 1997).

■ Herausforderungen multikultureller Teams für die Unternehmenskultur

Gleichwohl in akademischen sowie in populärwisse[n]schaftlichen Beiträgen die Vorteile von multikulture[l]ler Teamarbeit hervorgehoben werden, müssen [die] Ergebnisse und Erkenntnisse differenziert betrach[tet] werden. Denn kulturelle Vielfalt ist ein zweischneid[i]ges Schwert. Es gibt auch zahlreiche Studien, die ein[en] statistisch signifikanten negativen Zusammenha[ng] zwischen kultureller Diversität und Effektivität bel[e]gen, beispielsweise durch Missverständnisse, Koord[i]nierungsprobleme, Frustration und eine geringe Koh[ä]sion unter den Beschäftigten (u. a. Kirkman et al. 200[?]; Watson et al. 1993). Obwohl davon ausgegangen wi[rd,] dass Kontextfaktoren einen Einfluss darauf haben, w[ie] der Zusammenhang zwischen Diversität und Team[-]prozessen sowie Teameffektivität erklärt werden ka[nn] (Bell 2007), ist nicht viel darüber bekannt, wie die

16

Kontextfaktoren – beispielsweise die Unternehmenskultur – ausgestaltet sein müssen (Stahl et al. 2010). In diesem Zusammenhang haben Aretz und Hansen bereits im Jahr 2003 eine für kulturelle Diversität spezifische Unternehmenskultur gefordert. Die Verschiedenartigkeit solle sich in den Leitbildern, Missionen und Werten der Organisation zeigen (Aretz u. Hansen 2003).

Folglich sehen sich Unternehmen vermehrt mit kultureller Diversität konfrontiert, für die sie entsprechende Rahmenbedingungen schaffen müssen. Unternehmen stehen vor der Herausforderung, eine Unternehmenskultur zu etablieren, die der multikulturellen Belegschaft Rechnung trägt. Dabei sind multikulturelle Teams als soziales System in das Unternehmen als übergeordnetes System eingebettet (Köppel 2007). Hierbei übernimmt die Unternehmenskultur die Rolle einer systemisch-strukturellen Führung im Sinne einer Wertesteuerung. Diese wird in den Verhaltensmustern der Beschäftigten erkennbar (z. B. die Anrede mit Vornamen oder mit Titeln, Rituale wie Betriebsausflüge und Kommunikationsverhalten mit Kunden und Lieferanten) sowie in konkreten Gestaltungsformen (z. B. die Büroausstattung, Architektur des Firmengebäudes, Parkplätze, verwendete Technologie und Logos) sichtbar (Wunderer 1996).

In diesem Zusammenhang beschreibt Cultural Diversity Management »die Gesamtheit der Maßnahmen, die zu einem vollständigen Wandel der Unternehmenskultur führen, in der die Unterschiedlichkeit anerkannt, wertgeschätzt und als positiver Beitrag zum Erfolg eines Unternehmens genutzt wird« (Aretz u. Hansen 2003, S. 13–14). Die Unternehmenskultur muss dabei Synergien unterstützen (Köppel 2007). In einem kulturellen Synergiemodell der Unternehmenskultur dienen die verschiedenen Kulturen als Ressourcen für die Entwicklung einer multikulturellen Organisation. Synergie kann dabei klar gestaltet werden, indem kulturelle Unterschiede bewusst identifiziert, Entwicklungspotenziale erkannt und daraus aktiv Maßnahmen abgeleitet und umgesetzt werden (Thomas 1993). Für die Führungskräfte von multikulturellen Teams bedeutet das, die Fertigkeiten ihrer Teammitglieder so zu nutzen und einzusetzen, dass die Teams erfolgreich die Team- und Unternehmensziele erreichen können, ohne dabei durch kulturbedingte Konflikte daran gehindert zu werden (Aretz u. Hansen 2003). Krell (2010) sieht in einem erfolgreichen Diversity Management das Ziel, einen Wandel von einer monolithischen zu einer multikulturellen Organisation zu schaffen, was bedeutet, Vielfalt als Chance zu begreifen und folglich mit den Grundannahmen des kulturellen Synergiemodells einhergeht.

Es erfordert demnach ein »gezieltes und erfolgreiches Cultural Diversity Management« (Aretz u. Hansen 2003, S. 13), um aus multikulturellen Teams Erfolgsteams zu machen. Es ist jedoch oft unklar, welche Maßnahmen Unternehmen konkret ergreifen können und müssen, um eine für multikulturelle Teams spezifische Unternehmenskultur zu schaffen. Vor allem bezüglich der Tatsache, dass multikulturelle Teams meist auch multilinguale Teams sind, gibt es bisher wenig empirisch begründete Implikationen für Unternehmen. An dieser Stelle setzt die empirische Untersuchung an.

16.3 Methodisches Vorgehen

Die empirische Forschung kennt unterschiedliche Wege, um zu Erkenntnissen zu gelangen. Das Forschungsziel dieses Beitrags liegt nicht darin, Kausalitäten oder Häufigkeiten zu erklären, sondern die Bedeutung, Herausforderung und Ausgestaltung der Unternehmenskultur für multikulturelle Teams zu explorieren und zu verstehen. Steht das Verstehen, die Offenheit und Exploration im Vordergrund, ist nur ein qualitatives Untersuchungsdesign sinnvoll (Lamnek 2010). Ziel der qualitativen Forschung ist es, die Wirklichkeit anhand der subjektiven Sicht der relevanten Forschungszielgruppe abzubilden und dadurch mögliche Gründe für deren Verhalten zu verstehen. Die Beteiligten haben dabei einen größeren Spielraum Relevantes im Kontext darzustellen, und bereits mit wenigen Fällen kann ein tiefer Informationsgehalt erzielt werden, ohne dabei repräsentative Aussagen machen zu wollen (Lamnek 2010). In diesem Sinne wird in dieser Studie den Befragten mithilfe von Interviews viel Freiraum für ihre eigenen Bedeutungsgehalte gegeben. Zusätzlich werden in einer teilnehmenden Beobachtung von Interaktionen im Feld Aspekte des Handelns sichtbar, die in Interviews oder Umfragen meist nicht zugänglich wären (Lüders 2012).

Die vorliegende empirische Studie setzt sich aus zehn Experteninterviews sowie 15 ethnografischen Interviews, fünf internen Experteninterviews und einer sechswöchigen teilnehmenden Beobachtung in einem Unternehmen zusammen. Alle Interviews wurden mithilfe eines halb-standardisierten Interviewleitfadens persönlich (face-to-face) durchgeführt, auf Tonband aufgezeichnet und vollständig transkribiert. Die Interviews haben eine Gesprächsdauer zwischen 30 Minuten und 2 Stunden 25 Minuten. Die durchschnittliche Dauer liegt bei circa einer Stunde. Bei der teilnehmenden Beobachtung ist der Beobachter in das soziale Geschehen integriert. Dabei unterscheidet man zwischen

⬛ Tab. 16.1 Stichprobe der Studie

	Beobachtungstage	Interviews[1]	Beschreibung
Team 1	10	5	Multikulturelles Team bestehend aus 14 Personen mit 8 verschiedenen Nationalitäten und 3 verschiedenen Muttersprachen
Team 2	10	6	Multikulturelles Team bestehend aus 10 Personen mit 5 verschiedenen Nationalitäten und 5 verschiedenen Muttersprachen
Team 3	10	4	Multikulturelles Team bestehend aus 9 Personen mit 4 verschiedenen Nationalitäten 3 verschiedenen Muttersprachen
Interne Experten (Betriebswissen)	0	5	Personalbetreuung, Personalentwicklung, Strategie, Audit Accounting
Externe Experten (Kontextwissen)	0	10	Coaches, Berater und Trainer multikultureller Teams in multinationalen Unternehmen
Total	30	30	

[1] Interviews enthält Experteninterviews sowie ethnografische Interviews mit Mitarbeitern und Führungskräften.

dem Teilnehmer als Beobachter (primär Teilnehmer der Feldsituation und sekundär Beobachter) und dem Beobachter als Teilnehmer (primär Beobachter und sekundär Teilnehmer). In der vorliegenden Studie wird die Rolle des Beobachters als Teilnehmer eingenommen, wodurch das Risiko in das beobachtete Feld sozialisiert zu werden (»Going-native«) und damit Selbstverständlichkeiten zu übersehen, vermindert wird (Lamnek 2010). Drei multikulturelle Teams wurden in einem multinationalen Unternehmen sechs Wochen lang bei ihrer täglichen Arbeit begleitet. Die Eindrücke der teilnehmenden Beobachtung wurden durch die Autorin direkt während der Beobachtung oder zeitnah danach in einem Forschungstagebuch festgehalten.

Bei den zehn Experten handelt es sich um interkulturelle Trainer, Coaches und Berater, die ein entsprechendes Expertenwissen über die Forschungs-Zielgruppe besitzen: multikulturelle Teams in multinationalen Unternehmen. Bei den 15 ethnografischen Interviews, fünf internen Experteninterviews und der sechswöchigen Beobachtung handelt es sich um eine eingebettete Einzelfallstudie (»embedded single case study«) über drei multikulturelle Teams in einem multinationalen Unternehmen der Finanzbranche, GlobalFinance (ein Pseudonym). Dabei kann im vorliegenden Fall von einem »common case« nach Yin (2014) gesprochen werden, im Sinne eines typischen multinationalen Unternehmens:

1. Das Unternehmen unterhält internationale Geschäftsbeziehungen,
2. es hat weltweit Niederlassungen in mehr als 20 Ländern,

3. es hat mehr als 2.000 Mitarbeiter und
4. es beschäftigt multikulturell diverse Teams, um den Marktanforderungen zu entsprechen.

Zu den Aufgaben der Studienteilnehmer gehören d Managen von Kundenbeziehungen, strategische Übe legungen, Analysetätigkeiten sowie Verwaltungsa beit. Die Stichprobe setzt sich wie in ⬛ Tab. 16.1 da gestellt zusammen:

Alle Daten wurden mit einem hybriden Ansatz a deduktiver und induktiver Kodierung der qualitativ Inhaltsanalyse (Mayring 2010; Schreier 2012) ausg wertet. Die Kodierung und Analyse der qualitativ Daten erfolgte mit Hilfe von MAXQDA 11.

16.4 Diskussion der Ergebnisse

Teams können weder ihren Prozess noch ihren Outp vollständig selbst steuern, sondern sie unterliegen einen großem Teil äußeren Einflüssen durch den org nisationalen Kontext (Gladstein 1984; Hackman 198 Eine wichtige Kontextvariable ist dabei die Unterne menskultur. Ein »gezieltes und erfolgreiches Cultu Diversity Management« (Aretz u. Hansen 2003, S. 1 verlangt dabei nach einer Unternehmenskultur, welc die Potenziale und Ressourcen der multikulturell Beschäftigten berücksichtigt. In der empirisch Untersuchung wurden von den Studienteilnehme immer wieder zwei Bestandteile einer förderlich Unternehmenskultur für multikulturelle Teams g nannt, die nachfolgend im Detail erläutert werden:

- Diversität als Bestandteil der Organisationsidentität
- Eine gemeinsame gelebte Unternehmenssprache

Des Weiteren werden jeweils die entsprechenden Konsequenzen für die Führung multikultureller Teams aufgezeigt und diskutiert.

16.4.1 Diversität als Bestandteil der Organisationsidentität

Eine wesentliche Herausforderung für Unternehmen ist es, gemeinsam geteilte Ziele, Werte, Normen und Praktiken zu schaffen, die das Verhalten der Beschäftigten in der erhofften Art und Weise bestimmen. Eine gemeinsam geteilte Unternehmenskultur kann die Arbeitszufriedenheit und den Erfolg maßgeblich beeinflussen. Die Unternehmenskultur bestimmt das Geschehen in der Unternehmung und hat damit auch einen direkten Einfluss auf die Interaktionsprozesse im Team (Steinmann u. Schreyögg 1997). Insbesondere für multikulturelle Teams ist dabei der Umgang der Organisation mit kultureller Unterschiedlichkeit entscheidend. Die Unternehmenskultur ist dabei als ein Element der Organisationsidentität zu verstehen (Whetten 2006). So wird als zentrale Voraussetzung für gut funktionierende multikulturelle Teamarbeit von verschiedenen Experten in den Interviews auf die Relevanz von Diversität als erklärtem Bestandteil der Organisationsidentität verwiesen:

» Grundsätzlich, wenn man jetzt auf die Entwicklung der Organisation schaut, ist erst mal die förderlichste Rahmenbedingung die Identität, die Diversität beinhaltet, das ist eigentlich das A und O.« (Externer Experte_08)

» (...) dass Diversity, die nicht nur quasi im Nachhinein eingeführt werden soll, sondern wo dann die Identität schon, wo Diversität als Bestandteil der Identität schon quasi ist.« (Externer Experte_02)

Die Unternehmenskultur wird auch als gelebte Organisationsidentität verstanden (Szyszka 2013). Ein Experte weist explizit darauf hin, dass es sich bei der Organisationsidentität nicht nur um eine erklärte Identität, sondern auch um eine gelebte Identität handeln sollte:

» (...) was wird im Unternehmen als positives anerkennungswürdiges Verhalten und Werte auch nicht nur transportiert, wie auch schön geschrieben, auch gelebt.« (Externer Experte_03)

Bei dem von den Experten geforderten Organisationstyp handelt es sich um eine multikulturelle Organisation (Cox 1991; Larkey 1996). In Abgrenzung zur monolithischen und pluralen Organisation hat dieser Organisationstyp die Value-in-Diversity-Hypothese zum Ideal. Das bedeutet, kulturdiverse Mitarbeiter sind komplett integriert und bekleiden auch höhere Positionen im Unternehmen. In der Konsequenz bekommen multikulturelle Teams die volle Unterstützung, kulturwertschätzend zu arbeiten (Cox 1991). Dieses sollte auch darin zum Ausdruck kommen, dass »mächtige« Personen im Unternehmen Verantwortung für Diversity Management übernehmen (Aretz u. Hansen 2003). Basierend auf diesem Ansatz und den Erkenntnissen aus der empirischen Feldforschung kann bei GlobalFinance von einer multikulturellen Organisation gesprochen werden. Zum einen beschreiben die Mitarbeiter in den Interviews kulturelle Diversität als »wichtige Säule in diesem Unternehmen« (Teammitglied_Team 1) und als »das ist das, was die Firma ausmacht« (Teammitglied_Team 2). Etwas spezifischere Hinweise zur Ausgestaltung des Organisationstyps multikulturelle Organisation bei GlobalFinance finden sich in den folgenden Aussagen zweier Interviewpartner:

» (Multikulturalität ist) sehr wichtig, gerade dadurch, dass wir eben versuchen unsere Kunden in ihrer Sprache und Mentalität zu betreuen.« (Teammitglied_Team 2)

» ... dass wir es auf vielen Positionen als Erfolgsfaktor sehen, wenn dort eben jemand sitzt, der eben einen kulturellen Background aus dem Land hat, das er betreut.« (Interner Experte_Personalbetreuung)

Folglich scheint auch das Personalmanagement bei GlobalFinance dem Merkmal »Kulturelle Diversität« besondere Aufmerksamkeit zu schenken. Die Begründung bezieht sich darauf, dass eine divers zusammengesetzte Belegschaft besser in der Lage ist, sich auf die kulturell unterschiedlichen Bedürfnisse und Wünsche der Kunden einzustellen (Cox u. Blake 1991). Unternehmen, die diese Kundenorientierungs-Perspektive einnehmen, haben bei dem Einsatz von kulturell diversen Mitarbeitern vor allem den Marktzugang im Auge (Ely u. Thomas 2001). GlobalFinance scheint demnach eher ein ökonomisch-ergebnisorientiertes Grundverständnis von Cultural Diversity Management zu vertreten. Diese Ausrichtung ist im Einklang mit den Ergebnissen einer großzahligen Fragebogen-Studie aus dem Jahr 2006, wonach deutsche Unternehmen den Nutzen von Cultural Diversity Management eher im Bereich internationaler Erfolg, Kundenorientierung und Marktzugang sehen (Köppel et al. 2007). Jedoch mahnt einer der interviewten Experten für multikulturelle Teamarbeit zu Recht, dass der Mensch als Ganzes integriert werden muss und nicht nur für seine kulturbedingte Kundenorientierung wertgeschätzt werden sollte:

> » Wenn Diversität Bestandteil unserer Organisationsidentität ist, dann dürfen wir nicht nur das Besondere der türkischen Mitarbeiter abzapfen, das heißt wir dürfen sie nicht nur als Experten für die türkische Community betrachten oder zum Netzwerken, sondern wir müssen sie mit reinnehmen als ganze Personen, völlig verschiedene Kompetenzen nutzen und eine davon ist für uns ihr türkischer Hintergrund, den wir nutzen können.« (Externer Experte_01)

▪ Konsequenzen für die Führung multikultureller Teams

Felfe und seine Kollegen (2014) verweisen darauf, dass Führungskräfte stärker als bisher den Anforderungen durch diverser werdende Belegschaften Rechnung tragen müssen. So ergeben sich auch durch die Diversität aus Kundenorientierungs-Perspektive Konsequenzen für die Führung multikultureller Teams. Ist die Diversität im Unternehmen aus einer Kundenorientierungs-Perspektive heraus in der Unternehmenskultur implementiert, so bedeutet dies, dass kulturell verschiedene Mitarbeiter vorranging zur Bedienung ausländischer Kunden und Märkte eingesetzt und wertgeschätzt werden (Köppel et al. 2007). Ein Fokus auf eine gute Zusammenarbeit einer kulturell diversen Belegschaft sowie entsprechende Strategien und Instrumente sind dabei in der Unternehmenskultur noch nicht verankert.

Folglich wird es in diesen Unternehmen zur Führungsaufgabe, sich auf die Mitarbeiterzufriedenheit und die Verringerung von kulturbedingten Konflikten zu fokussieren. Dabei haben Führungskräfte einen bedeutsamen Einfluss auf das Befinden und auch die Gesundheit der Beschäftigten (Busch u. Clasen 2014). Hier können die Elemente des ReSuDi-Programms für über- und innerbetriebliches Gesundheitsmanagement von Busch und Clasen (2014) für un- und angelernte multikulturelle Belegschaften auf ausgebildete oder studierte multikulturelle Belegschaften übertragen werden. Auch bei ausgebildeten oder studierten multikulturellen Belegschaften in multinationalen Organisationen ist es die Aufgabe der direkten Führungskräfte, ein gesundheitsförderliches und kultursensibles Führungsverhalten zu zeigen. Führungsverhalten ist dann kultursensibel, wenn die Führungskraft im ersten Schritt sich ihrer eigenen kulturellen Orientierung bewusst ist und im zweiten Schritt auch kulturellen Orientierungen ihrer Mitarbeiter berücksichtigt (Busch et al. 2014). Beispielsweise gibt es teilweise große kulturelle Unterschiede bezüglich der Akzeptanz von Hierarchie oder einer eher individualistischen oder kollektivistischen Orientierung. Dabei wirken Führungskräfte als Vorbild direkt auf die Beschäftigten ein, zum einen mit ihren Werten und ihrem Verhalten und zum anderen durch die Gestaltung kulturwertschätzender Arbeitsbedingungen (Busch u. Clasen 2014). Führungskräfte stehen vor der Herausforderung, ihr Interaktions- und Kommunikationsverhalten hinsichtlich wertschätzenden Feedbacks und aktiven Zuhörens zu verbessern, um situativ auf ihre verschiedenen Mitarbeiter einzugehen. Im Sinne einer kultursensiblen Führung sollten die Führungskräfte die Fertigkeiten ihrer Teammitglieder so nutzen und einsetzen, dass die multikulturellen Teams erfolgreich die Team- und Unternehmensziele erreichen können, ohne dabei durch kulturbedingte Konflikte daran gehindert zu werden. Führungskräfte haben des Weiteren die Möglichkeit, als Vorbild öffentlich und nachhaltig ihr Commitment zur kulturellen Diversität zu demonstrieren (Aretz u. Hansen 2003).

16.4.2 Gemeinsam gelebte Unternehmenssprache

Als wichtiger Teilbereich der Unternehmenskultur ist die Unternehmenssprache zu verstehen (Marschan-Piekkari et al. 1999; Thomas 2007). Unternehmenssprache meint die Sprache der offiziellen mündlichen und schriftlichen Kommunikation innerhalb des Unternehmens (Frederiksson et al. 2006). Bei Unternehmen mit einer multinationalen Belegschaft ist zu beachten, dass Sprache das Herz und Sinnbild von nationaler oder ethnischer Kultur repräsentiert, gleichwohl die Beziehung zwischen einzelnen Sprachen und Nationalitäten nicht immer eindeutig ist (Vaara et al. 2005).

Auf der Unternehmensebene ist die Unternehmenssprache eine oft unterschätzte Kraft im multinationalen Management (Marschan et al. 1997), denn nur eine gemeinsame Unternehmenssprache (»Common Corporate Language«) ermöglicht eine geteilte globale Unternehmenskultur (Marschan-Piekkari et al. 1999; Thomas 2007). Obwohl Englisch als lingua franca in multinationalen Unternehmen im Allgemeinen akzeptiert ist, haben laut einer aktuellen quantitativen Studie von multinationalen Unternehmen mit 800 Niederlassungen weltweit und Hauptverwaltungen in verschiedenen Ländern in etwa ein Viertel der befragten

ten multinationalen Unternehmen keine definierte Unternehmenssprache (Harzing u. Pudelko 2013).

Bei GlobalFinance sind Englisch und Deutsch die erklärten Unternehmenssprachen, d. h. die offizielle mündliche und schriftliche Kommunikation innerhalb des Unternehmens erfolgt auf Deutsch und auf Englisch. In der empirischen Feldforschung wurde deutlich, dass offizielle E-Mails, der Internet- und Intranetauftritt sowie die Strategiebroschüre in beiden Sprachen verfügbar sind. Dies ist typisch für europäische multinationale Unternehmen, die meist neben Englisch noch die Landessprache des Headquarters als zweite Unternehmenssprache führen (Harzing u. Pudelko 2013). Wie verschiedene interne Experten aus den Bereichen Personal und Strategie jedoch anmerken, gibt es keine gemeinsame »gelebte« Unternehmenssprache bei GlobalFinance:

> » Ich weiß nicht, also, offiziell/ Ich weiß es gar nicht. Also, es hieß ja mal Englisch ist die Unternehmenssprache, aber so richtig gelebt wird das ja nicht.« (Interner Experte_Personalentwicklung)

> » In der Realität nicht. Irgendwo steht, glaube ich mal, Unternehmenssprache ist Englisch, aber das ist ja nicht so.« (Interner Experte_Personalbetreuung)

> » Nein, es gibt keine Unternehmenssprache. Es gibt nicht die, es war mal angedacht, vielleicht Englisch als offizielle Unternehmenssprache einzuführen." (Interner Experte_Strategieabteilung)

Aus der Feldforschung wurde deutlich, dass durch die Unklarheit in Bezug auf die Unternehmenssprache bei GlobalFinance auch die Einstellungskriterien hinsichtlich englischer und deutscher Sprachkenntnisse nicht klar und eindeutig sind. Als Folge davon gibt es Mitarbeiter, die keine beziehungsweise sehr wenig Deutschkenntnisse und gute Englischkenntnisse mitbringen und Mitarbeiter, die zwar sehr gute Deutschkenntnisse, dafür aber schlechte Englischkenntnisse haben. Daher gibt es nicht »die eine Sprache«, die alle Mitarbeiter eint, sondern eine multilinguale Realität (»multilingual reality«), die typisch in europäischen multinationalen Unternehmen ist (Charles 1998). Diese Realität steht der Möglichkeit entgegen, eine einzige gemeinsame Unternehmenssprache zu implementieren. Grund dafür ist, dass vor allem in multinationalen Unternehmen eine gemeinsam geteilte Unternehmenssprache mit einer steigenden Produktivität der multinationalen Belegschaft verbunden wird, da eine gemeinsame Sprache die sprachdiverse Belegschaft eines Unternehmens vereinen kann (Crystal

2003). Damit leistet eine gemeinsame Unternehmenssprache einen wichtigen Beitrag zu einer gemeinsam geteilten Unternehmenskultur (Marschan-Piekkari et al. 1999; Thomas 2007).

- **Konsequenzen für die Führung multikultureller Teams**

Insbesondere wenn multikulturelle Teams auch multilingual sind und es keine einheitliche gelebte Unternehmenssprache gibt, wird es zur Führungsaufgabe, mit dieser multilingualen Realität umzugehen. Die Teammitglieder bei GlobalFinance reagieren auf die Abwesenheit einer einheitlichen gelebten Unternehmenssprache mit kontinuierlichen Aushandlungsprozessen der Sprache im Team:

> » Ich versuche immer die Gespräche oder auch die Teammeetings zu beginnen, weil dann kann ich in meiner Sprache (Deutsch) reden und dadurch kann ich dann quasi die Sprache des Meetings definieren, weil wenn ich erstmal anfange in Deutsch, dann bleibt das meist auch erstmal so. (...) das mache ich aktiv.« (Teammitglied_Team 1)

Für die Führungskräfte ist zu beachten, dass derjenige mehr Ressourcen in einer Diskussion zur Verfügung hat, der in seiner Muttersprache spricht und sich dadurch besser mitteilen kann (Harzing u. Feely 2008). Verschiedene Interviewpartner von GlobalFinance weisen darauf hin, dass sich in ihren multilingualen Teams Teammitglieder aufgrund fehlender Sprachfertigkeiten »zurückhalten in Diskussionen«, »sich ausgeschlossen fühlen«, »unsicher sind« und sogar annahmen, dass andere über sie denken, dass sie »weniger Bildung (haben), oder dumm (sind)«. Als Konsequenz können laut einem der interviewten Berater für multikulturelle Teamarbeit die Teammitglieder unglücklich werden und innerlich kündigen:

> » Also die sind dann unglücklich, weil sie sich entweder nicht einbringen können, oder weil sie sich ausgeschlossen fühlen. (...) und innerliche Kündigung und diese Sachen führen. Also dass man sich einfach distanziert von seiner Arbeit und sagt, naja wenn dies hier alles auf Englisch ist, kann kein englisch, mir doch egal.« (Externer Experte_1)

So wird durch die empirische Feldforschung deutlich, dass das Gefühl, aufgrund der Sprachfertigkeit ausgeschlossen zu werden, zu einer beeinträchtigten Motivation und sogar einem Gefühl der inneren Kündigung führen kann. Diese Mitarbeiter können nach der Einteilung von Badura und Walter (2014) als gesunde Mitarbeiter mit geringer emotionaler Bindung und reduzierter Leistung kategorisiert werden. Hier ist es ein zentrales Handlungsfeld für Führungskräfte, gesundheitsförderliche Arbeitsbedingungen für ihre Mitarbeiter zu schaffen, damit diese ihre volle Leistung abrufen können. Jedoch unterschätzen Führungskräfte oft ihren Einfluss auf die Gesundheit und Fehlzeiten ihrer Mitarbeiter (Strobel u. Stadler 2000). Es wird deutlich, dass multikulturelle Teams Führungskräfte brauchen, die in der Lage sind, mit der kulturellen Diversität im Allgemeinen und der Sprachdiversität im Speziellen umzugehen. Führungskräfte müssen die Herausforderung erkennen und entsprechende förderliche Arbeitsbedingungen gestalten, um eine geringe emotionale Bindung, eine beeinträchtigte Motivation und in der Folge eine reduzierte Leistung in diesen Teams zu vermeiden, um eine reibungslose Zusammenarbeit zu gewährleisten. Führungskräfte stehen dabei vor der Entscheidung, eigenständig eine gemeinsame Arbeitssprache in ihrem Team zu etablieren, beispielsweise in Anlehnung an ein »EU-speak« in Brüssel (eine Art einfaches Englisch, über welches sich alle verständigen können), oder sie gehen bewusst mit der Sprachdiversität um. Wird die sprachliche Ambiguität bewusst zugelassen, ist es eine Führungsaufgabe, die Teammitglieder dabei zu unterstützen und die Mehrsprachigkeit zu moderieren (Fredrikson et al. 2006). Dieses bedeutet, dass Führungskräfte es bewusst zulassen, dass Teammitglieder verschiedene Sprachen nutzen können, um sich Gehör zu verschaffen (Janssens u. Steyaert 2014). Solch ein Vorgehen erfordert eine sehr gute Kooperation zwischen der Führungskraft und den Mitarbeitern sowie zwischen den Teammitgliedern, die sich gegenseitig unterstützen und helfen müssen, während sie kooperativ mit dem Thema Sprache in ihrem Team umgehen. Die Führungskraft muss dabei darauf achten, Sprechzeiten für Teammitglieder mit einer geringeren Sprachkompetenz zuzuteilen, das Verständnis aller Mitarbeiter durch Wiederholungen des Gesagten sicherzustellen und gemeinsame Teamziele immer wieder hervorzuheben, um einen kooperativen Ansatz zur Sprachdiversität zu fördern (Tenzer u. Pudelko 2016).

16.5   Fazit

Multinationale Unternehmen stehen vor der Herausforderung, eine für kulturelle Diversität spezifische Unternehmenskultur zu etablieren. Dabei erfordert es ein gezieltes und erfolgreiches Cultural Diversity Management, um zu einem vollständigen Wandel der Unternehmenskultur zu gelangen (Aretz u. Hansen 2003), mit dem Ziel, aus multikulturellen Teams zufriedene, ge-

sunde und erfolgreiche Teams zu machen. In der vorliegenden empirischen Studie wurden dabei zwei Bestandteile einer förderlichen Unternehmenskultur im Sinne eines Cultural Diversity Managements beschrieben.

1. Diversität als Bestandteil der Organisationsidentität: Zum einen sollte Diversität ein fester und gelebter Bestandteil der Organisationsidentität sein. Dabei sollten Unternehmen es vermeiden, sich auf kulturelle Diversität nur aus einer Kundenorientierungs-Perspektive heraus zu konzentrieren. Ziel für Unternehmen mit einer kulturdiversen Belegschaft sollte ein Cultural Diversity Management mit dem Fokus auf einer Konfliktreduktion sein, durch das die Zufriedenheit und Gesundheit der Mitarbeiter gesteigert wird. Maßnahmen dafür sind:
   - »Mächtige« Personen im Unternehmen übernehmen Verantwortung für Diversity Management
   - Kulturell diverse Mitarbeiter sind komplett integriert und bekleiden auch höhere Positionen im Unternehmen
   - Führungskräfte als Vorbild demonstrieren öffentlich und nachhaltig ihr Commitment zur kulturellen Diversität und fördern diese materiell und immateriell
   - Führungskräfte werden in kultursensiblem Führungsverhalten geschult und berücksichtigen die verschiedenen kulturellen Orientierungen ihrer Mitarbeiter in ihrem Interaktions- und Kommunikationsverhalten

2. Eine gemeinsame gelebte Unternehmenssprache: Wichtiger Bestandteil einer förderlichen Unternehmenskultur sollte zum anderen eine gemeinsam geteilte Unternehmenssprache sein. Eine gemeinsam zugängliche Sprache kann die sprachlich diverse Belegschaft eines Unternehmens vereinen (Crystal 2003) und leistet damit einen wichtigen Beitrag zu einer gemeinsam geteilten Unternehmenskultur (Marschan-Piekkari et al. 1999; Thomas 2007). Fehlt eine Unternehmenssprache, haben die Führungskräfte die Aufgabe, entsprechende förderliche Rahmenbedingungen zu gestalten und mit der Sprachdiversität umzugehen. Entweder sie etablieren eine gemeinsame Arbeitssprache in ihrem Team oder sie gehen bewusst mit der Sprachdiversität um. Dabei ergeben sich verschiedene mögliche Maßnahmen für eine sprachsensible Führungskraft:
   - Eine gemeinsame Arbeitssprache etablieren (in Anlehnung an ein »EU-speak« in Brüssel, eine Art einfaches Englisch, über das sich alle verständigen können)

- Als Moderatoren leiten und lenken Führungskräfte die Mehrsprachigkeit ihrer Mitarbeiter, vor allem in Teamsitzungen
- Führungskräfte teilen Teammitgliedern mit einer geringeren Sprachkompetenz Sprechzeiten zu, damit auch sie sich Gehör verschaffen können
- Verständnis sicherstellen durch Wiederholungen des Gesagten auch in einfachen Worten, sowohl durch die Führungskräfte als auch durch die Mitarbeiter selbst
- Gemeinsame Teamziele immer wieder hervorheben, um einen kooperativen Ansatz zur Sprachdiversität zu fördern

Insgesamt gilt es, Cultural Diversity Management in allen Betrieben auszubauen und zu verbessern, um zu einem Wandel der Unternehmenskultur zu gelangen und multikulturellen Teams eine reibungslosere Zusammenarbeit zu ermöglichen, was sich positiv auf die Gesundheit und Zufriedenheit dieser Mitarbeiter auswirkt. Die empirische Untersuchung hat gezeigt, dass sich Teammitglieder, die der Unternehmenssprache nicht mächtig waren, dumm und ausgeschlossen fühlten. Menschen, die sich allein gelassen, enttäuscht oder missachtet fühlen, haben weniger Aufmerksamkeit und Energie für die eigentliche Arbeit, was zu gesundheitlichen Beeinträchtigungen wie Kopfschmerzen, depressiven Verstimmungen oder Schlafstörungen führen kann (Badura u. Walter 2014). Gerade hinsichtlich der Prognosen für die deutsche Bevölkerung kann in Zukunft eine noch stärkere kulturelle Diversität erwartet werden, sodass die Bedeutung dieses Themengebiets weiter zunehmen wird.

Literatur

Ancona DG, Caldwell DF (1992) Demography and design: Predictors of new product team performance. Organization Science 3:321–341

Aretz HJ, Hansen K (2003) Erfolgreiches Management von Diversity. Die multikulturelle Organisation als Strategie zur Verbesserung einer nachhaltigen Wettbewerbsfähigkeit. Zeitschrift für Personalforschung 17(1):9–36

Austin JR (1997) A cognitive framework for understanding demographic influences in groups. The International Journal of Organizational Analysis 5:342–359

Badura B, Walter U (2014) Führungskultur auf dem Prüfstand. In: Badura B, Ducki A, Schröder H, Klose J, Macco K (Hrsg) Fehlzeiten-Report 2014. Erfolgreiche Unternehmen von morgen – gesunde Zukunft heute gestalten. Springer, Berlin, S 149–161

Bell ST (2007) Deep-level composition variables as predictors of team performance: A meta-analysis. Journal of Applied Psychology 92(3):595–615

Busch C, Clasen J (2014) Multikulturelle Belegschaften. In: Badura B, Ducki A, Schröder H, Klose J, Macco K (Hrsg) Fehlzeiten-Report 2014. Erfolgreiche Unternehmen von morgen – gesunde Zukunft heute gestalten. Springer, Berlin, Heidelberg, S 93–102

Busch C, Cao P, Clasen J, Deci N (2014) Betriebliches Gesundheitsmanagement bei kultureller Vielfalt. Springer, Berlin, Heidelberg

Charles M (1998) Europe: oral business communication. Business Communication Quarterly 61(3):85–93

Cox T Jr (1991) The multicultural organization. Academy of Management Executive 5(2):34–47

Cox TH, Blake S (1991) Managing Cultural Diversity: Implications for Organizational Competitiveness. The Executive 5(3):45–56

Crystal D (2003) English as a Global Language. 2. Auflage. Cambridge University Press, Cambridge, UK

Ely RJ, Thomas DA (2001) Cultural diversity at work: The effects of diversity perspectives on work group processes and outcomes. Administrative Science Quarterly 46(2):229–273

Felfe J, Ducki A, Franke F (2014) Führungskompetenzen der Zukunft. In: Badura B, Ducki A, Schröder H, Klose J, Macco K (Hrsg) Fehlzeiten-Report 2014. Erfolgreiche Unternehmen von morgen – gesunde Zukunft heute gestalten. Springer, Berlin, Heidelberg, S 139–148

Frederikson R, Barner-Rasmussen W, Piekkari R (2006) The multinational corporation as a multilingual organization. Corporate Communications: An International Journal 11(4):406–423

Gladstein DL (1984) Groups in context: A model of task group effectiveness. Administrative Science Quarterly 29(4):499–517

Hackman JR (1987) The design of work teams. In: Lorsch JW (Hrsg) Handbook of organizational behavior. Englewood Cliffs NJ, S 315–342

Harzing AW, Feely AJ (2008) The language barrier and its implications for HQsubsidiary relationships. Cross Cultural Management: An International Journal 15(1):49–61

Harzing AW, Pudelko M (2013) Language competencies, policies and practices in multinational corporations: a comprehensive review and comparison of anglophone, asian, continental and nordic MNCs. Journal of World Business 48(1):87–97

Janssens M, Steyaert C (2014) Re-considering language within a cosmopolitan understanding: Toward a multilingual franca approach in international business studies. Journal of International Business Studies 45(5):623–639

Kassis Henderson J (2005) Language Diversity in International Managment Teams. International Studies of Management and Organization 35(1):66–82

Kauffeld S, Lehmann-Willenbrock N (2008) Teamdiagnose und Teamentwicklung. In: Jöns I (Hrsg) Erfolgreiche Gruppenarbeit – Konzepte, Instrumente, Erfahrungen. 1. Auflage. Gabler-Verlag, Wiesbaden, S 29–42

Kirkman BL, Tesluk PE, Rosen B (2004) The impact of demographic heterogeneity and team leader-team member demographic fit on team empowerment and effectiveness. Group & Organization Management 29(3):334–368

Köppel P (2007) Konflikte und Synergien in multikulturellen Teams. Virtuelle und face-to-face Kooperationen. Deutscher Universitäts-Verlag, Wiesbaden

Köppel P, Yan J, Lüdicke J (2007) Cultural Diversity Management in Deutschland hinkt hinterher. Bertelsmann Stiftung, Gütersloh

Krell G (2010) Personelle Vielfalt in Organisationen und deren Management. In: Badura B, Schröder H, Klose J, Macco K (Hrsg) Fehlzeiten-Report 2010. Vielfalt managen: Gesundheit fördern – Potenziale nutzen. Springer, Berlin, S 3–10

Krell G, Riedmüller B, Sieben B, Vinz D (2007) Einleitung – Diversity Studies als integrierende Forschungsrichtung. In: Krell G, Riedmüller B, Sieben B, Vinz D (Hrsg) Diversity Studies – Grundlagen und disziplinäre Ansätze. Campus Verlag, Frankfurt und New York

Lamnek S (2010) Qualitative Sozialforschung. 5., überarbeitete Auflage. Beltz Verlag, Weinheim und Basel

Larkey LK (1996) Toward a theory of communicative interactions in culturally diverse workgroups. Academy of Management Review 21(2):463–491

Lederle S (2007) Die Einführung von Diversity Management in deutschen Organisationen: Eine neoinstitutionalistische Perspektive. In: Zeitschrift für Personalforschung 21(1):22–41

Lüders C (2012) Beobachten im Feld und Ethnographie. In: Flick U, von Kardoff E, Steinke I (Hrsg) Qualitative Forschung. Ein Handbuch. Rowohlt, Reinbek bei Hamburg, S 384–401

Marschan R, Welch D, Welch L (1997) Language – The Forgotten Factor in Multinational Management. European Management Journal 15(5):591–598

Marschan-Piekkari R, Welch DE, Welch LS (1999) Adopting a common corporate language: IHRM implications. International Journal of Human Resource Management 10(3):377–390

Mayring P (2010) Qualitative Inhaltsanalyse. Grundlagen und Techniken, 11., aktualisierte und überarbeitete Auflage. Beltz Verlag, Weinheim und Basel

Podsiadlowski A (2002) Multikulturelle Arbeitsgruppen in Unternehmen. Bedingungen für erfolgreiche Zusammenarbeit am Beispiel deutscher Unternehmen in Südostasien. Münchener Beiträge zur Interkulturellen Kommunikation, Band 12. Waxmann Verlag, Münster

Rastetter D (2006) Managing Diversity in Teams. Erkenntnisse aus der Gruppenforschung. In: Krell G, Riedmüller B, Sieben B, Vinz D (Hrsg) Diversity Studies: Grundlagen und disziplinäre Ansätze. Campus Verlag, Frankfurt am Main, S 81–108

Schreier M (2012) Qualitative Content Analysis in Practice. Sage Publications, London

Stahl GK, Maznevski ML, Voigt A, Jonson K (2010) Unraveling the effects of cultural diversity in teams: A meta-analysis of research on multicultural work groups. Journal of International Business Studies:690–709

Statistisches Bundesamt (2015) Ergebnisse des Mikrozensus 2014. www.destatis.de. Gesehen 02 Dez 2015

Steinmann H, Schreyögg G (1997) Management. Grundlagen der Unternehmensführung. Konzepte – Funktionen Praxisfälle. Gabler Verlag, Wiesbaden

Strobel G, Stadler P (2000) Personalpflege und Personalverschleiß: Der Einfluss von Führungsverhalten auf psychische Belastungen von Mitarbeitern. Die BG – Fachzeitschrift für Arbeitssicherheit, Gesundheitsschutz und Unfallversicherung 7:396–401

Szyszka P (2013) Corporate Identity. In: Bentele G, Brosius H, Jarren O (Hrsg) Lexikon Kommunikations- und Medienwissenschaft, 2., überarbeitete und erweiterte Auflage. Springer VS, Wiesbaden, S 45–46

Tenzer H, Pudelko M (2016 im Druck) Leading across language barriers: The successful management of language induced emotions in multinational organizations. Leadership Quarterly

Thomas A (1993) Psychologie interkulturellen Lernens und Handelns. In: Thomas A (Hrsg) Kulturvergleichende Psychologie: Eine Einführung. Hogrefe, Göttingen, S 277–424

Thomas A (2000) Group Effectiveness. A Balance between Heterogenity and Homogenity. In: Stumpf S, Thomas A (Hrsg) Diversity and Group Effectiveness. Pabst Science Publishers, Lengerich, S 226–236

Thomas CA (2007) Language Policy in Multilingual Organizations. Working Papers in Educational Linguistics 22(1):81–104

Vaara E, Tienari J, Piekkari R, Säntti R (2005) Language and the Circuits of Power in a Merging Multinational Corporation. Journal of Management Studies 42(3):595–623

Watson WE, Kumar K, Michaelsen LK (1993) Cultural diversity's impact on interaction process and performance: comparing homogenous and diverse task groups, Academy of Management Journal 36:590–602

Whetten DA (2006) Albert und Whetten Revisited: Strengthening the Concept of Organizational Identity. Journal of Management Inquiry 15(3):219–234

Wunderer R (1996) Führung und Zusammenarbeit. Grundlagen innerorganisatorischer Beziehungsgestaltung. Zeitschrift für Personalforschung 10(4):385–409

Yin RK (2014) Case study research: Design and methods, 5. Auflage. Sage Publications, Thousands Oaks, CA

16

Diffundierende Grenzen von Organisationskulturen – die Rolle von Kundinnen und Kunden

E. Bamberg, J. Dettmers, G. Tanner

B. Badura et al. (Hrsg.) *Fehlzeiten-Report 2016*,
DOI 10.1007/978-3-662-49413-4_17, © Springer-Verlag Berlin Heidelberg 2016

Zusammenfassung *Diffundierende Grenzen von Organisationskulturen sind dadurch gekennzeichnet, dass sie nicht nur Organisationsmitglieder betreffen, sondern auch die Umwelt von Organisationen. Die Organisationsumwelt hat Rückwirkungen auf die Organisationskultur. Informationen aus der Umwelt werden aufgegriffen und dienen der Entwicklung oder Modifikation von Produkten, Dienstleistungen und Prozessen. Diffundierende Gesundheitskultur in Organisationen zeigt sich auch dadurch, dass gesundheitsbezogene Wirkungen von Arbeitsbedingungen über die Organisation hinausgehen und etwa Patienten, Kundinnen oder Zulieferer betreffen. Akteurinnen und Akteure aus der Organisationsumwelt, z. B. aus anderen Betrieben oder Behörden, liefern Anregungen für Arbeitsgestaltung und Gesundheitsmanagement in Organisationen. Im vorliegenden konzeptionellen Beitrag wird gezeigt, dass durch die Einbeziehung der Transaktion zwischen Organisationskultur und Organisationsumwelt eine gezielte Verbreitung von Gesundheitsmanagement möglich ist.*

17.1 Einleitung

Die globalisierte Arbeitswelt ist durch international sehr unterschiedliche Rahmenbedingungen gekennzeichnet. Dies betrifft etwa Arbeitsbedingungen, das soziale System und die Wahrung von Menschenrechten bei der Arbeit. Arbeitsunfälle kosteten in den letzten Jahren zahlreiche Arbeitnehmerinnen und Arbeitnehmer[1] das Leben. Das Arbeitsleben in einigen Regionen der Erde wirkt so perspektivlos, dass Selbsttötungen als einzige Lösung erscheinen. Diese Fälle sind nicht auf Entwicklungs- und Schwellenländer begrenzt, sie betreffen – wie das Beispiel eines französischen Telekommunikationsdienstleisters zeigt – auch Industrienationen (Bamberg 2013).

Wenn international agierende Unternehmen in Europa oder Deutschland qualitativ hochwertige Gesundheitsförderung praktizieren, so ist keineswegs gewährleistet, dass Unternehmensteile in anderen Regionen der Erde oder Zulieferer und kooperierende Unternehmen Sozialstandards realisieren. Kundinnen und Kunden in Industrienationen, etwa in Europa und in Deutschland, könnten durch ihr Kaufverhalten Betriebe unterstützen, die Sozialstandards verletzen. Es lohnt sich also, beim Thema Arbeit und Gesundheit und beim Gesundheitsmanagement nicht nur einzelne Betriebe, sondern Organisationen mit ihren internationalen Verflechtungen und die Wertschöpfungskette im Blick zu haben. Dies könnte auch die Reichweite von Gesundheitsförderung erhöhen.

Gesundheitsförderung und Gesundheitsmanagement (GM) haben eine lange Tradition. Sie sind vor allem mit dem betrieblichen Arbeitsschutz verknüpft; wichtige Impulse für GM liefern ferner Untersuchungen im Rahmen des Themengebiets Arbeit und Gesundheit. GM in der Arbeitswelt ist bislang im Wesentlichen auf intraorganisationale Faktoren und Prozesse konzentriert (vgl. z. B. die Beiträge in Bamberg et al. 2011). Der Vorteil dieser Fokussierung ist, dass konkrete Problembereiche in überschaubaren Handlungsfeldern bearbeitet werden können. Der Nachteil ist, dass dadurch beim GM viele Arbeitende vernachlässigt werden. Durch die Konzentration von GM auf Großbetriebe partizipieren Beschäftigte von Klein- und Mittelbetrieben selten an entsprechenden Maßnahmen. Dies betrifft auch Erwerbstätige in ausgelagerten Betriebsteilen oder Leiharbeitende. Durch Digitalisierung und damit verbundene räumlich getrennte Arbeit sind viele Arbeitsbedingungen für GM nur eingeschränkt zu-

---

1 Auf ausdrücklichen Wunsch des Autorenteams wird in diesem Beitrag auf die aus Gründen der besseren Lesbarkeit verwendete sprachliche Regelung der männlichen Schreibweise verzichtet.

gänglich. Arbeitende in anderen Ländern oder auf anderen Kontinenten werden beim GM kaum berücksichtigt. Die Verantwortung eines Unternehmens für GM scheint somit häufig vor dem (deutschen oder europäischen) Werkstor zu enden.

Um mit GM weitere Gruppen zu erreichen, ist es notwendig, die Umwelt von Arbeitsorganisationen stärker einzubeziehen. Dies betrifft in erster Linie die Wertschöpfungskette, also z. B. Zulieferer und Kundinnen und Kunden. Im Rahmen dieser Einbeziehung könnten Wirkungen von GM, die über den betrieblichen Kontext hinausgehen, genutzt werden; Einflussmöglichkeiten von Außenstehenden könnten aufgegriffen werden.

Im vorliegenden konzeptionellen Beitrag soll die Bedeutung der Organisationsumwelt für GM verdeutlicht werden, einschlägige Modelle und Ansätze sollen vorgestellt werden.

17.2 Organisationskultur und Gesundheitskultur

Unter Organisationskultur verstehen wir gemeinsame oder geteilte Grundannahmen, Werte und Normen in Organisationen. Drei Ebenen der Organisationskultur lassen sich unterscheiden (vgl. Schein 1984; Stremming 2009; Schnyder 1989):

1. Die Kulturebene umfasst Werthaltungen, Orientierungen, Wissen und Kognitionen. Dazu gehören auch gesundheitsbezogene Normen und Werte in Organisationen. Die Kulturebene enthält somit einen Orientierungsrahmen für gesundheitsbezogene Aktivitäten.
2. Die Instrumentalebene betrifft Maßnahmen zur Steuerung der Unternehmensprozesse, wie z. B. Managementsysteme und Leitbilder; Maßnahmen zur Steuerung von Gesundheitsförderung, wie z. B. Gesundheitszirkel, können ebenfalls der Instrumentalebene zugerechnet werden.
3. Die Prozessebene bezieht sich auf Handlungen und Entscheidungen der Organisationsmitglieder, wie z. B. Kommunikationsprozesse (Ducki et al. 2011; Stremming 2009). Wie die Themen Gesundheit und Gesundheitsförderung konkret kommuniziert werden, lässt sich der Prozessebene zuordnen.

Organisationskultur hat eine wichtige Funktion innerhalb der Organisation. Sie vermittelt den Organisationsmitgliedern Sinn und Orientierung. Sie bietet einen Rahmen für die Entwicklung und das Festlegen von Strategien und für die Durchführung von Maßnahmen.

Ein Charakteristikum von Betrieblicher Gesu_ heitsförderung und von Gesundheitsmanagement dass auf der Grundlage einer Gesamtkonzepti gesundheitsbezogene Maßnahmen geplant, durch_ führt und bewertet werden (Bamberg et al. 2011). C wird im Rahmen langfristiger Prozesse praktizie betriebliche Steuerungssysteme und Strukturen w den genutzt und auf das GM abgestimmt. Die Vera kerung von GM in Organisationen wird somit dur die Kultur in Organisationen geprägt. Die Organi: tionskultur bestimmt den Stellenwert von Gesun heit und gesundheitsbezogenen Maßnahmen in (Organisation, sie beeinflusst Planung und Ablauf v Prozessen der Gesundheitsförderung, die genere Ausrichtung von Maßnahmen, die Beteiligung der v schiedenen Akteursgruppen (Ducki et al. 2011). I gesundheitsbezogene Perspektive der Organisatio kultur kann als Gesundheitskultur bezeichnet werd Gesundheitskultur ist damit der Teil oder thematisc Bereich der Organisationskultur, der gesundhei relevante Inhalte betrifft. Entsprechend der oben nannten Unterscheidung können auch hier Kult ebene, Instrumentalebene und Prozessebene getrei werden.

17.3 Diffundierende Kulturen

Organisationskulturen generell – und auch Gesun heitskulturen – betreffen neben Organisationen au Organisationsumwelten. Aufgrund der wechselsei gen Wirkungen und Abhängigkeiten von Organis tionskultur und Organisationsumwelt lässt sich d als »diffundierende Kulturen« bezeichnen. Arbei bedingungen und die Kultur in der Organisation si nicht nur für die Organisationsmitglieder, sonde auch für Kundinnen, Klientinnen und Patientinn von gesundheitlicher Relevanz. Dormann und Kai (2002) etwa konnten zeigen, dass ein Zusammenha besteht zwischen Arbeitsbedingungen in Arztprax und Wohlbefinden der Patientinnen. Doch Organi: tionen haben noch weitergehende Wirkungen, die (Organisationsumwelt betreffen: Anwohnerinnen u Anwohner, Gewerbetreibende, Reisende – sie a können durch Organisationen beeinflusst werden. L Handwerksbetriebe, Behörden oder Schulen im Sta_ teil, die Betriebe in den Gewerbezentren – sie si Anlass für Freude oder Ärgernis der direkten Nutz und derjenigen, die in der Umgebung leben oder si dort aufhalten.

Neben der Wirkung von Organisationen auf ih Umwelt gibt es auch Einflüsse in die andere Richtu Die Entwicklung von Organisationen ist davon abhä gig, wie sie die Organisationsumwelt und Veränderungen der Organisationsumwelt wahrnehmen, selektieren, gestalten und für sich nutzen. Bereits in den 90er Jahren gab es Ansätze zur Entgrenzung von Unternehmenskulturen durch den Einbezug von Kundinnen, Kunden und Zulieferern (Ashkenas 1990). Darüber hinaus gibt es vor allem in der Innovationsforschung eine Reihe von Beispielen dafür, wie Organisationen Anregungen aus der Umwelt nutzen (vgl. zusammenfassend Bamberg et al. 2009): Im Rahmen von Open Innovation wird das Know-how von Außenstehenden für den Innovationsprozess genutzt. Außenstehende entwickeln Produkte, die in der Organisation produziert, vertrieben und vermarktet werden. Einige Betriebe nutzen *Lead User*, um Produkte zu optimieren oder um neue Produkte zu entwickeln (z. B. v. Hippel 1986). Anregungen aus der Umwelt können aber nicht nur Produkte betreffen, sondern auch Dienstleistungen oder Prozesse in Organisationen. Auf Anregung von Kundinnen und Kunden werden neue Dienstleistungen kreiert (z. B. wenn der Waschsalon ein Café eröffnet) oder betriebliche Prozesse optimiert. In diesen Fällen beeinflusst die Organisationsumwelt die Organisationskultur und die Kultur wird der Umwelt angepasst.

Eine besondere Rolle nehmen dabei die Organisationsmitglieder ein, die im direkten Kontakt mit den Akteurinnen und Akteuren der Organisationsumwelt stehen, sogenannte *Boundary Spanner* (Aldrich u. Herker 1977; Tushman u. Scanlan 1981). Als Boundary Spanner werden die Mitarbeiterinnen und Mitarbeiter bezeichnet, die an den Schnittstellen von Unternehmen agieren und dort für das Unternehmen wichtige Aufgaben übernehmen. Sie überbrücken die Grenzen (»Boundaries«) von Unternehmen und ermöglichen so den Fluss von Informationen und Kommunikation zwischen dem Unternehmen und seiner externen Umwelt. Beispiele für solche Personen sind Mitarbeiterinnen und Mitarbeiter im Vertrieb, Einkauf oder technischen Außendienst. Neben ihren regulären Sachaufgaben fungieren sie als »Information Gatekeeper« nach innen und nach außen und beeinflussen auf diese Weise, welche Informationen die Grenzen des Unternehmens überwinden und so Impulse für Veränderungsprozesse liefern. Als informationelle Boundary Spanner haben sie sowohl Zugang zu externen Informationsquellen als auch zu internen Netzwerken zur Weitergabe und Verbreitung von Wissen (Tushman u. Scanlan 1981). Boundary Spanning wird als wichtige Quelle für die Ermittlung von aktuellen und neuen Kundenbedarfen und -wünschen gesehen (Simon u. Tacke 1994). Des Weiteren haben Boundary Spanner eine repräsentative Funktion und maßgeblichen Einfluss darauf, welche Informationen von der Organisation nach außen gelangen und welche Wirkungen eine Organisation auf ihre Umwelt ausübt. Boundary Spanner verknüpfen organisationale Strukturen mit Elementen der Umwelt, indem sie Einflüsse vermitteln, puffern oder moderieren (Aldrich u. Herker 1977).

Die Möglichkeiten zur inhaltsreichen Kommunikation zwischen Beschäftigten und externen Akteurinnen und Akteuren (z. B. Kundinnen und Kunden) beeinflussen die Intensität des Austausches von Informationen zwischen Organisation und Organisationsumwelt (Jakobsen 2005). Dabei ist die Kontaktintensität abhängig von den tätigkeitsbedingten Abstimmungserfordernissen mit den externen Akteurinnen und Akteuren. Viele Unternehmen sind sich aber der wichtigen Funktion der Boundary Spanner wenig bewusst, sodass die Generierung, Nutzung und Weiterleitung von Informationen aus der externen Umwelt auf freiwillige Initiative der Mitarbeiter geschieht und von deren individuellem Aufgabenverständnis abhängt (Cross u. Prusak 2002; Dettmers 2009).

Auch wenn im Kontext von Organisationskultur die Bedeutung der Boundary Spanner bislang kaum berücksichtigt wurde, so kommt ihnen doch hohe Relevanz zu: Sie können gesundheitsbezogene Anregungen von außen aufgreifen und die Bedeutung von Gesundheit nach außen vertreten. Für eine Verbreitung von GM wird es hilfreich sein, Boundary Spanner gezielt einzubeziehen.

Zusammenfassend lassen sich diffundierende Kulturen wie folgt charakterisieren:

- Auch bei diffundierenden Kulturen sind verschiedene Ebenen zu trennen: die Kulturebene, die Instrumentalebene und die Prozessebene.
- Die Kultur und die Wirkungen von Kultur betreffen nicht nur Mitglieder von Organisationen, sondern auch die Organisationsumwelt sowie die Schnittstelle Organisation/Organisationsumwelt.
- Die Umwelt hat Rückwirkungen auf die Organisationskultur. Anregungen aus der Umwelt werden aufgegriffen und dienen der Entwicklung von Produkten, Dienstleistungen und Prozessen.
- Die Transaktion zwischen Organisationskultur und Organisationsumwelt kann von Organisationen und der Umwelt proaktiv genutzt werden, z. B. dadurch, dass Kultur nach außen kommuniziert wird oder dass Akteure der Organisationsumwelt Organisationen beeinflussen.
- Von entscheidender Bedeutung ist, wie die Grenzen zwischen beiden realisiert werden (Boundary Spanning).

Diffundierende Kulturen zeigen sich u. a. darin, dass Wirkungen von Arbeitsbedingungen und Gesundheitskultur über die Organisation hinausgehen und etwa Patientinnen und Patienten, Kundinnen, Kunden oder Zulieferer betreffen. Akteurinnen und Akteure aus der Organisationsumwelt, z. B. aus anderen Betrieben oder Behörden, liefern Anregungen für Arbeitsgestaltung und Gesundheitsmanagement in Organisationen. Es gibt zahlreiche Beispiele für diese Transaktion: So können Arbeitsbedingungen, die durch Belastungen oder Konflikte gekennzeichnet sind, zu Befindensbeeinträchtigungen der Patientinnen beitragen (s. o.), mangelnde Arbeitssicherheit kann auch für Zulieferer negative Folgen haben, positive Beispiele der Arbeitsgestaltung können Inspirationen für andere Betriebe liefern.

Beim GM wird die Transaktion zwischen Organisation und Organisationsumwelt bisher ansatzweise aufgegriffen. So werden z. B. Preise für Betriebliche Gesundheitsförderung, die heute etwa von Verbänden verliehen werden, von Betrieben zur Selbstdarstellung genutzt; betriebliche Netzwerke zum Gesundheitsmanagement werden gebildet; im Rahmen von *Codes of Conduct* oder durch Vorgaben formulieren Betriebe Anforderungen an sicherheitsgerechtes Verhalten von Zulieferern. Bei der Gestaltung und Realisierung einer solchen erweiterten Gesundheitskultur werden gesundheitsbezogene Werte entwickelt und verankert (Kulturebene); geeignete Strategien sind umzusetzen (Instrumentalebene); damit können konkrete Handlungen (Prozessebene) unterstützt werden.

Diffundierende Kulturen sind somit beim Thema Gesundheit auch heute schon praktisch von Bedeutung, sie werden aber konzeptionell nicht berücksichtigt. Anregungen für eine weitere systematische Nutzung dieser Ansätze liefern Konzepte zur sozialen Verantwortung.

17.4 Soziale Verantwortung

Im Kontext der Arbeitswelt wird soziale Verantwortung unter dem Begriff *Corporate Social Responsibility* (CSR) diskutiert. CSR umfasst nach einem breiten Verständnis »die Verantwortung von Unternehmen für ihre Auswirkungen auf die Gesellschaft« (Europäische Kommission 2011, S. 7). Soziale Verantwortung kann durch Individuen, Gruppen, Organisationen, oder durch Regierungen als Vertreter von Nationen realisiert werden. Entsprechend sind verschiedene Ebenen von CSR zu trennen (vgl. z. B. Aguinis u. Glavas 2012). Die individuelle Ebene, die Gruppenebene, die organisationale Ebene und die institutionelle oder überbetriebliche Ebene.

Unter dem Schlagwort CSR wird eine ganze Palette von Aktionsfeldern zusammengefasst. Umwelt- und Naturschutz in der Produktion, Human Resources

Management oder Arbeitssicherheit gehören da (Europäische Kommission 2001). CSR richtet sich na innen und betrifft die Organisationsmitglieder. In v len Fällen richtet sich CSR auch nach außen, z. B. da wenn es um die Unterstützung regionaler Projekte ge Wesentliche Unterscheidungskriterien für die versch denen Maßnahmen betreffen die Fragen, inwiew CSR mit betrieblichen Kernaufgaben verbunden und inwieweit die Vorhaben auf die jeweilige Orga sation beschränkt sind. CSR im Kontext betrieblich Kernaufgaben zeichnet sich durch eine Realisieru bei der Produktion von Gütern bzw. der Ausführu von Dienstleistungen aus. Dies kann sich auf die e sprechende Organisation begrenzen; es können al auch Zulieferer und Kooperationspartner einbezog werden. Wenn z. B. ein Textilbetrieb einen Umwe schutzverband finanziell unterstützt, dann sind sei Kernaufgaben zunächst nicht berührt. Wenn aber Ur weltschutz in der Produktion von Textilien realisi wird, dann entspricht dies der Kernaufgabe. Dies ka dann ausschließlich durch die betreffende Organis tion umgesetzt werden; es ist aber auch möglich, da für Zulieferer und Kooperationspartnerinnen u Kooperationspartner entsprechende Vorgaben gelte

Auch wenn in der betrieblichen Praxis Gesun heitsmanagement und CSR in der Regel unabhäng voneinander praktiziert werden – und häufig getren ten Abteilungen zugeordnet sind –, kann Gesundhei management als ein Aktionsfeld von CSR geseh werden (Europäische Kommission 2001). GM rich sich zunächst nach innen und betrifft die Organis tionsmitglieder. Wie bei CSR generell, so ist auch bei GM entscheidend, inwieweit die Maßnahmen mit d betrieblichen Kernaufgaben verknüpft sind. Dies zei sich für GM etwa im Stellenwert, den die Gestaltu guter Arbeit hat oder inwieweit GM mit ander Geschäftsprozessen verbunden ist. Doch vor alle hinsichtlich der Orientierung an der Organisatio umwelt liefert das Themenfeld soziale Verantwortu Inspirationen für diffundierende Gesundheitskulture

Vielfach wird hervorgehoben, dass CSR wenig aus humanistischen Gründen praktiziert wird, so dern vor allem dazu dient, die Ressourcen von Betri ben zu sichern (z. B. Gröneweg u. Matiaske 201 Entsprechend werden CSR zahlreiche positive Folg zugeschrieben (Golicic u. Smith 2013). Sie betreff Reputation und Attraktivität von Organisationen etv in den Augen von Investoren, potenziellen Beschäft ten und Kundinnen, den Gewinn von Organisation sowie Einstellungen und Verhalten der Organisatio mitglieder und hier besonders deren Engagement u Leistung (Aquinis u. Glavas 2012). Ob CSR praktizi wird und ob die intendierten Folgen erzielt werden, von einer Reihe von Faktoren abhängig. Neben den finanziellen und normativen Erwartungen der Organisationen und der Organisationsmitglieder gehören dazu vor allem der Einfluss und Druck der Organisationsumwelt. Dies betrifft die Stakeholder und dabei besonders die Konsumentinnen und Konsumenten.

17.5 Stakeholder, Consumer Social Responsibility und Supply Chain

CSR ist eng mit dem Begriff *Stakeholder* verknüpft. Im weitesten Sinne sind Stakeholder all diejenigen, mit denen Organisationen bei der Verfolgung ihrer Ziele kooperieren (Turker 2009). Turker (2009) trennt in Anlehnung an Wheeler und Sillanpaa (1997) je nachdem, ob direkter oder indirekter Kontakt besteht, zwischen primären und sekundären Stakeholdern. Mit ersteren, z. B. Kundinnen und Kunden, haben die Organisationen direkten sozialen Kontakt, bei letzteren ist der Kontakt eher indirekt, wie bei verschiedenen Interessengruppen.

Die Verbreitung von CSR ist davon beeinflusst, inwieweit sich Kundinnen und Kunden sozial verantwortlich verhalten. Der Begriff *Consumer Social Responsibility* (ConSR) umfasst entsprechend die moralischen Prinzipien und Standards, die das Verhalten von Konsumentinnen und Konsumenten beim Kauf und bei der Nutzung von Produkten und Dienstleistungen beeinflussen (Vitell 2015). Häufig beschränkt sich ConSR auf das individuelle Verhalten der Konsumenten als einer Untergruppe von Stakeholdern. In einer erweiterten Perspektive werden die verschiedenen Akteursgruppen, die auch in der Wertschöpfungskette eine Rolle spielen, einbezogen, d. h. die Konsumenten als Individuen (Mikroebene), Gruppen wie z. B. Familien (Mesoebene), Systeme wie z. B. Regierungen (Makroebene) und globale Systeme wie z. B. internationale Konzerne (Supramakroebene) (Caruana u. Chatzidakis 2014). In diesem weiteren Sinne gibt es keinen Unterschied mehr zwischen Konsumentinnen/Konsumenten und Stakeholdern. Caruana und Chatzikakis (2014) heben hervor, dass neben moralischen auch relationale und instrumentelle Motive sozial verantwortliches Kundenverhalten beeinflussen. Vor allem dann, wenn die Motive und Ziele der verschiedenen Akteurinnen und Akteure miteinander vereinbar sind bzw. übereinstimmen, liegen förderliche Bedingungen für CSR vor.

Eine systematische Einbeziehung von Stakeholdern kann über *Supply Chain Management* erfolgen. Dabei handelt es sich um eine strategische Koordination der Managementaufgaben innerhalb einer Organisation und zwischen den Organisationen der Wertschöp-

fungskette, um damit die Leistungen der einzelnen Organisation und der beteiligten Organisationen insgesamt zu verbessern (Golicic u. Smith 2013). In manchen Fällen ist der Anspruch dabei, die Nachhaltigkeit der Wertschöpfungskette zu verbessern (Pagell u. Wu 2009). Supply Chain Management kann mit Hilfe der traditionellen Mangementstrategien erfolgen, also z. B. im Rahmen von *Total Quality Management*. Des Weiteren sind Veränderungen der Wertschöpfungskette möglich, indem Mitglieder ausgetauscht werden oder der Mitgliederkreis erweitert wird, z. B. über die Einbeziehung von NGOs. Schließlich können im Supply Chain Management CSR-bezogene Ziele oder Prozesse gezielt verankert werden, z. B. indem CSR in die betriebliche Fort- und Weiterbildung integriert wird oder durch ein CSR-bezogenes Belohnungssystem. Inwieweit positive Wirkungen von Supply Chain Management auf soziale Verantwortung entstehen, ist ganz wesentlich davon abhängig, wie es praktiziert wird.

Bei Maßnahmen des Gesundheitsmanagements werden Kunden und Verbraucher bislang allenfalls am Rande berücksichtigt. Auch beim GM könnten aber verschiedene Gruppen von direkten und indirekten Beteiligten (Stakeholder) gezielt einbezogen werden, z. B. Verbraucher oder Interessengruppen. Dabei sind die unterschiedlichen Motive der Stakeholder gezielt zu berücksichtigen. Supply Chain Management könnte zur gezielten Förderung diffundierender Gesundheitskulturen beitragen.

Bislang fehlen systematische Aufarbeitungen zum GM, das diffundierenden Gesundheitskulturen Rechnung trägt. Es gibt aber durchaus einige Einzelbeispiele und Fälle, die sich übertragen lassen. Insbesondere im Bereich Arbeitssicherheit formulieren Betriebe bereits heute für ihre Kooperationspartner Vorgaben zum Verhalten in der Organisation und ergänzen diese in einigen Fällen durch gezielte Unterweisungen. Auch haben einige Betriebe für ihre Kooperationspartner *Codes of Conduct* entwickelt, die Standards der Organisation und des Arbeitsprozesses betreffen (z. B. zu sozialer Sicherheit oder zu Interaktionsprozessen in Unternehmen). Einige Betriebe stellen im Rahmen ihrer Öffentlichkeitsarbeit das von ihnen praktizierte Gesundheitsmanagement vor und können damit als *Model of Good Practise* für andere fungieren.

17.6 Zusammenfassung und Perspektiven

Neben der Umsetzung von Verordnungen und von gesetzlichen Regelungen geht es beim Gesundheitsmanagement darum, dass betriebliche Entscheidungsträger soziale Verantwortung gegenüber den Beschäftigten zeigen. Gesundheitsmanagement ist somit ein Handlungsfeld von (interner) CSR. Umfassendes GM ist in der Kultur einer Organisation durch gesundheitsbezogene Werte verankert (Kulturebene); es gibt Strukturen und Maßnahmen, die Gesundheitsmanagement unterstützen (Instrumentalebene), bei Entscheidungen und Verhalten spielt die Förderung der Gesundheit eine wichtige Rolle (Prozessebene).

Die verschiedenen Gruppen von Akteurinnen und Akteuren innerhalb einer Organisation haben für die Realisierung von Gesundheitsmanagement unterschiedliche Motive: Auch wenn z. B. die Geschäftsleitung das Wohlergehen der Beschäftigten im Blick hat, so ist sie auch daran interessiert, die Arbeitskraft der Beschäftigten zu erhalten und zu sichern und Krankenstände zu vermindern. Akteurinnen und Akteure des Arbeitsschutzes achten vor allem auf die Arbeitssicherheit. Für die Beschäftigten steht im Vordergrund, gemeinsam mit anderen die Gesundheit zu fördern. Bei den Akteurinnen und Akteuren von GM spielen somit instrumentelle, relationale und direkte gesundheitsbezogene Motive eine Rolle.

Die Grenzen von Organisationen sind heute bedeutend unschärfer als in der Vergangenheit. Damit verbunden ist, dass nur ein vergleichsweise geringer Teil der Arbeitenden am GM partizipieren kann. Eine Orientierung an der Gesundheit eines größeren Kreises der Arbeitenden setzt voraus, dass Maßnahmen zum GM weniger auf eine Organisation begrenzt sind und dass Stakeholder verstärkt einbezogen werden. Die Verletzung von Standards guter Arbeit könnte damit reduziert werden.

17.6.1 Diffundierende Gesundheitskultur

Bei einer gezielten Förderung diffundierender Gesundheitskulturen sind unterschiedliche Perspektiven zu berücksichtigen: Die Perspektive von der Organisation nach außen, die Perspektive von außen auf die Organisation sowie Kommunikationsprozesse zur Realisierung der Transaktion zwischen Organisation und Organisationsumwelt.

- **Perspektive von der Organisation auf die Organisationsumwelt**

Arbeitsbedingungen haben nicht nur Wirkungen auf die Arbeitenden, sondern auch auf Kundinnen und Kunden oder auf Zulieferer, zusammenfassend, auf die direkten Stakeholder. Belastende oder konfliktreiche Arbeitsbedingungen z. B. können zu Beeinträchtigungen des Wohlbefindens bei Kundinnen und Kund[en] beitragen. Probleme der Arbeitssicherheit tangieren diejenigen, die mit einem Betrieb zu tun haben – [sei] es direkt, da sie z. B. in Unfälle involviert sein könn[en] sei es indirekt, da Regelungen der Arbeitssicherh[eit] Modellfunktion für andere haben können.

GM hat des Weiteren Wirkungen auf die indirekt[en] Stakeholder. So kann GM in Betrieben Vorbildfunkti[on] für andere Betriebe haben; betriebliche Akteure kö[n]nen Netzwerke zum GM gestalten; Betriebe könn[en] durch Maßnahmen zur Gesundheitsförderung in [der] Umgebung beitragen. Maßnahmen zur Verbesseru[ng] der Qualität der Arbeit und zur Erhöhung der Arbei[ts]sicherheit sollten deshalb nicht an den Grenzen v[on] Organisationen enden. Ein Schwerpunkt von GM [ist] somit die Gestaltung der Schnittstelle zwisch[en] Organisation und Organisationsumwelt. Im Rahm[en] von Supply Chain Management sind die Arbeits[be]dingungen derjenigen zu gestalten, die an der Schni[tt]stelle als Beschäftigte in Organisationen arbeit[en.] Gesundheitsrelevante Bedingungen der Kundinn[en] und Kunden können etwa durch gezielte Berücksic[h]tigung der Boundary Spanner verbessert werden. [Sie] könnten z. B. – orientiert an Maßnahmen zur Fö[r]derung von Innovationen im Handwerk (Bamberg et [al.] 2009) – Beschäftigte in Dienstleistungsbetrieben gezi[elt] gesundheitsbezogene Erwartungen von Kunden sa[m]meln, um diese im betrieblichen Angebot aufzugreife[n.]

Indirekte Stakeholder könnten auch dadurch [in] das Gesundheitsmanagement einbezogen werde[n,] dass z. B. Kooperationen mit Verbänden institution[a]lisiert werden. Eine solche Kooperation in Verbänd[en] oder Netzwerken, die teilweise heute schon praktizi[ert] wird, kann der Verbreitung von Positivbeispielen [des] Gesundheitsmanagements dienen. Eine andere Mö[g]lichkeit (die auch heute schon punktuell realisie[rt] wird) ist, dass betriebliche Institutionen auch Auße[n]stehenden offen stehen. Betriebskindergärten et[wa] können auch von Externen genutzt werden. Dan[n] kann nicht nur die Work-Life-Balance von Organisa[]tionsmitgliedern, sondern auch die von Außenstehe[n]den verbessert werden.

- **Perspektive von der Organisationsumwelt auf die Organisation**

Stakeholder haben ihrerseits auf verschiedenen Weg[en] Wirkungen auf die Gesundheitskultur von Organisa[]tionen. Zum einen beeinflussen sie diese dadurch, da[ss] sie Bestandteil der Arbeitsbedingungen für Organisa[]tionsmitglieder sind. Je nachdem, ob z. B. Kundinn[en] und Kunden freundlich oder ärgerlich, gelassen od[er] hektisch, ordentlich oder chaotisch sind, ergeben si[ch]

17

unterschiedliche Anforderungen für diejenigen, die mit ihnen befasst sind. Stakeholder haben des Weiteren Einfluss auf die Organisationskultur. Diese wird zumindest partiell in Abhängigkeit von der Wirkung auf Stakeholder entwickelt. Auch können beim Gesundheitsmanagement Anregungen aus der Organisationsumwelt aufgegriffen werden. Stakeholder ermöglichen Anregungen und Ideen für Prozesse in der Organisation. In der Innovationsforschung wird der Einfluss möglicher Stakeholder auf organisationale Prozesse bereits berücksichtigt. Auf der Basis der Konzepte zu CSR lassen sich diese Strategien weiter ausbauen. Eine systematische Übertragung auf das GM steht noch aus. Bereits heute gibt es aber Konzepte und Maßnahmen, deren Ausgangspunkt die Organisationsumwelt ist: Beispiele sind etwa Kooperationen mit Behörden und Verbänden oder Netzwerke von Betrieben, die mit GM befasst sind – etwa dann, wenn eine Handwerkskammer für ihre Mitglieder die Durchführung von Gefährdungsbeurteilungen erprobt und das damit erarbeitete Wissen den Mitgliedsbetrieben zur Verfügung stellt und diese das Wissen nutzen können.

- **Unterstützung der Interaktion zwischen Akteuren der Organisation und der Organisationsumwelt durch Kommunikation**

Kundinnen und Kunden tragen durch ihr Kauf- und Nutzungsverhalten zur Entwicklung von Unternehmen bei. Ob sich die Realisierung von guter Arbeit und von Sozialstandards in der Wertschöpfungskette lohnt oder nicht, ist somit vom Verhalten der Kundinnen und Kunden abhängig. Informationen über ein Gesundheitsmanagement können dazu dienen, dass sich die Verbraucher bei ihrem Kaufverhalten mehr als bisher an Sozialstandards orientieren.

Diffundierende Gesundheitskultur beinhaltet Kommunikation zum GM nach innen und nach außen; d. h. dass Organisationen über ihre Aktivitäten zum GM, ihre Ziele, Erwartungen und Schwerpunkte sowie über ihre Gesundheitskultur informieren. Ziel ist somit, Wissen über die Praxis von GM in der Organisation und nach außen zu verbreiten, zur Teilnahme zu motivieren und die eigene Praxis des GM als Marktvorteil zu nutzen. Die Kommunikation von GM nach innen und nach außen bietet die Chance, Gesundheitskultur in der Organisation zu reflektieren – darüber sind Lernprozesse möglich.

Das Image eines Unternehmens beeinflusst die Auswahl der Kooperationspartner, den Kauf von Produkten oder die Nutzung von Dienstleistungen. Durch Öffentlichkeitsarbeit zum Gesundheitsmanagement kann das Verhalten der Stakeholder beeinflusst werden. Dabei können unterschiedliche Motive der Stakeholder, z. B.

gesundheitsbezogene, instrumentelle oder relationale Ziele, einbezogen werden. GM wird dann besonders große Realisierungschancen haben, wenn die verschiedenen Motivklassen der Akteure vereinbar sind.

17.6.2 Offene Fragen

Die Perspektive der diffundierenden Organisationen und der sozialen Verantwortung verweist auf mehrere Möglichkeiten, GM zu erweitern und damit auch zu stärken. Vorrang hat dabei die Einbeziehung von Stakeholdern. Es gibt aber eine Reihe offener Punkte, die wissenschaftlich und/oder praktisch geklärt werden sollten. Eine wesentliche Frage in diesem Kontext betrifft die unterschiedlichen Prozesse, die der Transaktion zwischen Organisation und Organisationsumwelt zugrunde liegen. Offen ist, wie Arbeitsbedingungen in Organisationen über die Organisationsmitglieder hinaus wirken, wie sie die Schnittstelle Organisation/Umwelt und die Umwelt beeinflussen und wie Rückwirkungen der Organisationsumwelt auf Organisationen bestehen.

Wenn etwa Patientinnen und Patienten oder Kundinnen und Kunden Arbeitsbedingungen in Organisationen wahrnehmen und erleben, dann könnte es sein, dass diese direkte Wirkungen auf ihr Wohlbefinden haben oder dass über soziale Ansteckungsprozesse Befindensbeeinträchtigungen des Personals zu Befindensbeeinträchtigungen bei den Patientinnen und Patienten führen. Wenn z. B. die Arbeit in einer ärztlichen Praxis durch ein erhebliches Ausmaß an arbeitsorganisatorischen Problemen gekennzeichnet ist, könnten die Patientinnen und Patienten direkt von diesen Problemen betroffen sein; es könnte auch sein, dass sie das Personal als sehr beansprucht erleben. Möglich ist auch, dass die Patientinnen und Patienten von unterschiedlichen Hinweisreizen beeinflusst werden (z. B. Ordnung in der Praxis, Ruf, den die Praxis bei Patientinnen und Patienten oder bei Bewertungsplattformen im Internet genießt). Fundiertes Wissen über grundlegende Prozesse der Wirkungen von Arbeitsbedingungen in Organisationen auf die Kundinnen und Kunden ist erforderlich, um zielgerichtet beeinflussen zu können.

Verbraucherinnen und Verbraucher sind bereit, Nachhaltigkeit, Umweltschutz oder Fair Trade als Kriterien beim Kauf von Produkten oder bei der Nutzung von Dienstleistungen zu berücksichtigen. Besonders mit Fair Trade werden sicherheits- und gesundheitsgerechte Arbeitsbedingungen, vor allem in Entwicklungsländern, angesprochen. Die Arbeitsbedingungen in europäischen, deutschen oder gar regionalen Betrieben beim Kauf- und Nutzungsverhalten zu berücksichtigen, ist dagegen eher die Ausnahme. Auch scheint es hier international unterschiedliche Ausgangsbedingungen zu geben. So variiert die Wichtigkeit von organisationalen GM-Aktivitäten aus Sicht der Kundinnen und Kunden stark zwischen verschiedenen Nationen; die Wichtigkeit von Aktivitäten für die Gemeinschaft variiert hingegen nicht über Nationen hinweg (Maignan u. Ferrell 2003). Eine ganz wesentliche Frage bleibt damit, wie die Kundinnen und Kunden motiviert werden können, sich beim Kauf von Produkten oder bei der Nutzung von Dienstleistungen an Guter Arbeit zu orientieren.

Literatur

Aldrich H, Herker D (1977) Boundary spanning roles and organization structure. The Academy of Management Review 2(2):217–230

Aguinis H, Glavas A (2012) What we know and don't know about corporate social responsibility – a review and research agenda. Journal of Management 38(4):932–968

Ashkenas RN (1990) A new paradigm for customer and supplier relationships. Human Resource Management 29(4):385–396

Bamberg E, Dettmers J, Marggraf-Micheel C, Stremming S (2009) Innovationen in Organisationen – der Kunde als König? Hans Huber, Bern

Bamberg E, Ducki A, Metz AM (Hrsg) (2011) Gesundheitsförderung und Gesundheitsmanagement in der Arbeitswelt. Ein Handbuch. Hogrefe Verlag, Göttingen

Bamberg F (2013) Psychologische Erkenntnisse in Tageszeitungen. Untersuchungen am Beispiel der Selbsttötungsserie in einem französischen Unternehmen. Springer VS, Wiesbaden

Caruána R, Chatzidakis A (2014) Consumer social responsibility (CnSR): toward a multi-level, multi-agent conceptualization of the ›other CSR‹. Journal of Business Ethics 121(4):577–592

Cross R, Prusak L (2002) The people who make organizations go – or stop. Harvard Business Review 80(6):104–112

Dettmers J (2009) »Ich bin doch kein Kellner!« – Das Kunden- und innovationsbezogene Aufgabenverständnis von Handwerkern. Dissertation an der Universität Hamburg

Dormann C, Kaiser DM (2002) Job conditions and customer satisfaction. European Journal of Work and Organizational Psychology 11(3):257–283

Ducki A, Bamberg E, Metz AM (2011) Prozessmerkmale von Gesundheitsförderung und Gesundheitsmanagement. In: Bamberg E, Ducki A, Metz AM (Hrsg) Gesundheitsförderung und Gesundheitsmanagement in der Arbeitswelt. Ein Handbuch. Hogrefe Verlag, Göttingen, S 135–153

Europäische Kommission (2001) Green Paper: Promoting a European framework for corporate social responsibility. http://europa.eu/rapid/press-release_DOC-01-9_en.pdf. Gesehen 24 Mai 2016

Europäische Kommission (2011) Mitteilung der Kommi an das Europäische Parlament, den Rat, den Europäis Wirtschafts- und Sozialausschuss und den Ausschus Regionen. Eine neue EU-Strategie (2011-14) für die sc Verantwortung der Unternehmen. http://eurlex.eu eu/LexUriServ/LexUriServ.do?uri=COM:2011:0681:FII PDF. Gesehen 24 Mai 2016

Golicic SL, Smith CD (2013) A meta-analysis of environmer sustainable supply chain management practices anc performance. Journal of Supply Chain Manage 49(2):78–95

Gröneweg C, Matiaske W (2012) Gullivers Fesseln – Corp Social Responsibility als Normbildung. Bericht Nr. Werkstatt für Organisations- und Personalforschung Berlin. http://www.econstor.eu/obitstream/10419/70 1/73372115X.pdf. Gesehen 24 Mai 2016

Hippel E von (1986) Lead users: a source of novel pro concepts. Management Science 32(7):791–805

Jacobsen H (2005) Produktion und Konsum von Diens tungen. Konsumenten zwischen Innovation und Rati lisierung. In: Jacobsen H, Voswinkel S (Hrsg) Der Kunc der Dienstleistungsbeziehung. Beiträge zur Soziol der Dienstleistungen (1. Aufl.). VS Verlag für Sozialwis schaften, Wiesbaden, S 15–36

Maignan I, Ferrell OC (2003) Nature of corporate respon lities: perspectives from American, French, and Ger consumers. Journal of Business Research 56(1):55–67

Pagell M, Wu Z (2009) Building a more complete theor sustainable supply chain management using case stu of 10 exemplars. Journal of Supply Chain Managem 45(2):37–56

Schein E (1984) Coming to a new awareness of organizatic culture. Sloan Management Review 25:3–16

Schnyder AB (1989) Unternehmungskultur: die Entwickl eines Unternehmungskultur-Modells unter Berücks tigung ethnologischer Erkenntnisse und dessen Anw dung auf die Innovations-Thematik. Lang, Frankfurt/M

Simon H, Tacke G (1994) Management – Lernen von Kunder Simon H, Schwuchow K (Hrsg) Management-Lernen Strategie. USW – Schriften für Führungskräfte. Schae Poeschel, Stuttgart, S 159–172

Stremming S (2009) Innovativität – alles eine Frage der Kul In: Bamberg E, Dettmers J, Marggraf-Micheel C, Stremm S (Hrsg) Innovationen in Organisationen. Der Kunde König. Hans Huber, Bern, S 79–120

Turker D (2009) Measuring corporate social responsibilit scale development study. Journal of Business Eth 85(4):411–427

Tushman ML, Scanlan TJ (1981) Boundary spanning individu their role in information transfer and their anteced Academy of Management Journal 24(2):289–305

Vitell SJ (2015) A case for consumer social responsibility (CnS including a selected review of consumer ethics/so responsibility research. Journal of Business Eth 130(4):767–774

Wheeler D, Silhanpää M (1997) The stakeholders corporati A blue print for maximizing stakeholder value. Pitm Publishing, London

Praxisbeispiele

Wertekommunikation und Gesundheit am Beispiel der Berliner Agentur SHORT CUTS

M. Permantier

B. Badura et al. (Hrsg.) *Fehlzeiten-Report 2016*,
DOI 10.1007/978-3-662-49413-4_18, © Springer-Verlag Berlin Heidelberg 2016

Zusammenfassung *Psychosoziale Gesundheit ist stark von Unternehmenskultur geprägt. Unternehmenskultur – so die These unserer Agentur SHORT CUTS – kann nicht ausschließlich in wirtschaftlichen Kategorien abgebildet werden. Corporate Culture ist für uns ein strategischer Prozess, bei dem wir mit der Kommunikation von Werten Visionen entwickeln und so gleichzeitig die Grundlage für eine nachhaltige Unternehmensführung schaffen. Dafür wurde SHORT CUTS 2014 von Great Place To Work® in der Kategorie »Beste Arbeitgeber Berlin-Brandenburg« prämiert. Wir skizzieren kurz einen Überblick zum organisationspsychologischen Begriff »Unternehmenskultur«. Anschließend beschreiben wir die Veränderungsprozesse, die wir innerhalb unserer Agentur durchlaufen haben, um unsere Werte zu definieren und zu verwirklichen. Als Tool zur Annäherung an die eigenen Werte haben wir unser Modell der »Wertekommunikation« entwickelt – bestehend aus dem »Wertetarget« und der »Werteevolution«. Mit diesem Metamodell lassen sich Werte verorten und differenzieren. Gleichzeitig betont es, dass Unternehmenswerte abhängig von der Persönlichkeitsentwicklung der Führungskräfte sind.*

18.1 Einleitung

Kennen Sie das Problem? Sie bemühen sich um die Stärkung Ihrer Unternehmenskultur, indem Sie zum Beispiel Yoga für Ihre Mitarbeiter anbieten, haben aber den Eindruck, dass etwas fehlt? Unsere Agentur SHORT CUTS stand vor diesem Problem. Zur Lösung haben wir unser Marketingmodell der Wertekommunikation auf unseren internen Veränderungsprozess übertragen, zunächst unsere gemeinsamen Stärken und Schwächen analysiert und die Verbindung von Werten und Unternehmenskultur untersucht.

Während der Umgestaltung beschäftigten wir uns auch damit, was Gesundheit für uns bedeutet. Gesundheit ist zum einen die physische Unversehrtheit. So stellen wir in der Agentur für alle Mitarbeiter höhenverstellbare Tische, einen Massagestuhl sowie Saft und Obst. Sie umfasst für uns zusätzlich das geistige Wohlbefinden im Sinne psychosozialer Gesundheit. Wichtig als Voraussetzung für eine positive psychosoziale Gesundheit ist, dafür einen empathischen Raum im Unternehmen zu schaffen. Dieser Aspekt ist für uns eine Frage nach Werten und Unternehmenskultur und kann nur gelingen, indem man sich mit ihnen auseinandersetzt. Nach einführenden Überlegungen zum Thema Unternehmenskultur und zur Umsetzung in die Praxis am Beispiel unserer Agentur stellen wir Ihnen das Tool vor.

18.2 Kurzüberblick Unternehmenskultur

Die strategische Gestaltung der Unternehmenskultur ist bei Veränderungsprozessen zum *Must-have* für Firmen geworden und zum Unterscheidungsmerkmal gegenüber der Konkurrenz. Grundlage für die strategische Betrachtung der Unternehmenskultur bildet der seit den 80er Jahren im angelsächsischen und wenig später auch im deutschsprachigen Raum akzeptierte Zusammenhang, dass Unternehmenskultur Einfluss auf die Attraktivität und den wirtschaftlichen Erfolg von Organisationen hat. Nach Aussagen des Organisationspsychologen Edgar H. Schein ist Unternehmenskultur ein Muster gemeinsamer Annahmen. Dieses Muster wird »an neue Mitglieder als rational und emotional korrekter Ansatz für den Umgang mit Problemen weitergegeben« (Schein 2004, zit. n. Homma et al. 2014). Dabei ist Unternehmenskultur nicht mit dem Betriebsklima gleichzusetzen. Während letzteres temporäre Stimmungen bezeichnet, werden mit Unternehmenskultur die zugrunde liegenden Werte, Einstellungen und Verhaltensweisen beschrieben. Dabei ist die entscheidende Größe, wie flexibel das Unternehmen es schafft, auf interne und externe Veränderungen und Bedürfnisse zu reagieren.

Drei *externe* Faktoren werden in Deutschland zunehmende Bedeutung erhalten: Die demografische Entwicklung wird in den folgenden Jahren zu einem Fachkräftemangel führen. Mit dem Eintritt der Generation Y in den Arbeitsmarkt, der Selbstverwirklichung nicht nur im Beruf, sondern in allen Lebensbereichen wichtig ist, kommt es zu wertegeprägten Konflikten in Unternehmen. Zusätzlich bleiben Themen des gesellschaftspolitischen Genderdiskurses wie gleiche Bezahlung und die Debatte um eine Frauenquote aktuell (Homma u. Bauschke 2015).

Im Hinblick auf *interne* Faktoren ist ein verstärktes Interesse am Zusammenhang von Unternehmenskultur und Mitarbeitergesundheit festzuhalten. In der Arbeitswelt haben sich Belastungen der Arbeitnehmer verschoben von physischen Gefahren hin zu psychosozialen Belastungen. Dadurch sind Kosten für Burnout sowie Stress zu einem entscheidenden wirtschaftlichen Faktor angewachsen. Als Gegenmaßnahme implementieren Organisationen zunehmend Präventionsprogramme. Zu den drei Hauptfaktoren für psychische Fehlbelastungen zählt neben Zeitdruck und Arbeitsplatzunsicherheit schlechtes Führungsverhalten (Franke et al. 2011, S. 375, zit. n. Homma et al. 2014, S. 146). Diesbezüglich konstatieren Wilde et al. eine Lücke: »Auf diesem Gebiet ist noch Aufklärungsarbeit erforderlich, da Führungskräfte sich ihres Einflusses auf die (psychosoziale) Gesundheit der Mitarbeiter häufig nicht bewusst sind« (Wilde et al. 2009, S. 82, zit. n. Homma et al. 2014, S. 141). Menschen treten Organisationen bei, aber sie verlassen Führungskräfte. Dem gehen oft ein langer Leidensweg und eine innere Kündigung voraus.

18.2.1 Fragestellung und These

Uns stellt sich die Frage, ob mit einer Verantwortungsübertragung auf das Individuum mittels Präventionsprogrammen und einem ökonomischen Blick auf die Krankenstatistik nicht lediglich Symptome bekämpft werden. Wir haben uns gefragt, was diese Statistik genau abbildet: Sind geringe Fehlzeiten ein Beweis für motivierte Mitarbeiter in einer – idealtypisch gedachten – angstfreien, dialogorientierten Arbeitsatmosphäre oder lediglich Abbild einer effizienzgetriebenen Logik? Mit dieser zugespitzten Fragestellung wollen wir auf eine Blindstelle der meisten Unternehmen ver-

weisen; der Frage nach ihrem Sinn.[1] Wir glauben, d sinnstiftend gelebte Werte, mit denen sich die M arbeiter identifizieren, entscheidend zur Gesundh beitragen.

Die Gestaltung der Unternehmenskultur als Kc zept kann dafür sensibilisieren, das Thema Gesundh und Werte breiter zu denken. Sie kann nicht a schließlich – so unsere These – in wirtschaftlich Kategorien abgebildet werden. Wir sind der Überze gung, dass Unternehmenskultur ein Gut darstellt, (anders beschrieben werden muss. Mit unserem Mod der Wertekommunikation stellen wir zur Debatte, d die psychosoziale Gesundheit Ihrer Mitarbeiter dav abhängt, wie sehr die Wertevorstellungen Ihrer Mit beiter mit denen der Führungskräfte und Ihrer Firr übereinstimmen.

Aus diesem Grund werden wir in unserem Arti nicht mit Statistiken zu Effizienzkriterien wie d Krankenstand argumentieren. Diese Entscheidu entspringt keiner substanzlosen Antihaltung. ‹ gründet in der Überzeugung, dass sich die Art u Weise, wie wir Organisationen führen und ausgest ten, ändern sollte.

18.3 Praxis: ein kurzer Abriss der Unternehmenskultur bei SHORT CUTS

18.3.1 Erster Veränderungsprozess: Umzug

Martin Permantier und Dirk Studzinski gründet 1995 die Agentur SHORT CUTS. Zu Beginn besta unsere Agentur aus wenigen Mitarbeitern. In den le ten Jahren sind wir innerhalb kurzer Zeit von 15 a über 30 Mitarbeiter angewachsen – ein quantitativ Sprung, der nicht nur einen Umzug in größere Räu erforderte, sondern auch eine Umstrukturierung, wir auf einmal familiären Strukturen entwachs waren. Mit dem Umzug 2011 aus dem ehemalig Büro in Berlin-Mitte in die derzeitigen Räume in d

---

1 Natürlich müssen Unternehmen in erster Linie ökonomisch denken und handeln. Wenn Mitarbeiter permane unter Arbeitsplatzunsicherheit leiden, mag eine Fokussierung auf weiche Faktoren zynisch wirken. Uns geht e um einen veränderten Blickwinkel auf den Zweck von Unternehmen. Wenn ein Unternehmer in einer struktur schwachen Region eine Firma ansiedeln möchte, klingt das zunächst nach Harakiri: Ausreichend Erfahrung und psychische Stabilität vorausgesetzt, wird er neben seine ökonomischen Motivation eine weitere haben, die sein Projekt für ihn sinnstiftend leitet.

Sarotti-Höfen in Berlin-Kreuzberg etablierten wir zugleich eine zweite Führungsebene, um skalierbare Strukturen zu schaffen.

- **Was ist Unternehmenskultur (Corporate Culture) für uns?**

Damit einher ging die Verständigung über unsere Unternehmenskultur, um uns auf ein gemeinsames Führungsverständnis zu einigen. Mit fünf Fragestellungen konnten wir uns als Geschäftsführer unserem Verständnis von Unternehmenskultur nähern:

- Mission: Worum geht es?
- Vision: Wo wollen wir hin?
- Strategie: Welchen Weg wollen wir gehen?
- Werte: Was sind unsere Kernwerte?
- Leitsätze: Wie wollen wir den Weg gehen?
- **Führungsverständnis: Was ist unser gemeinsames Führungsverständnis?**

Corporate Culture ist für uns ein strategischer Prozess, bei dem wir mit der Kommunikation von Werten Visionen entwickeln und so gleichzeitig die Grundlage für eine nachhaltige Unternehmensführung schaffen. Wir verstehen Unternehmenskultur als Verwirklichung von Werten.

18.3.2 Wettbewerb von Great Place To Work® – Auszeichnung 2014

Drei Jahre später bot sich uns die Gelegenheit, unseren Status quo extern evaluieren zu lassen. Wir wollten unsere Maßnahmen, die wir zur Stärkung unserer Unternehmenskultur umgesetzt hatten, im Spiegel von anderen sehen. Auf Anregung eines befreundeten Unternehmers meldeten wir uns zum Wettbewerb von Great Place To Work® (GPTW) an. Diese Teilnahme umfasste verschiedene Schritte: Unsere Mitarbeiter konnten uns als Geschäftsführung mittels eines anonymen Fragebogens nach Schulnoten bewerten. Als Medium diente die Blackbox, über die die Initiatoren herausfinden wollten, ob die Wünsche unserer Mitarbeiter in Bezug auf eine gesunde Unternehmenskultur umgesetzt wurden. Die Blackbox – eine kleine schwarze Schachtel – stellten wir in unserer Agentur auf. Jeder Mitarbeiter konnte den von GPTW gestellten Fragebogen ausfüllen und anonym einwerfen. Darüber hinaus führten die Forscher von GPTW mit unseren Mitarbeitern qualitative Interviews zu zentralen Arbeitsthemen wie Vertrauen, Identifikation, Teamgeist, berufliche Entwicklung, Vergütung, Gesundheitsförderung sowie Work-Life-Balance. Diese wurden anonym ausgewertet. Mit unserer Strategie konnten wir die Jury überzeugen, die uns in der Kategorie »Beste Arbeitgeber Berlin-Brandenburg« prämiert hat.

18.3.3 Publikation »Corporate Culture«

Die Teilnahme an diesem Wettbewerb beinhaltete eine Zusammenstellung aller Maßnahmen, die wir bei SHORT CUTS bereits im Vorfeld eingeführt hatten. Daraus entstand der Wunsch, diese übersichtlich in einem Buch zu bündeln und als Inspirationsquelle zu publizieren. In dem Buch »Corporate Culture« (SHORT CUTS 2015) findet sich ein Überblick darüber, was wir unter Unternehmenskultur verstehen und mit welchen Instrumenten wir die strategische Suche danach gestaltet haben. Die folgenden Erläuterungen sind ein Auszug daraus.

- **Teamstrukturen**

Mit unserem Umzug haben wir unsere Struktur neu organisiert. Ausschlaggebend war dabei, wieder familiäre Strukturen zu schaffen, da diese vertrauensvolles und verbindliches Zusammenarbeiten begünstigen. Wir bildeten fünf Teams, die klar abgesteckte Aufgaben bearbeiten. Alle fünf Einheiten Design 1, Design 2, Design 3, Web und Kommunikation bestehen aus maximal zehn Mitarbeitern, die um den Kunden organisiert sind. Grundlegend bei dieser Umstrukturierung war es für uns, die Eigenverantwortung und Entscheidungskraft aller Mitarbeiter beizubehalten, um flexibel und schnell mit Kunden interagieren zu können.

- **Partnerschaftliche/s Kommunikation/ Handeln**

Zugleich ermöglichen uns diese Kleinstrukturen, unseren Mitarbeitern mehr Eigenverantwortung zu geben. Darunter verstehen wir nach Gretchen Spreitzer die vier Dimensionen psychologischen Empowerments: Kompetenz, Bedeutsamkeit, Selbstbestimmung und Einfluss (Spreitzer 1995).[2] In diesem Sinn bedeutet Unternehmenskultur für uns nicht einmalige (sichtbare) Veränderungen, sondern einen Prozess – metaphorisch gesprochen ist Corporate Culture *gelebte* Corporate Identity. Diese kann nur durch einen respektvollen Umgang miteinander ent- und bestehen, der voraussetzt, dass sich alle Mitarbeiter inklusive der Geschäftsführung darauf einlassen, das eigene (kom-

---

2 Eine jüngere Untersuchung im deutschsprachigen Bereich zu diesen vier Dimensionen liefert der Wirtschaftspsychologe Carsten C. Schermuly (2015).

munikative) Handeln zu reflektieren. Ziel ist für uns ein Kommunikationsstil, der auf eine positive Entwicklung der Persönlichkeit und der Arbeit ausgerichtet ist.

Dazu haben wir verschiedene Tools entwickelt. So nehmen sich beide Geschäftsführer einmal im Jahr Zeit für ein Vier-Augen-Gespräch mit jedem Mitarbeiter über Themen, die er selbst gesetzt hat. Uns interessiert die intrinsische Motivation, über die wir im Gespräch das Stellenprofil flexibel an die jeweiligen Stärken anpassen wollen. Möchte jemand mehr Kundenkontakt oder sich im Webbereich weiterbilden, suchen wir gemeinsam nach Möglichkeiten. Konkret werden Arbeitssituation, Zusammenarbeit mit den Kollegen, Aufgaben, Wachstum und Visionen für das folgende Jahr besprochen. Außerdem laden wir zu einem kritischen Blick auf unsere eigene Arbeit als Geschäftsführer sowie auf Prozesse im Unternehmen ein. Aus diesen Treffen leiten wir Maßnahmen ab und legen die internen Ziele für das kommende Jahr fest. So sind die Maßnahmen zur Einführung eines freien Obstkorbes, der Kauf eines Massagestuhles oder die Einführung von höhenverstellbaren Tischen direkt aus den Anregungen der Mitarbeiter entstanden. Als weitere Tools nutzen wir unter anderem interne Weiterbildungen, Konfliktmanagement und Komplimente zu Weihnachten. Gute Leistung kann nur entstehen, wenn die intrinsische Motivation der Angestellten gesehen und – in Übereinstimmung mit den Unternehmenszielen – gefördert wird.

- **Architektonische Neuerungen**

Wir sind der Überzeugung, dass raumbezogene Designkonzepte als alltägliche Substanz nicht nur das eigene Firmenimage fördern, sondern vor allem die interne Kultur. Wir haben den Fabrikcharakter der ehemaligen Schokoladenfabrik erhalten sowie zusätzlich auf hochwertiges und gesundheitsförderndes Interrieur Wert gelegt. Mit einer offenen Raumgestaltung schufen wir die architektonischen Voraussetzungen für offene Kommunikation. Darüber hinaus integrierten wir über das gesamte Büro *Local Spots*; Orte wie die Bar, den Besprechungsraum, die Lounge und die Küche, an denen spontan Austausch entstehen kann. Gleichzeitig gibt es Nischen für kleinere Meetings oder zum Rückzug. Im Interieur spiegelt sich zudem die Politik der offenen Türen wider. So gibt es – bis auf die Eingangstür – keine verschließbaren Türen und auch bei der Geschäftsleitung sind die Türen geöffnet, sodass hierarchieübergreifender Dialog möglich ist. Auch Veränderungsvorschläge können direkt vorgebracht werden. Bei der Auswahl der Materialien haben wir ergonomische Aspekte berücksichtigt.

18.4 Zweiter Veränderungsprozess: Vision 2020

18.4.1 Methode »Appreciative Inquiry – Wertschätzende Untersuchun

Allerdings ist uns bei dieser erneuten intensiven A einandersetzung klar geworden, dass die meisten Ma nahmen sehr von der Geschäftsführung her gedac und auf diese bezogen waren. Im nächsten Schritt wo ten wir alle Mitarbeiter einbeziehen, um eine geme same Vision zu entwickeln. Dafür holten wir ein externen Coach ins Boot. Fritz Walter begleitete uns nächste Etappe – »SHORT CUTS 2020« – und v feinerte mittels seiner Methode »Appreciate Inquir mit uns unsere Vorstellung von Unternehmenskul (◘ Abb. 18.1). Diese Methode ist der Positiven Psych logie entlehnt und konzentriert sich darauf, die St ken von Individuen zu analysieren und anschließe nach Mitteln zu suchen, um zukünftig mehr »von de was gut ist« zu haben. Sie ist dezidiert qualitativ u wendet sich gegen quantitative Evaluierungen. M ihr fragten wir nach echten Erlebnissen unserer Mit beiter, um das Bewusstsein für den eigenen Anteil Gelingensfaktoren zu stärken. Interviews und Visu lisierungen halfen, sich auf poetisch-narrative We den eigenen Stärken zu widmen. Die Methode umfa fünf Phasen und wird im Folgenden skizziert:

- Definition: Was wollen wir?
- Discovery: Wo liegen unsere Stärken/Ressource
- Dream: Wo wollen wir hin?
- Design: Was müssen wir stärken?
- Destiny: Wie können wir uns unserem Ziel konkret nähern?

Erste Phase: Was wollen wir? (Definitio

Zu Beginn stand die Frage nach den Problemen, wir anschauen wollten. Mit weitem Fokus nahmen v das große Ganze in den Blick: Mittels Kundenbef gungen näherten wir uns deren Wünschen und spi ten Trends im Agenturmarkt auf. Eine erneute Bef gung unserer Mitarbeiter bildete den Ausgangspun um gemeinsam strategische Ziele formulieren zu kö nen. In Zweier-Interviews wurden zudem Wünsc unserer Mitarbeiter für die Zukunft erfragt. Es krist lisierte sich heraus, dass vier Wünsche bei allen Mita beitern auftauchten: Alle wollen souverän, glücklic kompetent und begehrt sein.

Zweite Phase: Wo liegen unsere Stärker (Discovery)

Diese Ergebnisse waren die Basis für die Entd ckung unserer Werte im zweiten Schritt, durch die v

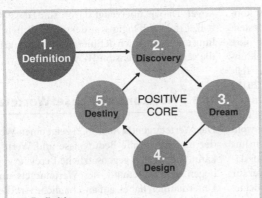

1. Definition
Den Schwerpunkt der Untersuchung finden.
» Klarheit

2. Discovery
Entdeckungsphase, Verstehen.
Durch Interviews das Beste erkennen
und verstehen.
» Wertschätzung

3. Dream
Visionen werden entworfen; es wird geträumt,
was im besten Fall sein könnte.

4. Design
Zukunftsentwurf, bearbeiten was sein sollte,
Visionen entwickeln.
Entscheidungen treffen.
» Co-Kreation

5. Destiny
Umsetzungsphase; Festlegung, was geschehen
wird. Neue Ideen verwirklichen.

Fehlzeiten-Report 2016

◻ Abb. 18.1 Die fünf Phasen der Methode »Appreciative Inquiry« (Quelle: Walter 2016; eigene Darstellung)

unsere Ressourcen und Stärken exakter begreifen wollten. Teilgenommen haben insgesamt zwölf Personen, darunter Mitarbeiter, alle vier Unitleiter und die Geschäftsführung. Diese zwölf Personen führten mit allen Agenturmitgliedern intensive Interviews, die methodisch an das *Storytelling* angelehnt waren. Mit Fragen wie den folgenden erzählten sich unsere Mitarbeiter von eigenen Erlebnissen, die für sie prägend waren.

- Um zu beginnen, erzähle mir bitte von Deiner Anfangszeit hier bei SHORT CUTS. Wann kamst Du zu uns? Was hat Dich zu uns hingezogen? Was waren Deine ersten Eindrücke, was hat Dich am Anfang begeistert, als Du zu uns kamst?
- Bitte erinnere Dich an einen Zeitraum, der für Dich bei SHORT CUTS ein echter Höhepunkt war. Eine Zeit, in der Du besonders begeistert

warst, dich wohl und lebendig fühltest, in der Du dich vielleicht besonders gut einbringen und etwas bei SHORT CUTS bewegen konntest. Was ist da geschehen? Wer war dabei? Was ermöglichte dieses Erlebnis? Was können wir daraus lernen?

Wichtig war uns hier, die in den Erlebnissen enthaltenen und belebenden Gelingensfaktoren herauszufiltern. Neben den Gelingensfaktoren suchten wir über Clusterbildung folgende Faktoren:

- Themen, die besonders hervorstachen
- Schritte in Richtung einer positiven Veränderung
- Identifikationserlebnisse
- Welche wertschätzenden Aussagen lassen sich in den Geschichten entdecken?
- Was waren emotionale Geschichten?

Dritte Phase: Wo wollen wir hin? (Dream)

In dieser Phase ließen sich in einem Ganztagesworkshop alle Mitarbeiter sowie die Geschäftsführung auf eine geleitete Phantasiereise in die Zukunft ein. Jeder sollte sich seine Welt genauer vorstellen, in der diese vier Wunscheigenschaften real sind. In Kleingruppen à fünf Personen unternahmen wir Visionsreisen, visualisierten diese in Bildern und inszenierten anschließend unsere poetisch-narrativen Bilder zu persönlichen Stärken schauspielerisch.

Vierte Phase: Was müssen wir stärken? (Design)

Aus den so im vorangegangenen Schritt sichtbar gewordenen Wunschbildern folgte eine Brainstormphase. So ließen sich durch Clusterbildung fünf Handlungsfelder destillieren, die für alle wichtig waren:

- **Superteamkraft**
- »Kreatiffizienz« (kreativ und effizient)
- Wunschkunden
- Eigenprojekte
- Prestige

Diese Felder wurden jeweils nach den beeinflussenden Variablen wie den beteiligten *Akteuren, Strukturen, Prozessen, Momenten* und *Quellen* analysiert. Zur Umsetzung wurden Maßnahmen vorgeschlagen. Für das Handlungsfeld **Superteamkraft** bestehen die *Akteure* aus allen Agenturmitgliedern und externen Coaches. Architektonische *Strukturen*, die dafür Raum bieten, sind unsere Bar, unsere Küche und das »Grüne Haus« in der Uckermark als Ort für neue Ideen. *Prozesse*, die wir uns dafür wünschten, sind u. a. die Möglichkeit, Teams mischen zu können, unser Wertesystem zu akzeptieren und internes Feedback erhalten zu können. Eine Maßnahme für den letzten Wunsch besteht auch in der Bereitschaft der Geschäftsführer, ihre Türen offen zu halten und konstruktiv Rückmeldungen zu geben. Mit Pausen, Komplimenten und der Teilnahme an Events wie z. B. der »Nachtschicht 2015« (zur Langen Nacht der Designstudios) wollten wir gezielt auch *Momente* für uns als Team anbieten. Eine wichtige *Quelle* ist für uns Weiterbildung – sowohl extern als auch intern, durch Workshops, die wir uns gegenseitig geben. Anschließend tauschten wir uns darüber aus, wo sich die Einzelnen verorten und wer für welchen Bereich Verantwortung übernehmen möchte. Nach sechs Monaten und erneut nach sechs Monaten gingen wir zur Evaluation über.

Fünfte Phase: Wie können wir uns unserem Ziel konkret nähern? (Destiny)

Um aus den vielen vorgeschlagenen Ideen eine umsetzbare Anzahl zu destillieren, priorisierten wir in der letzten Phase gemeinsam die Handlungsfelder. Anhand der drei Kriterien

a. Was ist dringend?
b. Was ist attraktiv? sowie
c. Was ist finanziell realistisch?

konnten wir uns auf sechzehn Einzelprojekte einigen. Entstanden sind so unser eigener Youtube-Kanal[3], der innerhalb von einem Jahr 160.000 Views hatte. Im Laufe des Prozesses ist uns klar geworden, dass kein Unternehmer Führung oder Unternehmenskultur gelernt hat; daraus entstand die Idee, einen Austausch zu starten. Für den Wettbewerb »Potenzial Mitarbeiter« der IHK Berlin veranstalteten wir 2014 einen Workshop für 70 Teilnehmer.[4]

18.5 Metamodell Wertekommunikation

Parallel zu diesen Umsetzungen entwickelten wir das Metamodell »Wertekommunikation«. Darunter verstehen wir ein Tool, das sich sowohl für externes als auch für internes Marketing eignet. Im Fokus stehen dabei Werte. Die Definition der eigenen Werte unterstützt das externe Marketing dabei, markanter zu werden, und sie hilft, die Unternehmenskultur zu entwickeln. Unser Modell weist zwei Dimensionen von Werten auf. Für einen Überblick über deren Ausprägungen dient als horizontale Dimension das *Werte-*

target. Da wir überzeugt davon sind, dass Werte ⸱ z. B. Erfolg abhängig von der persönlichen Entwi⸱ lung unterschiedlich definiert werden, integrierten ⸱ die vertikale Dimension *Werteevolution*.

18.5.1 Horizontale Achse: Wertetarge⸱

Das Wertetarget (▫ Abb. 18.2) zeigt einen Werterau⸱ der modellhaft alle Bedürfnisse und Werte erfass⸱ kann, indem sich gegensätzliche Bereiche gegenüb⸱ liegen. Die Systematik des Wertetargets unterstü⸱ Unternehmen dabei, auf anschauliche Art die eigen⸱ Werte ihrer Mitarbeiter und ihrer Organisation ⸱ definieren.

Anhand der Abbildung möchten wir kurz die S⸱ tematik vorstellen: Im Kreis verteilt sind verschiede⸱ Werte zu lesen, die eine 1.) je spezifische *Auswahl* d⸱ stellen. Die geometrische Gliederung unseres Mode⸱ zeigt einen Kreis mit sechs verschiedenfarbigen S⸱ menten, die 2.) je einen menschlichen *Bedürfnisbere⸱* symbolisieren. Zusätzlich gibt es einen inneren Kre⸱ einen mittleren und einen äußeren Ring, die 3.) für ⸱ verschiedenen *Prioritäten* ihrer Werte stehen: Je wei⸱ außen sich ein Wert befindet, desto mehr Bedeutu⸱ hat er für Sie.

Das Wertetarget ist ein Metamodell, das auf vi⸱ Bereiche angewendet werden kann. Sie können ⸱ Kernwerte Ihres Unternehmens herausfiltern, die Si⸱ Ihrer Mitarbeiter auf Ihren Teamspirit (▫ Abb. 18⸱ Führungsstile (▫ Abb. 18.4) und vieles mehr.[5]

18.5.2 Vertikale Achse: Werteevolutio⸱

Die beschriebene horizontale Achse dient uns da⸱ Werte zu definieren, zu analysieren und zu gewichte⸱ Allerdings kann das, was unter einem Wert gefa⸱ wird, stark variieren. Die Frage: *Was ist Erfolg für S⸱* beantworten Unternehmer unterschiedlich. Einer sa⸱ dass er seine Familie ernähren und ihr Sicherheit b⸱ ten möchte. Ein anderer hält sich für erfolgreich, we⸱ er berühmt ist und ein teures Auto vorzeigen kann. E⸱ dritter möchte für seine Mitarbeiter ein gutes Umf⸱ schaffen.

Um Werte weiter differenzieren zu können, hab⸱ wir unserem Modell der »Wertekommunikation« ei⸱ weitere Achse hinzugefügt. Ausgehend von der Beo⸱ achtung, dass Führungskräfte sowie Vorgesetzte a⸱

---

3 www.youtube.com/user/AgenturShortCuts
4 short-cuts.de/academy

5 Erläuterungen, auf die wir an dieser Stelle aus Platzgrün⸱ den verzichten müssen, finden Sie in unserer Publikatio⸱ Liebe u. Permantier 2014.

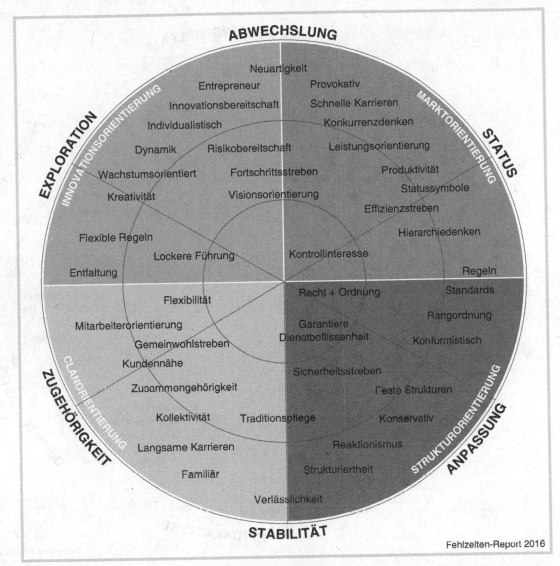

Abb. 18.2 Wertetarget, Werteraum Unternehmenskultur (Quelle: eigene Darstellung in Anlehnung an die Limbic® Map von Häusel 2012 sowie die sechs menschlichen Grundbedürfnisse nach Robbins 2016)

allen Ebenen einen entscheidenden Einfluss auf die Unternehmenskultur haben, integrierten wir Theorien zur Persönlichkeitsentwicklung,[6] anhand derer wir drei Arten der Kommunikation festmachen. Grob vereinfacht gibt es drei Stufen der Entwicklung (■ Abb. 18.5).

In der *ersten* Stufe handeln Menschen egoistisch, monologorientiert und lassen sich von ihren Urteilen leiten. Die erste Stufe umfasst die selbstorientierte und

gemeinschaftsbestimmte Führung. Führungskräfte wie Donald Trump rücken ihren eigenen Vorteil in den Vordergrund. Eine gemeinschaftsbestimmte Führung, wie sie staatliche Institutionen aufweisen, richtet sich strikt daran aus, Regeln einzuhalten.

In der *zweiten* Stufe geht es um debattenorientierte Kommunikation, die ein Wir denkt, allerdings von Zynismus geprägt ist. Die meisten Führungskräfte lassen sich dieser zweiten Stufe zuordnen. Dabei stehen Effizienz und feste Vorstellungen im Vordergrund. Sie sind prozessorientiert wie Ferdinand Piëch, der Merk-

---

6 Vgl. exemplarisch »Entwicklungsstufen des Selbst« (Kegan 1986) und »Ich-Entwicklung« (Loevinger 1976).

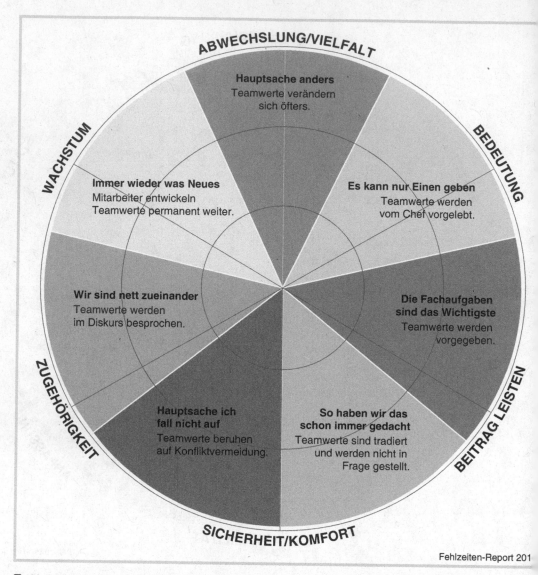

Abb. 18.3 Wertetarget für Teamspirit

Fehlzeiten-Report 201

male einer rationalistischen Führung zeigt, oder stärkenorientiert wie Steve Jobs als eigenbestimmte Führungskraft.

Die *dritte* Stufe ist der Idealtypus einer systemischen, dialogorientierten Kommunikation, die frei von Zynismus ist. Sie ist charakterisiert durch eine Entwicklung weg von einer ego- und rein profitorientierten Führung hin zur Idee der Integration, wie sie Anita Roddik und Nelson Mandela lebten. Damit einher geht das Hinterfragen der eigenen Sichtweisen (relativierende Stufe) und eine hohe Bereitschaft zur persönlichen Weiterentwicklung (systemische Stufe).

Diese drei Entwicklungsstufen sind angeleh an das Ich-Entwicklungs-Profil™ von Dr. Thom Binder (2014). Nach ihm entwickeln wir unser Wer verständnis erst im Verlauf einer optimalen Entwic lung (◘ Abb. 18.6). Mit der Zeit lernen wir, uns Impulse einzubringen, Ordnungen zu verstehen u effizient mit unseren Stärken umzugehen. Uns Werte entwickeln wir – je nach Gesellschaft – unte schiedlich. Nicht jeder Mensch durchlebt dabei a Stufen der Ich-Entwicklung vollständig. Eine gu Führungskraft muss deshalb in Betracht ziehen, a welcher Stufe sich ihre Mitarbeiter bewegen, u

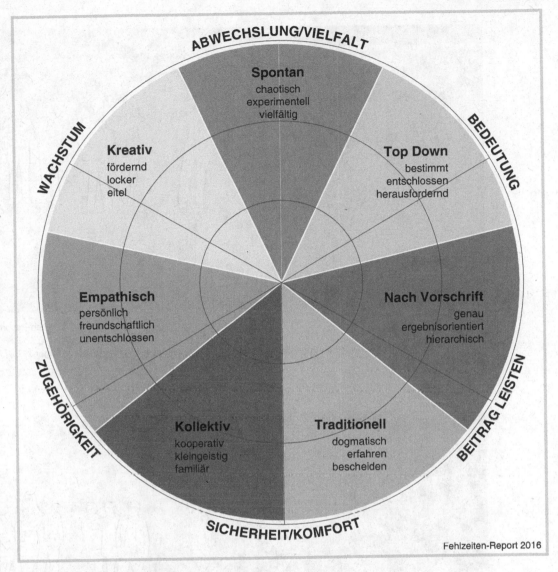

Abb. 18.4 Wertetarget für Führungsstile

ihnen entsprechend begegnen. Erst dann ist gute Führung möglich.

Damit wollen wir einen Zusammenhang behaupten: Abhängig von der Persönlichkeitsentwicklung der Führungsebenen ist die Bereitschaft, sich mit Themen wie Werten, Unternehmenskultur und der Frage nach dem Sinn von Unternehmen zu beschäftigen, unterschiedlich ausgeprägt. Das Modell der Stufenentwicklung zeigt, dass diese Themen in der dritten dialogorientierten Stufe eine wichtigere Rolle spielen. Zusätzlich wollen wir mit der vertikalen Achse verdeutlichen, dass gelebte Werte einer geeigneten Kommunikations-

form bedürfen, damit sie ausgehend von Führungskräften innerhalb eines Unternehmens entwickelt werden können.

Das Modell der Vertikalität von Werten hilft Führungskräften zu verstehen, wo sie in ihrer Entwicklung stehen und was der nächste Entwicklungsschritt wäre. Nur möchte sich nicht jede Führungskraft entwickeln – hier bedarf es oft individueller Coachings, um die eigenen Potenziale besser zu erkennen.

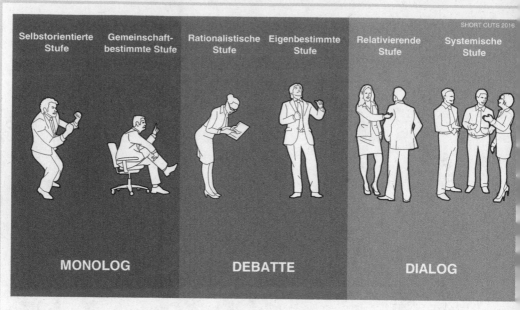

Abb. 18.5 Entwicklungsstufen von Führungskultur (Quelle: eigene Darstellung in Anlehnung an Loevinger 1976, Kegan 1986, Binder 2014)

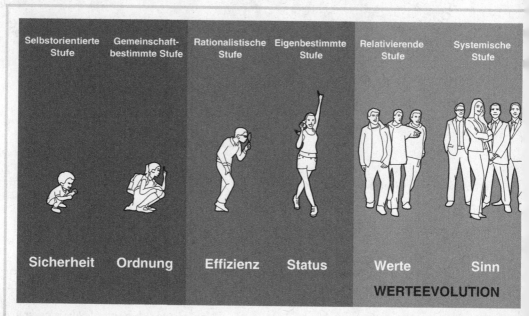

Abb. 18.6 Die Stufen der Ich-Entwicklung (Quelle: eigene Darstellung in Anlehnung an Binder 2014)

18.6 Zusammenfassung und Ausblick

Kultur ist die Wirksamkeit von Werten. Um Werte in einer Gruppe wirksam werden zu lassen, ist es wichtig, ein gemeinsames Werte- und Führungsverständnis zu entwickeln. Das passiert nicht über Nacht, sondern dauert eher Jahre und muss immer wieder von Gesprächen und Maßnahmen genährt werden. Die Tendenz, in alten Mustern zu verharren und im Alltagsgeschäft zu versinken, ist groß.

Entscheidend ist daher, dass es ein gemeinsames Bild der Wunschzukunft gibt, die als Maßstab und Referenz dienen kann.

Psychosoziale Gesundheit ist stark von weichen Faktoren beeinflusst, wie zum Beispiel emotionalem Wohlbefinden. Die psychosoziale Gesundheit von Mitarbeitern hängt auch von der Einstellung der Führungskräfte ab. Unternehmensgesundheit – so unsere These – kann **nicht** ausschließlich in wirtschaftlichen Kategorien abgebildet werden. Wir sind der Überzeugung, dass Unternehmensgesundheit einen Wert darstellt, der anders bemessen werden muss, als nur über Fehlzeiten.

Bei uns haben sich die Krankheitstage im Schnitt in den letzten Jahren von zehn auf nun acht Tage pro Mitarbeiter und Jahr reduziert. Da der Krankenstand ohnehin recht niedrig war, lässt sich schwer sagen, ob dies alleine durch die Maßnahmen bedingt ist oder einfach nur durch einen milderen Winter. Was sich jedoch sagen lässt, ist, dass die Selbstführung und das Sinnempfinden sowie die Identifikation mit dem Unternehmen und die Eigenverantwortung durch das gemeinsame Werte- und Führungsverständnis stark zugenommen haben. Nach unserer Beobachtung wirkt eine gesunde Unternehmenskultur wie eine zusätzliche Führungskraft. Sie führt mit. So haben die Mitarbeiter durch die gestiegene Identifikation und Eigenverantwortung viele Führungsaufgaben übernommen.

Mit unserem Ansatz zur strategischen Entwicklung der Unternehmenskultur und dem Modell der Wertekommunikation – bestehend aus unserem Wertetarget und der Werteevolution – stehen wir im Austausch und laden zur Diskussion ein. So veranstalten wir immer wieder Events zu dem Thema oder geben Vorträge und Workshops. Sie können Artikel auf unserem Blog zur Wertekommunikation kommentieren, auf dem Sie sich auch über unsere SHORT CUTS Academy und Seminare informieren können.[7]

7 www.wertekommunikation.info

Literatur

Binder T (2014) Das Ich und seine Facetten. Change Professionals unter einer Entwicklungsperspektive. Organisations-Entwicklung 1:9–15

Franke F, Vincent S, Felfe J (2011) Gesundheitsbezogene Führung. In: Bamberg, E, Ducki A, Metz A-M (Hrsg) Gesundheitsförderung und Gesundheitsmanagement in der Arbeitswelt – Ein Handbuch. Hofgrefe Verlag, Göttingen, S 371-392. Zitiert nach Homma N, Bauschke R, Hofmann LM (2014) Einführung Unternehmenskultur. Grundlagen, Perspektiven, Konsequenzen. Springer Gabler, Wiesbaden, S 146

Häusel, Dr. Hans-Georg, Emotional Boosting: Die hohe Kunst der Kaufverführung, Haufe-Lexware, Freiburg 2012, S 33

Homma N, Bauschke R (2015) Unternehmenskultur und Führung. Den Wandel gestalten – Methoden, Prozesse, Tools. Springer Gabler, Wiesbaden

Homma N, Bauschke R, Hofmann LM (2014) Einführung Unternehmenskultur. Grundlagen, Perspektiven, Konsequenzen. Springer Gabler, Wiesbaden

Kegan R (1986) Die Entwicklungsstufen des Selbst. Fortschritte und Krisen im menschlichen Leben. Kindt, München

Liebe R, Permantier M (Hrsg) (2014) smartTARGETING. Wertekommunikation für Unternehmen. SHORT CUTS GmbH Berlin

Loevinger J (1976) Ego development. Conceptions and theories. Jossey-Bass, San Francisco

Robbins T. The 6 Human Needs: Why We Do What We Do. URL: https://training.tonyrobbins.com/the-6-human-needs-why-we-do-what-we-do. Gesehen 25 Apr 2016

Schein EH (2004) Organizational culture and leadership. Jossey Bass, San Francisco. Zitiert nach Homma N, Bauschke R, Hofmann LM (2014) Einführung Unternehmenskultur. Grundlagen, Perspektiven, Konsequenzen. Springer Gabler, Wiesbaden, S 5

Schermuly CC (2015) Empowerment: Die Mitarbeiter stärken und entwickeln. In: Felfe J, van Dick R (Hrsg) Handbuch Mitarbeiterführung. Wirtschaftspsychologisches Praxiswissen für Fach- und Führungskräfte. Springer, Berlin, S 1–13

SHORT CUTS (2015) Corporate Culture. Von der Kunst grün zu sein: Unternehmenskultur bei SHORT CUTS. 2. überarbeitete Auflage, SHORT CUTS GmbH, Berlin

Spreitzer GM (1995) Psychological empowerment in the workplace: Dimensions, measurement, and validation. Academy of Management Journal 38:1442–1465

Walter F. Appreciative Inquiry – Mehr von dem was funktioniert! URL: http://www.fritzwalter.com/documents/AI_Mehr_von_dem_was_funktioniert.pdf. Gesehen 25 Apr 2016

Wilde B, Hinrichs S, Bahamondes Paves C, Schüpbach H (2009) Führungskräfte und ihre Verantwortung für die Gesundheit ihrer Mitarbeiter – eine empirische Untersuchung zu den Bedingungsfaktoren gesundheitlichen Führens. Wirtschaftspsychologie, 2, S 74–89. Zitiert nach Homma N, Bauschke R, Hofmann LM (2014) Einführung Unternehmenskultur. Grundlagen, Perspektiven, Konsequenzen. Springer Gabler, Wiesbaden, S 141

Denkmuster im Unternehmen reflektieren: Qualitative Evaluation des Stressmanagement-Seminars »Think Positive«

D. John, N. Geißer, A. Scheder

B. Badura et al. (Hrsg.) *Fehlzeiten-Report 2016*,
DOI 10.1007/978-3-662-49413-4_19, © Springer-Verlag Berlin Heidelberg 2016

Zusammenfassung *Die AOK Bayern hat das Seminar »Think Positive – Wie Gedanken unsere Stimmung beeinflussen« als verhaltensbasierte Maßnahme des kognitiven Stressmanagements für Betriebe entwickelt. Ziel des Seminars ist es, funktionale und dysfunktionale Denkmuster wahrzunehmen, zu reflektieren und bei Bedarf zu modifizieren. Im Beitrag werden die Ergebnisse einer qualitativen Begleitstudie vorgestellt. In dieser wurde untersucht, ob das Seminar »Think Positive – Wie Gedanken unsere Stimmung beeinflussen« bei Mitarbeitern und Führungskräften die Reflexion von individuellen und gemeinsamen Denkmustern unterstützt und welcher konkrete Nutzen für den beruflichen Alltag erwartet wird. Die Ergebnisse der Befragung von insgesamt 50 Personen zeigen, dass das Seminar dazu beitragen kann, Stress zu reduzieren und individuelle Ressourcen zu aktivieren. In der abschließenden Diskussion wird dargestellt, dass verhaltensbasierte Maßnahmen des kognitiven Stressmanagements zu einer achtsamen Unternehmenskultur beitragen können, wenn sie in einen umfassenden Prozess des Betrieblichen Gesundheitsmanagements eingebettet sind.*

19.1 Einleitung: Unternehmenskultur aus psychologischer Perspektive

Die Unternehmenskultur ist definiert als ein Muster gemeinsamer und geteilter Grundannahmen (Schein 2004). Nach Schein besteht die Organisationskultur aus drei verschiedenen Ebenen, die jeweils von unten nach oben versteh- und erklärbar sind. Die oberste Ebene, die beobachtbar ist, bezieht sich auf Verhaltensweisen, Artefakte, Rituale usw. Sie spiegelt sich wider in der Außendarstellung und -wirkung des Unternehmens wie z. B. Architektur des Gebäudes, Logo, Leitbild oder auch im Umgang mit Kunden. Die mittlere Ebene bezieht sich auf Werte und Normen sowie auf Einstellungen und Grundsätze. Diese Ebene ist nicht immer direkt beobachtbar und oft nur teilbewusst. Besonders bedeutsam ist die dritte bzw. unterste Ebene. Sie gibt Auskunft über die tief im Unternehmen verwurzelten Denkhaltungen und Denkmuster. Wie wir denken (Ebene 3), bestimmt wie wir fühlen (Ebene 2) und somit auch wie wir handeln (Ebene 1).

Das Modell von Schein passt gut zu einer psychologischen Perspektive auf die »Denkkultur« in einem Unternehmen (Nerdinger 2007). Demnach beschreibt Unternehmenskultur die gemeinsamen Denkmuster in einer Organisation. Werden bestimmte Denkmuster von vielen Mitarbeitern eines Unternehmens – auch auf verschiedenen Hierarchieebenen – geteilt, bilden diese einen wesentlichen Bestandteil der Unternehmenskultur (BMAS 2008). Denkmuster sind automatisierte Bewertungsprozesse, die in der Regel nicht bewusst ablaufen, aber dennoch bedeutsame Auswirkungen auf unser Empfinden und Verhalten haben (Kriz 2001). Denkmuster funktionieren wie Denkschablonen, die beispielsweise bei neuen, ambivalenten Situationen (z. B. der erste Außentermin bei einem neuen Kunden) als Orientierung und zur Ersteinschätzung helfen können. Jeder Mensch wendet mehr oder weniger häufig verschiedene Denkmuster an, denn diese vereinfachen die Wahrnehmung und Interpretation von Informationen, sie können die Situationseinschätzung aber auch verzerren (Sauerland 2015). Denkmuster sind funktional und hilfreich, denn sie helfen dabei, komplexe Situationen schnell und einfach einschätzen zu können. Sie können aber auch dysfunktional sein, wenn sie die Erreichung von Zielen des Einzelnen oder des Unternehmens behindern.

19.1.1 Klassifikation von Denkmustern

Von Denkmustern spricht man in der Psychologie, wenn auf unterschiedliche Situationen ähnliche Gedanken folgen bzw. ähnliche Auslöser dieselben gedanklichen Reaktionen beim Wahrnehmenden auslösen (Ellis 1977). Denkmuster sind erlernte Bewertungsschemata, die uns helfen, unseren komplexen Alltag zu strukturieren und zu bewerten. Ein Vorteil von Denkmustern ist u. a. der deutlich geringere kognitive Aufwand – im Vergleich zur intensiven Einzelbewertung und Reflexion – und damit einhergehend die Möglichkeit einer raschen Einschätzung der Situation und einer schnellen Reaktion darauf. Problematisch können Denkmuster allerdings dann werden, wenn sie generalisiert auf eine Vielzahl von Situationen übertragen werden und damit ein Hindernis dabei darstellen, dass die Ziele des Einzelnen oder des Unternehmens erreicht werden (Wilken 2013). Dazu finden sich im Folgenden einige Beispiele.

Ausgehend vom zugrunde liegenden psychologischen Prozess können Denkmuster in vier inhaltliche Kategorien eingeteilt werden (Sauerland 2015): Die erste Kategorie »Wahrnehmung« umfasst Prozesse der selektiven Wahrnehmung und des heuristischen Denkens. Darunter fallen Denkmuster wie beispielsweise das Schwarz-Weiß-Denken (»Häufig denke ich, alle Kollegen sind gegen mich«) sowie Übertreibungen (»Wenn ich einen Tippfehler von mir entdecke, denke ich meistens, der ganze Bericht ist ruiniert«). Die zweite Kategorie »Leistung« bezieht sich auf Leistungsthematiken und Kontrollüberzeugungen, weshalb Denkmuster dieser Kategorie unmittelbare Konsequenzen für den Selbstwert haben. In diese Gruppe fallen das perfektionistische Denken (»Ich muss überall der Beste sein«) und die Minimierung (»Auf Zwischenziele kann ich häufig nicht stolz sein«). In die dritte Kategorie »Soziale Beziehungen« fallen Denkmuster, die vor allem in sozialen Beziehungen eine Rolle spielen und häufig in der Interaktion und Kommunikation mit anderen auftauchen. Beispiele für derartige Denkmuster sind das Gedankenlesen (»Manchmal unterstelle ich meinen Kollegen etwas, das sich im Nachhinein als nicht richtig herausstellt«) und unfaire soziale Vergleiche (»Ich vergleiche mich oft mit Führungskräften, die besser sind als ich, ohne sie näher zu kennen«). Die vierte Kategorie »Zeit« umfasst eine Gruppe von selektiven Bewertungsprozessen bezogen auf die Vergangenheit und die Zukunft, beispielsweise Katastrophisierungen (»Wenn ich einen Auftrag nicht bekomme, zweifle ich sofort an meiner Fachkompetenz«) oder kontrafaktisches Denken (»Manchmal denke ich darüber nach, wie alles gelaufen wäre, wenn ich den Auftrag bekommen hätte«).

Unser Gehirn ist darauf ausgelegt, dass das, w wir denken, auch Realität wird (self-fulfilling prophecy). Wie wir denken, bestimmt demnach, wie wir handeln. Da wir die Art, wie wir denken, im Laufe unseres Lebens erlernt haben, ist davon auszugehen, dass auch wieder umlernen können (Lotz 2010).

19.1.2 Denkmuster im Unternehmen und deren Auswirkungen

Unternehmenskultur ist die gemeinsame »kognitive Brille« in einer Organisation. Diese kognitiven Grundhaltungen und Denkmuster (z. B. »Vertrauen ist g Kontrolle ist besser«) werden in aller Regel nicht b wusst wahrgenommen und folglich auch nicht off diskutiert und eher implizit an neue Mitarbeiter w tergegeben. Sofern sich gemeinsame Denkmuster der Interaktion intern (z. B. zwischen Mitarbeiter und extern (z. B. mit Kunden) bewähren, gelten normativ als bindend (Schein 2004). Denkmuster kö nen sich in einem Unternehmen bewährt haben, we sie in ihrer Wirkung für das Unternehmen sowie den einzelnen Mitarbeiter funktional sind.

Die Kultur in einem Unternehmen wird entsch dend durch Führungskräfte geprägt (Badura u. Wal 2014). Deshalb sind diese zentrale Akteure, wenn darum geht, die gemeinsamen Denkmuster in eine Unternehmen zu reflektieren und – falls ein Denkm ter unerwünscht ist – zu verändern (INQA 2006). I geteilten Denkmuster von Führungskräften könn darüber Aufschluss geben, wie bestimmte Vorkom nisse, z. B. Fehler von Mitarbeitern, bewertet und ko nitiv verarbeitet werden. Diese Bewertungsproze von Führungskräften und das damit einhergehen Verhalten haben einen bedeutsamen Einfluss auf ei Reihe von gesundheitsrelevanten Parametern auf M arbeiterseite (Lohmann-Haislah 2012). Liegt der Fok der Vorgesetzten mehr auf den Stärken statt auf d Schwächen der Mitarbeiter, zeigen diese eine deutli höhere Verbundenheit mit dem Unternehmen (Ni 2014). Mitarbeiter, die auf diese Weise wertgeschä werden, sind zufriedener, haben weniger Fehlzeit und sind engagierter (Siegrist u. Dragano 2008). Fo lich sind Führungskräfte eine wichtige Zielgruppe die Reflexion und ggf. Veränderung von bestehend Denkmustern in ihrem Unternehmen.

Wie in einem Unternehmen typischerweise m sozialen Konflikten umgegangen wird und wie diese der Regel bewertet werden, ist neben dem Führung verhalten ein weiterer zentraler Bestandteil von Unte nehmenskultur (Nerdinger 2007). Die Reflexion u. (selbst-)kritische Auseinandersetzung mit Denkm tern, die in Konflikten aktiviert werden, dienen nicht nur dazu, ein verantwortliches Eigeninteresse zu entwickeln, sondern auch der Akzeptanz und Toleranz gegenüber anderen (Wilken 2013). Der konstruktive Umgang mit Konflikten in einem Unternehmen ist ein wesentliches Element eines gesundheitsförderlichen Arbeitsplatzes. Untersuchungen haben beispielsweise gezeigt, dass ein konstruktiver Umgang mit Konflikten ein wesentlicher Faktor für Wohlbefinden und Gesundheit darstellt (Kaluza 1997). Kooperation im Arbeitsalltag stärkt die Ressourcen des Individuums und macht zufriedener und leistungsfähiger (Gunkel et al. 2014). Dieser Effekt funktioniert auch in die entgegengesetzte Wirkrichtung: Eine positive Stimmung hat einen Einfluss auf das Sozialverhalten und führt beispielsweise zu erhöhter Hilfsbereitschaft bei Mitarbeitern (Blickhan 2015). Da Konflikte auf allen hierarchischen Ebenen eines Unternehmens auftreten können, sind alle Mitarbeiter eines Unternehmens gefordert, die eigenen Denkmuster von Zeit zu Zeit zu hinterfragen und zu reflektieren. Damit ist jeder Mitarbeiter gleichzeitig Rezipient und Produzent von Unternehmenskultur und somit auch ein wichtiger Akteur bei der Reflexion und ggf. Veränderung von unerwünschten Denkmustern.

19.2 Das Seminar »Think Positive – Wie Gedanken unsere Stimmung beeinflussen«

Damit ein verhaltenspräventives Seminar sinnvoll im Unternehmen platziert ist und nachhaltig wirken kann, ist eine Integration in ein Betriebliches Gesundheitsmanagement empfehlenswert. In der Regel erfolgt hierfür zunächst eine Analyse im Betrieb (z. B. eine Mitarbeiterbefragung), die Arbeitsbelastungen und Verbesserungsbedarfe aus Sicht der Belegschaft verdeutlicht. Durch eine nachfolgende Ableitung konkreter Maßnahmen (z. B. zur Stressreduktion) gehen Verhaltens- und Verhältnisprävention Hand in Hand, sodass ergänzend zu einem Seminar zur Stärkung der individuellen Resilienz und Stressbewältigungskompetenz auch verhältnispräventive Maßnahmen zum Einsatz kommen (wie z. B. Arbeitsentlastung durch das Einstellen von Springern oder Aushilfskräften, klare Festlegung von Zuständigkeiten, Optimierung von Kommunikationsprozessen usw.).

Die AOK Bayern hat das Seminar »Think Positive – Wie Gedanken unsere Stimmung beeinflussen« entwickelt und im Rahmen der Betrieblichen Gesundheitsförderung evaluiert. Das Seminar besteht aus drei Seminarbausteinen und beinhaltet neben der Vermittlung von theoretischem Wissen auch praktische Übungseinheiten, die den Alltagstransfer sichern. Um einen effektiven Rahmen für die praktischen Übungen und den gegenseitigen Austausch zu ermöglichen, ist die Seminargruppe auf max. 15 Teilnehmer begrenzt. Die Dauer des Seminars ist auf drei Stunden ausgerichtet. Das Seminar wird durchgeführt von Fachkräften mit psychosozialem Studienabschluss gemäß GKV-Leitfaden Prävention.

Im Alltag verfallen Menschen häufig dem Automatismus, außenstehende Ereignisse oder Personen für das eigene Befinden verantwortlich zu machen. Wäre dies nun tatsächlich der Fall, müssten alle Personen auf ein- und denselben Reiz auf identische Art und Weise reagieren. Dies trifft nicht zu, da eine vermittelnde Komponente zwischengeschaltet ist: die subjektive Bewertung der Person, des Ereignisses oder der Situation. Das Seminar zeigt den Zusammenhang zwischen Ereignissen und Denkmustern auf und verdeutlicht die Konsequenzen von Bewertungen für das eigene Wohlbefinden. Den Teilnehmenden wird vermittelt, wie man aktiv hinderliche Denkmuster erkennen und sein Denken den eigenen Zielen dienlich verändern kann. Ziel ist es, das subjektive Wohlbefinden und die Stresstoleranz zu erhöhen.

- **Seminarbaustein 1: Achtsamkeit (»Denkmuster im Alltag aufspüren«)**

Der erste Baustein des Seminars geht der Frage nach, wie wir im Alltag einen aktiven Zugang zu unseren Gedanken finden können. »Achtsamkeit« bezeichnet die Fähigkeit, Dinge »bewusst wahrzunehmen« (Kabat-Zinn 1990) – eine Fähigkeit, die man erlernen kann. Daraus kann sich schließlich eine Haltung entwickeln, die wir uns, anderen Menschen und unserer Umwelt gegenüber einnehmen können. Diese Haltung ist gekennzeichnet durch eine Absichtslosigkeit sowie eine Nicht-Wertung gegenwärtiger Gedanken und Wahrnehmungen (Blickhan 2015). Die Distanzierung von den eigenen Gedanken wird als sog. »gedankliche Defusion« bezeichnet (Kriz 2001). Man nimmt Gedanken und Gefühle als das wahr, was sie sind – innere Regungen in Form von Bildern oder Wörtern, die kommen und gehen. Es sind eben keine unumstößlichen Fakten, mit denen wir fusionieren, also verschmelzen müssen. Diese Fähigkeit zur gedanklichen Defusion kann mit der Gedankenachtsamkeitsübung trainiert werden. Im Seminar »Think Positive – Wie Gedanken unsere Stimmung beeinflussen« wird eine Gedankenachtsamkeitsübung durchgeführt. Diese Übung dient dazu, den Teilnehmenden bewusst zu machen, welche Gedanken ihnen aktuell »durch den Kopf gehen« und somit den aktuellen Gedankenstrom bewusst wahrzunehmen. Ein weiteres Ziel besteht darin, die eigenen Gedanken zur Kenntnis zu nehmen, ohne sie zu bewerten.

■ Seminarbaustein 2: Denkmuster prüfen (»Denkmuster aktiv hinterfragen«)

Nach der achtsamen Wahrnehmung der eigenen Gedanken folgt im zweiten Teil des Seminars die Prüfung und ggf. Veränderung von Denkmustern (Wilken 2013). Anhand einer systematischen Analyse von Erlebnissen im Berufsalltag (z. B. Konflikt zwischen Kollegen) lernen die Seminarteilnehmer, dass die negative Bewertung einer Situation zu einer negativen Konsequenz (z. B. Ärger, Unzufriedenheit oder Frustration) führt. Allerdings kann jede Situation immer auch alternativ (z. B. als Herausforderung) bewertet werden und dann auch positive Konsequenzen (z. B. gegenseitiges Vertrauen) nach sich ziehen. Die Reflexion und Änderung von Bewertungen und Denkmustern wird seit Jahren erfolgreich in Präventionskursen zum kognitiven Stressmanagement eingesetzt (Kaluza 1999). Kognitives Stressmanagement zielt darauf ab, dass es nicht bestimmte problematische Situationen sind, die zwangsläufig zu unangenehmen Konsequenzen führen, sondern dass es bestimmte Denkmuster sind, welche die belastenden Konsequenzen bedingen. Die Neubewertung der belastenden Situation erfordert demnach, sich mit den entsprechenden Denkmustern auseinanderzusetzen.

Eine der Methoden des Seminars ist eine Einzelarbeit zur Unterstützung des (Selbst-)Explorationsprozesses. Hierfür wird zunächst eine konkrete Situation spezifiziert, die für den Teilnehmenden emotional belastend ist. Detailliert werden dann die in dieser Situation auftretenden Körper- und Verhaltensreaktionen erfasst und die damit in Zusammenhang stehenden Gedanken (»Was ging Ihnen zu jenem Zeitpunkt durch den Kopf?«) exploriert. Alternativ kann die Methode aber auch verwendet werden, um emotional positiv konnotierte Ereignisse bewusster wahrzunehmen. Hierfür werden die Teilnehmer instruiert, sich an ein freudiges Ereignis zu erinnern (»Wann hatten Sie das letzte Mal ein tolles Erlebnis im Beruf?«) und sich im nächsten Schritt bewusst zu machen, was die Situation an positiven Effekten auf der Gefühls- und Verhaltensebene ausgelöst hat (»Luftsprung, inneres Strahlen«). Danach werden die Gedanken exploriert, die diese Situation begleitet haben (»das habe ich super gemacht«). Abschließend soll – im Sinne des kontrafaktischen Denkens – auch darüber nachgedacht werden, wie man das Ereignis auch hätte negativ bewerten können (»jetzt habe ich wieder eine Verpflichtung mehr«) und wie man sich dann gefühlt hätte

(»verärgert, gestresst«). Dieses Vorgehen führt ein seits dazu, das schöne Ereignis noch einmal in Ged. ken zu erleben (was einen positiven Stimmungseff produzieren kann), es macht andererseits aber au deutlich, wie wir manchmal auch schöne Erlebni mit unerwünschten Denkmustern bewerten und mit das Ereignis im inneren Monolog »zerreden« kö nen. Die Prüfung des entsprechenden Denkmust kann dazu beitragen, das positive Ereignis bewuss wahrzunehmen.

■ Seminarbaustein 3: Positive Selbstinstruktion (»Positives Denken im Alltag verankern«)

Im dritten Baustein des Seminars erfolgt der Prax transfer mittels positiver Selbstinstruktionen. Selb gespräche sind internale Konversationen, die wir Laufe eines Tages mit uns selbst führen. Sehr häu bezieht sich dieser innere Monolog als Evaluation das, was wir gerade tun oder in der Vergangenh getan haben. Das Konzept der positiven Selbstinstru tionen hat vor allem durch den Psychologen Don Meichenbaum (1977) im Rahmen seines Stressim fungstrainings Verbreitung gefunden. Die im Semi »Think Positive – Wie Gedanken unsere Stimmu beeinflussen« erworbene (oder neu aktivierte) Ko petenz zum Prüfen von Denkmustern kann in Fo von Selbstinstruktionen im Alltag genutzt und v ankert werden. In Situationen, die mit Unwohlse und emotionaler Anspannung verbunden sind, kö nen durch achtsame Gedankenwahrnehmung die Moment aktivierten Denkmuster bewusst gema und hinterfragt werden. Damit ist aus der Situati heraus eine Entlastung möglich.

19.3   Methode der Evaluationsstudie

Im Rahmen der Begleitstudie wurde untersucht, ob Seminar »Think Positive – Wie Gedanken uns Stimmung beeinflussen« auf verschiedenen hierarc schen Ebenen und bei unterschiedlichen Zielgrupp (Berufsstarter, Mitarbeiter einer Personalabteilung Berufserfahrung und Führungskräfte) eine Reflexi der eigenen Denkmuster anstoßen und veränd kann. Konkret wurde untersucht, ob 1. das Semin unmittelbar die Stimmung verbessert, 2. die Teilne mer bestehende Denkmuster hinterfragen und 3. Teilnehmer erwarten, die Seminarinhalte auch ihrem Berufsalltag anwenden zu können. Die A wertung der Ergebnisse erfolgte durch eine zusa menfassende qualitative Inhaltsanalyse. Die qualitat Inhaltsanalyse von Teilnehmerantworten auf offe

19

Evaluationsfragen hat sich als Auswertungsmethode bei der Untersuchung von Denkprozessen bewährt (Mayring 2007). Ziel dieser Evaluationsstudie war nicht die quantifizierbare Bewertung des Seminars, sondern die Identifikation der den Seminarbewertungen zugrunde liegenden Denk- und Reflexionsprozesse sowie die persönliche Auseinandersetzung mit den Seminarinhalten.

19.3.1 Stichprobe und Untersuchungsdesign

Die Wirkung des Seminars sollte bei möglichst unterschiedlichen Zielgruppen (z. B. Berufsanfänger, Mitarbeiter mit Berufserfahrung und Führungskräfte) und unterschiedlichen Betrieben evaluiert werden. Mit dem Ziel einer breitangelegten Stichprobe wurde das Seminar »Think Positive – Wie Gedanken unsere Stimmung beeinflussen« an drei Zielgruppen in drei Betrieben evaluiert: Gruppe 1 bildeten junge Mitarbeiter ohne Führungsverantwortung in der öffentlichen Verwaltung (N = 30). Diese Stichprobe nahm im Rahmen einer internen Weiterbildung am Seminar teil. Die zweite Gruppe bildeten alle Mitarbeiter einer Abteilung (Personalabteilung) eines Unternehmens aus dem produzierenden Gewerbe ohne Teilnahme der Führungskraft (N = 8). Das Unternehmen hat bereits seit einiger Zeit einen umfassenden Prozess des betrieblichen Gesundheitsmanagements implementiert. Die Durchführung des Seminars »Think Positive« war als verhaltenspräventive Maßnahme in das Betriebliche Gesundheitsmanagement eingebettet. Die dritte Gruppe bildeten Führungskräfte aus verschiedenen Bereichen eines Dienstleistungsunternehmens (N = 12). Auch in diesem Unternehmen war das Seminar Teil eines umfangreichen Prozesses des Betrieblichen Gesundheitsmanagements.

Die Datenerhebung der Evaluationsstudie fand von April bis Dezember 2015 statt. Alle drei Gruppen nahmen abschließend eine Bewertung des Seminars vor. Die Teilnehmer der Gruppe 1 (junge Mitarbeiter ohne Führungsverantwortung) wurden mehrere Wochen nach dem Seminar erneut per E-Mail kontaktiert und nachbefragt. Von den 30 Befragten der Gruppe 1 nahmen zum ersten Messzeitpunkt der Nachbefragung zwölf Personen teil. Damit lagen von 40 Prozent der Teilnehmer aus dieser Gruppe Seminarbewertungen zu zwei Messzeitpunkten vor.

Folgende drei offenen Fragen wurden mit Hilfe eines Fragebogens gestellt:

- Frage 1: Wie hat Ihnen das Seminar insgesamt gefallen?

Fehlzeiten-Report 2016

⬛ Abb. 19.1 Schritte der Inhaltsanalyse

- Frage 2: Welche Erkenntnisse haben Sie für sich persönlich durch das Seminar gewonnen?
- Frage 3: Wo können Ihnen die Seminarinhalte im Berufsalltag nützlich sein bzw. helfen?

19.3.2 Inhaltsanalyse

Eine Inhaltsanalyse eignet sich zur systematischen Analyse von Textmaterial (John 2014). Diese regel- und theoriegeleitete Methode ist intersubjektiv nachvollziehbar (Mayring 2007).

Die Feedbackbögen wurden einer zusammenfassenden Inhaltsanalyse (Mayring 2007) unterzogen mit dem Ziel, die Aussagen der Teilnehmer über die Wirkung des Seminars »Think Positive« zu bündeln und zu kategorisieren.

Im ersten Schritt wurden die Analyseeinheiten festgelegt: Auswertungseinheit (der Textteil, der komplett ausgewertet werden soll) und Kontexteinheit (der maximale Textteil, der unter eine Kategorie fallen darf) waren in dieser Inhaltsanalyse identisch. Da den Teilnehmern drei offene Fragen gestellt wurden, bildete eine Kodiereinheit eine vollständige Antwort zu einer Frage (Mayring 2007). Nach Bestimmung der Kodiereinheiten wurden diese im zweiten Schritt paraphrasiert, d. h. die Veränderungen wurden auf einer einheitlichen Sprachebene reformuliert und nicht-inhaltstragende Textteile gestrichen. Auf Grundlage des Materials wurde die fallspezifische Bewertung des Seminars »Think Positive« als Abstraktionsniveau festgelegt. Alle Paraphrasen wurden im dritten Schritt unter diesem Abstraktionsniveau generalisiert; lagen Paraphrasen über dem Abstraktionsniveau, wurden sie belassen. Im anschließenden vierten Schritt wurden ähnliche Paraphrasen zu einer (Unter-)Kategorie integriert und im fünften Schritt in einem Kategoriensystem gebündelt (◘ Abb. 19.1).

Die Antworten der drei befragten Gruppen (Berufsanfänger, Mitarbeiter mit Berufserfahrung und Führungskräfte) wurden in einem Kategoriensystem zusammengefasst, da sich die Antworten hinsichtlich Antwortlänge und Inhalt nicht wesentlich unterschieden.

19.4   Ergebnisse

Ausgehend von den drei offenen Fragen wurden drei Oberkategorien abgeleitet:
1. Seminarbeurteilung
2. Erkenntnisse und Wissenszuwachs
3. Alltagsbezogene Nützlichkeit

Diesen Oberkategorien wurden auf Basis der Antworten verschiedene Unterkategorien zugeordnet. Die Ergebnisse finden sich in ◘ Abb. 19.2.

▪ Oberkategorie 1: Seminarbeurteilung

Insgesamt wurde das Seminar als sehr gut eingeschätzt. Die Gründe für diese Einschätzung lassen sich in drei Unterkategorien zusammenfassen:
1.1. Affektive Bewertung
1.2. Inhalt
1.3. Gruppe

Die *affektive Bewertung* (1.1.) des Seminars umfasst Aussagen, die die Stimmung im bzw. nach dem Seminar beschreiben. Nahezu alle Teilnehmer bewerten ihre Stimmung nach dem Seminar als sehr gut (»Ich bin locker und gelöst«), dem Seminar wird bescheinigt, Ressourcen zu aktivieren (»persönliche Kraftquellen finden«); ein Teilnehmer berichtet eine ambivalente Stimmung (»die Thematik ist kompliziert«). Diese Äußerung lässt vermuten, dass die Auseinandersetzung mit den eigenen Denkmustern für einige Teilnehmer ein kognitiv aufwendiger und möglicherweise auch ein emotional negativ gefärbter Prozess sein kann. Der *Inhalt* des Seminars (1.2.) wird als abwechslungsreich, interessant und hilfreich beschrieben (»viele Aha-Erlebnisse«). Als weitere Stärke des Seminars wird die *Gruppe* (1.3.) genannt. Die Gruppen-

atmosphäre wird als »sehr angenehm« bezeichnet u als wichtiges Merkmal für das Gelingen des Semin erwähnt (»Seminar lebt durch Austausch untereina der und mit den Dozenten«).

▪ Oberkategorie 2: Erkenntnisse und Wissenszuwachs

Insgesamt berichten die Teilnehmer neue Erkenntni und (re)aktiviertes Wissen im Bereich kognitiv Stressmanagement (z. B. positives Denken ist ni gleichzusetzen mit »sich alles schönreden«). Mehr Teilnehmer berichten, dass das Seminar eine g Möglichkeit bietet, sich mit dem Thema »Gedanke zu beschäftigen (»konnte mal wieder eigenes Denk und Handeln überprüfen«) oder dass das Seminar v ein »Refresher« für die Überprüfung eigener Der muster wirkt (»sich selbst immer mal wieder wac rütteln«).

Als Unterkategorien konnten identifiziert werde
2.1. Denkmuster analysieren
2.2. Neubewerten/kognitive Umstrukturierung
2.3. Aktivieren psychologischer Ressourcen

Bei der Unterkategorie 2.1. *Denkmuster analysier* reflektieren die Teilnehmer, dass Gedanken eine gro Wirkung haben und ein ständiger Begleiter im All sind. Die Teilnehmer berichten aber auch, dass ih Gedanken häufig negativ sind (»ertappe mich imn wieder dabei, in alte Denkmuster zu fallen«). Die Te nehmer erleben außerdem, dass Gedanken veränd bar sind und es somit auch möglich ist, sich von neg tiven Gedanken zu distanzieren (»nicht zu lange r negativen Gedanken beschäftigen, um Platz für ne positive Gedanken zu haben«). Bei der Unterkatego 2.2. *kognitive Umstrukturierung* beschreiben die Te nehmer eine Reihe von Methoden, wie Denkmus aktiv hinterfragt und alternative Bewertungen ger riert werden können. Beispielhaft hierfür sind Aus gen bezogen auf den Perspektivenwechsel (»Aussag nicht persönlich nehmen und von verschieden Blickwinkeln betrachten«), das Umdenken (»Positiv bewusster sehen, Negatives genauer durchleuchter und Neubewertungen (»versuche Technik der U kehrung ins Positive noch öfter anzuwenden«). E Teilnehmer berichtet als bedeutsame Erkenntnis au die Möglichkeit, Selbstinstruktionen aktiv zu nutze um sich selbst zu motivieren. In die Unterkategorie 2 *Aktivieren psychologischer Ressourcen* wurden Auss gen zusammengefasst, die auf eine stressreduziere Wirkung des Gedankenprüfens hindeuten. Die Te nehmer beschreiben, dass das bewusste Reflektier und Hinterfragen von Denkmustern neue Sichtweis ermöglicht und dadurch eine Reihe von psycholog

19

Oberkategorie	Unterkategorie	Beschreibung	Beispiel
1. Seminarbeurteilung	1.1 Affektive Bewertung	Gesamteindruck und Stimmung am Seminarende	»locker und gelöst«,
	1.2 Inhalt	Qualitative Bewertung der Seminarinhalte	»interessant«, »informativ«, »abwechslungsreich«
	1.3 Gruppe	Bewertung des Miteinanders und der Atmosphäre im Seminar	»Gruppe sehr angenehm«
2. Erkenntnisse und Wissenszuwachs	2.1 Denkmuster analysieren	Hinweise der TN auf (bewusstere) Auseinandersetzung mit eigenen Gedanken	»Gedanken sind ständige Begleiter«, »eigene Gedanken zu negativ«
	2.2 Neubewerten/ kognitive Umstrukturierung	Hinweise der TN auf aktives Hinterfragen von Denkmustern	»Positives bewusster sehen, Negatives genauer durchleuchten«
	2.3 Aktivieren psychologischer Ressourcen	Hinweise der TN auf stressreduzierende Wirkungen	»stärkt psychische Widerstandskraft im Sinne von Zuversicht und Gelassenheit«
3. Alltagsbezogene Nützlichkeit	3.1 Soziale Beziehungen	Mögliche (positive) Auswirkungen im zwischenmenschlichen Kontakt	»Missverständnissen vorbeugen«, »Reaktionen anderer nachvollziehen«
	3.2 Stressbewältigung	Nutzen in konkreten Stresssituationen	»erst einmal durchatmen, bevor man sich ärgert«

Fehlzeiten-Report 2016

◻ **Abb. 19.2** Kategoriensystem (TN: Teilnehmer).

schen Ressourcen aktiviert werden. Besonders relevant und hilfreich für die Teilnehmer waren insbesondere psychische Ressourcen wie Selbstmitgefühl (»mehr auf sich schauen«), achtsamer Fokus auf positive Dinge (»geduldiger werden«, »mehr auf Positives achten«) sowie Optimismus und emotionale Stabilität (»psychische Widerstandskraft im Sinne von Zuversicht und Gelassenheit«).

■ Oberkategorie 3: Alltagsbezogene Nützlichkeit

Insgesamt beschreiben die Teilnehmer eine hohe Relevanz der Seminarinhalte für den Alltag. Konkret erwarten sie Anwendungsmöglichkeiten im beruflichen sowie privaten Alltag.

Die Einschätzungen können in folgenden Unterkategorien zusammengefasst werden:
3.1. Soziale Beziehungen
3.2. Stressbewältigung

In der Unterkategorie 3.1. *Soziale Beziehungen* nennen die Teilnehmer eine Reihe von (potenziell) konfliktträchtigen sozialen Interaktionen, bei denen die Seminarinhalte hilfreich sein können (»Reaktionen anderer besser nachvollziehen«). Darunter fällt die Kommunikation mit Kollegen (»Missverständnissen vorbeugen, Stress vermeiden«), Konflikte mit Kunden sowie schwierige Gespräche mit Vorgesetzten und im Team (»in Gesprächen mit Fachbereich diesem die positiven Seiten aufzeigen, an die selbst vorher nicht gedacht wurde«). In die Unterkategorie 3.2. *Stressbewältigung* fallen Aussagen, wonach die im Seminar vermittelten Methoden des kognitiven Stressmanagements vor allem in Momenten mit hoher psychischer Belastung helfen können (»An stressigen Tagen«). Als Strategien zur Stressbewältigung werden Entspannungsmethoden zur Stressregulation erwähnt (»erst einmal durchatmen, bevor man sich ärgert«) sowie eine offene und veränderungsbereite Denkhaltung (»bei Neuerungen einfach drauf einlassen und nicht denken, für was das gut sein soll«).

Einige Aussagen der Teilnehmer deuten auch an, dass das Seminar möglicherweise bei bestimmten Gruppen eine besondere Effektivität haben könnte (»sollte gezielt angeboten werden, da es einigen Mitarbeitern helfen kann«). Als Zielgruppen für einen selektiven Einsatz des Seminars wurden psychisch stark beanspruchte Mitarbeiter (»Aufgaben im Außendienst«) sowie neue Führungskräfte genannt.

■ **Nachbefragung**

Die Teilnehmer der Gruppe 1 (junge Mitarbeiter ohne Führungsverantwortung) wurden mehrere Wochen nach dem Seminar erneut per E-Mail kontaktiert und nachbefragt. Zwölf Befragte der Gruppe 1 nahmen an der Nachbefragung teil. Die Ergebnisse der Nachbefragung bestätigten die Ergebnisse der Erstbefragung. Die Teilnehmer gaben an, dass sie das Seminar insgesamt als interessant, aufschlussreich und weiterempfehlenswert empfanden. Es habe Denkanstöße geliefert und »hilft über den Tellerrand zu blicken«. Die Atmosphäre wurde als sehr gut, die Stimmung als angenehm wahrgenommen und »vor allem der offene Austausch untereinander« geschätzt.

Die Nachbefragung verdeutlicht zudem (erneut) die Einschätzung der Teilnehmer, dass im Alltag zwar häufig der eigene Fokus eher auf dem Negativen liegt, dass jedoch »sich auf das Positive besinnen das Leben erleichtert« und man »(…) dadurch viel Energie für den Alltag schöpfen« kann. Es gibt Hinweise der Teilnehmer, wonach eigene Denkmuster hinterfragen zudem dazu beitragen kann, Empathie zu fördern (»Feingefühl für Mitmenschen bekommen«, »hinter die Fassade eines augenscheinlich wütenden Menschen sehen«) und Resilienz zu stärken (»ändere, was du kannst und nimm hin, wo du keinen Einfluss hast«).

Auch wenn sich laut den Teilnehmern bei der Umsetzung im Arbeitsalltag gerade in Stresssituationen oder bei Routineaufgaben Hürden ergeben können, wird das Reflektieren von Denkmustern insgesamt als effektive Methode zur Stressreduktion angesehen. Die Teilnehmer berichten, dass sie ihren Aufmerksamkeitsfokus in ihrem Berufsalltag stärker auf die positiven Aspekte richten (»versuche jeden Tag, mir aktiv über die positiven Dinge Gedanken zu machen, um mit zufriedener Grundstimmung an die Arbeit zu gehen«). Dadurch ergeben sich auch eine Reihe von erwünschten Nebeneffekten wie beispielsweise die Möglichkeit, sich auf wichtige Ziele zu konzentrieren (»Wer positiv denkt, kann solche [negativen] Momente schneller abhaken und sich auf Wichtigeres konzentrieren«).

Bei der Interpretation der Nachbefragung so berücksichtigt werden, dass die Ergebnisse nur bedi auf die gesamte Stichprobe übertragen werden könn da lediglich von einem Teil der Befragten ein Feedb zum zweiten Messzeitpunkt vorlag und somit posit Selektionseffekte nicht ausgeschlossen werden könn

19.5   Diskussion und Fazit

Die AOK Bayern hat das Seminar »Think Positiv Wie Gedanken unsere Stimmung beeinflussen« e wickelt und setzt dieses bayernweit im Rahmen Betrieblichen Gesundheitsförderung ein. Ziel des B trags war es zu untersuchen, inwieweit das Sem nar »Think Positive« die Teilnehmer dabei unterstü eigene Denkmuster zu reflektieren sowie ggf. ändern und ob die Seminarinhalte für den berufliche Alltag hilfreich sind. Befragt wurden hierfür versch dene Gruppen von Seminarteilnehmern (Berufsst ter, Mitarbeiter mit Berufserfahrung und Führun kräfte). Zusammenfassend lässt sich festhalten, d das Seminar 1. unmittelbar zu einer positiven Sti mung (»Die Stimmung ist locker und gelöst«) füh Außerdem führt das Seminar 2. zu einer erhöh Selbstreflexion (»hilft Selbstbild/-wahrnehmung hinterfragen«) und die Teilnehmer erwarten 3. au eine Wirkung für den beruflichen Alltag (»hier ka man sich für die Zukunft etwas mitnehmen«). Die Ergebnisse passen gut zu anderen Studien, wona verhaltensbasierte Maßnahmen der Betrieblichen G sundheitsförderung die psychosoziale Gesundhe beispielsweise geistige Leistungsfähigkeit (John et 2015) oder Stressresistenz stärken (Kaluza 1997). B spielsweise konnte gezeigt werden, dass kogniti Stressmanagement zu einer positiven Stimmung füh die Stressbelastung reduziert und die Zunahme v flexiblem und realitätsnahem Denken unterstü (Kaluza 1997). Wird das Seminar »Think Positiv als ein Baustein einer zeitlich umfangreicheren Ma nahme (z.B. im Rahmen eines Kursangebots) zu multimodalen Stressmanagement durchgeführt, ka davon ausgegangen werden, dass die Stressbelastu auch nachhaltig reduziert werden kann (Kaluza 199

Die Unternehmenskultur beschreibt die geme samen Annahmen in einer Organisation über grun legende Dinge, beispielsweise darüber, wie Mensch miteinander umgehen bzw. umgehen sollten (Sch 2004). Da die Unternehmenskultur maßgeblich dur Führungskräfte und den Umgang mit Konflikt geprägt wird, fällt diesen beiden Komponenten au eine entscheidende Rolle bei der Gestaltung der Kult in einem Unternehmen zu (Hinding u. Kastner 201

Eine Reihe von Studien hat gezeigt, dass Unternehmen, die sich bewusst mit ihren Denkmustern z. B. in Bezug auf Führungsverhalten und den Umgang mit Konflikten auseinandersetzen, mehr unternehmerischen Erfolg haben, attraktivere Arbeitgeber sind und gesündere und motivierte Mitarbeiter haben (Nerdinger 2007). Die bewusste und regelmäßige Reflexion von geteilten Denkmustern ist ein wesentlicher Bestandteil einer achtsamen Unternehmenskultur. Eine Organisation zeichnet sich durch eine achtsame Unternehmenskultur aus, wenn sie nicht nur gesundheitlich problematische Denkmuster im Umgang mit Arbeitsanforderungen und -belastungen erkennt, sondern auch die Stärkung gesundheitlicher Ressourcen im Unternehmen aktiv vorantreibt (Becke 2014). Ein Wandel in Richtung einer achtsamen Unternehmenskultur kann beispielsweise dadurch vollzogen werden, dass ein Unternehmen den Aufmerksamkeitsfokus weniger auf die Schwächen, sondern mehr auf die Stärken und Kompetenzen der einzelnen Mitarbeiter, Kollegen und Vorgesetzten legt. Ein solcher Wandel stellt jedoch einen Prozess dar, der nicht von heute auf morgen vollzogen werden kann. Entscheidend ist, welches Maß an Selbstreflexion im Unternehmen gelebt wird, beispielsweise wie Führungskräfte und Mitarbeiter sich in konflikthaften Situationen verhalten, sich ihrer eigenen Denkmuster bewusst sind, diese reflektieren und bereit sind, sie bei Bedarf zu modifizieren. Eine offene Frage für zukünftige Untersuchungen ist, ob verhaltensbasierte Maßnahmen zur Reflexion individueller Denkmuster auch zu einem Wandel von gemeinsamen Denkmustern in einem Unternehmen und somit zu einem Wandel in der Unternehmenskultur beitragen können. Die Ergebnisse dieser qualitativen Evaluationsstudie liefern erste Hinweise dafür, dass Seminarangebote wie »Think Positive – Wie Gedanken unsere Stimmung beeinflussen« die gemeinsamen Denkhaltungen und damit die Unternehmenskultur eines Unternehmens beeinflussen kann, wenn folgende Bedingungen erfüllt sind:

1. Die Maßnahme sollte in möglichst vielen Abteilungen des Unternehmens und in verschiedenen Hierarchieebenen durchgeführt werden, sodass die Teilnehmer gemeinsame Denkhaltungen aufspüren und ggf. verändern können (Becke 2014).
2. Die Maßnahme sollte bei Führungskräften durchgeführt werden, um durch die Reflexion der eigenen Denkmuster als Führungskraft eine Veränderung der Unternehmenskultur anzustoßen (Badura u. Walter 2014).
3. Die Maßnahme sollte eingebettet sein in einen umfassenden Prozess des betrieblichen Gesundheitsmanagements (Winter u. Singer 2008).

Literatur

Badura B, Walter U (2014) Führungskultur auf dem Prüfstand. In: Badura B, Ducki A, Schröder H et al (Hrsg) Fehlzeiten-Report 2014. Erfolgreiche Unternehmen von morgen – gesunde Zukunft heute gestalten. Springer, Berlin Heidelberg, S 149–159

Becke G (2014) Zukunftsfähige Unternehmenskulturen durch organisationale Achtsamkeit. In: Badura B, Ducki A, Schröder H et al (Hrsg) Fehlzeiten-Report 2014. Erfolgreiche Unternehmen von morgen – gesunde Zukunft heute gestalten. Springer, Berlin Heidelberg, S 129–138

Blickhan D (2015) Positive Psychologie – Ein Handbuch für die Praxis. Junfermann, Paderborn

Bundesministerium für Arbeit und Soziales (BMAS) (2008) Unternehmenskultur, Arbeitsqualität und Mitarbeiterengagement in den Unternehmen in Deutschland. Forschungsbericht: Abschlussbericht Forschungsprojekt Nr. 18/05

Ellis A (1977) Die Rational-Emotive Therapie. Urban-Schwarzenberg, München

Gunkel L, Böhm S, Tannheimer N (2014) Resiliente Beschäftigte – eine Aufgabe für Unternehmen, Führungskräfte und Beschäftigte. In: Badura B, Ducki A, Schröder H et al (Hrsg) Fehlzeiten-Report 2014. Erfolgreiche Unternehmen von morgen – gesunde Zukunft heute gestalten. Springer, Berlin Heidelberg, S 257–268

Hinding B, Kastner M (2011) Gestaltung von lernförderlichen Unternehmenskulturen zu Sicherheit und Gesundheit bei der Arbeit. Bundesanstalt für Arbeitsschutz und Arbeitsmedizin (BAuA), Dortmund

Initiative Neue Qualität der Arbeit (INQA) (2006) Mitarbeiterorientierte Unternehmenskultur – Vision oder Erfolgsstory? Bundesanstalt für Arbeitsschutz und Arbeitsmedizin (BAuA) (Hrsg), Dortmund

John D (2014) Subjective Acceleration of Time in Older Adults' Everyday Life: Motivation Matters. Inaugural-Dissertation, Universität Erlangen-Nürnberg

John D, Böhm S, Lehrl S, Scheder A (2015) »Rundum fit – auch im Kopf: Evaluation eines kognitiven Trainings für ältere Beschäftige in der Betrieblichen Gesundheitsförderung«. In: Badura B, Ducki A, Schröder H et al (Hrsg) Fehlzeiten-Report 2015. Neue Wege für mehr Gesundheit – Qualitätsstandards für ein zielgruppenspezifisches Gesundheitsmanagement. Springer, Berlin Heidelberg, S 283–292

Kabat-Zinn J (1990) Full Catastrophe Living: Using the Wisdom of your Mind to Face Stress, Pain and Illness. Dell Publishing, New York

Kaluza G (1997) Evaluation von Stressbewältigungstrainings in der primären Prävention – eine Meta-Analyse (quasi-) experimenteller Feldstudien. Zeitschrift für Gesundheitspsychologie 5:149–169

Kaluza G (1999). Sind die Effekte eines primärpräventiven Stressbewältigungstrainings von Dauer? Eine randomisierte, kontrollierte Follow-up-Studie. Zeitschrift für Gesundheitspsychologie 7:88–95

Kriz J (2001) Grundkonzepte der Psychotherapie. BeltzPVU, Weinheim

Lohmann-Haislah A (2012) Stressreport Deutschland 2012. Psychische Anforderungen, Ressourcen und Befinden. Bundesanstalt für Arbeitsschutz und Arbeitsmedizin (BAuA), Dortmund

Lotz N (2010) Die Rationale Selbstanalyse (3. Auflage). First Verlag, Frankfurt

Mayring P (2007) Qualitative Inhaltsanalyse. Grundlagen und Techniken. Beltz, Weinheim

Meichenbaum DH (1977) Cognitive-behavioral modification. Plenum, New York

Nerdinger FW (Hrsg) (2007) Ansätze zur Messung von Unternehmenskultur. Möglichkeiten, Einordnung und Konsequenzen für ein neues Instrument. Arbeitspapiere aus dem Projekt TiM, Nr. 7. Universität Rostock

Nink M (2014) Engagement Index. Die neuesten Daten und Erkenntnisse aus 13 Jahren Gallup-Studie. Redline Verlag, München

Sauerland M (2015) Design your mind – Denkfallen entlarven und überwinden. Springer, Heidelberg

Schein E (2004) Organizational Culture and Leadership (Third Edition). The Jossey-Bass business & management series

Siegrist J, Dragano N (2008) Psychosoziale Belastungen und Erkrankungsrisiken im Erwerbsleben. Befunde aus internationalen Studien zum Anforderungs-Kontroll-Modell und zum Modell beruflicher Gratifikationskrisen. Bundesgesundheitsblatt 51:305–312

Wilken B (2013) Methoden der kognitiven Umstrukturierung (6. Auflage). W. Kohlhammer, Stuttgart

Winter W, Singer C (2008) Erfolgsfaktoren Betrieblicher Gesundheitsförderung – Eine Bilanz aus Sicht bayerischer Unternehmen. In: Badura B, Schröder H, Vetter C (Hrsg) Fehlzeiten-Report 2008. Betriebliches Gesundheitsmanagement: Kosten und Nutzen. Springer, Heidelberg, S 163–169

19

BGM als Stellschraube von Arbeitgeberattraktivität

W. Winter, C. Grünewald

B. Badura et al. (Hrsg.) *Fehlzeiten-Report 2016*,
DOI 10.1007/978-3-662-49413-4_20, © Springer-Verlag Berlin Heidelberg 2016

Zusammenfassung *Die Antwort auf die Fragen »Wie attraktiv ist mein Unternehmen für potenzielle Bewerber?« und »Wie kann ich Mitarbeiter im Unternehmen halten?« wird angesichts des demografischen Wandels, des daraus resultierenden »War for talents« und einer zunehmenden Mobilität hochqualifizierter Arbeitnehmer zum zentralen Wettbewerbsfaktor. Gleichzeitig bestätigen Untersuchungen, dass die Bindungsbereitschaft junger Beschäftigter abnimmt. Unternehmen stehen durch einen zumindest lokalen Fachkräftemangel auf dem Arbeitsmarkt zunehmend unter Druck. Kleinere und mittlere Unternehmen haben in der Wahrnehmung von Bewerbern oft das Nachsehen. Gerade kleine und mittelständische Unternehmen tun deshalb gut daran, sich mit einer systematischen Entwicklung einer Arbeitgebermarke zu beschäftigen. Um als attraktiver Arbeitgeber wahrgenommen zu werden, müssen Anreize in Aussicht gestellt werden. Dabei zeigen Umfragen, dass es jungen und älteren Beschäftigten nicht in erster Linie um materielle Vorteile, sondern um die Befriedigung immaterieller Motive, wie z. B. Gestaltungsmöglichkeiten, anspruchsvolle Arbeit und ein gutes Betriebsklima geht. Ein systematisches BGM setzt genau an diesen weichen Faktoren an. Daher kann BGM als Stellschraube von Arbeitgeberattraktivität verstanden werden.*

20.1 Ausgangssituation

Der Fachkräftemonitor des Arbeitsministeriums zeigt aktuell, dass Betriebe aller Größen in Zukunft Schwierigkeiten erwarten, passende Mitarbeiter zu finden (Bundesministerium für Arbeit und Soziales 2015). Diese Befürchtung eines Fachkräftemangels, der bereits heute in einigen Branchen und Regionen zu spüren ist, macht es für Unternehmen unerlässlich, sich als attraktive Arbeitgeber auf dem Markt zu positionieren.

20.1.1 Was ist Arbeitgeberattraktivität?

Im engeren Sinne bezeichnet Arbeitgeberattraktivität einer Organisation, wie sehr es von Außenstehenden als erstrebenswert erachtet wird, dieser als Arbeitnehmer anzugehören (Wolf 2014). Vom lateinischen Wort »attrahere« ([her]anziehen) abgeleitet, beschreibt der Begriff die Anziehungskraft eines Unternehmens als Arbeitgeber, die auf potenzielle Arbeitnehmer wirken soll. Nach der o. g. Definition zielen Maßnahmen zur Steigerung der Arbeitgeberattraktivität auf die Gewinnung von neuem Personal ab. Bestrebungen zur Steigerung der Arbeitgeberattraktivität sind nur dann wirksam, wenn sie real und glaubhaft sind (RKW 2011). Die Arbeitgebermarke muss im Arbeitsalltag erlebbar sein. Zufriedene und begeisterte Beschäftigte sind die beste Unterstützung darin, die Arbeitgebermarke nach außen glaubwürdig zu kommunizieren und neue Kollegen aus deren Bekanntenkreis zu werben.

Arbeitgeberattraktivität wirkt ebenso auf die Personalbindung (Bruch et al. 2015). Insofern ist es sinnvoll, die obige Definition zu erweitern und die bestehenden Beschäftigten einzubeziehen. D. h. eine Organisation muss gleichermaßen für potenzielle Bewerber und ihre Beschäftigten attraktiv sein. Arbeitgeberattraktivität ist daher ebenso als Mitarbeiterbindungskraft zu verstehen. Gelingt es einem Unternehmen, mit gezielten Maßnahmen zur Steigerung der Arbeitgeberattraktivität für passende Bewerber und die bestehende Belegschaft attraktiv zu sein, verschafft es sich damit einen klaren Wettbewerbsvorteil.

20.1.2 Einflussfaktoren auf die Arbeitgeberattraktivität

Unter Arbeitgeberattraktivität lassen sich sämtliche Aspekte und Maßnahmen subsummieren, die Arbeit-

Monetäre Bereiche

Vergütung
- Verknüpfung der Vergütung
  mit der individuellen Leistung
- Faire Vergütung im Vergleich zu Kollegen

Nebenleistungen
- Wettbewerbsfähige Nebenleistungen
- Angemessene Nebenleistungen
- Programme und Anreize zur Gesundheitsvorsorge

- -

Nicht-monetäre Bereiche

Erfolgskritische Bereiche zur Gewinnung, Bindung und Motivation von Beschäftigten

Lern- und Entwicklungshilfen
- Herausfordernde Arbeit
- Aufstiegsmöglichkeiten
- Kommunikation von Karrieremöglichkeiten
- Lern- und Entwicklungsmöglichkeiten
- Abwechslungsreiche Arbeit
- Verbesserung der Fachkenntnisse und
  beruflichen Kompetenzen im letzten Jahr
- Möglichkeit, aktiv die Arbeitsprozesse
  zu beeinflussen

Arbeitsumfeld
- Ausreichende Entscheidungsfreiheit
- Hohes Maß an Selbständigkeit
- Gute, teamübergreifende Zusammenarbeit
- Life-Balance
- Leistung/Qualität der Kollegen
- Bindung von erfolgskritischen Mitarbeitern
- Beschäftigte werden an Zielvorgaben gemessen
- Vorgesetzte
  - verstehen, was Beschäftigte interessiert
  - sind offen und umgänglich
- Top Management
  - ist an Beschäftigten interessiert
  - ist Vorbild im Sinne der Unternehmenswerte
- Ruf des Unternehmens als Arbeitgeber
- Positive finanzielle Situation des Unternehmens

Fehlzeiten-Report 201

◻ **Abb. 20.1** Die Treiber von Mitarbeitergewinnung, -motivation und -bindung (Quelle: eigene Darstellung in Anlehnung RKW 2011)

nehmer dazu bewegen, sich bei einem Arbeitgeber zu bewerben und gern im Unternehmen zu arbeiten. Für den Aufbau einer Arbeitgebermarke (Employer Branding) gibt es keinen Königsweg. Unternehmen müssen die Arbeitsbedingungen herausarbeiten, die das Unternehmen positiv vom Wettbewerber abgrenzt. Für eine starke Arbeitgebermarke braucht es eine erlebbare Unternehmenskultur. Das erarbeitete Marktversprechen kann für die definierte Zielgruppe funktionale wie auch emotionale Vorteile mit sich bringen (Schumacher u. Geschwill 2009). Dazu gehören klassische Personalthemen wie Entlohnung/Vergütung, Weiterbildung, Arbeitsbedingungen und Vertragsgestaltung, aber auch Unternehmenskultur, Innovationsfähigkeit, Life-Balance, Corporate Social Responsibility und Diversity Management (RKW 2011; Fietz u. Worschech 2009). Aktuelle Studien zeigen, dass Arbeitnehmern weiche Faktoren wie insbesondere das Arbeitsklima mindestens genauso wichtig sind und sie diese z. T. sogar als wichtiger bewerten als materielle Aspekte wie z. B. das Gehalt (Bundesministerium für Arbeit und Soziales 2015; Cisik 2015; StepStone 2015;

AOK Bayern 2014). Welche Erwartungen Arbeitne mer im Detail an gute Arbeit und somit an ein attraktiven Arbeitgeber haben, wird in ▶ Abschn. 2 ausführlich dargestellt.

Einen Überblick über erfolgskritische Faktor zur Gewinnung, Bindung und Motivation von E schäftigten gibt ◻ Abb. 20.1. Die aktuelle Studienla zeigt, dass Unternehmen besonders in nicht-mon tären Bereichen wie Lern- und Entwicklungsmögli keiten sowie Arbeitsumfeld vielfältige Gestaltung möglichkeiten haben (RKW 2011). Dennoch w das Potenzial zur Herstellung von Arbeitgeberattra tivität, insbesondere von KMU, noch nicht ausg schöpft.

20.1.3 Wirkung von Arbeitgeber-
attraktivität

Maßnahmen zur Steigerung der Arbeitgeberattrak vität zielen insbesondere darauf ab, dem Fachkräf mangel entgegenzuwirken, ungewollte Fluktuati

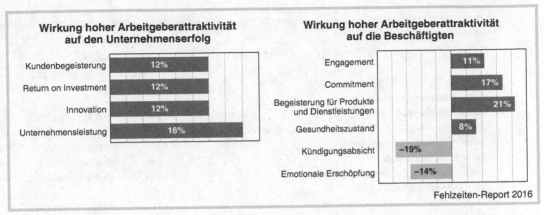

Abb. 20.2 Wirkung hoher Arbeitgeberattraktivität auf Unternehmenserfolg und Beschäftigte (Quelle: eigene Darstellung nach Bruch et al. 2015)

zu reduzieren und Rekrutierungskosten zu senken. Arbeitgeberattraktivität zahlt sich aus. So sind attraktive Unternehmen im Vergleich zu weniger attraktiven Unternehmen erfolgreicher. Die aktuelle »Top-Job«-Studie (Bruch et al. 2015) stellt die wichtigsten Faktoren vor, die auf die Attraktivität eines Unternehmens wirken. Dazu wurden 16.274 Beschäftigte aus 96 mittelständischen Unternehmen nach ihren Befindlichkeiten gegenüber ihrem derzeitigen Arbeitgeber befragt. Deutliche Unterschiede sind zu verzeichnen bei Unternehmenserfolg, Innovation, Return on Investment und Kundenbegeisterung (■ Abb. 20.2) (Bruch et al. 2015). Arbeitgeberattraktivität wird so mit für Unternehmen zum strategischen Wettbewerbsvorteil.

Arbeitgeberattraktivität wirkt positiv auf die Beschäftigten. Sie spiegelt sich in Emotionen, Gedanken und Verhalten der Beschäftigten wider. Mitarbeiter in Unternehmen mit hoher Arbeitgeberattraktivität berichten von starken positiven Emotionen, beispielsweise Stolz auf die eigene Arbeit. Sie fühlen sich stärker mit dem Unternehmen verbunden und spielen weniger mit dem Gedanken, das Unternehmen zu verlassen. Zudem sind sie seltener emotional erschöpft, gesünder und engagierter. Sie stehen hinter ihrem Unternehmen, haben eine stärkere Begeisterung für die Produkte und Dienstleistungen des Unternehmens und sind innovativer und kundenorientierter (■ Abb. 20.2) (Bruch et al. 2015). Eine stärkere Verbundenheit der Beschäftigten mit dem Unternehmen schlägt sich in einer gesteigerten Leistungsbereitschaft nieder, die wiederum zur Erhöhung der Unternehmensperformance führt (Gallup 2015).

20.2 Arbeitgeberattraktivität und Erwartungen an gute Arbeit aus Sicht der Beschäftigten

Gute Arbeit zeichnet sich durch möglichst wenige Fehlbelastungen und möglichst viele Ressourcen aus. Je positiver die Arbeitsqualität wahrgenommen wird, desto häufiger sind Arbeitszufriedenheit und Arbeitsfreude. Es kann davon ausgegangen werden, dass diese Faktoren positive Wirkungen auf das Arbeitsergebnis im Unternehmen haben (Fuchs 2006). Doch was verstehen Arbeitnehmer unter guter Arbeit? Kurz zusammengefasst: Unabhängig vom Alter, Geschlecht und erlerntem Beruf wünschen sich Beschäftigte ein festes, verlässliches Einkommen, sichere Beschäftigung, Spaß bei der Arbeit, menschengerechte Arbeitsbedingungen und gute Führung (Fuchs 2006). Die Mehrheit der im Rahmen der repräsentativen INQA-Studie befragten Erwerbstätigen erwartet sich von guter Arbeit:

- Existenzsicherung
- Sinnstiftung und Erfüllung
- Sozialen Zusammenhalt
- Schutz der Gesundheit
- Handlungsspielräume
- Entwicklungsmöglichkeiten
- Gute Führung

Weitestgehend deckungsgleich sind die Ergebnisse einer 2014 durchgeführten repräsentativen Telefonumfrage zur Arbeitsorientierung bayerischer Erwerbstätiger zwischen 15 und 65 Jahren hinsichtlich deren Wünschen und Ansprüchen an die Arbeitswelt (AOK Bayern 2014). Arbeitsplatzsicherheit sowie ein Beruf, der erfüllt und Spaß macht, wird sowohl als zentrales

Tab. 20.1 Erwartungen an den Beruf aus Sicht der Arbeitnehmer (Summe aus »wichtig« und »sehr wichtig«-Nennungen), eigene Darstellung, AOK 2014

	Gesamt (n = 400)	Alter		
		15–< 30 (n = 91)	30–50 (n = 208)	> 50–65 (n = 101)
Sicherheit, Wertschätzung				
Eine Arbeit, die Spaß macht	94,1 %	95,6 %	94,2 %	92,1 %
Eine gerechte Bezahlung, die sich an der Leistung orientiert	95,0 %	96,7 %	94,2 %	96,0 %
Nette Arbeitskollegen, Mitarbeiter	94,6 %	100,0 %	93,8 %	92,1 %
Ein sicherer Arbeitsplatz	91,9 %	93,4 %	90,9 %	93,9 %
Die Anerkennung der eigenen Leistung	91,5 %	90,2 %	90,9 %	93,9 %
Wertvolle Arbeitsinhalte				
Eine abwechslungsreiche Tätigkeit	90,2 %	89,1 %	90,4 %	91,0 %
Ein Beruf, in dem man sich stets weiterentwickeln und hinzulernen kann	83,2 %	92,4 %	78,4 %	84,0 %
Mitwirkungsmöglichkeiten am Arbeitsplatz	83,3 %	81,5 %	84,1 %	84,0 %
Eine Arbeit, die immer wieder herausfordert	81,2 %	79,1 %	82,7 %	80,2 %
Aufgaben, die viel Verantwortungsbewusstsein erfordern	81,0 %	78,0 %	79,4 %	87,9 %
Vereinbarkeit von Familie und Beruf				
Eine Arbeit, die sich gut mit Privatleben und Familie vereinbaren lässt	88,6 %	82,6 %	90,9 %	88,1 %
Eine geregelte Arbeitszeit, wenig Überstunden	59,2 %	58,2 %	63,3 %	52,0 %
Gutes tun bei der Arbeit				
Ein Beruf, bei dem man anderen helfen kann	74,1 %	74,7 %	70,7 %	84,0 %
Ein Beruf, bei dem man etwas Nützliches für die Allgemeinheit tun kann	68,8 %	64,1 %	66,2 %	80,6 %
Selbstverwirklichung, Autonomie				
Dass man sich seine Arbeit inhaltlich weitgehend selbst einteilen kann	81,0 %	72,5 %	83,2 %	86,0 %
Flexible Arbeitszeiten	73,1 %	63,7 %	77,4 %	73,0 %
Gute Aufstiegsmöglichkeiten	58,1 %	68,5 %	54,8 %	56,1 %
Karriere, Prestige				
Ein hohes Einkommen	70,1 %	80,2 %	65,4 %	71,0 %
Ein Beruf, der angesehen und geachtet ist	64,4 %	62,0 %	66,5 %	62,0 %
Möglichkeiten, andere Menschen zu führen	51,9 %	53,8 %	47,4 %	60,6 %
Ein Beruf, in dem man stets mit neuester Technik arbeitet	41,8 %	38,5 %	41,3 %	44,6 %
Ein angesehener Arbeitgeber, eine große, angesehene Marke	36,4 %	32,2 %	36,4 %	41,0 %
Die Möglichkeit, auch im Ausland zu arbeiten	24,3 %	33,0 %	18,8 %	27,0 %

Fehlzeiten-Report 201

Lebensziel als auch als Erwartung an die Arbeit genannt. Für mehr als 90 Prozent der Befragten sind Gesundheit, finanzielle Unabhängigkeit und eine gute und vielseitige Bildung in ihrem Leben von zentraler Bedeutung. Was den Erwerbstätigen im Hinblick auf ihre Arbeit und ihren Beruf wichtig ist, ist ▪ Tab. 20.1 zu entnehmen. Fast alle Befragten wünschen sich eine Arbeit, die gerecht bezahlt wird und deren Entlohnung sich an der Leistung orientiert, die Spaß macht, bei der die eigene Leistung anerkannt wird und in der mit netten Arbeitskollegen zusammengearbeitet wird. Letzteres ist besonders der Generation Y wichtig.

Die Vorstellungen und Erwartungen an Arbeit u Beruf weichen jedoch oft von der wahrgenommen Arbeitssituation ab. Alle Befragten sehen Diskrepa zen zwischen Soll und Ist, insbesondere bei den Ei kommens- und Aufstiegsmöglichkeiten. Dennoch si rund 86 Prozent der Befragten mit der Arbeit insgesa zufrieden. Besonders dann, wenn die Arbeit Sp macht, das Einkommen passt und man sich die Arb weitgehend selbst einteilen kann. Vor allem für klein und mittlere Unternehmen ist interessant, dass me als jeder zweite Befragte lieber in einem kleineren U ternehmen arbeiten möchte. Dies trifft v. a. auf Frau

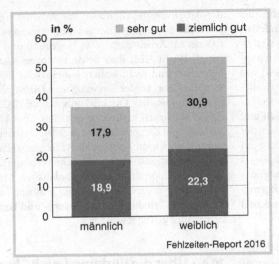

◘ Abb. 20.3 Anteil der Befragten, die sich vorstellen können, zumindest zwischenzeitlich aus dem Beruf auszusteigen (n = 400) (Quelle: eigene Darstellung, AOK 2014)

◘ Tab. 20.2 Übersicht über Attraktivitätsförderer und -killer nach Bruch et al. 2015

Attraktivitätsförderer	Attraktivitätskiller
Internes Unternehmertum	Beschleunigungsfalle
Vertrauen	Zentralisierung
Familienorientierung	Resignative Trägheit
Produktive Energie	Korrosive Energie
Angenehme Energie	Altersdiskriminierung

Fehlzeiten-Report 2016

zu. Ein angesehener Arbeitgeber bzw. eine große Arbeitgebermarke gelten über alle Altersgruppen als eher unwichtig. Geschlechtsspezifisch ist Männern ein angesehener Arbeitgeber etwas wichtiger als Frauen. Fast die Hälfte der Generationen kann sich vorstellen, zumindest zeitweise aus dem Beruf auszusteigen (Kindererziehung, Sabbatical etc.). Erwartungsgemäß ist hier der Anteil der Frauen deutlich größer (◘ Abb. 20.3).

Zu ähnlichen Ergebnissen kommt eine aktuelle Studie von Cisik (2015). Ein angenehmes Betriebsklima und eine kompetente Unternehmensleitung stehen noch vor einem leistungsgerechten Entgelt und einem krisensicheren Arbeitsplatz. Den Befragten sind weiterhin auch die Vereinbarkeit von Familie und Beruf, eigenverantwortliches Arbeiten, moderne Arbeitsmittel und reibungslose Arbeitsabläufe sowie ein umfassender Informationsfluss wichtig. Signifikante Unterschiede ergeben sich bei den Geschlechtern. So bevorzugen Männer innovative Unternehmen, Frauen wünschen sich eher ein werteorientiertes Unternehmen und legen mehr Wert auf das Betriebsklima als ihre männlichen Kollegen. Der Soll-Ist-Vergleich zeigt auch hier deutliche Unterschiede zwischen Anspruch und Realität, insbesondere in Bezug auf Aufstiegsmöglichkeiten, Arbeitsabläufe und Informationsfluss.

Bei der bereits erwähnten »Top-Job«-Studie von Buch et al. 2015 kristallisieren sich Attraktivitätsförderer und -killer heraus. Einen Überblick über diese gibt ◘ Tab. 20.2. Die Attraktivitätsförderer und -killer können wie folgt beschrieben werden: Internes Unternehmertum umschreibt die Ermutigung durch das

Management, neue Ideen zu entwickeln und berechenbare Risiken einzugehen. Vertrauen beschreibt die Vertrauenskultur unter Kollegen und gegenüber dem Vorgesetzten. Familienorientierung ermöglicht eine gute Vereinbarkeit von Beruf und Privatleben. Produktive Energie drückt sich in einem hohen Aufmerksamkeits- und Aktivitätsniveau im Unternehmen aus. Angenehme Energie ist beispielsweise durch Mitarbeiterzufriedenheit gekennzeichnet. Die Beschleunigungsfalle ist geprägt von Überbelastung durch zu viele Aufgaben in zu wenig Zeit mit zu wenigen Ressourcen, Mehrfachbelastung durch eine Vielzahl verschiedener Aufgaben ohne klare Priorisierung und eine außergewöhnlich hohe Dauerbelastung. Zentralisierung findet sich in Unternehmen mit besonders ausgeprägten und starren Hierarchien, die nur wenig Flexibilität zulassen. Resignative Trägheit ist durch Gleichgültigkeit, inneren Rückzug und Frustration gekennzeichnet. Korrosive Energie umschreibt interne Machtkämpfe und Mikropolitik, die Innovationen im Unternehmen erschweren. Altersdiskriminierung umfasst die Ungleichbehandlung älterer wie auch jüngerer Mitarbeiter aufgrund ihres Alters.

Für Frauen und die Generation Y ist insbesondere gesunde Führung, die Sinn vermittelt, von großer Bedeutung. Ebenso sind es diese beiden Beschäftigtengruppen, die sensibler auf Störfaktoren reagieren. Wenn die Arbeit ihren Vorstellungen von guter Arbeit nicht entspricht, sind sie im Vergleich zu Männern und der Generation X eher bereit, den Arbeitgeber zu verlassen. In allen Gruppen wird die Beschleunigungsfalle von den befragten Beschäftigten als besonders unattraktiv wahrgenommen.

Die oben genannte Studie der AOK Bayern zur Arbeitsorientierung Erwerbstätiger zeigt, dass sich jeder dritte Befragte einen Wechsel des Arbeitgebers in den nächsten fünf Jahren vorstellen kann. Bei den unter 30-Jährigen kann sich sogar fast jeder Zweite einen Wechsel sehr oder ziemlich gut vorstellen. Insgesamt sinkt die Wechselbereitschaft jedoch mit zunehmendem Alter. Beschäftigte, die mit dem Gedanken spielen, den Arbeitgeber zu wechseln, geben an, dies aufgrund von besserer Bezahlung, veränderten Arbeitsinhalten und besseren Karriere- sowie Weiterbildungsmöglichkeiten zu überlegen. Die Beschäftigten, die tatsächlich wechseln, tun dies aufgrund von besseren Vorgesetzten, fairer Behandlung durch Kollegen und Vorgesetzte sowie veränderten Arbeitsinhalten im neuen Job (Bundesministerium für Arbeit und Soziales 2015). Dies deckt sich mit den Ergebnissen der Gallup-Studie (2015), bei der schlechte Führung auf dem unrühmlichen ersten Platz aller Kündigungsgründe liegt. Auch begrenzte Entwicklungsmöglichkeiten sowie zu geringe Wertschätzung der eigenen Leistung liegen bei den Gründen für einen Jobwechsel weit vorne (StepStone 2015).

Zusammenfassend lässt sich feststellen, dass – sofern das Grundbedürfnis nach einem sicheren Arbeitsplatz erfüllt ist – es ausschließlich nicht-monetäre Faktoren sind, die gute Arbeit ausmachen und somit einen Arbeitgeber für Arbeitnehmer attraktiv machen. Ebenso sind es weiche Faktoren, die einen Arbeitnehmer dazu bewegen, sich einen attraktiveren Arbeitgeber zu suchen. Die aktuelle Studienlage zeigt auch, dass zufriedene Beschäftigte motivierter sind und ihrem Arbeitgeber treu bleiben. Unzufriedene Mitarbeiter dagegen verspüren nur wenig Bindung an ihren Arbeitgeber. Die Wünsche und Ansprüche an den bestehenden bzw. potenziellen Arbeitgeber sind klar formuliert. Unternehmen haben eine große Bandbreite an Möglichkeiten, die Arbeit besser zu gestalten, und sich somit als attraktiver Arbeitgeber auf dem Markt zu präsentieren. Ein systematisches Betriebliches Gesundheitsmanagement setzt an vielen Punkten an, die Arbeitnehmer als gute Arbeit definieren.

20.3   Wirkung von BGM

Betriebliches Gesundheitsmanagement (BGM) soll hier als strukturierter, geplanter, dauerhafter und koordinierter Prozess in Unternehmen verstanden werden. Durch die Integration betrieblicher Prozesse und Strukturen werden Arbeit, Organisation und Verhalten am Arbeitsplatz gesundheitsförderlich gestaltet. Somit wird langfristig und nachhaltig für die Erhaltung der Gesundheit und der Leistungsfähigkeit der Beschäftigten gesorgt (Badura et al. 1999). Der Prozess des BGM ist sowohl verhältnis- als auch verhaltensorientiert, d. h. er beschäftigt sich mit den betrieblichen Gegebenheiten und den Menschen. BGM im Sinne eines ganzheitlichen Gesundheitsansatzes unterstützt Unternehmen gleichzeitig bei der Gestaltung von Arbeitsbedingungen (z. B. in den Arbeitsabläufen,

der Arbeitsorganisation und der Arbeitsumgebu[ng] sowie der Förderung eines gesundheitsgerechten V[er]haltens am Arbeitsplatz (z. B. Bewegung und Ern[äh]rung). Wichtig ist, dass beide Faktoren zusamm[en] betrachtet und nicht isoliert voneinander behand[elt] werden. Dabei ist der Einbezug und Dialog aller P[er]sonengruppen der Organisation zentral. BGM zi[elt] darauf ab, Arbeit gesund zu gestalten. Dies kann [die] Reduzierung körperlicher wie auch psychischer Bel[as]tungen, die Optimierung von Arbeitsprozessen u[nd] des Informationsflusses sowie die Verbesserung [der] Kommunikation untereinander beinhalten. Mit Ma[ß]nahmen zur gesundheitsgerechten Führung kann [ein] Beitrag zur Gestaltung der Führungs- und Unterne[h]menskultur geleistet werden.

20.4   Über die Wirkung von BGM auf die Arbeitgeberattraktivität

Bei der Literaturrecherche zu Zusammenhäng[en] von BGM und Arbeitgeberattraktivität wurden n[ur] deutschsprachige Studien und Quellen herangezog[en], da sowohl das Arbeitsbild als auch die Vorstellung[en] von einem BGM in anderen Ländern abweichen. U[n]tersuchungen zum direkten Zusammenhang von BG[M] und dessen Wirkung auf die Arbeitgeberattraktivi[tät] sind rar und vom Ergebnis betrachtet uneinheitlich[.]

Dass die Arbeitgeberattraktivität für Unternehm[en] eine große Rolle spielt, weisen Fietz und Worschech [in] ihrer 2009 durchgeführten Studie unter 115 baye[ri]schen Experten aus der Unternehmenspraxis na[ch] (Fietz u. Worschech 2009). Über 63 Prozent der befra[g]ten Unternehmen stimmen dieser Aussage zu. I[m] Befragten sollten die Bedeutung folgender »Attra[kti]vitätsfaktoren« einschätzen:

- Unternehmenskultur
- Innovationsfähigkeit
- Life-Balance
- Systematische Personalentwicklung
- Corporate Social Responsibility
- Diversity Management

97 Prozent der Befragten schätzen den eher weich[en] Attraktivitätsfaktor Unternehmenskultur als sehr wi[ch]tig bzw. wichtig für die Arbeitgeberattraktivität e[in]. Darauf folgen Innovationsfähigkeit (91 Prozent) u[nd] systematische Personalentwicklung (89 Prozent). D[en] Faktor Life-Balance sehen 82 Prozent der Befragten [als] sehr wichtig bzw. wichtig für die Arbeitgeberattrak[ti]vität an. BGM ordneten die Autoren als Einzelma[ß]nahme, neben einer Flexibilisierung der Arbeitsze[it] der Life-Balance unter.

20

Auf die Frage, was die bayerischen Unternehmen für ihre Attraktivität tun, antworteten 77 Prozent mit Maßnahmen zur Verbesserung der Unternehmenskultur, gefolgt von Interventionen zur Förderung der Life-Balance (73 Prozent). Einen hohen Stellenwert nehmen bei den Aktivitäten zur Förderung der Life-Balance der Beschäftigten Bemühungen um flexible Arbeitszeiten ein. Immerhin 67 Prozent stufen BGM als wichtige Maßnahme zur Herstellung von Life-Balance ein. Damit wird BGM zum erfolgskritischen Unternehmensbaustein.

Insgesamt zeigen die Autoren auf, dass die Kommunikation eine Schlüsselstellung bei der Herstellung von Arbeitgeberattraktivität einnimmt. Die Wirksamkeit der Maßnahmen ist abhängig von der Kommunikation nach innen und außen. Die Verfasser weisen auch nach, dass kleine und mittlere Unternehmen (KMU[1]) weniger zur Herstellung und Erhöhung der Arbeitgeberattraktivität unternehmen. Die größte Abweichung zwischen KMU und größeren Unternehmen ergibt sich bei Maßnahmen zur Herstellung der Life-Balance. Während 83 Prozent der Unternehmen mit über 250 Beschäftigten Maßnahmen zum BGM durchführen, tun dies nur 46 Prozent der KMU (bis 250 Beschäftigte). Die Autoren vermuten, dass sich der Abstand noch weiter vergrößert, da die Vertreter der größeren Unternehmen sich in weit höherem Umfang weitere Maßnahmen in diesem Bereich vorstellen können. Insgesamt kommen Fietz und Worschech zu dem Schluss, dass zukünftig KMU im Wettbewerb um qualifizierte Fachkräfte noch weiter abgeschlagen sein werden, wenn sie nichts zur Steigerung ihrer Attraktivität unternehmen.

App, Büttgen und Pröbster kommen in ihrem Online-Experiment zur Personalgewinnung mit 117 Probanden zu dem Schluss, dass ein nach außen kommuniziertes BGM bei potenziellen Bewerbern lediglich bei weiblichen Bewerbern eher zu einer Steigerung der Arbeitgeberattraktivität führt. Dennoch führen sie aus, dass »ein erfolgreich implementiertes BGM für Unternehmen zur Sicherung ihrer dauerhaften Marktpräsenz von weitreichender Bedeutung ist« (App et al. 2012). Sie begründen dies mit den bekannten Effekten des BGM, arbeitsbedingten Erkrankungen vorzubeugen und damit Kosten zu senken und das Wohlbefinden der Belegschaft zu erhöhen. Darüber hinaus bietet ein BGM Unternehmen die Möglichkeit, sich bei der immer wichtiger werdenden Zielgruppe auf dem Arbeitsmarkt, den Frauen, als attraktiver Arbeitgeber zu präsentieren und sich dadurch Wettbewerbsvorteile zu sichern.

Eine aktuelle Studie der FOM Hochschule München (Gansser u. Linke 2013) unter 329 nebenberuflich Studierenden zum Stand von BGM in Deutschland weist darauf hin, dass für jeden fünften Befragten das BGM ein wichtiger Grund ist, bei seinem Unternehmen zu arbeiten. Sie weisen nach, dass die affektive Bindung Beschäftigter an den Arbeitgeber in Unternehmen mit BGM signifikant höher ist als in Unternehmen, die kein BGM haben bzw. deren Beschäftigte nicht wissen, ob ein BGM vorhanden ist.

In einer weiteren empirischen Studie unter den acht größten Münchner Arbeitgebern weist Gansser (Gansser 2014) auf die Bedeutung der Arbeitsinhalte für die Arbeitgeberattraktivität hin. Arbeitsinhalte haben dabei einen höheren Einfluss auf die Arbeitgeberattraktivität als Unternehmenskultur und materielle Aspekte. Gansser definiert Unternehmenskultur als ein Konstrukt von Werten, Normen, Annahmen und Artefakten, mit deren Hilfe das unternehmensspezifische Verhalten der Beschäftigten erklärt, koordiniert und gesteuert werden kann. Zur Messung der Unternehmenskultur verwendet er die Items hohes Umweltschutzengagement des Unternehmens, starker Teamzusammenhalt, ethische und gesellschaftliche Verantwortung des Unternehmens sowie die Beziehungsqualität zwischen Beschäftigten und Führungskräften. Arbeitsinhalte eines Beschäftigten bezeichnet er als Summe aller von einem Menschen ausgeführten individuellen Aufgaben im Unternehmen. Gansser geht davon aus, dass Arbeitsinhalte auf Menschen intrinsisch motivierend wirken. Zur Messung des Konstrukts Arbeitsinhalte verwendet er die Items abwechslungsreiche Aufgaben, interessante Aufgaben, selbständiges und kreatives Arbeiten und eine schnelle Projektverantwortung. Im Rahmen einer multiplen Regressionsanalyse wurde die Stärke des Zusammenhangs zur Arbeitgeberattraktivität untersucht.

BGM wird von den Arbeitgebern als wichtiger Attraktivitätsfaktor und Prädiktor für Unternehmenserfolg eingestuft. Eine Abfrage der Zeitschrift Personalwirtschaft[2] dokumentiert im Jahr 2015, dass die bundesdeutschen Unternehmen den Aspekten »gute Führung« (64,3 Prozent) und Arbeitgeberattraktivität (57,9 Prozent) einen starken bzw. sehr starken Einfluss auf den Unternehmenserfolg beimessen. Den stärksten Bedeutungszuwachs in den nächsten fünf Jahren in Bezug für den Unternehmenserfolg sehen die Unternehmen in den Themen

- Demografischer Wandel (ca. +72 Prozent),
- Fachkräftemangel (ca. + 64 Prozent) und
- Mitarbeiterbindung (ca. + 47 Prozent)

---

1 KMU hier i. S. der Definition der EU, 2003, d. h. mit weniger als 250 Beschäftigten.

2 BGM im Mittelstand 2015.

Dies zeigt, dass sich die Unternehmen in Zukunft noch viel stärker um die Beschäftigen kümmern müssen, um erfolgreich zu sein. Ziel eines jeden Unternehmens sollte es sein, möglichst viele gut motivierte Beschäftige im Unternehmen aufzubauen und zu halten. Erfolgreiche Unternehmen werden sich in Zukunft nicht nur dadurch auszeichnen, dass sie innovative, qualitativ hochwertige und kostengünstige Produkte herstellen, sondern sie werden vor allem dadurch auffallen, dass sie die wichtigste Ressource, den Menschen, richtig nutzen. Unternehmen, die dies tun, werden am Markt eine hohe Arbeitgeberattraktivität aufweisen und weniger über demotivierte Mitarbeiter zu klagen haben.

Die gesichteten Studien haben aufgrund ihres Designs und ihres eher deskriptiven Charakters zwar nur eine geringe Aussagekraft und lassen kaum generalisierbare Aussagen zu. Dennoch lassen sich Tendenzen erkennen. Alle Studien kommen zu dem Schluss, dass BGM bzw. Life-Balance wichtige Faktoren der Arbeitgeberattraktivität darstellen und mit ausschlaggebend dafür sind, ob sich Bewerber für oder gegen ein Unternehmen entscheiden. Die Wirkungen eines gut funktionierenden und systematischen BGM auf die Anziehungskraft von Arbeitgebern scheint der Studienlage zur Folge in der Regel keine unmittelbare zu sein. BGM entfaltet seine Wirkung eher mittelbar über eine gesteigerte Bindung an das Unternehmen. Dabei beeinflusst BGM v. a. Aspekte wie Arbeitsinhalte, Handlungsspielraum und ein gutes Sozialklima positiv – Faktoren, die auf die Zufriedenheit der Beschäftigten am Arbeitsplatz einwirken. Bauer et al. belegen in ihrer Studie im Automobilhandel: Je größer die Mitarbeiterzufriedenheit mit der Organisation, desto größer ist auch die Mitarbeiterbindung (Bauer et al. 2004). Die vorliegenden Studien lassen auch erkennen, dass es wichtig ist, weitere Forschungen zum Thema vorzunehmen, die den Unternehmen den Wert eines BGM für die Mitarbeitergewinnung und -bindung verdeutlichen.

20.5   Nutzen von BGM – Studie der AOK Bayern

Seit 2006 untersucht die AOK Bayern den gesundheitlichen und wirtschaftlichen Nutzen von BGM-Aktivitäten systematisch mithilfe eines standardisierten Fragebogens.

20.5.1 Stichprobe und Methode

Der Fragebogen setzt sich im Wesentlichen aus Strukturmerkmalen wie Betriebsname, Branche und Be-

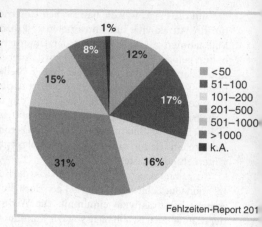

Fehlzeiten-Report 201

◻ **Abb. 20.4** Verteilung der BGF-Projekte nach Unternehmensgröße

schäftigtenzahl, einer vierstufig skalierten Liste mit Nutzenkategorien (sehr hoher, hoher, mittlerer u geringer Nutzen), Angaben zur Projektzufriedenh und einer Beschreibung der wichtigsten Veränderu gen zusammen. Nach einer ersten Testphase wurde Fragebogen hinsichtlich der am Auswertungsgesprä beteiligten Personen und der Nutzenkategorien lei überarbeitet.

Der Fragebogen wird in der Regel im BGM-Ste erkreis der Unternehmen eingesetzt und dient dar zur Erfassung und **Dokumentation der Gruppenm nung**. Der Steuerkreis setzt sich i. d. R. aus Vertret der Unternehmens- und/oder Personalleitung, Betriebsrats, des Betriebsärztlichen Dienstes und Arbeitssicherheit zusammen, häufig zusätzlich au aus Vertretern der Beschäftigten und weiterer perten.

Voraussetzung zur Beurteilung des Nutzens BGF-Aktivitäten ist die Umsetzung der im Projekt e wickelten Veränderungsmaßnahmen. Bewertet we den die Wirkungen dieser Maßnahmen auf das G samtunternehmen oder auf Unternehmensteile.

Der Fragebogen – die dialogische Beantwortu als **Methode der partizipativen Qualitätsentwic lung** – fördert die Zusammenarbeit der Projektbet ligten mittels einer aktiven Beteiligung. Im Rahm der Diskussion über die Bewertung der durchgefü ten Aktivitäten findet im Steuerkreis ein Austaus verschiedener Sichtweisen statt, der hilft, die eige Projektarbeit besser zu beurteilen. Die Beteiligu unterschiedlicher Interessensgruppen an der Disku sion verhindert eine Verzerrung der Projektergebnis im Sinne einer positiven Selbstbewertung des eigen Handelns. Eine neutrale Moderation stellt sicher, da

20

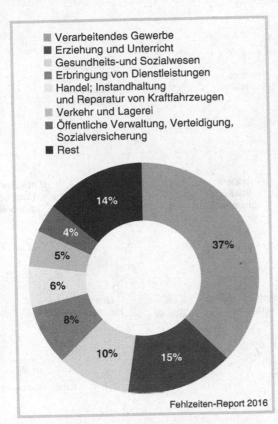

- ■ Verarbeitendes Gewerbe
- ■ Erziehung und Unterricht
- ☐ Gesundheits-und Sozialwesen
- ■ Erbringung von Dienstleistungen
- ☐ Handel; Instandhaltung
  und Reparatur von Kraftfahrzeugen
- ■ Verkehr und Lagerei
- ■ Öffentliche Verwaltung, Verteidigung,
  Sozialversicherung
- ■ Rest

Fehlzeiten-Report 2016

❏ **Abb. 20.5** Verteilung der BGM-Projekte nach Branchen gem. WZ 2008

❏ **Tab. 20.3** Welchen Nutzen können Sie für Ihr Unternehmen erkennen? Befragung der AOK Bayern in 409 BGF-Projekten seit 2006

Welchen Nutzen können Sie für Ihr Unternehmen erkennen?	Hoher und sehr hoher Nutzen
Gesundheitsangebote für Beschäftigte ermöglicht	76,5 %
Gesundheitskompetenz der Beschäftigten verbessert	75,0 %
Kommunikation verbessert	74,9 %
Prozesse im BGM entwickelt	74,1 %
Strukturen im BGM entwickelt	73,9 %
Physische Belastungen verringert	70,5 %
Betriebsklima und Arbeitszufriedenheit verbessert	68,4 %
Betriebsorganisation optimiert	65,4 %
Mitwirkungsmöglichkeiten der Beschäftigten verbessert	64,6 %

Fehlzeiten-Report 2016

auch kritische Bewertungen Raum finden, damit sich das BGM im Unternehmen weiterentwickeln kann. Gleichzeitig erwerben die Projektbeteiligten neue Kompetenzen, da lokales Wissen transparent wird (Empowerment). Alle Teilnehmer reflektieren das bisherige Vorgehen, das bei Bedarf an die sich laufend ändernden Bedingungen in Unternehmen angepasst werden kann. Z. B. werden Ergebnisse und Vorgehensweisen aus Pilotprojekten in einzelnen Unternehmensteilen so angepasst, dass sie auf andere Abteilungen überragen werden können.

Mittlerweile liegen der AOK Bayern die Daten aus 409 BGF-Projekten in 363 Unternehmen vor. Die mittelständische Unternehmensstruktur in Bayern drückt sich auch in den Projektdaten aus. Nahezu 30 Prozent der Bögen wurden in Betrieben mit maximal 100 Beschäftigten eingesetzt. Fast die Hälfte der untersuchten Projekte fand in Unternehmen mit bis zu 200 Beschäftigen statt (❏ Abb. 20.4).

Der Großteil der BGF-Projekte wurde in Unternehmen des verarbeitenden Gewerbes durchgeführt (ca.

37 Prozent). 15 Prozent der in die Auswertung eingeflossenen Projekte sind dem Erziehungs- und Unterrichtsscktor und 10 Prozent dem Gesundheits- und Sozialwesen zuzuordnen (❏ Abb. 20.5). Verglichen mit den offiziellen Beschäftigtenstatistiken der Bundesagentur für Arbeit für 2014 kann die Stichprobe allerdings nur teilweise als repräsentativ für die bayerische Wirtschaft angesehen werden. Hierzu ist die Untersuchung zu stark durch das verarbeitende Gewerbe und die Betriebe aus der Erziehungs- und Unterrichtsbranche geprägt. Der Anteil der Unternehmen aus dem Gesundheits- und Sozialwesen an der Stichprobe entspricht allerdings genau dem Anteil in der bayerischen Wirtschaft.

20.5.2 Ergebnisse

Die beteiligten Unternehmen berichten zunächst zu 96,9 Prozent von einer sehr hohen bzw. hohen Zufriedenheit mit der AOK-Unterstützung bei der Durchführung von BGM-Projekten. Mit dem Projektergebnis sind über 90 Prozent der befragten Betriebe sehr hoch bzw. hoch zufrieden. Neben der Verbesserung der Gesundheitskompetenz bzw. der Entwicklung von Strukturen und Prozessen im BGM kommt der Gestaltung der Arbeit und des Miteinanders eine besondere Bedeutung zu. Drei von vier Projekten, in denen kommunikative Themen bearbeitet wurden (n = 331), berichten von einer verbesserten Kommunikation im Unternehmen nach Projektende. Mehr als zwei Drittel der Unternehmen erleben eine Verbes-

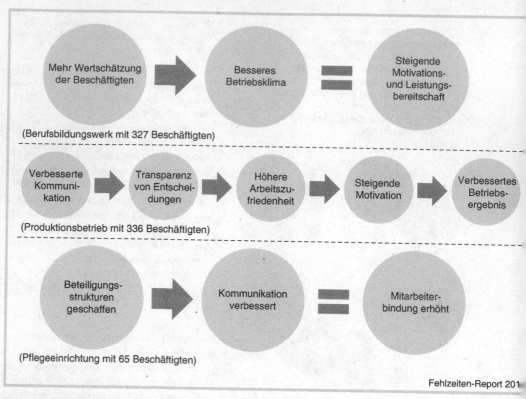

◻ Abb. 20.6 Wirkungsketten aus Sicht der Unternehmen

serung des Betriebsklimas (n = 332) und der Arbeits-zufriedenheit bei den Beschäftigten (n = 288). Jeweils fast zwei Drittel der Unternehmen bestätigen eine sehr hohe bzw. hohe Zufriedenheit mit der Optimierung der Betriebsorganisation und der Verbesserung der Mitwirkungsmöglichkeiten. ◻ Tab. 20.3 zeigt die Ergebnisse im Überblick.

Im Rahmen der Projektevaluation wurden die beteiligten Unternehmen zu den aus ihrer Sicht drei wichtigsten Nutzenkategorien und **den wichtigsten Veränderungen** befragt. Verbesserungen beim Betriebsklima beruhen nach Ansicht der Befragten v. a.:

- auf einer gestiegenen Wertschätzung gegenüber den Beschäftigten. Diese wird insbesondere durch deren Partizipation und die verstärkte Anerkennung der Leistungen durch Vorgesetzte sowie deren bewussteren Umgang mit Lob erreicht.
- auf einer verbesserten Kommunikation. Diese wird insbesondere durch regelmäßigen Austausch im Team, eine abteilungs- und/oder hierarchie-übergreifende Kommunikation und durch die Möglichkeit einer direkten Kommunikation mit Führungskräften erreicht.

Bei der Beschreibung der Erfolgsfaktoren und prä nanter Beispiele nannten die Befragten vielfach wec selseitige Wirkungen unterschiedlicher, aber maßge licher Faktoren. Diese Zusammenhänge werden Form von Wirkungsketten dargestellt, wie ◻ Abb. 2 zeigt.

Auch wenn das Modell der hier gezeigten W kungsketten auf Erfahrungsberichten beruht u keiner empirischen Überprüfung unterzogen wur macht es die Zusammenhänge und relevanten Ei flussgrößen deutlich.

Zusammenfassend lässt sich feststellen, dass monetäre Nutzen von BGF-Projekten für die Unt nehmen nicht im Vordergrund steht, sondern die w chen Effekte für die Unternehmen entscheidend si Wie dargestellt, werden genau diese weichen Faktor aus Sicht der Beschäftigten als wichtig im Hinblick deren Erwartungen an gute Arbeit und Arbeitgeb attraktivität eingestuft. Somit lassen die Ergebnisse d Schluss zu, dass BGM über die Beeinflussung der w chen Unternehmensfaktoren die Arbeitgeberattra tivität indirekt positiv beeinflusst. Diesen Schluss k stätigen auch die Wirkungsketten, die eine gesteiger

Arbeitszufriedenheit, ein verbessertes Betriebsergebnis und eine erhöhte Mitarbeiterbindung belegen.

20.6 Fazit

Arbeitgeberattraktivität verstehen wir als Anziehungskraft von Unternehmen für potenzielle Bewerber und als Mitarbeiterbindungskraft. Weiche Faktoren wie ein attraktives Arbeitsumfeld und Lern- und Entwicklungschancen sind Bewerbern und Beschäftigten mindestens genauso wichtig wie harte Faktoren (Einkommen und Nebenleistungen). Eine wesentliche Schlüsselrolle bei der Darstellung der Arbeitgeberattraktivität spielt die Kommunikation über eine attraktive Arbeitsgestaltung. Sowohl für Beschäftigte als auch für Bewerber ist die Befriedigung von Grundbedürfnissen bei der Arbeit wie die Sicherheit des Arbeitsplatzes von zentraler Bedeutung für Arbeitgeberattraktivität. Die Gestaltung der Arbeit, eine offene Kommunikation sowie Partizipationsmöglichkeiten, ein gutes »Arbeitsumfeld« mit Handlungsspielraum, herausfordernden und abwechslungsreichen Arbeitsinhalten, ein gutes Betriebsklima und ein guter Umgang der Vorgesetzten bewegen Arbeitnehmer, sich für einen bestimmten Arbeitgeber zu interessieren bzw. im Unternehmen zu bleiben. Arbeitgeber haben auf weiche Faktoren große Einwirkungsmöglichkeiten. Das Potenzial wird allerdings noch nicht vollkommen ausgeschöpft. Genau hier kann ein funktionierendes BGM wesentliche Ansatzpunkte liefern. Die Nutzenstudie der AOK Bayern kommt zu dem Schluss, dass ein gelungenes BGM hier entscheidenden Einfluss auf diese weichen Faktoren nimmt und ein gelebtes BGM Arbeitgebern hilft, attraktiv zu sein bzw. zu bleiben. BGM hilft weiter, die Arbeitgebermarke glaubwürdig zu kommunizieren, da sie die Bemühungen der Unternehmen zur Steigerung der Arbeitgeberattraktivität real und glaubhaft werden lässt. Zufriedene und leistungsbereite Beschäftigte sind noch immer die beste Werbung für ein Unternehmen.

Literatur

AOK Bayern (2014) Babyboomer und Generation Y – was eint, was trennt? https://www.aok-bgf.de/bayern/newsbereich/babyboomer-und-generation-y-was-eint-was-trennt.html. Gesehen 25 Jan 2016

App S, Büttgen M, Pröbster S (2012) Erhöht ein betriebliches Gesundheitsmanagement die Arbeitgeberattraktivität? PERSONALquarterly 03/12:16–22

Badura B, Ritter W, Scherf M (1999) Betriebliches Gesundheitsmanagement – Ein Leitfaden für die Praxis. Ed. Sigma, Berlin

Bauer H, Neumann N, Lange M (2004) Bestimmungsfaktoren und Wirkungen von Mitarbeiterzufriedenheit: eine empirische Studie am Beispiel des Automobilhandels. Universität Mannheim, Institut für Marktorientierte Unternehmensführung, Mannheim

Bruch H, Fischer A, Färber J (2015) Arbeitgeberattraktivität von innen betrachtet – eine Geschlechter- und Generationenfrage. Trendstudie 2015. Konstanz

Bundesagentur für Arbeit, Betriebe und sozialversicherungspflichtige Beschäftigung vom 19.12.2014. Nürnberg

Bundesministerium für Arbeit und Soziales (2015) Monitor »Fachkräftesicherung und -bindung«. Berlin

Cisik A (2015) Arbeitgeberattraktivität zwischen Anspruch und Wirklichkeit. Eine empirische Studie. Management Summary. http://www.cisikconsulting.de/wp-content/uploads/2015/10/Cisik_Arbeitgeberattraktivit%C3%A4t-zwischen-Anspruch-und-Wirklichkeit_Management-Summary_170915.pdf. Gesehen 26 Jan 2016

Fietz G, Worschech F (2009) Als Arbeitgeber attraktiv – auch in schwierigen Zeiten. Zentrum für betriebliches Weiterbildungsmanagement, Nürnberg

Fuchs T (2006) Was ist gute Arbeit? »Anforderungen aus Sicht der Erwerbstätigen« Konzeption und Auswertung einer repräsentativen Untersuchung. Stadtbergen

Gallup (2015) Engagement Index Deutschland 2014. http://www.gallup.com/de-de/181871/engagement-index-deutschland.aspx. Gesehen 26 Jan 2016

Gansser O, (2014) Messung der Arbeitgeberattraktivität: Eine empirische Studie. http://www.fom.de/fileadmin/fom/institute/ifes/140130_Ergebnisse_Arbeitgeberattraktivitaet.pdf. Gesehen 25 Jan 2016

Gansser O, Linke M (2013) Betriebliches Gesundheitsmanagement in Deutschland 2013 – Stand der Dinge –. http://www.fom.de/fileadmin/fom/kc/kcs/130513_Betriebliches_Gesundheitsmanagement_Ergebnisdiagramme.pdf. Gesehen 25 Jan 2016

Lüerßen H, Stickling E, Gundermann N, Toska, M, Coppik R, Denker P, Mikula D, Holm T, Timmermann C (2015) BGM im Mittelstand 2015 – Ziele, Instrumente und Erfolgsfaktoren im Mittelstand 2015, Personalwirtschaft 10/2015:20–23

RKW (Rationalisierungs- und Innovationszentrum der Deutschen Wirtschaft e. V.) (2011) 2. Arbeitgeberattraktivität – Handlungsfelder für das Personalmanagement. Eschborn

Schumacher F, Geschwill R (2009) Employer Branding. Human Resources Management für die Unternehmensführung. Gabler Verlag, Wiesbaden

StepStone (2015) HR-Trends 2015. http://www.stepstone.de/stellenanbieter/human-resources/hr-studien/. Gesehen 26 Jan 2016

Wolf G (2014) Employer Branding: In vier Schritten zur erfolgreichen Arbeitgebermarke. Verlag Dashöfer, Hamburg

Unternehmenskultur und erfolgreiche Gesundheitsförderung durch Vernetzung in der Region

U. Kratz, A. Pointner, M. Sauerland, S. Mihailović, O. L. Braun

B. Badura et al. (Hrsg.) *Fehlzeiten-Report 2016*,
DOI 10.1007/978-3-662-49413-4_21, © Springer-Verlag Berlin Heidelberg 2016

Zusammenfassung *Im vorliegenden Beitrag geht es um Netzwerkorganisation zwischen kleinen und mittelständischen Unternehmen innerhalb einer Region zum Zwecke der Gesundheitsförderung. Es wird dargestellt, wie das BGM Forum Südpfalz – Netzwerk für Betriebliches Gesundheitsmanagement funktioniert. Anschließend wird beispielhaft auf ein Training eingegangen, das zum Ziel hatte, die Selbstmanagementkompetenzen der Teilnehmer zu fördern. Das Training beruht auf der Theorie des Wohlbefindens von Seligman (2012), auf der Broaden-and-Build-Theorie von Fredrickson (2001) und auf Ansätzen des Selbstmanagements (König u. Kleinmann 2014). Im Rahmen einer Evaluationsstudie konnte gezeigt werden, dass die Selbstmanagementkompetenzen der Trainingsteilnehmer gesteigert werden konnten. In der Folge stiegen der Optimismus, die Selbstwirksamkeitserwartungen und die Fähigkeit zur Emotionsregulation, während dysfunktionale Kognitionen (Sauerland 2015) gesenkt werden konnten.*

21.1 Einleitung und Fragestellung

Kleine und mittelständische Unternehmen können oft keine umfassenden Programme zur Betrieblichen Gesundheitsförderung auflegen, weil ihnen dazu die Ressourcen fehlen. Dieses Problem kann jedoch durch intelligente Vernetzung in der Region überwunden werden. Im folgenden Beitrag wird dargelegt, wie eine regional verankerte Gesundheitskultur für vernetzte Unternehmen/Organisationen umgesetzt werden kann.

Was versteht man unter Unternehmenskultur? Eine häufig zitierte Definition stammt von Schein (2004). Er definiert Unternehmenskultur als »The pattern of basic assumptions that a given group has invented, discovered, or developed in learning to cope with its problems of external adaption and internal integration, and that have worked well enough to be considered valid, and, therefore, to be taught to new members as the correct way to perceive, think, and feel in relation to these problems«. Es geht also im Grunde darum, wie in einem Unternehmen miteinander kommuniziert wird, wie Probleme gelöst werden, wie gearbeitet wird, wie Konflikte gelöst werden, wie gelernt wird. Es geht um zugrunde liegende Werte, die die Basis für Entscheidungen darstellen. Die bewusste Reflexion darüber hilft, eine Unternehmenskultur zu etablieren oder sogar in Abgrenzung zu anderen Unternehmenskulturen zu festigen. Diese Reflexion kann explizit erfolgen, indem man sich mit Leitbildern, Führungsgrundsätzen und dergleichen beschäftigt, sie kann aber auch dadurch erfolgen, dass Mitglieder einer oder mehrerer Organisationen sich darüber austauschen, wie sie sich ganz konkret in bestimmten Situationen verhalten. Ein weiterer wichtiger Bestandteil von Unternehmenskulturen sind Kompetenzmodelle. Darin wird beschrieben, welche Kompetenzen Mitarbeiter auf verschiedenen Ebenen haben sollten. Selbstmanagementkompetenzen sind auf allen Ebenen gefordert, vom Sachbearbeiter über die Teamleiter bis zu den Abteilungsleitern und Vorständen. Deshalb wird in Seminaren zur Förderung der Selbstmanagementkompetenz direkt an der Unternehmenskultur gearbeitet.

Im vorliegenden Beitrag werden entsprechende Seminare zur Förderung der Selbstmanagementkompetenz beschrieben. Es wird auch deutlich gemacht, wie solche geteilten Angebote evaluiert werden können. Am Ende der Seminare sollten die Teilnehmer angeben, wie zufrieden sie mit den Seminaren waren. Außerdem wurde die Selbstmanagementkompetenz sowie weitere Variablen vorher und vier Wochen nach dem Seminar erfasst. Eine Kontrollgruppe vervollständigte das Evaluationsdesign (Faktor 1: Treatmentgruppe vs. Kontrollgruppe; Faktor 2: vorher vs. nachher).

Im BGM Forum Südpfalz – Netzwerk für Betriebliches Gesundheitsmanagement treffen sich Vertreter unterschiedlicher Organisationen, die alle ein Ziel verfolgen: die Gesundheitsförderung ihrer Mitarbeiter. Es wurde im Jahr 2009 ins Leben gerufen. Im Forum werden Gesundheitsangebote verschiedener Organisationen aufeinander abgestimmt. Geeignete Angebote werden im Netzwerk den Mitarbeitern aller beteiligten Organisationen zur Verfügung gestellt. Dies geschieht dadurch, dass die Vertreter der einzelnen Netzwerkpartner die Angebote organisationsintern per Rundmail oder Intranet allen Mitarbeitern bekannt geben. Diese können sich dann direkt beim Anbieter anmelden. Das BGM Forum Südpfalz hat für die Kommunikation und Bewerbung der Angebote auch ein eigenes Logo entwickelt. Durch dieses Vorgehen können die Unternehmen ihren Mitarbeitern ein deutlich breiteres Angebot an gesundheitsförderlichen Maßnahmen zur Verfügung stellen. Ein kultureller Wert, der dabei mitschwingt, ist, dass die Mitarbeiter auch selbst aktiv werden und die Angebote nutzen müssen. Das Prinzip der Selbstverantwortlichkeit für die eigene Gesundheit ist also mit dabei.

Das BGM Forum Südpfalz versteht sich als ein lernendes System. Kräfte und Stärken der Partnerunternehmen werden gebündelt. Viermal im Jahr treffen sich die Firmen für ergebnisorientierte Workshops; immer mit dem Ziel, Angebote weiterzuentwickeln. Das Forum ist ein gutes Beispiel dafür, dass die Forderung im Präventionsgesetz nach mehr Vernetzung der richtige Weg ist. Beispiele für solche Angebote sind Gesundheitstage, Familienangebote, Aquakurse, Laufkurse, Rückengesundheit, Pilates-Kurse, Yoga-Kurse, Massagen, Veranstaltungen zur gesunden Ernährung, die Förderung der Selbstmanagementkompetenz usw. Neben den verhaltensorientierten Maßnahmen gehören auch Themen dazu, die der Verhältnisprävention zuzuordnen sind. Beispielsweise wird aktuell intensiv darüber diskutiert, wie die Gefährdungsanalyse hinsichtlich der psychischen Gesundheit sinnvoll durchgeführt werden kann, aber auch die Verhältnisprävention bei ergonomischen Arbeitsplatzanalysen in enger Zusammenarbeit mit der Arbeitssicherheit. Ergänzend kann noch das gemeinsame Nachdenken über Personal- und Organisationsentwicklung im Rahmen wissenschaftlicher Tagungen (z. B. Aktuelle Themen und Trends der Personal- und Organisationspsychologie der Universität Koblenz-Landau in Kooperation mit der Hochschule Ludwigshafen am 8. und 9. Oktober 2015 in Deidesheim) erwähnt werden. Der iga.Report 29 hat deutlich gemacht, wie wichtig die Rolle der Füh-

rung bei der Förderung der Gesundheit ist. Gleizeitig belegen Studien, dass Führungskräfte häu Wissensdefizite anführen, um zu erklären, warum in der Praxis nicht adäquat handeln (iga.Report S. 39 ff.). Die Autoren haben im Rahmen einer wisse schaftlichen Begleitung ein Konzept entwickelt, diese »Wissenslücke« in der Praxis schließt. Das Z war, dass sich durch das Training verschiedene Fac ten der Selbstmanagementkompetenz, insbesond Gesundheit und Vitalität, Emotionsregulation, Ze management, Führung mit Positiver Psychologie, P blemlösekompetenzen und die generellen Selbstwi samkeitserwartungen verbessern.

21.2   Theoretische Hintergründe

Die theoretischen Hintergründe des hier vorgestell Trainings finden sich in der Positiven Psycholo (Seligman 2012; Csiksentmihalyi 2010; Fredricks 2001) und in Selbstmanagementansätzen (König Kleinmann 2014). Während nach dem Zweiten We krieg Themen wie Trauma, Neurosen, Depression u Aggression starke Beachtung fanden (Davison et 2007), befasst sich die Positive Psychologie mit Th men wie Wohlbefinden, Glück, Stärken und Optim mus. In der Positiven Psychologie beziehen wir uns die Theorie des Wohlbefindens von Seligman (20 S. 32 ff.). Die Theorie des Wohlbefindens hat fünf E mente: Positive Emotion, Engagement, Relationsh Meaning und Accomplishment (◻ Abb. 21.1). Je Element hat drei Eigenschaften:

- Es trägt zum Wohlbefinden bei.
- Viele Menschen streben um der Sache selbst wi len danach.
- Es lässt sich unabhängig von den anderen Elementen definieren und messen (Exklusivität).

Im Kern besagt die Theorie des Wohlbefindens, d Menschen Wohlbefinden erleben, wenn sie von posi ven Emotionen getragen werden, wenn sie sich für ei Sache engagieren können, wenn sie gute zwische menschliche Beziehungen unterhalten, wenn sie ei Sinn in ihrem Leben sehen und wenn sie Ziele err chen (Erfolg). Die Theorie will erklären, wie Mensch aufblühen. In der Positiven Psychologie kennt m zahlreiche Übungen und Verhaltensweisen, die zu Aufblühen beitragen. Im Kontext von Führung ist d z. B. wertschätzende Anerkennung. Bei Teamsitzu gen kann man auch darüber nachdenken, welche Di ge in den letzten Wochen gut gelaufen sind und welc Teamstärken dazu beigetragen haben. Die dadur generierten positiven Emotionen tragen zum positiv

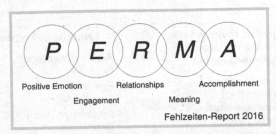

Abb. 21.1 Die Elemente der Theorie des Wohlbefindens von Seligman (2012; eigene Darstellung)

Betriebsklima und zur Leistung bei. Positive Psychologie beschäftigt sich auch mit den Stärken der Menschen. Seligman (2012) hat 24 Charakterstärken benannt. Diese werden sechs Feldern zugeordnet: Im Feld **Weisheit und Wissen** sind es Neugier, Liebe zum Lernen, Urteilsvermögen, Einfallsreichtum, Soziale Intelligenz und Perspektive. Im Feld **Mut** sind es Tapferkeit, Ausdauer und Integrität. Im Feld **Menschlichkeit und Liebe** sind es Freundlichkeit und Lieben. Im Feld **Gerechtigkeit** sind es Gemeinschaftssinn, Fairness und Führungsvermögen. Im Feld **Mäßigung** sind es Selbstkontrolle, Besonnenheit und Demut und im Feld **Transzendenz** sind es Wertschätzung von Schönheit, Dankbarkeit, Hoffnung, Spiritualität, Vergebung, Humor und Begeisterung. Diese Charakterstärken können bei Menschen mehr oder weniger stark ausgeprägt sein. In der Positiven Psychologie werden die Stärken in den Fokus genommen. Menschen sollen ihre Stärken einsetzen, um erfolgreich zu sein. Es geht nicht darum, Schwächen zu identifizieren und zu kompensieren, vielmehr geht es darum, Einsatzmöglichkeiten für die Stärken zu finden.

Eine zweite hier relevante Theorie aus der Positiven Psychologie ist die »Broaden-and-Build«-Theorie der positiven Gefühle von Fredrickson (2001). Allgemein liegt der Theorie die Annahme zugrunde, dass Emotionen die Wahrnehmung und das Verhalten beeinflussen. Positive Emotionen wie Freude, Heiterkeit, Interesse, Liebe, Dankbarkeit, Hoffnung, Zufriedenheit und Stolz wirken erweiternd, während negative Gefühle wie Trauer, Zorn und Ärger Einschränkungen mit sich bringen. Positive Emotionen führen dazu, dass der Aufmerksamkeitsfokus sich erweitert. Es wird die motivationale Basis für Tätigkeiten gelegt, die sich zu langfristig nutzbaren persönlichen Ressourcen entwickeln. Daraus entsteht eine positive Aufwärtsspirale, die dazu führt, dass immer mehr Kompetenzen und Ressourcen aufgebaut werden.

Der dritte hier relevante theoretische Ansatz im Zusammenhang mit dem Training ist das Thema

Selbstmanagement. Darunter verstehen König und Kleinmann (2014, S. 647) als Arbeitsdefinition »alle Bemühungen einer Person, das eigene Verhalten zielgerichtet zu beeinflussen. Selbstmanagement ist also vor allem dann wichtig, wenn eine Person viel Freiheit in ihrer Arbeit hat, also nicht dem ständigen Einfluss des oder der Vorgesetzten ausgesetzt ist.« Sie führen weiter aus, dass der älteste Ansatz des Selbstmanagements der (kognitiv) behaviorale ist. »Die wichtigsten Elemente in diesem Ansatz sind Problemidentifikation, Selbstbeobachtung, Zielsetzung, Selbstverstärkung, Selbstbestrafung, Stimuluskontrolle und die Anwendung von Transfertechniken. … Eng verwandt mit dem Selbstmanagement ist das Zeitmanagement.« (König u. Kleinmann 2014, S. 649). Die Grundidee beim Selbstmanagement ist also, dass Menschen Methoden und Techniken erlernen können, die es ihnen ermöglichen, erwünschtes Verhalten selbst herbeizuführen und unerwünschtes Verhalten zu eliminieren. Da es den meisten Menschen wohl darum geht, positive Emotionen und Wohlbefinden herbeizuführen, gibt es zwischen den hier genannten theoretischen Ansätzen sicher enge Verbindungen.

21.3 Das Modell des Positiven Selbstmanagements

Das Modell des Positiven Selbstmanagements sagt aus, dass die Förderung von Selbstmanagementkompetenzen wie z. B.

- Techniken der Positiven Psychologie
- Selbst-PR
- Zeitmanagementtechniken
- Methoden für den Small-talk und Networking
- Problemlösetechniken
- Methoden zur Förderung von Gesundheitsvorsorge und Vitalität
- Lerntechniken

dazu führen, dass

- dysfunktionale Kognitionen (Sauerland 2015) sinken,
- generelle Selbstwirksamkeitserwartungen (Bandura 1977),
- Optimismus (Schwarzer u. Jerusalem 1999) und die Fähigkeit zur
- Emotionsregulation steigen.

Diese Überlegungen sind mit den Ergebnissen einer Studie von Unsworth und Mason (2012) vereinbar. Die Autoren berichten, dass eine Trainingsgruppe im Ver-

21

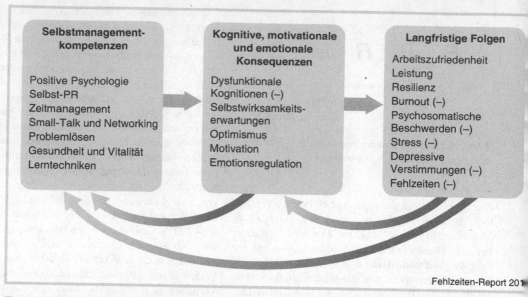

▢ Abb. 21.2 Das Modell des Positiven Selbstmanagements

gleich zu einer Kontrollgruppe nach einem Selbst-führungstraining weniger Stress, höhere Selbstwirk-samkeit und positiveren Affekt empfand. Man kann annehmen, dass langfristig die Arbeitszufriedenheit ansteigt, wohingegen Stress, die Tendenz zum Burn-out, psychosomatische Beschwerden, depressive Ver-stimmungen und Fehlzeiten sinken. Es kann auch angenommen werden, dass es Rückwirkungen im Sinne der »Broaden-and-Build«-Theorie von Fredrick-son (2001) gibt. Danach führen positive Emotionen dazu, dass wieder mehr Kompetenzen aufgebaut wer-den und dass es zu einem positiven Kreislauf kommt. Dieses Modell des Positiven Selbstmanagements ist in ▢ Abb. 21.2 dargestellt. Daten, die diese Überlegungen prüfen, werden weiter unten beschrieben.

21.4   Das Training mit »CareerGames –   spielend trainieren!«

Nach Ansicht der Autoren können Mitarbeiter und Führungskräfte von Organisationen durch ein Trai-ning ihre persönlichen Selbstmanagementkompeten-zen steigern, die sowohl für die eigene physische und psychische Gesundheit relevant sind als auch für die physische und psychische Gesundheit der Mitarbeiter (vgl. Braun et al. 2014). Sie werden zum Vorbild und schaffen es auch besser, wertschätzend, anerkennend und transparent mit anderen zusammenzuarbeiten und sie zu führen.

In den Trainings stehen die Themen Selbstm nagement und Entwicklung der (eigenen) Gesur heitskompetenz im Fokus. Neben Selbstmanag mentstrategien zur Gesundheitsförderung werd Techniken der Positiven Psychologie vermittelt, u durch den Einsatz von »CareerGames – spielend tr nieren!«. Dabei handelt es sich um ein Quizbrettsp bei dem Gruppen von vier Seminarteilnehmern vermittelten Inhalte vertiefen, miteinander diskutier und sich gegenseitig durch kollegiale Beratung ber chern. Das Spiel wurde von Ottmar Braun, Mar Sauerland und weiteren Kollegen an der Universi Koblenz-Landau in den letzten Jahren entwickelt. Z zeit liegen folgende Module vor: Positive Psycholog Small-Talk, Zielklarheit, Zeitmanagement, Selbstdis plin, Denkfallen überwinden, Problemlösetechnik Lerntechniken, Gesundheit-Fitness-Vitalität, Selb PR, Networking und Positive Psychologie im Team. jedem Modul liegt eine Präsentation mit ca. 30 Foli vor, ein Kartensatz mit 20 Fragekarten und ein Frag bogen zur Selbsteinschätzung. Im Seminar werd immer zwei bis drei Themen pro Tag vertieft. I Spieldauer beträgt ca. 90 Minuten. Bezogen werd kann das Spiel bei den o. g. Personen (▢ Abb. 21. Weitere Informationen zum Spiel und zur Bezugsqu le unter www.career-games.com. Dieses Vorgehen fä insbesondere in Unternehmen auf fruchtbaren Bod die das Prinzip der Selbstorganisation und der Selb verantwortlichkeit zum Kulturbestandteil gemac haben. Unternehmen, die ihre Mitarbeiter beteilig

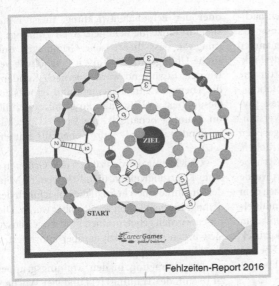

Fehlzeiten-Report 2016

◘ **Abb. 21.3** Das Quizbrettspiel »CareerGames – spielend trainieren!«

und Empowerment zum integralen Bestandteil der Führung machen, können besonders von einem solchen Training profitieren. Förderung der Selbstmanagementkompetenz im BGM-Netzwerk bedeutet auch kulturelle Vielfalt. Im Seminar lernen die Teilnehmer nämlich die Sichtweisen und Wertungen von Mitgliedern anderer Organisationen kennen; sie reflektieren ihre eigenen Werthaltungen, da ihre verbal zum Ausdruck gebrachten Verhaltensweisen (auch für kritische Führungssituationen) von anderen (Spiel-)Teilnehmern kritisch bewertet werden. Diese Bewertung wird dann mit Spielchips verstärkt, wenn sie mit den Kulturwerten kompatibel ist. Sind die geäußerten oder gespielten Verhaltensweisen nicht mit den Unternehmenskulturwerten kompatibel, erfolgt keine Verstärkung durch Spielchips.

Der vorgestellte Ansatz stellt eine innovative Weiterbildungskultur dar, da die vorhandenen Erfahrungsschätze durch das Medium Spiel gehoben werden. Das Spiel »CareerGames – spielend trainieren!« fordert auch, dass Entscheidungen und Verhaltensweisen begründet werden. Dies wird dann zum integralen Bestandteil einer transparenten Unternehmenskultur. Die Mitarbeiter werden nicht zum Spielball (mikro-) politischer Entscheidungen, sondern zu Akteuren auf Augenhöhe: und das ist gesund!

Im Training hören die Teilnehmer einen wissenschaftlich fundierten Vortrag zu den Selbstmanagementfacetten, die trainiert werden sollen. Mit einem Satz Spielkarten, die Fragen, Musterantworten und

Bewertungshinweise enthalten, werden die Themen spielerisch vertieft. Die Karten enthalten Wissensfragen, situative Fragen, Anregungen zu Rollenspielen und solche zu Pro-und-Contra-Diskussionen. Beispielsweise lautet eine Instruktion auf einer Spielkarte im Modul Selbstdisziplin: »Überzeugen Sie Ihre Mitspieler von der Strategie, die eigene Motivation durch das in Aussicht stellen von Belohnungen zu steigern. Die Mitspieler stellen den Erfolg dieser Strategie in Frage.« Im Modul Zeitmanagement findet man z. B. diese Karte: »Welches Zeitmanagement-Instrument funktioniert in Ihrem Alltag am besten? Überzeugen Sie Ihre Mitspieler von diesem Instrument. Die Mitspieler generieren Gegenargumente und versuchen, Sie von anderen Methoden zu überzeugen.« So findet während des Spiels ein kollegialer Austausch statt, der die Selbstreflexion fördert. Individuelle Maßnahmenpläne tragen zur Transfersicherung bei. Insgesamt fördert also der vorgestellte Ansatz eine gesundheitsorientierte Unternehmenskultur.

21.5 Hypothesen und ihre Testung

Im Folgenden wird dargestellt, wie die Überprüfung des oben dargestellten Modells des Positiven Selbstmanagements (◘ Abb. 21.2) erfolgt. Eine Möglichkeit der Überprüfung besteht darin, dass man die Variablen des Modells mithilfe von Fragebögen erfasst und dann die Korrelationen zwischen den Variablen berechnet.

Leithypothese 1 lautet dann: Es wird erwartet, dass die Selbstmanagementkompetenzen negativ mit dem Ausmaß dysfunktionaler Kognitionen und positiv mit Selbstwirksamkeitserwartungen, Optimismus, Motivation und der Fähigkeit zur Emotionsregulation korrelieren.

Außerdem wird erwartet, dass Selbstwirksamkeitserwartungen, Optimismus, Motivation und Emotionsregulation positiv mit Arbeitszufriedenheit und Resilienz, hingegen negativ mit Stress, psychosomatischen Beschwerden und depressiver Verstimmung korrelieren sollten.

Dysfunktionale Kognitionen sollten negativ mit Arbeitszufriedenheit und Resilienz, aber positiv mit psychosomatischen Beschwerden und depressiver Verstimmung korrelieren. Findet man Korrelationen in der erwarteten Richtung, spricht das für die Validität des Modells.

Eine weitere Möglichkeit zur Prüfung des Modells besteht darin, ein aus dem Modell abgeleitetes Training zu evaluieren. Dabei werden die Selbstmanagementkompetenzen trainiert und man müsste dann Effekte auf diesen Variablen und auch auf theoretisch nachgelagerten Variablen finden. Um die Wirkung des Trainings zu evaluieren, wurden die oben genannten Variablen (Selbstmanagementkompetenzen, dysfunktionale Kognitionen, Selbstwirksamkeitserwartungen, Optimismus, Motivation, Fähigkeit zur Emotionsregulation, Arbeitszufriedenheit, Resilienz, Stress, psychosomatische Beschwerden und depressive Verstimmung) mithilfe von Selbsteinschätzungsfragebögen vor dem Training und vier Wochen später erhoben. Diese Erhebung fand sowohl in der Trainingsgruppe als auch in einer Kontrollgruppe statt. Ergänzt wurde diese Erhebung durch eine Befragung direkt nach dem Training, bei der die Teilnehmer nach ihrer unmittelbaren Reaktion befragt wurden. Wir folgen damit dem Evaluationsmodell von Kirkpatrick und Kirkpatrick (2006) und betrachten die Ebenen 1 und 2. Die Ebene 1 ist die Ebene der unmittelbaren Reaktion, die Ebene 2 ist die Ebene des Lernens.

Leithypothese 2 lautet: Hinsichtlich der unmittelbaren Reaktionen der Teilnehmer auf das Seminar und auf das Spiel »CareerGames – spielend trainieren!« wird erwartet, dass die unmittelbaren Reaktionen positiv ausfallen (Mittelwert signifikant höher als die Skalenmitte 3).

Leithypothese 3 lautet: Es wird erwartet, dass es nach einem entsprechenden Training in der Trainingsgruppe einen signifikanten Anstieg der Selbstmanagementkompetenzen gibt. Das Ausmaß dysfunktionaler Kognitionen sollte sinken, die Selbstwirksamkeitserwartungen, der Optimismus, die Motivation und die Fähigkeit zur Emotionsregulation sollten steigen. Für die Kontrollgruppe wird diese Veränderung nicht erwartet. Dieses Ergebnismuster sollte sich in einer signifikanten Interaktion zwischen der Gruppe (Trainingsgruppe vs. Kontrollgruppe) und dem Messzeitpunkt (t1 vs. t2) niederschlagen.

21.6 Methode

21.6.1 Vorgehen und Befragungspersonen

Insgesamt wurden 89 Mitarbeiter verschiedener Organisationen in acht Seminarveranstaltungen trainiert. Dabei handelte es sich um Personal eines Klinikums, Nachwuchsführungskräfte einer Bank, Polizisten, Mitarbeiter aus der Verwaltung und Führungskräfte aus weiteren Dienstleistungsunternehmen. Die Trainings dauerten ein oder zwei Tage, sie wurden in unterschiedlichen Organisationen durchgeführt. Initiiert wurden die Trainings von der Organisationsleitung

oder der Personalentwicklung; meist handelte sich um Einzelmaßnahmen. Allen Trainings geme sam war, dass theoretische Grundlagen und pr tische Übungen der Positiven Psychologie vermit wurden. Ergänzend wurden je nach Kundenwun die Themen Zeitmanagement und Arbeitstechnik Gesundheit und Vitalität, Problemlösetechniken im Training behandelt. Das Spiel »CareerGame spielend trainieren!« wurde ebenfalls immer ein setzt.

Gleichzeitig wurden zu den o. g. Gruppen äqu lente Kontrollgruppen, nämlich weitere Mitarbei der Organisationen befragt, die hinsichtlich der soz demografischen Daten vergleichbar waren. Diese P sonen wurden gebeten, einen Fragebogen auszufüll Sie wurden nicht explizit darüber informiert, dass eine Kontrollgruppe darstellen.

Die Befragung in den Trainingsgruppen fa zu Beginn des Trainings (t1) und vier Wochen sp (t2) statt. Den Teilnehmenden wurde gesagt, d die Erhebung dazu dient, das Training zu evaluier In der Kontrollgruppe wurden die Daten jewe zeitgleich erhoben. Wir haben es also mit ein 2 (Trainingsgruppe vs. Kontrollgruppe) × 2 (Messz punkt 1 und 2) varianzanalytischen Versuchsplan tun. Zusätzlich wurden in den Trainingsgrupp Daten zur unmittelbaren Reaktion auf das Semi im Allgemeinen und auf das Spiel im Besonder erhoben.

21.6.2 Fragebögen

Die Trainingsgruppe erhielt am Ende der Veranst tung einen Fragebogen, mit dem die unmittelb: Reaktion auf das Seminar insgesamt (10 Items) und das Spiel im Besonderen (14 Items) erfasst wurde Evaluationsebene 1 laut Kirkpatrick und Kirkpatr (2006). Für die Prüfung der Hypothese 2 wurd folgende Variablen erhoben (Anzahl der Items der Skala): Selbstmanagement mit Positiver Psych logie (10 Items), Selbst-PR (5), Zeitmanagement u Arbeitstechniken (5), Smalltalk und Networking (Problemlösetechniken (5), Gesundheitsvorsorge u Vitalität (5), Lerntechniken (5), Dysfunktionale Kc nitionen (5), Selbstwirksamkeitserwartungen (1 Optimismus (5), Emotionsregulation (5), Arbei zufriedenheit (5), Depressive Verstimmung (6), P: chosomatische Beschwerden (9). Alle Items wurd als Aussagen formuliert und mit einer fünfstufig Skala mit den Endpunkten »stimmt nicht (1)« u »stimmt (5)«, bzw »gar keine (1)« und »stark (5)« v sehen.

Tab. 21.1 Korrelationen zwischen Selbstmanagementkompetenzen einerseits und kognitiven, motivationalen und emotionalen Variablen andererseits (N = 168). Korrelationen ab r = .16 sind auf dem 5-Prozent-Niveau signifikant.

	Dysfunktionale Kognitionen	Selbstwirksamkeitserwartungen	Optimismus	Motivation	Emotionsregulation
Positive Psychologie	–.30	.46	.47	.43	.57
Selbst-PR	–.35	.60	.42	.38	.55
Zeitmanagement	–.21	.23	.17	.17	.33
Small-Talk/Networking	–.14	.38	.24	.23	.42
Problemlösen	–.29	.45	.26	.22	.43
Gesundheit und Vitalität	–.21	.20	.18	.12	.18
Lerntechniken	–.33	.38	.20	.26	.38

Fehlzeiten-Report 2016

Tab. 21.2 Korrelationen zwischen kognitiven, motivationalen und emotionalen Variablen einerseits und längerfristigen Folgen andererseits (N = 168). Korrelationen ab r = .16 sind auf dem 5-Prozent-Niveau signifikant.

	Dysfunktionale Kognitionen	Selbstwirksamkeitserwartungen	Optimismus	Motivation	Emotionsregulation
Arbeitszufriedenheit	–.29	.24	.33	.50	.29
Resilienz	–.42	.68	.54	.50	.54
Psychosomatische Beschwerden	.38	–.34	–.32	–.33	–.25
Depressive Verstimmungen	.41	–.33	–.37	–.41	–.31
Stress	.37	–.23	–.19	–.29	–.28

Fehlzeiten-Report 2016

21.7 Ergebnisse

Hinsichtlich der Reliabilität der Skalen lässt sich feststellen, dass Cronbachs Alpha immer größer als .70 ist, die Reliabilität ist also gewährleistet.

21.7.1 Korrelative Ergebnisse

In Leithypothese 1 war erwartet worden, dass die Selbstmanagementkompetenzen negativ mit dysfunktionalen Kognitionen und positiv mit Selbstwirksamkeitserwartungen, Optimismus, Motivation und der Fähigkeit zur Emotionsregulation korrelieren. Tab. 21.1 zeigt die Ergebnisse der korrelativen Auswertung zum Messzeitpunkt 1.

Wie Tab. 21.1 entnommen werden kann, belegen die Ergebnisse die Leithypothese 1 und stützen damit das vorgestellte Modell des Positiven Selbstmanagements.

Weiter wurde in Leithypothese 1 erwartet, dass Selbstwirksamkeitserwartungen, Optimismus, Motivation und Emotionsregulation positiv mit Arbeitszufriedenheit und negativ mit psychosomatischen Beschwerden und depressiver Verstimmung korrelieren. Dysfunktionale Kognitionen sollten negativ mit Arbeitszufriedenheit und positiv mit psychosomatischen Beschwerden und depressiver Verstimmung korrelieren. Tab. 21.2 zeigt die Ergebnisse.

Alle Korrelationen sind mindestens auf dem 5-Prozent-Niveau signifikant. Dieses Ergebnis spricht dafür, dass die ursprünglichen Überlegungen richtig sind, Leithypothese 1 ist damit bestätigt.

21.7.2 Evaluationsebene 1: Unmittelbare Reaktion auf das Seminar

In Leithypothese 2 wurde erwartet, dass das Seminar insgesamt und das Spiel im Besonderen von den Seminarteilnehmern positiv beurteilt werden. Auf der fünfstufigen Skala sollten die Reaktionen deutlich im rechten positiven Bereich liegen. Über alle Trainingsteilnehmer und die zehn Items des Fragebogens hin-

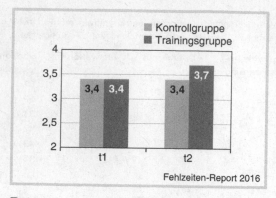

Abb. 21.4 Mittelwerte der Skala Positive Psychologie

Tab. 21.3 Selbstmanagementkompetenzen. Mittelwerte in der Trainingsgruppe und in der Kontrollgruppe vor dem Training und vier Wochen nach dem Training.

Variable	Kontrollgruppe (N = 69)*		Trainingsgruppe (N = 65)*	
	vorher	nachher	vorher	nachher
Positive Psychologie	3,4	3,4	3,4	3,7
Selbst-PR	3,4	3,4	3,4	3,6
Zeitmanagement	3,4	3,4	3,3	3,6
Small-Talk/ Networking	3,3	3,3	3,3	3,5
Problemlösen	3,5	3,5	3,5	3,9
Gesundheit/ Vitalität	3,4	3,3	3,5	3,6
Lerntechniken	3,7	3,8	3,6	4,0

* Aufgrund von Stichprobenausfällen zum zweiten Messzeitpunkt entspricht die Summe der Befragungspersonen von Kontrollgruppe und Trainingsgruppe nicht mehr den Angaben in **Tab. 21.1** und **Tab. 21.2**

Fehlzeiten-Report 201

weg ergibt sich ein Gesamtmittelwert von 4,15. Dieser Wert unterscheidet sich von der Skalenmitte 3,0 signifikant. Ebenso wurde das Spiel »CareerGames – spielend trainieren!« von den Seminarteilnehmern positiv beurteilt (Skala mit 13 Items), der Mittelwert liegt ebenfalls bei M = 4,15 und unterscheidet sich von der Skalenmitte signifikant. Damit ist Hypothese 2 bestätigt.

21.7.3 Evaluationsebene 2: Ergebnisse der Varianzanalysen

In Leithypothese 3 war erwartet worden, dass die Selbstmanagementkompetenzen und kognitiven, motivationalen und emotionalen Variablen im Vier-Wochen-Zeitraum in der Trainingsgruppe ansteigen.

In der Skala **Positive Psychologie** werden Techniken angesprochen, die im Rahmen der Positiven Psychologie bekannt geworden sind und von denen schon zuverlässig bekannt ist, dass sie positive Auswirkungen auf die psychische Gesundheit haben (Seligman 2012). Dazu gehören u. a. das Glückstagebuch und die Dankbarkeitsübung (**Abb. 21.4**).

Es wurde erwartet, dass die Interaktion zwischen Gruppenzugehörigkeit und Messzeitpunkt signifikant ist; das ist auch der Fall: $F_{(1, 133)} = 23,30$, $p < .001$. Der Anstieg von 3,4 auf 3,7 innerhalb der Trainingsgruppe ist ebenfalls signifikant: $t_{(65)} = 7,12$, $p < .001$. Trainingsgruppe und Kontrollgruppe unterscheiden sich erwartungsgemäß zum zweiten Messzeitpunkt ebenfalls: $t_{(133)} = 3,7$, $p < .001$.

Die weiteren Ergebnisse sehen dem Ergebnis der Variable **Positive Psychologie** sehr ähnlich. Aus Platzgründen wird deshalb auf eine grafische Darstellung verzichtet. Die deskriptiven Ergebnisse werden in Tabellenform berichtet (**Tab. 21.3**), die inferenzstatis-

tischen Ergebnisse der varianzanalytischen Auswertungen findet der interessierte Leser im Text.

Hinsichtlich der **Selbst-PR** wurde ebenfalls e? signifikante Interaktion zwischen Gruppenzugehörigkeit und Messzeitpunkt erwartet. Das ist auch der F $F_{(1, 133)} = 12,78$, $p < .001$. Der Anstieg von 3,4 auf innerhalb der Trainingsgruppe ist ebenfalls signi? kant: $t_{(65)} = 3,54$, $p < .01$. Trainingsgruppe und Kontrollgruppe unterscheiden sich erwartungsgemäß z zweiten Messzeitpunkt ebenfalls: $t_{(133)} = 1,69$, $p <$ (eins.).

Bei der Variable **Zeitmanagement und Arbei technik** finden wir eine signifikante Interakti zwischen Gruppenzugehörigkeit und Messzeitpun $F_{(1, 133)} = 3,77$, $p < .05$. Der Anstieg von 3,3 auf ? innerhalb der Trainingsgruppe ist ebenfalls signi? kant: $t_{(65)} = 3,76$, $p < .001$. Trainingsgruppe und Kontrollgruppe unterscheiden sich zum zweiten Messze? punkt nicht signifikant.

Bei der Variable **Small-Talk und Networking** der Interaktionseffekt signifikant: $F_{(1, 133)} = 4$,? $p < .05$. Der Anstieg von 3,3 auf 3,5 innerhalb der Tr? ningsgruppe ist ebenfalls signifikant: $t_{(65)} = 2$,? $p < .01$. Trainingsgruppe und Kontrollgruppe unt? scheiden sich nicht signifikant zum zweiten Messze? punkt: $t_{(133)} = 1,23$, ns.

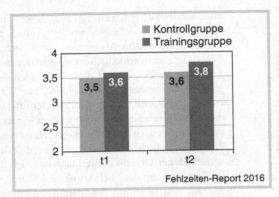

Fehlzeiten-Report 2016

◘ Abb. 21.5 Mittelwerte der Skala Selbstwirksamkeits-erwartungen

◘ Tab. 21.4 Kognitive, motivationale und emotionale Konsequenzen. Mittelwerte in der Trainingsgruppe und in der Kontrollgruppe vor dem Training und vier Wochen nach dem Training.

Variable	Kontrollgruppe (N = 69)		Trainingsgruppe (N = 65)	
	vorher	nachher	vorher	nachher
Dysfunktionale Kognitionen	2,6	2,6	2,6	2,4
Selbstwirksamkeitserwartungen	3,5	3,6	3,6	3,8
Optimismus	3,6	3,6	3,9	4,0
Motivation	3,6	3,7	3,7	3,8
Emotionsregulation	3,4	3,5	3,4	3,7

Fehlzeiten-Report 2016

Bei den **Problemlösetechniken** finden wir eine signifikante Interaktion zwischen Gruppenzugehörigkeit und Messzeitpunkt: $F(1, 133) = 15,52$, $p < .001$. Der Anstieg von 3,5 auf 3,9 innerhalb der Trainingsgruppe ist ebenfalls signifikant: $t(65) = 4,73$, $p < .001$. Trainingsgruppe und Kontrollgruppe unterscheiden sich erwartungsgemäß zum zweiten Messzeitpunkt ebenfalls: $t(133) = 3,65$, $p < .001$.

In der Skala **Gesundheitsvorsorge und Vitalität** wurden insbesondere die Themen Ernährung und Bewegung angesprochen. Die Interaktion zwischen Gruppenzugehörigkeit und Messzeitpunkt ist signifikant: $F(1, 133) = 3,93$, $p < .05$, einseitig. Der Anstieg von 3,5 auf 3,6 innerhalb der Trainingsgruppe ist ebenfalls signifikant: $t(65) = 2,31$, $p < .05$. Trainingsgruppe und Kontrollgruppe unterscheiden sich erwartungsgemäß zum zweiten Messzeitpunkt ebenfalls: $t(133) = 1,69$, $p < .05$ (eins.).

Schließlich finden wir bei der Skala **Lerntechniken** eine signifikante Interaktion zwischen Gruppenzugehörigkeit und Messzeitpunkt: $F(1, 133) = 9,51$, $p < .01$. Der Anstieg von 3,6 auf 4,0 innerhalb der Trainingsgruppe ist ebenfalls signifikant: $t(65) = 4,74$, $p < .001$. Trainingsgruppe und Kontrollgruppe unterscheiden sich zum zweiten Messzeitpunkt nicht signifikant: $t(133) = 1,29$, ns.

Die soeben berichteten Ergebnisse zeigen, dass die Teilnehmenden der Trainings ihre Kompetenzen nach dem Training höher einschätzen als vorher, sie haben also etwas gelernt. Oder anders ausgedrückt: Das Training hat die intendierte Wirkung auf die Kompetenzen gehabt. Jetzt wird es jedoch spannender, weil es um die psychologischen Auswirkungen des Trainings auf Kognition, Motivation und Emotion geht. Bei der Ergebnisdarstellung wird wieder analog verfahren. Eine Variable wird grafisch dargestellt (◘ Abb. 21.5),

die anderen in Tabellenform (◘ Tab. 21.4). Die statistischen Kennwerte der Varianzanalysen findet der interessierte Leser im Text.

Die **Selbstwirksamkeitserwartungen** nehmen im gegenwärtigen Kontext eine zentrale Rolle ein – sie reflektieren, inwieweit Mitarbeiter und Führungskräfte davon überzeugt sind, Veränderungen oder Verbesserungen bzw. Handlungsergebnisse generell herbeiführen zu können. Die Ergebnisse zeigen, dass die generellen Selbstwirksamkeitserwartungen durch das Training angestiegen sind.

Bei der Variable **Selbstwirksamkeitserwartung** ist die Interaktion zwischen Gruppenzugehörigkeit und Messzeitpunkt signifikant: $F(1, 133) = 5,54$, $p < .05$. Der Anstieg von 3,6 auf 3,8 innerhalb der Trainingsgruppe ist ebenfalls signifikant: $t(65) = 3,78$, $p < .001$. Trainingsgruppe und Kontrollgruppe unterscheiden sich erwartungsgemäß zum zweiten Messzeitpunkt ebenfalls: $t(133) = 2,36$, $p < .05$.

Die **dysfunktionalen Kognitionen** nehmen vom Zeitpunkt vor dem Training zum Zeitpunkt nach dem Training in der Trainingsgruppe erwartungsgemäß ab. Bei der Kontrollgruppe finden wir diesen Befund nicht. Die Interaktion zwischen Gruppe und Messzeitpunkt ist signifikant: $F(1, 133) = 3,63$, $p < .05$, eins. Der Abfall von 2,6 auf 2,4 innerhalb der Trainingsgruppe ist ebenfalls signifikant: $t(65) = 2,76$, $p < .01$. Trainingsgruppe und Kontrollgruppe unterscheiden sich allerdings zum zweiten Messzeitpunkt nicht signifikant: $t(133) = 1,30$, ns.

Das Ergebnis für die Skala **Optimismus** zeigt, dass die Interaktion zwischen Gruppe und Messzeitpunkt

21

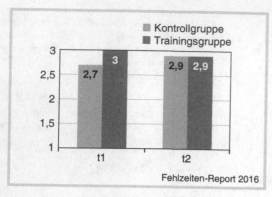

□ **Abb. 21.6** Mittelwerte für die Variable Stress

signifikant ist: $F(1, 132) = 5{,}14$, $p < .05$, eins. Der Anstieg von 3,9 auf 4,0 innerhalb der Trainingsgruppe ist ebenfalls signifikant: $t(64) = 2{,}55$, $p < .05$. Trainingsgruppe und Kontrollgruppe unterscheiden sich allerdings zum zweiten Messzeitpunkt ebenfalls signifikant: $t(132) = 4{,}05$, $p < .001$.

Für die Skala **Motivation** zeigen sich keinerlei Effekte.

Bei der Skala **Emotionsregulation** ist die Interaktion zwischen Gruppenzugehörigkeit und Messzeitpunkt signifikant: $F(1, 133) = 9{,}50$, $p < .01$. Der Anstieg von 3,4 auf 3,7 innerhalb der Trainingsgruppe ist ebenfalls signifikant: $t(65) = 5{,}06$, $p < .001$. Trainingsgruppe und Kontrollgruppe unterscheiden sich erwartungsgemäß zum zweiten Messzeitpunkt ebenfalls: $t(133) = 2{,}53$, $p < .01$. Leithypothese 3 ist damit bestätigt.

Die dritte Gruppe der hier betrachteten Variablen betrifft die langfristigen Folgen: Arbeitszufriedenheit, Resilienz, psychosomatische Beschwerden, depressive Verstimmungen und Stress. Für die Variable Stress zeigt sich ein schwacher Befund in der zu erwartenden Richtung (□ Abb. 21.6).

Bei der Skala **Stress** ist die Interaktion zwischen Gruppenzugehörigkeit und Messzeitpunkt signifikant: $F(1, 133) = 3{,}45$, $p < .05$, eins. Der Anstieg innerhalb der Kontrollgruppe ist nahezu signifikant: $t(68) = 1{,}58$, $p = .06$, eins. Der Abfall innerhalb der Trainingsgruppe ist allerdings nicht signifikant.

Für die weiteren Variablen dieser Gruppe wurden keine nennenswerten Effekte gefunden.

21.8 Diskussion

Eingangs wurde ein Organisationsmodell vorgestellt, das es erlaubt, die gesundheitsbezogenen Angebote verschiedener Unternehmen oder Organisationen

miteinander zu vernetzen. Ein Blick über den Kir turm erlaubt es, die Gesundheitskultur ande Unternehmen kennenzulernen, wenn sich BG Beauftragte unterschiedlicher Organisationen treff Angebote entwickeln und diese dann auch den M gliedern der anderen Unternehmen zur Verfügu stellen. Dabei wird jedoch nicht nur der Effekt erzi dass Ressourcen besser genutzt werden – ganz neb bei kommt es auch noch zur erwünschten Nebenw kung, dass kulturelle Vielfalt erzeugt wird. Mitarbe verschiedener Organisationen tauschen sich aus u profitieren von den Erfahrungen anderer. Die Austausch wird enorm beschleunigt, wenn man Quizbrettspiel »CareerGames« – spielend trainiere einsetzt. Durch das Spiel kommen Mitarbeiter unt schiedlicher Abteilungen oder unterschiedlicher U ternehmen miteinander ins Gespräch und tausch sich hinsichtlich ihrer Erfahrungen aus.

Insbesondere die Förderung von Selbstmana mentkompetenzen dient der Gesundheit – nur v sich selbst gesund führt, kann auch andere gesu führen (Matyssek 2010). Ein gutes Selbstmanagem bedeutet: die Zeit im Griff zu haben, die Emotior regulieren und Probleme lösen zu können. Gu Selbstmanagement im Arbeitsleben heißt, hohe Selb wirksamkeitserwartungen zu haben und optimistis zu sein. In der vorliegenden Studie konnte bestä werden, dass Selbstmanagementkompetenzen mit sundheitsrelevanten Größen korrelieren und dass sich durch ein Training fördern lassen.

Methodisch sind zweierlei Dinge relevant:
1. Das Spiel als Trainingsmethode
2. Die Evaluation auf den Ebenen Reaktion und Lernen

Das Spiel als Trainingsmethode konnte überzeug es wurde von nahezu allen Trainingsteilnehmern Bereicherung gesehen. Das zeigt die Evaluation auf Ebene der Reaktion.

Die Evaluation auf der Ebene Lernen basierte einem varianzanalytischen Versuchsplan. Die Ska waren reliabel, die Stichprobenmortalität lag im üb chen Rahmen. Gewiss würde ein Solomon-Vier-Gru pen-Versuchsplan mit kompletter Randomisieru noch genauere Schlussfolgerungen zulassen. M kann aber auch argumentieren, dass es sich hier sch um eine starke Intervention handelt, wenn trotz me fehlerbehafteter Messungen hochsignifikante Erge nisse zu beobachten sind. Der Stichprobenumfang v für eine Evaluationsstudie groß genug, sodass met disch hier wenig zu kritisieren bleibt.

Wozu braucht man BGM-Netzwerke und wo braucht man die Förderung der Selbstmanageme kompetenz? BGM-Netzwerke dienen der gegenseitigen Nutzung von Ressourcen und BGM-Angeboten. Dies dient dem Wert Gesundheit, es fördert aber auch die positive Einstellung gegenüber der Gesundheitsförderung nach dem Motto: Wenn die das tun, wenn viele es tun, wenn alle es tun, kann es nicht falsch sein.

Das Spiel »CareerGames – spielend trainieren!« kann immer dann angewendet werden, wenn die reine Wissensvermittlung am Ende ist und wenn es darauf ankommt, Inhalte im Gedächtnis tiefer zu verankern. Wenn es um Nachhaltigkeit geht, ist diese Methode erfolgversprechend. Sie vermittelt Trainingsspaß und führt zu langfristigen Veränderungen, da sie die Teilnehmer auf spielerische Art und Weise aktiviert.

Zukünftige Forschung sollte genauer ergründen, welche Voraussetzungen aufseiten der Teilnehmer und aufseiten der Trainingssituation gegeben sein müssen, damit sich ein Trainingserfolg einstellt. Genauer müsste auch untersucht werden, ob die Förderung der Selbstmanagementkompetenzen mehr Lebensglück nach sich zieht.

Eine weitere Herausforderung sehen wir darin, gesundheitsbezogene Einstellungen und Selbstmanagementkompetenzen in kürzerer Zeit zu vermitteln. Blended Learning könnte hier die Lösung lauten. Das würde jedoch erfordern, dass man die Teilnehmer für die Themen so begeistert, dass sie auch selbstständig lernen wollen. Vielleicht finden wir für dieses Problem eine Lösung.

Anfragen und Vorschläge zu diesem Beitrag senden Sie bitte an: braun@uni-landau.de.

Literatur

Bandura A (1977) Self-Efficacy: Toward a Unifying Theory of Behavioral Change. Psychological Review 84(2):191–215

Braun OL, Sauerland M, Pitzschel B (2014) Selbstmanagement im Arbeitsalltag – Zum Zusammenhang von Selbstmanagement, Optimismus, Arbeitszufriedenheit und psychischer Gesundheit. In: Sauerland M, Braun OL (Hrsg) Aktuelle Trends in der Personal- und Organisationsentwicklung. Windmühle, Hamburg

Csikszentmihalyi M (2010) Flow: Das Geheimnis des Glücks. Klett-Cotta, Stuttgart

Davison GC, Neale JM, Hautzinger M (2007) Klinische Psychologie. PVU, Weinheim

Fredrickson BL (2001) The role of positive emotions in positive psychology: The broaden-and-build theory of positive emotions. American Psychologist 56:18–226

Iga.Report 29 (2015) Initiative Gesundheit und Arbeit. Gemeinsame Studie der AOK, BKK, DGUV und vdek

Kirkpatrick DL, Kirkpatrick JD (2006) Evaluating Training Programs: The Four Levels. Berrett-Koehler Publishers, San Francisco

König CJ, Kleinmann M (2014) Selbstmanagement. In: Schuler H, Kanning UP (Hrsg) Lehrbuch der Personalpsychologie, 3. Auflage. Hogrefe, Göttingen

Matyssek AN (2010) Führung und Gesundheit: Ein praktischer Ratgeber zur Förderung der psychosozialen Gesundheit im Betrieb. Books on Demand GmbH, Norderstedt

Sauerland M (2015) Design Your Mind! Denkfallen entlarven und überwinden. Springer, Heidelberg

Schein EH (2004) Organizational Culture and Leadership (Jossey-Bass Business & Management Series, 3rd). John Wiley & Sons, Inc, San Francisco

Schwarzer R, Jerusalem M (Hrsg) (1999) Skalen zur Erfassung von Lehrer- und Schülermerkmalen. Dokumentation der psychometrischen Verfahren im Rahmen der Wissenschaftlichen Begleitung des Modellversuchs Selbstwirksame Schulen. Freie Universität Berlin, Berlin

Seligman M (2012) Flourish – Wie Menschen aufblühen: Die Positive Psychologie des gelingenden Lebens. Kösel-Verlag, München

Unsworth KL, Mason CM (2012) Help yourself: The mechanisms through which a self-leadership intervention influences strain. Journal of Occupational Health Psychology 17:235–245

Daten und Analysen

Krankheitsbedingte Fehlzeiten in der deutschen Wirtschaft im Jahr 2015

M. Meyer, M. Meschede

B. Badura et al. (Hrsg.) *Fehlzeiten-Report 2016*,
DOI 10.1007/978-3-662-49413-4_22, © Springer-Verlag Berlin Heidelberg 2016

Zusammenfassung *Der folgende Beitrag liefert umfassende und differenzierte Daten zu den krankheitsbedingten Fehlzeiten in der deutschen Wirtschaft im Jahr 2015. Datenbasis sind die Arbeitsunfähigkeitsmeldungen der knapp 12 Millionen erwerbstätigen AOK-Mitglieder in Deutschland. Ein einführendes Kapitel gibt zunächst einen Überblick über die allgemeine Krankenstandsentwicklung und wichtige Determinanten des Arbeitsunfähigkeitsgeschehens. Im Einzelnen werden u. a. die Verteilung der Arbeitsunfähigkeit, die Bedeutung von Kurz- und Langzeiterkrankungen und Arbeitsunfällen, regionale Unterschiede in den einzelnen Bundesländern sowie die Abhängigkeit des Krankenstandes von Faktoren wie der Betriebsgröße und der Beschäftigtenstruktur darstellt. In zwölf separaten Kapiteln wird dann detailliert die Krankenstandsentwicklung in den unterschiedlichen Wirtschaftszweigen beleuchtet.*

22.1 Überblick über die krankheitsbedingten Fehlzeiten im Jahr 2015

▪ Allgemeine Krankenstandsentwicklung

Der Krankenstand im Jahr 2015 stieg im Vergleich zum Vorjahr um 0,1 Prozentpunkte und liegt bei 5,3 %. In Westdeutschland lag der Krankenstand mit 5,3 % 0,2 Prozentpunkte niedriger als in Ostdeutschland (5,5 %). Bei den Bundesländern verzeichneten das Saarland mit 6,4 %, Nordrhein-Westfalen (Westfalen-Lippe) und Rheinland-Pfalz mit jeweils 5,9 % den höchsten Krankenstand. In Bayern (4,7 %) und Baden-Württemberg (5,1 %) lag der Krankenstand am niedrigsten. Im Schnitt waren die AOK-versicherten Arbeitnehmer 19,5 Kalendertage krankgeschrieben. Für etwas mehr als die Hälfte aller AOK-Mitglieder (54,9 %) wurde mindestens einmal im Jahr eine Arbeitsunfähigkeitsbescheinigung ausgestellt.

Das Fehlzeitengeschehen wird hauptsächlich von sechs Krankheitsarten dominiert. Im Jahr 2015 gingen mehr als ein Fünftel der Fehlzeiten auf Muskel- und Skelett-Erkrankungen (21,8 %) zurück. Danach folgten Atemwegserkrankungen (13,0 %), Verletzungen (10,8 %), psychische Erkrankungen (10,5 %) sowie Erkrankungen des Herz- und Kreislaufsystems und der Verdauungsorgane (6,1 bzw. 5,2 %). Der Anteil der Muskel- und Skelett-Erkrankungen an den Fehlzeiten ist im Vergleich zum Vorjahr um 1,0 Prozentpunkte, der Verletzungen um 0,4 Prozentpunkte, der Herz-Kreislauf-Erkrankungen und der Verdauungserkrankungen jeweils um 0,2 Prozentpunkte gesunken, während der Anteil an psychischen Erkrankungen im Vergleich zum Vorjahr gleichbleibend war. Einen deutlichen Anstieg verzeichneten hingegen die Atemwegserkrankungen mit 2,1 Prozentpunkten. Im Vergleich zu den anderen Krankheitsarten kommt den psychischen Erkrankungen eine besondere Bedeutung zu: Seit 2004 haben die Krankheitstage aufgrund psychischer Erkrankungen um nahezu 71,9 % zugenommen. Im Jahr 2015 wurden erneut mehr Fälle aufgrund psychischer Erkrankungen (5,0 %) als aufgrund von Herz- und Kreislauf-Erkrankungen (3,8 %) registriert. Die durchschnittliche Falldauer psychischer Erkrankungen ist mit 25,6 Tagen je Fall mehr als doppelt so lang wie der Durchschnitt mit 11,6 Tagen je Fall im Jahr 2015.

Neben den psychischen Erkrankungen verursachen insbesondere Herz- und Kreislauf-Erkrankungen (19,7 Tage je Fall), Verletzungen (17,7 Tage je Fall) und Muskel- und Skelett-Erkrankungen (16,8 Tage je Fall) lange Ausfallzeiten. Auf diese vier Erkrankungsarten gingen 2015 bereits 58 % der durch Langzeitfälle (> 6 Wochen) verursachten Fehlzeiten zurück.

Langzeiterkrankungen mit einer Dauer von mehr als sechs Wochen verursachten weit mehr als ein Drittel der Ausfalltage (41,6 % der AU-Tage). Ihr Anteil an den Arbeitsunfähigkeitsfällen betrug jedoch nur 4,2 %.

22

Bei Kurzzeiterkrankungen mit einer Dauer von 1–3 Tagen verhielt es sich genau umgekehrt: Ihr Anteil an den Arbeitsunfähigkeitsfällen lag bei 35,8 %, doch nur 6,2 % der Arbeitsunfähigkeitstage gingen auf sie zurück.

Schätzungen der Bundesanstalt für Arbeitsschutz und Arbeitsmedizin zufolge verursachten im Jahr 2014 543,4 Mio. AU-Tage[1] volkswirtschaftliche Produktionsausfälle von 57 Mrd. bzw. 90 Mrd. Euro Ausfall an Produktion und Bruttowertschöpfung (Bundesministerium für Arbeit und Soziales/Bundesanstalt für Arbeitsschutz und Arbeitsmedizin 2014).

Die Ausgaben für Krankengeld sind im Jahr 2015 erneut gestiegen. Für das 1. bis 4. Quartal 2015 betrug das Ausgabenvolumen für Krankengeld rund 11,2 Milliarden Euro. Gegenüber dem Vorjahr bedeutet das einen Anstieg von 5,8 % (Bundesministerium für Gesundheit 2015).

- **Fehlzeitengeschehen nach Branchen**

Im Jahr 2015 wurde in den meisten Branchen ein Anstieg des Krankenstandes verzeichnet. In der Branche Energie, Wasser, Entsorgung und Bergbau lag der Krankenstand mit 6,5 % am höchsten. Ebenfalls hohe Krankenstände verzeichneten die Branchen Öffentliche Verwaltung und Sozialversicherung (6,3 %), Verkehr und Transport (6,0 %) sowie das verarbeitende Gewerbe (6,0 %). Der niedrigste Krankenstand war mit 3,7 % in der Branche Banken und Versicherungen zu finden. Im Vergleich zum Vorjahr hat sich der Krankenstand in den Branchen des Baugewerbes (gleichbleibend 5,5 %), der Dienstleistungen (4,4 bzw. 4,5 %) und der Land- und Forstwirtschaft (4,2 bzw. 4,3 %) nicht bzw. kaum verändert.

Bei den Branchen Land- und Forstwirtschaft, Baugewerbe sowie Verkehr und Transport handelt es sich um Bereiche mit hohen körperlichen Arbeitsbelastungen und überdurchschnittlich vielen Arbeitsunfällen. Im Baugewerbe gingen 6,2 % der Arbeitsunfähigkeitsfälle auf Arbeitsunfälle zurück. In der Land- und Forstwirtschaft waren es sogar 7,7 % und im Bereich Verkehr und Transport 4,2 %.

In den Branchen Baugewerbe, Metallindustrie sowie Energie, Wasser, Entsorgung und Bergbau sind viele Arbeitsunfähigkeitsfälle durch Verletzungen zu verzeichnen, in der Regel durch Arbeitsunfälle bedingt. Der Bereich Land- und Forstwirtschaft verzeichnet mit 21 Tagen je Fall die höchste Falldauer vor der Branche Verkehr und Transport mit 20,7 Tagen je Fall.

Im Jahr 2015 ist der Anteil der Muskel- und S[...] lett-Erkrankungen mit 22 % an der Gesamtheit [...] Erkrankungen in allen Branchen wie im Vorjahr [...] höchsten. Einzig in den Branchen Banken und Ve[...] cherungen mit 19 % sowie im Bereich Erziehung u[...] Unterricht mit 18 % nehmen die Atemwegserkrank[...] gen einen größeren Anteil als die Muskel- und Skel[...] Erkrankungen ein. Zudem weist die Branche Bank[...] und Versicherung den insgesamt höchsten Wert für [...] Atemwegserkrankungen (19 %) auf.

Psychische Erkrankungen sind v. a. in der Bran[...] Gesundheits-und Sozialwesen zu verzeichnen. D[...] Anteil der Arbeitsunfähigkeitsfälle ist hier mit 1[...] Arbeitsunfähigkeitsfällen je 100 AOK-Mitglieder [...] dreimal so hoch wie in der Land- und Forstwirtsch[...] (5,3 AU-Fälle je 100 AOK-Mitglieder). Nach der Br[...] che Gesundheits- und Sozialwesen stehen die Berei[...] Erziehung und Unterricht sowie Öffentliche Verw[...] tung und Sozialversicherung mit jeweils 13,6 AU-[...] len pro 100 AOK-Mitglieder an zweiter Stelle.

- **Fehlzeitengeschehen nach Altersgruppen**

Zwar nimmt mit zunehmendem Alter die Zahl [...] Krankmeldungen ab, doch steigt die Dauer der [...] beitsunfähigkeitsfälle kontinuierlich. Ältere Mitarb[...] ter sind also seltener krank, fallen aber in der Re[...] länger aus als ihre jüngeren Kollegen. Dies liegt z[...] einen daran, dass Ältere häufiger von mehreren [...] krankungen gleichzeitig betroffen sind (Multimor[...] dität), aber auch daran, dass sich das Krankheitssp[...] trum verändert.

Bei den jüngeren Arbeitnehmern zwischen 15 u[...] 19 Jahren dominieren v. a. Atemwegserkrankung[...] und Verletzungen. 23,9 % der Ausfalltage gingen [...] dieser Altersgruppe auf Atemwegserkrankungen [...] rück. Der Anteil der Verletzungen liegt bei 19,2 % (6[...] bis 64-Jährige: 8,7 % bzw. 8,0 %). Ältere Arbeitnehm[...] leiden dagegen zunehmend an Muskel- und Skel[...] oder Herz- und Kreislauferkrankungen. Diese Kra[...] heitsarten sind häufig mit langen Ausfallzeiten verb[...] den. Im Schnitt fehlt ein Arbeitnehmer aufgrund ei[...] Atemwegserkrankung lediglich 6,6 Tage, bei ei[...] Muskel- und Skeletterkrankung fehlt er hingegen 1[...] Tage. So gehen in der Gruppe der 60- bis 64-Jährig[...] ein Viertel der Ausfalltage auf Muskel- und Skel[...] Erkrankungen und 10,7 % auf Herz- und Kreisla[...] Erkrankungen zurück. Bei den 15- bis 19-Jährig[...] hingegen sind es lediglich 8,9 bzw. 1,4 %.

Die meisten Fehltage aufgrund psychischer [...] krankungen entfallen auf die 35- bis 39-Jährig[...] (12,9 %) sowie auf die 30- bis 34-Jährigen (12,8 %), [...] wenigsten auf die Altersgruppe der 15- bis 19-Jäh[...] gen (6,4%).

---

[1] Dieser Wert ergibt sich durch die Multiplikation von rund 37,7 Millionen Arbeitnehmern mit durchschnittlich 14,4 AU-Tagen.

■ Fehlzeitengeschehen nach Geschlecht

Im Fehlzeitengeschehen zeigen sich kaum Unterschiede zwischen den Geschlechtern. Der Krankenstand ist bei den Frauen mit 5,3 % 0,1 Prozentpunkte höher als bei den Männern. Frauen sind mit einer AU-Quote von 56,8 % etwas häufiger krank als Männer (53,4 %) dafür aber etwas kürzer (Frauen: 11,6 Tage je Fall; Männer: 11,7 Tage je Fall).

Unterschiede zeigen sich jedoch im Krankheitsspektrum. Betrachtet man die Fehltage, führen bei Männern insbesondere Muskel- und Skelett-Erkrankungen und Verletzungen häufiger zu Fehlzeiten als bei Frauen (23 % bzw. 13,1 % an allen Fehltagen). Dies dürfte damit zusammenhängen, dass Männer nach wie vor in größerem Umfang körperlich beanspruchenden und unfallträchtigen Tätigkeiten nachgehen. Bei Frauen hingegen liegen neben Muskel- und Skelett-Erkrankungen (20,2 % an allen Fehltagen) vermehrt Atemwegserkrankungen (13,8 %) und psychische Erkrankungen (13,5 %) vor. Der Großteil der männlichen AOK-Versicherten arbeitet im Dienstleistungsbereich (31,1 %) und im verarbeitenden Gewerbe (26,5 %), beispielsweise in Berufen der Lagerwirtschaft, der Gastronomie oder im Bereich Maschinenbau- und Betriebstechnik. Der überwiegende Teil der Frauen ist ebenfalls im Dienstleistungsbereich beschäftigt (52,8 %), gefolgt von der Branche Handel (16,7 %). Frauen sind verstärkt in Berufen in der Reinigung, im Verkauf sowie in der Gesundheits-, Alten- und Krankenpflege tätig.

Unterschiede zwischen den Geschlechtern finden sich bei genauerer Betrachtung der einzelnen Krankheitsarten: Im Bereich der Herz- und Kreislauf-Erkrankungen leiden Männer vermehrt an Ischämischen Herzkrankheiten wie beispielsweise dem Myokardinfarkt. Ein Fünftel aller Fehltage innerhalb dieser Krankheitsart entfallen bei den Männern auf diese Erkrankung, bei den Frauen sind es lediglich 8,6 %.

Auch bei den psychischen Erkrankungen ergeben sich Unterschiede. 13,5 % aller Arbeitsunfähigkeitstage gehen bei den Frauen auf psychische Erkrankungen wie affektive Störungen oder neurotische, Belastungs- und somatoforme Störungen zurück, bei den Männern sind es dagegen nur 8,1 % der Fehltage. Bei den Männern gehen dagegen knapp 1,1 % der Fehlzeiten auf psychische und Verhaltensstörungen durch psychotrope Substanzen wie Alkohol oder Tabak zurück, bei Frauen sind es lediglich 0,5 %.

22.1.1 Datenbasis und Methodik

Die folgenden Ausführungen zu den krankheitsbedingten Fehlzeiten in der deutschen Wirtschaft basieren auf einer Analyse der Arbeitsunfähigkeitsmeldungen aller erwerbstätigen AOK-Mitglieder. Die AOK ist nach wie vor die Krankenkasse mit dem größten Marktanteil in Deutschland. Sie verfügt daher über die umfangreichste Datenbasis zum Arbeitsunfähigkeitsgeschehen. Ausgewertet wurden die Daten des Jahres 2015 – in diesem Jahr waren insgesamt 11,9 Millionen Arbeitnehmer bei der AOK versichert. Dies ist im Vergleich zum Vorjahr ein Plus von 4,39 %.

Datenbasis der Auswertungen sind sämtliche Arbeitsunfähigkeitsfälle, die der AOK im Jahr 2015 gemeldet wurden. Es werden sowohl Pflichtmitglieder als auch freiwillig Versicherte berücksichtigt, Arbeitslosengeld-I-Empfänger dagegen nicht. Unberücksichtigt bleiben auch Schwangerschafts- und Kinderkrankenfälle. Arbeitsunfälle gehen mit in die Statistik ein, soweit sie der AOK gemeldet werden. Kuren werden in den Daten berücksichtigt. Allerdings werden Kurzzeiterkrankungen bis zu drei Tagen von den Krankenkassen nur erfasst, soweit eine ärztliche Krankschreibung vorliegt. Der Anteil der Kurzzeiterkrankungen liegt daher höher, als dies in den Krankenkassendaten zum Ausdruck kommt. Hierdurch verringern sich die Fallzahlen und die rechnerische Falldauer erhöht sich entsprechend. Langzeitfälle mit einer Dauer von mehr als 42 Tagen wurden in die Auswertungen einbezogen, weil sie von entscheidender Bedeutung für das Arbeitsunfähigkeitsgeschehen in den Betrieben sind.

Die Arbeitsunfähigkeitszeiten werden von den Krankenkassen so erfasst, wie sie auf den Krankmeldungen angegeben sind. Auch Wochenenden und Feiertage gehen in die Berechnung mit ein, soweit sie in den Zeitraum der Krankschreibung fallen. Die Ergebnisse sind daher mit betriebsinternen Statistiken, bei denen lediglich die Arbeitstage berücksichtigt werden, nur begrenzt vergleichbar. Bei jahresübergreifenden Arbeitsunfähigkeitsfällen wurden ausschließlich Fehlzeiten in die Auswertungen einbezogen, die im Auswertungsjahr anfielen.

◘ Tab. 22.1.1 gibt einen Überblick über die wichtigsten Kennzahlen und Begriffe, die in diesem Beitrag zur Beschreibung des Arbeitsunfähigkeitsgeschehens verwendet werden. Die Kennzahlen werden auf der Basis der Versicherungszeiten berechnet, d. h. es wird berücksichtigt, ob ein Mitglied ganzjährig oder nur einen Teil des Jahres bei der AOK versichert war bzw. als in einer bestimmten Branche oder Berufsgruppe beschäftigt geführt wurde.

22

◻ Tab. 22.1.1 Kennzahlen und Begriffe zur Beschreibung des Arbeitsunfähigkeitsgeschehens

Kennzahl	Definition	Einheit, Ausprägung	Erläuterungen
AU-Fälle	Anzahl der Fälle von Arbeitsunfähigkeit	je AOK-Mitglied bzw. je 100 AOK-Mit-glieder* in % aller AU-Fälle	Jede Arbeitsunfähigkeitsmeldung, die nicht nur die Verlängerung einer vorangegangenen Meldung ist, wird als ein Fall gezählt. Ein AOK-Mitglied kann im Auswertungszeitraum mehrere AU-Fälle aufweisen.
AU-Tage	Anzahl der AU-Tage, die im Auswertungsjahr anfielen	je AOK-Mitglied bzw. je 100 AOK-Mit-glieder* in % aller AU-Tage	Da arbeitsfreie Zeiten wie Wochenenden und Feiertage, die in den Krankschreibungszeitraum fallen, mit in die Berechnung eingehen, könne sich Abweichungen zu betriebsinternen Fehl-zeitenstatistiken ergeben, die bezogen auf die Arbeitszeiten berechnet wurden. Bei jahres-übergreifenden Fällen werden nur die AU-Tage gezählt, die im Auswertungsjahr anfielen.
AU-Tage je Fall	mittlere Dauer eines AU-Falls	Kalendertage	Indikator für die Schwere einer Erkrankung
Krankenstand	Anteil der im Auswer-tungszeitraum angefalle-nen Arbeitsunfähigkeits-tage am Kalenderjahr	in %	War ein Versicherter nicht ganzjährig bei der AOK versichert, wird dies bei der Berechnung des Krankenstandes entsprechend berück-sichtigt.
Krankenstand, standardisiert	nach Alter und Geschlecht standardisierter Kranken-stand	in %	Um Effekte der Alters- und Geschlechtsstruktu bereinigter Wert
AU-Quote	Anteil der AOK-Mitglieder mit einem oder mehreren Arbeitsunfähigkeitsfällen im Auswertungsjahr	in %	Diese Kennzahl gibt Auskunft darüber, wie groß der von Arbeitsunfähigkeit betroffene Personenkreis ist
Kurzzeit-erkrankungen	Arbeitsunfähigkeitsfälle mit einer Dauer von 1–3 Tagen	in % aller Fälle/Tage	Erfasst werden nur Kurzzeitfälle, bei denen ein Arbeitsunfähigkeitsbescheinigung bei der AOK eingereicht wurde
Langzeit-erkrankungen	Arbeitsunfähigkeitsfälle mit einer Dauer von mehr als 6 Wochen	in % aller Fälle/Tage	Mit Ablauf der 6. Woche endet in der Regel die Lohnfortzahlung durch den Arbeitgeber, ab de 7. Woche wird durch die Krankenkasse Kranker geld gezahlt
Arbeitsunfälle	durch Arbeitsunfälle bedingte Arbeitsunfähig-keitsfälle	je 100 AOK-Mit-glieder* in % aller AU-Fälle/-Tage	Arbeitsunfähigkeitsfälle, bei denen auf der Krankmeldung als Krankheitsursache »Arbeits-unfall« angegeben wurde; nicht enthalten sind Wegeunfälle
AU-Fälle/-Tage nach Krank-heitsarten	Arbeitsunfähigkeitsfälle/ -tage mit einer bestimm-ten Diagnose	je 100 AOK-Mit-glieder* in % aller AU-Fälle bzw. -Tage	Ausgewertet werden alle auf den Arbeits-unfähigkeitsbescheinigungen angegebenen ärztlichen Diagnosen, verschlüsselt werden diese nach der Internationalen Klassifikation der Krankheitsarten (ICD-10)

* umgerechnet in ganzjährig Versicherte

Aufgrund der speziellen Versichertenstruktur der AOK sind die Daten nur bedingt repräsentativ für die Gesamtbevölkerung in der Bundesrepublik Deutsch-land bzw. die Beschäftigten in den einzelnen Wirt-schaftszweigen. Infolge ihrer historischen Funktion als Basiskasse weist die AOK einen überdurchschnittlich hohen Anteil an Versicherten aus dem gewerblichen Bereich auf. Angestellte sind dagegen in der Versich tenklientel der AOK unterrepräsentiert.

Im Jahr 2008 fand eine Revision der Klassifikati der Wirtschaftszweige statt. Die Klassifikation Wirtschaftszweige Ausgabe 2008 wird vom Stat tischen Bundesamt veröffentlicht (► Anhang 2). A grund der Revision kam es zu Verschiebungen zv

Tab. 22.1.2 AOK-Mitglieder nach Wirtschaftsabschnitten im Jahr 2015 nach der Klassifikation der Wirtschaftszweigschlüssel, Ausgabe 2008

Wirtschaftsabschnitte	Pflichtmitglieder		Freiwillige Mitglieder
	Absolut	Anteil an der Branche in (%)	Absolut
Banken und Versicherungen	126.852	12,7	16.212
Baugewerbe	831.975	48,6	9.337
Dienstleistungen	3.381.190	45,2	70.399
Energie, Wasser, Entsorgung und Bergbau	157.878	29,4	11.882
Erziehung und Unterricht	301.069	25,7	13.083
Gesundheits- und Sozialwesen	1.317.200	30,0	24.654
Handel	1.659.283	39,0	30.250
Land- und Forstwirtschaft	184.356	74,5	548
Metallindustrie	1.195.125	30,5	95.958
Öffentliche Verwaltung	492.633	28,7	14.279
Verarbeitendes Gewerbe	1.118.393	40,6	33.598
Verkehr und Transport	765.440	47,6	8.498
Sonstige	40.054		669
Insgesamt	**11.571.448**	**37,6**	**329.367**

Fehlzeiten-Report 2016

schen den Branchen und eine Vergleichbarkeit mit den Daten vor 2008 ist nur bedingt möglich. Daher werden bei Jahresvergleichen Kennzahlen für das Jahr 2008 sowohl für die Klassifikationsversion 2003 als auch für die Version 2008 ausgewiesen.

Die Klassifikation der Wirtschaftszweigschlüssel in der Ausgabe 2008 enthält insgesamt fünf Differenzierungsebenen, von denen allerdings bei den vorliegenden Analysen nur die ersten drei berücksichtigt wurden. Es wird zwischen Wirtschaftsabschnitten, -abteilungen und -gruppen unterschieden. Ein Abschnitt ist beispielsweise die Branche »Energie, Wasser, Entsorgung und Bergbau«. Diese untergliedert sich in die Wirtschaftsabteilungen »Bergbau und Gewinnung von Steinen und Erden«, »Energieversorgung« und »Wasserversorgung, Abwasser- und Abfallentsorgung und Beseitigung von Umweltverschmutzungen«. Die Wirtschaftsabteilung »Bergbau und Gewinnung von Steinen und Erden« umfasst wiederum die Wirtschaftsgruppen »Kohlenbergbau«, »Erzbergbau« etc. Im vorliegenden Unterkapitel werden die Daten zunächst ausschließlich auf der Ebene der Wirtschaftsabschnitte analysiert (► Anhang 2). In den folgenden Kapiteln wird dann auch nach Wirtschaftsabteilungen und teilweise auch nach Wirtschaftsgruppen differenziert. Die Metallindustrie, die nach der Systematik der Wirtschaftszweige der Bundesanstalt für Arbeit zum Verarbeitenden Gewerbe gehört, wird, da sie die größte Branche des Landes darstellt, in einem eigenen Kapitel

behandelt (► Kap. 22.9). Auch dem Bereich »Erziehung und Unterricht« wird angesichts der zunehmenden Bedeutung des Bildungsbereichs für die Produktivität der Volkswirtschaft ein eigenes Kapitel gewidmet (► Kap. 22.1.6). Aus **Tab. 22.1.2** ist die Anzahl der AOK-Mitglieder in den einzelnen Wirtschaftsabschnitten sowie deren Anteil an den sozialversicherungspflichtig Beschäftigten insgesamt[2] ersichtlich.

Da sich die Morbiditätsstruktur in Ost- und Westdeutschland nach wie vor unterscheidet, werden neben den Gesamtergebnissen für die Bundesrepublik Deutschland die Ergebnisse für Ost und West separat ausgewiesen.

Die Verschlüsselung der Diagnosen erfolgt nach der 10. Revision des ICD (International Classification of Diseases).[3] Teilweise weisen die Arbeitsunfähigkeitsbescheinigungen mehrere Diagnosen auf. Um einen Informationsverlust zu vermeiden, werden bei den diagnosebezogenen Auswertungen im Unterschied zu anderen Statistiken[4], die nur eine (Haupt-)

---

2 Errechnet auf der Basis der Beschäftigtenstatistik der Bundesagentur für Arbeit, Stichtag: 30. Juni 2015 (Bundesagentur für Arbeit 2016).

3 International übliches Klassifikationssystem der Weltgesundheitsorganisation (WHO).

4 Beispielsweise die von den Krankenkassen im Bereich der gesetzlichen Krankenversicherung herausgegebene Krankheitsartenstatistik.

22

◘ Tab. 22.1.3 Krankenstandskennzahlen 2015 im Vergleich zum Vorjahr

	Kranken-stand in %	Arbeitsunfähigkeit je 100 AOK-Mitglieder				Tage je Fall	Veränd. z. Vorj. in %	AU-Quot in %
		AU-Fälle	Veränd. z. Vorj. in %	AU-Tage	Veränd. z. Vorj. in %			
West	5,3	169,8	5,7	1.939,5	3,2	11,4	−2,4	54,7
Ost	5,5	156,9	7,2	2.004,0	3,5	12,8	−3,4	55,6
Bund	5,3	167,6	5,9	1.950,4	3,2	11,6	−2,5	54,9

Fehlzeiten-Report 20⁻

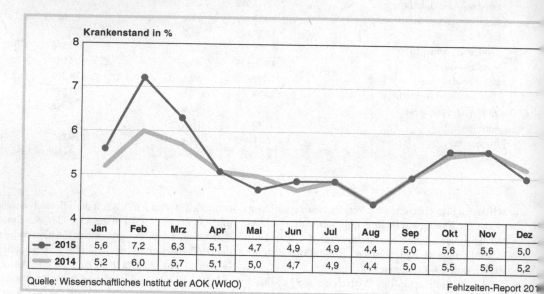

◘ Abb. 22.1.1 Krankenstand im Jahr 2015 im saisonalen Verlauf im Vergleich zum Vorjahr, AOK-Mitglieder

Diagnose berücksichtigen, auch Mehrfachdiagnosen[5] in die Auswertungen einbezogen.

22.1.2 Allgemeine Krankenstands-entwicklung

Die krankheitsbedingten Fehlzeiten sind im Jahr 2015 im Vergleich zum Vorjahr leicht gestiegen. Bei den 11,94 Millionen erwerbstätigen AOK-Mitgliedern betrug der Krankenstand 5,3 % (◘ Tab. 22.1.3). 54,9 % der AOK-Mitglieder meldeten sich mindestens einmal krank. Die Versicherten waren im Jahresdurchschnitt 11,6 Kalen-

dertage krankgeschrieben.[6] 5,8 % der Arbeitsunfäh keitstage waren durch Arbeitsunfälle bedingt.

Die Zahl der krankheitsbedingten Ausfallt: nahm im Vergleich zum Vorjahr um 3,2 % zu. Osten betrug die Zunahme 3,5 %, im Westen 3,2 %. Zahl der Arbeitsunfähigkeitsfälle ist im Vergleich z Vorjahr ebenfalls gestiegen; im Osten um 7,2 % und Westen um 5,7 %. Diese Entwicklung schlägt sich einem Anstieg um 0,2 Prozentpunkte des Krank standes im Osten auf 5,5 % und um 0,1 Prozentpun im Westen auf 5,3 % deutlich nieder. Die durchschn liche Dauer der Krankmeldungen sank hingegen Ostdeutschland um 3,4 %, in Westdeutschland 2,4 %. Die Zahl der von Arbeitsunfähigkeit betroffer AOK-Mitglieder (AU-Quote: Anteil der AOK-Mitg der mit mindestens einem AU-Fall) stieg im Jahr 2(um 1,4 Prozentpunkte auf 54,9 %.

---

5 Leidet ein Arbeitnehmer an unterschiedlichen Krank-heitsbildern (Multimorbidität), kann eine Arbeitsunfähig-keitsbescheinigung mehrere Diagnosen aufweisen. Insbesondere bei älteren Beschäftigten kommt dies häu-figer vor.

6 Wochenenden und Feiertage eingeschlossen.

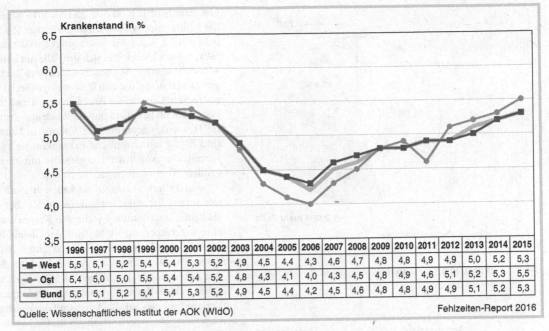

Krankenstand in %

	1996	1997	1998	1999	2000	2001	2002	2003	2004	2005	2006	2007	2008	2009	2010	2011	2012	2013	2014	2015
West	5,5	5,1	5,2	5,4	5,4	5,3	5,2	4,9	4,5	4,4	4,3	4,6	4,7	4,8	4,8	4,9	4,9	5,0	5,2	5,3
Ost	5,4	5,0	5,0	5,5	5,4	5,4	5,2	4,8	4,3	4,1	4,0	4,3	4,5	4,8	4,9	4,6	5,1	5,1	5,3	5,5
Bund	5,5	5,1	5,2	5,4	5,4	5,3	5,2	4,9	4,5	4,4	4,2	4,5	4,6	4,8	4,8	4,9	4,9	5,1	5,2	5,3

Quelle: Wissenschaftliches Institut der AOK (WIdO)   Fehlzeiten-Report 2016

Abb. 22.1.2 Entwicklung des Krankenstandes in den Jahren 1996–2015, AOK-Mitglieder

Im Jahresverlauf wurde der höchste Krankenstand mit 7,2 % im Februar erreicht, während der niedrigste Wert (4,4 %) im August zu verzeichnen war. Im Vergleich zum Vorjahr lag der Krankenstand in den ersten Monaten des Jahres von Januar bis April zum Teil deutlich über dem Vorjahreswert (■ Abb. 22.1.1).

■ Abb. 22.1.2 zeigt die längerfristige Entwicklung des Krankenstandes in den Jahren 1996–2015. Seit Ende der 1990er Jahre konnte ein Rückgang der Krankenstände bis zum Jahr 2006 verzeichnet werden. Danach stieg der Krankenstand sukzessive an und lag im Jahr 2015 im Bundesdurchschnitt mit 5,3 % nur knapp unterhalb des Standes von 1996 (5,5 %). Der Anstieg im Jahr 2015 ist vor allem durch die Zunahme von Atemwegserkrankungen zu erklären (► Abschn. 22.1.21).

Bis zum Jahr 1998 war der Krankenstand in Ostdeutschland stets niedriger als in Westdeutschland. In den Jahren 1999 bis 2002 waren dann jedoch in den neuen Ländern etwas höhere Werte als in den alten Ländern zu verzeichnen. Diese Entwicklung führt das Institut für Arbeitsmarkt- und Berufsforschung auf Verschiebungen in der Altersstruktur der erwerbstätigen Bevölkerung zurück (Kohler 2002). Diese war nach der Wende zunächst in den neuen Ländern günstiger, weil viele Arbeitnehmer vom Altersübergangsgeld Gebrauch machten. Dies habe sich aufgrund altersspezifischer Krankenstandsquoten in den durchschnittlichen Krankenständen niedergeschlagen. Inzwischen sind diese

Effekte jedoch ausgelaufen. Nachdem der Krankenstand in den Jahren 2003 bis 2008 durchgehend in Ostdeutschland unter dem Westdeutschlands lag, ist seither mit Ausnahme der Jahre 2009 und 2011 in Ostdeutschland wieder ein höherer Krankenstand zu konstatieren. Im Jahr 2015 lag der Krankenstand im Osten Deutschlands bei 5,5 %, im Westen Deutschlands bei 5,3 %.

22.1.3 Verteilung der Arbeitsunfähigkeit

Den Anteil der Arbeitnehmer, die in einem Jahr mindestens einmal krankgeschrieben wurden, wird als Arbeitsunfähigkeitsquote bezeichnet. Diese lag 2015 bei 54,9 % (■ Abb. 22.1.3). Der Anteil der AOK-Mitglieder, die das ganze Jahr überhaupt nicht krankgeschrieben waren, lag somit bei 45,1 %.

■ Abb. 22.1.4 zeigt die Verteilung der kumulierten Arbeitsunfähigkeitstage auf die AOK-Mitglieder in Form einer Lorenzkurve. Daraus ist ersichtlich, dass sich die überwiegende Anzahl der Tage auf einen relativ kleinen Teil der AOK-Mitglieder konzentriert. Die folgenden Zahlen machen dies deutlich:

- Rund ein Viertel der Arbeitsunfähigkeitstage entfällt auf nur 1,5 % der Mitglieder
- Nahezu die Hälfte der Tage wird von lediglich 5,5 % der Mitglieder verursacht

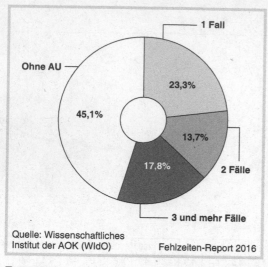

Quelle: Wissenschaftliches
Institut der AOK (WIdO)   Fehlzeiten-Report 2016

◻ **Abb. 22.1.3** Arbeitsunfähigkeitsquote der AOK-Mitglieder im Jahr 2015

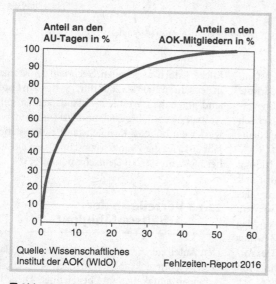

Quelle: Wissenschaftliches
Institut der AOK (WIdO)   Fehlzeiten-Report 2016

◻ **Abb. 22.1.4** Lorenzkurve zur Verteilung der Arbeitsunfähigkeitstage der AOK-Mitglieder im Jahr 2015

— 80 % der Arbeitsunfähigkeitstage gehen auf nur 18,4 % der AOK-Mitglieder zurück

22.1.4 Kurz- und Langzeiterkrankungen

Die Höhe des Krankenstandes wird entscheidend durch länger dauernde Arbeitsunfähigkeitsfälle bestimmt. Die Zahl dieser Erkrankungsfälle ist zwar relativ gering, aber für eine große Zahl von Ausfallta-

gen verantwortlich (◻ Abb. 22.1.5). 2015 waren kna die Hälfte aller Arbeitsunfähigkeitstage (50,2 %) lediglich 7,1 % der Arbeitsunfähigkeitsfälle zurück führen. Dabei handelt es sich um Fälle mit einer Da von mehr als vier Wochen. Besonders zu Buche sch gen Langzeitfälle, die sich über mehr als sechs Woc erstrecken. Obwohl ihr Anteil an den Arbeitsunfä keitsfällen im Jahr 2015 nur 4,2 % betrug, verursach sie 41,6 % des gesamten AU-Volumens. Langzeitf sind häufig auf chronische Erkrankungen zurück führen. Der Anteil der Langzeitfälle nimmt mit s gendem Alter deutlich zu.

Kurzzeiterkrankungen wirken sich zwar oft s störend auf den Betriebsablauf aus, spielen aber – anc als häufig angenommen – für den Krankenstand e eine untergeordnete Rolle. Auf Arbeitsunfähigke fälle mit einer Dauer von 1–3 Tagen gingen 2015 led lich 6,2 % der Fehltage zurück, obwohl ihr Anteil den Arbeitsunfähigkeitsfällen 35,8 % betrug. Insges haben sich die Kurzzeiterkrankungen im Vergleich z Vorjahr bezogen auf die Arbeitsunfähigkeitstage n verändert. Die Arbeitsunfähigkeitsfälle haben um Prozentpunkte abgenommen. Da viele Arbeitgeber den ersten drei Tagen einer Erkrankung keine ärztli Arbeitsunfähigkeitsbescheinigung verlangen, liegt Anteil der Kurzzeiterkrankungen allerdings in der P xis höher, als dies in den Daten der Krankenkassen z Ausdruck kommt. Nach einer Befragung des Instit der deutschen Wirtschaft (Schnabel 1997) hat je zweite Unternehmen die Attestpflicht ab dem ers Krankheitstag eingeführt. Der Anteil der Kurzzeitf von 1–3 Tagen an den krankheitsbedingten Fehltage der privaten Wirtschaft beträgt danach insges durchschnittlich 11,3 %. Auch wenn man berücksi tigt, dass die Krankenkassen die Kurzzeit-Arbeits fähigkeit nicht vollständig erfassen, ist also der An der Erkrankungen von 1–3 Tagen am Arbeitsunfäh keitsvolumen insgesamt nur gering. Von Maßnahm die in erster Linie auf eine Reduzierung der Kurzz fälle abzielen, ist daher kein durchgreifender Effekt den Krankenstand zu erwarten. Maßnahmen, die eine Senkung des Krankenstandes abzielen, sollten v rangig bei den Langzeitfällen ansetzen. Welche Kra heitsarten für die Langzeitfälle verantwortlich sind, w in ▶ Abschn. 22.1.16 dargestellt.

2015 war der Anteil der Langzeiterkrankungen r 49 % in der Land- und Forstwirtschaft sowie im B gewerbe (48,7 %) am höchsten und in der Branc Banken und Versicherungen mit 33,9 % am niedri ten. Der Anteil der Kurzzeiterkrankungen schwan in den einzelnen Wirtschaftszweigen zwischen 10,2 im Bereich Banken und Versicherungen und 4,2 % dem Bereich Land- und Forstwirtschaft (◻ Abb. 22.1.

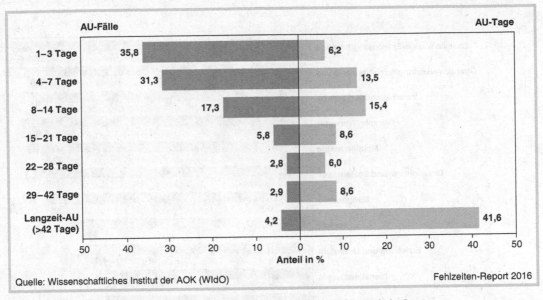

Quelle: Wissenschaftliches Institut der AOK (WIdO)

Fehlzeiten-Report 2016

▣ **Abb. 22.1.5** Arbeitsunfähigkeitstage und -fälle der AOK-Mitglieder im Jahr 2015 nach der Dauer

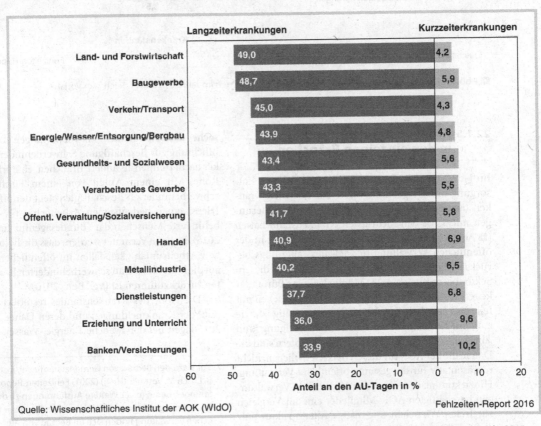

Quelle: Wissenschaftliches Institut der AOK (WIdO)

Fehlzeiten-Report 2016

▣ **Abb. 22.1.6** Anteil der Kurz- und Langzeiterkrankungen an den Arbeitsunfähigkeitstagen nach Branchen im Jahr 2015, AOK-Mitglieder

22

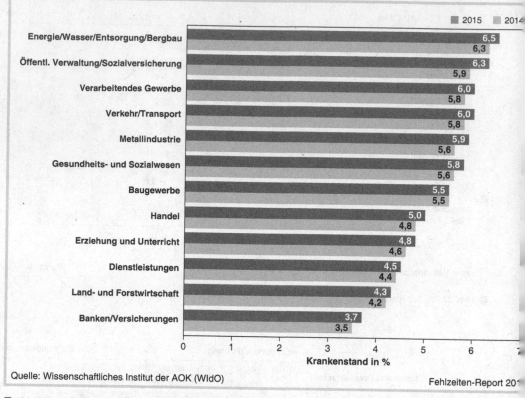

| | 2015 | 2014 |

Energie/Wasser/Entsorgung/Bergbau — 6,5 / 6,3
Öffentl. Verwaltung/Sozialversicherung — 6,3 / 5,9
Verarbeitendes Gewerbe — 6,0 / 5,8
Verkehr/Transport — 6,0 / 5,8
Metallindustrie — 5,9 / 5,6
Gesundheits- und Sozialwesen — 5,8 / 5,6
Baugewerbe — 5,5 / 5,5
Handel — 5,0 / 4,8
Erziehung und Unterricht — 4,8 / 4,6
Dienstleistungen — 4,5 / 4,4
Land- und Forstwirtschaft — 4,3 / 4,2
Banken/Versicherungen — 3,7 / 3,5

Krankenstand in %

Quelle: Wissenschaftliches Institut der AOK (WIdO)

Fehlzeiten-Report 201

☑ **Abb. 22.1.7** Krankenstand der AOK-Mitglieder nach Branchen im Jahr 2015 im Vergleich zum Vorjahr

22.1.5 Krankenstandsentwicklung in den einzelnen Branchen

Im Jahr 2015 wies die Branche Energie, Wasser, Entsorgung und Bergbau mit 6,5 % den höchsten Krankenstand auf, während die Banken und Versicherungen mit 3,7 % den niedrigsten Krankenstand hatten (☑ Abb. 22.1.7). Bei dem hohen Krankenstand in der öffentlichen Verwaltung (6,3 %) muss allerdings berücksichtigt werden, dass ein großer Teil der in diesem Sektor beschäftigten AOK-Mitglieder keine Bürotätigkeiten ausübt, sondern in gewerblichen Bereichen mit teilweise sehr hohen Arbeitsbelastungen tätig ist, wie z. B. im Straßenbau, in der Straßenreinigung und Abfallentsorgung, in Gärtnereien etc. Insofern sind die Daten, die der AOK für diesen Bereich vorliegen, nicht repräsentativ für die gesamte öffentliche Verwaltung. Hinzu kommt, dass die in den öffentlichen Verwaltungen beschäftigten AOK-Mitglieder eine im Vergleich zur freien Wirtschaft ungünstige Altersstruktur aufweisen, die zum Teil für die erhöhten Krankenstände mitverantwortlich ist. Schließlich spielt auch die Tat-

sache, dass die öffentlichen Verwaltungen ihrer V pflichtung zur Beschäftigung Schwerbehinderter s ker nachkommen als andere Branchen, eine erhebli Rolle. Mit einem Anteil von einem Fünftel a schwerbehinderten Beschäftigten stellt der öffentli Dienst einen bedeutsamen Arbeitgeber für schw behinderte Menschen dar (Bundesagentur für Arb 2015). Es kann vermutet werden, dass die höhere Z von Arbeitsunfähigkeitsfällen im öffentlichen Die auf die hohe Anzahl an schwerbehinderten Beschäf ten zurückzuführen ist (vgl. Benz 2010).[7]

Die Höhe des Krankenstandes resultiert aus Zahl der Krankmeldungen und deren Dauer. Im J 2015 lagen bei der Branche Energie, Wasser, Ents

---

7 Vgl. dazu den Beitrag von Gerd Marstedt et al. in: Badur B, Litsch M, Vetter C (Hrsg) (2001) Fehlzeiten-Report 200 Springer, Berlin (u. a.). Weitere Ausführungen zu den Bestimmungsfaktoren des Krankenstandes in der öffen lichen Verwaltung finden sich im Beitrag von Alfred Oppolzer in: Badura B, Litsch M, Vetter C (Hrsg) (2000) Fehlzeiten-Report 1999. Springer, Berlin (u. a.).

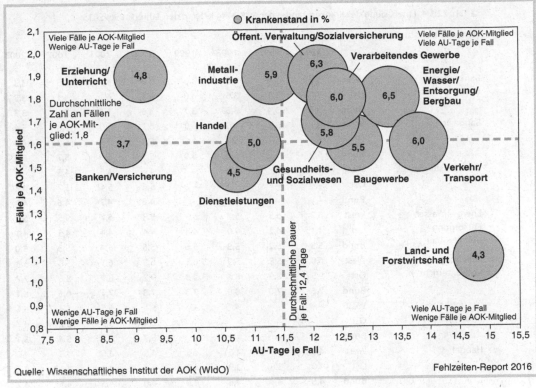

Abb. 22.1.8 Krankenstand der AOK-Mitglieder nach Branchen im Jahr 2015 nach Bestimmungsfaktoren

gung und Bergbau sowie im verarbeitenden Gewerbe sowohl die Zahl der Krankmeldungen als auch die mittlere Dauer der Krankheitsfälle über dem Durchschnitt (■ Abb. 22.1.8). Der überdurchschnittlich hohe Krankenstand im Baugewerbe und im Bereich Verkehr und Transport war dagegen ausschließlich auf die lange Dauer (12,7 bzw. 13,8 Tage je Fall) der Arbeitsunfähigkeitsfälle zurückzuführen. Auf den hohen Anteil der Langzeitfälle in diesen Branchen wurde bereits in ► Abschn. 22.1.4 hingewiesen.

■ Tab. 22.1.4 zeigt die Krankenstandsentwicklung in den einzelnen Branchen in den Jahren 1996–2015, differenziert nach West- und Ostdeutschland. Im Vergleich zum Vorjahr stieg der Krankenstand im Jahr 2015 in fast allen Branchen.

22

◨ Tab. 22.1.4 Entwicklung des Krankenstandes der AOK-Mitglieder in den Jahren 1996–2015

Wirtschaftsabschnitte		Krankenstand in %								
		1996	1997	1998	1999	2000	2001	2002	2003	20
Banken und Versicherungen	West	3,5	3,4	3,5	3,6	3,6	3,5	3,5	3,3	3,1
	Ost	3,6	3,6	3,6	4,0	4,1	4,1	4,1	3,5	3,2
	Bund	**3,5**	**3,4**	**3,5**	**3,7**	**3,6**	**3,6**	**3,5**	**3,3**	**3,1**
Baugewerbe	West	6,1	5,8	6,0	6,0	6,1	6,0	5,8	5,4	5,0
	Ost	5,3	5,1	5,2	5,5	5,4	5,5	5,2	4,6	4,1
	Bund	**5,9**	**5,6**	**5,8**	**5,9**	**5,9**	**5,9**	**5,7**	**5,3**	**4,8**
Dienstleistungen	West	–	–	–	–	4,6	4,6	4,5	4,3	3,9
	Ost	–	–	–	–	5,6	5,4	5,2	4,7	4,1
	Bund	**–**	**–**	**–**	**–**	**4,8**	**4,7**	**4,6**	**4,3**	**4,0**
Energie, Wasser, Entsorgung und Bergbau	West	5,7	5,5	5,7	5,9	5,8	5,7	5,5	5,2	4,9
	Ost	4,1	4,2	4,0	4,4	4,4	4,4	4,5	4,1	3,7
	Bund	**5,3**	**5,2**	**5,3**	**5,6**	**5,5**	**5,4**	**5,3**	**5,0**	**4,6**
Erziehung und Unterricht	West	6,0	5,8	5,9	6,1	6,3	6,1	5,6	5,3	5,1
	Ost	9,5	8,9	8,4	9,3	9,2	8,9	8,6	7,7	7,0
	Bund	**7,5**	**7,0**	**6,9**	**7,3**	**7,3**	**7,1**	**6,6**	**6,1**	**5,9**
Gesundheits- und Sozialwesen	West	–	–	–	–	5,7	5,5	5,4	5,1	4,8
	Ost	–	–	–	–	5,4	5,3	5,2	4,7	4,2
	Bund	**–**	**–**	**–**	**–**	**5,7**	**5,5**	**5,4**	**5,1**	**4,7**
Handel	West	4,6	4,5	4,6	4,6	4,6	4,6	4,5	4,2	3,9
	Ost	4,0	3,8	3,9	4,2	4,2	4,2	4,1	3,7	3,4
	Bund	**4,5**	**4,4**	**4,5**	**4,5**	**4,6**	**4,5**	**4,5**	**4,2**	**3,8**
Land- und Forstwirtschaft	West	4,6	4,6	4,8	4,6	4,6	4,6	4,5	4,2	3,8
	Ost	5,5	5,0	4,9	6,0	5,5	5,4	5,2	4,9	4,3
	Bund	**5,1**	**4,8**	**4,8**	**5,3**	**5,0**	**5,0**	**4,8**	**4,5**	**4,0**
Metallindustrie	West	5,5	5,3	5,3	5,6	5,6	5,5	5,5	5,2	4,8
	Ost	4,8	4,5	4,6	5,0	5,0	5,1	5,0	4,6	4,2
	Bund	**5,4**	**5,2**	**5,2**	**5,6**	**5,5**	**5,5**	**5,5**	**5,1**	**4,8**
Öffentliche Verwaltung/ Sozialversicherung	West	6,4	6,2	6,3	6,6	6,4	6,1	6,0	5,7	5,3
	Ost	6,0	5,8	5,7	6,2	5,9	5,9	5,7	5,3	5,0
	Bund	**6,3**	**6,1**	**6,2**	**6,5**	**6,3**	**6,1**	**5,9**	**5,6**	**5,2**
Verarbeitendes Gewerbe	West	5,4	5,2	5,3	5,6	5,6	5,6	5,5	5,2	4,8
	Ost	4,8	4,5	4,6	5,2	5,1	5,2	5,1	4,7	4,3
	Bund	**5,3**	**5,1**	**5,2**	**5,6**	**5,6**	**5,5**	**5,5**	**5,1**	**4,7**
Verkehr und Transport	West	5,7	5,3	5,4	5,6	5,6	5,6	5,6	5,3	4,9
	Ost	4,6	4,4	4,5	4,8	4,8	4,9	4,9	4,5	4,2
	Bund	**5,5**	**5,2**	**5,3**	**5,5**	**5,5**	**5,5**	**5,5**	**5,2**	**4,8**

*Aufgrund der Revision der Wirtschaftszweigklassifikation 2008 ist eine Vergleichbarkeit mit den Vorjahren nur bedingt

22.1.6 Einfluss der Alters- und Geschlechtsstruktur

Die Höhe des Krankenstandes hängt entscheidend vom Alter der Beschäftigten ab. Die krankheitsbedingten Fehlzeiten nehmen mit steigendem Alter deutlich zu. Die Höhe des Krankenstandes variiert ebenfalls Abhängigkeit vom Geschlecht (◨ Abb. 22.1.9).

Zwar geht die Zahl der Krankmeldungen mit nehmendem Alter zurück, die durchschnittliche Da der Arbeitsunfähigkeitsfälle steigt jedoch kontinui lich an (◨ Abb. 22.1.10). Ältere Mitarbeiter sind a

2005	2006	2007	2008 (WZ03)	2008 (WZ08)*	2009	2010	2011	2012	2013	2014	2015
3,1	2,7	3,1	3,1	3,1	3,2	3,2	3,3	3,2	3,2	3,4	3,6
3,3	3,2	3,4	3,6	3,6	3,9	4,0	3,9	4,1	4,1	4,2	4,4
3,1	2,8	3,1	3,2	3,2	3,3	3,3	3,3	3,4	3,4	3,5	3,7
4,8	4,6	4,9	5,1	5,0	5,1	5,1	5,2	5,3	5,4	5,5	5,5
4,0	3,8	4,2	4,5	4,4	4,7	4,7	4,4	5,1	5,2	5,4	5,6
4,7	4,4	4,8	4,9	4,9	5,1	5,1	5,1	5,3	5,3	5,5	5,5
3,8	3,7	4,0	4,2	4,1	4,2	4,2	4,3	4,3	4,3	4,3	4,4
3,9	3,8	4,1	4,3	4,2	4,5	4,6	4,4	4,7	4,7	4,8	4,9
3,8	3,8	4,1	4,2	4,1	4,2	4,2	4,3	4,4	4,4	4,4	4,5
4,8	4,4	4,8	4,9	5,6	5,8	6,0	6,1	6,0	6,4	6,5	6,7
3,7	3,6	3,7	3,9	4,9	5,3	5,5	4,9	5,4	5,7	5,7	5,9
4,6	4,3	4,6	4,7	5,4	5,7	5,9	5,8	5,9	6,2	6,3	6,5
4,6	4,4	4,7	5,0	5,0	5,2	5,1	4,6	4,8	4,4	4,6	4,8
6,6	6,1	6,1	6,2	6,2	6,5	5,7	5,1	5,8	4,9	4,9	5,0
5,4	5,1	5,3	5,4	5,4	5,6	5,3	4,7	5,0	4,5	4,6	4,8
4,6	4,5	4,8	4,9	4,9	5,1	5,2	5,3	5,3	5,5	5,7	5,9
4,1	3,9	4,2	4,5	4,5	4,9	5,1	4,8	5,2	5,4	5,5	5,7
4,6	4,4	4,7	4,8	4,8	5,0	5,2	5,2	5,3	5,5	5,6	5,8
3,8	3,7	3,9	4,1	4,1	4,2	4,3	4,4	4,4	4,7	4,8	5,0
3,3	3,3	3,6	3,8	3,7	4,1	4,1	3,9	4,4	4,6	4,7	4,9
3,7	3,6	3,9	4,0	4,0	4,2	4,3	4,3	4,4	4,7	4,8	5,0
3,5	3,3	3,6	3,7	3,1	3,0	3,3	3,4	3,2	3,3	3,4	3,4
4,3	4,1	4,4	4,6	4,6	5,0	5,1	4,9	5,4	5,5	5,5	5,7
3,9	3,7	3,9	4,1	3,9	4,0	4,2	4,0	4,1	4,2	4,2	4,3
4,8	4,5	4,8	5,0	5,0	4,9	5,1	5,2	5,3	5,5	5,6	5,9
4,1	4,0	4,3	4,5	4,5	4,7	4,9	4,8	5,3	5,6	5,6	5,8
4,7	4,5	4,8	4,9	5,0	4,9	5,1	5,2	5,3	5,5	5,6	5,9
5,3	5,1	5,3	5,3	5,3	5,5	5,5	5,6	5,5	5,6	5,9	6,2
4,5	4,7	4,8	4,9	4,9	5,3	5,7	5,5	5,5	5,9	6,1	6,5
5,1	5,0	5,2	5,2	5,2	5,4	5,5	5,6	5,5	5,7	5,9	6,3
4,8	4,6	4,9	5,0	5,0	5,0	5,2	5,4	5,5	5,7	5,8	6,0
4,2	4,1	4,9	4,6	4,6	4,9	5,1	5,0	5,6	5,8	6,0	6,2
4,7	4,5	4,8	5,0	5,0	5,0	5,2	5,3	5,5	5,7	5,8	6,0
4,8	4,7	4,9	5,1	5,1	5,3	5,5	5,5	5,6	5,7	5,8	6,0
4,2	4,1	4,3	4,5	4,5	5,0	5,2	4,8	5,4	5,8	5,9	6,0
4,7	4,6	4,8	4,9	5,0	5,3	5,5	5,4	5,5	5,7	5,8	6,0

Fehlzeiten-Report 2016

nicht unbedingt häufiger krank als ihre jüngeren Kollegen, fallen aber bei einer Erkrankung in der Regel wesentlich länger aus. Der starke Anstieg der Falldauer hat zur Folge, dass der Krankenstand mit zunehmendem Alter deutlich ansteigt, obwohl die Anzahl der Krankmeldungen nur minimal zunimmt. Hinzu kommt, dass ältere Arbeitnehmer im Unterschied zu ihren jüngeren Kollegen häufiger von mehreren Erkrankungen gleichzeitig betroffen sind (Multimorbidität). Auch dies kann längere Ausfallzeiten mit sich bringen.

Da die Krankenstände in Abhängigkeit vom Alter und Geschlecht sehr stark variieren, ist es sinnvoll,

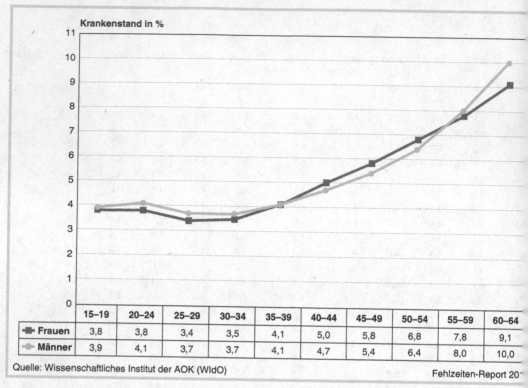

Krankenstand in %

	15–19	20–24	25–29	30–34	35–39	40–44	45–49	50–54	55–59	60–64
Frauen	3,8	3,8	3,4	3,5	4,1	5,0	5,8	6,8	7,8	9,1
Männer	3,9	4,1	3,7	3,7	4,1	4,7	5,4	6,4	8,0	10,0

Quelle: Wissenschaftliches Institut der AOK (WIdO)

Fehlzeiten-Report 20

◨ **Abb. 22.1.9** Krankenstand der AOK-Mitglieder im Jahr 2015 nach Alter und Geschlecht

beim Vergleich der Krankenstände unterschiedlicher Branchen oder Regionen die Alters- und Geschlechtsstruktur zu berücksichtigen. Mit Hilfe von Standardisierungsverfahren lässt sich berechnen, wie der Krankenstand in den unterschiedlichen Bereichen ausfiele, wenn man eine durchschnittliche Alters- und Geschlechtsstruktur zugrunde legen würde. ◨ Abb. 22.1.11 zeigt die standardisierten Werte für die einzelnen Wirtschaftszweige im Vergleich zu den nicht standardisierten Krankenständen.[8]

In den meisten Branchen fallen die standardisierten Werte niedriger aus als die nicht standardisierten. Insbesondere in der Branche Energie, Wasser, Entsorgung und Bergbau (0,9 Prozentpunkte), im Baugewerbe (0,7 Prozentpunkte) und in der Öffentlichen Verwaltung (0,6 Prozentpunkte) ist der überdurch-

schnittlich hohe Krankenstand zu einem erheblich Teil auf die Altersstruktur in diesen Bereichen zurü zuführen. In der Branche Handel, Banken und Ver cherungen, Land- und Forstwirtschaft sowie Dier leistungen ist es hingegen genau umgekehrt. Dort w bei einer durchschnittlichen Altersstruktur ein etv höherer Krankenstand zu erwarten (0,1 bzw. 0,2 P zentpunkte).

◨ Abb. 22.1.12 zeigt die Abweichungen der st. dardisierten Krankenstände vom Bundesdurchschr In den Bereichen Verkehr und Transport, Verarbeit des Gewerbe, Metallindustrie, Gesundheits- und So alwesen, Energie, Wasser, Entsorgung und Bergt sowie in der Öffentlichen Verwaltung liegen die st. dardisierten Werte über dem Durchschnitt. Hinge; ist der standardisierte Krankenstand in der Bran Banken und Versicherung um über 28,1 % geringer im Bundesdurchschnitt. Dies ist in erster Linie auf e hohen Angestelltenanteil in dieser Branche zurück; führen.

8 Berechnet nach der Methode der direkten Standardisierung – zugrunde gelegt wurde die Alters- und Geschlechtsstruktur der erwerbstätigen Mitglieder der gesetzlichen Krankenversicherung insgesamt im Jahr 2014 (Mitglieder mit Krankengeldanspruch). Quelle: GKV-Spitzenverband, SA 111.

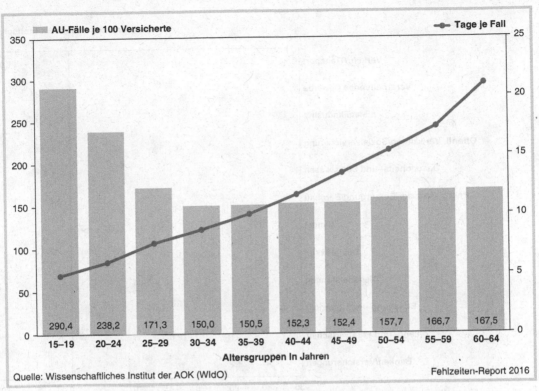

Abb. 22.1.10 Anzahl der Fälle und Dauer der Arbeitsunfähigkeit der AOK-Mitglieder im Jahr 2015 nach Alter

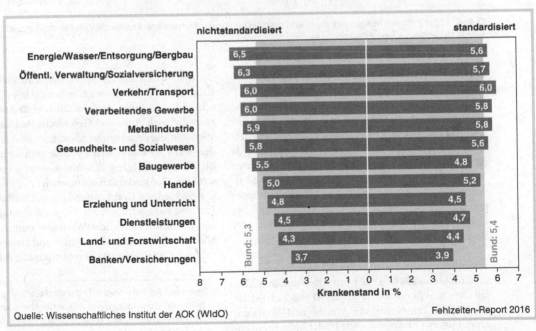

Abb. 22.1.11 Alters- und geschlechtsstandardisierter Krankenstand der AOK-Mitglieder im Jahr 2015 nach Branchen

22

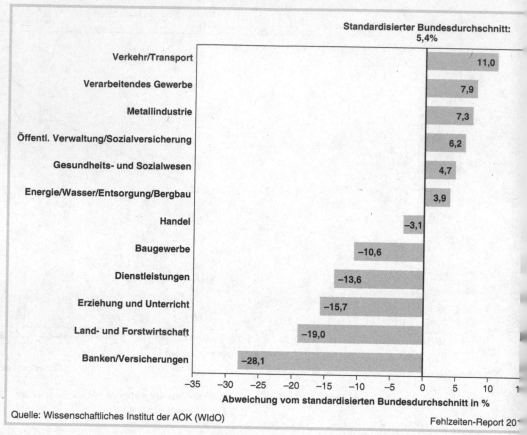

Standardisierter Bundesdurchschnitt: 5,4%

Verkehr/Transport — 11,0
Verarbeitendes Gewerbe — 7,9
Metallindustrie — 7,3
Öffentl. Verwaltung/Sozialversicherung — 6,2
Gesundheits- und Sozialwesen — 4,7
Energie/Wasser/Entsorgung/Bergbau — 3,9
Handel — −3,1
Baugewerbe — −10,6
Dienstleistungen — −13,6
Erziehung und Unterricht — −15,7
Land- und Forstwirtschaft — −19,0
Banken/Versicherungen — −28,1

Abweichung vom standardisierten Bundesdurchschnitt in %

Quelle: Wissenschaftliches Institut der AOK (WIdO)   Fehlzeiten-Report 20...

◘ **Abb. 22.1.12** Abweichungen der alters- und geschlechtsstandardisierten Krankenstände vom Bundesdurchschnitt im Jahr 2015 nach Branchen, AOK-Mitglieder

22.1.7 Fehlzeiten nach Bundesländern

Im Jahr 2015 lag der Krankenstand in Ostdeutschland um 0,2 Prozentpunkte höher als im Westen Deutschlands (◘ Tab. 22.1.3). Zwischen den einzelnen Bundesländern zeigen sich jedoch erhebliche Unterschiede (◘ Abb. 22.1.13): Die höchsten Krankenstände waren 2015 im Saarland, in Rheinland-Pfalz und dem nördlichen Teils Nordrhein Westfalens (Westfalen-Lippe) mit 6,4 % bzw. jeweils 5,9 % zu verzeichnen. Die niedrigsten Krankenstände wiesen die Bundesländer Bayern (4,7 %) und Baden-Württemberg auf (5,1 %).

Die hohen Krankenstände kommen auf unterschiedliche Weise zustande. Im Saarland lag vor allem die durchschnittliche Dauer pro Arbeitsunfähigkeitsfall über dem Bundesdurchschnitt (◘ Abb. 22.1.14). Im nördlichen Teil Nordrhein Westfalens (Westfalen-Lippe) und in Rheinland-Pfalz ist der hohe Krankenstand dagegen auf die hohe Zahl der Arbeitsunfähigkeitsfälle zurückzuführen.

Inwieweit sind die regionalen Unterschiede Krankenstand auf unterschiedliche Alters- und G schlechtsstrukturen zurückzuführen? ◘ Abb. 22.1 zeigt die nach Alter und Geschlecht standardisier Werte für die einzelnen Bundesländer im Vergleich den nicht standardisierten Krankenständen.[9] Du die Berücksichtigung der Alters- und Geschlech struktur relativieren sich die beschriebenen regiona Unterschiede im Krankenstand etwas. Das Bundesla Saarland hat auch nach der Standardisierung mit den höchsten, Nordrhein-Westfalen nun den zw höchsten Krankenstand. In Berlin und Hamburg ze sich eine Zunahme um 0,2 Prozentpunkte, d. h. in d

9 Berechnet nach der Methode der direkten Standardisierung – zugrunde gelegt wurde die Alters- und Geschlechtsstruktur der erwerbstätigen Mitglieder der gesetzlichen Krankenversicherung insgesamt im Jahr 2014 (Mitglieder mit Krankengeldanspruch). Quelle: GK Spitzenverband, SA 111.

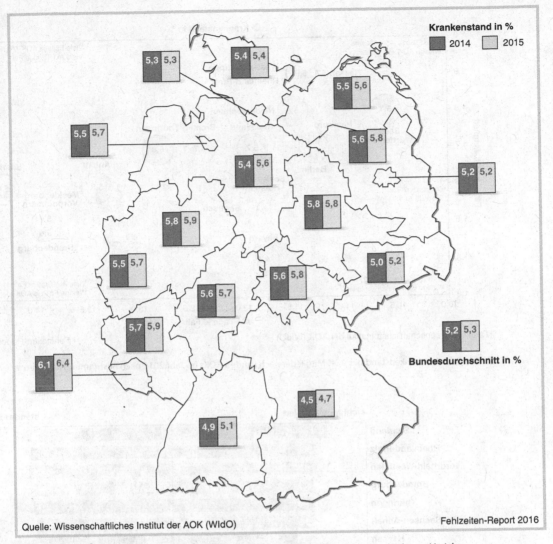

Abb. 22.1.13 Krankenstand der AOK-Mitglieder nach Regionen im Jahr 2015 im Vergleich zum Vorjahr

sen Städten liegt eine vergleichsweise günstige Alters- und Geschlechtsstruktur vor, die sich positiv auf den Krankenstand auswirkt. Bayern zeigt auch nach der Standardisierung noch immer den günstigsten Wert. Sachsen-Anhalt verbessert sich um 0,2 Prozentpunkte und liegt damit gleichauf mit Niedersachsen.

Abb. 22.1.16 zeigt die Abweichungen der standardisierten Krankenstände vom Bundesdurchschnitt. Die höchsten Werte weisen das Saarland und Nordrhein-Westfalen auf. Dort liegen die standardisierten Werte mit 15,2 bzw. 9,1 % deutlich über dem Durchschnitt. In Bayern ist der standardisierte Krankenstand mit 10,9 % Abweichung wesentlich niedriger als im Bundesdurchschnitt.

Im Vergleich zum Vorjahr haben im Jahr 2015 die Arbeitsunfähigkeitsfälle in den Bundesländern insgesamt um 5,9 % und die Arbeitsunfähigkeitstage um 3,2 % zugenommen (Tab. 22.1.5). Die Falldauer ist mit 14,3 Tagen im Saarland am höchsten und in Baden-Württemberg mit 10,6 Tagen am geringsten.

22

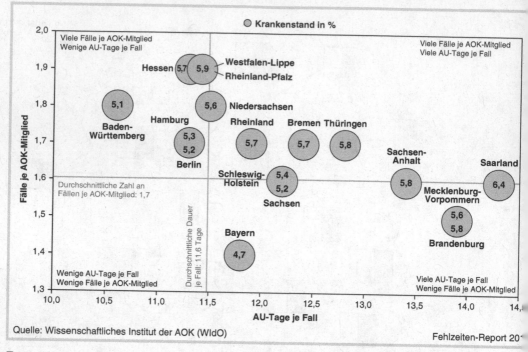

Quelle: Wissenschaftliches Institut der AOK (WIdO)

Fehlzeiten-Report 20

◼ **Abb. 22.1.14** Krankenstand der AOK-Mitglieder nach Landes-AOKs im Jahr 2015 nach Bestimmungsfaktoren

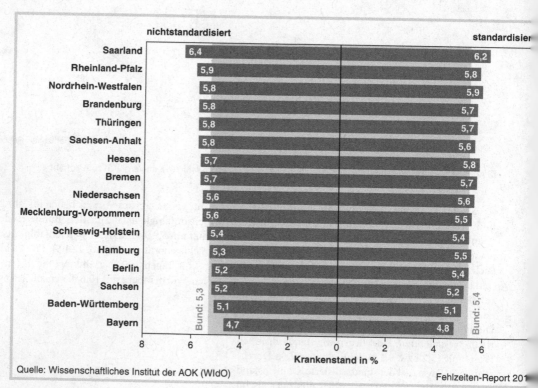

Quelle: Wissenschaftliches Institut der AOK (WIdO)

Fehlzeiten-Report 201

◼ **Abb. 22.1.15** Alters- und geschlechtsstandardisierter Krankenstand der AOK-Mitglieder im Jahr 2015 nach Bundesländ

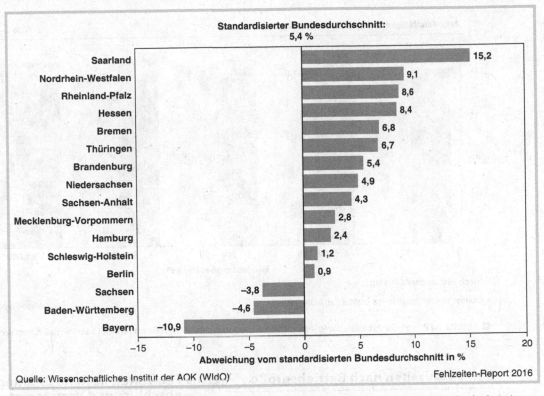

Standardisierter Bundesdurchschnitt: 5,4 %

Bundesland	Abweichung
Saarland	15,2
Nordrhein-Westfalen	9,1
Rheinland-Pfalz	8,6
Hessen	8,4
Bremen	6,8
Thüringen	6,7
Brandenburg	5,4
Niedersachsen	4,9
Sachsen-Anhalt	4,3
Mecklenburg-Vorpommern	2,8
Hamburg	2,4
Schleswig-Holstein	1,2
Berlin	0,9
Sachsen	–3,8
Baden-Württemberg	–4,6
Bayern	–10,9

Abweichung vom standardisierten Bundesdurchschnitt in %

Quelle: Wissenschaftliches Institut der AOK (WIdO)   Fehlzeiten-Report 2016

◻ **Abb. 22.1.16** Abweichungen der alters- und geschlechtsstandardisierten Krankenstände vom Bundesdurchschnitt im Jahr 2015 nach Bundesländern, AOK-Mitglieder

◻ **Tab. 22.1.5** Krankenstandskennzahlen nach Regionen, 2015 im Vergleich zum Vorjahr

	Arbeitsunfähigkeiten je 100 AOK-Mitglieder				Tage je Fall	Veränd. z. Vorj. in %
	Fälle	Veränd. z. Vorj. in %	Tage	Veränd. z. Vorj. in %		
Baden-Württemberg	175,6	7,0	1.868,7	3,6	10,6	–3,1
Bayern	144,8	6,3	1.712,9	4,4	11,8	–1,9
Berlin	166,9	1,0	1.894,4	–0,2	11,3	–1,3
Brandenburg	158,3	5,8	2.128,4	3,7	13,4	–2,1
Bremen	167,1	3,9	2.067,8	2,5	12,4	–1,4
Hamburg	170,8	3,4	1.933,6	0,7	11,3	–2,7
Hessen	185,2	4,5	2.090,9	2,3	11,3	–2,1
Mecklenburg-Vorpommern	148,6	6,3	2.060,7	3,4	13,9	–2,8
Niedersachsen	177,1	5,2	2.037,2	2,5	11,9	–2,0
Rheinland	173,4	5,3	2.071,4	3,1	11,9	–2,0
Rheinland-Pfalz	189,3	6,2	2.140,2	3,0	11,3	–3,0
Saarland	162,9	5,1	2.325,6	4,9	14,3	–0,2
Sachsen	155,6	8,4	1.900,0	4,4	12,2	–3,7
Sachsen-Anhalt	152,0	4,4	2.116,3	0,7	13,9	–3,6
Schleswig-Holstein	163,0	3,7	1.981,2	1,2	12,2	–2,4
Thüringen	165,5	6,7	2.120,9	3,2	12,8	–3,2
Westfalen-Lippe	190,6	5,2	2.165,6	2,7	11,4	–2,4
Bund	**167,6**	**5,9**	**1.950,4**	**3,2**	**11,6**	**–2,5**

Fehlzeiten-Report 2016

22

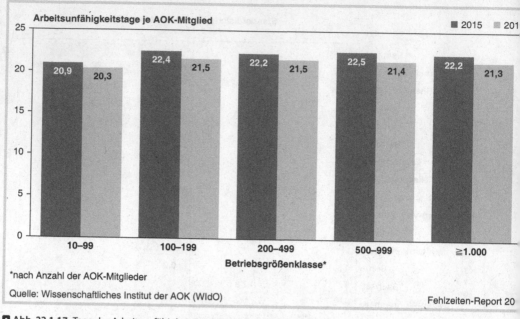

Arbeitsunfähigkeitstage je AOK-Mitglied   ■ 2015 ■ 201

*nach Anzahl der AOK-Mitglieder

Quelle: Wissenschaftliches Institut der AOK (WIdO)   Fehlzeiten-Report 20

◼ **Abb. 22.1.17** Tage der Arbeitsunfähigkeit je AOK-Mitglied nach Betriebsgröße im Jahr 2015 im Vergleich zum Vorjahr

22.1.8 Fehlzeiten nach Betriebsgröße

Mit zunehmender Betriebsgröße steigt die Anzahl der krankheitsbedingten Fehltage. Während die Mitarbeiter von Betrieben mit 10–99 AOK-Mitgliedern im Jahr 2015 durchschnittlich 20,9 Tage fehlten, fielen in Betrieben mit 500–999 AOK-Mitgliedern pro Mitarbeiter 22,5 Fehltage an (◼ Abb. 22.1.17).[10] In größeren Betrieben mit 1.000 und mehr AOK-Mitgliedern nimmt dann allerdings die Zahl der Arbeitsunfähigkeitstage wieder leicht ab. Dort waren 2015 22,2 Fehltage je Mitarbeiter zu verzeichnen. Eine Untersuchung des Instituts der Deutschen Wirtschaft kam ebenfalls zu dem Ergebnis, dass die Betriebsgröße Einfluss auf die krankheitsbedingten Fehltage nimmt (Schnabel 1997). Mithilfe einer Regressionsanalyse konnte darüber hinaus nachgewiesen werden, dass der positive Zusammenhang zwischen Fehlzeiten und Betriebsgröße nicht auf andere Einflussfaktoren wie zum Beispiel die Beschäftigtenstruktur oder Schichtarbeit zurückzuführen ist, sondern unabhängig davon gilt.

22.1.9 Fehlzeiten nach Ausbildungsabschluss und Vertragsart

Die Bundesagentur für Arbeit definiert und liefert für die Unternehmen relevanten Tätigkeitsschlüs. Die Unternehmen sind verpflichtet, ihren Beschäften den jeweils für die Art der Beschäftigung gülti Tätigkeitsschlüssel zuzuweisen und diese zu do mentieren. Diese Schlüssel sind in den Meldungen Sozialversicherung enthalten und werden neben w teren Angaben zur Person den Einzugsstellen, in Regel den Krankenkassen der Arbeitnehmer, übern telt. Auf Grundlage der Meldungen führt die Krank kasse ihr Versichertenverzeichnis und übermittelt Daten dem Rentenversicherungsträger (vgl. Damm al. 2012). Grundlage der Tätigkeitseinstufung war zum Jahr 2012 die »Klassifikation der Berufe« aus d Jahr 1988 (KldB 1988).

In den letzten Jahren haben sich jedoch sowohl Berufs- und Beschäftigungslandschaft wie auch Ausbildungsstrukturen stark verändert. So sind ni nur neue Ausbildungsabschlüsse entstanden, auch Trennung zwischen Arbeitern und Angestellten bereits seit dem Jahr 2006 rentenrechtlich bedeutun los. Aus diesem Grund wurde die veraltete Klass kation der Berufe von der Bundesagentur für Arb durch eine überarbeitete Version (KldB 2010) erse Diese weist zugleich eine hohe Kompatibilität mit

---

10 Als Maß für die Betriebsgröße wird hier die Anzahl der AOK-Mitglieder in den Betrieben zugrunde gelegt, die allerdings in der Regel nur einen Teil der gesamten Belegschaft ausmachen.

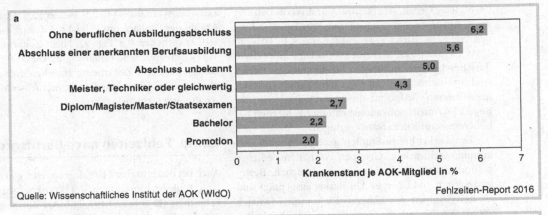

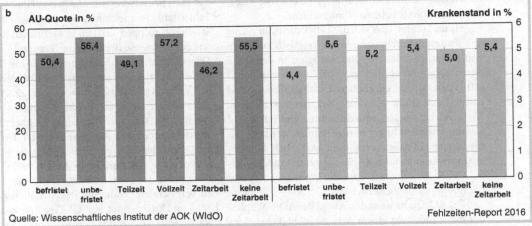

■ **Abb. 22.1.18 a)** Krankenstand nach Ausbildungsabschluss im Jahr 2015, AOK-Mitglieder; **b)** Krankenstand und AU-Quote nach Vertragsart im Jahr 2015, AOK-Mitglieder

internationalen Berufsklassifikation ISCO-08 (International Standard Classification of Occupations 2008) auf. Die neue Version gilt seit dem 01.12.2011. Infolge der Umstellung wird die Stellung im Beruf (wie die Trennung nach Arbeiter oder Angestellter) nicht mehr ausgewiesen. Mit Umstellung des Tätigkeitsschlüssels stehen jetzt jedoch andere, neue Informationen zur Verfügung wie der Ausbildungsabschluss, die Information, ob der Beschäftigte bei einer Arbeitnehmerüberlassung arbeitet und die Vertragsart, die Auskunft über die Arbeitszeit (Voll- oder Teilzeit) und die Befristung (befristet, unbefristet) gibt. In diesem Kapitel werden diese Informationen näher analysiert.

Die krankheitsbedingten Fehlzeiten variieren deutlich in Abhängigkeit vom Ausbildungsabschluss (■ Abb. 22.1.18). Dabei zeigt sich, dass der Krankenstand mit der Höhe des Ausbildungsniveaus sinkt. Den höchsten Krankenstand weisen mit 6,2 % Beschäftigte ohne beruflichen Abschluss auf. Beschäftigte mit

einem Diplom, Magister, Master und Staatsexamen oder einem Bachelorabschluss liegen deutlich darunter (2,7 bzw. 2,2 %). Den geringsten Krankenstand weisen mit 2,0 % Beschäftigte mit Promotion auf.

Diese Ergebnisse können zu der Annahme führen, dass die Differenzen im Krankenstand u. a. auf den Faktor Bildung zurückzuführen sind. Diese Annahme wird auch in empirischen Studien bestätigt, bei denen Bildung als eine wesentliche Variabel für die Erklärung von gesundheitlichen Differenzen erkannt wurde.

Die Gründe sind u. a. darin zu suchen, dass sich beispielsweise Akademiker gesundheitsgerechter verhalten, was Ernährung, Bewegung und das Rauchverhalten angeht. Ihnen steht ein besserer Zugang zu Gesundheitsleistungen offen. In der Regel werden ihnen auch bei ihrer beruflichen Tätigkeit größere Handlungsspielräume und Gestaltungsmöglichkeiten eingeräumt und für die erbrachten beruflichen Leistungen werden adäquate Gratifikationen gewährt wie

22

ein höheres Gehalt, Anerkennung und Wertschätzung sowie Aufstiegsmöglichkeiten und Arbeitsplatzsicherheit (vgl. u. a. Mielck et al. 2012; Karasek u. Theorell 1990; Siegrist 1999; Marmot 2005). Dies führt dazu, dass Beschäftigte in höheren Positionen motivierter sind und sich stärker mit ihrer beruflichen Tätigkeit identifizieren. Aufgrund dieser Tatsache ist in der Regel der Anteil motivationsbedingter Fehlzeiten bei höherem beruflichem Status geringer.

Umgekehrt haben Studien gezeigt, dass bei einkommensschwachen Gruppen verhaltensbedingte gesundheitliche Risikofaktoren wie Rauchen, Bewegungsarmut und Übergewicht stärker ausgeprägt sind als bei Gruppen mit höheren Einkommen (Mielck 2000). Die theoretische Grundlage liefern hier kulturell determinierte Lebensstilunterschiede.

Hinzu kommt, dass sich die Tätigkeiten von gering qualifizierten Arbeitnehmern im Vergleich zu denen von höher qualifizierten Beschäftigten in der Regel durch ein größeres Maß an physiologisch-ergonomischen Belastungen, eine höhere Unfallgefährdung und damit durch erhöhte Gesundheitskrisen auszeichnen. Nicht zuletzt müssen Umweltfaktoren und Infra- und Versorgungsstrukturen berücksichtigt werden. Ein niedrigeres Einkommensniveau wirkt sich bei Geringqualifizierten auch ungünstig auf die außerberuflichen Lebensverhältnisse wie die Wohnsituation und die Erholungsmöglichkeiten aus.

Die AU-Quote weist den Anteil der AOK-Mitglieder mit mindestens einem Arbeitsunfähigkeitsfall im Auswertungsjahr aus. Betrachtet man die AU-Quoten nach der Vertragsart, zeigt sich, dass die unbefristet und Vollzeit-Beschäftigten mit 56,4 % bzw. 57,2 % öfter von einer Krankschreibung betroffen sind als befristet bzw. Teilzeit-Beschäftigte (50,4 % bzw. 49,1 %). Dies spiegelt sich zugleich im Krankenstand wider: Der Krankenstand bei den unbefristet Beschäftigten liegt im Vergleich zu den befristet Beschäftigten um 1,2 Prozentpunkte und der der Vollzeit-Beschäftigten um 0,2 Prozentpunkte über dem der Teilzeit-Beschäftigten. Hier kann vermutet werden, dass befristet Beschäftigte eher bereit sind, auch mal krank zur Arbeit zu gehen, da die permanente Gefahr besteht, dass der Arbeitgeber den befristeten Arbeitsvertrag nicht verlängert. Der niedrigere Krankenstand bei den Teilzeitbeschäftigten gegenüber den Vollzeitbeschäftigten kann u. a. damit zusammenhängen, dass für Teilzeitbeschäftigte oft die Herausforderung besteht, ein anspruchsvolles Arbeitspensum in weniger Arbeitszeit schaffen zu müssen.

Welchen gesundheitlichen Belastungen sind Zeitarbeiter ausgesetzt? Es sind weniger Zeitarbeitsbeschäftigte krankgeschrieben als Beschäftigte ohne

Zeitarbeitsverhältnis (46,2 % versus 55,5 %), auch Anzahl der Fehltage pro Fall ist bei Zeitarbeitern zer (Zeitarbeiter: 8,8 Tage vs. Nicht-Zeitarbeiter Tage). Eine mögliche Erklärung für dieses Phänom könnte sein, dass Zeitarbeiter eher bereit sind, kr zur Arbeit zu gehen, um die Chancen einer Weiter schäftigung nicht zu gefährden.

22.1.10 Fehlzeiten nach Berufsgrupp

Auch bei den einzelnen Berufsgruppen[11] gibt es gr Unterschiede hinsichtlich der krankheitsbeding Fehlzeiten (◉ Abb. 22.1.19). Die Art der ausgeüb Tätigkeit hat erheblichen Einfluss auf das Ausmaß Fehlzeiten. Die meisten Arbeitsunfähigkeitstage v sen Berufsgruppen aus dem gewerblichen Bereich wie beispielsweise Berufe in der Ver- und Entsorgu Dabei handelt es sich häufig um Berufe mit hohen k perlichen Arbeitsbelastungen und überdurchschn lich vielen Arbeitsunfällen (► Abschn. 22.1.12). Ein der Berufsgruppen mit hohen Krankenständen, Altenpfleger, sind auch in besonders hohem Maße p chischen Arbeitsbelastungen ausgesetzt. Die niedri ten Krankenstände sind bei akademischen Beru gruppen wie z. B. Berufen in der Hochschullehre -forschung, der Softwareentwicklung oder bei Ärz zu verzeichnen. Während Hochschullehrer im J 2015 im Durchschnitt nur 4,2 Tage krankgeschrieb waren, waren es bei den Berufen in der Ver- und E sorgung 31 Tage, also etwa das Siebenfache.

22.1.11 Fehlzeiten nach Wochentage

Die meisten Krankschreibungen sind am Woch anfang zu verzeichnen (◉ Abb. 22.1.20). Zum Woch ende hin nimmt die Zahl der Arbeitsunfähigkeitsm dungen tendenziell ab. 2015 entfiel mehr als ein Dri (34,2%) der wöchentlichen Krankmeldungen auf Montag.

Bei der Bewertung der gehäuften Krankmeldun am Montag muss allerdings berücksichtigt werd dass der Arzt am Wochenende in der Regel nur in N fällen aufgesucht wird, da die meisten Praxen gesch sen sind. Deshalb erfolgt die Krankschreibung für krankungen, die bereits am Wochenende begonn

---

11 Die Klassifikation der Berufe wurde zum 01.12.2011 überarbeitet und aktualisiert (► Abschn. 22.1.9). Dahe finden sich ab dem Jahr 2012 zum Teil andere Berufsbezeichnungen als in den Fehlzeiten-Reporten der Vo jahre.

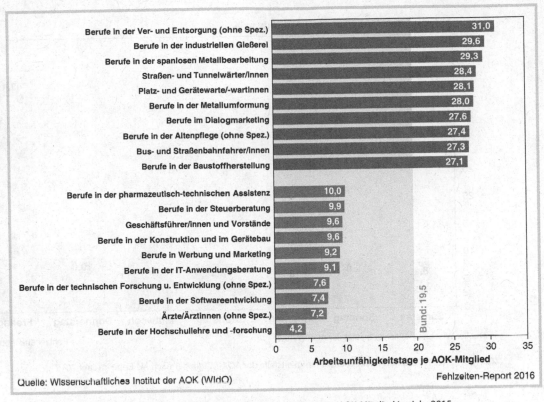

Quelle: Wissenschaftliches Institut der AOK (WIdO)

Fehlzeiten-Report 2016

◘ Abb. 22.1.19 Zehn Berufsgruppen mit hohen und niedrigen Fehlzeiten je AOK-Mitglied im Jahr 2015

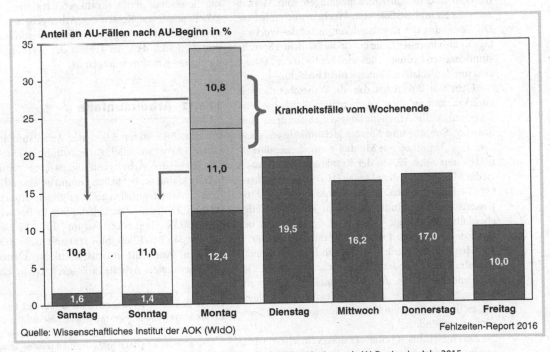

Quelle: Wissenschaftliches Institut der AOK (WIdO)

Fehlzeiten-Report 2016

◘ Abb. 22.1.20 Verteilung der Arbeitsunfähigkeitsfälle der AOK-Mitglieder nach AU-Beginn im Jahr 2015

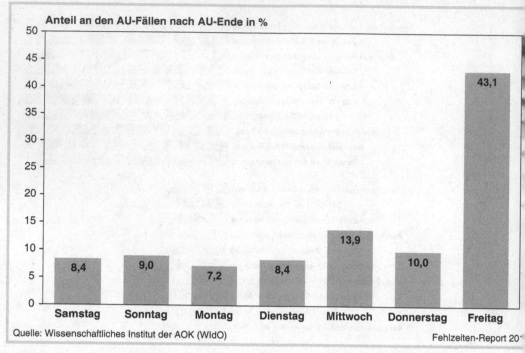

Anteil an den AU-Fällen nach AU-Ende in %

Quelle: Wissenschaftliches Institut der AOK (WIdO)

Fehlzeiten-Report 20

◘ **Abb. 22.1.21** Verteilung der Arbeitsunfähigkeitsfälle der AOK-Mitglieder nach AU-Ende im Jahr 2015

haben, in den meisten Fällen erst am Wochenanfang. Insofern sind in den Krankmeldungen vom Montag auch die Krankheitsfälle vom Wochenende enthalten. Die Verteilung der Krankmeldungen auf die Wochentage ist also in erster Linie durch die ärztlichen Sprechstundenzeiten bedingt. Dies wird häufig in der Diskussion um den «blauen Montag» nicht bedacht.

Geht man davon aus, dass die Wahrscheinlichkeit zu erkranken an allen Wochentagen gleich hoch ist und verteilt die Arbeitsunfähigkeitsmeldungen vom Samstag, Sonntag und Montag gleichmäßig auf diese drei Tage, beginnen am Montag – »wochenendbereinigt« – nur noch 12,4 % der Krankheitsfälle. Danach ist der Montag nach dem Freitag (10,0 %) der Wochentag mit der geringsten Zahl an Krankmeldungen. Eine wissenschaftliche Studie zu diesem Thema bestätigt ebenfalls die geringe Bedeutung des Montags bei krankheitsbedingten Fehlzeiten (Vahtera et al. 2001). Die Mehrheit der Ärzte bevorzugt als Ende der Krankschreibung das Ende der Arbeitswoche (◘ Abb. 22.1.21). 2015 endeten 43,1 % der Arbeitsunfähigkeitsfälle am Freitag. Nach dem Freitag ist der Mittwoch der Wochentag, an dem die meisten Krankmeldungen (13,9 %) abgeschlossen sind.

Da meist bis Freitag krankgeschrieben wird, nimmt der Krankenstand gegen Ende der Woche hin

zu (◘ Abb. 22.1.21). Daraus abzuleiten, dass am F_ tag besonders gerne »krankgefeiert« wird, um _ Wochenende auf Kosten des Arbeitgebers zu verl_ gern, erscheint wenig plausibel, insbesondere we_ man bedenkt, dass der Freitag der Werktag mit _ wenigsten Krankmeldungen ist.

22.1.12 Arbeitsunfälle

Im Jahr 2015 waren 3,0 % der Arbeitsunfähigke_ fälle auf Arbeitsunfälle[12] zurückzuführen. Diese wa_ für 5,8 % der Arbeitsunfähigkeitstage verantwo_ lich. In kleineren Betrieben kommt es wesentlich h_ figer zu Arbeitsunfällen als in größeren Unternehn_ (◘ Abb. 22.1.22).[13] Die Unfallquote in Betrieben _ 10–49 AOK-Mitgliedern war im Jahr 2015 1,6-ma_ hoch wie in Betrieben mit 1.000 und mehr AOK-M_ gliedern. Auch die durchschnittliche Dauer ei_ unfallbedingten Arbeitsunfähigkeit ist in kleiner_

---

12 Zur Definition der Arbeitsunfälle ◘ Tab. 22.1.1
13 Als Maß für die Betriebsgröße wird hier die Anzahl de_ AOK-Mitglieder in den Betrieben zugrunde gelegt, die allerdings in der Regel nur einen Teil der gesamter Belegschaft ausmachen (▶ Abschn. 22.1.8).

Betrieben höher als in größeren Betrieben, was darauf hindeutet, dass dort häufiger schwere Unfälle passieren. Während ein Arbeitsunfall in einem Betrieb mit 10–49 AOK-Mitgliedern durchschnittlich 22,7 Tage dauerte, waren es in Betrieben mit 500–999 AOK-Mitgliedern 22,1 Tage.

In den einzelnen Wirtschaftszweigen variiert die Zahl der Arbeitsunfälle erheblich. So waren die meisten Fälle in der Land- und Forstwirtschaft und im Baugewerbe zu verzeichnen (◘ Abb. 22.1.23). 2015 gingen beispielsweise 7,7 % der AU-Fälle und 13,5 % der AU-Tage in der Land- und Forstwirtschaft auf Arbeitsunfälle zurück. Neben dem Baugewerbe (6,2 %) und der Land- und Forstwirtschaft gab es auch im Bereich Verkehr und Transport (4,2 %) und in der Branche Energie, Wasser, Entsorgung und Bergbau (4,0 %) überdurchschnittlich viele Arbeitsunfälle. Den geringsten Anteil an Arbeitsunfällen verzeichneten die Banken und Versicherungen mit 0,9 %.

Die Zahl der Arbeitsunfälle lag in Westdeutschland höher als in Ostdeutschland: Während im Westen durchschnittlich 51,4 Fälle auf 1.000 AOK-Mitglieder entfielen, waren es im Osten 49,3 Fälle je 1.000 Mitglieder (◘ Abb. 22.1.24).

Insbesondere in der Land- und Forstwirtschaft war die Zahl der auf Arbeitsunfälle zurückgehenden Arbeitsunfähigkeitstage in Ostdeutschland höher als in Westdeutschland (◘ Abb. 22.1.25). In Westdeutschland war dies jedoch in den Branchen Baugewerbe, Energie/Wasser/Entsorgung/Bergbau, Metallindustrie, Handel und im Bereich Öffentliche Verwaltung und Sozialversicherung der Fall.

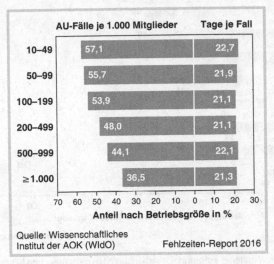

Quelle: Wissenschaftliches Institut der AOK (WIdO)

Fehlzeiten-Report 2016

◘ **Abb. 22.1.22** Fehlzeiten der AOK Mitglieder aufgrund von Arbeitsunfällen nach Betriebsgröße im Jahr 2015

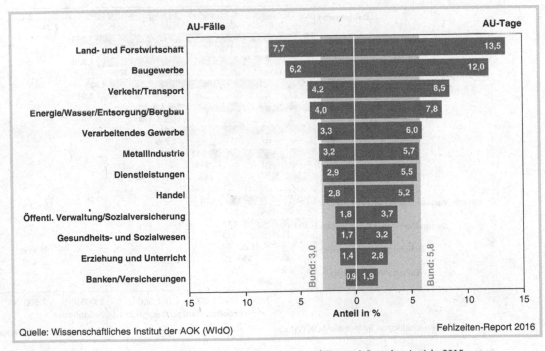

Quelle: Wissenschaftliches Institut der AOK (WIdO)

Fehlzeiten-Report 2016

◘ **Abb. 22.1.23** Fehlzeiten der AOK-Mitglieder aufgrund von Arbeitsunfällen nach Branchen im Jahr 2015

22

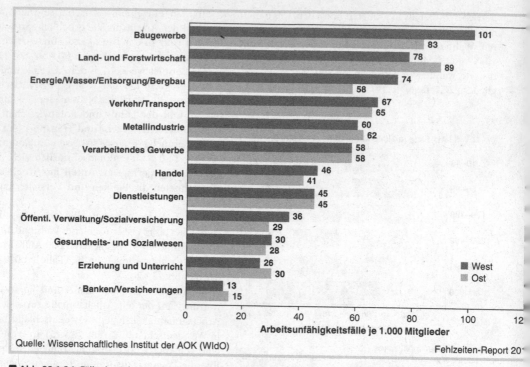

Quelle: Wissenschaftliches Institut der AOK (WIdO)

Fehlzeiten-Report 20‐

■ **Abb. 22.1.24** Fälle der Arbeitsunfähigkeit der AOK-Mitglieder aufgrund von Arbeitsunfällen nach Branchen in West- un‐ Ostdeutschland im Jahr 2015

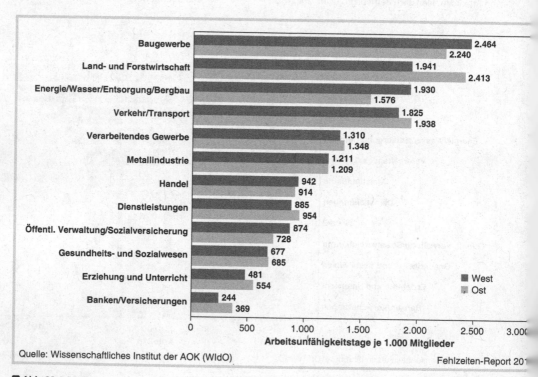

Quelle: Wissenschaftliches Institut der AOK (WIdO)

Fehlzeiten-Report 20‐

■ **Abb. 22.1.25** Tage der Arbeitsunfähigkeit durch Arbeitsunfälle nach Branchen in West- und Ostdeutschland im Jahr 20‐

◘ **Tab. 22.1.6** Tage der Arbeitsunfähigkeit durch Arbeitsunfälle nach Berufsgruppen im Jahr 2015, AOK-Mitglieder

Berufsgruppe	AU-Tage je 1.000 AOK-Mitglieder
Berufe in der Zimmerei	4.610
Berufe in der Dachdeckerei	4.013
Berufe im Beton- u. Stahlbetonbau	3.747
Berufe im Maurerhandwerk	3.741
Berufe im Hochbau (ohne Spez.)	3.010
Berufe im Tiefbau (ohne Spez.)	2.838
Berufe in der industriellen Gießerei	2.803
Berufe im Straßen- u. Asphaltbau	2.769
Berufskraftfahrer/innen (Güterverkehr/LKW)	2.761
Berufe in der Land- u. Baumaschinentechnik	2.629
Berufe im Aus- u. Trockenbau (ohne Spez.)	2.586
Berufe in der Ver- u. Entsorgung (ohne Spez.)	2.530
Berufe in der Holzbe- u. -verarbeitung (ohne Spez.)	2.500
Berufe im Metallbau	2.492
Führer/innen von Erdbewegungs- u. verwandten Maschinen	2.467
Platz- u. Gerätewarte/-wartinnen	2.386
Berufe im Garten-, Landschafts- u. Sportplatzbau	2.319
Berufe im Holz-, Möbel- u. Innenausbau	2.231
Berufe in der Sanitär-, Heizungs- u. Klimatechnik	2.200
Kranführer/innen, Aufzugsmaschinisten, Bedienung verwandter Hebeeinrichtungen	2.182
Berufe in der Schweiß- u. Verbindungstechnik	2.086
Berufe in der Fleischverarbeitung	2.078
Berufe für Post- u. Zustelldienste	1.975
Berufe für Maler- u. Lackiererarbeiten	1.960
Berufe im Gartenbau (ohne Spez.)	1.905

Fehlzeiten-Report 2016

◘ Tab. 22.1.6 zeigt die Berufsgruppen, die in besonderem Maße von arbeitsbedingten Unfällen betroffen sind. Spitzenreiter waren im Jahr 2015 Berufe in der Zimmerei (4.610 AU-Tage je 1.000 AOK-Mitglieder), Berufe in der Dachdeckerei (4.013 AU-Tage je 1.000 AOK-Mitglieder) sowie Berufe im Beton- u. Stahlbetonbau (3.747 AU-Tage je 1.000 AOK-Mitglieder).

22.1.13 Krankheitsarten im Überblick

Das Krankheitsgeschehen wird im Wesentlichen von sechs großen Krankheitsgruppen (nach ICD 10) bestimmt: Muskel- und Skelett-Erkrankungen, Atemwegserkrankungen, Verletzungen, Psychische und Verhaltensstörungen, Herz- und Kreislauf-Erkrankungen sowie Erkrankungen der Verdauungsorgane. (◘ Abb. 22.1.26). 65,2 % der Arbeitsunfähigkeitsfälle und 67,4 % der Arbeitsunfähigkeitstage gingen 2015 auf das Konto dieser sechs Krankheitsarten. Der Rest verteilte sich auf sonstige Krankheitsgruppen.

Der häufigste Anlass für Krankschreibungen waren Atemwegserkrankungen. Im Jahr 2015 war diese Krankheitsart für fast ein Viertel der Arbeitsunfähigkeitsfälle (24,0 %) verantwortlich. Aufgrund einer relativ geringen durchschnittlichen Erkrankungsdauer betrug der Anteil der Atemwegserkrankungen am Krankenstand allerdings nur 13 %. Die meisten Arbeitsunfähigkeitstage wurden durch Muskel- und Skelett-Erkrankungen verursacht, die häufig mit langen Ausfallzeiten verbunden sind. Allein auf diese Krankheitsart waren 2015 21,8 % der Arbeitsunfähigkeitstage zurückzuführen, obwohl sie nur für 15,8 % der Arbeitsunfähigkeitsfälle verantwortlich war.

◘ Abb. 22.1.27 zeigt die Anteile der Krankheitsarten an den krankheitsbedingten Fehlzeiten im Jahr 2015 im Vergleich zum Vorjahr. Während der Anteil der Atemwegserkrankungen um 2,1 Prozentpunkte anstieg, sanken die Anteile von Verletzungen um 0,4, Muskel- und Skelett-Erkrankungen um 1,0, Herz-Kreislauferkrankungen sowie Erkrankungen des Verdauungsapparats um 0,2 Prozentpunkte. Psychische Erkrankungen stagnierten bei 10,5 %.

22

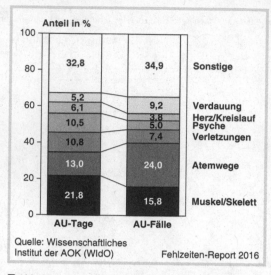

Quelle: Wissenschaftliches
Institut der AOK (WIdO)   Fehlzeiten-Report 2016

◻ **Abb. 22.1.26** Arbeitsunfähigkeit der AOK-Mitglieder
nach Krankheitsarten im Jahr 2015

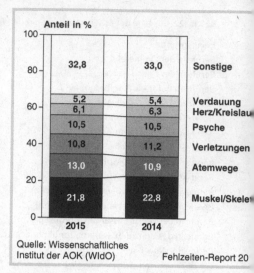

Quelle: Wissenschaftliches
Institut der AOK (WIdO)   Fehlzeiten-Report 20

◻ **Abb. 22.1.27** Tage der Arbeitsunfähigkeit der AOK-Mit
glieder nach Krankheitsarten im Jahr 2015 im Vergleich z
Vorjahr

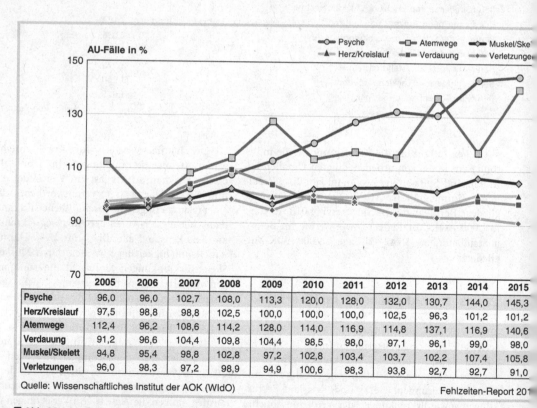

	2005	2006	2007	2008	2009	2010	2011	2012	2013	2014	2015
Psyche	96,0	96,0	102,7	108,0	113,3	120,0	128,0	132,0	130,7	144,0	145,3
Herz/Kreislauf	97,5	98,8	98,8	102,5	100,0	100,0	100,0	102,5	96,3	101,2	101,2
Atemwege	112,4	96,2	108,6	114,2	128,0	114,0	116,9	114,8	137,1	116,9	140,6
Verdauung	91,2	96,6	104,4	109,8	104,4	98,5	98,0	97,1	96,1	99,0	98,0
Muskel/Skelett	94,8	95,4	98,8	102,8	97,2	102,8	103,4	103,7	102,2	107,4	105,8
Verletzungen	96,0	98,3	97,2	98,9	94,9	100,6	98,3	93,8	92,7	92,7	91,0

Quelle: Wissenschaftliches Institut der AOK (WIdO)   Fehlzeiten-Report 201

◻ **Abb. 22.1.28** Fälle der Arbeitsunfähigkeit der AOK-Mitglieder nach Krankheitsarten in den Jahren 2005–2015, Indexdarstellung (2004 = 100 %)

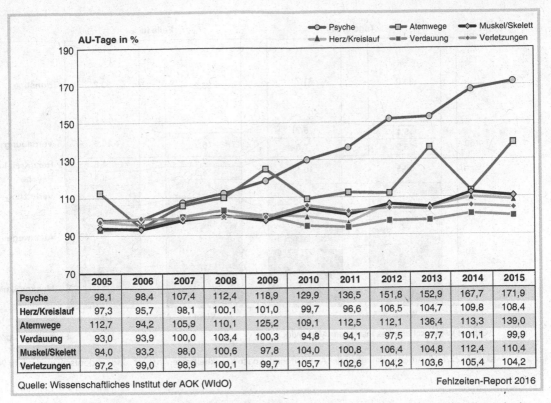

	2005	2006	2007	2008	2009	2010	2011	2012	2013	2014	2015
Psyche	98,1	98,4	107,4	112,4	118,9	129,9	136,5	151,8	152,9	167,7	171,9
Herz/Kreislauf	97,3	95,7	98,1	100,1	101,0	99,7	96,6	106,5	104,7	109,8	108,4
Atemwege	112,7	94,2	105,9	110,1	125,2	109,1	112,5	112,1	136,4	113,3	139,0
Verdauung	93,0	93,9	100,0	103,4	100,3	94,8	94,1	97,5	97,7	101,1	99,9
Muskel/Skelett	94,0	93,2	98,0	100,6	97,8	104,0	100,8	106,4	104,8	112,4	110,4
Verletzungen	97,2	99,0	98,9	100,1	99,7	105,7	102,6	104,2	103,6	105,4	104,2

Quelle: Wissenschaftliches Institut der AOK (WIdO)   Fehlzeiten-Report 2016

◘ **Abb. 22.1.29** Tage der Arbeitsunfähigkeit der AOK-Mitglieder nach Krankheitsarten in den Jahren 2005–2015, Indexdarstellung (2004 = 100 %)

Die ◘ Abb. 22.1.28 und ◘ Abb. 22.1.29 zeigen die Entwicklung der häufigsten Krankheitsarten in den Jahren 2005–2015 in Form einer Indexdarstellung. Ausgangsbasis ist dabei der Wert des Jahres 2004. Dieser wurde auf 100 normiert. Wie in den Abbildungen deutlich erkennbar ist, haben die psychischen Erkrankungen in den letzten Jahren deutlich zugenommen. Über die Gründe für diesen Anstieg wird gesellschaftlich kontrovers diskutiert. Neben der Zunahme belastender Arbeitsbedingungen in der modernen Arbeitswelt wird ein wichtiger Grund auch darin gesehen, dass die Ärzte zunehmend sensibilisiert sind und psychische Krankheiten aufgrund der gestiegenen gesellschaftlichen Akzeptanz eher dokumentieren, in Verbindung mit der Bereitschaft der Patienten, psychische Probleme offener anzusprechen als früher. Als weiterer Grund wird die Verlagerung in Richtung psychischer Störungen als Diagnose diskutiert, d. h. bei Beschäftigten, die früher mit somatischen Diagnosen wie beispielsweise Muskel-Skelett-Erkrankungen krankgeschrieben waren, wird heute öfter mit einer psychischen Erkrankung diagnostiziert. Die »reale Prävalenz« sei aber insgesamt unverändert geblieben (Jacobi 2009). Der Anteil psychischer und psychosomatischer Erkrankungen an der Frühinvalidität hat in den letzten Jahren ebenfalls erheblich zugenommen. Inzwischen geht fast jede zweite Frühberentung auf eine psychisch bedingte Erwerbsminderung zurück (BPtK 2013). Nach Prognosen der Weltgesundheitsorganisation (WHO) ist mit einem weiteren Anstieg der psychischen Erkrankungen zu rechnen (WHO 2011). Der Prävention dieser Erkrankungen wird daher in Zukunft eine wachsende Bedeutung zukommen.

Die Anzahl der Arbeitsunfähigkeitsfälle ist im Vergleich zum Jahr 2005 bei allen Krankheitsarten bis auf Verletzungen angestiegen. Arbeitsunfähigkeitsfälle, die auf Verletzungen zurückgingen, reduzierten sich seit 2005 um 5 Prozentpunkte. Die durch Atemwegserkrankungen bedingten Fehlzeiten unterliegen aufgrund der von Jahr zu Jahr unterschiedlich stark auftretenden Grippewellen teilweise erheblichen Schwankungen. Aufgrund der Erkältungswelle im Jahr 2015 gab es im Vergleich zum Vorjahr bei den Atemwegserkrankungen einen deutlichen Anstieg der Fälle um 20,1 %.

22

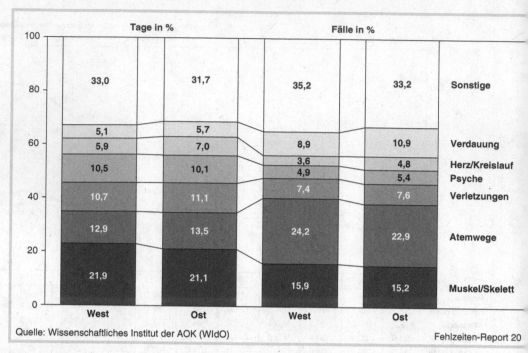

Quelle: Wissenschaftliches Institut der AOK (WIdO)

Fehlzeiten-Report 20

◘ **Abb. 22.1.30** Arbeitsunfähigkeit der AOK-Mitglieder nach Krankheitsarten in West- und Ostdeutschland im Jahr 2015

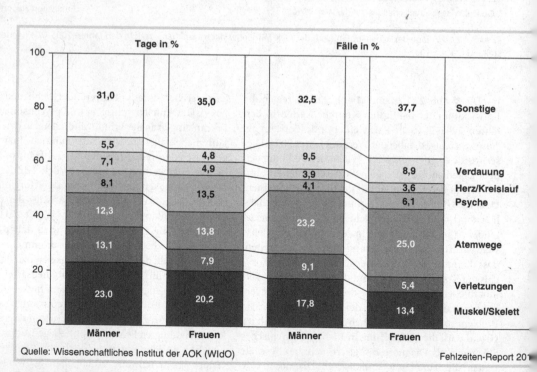

Quelle: Wissenschaftliches Institut der AOK (WIdO)

Fehlzeiten-Report 201

◘ **Abb. 22.1.31** Arbeitsunfähigkeit der AOK-Mitglieder nach Krankheitsarten und Geschlecht im Jahr 2015

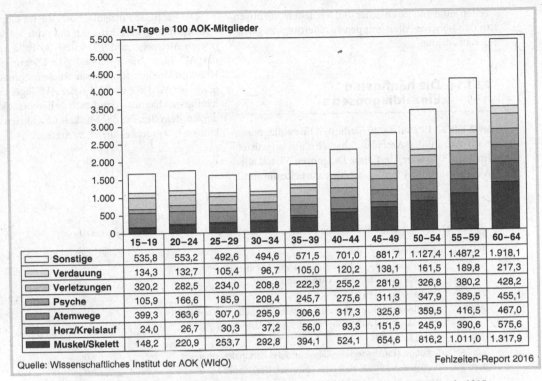

AU-Tage je 100 AOK-Mitglieder

	15–19	20–24	25–29	30–34	35–39	40–44	45–49	50–54	55–59	60–64
☐ Sonstige	535,8	553,2	492,6	494,6	571,5	701,0	881,7	1.127,4	1.487,2	1.918,1
☐ Verdauung	134,3	132,7	105,4	96,7	105,0	120,2	138,1	161,5	189,8	217,3
☐ Verletzungen	320,2	282,5	234,0	208,8	222,3	255,2	281,9	326,8	380,2	428,2
☐ Psyche	105,9	166,6	185,9	208,4	245,7	275,6	311,3	347,9	389,5	455,1
☐ Atemwege	399,3	363,6	307,0	295,9	306,6	317,3	325,8	359,5	416,5	467,0
☐ Herz/Kreislauf	24,0	26,7	30,3	37,2	56,0	93,3	151,5	245,9	390,6	575,6
☐ Muskel/Skelett	148,2	220,9	253,7	292,8	394,1	524,1	654,6	816,2	1.011,0	1.317,9

Quelle: Wissenschaftliches Institut der AOK (WIdO)　　Fehlzeiten-Report 2016

◨ **Abb. 22.1.32** Tage der Arbeitsunfähigkeit je 100 AOK-Mitglieder nach Krankheitsarten und Alter im Jahr 2015

Zwischen West- und Ostdeutschland sind nach wie vor Unterschiede in der Verteilung der Krankheitsarten festzustellen (◨ Abb. 22.1.30). In den westlichen Bundesländern verursachten Muskel- und Skelett-Erkrankungen mehr Fehltage als in den neuen Bundesländern (0,8 Prozentpunkte). In den östlichen Bundesländern entstanden vor allem durch Herz- und Kreislauf-Erkrankungen mehr Fehltage als im Westen (1,1 Prozentpunkte).

Auch in Abhängigkeit vom Geschlecht ergeben sich deutliche Unterschiede in der Morbiditätsstruktur (◨ Abb. 22.1.31). Insbesondere Verletzungen und muskuloskelettale Erkrankungen führen bei Männern häufiger zur Arbeitsunfähigkeit als bei Frauen. Dies dürfte damit zusammenhängen, dass Männer nach wie vor in größerem Umfang körperlich beanspruchende und unfallträchtige Tätigkeiten ausüben als Frauen. Auch der Anteil der Erkrankungen des Verdauungssystems und der Herz- und Kreislauf-Erkrankungen an den Arbeitsunfähigkeitsfällen und -tagen ist bei Männern höher als bei Frauen. Bei den Herz- und Kreislauf-Erkrankungen ist insbesondere der Anteil an den AU-Tagen bei Männern höher als bei Frauen, da sie in stärkerem Maße von schweren und langwierigen Erkrankungen wie einem Herzinfarkt betroffen sind.

Psychische Erkrankungen und Atemwegserkrankungen kommen dagegen bei Frauen häufiger vor als bei Männern. Bei den psychischen Erkrankungen sind die Unterschiede besonders groß. Während sie bei den Männern in der Rangfolge nach AU-Tagen erst an vierter Stelle stehen, nehmen sie bei den Frauen den dritten Rang ein.

◨ Abb. 22.1.32 zeigt die Bedeutung der Krankheitsarten für die Fehlzeiten in den unterschiedlichen Altersgruppen. Aus der Abbildung ist deutlich zu ersehen, dass die Zunahme der krankheitsbedingten Ausfalltage mit dem Alter v. a. auf den starken Anstieg der Muskel- und Skelett-Erkrankungen und der Herz- und Kreislauf-Erkrankungen zurückzuführen ist. Während diese beiden Krankheitsarten bei den jüngeren Altersgruppen noch eine untergeordnete Bedeutung haben, verursachen sie in den höheren Altersgruppen die meisten Arbeitsunfähigkeitstage. Bei den 60- bis 64-Jährigen gehen etwa ein Viertel (24,5 %) der Ausfalltage auf das Konto der muskuloskelettalen Erkrankungen. Muskel- und Skelett-Erkrankungen und Herz- und Kreislauf-Erkrankungen zusammen sind bei dieser Altersgruppe für mehr als ein Drittel des Krankenstandes (35,2 %) verantwortlich. Neben diesen beiden Krankheitsarten nehmen auch die Fehl-

22

zeiten aufgrund psychischer und Verhaltensstörungen in den höheren Altersgruppen zu, allerdings in geringerem Ausmaß.

22.1.14 Die häufigsten Einzeldiagnosen

In ☐ Tab. 22.1.7 sind die 40 häufigsten Einzeldiagnosen nach Anzahl der Arbeitsunfähigkeitsfälle aufgelistet. Im Jahr 2015 waren auf diese Diagnosen 57,4 % aller AU-Fälle und 42,4 % aller AU-Tage zurückzuführen.

Die häufigste Einzeldiagnose, die im Jahr 2015 Arbeitsunfähigkeit führte, war die akute Infektion oberen Atemwege mit 9,3 % der AU-Fälle und 4, der AU-Tage. Die zweithäufigste Diagnose, die Krankmeldungen führte, war Rückenschmerzen 6,0 % der AU-Fälle und 5,7 % der AU-Tage. Unter häufigsten Diagnosen sind auch weitere Krankheits der aus dem Bereich der Muskel- und Skelett-Erkr kungen besonders zahlreich vertreten.

☐ **Tab. 22.1.7** Anteile der 40 häufigsten Einzeldiagnosen an den AU-Fällen und AU-Tagen im Jahr 2015

ICD-10	Bezeichnung	AU-Fälle in %	AU-Tage in %
J06	Akute Infektionen an mehreren oder nicht näher bezeichneten Lokalisationen der oberen Atemwege	9,3	4,2
M54	Rückenschmerzen	6,0	5,7
A09	Sonstige und nicht näher bezeichnete Gastroenteritis und Kolitis infektiösen und nicht näher bezeichneten Ursprungs	4,0	1,3
J20	Akute Bronchitis	2,4	1,3
K08	Sonstige Krankheiten der Zähne und des Zahnhalteapparates	2,0	0,4
J40	Bronchitis, nicht als akut oder chronisch bezeichnet	1,9	1,0
B34	Viruskrankheit nicht näher bezeichneter Lokalisation	1,8	0,8
K52	Sonstige nichtinfektiöse Gastroenteritis und Kolitis	1,8	0,6
R10	Bauch- und Beckenschmerzen	1,6	0,8
I10	Essentielle (primäre) Hypertonie	1,5	2,2
K29	Gastritis und Duodenitis	1,4	0,7
F32	Depressive Episode	1,2	3,1
F43	Reaktionen auf schwere Belastungen und Anpassungsstörungen	1,2	1,9
T14	Verletzung an einer nicht näher bezeichneten Körperregion	1,2	1,1
J01	Akute Sinusitis	1,1	0,5
J02	Akute Pharyngitis	1,1	0,5
J03	Akute Tonsillitis	1,1	0,5
R51	Kopfschmerz	1,1	0,5
M25	Sonstige Gelenkkrankheiten, anderenorts nicht klassifiziert	1,0	1,1
J32	Chronische Sinusitis	1,0	0,5
M99	Biomechanische Funktionsstörungen, anderenorts nicht klassifiziert	0,9	0,7
R11	Übelkeit und Erbrechen	0,9	0,4
M51	Sonstige Bandscheibenschäden	0,8	1,9
M79	Sonstige Krankheiten des Weichteilgewebes, anderenorts nicht klassifiziert	0,8	0,7
J00	Akute Rhinopharyngitis [Erkältungsschnupfen]	0,8	0,3
M75	Schulterläsionen	0,7	1,6
M53	Sonstige Krankheiten der Wirbelsäule und des Rückens, anderenorts nicht klassifiziert	0,7	0,8
M77	Sonstige Enthesopathien	0,7	0,8
J11	Grippe, Viren nicht nachgewiesen	0,7	0,4
G43	Migräne	0,7	0,2
M23	Binnenschädigung des Kniegelenkes [internal derangement]	0,6	1,2
F45	Somatoforme Störungen	0,6	1,1

⬛ Tab. 22.1.7 (Fortsetzung)

ICD-10	Bezeichnung	AU-Fälle in %	AU-Tage in %
F48	Andere neurotische Störungen	0,6	0,9
S93	Luxation, Verstauchung und Zerrung der Gelenke und Bänder in Höhe des oberen Sprunggelenkes und des Fußes	0,6	0,6
R42	Schwindel und Taumel	0,6	0,5
R53	Unwohlsein und Ermüdung	0,6	0,5
B99	Sonstige und nicht näher bezeichnete Infektionskrankheiten	0,6	0,3
J04	Akute Laryngitis und Tracheitis	0,6	0,3
J98	Sonstige Krankheiten der Atemwege	0,6	0,3
A08	Virusbedingte und sonstige näher bezeichnete Darminfektionen	0,6	0,2
	Summe hier	**57,4**	**42,4**
	Restliche	42,6	57,6
	Gesamtsumme	**100,0**	**100,0**

Fehlzeiten-Report 2016

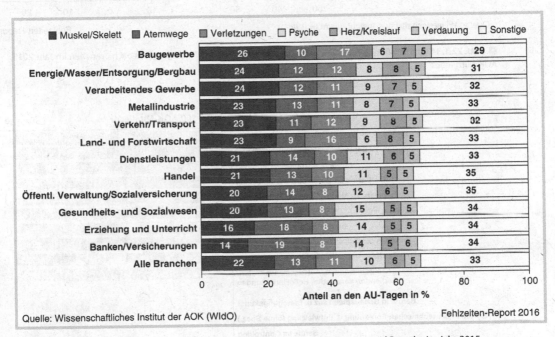

Quelle: Wissenschaftliches Institut der AOK (WIdO)

Fehlzeiten-Report 2016

⬛ Abb. 22.1.33 Arbeitsunfähigkeitstage der AOK-Mitglieder nach Krankheitsarten und Branche im Jahr 2015

22.1.15 Krankheitsarten nach Branchen

Bei der Verteilung der Krankheitsarten bestehen erhebliche Unterschiede zwischen den Branchen, die im Folgenden für die wichtigsten Krankheitsgruppen aufgezeigt werden.

▪ Muskel- und Skelett-Erkrankungen

Die Muskel- und Skelett-Erkrankungen verursachen in fast allen Branchen die meisten Fehltage (⬛ Abb.

22.1.33). Ihr Anteil an den Arbeitsunfähigkeitstagen bewegte sich im Jahr 2015 in den einzelnen Branchen zwischen 14 % bei Banken und Versicherungen und 26 % im Baugewerbe. In Wirtschaftszweigen mit überdurchschnittlich hohen Krankenständen sind häufig die muskuloskelettalen Erkrankungen besonders ausgeprägt und tragen wesentlich zu den erhöhten Fehlzeiten bei.

⬛ Abb. 22.1.34 zeigt die Anzahl und durchschnittliche Dauer der Krankmeldungen aufgrund von Mus-

22

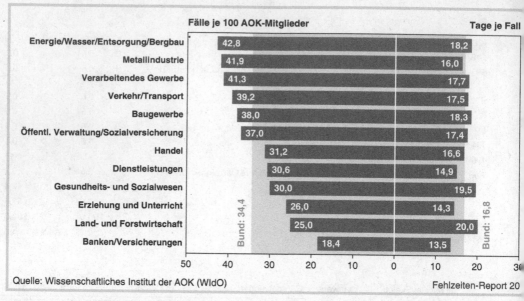

Fälle je 100 AOK-Mitglieder   **Tage je Fall**

Branche	Fälle je 100 AOK-Mitglieder	Tage je Fall
Energie/Wasser/Entsorgung/Bergbau	42,8	18,2
Metallindustrie	41,9	16,0
Verarbeitendes Gewerbe	41,3	17,7
Verkehr/Transport	39,2	17,5
Baugewerbe	38,0	18,3
Öffentl. Verwaltung/Sozialversicherung	37,0	17,4
Handel	31,2	16,6
Dienstleistungen	30,6	14,9
Gesundheits- und Sozialwesen	30,0	19,5
Erziehung und Unterricht	26,0	14,3
Land- und Forstwirtschaft	25,0	20,0
Banken/Versicherungen	18,4	13,5

Bund: 34,4   Bund: 16,8

Quelle: Wissenschaftliches Institut der AOK (WIdO)   Fehlzeiten-Report 20

◻ **Abb. 22.1.34** Krankheiten des Muskel- und Skelettsystems und des Bindegewebes nach Branchen im Jahr 2015, AOK-Mitglieder

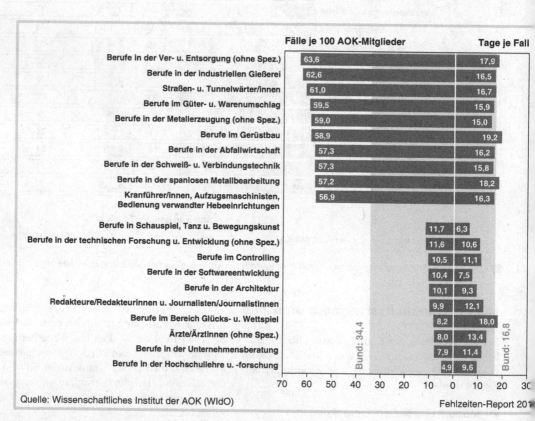

Fälle je 100 AOK-Mitglieder   **Tage je Fall**

Beruf	Fälle je 100 AOK-Mitglieder	Tage je Fall
Berufe in der Ver- u. Entsorgung (ohne Spez.)	63,6	17,9
Berufe in der industriellen Gießerei	62,6	16,5
Straßen- u. Tunnelwärter/innen	61,0	16,7
Berufe im Güter- u. Warenumschlag	59,5	15,9
Berufe in der Metallerzeugung (ohne Spez.)	59,0	15,0
Berufe im Gerüstbau	58,9	19,2
Berufe in der Abfallwirtschaft	57,3	16,2
Berufe in der Schweiß- u. Verbindungstechnik	57,3	15,8
Berufe in der spanlosen Metallbearbeitung	57,2	18,2
Kranführer/innen, Aufzugsmaschinisten, Bedienung verwandter Hebeeinrichtungen	56,9	16,3
Berufe in Schauspiel, Tanz u. Bewegungskunst	11,7	6,3
Berufe in der technischen Forschung u. Entwicklung (ohne Spez.)	11,6	10,6
Berufe im Controlling	10,5	11,1
Berufe in der Softwareentwicklung	10,4	7,5
Berufe in der Architektur	10,1	9,3
Redakteure/Redakteurinnen u. Journalisten/Journalistinnen	9,9	12,1
Berufe im Bereich Glücks- u. Wettspiel	8,2	18,0
Ärzte/Ärztinnen (ohne Spez.)	8,0	13,4
Berufe in der Unternehmensberatung	7,9	11,4
Berufe in der Hochschullehre u. -forschung	4,9	9,6

Bund: 34,4   Bund: 16,8

Quelle: Wissenschaftliches Institut der AOK (WIdO)   Fehlzeiten-Report 201

◻ **Abb. 22.1.35** Muskel- und Skelett-Erkrankungen nach Berufen im Jahr 2015, AOK-Mitglieder

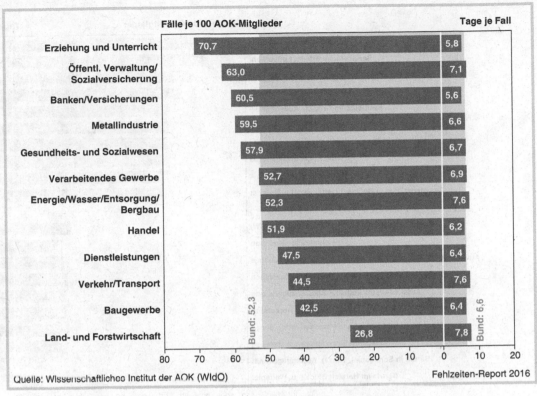

Fälle je 100 AOK-Mitglieder   **Tage je Fall**

Branche	Fälle je 100 AOK-Mitglieder	Tage je Fall
Erziehung und Unterricht	70,7	5,8
Öffentl. Verwaltung/Sozialversicherung	63,0	7,1
Banken/Versicherungen	60,5	5,6
Metallindustrie	59,5	6,6
Gesundheits- und Sozialwesen	57,9	6,7
Verarbeitendes Gewerbe	52,7	6,9
Energie/Wasser/Entsorgung/Bergbau	52,3	7,6
Handel	51,9	6,2
Dienstleistungen	47,5	6,4
Verkehr/Transport	44,5	7,6
Baugewerbe	42,5	6,4
Land- und Forstwirtschaft	26,8	7,8

Bund: 52,3   Bund: 6,6

Quelle: Wissenschaftliches Institut der AOK (WIdO)   Fehlzeiten-Report 2016

◘ **Abb. 22.1.36** Krankheiten des Atmungssystems nach Branchen im Jahr 2015, AOK-Mitglieder

kel- und Skelett-Erkrankungen in den einzelnen Branchen. Die meisten Arbeitsunfähigkeitsfälle waren im Bereich Energie, Wasser, Entsorgung und Bergbau zu verzeichnen, mehr als doppelt so viele wie bei den Banken und Versicherungen.

Die muskuloskelettalen Erkrankungen sind häufig mit langen Ausfallzeiten verbunden. Die mittlere Dauer der Krankmeldungen schwankte im Jahr 2015 in den einzelnen Branchen zwischen 13,5 Tagen bei Banken und Versicherungen und 20,0 Tagen in der Branche Land- und Forstwirtschaft. Im Branchendurchschnitt lag sie bei 16,8 Tagen.

◘ Abb. 22.1.35 zeigt die zehn Berufsgruppen mit hohen und niedrigen Fehlzeiten aufgrund von Muskel- und Skelett-Erkrankungen. Die meisten Arbeitsunfähigkeitsfälle sind bei den Berufen in der Ver- und Entsorgung zu verzeichnen, während Berufe in der Hochschullehre und -forschung vergleichsweise geringe Fehlzeiten aufgrund von Muskel- und Skelett-Erkrankungen aufweisen.

■ **Atemwegserkrankungen**

Die meisten Erkrankungsfälle aufgrund von Atemwegserkrankungen waren im Jahr 2015 im Bereich Erziehung und Unterricht zu verzeichnen (◘ Abb. 22.1.36). Überdurchschnittlich viele Fälle fielen unter anderem auch in der Öffentlichen Verwaltung, bei den Banken und Versicherungen sowie in der Metallindustrie an.

Aufgrund einer großen Anzahl an Bagatellfällen ist die durchschnittliche Erkrankungsdauer bei dieser Krankheitsart relativ gering. Im Branchendurchschnitt liegt sie bei 6,6 Tagen. In den einzelnen Branchen bewegte sie sich im Jahr 2015 zwischen 5,6 Tagen bei Banken und Versicherungen und 7,8 Tagen im Bereich Land- und Forstwirtschaft.

Der Anteil der Atemwegserkrankungen an den Arbeitsunfähigkeitstagen (◘ Abb. 22.1.33) ist bei den Banken und Versicherungen (19 %) am höchsten, in der Land- und Forstwirtschaft sowie dem Baugewerbe (9 bzw. 10 %) am niedrigsten.

In ◘ Abb. 22.1.37 sind die hohen und niedrigen Fehlzeiten aufgrund von Atemwegserkrankungen von zehn Berufsgruppen dargestellt. Spitzenreiter sind die Berufe im Dialogmarketing mit 109,7 Arbeitsunfähig-

22

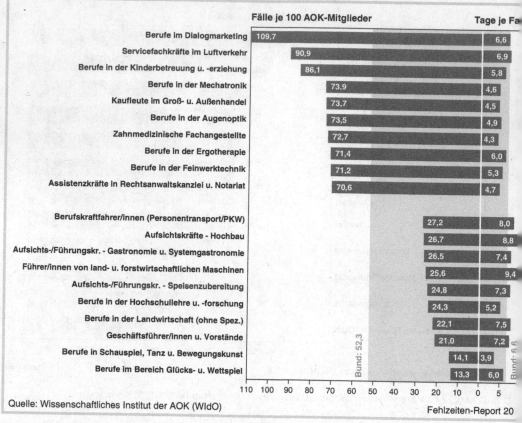

Fälle je 100 AOK-Mitglieder

Beruf	Fälle je 100 AOK-Mitglieder	Tage je Fall
Berufe im Dialogmarketing	109,7	6,6
Servicefachkräfte im Luftverkehr	90,9	6,9
Berufe in der Kinderbetreuung u. -erziehung	86,1	5,8
Berufe in der Mechatronik	73,9	4,6
Kaufleute im Groß- u. Außenhandel	73,7	4,5
Berufe in der Augenoptik	73,5	4,9
Zahnmedizinische Fachangestellte	72,7	4,3
Berufe in der Ergotherapie	71,4	6,0
Berufe in der Feinwerktechnik	71,2	5,3
Assistenzkräfte in Rechtsanwaltskanzlei u. Notariat	70,6	4,7
Berufskraftfahrer/innen (Personentransport/PKW)	27,2	8,0
Aufsichtskräfte - Hochbau	26,7	8,8
Aufsichts-/Führungskr. - Gastronomie u. Systemgastronomie	26,5	7,4
Führer/innen von land- u. forstwirtschaftlichen Maschinen	25,6	9,4
Aufsichts-/Führungskr. - Speisenzubereitung	24,8	7,3
Berufe in der Hochschullehre u. -forschung	24,3	5,2
Berufe in der Landwirtschaft (ohne Spez.)	22,1	7,5
Geschäftsführer/innen u. Vorstände	21,0	7,2
Berufe in Schauspiel, Tanz u. Bewegungskunst	14,1	3,9
Berufe im Bereich Glücks- u. Wettspiel	13,3	6,0

Bund: 52,3   Bund: 6,6

110 100 90 80 70 60 50 40 30 20 10 0   5

Quelle: Wissenschaftliches Institut der AOK (WIdO)

Fehlzeiten-Report 20

☐ Abb. 22.1.37 Krankheiten des Atmungssystems nach Berufen im Jahr 2015, AOK-Mitglieder

keitsfällen je 100 AOK-Mitglieder und einer vergleichsweise geringen Falldauer von 6,6 Tagen je Fall, während Führer/-innen von land- und forstwirtschaftlichen Maschinen im Vergleich zwar deutlich seltener an Atemwegserkrankungen leiden (25,6 Fälle je 100 Mitglieder), jedoch eine überdurchschnittliche Falldauer von 9,4 Tagen aufweisen.

▪ Verletzungen

Der Anteil der Verletzungen an den Arbeitsunfähigkeitstagen variiert sehr stark zwischen den einzelnen Branchen (☐ Abb. 22.1.33). Am höchsten ist er in Branchen mit vielen Arbeitsunfällen. Im Jahr 2015 bewegte er sich zwischen 8 % bei den Banken und Versicherungen, im Gesundheits- und Sozialwesen, in der Öffentlichen Verwaltung/Sozialversicherung sowie bei Erziehung und Unterricht und 17 % im Baugewerbe. Im Baugewerbe war die Zahl der Fälle mehr als doppelt so hoch wie bei Banken und Versicherungen (☐ Abb. 22.1.38). Die Dauer der verletzungsbedingten Krankmeldungen schwankte in den einzelnen Bran-

chen zwischen 14,5 Tagen bei Banken und Versi[c]rungen und 21,0 Tagen im Bereich der Land- [u] Forstwirtschaft. Die Unterschiede zeigen sich auch den Berufsgruppen (☐ Abb. 22.1.39).

Ein erheblicher Teil der Verletzungen ist auf [.] beitsunfälle zurückzuführen. In der Land- und Fo[r] wirtschaft gehen 50 % der Arbeitsunfähigkeitstage Arbeitsunfälle aufgrund von Verletzungen zurück. Baugewerbe, im Bereich Energie/Wasser/Entsorg[u] Bergbau und im Bereich Verkehr und Transport ge[h] bei den Verletzungen immerhin mehr als ein Dri[t] der Fehltage auf Arbeitsunfälle zurück (☐ Abb. 22.1.[] Am niedrigsten ist der Anteil der Arbeitsunfälle den Banken und Versicherungen. Dort beträg[t] lediglich 15,0 %.

▪ Erkrankungen der Verdauungsorgane

Auf Erkrankungen der Verdauungsorgane gingen Jahr 2015 in den einzelnen Branchen 5,0 % bis 6,[0] der Arbeitsunfähigkeitstage zurück (☐ Abb. 22.1.[] Die Unterschiede zwischen den Wirtschaftszweig[]

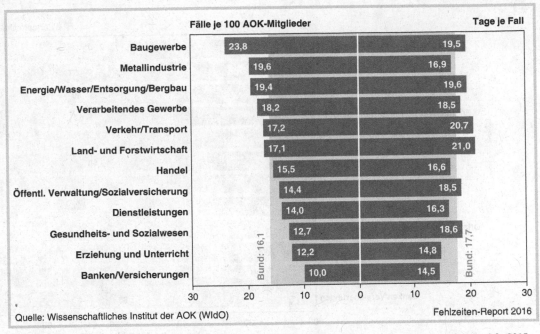

Abb. 22.1.38 Verletzungen, Vergiftungen und bestimmte andere Folgen äußerer Ursachen nach Branchen im Jahr 2015, AOK-Mitglieder

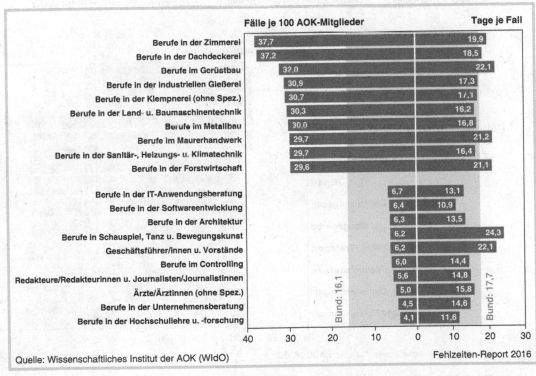

Abb. 22.1.39 Verletzungen, Vergiftungen und bestimmte andere Folgen äußerer Ursachen nach Berufen im Jahr 2015, AOK-Mitglieder

22

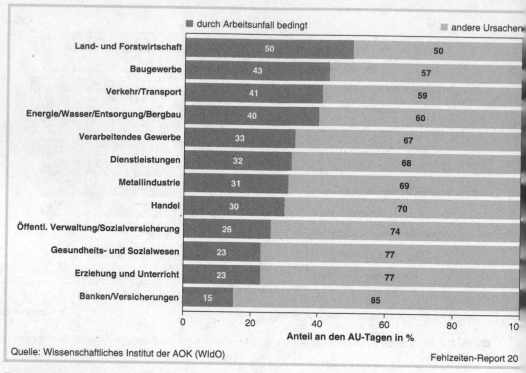

☐ **Abb. 22.1.40** Anteil der Arbeitsunfälle an den Verletzungen nach Branchen im Jahr 2015, AOK-Mitglieder

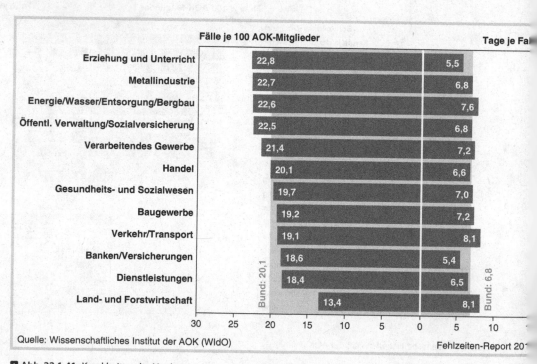

☐ **Abb. 22.1.41** Krankheiten des Verdauungssystems nach Branchen im Jahr 2015, AOK-Mitglieder

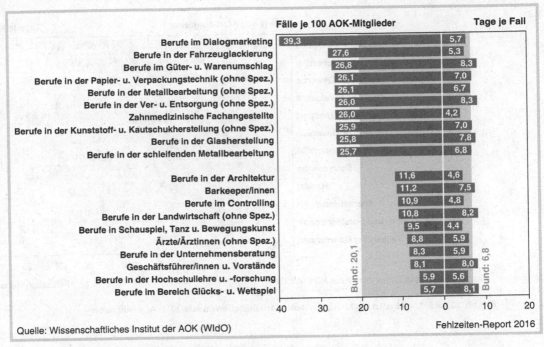

Abb. 22.1.42 Krankheiten des Verdauungssystems nach Berufen im Jahr 2015, AOK-Mitglieder

hinsichtlich der Zahl der Arbeitsunfähigkeitsfälle sind relativ gering. Die Branche Erziehung und Unterricht verzeichnet mit 22,8 Fällen je 100 Mitglieder eine vergleichsweise hohe Anzahl an Arbeitsunfähigkeitsfällen. Am niedrigsten war die Zahl der Arbeitsunfähigkeitsfälle im Bereich Land- und Forstwirtschaft mit 13,4 Fällen je 100 AOK-Mitglieder. Die Dauer der Fälle betrug im Branchendurchschnitt 6,8 Tage. In den einzelnen Branchen bewegte sie sich zwischen 5,4 und 8,1 Tagen (◻ Abb. 22.1.41).

Die Berufe mit den meisten Arbeitsunfähigkeitsfällen aufgrund von Erkrankungen des Verdauungssystems waren im Jahr 2015 Berufe im Dialogmarketing, die Gruppen mit den wenigsten Fällen waren Berufe im Bereich Glücks- und Wettspiel (◻ Abb. 22.1.42).

■ **Herz- und Kreislauf-Erkrankungen**

Der Anteil der Herz- und Kreislauf-Erkrankungen an den Arbeitsunfähigkeitstagen lag im Jahr 2015 in den einzelnen Branchen zwischen 5,0 % und 8,0 % (◻ Abb. 22.1.33). Die meisten Erkrankungsfälle waren im Bereich Energie, Wasser, Entsorgung und Bergbau, Öffentliche Verwaltung und Sozialversicherung sowie Verarbeitendes Gewerbe zu verzeichnen. Die niedrigsten Werte waren unter anderem bei den Beschäftigten im Bereich Banken und Versicherungen zu finden. Herz- und Kreislauf-Erkrankungen bringen oft lange

Ausfallzeiten mit sich. Die Dauer eines Erkrankungsfalls bewegte sich in den einzelnen Wirtschaftsbereichen zwischen 13,9 Tagen bei den Banken und Versicherungen und 24,6 Tagen in der Branche Verkehr und Transport (◻ Abb. 22.1.43).

◻ Abb. 22.1.44 stellt die hohen und niedrigen Fehlzeiten aufgrund von Erkrankungen des Herz- und Kreislaufsystems nach Berufen im Jahr 2015 dar. Die Berufsgruppe mit den meisten Arbeitsunfähigkeitsfällen sind Platz- u. Gerätewarte/-wartinnen. Die wenigsten AU-Fälle sind in der Berufsgruppe der Hochschullehre und -forschung zu verzeichnen. Mit 28,4 Tagen je Fall fallen Führer von Erdbewegungs- und verwandten Maschinen überdurchschnittlich lang aufgrund von Erkrankungen des Herz- und Kreislaufsystems aus.

■ **Psychische und Verhaltensstörungen**

Der Anteil der psychischen und Verhaltensstörungen an den krankheitsbedingten Fehlzeiten schwankte in den einzelnen Branchen erheblich. Die meisten Erkrankungsfälle sind im tertiären Sektor zu verzeichnen. Während im Baugewerbe und in der Land- und Forstwirtschaft nur 6 % der Arbeitsunfähigkeitsfälle auf psychische und Verhaltensstörungen zurückgingen, waren es bei Banken und Versicherungen und bei Erziehung und Unterricht 14 %. Mit 15 % ist der höchste Anteil an den AU-Fällen im Gesundheits- und

22

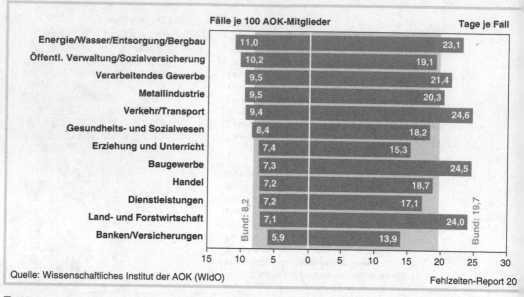

Abb. 22.1.43 Krankheiten des Kreislaufsystems nach Branchen im Jahr 2015, AOK-Mitglieder

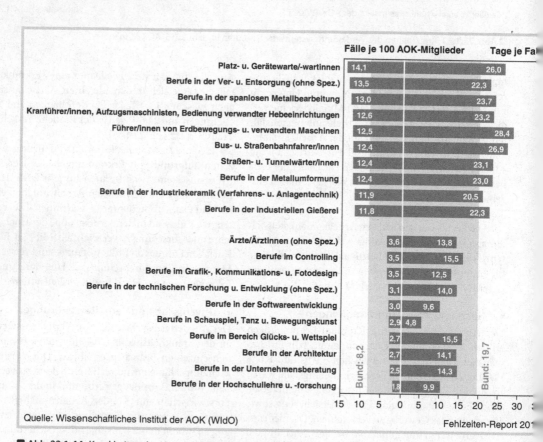

Abb. 22.1.44 Krankheiten des Herz- und Kreislaufsystems nach Berufen im Jahr 2015, AOK-Mitglieder

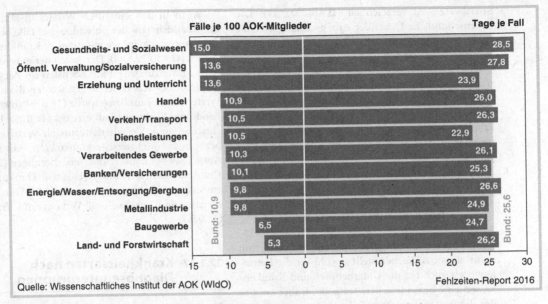

Abb. 22.1.45 Psychische und Verhaltensstörungen nach Branchen im Jahr 2015, AOK-Mitglieder

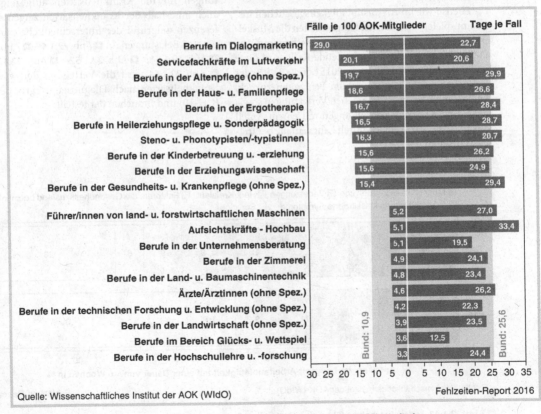

Abb. 22.1.46 Psychische und Verhaltensstörungen nach Berufen im Jahr 2015, AOK-Mitglieder

22

Sozialwesen zu verzeichnen (⬛ Abb. 22.1.33). Die durchschnittliche Dauer der Arbeitsunfähigkeitsfälle bewegte sich in den einzelnen Branchen zwischen 22,9 und 28,5 Tagen (⬛ Abb. 22.1.45).

Gerade im Dienstleistungsbereich tätige Personen, wie Beschäftigte im Dialogmarketing und Servicefachkräfte im Luftverkehr, sind verstärkt von psychischen Erkrankungen betroffen. Psychische Erkrankungen sind oftmals mit langen Ausfallzeiten verbunden: Im Schnitt fehlt ein Arbeitnehmer 25,6 Tage (⬛ Abb. 22.1.46).

22.1.16 Langzeitfälle nach Krankheitsarten

Langzeitarbeitsunfähigkeit mit einer Dauer von mehr als sechs Wochen stellt sowohl für die Betroffenen als auch für die Unternehmen und Krankenkassen eine besondere Belastung dar. Daher kommt der Prävention derjenigen Erkrankungen, die zu langen Ausfallzeiten führen, eine spezielle Bedeutung zu (⬛ Abb. 22.1.47).

Ebenso wie im Arbeitsunfähigkeitsgeschehen insgesamt spielen auch bei den Langzeitfällen die Muskel- und Skelett-Eerkrankungen und psychischen und Verhaltensstörungen eine entscheidende Rolle. Auf diese beiden Krankheitsarten gingen 2015 bereits 37,0 % der durch Langzeitfälle verursachten Fehlzeiten zurück. An dritter und vierter Stelle stehen Verletzungen sowie Herz- und Kreislauf-Erkrankungen mit einem Anteil von 12,0 bzw. 9,0 % an den durch Langzeitfälle bedingten Fehlzeiten.

Auch in den einzelnen Wirtschaftsabteilun... geht die Mehrzahl der durch Langzeitfälle beding... Arbeitsunfähigkeitstage auf die o. g. Krankheitsar... zurück (⬛ Abb. 22.1.48). Der Anteil der muskulosk... talen Erkrankungen ist am höchsten im Baugewe... (27,0 %). Bei den Verletzungen werden die höchs... Werte ebenfalls im Baugewerbe (18,0 %) sowie in... Land- und Forstwirtschaft erreicht (16,0 %). Die p... chischen und Verhaltensstörungen verursache... bezogen auf die Langzeiterkrankungen – die meis... Ausfalltage bei Banken und Versicherungen (24,0... Der Anteil der Herz- und Kreislauf-Erkrankungen... am ausgeprägtesten im Bereich Energie, Wasser, E... sorgung und Bergbau und Verkehr und Transp... (11,0 %).

22.1.17 Krankheitsarten nach Diagnoseuntergruppen

In ▶ Abschn. 22.1.15 wurde die Bedeutung der br... chenspezifischen Tätigkeitsschwerpunkte und -be... tungen für die Krankheitsarten aufgezeigt. D... auch innerhalb der Krankheitsarten zeigen sich I... ferenzen aufgrund der unterschiedlichen arbeits... dingten Belastungen. In ⬛ Abb. 22.1.49, ⬛ Abb. 22.1... ⬛ Abb. 22.1.51; ⬛ Abb. 22.1.52, ⬛ Abb. 22.1.53 u... ⬛ Abb. 22.1.54 wird die Verteilung der wichtigs... Krankheitsarten nach Diagnoseuntergruppen (n... ICD-10) und Branchen dargestellt.

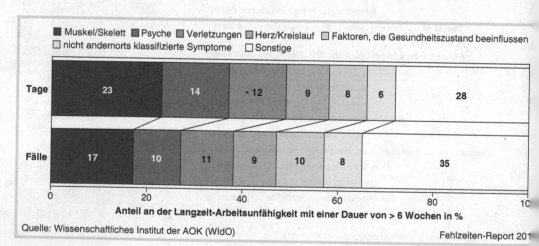

⬛ Abb. 22.1.47 Langzeit-Arbeitsunfähigkeit (> 6 Wochen) der AOK-Mitglieder nach Krankheitsarten im Jahr 2015

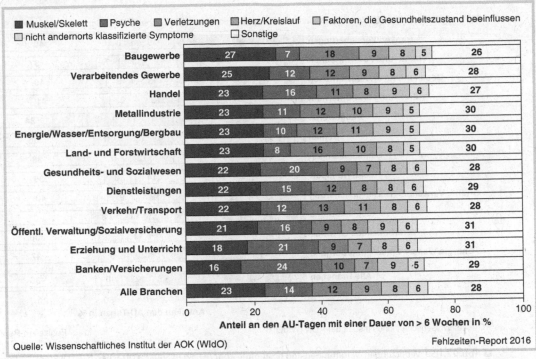

Quelle: Wissenschaftliches Institut der AOK (WIdO)

Fehlzeiten-Report 2016

◗ Abb. 22.1.48 Langzeit-Arbeitsunfähigkeit (> 6 Wochen) der AOK-Mitglieder nach Krankheitsarten und Branchen im Jahr 2015

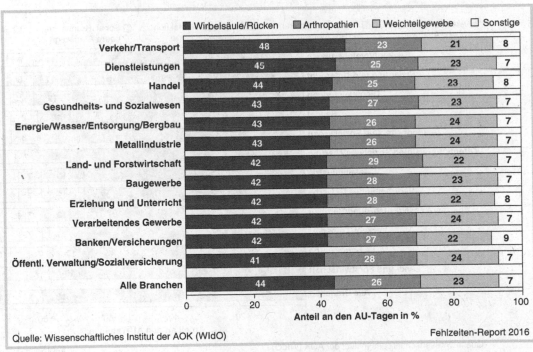

Quelle: Wissenschaftliches Institut der AOK (WIdO)

Fehlzeiten-Report 2016

◗ Abb. 22.1.49 Krankheiten des Muskel- und Skelettsystems und Bindegewebserkrankungen nach Diagnoseuntergruppen und Branchen im Jahr 2015, AOK-Mitglieder

22

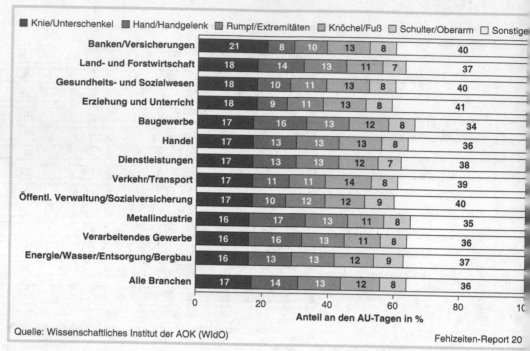

Quelle: Wissenschaftliches Institut der AOK (WIdO)

Fehlzeiten-Report 20

Abb. 22.1.50 Verletzungen, Vergiftungen und bestimmte andere Folgen äußerer Ursachen nach Diagnoseuntergruppe und Branchen im Jahr 2015, AOK-Mitglieder

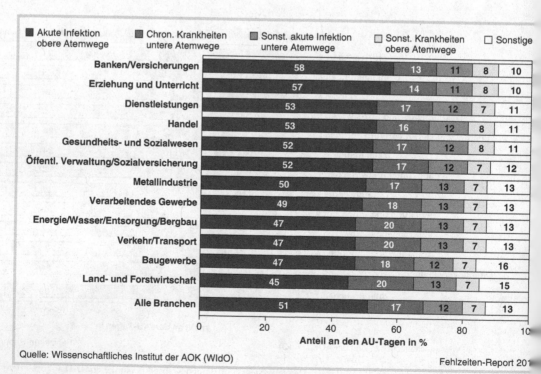

Quelle: Wissenschaftliches Institut der AOK (WIdO)

Fehlzeiten-Report 201

Abb. 22.1.51 Krankheiten des Atmungssystems nach Diagnoseuntergruppen und Branchen im Jahr 2015, AOK-Mitglie

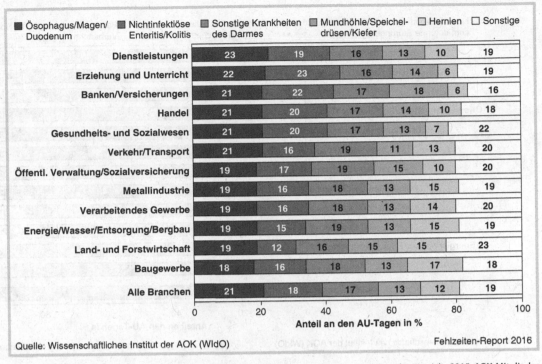

Quelle: Wissenschaftliches Institut der AOK (WIdO)

Fehlzeiten-Report 2016

◼ **Abb. 22.1.52** Krankheiten des Verdauungssystems nach Diagnoseuntergruppen und Branchen im Jahr 2015, AOK-Mitglieder

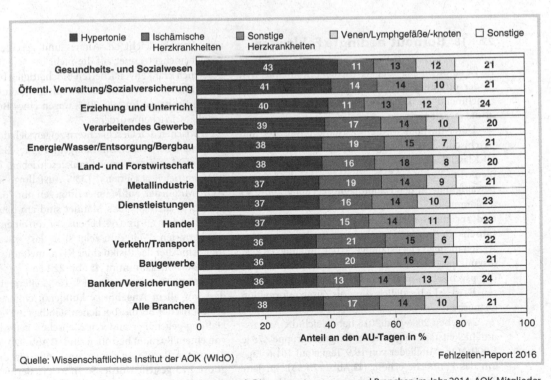

Quelle: Wissenschaftliches Institut der AOK (WIdO)

Fehlzeiten-Report 2016

◼ **Abb. 22.1.53** Krankheiten des Kreislaufsystems nach Diagnoseuntergruppen und Branchen im Jahr 2014, AOK-Mitglieder

22

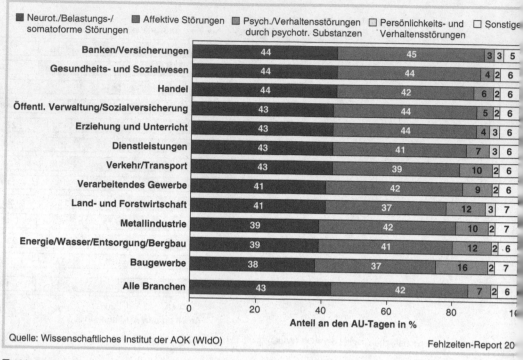

■ Neurot./Belastungs-/   ■ Affektive Störungen   ■ Psych./Verhaltensstörungen   □ Persönlichkeits- und   □ Sonstige
somatoforme Störungen   durch psychotr. Substanzen   Verhaltensstörungen

Branche	Neurot.	Affektive	Psychotr.	Persönl.	Sonstige
Banken/Versicherungen	44	45	3	3	5
Gesundheits- und Sozialwesen	44	44	4	2	6
Handel	44	42	6	2	6
Öffentl. Verwaltung/Sozialversicherung	43	44	5	2	6
Erziehung und Unterricht	43	44	4	3	6
Dienstleistungen	43	41	7	3	6
Verkehr/Transport	43	39	10	2	6
Verarbeitendes Gewerbe	41	42	9	2	6
Land- und Forstwirtschaft	41	37	12	3	7
Metallindustrie	39	42	10	2	7
Energie/Wasser/Entsorgung/Bergbau	39	41	12	2	6
Baugewerbe	38	37	16	2	7
Alle Branchen	43	42	7	2	6

Anteil an den AU-Tagen in %

Quelle: Wissenschaftliches Institut der AOK (WIdO)   Fehlzeiten-Report 20

■ Abb. 22.1.54 Psychische und Verhaltensstörungen nach Diagnoseuntergruppen und Branchen im Jahr 2015,
AOK-Mitglieder

22.1.18 Burnout-bedingte Fehlzeiten

Im Zusammenhang mit psychischen Erkrankungen ist in der öffentlichen Wahrnehmung und Diskussion zunehmend die Diagnose Burnout in den Vordergrund getreten.

Unter Burnout wird ein Zustand physischer und psychischer Erschöpfung verstanden, der in der ICD-10-Klassifikation unter der Diagnosegruppe Z73 »Probleme mit Bezug auf Schwierigkeiten bei der Lebensbewältigung« in der Hauptdiagnosegruppe Z00–Z99 »Faktoren, die den Gesundheitszustand beeinflussen und zur Inanspruchnahme des Gesundheitswesens führen« eingeordnet ist. Burnout ist daher von den Ärzten nicht als eigenständige Arbeitsunfähigkeit auslösende psychische Erkrankung in der ICD-Gruppe der psychischen und Verhaltensstörungen zu kodieren. Es ist jedoch möglich, diese als Zusatzinformation anzugeben.

Zwischen 2006 und 2015 haben sich die Arbeitsunfähigkeitstage aufgrund der Diagnosegruppe Z73 je 1.000 AOK-Mitglieder von 19,9 Tagen auf 101,6 Tage um das Fünffache erhöht (■ Abb. 22.1.55). Im Jahr 2015 stiegen die Arbeitsunfähigkeitstage im Vergleich

zum Vorjahr leicht an. Alters- und geschlechts reinigt hochgerechnet auf die mehr als 36 Millio gesetzlich krankenversicherten Beschäftigten bedet dies, dass ca. 145.000 Menschen mit insgesamt 3 M lionen Fehltagen im Jahr 2015 wegen eines Burno krankgeschrieben wurden.

Zwischen den Geschlechtern zeigen sich deutli Unterschiede: Frauen sind aufgrund eines Burno mehr als doppelt so lange krankgeschrieben. Im J 2015 entfielen auf Frauen 133,5 Ausfalltage je 1.0 AOK-Mitglieder, auf Männer hingegen nur 76,8 Ta Sowohl Frauen als auch Männer sind am häufigs zwischen dem 60. und 64. Lebensjahr von einem Bu out betroffen. Weiterhin zeigt sich, dass mit zune mendem Alter das Risiko einer Krankmeldung info eines Burnouts zunimmt (■ Abb. 22.1.56).

Bei den Auswertungen nach Tätigkeiten zeigt si dass vor allem Angehörige kundenorientierter u erzieherischer Berufe, bei denen ständig eine helfer Haltung gegenüber anderen Menschen gefordert von einem Burnout betroffen sind. ■ Abb. 22.1.57 ze diejenigen Berufe, in denen am häufigsten die D gnose Z73 gestellt wurde. So führt die Berufsgru der Aufsichts- und Führungskräfte in der Gesu

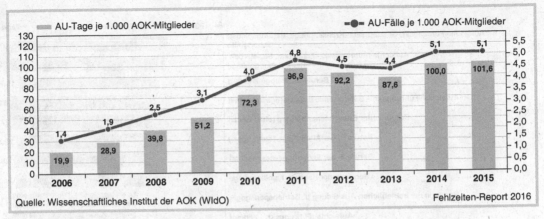

Quelle: Wissenschaftliches Institut der AOK (WIdO)

Fehlzeiten-Report 2016

☐ **Abb. 22.1.55** AU-Tage und -Fälle der Diagnosegruppe Z73 in den Jahren 2006–2015 je 1.000 AOK-Mitglieder

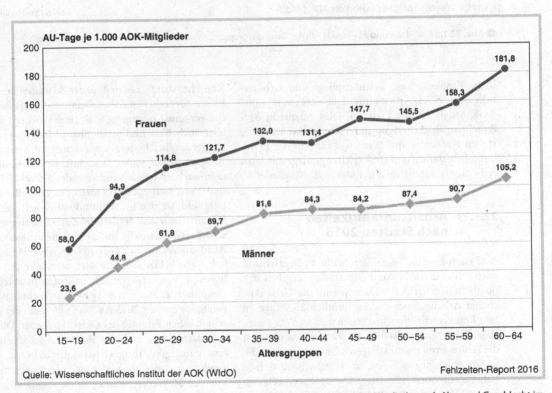

Quelle: Wissenschaftliches Institut der AOK (WIdO)

Fehlzeiten-Report 2016

☐ **Abb. 22.1.56** Tage der Arbeitsunfähigkeit der Diagnosegruppe Z73 je 1.000 AOK-Mitglieder nach Alter und Geschlecht im Jahr 2015

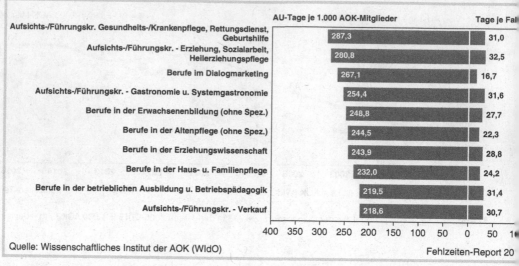

AU-Tage je 1.000 AOK-Mitglieder   Tage je Fall

Beruf	AU-Tage	Tage je Fall
Aufsichts-/Führungskr. Gesundheits-/Krankenpflege, Rettungsdienst, Geburtshilfe	287,3	31,0
Aufsichts-/Führungskr. - Erziehung, Sozialarbeit, Heilerziehungspflege	280,8	32,5
Berufe im Dialogmarketing	267,1	16,7
Aufsichts-/Führungskr. - Gastronomie u. Systemgastronomie	254,4	31,6
Berufe in der Erwachsenenbildung (ohne Spez.)	248,8	27,7
Berufe in der Altenpflege (ohne Spez.)	244,5	22,3
Berufe in der Erziehungswissenschaft	243,9	28,8
Berufe in der Haus- u. Familienpflege	232,0	24,2
Berufe in der betrieblichen Ausbildung u. Betriebspädagogik	219,5	31,4
Aufsichts-/Führungskr. - Verkauf	218,6	30,7

Quelle: Wissenschaftliches Institut der AOK (WIdO)   Fehlzeiten-Report 20

🔲 **Abb. 22.1.57** AU-Tage und AU-Tage je Fall der Diagnosegruppe Z73 nach Berufen im Jahr 2015, AOK-Mitglieder

heits-/Krankenpflege, Rettungspflege und Geburtshilfe mit 287,3 Arbeitsunfähigkeitstagen je 1.000 AOK-Mitglieder die Liste an. Dies entspricht 31,0 Arbeitsunfähigkeitstagen pro Fall. An zweiter Stelle stehen Aufsichts- und Führungskräfte in der Erziehung, Sozialarbeit und Heilerziehungspflege mit 280,8 Arbeitsunfähigkeitstagen je 1.000 AOK-Mitglieder.

22.1.19 Arbeitsunfähigkeiten nach Städten 2015

Analysiert man die 50 größten Städte in Deutschland nach Dauer der Arbeitsunfähigkeitstage, ergeben sich deutliche Unterschiede. Danach sind die Gelsenkirchener Arbeitnehmer durchschnittlich 25,5 Tage im Jahr krankgeschrieben und liegen damit an der Spitze aller deutschen Großstädte. Im Vergleich sind damit die Fehltage von erwerbstätigen AOK-Mitgliedern, die in Gelsenkirchen wohnen, im Durchschnitt 6 Tage höher als im Bund (19,5 Tage). Die wenigsten Fehltage haben Münchener Beschäftigte: Diese sind 2015 im Durchschnitt durchschnittlich 11,2 Tage weniger krankheitsbedingt am Arbeitsplatz ausgefallen als die Gelsenkirchener und erreichen nur 14,3 Fehltage (🔲 Abb. 22.1.58).

Die Anzahl der Fehltage ist abhängig von einer Vielzahl von Faktoren. Nicht nur die Art der Krankheit, sondern auch das Alter, das Geschlecht, die Branchenzugehörigkeit und vor allem die ausgeübte Tätigkeit der Beschäftigten haben einen Einfluss auf die

Krankheitshäufigkeit und -dauer. So weisen Berufe hohen körperlichen Arbeitsbelastungen wie Beruf der Ver- und Entsorgung, in der industriellen Gieße aber auch Bus- und Straßenbahnfahrer oder Alt pfleger deutlich höhere Ausfallzeiten auf. Setzt sich Belegschaft aus mehr Akademikern zusammen, dann auch noch insbesondere in den Branchen Bank und Versicherungen, Handel oder Dienstleistung tätig sind, werden im Schnitt deutlich geringere A fallzeiten erreicht. In diesem Zusammenhang ist sehen, dass klassische Industriestädte mit geringer Akademikeranteil wie Gelsenkirchen und Herne de lich mehr Fehlzeiten aufweisen als Städte mit ein höheren Akademikeranteil. So liegen beispielswe Bewohner der Stadt Freiburg mit durchschnittlich 1 Fehltagen im Jahr 2015 9,9 Tage unterhalb der dur schnittlichen Fehltage der Gelsenkirchener. Dies li u. a. daran, dass Freiburg als Wissenschaftsstand eine günstigere Tätigkeitsstruktur aufweist, ins sondere was die körperlichen Belastungen betri Von den 50 größten Städten in Deutschland arbei hier beispielsweise die meisten Hochschullehrer u Dozenten und dies ist die Berufsgruppe mit den ringsten Arbeitsunfähigkeitstagen überhaupt (🔲 A 22.1.19). Auch arbeiten in Freiburg vergleichswe weniger Beschäftigte im verarbeitenden und Bau werbe als bspw. in Gelsenkirchen. Dies sind Branch in denen Beschäftigte körperlich stärker beanspru werden und damit auch eher krankheitsbedingt a fallen. Ähnlich sieht es in München, der Stadt mit c geringsten Fehlzeiten, aus. Dort arbeiten bspw. f

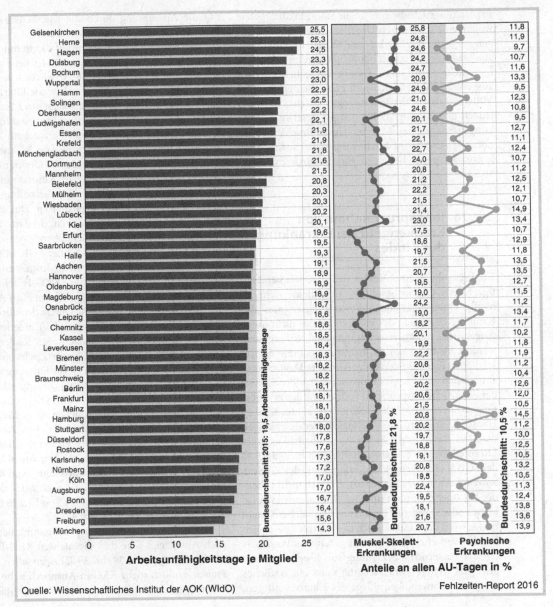

◘ Abb. 22.1.58 Arbeitsunfähigkeitstage je AOK-Mitglied 2015 in den 50 größten deutschen Städten

dreimal so viele Beschäftigte in der Branche Banken und Versicherungen und deutlich weniger im Baugewerbe als in Gelsenkirchen. Auch ist der Akademikeranteil der Beschäftigten in München besonders hoch: Von den größten deutschen Städten hat München mit 28,5 % gefolgt von Stuttgart (26,9 %) den höchsten Akademikeranteil unter den Beschäftigten. In Gelsenkirchen liegt der Anteil bei nur 9,3 % (vgl. HWWI/ Berenberg-Städteranking 2015).

Unterschiede zwischen den Städten zeigen sich bei den Gründen einer Arbeitsunfähigkeit. In Gelsenkirchen, dem Spitzenreiter nach Fehlzeiten, entfallen vergleichsweise nur 11,8 % der Arbeitsunfähigkeitstage auf psychische Erkrankungen. Hier sind vor allem Muskel- und Skelett-Erkrankungen ein häufiger Grund für Fehltage. Auf diese Erkrankungsart entfallen in Gelsenkirchen ein Viertel aller Fehltage (25,8 %) und damit mehr als doppelt so viele als auf psychische

22

Erkrankungen. Insbesondere die Städte im Ruhrgebiet weisen einen überdurchschnittlichen Anteil an Fehltagen aufgrund von Muskel- und Skelett-Erkrankungen aus, was als ein Hinweis betrachtet werden kann, dass hier mehr Berufe mit schwerer körperlicher Arbeit ausgeübt werden. Gleichwohl Lübeck einen Platz im Mittelfeld des Fehlzeitenrankings aufweist, wird hier jedoch der Spitzenplatz bei den psychischen Erkrankungen belegt: Jeder siebte Fehltag der Beschäftigten in Lübeck (14,9 %) wird durch eine psychische Krankheit begründet, gegenüber einem Bundesdurchschnitt von 10,5 %.

22.1.20 Inanspruchnahme von Krankengeld bei Erkrankung des Kindes

Die Erkrankung eines Kindes stellt für viele berufstätige Eltern und insbesondere für Alleinerziehende häufig einen belastenden Versorgungsengpass dar. Kann die Betreuung des kranken Kindes nicht durch Angehörige oder Betreuungspersonal sichergestellt werden, bleibt oft nur die Inanspruchnahme der gesetzlichen Freistellung von der Arbeit. In Deutschland, sowie auch in anderen europäischen Ländern, bietet der gesetzliche Anspruch auf Freistellung den erwerbstätigen Eltern die Möglichkeit, ihr erkranktes Kind zu Hause zu versorgen, ohne finanzielle Verluste zu erleiden. Die Basis für die Freistellungsmöglichkeit eines Elternteils bei der Erkrankung eines Kindes bildet § 45 des SGB V (Krankengeld bei Erkrankung des Kindes). Soweit das Kind das 12. Lebensjahr noch nicht vollendet hat oder behindert und auf Hilfe angewiesen ist, keine andere pflegende Person im Haushalt bereit steht und sowohl das Kind als auch das Elternteil gesetzlich krankenversichert sind, besteht seitens des Versicherten der Anspruch auf Zahlung von Kinderkrankengeld. Als weitere Voraussetzung muss ein ärztliches Attest zur notwendigen Pflege des Kindes vorliegen.

Für die Auszahlung durch die Krankenkasse m zudem ein Antrag ausgefüllt werden.

Der gesetzliche Anspruch auf die Befreiung zehn Arbeitstagen kann für jedes Kind geltend gema werden – maximal bis zu 25 Arbeitstage je Elte teil und Kalenderjahr. Alleinerziehende Eltern ha einen Anspruch von 20 Arbeitstagen pro Kind, wo 50 Arbeitstage nicht überschritten werden dürfen. schwerstkranke Kinder, die nach ärztlichem Zeug nur noch eine Lebenserwartung von Wochen o wenigen Monaten haben, ist das Kinderkrankeng zeitlich unbegrenzt. Die Höhe des Kinderkranken des beträgt nach § 45 SGB V 70 % des beitragspfli tigen Arbeitsentgelts des Versicherten. Das aus d Arbeitsentgelt berechnete Krankengeld darf 70 % Beitragsbemessungsgrenze nicht übersteigen.

Im Jahr 2015 nahmen 2,4 % aller AOK-Mitglie Kinderkrankengeld in Anspruch. Insgesamt wa 548.665 Kinderkrankengeldfälle (KKG-Fälle) zu v zeichnen. Der Anteil der KKG-Fälle an allen Arbe unfähigkeitsfällen betrug 3,5 %. Durchschnittlich fel jedes erwerbstätige AOK-Mitglied, das Kinderkrank geld in Anspruch genommen hat, wegen der Betreu seines erkrankten Kindes 2,4 Kalendertage. Insofern v den die gesetzlich zustehenden Freistellungstage von e erwerbstätigen Eltern bei Weitem nicht ausgeschöpf

Männer nehmen weniger häufig KKG in Anspr als Frauen: 1,2 % aller männlichen AOK-Mitglie haben 2015 mindestens einmal KKG in Anspr genommen, bei den Frauen waren es mit 4,0 % m als dreimal so viele (◻ Tab. 22.1.8). Der Anteil bei k den Geschlechtern mit Inanspruchnahme von KKG im 10-Jahres-Vergleich (von 2006 nach 2015) deutl angestiegen: bei Männern von 0,4 % auf 1,2 % im J 2015, bei Frauen von 2,4 % auf 4,0 %.

Betrachtet man die Inanspruchnahme des K nach Alter, zeigt sich, dass die meisten KKG-Fälle die Altersgruppe der 30- bis 39-Jährigen fallen, wo Frauen deutlich mehr KKG in Anspruch nehmen Männer. In der Altersgruppe der 35- bis 39-Jähri

◻ **Tab. 22.1.8** Krankenstandskennzahlen der AOK-Mitglieder zum Kinderkrankengeld im Jahr 2015

Geschlecht	AOK-Mitglieder mit mind. 1 KKG-Fall	Anteil an allen AOK-Mitgliedern	Anteil der KKG-Fälle an allen AU-Fällen	Anteil der KKG-Tage an allen AU-Tagen	KKG-Fälle: Tage je Fall	AU-Fälle je 100 Mitglieder*	AU-Tage je 100 Mitglieder
Männer	78.380	1,2	1,5	0,3	2,4	2,5	6,0
Frauen	205.904	4,0	5,8	1,3	2,4	10,6	25,5
Gesamt	284.284	2,4	3,5	0,7	2,4	6,1	14,6

* ganzjährig versichert

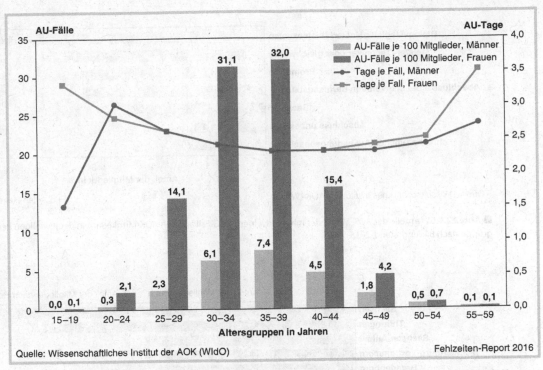

Quelle: Wissenschaftliches Institut der AOK (WIdO)

Fehlzeiten-Report 2016

◘ **Abb. 22.1.59** Kinderkrankengeldfälle nach Anzahl und Dauer der Arbeitsunfähigkeit, AOK-Mitglieder 2015 nach Altersgruppen

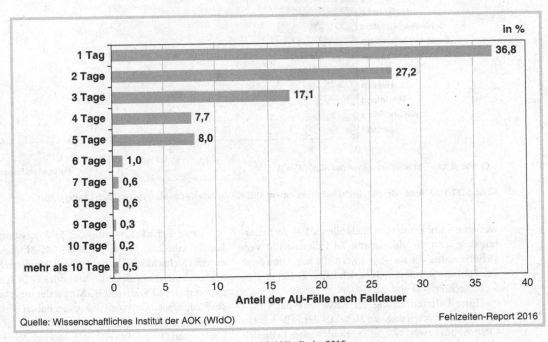

Quelle: Wissenschaftliches Institut der AOK (WIdO)

Fehlzeiten-Report 2016

◘ **Abb. 22.1.60** Kinderkrankengeldfälle nach der Dauer, AOK-Mitglieder 2015

22

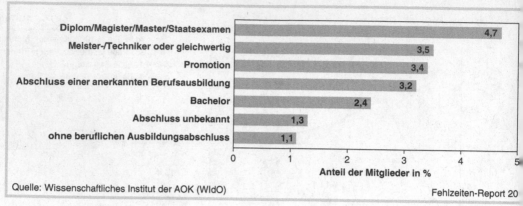

Quelle: Wissenschaftliches Institut der AOK (WIdO)

Fehlzeiten-Report 20

☐ **Abb. 22.1.61** Anteile der AOK-Mitglieder mit mind. einem KKG-Fall an allen AOK-Mitgliedern in der jeweiligen Persone gruppe nach Bildungsstand, 2015

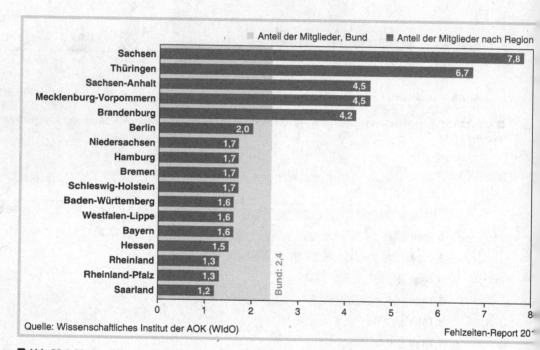

Quelle: Wissenschaftliches Institut der AOK (WIdO)

Fehlzeiten-Report 20

☐ **Abb. 22.1.62** Anteil der Mitglieder mit mind. einem KKG-Fall an allen AOK-Mitgliedern nach Ländern 2015

weisen sowohl Frauen mit 32,0 Fällen je 100 Versichertenjahre als auch Männer mit 7,4 Fällen je 100 Versichertenjahre die meisten KKG-Fälle auf. Die Länge der Fehlzeiten unterscheidet sich kaum zwischen den Geschlechtern (☐ Abb. 22.1.59).

Eine Differenzierung der KKG-Fälle nach Falldauerklassen zeigt, dass die Mehrheit der Fälle nur ein (36,8 %) oder zwei (27,2 %) Tage andauerten. Lediglich 3,2 % aller KKG-Fälle erstreckten sich über mehr als 5 Tage (☐ Abb. 22.1.60).

Unter Berücksichtigung des Bildungsstandes ben im Jahr 2015 am häufigsten AOK-Mitglieder einem Hochschulabschluss (Diplom/Magister/Mas Staatsexamen) mindestens einmal KKG in Anspr genommen (4,7 % aller AOK-Mitglieder innerhalb ses Bildungsstandes). Am wenigsten haben Beschäf te ohne berufliche Ausbildung das KKG in Anspr genommen (1,1 %). Es zeigt sich, dass mit der Höhe Ausbildungsabschlusses die Inanspruchnahme KKG steigt (☐ Abb. 22.1.61).

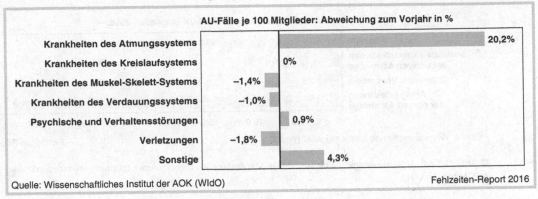

AU-Fälle je 100 Mitglieder: Abweichung zum Vorjahr in %

Krankheiten des Atmungssystems	20,2%
Krankheiten des Kreislaufsystems	0%
Krankheiten des Muskel-Skelett-Systems	–1,4%
Krankheiten des Verdauungssystems	–1,0%
Psychische und Verhaltensstörungen	0,9%
Verletzungen	–1,8%
Sonstige	4,3%

Quelle: Wissenschaftliches Institut der AOK (WIdO) Fehlzeiten-Report 2016

◘ Abb. 22.1.63 Arbeitsunfähigkeitsfälle je 100 AOK-Mitglieder nach Krankheitsarten im Jahr 2015 im Vergleich zum Vorjahr: Abweichung in %

Wenn man den Anteil der Mitglieder mit Inanspruchnahme von KKG in Bezug zur gesamten AOK-Mitgliederschaft des jeweiligen Landes in Bezug setzt, zeigt sich, dass besonders Versicherte aus Ostdeutschland die Möglichkeit zur Betreuung des kranken Kindes in Anspruch nehmen. Die Werte für die KKG-Inanspruchnahme lagen mit 7,8 % in Sachsen und mit 6,7 % in Thüringen besonders hoch und damit deutlich über dem Bundesdurchschnitt und den Anteilswerten in Westdeutschland (◘ Abb. 22.1.62). Dies könnte unter anderem damit zusammenhängen, dass Mütter in den neuen Bundesländern früher in den Beruf zurückkehren als in den alten Bundesländern und auch insgesamt etwas häufiger erwerbstätig sind (69,0 %) als Mütter in Westdeutschland (66,0 %) (Bundesministerium für Familie, Senioren, Frauen und Jugend 2014).

22.1.21 Erkältungswelle verantwortlich für steigenden Krankenstand

Als Treiber des Anstiegs des Krankenstandes im Jahr 2015 zeigen sich vor allem Erkrankungen der Atemwege. Betrachtet man die Arbeitsunfähigkeitsfälle bei den wichtigsten Krankheitsarten, so steigen diese im Vergleich zum Vorjahr mit 20,2 % am deutlichsten an. Neben sonstigen Erkrankungen sind nur noch die psychischen Erkrankungen im Vergleich zum Vorjahr um 0,9 % angestiegen, während alle anderen Krankheitsarten nach Fallzahlen rückläufig waren (◘ Abb. 22.1.63).

Bei den Atemwegserkrankungen gab es besonders viele akute Infektionen der oberen Atemwege (ICD

J00–J06): Hierunter fällt vor allem die klassische Erkältung. Als Erkältung wird eine Erkrankung bezeichnet, die von Husten, Schnupfen, Fieber, Kopf- und Gliederschmerzen begleitet wird, in der Regel harmlos ist und im Durchschnitt bei den AOK-Mitgliedern 5,7 Tage dauert. Erkältungen kamen im Jahr 2015 häufig vor: Sie belegen nach Fallhäufigkeit mit 14,1 % an allen Diagnoseuntergruppen den ersten Platz. War 2014 mehr als jedes vierte AOK-Mitglied (28,2 Arbeitsunfähigkeitsfälle je 100 Versichertenjahre) mit einer Diagnose aus der Krankheitsgruppe der akuten Infektionen der oberen Atemwege erkrankt, so war 2015 mehr als jeder Dritte (34,9 Arbeitsunfähigkeitsfälle je 100 Versichertenjahre) betroffen (◘ Abb. 22.1.64). Dies entspricht einer Steigerung um 23,5 Prozent. Die Fallzahlen sind höher als jemals in den vergangenen zehn Jahren und übersteigen selbst die der Erkältungswelle des Jahres 2013.

Der saisonale Verlauf der Erkältung zeigt, dass in den Monaten Januar bis April des Jahres 2015 weit überdurchschnittlich viele akute erkältungsbedingte Krankheiten zu Arbeitsunfähigkeiten führten. Die Anzahl der erkältungsbedingten Krankschreibungen war im Februar besonders hoch und lag in diesem Monat 80 % über dem durchschnittlichen Wert der zehn Vorjahre (◘ Abb. 22.1.65).

Arbeitnehmer mit Berufen, bei denen viel Kontakt mit Menschen besteht, beispielsweise aufgrund des Arbeitsplatzes in einem Großraumbüro oder durch viele Kundenkontakte, scheinen besonders gefährdet zu sein. So waren Berufe im Dialogmarketing mit durchschnittlich 4,9 Fehltagen pro Mitglied sowie in der Kinderbetreuung und -erziehung mit 3,2 Fehltagen pro Mitglied auffallend oft von akuten Erkältungskrankheiten betroffen (◘ Tab. 22.1.9).

22

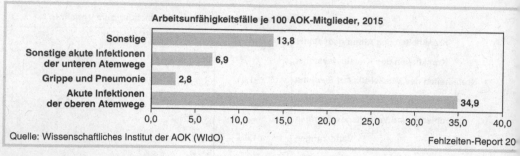

Arbeitsunfähigkeitsfälle je 100 AOK-Mitglieder, 2015

Quelle: Wissenschaftliches Institut der AOK (WIdO)

Fehlzeiten-Report 20

☐ **Abb. 22.1.64** Arbeitsunfähigkeitsfälle je 100 AOK-Mitglieder nach Diagnoseuntergruppen, Atemwegserkrankungen, AOK-Mitglieder 2015

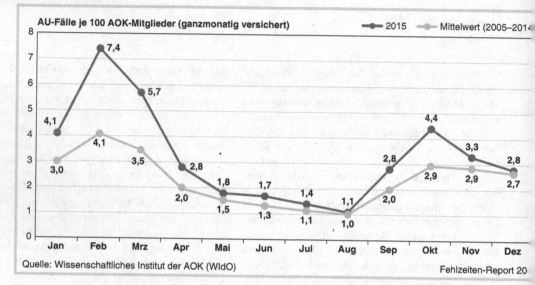

Quelle: Wissenschaftliches Institut der AOK (WIdO)

Fehlzeiten-Report 20

☐ **Abb. 22.1.65** Arbeitsunfähigkeitsfälle je 100 Mitglieder im Jahresverlauf 2015 im Vergleich zum Durchschnitt der zehn Vorjahre (2005–2014), Akute Infektionen der oberen Atemwege (ICD J00-J06), AOK-Mitglieder

☐ **Tab. 22.1.9** Akute Infektionen der oberen Atemwege (ICD J00-J06) bei den am stärksten betroffenen Berufen (Top 10 AOK-Mitglieder 2015

Bedeutung	Arbeitsunfähig-keitstage je 100 Mitglieder	Arbeitsunfähig-keitsfälle je 100 Mitglieder	Tage je Fall
Berufe im Dialogmarketing	489,0	79,7	6,1
Berufe in der Kinderbetreuung und -erziehung	323,2	61,0	5,3
Kaufleute im Groß- und Außenhandel	224,7	53,4	4,2
Zahnmedizinische Fachangestellte	211,0	52,6	4,0
Assistenzkräfte in Rechtsanwaltskanzlei und Notariat	225,2	51,3	4,4
Berufe in der Sozialverwaltung und -versicherung	289,0	48,9	5,9
Berufe in der Informations- und Telekommunikationstechnik	236,1	46,4	5,1
Berufe in der elektrischen Betriebstechnik	219,2	45,3	4,8
Berufe in der spanenden Metallbearbeitung	235,5	45,2	5,2
Bankkaufleute	225,3	45,2	5,0

Fehlzeiten-Report 20

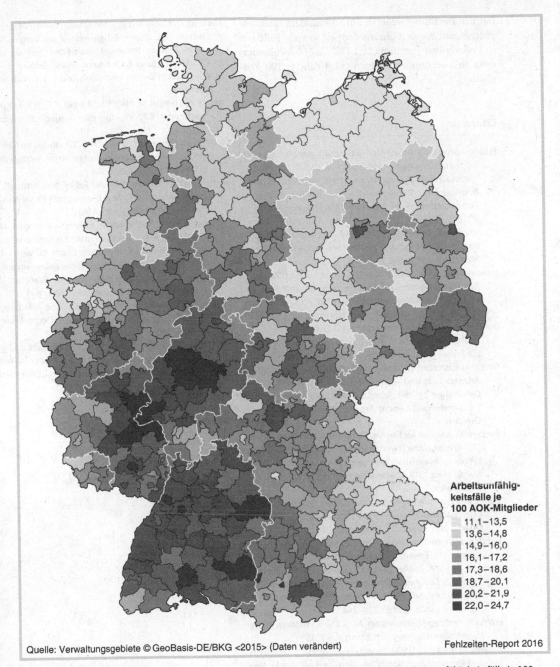

Arbeitsunfähigkeitsfälle je
100 AOK-Mitglieder

- 11,1–13,5
- 13,6–14,8
- 14,9–16,0
- 16,1–17,2
- 17,3–18,6
- 18,7–20,1
- 20,2–21,9
- 22,0–24,7

Quelle: Verwaltungsgebiete © GeoBasis-DE/BKG <2015> (Daten verändert)   Fehlzeiten-Report 2016

◨ **Abb. 22.1.66** Akute Infektionen der oberen Atemwege (ICD J00-J06) nach Landkreisen, Arbeitsunfähigkeitsfälle je 100 AOK-Mitglieder, erstes Quartal 2015

Bei den erkältungsbedingten Arbeitsunfähigkeiten zeigen sich große regionale Unterschiede. Besonders betroffen waren Regionen in Baden-Württemberg und in der westlichen Mitte Deutschlands, während der Nordosten weniger betroffen war.

Besonders viele Krankschreibungen aufgrund der Erkältungswelle waren im ersten Quartal im Ostalbkreis (24,7 Fälle je 100 Mitglieder), im Kreis Marburg-Biedenkopf und im Kreis Tuttlingen (jeweils 24 Fälle je 100 Mitglieder) zu beobachten (◨ Abb. 22.1.66). Hier

22

hat die Erkältungswelle in 2015 besonders stark zugeschlagen; es gab mehr als doppelt so viele Fälle wie in Ludwigslust-Parchim (11,1 Fälle je 100 Mitglieder) oder in Vorpommern-Rügen (11,8 Fälle je 100 Mitglieder).

Literatur

Bundesagentur für Arbeit (2016) Beschäftigtenstatistik nach Wirtschaftszweigen. Nürnberg Stand: 30.Juni 2015. http://statistik.arbeitsagentur.de/nn_31966/SiteGlobals/Forms/Rubrikensuche/Rubrikensuche_Form.html?view=process Form&pageLocale=de&topicId=746698. Gesehen 24 Feb 2016

Bundesagentur für Arbeit (2015) Der Arbeitsmarkt in Deutschland – Die Arbeitsmarktsituation von schwerbehinderten Menschen. Nürnberg.

Bundesagentur für Arbeit (2014) Arbeitsmarkt in Zahlen – Beschäftigungsstatistik. Sozialversicherungspflichtig Beschäftigte nach Wirtschaftszweigen (WZ 2008) in Deutschland. Stand: 30. November 2014. Nürnberg

Bundesinstitut für Berufsbildung (2015) Datenreport zum Berufsbildungsbericht 2015 – Informationen und Analysen zur Entwicklung der beruflichen Bildung. Bonn

Bundesministerium für Arbeit und Soziales/Bundesanstalt für Arbeitsschutz und Arbeitsmedizin (2016) Sicherheit und Gesundheit bei der Arbeit 2014. 2., korrigierte Auflage Unfallverhütungsbericht Arbeit. 2014. Dortmund Berlin Dresden

Bundesministerium für Familie, Senioren, Frauen und Jugend (2014) Ausgeübte Erwerbstätigkeit von Müttern. Erwerbstätigkeit, Erwerbsumfang und Erwerbsvolumen 2012. Stand: März 2014 2. Aktualisierte und überarbeitete Auflage. Berlin

Bundesministerium für Gesundheit (2015) Gesetzliche Krankenversicherung. Vorläufige Rechnungsergebnisse 1.–3. Quartal 2015. Stand: 11. Dezember 2015

Bundespsychotherapeutenkammer (BPtK) (2013) Studie zur Arbeits- und Erwerbsunfähigkeit 2013. Berlin

Damm K, Lange A, Zeidler J, Braun S, Graf von der Schulenburg JM (2012) Einführung des neuen Tätigkeitsschlüssels und seine Anwendung in GKV-Routinedatenauswertungen. Bundesgesundheitsbl 55:238–244

HWWI/Berenberg-Städteranking 2015. Die 30 größten Städte Deutschlands im Vergleich. Stand Mai 2015

Karasek R, Theorell T (1990) Healthy work: stress, productivity, and the reconstruction of working life. Basic Books, New York

Kohler H (2002) Krankenstand – Ein beachtlicher Kostenfaktor mit fallender Tendenz. IAB-Werkstattbericht, Diskussionsbeiträge des Instituts für Arbeitsmarkt- und Berufsforschung der Bundesanstalt für Arbeit. Ausgabe 1/30.01.2002

Marmot M (2005) Status Syndrome: How Your Social Standing Directly Affects Your Health. Bloomsbury Publishing, London

Marstedt G, Müller R (1998) Ein kranker Stand? Fehlzeiten Integration älterer Arbeitnehmer im Vergleich Öf licher Dienst – Privatwirtschaft. Forschung aus der H Böckler-Stiftung, Bd 9. Edition Sigma, Berlin

Mielck A (2000) Soziale Ungleichheit und Gesundheit. Hu Bern

Mielck A, Lüngen M, Siegel M, Korber K (2012) Folgen u reichender Bildung für die Gesundheit. Bertelsm Stiftung

MINT-Frühjahrsreport 2014, MINT – Gesamtwirtschaftliche deutung und regionale Unterschiede, Institut der D schen Wirtschaft, Köln 2014

Schnabel C (1997) Betriebliche Fehlzeiten, Ausmaß, Bes mungsgründe und Reduzierungsmöglichkeiten. Ins der deutschen Wirtschaft, Köln

Siegrist J (1999) Psychosoziale Arbeitsbelastungen und H Kreislauf-Risiken: internationale Erkenntnisse zu ne Stressmodellen. In: Badura B, Litsch M, Vetter C (1 Fehlzeiten-Report 1999. Psychische Belastung am Arb platz. Zahlen, Daten, Fakten aus allen Branchen der \ schaft. Springer, Berlin Heidelberg New York

Vahtera J, Kivimäki M, Pentti J (2001) The role of exten weekends in sickness absenteeism. Occup Environ 58:818–822

WHO (2011) Global burden of mental disorders and the n for a comprehensive, coordinated response for health social sectors at the country level. Executive Board 13

Überblick über die krankheitsbedingten Fehlzeiten im Jahr 2015

22.2 Banken und Versicherungen

22

◘ **Tab. 22.2.1** Entwicklung des Krankenstands der AOK-Mitglieder in der Branche Banken und Versicherungen in den Jahren 1994 bis 2015

Jahr	Krankenstand in %			AU-Fälle je 100 AOK-Mitglieder			Tage je Fall		
	West	Ost	Bund	West	Ost	Bund	West	Ost	Bund
1994	4,4	3,0	4,0	114,7	71,8	103,4	12,8	14,1	13,0
1995	3,9	4,0	3,9	119,3	111,2	117,9	11,9	13,8	12,2
1996	3,5	3,6	3,5	108,0	109,3	108,1	12,2	12,5	12,2
1997	3,4	3,6	3,4	108,4	110,0	108,5	11,5	11,9	11,5
1998	3,5	3,6	3,5	110,6	112,2	110,7	11,4	11,7	11,4
1999	3,6	4,0	3,7	119,6	113,3	119,1	10,8	11,6	10,9
2000	3,6	4,1	3,6	125,6	148,8	127,1	10,5	10,2	10,5
2001	3,5	4,1	3,6	122,2	137,5	123,1	10,6	10,8	10,6
2002	3,5	4,1	3,5	125,0	141,3	126,1	10,1	10,6	10,2
2003	3,3	3,5	3,3	126,0	137,1	127,0	9,5	9,4	9,5
2004	3,1	3,2	3,1	117,6	127,7	118,8	9,7	9,3	9,6
2005	3,1	3,3	3,1	122,6	132,0	123,8	9,2	9,0	9,1
2006	2,7	3,2	2,8	108,1	126,7	110,7	9,2	9,1	9,2
2007	3,1	3,4	3,1	121,0	133,6	122,8	9,2	9,3	9,2
2008 (WZ03)	3,1	3,6	3,2	127,0	136,6	128,4	9,0	9,6	9,1
2008 (WZ08)*	3,1	3,6	3,2	126,9	135,9	128,3	9,0	9,6	9,1
2009	3,2	3,9	3,3	136,8	150,9	138,8	8,6	9,5	8,8
2010	3,2	4,0	3,3	134,3	177,7	140,2	8,8	8,3	8,7
2011	3,3	3,9	3,3	139,7	181,2	145,3	8,5	7,9	8,4
2012	3,2	4,1	3,4	134,5	153,7	137,0	8,8	9,8	9,0
2013	3,2	4,1	3,4	143,8	158,6	145,7	8,2	9,4	8,4
2014	3,4	4,2	3,5	142,6	157,2	144,5	8,7	9,8	8,9
2015	3,6	4,4	3,7	152,9	170,1	155,3	8,7	9,4	8,8

*aufgrund der Revision der Wirtschaftszweigklassifikation in 2008 ist eine Vergleichbarkeit mit den Vorjahren nur bedin◄ möglich

◻ Tab. 22.2.2 Arbeitsunfähigkeit der AOK-Mitglieder in der Branche Banken und Versicherungen nach Bundesländern im Jahr 2015 im Vergleich zum Vorjahr

Bundesland	Kranken-stand in %	Arbeitsunfähigkeit je 100 AOK-Mitglieder				Tage je Fall	Veränd. z. Vorj. in %	AU-Quote in %
		AU-Fälle	Veränd. z. Vorj. in %	AU-Tage	Veränd. z. Vorj. in %			
Baden-Württemberg	3,5	151,6	7,3	1.270,8	6,6	8,4	–0,7	58,2
Bayern	3,3	126,8	6,9	1.209,7	9,2	9,5	2,2	50,5
Berlin	4,4	197,1	6,8	1.598,4	3,5	8,1	–3,0	51,7
Brandenburg	4,8	187,3	12,3	1.758,8	5,1	9,4	–6,4	58,7
Bremen	4,4	172,2	12,7	1.607,0	19,7	9,3	6,2	54,4
Hamburg	4,0	158,6	5,6	1.457,9	–1,8	9,2	–7,0	50,8
Hessen	4,0	176,6	6,6	1.459,4	4,5	8,3	–2,0	58,4
Mecklenburg-Vorpommern	4,5	161,7	2,1	1.655,1	5,4	10,2	3,2	56,2
Niedersachsen	3,6	162,1	7,8	1.319,2	1,1	8,1	–6,2	58,5
Nordrhein-Westfalen	4,2	174,8	6,5	1.524,2	8,3	8,7	1,7	59,7
Rheinland-Pfalz	3,7	171,8	9,0	1.345,5	5,2	7,8	–3,4	59,8
Saarland	4,1	167,3	11,8	1.511,6	8,5	9,0	–3,0	63,0
Sachsen	4,3	165,7	8,1	1.558,1	5,5	9,4	–2,4	61,2
Sachsen-Anhalt	4,7	194,0	6,2	1.733,5	–5,5	8,9	–11,0	58,7
Schleswig-Holstein	3,5	149,1	1,2	1.273,1	–14,2	8,5	–15,3	55,0
Thüringen	4,4	172,1	9,6	1.621,3	3,0	9,4	–6,1	60,2
West	3,6	152,9	7,2	1.326,2	6,4	8,7	–0,7	56,2
Ost	4,4	170,1	8,2	1.596,5	3,9	9,4	–4,0	60,5
Bund	3,7	155,3	7,5	1.364,8	6,3	8,8	–1,2	56,8

Fehlzeiten-Report 2016

◻ Tab. 22.2.3 Arbeitsunfähigkeit der AOK-Mitglieder in der Branche Banken und Versicherungen nach Wirtschafts-abteilungen im Jahr 2015

Wirtschaftsabteilung	Krankenstand in %		Arbeitsunfähigkeiten je 100 AOK-Mitglieder		Tage je Fall	AU-Quote in %
	2015	2015 stand.*	Fälle	Tage		
Erbringung von Finanzdienstleistungen	3,7	3,8	156,8	1.358,2	8,7	58,6
Mit Finanz- und Versicherungsdienst-leistungen verbundene Tätigkeiten	3,6	3,8	143,6	1.298,3	9,0	49,6
Versicherungen, Rückversicherungen und Pensionskassen (ohne Sozialversicherung)	4,1	4,4	162,8	1.504,7	9,2	56,8
Branche insgesamt	3,7	3,9	155,3	1.364,8	8,8	56,8
Alle Branchen	5,3	5,4	167,6	1.950,4	11,6	54,9

*Krankenstand alters- und geschlechtsstandardisiert

Fehlzeiten-Report 2016

22

◘ Tab. 22.2.4 Kennzahlen der Arbeitsunfähigkeit der AOK-Mitglieder nach ausgewählten Berufsgruppen in der Branche Banken und Versicherungen im Jahr 2015

Tätigkeit	Kranken-stand in %	Arbeitsunfähigkeiten je 100 AOK-Mitglieder		Tage je Fall	AU-Quote in %	Anteil der Berufs-gruppe an der Branche in %*
		Fälle	Tage			
Anlageberater/innen u. sonstige Finanzdienstleistungsberufe	2,8	128,6	1.020,3	7,9	50,7	1,4
Bankkaufleute	3,5	158,2	1.293,4	8,2	59,9	52,5
Berufe im Vertrieb (außer Informations- u. Kommunikationstechnologien)	3,6	131,2	1.316,5	10,0	51,0	1,8
Berufe in der Buchhaltung	3,9	150,1	1.420,2	9,5	56,4	1,0
Berufe in der Reinigung (ohne Spez.)	6,1	152,8	2.229,6	14,6	60,9	1,7
Büro- u. Sekretariatskräfte (ohne Spez.)	3,9	142,9	1.413,4	9,9	48,4	8,6
Kaufmännische u. technische Betriebs-wirtschaft (ohne Spez.)	3,6	157,3	1.327,8	8,4	55,4	3,4
Versicherungskaufleute	4,0	172,2	1.447,3	8,4	57,5	13,8
Branche insgesamt	**3,7**	**155,3**	**1.364,8**	**8,8**	**56,8**	**1,2****

* Anteil der AOK-Mitglieder in der Berufsgruppe an den in der Branche beschäftigten AOK-Mitgliedern insgesamt
**Anteil der AOK-Mitglieder in der Branche an allen AOK-Mitgliedern

Fehlzeiten-Report 20

◘ Tab. 22.2.5 Dauer der Arbeitsunfähigkeit der AOK-Mitglieder in der Branche Banken und Versicherungen im Jahr 201

Fallklasse	Branche hier		alle Branchen	
	Anteil Fälle in %	Anteil Tage in %	Anteil Fälle in %	Anteil Tage in %
1–3 Tage	43,8	10,2	35,8	6,2
4–7 Tage	30,7	17,1	31,3	13,5
8–14 Tage	14,7	16,9	17,3	15,4
15–21 Tage	4,2	8,2	5,8	8,6
22–28 Tage	2,2	5,9	2,8	6,0
29–42 Tage	2,0	7,8	2,9	8,6
Langzeit-AU (> 42 Tage)	2,6	33,9	4,2	41,6

Fehlzeiten-Report 20

◘ Tab. 22.2.6 Tage der Arbeitsunfähigkeit je AOK-Mitglied nach Wirtschaftsabteilung und Betriebsgröße in der Branche Banken und Versicherungen im Jahr 2015

Wirtschaftsabteilungen	Betriebsgröße (Anzahl der AOK-Mitglieder)					
	10–49	50–99	100–199	200–499	500–999	≥ 1.00
Erbringung von Finanzdienstleistungen	12,8	14,2	14,2	15,3	18,4	14,3
Mit Finanz- und Versicherungsdienst-leistungen verbundene Tätigkeiten	15,6	14,4	18,3	17,3	–	–
Versicherungen, Rückversicherungen und Pensionskassen (ohne Sozialversicherung)	15,9	14,9	13,2	14,2	–	–
Branche insgesamt	**13,4**	**14,3**	**14,2**	**15,1**	**18,4**	**14,3**
Alle Branchen	**20,3**	**22,2**	**22,4**	**22,2**	**22,5**	**22,2**

Fehlzeiten-Report 20

◨ **Tab. 22.2.7** Krankenstand in Prozent nach Ausbildungsabschluss in der Branche Banken und Versicherungen im Jahr 2015, AOK-Mitglieder

Wirtschaftsabteilung	Ausbildung						
	ohne Aus-bildungs-abschluss	mit Aus-bildungs-abschluss	Meister/ Techniker	Bachelor	Diplom/Magis-ter/Master/ Staatsexamen	Promo-tion	unbe-kannt
Erbringung von Finanz-dienstleistungen	3,7	4,0	3,1	1,9	2,6	1,6	4,9
Mit Finanz- und Ver-sicherungsdienst-leistungen verbundene Tätigkeiten	3,8	3,8	3,7	1,9	2,3	4,1	3,5
Versicherungen, Rück-versicherungen und Pensionskassen (ohne Sozialversicherung)	4,4	4,6	3,3	2,0	2,7	0,7	3,8
Branche insgesamt	3,8	4,0	3,1	1,9	2,6	1,7	4,2
Alle Branchen	6,2	5,6	4,3	2,2	2,7	2,0	5,0

Fehlzeiten-Report 2016

◨ **Tab. 22.2.8** Tage der Arbeitsunfähigkeit je AOK-Mitglied nach Ausbildung in der Branche Banken und Versicherungen im Jahr 2015

Wirtschaftsabteilung	Ausbildung						
	ohne Aus-bildungs-abschluss	mit Aus-bildungs-abschluss	Meister/ Techniker	Bachelor	Diplom/Magis-ter/Master/ Staatsexamen	Promo-tion	unbe-kannt
Erbringung von Finanz-dienstleistungen	13,6	14,6	11,3	7,0	9,6	5,7	17,7
Mit Finanz- und Ver-sicherungsdienst-leistungen verbundene Tätigkeiten	13,9	13,7	13,5	7,1	8,5	14,8	12,9
Versicherungen, Rück-versicherungen und Pensionskassen (ohne Sozialversicherung)	16,0	16,8	11,9	7,3	9,9	2,4	13,7
Branche insgesamt	13,9	14,7	11,4	7,1	9,5	6,3	15,5
Alle Branchen	22,7	20,4	15,7	8,1	10,0	7,3	18,1

Fehlzeiten-Report 2016

◨ **Tab. 22.2.9** Anteil der Arbeitsunfälle an den AU-Fällen und -Tagen in Prozent nach Wirtschaftsabteilungen in der Branche Banken und Versicherungen im Jahr 2015, AOK-Mitglieder

Wirtschaftsabteilung	AU-Fälle in %	AU-Tage in %
Erbringung von Finanzdienstleistungen	0,9	2,0
Mit Finanz- und Versicherungsdienstleistungen verbundene Tätigkeiten	0,8	1,7
Versicherungen, Rückversicherungen und Pensionskassen (ohne Sozialversicherung)	0,9	1,7
Branche insgesamt	0,9	1,9
Alle Branchen	3,0	5,8

Fehlzeiten-Report 2016

22

◻ **Tab. 22.2.10** Tage und Fälle der Arbeitsunfähigkeit durch Arbeitsunfälle nach Berufsgruppen in der Branche Banken und Versicherungen im Jahr 2015, AOK-Mitglieder

Tätigkeit	Arbeitsunfähigkeit je 1.000 AOK-Mitglied	
	AU-Tage	AU-Fälle
Berufe in der Reinigung (ohne Spez.)	613,0	19,6
Berufe im Vertrieb (außer Informations- u. Kommunikationstechnologien)	292,4	10,9
Versicherungskaufleute	252,9	13,0
Büro- u. Sekretariatskräfte (ohne Spez.)	243,7	10,7
Bankkaufleute	223,3	11,9
Berufe in der Buchhaltung	121,8	13,9
Kaufmännische u. technische Betriebswirtschaft (ohne Spez.)	91,2	8,0
Anlageberater/innen - u. sonstige Finanzdienstleistungsberufe	56,4	5,2
Branche insgesamt	**261,7**	**13,4**
Alle Branchen	**1.137,2**	**51,0**

Fehlzeiten-Report 20

◻ **Tab. 22.2.11** Tage und Fälle der Arbeitsunfähigkeit je 100 AOK-Mitglieder nach Krankheitsarten in der Branche Banke und Versicherungen in den Jahren 1995 bis 2015

Jahr	Arbeitsunfähigkeiten je 100 AOK-Mitglieder											
	Psyche		Herz/Kreislauf		Atemwege		Verdauung		Muskel/Skelett		Verletzunge	
	Tage	Fälle	Tage	Fälle	Tage	Fälle	Tage	Fälle	Tage	Fälle	Tage	Fäll
1995	102,9	4,1	154,9	8,2	327,6	43,8	140,1	19,1	371,0	20,0	179,5	10,7
1996	107,8	3,8	129,5	6,6	286,2	39,8	119,4	17,9	339,3	17,2	166,9	9,9
1997	104,8	4,1	120,6	6,8	258,1	39,8	112,5	17,8	298,0	16,9	161,1	9,8
1998	109,3	4,5	112,8	6,9	252,3	40,4	109,3	18,1	313,9	18,0	152,2	9,7
1999	113,7	4,8	107,6	6,9	291,2	46,4	108,7	19,0	308,3	18,6	151,0	10,3
2000	138,4	5,8	92,5	6,3	281,4	45,3	99,1	16,6	331,4	19,9	145,3	10,0
2001	144,6	6,6	99,8	7,1	264,1	44,4	98,8	17,3	334,9	20,5	147,6	10,3
2002	144,6	6,8	96,7	7,1	254,7	44,0	105,1	19,0	322,6	20,6	147,3	10,5
2003	133,9	6,9	88,6	7,1	261,1	46,5	99,0	18,7	288,0	19,5	138,2	10,3
2004	150,2	7,1	92,8	6,5	228,5	40,6	103,7	19,0	273,1	18,4	136,5	9,8
2005	147,5	7,0	85,1	6,5	270,1	47,7	100,1	17,9	248,8	18,1	132,1	9,7
2006	147,2	7,0	79,8	6,2	224,6	40,8	98,8	18,3	243,0	17,4	134,0	9,6
2007	167,2	7,5	87,7	6,3	243,9	44,4	103,0	19,6	256,9	18,1	125,2	9,1
2008 (WZ03)	172,7	7,7	86,7	6,5	258,1	46,8	106,2	20,0	254,0	18,0	134,6	9,5
2008 (WZ08)*	182,3	7,8	85,3	6,5	256,9	46,7	107,1	20,0	254,0	18,0	134,6	9,5
2009	182,3	8,2	80,6	6,2	303,2	54,6	105,4	20,2	242,2	17,7	134,2	9,6
2010	205,3	8,8	80,0	6,1	260,2	49,2	97,4	18,7	248,6	18,6	142,6	10,4
2011	209,2	8,9	73,8	5,7	268,8	49,4	90,7	17,9	228,7	17,6	132,3	9,8
2012	233,0	9,1	80,1	5,7	266,3	49,1	97,5	18,1	243,8	18,1	135,9	9,7
2013	230,1	9,0	70,7	5,4	321,0	58,3	94,4	17,9	219,7	17,3	128,9	9,8
2014	258,4	10,0	81,6	5,7	272,3	51,3	98,8	18,7	248,7	18,8	139,0	10,0
2015	256,7	10,1	81,6	5,9	340,5	60,5	99,9	18,6	249,0	18,4	144,9	10,0

*aufgrund der Revision der Wirtschaftszweigklassifikation in 2008 ist eine Vergleichbarkeit mit den Vorjahren nur beding möglich

Fehlzeiten-Report 201

◘ **Tab. 22.2.12** Verteilung der Arbeitsunfähigkeitstage nach Krankheitsarten in Prozent in der Branche Banken und Versicherungen im Jahr 2015, AOK-Mitglieder

Wirtschaftsabteilung	AU-Tage in %						
	Psyche	Herz/ Kreislauf	Atem- wege	Ver- dauung	Muskel/ Skelett	Verlet- zungen	Sonstige
Erbringung von Finanzdienstleistungen	13,7	4,5	19,3	5,5	13,5	8,3	35,1
Mit Finanz- und Versicherungsdienst- leistungen verbundene Tätigkeiten	16,1	4,7	17,2	5,7	14,3	7,6	34,4
Versicherungen, Rückversicherungen und Pensionskassen (ohne Sozialver- sicherung)	15,3	4,2	18,8	5,5	15,4	7,2	33,6
Branche insgesamt	14,3	4,5	18,9	5,5	13,8	8,0	34,8
Alle Branchen	10,5	6,1	13,0	5,2	21,8	10,8	32,8

Fehlzeiten-Report 2016

◘ **Tab. 22.2.13** Verteilung der Arbeitsunfähigkeitsfälle nach Krankheitsarten in Prozent in der Branche Banken und Versicherungen im Jahr 2015, AOK-Mitglieder

Wirtschaftsabteilung	AU-Fälle in %						
	Psyche	Herz/ Kreislauf	Atem- wege	Ver- dauung	Muskel/ Skelett	Verlet- zungen	Sonstige
Erbringung von Finanzdienstleistungen	5,0	3,0	31,2	9,5	9,2	5,2	36,9
Mit Finanz- und Versicherungsdienst- leistungen verbundene Tätigkeiten	5,5	3,0	29,2	9,9	9,3	4,8	38,3
Versicherungen, Rückversicherungen und Pensionskassen (ohne Sozialver- sicherung)	5,6	2,9	30,5	9,2	10,1	4,7	37,0
Branche insgesamt	5,2	3,0	30,8	9,5	9,4	5,1	37,1
Alle Branchen	5,0	3,8	24,0	9,2	15,8	7,4	34,9

Fehlzeiten-Report 2016

22

◘ Tab. 22.2.14 Verteilung der Arbeitsunfähigkeitstage nach Krankheitsarten und ausgewählten Berufsgruppen in der Branche Banken und Versicherungen im Jahr 2015, AOK-Mitglieder

Tätigkeit	AU-Tage in %						
	Psyche	Herz/ Kreislauf	Atem- wege	Ver- dauung	Muskel/ Skelett	Verlet- zungen	Sonstige
Anlageberater/innen u. sonstige Finanzdienstleistungsberufe	14,1	4,7	20,6	5,2	10,2	6,3	38,8
Bankkaufleute	13,9	4,3	20,4	5,8	12,0	8,1	35,5
Berufe im Vertrieb (außer Informations- u. Kommunikationstechnologien)	16,1	4,1	16,1	4,8	14,6	8,2	36,2
Berufe in der Buchhaltung	18,8	4,1	17,9	4,5	13,4	4,2	37,1
Berufe in der Reinigung (ohne Spez.)	8,9	7,3	12,0	4,2	24,7	10,2	32,7
Büro- u. Sekretariatskräfte (ohne Spez.)	14,4	5,1	15,9	5,7	14,7	8,0	36,4
Kaufmännische u. technische Betriebs- wirtschaft (ohne Spez.)	15,5	3,1	20,7	5,3	13,6	7,3	34,5
Versicherungskaufleute	16,4	4,0	19,4	6,0	13,9	7,4	32,9
Branche gesamt	**14,3**	**4,5**	**18,9**	**5,5**	**13,8**	**8,0**	**34,8**
Alle Branchen	**10,5**	**6,1**	**13,0**	**5,2**	**21,8**	**10,8**	**32,8**

Fehlzeiten-Report 20

◘ Tab. 22.2.15 Verteilung der Arbeitsunfähigkeitsfälle nach Krankheitsarten und ausgewählten Berufsgruppen in der Branche Banken und Versicherungen im Jahr 2015, AOK-Mitglieder

Tätigkeit	AU-Fälle in %						
	Psyche	Herz/ Kreislauf	Atem- wege	Ver- dauung	Muskel/ Skelett	Verlet- zungen	Sonstige
Anlageberater/innen u. sonstige Finanzdienstleistungsberufe	4,3	2,6	32,1	9,5	8,1	4,4	39,0
Bankkaufleute	4,9	2,8	32,2	9,6	8,4	5,2	37,0
Berufe im Vertrieb (außer Informations- u. Kommunikationstechnologien)	6,4	3,1	28,8	9,8	9,6	4,6	37,7
Berufe in der Buchhaltung	6,0	3,3	28,7	9,7	9,8	3,8	38,8
Berufe in der Reinigung (ohne Spez.)	5,8	5,2	19,9	8,7	19,2	6,3	34,8
Büro- u. Sekretariatskräfte (ohne Spez.)	5,8	3,4	27,5	9,8	9,7	4,6	39,2
Kaufmännische u. technische Betriebs- wirtschaft (ohne Spez.)	5,8	2,9	32,4	9,5	9,2	3,9	36,3
Versicherungskaufleute	5,3	2,6	30,4	9,7	9,2	5,0	37,8
Branche gesamt	**5,2**	**3,0**	**30,8**	**9,5**	**9,4**	**5,1**	**37,1**
Alle Branchen	**5,0**	**3,8**	**24,0**	**9,2**	**15,8**	**7,4**	**34,9**

Fehlzeiten-Report 20

◻ **Tab. 22.2.16** Anteile der 40 häufigsten Einzeldiagnosen an den AU-Fällen und AU-Tagen in der Branche Banken und Versicherungen im Jahr 2015, AOK-Mitglieder

ICD-10	Bezeichnung	AU-Fälle in %	AU-Tage in %
J06	Akute Infektionen an mehreren oder nicht näher bezeichneten Lokalisationen der oberen Atemwege	12,7	6,8
A09	Sonstige und nicht näher bezeichnete Gastroenteritis und Kolitis infektiösen und nicht näher bezeichneten Ursprungs	4,3	1,8
M54	Rückenschmerzen	3,4	3,3
J20	Akute Bronchitis	2,6	1,7
B34	Viruskrankheit nicht näher bezeichneter Lokalisation	2,4	1,3
K08	Sonstige Krankheiten der Zähne und des Zahnhalteapparates	2,3	0,7
J40	Bronchitis, nicht als akut oder chronisch bezeichnet	2,1	1,3
R10	Bauch- und Beckenschmerzen	1,8	0,9
K52	Sonstige nichtinfektiöse Gastroenteritis und Kolitis	1,8	0,8
J01	Akute Sinusitis	1,7	0,9
J02	Akute Pharyngitis	1,6	0,8
J32	Chronische Sinusitis	1,5	0,9
F43	Reaktionen auf schwere Belastungen und Anpassungsstörungen	1,4	2,8
K29	Gastritis und Duodenitis	1,4	0,8
J03	Akute Tonsillitis	1,4	0,8
F32	Depressive Episode	1,3	4,6
R51	Kopfschmerz	1,3	0,6
J00	Akute Rhinopharyngitis [Erkältungsschnupfen]	1,1	0,5
G43	Migräne	1,1	0,5
I10	Essentielle (primäre) Hypertonie	1,0	1,5
J11	Grippe, Viren nicht nachgewiesen	0,9	0,6
J04	Akute Laryngitis und Tracheitis	0,9	0,5
R11	Übelkeit und Erbrechen	0,9	0,5
J98	Sonstige Krankheiten der Atemwege	0,9	0,5
N39	Sonstige Krankheiten des Harnsystems	0,8	0,4
B99	Sonstige und nicht näher bezeichnete Infektionskrankheiten	0,8	0,4
F45	Somatoforme Störungen	0,7	1,4
F48	Andere neurotische Störungen	0,7	1,2
T14	Verletzung an einer nicht näher bezeichneten Körperregion	0,7	0,7
R53	Unwohlsein und Ermüdung	0,7	0,6
A08	Virusbedingte und sonstige näher bezeichnete Darminfektionen	0,7	0,3
R42	Schwindel und Taumel	0,6	0,5
M99	Biomechanische Funktionsstörungen, anderenorts nicht klassifiziert	0,6	0,4
R50	Fieber sonstiger und unbekannter Ursache	0,6	0,4
M51	Sonstige Bandscheibenschäden	0,5	1,2
M25	Sonstige Gelenkkrankheiten, anderenorts nicht klassifiziert	0,5	0,7
M79	Sonstige Krankheiten des Weichteilgewebes, anderenorts nicht klassifiziert	0,5	0,6
M53	Sonstige Krankheiten der Wirbelsäule und des Rückens, anderenorts nicht klassifiziert	0,5	0,6
S93	Luxation, Verstauchung und Zerrung der Gelenke und Bänder in Höhe des oberen Sprunggelenkes und des Fußes	0,5	0,6
R05	Husten	0,5	0,3
	Summe hier	**61,7**	**45,7**
	Restliche	38,3	54,3
	Gesamtsumme	**100,0**	**100,0**

Fehlzeiten-Report 2016

22

■ **Tab. 22.2.17** Anteile der 40 häufigsten Diagnoseuntergruppen an den AU-Fällen und AU-Tagen in der Branche Banke und Versicherungen im Jahr 2015, AOK-Mitglieder

ICD-10	Bezeichnung	AU-Fälle in %	AU-Tage in
J00–J06	Akute Infektionen der oberen Atemwege	19,4	10,5
A00–A09	Infektiöse Darmkrankheiten	5,3	2,2
M50–M54	Sonstige Krankheiten der Wirbelsäule und des Rückens	4,2	4,8
R50–R69	Allgemeinsymptome	3,5	2,8
J40–J47	Chronische Krankheiten der unteren Atemwege	3,2	2,3
F40–F48	Neurotische, Belastungs- und somatoforme Störungen	3,1	6,6
J20–J22	Sonstige akute Infektionen der unteren Atemwege	3,0	2,0
R10–R19	Symptome, die das Verdauungssystem und das Abdomen betreffen	3,0	1,7
K00–K14	Krankheiten der Mundhöhle, der Speicheldrüsen und der Kiefer	2,8	0,9
B25–B34	Sonstige Viruskrankheiten	2,7	1,5
J30–J39	Sonstige Krankheiten der oberen Atemwege	2,3	1,5
K50–K52	Nichtinfektiöse Enteritis und Kolitis	2,2	1,2
G40–G47	Episodische und paroxysmale Krankheiten des Nervensystems	1,9	1,5
K20–K31	Krankheiten des Ösophagus, des Magens und des Duodenums	1,9	1,1
F30–F39	Affektive Störungen	1,7	6,8
M70–M79	Sonstige Krankheiten des Weichteilgewebes	1,4	2,1
R00–R09	Symptome, die das Kreislaufsystem und das Atmungssystem betreffen	1,4	0,9
J09–J18	Grippe und Pneumonie	1,3	1,0
N30–N39	Sonstige Krankheiten des Harnsystems	1,3	0,6
Z80–Z99	Personen mit potentiellen Gesundheitsrisiken aufgrund der Familien- oder Eigenanamnese und bestimmte Zustände, die den Gesundheitszustand beeinflussen	1,2	2,4
I10–I15	Hypertonie [Hochdruckkrankheit]	1,1	1,7
K55–K64	Sonstige Krankheiten des Darmes	1,1	0,9
M20–M25	Sonstige Gelenkkrankheiten	1,0	2,0
J95–J99	Sonstige Krankheiten des Atmungssystems	1,0	0,7
S90–S99	Verletzungen der Knöchelregion und des Fußes	0,8	1,1
T08–T14	Verletzungen nicht näher bezeichneter Teile des Rumpfes, der Extremitäten oder anderer Körperregionen	0,8	0,8
R40–R46	Symptome, die das Erkennungs- und Wahrnehmungsvermögen, die Stimmung und das Verhalten betreffen	0,8	0,7
B99–B99	Sonstige Infektionskrankheiten	0,8	0,5
S80–S89	Verletzungen des Knies und des Unterschenkels	0,7	1,7
O20–O29	Sonstige Krankheiten der Mutter, die vorwiegend mit der Schwangerschaft verbunden sind	0,7	0,7
N80–N98	Nichtentzündliche Krankheiten des weiblichen Genitaltraktes	0,7	0,6
M95–M99	Sonstige Krankheiten des Muskel-Skelett-Systems und des Bindegewebes	0,7	0,6
I95–I99	Sonstige und nicht näher bezeichnete Krankheiten des Kreislaufsystems	0,7	0,4
E70–E90	Stoffwechselstörungen	0,6	0,9
E00–E07	Krankheiten der Schilddrüse	0,6	0,8
D10–D36	Gutartige Neubildungen	0,6	0,6
H65–H75	Krankheiten des Mittelohres und des Warzenfortsatzes	0,6	0,4
Z00–Z13	Personen, die das Gesundheitswesen zur Untersuchung und Abklärung in Anspruch nehmen	0,6	0,4
Z40–Z54	Personen, die das Gesundheitswesen zum Zwecke spezifischer Maßnahmen und zur medizinischen Betreuung in Anspruch nehmen	0,5	1,0
I80–I89	Krankheiten der Venen, der Lymphgefäße und der Lymphknoten, anderenorts nicht klassifiziert	0,5	0,6
	Summe hier	**81,7**	**71,5**
	Restliche	18,3	28,5
	Gesamtsumme	**100,0**	**100,0**

Fehlzeiten-Report 201

22.3 Baugewerbe

22

◩ **Tab. 22.3.1** Entwicklung des Krankenstands der AOK-Mitglieder in der Branche Baugewerbe in den Jahren 1994 bis 2015

Jahr	Krankenstand in %			AU-Fälle je 100 AOK-Mitglieder			Tage je Fall		
	West	Ost	Bund	West	Ost	Bund	West	Ost	Bund
1994	7,0	5,5	6,5	155,3	137,3	150,2	14,9	13,5	14,6
1995	6,5	5,5	6,2	161,7	146,9	157,6	14,7	13,7	14,5
1996	6,1	5,3	5,9	145,0	134,8	142,2	15,5	14,0	15,1
1997	5,8	5,1	5,6	140,1	128,3	137,1	14,6	14,0	14,5
1998	6,0	5,2	5,8	143,8	133,8	141,4	14,7	14,0	14,5
1999	6,0	5,5	5,9	153,0	146,3	151,5	14,2	13,9	14,1
2000	6,1	5,4	5,9	157,3	143,2	154,5	14,1	13,8	14,1
2001	6,0	5,5	5,9	156,3	141,5	153,6	14,0	14,1	14,0
2002	5,8	5,2	5,7	154,3	136,0	151,2	13,8	14,0	13,8
2003	5,4	4,6	5,3	148,8	123,0	144,3	13,3	13,7	13,3
2004	5,0	4,1	4,8	136,6	110,8	131,9	13,4	13,7	13,4
2005	4,8	4,0	4,7	136,0	107,1	130,8	13,0	13,7	13,1
2006	4,6	3,8	4,4	131,6	101,9	126,2	12,7	13,7	12,8
2007	4,9	4,2	4,8	141,4	110,3	135,7	12,7	14,0	12,9
2008 (WZ03)	5,1	4,5	4,9	147,8	114,9	141,8	12,5	14,2	12,8
2008 (WZ08)*	5,0	4,4	4,9	147,3	114,3	141,2	12,5	14,2	12,8
2009	5,1	4,7	5,1	151,8	120,8	146,2	12,4	14,2	12,6
2010	5,1	4,7	5,1	147,8	123,2	143,4	12,7	14,0	12,9
2011	5,2	4,4	5,1	154,0	128,0	149,3	12,4	12,7	12,5
2012	5,3	5,1	5,3	152,3	124,6	147,3	12,8	14,9	13,1
2013	5,4	5,2	5,3	158,9	130,1	153,8	12,3	14,5	12,6
2014	5,5	5,4	5,5	156,3	130,9	151,8	12,8	14,9	13,1
2015	5,5	5,6	5,5	162,4	139,6	158,4	12,4	14,5	12,7

*aufgrund der Revision der Wirtschaftszweigklassifikation in 2008 ist eine Vergleichbarkeit mit den Vorjahren nur bedin⬤ möglich

◼ **Tab. 22.3.2** Arbeitsunfähigkeit der AOK-Mitglieder in der Branche Baugewerbe nach Bundesländern im Jahr 2015 im Vergleich zum Vorjahr

Bundesland	Kranken-stand in %	Arbeitsunfähigkeit je 100 AOK-Mitglieder				Tage je Fall	Veränd. z. Vorj. in %	AU-Quote in %
		AU-Fälle	Veränd. z. Vorj. in %	AU-Tage	Veränd. z. Vorj. in %			
Baden-Württemberg	5,5	172,7	4,5	1.990,9	1,5	11,5	−2,9	55,2
Bayern	4,9	135,5	3,4	1.797,4	0,3	13,3	−3,0	50,6
Berlin	4,5	124,8	2,5	1.655,3	0,6	13,3	−1,9	35,6
Brandenburg	5,8	148,6	8,4	2.121,1	4,4	14,3	−3,6	54,3
Bremen	5,5	159,3	3,6	2.025,1	−2,5	12,7	−5,9	47,5
Hamburg	5,4	156,0	4,2	1.977,3	−0,8	12,7	−4,8	46,1
Hessen	5,7	159,6	1,6	2.062,5	−1,8	12,9	−3,3	47,5
Mecklenburg-Vorpommern	6,0	145,7	8,3	2.185,7	7,6	15,0	−0,7	53,9
Niedersachsen	5,9	177,4	5,2	2.164,0	1,2	12,2	−3,8	59,6
Nordrhein-Westfalen	5,9	179,0	3,4	2.156,0	1,0	12,0	−2,4	54,9
Rheinland-Pfalz	6,3	194,2	6,3	2.309,0	2,0	11,9	−4,0	58,8
Saarland	7,1	181,2	2,6	2.583,3	3,7	14,3	1,1	58,0
Sachsen	5,3	134,8	7,1	1.932,0	4,5	14,3	−2,5	54,3
Sachsen-Anhalt	5,9	140,4	4,4	2.148,6	−0,8	15,3	−5,0	51,8
Schleswig-Holstein	5,9	173,3	4,1	2.138,3	−0,5	12,3	−4,4	57,1
Thüringen	5,7	143,6	5,6	2.090,3	3,9	14,6	−1,5	54,6
West	5,5	162,4	3,9	2.012,0	0,7	12,4	−3,2	53,4
Ost	5,6	139,6	6,7	2.031,0	3,9	14,5	−2,6	54,0
Bund	5,5	158,4	4,4	2.015,3	1,2	12,7	−3,0	53,5

Fehlzeiten-Report 2016

◼ **Tab. 22.3.3** Arbeitsunfähigkeit der AOK-Mitglieder in der Branche Baugewerbe nach Wirtschaftsabteilungen im Jahr 2015

Wirtschaftsabteilung	Krankenstand in %		Arbeitsunfähigkeiten je 100 AOK-Mitglieder		Tage je Fall	AU-Quote in %
	2015	2015 stand.*	Fälle	Tage		
Hochbau	5,9	4,6	145,3	2.161,4	14,9	52,5
Tiefbau	6,4	4,8	155,2	2.323,6	15,0	57,2
Vorbereitende Baustellenarbeiten, Bauinstallation und sonstiges Ausbaugewerbe	5,3	4,8	162,9	1.929,1	11,8	53,3
Branche insgesamt	5,5	4,8	158,4	2.015,3	12,7	53,5
Alle Branchen	5,3	5,4	167,6	1.950,4	11,6	54,9

*Krankenstand alters- und geschlechtsstandardisiert

Fehlzeiten-Report 2016

22

◻ Tab. 22.3.4 Kennzahlen der Arbeitsunfähigkeit der AOK-Mitglieder nach ausgewählten Berufsgruppen in der Branche Baugewerbe im Jahr 2015

Tätigkeit	Kranken-stand in %	Arbeitsunfähigkeiten je 100 AOK-Mitglieder		Tage je Fall	AU-Quote in %	Anteil der Berufsgruppe an der Branche in %
		Fälle	Tage			
Berufe für Maler- u. Lackiererarbeiten	5,5	184,4	2.000,2	10,8	58,4	6,5
Berufe für Stuckateurarbeiten	6,1	164,0	2.212,1	13,5	54,5	1,3
Berufe im Aus- u. Trockenbau (ohne Spez.)	5,0	129,5	1.808,7	14,0	40,6	2,9
Berufe im Beton- u. Stahlbetonbau	6,2	155,3	2.266,5	14,6	43,9	2,1
Berufe im Hochbau (ohne Spez.)	5,4	136,6	1.989,1	14,6	40,4	15,5
Berufe im Holz-, Möbel- u. Innenausbau	5,3	170,0	1.918,5	11,3	60,7	1,9
Berufe im Maurerhandwerk	6,7	164,7	2.446,9	14,9	60,7	5,7
Berufe im Straßen- u. Asphaltbau	6,6	184,0	2.391,6	13,0	64,5	1,7
Berufe im Tiefbau (ohne Spez.)	6,9	158,4	2.500,7	15,8	59,4	3,3
Berufe in der Bauelektrik	5,0	193,5	1.826,5	9,4	61,6	5,5
Berufe in der Dachdeckerei	6,7	196,3	2.454,4	12,5	65,3	2,5
Berufe in der Elektrotechnik (ohne Spez.)	5,0	166,3	1.835,4	11,0	50,6	1,4
Berufe in der Fliesen-, Platten- u. Mosaikverlegung	5,4	163,4	1.968,0	12,0	56,3	1,4
Berufe in der Maschinenbau- u. Betriebstechnik (ohne Spez.)	5,7	156,2	2.065,8	13,2	48,6	1,3
Berufe in der Sanitär-, Heizungs- u. Klimatechnik	5,8	205,6	2.102,7	10,2	66,1	7,0
Berufe in der Zimmerei	5,9	162,4	2.139,8	13,2	61,6	2,4
Berufskraftfahrer/innen (Güterverkehr/LKW)	6,0	124,7	2.172,6	17,4	52,9	1,3
Büro- u. Sekretariatskräfte (ohne Spez.)	3,2	106,8	1.161,6	10,9	43,4	5,4
Führer/innen von Erdbewegungs- u. verwandten Maschinen	6,6	133,8	2.405,7	18,0	57,0	2,2
Kaufmännische u. technische Betriebswirtschaft (ohne Spez.)	3,2	123,9	1.178,3	9,5	50,0	1,3
Branche insgesamt	**5,5**	**158,4**	**2.015,3**	**12,7**	**53,5**	**7,1****

* Anteil der AOK-Mitglieder in der Berufsgruppe an den in der Branche beschäftigten AOK-Mitgliedern insgesamt
**Anteil der AOK-Mitglieder in der Branche an allen AOK-Mitgliedern

Fehlzeiten-Report 2016

◻ Tab. 22.3.5 Dauer der Arbeitsunfähigkeit der AOK-Mitglieder in der Branche Baugewerbe im Jahr 2015

Fallklasse	Branche hier		alle Branchen	
	Anteil Fälle in %	Anteil Tage in %	Anteil Fälle in %	Anteil Tage in %
1–3 Tage	38,1	5,9	35,8	6,2
4–7 Tage	29,3	11,4	31,3	13,5
8–14 Tage	16,0	13,0	17,3	15,4
15–21 Tage	5,6	7,6	5,8	8,6
22–28 Tage	2,8	5,3	2,8	6,0
29–42 Tage	3,0	8,1	2,9	8,6
Langzeit-AU (> 42 Tage)	5,3	48,7	4,2	41,6

Fehlzeiten-Report 2016

◘ **Tab. 22.3.6** Tage der Arbeitsunfähigkeit je AOK-Mitglied nach Wirtschaftsabteilung und Betriebsgröße in der Branche Baugewerbe im Jahr 2015

Wirtschaftsabteilungen	Betriebsgröße (Anzahl der AOK-Mitglieder)					
	10–49	50–99	100–199	200–499	500–999	≥ 1.000
Hochbau	22,5	21,9	20,9	20,7	18,6	–
Tiefbau	23,8	23,6	22,8	22,4	28,3	–
Vorbereitende Baustellen-arbeiten, Bauinstallation und sonstiges Ausbaugewerbe	20,1	19,3	18,1	21,4	21,6	–
Branche insgesamt	21,2	21,0	20,4	21,3	21,9	–
Alle Branchen	20,3	22,2	22,4	22,2	22,5	22,2

Fehlzeiten-Report 2016

◘ **Tab. 22.3.7** Krankenstand in Prozent nach Ausbildungsabschluss in der Branche Baugewerbe im Jahr 2015, AOK-Mitglieder

Wirtschaftsabteilung	Ausbildung						
	ohne Aus-bildungs-abschluss	mit Aus-bildungs-abschluss	Meister/ Techniker	Bachelor	Diplom/Magis-ter/Master/ Staatsexamen	Promo-tion	unbe-kannt
Hochbau	6,5	6,3	4,7	2,0	2,2	4,2	5,1
Tiefbau	7,1	6,5	5,0	1,7	2,1	4,5	6,2
Vorbereitende Bau-stellenarbeiten, Bauin-stallation und sonstiges Ausbaugewerbe	5,6	5,6	4,5	2,0	3,0	4,9	4,8
Branche insgesamt	5,9	5,8	4,6	2,0	2,6	4,7	5,0
Alle Branchen	6,2	5,6	4,3	2,2	2,7	2,0	5,0

Fehlzeiten-Report 2016

◘ **Tab. 22.3.8** Tage der Arbeitsunfähigkeit je AOK-Mitglied nach Ausbildung in der Branche Baugewerbe im Jahr 2015

Wirtschaftsabteilung	Ausbildung						
	ohne Aus-bildungs-abschluss	mit Aus-bildungs-abschluss	Meister/ Techniker	Bachelor	Diplom/Magis-ter/Master/ Staatsexamen	Promo-tion	unbe-kannt
Hochbau	23,7	23,2	17,1	7,2	8,1	15,3	18,7
Tiefbau	25,8	23,6	18,3	6,1	7,8	16,4	22,6
Vorbereitende Bau-stellenarbeiten, Bauin-stallation und sonstiges Ausbaugewerbe	20,3	20,3	16,4	7,4	10,9	17,9	17,5
Branche insgesamt	21,5	21,2	16,7	7,2	9,5	17,1	18,1
Alle Branchen	22,7	20,4	15,7	8,1	10,0	7,3	18,1

Fehlzeiten-Report 2016

◨ **Tab. 22.3.9** Anteil der Arbeitsunfälle an den AU-Fällen und -Tagen in Prozent nach Wirtschaftsabteilungen in der Branche Baugewerbe im Jahr 2015, AOK-Mitglieder

Wirtschaftsabteilung	AU-Fälle in %	AU-Tage in %
Hochbau	7,6	14,5
Tiefbau	6,0	10,2
Vorbereitende Baustellenarbeiten, Bauinstallation und sonstiges Ausbaugewerbe	5,8	11,5
Branche insgesamt	6,2	12,0
Alle Branchen	3,0	5,8

Fehlzeiten-Report 20

◨ **Tab. 22.3.10** Tage und Fälle der Arbeitsunfähigkeit durch Arbeitsunfälle nach Berufsgruppen in der Branche Baugewerbe im Jahr 2015, AOK-Mitglieder

Tätigkeit	Arbeitsunfähigkeit je 1.000 AOK-Mitglieder	
	AU-Tage	AU-Fälle
Berufe in der Zimmerei	4.796,0	191,1
Berufe in der Dachdeckerei	4.006,4	166,3
Berufe im Beton- u. Stahlbetonbau	4.005,5	135,3
Berufe im Maurerhandwerk	3.819,8	137,6
Berufe im Hochbau (ohne Spez.)	3.114,1	110,8
Berufskraftfahrer/innen (Güterverkehr/LKW)	2.996,8	94,8
Berufe im Tiefbau (ohne Spez.)	2.900,4	109,5
Berufe für Stuckateurarbeiten	2.894,3	99,6
Berufe im Straßen- u. Asphaltbau	2.874,4	116,6
Berufe im Aus- u. Trockenbau (ohne Spez.)	2.654,3	94,8
Berufe im Holz-, Möbel- u. Innenausbau	2.388,7	120,0
Führer/innen von Erdbewegungs- u. verwandten Maschinen	2.322,7	77,3
Berufe in der Maschinenbau- u. Betriebstechnik (ohne Spez.)	2.312,8	99,4
Berufe in der Sanitär-, Heizungs- u. Klimatechnik	2.241,3	122,2
Berufe für Maler- u. Lackiererarbeiten	2.077,3	88,0
Berufe in der Bauelektrik	1.912,6	93,5
Berufe in der Elektrotechnik (ohne Spez.)	1.887,4	82,9
Berufe in der Fliesen-, Platten- u. Mosaikverlegung	1.576,9	79,7
Büro- u. Sekretariatskräfte (ohne Spez.)	262,8	9,5
kaufmännische u. technische Betriebswirtschaft (ohne Spez.)	239,5	11,2
Branche insgesamt	2.424,9	97,6
Alle Branchen	1.137,2	51,0

Fehlzeiten-Report 20

◻ **Tab. 22.3.11** Tage und Fälle der Arbeitsunfähigkeit je 100 AOK-Mitglieder nach Krankheitsarten in der Branche Baugewerbe in den Jahren 1995 bis 2015

Jahr	Arbeitsunfähigkeiten je 100 AOK-Mitglieder											
	Psyche		Herz/Kreislauf		Atemwege		Verdauung		Muskel/Skelett		Verletzungen	
	Tage	Fälle	Tage	Fälle	Tage	Fälle	Tage	Fälle	Tage	Fälle	Tage	Fälle
1995	69,1	2,6	208,2	8,0	355,9	43,5	205,2	23,6	780,6	38,5	602,6	34,4
1996	70,5	2,5	198,8	7,0	308,8	37,3	181,0	21,3	753,9	35,0	564,8	31,7
1997	65,3	2,7	180,0	7,0	270,4	35,5	162,5	20,5	677,9	34,4	553,6	31,9
1998	69,2	2,9	179,1	7,3	273,9	37,1	160,7	20,9	715,7	37,0	548,9	31,7
1999	72,2	3,1	180,3	7,5	302,6	41,7	160,6	22,4	756,0	39,5	547,9	32,2
2000	80,8	3,6	159,7	6,9	275,1	39,2	144,2	19,3	780,1	41,2	528,8	31,2
2001	89,0	4,2	163,6	7,3	262,0	39,0	145,0	19,7	799,9	42,3	508,4	30,3
2002	90,7	4,4	159,7	7,3	240,8	36,7	141,0	20,2	787,2	41,8	502,0	29,7
2003	84,7	4,3	150,0	7,1	233,3	36,7	130,8	19,1	699,3	38,2	469,0	28,6
2004	102,0	4,4	158,3	6,6	200,2	30,6	132,1	18,6	647,6	36,0	446,6	26,8
2005	101,1	4,2	155,2	6,5	227,0	34,7	122,8	17,0	610,4	34,2	435,3	25,7
2006	91,9	4,1	146,4	6,4	184,3	29,1	119,4	17,8	570,6	33,8	442,6	26,4
2007	105,1	4,4	148,5	6,6	211,9	33,5	128,7	19,3	619,3	35,6	453,9	26,0
2008 (WZ03)	108,2	4,6	157,3	6,9	218,5	34,9	132,8	20,4	646,1	37,0	459,8	26,5
2008 (WZ08)*	107,3	4,6	156,4	6,9	217,0	34,7	131,4	20,2	642,3	36,9	459,2	26,5
2009	112,3	4,9	163,5	7,1	254,8	40,1	132,5	19,8	629,8	35,7	458,7	26,0
2010	121,0	5,0	160,5	6,9	216,2	34,1	127,0	18,4	654,5	36,6	473,1	26,5
2011	124,5	5,5	154,9	7,1	224,1	35,9	124,9	18,8	631,6	37,4	464,5	26,4
2012	143,6	5,7	178,5	7,4	223,4	35,0	133,8	18,7	679,8	37,5	475,6	25,0
2013	146,2	5,8	177,4	6,9	271,3	42,0	136,2	18,9	666,4	36,9	462,7	24,5
2014	157,4	6,4	183,4	7,3	227,2	35,6	139,0	19,3	716,4	38,9	475,9	24,6
2015	161,3	6,5	179,6	7,3	272,6	42,5	138,2	19,2	694,8	38,0	463,5	23,8

*aufgrund der Revision der Wirtschaftszweigklassifikation in 2008 ist eine Vergleichbarkeit mit den Vorjahren nur bedingt möglich

Fehlzeiten-Report 2016

◻ **Tab. 22.3.12** Verteilung der Arbeitsunfähigkeitstage nach Krankheitsarten in Prozent in der Branche Baugewerbe im Jahr 2015, AOK-Mitglieder

Wirtschaftsabteilung	AU-Tage in %						
	Psyche	Herz/Kreislauf	Atemwege	Verdauung	Muskel/Skelett	Verletzungen	Sonstige
Hochbau	5,2	7,6	8,4	4,8	26,8	17,6	29,5
Tiefbau	5,6	8,1	9,0	5,0	27,2	14,1	30,9
Vorbereitende Baustellenarbeiten, Bauinstallation und sonstiges Ausbaugewerbe	6,3	6,0	10,8	5,2	24,9	17,4	29,4
Branche insgesamt	5,9	6,6	10,1	5,1	25,6	17,1	29,6
Alle Branchen	10,5	6,1	13,0	5,2	21,8	10,8	32,8

Fehlzeiten-Report 2016

22

◘ **Tab. 22.3.13** Verteilung der Arbeitsunfähigkeitsfälle nach Krankheitsarten in Prozent in der Branche Baugewerbe im Jahr 2015, AOK-Mitglieder

Wirtschaftsabteilung	AU-Fälle in %						
	Psyche	Herz/ Kreislauf	Atem- wege	Ver- dauung	Muskel/ Skelett	Verlet- zungen	Sonstige
Hochbau	3,1	4,3	18,9	9,4	20,1	12,6	31,6
Tiefbau	3,3	4,9	18,5	9,6	20,9	10,7	32,2
Vorbereitende Baustellenarbeiten, Bauinstallation und sonstiges Ausbau- gewerbe	3,3	3,3	22,1	9,6	18,2	11,7	31,9
Branche insgesamt	3,2	3,6	21,1	9,5	18,8	11,8	31,9
Alle Branchen	5,0	3,8	24,0	9,2	15,8	7,4	34,9

Fehlzeiten-Report 20

◘ **Tab. 22.3.14** Verteilung der Arbeitsunfähigkeitstage nach Krankheitsarten und ausgewählten Berufsgruppen in der Branche Baugewerbe im Jahr 2015, AOK-Mitglieder

Tätigkeit	AU-Tage in %						
	Psyche	Herz/ Kreislauf	Atem- wege	Verdau- ung	Muskel/ Skelett	Verlet- zungen	Sonstige
Berufe für Maler- u. Lackiererarbeiten	5,5	5,9	10,9	5,4	25,6	17,3	29,4
Berufe für Stuckateurarbeiten	5,5	6,2	9,1	4,1	29,6	18,3	27,2
Berufe im Aus- u. Trockenbau (ohne Spez.)	5,3	6,4	9,2	4,9	27,8	19,7	26,7
Berufe im Beton- u. Stahlbetonbau	5,3	7,2	8,4	4,3	27,5	19,2	28,0
Berufe im Hochbau (ohne Spez.)	5,0	6,5	8,5	5,0	27,9	19,3	27,8
Berufe im Holz-, Möbel- u. Innen- ausbau	6,6	5,9	10,7	5,2	25,0	18,6	27,9
Berufe im Maurerhandwerk	4,5	7,2	7,7	4,5	28,7	19,2	28,2
Berufe im Straßen- u. Asphaltbau	5,5	7,0	9,0	5,3	27,3	16,4	29,4
Berufe im Tiefbau (ohne Spez.)	4,9	8,1	8,3	5,0	28,6	14,7	30,4
Berufe in der Bauelektrik	5,9	5,6	13,9	6,0	21,3	18,2	29,0
Berufe in der Dachdeckerei	4,8	5,1	9,4	5,2	26,9	22,0	26,7
Berufe in der Elektrotechnik (ohne Spez.)	7,8	5,5	12,7	5,8	23,2	16,0	29,0
Berufe in der Fliesen-, Platten- u. Mosaikverlegung	6,0	5,9	10,1	5,2	30,4	14,7	27,6
Berufe in der Maschinenbau- u. Betriebstechnik (ohne Spez.)	7,7	5,5	10,6	5,2	27,2	17,2	26,7
Berufe in der Sanitär-, Heizungs- u. Klimatechnik	5,3	5,7	12,0	5,4	24,5	18,4	28,6
Berufe in der Zimmerei	3,8	4,9	8,3	4,1	25,1	28,8	25,1
Berufskraftfahrer/innen (Güterverkehr/LKW)	5,4	9,0	8,2	4,5	24,1	15,1	33,7
Büro- u. Sekretariatskräfte (ohne Spez.)	12,1	5,7	12,9	5,3	16,8	8,6	38,6
Führer/innen von Erdbewegungs- u. verwandten Maschinen	5,4	10,1	7,1	5,1	26,3	12,7	33,3
Kaufmännische u. technische Betriebs- wirtschaft (ohne Spez.)	13,5	4,7	14,8	5,6	14,9	8,3	38,1
Branche gesamt	5,9	6,6	10,1	5,1	25,6	17,1	29,6
Alle Branchen	10,5	6,1	13,0	5,2	21,8	10,8	32,8

Fehlzeiten-Report 201

Tab. 22.3.15 Verteilung der Arbeitsunfähigkeitsfälle nach Krankheitsarten und ausgewählten Berufsgruppen in der Branche Baugewerbe im Jahr 2015, AOK-Mitglieder

Tätigkeit	AU-Fälle in %						
	Psyche	Herz/ Kreislauf	Atem- wege	Ver- dauung	Muskel/ Skelett	Verlet- zungen	Sonstige
Berufe für Maler- u. Lackiererarbeiten	3,3	2,8	22,5	10,1	17,8	11,1	32,4
Berufe für Stuckateurarbeiten	2,9	3,2	20,7	8,9	22,5	11,8	30,0
Berufe im Aus- u. Trockenbau (ohne Spez.)	3,3	3,3	19,5	9,0	22,2	13,0	29,8
Berufe im Beton- u. Stahlbetonbau	3,1	4,0	18,2	8,8	22,4	13,6	29,9
Berufe im Hochbau (ohne Spez.)	3,1	3,8	17,7	9,1	22,9	13,5	29,9
Berufe im Holz-, Möbel- u. Innen- ausbau	3,2	3,0	22,0	9,6	18,3	13,0	31,0
Berufe im Maurerhandwerk	2,7	3,9	18,7	9,3	20,8	14,3	30,4
Berufe im Straßen- u. Asphaltbau	3,0	3,8	19,3	9,7	19,7	12,2	32,4
Berufe im Tiefbau (ohne Spez.)	3,0	4,9	17,3	9,6	22,8	11,4	31,0
Berufe in der Bauelektrik	2,8	2,8	25,7	9,9	14,7	11,3	32,7
Berufe in der Dachdeckerei	2,9	2,8	20,1	10,1	19,2	15,4	29,6
Berufe in der Elektrotechnik (ohne Spez.)	3,7	3,1	23,5	9,6	18,1	10,6	31,5
Berufe in der Fliesen-, Platten- u. Mosaikverlegung	2,9	2,8	21,5	9,4	21,1	11,3	31,0
Berufe In der Maschinenbau- u. Betriebstechnik (ohne Spez.)	4,0	3,6	20,9	9,5	20,3	11,6	30,1
Berufe in der Sanitär-, Heizungs- u. Klimatechnik	2,6	2,7	23,9	9,8	16,6	12,6	31,8
Berufe in der Zimmerei	2,2	2,7	20,1	8,4	18,2	19,7	28,6
Berufskraftfahrer/innen (Güterverkehr/LKW)	3,3	5,9	16,4	9,6	20,1	10,8	34,0
Büro- u. Sekretariatskräfte (ohne Spez.)	5,3	3,7	25,0	9,9	10,8	5,5	39,9
Führer/innen von Erdbewegungs- u. verwandten Maschinen	3,2	6,6	15,7	10,0	20,9	10,2	33,5
Kaufmännische u. technische Betriebs- wirtschaft (ohne Spez.)	5,2	3,3	27,7	9,9	9,8	5,3	38,7
Branche gesamt	3,2	3,6	21,1	9,5	18,8	11,8	31,9
Alle Branchen	5,0	3,8	24,0	9,2	15,8	7,4	34,9

Fehlzeiten-Report 2016

22

◻ Tab. 22.3.16 Anteile der 40 häufigsten Einzeldiagnosen an den AU-Fällen und AU-Tagen in der Branche Baugewerbe im Jahr 2015, AOK-Mitglieder

ICD-10	Bezeichnung	AU-Fälle in %	AU-Tage in
J06	Akute Infektionen an mehreren oder nicht näher bezeichneten Lokalisationen der oberen Atemwege	8,0	3,0
M54	Rückenschmerzen	7,0	6,2
A09	Sonstige und nicht näher bezeichnete Gastroenteritis und Kolitis infektiösen und nicht näher bezeichneten Ursprungs	4,0	1,1
J20	Akute Bronchitis	2,2	1,0
K08	Sonstige Krankheiten der Zähne und des Zahnhalteapparates	2,2	0,4
T14	Verletzung an einer nicht näher bezeichneten Körperregion	2,0	1,8
K52	Sonstige nichtinfektiöse Gastroenteritis und Kolitis	1,9	0,6
J40	Bronchitis, nicht als akut oder chronisch bezeichnet	1,7	0,8
I10	Essentielle (primäre) Hypertonie	1,6	2,3
B34	Viruskrankheit nicht näher bezeichneter Lokalisation	1,6	0,6
K29	Gastritis und Duodenitis	1,3	0,5
R10	Bauch- und Beckenschmerzen	1,3	0,5
M25	Sonstige Gelenkkrankheiten, anderenorts nicht klassifiziert	1,2	1,4
M51	Sonstige Bandscheibenschäden	1,0	2,5
M99	Biomechanische Funktionsstörungen, anderenorts nicht klassifiziert	1,0	0,8
R51	Kopfschmerz	1,0	0,4
J03	Akute Tonsillitis	1,0	0,4
J02	Akute Pharyngitis	1,0	0,3
M75	Schulterläsionen	0,9	2,0
M23	Binnenschädigung des Kniegelenkes [internal derangement]	0,9	1,8
S93	Luxation, Verstauchung und Zerrung der Gelenke und Bänder in Höhe des oberen Sprunggelenkes und des Fußes	0,9	1,0
J01	Akute Sinusitis	0,9	0,3
M77	Sonstige Enthesopathien	0,8	0,9
M79	Sonstige Krankheiten des Weichteilgewebes, anderenorts nicht klassifiziert	0,8	0,6
J32	Chronische Sinusitis	0,8	0,4
R11	Übelkeit und Erbrechen	0,8	0,3
F32	Depressive Episode	0,7	1,6
F43	Reaktionen auf schwere Belastungen und Anpassungsstörungen	0,7	0,9
M53	Sonstige Krankheiten der Wirbelsäule und des Rückens, anderenorts nicht klassifiziert	0,7	0,7
J00	Akute Rhinopharyngitis [Erkältungsschnupfen]	0,7	0,2
S83	Luxation, Verstauchung und Zerrung des Kniegelenkes und von Bändern des Kniegelenkes	0,6	1,3
S61	Offene Wunde des Handgelenkes und der Hand	0,6	0,6
J11	Grippe, Viren nicht nachgewiesen	0,6	0,3
J98	Sonstige Krankheiten der Atemwege	0,6	0,2
A08	Virusbedingte und sonstige näher bezeichnete Darminfektionen	0,6	0,2
B99	Sonstige und nicht näher bezeichnete Infektionskrankheiten	0,6	0,2
M47	Spondylose	0,5	0,8
R42	Schwindel und Taumel	0,5	0,4
S60	Oberflächliche Verletzung des Handgelenkes und der Hand	0,5	0,4
R07	Hals- und Brustschmerzen	0,5	0,3
	Summe hier	**56,2**	**40,0**
	Restliche	43,8	60,0
	Gesamtsumme	**100,0**	**100,0**

◘ **Tab. 22.3.17** Anteile der 40 häufigsten Diagnoseuntergruppen an den AU-Fällen und AU-Tagen in der Branche Baugewerbe im Jahr 2015, AOK-Mitglieder

ICD-10	Bezeichnung	AU-Fälle in %	AU-Tage in %
J00–J06	Akute Infektionen der oberen Atemwege	12,1	4,6
M50–M54	Sonstige Krankheiten der Wirbelsäule und des Rückens	8,3	9,0
A00–A09	Infektiöse Darmkrankheiten	5,1	1,5
M70–M79	Sonstige Krankheiten des Weichteilgewebes	3,2	4,4
R50–R69	Allgemeinsymptome	3,0	2,2
J40–J47	Chronische Krankheiten der unteren Atemwege	2,8	1,8
K00–K14	Krankheiten der Mundhöhle, der Speicheldrüsen und der Kiefer	2,7	0,6
J20–J22	Sonstige akute Infektionen der unteren Atemwege	2,6	1,2
T08–T14	Verletzungen nicht näher bezeichneter Teile des Rumpfes, der Extremitäten oder anderer Körperregionen	2,4	2,3
R10–R19	Symptome, die das Verdauungssystem und das Abdomen betreffen	2,3	1,1
K50–K52	Nichtinfektiöse Enteritis und Kolitis	2,2	0,8
M20–M25	Sonstige Gelenkkrankheiten	2,1	3,4
S60–S69	Verletzungen des Handgelenkes und der Hand	2,0	2,8
I10–I15	Hypertonie [Hochdruckkrankheit]	1,8	2,7
K20–K31	Krankheiten des Ösophagus, des Magens und des Duodenums	1,8	0,9
B25–B34	Sonstige Viruskrankheiten	1,8	0,7
F40–F48	Neurotische, Belastungs- und somatoforme Störungen	1,5	2,4
S90–S99	Verletzungen der Knöchelregion und des Fußes	1,5	2,1
S80–S89	Verletzungen des Knies und des Unterschenkels	1,4	3,0
R00–R09	Symptome, die das Kreislaufsystem und das Atmungssystem betreffen	1,4	0,9
Z80–Z99	Personen mit potentiellen Gesundheitsrisiken aufgrund der Familien- oder Eigenanamnese und bestimmte Zustände, die den Gesundheitszustand beeinflussen	1,3	3,0
J30–J39	Sonstige Krankheiten der oberen Atemwege	1,3	0,7
M95–M99	Sonstige Krankheiten des Muskel-Skelett-Systems und des Bindegewebes	1,2	0,9
G40–G47	Episodische und paroxysmale Krankheiten des Nervensystems	1,1	0,9
J09–J18	Grippe und Pneumonie	1,1	0,7
M15–M19	Arthrose	1,0	2,7
K55–K64	Sonstige Krankheiten des Darmes	1,0	0,9
E70–E90	Stoffwechselstörungen	0,9	1,3
S00–S09	Verletzungen des Kopfes	0,9	0,8
F30–F39	Affektive Störungen	0,8	2,3
G50–G59	Krankheiten von Nerven, Nervenwurzeln und Nervenplexus	0,7	1,1
F10–F19	Psychische und Verhaltensstörungen durch psychotrope Substanzen	0,7	1,0
M65–M68	Krankheiten der Synovialis und der Sehnen	0,7	0,9
M05–M14	Entzündliche Polyarthropathien	0,7	0,8
R40–R46	Symptome, die das Erkennungs- und Wahrnehmungsvermögen, die Stimmung und das Verhalten betreffen	0,7	0,6
Z00–Z13	Personen, die das Gesundheitswesen zur Untersuchung und Abklärung in Anspruch nehmen	0,7	0,6
J95–J99	Sonstige Krankheiten des Atmungssystems	0,7	0,5
S40–S49	Verletzungen der Schulter und des Oberarmes	0,6	1,4
S20–S29	Verletzungen des Thorax	0,6	0,9
L00–L08	Infektionen der Haut und der Unterhaut	0,6	0,6
	Summe hier	79,3	71,0
	Restliche	20,7	29,0
	Gesamtsumme	100,0	100,0

Fehlzeiten-Report 2016

22.4 Dienstleistungen

◻ **Tab. 22.4.1** Entwicklung des Krankenstands der AOK-Mitglieder in der Branche Dienstleistungen in den Jahren 2000 bis 2015

Jahr	Krankenstand in %			AU-Fälle je 100 AOK-Mitglieder			Tage je Fall		
	West	Ost	Bund	West	Ost	Bund	West	Ost	Bund
2000	4,6	5,6	4,8	148,6	164,9	150,9	11,4	12,3	11,5
2001	4,6	5,4	4,7	146,9	156,2	148,2	11,4	12,7	11,6
2002	4,5	5,2	4,6	145,2	151,7	146,1	11,3	12,4	11,5
2003	4,3	4,7	4,3	141,5	142,9	141,7	11,0	11,9	11,2
2004	3,9	4,1	4,0	126,9	126,1	126,8	11,3	12,0	11,4
2005	3,8	3,9	3,8	126,6	120,6	125,6	11,0	11,8	11,2
2006	3,7	3,8	3,8	127,3	118,9	125,9	10,7	11,6	10,9
2007	4,0	4,1	4,1	140,5	129,9	138,7	10,5	11,5	10,7
2008 (WZ03)	4,2	4,3	4,2	149,0	134,6	146,5	10,4	11,6	10,6
2008 (WZ08)*	4,1	4,2	4,1	147,0	135,3	145,0	10,3	11,4	10,4
2009	4,2	4,5	4,2	146,3	140,1	145,2	10,4	11,6	10,6
2010	4,2	4,6	4,2	146,7	146,7	146,7	10,4	11,3	10,5
2011	4,3	4,4	4,3	152,5	148,8	151,9	10,2	10,7	10,3
2012	4,3	4,7	4,4	148,4	136,4	146,4	10,6	12,5	10,9
2013	4,3	4,7	4,4	151,5	141,0	149,7	10,3	12,3	10,6
2014	4,3	4,8	4,4	148,4	138,9	146,8	10,6	12,6	10,9
2015	4,4	4,9	4,5	153,9	146,5	152,7	10,4	12,1	10,7

*aufgrund der Revision der Wirtschaftszweigklassifikation in 2008 ist eine Vergleichbarkeit mit den Vorjahren nur bedingt möglich

Fehlzeiten-Report 2016

22

◻ **Tab. 22.4.2.** Arbeitsunfähigkeit der AOK-Mitglieder in der Branche Dienstleistungen nach Bundesländern im Jahr 20 im Vergleich zum Vorjahr

Bundesland	Kranken-stand in %	Arbeitsunfähigkeit je 100 AOK-Mitglieder				Tage je Fall	Veränd. z. Vorj. in %	AU-Quote in %
		AU-Fälle	Veränd. z. Vorj. in %	AU-Tage	Veränd. z. Vorj. in %			
Baden-Württemberg	4,2	156,5	4,7	1.516,7	2,1	9,7	−2,5	46,6
Bayern	3,7	126,5	4,4	1.349,6	3,2	10,7	−1,2	39,8
Berlin	4,6	150,9	−0,8	1.669,2	−3,0	11,1	−2,2	40,9
Brandenburg	5,1	145,9	3,8	1.851,5	1,6	12,7	−2,1	46,1
Bremen	4,8	155,5	3,9	1.759,4	1,3	11,3	−2,5	44,0
Hamburg	4,6	154,4	2,4	1.690,2	−0,4	10,9	−2,7	43,3
Hessen	4,8	170,3	3,3	1.752,7	1,3	10,3	−2,0	46,6
Mecklenburg-Vorpommern	5,0	137,2	4,0	1.840,9	−0,2	13,4	−4,1	43,7
Niedersachsen	4,8	165,9	3,5	1.744,4	1,5	10,5	−2,0	48,6
Nordrhein-Westfalen	4,8	166,9	3,6	1.745,6	1,5	10,5	−2,1	47,7
Rheinland-Pfalz	4,8	171,5	3,9	1.751,4	3,2	10,2	−0,7	47,9
Saarland	4,9	143,8	4,5	1.794,4	1,2	12,5	−3,1	44,6
Sachsen	4,6	146,7	7,2	1.696,3	3,9	11,6	−3,1	50,6
Sachsen-Anhalt	5,1	141,5	1,7	1.865,4	−2,2	13,2	−3,8	45,5
Schleswig-Holstein	4,5	147,1	1,0	1.659,2	−1,1	11,3	−2,1	44,9
Thüringen	5,2	154,9	4,9	1.887,8	1,6	12,2	−3,1	48,8
West	**4,4**	**153,9**	**3,7**	**1.601,3**	**1,7**	**10,4**	**−2,0**	**45,1**
Ost	**4,9**	**146,5**	**5,5**	**1.780,4**	**2,0**	**12,1**	**−3,3**	**48,4**
Bund	**4,5**	**152,7**	**4,0**	**1.631,6**	**1,7**	**10,7**	**−2,2**	**45,6**

Fehlzeiten-Report 20

◘ Tab. 22.4.3 Arbeitsunfähigkeit der AOK-Mitglieder in der Branche Dienstleistungen nach Wirtschaftsabteilungen im Jahr 2015

Wirtschaftsabteilung	Krankenstand in %		Arbeitsunfähigkeiten je 100 AOK-Mitglieder		Tage je Fall	AU-Quote in %
	2015	2015 stand.*	Fälle	Tage		
Erbringung von freiberuflichen, wissenschaftlichen und technischen Dienstleistungen	3,5	3,9	145,1	1.267,6	8,7	50,4
Erbringung von sonstigen Dienstleistungen	4,7	4,7	159,8	1.717,1	10,7	53,7
Erbringung von sonstigen wirtschaftlichen Dienstleistungen	5,3	5,5	183,8	1.945,6	10,6	47,3
Gastgewerbe	3,8	4,0	111,4	1.390,4	12,5	36,7
Grundstücks- und Wohnungswesen	4,6	4,4	137,2	1.677,9	12,2	49,3
Information und Kommunikation	3,7	4,2	143,1	1.337,8	9,3	46,9
Kunst, Unterhaltung und Erholung	4,5	4,6	128,9	1.642,2	12,7	42,4
Private Haushalte mit Hauspersonal, Herstellung von Waren und Erbringung von Dienstleistungen durch private Haushalte für den Eigenbedarf	2,7	2,8	74,3	997,4	13,4	29,2
Branche insgesamt	**4,5**	**4,7**	**152,7**	**1.631,6**	**10,7**	**45,6**
Alle Branchen	**5,3**	**5,4**	**167,6**	**1.950,4**	**11,6**	**54,9**

*Krankenstand alters- und geschlechtsstandardisiert

Fehlzeiten-Report 2016

22

◻ **Tab. 22.4.4** Kennzahlen der Arbeitsunfähigkeit der AOK-Mitglieder nach ausgewählten Berufsgruppen in der Branche Dienstleistungen im Jahr 2015

Tätigkeit	Kranken-stand in %	Arbeitsunfähigkeiten je 100 AOK-Mitglieder		Tage je Fall	AU-Quote in %	Anteil der Berufs-gruppe an der Branche in %*
		Fälle	Tage			
Berufe im Dialogmarketing	7,9	320,2	2.875,1	9,0	62,3	1,4
Berufe im Friseurgewerbe	3,6	173,7	1.315,8	7,6	55,3	2,0
Berufe im Gartenbau (ohne Spez.)	5,6	168,5	2.054,1	12,2	51,3	1,1
Berufe im Gastronomieservice (ohne Spez.)	3,5	106,9	1.287,1	12,0	34,1	7,8
Berufe im Hotelservice	4,2	147,4	1.519,4	10,3	44,5	2,6
Berufe im Objekt-, Werte- u. Personenschutz	5,7	149,5	2.094,6	14,0	45,3	3,0
Berufe im Verkauf (ohne Spez.)	3,9	138,2	1.435,9	10,4	37,0	1,1
Berufe in der Gebäudereinigung	6,0	163,1	2.187,9	13,4	50,7	1,9
Berufe in der Gebäudetechnik (ohne Spez.)	4,9	119,1	1.780,3	14,9	45,7	1,6
Berufe in der Hauswirtschaft	4,7	121,8	1.726,8	14,2	43,4	1,1
Berufe in der Kunststoff- u. Kautschuk-herstellung (ohne Spez.)	5,1	226,1	1.851,2	8,2	49,0	1,2
Berufe in der Lagerwirtschaft	5,2	214,1	1.915,4	8,9	44,8	9,3
Berufe in der Maschinenbau- u. Betriebstechnik (ohne Spez.)	4,9	187,9	1.775,2	9,4	50,5	1,2
Berufe in der Metallbearbeitung (ohne Spez.)	5,0	222,6	1.815,3	8,2	49,8	3,3
Berufe in der Reinigung (ohne Spez.)	5,9	155,6	2.136,6	13,7	49,2	10,0
Berufe in der Steuerberatung	2,7	152,8	986,2	6,5	56,0	1,2
Büro- u. Sekretariatskräfte (ohne Spez.)	3,6	148,1	1.327,7	9,0	48,9	4,5
Kaufmännische u. technische Betriebs-wirtschaft (ohne Spez.)	3,7	156,0	1.351,3	8,7	51,4	1,5
Köche/Köchinnen (ohne Spez.)	4,0	113,1	1.477,2	13,1	36,8	8,1
Branche insgesamt	**4,5**	**152,7**	**1.631,6**	**10,7**	**45,6**	**29,1****

* Anteil der AOK-Mitglieder in der Berufsgruppe an den in der Branche beschäftigten AOK-Mitgliedern insgesamt
**Anteil der AOK-Mitglieder in der Branche an allen AOK-Mitgliedern

Fehlzeiten-Report 20

◻ **Tab. 22.4.5** Dauer der Arbeitsunfähigkeit der AOK-Mitglieder in der Branche Dienstleistungen im Jahr 2015

Fallklasse	Branche hier		alle Branchen	
	Anteil Fälle in %	Anteil Tage in %	Anteil Fälle in %	Anteil Tage in %
1–3 Tage	35,8	6,8	35,8	6,2
4–7 Tage	32,5	15,4	31,3	13,5
8–14 Tage	17,3	16,7	17,3	15,4
15–21 Tage	5,7	9,2	5,8	8,6
22–28 Tage	2,6	5,9	2,8	6,0
29–42 Tage	2,6	8,3	2,9	8,6
Langzeit-AU (> 42 Tage)	3,6	37,7	4,2	41,6

Fehlzeiten-Report 20

Tab. 22.4.6 Tage der Arbeitsunfähigkeit je AOK-Mitglied nach Wirtschaftsabteilung und Betriebsgröße in der Branche Dienstleistungen im Jahr 2015

Wirtschaftsabteilungen	Betriebsgröße (Anzahl der AOK-Mitglieder)					
	10–49	50–99	100–199	200–499	500–999	≥ 1.000
Erbringung von freiberuflichen, wissenschaftlichen und technischen Dienstleistungen	14,0	16,5	16,9	17,8	20,0	15,4
Erbringung von sonstigen Dienstleistungen	19,8	22,9	24,0	21,6	20,6	14,1
Erbringung von sonstigen wirtschaftlichen Dienstleistungen	20,1	20,5	20,4	19,7	19,8	16,2
Gastgewerbe	15,4	18,1	21,7	21,2	24,2	38,4
Grundstücks- und Wohnungswesen	19,5	23,7	28,2	20,1	–	–
Information und Kommunikation	14,2	16,0	19,3	20,2	12,0	–
Kunst, Unterhaltung und Erholung	18,4	21,6	20,1	18,6	18,6	14,5
Private Haushalte mit Hauspersonal, Herstellung von Waren und Erbringung von Dienstleistungen durch private Haushalte für den Eigenbedarf	10,2	–	–	–	–	–
Branche insgesamt	17,4	19,9	20,5	19,7	19,9	16,9
Alle Branchen	20,3	22,2	22,4	22,2	22,5	22,2

Fehlzeiten-Report 2016

22

◻ Tab. 22.4.7 Krankenstand in Prozent nach Ausbildungsabschluss in der Branche Dienstleistungen im Jahr 2015, AOK-Mitglieder

Wirtschaftsabteilung	Ausbildung						
	ohne Ausbildungsabschluss	mit Ausbildungsabschluss	Meister/ Techniker	Bachelor	Diplom/Magister/Master/ Staatsexamen	Promotion	unbe kann
Erbringung von freiberuflichen, wissenschaftlichen und technischen Dienstleistungen	4,4	3,9	3,3	1,9	2,0	1,4	3,7
Erbringung von sonstigen Dienstleistungen	6,0	4,8	4,3	2,6	2,9	1,8	4,4
Erbringung von sonstigen wirtschaftlichen Dienstleistungen	5,5	5,6	4,7	2,5	3,1	3,8	5,2
Gastgewerbe	4,5	4,3	3,8	2,2	3,0	3,3	3,3
Grundstücks- und Wohnungswesen	5,5	4,9	4,1	2,4	2,7	4,2	4,3
Information und Kommunikation	4,5	4,3	3,3	1,7	1,9	1,5	3,8
Kunst, Unterhaltung und Erholung	4,9	5,1	4,2	2,6	3,0	3,0	4,0
Private Haushalte mit Hauspersonal, Herstellung von Waren und Erbringung von Dienstleistungen durch private Haushalte für den Eigenbedarf	2,6	3,2	2,5	2,3	2,1	0,8	2,5
Branche insgesamt	5,1	4,8	3,9	2,1	2,3	1,9	4,3
Alle Branchen	6,2	5,6	4,3	2,2	2,7	2,0	5,0

Fehlzeiten-Report 20

■ **Tab. 22.4.8** Tage der Arbeitsunfähigkeit je AOK-Mitglied nach Ausbildung in der Branche Dienstleistungen im Jahr 2015

Wirtschaftsabteilung	Ausbildung						
	ohne Aus-bildungs-abschluss	mit Aus-bildungs-abschluss	Meister/Techniker	Bachelor	Diplom/Magis-ter/Master/Staatsexamen	Promo-tion	unbe-kannt
Erbringung von frei-beruflichen, wissen-schaftlichen und technischen Dienst-leistungen	15,9	14,3	12,0	6,9	7,2	5,0	13,4
Erbringung von sons-tigen Dienstleistungen	21,8	17,7	15,8	9,3	10,5	6,5	16,0
Erbringung von sons-tigen wirtschaftlichen Dienstleistungen	20,0	20,4	17,1	9,1	11,3	14,0	19,0
Gastgewerbe	16,4	15,8	13,9	7,9	10,9	12,1	11,9
Grundstücks- und Wohnungswesen	20,1	17,8	15,1	8,6	9,9	15,3	15,6
Information und Kommunikation	16,3	15,8	11,9	6,2	7,1	5,5	13,8
Kunst, Unterhaltung und Erholung	17,8	18,7	15,4	9,5	10,9	10,9	14,8
Private Haushalte mit Hauspersonal, Her-stellung von Waren und Erbringung von Dienstleistungen durch private Haushalte für den Eigenbedarf	9,6	11,6	9,1	8,5	7,7	2,8	9,2
Branche insgesamt	**18,6**	**17,5**	**14,3**	**7,5**	**8,4**	**6,8**	**15,8**
Alle Branchen	**22,7**	**20,4**	**15,7**	**8,1**	**10,0**	**7,3**	**18,1**

Fehlzeiten-Report 2016

■ **Tab. 22.4.9** Anteil der Arbeitsunfälle an den AU-Fällen und -Tagen in Prozent nach Wirtschaftsabteilungen in der Branche Dienstleistungen im Jahr 2015, AOK-Mitglieder

Wirtschaftsabteilung	AU-Fälle in %	AU-Tage in %
Erbringung von freiberuflichen, wissenschaftlichen und technischen Dienstleistungen	1,6	3,7
Erbringung von sonstigen Dienstleistungen	1,8	3,8
Erbringung von sonstigen wirtschaftlichen Dienstleistungen	3,6	6,7
Gastgewerbe	3,4	5,1
Grundstücks- und Wohnungswesen	2,6	4,8
Information und Kommunikation	1,4	3,0
Kunst, Unterhaltung und Erholung	3,9	8,2
Private Haushalte mit Hauspersonal, Herstellung von Waren und Erbringung von Dienstleistungen durch private Haushalte für den Eigenbedarf	1,8	3,8
Branche insgesamt	**2,9**	**5,5**
Alle Branchen	**3,0**	**5,8**

Fehlzeiten-Report 2016

22

◘ Tab. 22.4.10 Tage und Fälle der Arbeitsunfähigkeit durch Arbeitsunfälle nach Berufsgruppen in der Branche Dienstleistungen im Jahr 2015, AOK-Mitglieder

Tätigkeit	Arbeitsunfähigkeit je 1.000 AOK-Mitglieder	
	AU-Tage	AU-Fälle
Berufe im Gartenbau (ohne Spez.)	2.080,5	90,7
Berufe in der Maschinenbau- u. Betriebstechnik (ohne Spez.)	1.597,3	84,0
Berufe in der Lagerwirtschaft	1.473,3	89,0
Berufe in der Metallbearbeitung (ohne Spez.)	1.454,0	98,4
Berufe in der Kunststoff- u. Kautschukherstellung (ohne Spez.)	1.319,7	88,5
Berufe in der Gebäudetechnik (ohne Spez.)	1.206,0	49,5
Berufe in der Gebäudereinigung	1.090,8	45,9
Berufe im Objekt-, Werte- u. Personenschutz	1.066,1	39,9
Berufe in der Reinigung (ohne Spez.)	921,5	37,4
Köche/Köchinnen (ohne Spez.)	805,8	46,5
Berufe im Hotelservice	705,5	35,5
Berufe in der Hauswirtschaft	677,2	26,4
Berufe im Gastronomieservice (ohne Spez.)	588,0	32,0
Berufe im Verkauf (ohne Spez.)	555,7	28,3
Berufe im Dialogmarketing	403,5	21,8
Berufe im Friseurgewerbe	257,1	18,8
Büro- u. Sekretariatskräfte (ohne Spez.)	249,0	12,7
kaufmännische u. technische Betriebswirtschaft (ohne Spez.)	243,1	14,3
Berufe in der Steuerberatung	153,8	9,5
Branche insgesamt	**896,8**	**44,7**
Alle Branchen	**1.137,2**	**51,0**

Fehlzeiten-Report 20

◨ **Tab. 22.4.11** Tage und Fälle der Arbeitsunfähigkeit je 100 AOK-Mitglieder nach Krankheitsarten in der Branche Dienstleistungen in den Jahren 1995 bis 2015

Jahr	Arbeitsunfähigkeiten je 100 AOK-Mitglieder											
	Psyche		Herz/Kreislauf		Atemwege		Verdauung		Muskel/Skelett		Verletzungen	
	Tage	Fälle	Tage	Fälle	Tage	Fälle	Tage	Fälle	Tage	Fälle	Tage	Fälle
2000	136,7	7,0	127,0	8,2	307,0	44,0	141,7	20,3	508,6	33,5	260,6	18,2
2001	146,4	7,8	131,4	8,8	292,2	43,4	142,1	20,8	521,6	34,6	256,4	18,1
2002	151,6	8,1	128,1	8,8	277,1	41,7	141,6	21,3	511,8	34,2	247,1	17,4
2003	146,8	8,0	122,1	8,6	275,7	42,5	132,9	20,5	464,0	31,5	235,5	16,5
2004	158,8	7,9	125,2	7,6	233,4	35,2	129,7	19,4	435,6	28,8	223,9	15,3
2005	150,9	7,4	118,9	7,2	259,5	39,2	119,8	17,8	404,7	27,1	216,7	14,7
2006	152,0	7,6	117,2	7,4	223,5	35,0	123,8	19,3	409,4	28,3	226,9	15,8
2007	167,4	8,3	120,3	7,5	254,8	40,1	133,9	21,5	433,8	30,2	232,0	16,1
2008 (WZ03)	177,0	8,7	124,0	7,8	267,3	42,3	140,4	22,7	455,9	31,9	237,7	16,5
2008 (WZ08)*	174,8	8,7	119,2	7,6	263,3	42,1	137,3	22,5	441,1	31,2	232,7	16,3
2009	185,8	9,0	119,6	7,4	298,3	46,6	132,1	21,0	427,9	29,0	224,2	14,9
2010	196,5	9,4	116,5	7,4	259,2	41,6	121,2	19,6	448,4	30,8	241,3	16,3
2011	202,9	9,9	112,1	7,3	265,7	42,5	121,5	19,7	437,6	31,5	237,7	16,1
2012	228,4	10,2	125,1	7,4	262,6	41,2	124,2	19,1	460,1	30,9	236,0	14,8
2013	220,0	9,8	121,0	6,9	306,3	47,5	120,6	18,5	445,0	30,1	230,5	14,4
2014	238,5	10,6	125,3	7,2	255,5	40,6	123,9	18,9	471,5	31,4	233,6	14,4
2015	239,8	10,5	122,7	7,2	303,2	47,5	119,9	18,4	456,9	30,6	228,3	14,0

*aufgrund der Revision der Wirtschaftszweigklassifikation In 2008 ist eine Vergleichbarkeit mit den Vorjahren nur bedingt möglich

Fehlzeiten-Report 2016

◻ Tab. 22.4.12 Verteilung der Arbeitsunfähigkeitstage nach Krankheitsarten in Prozent in der Branche Dienstleistungen im Jahr 2015, AOK-Mitglieder

Wirtschaftsabteilung	AU-Tage in %						
	Psyche	Herz/ Kreislauf	Atem- wege	Ver- dauung	Muskel/ Skelett	Verlet- zungen	Sonstige
Erbringung von freiberuflichen, wissenschaftlichen und technischen Dienstleistungen	12,1	4,8	17,1	5,8	15,9	9,3	35,0
Erbringung von sonstigen Dienstleistungen	12,6	5,5	13,9	5,2	19,0	8,9	34,9
Erbringung von sonstigen wirtschaftlichen Dienstleistungen	9,4	5,7	13,5	5,5	22,9	11,1	31,8
Gastgewerbe	11,6	5,6	11,5	5,3	21,0	10,5	34,4
Grundstücks- und Wohnungswesen	10,8	6,7	12,7	5,2	20,6	10,0	34,0
Information und Kommunikation	13,3	5,0	17,4	5,6	16,8	8,5	33,4
Kunst, Unterhaltung und Erholung	12,7	5,7	13,0	5,1	18,6	11,6	33,3
Private Haushalte mit Hauspersonal, Herstellung von Waren und Erbringung von Dienstleistungen durch private Haushalte für den Eigenbedarf	9,8	6,2	10,5	4,8	19,3	9,5	39,9
Branche insgesamt	**10,9**	**5,6**	**13,7**	**5,4**	**20,7**	**10,4**	**33,3**
Alle Branchen	**10,5**	**6,1**	**13,0**	**5,2**	**21,8**	**10,8**	**32,8**

Fehlzeiten-Report 20

◻ Tab. 22.4.13 Verteilung der Arbeitsunfähigkeitsfälle nach Krankheitsarten in Prozent in der Branche Dienstleistungen im Jahr 2015, AOK-Mitglieder

Wirtschaftsabteilung	AU-Fälle in %						
	Psyche	Herz/ Kreislauf	Atem- wege	Ver- dauung	Muskel/ Skelett	Verlet- zungen	Sonstige
Erbringung von freiberuflichen, wissenschaftlichen und technischen Dienstleistungen	5,0	3,0	28,8	9,6	10,9	5,7	37,0
Erbringung von sonstigen Dienstleistungen	5,7	3,6	24,9	9,2	13,2	5,8	37,5
Erbringung von sonstigen wirtschaftlichen Dienstleistungen	4,9	3,6	22,4	9,3	17,9	7,7	34,2
Gastgewerbe	5,8	3,8	21,0	9,0	15,3	7,8	37,2
Grundstücks- und Wohnungswesen	5,3	4,5	23,5	9,6	15,2	6,8	35,2
Information und Kommunikation	5,3	3,1	29,6	9,2	11,7	5,3	35,7
Kunst, Unterhaltung und Erholung	6,4	4,0	23,7	8,6	13,8	7,8	35,7
Private Haushalte mit Hauspersonal, Herstellung von Waren und Erbringung von Dienstleistungen durch private Haushalte für den Eigenbedarf	5,7	5,3	21,0	8,3	14,6	6,1	39,1
Branche insgesamt	**5,3**	**3,6**	**23,8**	**9,3**	**15,4**	**7,0**	**35,6**
Alle Branchen	**5,0**	**3,8**	**24,0**	**9,2**	**15,8**	**7,4**	**34,9**

Fehlzeiten-Report 20

◘ Tab. 22.4.14 Verteilung der Arbeitsunfähigkeitstage nach Krankheitsarten und ausgewählten Berufsgruppen in der Branche Dienstleistungen im Jahr 2015, AOK-Mitglieder

Tätigkeit	AU-Tage in %						
	Psyche	Herz/ Kreislauf	Atem- wege	Ver- dauung	Muskel/ Skelett	Verlet- zungen	Sonstige
Berufe im Dialogmarketing	18,6	3,9	20,4	6,4	12,3	4,9	33,5
Berufe im Friseurgewerbe	13,1	3,5	16,2	6,4	15,1	8,6	37,2
Berufe im Gartenbau (ohne Spez.)	6,5	6,9	10,8	5,0	25,7	15,4	29,6
Berufe im Gastronomieservice (ohne Spez.)	12,1	4,9	12,1	5,6	20,7	10,4	34,2
Berufe im Hotelservice	11,0	4,2	13,6	5,3	21,7	9,4	34,7
Berufe im Objekt-, Werte- u. Personenschutz	12,9	7,7	12,5	5,4	18,5	8,6	34,4
Berufe im Verkauf (ohne Spez.)	12,8	5,0	13,3	5,3	19,3	9,0	35,3
Berufe in der Gebäudereinigung	9,0	6,0	11,9	4,8	26,2	9,2	32,9
Berufe in der Gebäudetechnik (ohne Spez.)	8,6	9,0	10,2	5,1	22,6	11,4	33,2
Berufe in der Hauswirtschaft	11,5	5,9	10,9	4,7	22,6	8,7	35,7
Berufe in der Kunststoff- u. Kautschuk- herstellung (ohne Spez.)	6,9	4,7	15,2	6,3	22,4	12,6	31,9
Berufe in der Lagerwirtschaft	7,6	5,3	14,2	6,1	23,9	12,7	30,2
Berufe in der Maschinenbau- u. Betriebstechnik (ohne Spez.)	7,8	5,1	14,6	6,0	21,8	14,7	30,1
Berufe in der Metallbearbeitung (ohne Spez.)	6,9	4,8	15,5	6,5	22,4	13,7	30,2
Berufe in der Reinigung (ohne Spez.)	10,2	5,9	11,5	4,6	25,6	8,7	33,6
Berufe in der Steuerberatung	12,5	3,8	21,1	6,4	9,8	7,3	39,2
Büro- u. Sekretariatskräfte (ohne Spez.)	14,6	4,6	16,9	5,6	13,4	7,2	37,6
Kaufmännische u. technische Betriebswirtschaft (ohne Spez.)	15,4	4,3	17,9	6,0	13,1	7,0	36,3
Köche/Köchinnen (ohne Spez.)	10,9	6,2	10,8	5,3	21,6	10,6	34,5
Branche gesamt	**10,9**	**5,6**	**13,7**	**5,4**	**20,7**	**10,4**	**33,3**
Alle Branchen	**10,5**	**6,1**	**13,0**	**5,2**	**21,8**	**10,8**	**32,8**

Fehlzeiten-Report 2016

◻ Tab. 22.4.15 Verteilung der Arbeitsunfähigkeitsfälle nach Krankheitsarten und ausgewählten Berufsgruppen in der Branche Dienstleistungen im Jahr 2015, AOK-Mitglieder

Tätigkeit	AU-Fälle in %						
	Psyche	Herz/ Kreislauf	Atem- wege	Ver- dauung	Muskel/ Skelett	Verlet- zungen	Sonstige
Berufe im Dialogmarketing	7,6	2,9	28,0	10,3	9,2	3,3	38,6
Berufe im Friseurgewerbe	5,6	2,6	25,6	9,9	10,0	5,3	41,1
Berufe im Gartenbau (ohne Spez.)	3,9	4,0	19,7	9,2	21,1	11,0	31,1
Berufe im Gastronomieservice (ohne Spez.)	6,0	3,5	21,6	9,0	14,9	7,6	37,3
Berufe im Hotelservice	5,8	3,1	22,7	8,9	15,1	6,5	38,0
Berufe im Objekt-, Werte- u. Personenschutz	7,2	5,0	21,8	8,5	14,6	6,3	36,6
Berufe im Verkauf (ohne Spez.)	6,1	3,4	22,9	9,1	13,6	6,1	38,8
Berufe in der Gebäudereinigung	5,1	4,3	20,6	8,7	20,3	6,7	34,3
Berufe in der Gebäudetechnik (ohne Spez.)	4,8	5,9	19,5	9,3	18,3	8,7	33,5
Berufe in der Hauswirtschaft	5,9	4,8	21,1	8,5	16,3	6,0	37,3
Berufe in der Kunststoff- u. Kautschuk- herstellung (ohne Spez.)	4,2	3,2	21,8	10,0	17,7	8,3	34,7
Berufe in der Lagerwirtschaft	4,1	3,2	22,0	9,8	19,7	8,6	32,7
Berufe in der Maschinenbau- u. Betriebstechnik (ohne Spez.)	4,1	3,2	24,0	9,3	17,4	9,4	32,5
Berufe in der Metallbearbeitung (ohne Spez.)	4,1	3,0	22,9	10,0	17,9	9,0	33,2
Berufe in der Reinigung (ohne Spez.)	5,5	4,6	20,2	8,4	20,1	6,1	35,1
Berufe in der Steuerberatung	4,3	2,5	31,0	10,3	7,2	4,3	40,4
Büro- u. Sekretariatskräfte (ohne Spez.)	6,0	3,1	28,1	9,8	9,5	4,5	39,0
Kaufmännische u. technische Betriebswirtschaft (ohne Spez.)	5,9	2,9	29,2	9,6	9,5	4,7	38,2
Köche/Köchinnen (ohne Spez.)	5,6	4,2	19,9	9,1	15,9	8,2	37,1
Branche gesamt	5,3	3,6	23,8	9,3	15,4	7,0	35,6
Alle Branchen	5,0	3,8	24,0	9,2	15,8	7,4	34,9

Fehlzeiten-Report 20

◘ Tab. 22.4.16 Anteile der 40 häufigsten Einzeldiagnosen an den AU-Fällen und AU-Tagen in der Branche Dienstleistungen im Jahr 2015, AOK-Mitglieder

ICD-10	Bezeichnung	AU-Fälle in %	AU-Tage in %
J06	Akute Infektionen an mehreren oder nicht näher bezeichneten Lokalisationen der oberen Atemwege	9,3	4,5
M54	Rückenschmerzen	6,2	5,9
A09	Sonstige und nicht näher bezeichnete Gastroenteritis und Kolitis infektiösen und nicht näher bezeichneten Ursprungs	4,2	1,6
J20	Akute Bronchitis	2,3	1,4
J40	Bronchitis, nicht als akut oder chronisch bezeichnet	1,9	1,1
K52	Sonstige nichtinfektiöse Gastroenteritis und Kolitis	1,9	0,8
R10	Bauch- und Beckenschmerzen	1,8	0,9
K08	Sonstige Krankheiten der Zähne und des Zahnhalteapparates	1,8	0,5
B34	Viruskrankheit nicht näher bezeichneter Lokalisation	1,7	0,8
K29	Gastritis und Duodenitis	1,6	0,8
I10	Essentielle (primäre) Hypertonie	1,4	1,9
R51	Kopfschmerz	1,3	0,6
F32	Depressive Episode	1,2	3,2
F43	Reaktionen auf schwere Belastungen und Anpassungsstörungen	1,2	2,0
T14	Verletzung an einer nicht näher bezeichneten Körperregion	1,1	1,1
J03	Akute Tonsillitis	1,1	0,6
J02	Akute Pharyngitis	1,1	0,5
J32	Chronische Sinusitis	1,0	0,5
J01	Akute Sinusitis	1,0	0,5
R11	Übelkeit und Erbrechen	1,0	0,5
M25	Sonstige Gelenkkrankheiten, anderenorts nicht klassifiziert	0,9	1,1
J00	Akute Rhinopharyngitis [Erkältungsschnupfen]	0,9	0,4
M99	Biomechanische Funktionsstörungen, anderenorts nicht klassifiziert	0,8	0,7
M79	Sonstige Krankheiten des Weichteilgewebes, anderenorts nicht klassifiziert	0,8	0,7
M51	Sonstige Bandscheibenschäden	0,7	1,6
F45	Somatoforme Störungen	0,7	1,1
F48	Andere neurotische Störungen	0,7	0,9
M53	Sonstige Krankheiten der Wirbelsäule und des Rückens, anderenorts nicht klassifiziert	0,7	0,8
R53	Unwohlsein und Ermüdung	0,7	0,6
R42	Schwindel und Taumel	0,7	0,5
J98	Sonstige Krankheiten der Atemwege	0,7	0,4
G43	Migräne	0,7	0,3
M75	Schulterläsionen	0,6	1,3
M77	Sonstige Enthesopathien	0,6	0,8
N39	Sonstige Krankheiten des Harnsystems	0,6	0,4
J11	Grippe, Viren nicht nachgewiesen	0,6	0,4
B99	Sonstige und nicht näher bezeichnete Infektionskrankheiten	0,6	0,3
J04	Akute Laryngitis und Tracheitis	0,6	0,3
A08	Virusbedingte und sonstige näher bezeichnete Darminfektionen	0,6	0,2
S93	Luxation, Verstauchung und Zerrung der Gelenke und Bänder in Höhe des oberen Sprunggelenkes und des Fußes	0,5	0,6
	Summe hier	57,8	43,1
	Restliche	42,2	56,9
	Gesamtsumme	100,0	100,0

Fehlzeiten-Report 2016

22

◻ Tab. 22.4.17 Anteile der 40 häufigsten Diagnoseuntergruppen an den AU-Fällen und AU-Tagen in der Branche Dienst leistungen im Jahr 2015, AOK-Mitglieder

ICD-10	Bezeichnung	AU-Fälle in %	AU-Tage in
J00–J06	Akute Infektionen der oberen Atemwege	14,1	7,0
M50–M54	Sonstige Krankheiten der Wirbelsäule und des Rückens	7,4	7,9
A00–A09	Infektiöse Darmkrankheiten	5,2	2,0
R50–R69	Allgemeinsymptome	3,7	2,8
J40–J47	Chronische Krankheiten der unteren Atemwege	3,0	2,2
R10–R19	Symptome, die das Verdauungssystem und das Abdomen betreffen	3,0	1,7
F40–F48	Neurotische, Belastungs- und somatoforme Störungen	2,9	5,0
J20–J22	Sonstige akute Infektionen der unteren Atemwege	2,7	1,6
M70–M79	Sonstige Krankheiten des Weichteilgewebes	2,4	3,3
K00–K14	Krankheiten der Mundhöhle, der Speicheldrüsen und der Kiefer	2,3	0,7
K50–K52	Nichtinfektiöse Enteritis und Kolitis	2,2	1,0
K20–K31	Krankheiten des Ösophagus, des Magens und des Duodenums	2,1	1,2
B25–B34	Sonstige Viruskrankheiten	1,9	0,9
F30–F39	Affektive Störungen	1,6	4,7
I10–I15	Hypertonie [Hochdruckkrankheit]	1,6	2,2
G40–G47	Episodische und paroxysmale Krankheiten des Nervensystems	1,6	1,2
J30–J39	Sonstige Krankheiten der oberen Atemwege	1,6	1,0
M20–M25	Sonstige Gelenkkrankheiten	1,5	2,5
R00–R09	Symptome, die das Kreislaufsystem und das Atmungssystem betreffen	1,4	0,9
T08–T14	Verletzungen nicht näher bezeichneter Teile des Rumpfes, der Extremitäten oder anderer Körperregionen	1,3	1,3
Z80–Z99	Personen mit potentiellen Gesundheitsrisiken aufgrund der Familien- oder Eigenanamnese und bestimmte Zustände, die den Gesundheits- zustand beeinflussen	1,2	2,5
S60–S69	Verletzungen des Handgelenkes und der Hand	1,0	1,4
J09–J18	Grippe und Pneumonie	1,0	0,8
S90–S99	Verletzungen der Knöchelregion und des Fußes	0,9	1,3
K55–K64	Sonstige Krankheiten des Darmes	0,9	0,8
M95–M99	Sonstige Krankheiten des Muskel-Skelett-Systems und des Bindegewebes	0,9	0,8
R40–R46	Symptome, die das Erkennungs- und Wahrnehmungsvermögen, die Stimmung und das Verhalten betreffen	0,9	0,7
N30–N39	Sonstige Krankheiten des Harnsystems	0,9	0,6
S80–S89	Verletzungen des Knies und des Unterschenkels	0,8	1,7
E70–E90	Stoffwechselstörungen	0,8	1,0
J95–J99	Sonstige Krankheiten des Atmungssystems	0,8	0,6
M15–M19	Arthrose	0,7	1,9
Z00–Z13	Personen, die das Gesundheitswesen zur Untersuchung und Abklärung in Anspruch nehmen	0,7	0,5
B99–B99	Sonstige Infektionskrankheiten	0,7	0,4
G50–G59	Krankheiten von Nerven, Nervenwurzeln und Nervenplexus	0,6	1,1
M65–M68	Krankheiten der Synovialis und der Sehnen	0,6	0,9
F10–F19	Psychische und Verhaltensstörungen durch psychotrope Substanzen	0,6	0,8
L00–L08	Infektionen der Haut und der Unterhaut	0,6	0,6
N80–N98	Nichtentzündliche Krankheiten des weiblichen Genitaltraktes	0,6	0,5
I95–I99	Sonstige und nicht näher bezeichnete Krankheiten des Kreislaufsystems	0,6	0,4
	Summe hier	**79,3**	**70,4**
	Restliche	20,7	29,6
	Gesamtsumme	**100,0**	**100,0**

22.5 Energie, Wasser, Entsorgung und Bergbau

▣ Tab. 22.5.1 Entwicklung des Krankenstands der AOK-Mitglieder in der Branche Energie, Wasser, Entsorgung und Ber̶ bau in den Jahren 1994 bis 2015

Jahr	Krankenstand in %			AU-Fälle je 100 AOK-Mitglieder			Tage je Fall		
	West	Ost	Bund	West	Ost	Bund	West	Ost	Bund
1994	6,4	5,2	6,0	143,8	117,4	136,7	16,1	14,0	15,6
1995	6,2	5,0	5,8	149,0	126,4	143,3	15,6	13,9	15,2
1996	5,7	4,1	5,3	139,1	112,4	132,3	15,7	13,8	15,3
1997	5,5	4,2	5,2	135,8	107,1	129,1	14,8	13,8	14,6
1998	5,7	4,0	5,3	140,4	108,1	133,4	14,8	13,6	14,6
1999	5,9	4,4	5,6	149,7	118,8	143,4	14,4	13,5	14,2
2000	5,8	4,4	5,5	148,8	122,3	143,7	14,3	13,1	14,1
2001	5,7	4,4	5,4	145,0	120,3	140,4	14,3	13,5	14,2
2002	5,5	4,5	5,3	144,9	122,0	140,7	13,9	13,4	13,8
2003	5,2	4,1	5,0	144,2	121,6	139,9	13,2	12,4	13,0
2004	4,9	3,7	4,6	135,2	114,8	131,1	13,1	11,9	12,9
2005	4,8	3,7	4,6	139,1	115,5	134,3	12,7	11,7	12,5
2006	4,4	3,6	4,3	127,1	112,8	124,2	12,7	11,7	12,5
2007	4,8	3,7	4,6	138,7	117,0	134,3	12,7	11,6	12,5
2008 (WZ03)	4,9	3,9	4,7	142,6	121,6	138,2	12,6	11,8	12,4
2008 (WZ08)*	5,6	4,9	5,4	157,8	132,3	152,1	13,0	13,5	13,1
2009	5,8	5,3	5,7	162,4	142,8	158,1	13,0	13,5	13,1
2010	6,0	5,5	5,9	165,7	148,9	162,0	13,3	13,4	13,3
2011	6,0	4,9	5,8	166,2	148,3	162,3	13,3	12,2	13,0
2012	6,0	5,4	5,9	163,5	145,8	159,6	13,4	13,7	13,4
2013	6,4	5,7	6,2	175,2	154,5	170,8	13,2	13,4	13,3
2014	6,5	5,7	6,3	171,9	150,3	167,3	13,7	13,8	13,7
2015	6,7	5,9	6,5	183,1	163,8	178,9	13,3	13,0	13,3

*aufgrund der Revision der Wirtschaftszweigklassifikation in 2008 ist eine Vergleichbarkeit mit den Vorjahren nur bedin̶ möglich

⬛ Tab. 22.5.2 Arbeitsunfähigkeit der AOK-Mitglieder in der Branche Energie, Wasser, Entsorgung und Bergbau nach Bundesländern im Jahr 2015 im Vergleich zum Vorjahr

Bundesland	Kranken-stand in %	Arbeitsunfähigkeit je 100 AOK-Mitglieder				Tage je Fall	Veränd. z. Vorj. in %	AU-Quote in %
		AU-Fälle	Veränd. z. Vorj. in %	AU-Tage	Veränd. z. Vorj. in %			
Baden-Württemberg	5,9	174,9	6,8	2.157,0	2,8	12,3	−3,7	63,4
Bayern	6,0	159,4	7,8	2.185,4	5,1	13,7	−2,5	59,2
Berlin	6,6	185,6	−2,0	2.415,9	3,3	13,0	5,4	52,1
Brandenburg	5,8	157,0	5,2	2.127,0	−5,4	13,5	−10,1	57,8
Bremen	8,4	214,2	6,9	3.064,8	4,7	14,3	−2,1	65,0
Hamburg	6,1	195,0	4,9	2.219,3	−12,7	11,4	−16,8	54,9
Hessen	7,8	206,9	8,4	2.833,5	5,5	13,7	−2,6	67,7
Mecklenburg-Vorpommern	6,2	169,5	7,7	2.273,8	6,4	13,4	−1,3	62,0
Niedersachsen	6,6	191,7	6,3	2.413,9	1,4	12,6	−4,6	63,8
Nordrhein-Westfalen	7,3	195,1	5,2	2.673,6	3,4	13,7	−1,7	66,8
Rheinland-Pfalz	8,1	206,5	6,1	2.963,4	7,2	14,3	1,1	67,5
Saarland	7,9	178,8	14,2	2.878,9	24,6	16,1	9,2	63,9
Sachsen	5,7	164,6	11,8	2.091,1	7,9	12,7	−3,5	62,8
Sachsen-Anhalt	6,1	155,4	5,4	2.244,5	1,4	14,4	−3,8	57,3
Schleswig-Holstein	6,3	175,1	6,8	2.293,7	−1,4	13,1	−7,6	61,4
Thüringen	5,8	169,2	7,2	2.124,0	−2,0	12,6	−8,6	61,3
West	6,7	183,1	6,5	2.441,7	3,7	13,3	−2,7	63,5
Ost	5,9	163,8	9,0	2.135,9	3,2	13,0	−5,3	61,1
Bund	6,5	178,9	6,9	2.375,0	3,5	13,3	−3,2	62,9

Fehlzeiten-Report 2016

⬛ Tab. 22.5.3 Arbeitsunfähigkeit der AOK-Mitglieder in der Branche Energie, Wasser, Entsorgung und Bergbau nach Wirtschaftsabteilungen im Jahr 2015

Wirtschaftsabteilung	Krankenstand in %		Arbeitsunfähigkeiten je 100 AOK-Mitglieder		Tage je Fall	AU-Quote in %
	2015	2015 stand.*	Fälle	Tage		
Abwasserentsorgung	6,4	5,5	181,1	2.346,7	13,0	64,8
Bergbau und Gewinnung von Steinen und Erden	5,7	4,7	151,6	2.095,5	13,8	59,1
Beseitigung von Umweltverschmutzungen und sonstige Entsorgung	7,3	6,7	180,7	2.649,2	14,7	62,0
Energieversorgung	5,0	4,7	161,1	1.814,3	11,3	59,9
Sammlung, Behandlung und Beseitigung von Abfällen, Rückgewinnung	7,8	6,4	197,5	2.830,7	14,3	65,2
Wasserversorgung	6,2	5,5	181,0	2.280,8	12,6	67,1
Branche insgesamt	6,5	5,6	178,9	2.375,0	13,3	62,9
Alle Branchen	5,3	5,4	167,6	1.950,4	11,6	54,9

*Krankenstand alters- und geschlechtsstandardisiert

Fehlzeiten-Report 2016

22

◻ **Tab. 22.5.4** Kennzahlen der Arbeitsunfähigkeit der AOK-Mitglieder nach ausgewählten Berufsgruppen in der Branch
Energie, Wasser, Entsorgung und Bergbau im Jahr 2015

Tätigkeit	Kranken-stand in %	Arbeitsunfähigkeiten je 100 AOK-Mitglieder		Tage je Fall	AU-Quote in %	Anteil der Berufsgrupp an der Bran-che in %*
		Fälle	Tage			
Berufe im Gartenbau (ohne Spez.)	9,8	246,0	3.583,4	14,6	71,4	1,0
Berufe im Metallbau	7,5	191,8	2.725,6	14,2	67,1	1,0
Berufe im Rohrleitungsbau	7,7	191,6	2.822,7	14,7	71,2	1,0
Berufe in der Abfallwirtschaft	7,3	203,0	2.674,8	13,2	66,7	1,5
Berufe in der Bauelektrik	5,8	167,5	2.103,4	12,6	64,6	3,0
Berufe in der elektrischen Betriebstechnik	4,3	176,5	1.556,0	8,8	61,6	2,0
Berufe in der Energie- u. Kraftwerkstechnik	5,2	144,2	1.906,0	13,2	59,6	2,3
Berufe in der Kraftfahrzeugtechnik	6,9	206,4	2.523,1	12,2	69,6	1,2
Berufe in der Lagerwirtschaft	6,7	177,7	2.438,4	13,7	58,4	5,1
Berufe in der Maschinenbau- u. Betriebstechnik (ohne Spez.)	6,2	197,7	2.273,4	11,5	66,5	2,4
Berufe in der Naturstein- u. Mineralaufbereitung	6,4	170,9	2.341,5	13,7	62,9	1,4
Berufe in der Reinigung (ohne Spez.)	7,5	179,4	2.733,1	15,2	60,9	1,6
Berufe in der Ver- u. Entsorgung (ohne Spez.)	9,3	238,4	3.407,2	14,3	70,8	10,2
Berufe in der Wasserversorgungs- u. Abwassertechnik	6,6	187,0	2.398,9	12,8	66,8	4,0
Berufskraftfahrer/innen (Güterverkehr/LKW)	8,2	186,3	2.975,8	16,0	65,7	15,0
Büro- u. Sekretariatskräfte (ohne Spez.)	3,9	159,1	1.421,4	8,9	57,6	4,9
Führer/innen von Erdbewegungs- u. verwandten Maschinen	6,7	153,7	2.462,1	16,0	60,5	2,3
Kaufmännische u. technische Betriebswirt-schaft (ohne Spez.)	3,9	158,4	1.416,2	8,9	60,3	5,2
Maschinen- u. Anlagenführer/innen	6,4	161,6	2.341,7	14,5	63,1	2,1
Technische Servicekräfte in Wartung u. Instandhaltung	6,0	168,3	2.202,8	13,1	59,9	1,1
Branche insgesamt	**6,5**	**178,9**	**2.375,0**	**13,3**	**62,9**	**1,4****

* Anteil der AOK-Mitglieder in der Berufsgruppe an den in der Branche beschäftigten AOK-Mitgliedern insgesamt
**Anteil der AOK-Mitglieder in der Branche an allen AOK-Mitgliedern

◻ **Tab. 22.5.5** Dauer der Arbeitsunfähigkeit der AOK-Mitglieder in der Branche Energie, Wasser, Entsorgung und Bergba
im Jahr 2015

Fallklasse	Branche hier		alle Branchen	
	Anteil Fälle in %	Anteil Tage in %	Anteil Fälle in %	Anteil Tage in %
1–3 Tage	32,9	4,8	35,8	6,2
4–7 Tage	28,8	10,8	31,3	13,5
8–14 Tage	19,1	15,0	17,3	15,4
15–21 Tage	6,9	9,0	5,8	8,6
22–28 Tage	3,5	6,5	2,8	6,0
29–42 Tage	3,8	9,8	2,9	8,6
Langzeit-AU (> 42 Tage)	5,1	43,9	4,2	41,6

◩ **Tab. 22.5.6** Tage der Arbeitsunfähigkeit je AOK-Mitglied nach Wirtschaftsabteilung und Betriebsgröße in der Branche Energie, Wasser, Entsorgung und Bergbau im Jahr 2015

Wirtschaftsabteilungen	Betriebsgröße (Anzahl der AOK-Mitglieder)					
	10–49	50–99	100–199	200–499	500–999	≥ 1.000
Abwasserentsorgung	25,7	27,5	23,7	24,0	–	–
Bergbau und Gewinnung von Steinen und Erden	21,4	22,2	19,2	20,9	–	–
Beseitigung von Umweltverschmutzungen und sonstige Entsorgung	23,4	39,6	–	–	–	–
Energieversorgung	17,3	20,3	19,9	20,4	22,3	–
Sammlung, Behandlung und Beseitigung von Abfällen, Rückgewinnung	26,4	30,4	31,9	32,8	39,7	41,1
Wasserversorgung	21,4	23,4	26,8	22,5	–	–
Branche insgesamt	22,9	26,2	25,9	25,6	33,9	41,1
Alle Branchen	20,3	22,2	22,4	22,2	22,5	22,2

Fehlzeiten-Report 2016

◩ **Tab. 22.5.7** Krankenstand in Prozent nach Ausbildungsabschluss in der Branche Energie, Wasser, Entsorgung und Bergbau im Jahr 2015, AOK-Mitglieder

Wirtschaftsabteilung	Ausbildung						
	ohne Ausbildungsabschluss	mit Ausbildungsabschluss	Meister/Techniker	Bachelor	Diplom/Magister/Master/Staatsexamen	Promotion	unbekannt
Abwasserentsorgung	8,0	6,6	4,1	1,6	3,7	–	6,3
Bergbau und Gewinnung von Steinen und Erden	6,9	5,8	3,8	1,4	2,6	3,3	5,4
Beseitigung von Umweltverschmutzungen und sonstige Entsorgung	9,4	7,3	4,0	5,9	4,4	–	7,0
Energieversorgung	5,3	5,4	3,9	1,9	2,6	1,7	4,8
Sammlung, Behandlung und Beseitigung von Abfällen, Rückgewinnung	9,6	7,5	5,4	2,9	3,5	1,6	7,0
Wasserversorgung	7,2	6,5	4,5	2,8	4,1	–	5,9
Branche insgesamt	8,3	6,5	4,3	2,1	2,9	1,9	6,4
Alle Branchen	6,2	5,6	4,3	2,2	2,7	2,0	5,0

Fehlzeiten-Report 2016

◻ **Tab. 22.5.8** Tage der Arbeitsunfähigkeit je AOK-Mitglied nach Ausbildung in der Branche Energie, Wasser, Entsorgung und Bergbau im Jahr 2015

Wirtschaftsabteilung	Ausbildung						
	ohne Ausbildungsabschluss	mit Ausbildungsabschluss	Meister/ Techniker	Bachelor	Diplom/Magister/Master/ Staatsexamen	Promotion	unb kan
Abwasserentsorgung	29,2	24,1	15,1	5,7	13,5	–	23,0
Bergbau und Gewinnung von Steinen und Erden	25,0	21,2	13,8	5,0	9,6	11,9	19,7
Beseitigung von Umweltverschmutzungen und sonstige Entsorgung	34,2	26,8	14,5	21,7	16,0	–	25,6
Energieversorgung	19,2	19,9	14,2	6,8	9,5	6,3	17,6
Sammlung, Behandlung und Beseitigung von Abfällen, Rückgewinnung	35,1	27,5	19,8	10,6	12,7	5,9	25,6
Wasserversorgung	26,2	23,8	16,6	10,1	15,0	–	21,5
Branche insgesamt	**30,3**	**23,8**	**15,6**	**7,7**	**10,7**	**6,9**	**23,5**
Alle Branchen	**22,7**	**20,4**	**15,7**	**8,1**	**10,0**	**7,3**	**18,1**

Fehlzeiten-Report 20

◻ **Tab. 22.5.9** Anteil der Arbeitsunfälle an den AU-Fällen und -Tagen in Prozent nach Wirtschaftsabteilungen in der Branche Energie, Wasser, Entsorgung und Bergbau im Jahr 2015, AOK-Mitglieder

Wirtschaftsabteilung	AU-Fälle in %	AU-Tage in %
Abwasserentsorgung	3,6	7,4
Bergbau und Gewinnung von Steinen und Erden	4,7	9,7
Beseitigung von Umweltverschmutzungen und sonstige Entsorgung	4,3	9,6
Energieversorgung	2,4	5,3
Sammlung, Behandlung und Beseitigung von Abfällen, Rückgewinnung	4,9	8,8
Wasserversorgung	2,5	5,1
Branche insgesamt	**4,0**	**7,8**
Alle Branchen	**3,0**	**5,8**

Fehlzeiten-Report 20

◘ Tab. 22.5.10 Tage und Fälle der Arbeitsunfähigkeit durch Arbeitsunfälle nach Berufsgruppen in der Branche Energie, Wasser, Entsorgung und Bergbau im Jahr 2015, AOK-Mitglieder

Tätigkeit	Arbeitsunfähigkeit je 1.000 AOK-Mitglieder	
	AU-Tage	AU-Fälle
Berufe im Metallbau	3.031,9	146,3
Berufskraftfahrer/innen (Güterverkehr/LKW)	2.928,2	104,9
Führer/innen von Erdbewegungs- u. verwandten Maschinen	2.827,1	83,5
Berufe in der Ver- u. Entsorgung (ohne Spez.)	2.773,9	109,4
Berufe in der Naturstein- u. Mineralaufbereitung	2.640,1	104,0
Berufe in der Lagerwirtschaft	2.592,6	94,6
Berufe im Gartenbau (ohne Spez.)	2.496,0	96,0
Berufe in der Maschinenbau- u. Betriebstechnik (ohne Spez.)	2.386,5	87,0
Berufe in der Kraftfahrzeugtechnik	2.367,5	128,7
Berufe in der Abfallwirtschaft	2.349,5	107,9
Maschinen- u. Anlagenführer/innen	2.183,4	84,3
Berufe in der Wasserversorgungs- u. Abwassertechnik	1.936,1	71,8
Technische Servicekräfte in Wartung u. Instandhaltung	1.661,9	64,9
Berufe im Rohrleitungsbau	1.557,4	63,9
Berufe in der Bauelektrik	1.533,7	55,0
Berufe in der elektrischen Betriebstechnik	910,0	49,4
Berufe in der Reinigung (ohne Spez.)	716,3	29,8
Berufe in der Energie- u. Kraftwerkstechnik	655,0	23,4
kaufmännische u. technische Betriebswirtschaft (ohne Spez.)	306,0	14,0
Büro- u. Sekretariatskräfte (ohne Spez.)	302,7	13,6
Branche insgesamt	**1.853,2**	**70,9**
Alle Branchen	**1.137,2**	**51,0**

Fehlzeiten-Report 2016

22

 Tab. 22.5.11 Tage und Fälle der Arbeitsunfähigkeit je 100 AOK-Mitglieder nach Krankheitsarten in der Branche Energie, Wasser, Entsorgung und Bergbau in den Jahren 1995 bis 2015

Jahr	Arbeitsunfähigkeiten je 100 AOK-Mitglieder											
	Psyche		Herz/Kreislauf		Atemwege		Verdauung		Muskel/Skelett		Verletzunge	
	Tage	Fälle	Tage	Fälle	Tage	Fälle	Tage	Fälle	Tage	Fälle	Tage	Fäl
1995	97,5	3,5	225,6	9,4	388,0	45,0	190,5	22,7	713,0	35,2	381,6	22,
1996	95,0	3,4	208,2	8,5	345,8	40,8	168,6	21,0	664,2	32,2	339,2	19,
1997	96,1	3,6	202,5	8,6	312,8	39,5	159,4	20,8	591,7	31,8	326,9	19,
1998	100,6	3,9	199,5	8,9	314,8	40,6	156,4	20,8	637,4	34,3	315,3	19,
1999	109,0	4,2	191,8	9,1	358,0	46,6	159,4	22,2	639,7	35,5	333,0	19,
2000	117,1	4,7	185,3	8,4	305,5	40,2	140,8	18,6	681,8	37,5	354,0	20,
2001	128,8	5,1	179,0	9,1	275,2	37,6	145,3	19,2	693,3	38,0	354,0	20,
2002	123,5	5,5	176,2	9,2	262,8	36,7	144,0	20,2	678,0	38,3	343,6	19,
2003	125,3	5,8	167,0	9,5	276,9	39,4	134,4	20,1	606,6	35,5	320,6	19,
2004	136,6	5,7	179,8	8,9	241,9	33,9	143,2	20,2	583,5	34,5	301,5	17,
2005	134,4	5,5	177,8	8,9	289,5	40,4	134,6	18,7	547,0	33,2	299,8	17,
2006	131,5	5,6	180,1	8,9	232,2	33,7	131,8	19,3	540,1	32,9	294,5	17,
2007	142,8	6,1	187,1	9,2	255,4	36,4	141,0	20,7	556,8	33,5	293,1	16,
2008 (WZ03)	152,0	6,1	186,1	9,4	264,6	38,1	140,7	21,1	563,9	34,0	295,0	16,
2008 (WZ08)*	161,5	6,7	212,6	10,5	293,0	39,4	167,2	23,3	674,7	40,3	361,8	20,
2009	179,1	7,2	223,8	10,3	340,2	45,1	166,5	23,0	677,2	39,4	362,9	19,
2010	186,4	7,7	216,5	10,5	303,4	40,9	156,5	21,5	735,2	42,5	406,8	21,
2011	195,3	8,2	210,1	10,5	306,0	41,1	153,3	21,2	701,6	41,4	369,4	20,
2012	218,5	8,4	230,6	10,5	300,0	40,6	162,7	21,4	723,8	40,9	378,3	19,
2013	235,4	8,6	245,2	10,4	390,8	50,5	167,8	21,7	741,5	41,6	389,0	20,
2014	244,4	9,5	251,2	10,9	312,8	41,9	170,7	22,5	792,9	43,3	394,5	19,
2015	260,4	9,8	254,4	11,0	396,2	52,3	171,0	22,6	777,1	42,8	380,4	19,

*aufgrund der Revision der Wirtschaftszweigklassifikation in 2008 ist eine Vergleichbarkeit mit den Vorjahren nur bedin möglich

◘ Tab. 22.5.12 Verteilung der Arbeitsunfähigkeitstage nach Krankheitsarten in Prozent in der Branche Energie, Wasser, Entsorgung und Bergbau im Jahr 2015, AOK-Mitglieder

Wirtschaftsabteilung	AU-Tage in %						
	Psyche	Herz/Kreislauf	Atem-wege	Ver-dauung	Muskel/Skelett	Verlet-zungen	Sonstige
Abwasserentsorgung	7,0	7,7	12,7	5,5	24,0	11,5	31,6
Bergbau und Gewinnung von Steinen und Erden	6,0	8,0	10,7	5,7	23,5	13,0	33,1
Beseitigung von Umweltverschmutzungen und sonstige Entsorgung	6,0	9,1	10,2	4,9	22,4	10,5	36,8
Energieversorgung	9,1	7,2	14,5	5,2	20,3	10,5	33,1
Sammlung, Behandlung und Beseitigung von Abfällen, Rückgewinnung	7,9	7,8	11,2	5,1	25,1	11,8	31,1
Wasserversorgung	8,5	8,1	12,8	5,2	22,1	10,7	32,7
Branche insgesamt	7,9	7,7	12,0	5,2	23,6	11,6	31,9
Alle Branchen	10,5	6,1	13,0	5,2	21,8	10,8	32,8

Fehlzeiten-Report 2016

◘ Tab. 22.5.13 Verteilung der Arbeitsunfähigkeitsfälle nach Krankheitsarten in Prozent in der Branche Energie, Wasser, Entsorgung und Bergbau im Jahr 2015, AOK-Mitglieder

Wirtschaftsabteilung	AU-Fälle in %						
	Psyche	Herz/Kreislauf	Atem-wege	Ver-dauung	Muskel/Skelett	Verlet-zungen	Sonstige
Abwasserentsorgung	3,6	4,4	22,9	9,9	18,3	8,1	32,9
Bergbau und Gewinnung von Steinen und Erden	3,2	5,1	20,7	9,8	18,1	9,5	33,6
Beseitigung von Umweltverschmutzungen und sonstige Entsorgung	4,9	4,7	18,6	10,3	19,7	8,4	33,2
Energieversorgung	4,2	4,2	26,2	9,8	14,8	7,1	33,6
Sammlung, Behandlung und Beseitigung von Abfällen, Rückgewinnung	4,4	4,9	20,4	9,4	20,1	8,8	32,1
Wasserversorgung	4,2	4,8	23,3	10,3	16,7	7,1	33,5
Branche insgesamt	4,2	4,7	22,3	9,6	18,2	8,3	32,8
Alle Branchen	5,0	3,8	24,0	9,2	15,8	7,4	34,9

Fehlzeiten-Report 2016

22

◘ **Tab. 22.5.14** Verteilung der Arbeitsunfähigkeitstage nach Krankheitsarten und ausgewählten Berufsgruppen in der Branche Energie, Wasser, Entsorgung und Bergbau im Jahr 2015, AOK-Mitglieder

Tätigkeit	AU-Tage in %						
	Psyche	Herz/ Kreislauf	Atem- wege	Ver- dauung	Muskel/ Skelett	Verlet- zungen	Sonstig
Berufe im Gartenbau (ohne Spez.)	8,5	6,9	11,1	6,6	25,6	11,3	30,0
Berufe im Metallbau	4,9	6,9	10,9	5,1	25,4	15,8	31,0
Berufe im Rohrleitungsbau	7,1	10,6	10,5	5,6	23,5	9,8	32,9
Berufe in der Abfallwirtschaft	5,8	8,0	11,0	5,0	21,2	10,8	38,0
Berufe in der Bauelektrik	5,3	7,6	12,9	5,5	25,3	11,8	31,6
Berufe in der elektrischen Betriebstechnik	6,1	5,1	16,4	6,8	18,5	13,7	33,4
Berufe in der Energie- u. Kraftwerkstechnik	7,3	8,0	12,8	6,4	20,5	9,2	35,8
Berufe in der Kraftfahrzeugtechnik	8,0	6,4	12,4	4,2	23,0	14,8	31,2
Berufe in der Lagerwirtschaft	6,9	7,9	10,7	5,4	24,6	13,8	30,7
Berufe in der Maschinenbau- u. Betriebstechnik (ohne Spez.)	4,9	8,1	13,5	6,0	22,3	15,5	29,7
Berufe in der Naturstein- u. Mineralaufbereitung	6,0	9,4	11,7	4,6	25,6	12,6	30,0
Berufe in der Reinigung (ohne Spez.)	8,9	8,5	10,4	3,7	24,6	7,5	36,3
Berufe in der Ver- u. Entsorgung (ohne Spez.)	7,7	7,3	12,5	5,1	27,6	11,6	28,1
Berufe in der Wasserversorgungs- u. Abwassertechnik	6,9	8,1	11,3	5,4	23,8	12,9	31,6
Berufskraftfahrer/innen (Güterverkehr/LKW)	7,1	8,5	9,7	4,8	26,0	12,0	31,8
Büro- u. Sekretariatskräfte (ohne Spez.)	13,3	4,5	17,4	6,1	12,9	7,0	38,8
Führer/innen von Erdbewegungs- u. verwandten Maschinen	5,2	9,6	10,1	6,0	23,7	12,4	33,0
Kaufmännische u. technische Betriebswirtschaft (ohne Spez.)	13,4	4,9	18,7	5,9	12,6	7,6	36,7
Maschinen- u. Anlagenführer/innen	6,8	8,6	11,7	4,7	24,4	13,3	30,5
Technische Servicekräfte in Wartung u. Instandhaltung	7,8	7,3	11,3	4,6	21,5	13,1	34,5
Branche gesamt	7,9	7,7	12,0	5,2	23,6	11,6	31,9
Alle Branchen	10,5	6,1	13,0	5,2	21,8	10,8	32,8

Fehlzeiten-Report 20

▢ Tab. 22.5.15 Verteilung der Arbeitsunfähigkeitsfälle nach Krankheitsarten und ausgewählten Berufsgruppen in der Branche Energie, Wasser, Entsorgung und Bergbau im Jahr 2015, AOK-Mitglieder

Tätigkeit	AU-Fälle in %						
	Psyche	Herz/ Kreislauf	Atem- wege	Ver- dauung	Muskel/ Skelett	Verlet- zungen	Sonstige
Berufe im Gartenbau (ohne Spez.)	4,3	4,3	19,8	9,9	21,5	8,3	31,9
Berufe im Metallbau	3,2	4,6	20,8	9,1	19,1	11,3	31,9
Berufe im Rohrleitungsbau	4,0	5,9	19,4	10,0	19,8	8,5	32,5
Berufe in der Abfallwirtschaft	3,8	4,5	22,2	8,7	19,2	8,8	32,7
Berufe in der Bauelektrik	2,9	4,9	23,9	10,1	17,6	8,6	32,1
Berufe in der elektrischen Betriebstechnik	3,2	2,7	28,9	10,4	12,0	8,9	33,8
Berufe in der Energie- u. Kraftwerkstechnik	4,5	5,5	22,5	9,9	17,0	6,4	34,3
Berufe in der Kraftfahrzeugtechnik	3,8	3,9	22,6	9,2	17,3	10,6	32,7
Berufe in der Lagerwirtschaft	3,9	4,7	19,9	9,7	20,6	9,4	31,6
Berufe in der Maschinenbau- u. Betriebstechnik (ohne Spez.)	3,1	4,4	23,0	9,9	17,1	10,2	32,4
Berufe in der Naturstein- u. Mineralaufbereitung	2,8	5,2	19,8	9,9	20,3	10,7	31,3
Berufe in der Reinigung (ohne Spez.)	5,3	5,7	20,8	8,7	19,4	6,0	34,1
Berufe in der Ver- u. Entsorgung (ohne Spez.)	4,4	4,6	20,9	8,9	22,2	8,6	30,4
Berufe in der Wasserversorgungs- u. Abwassertechnik	3,6	4,8	21,7	10,1	17,8	8,9	32,9
Berufskraftfahrer/innen (Güterverkehr/LKW)	4,2	5,4	18,4	9,7	20,8	9,2	32,4
Büro- u. Sekretariatskräfte (ohne Spez.)	5,5	3,3	28,5	10,3	9,5	4,7	38,3
Führer/innen von Erdbewegungs- u. verwandten Maschinen	3,7	6,2	17,3	10,4	19,4	9,0	33,9
Kaufmännische u. technische Betriebswirtschaft (ohne Spez.)	5,0	3,3	30,1	10,0	10,2	4,8	36,5
Maschinen- u. Anlagenführer/innen	4,0	5,4	20,8	9,3	20,1	9,5	30,9
Technische Servicekräfte in Wartung u. Instandhaltung	3,8	4,9	23,0	10,2	17,8	9,1	31,2
Branche gesamt	4,2	4,7	22,3	9,6	18,2	8,3	32,8
Alle Branchen	5,0	3,8	24,0	9,2	15,8	7,4	34,9

Fehlzeiten-Report 2016

22

◻ Tab. 22.5.16 Anteile der 40 häufigsten Einzeldiagnosen an den AU-Fällen und AU-Tagen in der Branche Energie, Wasser, Entsorgung und Bergbau im Jahr 2015, AOK-Mitglieder

ICD-10	Bezeichnung	AU-Fälle in %	AU-Tage in
J06	Akute Infektionen an mehreren oder nicht näher bezeichneten Lokalisationen der oberen Atemwege	8,5	3,7
M54	Rückenschmerzen	6,7	6,1
A09	Sonstige und nicht näher bezeichnete Gastroenteritis und Kolitis infektiösen und nicht näher bezeichneten Ursprungs	3,3	1,1
K08	Sonstige Krankheiten der Zähne und des Zahnhalteapparates	2,5	0,4
J20	Akute Bronchitis	2,4	1,3
I10	Essentielle (primäre) Hypertonie	2,2	2,9
J40	Bronchitis, nicht als akut oder chronisch bezeichnet	1,8	1,0
B34	Viruskrankheit nicht näher bezeichneter Lokalisation	1,6	0,7
K52	Sonstige nichtinfektiöse Gastroenteritis und Kolitis	1,6	0,5
T14	Verletzung an einer nicht näher bezeichneten Körperregion	1,3	1,2
R10	Bauch- und Beckenschmerzen	1,2	0,6
K29	Gastritis und Duodenitis	1,2	0,5
M25	Sonstige Gelenkkrankheiten, anderenorts nicht klassifiziert	1,1	1,2
M51	Sonstige Bandscheibenschäden	1,0	2,1
M75	Schulterläsionen	1,0	2,0
F32	Depressive Episode	0,9	2,2
F43	Reaktionen auf schwere Belastungen und Anpassungsstörungen	0,9	1,3
M99	Biomechanische Funktionsstörungen, anderenorts nicht klassifiziert	0,9	0,6
J01	Akute Sinusitis	0,9	0,4
J02	Akute Pharyngitis	0,9	0,4
M77	Sonstige Enthesopathien	0,8	0,9
J32	Chronische Sinusitis	0,8	0,4
R51	Kopfschmerz	0,8	0,4
J03	Akute Tonsillitis	0,8	0,3
M23	Binnenschädigung des Kniegelenkes [internal derangement]	0,7	1,3
M53	Sonstige Krankheiten der Wirbelsäule und des Rückens, anderenorts nicht klassifiziert	0,7	0,8
M79	Sonstige Krankheiten des Weichteilgewebes, anderenorts nicht klassifiziert	0,7	0,6
J00	Akute Rhinopharyngitis [Erkältungsschnupfen]	0,7	0,3
J11	Grippe, Viren nicht nachgewiesen	0,7	0,3
I25	Chronische ischämische Herzkrankheit	0,6	1,2
E11	Diabetes mellitus, Typ 2	0,6	0,9
M47	Spondylose	0,6	0,8
S93	Luxation, Verstauchung und Zerrung der Gelenke und Bänder in Höhe des oberen Sprunggelenkes und des Fußes	0,6	0,7
R42	Schwindel und Taumel	0,6	0,4
J98	Sonstige Krankheiten der Atemwege	0,6	0,3
R11	Übelkeit und Erbrechen	0,6	0,3
M17	Gonarthrose [Arthrose des Kniegelenkes]	0,5	1,1
E78	Störungen des Lipoproteinstoffwechsels und sonstige Lipidämien	0,5	0,8
B99	Sonstige und nicht näher bezeichnete Infektionskrankheiten	0,5	0,3
A08	Virusbedingte und sonstige näher bezeichnete Darminfektionen	0,5	0,2
	Summe hier	**54,8**	**42,5**
	Restliche	45,2	57,5
	Gesamtsumme	**100,0**	**100,0**

◼ Tab. 22.5.17 Anteile der 40 häufigsten Diagnoseuntergruppen an den AU-Fällen und AU-Tagen in der Branche Energie, Wasser, Entsorgung und Bergbau im Jahr 2015, AOK-Mitglieder

ICD-10	Bezeichnung	AU-Fälle in %	AU-Tage in %
J00–J06	Akute Infektionen der oberen Atemwege	12,5	5,5
M50–M54	Sonstige Krankheiten der Wirbelsäule und des Rückens	8,1	8,5
A00–A09	Infektiöse Darmkrankheiten	4,2	1,4
J40–J47	Chronische Krankheiten der unteren Atemwege	3,2	2,3
M70–M79	Sonstige Krankheiten des Weichteilgewebes	3,1	4,3
K00–K14	Krankheiten der Mundhöhle, der Speicheldrüsen und der Kiefer	3,0	0,6
R50–R69	Allgemeinsymptome	2,9	2,2
J20–J22	Sonstige akute Infektionen der unteren Atemwege	2,8	1,5
I10–I15	Hypertonie [Hochdruckkrankheit]	2,5	3,3
F40–F48	Neurotische, Belastungs- und somatoforme Störungen	2,1	3,2
R10–R19	Symptome, die das Verdauungssystem und das Abdomen betreffen	2,1	1,2
K50–K52	Nichtinfektiöse Enteritis und Kolitis	1,9	0,7
M20–M25	Sonstige Gelenkkrankheiten	1,8	2,7
K20–K31	Krankheiten des Ösophagus, des Magens und des Duodenums	1,8	0,9
B25–B34	Sonstige Viruskrankheiten	1,8	0,8
Z80–Z99	Personen mit potentiellen Gesundheitsrisiken aufgrund der Familien- oder Eigenanamnese und bestimmte Zustände, die den Gesundheitszustand beeinflussen	1,6	3,2
T08–T14	Verletzungen nicht näher bezeichneter Teile des Rumpfes, der Extremitäten oder anderer Körperregionen	1,6	1,5
R00–R09	Symptome, die das Kreislaufsystem und das Atmungssystem betreffen	1,4	0,9
J30–J39	Sonstige Krankheiten der oberen Atemwege	1,4	0,8
F30–F39	Affektive Störungen	1,3	3,4
G40–G47	Episodische und paroxysmale Krankheiten des Nervensystems	1,3	1,2
M15–M19	Arthrose	1,2	2,7
S60–S69	Verletzungen des Handgelenkes und der Hand	1,1	1,5
E70–E90	Stoffwechselstörungen	1,1	1,5
K55–K64	Sonstige Krankheiten des Darmes	1,1	0,9
J09–J18	Grippe und Pneumonie	1,1	0,8
S80–S89	Verletzungen des Knies und des Unterschenkels	1,0	1,8
S90–S99	Verletzungen der Knöchelregion und des Fußes	1,0	1,4
M95–M99	Sonstige Krankheiten des Muskel-Skelett-Systems und des Bindegewebes	1,0	0,8
I20–I25	Ischämische Herzkrankheiten	0,8	1,7
E10–E14	Diabetes mellitus	0,8	1,1
M05–M14	Entzündliche Polyarthropathien	0,8	0,7
R40–R46	Symptome, die das Erkennungs- und Wahrnehmungsvermögen, die Stimmung und das Verhalten betreffen	0,8	0,6
J95–J99	Sonstige Krankheiten des Atmungssystems	0,8	0,5
I30–I52	Sonstige Formen der Herzkrankheit	0,7	1,3
Z00–Z13	Personen, die das Gesundheitswesen zur Untersuchung und Abklärung in Anspruch nehmen	0,7	0,5
M45–M49	Spondylopathien	0,6	1,0
F10–F19	Psychische und Verhaltensstörungen durch psychotrope Substanzen	0,6	0,9
G50–G59	Krankheiten von Nerven, Nervenwurzeln und Nervenplexus	0,6	0,9
S00–S09	Verletzungen des Kopfes	0,6	0,5
	Summe hier	**78,8**	**71,2**
	Restliche	21,2	28,8
	Gesamtsumme	**100,0**	**100,0**

Fehlzeiten-Report 2016

22.6 Erziehung und Unterricht

☐ **Tab. 22.6.1** Entwicklung des Krankenstands der AOK-Mitglieder in der Branche Erziehung und Unterricht in den Jahren 1994 bis 2015

Jahr	Krankenstand in %			AU-Fälle je 100 AOK-Mitglieder			Tage je Fall		
	West	Ost	Bund	West	Ost	Bund	West	Ost	Bund
1994	6,0	8,3	6,8	180,5	302,8	226,3	12,0	10,1	11,0
1995	6,1	9,8	7,5	193,8	352,2	253,3	11,5	10,2	10,8
1996	6,0	9,5	7,5	220,6	364,8	280,3	10,0	9,5	9,7
1997	5,8	8,9	7,0	226,2	373,6	280,6	9,4	8,7	9,0
1998	5,9	8,4	6,9	237,2	376,1	289,1	9,1	8,2	8,7
1999	6,1	9,3	7,3	265,2	434,8	326,8	8,4	7,8	8,1
2000	6,3	9,2	7,3	288,2	497,8	358,3	8,0	6,8	7,5
2001	6,1	8,9	7,1	281,6	495,1	352,8	7,9	6,6	7,3
2002	5,6	8,6	6,6	267,2	507,0	345,5	7,7	6,2	7,0
2003	5,3	7,7	6,1	259,4	477,4	332,4	7,4	5,9	6,7
2004	5,1	7,0	5,9	247,5	393,6	304,7	7,6	6,5	7,0
2005	4,6	6,6	5,4	227,8	387,2	292,1	7,4	6,2	6,8
2006	4,4	6,1	5,1	223,0	357,5	277,6	7,2	6,2	6,7
2007	4,7	6,1	5,3	251,4	357,2	291,0	6,9	6,2	6,6
2008 (WZ03)	5,0	6,2	5,4	278,0	349,8	303,4	6,6	6,4	6,6
2008 (WZ08)*	5,0	6,2	5,4	272,1	348,5	297,4	6,7	6,5	6,6
2009	5,2	6,5	5,6	278,2	345,3	297,9	6,8	6,9	6,9
2010	5,1	5,7	5,3	262,4	278,0	267,6	7,1	7,5	7,3
2011	4,6	5,1	4,7	212,9	247,4	220,9	7,8	7,5	7,8
2012	4,8	5,8	5,0	238,6	256,0	242,4	7,4	8,3	7,6
2013	4,4	4,9	4,5	192,8	184,5	191,2	8,3	9,7	8,5
2014	4,6	4,9	4,6	188,1	179,2	186,4	8,9	9,9	9,1
2015	4,8	5,0	4,8	195,2	184,6	193,1	8,9	9,8	9,1

*aufgrund der Revision der Wirtschaftszweigklassifikation in 2008 ist eine Vergleichbarkeit mit den Vorjahren nur bedingt möglich

Fehlzeiten-Report 2016

22

◻ **Tab. 22.6.2** Arbeitsunfähigkeit der AOK-Mitglieder in der Branche Erziehung und Unterricht nach Bundesländern im Jahr 2015 im Vergleich zum Vorjahr

Bundesland	Kranken-stand in %	Arbeitsunfähigkeit je 100 AOK-Mitglieder				Tage je Fall	Veränd. z. Vorj. in %	AU-Quote in %
		AU-Fälle	Veränd. z. Vorj. in %	AU-Tage	Veränd. z. Vorj. in %			
Baden-Württemberg	4,3	174,6	7,0	1.553,2	5,8	8,9	–1,1	56,8
Bayern	4,1	152,0	7,0	1.481,1	5,7	9,7	–1,2	52,1
Berlin	6,1	304,6	–8,9	2.228,3	–3,8	7,3	5,6	60,1
Brandenburg	5,4	196,4	–3,6	1.980,9	–3,9	10,1	–0,3	54,8
Bremen	5,8	199,9	5,8	2.107,3	6,9	10,5	1,0	54,5
Hamburg	6,0	274,2	1,7	2.187,7	–3,4	8,0	–5,1	60,8
Hessen	5,7	238,2	3,9	2.069,7	5,6	8,7	1,6	60,3
Mecklenburg-Vorpommern	5,4	221,9	13,8	1.982,2	7,5	8,9	–5,5	56,7
Niedersachsen	5,3	213,6	2,7	1.925,2	3,8	9,0	1,1	59,9
Nordrhein-Westfalen	5,0	218,0	2,8	1.841,7	4,7	8,4	1,8	58,1
Rheinland-Pfalz	5,5	222,4	4,5	2.003,6	2,7	9,0	–1,7	61,6
Saarland	5,8	208,7	–6,7	2.125,9	–0,4	10,2	6,8	58,5
Sachsen	4,7	178,3	3,7	1.727,2	3,0	9,7	–0,7	60,0
Sachsen-Anhalt	5,4	188,1	0,2	1.988,3	0,9	10,6	0,6	54,6
Schleswig-Holstein	5,2	192,5	1,3	1.884,2	2,0	9,8	0,7	55,1
Thüringen	5,2	189,4	2,6	1.900,1	3,2	10,0	0,6	58,1
West	**4,8**	**195,2**	**3,8**	**1.743,5**	**4,3**	**8,9**	**0,5**	**56,8**
Ost	**5,0**	**184,6**	**3,0**	**1.811,4**	**2,3**	**9,8**	**–0,7**	**58,5**
Bund	**4,8**	**193,1**	**3,6**	**1.757,0**	**4,0**	**9,1**	**0,4**	**57,2**

Fehlzeiten-Report 20

◻ **Tab. 22.6.3** Arbeitsunfähigkeit der AOK-Mitglieder in der Branche Erziehung und Unterricht nach Wirtschaftsabteilungen im Jahr 2015

Wirtschaftsabteilung	Krankenstand in %		Arbeitsunfähigkeiten je 100 AOK-Mitglieder		Tage je Fall	AU-Quote in %
	2015	2015 stand.*	Fälle	Tage		
Erbringung von Dienstleistungen für den Unterricht	4,2	3,6	187,8	1.535,0	8,2	47,9
Grundschulen	4,7	4,0	148,1	1.729,7	11,7	55,3
Kindergärten und Vorschulen	5,4	5,4	215,8	1.982,2	9,2	68,2
Sonstiger Unterricht	5,1	4,7	252,2	1.873,6	7,4	56,0
Tertiärer und post-sekundärer, nicht tertiärer Unterricht	3,3	4,0	122,3	1.206,4	9,9	41,6
Weiterführende Schulen	4,9	4,4	176,3	1.784,6	10,1	55,1
Branche insgesamt	**4,8**	**4,5**	**193,1**	**1.757,0**	**9,1**	**57,2**
Alle Branchen	**5,3**	**5,4**	**167,6**	**1.950,4**	**11,6**	**54,9**

*Krankenstand alters- und geschlechtsstandardisiert

Fehlzeiten-Report 20

◻ **Tab. 22.6.4** Kennzahlen der Arbeitsunfähigkeit der AOK-Mitglieder nach ausgewählten Berufsgruppen in der Branche Erziehung und Unterricht im Jahr 2015

Tätigkeit	Kranken-stand in %	Arbeitsunfähigkeiten je 100 AOK-Mitglieder		Tage je Fall	AU-Quote in %	Anteil der Berufs-gruppe an der Branche in %*
		Fälle	Tage			
Aufsichts-/Führungskräfte Erziehung, Sozialarbeit, Heilerziehungspflege	4,8	150,0	1.743,3	11,6	61,6	1,0
Berufe im Verkauf (ohne Spez.)	7,9	596,1	2.900,0	4,9	70,0	2,2
Berufe in der betrieblichen Ausbildung u. Betriebspädagogik	5,7	162,6	2.081,2	12,8	58,6	1,0
Berufe in der Erwachsenenbildung (ohne Spez.)	3,9	134,4	1.409,6	10,5	45,9	1,0
Berufe in der Erziehungswissenschaft	4,5	179,3	1.650,5	9,2	55,7	1,2
Berufe in der Gebäudetechnik (ohne Spez.)	5,7	132,0	2.090,8	15,8	55,3	1,7
Berufe in der Gesundheits- u. Krankenpflege (ohne Spez.)	4,1	203,8	1.510,2	7,4	61,0	1,1
Berufe in der Hauswirtschaft	6,9	229,7	2.531,1	11,0	66,9	1,8
Berufe in der Hochschullehre u. -forschung	1,1	51,8	397,6	7,7	23,2	8,3
Berufe in der Kinderbetreuung u. -erziehung	5,1	221,9	1.874,5	8,4	68,6	28,6
Berufe in der öffentlichen Verwaltung (ohne Spez.)	3,9	150,0	1.434,4	9,6	54,2	1,8
Berufe in der Reinigung (ohne Spez.)	7,8	182,5	2.852,9	15,6	65,6	5,9
Berufe in der Sozialarbeit u. Sozialpädagogik	4,1	168,8	1.495,9	8,9	58,1	1,8
Berufe in Heilerziehungspflege u. Sonderpädagogik	5,2	195,2	1.881,2	9,6	62,2	1,2
Büro- u. Sekretariatskräfte (ohne Spez.)	4,3	192,0	1.574,0	8,2	55,0	5,6
Fahrlehrer/innen	3,0	87,1	1.078,3	12,4	39,0	1,1
Köche/Köchinnen (ohne Spez.)	7,6	218,6	2.787,9	12,8	65,3	2,1
Lehrkräfte für berufsbildende Fächer	3,9	120,8	1.426,0	11,8	48,3	2,3
Lehrkräfte in der Primarstufe	3,2	125,7	1.155,5	9,2	44,2	1,6
Lehrkräfte in der Sekundarstufe	3,6	129,6	1.323,4	10,2	49,8	7,4
Branche insgesamt	**4,8**	**193,1**	**1.757,0**	**9,1**	**57,2**	**2,6****

* Anteil der AOK-Mitglieder in der Berufsgruppe an den in der Branche beschäftigten AOK-Mitgliedern insgesamt

**Antell der AOK-Mitglieder in der Branche an allen AOK-Mitgliedern

Fehlzeiten-Report 2016

22

◻ Tab. 22.6.5 Dauer der Arbeitsunfähigkeit der AOK-Mitglieder in der Branche Erziehung und Unterricht im Jahr 2015

Fallklasse	Branche hier		alle Branchen	
	Anteil Fälle in %	Anteil Tage in %	Anteil Fälle in %	Anteil Tage in %
1–3 Tage	43,6	9,6	35,8	6,2
4–7 Tage	30,4	16,5	31,3	13,5
8–14 Tage	14,8	16,5	17,3	15,4
15–21 Tage	4,2	7,9	5,8	8,6
22–28 Tage	2,1	5,6	2,8	6,0
29–42 Tage	2,1	7,8	2,9	8,6
Langzeit-AU (> 42 Tage)	2,8	36,0	4,2	41,6

Fehlzeiten-Report 20

◻ Tab. 22.6.6 Tage der Arbeitsunfähigkeit je AOK-Mitglied nach Wirtschaftsabteilung und Betriebsgröße in der Branche Erziehung und Unterricht im Jahr 2015

Wirtschaftsabteilungen	Betriebsgröße (Anzahl der AOK-Mitglieder)					
	10–49	50–99	100–199	200–499	500–999	≥ 1.000
Erbringung von Dienstleistungen für den Unterricht	11,4	–	–	–	–	–
Grundschulen	18,4	21,1	18,1	20,4	–	–
Kindergärten und Vorschulen	19,6	21,9	24,0	24,9	30,0	28,3
Sonstiger Unterricht	20,5	23,8	24,8	25,3	–	–
Tertiärer und post-sekundärer, nicht tertiärer Unterricht	12,2	13,5	13,4	11,8	12,6	12,6
Weiterführende Schulen	18,3	19,8	21,4	25,4	16,0	–
Branche insgesamt	**18,6**	**20,7**	**20,4**	**16,4**	**16,5**	**16,1**
Alle Branchen	**20,3**	**22,2**	**22,4**	**22,2**	**22,5**	**22,2**

Fehlzeiten-Report 20

◻ Tab. 22.6.7 Krankenstand in Prozent nach Ausbildungsabschluss in der Branche Erziehung und Unterricht im Jahr 2015, AOK-Mitglieder

Wirtschaftsabteilung	Ausbildung						
	ohne Ausbildungs-abschluss	mit Ausbildungs-abschluss	Meister/ Techniker	Bachelor	Diplom/Magis-ter/Master/ Staatsexamen	Promo-tion	unbe kannt
Erbringung von Dienstleistungen für den Unterricht	5,3	5,9	5,2	–	–	–	2,7
Grundschulen	6,5	5,4	5,7	3,5	3,5	3,8	5,4
Kindergärten und Vorschulen	6,5	5,3	5,4	3,8	4,6	5,3	6,0
Sonstiger Unterricht	7,1	4,7	5,1	2,7	3,2	2,4	4,8
Tertiärer und post-sekundärer, nicht tertiärer Unterricht	5,9	5,7	4,1	1,4	1,4	1,0	3,6
Weiterführende Schulen	7,3	5,5	4,8	2,4	3,6	3,2	5,4
Branche insgesamt	**6,8**	**5,3**	**5,2**	**2,4**	**2,7**	**1,3**	**5,2**
Alle Branchen	**6,2**	**5,6**	**4,3**	**2,2**	**2,7**	**2,0**	**5,0**

Fehlzeiten-Report 201

Tab. 22.6.8 Tage der Arbeitsunfähigkeit je AOK-Mitglied nach Ausbildung in der Branche Erziehung und Unterricht im Jahr 2015

Wirtschaftsabteilung	Ausbildung						
	ohne Ausbildungsabschluss	mit Ausbildungsabschluss	Meister/Techniker	Bachelor	Diplom/Magister/Master/Staatsexamen	Promotion	unbekannt
Erbringung von Dienstleistungen für den Unterricht	19,5	21,7	18,9	–	–	–	9,8
Grundschulen	23,7	19,7	20,9	12,7	12,8	14,0	19,8
Kindergärten und Vorschulen	23,9	19,4	19,7	13,8	16,7	19,5	21,7
Sonstiger Unterricht	25,9	17,2	18,5	9,8	11,5	8,8	17,6
Tertiärer und post-sekundärer, nicht tertiärer Unterricht	21,5	20,7	14,8	5,2	5,3	3,6	13,3
Weiterführende Schulen	26,7	20,0	17,7	8,9	13,1	11,7	19,6
Branche insgesamt	**24,9**	**19,4**	**18,8**	**8,8**	**10,0**	**4,8**	**19,0**
Alle Branchen	**22,7**	**20,4**	**15,7**	**8,1**	**10,0**	**7,3**	**18,1**

Fehlzeiten-Report 2016

Tab. 22.6.9 Anteil der Arbeitsunfälle an den AU-Fällen und -Tagen in Prozent nach Wirtschaftsabteilungen in der Branche Erziehung und Unterricht im Jahr 2015, AOK-Mitglieder

Wirtschaftsabteilung	AU-Fälle in %	AU-Tage in %
Erbringung von Dienstleistungen für den Unterricht	4,6	11,4
Grundschulen	1,6	2,1
Kindergärten und Vorschulen	1,2	2,6
Sonstiger Unterricht	1,7	3,4
Tertiärer und post-sekundärer, nicht tertiärer Unterricht	1,2	2,3
Weiterführende Schulen	1,5	3,1
Branche insgesamt	**1,4**	**2,8**
Alle Branchen	**3,0**	**5,8**

Fehlzeiten-Report 2016

22

◘ **Tab. 22.6.10** Tage und Fälle der Arbeitsunfähigkeit durch Arbeitsunfälle nach Berufsgruppen in der Branche Erziehu und Unterricht im Jahr 2015, AOK-Mitglieder

Tätigkeit	Arbeitsunfähigkeit je 1.000 AOK-Mitglied	
	AU-Tage	AU-Fälle
Köche/Köchinnen (ohne Spez.)	1.066,1	44,7
Berufe in der Gebäudetechnik (ohne Spez.)	991,9	42,1
Berufe in der betrieblichen Ausbildung u. Betriebspädagogik	937,5	27,0
Berufe in der Reinigung (ohne Spez.)	831,2	25,1
Berufe in der Hauswirtschaft	800,6	38,3
Berufe im Verkauf (ohne Spez.)	708,6	66,3
Berufe in der Gesundheits- u. Krankenpflege (ohne Spez.)	645,1	38,7
Aufsichts-/Führungskräfte Erziehung, Sozialarbeit, Heilerziehungspflege	535,7	19,4
Fahrlehrer/innen	518,1	32,7
Berufe in der Kinderbetreuung u. -erziehung	472,1	26,3
Berufe in der Erziehungswissenschaft	443,9	21,0
Berufe in Heilerziehungspflege u. Sonderpädagogik	441,4	28,3
Berufe in der Erwachsenenbildung (ohne Spez.)	382,6	18,2
Berufe in der Sozialarbeit u. Sozialpädagogik	352,8	20,4
Lehrkräfte für berufsbildende Fächer	311,6	14,0
Lehrkräfte in der Sekundarstufe	287,2	16,0
Berufe in der öffentlichen Verwaltung (ohne Spez.)	254,8	12,0
Büro- u. Sekretariatskräfte (ohne Spez.)	237,7	14,6
Lehrkräfte in der Primarstufe	184,6	13,3
Berufe in der Hochschullehre u. -forschung	69,8	5,4
Branche insgesamt	**495,4**	**26,8**
Alle Branchen	**1.137,2**	**51,0**

Fehlzeiten-Report 20

◘ **Tab. 22.6.11** Tage und Fälle der Arbeitsunfähigkeit je 100 AOK-Mitglieder nach Krankheitsarten in der Branche Erziehung und Unterricht in den Jahren 2000 bis 2015

Jahr	Arbeitsunfähigkeiten je 100 AOK-Mitglieder											
	Psyche		Herz/Kreislauf		Atemwege		Verdauung		Muskel/Skelett		Verletzungen	
	Tage	Fälle	Tage	Fälle	Tage	Fälle	Tage	Fälle	Tage	Fälle	Tage	Fälle
2000	200,3	13,3	145,3	16,1	691,6	122,5	268,8	55,4	596,0	56,0	357,1	33,8
2001	199,2	13,9	140,8	16,1	681,8	125,5	265,8	55,8	591,4	56,8	342,0	32,9
2002	199,6	14,2	128,7	15,3	623,5	118,9	257,3	57,3	538,7	54,4	327,0	32,0
2003	185,4	13,5	120,7	14,8	596,5	116,7	239,2	55,5	470,6	48,9	296,4	30,0
2004	192,8	14,0	121,5	12,7	544,1	101,0	245,2	53,0	463,3	46,9	302,8	29,1
2005	179,7	12,5	102,4	11,0	557,4	104,0	216,9	49,3	388,1	40,2	281,7	27,7
2006	174,6	12,0	99,8	11,2	481,8	92,8	215,6	50,0	365,9	38,0	282,7	27,7
2007	191,0	12,9	97,1	10,5	503,6	97,6	229,8	52,9	366,9	38,5	278,0	27,1
2008 (WZ03)	201,0	13,5	96,2	10,5	506,8	99,1	237,3	55,8	387,0	40,8	282,0	27,9
2008 (WZ08)*	199,5	13,3	97,6	10,4	498,4	97,3	232,6	54,5	387,1	40,3	279,3	27,2
2009	226,5	14,7	102,7	9,9	557,5	103,5	223,7	50,2	382,8	39,2	265,2	24,7
2010	261,4	14,9	98,1	9,3	460,6	86,6	176,9	39,0	387,7	36,3	253,5	21,9
2011	263,0	13,7	99,1	8,0	394,8	72,3	146,3	30,0	351,0	30,0	205,5	16,1
2012	297,7	15,6	104,0	8,6	408,6	76,8	161,1	33,7	373,9	33,2	233,8	18,4
2013	278,6	12,4	102,4	7,0	403,4	70,5	123,3	23,6	346,7	26,2	178,9	12,8
2014	316,3	13,6	111,8	7,5	349,4	62,8	127,5	23,5	374,8	26,9	186,8	12,8
2015	326,3	13,6	112,8	7,4	410,7	70,7	125,3	22,8	370,6	26,0	180,5	12,2

*aufgrund der Revision der Wirtschaftszweigklassifikation in 2008 ist eine Vergleichbarkeit mit den Vorjahren nur bedingt möglich

Fehlzeiten-Report 2016

22

◻ Tab. 22.6.12 Verteilung der Arbeitsunfähigkeitstage nach Krankheitsarten in Prozent in der Branche Erziehung und Unterricht im Jahr 2015, AOK-Mitglieder

Wirtschaftsabteilung	AU-Tage in %						
	Psyche	Herz/ Kreislauf	Atem- wege	Ver- dauung	Muskel/ Skelett	Verlet- zungen	Sonsti…
Erbringung von Dienstleistungen für den Unterricht	6,8	8,9	24,4	2,8	4,5	17,3	35,3
Grundschulen	14,8	5,6	16,0	5,0	16,4	6,8	35,3
Kindergärten und Vorschulen	14,6	3,9	18,8	5,0	15,8	7,1	34,9
Sonstiger Unterricht	12,7	4,5	17,7	6,5	14,8	9,0	34,8
Tertiärer und post-sekundärer, nicht tertiärer Unterricht	13,7	5,6	17,2	5,1	16,4	7,7	34,4
Weiterführende Schulen	13,7	6,0	15,6	5,3	16,3	7,7	35,3
Branche insgesamt	**13,9**	**4,8**	**17,5**	**5,3**	**15,8**	**7,7**	**34,9**
Alle Branchen	**10,5**	**6,1**	**13,0**	**5,2**	**21,8**	**10,8**	**32,8**

Fehlzeiten-Report 20…

◻ Tab. 22.6.13 Verteilung der Arbeitsunfähigkeitsfälle nach Krankheitsarten in Prozent in der Branche Erziehung und Unterricht im Jahr 2015, AOK-Mitglieder

Wirtschaftsabteilung	AU-Fälle in %						
	Psyche	Herz/ Kreislauf	Atem- wege	Ver- dauung	Muskel/ Skelett	Verlet- zungen	Sonsti…
Erbringung von Dienstleistungen für den Unterricht	5,6	3,7	35,5	8,4	5,6	10,3	30,8
Grundschulen	6,2	4,3	29,4	8,1	10,9	4,9	36,2
Kindergärten und Vorschulen	5,3	2,6	31,4	8,9	10,0	4,3	37,5
Sonstiger Unterricht	5,3	2,7	26,3	10,3	10,6	5,7	39,1
Tertiärer und post-sekundärer, nicht tertiärer Unterricht	5,7	3,4	28,5	8,9	11,6	5,5	36,3
Weiterführende Schulen	6,2	3,7	27,3	9,4	11,3	5,3	36,8
Branche insgesamt	**5,6**	**3,0**	**28,9**	**9,3**	**10,6**	**5,0**	**37,6**
Alle Branchen	**5,0**	**3,8**	**24,0**	**9,2**	**15,8**	**7,4**	**34,9**

Fehlzeiten-Report 20…

◻ **Tab. 22.6.14** Verteilung der Arbeitsunfähigkeitstage nach Krankheitsarten und ausgewählten Berufsgruppen in der Branche Erziehung und Unterricht im Jahr 2015, AOK-Mitglieder

Tätigkeit	AU-Tage in %						
	Psyche	Herz/ Kreislauf	Atem- wege	Ver- dauung	Muskel/ Skelett	Verlet- zungen	Sonstige
Aufsichts-/Führungskräfte Erziehung, Sozialarbeit, Heilerziehungspflege	18,6	5,6	14,6	4,1	11,9	7,4	37,8
Berufe im Verkauf (ohne Spez.)	12,2	1,9	22,2	9,5	10,3	7,6	36,3
Berufe in der betrieblichen Ausbildung u. Betriebspädagogik	16,9	6,2	13,4	4,9	15,5	8,5	34,6
Berufe in der Erwachsenenbildung (ohne Spez.)	17,5	5,1	16,6	5,7	11,5	6,6	37,0
Berufe in der Erziehungswissenschaft	16,3	4,6	18,9	6,1	12,0	5,9	36,2
Berufe in der Gebäudetechnik (ohne Spez.)	9,3	9,2	9,9	5,0	24,2	9,2	33,2
Berufe in der Gesundheits- u. Krankenpflege (ohne Spez.)	15,7	3,0	18,2	6,6	14,5	8,4	33,6
Berufe in der Hauswirtschaft	11,7	5,2	14,7	4,8	20,8	8,1	34,7
Berufe in der Hochschullehre u. -forschung	15,1	3,2	23,3	6,1	8,5	8,4	35,4
Berufe in der Kinderbetreuung u. -erziehung	15,7	3,3	20,8	5,2	13,5	6,9	34,6
Berufe in der öffentlichen Verwaltung (ohne Spez.)	17,6	4,6	18,1	5,7	12,7	5,3	36,1
Berufe in der Reinigung (ohne Spez.)	10,9	6,6	11,2	4,0	26,0	7,9	33,4
Berufe in der Sozialarbeit u. Sozialpädagogik	15,9	5,0	20,6	5,0	11,0	6,4	36,1
Berufe in Heilerziehungspflege u. Sonderpädagogik	17,7	5,0	19,2	4,8	14,1	6,8	32,4
Büro- u. Sekretariatskräfte (ohne Spez.)	15,2	4,5	17,1	5,4	13,6	6,6	37,7
Fahrlehrer/innen	11,4	9,2	11,5	6,0	16,7	10,4	34,8
Köche/Köchinnen (ohne Spez.)	11,2	5,6	13,0	4,8	21,4	8,3	35,7
Lehrkräfte für berufsbildende Fächer	14,2	6,7	15,6	5,5	12,2	7,7	38,1
Lehrkräfte in der Primarstufe	13,7	5,7	20,8	5,5	10,4	4,6	39,3
Lehrkräfte in der Sekundarstufe	15,4	6,7	17,6	5,1	11,5	7,3	36,4
Branche gesamt	**13,9**	**4,8**	**17,5**	**5,3**	**15,8**	**7,7**	**34,9**
Alle Branchen	**10,5**	**6,1**	**13,0**	**5,2**	**21,8**	**10,8**	**32,8**

Fehlzeiten-Report 2016

◻ Tab. 22.6.15 Verteilung der Arbeitsunfähigkeitsfälle nach Krankheitsarten und ausgewählten Berufsgruppen in der Branche Erziehung und Unterricht im Jahr 2015, AOK-Mitglieder

Tätigkeit	AU-Fälle in %						
	Psyche	Herz/ Kreislauf	Atem- wege	Verdau- ung	Muskel/ Skelett	Verlet- zungen	Sonsti
Aufsichts-/Führungskräfte Erziehung, Sozialarbeit, Heilerziehungspflege	7,1	3,9	29,7	8,4	9,4	4,8	36,7
Berufe im Verkauf (ohne Spez.)	4,9	2,0	24,8	12,1	8,3	4,5	43,3
Berufe in der betrieblichen Ausbildung u. Betriebspädagogik	7,2	5,0	25,2	9,7	13,1	5,7	34,1
Berufe in der Erwachsenenbildung (ohne Spez.)	8,5	3,8	28,4	9,1	9,1	3,8	37,3
Berufe in der Erziehungswissenschaft	7,1	3,0	31,2	9,4	9,8	4,3	35,2
Berufe in der Gebäudetechnik (ohne Spez.)	4,8	6,2	21,2	8,9	18,3	7,3	33,3
Berufe in der Gesundheits- u. Krankenpflege (ohne Spez.)	5,9	2,7	25,9	9,8	9,5	5,8	40,5
Berufe in der Hauswirtschaft	5,6	3,6	25,2	9,6	14,7	5,0	36,2
Berufe in der Hochschullehre u. -forschung	4,9	2,5	34,8	8,1	7,0	5,8	37,0
Berufe in der Kinderbetreuung u. -erziehung	5,4	2,3	32,8	8,9	8,7	4,2	37,9
Berufe in der öffentlichen Verwaltung (ohne Spez.)	6,4	3,4	29,1	9,6	10,0	4,3	37,3
Berufe in der Reinigung (ohne Spez.)	5,7	5,0	21,7	8,5	19,0	5,2	34,9
Berufe in der Sozialarbeit u. Sozialpädagogik	7,2	2,7	32,3	8,4	8,8	4,1	36,6
Berufe in Heilerziehungspflege u. Sonderpädagogik	6,1	2,7	31,3	8,6	10,4	5,2	35,8
Büro- u. Sekretariatskräfte (ohne Spez.)	6,1	3,0	27,3	9,8	9,4	4,3	40,2
Fahrlehrer/innen	5,3	5,1	21,2	9,7	12,4	7,7	38,6
Köche/Köchinnen (ohne Spez.)	5,5	3,9	23,4	9,5	15,3	6,1	36,3
Lehrkräfte für berufsbildende Fächer	6,8	4,4	29,2	8,0	10,1	5,1	36,4
Lehrkräfte in der Primarstufe	5,8	3,7	35,5	8,2	7,6	3,8	35,3
Lehrkräfte in der Sekundarstufe	7,0	4,3	30,9	8,7	9,3	4,8	35,0
Branche gesamt	5,6	3,0	28,9	9,3	10,6	5,0	37,6
Alle Branchen	5,0	3,8	24,0	9,2	15,8	7,4	34,9

Fehlzeiten-Report 20

◘ Tab. 22.6.16 Anteile der 40 häufigsten Einzeldiagnosen an den AU-Fällen und AU-Tagen in der Branche Erziehung und Unterricht im Jahr 2015, AOK-Mitglieder

ICD-10	Bezeichnung	AU-Fälle in %	AU-Tage in %
J06	Akute Infektionen an mehreren oder nicht näher bezeichneten Lokalisationen der oberen Atemwege	11,5	6,0
A09	Sonstige und nicht näher bezeichnete Gastroenteritis und Kolitis infektiösen und nicht näher bezeichneten Ursprungs	4,8	1,8
M54	Rückenschmerzen	4,1	3,8
J20	Akute Bronchitis	2,4	1,5
K52	Sonstige nichtinfektiöse Gastroenteritis und Kolitis	2,3	0,9
B34	Viruskrankheit nicht näher bezeichneter Lokalisation	2,2	1,1
J40	Bronchitis, nicht als akut oder chronisch bezeichnet	2,0	1,2
R10	Bauch- und Beckenschmerzen	1,9	0,9
K08	Sonstige Krankheiten der Zähne und des Zahnhalteapparates	1,8	0,5
J01	Akute Sinusitis	1,6	0,9
K29	Gastritis und Duodenitis	1,6	0,7
R51	Kopfschmerz	1,6	0,7
F43	Reaktionen auf schwere Belastungen und Anpassungsstörungen	1,5	2,6
J02	Akute Pharyngitis	1,5	0,8
J03	Akute Tonsillitis	1,5	0,8
J32	Chronische Sinusitis	1,4	0,8
F32	Depressive Episode	1,3	4,2
R11	Übelkeit und Erbrechen	1,2	0,6
I10	Essentielle (primäre) Hypertonie	1,1	1,8
G43	Migräne	1,1	0,5
J00	Akute Rhinopharyngitis [Erkältungsschnupfen]	1,1	0,5
J04	Akute Laryngitis und Tracheitis	1,0	0,6
F45	Somatoforme Störungen	0,8	1,4
F48	Andere neurotische Störungen	0,8	1,3
J98	Sonstige Krankheiten der Atemwege	0,8	0,4
A08	Virusbedingte und sonstige näher bezeichnete Darminfektionen	0,8	0,3
R53	Unwohlsein und Ermüdung	0,7	0,7
T14	Verletzung an einer nicht näher bezeichneten Körperregion	0,7	0,7
R42	Schwindel und Taumel	0,7	0,5
M99	Biomechanische Funktionsstörungen, anderenorts nicht klassifiziert	0,7	0,5
N39	Sonstige Krankheiten des Harnsystems	0,7	0,5
B99	Sonstige und nicht näher bezeichnete Infektionskrankheiten	0,7	0,4
J11	Grippe, Viren nicht nachgewiesen	0,7	0,4
M25	Sonstige Gelenkkrankheiten, anderenorts nicht klassifiziert	0,6	0,8
M79	Sonstige Krankheiten des Weichteilgewebes, anderenorts nicht klassifiziert	0,6	0,6
M51	Sonstige Bandscheibenschäden	0,5	1,3
M53	Sonstige Krankheiten der Wirbelsäule und des Rückens, anderenorts nicht klassifiziert	0,5	0,6
R50	Fieber sonstiger und unbekannter Ursache	0,5	0,3
R05	Husten	0,5	0,3
H10	Konjunktivitis	0,5	0,2
	Summe hier	**62,3**	**44,4**
	Restliche	37,7	55,6
	Gesamtsumme	**100,0**	**100,0**

Fehlzeiten-Report 2016

22

◼ **Tab. 22.6.17** Anteile der 40 häufigsten Diagnoseuntergruppen an den AU-Fällen und AU-Tagen in der Branche Erziehung und Unterricht im Jahr 2015, AOK-Mitglieder

ICD-10	Bezeichnung	AU-Fälle in %	AU-Tage in %
J00–J06	Akute Infektionen der oberen Atemwege	18,2	9,6
A00–A09	Infektiöse Darmkrankheiten	6,0	2,3
M50–M54	Sonstige Krankheiten der Wirbelsäule und des Rückens	4,9	5,4
R50–R69	Allgemeinsymptome	3,8	2,8
F40–F48	Neurotische, Belastungs- und somatoforme Störungen	3,4	6,5
R10–R19	Symptome, die das Verdauungssystem und das Abdomen betreffen	3,3	1,8
J40–J47	Chronische Krankheiten der unteren Atemwege	3,2	2,4
J20–J22	Sonstige akute Infektionen der unteren Atemwege	2,9	1,8
K50–K52	Nichtinfektiöse Enteritis und Kolitis	2,6	1,2
B25–B34	Sonstige Viruskrankheiten	2,5	1,3
K20–K31	Krankheiten des Ösophagus, des Magens und des Duodenums	2,2	1,1
K00–K14	Krankheiten der Mundhöhle, der Speicheldrüsen und der Kiefer	2,2	0,7
J30–J39	Sonstige Krankheiten der oberen Atemwege	2,1	1,3
G40–G47	Episodische und paroxysmale Krankheiten des Nervensystems	2,0	1,4
F30–F39	Affektive Störungen	1,8	6,5
M70–M79	Sonstige Krankheiten des Weichteilgewebes	1,6	2,5
I10–I15	Hypertonie [Hochdruckkrankheit]	1,3	2,0
R00–R09	Symptome, die das Kreislaufsystem und das Atmungssystem betreffen	1,3	0,9
N30–N39	Sonstige Krankheiten des Harnsystems	1,2	0,7
Z80–Z99	Personen mit potentiellen Gesundheitsrisiken aufgrund der Familien- oder Eigenanamnese und bestimmte Zustände, die den Gesundheitszustand beeinflussen	1,1	2,5
M20–M25	Sonstige Gelenkkrankheiten	1,1	2,0
J09–J18	Grippe und Pneumonie	1,1	0,8
T08–T14	Verletzungen nicht näher bezeichneter Teile des Rumpfes, der Extremitäten oder anderer Körperregionen	0,9	0,9
K55–K64	Sonstige Krankheiten des Darmes	0,9	0,8
R40–R46	Symptome, die das Erkennungs- und Wahrnehmungsvermögen, die Stimmung und das Verhalten betreffen	0,9	0,7
J95–J99	Sonstige Krankheiten des Atmungssystems	0,9	0,6
N80–N98	Nichtentzündliche Krankheiten des weiblichen Genitaltraktes	0,8	0,7
B99–B99	Sonstige Infektionskrankheiten	0,8	0,4
S90–S99	Verletzungen der Knöchelregion und des Fußes	0,7	1,0
M95–M99	Sonstige Krankheiten des Muskel-Skelett-Systems und des Bindegewebes	0,7	0,6
M15–M19	Arthrose	0,6	1,9
S80–S89	Verletzungen des Knies und des Unterschenkels	0,6	1,4
E70–E90	Stoffwechselstörungen	0,6	0,9
I95–I99	Sonstige und nicht näher bezeichnete Krankheiten des Kreislaufsystems	0,6	0,4
H65–H75	Krankheiten des Mittelohres und des Warzenfortsatzes	0,6	0,4
H10–H13	Affektionen der Konjunktiva	0,6	0,2
E00–E07	Krankheiten der Schilddrüse	0,5	0,8
S60–S69	Verletzungen des Handgelenkes und der Hand	0,5	0,7
D10–D36	Gutartige Neubildungen	0,5	0,6
Z00–Z13	Personen, die das Gesundheitswesen zur Untersuchung und Abklärung in Anspruch nehmen	0,5	0,4
	Summe hier	**82,0**	**70,9**
	Restliche	18,0	29,1
	Gesamtsumme	**100,0**	**100,0**

Fehlzeiten-Report 20

22.7 Gesundheits- und Sozialwesen

22

▢ Tab. 22.7.1 Entwicklung des Krankenstands der AOK-Mitglieder in der Branche Gesundheits- und Sozialwesen in de
Jahren 2000 bis 2015

Jahr	Krankenstand in %			AU-Fälle je 100 AOK-Mitglieder			Tage je Fall		
	West	Ost	Bund	West	Ost	Bund	West	Ost	Bund
2000	5,7	5,4	5,7	162,4	165,2	162,8	12,8	12,0	12,7
2001	5,5	5,3	5,5	157,5	152,4	156,9	12,8	12,8	12,8
2002	5,4	5,2	5,4	159,5	154,7	159,0	12,4	12,4	12,4
2003	5,1	4,7	5,1	156,8	142,9	154,9	12,0	12,0	12,0
2004	4,8	4,2	4,7	144,9	129,8	142,7	12,2	11,9	12,1
2005	4,6	4,1	4,6	142,5	123,9	139,6	11,9	12,0	11,9
2006	4,5	3,9	4,4	136,6	116,9	133,4	12,1	12,3	12,1
2007	4,8	4,2	4,7	145,2	125,8	141,9	12,2	12,2	12,2
2008 (WZ03)	4,9	4,5	4,8	151,3	129,9	147,7	11,9	12,6	12,0
2008 (WZ08)*	4,9	4,5	4,8	151,5	130,8	147,9	11,9	12,6	12,0
2009	5,1	4,9	5,0	159,6	143,2	156,8	11,6	12,5	11,7
2010	5,2	5,1	5,2	158,8	155,3	158,2	11,9	11,9	11,9
2011	5,3	4,8	5,2	162,2	157,7	161,4	12,0	11,2	11,8
2012	5,3	5,2	5,3	158,2	140,5	155,2	12,3	13,5	12,5
2013	5,5	5,4	5,5	166,9	147,2	163,5	12,0	13,3	12,2
2014	5,7	5,5	5,6	165,4	145,9	162,0	12,5	13,7	12,7
2015	5,9	5,7	5,8	176,6	158,2	173,2	12,1	13,3	12,3

*aufgrund der Revision der Wirtschaftszweigklassifikation in 2008 ist eine Vergleichbarkeit mit den Vorjahren nur bedin
möglich

◘ **Tab. 22.7.2** Arbeitsunfähigkeit der AOK-Mitglieder in der Branche Gesundheits- und Sozialwesen nach Bundesländern im Jahr 2015 im Vergleich zum Vorjahr

Bundesland	Kranken-stand in %	Arbeitsunfähigkeit je 100 AOK-Mitglieder				Tage je Fall	Veränd. z. Vorj. in %	AU-Quote in %
		AU-Fälle	Veränd. z. Vorj. in %	AU-Tage	Veränd. z. Vorj. in %			
Baden-Württemberg	5,5	176,3	8,1	2.008,0	3,9	11,4	–3,9	61,5
Bayern	5,2	148,7	8,1	1.903,2	4,4	12,8	–3,4	55,7
Berlin	6,8	203,7	3,2	2.473,7	–0,3	12,1	–3,4	60,7
Brandenburg	6,3	167,9	7,0	2.308,3	4,9	13,8	–1,9	60,8
Bremen	6,3	168,2	2,2	2.290,0	2,2	13,6	0,0	57,7
Hamburg	6,3	197,1	6,5	2.314,8	0,8	11,7	–5,3	59,7
Hessen	6,3	197,7	4,5	2.283,5	2,4	11,6	–2,0	63,2
Mecklenburg-Vorpommern	6,0	155,6	6,9	2.207,5	6,2	14,2	–0,6	57,3
Niedersachsen	6,4	187,5	6,6	2.337,9	3,7	12,5	–2,8	63,6
Nordrhein-Westfalen	6,2	186,9	5,8	2.269,5	3,5	12,1	–2,2	63,1
Rheinland-Pfalz	6,2	201,7	6,8	2.271,9	2,1	11,3	–4,4	64,5
Saarland	7,1	181,9	1,8	2.575,7	3,0	14,2	1,1	61,2
Sachsen	5,5	155,7	9,8	1.995,8	5,7	12,8	–3,8	59,7
Sachsen-Anhalt	6,0	150,5	4,9	2.186,3	–0,1	14,5	–4,8	56,5
Schleswig-Holstein	6,4	178,3	6,4	2.353,7	2,4	13,2	–3,8	61,5
Thüringen	5,9	165,2	8,2	2.160,4	4,1	13,1	–3,8	60,3
West	5,9	176,6	6,8	2.142,3	3,5	12,1	–3,1	60,9
Ost	5,7	158,2	8,4	2.096,6	4,5	13,3	–3,6	59,4
Bund	5,8	173,2	7,0	2.133,9	3,7	12,3	–3,1	60,6

Fehlzeiten-Report 2016

◘ **Tab. 22.7.3** Arbeitsunfähigkeit der AOK-Mitglieder in der Branche Gesundheits- und Sozialwesen nach Wirtschaftsabteilungen im Jahr 2015

Wirtschaftsabteilung	Krankenstand in %		Arbeitsunfähigkeiten je 100 AOK-Mitglieder		Tage je Fall	AU-Quote in %
	2015	2015 stand.*	Fälle	Tage		
Altenheime, Alten- und Behinderten-wohnheime	7,2	6,4	185,0	2.613,3	14,1	64,7
Arzt- und Zahnarztpraxen	3,0	2,9	163,8	1.110,7	6,8	55,3
Gesundheitswesen a. n. g.	4,9	5,2	153,5	1.788,5	11,7	55,4
Krankenhäuser	5,9	5,6	167,6	2.135,9	12,7	61,6
Pflegeheime	7,2	6,4	185,9	2.639,3	14,2	65,5
Sonstige Heime (ohne Erholungs- und Ferienheime)	5,4	5,3	170,4	1.967,2	11,5	58,2
Sonstiges Sozialwesen (ohne Heime)	5,8	5,6	192,2	2.115,4	11,0	60,4
Soziale Betreuung älterer Menschen und Behinderter	6,5	5,9	160,2	2.371,0	14,8	56,2
Stationäre Einrichtungen zur psychosozialen Betreuung, Suchtbekämpfung u. Ä.	6,5	5,7	181,1	2.370,1	13,1	63,8
Branche insgesamt	5,8	5,6	173,2	2.133,9	12,3	60,6
Alle Branchen	5,3	5,4	167,6	1.950,4	11,6	54,9

*Krankenstand alters- und geschlechtsstandardisiert

Fehlzeiten-Report 2016

22

◻ Tab. 22.7.4 Kennzahlen der Arbeitsunfähigkeit der AOK-Mitglieder nach ausgewählten Berufsgruppen in der Branche Gesundheits- und Sozialwesen im Jahr 2015

Tätigkeit	Kranken-stand in %	Arbeitsunfähigkeiten je 100 AOK-Mitglieder		Tage je Fall	AU-Quote in %	Anteil der Berufs-gruppe an der Branche in %*
		Fälle	Tage			
Ärzte/Ärztinnen (ohne Spez.)	1,9	81,3	706,7	8,7	34,1	1,5
Berufe in der Altenpflege (ohne Spez.)	7,5	192,5	2.753,5	14,3	64,7	18,7
Berufe in der Fachkrankenpflege	5,7	153,4	2.082,2	13,6	61,9	1,2
Berufe in der Gebäudetechnik (ohne Spez.)	6,0	143,0	2.185,3	15,3	56,2	1,0
Berufe in der Gesundheits- u. Krankenpflege (ohne Spez.)	6,3	169,8	2.282,1	13,4	62,3	18,8
Berufe in der Haus- u. Familienpflege	7,1	191,0	2.595,1	13,6	61,7	1,1
Berufe in der Hauswirtschaft	7,5	177,5	2.724,2	15,3	63,1	4,6
Berufe in der Kinderbetreuung u. -erziehung	5,6	199,9	2.040,6	10,2	63,0	5,5
Berufe in der Physiotherapie	4,0	156,8	1.443,5	9,2	57,8	2,1
Berufe in der Reinigung (ohne Spez.)	8,0	186,0	2.923,4	15,7	65,2	3,4
Berufe in der Sozialarbeit u. Sozialpädagogik	5,1	152,3	1.870,1	12,3	57,0	3,2
Berufe in Heilerziehungspflege u. Sonderpädagogik	5,7	181,7	2.091,2	11,5	63,8	3,4
Büro- u. Sekretariatskräfte (ohne Spez.)	4,4	149,2	1.598,9	10,7	55,1	2,2
Köche/Köchinnen (ohne Spez.)	8,0	173,6	2.912,3	16,8	64,6	3,2
Medizinische Fachangestellte (ohne Spez.)	3,2	162,4	1.167,3	7,2	56,4	8,2
Verwaltende Berufe im Sozial- u. Gesundheitswesen	4,5	153,1	1.650,2	10,8	57,9	1,0
Zahnmedizinische Fachangestellte	3,2	204,2	1.179,3	5,8	61,5	4,7
Branche insgesamt	**5,8**	**173,2**	**2.133,9**	**12,3**	**60,6**	**11,3****

* Anteil der AOK-Mitglieder in der Berufsgruppe an den in der Branche beschäftigten AOK-Mitgliedern insgesamt
**Anteil der AOK-Mitglieder in der Branche an allen AOK-Mitgliedern

Fehlzeiten-Report 20

◻ Tab. 22.7.5 Dauer der Arbeitsunfähigkeit der AOK-Mitglieder in der Branche Gesundheits- und Sozialwesen im Jahr 2015

Fallklasse	Branche hier		alle Branchen	
	Anteil Fälle in %	Anteil Tage in %	Anteil Fälle in %	Anteil Tage in %
1–3 Tage	34,1	5,6	35,8	6,2
4–7 Tage	32,2	13,5	31,3	13,5
8–14 Tage	17,4	14,6	17,3	15,4
15–21 Tage	5,9	8,3	5,8	8,6
22–28 Tage	3,0	6,0	2,8	6,0
29–42 Tage	3,0	8,5	2,9	8,6
Langzeit-AU (> 42 Tage)	4,4	43,4	4,2	41,6

Fehlzeiten-Report 20

◻ **Tab. 22.7.6** Tage der Arbeitsunfähigkeit je AOK-Mitglied nach Wirtschaftsabteilung und Betriebsgröße in der Branche Gesundheits- und Sozialwesen im Jahr 2015

Wirtschaftsabteilungen	Betriebsgröße (Anzahl der AOK-Mitglieder)					
	10–49	50–99	100–199	200–499	500–999	≥ 1.000
Altenheime, Alten- und Behinderten-wohnheime	26,6	27,1	25,6	24,8	21,9	–
Arzt- und Zahnarztpraxen	14,3	15,9	14,4	–	–	–
Gesundheitswesen a. n. g.	21,6	22,3	23,9	27,1	–	–
Krankenhäuser	20,7	22,7	21,8	21,6	22,1	21,3
Pflegeheime	27,1	26,6	25,5	25,0	28,4	19,5
Sonstige Heime (ohne Erholungs- und Ferienheime)	20,6	18,5	21,6	22,1	16,3	–
Sonstiges Sozialwesen (ohne Heime)	21,1	23,0	23,2	24,8	29,4	–
Soziale Betreuung älterer Menschen und Behinderter	24,3	24,0	24,3	21,5	–	–
Stationäre Einrichtungen zur psychosozia-len Betreuung, Suchtbekämpfung u. Ä.	22,2	26,7	–	26,2	–	–
Branche insgesamt	24,1	24,7	23,2	22,5	22,5	21,2
Alle Branchen	20,3	22,2	22,4	22,2	22,5	22,2

Fehlzeiten-Report 2016

◻ **Tab. 22.7.7** Krankenstand in Prozent nach Ausbildungsabschluss in der Branche Gesundheits- und Sozialwesen im Jahr 2015, AOK-Mitglieder

Wirtschaftsabteilung	Ausbildung						
	ohne Aus-bildungs-abschluss	mit Aus-bildungs-abschluss	Meister/ Techniker	Bachelor	Diplom/Magis-ter/Master/ Staatsexamen	Promo-tion	unbe-kannt
Altenheime, Alten- und Behindertenwohn-heime	7,4	7,2	6,2	3,4	5,2	3,9	7,4
Arzt- und Zahnarzt-praxen	3,7	3,0	3,3	2,3	1,8	1,3	3,1
Gesundheitswesen a. n. g.	5,7	5,1	4,5	2,9	3,3	2,3	4,6
Krankenhäuser	7,2	6,0	5,8	2,6	2,5	2,0	7,3
Pflegeheime	7,7	7,2	6,0	3,5	5,1	4,0	7,3
Sonstige Heime (ohne Erholungs- und Ferien-heime)	6,9	5,5	5,7	3,5	3,6	1,5	5,8
Sonstiges Sozialwesen (ohne Heime)	7,2	6,1	5,7	3,0	3,8	2,2	5,6
Soziale Betreuung älterer Menschen und Behinderter	6,8	6,7	6,2	3,0	4,9	4,8	6,2
Stationäre Einrichtun-gen zur psychosozialen Betreuung, Sucht-bekämpfung u. Ä.	8,7	6,2	9,7	1,9	5,1	–	7,7
Branche insgesamt	6,8	6,0	5,6	3,0	3,3	2,0	5,7
Alle Branchen	6,2	5,6	4,3	2,2	2,7	2,0	5,0

Fehlzeiten-Report 2016

22

◻ **Tab. 22.7.8** Tage der Arbeitsunfähigkeit je AOK-Mitglied nach Ausbildung in der Branche Gesundheits- und Sozialwesen im Jahr 2015

Wirtschaftsabteilung	Ausbildung						
	ohne Aus-bildungs-abschluss	mit Aus-bildungs-abschluss	Meister/ Techniker	Bachelor	Diplom/Magis-ter/Master/ Staatsexamen	Promo-tion	unbe kann
Altenheime, Alten- und Behindertenwohn-heime	27,1	26,3	22,5	12,5	19,1	14,2	27,0
Arzt- und Zahnarzt-praxen	13,4	10,8	11,9	8,4	6,7	4,6	11,4
Gesundheitswesen a. n. g.	21,0	18,5	16,5	10,6	12,1	8,4	16,9
Krankenhäuser	26,4	21,9	21,2	9,3	9,3	7,5	26,7
Pflegeheime	28,2	26,4	22,0	12,7	18,5	14,7	26,6
Sonstige Heime (ohne Erholungs- und Ferien-heime)	25,1	20,1	21,0	12,8	13,1	5,4	21,2
Sonstiges Sozialwesen (ohne Heime)	26,4	22,2	20,7	11,0	14,0	7,9	20,6
Soziale Betreuung älterer Menschen und Behinderter	24,9	24,4	22,7	11,1	17,9	17,6	22,5
Stationäre Einrichtun-gen zur psychosozialen Betreuung, Sucht-bekämpfung u. Ä.	31,8	22,8	35,4	6,8	18,4	–	28,1
Branche insgesamt	**24,8**	**21,7**	**20,5**	**11,1**	**12,1**	**7,3**	**21,0**
Alle Branchen	**22,7**	**20,4**	**15,7**	**8,1**	**10,0**	**7,3**	**18,1**

Fehlzeiten-Report 20

◻ **Tab. 22.7.9** Anteil der Arbeitsunfälle an den AU-Fällen und -Tagen in Prozent nach Wirtschaftsabteilungen in der Branche Gesundheits- und Sozialwesen im Jahr 2015, AOK-Mitglieder

Wirtschaftsabteilung	AU-Fälle in %	AU-Tage in %
Altenheime, Alten- und Behindertenwohnheime	1,9	3,1
Arzt- und Zahnarztpraxen	0,8	1,8
Gesundheitswesen a. n. g.	2,0	3,9
Krankenhäuser	1,8	3,1
Pflegeheime	1,8	3,1
Sonstige Heime (ohne Erholungs- und Ferienheime)	2,0	4,0
Sonstiges Sozialwesen (ohne Heime)	1,7	3,4
Soziale Betreuung älterer Menschen und Behinderter	2,3	4,0
Stationäre Einrichtungen zur psychosozialen Betreuung, Suchtbekämpfung u. Ä.	1,7	3,9
Branche insgesamt	**1,7**	**3,2**
Alle Branchen	**3,0**	**5,8**

Fehlzeiten-Report 20

◻ Tab. 22.7.10 Tage und Fälle der Arbeitsunfähigkeit durch Arbeitsunfälle nach Berufsgruppen in der Branche Gesundheits- und Sozialwesen im Jahr 2015, AOK-Mitglieder

Tätigkeit	Arbeitsunfähigkeit je 1.000 AOK-Mitglieder	
	AU-Tage	AU-Fälle
Berufe in der Gebäudetechnik (ohne Spez.)	1.271,7	51,9
Köche/Köchinnen (ohne Spez.)	1.168,5	48,3
Berufe in der Reinigung (ohne Spez.)	953,5	34,7
Berufe in der Altenpflege (ohne Spez.)	903,4	36,9
Berufe in der Hauswirtschaft	901,5	34,4
Berufe in der Haus- u. Familienpflege	854,0	34,6
Berufe in Heilerziehungspflege u. Sonderpädagogik	756,2	36,0
Berufe in der Gesundheits- u. Krankenpflege (ohne Spez.)	727,8	30,9
Berufe in der Kinderbetreuung u. -erziehung	638,9	30,6
Berufe in der Fachkrankenpflege	605,9	24,7
Berufe in der Sozialarbeit u. Sozialpädagogik	478,8	23,0
Berufe in der Physiotherapie	449,7	21,6
Büro- u. Sekretariatskräfte (ohne Spez.)	350,2	12,9
Verwaltende Berufe im Sozial- u. Gesundheitswesen	271,3	12,8
Ärzte/Ärztinnen (ohne Spez.)	222,8	11,3
Medizinische Fachangestellte (ohne Spez.)	211,1	13,4
Zahnmedizinische Fachangestellte	195,4	16,7
Branche insgesamt	**678,1**	**29,7**
Alle Branchen	**1.137,2**	**51,0**

Fehlzeiten-Report 2016

◻ Tab. 22.7.11 Tage und Fälle der Arbeitsunfähigkeit je 100 AOK-Mitglieder nach Krankheitsarten in der Branche Gesundheits- und Sozialwesen in den Jahren 2000 bis 2015

Jahr	Arbeitsunfähigkeiten je 100 AOK-Mitglieder											
	Psyche		Herz/Kreislauf		Atemwege		Verdauung		Muskel/Skelett		Verletzungen	
	Tage	Fälle	Tage	Fälle	Tage	Fälle	Tage	Fälle	Tage	Fälle	Tage	Fälle
2000	229,0	9,5	142,7	8,8	357,9	50,2	145,4	20,8	627,8	33,3	221,5	14,7
2001	244,0	10,4	145,7	9,5	329,2	48,4	146,1	21,3	634,1	34,3	220,4	15,0
2002	246,6	10,8	139,1	9,5	316,8	47,7	149,1	23,1	613,5	33,9	220,7	15,0
2003	235,3	10,6	131,7	9,4	318,3	49,2	138,3	21,9	550,9	31,6	205,8	14,2
2004	245,7	10,7	141,1	8,5	275,2	41,9	140,7	21,4	522,5	29,9	201,9	13,3
2005	238,7	9,9	132,5	7,9	307,6	46,7	126,0	19,0	482,6	27,6	192,8	12,4
2006	244,3	10,1	134,4	8,0	257,8	39,6	130,2	20,2	489,9	27,4	198,7	12,5
2007	273,4	10,7	138,9	7,9	284,9	43,8	140,0	21,7	519,7	28,2	194,8	12,2
2008 (WZ03)	284,7	11,2	141,7	8,2	294,7	45,8	143,6	22,5	522,7	29,0	199,5	12,6
2008 (WZ08)*	285,0	11,2	141,9	8,2	295,3	45,8	144,1	22,5	524,2	29,1	199,2	12,6
2009	294,1	11,8	139,3	8,1	347,1	53,1	141,5	22,1	507,2	28,2	207,0	12,8
2010	331,8	12,8	138,9	8,0	301,4	47,1	133,5	20,6	545,8	29,6	224,3	13,7
2011	354,7	13,5	140,4	8,1	313,0	48,4	131,5	20,0	531,2	29,4	218,9	13,0
2012	383,9	13,7	150,3	8,2	307,8	46,7	133,8	19,5	556,3	29,3	223,4	12,6
2013	384,9	13,6	147,9	7,9	377,3	55,6	133,6	19,2	552,8	28,9	226,9	12,5
2014	422,9	15,0	157,7	8,5	312,9	47,7	140,4	19,9	599,4	30,5	233,7	12,7
2015	428,7	15,0	153,0	8,4	389,4	57,9	137,3	19,7	585,8	30,0	235,5	12,7

*aufgrund der Revision der Wirtschaftszweigklassifikation in 2008 ist eine Vergleichbarkeit mit den Vorjahren nur bedingt möglich

Fehlzeiten-Report 2016

22

◻ Tab. 22.7.12 Verteilung der Arbeitsunfähigkeitstage nach Krankheitsarten in Prozent in der Branche Gesundheits- und Sozialwesen im Jahr 2015, AOK-Mitglieder

Wirtschaftsabteilung	AU-Tage in %						
	Psyche	Herz/ Kreislauf	Atem- wege	Ver- dauung	Muskel/ Skelett	Verlet- zungen	Sonsti
Altenheime, Alten- und Behinderten- wohnheime	15,4	5,3	11,8	4,4	21,9	7,4	33,7
Arzt- und Zahnarztpraxen	14,0	3,8	17,6	6,5	11,5	7,4	39,2
Gesundheitswesen a. n. g.	14,0	5,2	14,1	4,7	18,9	9,3	33,9
Krankenhäuser	13,9	5,3	13,5	4,6	20,4	8,5	33,9
Pflegeheime	14,8	5,5	12,0	4,5	22,0	7,7	33,5
Sonstige Heime (ohne Erholungs- und Ferienheime)	16,2	5,3	14,3	4,5	16,2	8,8	34,8
Sonstiges Sozialwesen (ohne Heime)	15,1	5,1	15,7	4,9	17,4	7,8	34,0
Soziale Betreuung älterer Menschen und Behinderter	15,2	5,3	11,8	4,4	21,4	8,3	33,6
Stationäre Einrichtungen zur psychosozialen Betreuung, Suchtbekämpfung u. Ä.	15,1	5,7	14,9	4,1	17,1	7,8	35,3
Branche insgesamt	**14,6**	**5,2**	**13,3**	**4,7**	**20,0**	**8,0**	**34,2**
Alle Branchen	**10,5**	**6,1**	**13,0**	**5,2**	**21,8**	**10,8**	**32,8**

Fehlzeiten-Report 20

◻ Tab. 22.7.13 Verteilung der Arbeitsunfähigkeitsfälle nach Krankheitsarten in Prozent in der Branche Gesundheits- und Sozialwesen im Jahr 2015, AOK-Mitglieder

Wirtschaftsabteilung	AU-Fälle in %						
	Psyche	Herz/ Kreislauf	Atem- wege	Ver- dauung	Muskel/ Skelett	Verlet- zungen	Sonsti
Altenheime, Alten- und Behinderten- wohnheime	7,3	3,9	23,2	8,1	15,2	5,7	36,5
Arzt- und Zahnarztpraxen	5,2	2,6	27,9	10,2	7,1	4,3	42,7
Gesundheitswesen a. n. g.	6,1	3,5	26,5	8,8	12,4	6,2	36,6
Krankenhäuser	6,3	3,8	25,7	8,4	13,6	5,7	36,4
Pflegeheime	7,1	4,1	23,4	8,2	15,2	5,6	36,5
Sonstige Heime (ohne Erholungs- und Ferienheime)	6,9	3,4	26,4	8,4	12,0	5,9	36,9
Sonstiges Sozialwesen (ohne Heime)	6,3	3,4	27,7	8,9	11,8	5,2	36,7
Soziale Betreuung älterer Menschen und Behinderter	7,5	3,9	23,1	8,0	14,5	6,1	36,7
Stationäre Einrichtungen zur psychosozialen Betreuung, Suchtbekämpfung u. Ä.	6,8	4,1	26,8	8,0	12,8	5,8	35,8
Branche insgesamt	**6,6**	**3,7**	**25,3**	**8,6**	**13,1**	**5,5**	**37,3**
Alle Branchen	**5,0**	**3,8**	**24,0**	**9,2**	**15,8**	**7,4**	**34,9**

Fehlzeiten-Report 20

◨ **Tab. 22.7.14** Verteilung der Arbeitsunfähigkeitstage nach Krankheitsarten und ausgewählten Berufsgruppen in der Branche Gesundheits- und Sozialwesen im Jahr 2015, AOK-Mitglieder

Tätigkeit	AU-Tage in %						
	Psyche	Herz/ Kreislauf	Atem- wege	Ver- dauung	Muskel/ Skelett	Verlet- zungen	Sonstige
Ärzte/Ärztinnen (ohne Spez.)	12,6	5,0	20,0	5,6	11,5	8,1	37,2
Berufe in der Altenpflege (ohne Spez.)	15,6	5,1	11,7	4,4	22,7	7,6	32,9
Berufe in der Fachkrankenpflege	15,7	5,0	14,3	4,1	19,4	9,8	31,6
Berufe in der Gebäudetechnik (ohne Spez.)	9,5	8,9	10,2	5,0	22,6	9,9	33,9
Berufe in der Gesundheits- u. Krankenpflege (ohne Spez.)	14,6	5,1	12,9	4,5	21,0	8,5	33,5
Berufe in der Haus- u. Familienpflege	15,2	4,9	13,7	4,8	20,0	7,1	34,2
Berufe in der Hauswirtschaft	12,8	6,0	11,3	4,3	23,2	7,7	34,7
Berufe in der Kinderbetreuung u. -erziehung	16,8	4,3	17,6	4,9	14,9	7,5	34,0
Berufe in der Physiotherapie	12,0	3,6	18,1	4,9	16,5	10,7	34,2
Berufe in der Reinigung (ohne Spez.)	11,4	6,1	11,0	4,1	25,3	7,8	34,2
Berufe in der Sozialarbeit u. Sozialpädagogik	16,8	5,2	15,1	4,7	16,6	7,4	34,3
Berufe in Heilerziehungspflege u. Sonderpädagogik	17,2	4,6	15,5	4,9	17,0	8,2	32,5
Büro- u. Sekretariatskräfte (ohne Spez.)	16,6	5,5	14,5	5,0	13,7	7,2	37,6
Köche/Köchinnen (ohne Spez.)	12,3	6,3	10,0	4,3	24,5	8,6	34,0
Medizinische Fachangestellte (ohne Spez.)	15,2	3,9	16,8	6,4	11,2	7,3	39,3
Verwaltende Berufe im Sozial- u. Gesundheitswesen	15,9	5,1	14,2	5,0	14,6	6,4	38,8
Zahnmedizinische Fachangestellte	13,5	2,3	20,8	7,1	10,4	7,2	38,7
Branche gesamt	14,6	5,2	13,3	4,7	20,0	8,0	34,2
Alle Branchen	10,5	6,1	13,0	5,2	21,8	10,8	32,8

Fehlzeiten-Report 2016

22

Tab. 22.7.15 Verteilung der Arbeitsunfähigkeitsfälle nach Krankheitsarten und ausgewählten Berufsgruppen in der Branche Gesundheits- und Sozialwesen im Jahr 2015, AOK-Mitglieder

Tätigkeit	AU-Fälle in %						
	Psyche	Herz/ Kreislauf	Atem- wege	Ver- dauung	Muskel/ Skelett	Verlet- zungen	Sonsti
Ärzte/Ärztinnen (ohne Spez.)	4,4	3,4	33,0	8,4	7,6	4,7	38,6
Berufe in der Altenpflege (ohne Spez.)	7,6	3,8	22,7	8,0	15,6	5,7	36,6
Berufe in der Fachkrankenpflege	6,6	3,8	26,7	7,9	14,0	6,1	34,9
Berufe in der Gebäudetechnik (ohne Spez.)	4,8	6,0	20,8	9,0	17,8	7,6	34,0
Berufe in der Gesundheits- u. Krankenpflege (ohne Spez.)	6,8	3,7	25,0	8,1	14,0	5,8	36,6
Berufe in der Haus- u. Familienpflege	7,5	3,9	24,4	8,4	13,2	5,1	37,4
Berufe in der Hauswirtschaft	6,4	4,8	21,9	8,2	16,3	5,7	36,7
Berufe in der Kinderbetreuung u. -erziehung	6,6	2,9	29,9	8,9	9,9	4,9	36,9
Berufe in der Physiotherapie	4,9	2,8	29,9	9,1	10,4	6,0	36,9
Berufe in der Reinigung (ohne Spez.)	6,3	4,9	21,1	8,2	18,7	5,4	35,4
Berufe in der Sozialarbeit u. Sozialpädagogik	7,0	3,5	28,9	8,2	11,2	5,2	36,0
Berufe in Heilerziehungspflege u. Sonderpädagogik	7,1	3,1	28,0	8,3	12,0	5,9	35,6
Büro- u. Sekretariatskräfte (ohne Spez.)	6,5	3,8	27,0	9,4	9,8	4,5	39,0
Köche/Köchinnen (ohne Spez.)	6,4	5,0	20,4	8,2	17,4	6,7	35,8
Medizinische Fachangestellte (ohne Spez.)	5,5	2,6	27,8	10,4	6,9	4,2	42,6
Verwaltende Berufe im Sozial- u. Gesundheitswesen	6,5	3,5	26,7	9,5	9,9	4,6	39,2
Zahnmedizinische Fachangestellte	5,0	2,1	28,4	10,1	6,8	4,3	43,3
Branche gesamt	**6,6**	**3,7**	**25,3**	**8,6**	13,1	5,5	37,3
Alle Branchen	**5,0**	**3,8**	**24,0**	**9,2**	15,8	7,4	34,9

Fehlzeiten-Report 20

◼ **Tab. 22.7.16** Anteile der 40 häufigsten Einzeldiagnosen an den AU-Fällen und AU-Tagen in der Branche Gesundheits- und Sozialwesen im Jahr 2015, AOK-Mitglieder

ICD-10	Bezeichnung	AU-Fälle in %	AU-Tage in %
J06	Akute Infektionen an mehreren oder nicht näher bezeichneten Lokalisationen der oberen Atemwege	9,6	4,3
M54	Rückenschmerzen	4,9	4,9
A09	Sonstige und nicht näher bezeichnete Gastroenteritis und Kolitis infektiösen und nicht näher bezeichneten Ursprungs	4,1	1,4
J20	Akute Bronchitis	2,5	1,3
J40	Bronchitis, nicht als akut oder chronisch bezeichnet	2,0	1,1
K52	Sonstige nichtinfektiöse Gastroenteritis und Kolitis	1,9	0,7
R10	Bauch- und Beckenschmerzen	1,8	0,9
B34	Viruskrankheit nicht näher bezeichneter Lokalisation	1,8	0,8
F43	Reaktionen auf schwere Belastungen und Anpassungsstörungen	1,7	2,8
K08	Sonstige Krankheiten der Zähne und des Zahnhalteapparates	1,7	0,4
F32	Depressive Episode	1,6	4,5
I10	Essentielle (primäre) Hypertonie	1,5	2,1
K29	Gastritis und Duodenitis	1,3	0,6
J01	Akute Sinusitis	1,3	0,6
J32	Chronische Sinusitis	1,2	0,6
J03	Akute Tonsillitis	1,2	0,5
J02	Akute Pharyngitis	1,1	0,5
R51	Kopfschmerz	1,0	0,5
R11	Übelkeit und Erbrechen	1,0	0,5
F48	Andere neurotische Störungen	0,9	1,4
G43	Migräne	0,9	0,3
F45	Somatoforme Störungen	0,8	1,4
T14	Verletzung an einer nicht näher bezeichneten Körperregion	0,8	0,7
M99	Biomechanische Funktionsstörungen, anderenorts nicht klassifiziert	0,8	0,6
J00	Akute Rhinopharyngitis [Erkältungsschnupfen]	0,8	0,3
M51	Sonstige Bandscheibenschäden	0,7	1,8
M25	Sonstige Gelenkkrankheiten, anderenorts nicht klassifiziert	0,7	1,0
M53	Sonstige Krankheiten der Wirbelsäule und des Rückens, anderenorts nicht klassifiziert	0,7	0,8
R53	Unwohlsein und Ermüdung	0,7	0,7
M79	Sonstige Krankheiten des Weichteilgewebes, anderenorts nicht klassifiziert	0,7	0,7
J11	Grippe, Viren nicht nachgewiesen	0,7	0,4
N39	Sonstige Krankheiten des Harnsystems	0,7	0,4
J04	Akute Laryngitis und Tracheitis	0,7	0,3
J98	Sonstige Krankheiten der Atemwege	0,7	0,3
B99	Sonstige und nicht näher bezeichnete Infektionskrankheiten	0,7	0,3
A08	Virusbedingte und sonstige näher bezeichnete Darminfektionen	0,7	0,2
M75	Schulterläsionen	0,6	1,4
R42	Schwindel und Taumel	0,6	0,4
M77	Sonstige Enthesopathien	0,5	0,7
R50	Fieber sonstiger und unbekannter Ursache	0,5	0,3
	Summe hier	**58,1**	**43,4**
	Restliche	41,9	56,6
	Gesamtsumme	**100,0**	**100,0**

□ Tab. 22.7.17 Anteile der 40 häufigsten Diagnoseuntergruppen an den AU-Fällen und AU-Tagen in der Branche Gesundheits- und Sozialwesen im Jahr 2015, AOK-Mitglieder

ICD-10	Bezeichnung	AU-Fälle in %	AU-Tage in
J00–J06	Akute Infektionen der oberen Atemwege	14,7	6,6
M50–M54	Sonstige Krankheiten der Wirbelsäule und des Rückens	5,9	7,0
A00–A09	Infektiöse Darmkrankheiten	5,2	1,8
F40–F48	Neurotische, Belastungs- und somatoforme Störungen	3,9	6,8
R50–R69	Allgemeinsymptome	3,4	2,7
J40–J47	Chronische Krankheiten der unteren Atemwege	3,2	2,2
R10–R19	Symptome, die das Verdauungssystem und das Abdomen betreffen	3,1	1,7
J20–J22	Sonstige akute Infektionen der unteren Atemwege	2,9	1,6
K50–K52	Nichtinfektiöse Enteritis und Kolitis	2,2	0,9
F30–F39	Affektive Störungen	2,1	6,9
M70–M79	Sonstige Krankheiten des Weichteilgewebes	2,1	3,2
K00–K14	Krankheiten der Mundhöhle, der Speicheldrüsen und der Kiefer	2,1	0,6
B25–B34	Sonstige Viruskrankheiten	2,0	0,9
J30–J39	Sonstige Krankheiten der oberen Atemwege	1,8	1,0
K20–K31	Krankheiten des Ösophagus, des Magens und des Duodenums	1,8	0,9
I10–I15	Hypertonie [Hochdruckkrankheit]	1,7	2,4
G40–G47	Episodische und paroxysmale Krankheiten des Nervensystems	1,7	1,3
Z80–Z99	Personen mit potentiellen Gesundheitsrisiken aufgrund der Familien- oder Eigenanamnese und bestimmte Zustände, die den Gesundheits- zustand beeinflussen	1,4	2,8
M20–M25	Sonstige Gelenkkrankheiten	1,3	2,5
R00–R09	Symptome, die das Kreislaufsystem und das Atmungssystem betreffen	1,3	0,8
N30–N39	Sonstige Krankheiten des Harnsystems	1,2	0,6
J09–J18	Grippe und Pneumonie	1,1	0,8
N80–N98	Nichtentzündliche Krankheiten des weiblichen Genitaltraktes	1,0	0,8
T08–T14	Verletzungen nicht näher bezeichneter Teile des Rumpfes, der Extremitäten oder anderer Körperregionen	0,9	0,9
M95–M99	Sonstige Krankheiten des Muskel-Skelett-Systems und des Bindegewebes	0,9	0,8
R40–R46	Symptome, die das Erkennungs- und Wahrnehmungsvermögen, die Stimmung und das Verhalten betreffen	0,9	0,7
K55–K64	Sonstige Krankheiten des Darmes	0,9	0,7
M15–M19	Arthrose	0,8	2,2
S90–S99	Verletzungen der Knöchelregion und des Fußes	0,8	1,0
J95–J99	Sonstige Krankheiten des Atmungssystems	0,8	0,5
S80–S89	Verletzungen des Knies und des Unterschenkels	0,7	1,4
E00–E07	Krankheiten der Schilddrüse	0,7	1,0
E70–E90	Stoffwechselstörungen	0,7	0,9
Z00–Z13	Personen, die das Gesundheitswesen zur Untersuchung und Abklärung in Anspruch nehmen	0,7	0,5
B99–B99	Sonstige Infektionskrankheiten	0,7	0,3
G50–G59	Krankheiten von Nerven, Nervenwurzeln und Nervenplexus	0,6	1,1
M65–M68	Krankheiten der Synovialis und der Sehnen	0,6	0,9
S60–S69	Verletzungen des Handgelenkes und der Hand	0,6	0,8
O20–O29	Sonstige Krankheiten der Mutter, die vorwiegend mit der Schwanger- schaft verbunden sind	0,6	0,5
I95–I99	Sonstige und nicht näher bezeichnete Krankheiten des Kreislaufsystems	0,6	0,3
	Summe hier	**79,6**	**71,3**
	Restliche	20,4	28,7
	Gesamtsumme	**100,0**	**100,0**

Fehlzeiten-Report 20

22.8 Handel

22

◻ Tab. 22.8.1 Entwicklung des Krankenstands der AOK-Mitglieder in der Branche Handel in den Jahren 1994 bis 2015

Jahr	Krankenstand in %			AU-Fälle je 100 AOK-Mitglieder			Tage je Fall		
	West	Ost	Bund	West	Ost	Bund	West	Ost	Bund
1994	5,6	4,6	5,5	144,1	105,9	138,3	13,1	14,1	13,3
1995	5,2	4,4	5,1	149,7	116,2	144,7	12,8	14,1	13,0
1996	4,6	4,0	4,5	134,3	106,2	129,9	12,9	14,4	13,1
1997	4,5	3,8	4,4	131,3	100,7	126,9	12,3	13,9	12,5
1998	4,6	3,9	4,5	134,1	102,0	129,6	12,3	13,8	12,5
1999	4,6	4,2	4,5	142,7	113,4	138,9	11,9	13,6	12,1
2000	4,6	4,2	4,6	146,5	117,9	143,1	11,6	13,0	11,7
2001	4,6	4,2	4,5	145,4	113,2	141,8	11,5	13,5	11,7
2002	4,5	4,1	4,5	145,5	114,4	,142,0	11,4	13,0	11,5
2003	4,2	3,7	4,2	140,5	110,7	136,8	11,0	12,4	11,2
2004	3,9	3,4	3,8	127,0	100,9	123,4	11,2	12,2	11,3
2005	3,8	3,3	3,7	127,9	100,7	123,9	10,9	12,1	11,0
2006	3,7	3,3	3,6	122,7	97,0	118,9	11,0	12,3	11,2
2007	3,9	3,6	3,9	132,4	106,6	128,6	10,9	12,2	11,0
2008 (WZ03)	4,1	3,8	4,0	140,4	112,0	136,2	10,6	12,3	10,8
2008 (WZ08)*	4,1	3,7	4,0	139,9	111,7	135,7	10,6	12,2	10,8
2009	4,2	4,1	4,2	146,4	122,1	142,8	10,5	12,2	10,7
2010	4,3	4,1	4,3	143,7	126,8	141,2	10,9	11,9	11,0
2011	4,4	3,9	4,3	149,1	131,0	146,5	10,8	11,0	10,8
2012	4,4	4,4	4,4	149,7	125,8	146,2	10,8	12,9	11,1
2013	4,7	4,6	4,7	161,2	136,3	157,7	10,6	12,4	10,8
2014	4,8	4,7	4,8	159,1	133,4	155,4	11,0	13,0	11,3
2015	5,0	4,9	5,0	168,2	143,7	164,6	10,8	12,6	11,0

*aufgrund der Revision der Wirtschaftszweigklassifikation in 2008 ist eine Vergleichbarkeit mit den Vorjahren nur bedin
möglich

Fehlzeiten-Report 20

◘ Tab. 22.8.2 Arbeitsunfähigkeit der AOK-Mitglieder in der Branche Handel nach Bundesländern im Jahr 2015 im Vergleich zum Vorjahr

Bundesland	Kranken-stand in %	Arbeitsunfähigkeit je 100 AOK-Mitglieder				Tage je Fall	Veränd. z. Vorj. in %	AU-Quote in %
		AU-Fälle	Veränd. z. Vorj. in %	AU-Tage	Veränd. z. Vorj. in %			
Baden-Württemberg	5,0	178,7	7,3	1.812,0	4,1	10,1	–3,0	59,0
Bayern	4,5	146,0	6,2	1.625,7	5,1	11,1	–1,1	52,5
Berlin	4,7	159,9	4,9	1.706,1	5,6	10,7	0,6	47,4
Brandenburg	5,3	148,2	7,8	1.944,6	6,0	13,1	–1,7	53,6
Bremen	4,8	152,8	3,4	1.756,9	0,8	11,5	–2,5	51,4
Hamburg	5,1	174,3	3,7	1.858,7	2,2	10,7	–1,5	53,2
Hessen	5,4	186,1	4,2	1.974,5	3,2	10,6	–1,0	57,6
Mecklenburg-Vorpommern	4,9	134,0	7,6	1.799,6	4,4	13,4	–3,0	50,3
Niedersachsen	5,1	170,6	5,6	1.868,1	2,7	10,9	–2,7	58,4
Nordrhein-Westfalen	5,3	173,3	4,8	1.921,1	1,9	11,1	–2,8	57,8
Rheinland-Pfalz	5,5	191,0	4,6	2.024,1	2,8	10,6	–1,7	60,4
Saarland	5,8	161,2	3,0	2.101,7	3,9	13,0	0,9	54,3
Sachsen	4,7	141,5	9,7	1.713,1	5,9	12,1	–3,5	55,2
Sachsen-Anhalt	5,3	139,4	3,6	1.935,7	2,3	13,9	–1,3	51,5
Schleswig-Holstein	5,1	163,1	3,8	1.860,5	3,5	11,4	–0,2	55,5
Thüringen	5,2	153,9	5,0	1.911,1	2,0	12,4	–2,9	55,6
West	5,0	168,2	5,7	1.819,0	3,5	10,8	–2,1	56,4
Ost	4,9	143,7	7,7	1.805,5	4,5	12,6	–3,0	54,3
Bund	5,0	164,6	5,9	1.817,0⁻	3,6	11,0	–2,1	56,1

Fehlzeiten-Report 2016

◘ Tab. 22.8.3 Arbeitsunfähigkeit der AOK-Mitglieder in der Branche Handel nach Wirtschaftsabteilungen im Jahr 2015

Wirtschaftsabteilung	Krankenstand in %		Arbeitsunfähigkeiten je 100 AOK-Mitglieder		Tage je Fall	AU-Quote in %
	2015	2015 stand.*	Fälle	Tage		
Einzelhandel (ohne Handel mit Kraftfahrzeugen)	5,0	5,2	160,8	1.816,7	11,3	54,6
Großhandel (ohne Handel mit Kraftfahrzeugen)	5,1	5,1	165,8	1.877,3	11,3	58,1
Handel mit Kraftfahrzeugen, Instandhaltung und Reparatur von Kraftfahrzeugen	4,6	4,6	176,6	1.697,2	9,6	58,5
Branche insgesamt	5,0	5,2	164,6	1.817,0	11,0	56,1
Alle Branchen	5,3	5,4	167,6	1.950,4	11,6	54,9

*Krankenstand alters- und geschlechtsstandardisiert

Fehlzeiten-Report 2016

22

◻ **Tab. 22.8.4** Kennzahlen der Arbeitsunfähigkeit der AOK-Mitglieder nach ausgewählten Berufsgruppen in der Branche Handel im Jahr 2015

Tätigkeit	Kranken-stand in %	Arbeitsunfähigkeiten je 100 AOK-Mitglieder		Tage je Fall	AU-Quote in %	Anteil der Berufsgruppe an der Branche in %*
		Fälle	Tage			
Aufsichts-/Führungskräfte Verkauf	4,3	110,1	1.561,5	14,2	48,2	1,2
Berufe im Verkauf (ohne Spez.)	5,1	157,7	1.879,2	11,9	54,6	23,0
Berufe im Verkauf von Back- u. Konditoreiwaren	5,4	160,8	1.954,9	12,2	55,0	1,9
Berufe im Verkauf von Bekleidung, Sportartikeln, Lederwaren u. Schuhen	4,7	189,7	1.719,2	9,1	56,4	3,7
Berufe im Verkauf von drogerie- u. apothekenüblichen Waren	4,1	171,2	1.507,8	8,8	59,4	1,8
Berufe im Verkauf von Garten-, Heimwerker-, Haustier- u. Zoobedarf	5,2	176,9	1.914,5	10,8	63,1	1,2
Berufe im Verkauf von Kraftfahrzeugen, Zweirädern u. Zubehör	3,4	159,2	1.256,5	7,9	54,5	1,3
Berufe im Verkauf von Lebensmitteln (ohne Spez.)	4,9	155,8	1.786,6	11,5	54,5	1,7
Berufe im Vertrieb (außer Informations- u. Kommunikationstechnologien)	3,5	131,6	1.278,0	9,7	52,2	2,1
Berufe in der Kraftfahrzeugtechnik	5,1	208,1	1.852,3	8,9	65,4	5,4
Berufe in der Lagerwirtschaft	6,8	212,3	2.482,9	11,7	62,7	11,9
Berufe in der pharmazeutisch-technischen Assistenz	2,6	131,3	951,8	7,2	52,6	1,1
Berufskraftfahrer/innen (Güterverkehr/ LKW)	6,8	146,3	2.484,3	17,0	58,0	2,8
Büro- u. Sekretariatskräfte (ohne Spez.)	3,3	132,7	1.214,2	9,2	49,9	4,8
Kassierer/innen u. Kartenverkäufer/innen	5,9	161,3	2.135,6	13,2	57,0	2,2
Kaufleute im Groß- u. Außenhandel	3,4	199,0	1.224,3	6,2	63,1	1,9
Kaufmännische u. technische Betriebs-wirtschaft (ohne Spez.)	3,6	147,0	1.315,3	8,9	55,6	2,5
Branche insgesamt	**5,0**	**164,6**	**1.817,0**	**11,0**	**56,1**	**14,2****

* Anteil der AOK-Mitglieder in der Berufsgruppe an den in der Branche beschäftigten AOK-Mitgliedern insgesamt
**Anteil der AOK-Mitglieder in der Branche an allen AOK-Mitgliedern

Fehlzeiten-Report 20

◻ **Tab. 22.8.5** Dauer der Arbeitsunfähigkeit der AOK-Mitglieder in der Branche Handel im Jahr 2015

Fallklasse	Branche hier		alle Branchen	
	Anteil Fälle in %	Anteil Tage in %	Anteil Fälle in %	Anteil Tage in %
1–3 Tage	37,9	6,9	35,8	6,2
4–7 Tage	31,6	14,5	31,3	13,5
8–14 Tage	16,0	15,1	17,3	15,4
15–21 Tage	5,3	8,3	5,8	8,6
22–28 Tage	2,6	5,8	2,8	6,0
29–42 Tage	2,7	8,4	2,9	8,6
Langzeit-AU (> 42 Tage)	3,9	40,9	4,2	41,6

Fehlzeiten-Report 20

◻ **Tab. 22.8.6** Tage der Arbeitsunfähigkeit je AOK-Mitglied nach Wirtschaftsabteilung und Betriebsgröße in der Branche Handel im Jahr 2015

Wirtschaftsabteilungen	Betriebsgröße (Anzahl der AOK-Mitglieder)					
	10–49	50–99	100–199	200–499	500–999	≥ 1.000
Einzelhandel (ohne Handel mit Kraftfahrzeugen)	19,3	21,3	21,8	23,6	27,2	35,0
Großhandel (ohne Handel mit Kraftfahrzeugen)	19,8	22,1	22,4	22,7	20,6	4,8
Handel mit Kraftfahrzeugen, Instandhaltung und Reparatur von Kraftfahrzeugen	17,6	19,0	20,6	22,3	–	–
Branche insgesamt	19,2	21,4	21,9	23,2	25,4	33,2
Alle Branchen	20,3	22,2	22,4	22,2	22,5	22,2

Fehlzeiten-Report 2016

◻ **Tab. 22.8.7** Krankenstand in Prozent nach Ausbildungsabschluss in der Branche Handel im Jahr 2015, AOK-Mitglieder

Wirtschaftsabteilung	Ausbildung						
	ohne Ausbildungsabschluss	mit Ausbildungsabschluss	Meister/ Techniker	Bachelor	Diplom/Magister/Master/ Staatsexamen	Promotion	unbekannt
Einzelhandel (ohne Handel mit Kraftfahrzeugen)	5,4	5,1	4,3	2,3	2,6	2,4	4,8
Großhandel (ohne Handel mit Kraftfahrzeugen)	6,2	5,2	3,9	1,9	2,4	2,3	4,9
Handel mit Kraftfahrzeugen, Instandhaltung und Reparatur von Kraftfahrzeugen	5,0	4,7	4,3	2,1	2,6	2,8	4,3
Branche insgesamt	5,6	5,1	4,2	2,1	2,5	2,3	4,8
Alle Branchen	6,2	5,6	4,3	2,2	2,7	2,0	5,0

Fehlzeiten-Report 2016

◻ **Tab. 22.8.8** Tage der Arbeitsunfähigkeit je AOK-Mitglied nach Ausbildung in der Branche Handel im Jahr 2015

Wirtschaftsabteilung	Ausbildung						
	ohne Ausbildungsabschluss	mit Ausbildungsabschluss	Meister/ Techniker	Bachelor	Diplom/Magister/Master/ Staatsexamen	Promotion	unbekannt
Einzelhandel (ohne Handel mit Kraftfahrzeugen)	19,7	18,4	15,6	8,3	9,6	8,8	17,4
Großhandel (ohne Handel mit Kraftfahrzeugen)	22,8	19,1	14,3	6,9	8,8	8,3	18,0
Handel mit Kraftfahrzeugen, Instandhaltung und Reparatur von Kraftfahrzeugen	18,4	17,2	15,8	7,6	9,4	10,2	15,8
Branche insgesamt	20,3	18,4	15,3	7,6	9,2	8,6	17,4
Alle Branchen	22,7	20,4	15,7	8,1	10,0	7,3	18,1

Fehlzeiten-Report 2016

22

◖ **Tab. 22.8.9** Anteil der Arbeitsunfälle an den AU-Fällen und -Tagen in Prozent nach Wirtschaftsabteilungen in der Branche Handel im Jahr 2015, AOK-Mitglieder

Wirtschaftsabteilung	AU-Fälle in %	AU-Tage in %
Einzelhandel (ohne Handel mit Kraftfahrzeugen)	2,4	4,2
Großhandel (ohne Handel mit Kraftfahrzeugen)	3,1	6,5
Handel mit Kraftfahrzeugen, Instandhaltung und Reparatur von Kraftfahrzeugen	3,5	6,3
Branche insgesamt	2,8	5,2
Alle Branchen	3,0	5,8

Fehlzeiten-Report 20

◖ **Tab. 22.8.10** Tage und Fälle der Arbeitsunfähigkeit durch Arbeitsunfälle nach Berufsgruppen in der Branche Handel im Jahr 2015, AOK-Mitglieder

Tätigkeit	Arbeitsunfähigkeit je 1.000 AOK-Mitglied	
	AU-Tage	AU-Fälle
Berufskraftfahrer/innen (Güterverkehr/LKW)	2.946,3	94,4
Berufe in der Kraftfahrzeugtechnik	1.430,3	99,1
Berufe in der Lagerwirtschaft	1.385,6	63,8
Berufe im Verkauf von Garten-, Heimwerker-, Haustier- u. Zoobedarf	931,2	56,1
Berufe im Verkauf von Back- u. Konditoreiwaren	796,3	46,5
Berufe im Verkauf von Lebensmitteln (ohne Spez.)	788,1	45,9
Berufe im Verkauf (ohne Spez.)	717,7	37,1
Aufsichts-/Führungskr. - Verkauf	642,0	28,6
Kassierer/innen u. Kartenverkäufer/innen	617,5	25,6
Berufe im Verkauf von Bekleidung, Sportartikeln, Lederwaren u. Schuhen	419,7	23,6
Berufe im Verkauf von Kraftfahrzeugen, Zweirädern u. Zubehör	340,2	20,0
Kaufleute im Groß- u. Außenhandel	338,1	24,8
Berufe im Vertrieb (außer Informations- u. Kommunikationstechnologien)	332,8	15,6
Berufe im Verkauf von drogerie- u. apothekenüblichen Waren	332,8	20,7
kaufmännische u. technische Betriebswirtschaft (ohne Spez.)	293,0	14,5
Büro- u. Sekretariatskräfte (ohne Spez.)	249,9	12,5
Berufe in der pharmazeutisch-technischen Assistenz	183,5	11,4
Branche insgesamt	937,6	45,6
Alle Branchen	1.137,2	51,0

Fehlzeiten-Report 20

◻ **Tab. 22.8.11** Tage und Fälle der Arbeitsunfähigkeit je 100 AOK-Mitglieder nach Krankheitsarten in der Branche Handel in den Jahren 1995 bis 2015

Jahr	Arbeitsunfähigkeiten je 100 AOK-Mitglieder											
	Psyche		Herz/Kreislauf		Atemwege		Verdauung		Muskel/Skelett		Verletzungen	
	Tage	Fälle	Tage	Fälle	Tage	Fälle	Tage	Fälle	Tage	Fälle	Tage	Fälle
1995	101,3	4,1	175,6	8,5	347,2	43,8	183,5	22,6	592,8	31,9	345,0	21,1
1996	92,4	3,8	152,5	7,1	300,8	38,8	153,0	20,3	524,4	27,6	308,0	18,8
1997	89,6	4,0	142,2	7,4	268,9	37,5	143,7	20,2	463,5	26,9	293,2	18,4
1998	95,7	4,3	142,2	7,6	266,0	38,5	140,9	20,4	480,4	28,3	284,6	18,3
1999	100,4	4,7	139,6	7,8	301,5	44,0	142,3	21,7	499,5	30,0	280,8	18,5
2000	113,7	5,5	119,8	7,0	281,4	42,5	128,1	19,1	510,3	31,3	278,0	18,8
2001	126,1	6,3	124,0	7,6	266,0	41,9	128,9	19,8	523,9	32,5	270,3	18,7
2002	131,0	6,7	122,5	7,7	254,9	41,0	129,6	20,8	512,6	32,0	265,8	18,4
2003	127,0	6,6	114,6	7,6	252,1	41,5	121,3	19,8	459,2	29,4	250,8	17,4
2004	136,9	6,4	120,4	6,8	215,6	34,6	120,4	19,0	424,2	27,1	237,7	16,0
2005	135,8	6,2	118,1	6,6	245,8	39,4	113,5	17,6	399,1	25,9	230,5	15,5
2006	137,2	6,3	117,7	6,7	202,9	33,5	115,7	18,4	400,5	26,0	234,8	15,7
2007	151,2	6,8	120,3	6,8	231,0	37,9	122,6	20,0	426,0	27,1	234,3	15,4
2008 (WZ03)	159,5	7,1	124,1	7,0	244,6	40,6	127,6	21,3	439,2	28,2	238,9	15,8
2008 (WZ08)*	158,2	7,1	123,2	7,0	243,2	40,4	127,3	21,2	435,9	28,0	238,8	15,8
2009	168,3	7,6	122,3	6,9	284,1	46,6	126,0	20,8	428,8	27,4	241,8	15,7
2010	190,3	8,1	124,2	6,9	240,7	40,4	118,2	19,2	463,3	28,5	256,3	16,4
2011	209,1	9,0	119,3	6,9	253,8	42,0	119,2	19,3	451,2	28,8	248,1	16,0
2012	231,9	9,3	130,4	7,1	254,5	41,9	124,0	19,5	478,2	29,5	252,0	15,5
2013	243,8	9,7	129,6	6,9	317,6	50,9	127,4	19,7	482,5	29,9	254,6	15,6
2014	273,9	10,7	137,2	7,2	265,7	43,7	133,5	20,3	523,9	31,5	257,2	15,7
2015	282,1	10,9	135,5	7,2	323,7	51,9	131,8	20,1	518,5	31,2	256,3	15,5

*aufgrund der Revision der Wirtschaftszweigklassifikation in 2008 ist eine Vergleichbarkeit mit den Vorjahren nur bedingt möglich

Fehlzeiten-Report 2016

◻ **Tab. 22.8.12** Verteilung der Arbeitsunfähigkeitstage nach Krankheitsarten in Prozent in der Branche Handel im Jahr 2015, AOK-Mitglieder

Wirtschaftsabteilung	AU-Tage in %						
	Psyche	Herz/Kreislauf	Atemwege	Verdauung	Muskel/Skelett	Verletzungen	Sonstige
Einzelhandel (ohne Handel mit Kraftfahrzeugen)	13,1	4,9	13,0	5,3	20,4	9,2	34,0
Großhandel (ohne Handel mit Kraftfahrzeugen)	9,6	6,5	12,9	5,3	22,1	11,1	32,5
Handel mit Kraftfahrzeugen, Instandhaltung und Reparatur von Kraftfahrzeugen	8,4	5,5	14,1	5,7	21,0	13,6	31,7
Branche insgesamt	11,4	5,5	13,1	5,3	21,0	10,4	33,2
Alle Branchen	10,5	6,1	13,0	5,2	21,8	10,8	32,8

Fehlzeiten-Report 2016

22

◻ Tab. 22.8.13 Verteilung der Arbeitsunfähigkeitsfälle nach Krankheitsarten in Prozent in der Branche Handel im Jahr 2015, AOK-Mitglieder

Wirtschaftsabteilung	AU-Fälle in %						
	Psyche	Herz/ Kreislauf	Atem- wege	Ver- dauung	Muskel/ Skelett	Verlet- zungen	Sonsti
Einzelhandel (ohne Handel mit Kraftfahrzeugen)	5,8	3,3	24,1	9,3	13,7	6,6	37,1
Großhandel (ohne Handel mit Kraftfahrzeugen)	4,5	3,8	24,2	9,5	16,2	7,5	34,4
Handel mit Kraftfahrzeugen, Instandhal- tung und Reparatur von Kraftfahrzeugen	3,7	2,9	25,6	9,8	15,0	9,3	33,7
Branche insgesamt	5,1	3,4	24,4	9,4	14,6	7,3	35,8
Alle Branchen	5,0	3,8	24,0	9,2	15,8	7,4	34,9

Fehlzeiten-Report 20

◻ Tab. 22.8.14 Verteilung der Arbeitsunfähigkeitstage nach Krankheitsarten und ausgewählten Berufsgruppen in der Branche Handel im Jahr 2015, AOK-Mitglieder

Tätigkeit	AU-Tage in %						
	Psyche	Herz/ Kreislauf	Atem- wege	Ver- dauung	Muskel/ Skelett	Verlet- zungen	Sonsti
Aufsichts-/Führungskräfte Verkauf	19,9	5,2	10,6	4,5	18,3	8,1	33,3
Berufe im Verkauf (ohne Spez.)	14,0	4,5	12,5	5,2	20,7	8,8	34,3
Berufe im Verkauf von Back- u. Konditoreiwaren	14,6	4,5	12,6	5,1	19,1	9,0	35,0
Berufe im Verkauf von Bekleidung, Sportartikeln, Lederwaren u. Schuhen	14,4	3,6	16,0	5,7	17,5	8,0	34,7
Berufe im Verkauf von drogerie- u. apothekenüblichen Waren	14,5	3,6	16,2	5,5	16,4	7,2	36,6
Berufe im Verkauf von Garten-, Heimwerker-, Haustier- u. Zoobedarf	12,0	5,1	13,8	5,1	21,0	11,1	31,9
Berufe im Verkauf von Kraftfahrzeugen, Zweirädern u. Zubehör	12,7	5,2	17,7	6,2	14,6	10,3	33,3
Berufe im Verkauf von Lebensmitteln (ohne Spez.)	13,0	5,2	11,7	5,3	20,4	9,1	35,2
Berufe im Vertrieb (außer Informations- u. Kommunikationstechnologien)	13,6	5,9	15,3	5,5	14,9	8,5	36,4
Berufe in der Kraftfahrzeugtechnik	6,5	5,0	14,4	5,8	22,1	16,7	29,4
Berufe in der Lagerwirtschaft	9,2	6,0	12,4	5,2	25,9	10,6	30,7
Berufe in der pharmazeutisch- technischen Assistenz	11,3	3,7	20,4	6,5	11,1	8,2	38,9
Berufskraftfahrer/innen (Güterverkehr/ LKW)	6,5	9,2	8,8	4,7	25,7	13,8	31,3
Büro- u. Sekretariatskräfte (ohne Spez.)	13,9	4,9	15,5	5,7	14,3	7,7	37,9
Kassierer/innen u. Kartenverkäufer/innen	14,6	5,2	12,4	4,9	19,9	7,5	35,4
Kaufleute im Groß- u. Außenhandel	10,6	3,3	21,4	7,0	12,7	10,4	34,6
kaufmännische u. technische Betriebs- wirtschaft (ohne Spez.)	14,1	4,8	17,1	5,7	14,8	7,9	35,6
Branche gesamt	11,4	5,5	13,1	5,3	21,0	10,4	33,2
Alle Branchen	10,5	6,1	13,0	5,2	21,8	10,8	32,8

Fehlzeiten-Report 20

◘ Tab. 22.8.15 Verteilung der Arbeitsunfähigkeitsfälle nach Krankheitsarten und ausgewählten Berufsgruppen in der Branche Handel im Jahr 2015, AOK-Mitglieder

Tätigkeit	AU-Fälle in %						
	Psyche	Herz/ Kreislauf	Atem- wege	Ver- dauung	Muskel/ Skelett	Verlet- zungen	Sonstige
Aufsichts-/Führungskräfte Verkauf	7,5	3,6	22,7	9,3	13,2	6,4	37,4
Berufe im Verkauf (ohne Spez.)	6,2	3,2	23,6	9,2	13,4	6,6	37,7
Berufe im Verkauf von Back- u. Konditoreiwaren	6,8	3,4	22,3	9,3	12,4	7,0	38,8
Berufe im Verkauf von Bekleidung, Sportartikeln, Lederwaren u. Schuhen	6,0	2,8	26,0	9,4	11,4	5,2	39,3
Berufe im Verkauf von drogerie- u. apothekenüblichen Waren	5,8	2,8	27,1	9,3	10,0	4,8	40,2
Berufe im Verkauf von Garten-, Heimwerker-, Haustier- u. Zoobedarf	5,2	3,3	24,6	9,6	14,4	8,0	34,8
Berufe im Verkauf von Kraftfahrzeugen, Zweirädern u. Zubehör	4,5	2,6	29,1	10,7	9,3	6,3	37,5
Berufe im Verkauf von Lebensmitteln (ohne Spez.)	5,8	3,4	22,6	9,7	13,1	7,2	38,2
Berufe im Vertrieb (außer Informations- u. Kommunikationstechnologien)	5,5	3,6	27,8	9,5	11,6	5,6	36,4
Berufe in der Kraftfahrzeugtechnik	2,9	2,4	26,1	9,5	15,4	11,6	32,1
Berufe in der Lagerwirtschaft	4,6	3,8	22,3	9,2	20,0	7,5	32,5
Berufe in der pharmazeutisch- technischen Assistenz	4,6	2,7	31,0	9,8	7,2	4,2	40,5
Berufskraftfahrer/innen (Güterverkehr/ LKW)	3,8	5,7	17,7	9,2	20,9	10,1	32,6
Büro- u. Sekretariatskräfte (ohne Spez.)	5,3	3,2	27,5	10,0	9,4	5,0	39,6
Kassierer/innen u. Kartenverkäufer/ innen	7,0	3,8	23,6	8,9	13,2	5,7	37,9
Kaufleute im Groß- u. Außenhandel	3,6	2,1	31,1	10,3	8,3	6,2	38,4
kaufmännische u. technische Betriebswirtschaft (ohne Spez.)	5,3	3,1	28,9	9,9	10,2	5,0	37,6
Branche gesamt	5,1	3,4	24,4	9,4	14,6	7,3	35,8
Alle Branchen	5,0	3,8	24,0	9,2	15,8	7,4	34,9

Fehlzeiten-Report 2016

□ Tab. 22.8.16 Anteile der 40 häufigsten Einzeldiagnosen an den AU-Fällen und AU-Tagen in der Branche Handel im Jahr 2015, AOK-Mitglieder

ICD-10	Bezeichnung	AU-Fälle in %	AU-Tage in
J06	Akute Infektionen an mehreren oder nicht näher bezeichneten Lokalisationen der oberen Atemwege	9,5	4,3
M54	Rückenschmerzen	5,6	5,4
A09	Sonstige und nicht näher bezeichnete Gastroenteritis und Kolitis infektiösen und nicht näher bezeichneten Ursprungs	4,5	1,5
J20	Akute Bronchitis	2,3	1,3
K52	Sonstige nichtinfektiöse Gastroenteritis und Kolitis	2,0	0,7
K08	Sonstige Krankheiten der Zähne und des Zahnhalteapparates	2,0	0,5
J40	Bronchitis, nicht als akut oder chronisch bezeichnet	1,9	1,0
B34	Viruskrankheit nicht näher bezeichneter Lokalisation	1,9	0,8
R10	Bauch- und Beckenschmerzen	1,8	0,9
K29	Gastritis und Duodenitis	1,5	0,7
F43	Reaktionen auf schwere Belastungen und Anpassungsstörungen	1,3	2,2
I10	Essentielle (primäre) Hypertonie	1,3	1,9
F32	Depressive Episode	1,2	3,5
T14	Verletzung an einer nicht näher bezeichneten Körperregion	1,2	1,1
R51	Kopfschmerz	1,2	0,5
J02	Akute Pharyngitis	1,2	0,5
J03	Akute Tonsillitis	1,2	0,5
J01	Akute Sinusitis	1,1	0,5
J32	Chronische Sinusitis	1,1	0,5
R11	Übelkeit und Erbrechen	1,0	0,5
M25	Sonstige Gelenkkrankheiten, anderenorts nicht klassifiziert	0,9	1,1
M99	Biomechanische Funktionsstörungen, anderenorts nicht klassifiziert	0,9	0,7
J00	Akute Rhinopharyngitis [Erkältungsschnupfen]	0,9	0,4
M51	Sonstige Bandscheibenschäden	0,7	1,9
F45	Somatoforme Störungen	0,7	1,2
M53	Sonstige Krankheiten der Wirbelsäule und des Rückens, anderenorts nicht klassifiziert	0,7	0,8
M79	Sonstige Krankheiten des Weichteilgewebes, anderenorts nicht klassifiziert	0,7	0,7
R42	Schwindel und Taumel	0,7	0,5
J11	Grippe, Viren nicht nachgewiesen	0,7	0,4
G43	Migräne	0,7	0,3
J98	Sonstige Krankheiten der Atemwege	0,7	0,3
A08	Virusbedingte und sonstige näher bezeichnete Darminfektionen	0,7	0,2
M75	Schulterläsionen	0,6	1,5
F48	Andere neurotische Störungen	0,6	1,0
M77	Sonstige Enthesopathien	0,6	0,8
S93	Luxation, Verstauchung und Zerrung der Gelenke und Bänder in Höhe des oberen Sprunggelenkes und des Fußes	0,6	0,6
R53	Unwohlsein und Ermüdung	0,6	0,5
B99	Sonstige und nicht näher bezeichnete Infektionskrankheiten	0,6	0,3
J04	Akute Laryngitis und Tracheitis	0,6	0,3
N39	Sonstige Krankheiten des Harnsystems	0,6	0,3
	Summe hier	**58,6**	**42,6**
	Restliche	41,4	57,4
	Gesamtsumme	**100,0**	**100,0**

22

☐ **Tab. 22.8.17** Anteile der 40 häufigsten Diagnoseuntergruppen an den AU-Fällen und AU-Tagen in der Branche Handel im Jahr 2015, AOK-Mitglieder

ICD-10	Bezeichnung	AU-Fälle in %	AU-Tage in %
J00–J06	Akute Infektionen der oberen Atemwege	14,6	6,7
M50–M54	Sonstige Krankheiten der Wirbelsäule und des Rückens	6,7	7,7
A00–A09	Infektiöse Darmkrankheiten	5,6	2,0
R50–R69	Allgemeinsymptome	3,4	2,6
R10–R19	Symptome, die das Verdauungssystem und das Abdomen betreffen	3,1	1,7
J40–J47	Chronische Krankheiten der unteren Atemwege	3,0	2,0
F40–F48	Neurotische, Belastungs- und somatoforme Störungen	2,9	5,4
J20–J22	Sonstige akute Infektionen der unteren Atemwege	2,7	1,5
K50–K52	Nichtinfektiöse Enteritis und Kolitis	2,4	1,0
K00–K14	Krankheiten der Mundhöhle, der Speicheldrüsen und der Kiefer	2,4	0,7
M70–M79	Sonstige Krankheiten des Weichteilgewebes	2,3	3,5
B25–B34	Sonstige Viruskrankheiten	2,1	0,9
K20–K31	Krankheiten des Ösophagus, des Magens und des Duodenums	2,0	1,0
J30–J39	Sonstige Krankheiten der oberen Atemwege	1,7	1,0
F30–F39	Affektive Störungen	1,6	5,0
G40–G47	Episodische und paroxysmale Krankheiten des Nervensystems	1,6	1,2
M20–M25	Sonstige Gelenkkrankheiten	1,5	2,6
I10–I15	Hypertonie [Hochdruckkrankheit]	1,4	2,2
T08–T14	Verletzungen nicht näher bezeichneter Teile des Rumpfes, der Extremitäten oder anderer Körperregionen	1,4	1,3
Z80–Z99	Personen mit potentiellen Gesundheitsrisiken aufgrund der Familien- oder Eigenanamnese und bestimmte Zustände, die den Gesundheitszustand beeinflussen	1,3	2,7
R00–R09	Symptome, die das Kreislaufsystem und das Atmungssystem betreffen	1,3	0,9
J09–J18	Grippe und Pneumonie	1,1	0,7
S60–S69	Verletzungen des Handgelenkes und der Hand	1,0	1,4
S90–S99	Verletzungen der Knöchelregion und des Fußes	1,0	1,3
M95–M99	Sonstige Krankheiten des Muskel-Skelett-Systems und des Bindegewebes	1,0	0,8
K55–K64	Sonstige Krankheiten des Darmes	0,9	0,8
R40–R46	Symptome, die das Erkennungs- und Wahrnehmungsvermögen, die Stimmung und das Verhalten betreffen	0,9	0,7
N30–N39	Sonstige Krankheiten des Harnsystems	0,9	0,5
S80–S89	Verletzungen des Knies und des Unterschenkels	0,8	1,8
J95–J99	Sonstige Krankheiten des Atmungssystems	0,8	0,5
M15–M19	Arthrose	0,7	2,0
E70–E90	Stoffwechselstörungen	0,7	1,0
B99–B99	Sonstige Infektionskrankheiten	0,7	0,3
G50–G59	Krankheiten von Nerven, Nervenwurzeln und Nervenplexus	0,6	1,1
M65–M68	Krankheiten der Synovialis und der Sehnen	0,6	1,0
N80–N98	Nichtentzündliche Krankheiten des weiblichen Genitaltraktes	0,6	0,5
Z00–Z13	Personen, die das Gesundheitswesen zur Untersuchung und Abklärung in Anspruch nehmen	0,6	0,5
I95–I99	Sonstige und nicht näher bezeichnete Krankheiten des Kreislaufsystems	0,6	0,4
S00–S09	Verletzungen des Kopfes	0,5	0,5
L00–L08	Infektionen der Haut und der Unterhaut	0,5	0,5
	Summe hier	**79,5**	**69,9**
	Restliche	20,5	30,1
	Gesamtsumme	**100,0**	**100,0**

Fehlzeiten-Report 2016

22.9   Land- und Forstwirtschaft

Tab. 22.9.1 Entwicklung des Krankenstands der AOK-Mitglieder in der Branche Land- und Forstwirtschaft in den Jahren 1994 bis 2015

Jahr	Krankenstand in %			AU-Fälle je 100 AOK-Mitglieder			Tage je Fall		
	West	Ost	Bund	West	Ost	Bund	West	Ost	Bund
1994	5,7	5,5	5,6	132,0	114,0	122,7	15,7	15,4	15,5
1995	5,4	5,7	5,6	140,6	137,3	139,2	14,7	15,1	14,9
1996	4,6	5,5	5,1	137,3	125,0	132,3	12,9	16,3	14,2
1997	4,6	5,0	4,8	137,4	117,7	129,7	12,3	15,4	13,4
1998	4,8	4,9	4,8	143,1	121,4	135,1	12,1	14,9	13,0
1999	4,6	6,0	5,3	149,6	142,6	147,6	11,6	14,2	12,3
2000	4,6	5,5	5,0	145,7	139,7	142,7	11,6	14,3	12,9
2001	4,6	5,4	5,0	144,3	130,2	137,6	11,7	15,1	13,2
2002	4,5	5,2	4,8	142,4	126,5	135,0	11,4	15,1	13,0
2003	4,2	4,9	4,5	135,5	120,5	128,5	11,2	14,8	12,8
2004	3,8	4,3	4,0	121,5	109,1	115,6	11,4	14,6	12,8
2005	3,5	4,3	3,9	113,7	102,1	108,4	11,3	15,3	13,0
2006	3,3	4,1	3,7	110,2	96,5	104,3	11,0	15,4	12,8
2007	3,6	4,4	3,9	117,1	102,2	110,8	11,1	15,7	12,9
2008 (WZ03)	3,7	4,6	4,1	121,1	107,6	115,4	11,1	15,7	12,9
2008 (WZ08)*	3,1	4,6	3,9	101,5	101,6	101,6	11,3	16,5	13,9
2009	3,0	5,0	4,0	101,0	108,9	104,8	11,0	16,8	13,9
2010	3,3	5,1	4,2	99,6	112,5	105,6	12,2	16,7	14,4
2011	3,4	4,9	4,0	99,7	114,0	105,8	12,4	15,7	13,9
2012	3,2	5,4	4,1	91,0	110,2	99,2	12,9	17,8	15,2
2013	3,3	5,5	4,2	98,3	116,4	105,7	12,4	17,3	14,6
2014	3,4	5,5	4,2	92,5	112,2	100,3	13,2	17,9	15,3
2015	3,4	5,7	4,3	97,2	121,4	106,6	12,9	17,2	14,8

*aufgrund der Revision der Wirtschaftszweigklassifikation in 2008 ist eine Vergleichbarkeit mit den Vorjahren nur bedingt möglich

Fehlzeiten-Report 2016

22

◘ Tab. 22.9.2 Arbeitsunfähigkeit der AOK-Mitglieder in der Branche Land- und Forstwirtschaft nach Bundesländern im Jahr 2015 im Vergleich zum Vorjahr

Bundesland	Kranken-stand in %	Arbeitsunfähigkeit je 100 AOK-Mitglieder				Tage je Fall	Veränd. z. Vorj. in %	AU-Quote in %
		AU-Fälle	Veränd. z. Vorj. in %	AU-Tage	Veränd. z. Vorj. in %			
Baden-Württemberg	3,0	86,6	5,1	1.104,6	3,9	12,8	−1,1	26,6
Bayern	3,2	88,5	5,7	1.159,5	−0,4	13,1	−5,8	28,5
Berlin	5,2	182,6	39,9	1.894,6	42,6	10,4	2,0	49,3
Brandenburg	5,8	117,6	7,7	2.112,4	7,4	18,0	−0,3	43,5
Bremen	4,5	128,7	9,6	1.655,1	1,2	12,9	−7,6	45,4
Hamburg	2,5	82,0	13,3	920,6	−8,8	11,2	−19,5	23,5
Hessen	4,0	114,3	3,4	1.445,5	−1,2	12,6	−4,4	32,9
Mecklenburg-Vorpommern	5,6	110,3	4,7	2.056,4	2,5	18,6	−2,1	45,3
Niedersachsen	3,9	110,0	2,8	1.417,9	−1,1	12,9	−3,9	35,8
Nordrhein-Westfalen	3,3	96,5	6,2	1.221,0	10,3	12,6	3,8	27,6
Rheinland-Pfalz	3,1	89,1	14,4	1.119,7	1,8	12,6	−11,1	21,3
Saarland	4,5	127,7	−2,6	1.639,3	−4,6	12,8	−2,0	40,0
Sachsen	5,5	124,6	8,3	2.012,0	4,0	16,1	−4,0	52,7
Sachsen-Anhalt	5,9	117,6	9,4	2.170,9	4,1	18,5	−4,8	47,3
Schleswig-Holstein	3,5	93,4	−0,9	1.261,7	−1,8	13,5	−0,9	29,9
Thüringen	6,0	131,6	9,9	2.178,5	3,8	16,6	−5,6	50,5
West	**3,4**	**97,2**	**5,1**	**1.249,7**	**2,1**	**12,9**	**−2,9**	**29,5**
Ost	**5,7**	**121,4**	**8,2**	**2.092,2**	**4,4**	**17,2**	**−3,5**	**48,5**
Bund	**4,3**	**106,6**	**6,2**	**1.576,6**	**2,8**	**14,8**	**−3,2**	**35,7**

Fehlzeiten-Report 20

◘ Tab. 22.9.3 Arbeitsunfähigkeit der AOK-Mitglieder in der Branche Land- und Forstwirtschaft nach Wirtschaftsabteilungen im Jahr 2015

Wirtschaftsabteilung	Krankenstand in %		Arbeitsunfähigkeiten je 100 AOK-Mitglieder		Tage je Fall	AU-Quote in %
	2015	2015 stand.*	Fälle	Tage		
Fischerei und Aquakultur	5,0	5,4	104,4	1.829,7	17,5	40,3
Forstwirtschaft und Holzeinschlag	5,5	4,9	140,2	2.008,5	14,3	45,0
Landwirtschaft, Jagd und damit verbundene Tätigkeiten	4,2	4,3	103,5	1.535,6	14,8	34,9
Branche insgesamt	**4,3**	**4,4**	**106,6**	**1.576,6**	**14,8**	**35,7**
Alle Branchen	**5,3**	**5,4**	**167,6**	**1.950,4**	**11,6**	**54,9**

*Krankenstand alters- und geschlechtsstandardisiert

Fehlzeiten-Report 20

◻ **Tab. 22.9.4** Kennzahlen der Arbeitsunfähigkeit der AOK-Mitglieder nach ausgewählten Berufsgruppen in der Branche Land- und Forstwirtschaft im Jahr 2015

Tätigkeit	Kranken-stand in %	Arbeitsunfähigkeiten je 100 AOK-Mitglieder		Tage je Fall	AU-Quote in %	Anteil der Berufs-gruppe an der Branche in %*
		Fälle	Tage			
Berufe im Garten-, Landschafts- u. Sportplatzbau	4,8	159,7	1.753,7	11,0	55,3	1,1
Berufe im Gartenbau (ohne Spez.)	3,6	115,1	1.298,4	11,3	33,5	9,7
Berufe in Baumschule, Stauden-gärtnerei u. Zierpflanzenbau	4,3	167,3	1.575,7	9,4	53,1	2,0
Berufe in der Floristik	3,5	112,6	1.269,8	11,3	49,9	1,3
Berufe in der Forstwirtschaft	6,0	150,7	2.206,3	14,6	46,0	5,0
Berufe in der Lagerwirtschaft	6,0	151,6	2.187,7	14,4	50,5	1,4
Berufe in der Land- u. Baumaschinen-technik	5,1	133,2	1.871,8	14,0	57,3	1,0
Berufe in der Landwirtschaft (ohne Spez.)	3,1	80,3	1.133,2	14,1	24,7	47,5
Berufe in der Nutztierhaltung (außer Geflügelhaltung)	7,4	128,3	2.700,9	21,1	54,8	6,4
Berufe in der Pferdewirtschaft (ohne Spez.)	4,1	102,4	1.494,8	14,6	36,3	1,8
Berufe in der Tierpflege (ohne Spez.)	6,5	112,2	2.376,0	21,2	47,7	2,2
Berufskraftfahrer/innen (Güterverkehr/ LKW)	5,9	119,3	2.153,2	18,1	48,5	1,3
Büro- u. Sekretariatskräfte (ohne Spez.)	3,0	93,9	1.107,6	11,8	42,2	1,6
Führer/innen von land- u. forstwirt-schaftlichen Maschinen	4,9	109,6	1.805,0	16,5	48,7	2,9
Branche insgesamt	**4,3**	**106,6**	**1.576,6**	**14,8**	**35,7**	**1,6****

* Anteil der AOK-Mitglieder in der Berufsgruppe an den in der Branche beschäftigten AOK-Mitgliedern insgesamt
**Anteil der AOK-Mitglieder in der Branche an allen AOK-Mitgliedern

Fehlzeiten-Report 2016

◻ **Tab. 22.9.5** Dauer der Arbeitsunfähigkeit der AOK-Mitglieder in der Branche Land- und Forstwirtschaft im Jahr 2015

Fallklasse	Branche hier		alle Branchen	
	Anteil Fälle in %	Anteil Tage in %	Anteil Fälle in %	Anteil Tage in %
1–3 Tage	31,4	4,2	35,8	6,2
4–7 Tage	28,7	9,9	31,3	13,5
8–14 Tage	18,8	13,3	17,3	15,4
15–21 Tage	7,1	8,4	5,8	8,6
22–28 Tage	3,7	6,1	2,8	6,0
29–42 Tage	3,9	9,1	2,9	8,6
Langzeit-AU (> 42 Tage)	6,4	49,0	4,2	41,6

Fehlzeiten-Report 2016

22

◘ **Tab. 22.9.6** Tage der Arbeitsunfähigkeit je AOK-Mitglied nach Wirtschaftsabteilung und Betriebsgröße in der Branche Land- und Forstwirtschaft im Jahr 2015

Wirtschaftsabteilungen	Betriebsgröße (Anzahl der AOK-Mitglieder)					
	10–49	50–99	100–199	200–499	500–999	≥ 1.000
Fischerei und Aquakultur	26,3	–	–	–	–	–
Forstwirtschaft und Holzeinschlag	22,7	22,6	1,8	10,8	–	–
Landwirtschaft, Jagd und damit verbundene Tätigkeiten	17,6	18,8	11,2	12,2	4,7	–
Branche insgesamt	18,1	19,1	10,9	12,1	4,7	–
Alle Branchen	20,3	22,2	22,4	22,2	22,5	22,2

Fehlzeiten-Report 20

◘ **Tab. 22.9.7** Krankenstand in Prozent nach Ausbildungsabschluss in der Branche Land- und Forstwirtschaft im Jahr 2015, AOK-Mitglieder

Wirtschaftsabteilung	Ausbildung						
	ohne Ausbildungsabschluss	mit Ausbildungsabschluss	Meister/ Techniker	Bachelor	Diplom/Magister/Master/ Staatsexamen	Promotion	unbekannt
Fischerei und Aquakultur	6,1	4,7	3,2	–	2,0	–	5,8
Forstwirtschaft und Holzeinschlag	6,2	6,5	4,9	3,2	3,9	–	3,4
Landwirtschaft, Jagd und damit verbundene Tätigkeiten	4,1	5,2	4,6	2,6	3,0	1,9	2,9
Branche insgesamt	4,3	5,4	4,6	2,6	3,0	1,8	3,0
Alle Branchen	6,2	5,6	4,3	2,2	2,7	2,0	5,0

Fehlzeiten-Report 20

◘ **Tab. 22.9.8** Tage der Arbeitsunfähigkeit je AOK-Mitglied nach Ausbildung in der Branche Land- und Forstwirtschaft im Jahr 2015

Wirtschaftsabteilung	Ausbildung						
	ohne Ausbildungsabschluss	mit Ausbildungsabschluss	Meister/ Techniker	Bachelor	Diplom/Magister/Master/ Staatsexamen	Promotion	unbekannt
Fischerei und Aquakultur	22,4	17,3	11,7	–	7,1	–	21,0
Forstwirtschaft und Holzeinschlag	22,5	23,7	17,9	11,8	14,2	–	12,3
Landwirtschaft, Jagd und damit verbundene Tätigkeiten	15,1	19,1	16,7	9,4	10,8	6,8	10,6
Branche insgesamt	15,7	19,6	16,7	9,6	11,1	6,7	10,8
Alle Branchen	22,7	20,4	15,7	8,1	10,0	7,3	18,1

Fehlzeiten-Report 20

◨ **Tab. 22.9.9** Anteil der Arbeitsunfälle an den AU-Fällen und -Tagen in Prozent nach Wirtschaftsabteilungen in der Branche Land- und Forstwirtschaft im Jahr 2015, AOK-Mitglieder

Wirtschaftsabteilung	AU-Fälle in %	AU-Tage in %
Fischerei und Aquakultur	5,1	8,4
Forstwirtschaft und Holzeinschlag	8,5	17,7
Landwirtschaft, Jagd und damit verbundene Tätigkeiten	7,6	13,0
Branche insgesamt	7,7	13,5
Alle Branchen	3,0	5,8

Fehlzeiten-Report 2016

◨ **Tab. 22.9.10** Tage und Fälle der Arbeitsunfähigkeit durch Arbeitsunfälle nach Berufsgruppen in der Branche Land- und Forstwirtschaft im Jahr 2015, AOK-Mitglieder

Tätigkeit	Arbeitsunfähigkeit je 1.000 AOK-Mitglieder	
	AU-Tage	AU-Fälle
Berufe in der Forstwirtschaft	4.553,3	145,1
Berufe in der Pferdewirtschaft (ohne Spez.)	3.763,4	149,5
Berufe in der Nutztierhaltung (außer Geflügelhaltung)	3.547,0	124,6
Berufe in der Tierpflege (ohne Spez.)	3.338,6	118,4
Berufe in der Lagerwirtschaft	2.739,1	79,7
Führer/innen von land- u. forstwirtschaftlichen Maschinen	2.429,1	83,0
Berufe im Garten-, Landschafts- u. Sportplatzbau	2.322,3	119,3
Berufskraftfahrer/innen (Güterverkehr/LKW)	2.282,2	64,3
Berufe in der Land- u. Baumaschinentechnik	1.996,7	100,4
Berufe in der Landwirtschaft (ohne Spez.)	1.803,6	75,6
Berufe im Gartenbau (ohne Spez.)	1.261,1	55,0
Berufe in Baumschule, Staudengärtnerei u. Zierpflanzenbau	968,0	64,8
Büro- u. Sekretariatskräfte (ohne Spez.)	648,5	17,6
Berufe in der Floristik	556,7	33,9
Branche insgesamt	2.124,4	81,8
Alle Branchen	1.137,2	51,0

Fehlzeiten-Report 2016

22

◻ **Tab. 22.9.11** Tage und Fälle der Arbeitsunfähigkeit je 100 AOK-Mitglieder nach Krankheitsarten in der Branche Land und Forstwirtschaft in den Jahren 1995 bis 2015

Jahr	Arbeitsunfähigkeiten je 100 AOK-Mitglieder											
	Psyche		Herz/Kreislauf		Atemwege		Verdauung		Muskel/Skelett		Verletzunge	
	Tage	Fälle	Tage	Fälle	Tage	Fälle	Tage	Fälle	Tage	Fälle	Tage	Fäl
1995	126,9	4,2	219,6	9,1	368,7	39,5	205,3	20,5	627,2	30,8	415,2	22,
1996	80,7	3,3	172,3	7,4	306,7	35,5	163,8	19,4	561,5	29,8	409,5	23,
1997	75,0	3,4	150,6	7,4	270,0	34,3	150,6	19,3	511,1	29,7	390,3	23,
1998	79,5	3,9	155,0	7,8	279,3	36,9	147,4	19,8	510,9	31,5	376,8	23,
1999	89,4	4,5	150,6	8,2	309,1	42,0	152,1	21,7	537,3	34,0	366,8	23,
2000	80,9	4,2	140,7	7,6	278,6	35,9	136,3	18,4	574,4	35,5	397,9	24,
2001	85,2	4,7	149,4	8,2	262,5	35,1	136,2	18,7	587,8	36,4	390,1	23,
2002	85,0	4,6	155,5	8,3	237,6	33,0	134,4	19,0	575,3	35,7	376,6	23,
2003	82,8	4,6	143,9	8,0	233,8	33,1	123,7	17,8	512,0	32,5	368,5	22,
2004	92,8	4,5	145,0	7,2	195,8	27,0	123,5	17,3	469,8	29,9	344,0	20,
2005	90,1	4,1	142,3	6,7	208,7	28,6	111,3	14,7	429,7	26,8	336,2	19,
2006	84,3	4,0	130,5	6,5	164,4	23,4	105,6	15,0	415,1	26,9	341,5	20,
2007	90,2	4,1	143,8	6,6	187,2	26,9	112,5	16,2	451,4	28,1	347,5	20,
2008 (WZ03)	94,9	4,5	153,2	7,0	195,6	27,8	119,6	17,3	472,0	29,2	350,9	19,
2008 (WZ08)*	88,2	4,0	160,5	6,8	176,9	23,8	112,4	15,5	436,4	24,8	336,1	18,
2009	95,9	4,2	155,5	6,9	207,5	27,5	107,1	15,0	427,5	24,1	337,9	18,
2010	105,3	4,4	153,8	6,7	181,5	23,5	106,4	14,0	481,0	25,7	368,9	19,
2011	112,7	4,7	154,0	6,7	174,8	23,5	106,5	13,9	461,2	25,5	353,2	18,
2012	123,7	4,8	168,7	6,9	169,5	21,8	108,8	13,2	482,2	24,7	357,5	17,
2013	127,7	4,9	170,9	6,5	216,6	27,5	111,1	13,5	481,5	24,9	361,8	17,
2014	133,3	5,2	165,5	7,1	169,2	21,6	110,1	13,2	493,6	25,1	364,2	17,
2015	139,2	5,3	171,2	7,1	207,6	26,8	108,1	13,4	499,1	25,0	358,6	17,

*aufgrund der Revision der Wirtschaftszweigklassifikation in 2008 ist eine Vergleichbarkeit mit den Vorjahren nur bedin möglich

Fehlzeiten-Report 20

◻ **Tab. 22.9.12** Verteilung der Arbeitsunfähigkeitstage nach Krankheitsarten in Prozent in der Branche Land- und Forst wirtschaft im Jahr 2015, AOK-Mitglieder

Wirtschaftsabteilung	AU-Tage in %						
	Psyche	Herz/ Kreislauf	Atem- wege	Ver- dauung	Muskel/ Skelett	Verlet- zungen	Sonstige
Fischerei und Aquakultur	7,3	6,8	7,6	4,1	23,4	12,4	38,3
Forstwirtschaft und Holzeinschlag	5,2	6,2	9,1	4,4	25,7	19,3	30,1
Landwirtschaft, Jagd und damit verbundene Tätigkeiten	6,5	8,0	9,5	5,0	22,5	16,1	32,4
Branche insgesamt	6,4	7,8	9,5	4,9	22,8	16,4	32,2
Alle Branchen	10,5	6,1	13,0	5,2	21,8	10,8	32,8

Fehlzeiten-Report 20

◘ **Tab. 22.9.13** Verteilung der Arbeitsunfähigkeitsfälle nach Krankheitsarten in Prozent in der Branche Land- und Forstwirtschaft im Jahr 2015, AOK-Mitglieder

Wirtschaftsabteilung	AU-Fälle in %						
	Psyche	Herz/ Kreislauf	Atem- wege	Ver- dauung	Muskel/ Skelett	Verlet- zungen	Sonstige
Fischerei und Aquakultur	4,2	4,4	17,3	8,5	16,9	10,5	38,2
Forstwirtschaft und Holzeinschlag	3,1	4,5	18,8	9,2	20,2	13,2	31,0
Landwirtschaft, Jagd und damit verbundene Tätigkeiten	3,8	5,1	18,8	9,4	17,2	11,9	33,8
Branche insgesamt	3,7	5,0	18,8	9,4	17,5	12,0	33,6
Alle Branchen	5,0	3,8	24,0	9,2	15,8	7,4	34,9

Fehlzeiten-Report 2016

◘ **Tab. 22.9.14** Verteilung der Arbeitsunfähigkeitstage nach Krankheitsarten und ausgewählten Berufsgruppen in der Branche Land- und Forstwirtschaft im Jahr 2015, AOK-Mitglieder

Tätigkeit	AU-Tage in %						
	Psyche	Herz/ Kreislauf	Atem- wege	Ver- dauung	Muskel/ Skelett	Verlet- zungen	Sonstige
Berufe im Garten-, Landschafts- u. Sportplatzbau	5,6	9,3	9,5	4,1	20,4	17,9	33,3
Berufe im Gartenbau (ohne Spez.)	6,4	6,1	11,0	5,1	24,7	14,1	32,6
Berufe in Baumschule, Stauden- gärtnerei u. Zierpflanzenbau	9,5	5,7	13,9	5,1	20,5	10,1	35,3
Berufe in der Floristik	10,8	6,2	11,7	4,1	18,8	10,3	38,0
Berufe in der Forstwirtschaft	3,8	6,0	9,0	4,0	27,6	21,9	27,7
Berufe in der Lagerwirtschaft	7,0	5,9	10,4	4,2	21,6	15,4	35,5
Berufe in der Land- u. Baumaschinentechnik	4,7	9,9	9,5	6,5	21,6	18,5	29,4
Berufe in der Landwirtschaft (ohne Spez.)	5,0	8,2	9,7	5,5	20,4	18,9	32,4
Berufe in der Nutztierhaltung (außer Geflügelhaltung)	7,3	8,4	8,3	4,2	25,9	15,8	30,0
Berufe in der Pferdewirtschaft (ohne Spez.)	8,2	2,3	8,1	3,9	22,1	29,9	25,5
Berufe in der Tierpflege (ohne Spez.)	6,8	9,4	8,7	4,4	25,6	15,5	29,6
Berufskraftfahrer/innen (Güterverkehr/LKW)	6,7	11,2	7,2	4,5	23,5	10,0	36,9
Büro- u. Sekretariatskräfte (ohne Spez.)	10,1	7,3	12,3	5,2	17,2	10,2	37,6
Führer/innen von land- u. forst- wirtschaftlichen Maschinen	4,7	11,7	7,9	5,5	20,2	15,4	34,7
Branche gesamt	6,4	7,8	9,5	4,9	22,8	16,4	32,2
Alle Branchen	10,5	6,1	13,0	5,2	21,8	10,8	32,8

Fehlzeiten-Report 2016

22

◘ **Tab. 22.9.15** Verteilung der Arbeitsunfähigkeitsfälle nach Krankheitsarten und ausgewählten Berufsgruppen in der Branche Land- und Forstwirtschaft im Jahr 2015, AOK-Mitglieder

Tätigkeit	AU-Fälle in %						
	Psyche	Herz/ Kreislauf	Atem- wege	Ver- dauung	Muskel/ Skelett	Verlet- zungen	Sonstige
Berufe im Garten-, Landschafts- u. Sportplatzbau	3,3	2,9	20,9	9,3	17,9	13,5	32,2
Berufe im Gartenbau (ohne Spez.)	3,4	4,1	20,4	9,2	19,0	9,3	34,6
Berufe in Baumschule, Stauden- gärtnerei u. Zierpflanzenbau	3,9	3,5	23,4	9,3	16,3	8,0	35,6
Berufe in der Floristik	5,1	3,7	23,6	9,2	11,6	8,3	38,5
Berufe in der Forstwirtschaft	2,4	4,4	18,6	8,7	22,1	14,7	29,2
Berufe in der Lagerwirtschaft	3,8	4,4	19,2	9,0	19,5	9,7	34,4
Berufe in der Land- u. Baumaschinentechnik	2,5	6,4	16,8	11,7	17,8	12,2	32,5
Berufe in der Landwirtschaft (ohne Spez.)	3,3	5,0	18,8	9,6	16,3	13,8	33,3
Berufe in der Nutztierhaltung (außer Geflügelhaltung)	4,5	5,7	16,1	9,1	18,9	13,1	32,6
Berufe in der Pferdewirtschaft (ohne Spez.)	5,0	2,9	16,2	7,6	16,6	19,2	32,6
Berufe in der Tierpflege (ohne Spez.)	4,8	5,6	16,1	8,6	19,3	14,0	31,5
Berufskraftfahrer/innen (Güterverkehr/LKW)	4,8	7,0	16,2	10,7	18,1	9,4	33,9
Büro- u. Sekretariatskräfte (ohne Spez.)	5,3	4,4	23,2	9,6	11,8	6,4	39,3
Führer/innen von land- u. forst- wirtschaftlichen Maschinen	2,8	7,0	15,6	10,6	16,8	11,6	35,6
Branche gesamt	**3,7**	**5,0**	**18,8**	**9,4**	**17,5**	**12,0**	**33,6**
Alle Branchen	**5,0**	**3,8**	**24,0**	**9,2**	**15,8**	**7,4**	**34,9**

Fehlzeiten-Report 20

◻ **Tab. 22.9.16** Anteile der 40 häufigsten Einzeldiagnosen an den AU-Fällen und AU-Tagen in der Branche Land- und Forstwirtschaft im Jahr 2015, AOK-Mitglieder

ICD-10	Bezeichnung	AU-Fälle in %	AU-Tage in %
J06	Akute Infektionen an mehreren oder nicht näher bezeichneten Lokalisationen der oberen Atemwege	6,6	2,6
M54	Rückenschmerzen	6,2	5,5
A09	Sonstige und nicht näher bezeichnete Gastroenteritis und Kolitis infektiösen und nicht näher bezeichneten Ursprungs	2,7	0,8
K08	Sonstige Krankheiten der Zähne und des Zahnhalteapparates	2,7	0,5
I10	Essentielle (primäre) Hypertonie	2,3	2,9
T14	Verletzung an einer nicht näher bezeichneten Körperregion	2,0	1,7
J20	Akute Bronchitis	2,0	1,0
J40	Bronchitis, nicht als akut oder chronisch bezeichnet	1,5	0,8
R10	Bauch- und Beckenschmerzen	1,3	0,6
B34	Viruskrankheit nicht näher bezeichneter Lokalisation	1,3	0,5
K52	Sonstige nichtinfektiöse Gastroenteritis und Kolitis	1,3	0,4
K29	Gastritis und Duodenitis	1,1	0,5
M25	Sonstige Gelenkkrankheiten, anderenorts nicht klassifiziert	1,0	1,1
M99	Biomechanische Funktionsstörungen, anderenorts nicht klassifiziert	1,0	0,7
J03	Akute Tonsillitis	0,9	0,4
M51	Sonstige Bandscheibenschäden	0,8	1,9
M75	Schulterläsionen	0,8	1,6
F43	Reaktionen auf schwere Belastungen und Anpassungsstörungen	0,8	1,1
M77	Sonstige Enthesopathien	0,8	0,8
J02	Akute Pharyngitis	0,8	0,3
F32	Depressive Episode	0,7	1,7
M23	Binnenschädigung des Kniegelenkes [internal derangement]	0,7	1,3
M53	Sonstige Krankheiten der Wirbelsäule und des Rückens, anderenorts nicht klassifiziert	0,7	0,8
S93	Luxation, Verstauchung und Zerrung der Gelenke und Bänder in Höhe des oberen Sprunggelenkes und des Fußes	0,7	0,8
M79	Sonstige Krankheiten des Weichteilgewebes, anderenorts nicht klassifiziert	0,7	0,6
J01	Akute Sinusitis	0,7	0,3
R51	Kopfschmerz	0,7	0,3
J32	Chronische Sinusitis	0,7	0,3
E66	Adipositas	0,6	0,9
J11	Grippe, Viren nicht nachgewiesen	0,6	0,3
R11	Übelkeit und Erbrechen	0,6	0,3
M17	Gonarthrose [Arthrose des Kniegelenkes]	0,5	1,2
E11	Diabetes mellitus, Typ 2	0,5	0,9
E78	Störungen des Lipoproteinstoffwechsels und sonstige Lipidämien	0,5	0,7
M47	Spondylose	0,5	0,7
M65	Synovitis und Tenosynovitis	0,5	0,6
S61	Offene Wunde des Handgelenkes und der Hand	0,5	0,5
S60	Oberflächliche Verletzung des Handgelenkes und der Hand	0,5	0,4
R42	Schwindel und Taumel	0,5	0,4
J00	Akute Rhinopharyngitis [Erkältungsschnupfen]	0,5	0,2
	Summe hier	49,8	38,9
	Restliche	50,2	61,1
	Gesamtsumme	100,0	100,0

Fehlzeiten-Report 2016

22

◻ **Tab. 22.9.17** Anteile der 40 häufigsten Diagnoseuntergruppen an den AU-Fällen und AU-Tagen in der Branche Land und Forstwirtschaft im Jahr 2015, AOK-Mitglieder

ICD-10	Bezeichnung	AU-Fälle in %	AU-Tage in
J00–J06	Akute Infektionen der oberen Atemwege	10,2	4,1
M50–M54	Sonstige Krankheiten der Wirbelsäule und des Rückens	7,5	7,8
A00–A09	Infektiöse Darmkrankheiten	3,5	1,1
K00–K14	Krankheiten der Mundhöhle, der Speicheldrüsen und der Kiefer	3,2	0,7
M70–M79	Sonstige Krankheiten des Weichteilgewebes	2,8	3,7
I10–I15	Hypertonie [Hochdruckkrankheit]	2,7	3,4
R50–R69	Allgemeinsymptome	2,6	2,1
J40–J47	Chronische Krankheiten der unteren Atemwege	2,6	1,8
T08–T14	Verletzungen nicht näher bezeichneter Teile des Rumpfes, der Extremitäten oder anderer Körperregionen	2,4	2,2
J20–J22	Sonstige akute Infektionen der unteren Atemwege	2,4	1,2
R10–R19	Symptome, die das Verdauungssystem und das Abdomen betreffen	2,2	1,2
F40–F48	Neurotische, Belastungs- und somatoforme Störungen	1,8	2,6
S60–S69	Verletzungen des Handgelenkes und der Hand	1,8	2,3
Z80–Z99	Personen mit potentiellen Gesundheitsrisiken aufgrund der Familien- oder Eigenanamnese und bestimmte Zustände, die den Gesundheitszustand beeinflussen	1,7	3,2
M20–M25	Sonstige Gelenkkrankheiten	1,7	2,7
K20–K31	Krankheiten des Ösophagus, des Magens und des Duodenums	1,6	0,9
K50–K52	Nichtinfektiöse Enteritis und Kolitis	1,6	0,6
B25–B34	Sonstige Viruskrankheiten	1,5	0,6
S80–S89	Verletzungen des Knies und des Unterschenkels	1,4	2,9
S90–S99	Verletzungen der Knöchelregion und des Fußes	1,4	1,8
R00–R09	Symptome, die das Kreislaufsystem und das Atmungssystem betreffen	1,4	0,9
E70–E90	Stoffwechselstörungen	1,2	1,4
M15–M19	Arthrose	1,1	2,8
G40–G47	Episodische und paroxysmale Krankheiten des Nervensystems	1,1	0,9
M95–M99	Sonstige Krankheiten des Muskel-Skelett-Systems und des Bindegewebes	1,1	0,8
J09–J18	Grippe und Pneumonie	1,1	0,7
J30–J39	Sonstige Krankheiten der oberen Atemwege	1,1	0,6
S00–S09	Verletzungen des Kopfes	1,0	0,9
F30–F39	Affektive Störungen	0,9	2,4
K55–K64	Sonstige Krankheiten des Darmes	0,9	0,8
I30–I52	Sonstige Formen der Herzkrankheit	0,8	1,6
G50–G59	Krankheiten von Nerven, Nervenwurzeln und Nervenplexus	0,8	1,2
Z40–Z54	Personen, die das Gesundheitswesen zum Zwecke spezifischer Maßnahmen und zur medizinischen Betreuung in Anspruch nehmen	0,8	1,1
M05–M14	Entzündliche Polyarthropathien	0,8	0,8
Z00–Z13	Personen, die das Gesundheitswesen zur Untersuchung und Abklärung in Anspruch nehmen	0,8	0,5
E10–E14	Diabetes mellitus	0,7	1,2
S20–S29	Verletzungen des Thorax	0,7	1,0
F10–F19	Psychische und Verhaltensstörungen durch psychotrope Substanzen	0,7	0,8
L00–L08	Infektionen der Haut und der Unterhaut	0,7	0,7
N30–N39	Sonstige Krankheiten des Harnsystems	0,7	0,5
	Summe hier	**75,0**	**68,5**
	Restliche	25,0	31,5
	Gesamtsumme	**100,0**	**100,0**

Fehlzeiten-Report 20

22.10 Metallindustrie

22

◻ **Tab. 22.10.1** Entwicklung des Krankenstands der AOK-Mitglieder in der Branche Metallindustrie in den Jahren 1994 bis 2015

Jahr	Krankenstand in %			AU-Fälle je 100 AOK-Mitglieder			Tage je Fall		
	West	Ost	Bund	West	Ost	Bund	West	Ost	Bund
1994	6,4	5,3	6,3	156,5	131,1	153,7	14,2	13,7	14,1
1995	6,0	5,1	5,9	165,7	141,1	163,1	13,6	13,7	13,6
1996	5,5	4,8	5,4	150,0	130,2	147,8	13,9	13,9	13,9
1997	5,3	4,5	5,2	146,7	123,7	144,4	13,1	13,4	13,2
1998	5,3	4,6	5,2	150,0	124,6	147,4	13,0	13,4	13,0
1999	5,6	5,0	5,6	160,5	137,8	158,3	12,8	13,4	12,8
2000	5,6	5,0	5,5	163,1	141,2	161,1	12,6	12,9	12,6
2001	5,5	5,1	5,5	162,6	140,1	160,6	12,4	13,2	12,5
2002	5,5	5,0	5,5	162,2	143,1	160,5	12,5	12,7	12,5
2003	5,2	4,6	5,1	157,1	138,6	155,2	12,0	12,2	12,0
2004	4,8	4,2	4,8	144,6	127,1	142,7	12,2	12,1	12,2
2005	4,8	4,1	4,7	148,0	127,8	145,6	11,9	11,8	11,9
2006	4,5	4,0	4,5	138,8	123,3	136,9	11,9	11,9	11,9
2007	4,8	4,3	4,8	151,2	134,0	149,0	11,7	11,7	11,7
2008 (WZ03)	5,0	4,5	4,9	159,9	142,2	157,5	11,4	11,5	11,4
2008 (WZ08)*	5,0	4,5	5,0	160,8	143,0	158,5	11,5	11,5	11,5
2009	4,9	4,7	4,9	151,1	142,1	149,9	11,9	12,2	11,9
2010	5,1	4,9	5,1	158,9	154,9	158,4	11,7	11,6	11,7
2011	5,2	4,8	5,2	167,8	164,9	167,4	11,4	10,6	11,3
2012	5,3	5,3	5,3	169,7	160,5	168,5	11,4	12,2	11,5
2013	5,5	5,6	5,5	179,7	170,5	178,5	11,2	12,0	11,3
2014	5,6	5,6	5,6	176,7	168,0	175,5	11,6	12,2	11,7
2015	5,9	5,8	5,9	190,8	182,2	189,6	11,2	11,7	11,3

*aufgrund der Revision der Wirtschaftszweigklassifikation in 2008 ist eine Vergleichbarkeit mit den Vorjahren nur bedingt möglich

Fehlzeiten-Report 20

◨ **Tab. 22.10.2** Arbeitsunfähigkeit der AOK-Mitglieder in der Branche Metallindustrie nach Bundesländern im Jahr 2015 im Vergleich zum Vorjahr

Bundesland	Kranken-stand in %	Arbeitsunfähigkeit je 100 AOK-Mitglieder				Tage je Fall	Veränd. z. Vorj. in %	AU-Quote in %
		AU-Fälle	Veränd. z. Vorj. in %	AU-Tage	Veränd. z. Vorj. in %			
Baden-Württemberg	5,6	194,4	8,8	2.035,2	4,9	10,5	–3,6	66,2
Bayern	5,2	169,6	7,9	1.900,2	5,8	11,2	–1,9	61,3
Berlin	6,5	186,9	10,8	2.380,5	4,8	12,7	–5,4	59,8
Brandenburg	6,5	188,9	8,4	2.355,1	4,9	12,5	–3,2	64,7
Bremen	5,5	179,2	5,1	2.024,5	2,6	11,3	–2,4	56,1
Hamburg	5,8	184,8	5,5	2.132,7	5,9	11,5	0,4	58,8
Hessen	6,7	207,4	6,5	2.444,7	4,0	11,8	–2,3	68,8
Mecklenburg-Vorpommern	6,2	187,5	9,9	2.260,0	1,9	12,1	–7,3	62,9
Niedersachsen	5,8	196,1	5,6	2.110,1	2,8	10,8	–2,6	66,4
Nordrhein-Westfalen	6,7	202,3	7,9	2.443,5	5,1	12,1	–2,6	69,4
Rheinland-Pfalz	6,6	206,3	9,0	2.418,1	5,4	11,7	–3,4	69,2
Saarland	7,2	160,8	12,6	2.623,7	11,2	16,3	–1,2	62,7
Sachsen	5,6	177,0	9,3	2.027,2	4,6	11,5	–4,3	65,4
Sachsen-Anhalt	6,3	179,8	7,1	2.284,9	0,8	12,7	–5,8	61,5
Schleswig-Holstein	5,8	181,9	7,5	2.102,8	3,3	11,6	–3,8	63,4
Thüringen	6,1	192,9	6,9	2.237,2	2,7	11,6	–3,9	66,4
West	**5,9**	**190,8**	**8,0**	**2.144,1**	**4,9**	**11,2**	**–2,9**	**65,8**
Ost	**5,8**	**182,2**	**8,4**	**2.128,7**	**3,6**	**11,7**	**–4,5**	**65,1**
Bund	**5,9**	**189,6**	**8,1**	**2.141,9**	**4,7**	**11,3**	**–3,1**	**65,7**

Fehlzeiten-Report 2016

◨ **Tab. 22.10.3** Arbeitsunfähigkeit der AOK-Mitglieder in der Branche Metallindustrie nach Wirtschaftsabteilungen im Jahr 2015

Wirtschaftsabteilung	Krankenstand in %		Arbeitsunfähigkeiten je 100 AOK-Mitglieder		Tage je Fall	AU-Quote in %
	2015	2015 stand.*	Fälle	Tage		
Herstellung von Datenver-arbeitungsgeräten, elektronischen und optischen Erzeugnissen	4,9	5,0	177,8	1.787,5	10,1	62,4
Herstellung von elektrischen Ausrüstungen	5,9	5,8	189,8	2.149,5	11,3	65,8
Herstellung von Kraftwagen und Kraftwagenteilen	6,2	6,3	187,7	2.256,3	12,0	65,1
Herstellung von Metallerzeugnissen	6,1	5,9	194,3	2.235,3	11,5	65,7
Maschinenbau	5,4	5,2	186,3	1.968,2	10,6	65,9
Metallerzeugung und -bearbeitung	6,9	6,3	199,0	2.527,9	12,7	69,7
Sonstiger Fahrzeugbau	5,7	5,7	192,0	2.067,1	10,8	64,7
Branche insgesamt	**5,9**	**5,8**	**189,6**	**2.141,9**	**11,3**	**65,7**
Alle Branchen	**5,3**	**5,4**	**167,6**	**1.950,4**	**11,6**	**54,9**

*Krankenstand alters- und geschlechtsstandardisiert

Fehlzeiten-Report 2016

22

Tab. 22.10.4 Kennzahlen der Arbeitsunfähigkeit der AOK-Mitglieder nach ausgewählten Berufsgruppen in der Branche Metallindustrie im Jahr 2015

Tätigkeit	Kranken-stand in %	Arbeitsunfähigkeiten je 100 AOK-Mitglieder		Tage je Fall	AU-Quote in %	Anteil der Berufsgruppe an der Branche in %*
		Fälle	Tage			
Berufe im Metallbau	6,5	210,7	2.375,4	11,3	68,6	6,7
Berufe im Vertrieb (außer Informations- u. Kommunikationstechnologien)	2,8	122,3	1.039,5	8,5	52,5	1,2
Berufe in der elektrischen Betriebstechnik	4,9	190,3	1.786,2	9,4	67,3	1,1
Berufe in der Elektrotechnik (ohne Spez.)	6,5	205,6	2.388,9	11,6	66,9	3,3
Berufe in der industriellen Gießerei	8,3	231,3	3.032,8	13,1	73,5	1,3
Berufe in der Kunststoff- u. Kautschuk-herstellung (ohne Spez.)	7,2	226,1	2.635,7	11,7	71,1	1,5
Berufe in der Lagerwirtschaft	6,9	199,7	2.526,7	12,7	69,2	5,6
Berufe in der Maschinenbau- u. Betriebstechnik (ohne Spez.)	6,2	200,5	2.250,0	11,2	68,2	10,0
Berufe in der Metallbearbeitung (ohne Spez.)	7,1	214,0	2.602,1	12,2	70,6	10,0
Berufe in der Metalloberflächen-behandlung (ohne Spez.)	7,4	207,6	2.694,7	13,0	69,8	1,6
Berufe in der Schweiß- u. Verbindungstechnik	7,3	219,2	2.682,3	12,2	71,2	2,2
Berufe in der spanenden Metallbearbeitung	5,7	206,7	2.084,8	10,1	70,2	5,9
Berufe in der technischen Produktionsplanung u. -steuerung	4,0	140,3	1.461,4	10,4	57,8	2,0
Berufe in der technischen Qualitätssicherung	6,0	184,3	2.208,0	12,0	67,8	2,3
Berufe in der Werkzeugtechnik	5,0	199,2	1.840,2	9,2	69,5	2,0
Büro- u. Sekretariatskräfte (ohne Spez.)	3,4	135,0	1.239,1	9,2	51,5	2,8
Kaufmännische u. technische Betriebswirtschaft (ohne Spez.)	3,0	153,1	1.110,5	7,3	56,0	2,9
Maschinen- u. Anlagenführer/innen	6,9	214,4	2.510,6	11,7	71,4	3,7
Maschinen- u. Gerätezusammen-setzer/innen	7,5	212,2	2.742,7	12,9	70,5	3,7
Technische Servicekräfte in Wartung u. Instandhaltung	5,2	160,0	1.901,8	11,9	63,4	1,6
Branche insgesamt	**5,9**	**189,6**	**2.141,9**	**11,3**	**65,7**	**10,9****

* Anteil der AOK-Mitglieder in der Berufsgruppe an den in der Branche beschäftigten AOK-Mitgliedern insgesamt

**Anteil der AOK-Mitglieder in der Branche an allen AOK-Mitgliedern

Tab. 22.10.5 Dauer der Arbeitsunfähigkeit der AOK-Mitglieder in der Branche Metallindustrie im Jahr 2015

Fallklasse	Branche hier		alle Branchen	
	Anteil Fälle in %	Anteil Tage in %	Anteil Fälle in %	Anteil Tage in %
1–3 Tage	36,2	6,5	35,8	6,2
4–7 Tage	31,0	13,6	31,3	13,5
8–14 Tage	17,4	15,9	17,3	15,4
15–21 Tage	5,7	8,7	5,8	8,6
22–28 Tage	2,8	6,1	2,8	6,0
29–42 Tage	2,9	9,0	2,9	8,6
Langzeit-AU (> 42 Tage)	4,0	40,2	4,2	41,6

Fehlzeiten-Report 2016

Tab. 22.10.6 Tage der Arbeitsunfähigkeit je AOK-Mitglied nach Wirtschaftsabteilung und Betriebsgröße in der Branche Metallindustrie im Jahr 2015

Wirtschaftsabteilungen	Betriebsgröße (Anzahl der AOK-Mitglieder)					
	10–49	50–99	100–199	200–499	500–999	≥ 1.000
Herstellung von Datenverarbeitungs-geräten, elektronischen und optischen Erzeugnissen	17,4	18,7	20,9	19,6	18,2	15,0
Herstellung von elektrischen Ausrüstungen	20,7	22,8	22,6	23,0	19,5	23,7
Herstellung von Kraftwagen und Kraft-wagenteilen	20,5	22,4	24,3	23,5	23,5	22,2
Herstellung von Metallerzeugnissen	22,4	23,4	23,8	24,0	21,2	20,2
Maschinenbau	19,8	19,8	20,4	19,6	20,9	20,0
Metallerzeugung und -bearbeitung	25,0	25,4	26,1	25,7	24,2	29,2
Sonstiger Fahrzeugbau	21,3	20,1	21,4	22,2	21,8	19,7
Branche insgesamt	21,1	21,9	22,8	22,3	21,6	22,1
Alle Branchen	20,3	22,2	22,4	22,2	22,5	22,2

Fehlzeiten-Report 2016

22

◻ Tab. 22.10.7 Krankenstand in Prozent nach Ausbildungsabschluss in der Branche Metallindustrie im Jahr 2015, AOK-Mitglieder

Wirtschaftsabteilung	Ausbildung						
	ohne Ausbildungsabschluss	mit Ausbildungsabschluss	Meister/Techniker	Bachelor	Diplom/Magister/Master/Staatsexamen	Promotion	unbekannt
Herstellung von Datenverarbeitungsgeräten, elektronischen und optischen Erzeugnissen	6,4	5,1	3,2	1,7	2,1	1,3	5,1
Herstellung von elektrischen Ausrüstungen	7,3	5,8	3,7	1,7	2,2	1,6	6,7
Herstellung von Kraftwagen und Kraftwagenteilen	7,2	6,4	4,2	1,6	1,8	1,6	6,5
Herstellung von Metallerzeugnissen	7,3	6,0	4,0	2,1	2,9	3,8	6,0
Maschinenbau	6,2	5,6	3,6	1,6	2,3	2,5	5,7
Metallerzeugung und -bearbeitung	8,2	6,6	4,4	2,2	2,5	1,8	7,5
Sonstiger Fahrzeugbau	6,0	6,2	4,3	1,4	2,4	0,7	4,7
Branche insgesamt	**7,1**	**5,9**	**3,8**	**1,7**	**2,2**	**1,9**	**6,1**
Alle Branchen	**6,2**	**5,6**	**4,3**	**2,2**	**2,7**	**2,0**	**5,0**

Fehlzeiten-Report 20

◻ Tab. 22.10.8 Tage der Arbeitsunfähigkeit je AOK-Mitglied nach Ausbildung in der Branche Metallindustrie im Jahr 201

Wirtschaftsabteilung	Ausbildung						
	ohne Ausbildungsabschluss	mit Ausbildungsabschluss	Meister/Techniker	Bachelor	Diplom/Magister/Master/Staatsexamen	Promotion	unbekannt
Herstellung von Datenverarbeitungsgeräten, elektronischen und optischen Erzeugnissen	23,3	18,6	11,6	6,3	7,6	4,9	18,7
Herstellung von elektrischen Ausrüstungen	26,8	21,3	13,6	6,3	7,9	5,7	24,5
Herstellung von Kraftwagen und Kraftwagenteilen	26,3	23,2	15,3	5,7	6,7	5,8	23,8
Herstellung von Metallerzeugnissen	26,6	22,0	14,6	7,5	10,4	14,0	21,9
Maschinenbau	22,8	20,5	13,0	5,9	8,3	9,1	20,9
Metallerzeugung und -bearbeitung	29,9	24,2	16,0	7,9	9,0	6,5	27,5
Sonstiger Fahrzeugbau	21,8	22,6	15,7	5,0	8,8	2,7	17,3
Branche insgesamt	**25,8**	**21,6**	**13,8**	**6,2**	**8,1**	**6,9**	**22,4**
Alle Branchen	**22,7**	**20,4**	**15,7**	**8,1**	**10,0**	**7,3**	**18,1**

Fehlzeiten-Report 20

◧ **Tab. 22.10.9** Anteil der Arbeitsunfälle an den AU-Fällen und -Tagen in Prozent nach Wirtschaftsabteilungen in der Branche Metallindustrie im Jahr 2015, AOK-Mitglieder

Wirtschaftsabteilung	AU-Fälle in %	AU-Tage in %
Herstellung von Datenverarbeitungsgeräten, elektronischen und optischen Erzeugnissen	1,5	2,9
Herstellung von elektrischen Ausrüstungen	2,0	3,9
Herstellung von Kraftwagen und Kraftwagenteilen	2,4	4,2
Herstellung von Metallerzeugnissen	4,1	7,2
Maschinenbau	3,2	5,8
Metallerzeugung und -bearbeitung	4,2	6,8
Sonstiger Fahrzeugbau	2,9	5,2
Branche insgesamt	3,2	5,7
Alle Branchen	3,0	5,8

Fehlzeiten-Report 2016

◧ **Tab. 22.10.10** Tage und Fälle der Arbeitsunfähigkeit durch Arbeitsunfälle nach Berufsgruppen in der Branche Metallindustrie im Jahr 2015, AOK-Mitglieder

Tätigkeit	Arbeitsunfähigkeit je 1.000 AOK-Mitglieder	
	AU-Tage	AU-Fälle
Berufe in der industriellen Gießerei	2.817,0	147,4
Berufe im Metallbau	2.381,7	130,7
Berufe in der Schweiß- u. Verbindungstechnik	2.086,9	112,6
Berufe in der Metalloberflächenbehandlung (ohne Spez.)	1.843,7	81,0
Berufe in der Metallbearbeitung (ohne Spez.)	1.479,7	72,0
Berufe in der Lagerwirtschaft	1.338,0	54,1
Maschinen- u. Anlagenführer/innen	1.272,0	66,2
Berufe in der spanenden Metallbearbeitung	1.267,5	71,2
Technische Servicekräfte in Wartung u. Instandhaltung	1.257,8	56,2
Berufe in der Maschinenbau- u. Betriebstechnik (ohne Spez.)	1.244,8	65,4
Berufe in der Kunststoff- u. Kautschukherstellung (ohne Spez.)	1.171,1	58,6
Berufe in der Werkzeugtechnik	1.127,8	71,2
Maschinen- u. Gerätezusammensetzer/innen	1.083,3	48,9
Berufe in der elektrischen Betriebstechnik	798,3	52,5
Berufe in der technischen Qualitätssicherung	722,1	28,6
Berufe in der Elektrotechnik (ohne Spez.)	699,5	31,1
Berufe in der technischen Produktionsplanung u. -steuerung	572,0	25,0
Kaufmännische u. technische Betriebswirtschaft (ohne Spez.)	234,5	12,8
Berufe im Vertrieb (außer Informations- u. Kommunikationstechnologien)	195,6	10,7
Büro- u. Sekretariatskräfte (ohne Spez.)	176,1	10,2
Branche insgesamt	1.211,0	60,4
Alle Branchen	1.137,2	51,0

Fehlzeiten-Report 2016

22

◘ **Tab. 22.10.11** Tage und Fälle der Arbeitsunfähigkeit je 100 AOK-Mitglieder nach Krankheitsarten in der Branche Metallindustrie in den Jahren 2000 bis 2015

Jahr	Arbeitsunfähigkeiten je 100 AOK-Mitglieder											
	Psyche		Herz/Kreislauf		Atemwege		Verdauung		Muskel/Skelett		Verletzunge	
	Tage	Fälle	Tage	Fälle	Tage	Fälle	Tage	Fälle	Tage	Fälle	Tage	Fäl
2000	125,2	5,6	163,1	8,5	332,7	46,5	148,6	20,8	655,7	39,1	343,6	23,
2001	134,9	6,4	165,4	9,1	310,6	45,6	149,9	21,6	672,0	40,8	338,9	23,
2002	141,7	6,8	164,9	9,4	297,9	44,1	151,1	22,5	671,3	41,1	338,9	23,
2003	134,5	6,7	156,5	9,3	296,8	45,1	142,2	21,5	601,3	37,9	314,5	21,
2004	151,3	6,8	168,4	8,7	258,0	38,0	143,5	21,0	574,9	36,1	305,3	20,
2005	150,7	6,6	166,7	8,7	300,6	44,4	136,0	19,6	553,4	35,3	301,1	19,
2006	147,1	6,5	163,0	8,8	243,0	36,7	135,7	20,3	541,1	35,1	304,5	20,
2007	154,4	6,9	164,0	8,8	275,3	42,1	142,2	21,8	560,3	36,0	303,9	20,
2008 (WZ03)	162,9	7,1	168,5	9,2	287,2	44,6	148,4	23,3	580,4	37,9	308,6	20,
2008 (WZ08)*	165,0	7,2	171,3	9,3	289,2	44,7	149,3	23,3	590,7	38,5	311,8	20,
2009	170,6	7,2	173,4	8,7	303,3	46,3	137,9	19,0	558,2	34,1	307,9	19,
2010	181,8	7,8	174,6	9,2	277,7	43,2	136,6	20,7	606,6	38,2	322,3	20,
2011	187,5	8,2	168,1	9,2	291,4	45,4	136,8	21,1	595,5	38,9	317,8	20,
2012	210,7	8,7	185,5	9,4	300,8	46,7	146,1	21,8	633,9	40,0	329,5	20,
2013	217,5	8,7	184,2	9,0	374,9	56,7	149,7	21,8	630,9	39,8	329,6	19,
2014	237,0	9,5	193,9	9,3	308,6	48,0	153,6	22,4	673,0	42,1	333,5	19,
2015	243,7	9,8	193,5	9,5	391,0	59,5	154,3	22,7	669,1	41,9	331,7	19,

*aufgrund der Revision der Wirtschaftszweigklassifikation in 2008 ist eine Vergleichbarkeit mit den Vorjahren nur bedin möglich

■ **Tab. 22.10.12** Verteilung der Arbeitsunfähigkeitstage nach Krankheitsarten in Prozent in der Branche Metallindustrie im Jahr 2015, AOK-Mitglieder

Wirtschaftsabteilung	AU-Tage in %						
	Psyche	Herz/ Kreislauf	Atem- wege	Ver- dauung	Muskel/ Skelett	Verlet- zungen	Sonstige
Herstellung von Datenverarbeitungs- geräten, elektronischen und optischen Erzeugnissen	10,4	5,7	15,7	5,3	20,3	9,1	33,5
Herstellung von elektrischen Ausrüstungen	9,4	6,6	13,6	5,2	23,0	9,5	32,7
Herstellung von Kraftwagen und Kraftwagenteilen	8,8	6,3	13,8	5,3	24,9	10,2	30,8
Herstellung von Metallerzeugnissen	8,0	6,8	12,5	5,4	23,3	12,3	31,6
Maschinenbau	7,7	6,8	13,9	5,4	21,8	12,3	32,0
Metallerzeugung und -bearbeitung	7,8	7,3	12,6	5,1	24,3	11,6	31,3
Sonstiger Fahrzeugbau	8,3	6,3	14,6	5,5	22,1	12,0	31,1
Branche insgesamt	8,4	6,7	13,5	5,3	23,0	11,4	31,8
Alle Branchen	10,5	6,1	13,0	5,2	21,8	10,8	32,8

Fehlzeiten-Report 2016

■ **Tab. 22.10.13** Verteilung der Arbeitsunfähigkeitsfälle nach Krankheitsarten in Prozent in der Branche Metallindustrie im Jahr 2015, AOK-Mitglieder

Wirtschaftsabteilung	AU-Fälle in %						
	Psyche	Herz/ Kreislauf	Atem- wege	Ver- dauung	Muskel/ Skelett	Verlet- zungen	Sonstige
Herstellung von Datenverarbeitungs- geräten, elektronischen und optischen Erzeugnissen	4,7	3,6	26,8	9,5	14,4	6,1	34,8
Herstellung von elektrischen Ausrüstungen	4,6	3,9	24,9	9,3	17,0	6,7	33,6
Herstellung von Kraftwagen und Kraftwagenteilen	4,3	3,9	24,5	9,1	18,8	7,2	32,2
Herstellung von Metallerzeugnissen	3,9	3,9	23,4	9,5	17,7	9,0	32,8
Maschinenbau	3,7	3,9	25,4	9,4	16,3	8,5	32,9
Metallerzeugung und -bearbeitung	3,9	4,3	23,2	9,0	19,1	8,6	31,9
Sonstiger Fahrzeugbau	3,9	3,8	25,3	9,6	16,8	8,0	32,5
Branche insgesamt	4,0	3,9	24,5	9,3	17,3	8,1	32,8
Alle Branchen	5,0	3,8	24,0	9,2	15,8	7,4	34,9

Fehlzeiten-Report 2016

22

◘ **Tab. 22.10.14** Verteilung der Arbeitsunfähigkeitstage nach Krankheitsarten und ausgewählten Berufsgruppen in der Branche Metallindustrie im Jahr 2015, AOK-Mitglieder

Tätigkeit	AU-Tage in %						
	Psyche	Herz/ Kreislauf	Atem- wege	Ver- dauung	Muskel/ Skelett	Verlet- zungen	Sonsti
Berufe im Metallbau	6,3	6,9	12,2	5,4	24,0	15,9	29,3
Berufe im Vertrieb (außer Informations- u. Kommunikationstechnologien)	12,6	5,5	18,0	5,9	13,3	8,0	36,9
Berufe in der elektrischen Betriebstechnik	8,2	6,7	15,3	5,7	20,1	12,3	31,8
Berufe in der Elektrotechnik (ohne Spez.)	10,4	6,1	13,6	4,9	23,3	8,2	33,5
Berufe in der industriellen Gießerei	6,6	6,7	12,0	4,9	26,3	13,2	30,4
Berufe in der Kunststoff- u. Kautschuk- herstellung (ohne Spez.)	9,5	5,9	12,9	5,2	26,1	9,5	31,0
Berufe in der Lagerwirtschaft	9,0	7,1	12,5	5,2	24,1	10,4	31,9
Berufe in der Maschinenbau- u. Betriebstechnik (ohne Spez.)	8,0	6,4	13,3	5,2	23,5	11,8	31,8
Berufe in der Metallbearbeitung (ohne Spez.)	8,3	7,0	12,6	5,3	24,9	10,6	31,3
Berufe in der Metalloberflächen- behandlung (ohne Spez.)	8,1	7,0	11,9	4,9	25,1	11,4	31,6
Berufe in der Schweiß- u. Verbindungstechnik	6,6	7,5	13,0	5,0	25,9	12,3	29,7
Berufe in der spanenden Metallbearbeitung	7,2	6,7	14,1	5,9	21,7	13,6	30,8
Berufe in der technischen Produktionsplanung u. -steuerung	9,7	6,1	15,6	5,8	20,1	10,4	32,3
Berufe in der technischen Qualitätssicherung	10,6	7,0	13,7	5,0	21,4	8,5	33,7
Berufe in der Werkzeugtechnik	7,1	6,1	14,8	5,6	19,1	15,2	32,1
Büro- u. Sekretariatskräfte (ohne Spez.)	13,0	5,4	16,0	5,8	13,4	7,3	39,1
Kaufmännische u. technische Betriebswirtschaft (ohne Spez.)	11,1	4,0	20,2	6,0	13,0	8,6	37,1
Maschinen- u. Anlagenführer/innen	8,1	7,0	13,5	5,3	24,0	10,8	31,3
Maschinen- u. Gerätezusammensetzer/ innen	9,1	6,2	12,6	5,0	25,4	9,9	31,8
Technische Servicekräfte in Wartung u. Instandhaltung	7,5	6,6	13,7	5,2	22,4	13,3	31,3
Branche gesamt	8,4	6,7	13,5	5,3	23,0	11,4	31,8
Alle Branchen	10,5	6,1	13,0	5,2	21,8	10,8	32,8

Fehlzeiten-Report 20

◼ **Tab. 22.10.15** Verteilung der Arbeitsunfähigkeitsfälle nach Krankheitsarten und ausgewählten Berufsgruppen in der Branche Metallindustrie im Jahr 2015, AOK-Mitglieder

Tätigkeit	AU-Fälle in %						
	Psyche	Herz/ Kreislauf	Atem- wege	Ver- dauung	Muskel/ Skelett	Verlet- zungen	Sonstige
Berufe im Metallbau	3,1	3,7	22,8	9,5	18,3	11,8	30,8
Berufe im Vertrieb (außer Informations- u. Kommunikationstechnologien)	4,7	3,3	30,3	9,9	9,7	5,0	37,0
Berufe in der elektrischen Betriebstechnik	3,6	3,7	27,4	9,5	14,6	8,6	32,6
Berufe in der Elektrotechnik (ohne Spez.)	5,3	4,1	24,0	9,2	17,3	5,6	34,6
Berufe in der industriellen Gießerei	3,5	4,0	21,7	8,5	21,6	10,5	30,2
Berufe in der Kunststoff- u. Kautschuk- herstellung (ohne Spez.)	4,6	4,0	23,3	9,2	19,5	7,0	32,5
Berufe in der Lagerwirtschaft	4,6	4,4	22,8	9,2	19,0	7,1	32,9
Berufe in der Maschinenbau- u. Betriebstechnik (ohne Spez.)	3,8	3,8	24,5	9,2	17,5	8,6	32,5
Berufe in der Metallbearbeitung (ohne Spez.)	4,2	4,1	23,0	9,1	19,7	7,8	32,1
Berufe in der Metalloberflächen- behandlung (ohne Spez.)	4,0	4,1	21,8	9,3	20,3	8,3	32,2
Berufe in der Schweiß- u. Verbindungstechnik	3,4	4,4	22,5	8,7	21,1	9,5	30,5
Berufe in der spanenden Metallbearbeitung	3,5	3,6	25,6	9,7	16,0	9,3	32,2
Berufe in der technischen Produktionsplanung u. -steuerung	4,2	3,9	27,3	9,8	14,7	6,8	33,3
Berufe in der technischen Qualitätssicherung	4,8	4,4	25,0	9,3	16,5	5,9	34,1
Berufe in der Werkzeugtechnik	3,2	3,4	26,5	9,5	14,1	10,2	33,1
Büro- u. Sekretariatskräfte (ohne Spez.)	5,2	3,5	28,2	9,9	9,9	4,8	38,5
Kaufmännische u. technische Betriebswirtschaft (ohne Spez.)	4,0	2,8	31,0	10,0	8,4	5,3	38,6
Maschinen- u. Anlagenführer/innen	4,2	4,0	23,8	9,2	19,0	7,8	32,0
Maschinen- u. Gerätezusammensetzer/ innen	4,8	4,1	22,8	9,0	19,6	6,9	32,8
Technische Servicekräfte in Wartung u. Instandhaltung	3,7	4,1	25,3	9,1	17,2	8,7	31,9
Branche gesamt	**4,0**	**3,9**	**24,5**	**9,3**	**17,3**	**8,1**	**32,8**
Alle Branchen	**5,0**	**3,8**	**24,0**	**9,2**	**15,8**	**7,4**	**34,9**

Fehlzeiten-Report 2016

22

◻ **Tab. 22.10.16** Anteile der 40 häufigsten Einzeldiagnosen an den AU-Fällen und AU-Tagen in der Branche Metallindustrie im Jahr 2015, AOK-Mitglieder

ICD-10	Bezeichnung	AU-Fälle in %	AU-Tage in
J06	Akute Infektionen an mehreren oder nicht näher bezeichneten Lokalisationen der oberen Atemwege	9,7	4,4
M54	Rückenschmerzen	6,5	5,9
A09	Sonstige und nicht näher bezeichnete Gastroenteritis und Kolitis infektiösen und nicht näher bezeichneten Ursprungs	3,7	1,2
J20	Akute Bronchitis	2,5	1,4
K08	Sonstige Krankheiten der Zähne und des Zahnhalteapparates	2,3	0,5
J40	Bronchitis, nicht als akut oder chronisch bezeichnet	2,0	1,1
B34	Viruskrankheit nicht näher bezeichneter Lokalisation	1,9	0,8
I10	Essentielle (primäre) Hypertonie	1,7	2,4
K52	Sonstige nichtinfektiöse Gastroenteritis und Kolitis	1,6	0,6
T14	Verletzung an einer nicht näher bezeichneten Körperregion	1,4	1,3
R10	Bauch- und Beckenschmerzen	1,3	0,6
K29	Gastritis und Duodenitis	1,3	0,6
J02	Akute Pharyngitis	1,1	0,5
F32	Depressive Episode	1,0	2,5
M25	Sonstige Gelenkkrankheiten, anderenorts nicht klassifiziert	1,0	1,2
J01	Akute Sinusitis	1,0	0,5
R51	Kopfschmerz	1,0	0,5
J32	Chronische Sinusitis	1,0	0,5
J03	Akute Tonsillitis	1,0	0,4
F43	Reaktionen auf schwere Belastungen und Anpassungsstörungen	0,9	1,3
M99	Biomechanische Funktionsstörungen, anderenorts nicht klassifiziert	0,9	0,7
M51	Sonstige Bandscheibenschäden	0,8	2,0
M75	Schulterläsionen	0,8	1,9
M77	Sonstige Enthesopathien	0,8	1,0
M53	Sonstige Krankheiten der Wirbelsäule und des Rückens, anderenorts nicht klassifiziert	0,8	0,8
M79	Sonstige Krankheiten des Weichteilgewebes, anderenorts nicht klassifiziert	0,8	0,7
J11	Grippe, Viren nicht nachgewiesen	0,8	0,4
J00	Akute Rhinopharyngitis [Erkältungsschnupfen]	0,8	0,3
R11	Übelkeit und Erbrechen	0,7	0,4
J98	Sonstige Krankheiten der Atemwege	0,7	0,3
M23	Binnenschädigung des Kniegelenkes [internal derangement]	0,6	1,3
R42	Schwindel und Taumel	0,6	0,5
R53	Unwohlsein und Ermüdung	0,6	0,4
B99	Sonstige und nicht näher bezeichnete Infektionskrankheiten	0,6	0,3
A08	Virusbedingte und sonstige näher bezeichnete Darminfektionen	0,6	0,2
F45	Somatoforme Störungen	0,5	0,8
M47	Spondylose	0,5	0,7
S93	Luxation, Verstauchung und Zerrung der Gelenke und Bänder in Höhe des oberen Sprunggelenkes und des Fußes	0,5	0,6
R50	Fieber sonstiger und unbekannter Ursache	0,5	0,3
G43	Migräne	0,5	0,2
	Summe hier	**57,3**	**42,0**
	Restliche	42,7	58,0
	Gesamtsumme	**100,0**	**100,0**

◘ **Tab. 22.10.17** Anteile der 40 häufigsten Diagnoseuntergruppen an den AU-Fällen und AU-Tagen in der Branche Metallindustrie im Jahr 2015, AOK-Mitglieder

ICD-10	Bezeichnung	AU-Fälle in %	AU-Tage in %
J00–J06	Akute Infektionen der oberen Atemwege	14,3	6,6
M50–M54	Sonstige Krankheiten der Wirbelsäule und des Rückens	7,8	8,3
A00–A09	Infektiöse Darmkrankheiten	4,8	1,6
J40–J47	Chronische Krankheiten der unteren Atemwege	3,3	2,3
R50–R69	Allgemeinsymptome	3,2	2,4
J20–J22	Sonstige akute Infektionen der unteren Atemwege	3,0	1,7
M70–M79	Sonstige Krankheiten des Weichteilgewebes	2,9	4,2
K00–K14	Krankheiten der Mundhöhle, der Speicheldrüsen und der Kiefer	2,8	0,7
R10–R19	Symptome, die das Verdauungssystem und das Abdomen betreffen	2,3	1,3
F40–F48	Neurotische, Belastungs- und somatoforme Störungen	2,1	3,4
B25–B34	Sonstige Viruskrankheiten	2,1	0,9
K50–K52	Nichtinfektiöse Enteritis und Kolitis	2,0	0,8
I10–I15	Hypertonie [Hochdruckkrankheit]	1,9	2,8
K20–K31	Krankheiten des Ösophagus, des Magens und des Duodenums	1,8	1,0
M20–M25	Sonstige Gelenkkrankheiten	1,7	2,7
T08–T14	Verletzungen nicht näher bezeichneter Teile des Rumpfes, der Extremitäten oder anderer Körperregionen	1,6	1,5
J30–J39	Sonstige Krankheiten der oberen Atemwege	1,5	0,9
R00–R09	Symptome, die das Kreislaufsystem und das Atmungssystem betreffen	1,4	0,9
F30–F39	Affektive Störungen	1,3	3,8
Z80–Z99	Personen mit potentiellen Gesundheitsrisiken aufgrund der Familien- oder Eigenanamnese und bestimmte Zustände, die den Gesundheitszustand beeinflussen	1,3	2,9
S60–S69	Verletzungen des Handgelenkes und der Hand	1,3	1,9
G40–G47	Episodische und paroxysmale Krankheiten des Nervensystems	1,3	1,1
J09–J18	Grippe und Pneumonie	1,3	0,9
K55–K64	Sonstige Krankheiten des Darmes	1,1	0,9
S90–S99	Verletzungen der Knöchelregion und des Fußes	1,0	1,3
M95–M99	Sonstige Krankheiten des Muskel-Skelett-Systems und des Bindegewebes	1,0	0,8
M15–M19	Arthrose	0,9	2,3
S80–S89	Verletzungen des Knies und des Unterschenkels	0,9	1,8
E70–E90	Stoffwechselstörungen	0,9	1,3
R40–R46	Symptome, die das Erkennungs- und Wahrnehmungsvermögen, die Stimmung und das Verhalten betreffen	0,8	0,7
J95–J99	Sonstige Krankheiten des Atmungssystems	0,8	0,6
B99–B99	Sonstige Infektionskrankheiten	0,7	0,3
I20–I25	Ischämische Herzkrankheiten	0,6	1,4
I30–I52	Sonstige Formen der Herzkrankheit	0,6	1,1
G50–G59	Krankheiten von Nerven, Nervenwurzeln und Nervenplexus	0,6	1,1
M65–M68	Krankheiten der Synovialis und der Sehnen	0,6	0,9
M05–M14	Entzündliche Polyarthropathien	0,6	0,7
Z00–Z13	Personen, die das Gesundheitswesen zur Untersuchung und Abklärung in Anspruch nehmen	0,6	0,6
L00–L08	Infektionen der Haut und der Unterhaut	0,6	0,6
N30–N39	Sonstige Krankheiten des Harnsystems	0,6	0,4
	Summe hier	**79,9**	**71,4**
	Restliche	20,1	28,6
	Gesamtsumme	**100,0**	**100,0**

Fehlzeiten-Report 2016

22.11 Öffentliche Verwaltung

22

◻ **Tab. 22.11.1** Entwicklung des Krankenstands der AOK-Mitglieder in der Branche Öffentliche Verwaltung in den Jahren 1994 bis 2015

Jahr	Krankenstand in %			AU-Fälle je 100 AOK-Mitglieder			Tage je Fall		
	West	Ost	Bund	West	Ost	Bund	West	Ost	Bund
1994	7,3	5,9	6,9	161,2	129,1	152,0	16,2	14,9	15,9
1995	6,9	6,3	6,8	166,7	156,3	164,1	15,6	14,9	15,4
1996	6,4	6,0	6,3	156,9	155,6	156,6	15,4	14,7	15,2
1997	6,2	5,8	6,1	158,4	148,8	156,3	14,4	14,1	14,3
1998	6,3	5,7	6,2	162,6	150,3	160,0	14,2	13,8	14,1
1999	6,6	6,2	6,5	170,7	163,7	169,3	13,8	13,6	13,8
2000	6,4	5,9	6,3	172,0	174,1	172,5	13,6	12,3	13,3
2001	6,1	5,9	6,1	165,8	161,1	164,9	13,5	13,3	13,5
2002	6,0	5,7	5,9	167,0	161,9	166,0	13,0	12,9	13,0
2003	5,7	5,3	5,6	167,3	158,8	165,7	12,4	12,2	12,3
2004	5,3	5,0	5,2	154,8	152,2	154,3	12,5	12,0	12,4
2005**	5,3	4,5	5,1	154,1	134,3	150,0	12,6	12,2	12,5
2006	5,1	4,7	5,0	148,7	144,7	147,9	12,5	11,8	12,3
2007	5,3	4,8	5,2	155,5	151,1	154,6	12,4	11,7	12,3
2008 (WZ03)	5,3	4,9	5,2	159,8	152,1	158,3	12,2	11,8	12,1
2008 (WZ08)*	5,3	4,9	5,2	159,9	152,2	158,4	12,1	11,8	12,1
2009	5,5	5,3	5,4	167,9	164,9	167,3	11,9	11,7	11,8
2010	5,5	5,7	5,5	164,8	184,6	168,2	12,2	11,3	12,0
2011	5,6	5,5	5,6	172,5	189,1	175,6	11,9	10,6	11,7
2012	5,5	5,5	5,5	163,9	164,4	164,0	12,2	12,2	12,2
2013	5,6	5,9	5,7	174,8	176,3	175,1	11,7	12,2	11,8
2014	5,9	6,1	5,9	174,9	179,9	175,9	12,3	12,3	12,3
2015	6,2	6,5	6,3	187,8	195,6	189,3	12,1	12,1	12,1

*aufgrund der Revision der Wirtschaftszweigklassifikation in 2008 ist eine Vergleichbarkeit mit den Vorjahren nur bedingt möglich

**ohne Sozialversicherung/Arbeitsförderung

Fehlzeiten-Report 2016

22

◨ **Tab. 22.11.2** Arbeitsunfähigkeit der AOK-Mitglieder in der Branche Öffentliche Verwaltung nach Bundesländern im Jahr 2015 im Vergleich zum Vorjahr

Bundesland	Kranken- stand in %	Arbeitsunfähigkeit je 100 AOK-Mitglieder				Tage je Fall	Veränd. z. Vorj. in %	AU- Quot in %
		AU- Fälle	Veränd. z. Vorj. in %	AU-Tage	Veränd. z. Vorj. in %			
Baden-Württemberg	5,7	185,0	9,4	2.085,2	6,9	11,3	−2,3	65,0
Bayern	5,5	158,4	8,0	1.993,5	7,1	12,6	−0,9	59,4
Berlin	6,8	208,6	7,3	2.476,1	6,1	11,9	−1,1	63,5
Brandenburg	7,2	198,2	8,1	2.638,3	6,8	13,3	−1,2	67,4
Bremen	6,5	191,0	5,4	2.364,2	4,2	12,4	−1,2	62,1
Hamburg	6,3	184,9	3,0	2.300,9	−1,4	12,4	−4,3	59,1
Hessen	6,9	219,2	6,7	2.533,7	2,1	11,6	−4,3	69,9
Mecklenburg- Vorpommern	7,0	191,2	8,8	2.540,1	10,6	13,3	1,7	62,7
Niedersachsen	6,5	193,8	5,8	2.385,0	7,5	12,3	1,5	66,1
Nordrhein-Westfalen	7,2	208,4	5,9	2.638,1	6,4	12,7	0,4	68,2
Rheinland-Pfalz	6,8	206,2	7,3	2.498,8	0,4	12,1	−6,4	67,9
Saarland	7,9	189,2	6,0	2.868,7	7,8	15,2	1,7	66,2
Sachsen	6,1	195,7	9,3	2.227,0	6,3	11,4	−2,8	67,4
Sachsen-Anhalt	6,8	194,9	9,0	2.490,4	7,3	12,8	−1,5	64,2
Schleswig-Holstein	6,6	189,3	5,5	2.422,3	6,8	12,8	1,3	63,5
Thüringen	6,5	195,8	7,0	2.372,0	5,2	12,1	−1,7	65,7
West	**6,2**	**187,8**	**7,3**	**2.280,1**	**6,0**	**12,1**	**−1,2**	**64,7**
Ost	**6,5**	**195,6**	**8,7**	**2.359,6**	**6,5**	**12,1**	**−2,0**	**66,3**
Bund	**6,3**	**189,3**	**7,6**	**2.295,6**	**6,1**	**12,1**	**−1,4**	**65,0**

Fehlzeiten-Report 20

◨ **Tab. 22.11.3** Arbeitsunfähigkeit der AOK-Mitglieder in der Branche Öffentliche Verwaltung nach Wirtschaftsabteilungen im Jahr 2015

Wirtschaftsabteilung	Krankenstand in %		Arbeitsunfähigkeiten je 100 AOK-Mitglieder		Tage je Fall	AU-Quot in %
	2015	2015 stand.*	Fälle	Tage		
Auswärtige Angelegenheiten, Verteidigung, Rechtspflege, öffentliche Sicherheit und Ordnung	6,8	6,0	191,4	2.480,9	13,0	61,3
Exterritoriale Organisationen und Körperschaften	8,5	6,7	225,2	3.103,9	13,8	68,3
Öffentliche Verwaltung	6,3	5,7	188,3	2.316,4	12,3	65,1
Sozialversicherung	5,6	5,1	188,9	2.053,3	10,9	66,6
Branche insgesamt	**6,3**	**5,7**	**189,3**	**2.295,6**	**12,1**	**65,0**
Alle Branchen	**5,3**	**5,4**	**167,6**	**1.950,4**	**11,6**	**54,9**

*Krankenstand alters- und geschlechtsstandardisiert

Fehlzeiten-Report 20

◻ **Tab. 22.11.4** Kennzahlen der Arbeitsunfähigkeit der AOK-Mitglieder nach ausgewählten Berufsgruppen in der Branche Öffentliche Verwaltung im Jahr 2015

Tätigkeit	Kranken-stand in %	Arbeitsunfähigkeiten je 100 AOK-Mitglieder		Tage je Fall	AU-Quote in %	Anteil der Berufs-gruppe an der Branche in %*
		Fälle	Tage			
Berufe im Gartenbau (ohne Spez.)	9,3	254,9	3.379,2	13,3	73,8	2,1
Berufe im Objekt-, Werte- u. Personenschutz	7,9	182,7	2.873,2	15,7	62,0	1,2
Berufe in der Forstwirtschaft	8,4	224,9	3.049,0	13,6	72,3	1,2
Berufe in der Gebäudetechnik (ohne Spez.)	6,4	139,5	2.324,5	16,7	57,0	2,8
Berufe in der Kinderbetreuung u. -erziehung	5,4	225,4	1.979,8	8,8	70,6	9,0
Berufe in der Lagerwirtschaft	8,7	224,9	3.160,3	14,1	66,3	1,0
Berufe in der öffentlichen Verwaltung (ohne Spez.)	5,0	172,0	1.806,8	10,5	61,7	13,9
Berufe in der Personaldienstleistung	5,0	178,6	1.838,5	10,3	63,4	1,4
Berufe in der Reinigung (ohne Spez.)	8,5	184,9	3.113,8	16,8	67,3	7,0
Berufe in der Sozialarbeit u. Sozialpädagogik	4,1	146,2	1.488,5	10,2	57,5	2,0
Berufe in der Sozialverwaltung u. -versicherung	5,4	189,9	1.981,5	10,4	67,4	11,0
Berufskraftfahrer/innen (Güterverkehr/LKW)	8,4	203,1	3.077,6	15,2	66,9	1,1
Büro- u. Sekretariatskräfte (ohne Spez.)	6,2	192,3	2.247,8	11,7	65,4	8,6
Kaufmännische u. technische Betriebswirtschaft (ohne Spez.)	5,9	190,8	2.138,2	11,2	65,2	1,6
Köche/Köchinnen (ohne Spez.)	8,8	215,9	3.194,0	14,8	68,6	1,5
Platz- u. Gerätewarte/-wartinnen	7,9	187,0	2.901,5	15,5	67,6	4,3
Steno- u. Phonotypisten/-typistinnen	6,9	191,8	2.502,0	13,0	68,1	1,0
Straßen- u. Tunnelwärter/innen	7,9	220,5	2.881,5	13,1	73,0	2,3
Branche insgesamt	**6,3**	**189,3**	**2.295,6**	**12,1**	**65,0**	**4,3****

* Anteil der AOK-Mitglieder in der Berufsgruppe an den in der Branche beschäftigten AOK-Mitgliedern insgesamt
**Anteil der AOK-Mitglieder in der Branche an allen AOK-Mitgliedern

Fehlzeiten-Report 2016

◻ **Tab. 22.11.5** Dauer der Arbeitsunfähigkeit der AOK-Mitglieder in der Branche Öffentliche Verwaltung im Jahr 2015

Fallklasse	Branche hier		alle Branchen	
	Anteil Fälle in %	Anteil Tage in %	Anteil Fälle in %	Anteil Tage in %
1–3 Tage	35,4	5,8	35,8	6,2
4–7 Tage	29,0	11,8	31,3	13,5
8–14 Tage	18,5	15,8	17,3	15,4
15–21 Tage	6,3	9,0	5,8	8,6
22–28 Tage	3,2	6,5	2,8	6,0
29–42 Tage	3,3	9,4	2,9	8,6
Langzeit-AU (> 42 Tage)	4,3	41,7	4,2	41,6

Fehlzeiten-Report 2016

22

◻ **Tab. 22.11.6** Tage der Arbeitsunfähigkeit je AOK-Mitglied nach Wirtschaftsabteilung und Betriebsgröße in der Branche Öffentliche Verwaltung im Jahr 2015

Wirtschaftsabteilungen	Betriebsgröße (Anzahl der AOK-Mitglieder)					
	10–49	50–99	100–199	200–499	500–999	≥ 1.000
Auswärtige Angelegenheiten, Verteidigung, Rechtspflege, öffentliche Sicherheit und Ordnung	26,5	26,9	23,8	22,3	26,4	–
Exterritoriale Organisationen und Körperschaften	29,9	32,9	34,1	34,3	39,0	–
Öffentliche Verwaltung	22,5	23,1	22,8	24,8	26,6	26,2
Sozialversicherung	19,8	20,9	19,7	21,8	20,4	21,0
Branche insgesamt	**22,7**	**23,1**	**22,4**	**24,0**	**26,1**	**24,2**
Alle Branchen	**20,3**	**22,2**	**22,4**	**22,2**	**22,5**	**22,2**

Fehlzeiten-Report 20

◻ **Tab. 22.11.7** Krankenstand in Prozent nach Ausbildungsabschluss in der Branche Öffentliche Verwaltung im Jahr 2015, AOK-Mitglieder

Wirtschaftsabteilung	Ausbildung						
	ohne Ausbildungsabschluss	mit Ausbildungsabschluss	Meister/ Techniker	Bachelor	Diplom/Magister/Master/ Staatsexamen	Promotion	unbekannt
Auswärtige Angelegenheiten, Verteidigung, Rechtspflege, öffentliche Sicherheit und Ordnung	7,7	7,1	5,7	3,3	2,2	1,9	5,7
Exterritoriale Organisationen und Körperschaften	4,3	4,6	3,4	1,5	2,2	–	8,9
Öffentliche Verwaltung	8,3	6,3	5,4	3,1	3,7	2,2	7,5
Sozialversicherung	5,4	5,8	5,3	2,7	4,3	3,4	7,7
Branche insgesamt	**7,8**	**6,3**	**5,5**	**3,0**	**3,7**	**2,4**	**7,8**
Alle Branchen	**6,2**	**5,6**	**4,3**	**2,2**	**2,7**	**2,0**	**5,0**

Fehlzeiten-Report 20

◻ **Tab. 22.11.8** Tage der Arbeitsunfähigkeit je AOK-Mitglied nach Ausbildung in der Branche Öffentliche Verwaltung im Jahr 2015

Wirtschaftsabteilung	Ausbildung						
	ohne Ausbildungsabschluss	mit Ausbildungsabschluss	Meister/ Techniker	Bachelor	Diplom/Magister/Master/ Staatsexamen	Promotion	unbekannt
Auswärtige Angelegenheiten, Verteidigung, Rechtspflege, öffentliche Sicherheit und Ordnung	28,2	26,0	20,9	11,9	8,1	7,0	21,0
Exterritoriale Organisationen und Körperschaften	15,5	16,9	12,4	5,4	7,9	–	32,6
Öffentliche Verwaltung	30,1	23,0	19,9	11,2	13,6	7,9	27,5
Sozialversicherung	19,6	21,2	19,4	10,0	15,6	12,5	28,0
Branche insgesamt	**28,5**	**22,9**	**19,9**	**11,0**	**13,5**	**8,6**	**28,3**
Alle Branchen	**22,7**	**20,4**	**15,7**	**8,1**	**10,0**	**7,3**	**18,1**

Fehlzeiten-Report 20

◼ **Tab. 22.11.9** Anteil der Arbeitsunfälle an den AU-Fällen und -Tagen in Prozent nach Wirtschaftsabteilungen in der Branche Öffentliche Verwaltung im Jahr 2015, AOK-Mitglieder

Wirtschaftsabteilung	AU-Fälle in %	AU-Tage in %
Auswärtige Angelegenheiten, Verteidigung, Rechtspflege, öffentliche Sicherheit und Ordnung	1,5	3,1
Exterritoriale Organisationen und Körperschaften	1,6	3,5
Öffentliche Verwaltung	2,1	4,3
Sozialversicherung	0,8	1,6
Branche insgesamt	1,8	3,7
Alle Branchen	3,0	5,8

Fehlzeiten-Report 2016

◼ **Tab. 22.11.10** Tage und Fälle der Arbeitsunfähigkeit durch Arbeitsunfälle nach Berufsgruppen in der Branche Öffentliche Verwaltung im Jahr 2015, AOK-Mitglieder

Tätigkeit	Arbeitsunfähigkeit je 1.000 AOK-Mitglieder	
	AU-Tage	AU-Fälle
Berufe in der Forstwirtschaft	3.578,8	133,7
Platz- u. Gerätewarte/-wartinnen	2.462,4	89,8
Berufe im Gartenbau (ohne Spez.)	2.353,5	98,7
Straßen- u. Tunnelwärter/innen	2.304,4	98,1
Berufskraftfahrer/innen (Güterverkehr/LKW)	1.567,3	56,2
Berufe in der Lagerwirtschaft	1.270,9	50,5
Berufe im Objekt-, Werte- u. Personenschutz	1.194,2	41,9
Berufe in der Gebäudetechnik (ohne Spez.)	1.079,8	43,2
Berufe in der Reinigung (ohne Spez.)	826,1	28,2
Köche/Köchinnen (ohne Spez.)	701,7	38,1
Kaufmännische u. technische Betriebswirtschaft (ohne Spez.)	545,4	19,8
Steno- u. Phonotypisten/-typistinnen	463,6	16,6
Berufe in der Kinderbetreuung u. -erziehung	460,6	24,7
Büro- u. Sekretariatskräfte (ohne Spez.)	398,7	15,0
Berufe in der Sozialarbeit u. Sozialpädagogik	379,8	16,4
Berufe in der öffentlichen Verwaltung (ohne Spez.)	355,3	14,3
Berufe in der Sozialverwaltung u. -versicherung	278,0	13,2
Berufe in der Personaldienstleistung	266,7	15,6
Branche insgesamt	845,9	34,3
Alle Branchen	1.137,2	51,0

Fehlzeiten-Report 2016

22

◼ Tab. 22.11.11 Tage und Fälle der Arbeitsunfähigkeit je 100 AOK-Mitglieder nach Krankheitsarten in der Branche Öffentliche Verwaltung in den Jahren 1995 bis 2015

Jahr	Arbeitsunfähigkeiten je 100 AOK-Mitglieder											
	Psyche		Herz/Kreislauf		Atemwege		Verdauung		Muskel/Skelett		Verletzunge	
	Tage	Fälle	Tage	Fälle	Tage	Fälle	Tage	Fälle	Tage	Fälle	Tage	Fäl
1995	168,1	4,2	272,1	9,1	472,7	39,5	226,4	20,5	847,3	30,8	327,6	22,
1996	165,0	3,3	241,9	7,4	434,5	35,5	199,8	19,4	779,1	29,8	312,4	23,
1997	156,7	3,4	225,2	7,4	395,1	34,3	184,0	19,3	711,5	29,7	299,8	23,
1998	165,0	3,9	214,1	7,8	390,7	36,9	178,4	19,8	720,0	31,5	288,1	23,
1999	176,0	4,5	207,0	8,2	427,8	42,0	179,1	21,7	733,3	34,0	290,5	23,
2000	198,5	8,1	187,3	10,1	392,0	50,5	160,6	21,3	749,6	41,4	278,9	17,
2001	208,7	8,9	188,4	10,8	362,4	48,7	157,4	21,7	745,4	41,8	272,9	17,
2002	210,1	9,4	182,7	10,9	344,1	47,7	157,9	23,0	712,8	41,6	267,9	17,
2003	203,2	9,4	170,5	11,1	355,1	50,5	151,5	22,8	644,3	39,3	257,9	16,!
2004	213,8	9,6	179,9	10,2	313,1	43,6	153,1	22,5	619,0	37,9	251,5	15,
2005**	211,4	9,4	179,4	10,1	346,2	47,2	142,3	19,7	594,5	36,4	252,5	15,
2006	217,8	9,4	175,5	10,2	297,4	42,0	142,8	21,3	585,5	35,9	248,5	15,◆
2007	234,4	9,9	178,3	10,1	326,0	46,2	148,6	22,3	600,6	36,1	239,2	14,
2008 (WZ03)	245,1	10,2	176,0	10,2	331,8	47,6	150,3	22,9	591,9	36,1	238,2	14,
2008 (WZ08)*	245,2	10,3	175,9	10,2	332,0	47,7	150,4	22,9	591,5	36,2	238,0	14,◆
2009	255,2	10,8	177,1	10,2	387,0	54,8	148,5	22,8	577,6	35,8	245,5	14,!
2010	278,4	11,3	177,0	10,1	337,6	49,3	142,8	21,4	618,1	37,5	261,2	15,
2011	295,9	12,1	176,3	10,3	353,4	50,9	142,9	21,9	606,2	37,7	254,2	15,◆
2012	315,8	11,9	177,2	9,6	337,8	48,5	139,1	20,5	587,4	35,0	243,6	13,◆
2013	315,4	11,9	183,2	9,5	425,4	59,0	144,3	21,3	588,5	35,3	254,6	14,!
2014	354,3	13,2	194,5	10,1	356,8	51,6	151,9	22,5	643,6	37,5	263,9	14,!
2015	377,9	13,6	194,7	10,2	448,1	63,0	152,4	22,5	643,4	37,0	266,3	14,◆

*aufgrund der Revision der Wirtschaftszweigklassifikation in 2008 ist eine Vergleichbarkeit mit den Vorjahren nur bedin möglich

**ohne Sozialversicherung/Arbeitsförderung

◼ Tab. 22.11.12 Verteilung der Arbeitsunfähigkeitstage nach Krankheitsarten in Prozent in der Branche Öffentliche Verwaltung im Jahr 2015, AOK-Mitglieder

Wirtschaftsabteilung	AU-Tage in %						
	Psyche	Herz/ Kreislauf	Atem- wege	Ver- dauung	Muskel/ Skelett	Verlet- zungen	Sonsti◆
Auswärtige Angelegenheiten, Verteidigung, Rechtspflege, öffentliche Sicherheit und Ordnung	11,5	6,5	13,1	5,0	22,3	8,2	33,4
Exterritoriale Organisationen und Körperschaften	9,6	7,3	11,7	5,0	24,7	8,4	33,2
Öffentliche Verwaltung	11,1	6,4	13,9	4,8	21,1	8,9	33,8
Sozialversicherung	16,6	4,7	16,9	5,0	15,6	6,9	34,3
Branche insgesamt	12,0	6,2	14,2	4,8	20,4	8,5	33,8
Alle Branchen	10,5	6,1	13,0	5,2	21,8	10,8	32,8

◘ **Tab. 22.11.13** Verteilung der Arbeitsunfähigkeitsfälle nach Krankheitsarten in Prozent in der Branche Öffentliche Verwaltung im Jahr 2015, AOK-Mitglieder

Wirtschaftsabteilung	AU-Fälle in %						
	Psyche	Herz/ Kreislauf	Atem- wege	Ver- dauung	Muskel/ Skelett	Verlet- zungen	Sonstige
Auswärtige Angelegenheiten, Verteidigung, Rechtspflege, öffentliche Sicherheit und Ordnung	5,9	4,6	22,8	9,2	17,0	5,8	34,6
Exterritoriale Organisationen und Körperschaften	5,5	5,2	20,6	8,0	20,9	5,6	34,3
Öffentliche Verwaltung	5,2	4,2	25,3	9,0	15,4	6,1	34,8
Sozialversicherung	6,3	3,4	28,4	9,6	11,5	4,5	36,4
Branche insgesamt	**5,5**	**4,1**	**25,5**	**9,1**	**15,0**	**5,8**	**35,0**
Alle Branchen	**5,0**	**3,8**	**24,0**	**9,2**	**15,8**	**7,4**	**34,9**

Fehlzeiten-Report 2016

◘ **Tab. 22.11.14** Verteilung der Arbeitsunfähigkeitstage nach Krankheitsarten und ausgewählten Berufsgruppen in der Branche Öffentliche Verwaltung im Jahr 2015, AOK-Mitglieder

Tätigkeit	AU-Tage in %						
	Psyche	Herz/ Kreislauf	Atem- wege	Ver- dauung	Muskel/ Skelett	Verlet- zungen	Sonstige
Berufe im Gartenbau (ohne Spez.)	8,4	6,9	12,5	4,7	27,0	10,4	30,1
Berufe im Objekt-, Werte- u. Personenschutz	11,1	7,8	11,5	5,0	22,7	7,6	34,2
Berufe in der Forstwirtschaft	5,4	7,0	10,4	4,4	28,6	15,7	28,4
Berufe in der Gebäudetechnik (ohne Spez.)	9,0	9,5	9,7	4,8	22,6	9,1	35,3
Berufe in der Kinderbetreuung u. -erziehung	15,5	3,6	20,8	4,9	13,9	6,9	34,4
Berufe in der Lagerwirtschaft	9,5	8,4	10,8	4,9	25,0	8,1	33,3
Berufe in der öffentlichen Verwaltung (ohne Spez.)	15,3	5,3	16,4	5,0	15,1	7,2	35,6
Berufe in der Personaldienstleistung	17,2	4,1	19,2	4,7	13,2	6,6	35,0
Berufe in der Reinigung (ohne Spez.)	9,8	6,4	10,8	4,1	26,9	7,7	34,4
Berufe in der Sozialarbeit u. Sozialpädagogik	17,9	3,9	18,3	5,3	12,2	6,2	36,2
Berufe in der Sozialverwaltung u. -versicherung	17,0	4,4	17,6	5,1	15,0	6,7	34,3
Berufskraftfahrer/innen (Güterverkehr/ LKW)	7,7	7,5	11,3	5,4	27,7	9,3	31,0
Büro- u. Sekretariatskräfte (ohne Spez.)	15,0	5,7	15,3	5,0	16,0	6,8	36,2
Kaufmännische u. technische Betriebswirtschaft (ohne Spez.)	15,6	5,4	16,8	4,8	16,5	8,2	32,7
Köche/Köchinnen (ohne Spez.)	12,8	6,1	11,4	4,6	25,0	7,3	32,7
Platz- u. Gerätewarte/-wartinnen	5,4	8,9	10,1	4,6	26,6	12,1	32,4
Steno- u. Phonotypisten/-typistinnen	14,8	4,8	14,7	4,6	17,5	7,2	36,3
Straßen- u. Tunnelwärter/innen	6,4	7,4	11,9	5,0	26,2	11,8	31,2
Branche gesamt	**12,0**	**6,2**	**14,2**	**4,8**	**20,4**	**8,5**	**33,8**
Alle Branchen	**10,5**	**6,1**	**13,0**	**5,2**	**21,8**	**10,8**	**32,8**

Fehlzeiten-Report 2016

22

◻ Tab. 22.11.15 Verteilung der Arbeitsunfähigkeitsfälle nach Krankheitsarten und ausgewählten Berufsgruppen in de Branche Öffentliche Verwaltung im Jahr 2015, AOK-Mitglieder

Tätigkeit	AU-Fälle in %						
	Psyche	Herz/ Kreislauf	Atem- wege	Ver- dauung	Muskel/ Skelett	Verlet- zungen	Sonsti
Berufe im Gartenbau (ohne Spez.)	4,5	4,3	21,2	8,6	22,7	8,1	30,7
Berufe im Objekt-, Werte- u. Personenschutz	6,6	5,8	21,5	8,0	18,0	6,0	34,1
Berufe in der Forstwirtschaft	2,9	4,4	19,8	8,3	24,2	11,4	28,9
Berufe in der Gebäudetechnik (ohne Spez.)	4,9	6,9	19,2	9,0	18,3	7,2	34,4
Berufe in der Kinderbetreuung u. -erziehung	5,3	2,4	33,0	8,9	8,8	4,2	37,3
Berufe in der Lagerwirtschaft	5,0	5,4	19,5	8,9	21,9	5,9	33,5
Berufe in der öffentlichen Verwaltung (ohne Spez.)	6,1	3,7	27,7	9,3	11,4	4,9	36,9
Berufe in der Personaldienstleistung	7,1	3,2	30,2	8,5	10,4	4,1	36,5
Berufe in der Reinigung (ohne Spez.)	5,9	5,1	20,6	8,3	19,9	5,6	34,6
Berufe in der Sozialarbeit u. Sozialpädagogik	6,6	2,9	32,5	8,8	8,5	4,6	36,1
Berufe in der Sozialverwaltung u. -versicherung	6,0	3,2	29,0	9,8	10,9	4,5	36,6
Berufskraftfahrer/innen (Güterverkehr/LKW)	4,4	5,6	19,3	9,1	22,7	6,8	32,0
Büro- u. Sekretariatskräfte (ohne Spez.)	6,7	4,1	26,2	9,4	12,4	4,5	36,6
Kaufmännische u. technische Betriebswirtschaft (ohne Spez.)	6,7	4,0	26,8	9,6	12,7	4,6	35,6
Köche/Köchinnen (ohne Spez.)	6,5	4,6	20,8	9,1	18,9	5,8	34,4
Platz- u. Gerätewarte/-wartinnen	3,2	5,6	18,9	9,0	22,0	9,3	32,0
Steno- u. Phonotypisten/-typistinnen	7,2	4,2	24,6	9,2	14,4	4,8	35,6
Straßen- u. Tunnelwärter/innen	3,5	4,3	21,2	8,8	21,8	9,2	31,2
Branche gesamt	5,5	4,1	25,5	9,1	15,0	5,8	35,0
Alle Branchen	5,0	3,8	24,0	9,2	15,8	7,4	34,9

Fehlzeiten-Report 20

◘ **Tab. 22.11.16** Anteile der 40 häufigsten Einzeldiagnosen an den AU-Fällen und AU-Tagen in der Branche Öffentliche Verwaltung im Jahr 2015, AOK-Mitglieder

ICD-10	Bezeichnung	AU-Fälle in %	AU-Tage in %
J06	Akute Infektionen an mehreren oder nicht näher bezeichneten Lokalisationen der oberen Atemwege	9,9	4,7
M54	Rückenschmerzen	5,3	4,9
A09	Sonstige und nicht näher bezeichnete Gastroenteritis und Kolitis infektiösen und nicht näher bezeichneten Ursprungs	3,2	1,1
J20	Akute Bronchitis	2,5	1,4
K08	Sonstige Krankheiten der Zähne und des Zahnhalteapparates	2,4	0,5
J40	Bronchitis, nicht als akut oder chronisch bezeichnet	2,0	1,1
I10	Essentielle (primäre) Hypertonie	1,8	2,4
B34	Viruskrankheit nicht näher bezeichneter Lokalisation	1,8	0,9
F43	Reaktionen auf schwere Belastungen und Anpassungsstörungen	1,4	2,2
R10	Bauch- und Beckenschmerzen	1,4	0,7
K52	Sonstige nichtinfektiöse Gastroenteritis und Kolitis	1,4	0,5
F32	Depressive Episode	1,3	3,5
J01	Akute Sinusitis	1,3	0,6
J02	Akute Pharyngitis	1,2	0,5
J32	Chronische Sinusitis	1,1	0,6
K29	Gastritis und Duodenitis	1,1	0,5
J03	Akute Tonsillitis	1,0	0,4
M25	Sonstige Gelenkkrankheiten, anderenorts nicht klassifiziert	0,9	1,0
T14	Verletzung an einer nicht näher bezeichneten Körperregion	0,9	0,8
R51	Kopfschmerz	0,9	0,4
M53	Sonstige Krankheiten der Wirbelsäule und des Rückens, anderenorts nicht klassifiziert	0,8	0,8
M99	Biomechanische Funktionsstörungen, anderenorts nicht klassifiziert	0,8	0,6
J00	Akute Rhinopharyngitis [Erkältungsschnupfen]	0,8	0,4
G43	Migräne	0,8	0,3
M51	Sonstige Bandscheibenschäden	0,7	1,6
M75	Schulterläsionen	0,7	1,6
F45	Somatoforme Störungen	0,7	1,2
F48	Andere neurotische Störungen	0,7	1,0
M77	Sonstige Enthesopathien	0,7	0,8
M79	Sonstige Krankheiten des Weichteilgewebes, anderenorts nicht klassifiziert	0,7	0,7
R11	Übelkeit und Erbrechen	0,7	0,4
N39	Sonstige Krankheiten des Harnsystems	0,7	0,4
J04	Akute Laryngitis und Tracheitis	0,7	0,4
J11	Grippe, Viren nicht nachgewiesen	0,7	0,4
J98	Sonstige Krankheiten der Atemwege	0,7	0,4
R53	Unwohlsein und Ermüdung	0,6	0,5
R42	Schwindel und Taumel	0,6	0,5
B99	Sonstige und nicht näher bezeichnete Infektionskrankheiten	0,6	0,3
M23	Binnenschädigung des Kniegelenkes [internal derangement]	0,5	1,1
A08	Virusbedingte und sonstige näher bezeichnete Darminfektionen	0,5	0,2
	Summe hier	**56,5**	**42,3**
	Restliche	43,5	57,7
	Gesamtsumme	**100,0**	**100,0**

Fehlzeiten-Report 2016

□ Tab. 22.11.17 Anteile der 40 häufigsten Diagnoseuntergruppen an den AU-Fällen und AU-Tagen der Branche Öffentliche Verwaltung im Jahr 2015, AOK-Mitglieder

ICD-10	Bezeichnung	AU-Fälle in %	AU-Tage in
J00–J06	Akute Infektionen der oberen Atemwege	15,0	7,1
M50–M54	Sonstige Krankheiten der Wirbelsäule und des Rückens	6,4	6,9
A00–A09	Infektiöse Darmkrankheiten	4,0	1,4
J40–J47	Chronische Krankheiten der unteren Atemwege	3,3	2,3
F40–F48	Neurotische, Belastungs- und somatoforme Störungen	3,1	5,5
R50–R69	Allgemeinsymptome	3,1	2,5
J20–J22	Sonstige akute Infektionen der unteren Atemwege	2,9	1,7
K00–K14	Krankheiten der Mundhöhle, der Speicheldrüsen und der Kiefer	2,9	0,7
M70–M79	Sonstige Krankheiten des Weichteilgewebes	2,5	3,6
R10–R19	Symptome, die das Verdauungssystem und das Abdomen betreffen	2,3	1,3
B25–B34	Sonstige Viruskrankheiten	2,1	1,0
I10–I15	Hypertonie [Hochdruckkrankheit]	2,0	2,8
F30–F39	Affektive Störungen	1,8	5,6
K50–K52	Nichtinfektiöse Enteritis und Kolitis	1,8	0,8
J30–J39	Sonstige Krankheiten der oberen Atemwege	1,7	1,0
K20–K31	Krankheiten des Ösophagus, des Magens und des Duodenums	1,7	0,9
Z80–Z99	Personen mit potentiellen Gesundheitsrisiken aufgrund der Familien- oder Eigenanamnese und bestimmte Zustände, die den Gesundheitszustand beeinflussen	1,6	3,0
G40–G47	Episodische und paroxysmale Krankheiten des Nervensystems	1,6	1,3
M20–M25	Sonstige Gelenkkrankheiten	1,5	2,4
R00–R09	Symptome, die das Kreislaufsystem und das Atmungssystem betreffen	1,3	0,9
T08–T14	Verletzungen nicht näher bezeichneter Teile des Rumpfes, der Extremitäten oder anderer Körperregionen	1,1	1,0
K55–K64	Sonstige Krankheiten des Darmes	1,1	0,9
J09–J18	Grippe und Pneumonie	1,1	0,8
N30–N39	Sonstige Krankheiten des Harnsystems	1,1	0,6
M15–M19	Arthrose	1,0	2,5
E70–E90	Stoffwechselstörungen	0,9	1,2
M95–M99	Sonstige Krankheiten des Muskel-Skelett-Systems und des Bindegewebes	0,9	0,8
S90–S99	Verletzungen der Knöchelregion und des Fußes	0,8	1,0
R40–R46	Symptome, die das Erkennungs- und Wahrnehmungsvermögen, die Stimmung und das Verhalten betreffen	0,8	0,7
J95–J99	Sonstige Krankheiten des Atmungssystems	0,8	0,6
S80–S89	Verletzungen des Knies und des Unterschenkels	0,7	1,5
B99–B99	Sonstige Infektionskrankheiten	0,7	0,3
G50–G59	Krankheiten von Nerven, Nervenwurzeln und Nervenplexus	0,6	1,0
I30–I52	Sonstige Formen der Herzkrankheit	0,6	0,9
E00–E07	Krankheiten der Schilddrüse	0,6	0,8
S60–S69	Verletzungen des Handgelenkes und der Hand	0,6	0,8
M05–M14	Entzündliche Polyarthropathien	0,6	0,7
N80–N98	Nichtentzündliche Krankheiten des weiblichen Genitaltraktes	0,6	0,5
D10–D36	Gutartige Neubildungen	0,6	0,5
Z00–Z13	Personen, die das Gesundheitswesen zur Untersuchung und Abklärung in Anspruch nehmen	0,6	0,5
	Summe hier	**78,4**	**70,3**
	Restliche	21,6	29,7
	Gesamtsumme	**100,0**	**100,0**

22.12 Verarbeitendes Gewerbe

22

■ **Tab. 22.12.1** Entwicklung des Krankenstands der AOK-Mitglieder in der Branche Verarbeitendes Gewerbe in den Jahren 1994 bis 2015

Jahr	Krankenstand in %			AU-Fälle je 100 AOK-Mitglieder			Tage je Fall		
	West	Ost	Bund	West	Ost	Bund	West	Ost	Bund
1994	6,3	5,5	6,2	151,4	123,7	148,0	14,9	15,3	14,9
1995	6,0	5,3	5,9	157,5	133,0	154,6	14,6	15,2	14,7
1996	5,4	5,9	5,3	141,8	122,4	139,5	14,7	15,2	14,8
1997	5,1	4,5	5,1	139,0	114,1	136,1	13,8	14,5	13,8
1998	5,3	4,6	5,2	142,9	118,8	140,1	13,7	14,5	13,8
1999	5,6	5,2	5,6	152,7	133,3	150,5	13,5	14,4	13,6
2000	5,7	5,2	5,6	157,6	140,6	155,7	13,2	13,6	13,3
2001	5,6	5,3	5,6	155,6	135,9	153,5	13,2	14,2	13,3
2002	5,5	5,2	5,5	154,7	136,9	152,7	13,0	13,8	13,1
2003	5,1	4,8	5,1	149,4	132,8	147,4	12,5	13,2	12,6
2004	4,8	4,4	4,7	136,5	120,2	134,4	12,8	13,3	12,8
2005	4,8	4,3	4,7	138,6	119,4	136,0	12,5	13,2	12,6
2006	4,6	4,2	4,5	132,9	115,4	130,5	12,6	13,1	12,7
2007	4,9	4,5	4,8	143,1	124,7	140,5	12,5	13,1	12,6
2008 (WZ03)	5,1	4,8	5,0	150,9	132,8	148,3	12,3	13,3	12,4
2008 (WZ08)*	5,0	4,8	5,0	151,7	132,9	148,9	12,2	13,1	12,3
2009	5,1	5,0	5,0	153,0	138,6	150,8	12,2	13,2	12,4
2010	5,3	5,2	5,2	153,7	149,0	153,0	12,5	12,7	12,6
2011	5,4	5,0	5,3	159,6	154,4	158,8	12,4	11,8	12,3
2012	5,5	5,6	5,5	159,4	149,6	157,9	12,5	13,8	12,7
2013	5,7	5,8	5,7	168,7	159,4	167,3	12,2	13,4	12,4
2014	5,8	6,0	5,8	166,5	157,4	165,1	12,6	13,8	12,8
2015	6,0	6,2	6,0	178,6	169,7	177,2	12,3	13,3	12,4

*aufgrund der Revision der Wirtschaftszweigklassifikation in 2008 ist eine Vergleichbarkeit mit den Vorjahren nur bedin[gt] möglich

◻ Tab. 22.12.2 Arbeitsunfähigkeit der AOK-Mitglieder in der Branche Verarbeitendes Gewerbe nach Bundesländern im Jahr 2015 im Vergleich zum Vorjahr

Bundesland	Kranken-stand in %	Arbeitsunfähigkeit je 100 AOK-Mitglieder				Tage je Fall	Veränd. z. Vorj. in %	AU-Quote in %
		AU-Fälle	Veränd. z. Vorj. in %	AU-Tage	Veränd. z. Vorj. in %			
Baden-Württemberg	5,8	187,9	7,7	2.115,8	3,3	11,3	−4,1	63,7
Bayern	5,4	156,3	7,4	1.966,3	5,7	12,6	−1,6	58,3
Berlin	6,2	172,0	9,0	2.258,1	3,9	13,1	−4,7	55,1
Brandenburg	6,5	172,3	4,7	2.368,5	4,2	13,7	−0,5	61,7
Bremen	7,4	175,7	2,4	2.685,9	8,8	15,3	6,2	60,4
Hamburg	6,3	181,9	1,6	2.308,4	4,9	12,7	3,2	57,6
Hessen	6,7	188,6	7,2	2.434,2	5,1	12,9	−2,0	64,6
Mecklenburg-Vorpommern	6,7	175,2	6,7	2.446,9	3,5	14,0	−3,0	60,8
Niedersachsen	6,3	186,8	6,8	2.305,7	3,2	12,3	−3,4	64,1
Nordrhein-Westfalen	6,6	189,6	6,7	2.391,3	3,1	12,6	−3,4	65,1
Rheinland-Pfalz	6,5	196,1	8,9	2.383,4	6,0	12,2	−2,7	65,3
Saarland	7,2	166,8	6,1	2.621,3	5,4	15,7	−0,7	61,2
Sachsen	5,7	164,5	8,8	2.093,6	3,3	12,7	−5,1	62,2
Sachsen-Anhalt	6,6	168,6	6,5	2.407,1	2,9	14,3	−3,3	60,2
Schleswig-Holstein	6,2	178,6	5,6	2.262,2	1,7	12,7	−3,6	60,5
Thüringen	6,7	178,3	8,1	2.449,6	5,8	13,7	−2,1	64,2
West	6,0	178,6	7,3	2.193,9	4,2	12,3	−2,9	62,3
Ost	6,2	169,7	7,8	2.264,1	4,0	13,3	−3,6	62,3
Bund	6,0	177,2	7,3	2.204,9	4,2	12,4	−3,0	62,3

Fehlzeiten-Report 2016

22

◘ Tab. 22.12.3 Arbeitsunfähigkeit der AOK-Mitglieder in der Branche Verarbeitendes Gewerbe nach Wirtschaftsabteilungen im Jahr 2015

Wirtschaftsabteilung	Krankenstand in %		Arbeitsunfähigkeiten je 100 AOK-Mitglieder		Tage je Fall	AU-Quote in %
	2015	2015 stand.*	Fälle	Tage		
Getränkeherstellung	6,5	5,5	169,4	2.367,7	14,0	63,1
Herstellung von Bekleidung	5,2	4,6	164,5	1.887,6	11,5	58,6
Herstellung von chemischen Erzeugnissen	6,1	5,9	191,8	2.218,1	11,6	66,1
Herstellung von Druckerzeugnissen, Vervielfältigung von bespielten Ton-, Bild- und Datenträgern	5,7	5,3	171,4	2.071,0	12,1	61,3
Herstellung von Glas und Glaswaren, Keramik, Verarbeitung von Steinen und Erden	6,5	5,9	176,2	2.388,0	13,6	65,0
Herstellung von Gummi- und Kunststoffwaren	6,4	6,2	193,7	2.351,6	12,1	66,8
Herstellung von Holz-, Flecht-, Korb- und Korkwaren (ohne Möbel)	6,0	5,5	172,8	2.183,3	12,6	62,7
Herstellung von Leder, Lederwaren und Schuhen	6,4	6,0	177,9	2.341,4	13,2	64,1
Herstellung von Möbeln	6,0	5,7	177,6	2.202,9	12,4	64,3
Herstellung von Nahrungs- und Futtermitteln	5,9	5,9	161,1	2.160,2	13,4	56,8
Herstellung von Papier, Pappe und Waren daraus	6,6	6,3	189,4	2.426,7	12,8	67,7
Herstellung von pharmazeutischen Erzeugnissen	5,5	5,6	200,6	2.000,1	10,0	64,5
Herstellung von sonstigen Waren	5,3	5,2	184,6	1.948,5	10,6	63,5
Herstellung von Textilien	6,2	5,7	176,1	2.251,5	12,8	64,3
Kokerei und Mineralölverarbeitung	5,1	5,2	162,1	1.870,1	11,5	61,8
Reparatur und Installation von Maschinen und Ausrüstungen	5,2	5,1	171,2	1.895,5	11,1	58,3
Tabakverarbeitung	6,8	6,4	183,8	2.481,3	13,5	63,3
Branche insgesamt	**6,0**	**5,8**	**177,2**	**2.204,9**	**12,4**	**62,3**
Alle Branchen	**5,3**	**5,4**	**167,6**	**1.950,4**	**11,6**	**54,9**

*Krankenstand alters- und geschlechtsstandardisiert

◩ **Tab. 22.12.4** Kennzahlen der Arbeitsunfähigkeit der AOK-Mitglieder nach ausgewählten Berufsgruppen in der Branche Verarbeitendes Gewerbe im Jahr 2015

Tätigkeit	Kranken- stand in %	Arbeitsunfähigkeiten je 100 AOK-Mitglieder		Tage je Fall	AU- Quote in %	Anteil der Berufs- gruppe an der Branche in %*
		Fälle	Tage			
Berufe im Holz-, Möbel- u. Innenausbau	5,6	180,5	2.038,5	11,3	65,3	2,5
Berufe im Verkauf (ohne Spez.)	4,7	136,6	1.731,8	12,7	51,6	1,2
Berufe im Verkauf von Back- u. Konditoreiwaren	5,0	150,7	1.815,9	12,1	55,4	4,4
Berufe im Verkauf von Fleischwaren	4,6	117,1	1.691,1	14,4	51,7	1,6
Berufe im Vertrieb (außer Informations- u. Kommunikationstechnologien)	3,3	123,6	1.207,1	9,8	52,5	1,1
Berufe in der Back- u. Konditorei- warenherstellung	4,9	146,1	1.788,4	12,2	54,3	2,2
Berufe in der Chemie- u. Pharmatechnik	7,0	217,7	2.556,5	11,7	70,4	3,8
Berufe in der Drucktechnik	6,7	192,0	2.432,7	12,7	66,5	2,5
Berufe in der Fleischverarbeitung	6,2	155,2	2.275,8	14,7	52,3	2,2
Berufe in der Holzbe- u. -verarbeitung (ohne Spez.)	6,9	187,5	2.528,0	13,5	65,3	2,0
Berufe in der Kunststoff- u. Kautschuk- herstellung (ohne Spez.)	7,3	212,9	2.678,6	12,6	69,8	7,9
Berufe In der Lagerwirtschaft	7,1	197,1	2.581,8	13,1	65,1	8,5
Berufe in der Lebensmittelherstellung (ohne Spez.)	7,2	193,3	2.643,2	13,7	61,7	5,1
Berufe in der Maschinenbau- u. Betriebstechnik (ohne Spez.)	6,4	196,5	2.327,7	11,8	67,7	3,0
Berufe in der Metallbearbeitung (ohne Spez.)	6,9	210,1	2.536,7	12,1	68,4	1,3
Berufe in der Papierverarbeitung u. Verpackungstechnik	7,4	211,9	2.687,1	12,7	72,5	1,3
Berufskraftfahrer/innen (Güterverkehr/LKW)	6,9	141,5	2.528,8	17,9	58,9	1,5
Büro- u. Sekretariatskräfte (ohne Spez.)	3,3	127,8	1.202,3	9,4	50,8	2,7
Kaufmännische u. technische Betriebs- wirtschaft (ohne Spez.)	3,0	147,2	1.107,0	7,5	56,2	2,8
Maschinen- u. Anlagenführer/innen	7,7	214,2	2.808,1	13,1	71,5	2,8
Branche insgesamt	**6,0**	**177,2**	**2.204,9**	**12,4**	**62,3**	**9,7****

* Anteil der AOK-Mitglieder in der Berufsgruppe an den in der Branche beschäftigten AOK-Mitgliedern insgesamt

**Anteil der AOK-Mitglieder in der Branche an allen AOK-Mitgliedern

Fehlzeiten-Report 2016

22

◘ Tab. 22.12.5 Dauer der Arbeitsunfähigkeit der AOK-Mitglieder in der Branche Verarbeitendes Gewerbe im Jahr 2015

Fallklasse	Branche hier		alle Branchen	
	Anteil Fälle in %	Anteil Tage in %	Anteil Fälle in %	Anteil Tage in %
1–3 Tage	33,9	5,5	35,8	6,2
4–7 Tage	30,9	12,5	31,3	13,5
8–14 Tage	18,0	15,1	17,3	15,4
15–21 Tage	6,2	8,6	5,8	8,6
22–28 Tage	3,1	6,1	2,8	6,0
29–42 Tage	3,2	8,9	2,9	8,6
Langzeit-AU (> 42 Tage)	4,6	43,3	4,2	41,6

Fehlzeiten-Report 20

◘ Tab. 22.12.6 Tage der Arbeitsunfähigkeit je AOK-Mitglied nach Wirtschaftsabteilung und Betriebsgröße in der Branche Verarbeitendes Gewerbe im Jahr 2015

Wirtschaftsabteilungen	Betriebsgröße (Anzahl der AOK-Mitglieder)					
	10–49	50–99	100–199	200–499	500–999	≥ 1.000
Getränkeherstellung	23,5	25,1	27,4	24,5	–	–
Herstellung von Bekleidung	18,4	19,4	24,1	26,8	–	13,2
Herstellung von chemischen Erzeugnissen	22,9	23,8	23,8	21,9	22,5	19,5
Herstellung von Druckerzeugnissen, Vervielfältigung von bespielten Ton-, Bild- und Datenträgern	20,5	23,9	24,2	25,2	–	–
Herstellung von Glas und Glaswaren, Keramik, Verarbeitung von Steinen und Erden	24,4	25,2	24,9	25,7	19,2	–
Herstellung von Gummi- und Kunststoffwaren	23,6	24,2	24,4	23,4	24,0	23,2
Herstellung von Holz-, Flecht-, Korb- und Korkwaren (ohne Möbel)	22,0	23,5	24,7	24,1	26,0	–
Herstellung von Leder, Lederwaren und Schuhen	23,2	25,2	23,2	30,7	–	–
Herstellung von Möbeln	21,4	24,4	25,9	26,1	20,8	–
Herstellung von Nahrungs- und Futtermitteln	19,8	24,0	25,6	25,2	22,5	19,1
Herstellung von Papier, Pappe und Waren daraus	24,6	25,7	24,7	23,0	23,0	–
Herstellung von pharmazeutischen Erzeugnissen	20,2	22,3	21,5	20,9	22,8	18,2
Herstellung von sonstigen Waren	19,9	21,6	22,1	23,3	25,9	20,6
Herstellung von Textilien	22,4	24,5	23,4	22,6	26,2	–
Kokerei und Mineralölverarbeitung	20,1	23,2	18,3	13,3	–	–
Reparatur und Installation von Maschinen und Ausrüstungen	19,5	21,4	20,4	20,7	22,6	–
Tabakverarbeitung	22,8	35,7	31,1	23,4	19,9	–
Branche insgesamt	21,7	24,1	24,5	24,1	23,2	19,6
Alle Branchen	20,3	22,2	22,4	22,2	22,5	22,2

Fehlzeiten-Report 20

◼ **Tab. 31.12.7** Krankenstand in Prozent nach Ausbildungsabschluss in der Branche Verarbeitendes Gewerbe im Jahr 2015, AOK-Mitglieder

Wirtschaftsabteilung	Ausbildung						
	ohne Aus-bildungs-abschluss	mit Aus-bildungs-abschluss	Meister/ Techniker	Bachelor	Diplom/Magis-ter/Master/ Staatsexamen	Promo-tion	unbe-kannt
Getränkeherstellung	7,4	6,5	4,0	1,4	2,6	1,5	7,0
Herstellung von Bekleidung	6,5	4,9	3,7	1,8	2,2	–	5,4
Herstellung von chemi-schen Erzeugnissen	7,3	6,0	3,9	2,1	2,3	1,3	6,9
Herstellung von Druck-erzeugnissen, Vervielfäl-tigung von bespielten Ton-, Bild- und Daten-trägern	7,0	5,6	3,7	3,1	2,8	2,1	5,5
Herstellung von Glas und Glaswaren, Keramik, Verarbeitung von Steinen und Erden	7,6	6,5	4,7	2,8	2,9·	5,2	6,6
Herstellung von Gummi- und Kunststoffwaren	7,3	6,2	4,3	2,0	2,9	2,6	6,9
Herstellung von Holz-, Flecht-, Korb- und Kork-waren (ohne Möbel)	7,0	5,9	4,0	2,0	2,9	–	6,0
Herstellung von Leder, Lederwaren und Schuhen	7,4	6,2	5,1	3,3	2,8	–	6,2
Herstellung von Möbeln	7,1	5,9	4,6	2,2	3,4	3,8	6,4
Herstellung von Nah-rungs- und Futtermitteln	7,0	5,9	4,5	2,4	3,1	3,8	5,6
Herstellung von Papier, Pappe und Waren daraus	7,8	6,3	4,4	2,5	3,2	4,5	7,2
Herstellung von pharmazeutischen Erzeugnissen	6,9	5,8	3,8	1,6	2,3	1,3	5,8
Herstellung von sonstigen Waren	6,6	5,3	3,4	1,4	2,5	1,8	5,3
Herstellung von Textilien	7,4	5,9	4,5	2,4	3,5	6,8	6,2
Kokerei und Mineralöl-verarbeitung	5,9	5,5	4,1	1,1	2,0	1,4	5,3
Reparatur und Installa-tion von Maschinen und Ausrüstungen	5,3	5,4	4,1	2,4	2,8	3,9	5,1
Tabakverarbeitung	9,0	6,5	5,4	1,1	2,0	–	8,4
Branche insgesamt	7,1	6,0	4,2	2,1	2,8	2,1	6,1
Alle Branchen	6,2	5,6	4,3	2,2	2,7	2,0	5,0

Fehlzeiten-Report 2016

◻ Tab. 31.12.8 Tage der Arbeitsunfähigkeit je AOK-Mitglied nach Ausbildung in der Branche Verarbeitendes Gewerbe Jahr 2015

Wirtschaftsabteilung	Ausbildung						
	ohne Aus-bildungs-abschluss	mit Aus-bildungs-abschluss	Meister/Techniker	Bachelor	Diplom/Magis-ter/Master/Staatsexamen	Promo-tion	unk kar
Getränkeherstellung	26,9	23,6	14,6	5,1	9,5	5,6	25,
Herstellung von Bekleidung	23,8	18,0	13,6	6,7	8,1	–	19,
Herstellung von chemi-schen Erzeugnissen	26,7	22,0	14,3	7,7	8,5	4,6	25,
Herstellung von Druck-erzeugnissen, Vervielfäl-tigung von bespielten Ton-, Bild- und Daten-trägern	25,4	20,5	13,5	11,1	10,1	7,8	20,
Herstellung von Glas und Glaswaren, Keramik, Verarbeitung von Steinen und Erden	27,9	23,5	17,0	10,2	10,5	19,0	24,
Herstellung von Gummi- und Kunststoffwaren	26,6	22,8	15,9	7,2	10,6	9,5	25,
Herstellung von Holz-, Flecht-, Korb- und Kork-waren (ohne Möbel)	25,5	21,6	14,5	7,1	10,5	–	21,
Herstellung von Leder, Lederwaren und Schuhen	27,1	22,5	18,6	12,1	10,4	–	22,
Herstellung von Möbeln	26,1	21,6	16,8	7,9	12,5	13,7	23,
Herstellung von Nah-rungs- und Futtermitteln	25,4	21,4	16,4	8,9	11,3	13,8	20,
Herstellung von Papier, Pappe und Waren daraus	28,6	23,1	16,1	9,1	11,5	16,5	26,
Herstellung von pharmazeutischen Erzeugnissen	25,1	21,1	13,8	5,9	8,4	4,9	21,
Herstellung von sonstigen Waren	24,1	19,4	12,3	5,2	9,2	6,7	19,
Herstellung von Textilien	26,9	21,7	16,5	8,8	12,8	24,9	22,7
Kokerei und Mineralöl-verarbeitung	21,7	20,0	15,0	4,1	7,3	5,0	19,
Reparatur und Installa-tion von Maschinen und Ausrüstungen	19,5	19,9	15,0	8,7	10,1	14,1	18,
Tabakverarbeitung	33,0	23,8	19,8	4,1	7,4	–	30,
Branche insgesamt	**26,0**	**21,7**	**15,4**	**7,8**	**10,1**	**7,7**	**22,**
Alle Branchen	**22,7**	**20,4**	**15,7**	**8,1**	**10,0**	**7,3**	**18,**

Fehlzeiten-Report 20

◪ Tab. 22.12.9 Anteil der Arbeitsunfälle an den AU-Fällen und -Tagen in Prozent nach Wirtschaftsabteilungen in der Branche Verarbeitendes Gewerbe im Jahr 2015, AOK-Mitglieder

Wirtschaftsabteilung	AU-Fälle in %	AU-Tage in %
Getränkeherstellung	4,1	7,4
Herstellung von Bekleidung	1,3	3,0
Herstellung von chemischen Erzeugnissen	2,0	3,9
Herstellung von Druckerzeugnissen, Vervielfältigung von bespielten Ton-, Bild- und Datenträgern	2,4	4,1
Herstellung von Glas und Glaswaren, Keramik, Verarbeitung von Steinen und Erden	4,3	7,9
Herstellung von Gummi- und Kunststoffwaren	2,9	5,3
Herstellung von Holz-, Flecht-, Korb- und Korkwaren (ohne Möbel)	5,5	10,5
Herstellung von Leder, Lederwaren und Schuhen	2,1	3,6
Herstellung von Möbeln	4,2	7,0
Herstellung von Nahrungs- und Futtermitteln	3,8	6,2
Herstellung von Papier, Pappe und Waren daraus	3,0	5,9
Herstellung von pharmazeutischen Erzeugnissen	1,4	2,7
Herstellung von sonstigen Waren	1,9	3,6
Herstellung von Textilien	2,8	5,6
Kokerei und Mineralölverarbeitung	1,6	3,5
Reparatur und Installation von Maschinen und Ausrüstungen	4,6	8,8
Tabakverarbeitung	1,6	2,5
Branche insgesamt	3,3	6,0
Alle Branchen	3,0	5,8

Fehlzeiten-Report 2016

◘ Tab. 22.12.10 Tage und Fälle der Arbeitsunfähigkeit durch Arbeitsunfälle nach Berufsgruppen in der Branche Verarbeitendes Gewerbe im Jahr 2015, AOK-Mitglieder

Tätigkeit	Arbeitsunfähigkeit je 1.000 AOK-Mitglied	
	AU-Tage	AU-Fälle
Berufskraftfahrer/innen (Güterverkehr/LKW)	2.861,6	84,5
Berufe in der Holzbe- u. -verarbeitung (ohne Spez.)	2.501,7	101,7
Berufe in der Fleischverarbeitung	2.088,0	98,9
Berufe im Holz-, Möbel- u. Innenausbau	2.081,4	106,2
Maschinen- u. Anlagenführer/innen	1.787,2	73,1
Berufe in der Papierverarbeitung u. Verpackungstechnik	1.694,6	66,4
Berufe in der Lebensmittelherstellung (ohne Spez.)	1.675,1	77,5
Berufe in der Maschinenbau- u. Betriebstechnik (ohne Spez.)	1.544,2	72,5
Berufe in der Metallbearbeitung (ohne Spez.)	1.478,4	65,6
Berufe in der Lagerwirtschaft	1.379,1	58,7
Berufe in der Kunststoff- u. Kautschukherstellung (ohne Spez.)	1.334,9	61,4
Berufe in der Back- u. Konditoreiwarenherstellung	1.223,2	59,7
Berufe in der Drucktechnik	1.089,4	54,3
Berufe in der Chemie- u. Pharmatechnik	956,5	40,8
Berufe im Verkauf von Fleischwaren	952,8	49,9
Berufe im Verkauf (ohne Spez.)	816,0	37,6
Berufe im Verkauf von Back- u. Konditoreiwaren	730,2	37,7
Berufe im Vertrieb (außer Informations- u. Kommunikationstechnologien)	293,3	13,8
Büro- u. Sekretariatskräfte (ohne Spez.)	258,9	12,7
Kaufmännische u. technische Betriebswirtschaft (ohne Spez.)	236,9	13,8
Branche insgesamt	**1.316,0**	**58,0**
Alle Branchen	**1.137,2**	**51,0**

Fehlzeiten-Report 20

◾ **Tab. 22.12.11** Tage und Fälle der Arbeitsunfähigkeit je 100 AOK-Mitglieder nach Krankheitsarten in der Branche Verarbeitendes Gewerbe in den Jahren 1995 bis 2015

Jahr	Arbeitsunfähigkeiten je 100 AOK-Mitglieder											
	Psyche		Herz/Kreislauf		Atemwege		Verdauung		Muskel/Skelett		Verletzungen	
	Tage	Fälle	Tage	Fälle	Tage	Fälle	Tage	Fälle	Tage	Fälle	Tage	Fälle
1995	109,4	4,1	211,3	9,5	385,7	47,1	206,4	24,9	740,0	38,1	411,3	25,9
1996	102,2	3,8	189,6	8,1	342,8	42,4	177,6	22,5	658,4	33,2	375,3	23,3
1997	97,3	3,9	174,3	8,2	303,1	40,9	161,3	21,9	579,3	32,4	362,7	23,2
1998	101,2	4,3	171,4	8,5	300,9	42,0	158,4	22,2	593,0	34,3	353,8	23,2
1999	108,4	4,7	175,3	8,8	345,4	48,2	160,7	23,5	633,3	36,9	355,8	23,5
2000	130,6	5,8	161,8	8,4	314,5	43,1	148,5	20,0	695,1	39,6	340,4	21,3
2001	141,4	6,6	165,9	9,1	293,7	41,7	147,8	20,6	710,6	41,2	334,6	21,2
2002	144,0	7,0	162,7	9,2	278,0	40,2	147,5	21,4	696,1	40,8	329,1	20,8
2003	137,8	6,9	152,8	9,1	275,8	41,1	138,0	20,4	621,1	37,6	307,2	19,6
2004	154,2	6,9	164,5	8,4	236,7	34,1	138,9	19,8	587,9	35,5	297,7	18,3
2005	153,7	6,7	164,1	8,3	274,8	39,6	132,3	18,4	562,2	34,5	291,1	17,8
2006	153,0	6,7	162,3	8,5	226,0	33,1	133,6	19,3	561,3	34,7	298,5	18,2
2007	165,8	7,0	170,5	8,6	257,2	37,7	143,5	20,9	598,6	36,1	298,2	17,9
2008 (WZ03)	172,3	7,4	175,7	9,0	270,3	40,0	147,1	22,0	623,6	37,8	301,7	18,3
2008 (WZ08)*	170,6	7,3	173,9	9,0	270,0	40,3	146,9	22,2	619,5	37,7	300,4	18,4
2009	178,8	7,7	176,5	8,9	304,0	45,0	141,7	21,1	601,5	35,7	302,9	17,9
2010	198,5	8,1	179,8	9,0	265,0	39,7	139,0	20,4	655,5	38,3	324,5	19,0
2011	209,8	8,7	174,3	9,1	278,3	41,3	139,1	20,4	644,7	38,8	318,2	18,7
2012	235,1	9,1	194,6	9,4	281,1	41,3	145,5	20,6	687,0	39,3	327,4	18,2
2013	241,0	9,2	190,4	8,9	350,4	50,5	147,2	20,7	683,4	39,2	330,7	18,1
2014	260,4	10,0	201,6	9,4	285,8	42,3	153,3	21,4	732,5	41,4	337,7	18,3
2015	269,1	10,3	202,1	9,5	363,5	52,7	154,4	21,4	729,9	41,3	335,2	18,2

*aufgrund der Revision der Wirtschaftszweigklassifikation in 2008 ist eine Vergleichbarkeit mit den Vorjahren nur bedingt möglich

Fehlzeiten-Report 2016

◘ Tab. 22.12.12 Verteilung der Arbeitsunfähigkeitstage nach Krankheitsarten in Prozent in der Branche Verarbeitende Gewerbe im Jahr 2015, AOK-Mitglieder

Wirtschaftsabteilung	AU-Tage in %						
	Psyche	Herz/ Kreislauf	Atem- wege	Ver- dauung	Muskel/ Skelett	Verlet- zungen	Sonst.
Getränkeherstellung	7,6	7,7	10,6	4,9	24,8	11,9	32,6
Herstellung von Bekleidung	11,1	5,5	12,7	5,0	21,6	8,0	36,1
Herstellung von chemischen Erzeugnissen	8,8	6,8	13,5	5,4	23,3	10,0	32,3
Herstellung von Druckerzeugnissen, Vervielfältigung von bespielten Ton-, Bild- und Datenträgern	10,8	6,6	12,5	5,0	22,7	9,6	32,7
Herstellung von Glas und Glaswaren, Keramik, Verarbeitung von Steinen und Erden	7,2	7,4	10,7	5,2	25,4	12,4	31,7
Herstellung von Gummi- und Kunststoffwaren	8,6	6,8	12,3	5,0	24,6	10,5	32,2
Herstellung von Holz-, Flecht-, Korb- und Korkwaren (ohne Möbel)	6,8	6,9	11,1	5,0	25,3	15,2	29,7
Herstellung von Leder, Lederwaren und Schuhen	9,4	6,4	12,0	5,1	23,9	9,6	33,6
Herstellung von Möbeln	7,5	6,8	11,3	5,0	25,8	12,9	30,6
Herstellung von Nahrungs- und Futtermitteln	9,5	6,4	11,2	5,0	24,0	10,7	33,2
Herstellung von Papier, Pappe und Waren daraus	8,6	6,9	11,7	5,0	25,2	11,3	31,2
Herstellung von pharmazeutischen Erzeugnissen	12,1	4,8	16,4	5,2	20,9	8,2	32,4
Herstellung von sonstigen Waren	10,3	5,9	14,1	5,4	21,0	9,2	34,1
Herstellung von Textilien	9,2	7,0	12,0	5,0	24,2	10,4	32,3
Kokerei und Mineralölverarbeitung	10,7	7,6	13,1	5,2	21,6	9,9	31,9
Reparatur und Installation von Maschinen und Ausrüstungen	7,2	6,6	12,8	5,1	22,3	14,3	31,6
Tabakverarbeitung	11,6	7,1	12,3	4,5	24,7	8,0	31,8
Branche insgesamt	**8,9**	**6,7**	**12,0**	**5,1**	**24,0**	**11,0**	**32,3**
Alle Branchen	**10,5**	**6,1**	**13,0**	**5,2**	**21,8**	**10,8**	**32,8**

Fehlzeiten-Report 20

◘ **Tab. 22.12.13** Verteilung der Arbeitsunfähigkeitsfälle nach Krankheitsarten in Prozent in der Branche Verarbeitendes Gewerbe im Jahr 2015, AOK-Mitglieder

Wirtschaftsabteilung	AU-Fälle in %						
	Psyche	Herz/ Kreislauf	Atem- wege	Ver- dauung	Muskel/ Skelett	Verlet- zungen	Sonstige
Getränkeherstellung	4,1	4,7	20,9	9,3	18,9	8,8	33,3
Herstellung von Bekleidung	5,4	3,8	24,1	10,0	15,3	5,4	36,0
Herstellung von chemischen Erzeugnissen	4,2	3,9	24,5	9,3	17,9	6,9	33,2
Herstellung von Druckerzeugnissen, Vervielfältigung von bespielten Ton-, Bild- und Datenträgern	5,1	4,0	23,8	9,4	17,0	6,9	33,9
Herstellung von Glas und Glaswaren, Keramik, Verarbeitung von Steinen und Erden	3,8	4,6	21,1	9,4	19,7	9,0	32,5
Herstellung von Gummi- und Kunststoffwaren	4,3	4,1	23,0	9,2	18,7	7,5	33,2
Herstellung von Holz-, Flecht-, Korb- und Korkwaren (ohne Möbel)	3,6	4,0	22,0	9,0	19,1	10,5	31,7
Herstellung von Leder, Lederwaren und Schuhen	4,6	4,7	22,4	9,6	17,4	6,8	34,7
Herstellung von Möbeln	3,7	4,1	22,5	9,4	18,8	9,2	32,3
Herstellung von Nahrungs- und Futtermitteln	4,9	4,1	21,5	9,1	17,5	8,0	34,9
Herstellung von Papier, Pappe und Waren daraus	4,5	4,2	22,5	9,4	18,9	7,7	32,8
Herstellung von pharmazeutischen Erzeugnissen	5,1	3,3	27,2	9,1	14,5	5,6	35,1
Herstellung von sonstigen Waren	4,9	3,7	25,2	9,6	14,9	6,3	35,4
Herstellung von Textilien	4,9	4,4	22,6	9,5	17,8	7,2	33,6
Kokerei und Mineralölverarbeitung	4,2	4,0	25,4	9,0	16,6	7,2	33,4
Reparatur und Installation von Maschinen und Ausrüstungen	3,6	3,6	24,0	9,3	16,0	9,9	32,8
Tabakverarbeitung	6,1	4,3	22,8	9,5	18,2	6,1	32,9
Branche insgesamt	4,5	4,1	22,8	9,3	17,9	7,9	33,7
Alle Branchen	5,0	3,8	24,0	9,2	15,8	7,4	34,9

Fehlzeiten-Report 2016

□ Tab. 22.12.14 Verteilung der Arbeitsunfähigkeitstage nach Krankheitsarten und ausgewählten Berufsgruppen in de Branche Verarbeitendes Gewerbe im Jahr 2015, AOK-Mitglieder

Tätigkeit	AU-Tage in %						
	Psyche	Herz/ Kreislauf	Atem- wege	Ver- dauung	Muskel/ Skelett	Verlet- zungen	Sonsti
Berufe im Holz-, Möbel- u. Innenausbau	6,2	6,4	11,4	5,0	24,9	17,1	29,0
Berufe im Verkauf (ohne Spez.)	12,2	5,1	12,0	4,6	21,4	9,7	34,9
Berufe im Verkauf von Back- u. Konditoreiwaren	13,3	5,0	12,6	5,1	19,3	8,7	36,1
Berufe im Verkauf von Fleischwaren	9,5	5,9	9,7	4,7	21,0	10,9	38,2
Berufe im Vertrieb (außer Informations- u. Kommunikationstechnologien)	13,2	5,6	15,4	6,4	14,3	8,8	36,3
Berufe in der Back- u. Konditorei- warenherstellung	10,2	5,9	12,1	6,1	20,2	12,9	32,6
Berufe in der Chemie- u. Pharma- technik	9,3	6,7	13,5	5,1	23,5	9,5	32,4
Berufe in der Drucktechnik	9,9	6,8	11,7	4,9	24,8	10,5	31,6
Berufe in der Fleischverarbeitung	6,8	7,5	9,1	5,1	26,5	13,5	31,5
Berufe in der Holzbe- u. -verarbeitung (ohne Spez.)	7,4	7,0	10,3	4,6	27,0	14,0	29,7
Berufe in der Kunststoff- u. Kautschuk- herstellung (ohne Spez.)	8,7	6,6	11,9	5,1	26,0	9,9	31,8
Berufe in der Lagerwirtschaft	8,6	7,0	11,8	5,0	25,5	9,8	32,3
Berufe in der Lebensmittelherstellung (ohne Spez.)	8,5	6,5	11,1	4,8	27,0	10,6	31,4
Berufe in der Maschinenbau- u. Betriebstechnik (ohne Spez.)	7,5	6,8	12,3	4,9	24,7	12,6	31,1
Berufe in der Metallbearbeitung (ohne Spez.)	9,1	6,8	12,3	5,0	24,7	10,9	31,2
Berufe in der Papierverarbeitung u. Verpackungstechnik	8,3	7,1	11,8	4,8	26,3	11,6	30,2
Berufskraftfahrer/innen (Güterverkehr/LKW)	6,3	9,7	8,3	5,0	25,5	13,1	32,1
Büro- u. Sekretariatskräfte (ohne Spez.)	12,4	5,2	15,6	5,4	14,5	8,0	38,8
Kaufmännische u. technische Betriebswirtschaft (ohne Spez.)	12,3	4,7	18,5	6,2	12,8	9,2	36,3
Maschinen- u. Anlagenführer/innen	8,4	6,6	12,0	5,4	24,9	11,0	31,7
Branche gesamt	8,9	6,7	12,0	5,1	24,0	11,0	32,3
Alle Branchen	10,5	6,1	13,0	5,2	21,8	10,8	32,8

Fehlzeiten-Report 20

◨ Tab. 22.12.15 Verteilung der Arbeitsunfähigkeitsfälle nach Krankheitsarten und ausgewählten Berufsgruppen in der Branche Verarbeitendes Gewerbe im Jahr 2015, AOK-Mitglieder

Tätigkeit	AU-Fälle in %						
	Psyche	Herz/ Kreislauf	Atem- wege	Ver- dauung	Muskel/ Skelett	Verlet- zungen	Sonstige
Berufe im Holz-, Möbel- u. Innenausbau	2,9	3,2	23,4	9,3	18,0	11,9	31,3
Berufe im Verkauf (ohne Spez.)	6,1	4,1	22,5	9,3	13,9	7,3	36,9
Berufe im Verkauf von Back- u. Konditoreiwaren	6,5	3,6	22,9	9,2	11,9	6,7	39,2
Berufe im Verkauf von Fleischwaren	5,6	4,3	20,8	9,0	13,0	8,6	38,6
Berufe im Vertrieb (außer Informations- u. Kommunikationstechnologien)	5,0	3,8	28,6	9,8	10,3	5,7	36,8
Berufe in der Back- u. Konditorei- warenherstellung	4,9	3,4	21,6	10,1	14,3	9,4	36,2
Berufe in der Chemie- u. Pharma- technik	4,6	3,9	24,1	9,0	18,9	6,6	32,9
Berufe in der Drucktechnik	5,0	4,0	22,7	9,2	19,0	7,7	32,4
Berufe in der Fleischverarbeitung	3,7	4,4	18,6	8,7	20,8	11,1	32,7
Berufe In der Holzbe- u. -verarbeitung (ohne Spez.)	3,8	4,5	20,7	8,8	21,4	10,1	30,7
Berufe in der Kunststoff- u. Kautschuk- herstellung (ohne Spez.)	4,5	4,2	22,1	9,1	20,1	7,3	32,7
Berufe in der Lagerwirtschaft	4,6	4,3	21,7	9,3	19,7	7,1	33,2
Berufe in der Lebensmittelherstellung (ohne Spez.)	4,5	4,1	20,9	8,8	20,8	8,0	32,9
Berufe in der Maschinenbau- u. Betriebstechnik (ohne Spez.)	3,7	4,0	23,2	9,3	18,3	8,9	32,6
Berufe in der Metallbearbeitung (ohne Spez.)	4,4	4,1	23,2	9,2	18,7	7,6	32,8
Berufe in der Papierverarbeitung u. Verpackungstechnik	4,3	4,0	22,4	9,4	20,1	7,8	31,9
Berufskraftfahrer/innen (Güterverkehr/LKW)	3,6	6,2	16,6	9,7	20,4	9,5	34,0
Büro- u. Sekretariatskräfte (ohne Spez.)	5,0	3,4	27,3	9,9	10,0	5,1	39,4
Kaufmännische u. technische Betriebswirtschaft (ohne Spez.)	4,4	2,8	30,2	10,0	8,6	5,5	38,5
Maschinen- u. Anlagenführer/innen	4,4	4,1	22,2	9,3	19,8	7,8	32,2
Branche gesamt	4,5	4,1	22,8	9,3	17,9	7,9	33,7
Alle Branchen	5,0	3,8	24,0	9,2	15,8	7,4	34,9

Fehlzeiten-Report 2016

☐ Tab. 22.12.16 Anteile der 40 häufigsten Einzeldiagnosen an den AU-Fällen und AU-Tagen in der Branche Verarbeiten des Gewerbe im Jahr 2015, AOK-Mitglieder

ICD-10	Bezeichnung	AU-Fälle in %	AU-Tage in
J06	Akute Infektionen an mehreren oder nicht näher bezeichneten Lokalisationen der oberen Atemwege	8,8	3,8
M54	Rückenschmerzen	6,6	6,0
A09	Sonstige und nicht näher bezeichnete Gastroenteritis und Kolitis infektiösen und nicht näher bezeichneten Ursprungs	3,6	1,2
J20	Akute Bronchitis	2,4	1,3
K08	Sonstige Krankheiten der Zähne und des Zahnhalteapparates	2,2	0,4
J40	Bronchitis, nicht als akut oder chronisch bezeichnet	1,9	1,0
I10	Essentielle (primäre) Hypertonie	1,7	2,5
B34	Viruskrankheit nicht näher bezeichneter Lokalisation	1,7	0,7
K52	Sonstige nichtinfektiöse Gastroenteritis und Kolitis	1,7	0,6
R10	Bauch- und Beckenschmerzen	1,4	0,7
T14	Verletzung an einer nicht näher bezeichneten Körperregion	1,3	1,2
K29	Gastritis und Duodenitis	1,3	0,6
F32	Depressive Episode	1,1	2,7
M25	Sonstige Gelenkkrankheiten, anderenorts nicht klassifiziert	1,1	1,2
F43	Reaktionen auf schwere Belastungen und Anpassungsstörungen	1,0	1,5
R51	Kopfschmerz	1,0	0,4
J01	Akute Sinusitis	1,0	0,4
J02	Akute Pharyngitis	1,0	0,4
M51	Sonstige Bandscheibenschäden	0,9	2,0
M75	Schulterläsionen	0,9	2,0
M99	Biomechanische Funktionsstörungen, anderenorts nicht klassifiziert	0,9	0,7
J32	Chronische Sinusitis	0,9	0,4
J03	Akute Tonsillitis	0,9	0,4
M77	Sonstige Enthesopathien	0,8	1,0
M53	Sonstige Krankheiten der Wirbelsäule und des Rückens, anderenorts nicht klassifiziert	0,8	0,9
M79	Sonstige Krankheiten des Weichteilgewebes, anderenorts nicht klassifiziert	0,8	0,7
R11	Übelkeit und Erbrechen	0,8	0,4
M23	Binnenschädigung des Kniegelenkes [internal derangement]	0,7	1,3
J11	Grippe, Viren nicht nachgewiesen	0,7	0,4
J00	Akute Rhinopharyngitis [Erkältungsschnupfen]	0,7	0,3
F45	Somatoforme Störungen	0,6	0,9
R42	Schwindel und Taumel	0,6	0,5
R53	Unwohlsein und Ermüdung	0,6	0,5
J98	Sonstige Krankheiten der Atemwege	0,6	0,3
B99	Sonstige und nicht näher bezeichnete Infektionskrankheiten	0,6	0,3
A08	Virusbedingte und sonstige näher bezeichnete Darminfektionen	0,6	0,2
M47	Spondylose	0,5	0,8
F48	Andere neurotische Störungen	0,5	0,7
S93	Luxation, Verstauchung und Zerrung der Gelenke und Bänder in Höhe des oberen Sprunggelenkes und des Fußes	0,5	0,6
G43	Migräne	0,5	0,2
	Summe hier	**56,2**	**42,1**
	Restliche	43,8	57,9
	Gesamtsumme	**100,0**	**100,0**

◻ **Tab. 22.12.17** Anteile der 40 häufigsten Diagnoseuntergruppen an den AU-Fällen und AU-Tagen in der Branche Verarbeitendes Gewerbe im Jahr 2015, AOK-Mitglieder

ICD-10	Bezeichnung	AU-Fälle in %	AU-Tage in %
J00–J06	Akute Infektionen der oberen Atemwege	13,1	5,7
M50–M54	Sonstige Krankheiten der Wirbelsäule und des Rückens	7,9	8,4
A00–A09	Infektiöse Darmkrankheiten	4,6	1,5
R50–R69	Allgemeinsymptome	3,2	2,5
J40–J47	Chronische Krankheiten der unteren Atemwege	3,1	2,1
M70–M79	Sonstige Krankheiten des Weichteilgewebes	3,0	4,3
J20–J22	Sonstige akute Infektionen der unteren Atemwege	2,8	1,5
K00–K14	Krankheiten der Mundhöhle, der Speicheldrüsen und der Kiefer	2,7	0,6
R10–R19	Symptome, die das Verdauungssystem und das Abdomen betreffen	2,5	1,3
F40–F48	Neurotische, Belastungs- und somatoforme Störungen	2,4	3,8
I10–I15	Hypertonie [Hochdruckkrankheit]	2,0	2,8
K50–K52	Nichtinfektiöse Enteritis und Kolitis	2,0	0,8
B25–B34	Sonstige Viruskrankheiten	1,9	0,8
M20–M25	Sonstige Gelenkkrankheiten	1,8	2,8
K20–K31	Krankheiten des Ösophagus, des Magens und des Duodenums	1,8	0,9
T08–T14	Verletzungen nicht näher bezeichneter Teile des Rumpfes, der Extremitäten oder anderer Körperregionen	1,6	1,5
F30–F39	Affektive Störungen	1,4	3,9
Z80–Z99	Personen mit potentiellen Gesundheitsrisiken aufgrund der Familien- oder Eigenanamnese und bestimmte Zustände, die den Gesundheitszustand beeinflussen	1,4	2,9
G40–G47	Episodische und paroxysmale Krankheiten des Nervensystems	1,4	1,1
R00–R09	Symptome, die das Kreislaufsystem und das Atmungssystem betreffen	1,4	0,9
J30–J39	Sonstige Krankheiten der oberen Atemwege	1,4	0,8
S60–S69	Verletzungen des Handgelenkes und der Hand	1,3	1,7
J09–J18	Grippe und Pneumonie	1,2	0,8
M15–M19	Arthrose	1,1	2,7
M95–M99	Sonstige Krankheiten des Muskel-Skelett-Systems und des Bindegewebes	1,1	0,9
S90–S99	Verletzungen der Knöchelregion und des Fußes	1,0	1,2
K55–K64	Sonstige Krankheiten des Darmes	1,0	0,9
S80–S89	Verletzungen des Knies und des Unterschenkels	0,9	1,7
E70–E90	Stoffwechselstörungen	0,9	1,2
R40–R46	Symptome, die das Erkennungs- und Wahrnehmungsvermögen, die Stimmung und das Verhalten betreffen	0,9	0,7
G50–G59	Krankheiten von Nerven, Nervenwurzeln und Nervenplexus	0,7	1,2
M65–M68	Krankheiten der Synovialis und der Sehnen	0,7	1,0
N30–N39	Sonstige Krankheiten des Harnsystems	0,7	0,5
J95–J99	Sonstige Krankheiten des Atmungssystems	0,7	0,5
Z00–Z13	Personen, die das Gesundheitswesen zur Untersuchung und Abklärung in Anspruch nehmen	0,7	0,5
I30–I52	Sonstige Formen der Herzkrankheit	0,6	1,1
Z40–Z54	Personen, die das Gesundheitswesen zum Zwecke spezifischer Maßnahmen und zur medizinischen Betreuung in Anspruch nehmen	0,6	1,1
M45–M49	Spondylopathien	0,6	1,0
M05–M14	Entzündliche Polyarthropathien	0,6	0,7
B99–B99	Sonstige Infektionskrankheiten	0,6	0,3
	Summe hier	**79,3**	**70,6**
	Restliche	20,7	29,4
	Gesamtsumme	**100,0**	**100,0**

Fehlzeiten-Report 2016

22.13 Verkehr und Transport

◖ Tab. 22.13.1 Entwicklung des Krankenstands der AOK-Mitglieder in der Branche Verkehr und Transport in den Jahren 1994 bis 2015

Jahr	Krankenstand in %			AU-Fälle je 100 AOK-Mitglieder			Tage je Fall		
	West	Ost	Bund	West	Ost	Bund	West	Ost	Bund
1994	6,8	4,8	6,4	139,9	101,5	132,6	16,6	16,1	16,5
1995	4,7	4,7	5,9	144,2	109,3	137,6	16,1	16,1	16,1
1996	5,7	4,6	5,5	132,4	101,5	126,5	16,2	16,8	16,3
1997	5,3	4,4	5,2	128,3	96,4	122,5	15,1	16,6	15,3
1998	5,4	4,5	5,3	131,5	98,6	125,7	15,0	16,6	15,3
1999	5,6	4,8	5,5	139,4	107,4	134,1	14,6	16,4	14,8
2000	5,6	4,8	5,5	143,2	109,8	138,3	14,3	16,0	14,5
2001	5,6	4,9	5,5	144,1	108,7	139,3	14,2	16,5	14,4
2002	5,6	4,9	5,5	143,3	110,6	138,8	14,2	16,2	14,4
2003	5,3	4,5	5,2	138,7	105,8	133,8	14,0	15,4	14,1
2004	4,9	4,2	4,8	125,0	97,6	120,6	14,3	15,6	14,4
2005	4,8	4,2	4,7	126,3	99,0	121,8	14,0	15,4	14,2
2006	4,7	4,1	4,6	121,8	94,7	117,2	14,2	15,8	14,4
2007	4,9	4,3	4,8	128,8	101,5	124,1	14,0	15,5	14,2
2008 (WZ03)	5,1	4,5	4,9	135,4	106,7	130,5	13,6	15,3	13,9
2008 (WZ08)*	5,1	4,5	5,0	135,7	105,1	130,5	13,8	15,7	14,1
2009	5,3	5,0	5,3	139,7	114,2	135,4	13,9	16,0	14,2
2010	5,5	5,2	5,5	141,8	120,5	138,1	14,2	15,7	14,4
2011	5,5	4,8	5,4	145,0	121,9	141,1	13,9	14,4	13,9
2012	5,6	5,4	5,5	143,8	121,7	140,1	14,1	16,4	14,5
2013	5,7	5,8	5,7	154,1	130,1	150,1	13,5	16,2	13,9
2014	5,8	5,9	5,8	152,2	131,2	148,8	13,9	16,4	14,3
2015	6,0	6,0	6,0	161,1	140,5	157,7	13,5	15,6	13,8

*aufgrund der Revision der Wirtschaftszweigklassifikation in 2008 ist eine Vergleichbarkeit mit den Vorjahren nur bedingt möglich

Fehlzeiten-Report 2016

◻ Tab. 22.13.2 Arbeitsunfähigkeit der AOK-Mitglieder in der Branche Verkehr und Transport nach Bundesländern im Jahr 2015 im Vergleich zum Vorjahr

Bundesland	Kranken-stand in %	Arbeitsunfähigkeit je 100 AOK-Mitglieder				Tage je Fall	Veränd. z. Vorj. in %	AU-Quot in %
		AU-Fälle	Veränd. z. Vorj. in %	AU-Tage	Veränd. z. Vorj. in %			
Baden-Württemberg	5,8	164,8	4,9	2.113,4	2,4	12,8	−2,4	51,9
Bayern	5,2	135,2	7,3	1.888,3	4,7	14,0	−2,5	45,5
Berlin	5,8	159,2	6,5	2.103,5	3,1	13,2	−3,1	45,8
Brandenburg	6,2	154,7	5,6	2.262,6	2,4	14,6	−3,0	51,2
Bremen	7,1	187,2	3,7	2.601,7	5,7	13,9	1,9	55,1
Hamburg	5,9	165,3	4,3	2.157,7	2,2	13,1	−2,0	48,1
Hessen	6,4	187,3	5,0	2.317,9	1,9	12,4	−2,9	54,1
Mecklenburg-Vorpommern	5,8	125,3	2,6	2.105,8	−0,8	16,8	−3,3	47,2
Niedersachsen	6,0	162,6	5,5	2.202,5	1,5	13,5	−3,8	52,4
Nordrhein-Westfalen	6,5	170,0	6,3	2.365,8	2,8	13,9	−3,3	53,4
Rheinland-Pfalz	6,3	172,1	6,1	2.298,3	0,0	13,4	−5,8	53,6
Saarland	7,3	148,6	8,2	2.680,3	6,6	18,0	−1,5	52,0
Sachsen	5,8	140,3	8,1	2.112,2	1,9	15,1	−5,7	53,4
Sachsen-Anhalt	6,2	130,9	3,3	2.245,7	−0,7	17,2	−3,9	47,8
Schleswig-Holstein	5,8	138,2	3,2	2.120,4	0,5	15,3	−2,7	46,9
Thüringen	6,4	145,8	10,6	2.329,8	5,1	16,0	−4,9	53,2
West	**6,0**	**161,1**	**5,8**	**2.175,8**	**2,7**	**13,5**	**−2,9**	**50,8**
Ost	**6,0**	**140,5**	**7,0**	**2.188,2**	**2,0**	**15,6**	**−4,8**	**51,7**
Bund	**6,0**	**157,7**	**6,0**	**2.177,9**	**2,6**	**13,8**	**−3,2**	**51,0**

Fehlzeiten-Report 20

◻ Tab. 22.13.3 Arbeitsunfähigkeit der AOK-Mitglieder in der Branche Verkehr und Transport nach Wirtschaftsabteilungen im Jahr 2015

Wirtschaftsabteilung	Krankenstand in %		Arbeitsunfähigkeiten je 100 AOK-Mitglieder		Tage je Fall	AU-Quot in %
	2015	2015 stand.*	Fälle	Tage		
Lagerei sowie Erbringung von sonstigen Dienstleistungen für den Verkehr	6,3	6,1	176,3	2.289,7	13,0	55,7
Landverkehr und Transport in Rohrfernleitungen	5,6	5,5	133,9	2.053,9	15,3	46,7
Luftfahrt	6,2	6,6	198,9	2.268,3	11,4	61,3
Post-, Kurier- und Expressdienste	6,0	6,2	163,0	2.186,0	13,4	48,1
Schifffahrt	4,3	4,2	114,2	1.584,3	13,9	40,0
Branche insgesamt	**6,0**	**6,0**	**157,7**	**2.177,9**	**13,8**	**51,0**
Alle Branchen	**5,3**	**5,4**	**167,6**	**1.950,4**	**11,6**	**54,9**

*Krankenstand alters- und geschlechtsstandardisiert

Fehlzeiten-Report 20

◘ Tab. 22.13.4 Kennzahlen der Arbeitsunfähigkeit der AOK-Mitglieder nach ausgewählten Berufsgruppen in der Branche Verkehr und Transport im Jahr 2015

Tätigkeit	Kranken-stand in %	Arbeitsunfähigkeiten je 100 AOK-Mitglieder		Tage je Fall	AU-Quote in %	Anteil der Berufs-gruppe an der Branche in %*
		Fälle	Tage			
Berufe für Post- u. Zustelldienste	6,4	162,2	2.352,2	14,5	50,1	9,6
Berufe in der Lagerwirtschaft	7,0	224,0	2.551,4	11,4	59,6	18,8
Berufskraftfahrer/innen (Güterverkehr/LKW)	5,9	117,1	2.170,6	18,5	45,5	29,8
Berufskraftfahrer/innen (Personentransport/PKW)	3,6	85,0	1.296,4	15,3	33,0	5,3
Büro- u. Sekretariatskräfte (ohne Spez.)	3,7	129,5	1.356,6	10,5	47,4	2,9
Bus- u. Straßenbahnfahrer/innen	7,7	168,0	2.798,6	16,7	58,5	7,0
Fahrzeugführer/innen im Straßen-verkehr (sonstige spezifische Tätigkeits-angabe)	4,4	112,5	1.589,3	14,1	35,5	4,9
Kaufmännische u. technische Betriebswirtschaft (ohne Spez.)	4,1	157,7	1.507,8	9,6	56,4	1,5
Kranführer/innen, Aufzugs-maschinisten, Bedienung verwandter Hebeeinrichtungen	7,9	216,4	2.897,7	13,4	67,7	1,1
Speditions- u. Logistikkaufleute	3,7	174,2	1.355,2	7,8	55,7	3,3
Branche insgesamt	**6,0**	**157,7**	**2.177,9**	**13,8**	**51,0**	**6,5****

* Anteil der AOK-Mitglieder in der Berufsgruppe an den in der Branche beschäftigten AOK-Mitgliedern insgesamt

**Anteil der AOK-Mitglieder in der Branche an allen AOK-Mitgliedern

Fehlzeiten-Report 2016

◘ Tab. 22.13.5 Dauer der Arbeitsunfähigkeit der AOK-Mitglieder in der Branche Verkehr und Transport im Jahr 2015

Fallklasse	Branche hier		alle Branchen	
	Anteil Fälle in %	Anteil Tage in %	Anteil Fälle in %	Anteil Tage in %
1–3 Tage	29,7	4,3	35,8	6,2
4–7 Tage	31,2	11,5	31,3	13,5
8–14 Tage	19,5	14,8	17,3	15,4
15–21 Tage	7,1	9,0	5,8	8,6
22–28 Tage	3,5	6,2	2,8	6,0
29–42 Tage	3,7	9,2	2,9	8,6
Langzeit-AU (> 42 Tage)	5,3	45,0	4,2	41,6

Fehlzeiten-Report 2016

22

◻ **Tab. 22.13.6** Tage der Arbeitsunfähigkeit je AOK-Mitglied nach Wirtschaftsabteilung und Betriebsgröße in der Branc
Verkehr und Transport im Jahr 2015

Wirtschaftsabteilungen	Betriebsgröße (Anzahl der AOK-Mitglieder)					
	10–49	50–99	100–199	200–499	500–999	≥ 1.000
Lagerei sowie Erbringung von sonstigen Dienstleistungen für den Verkehr	22,5	23,3	24,5	24,5	32,3	29,6
Landverkehr und Transport in Rohrfernleitungen	20,2	24,3	24,7	29,5	30,1	31,0
Luftfahrt	20,2	19,8	23,8	26,1	30,6	27,0
Post-, Kurier- und Expressdienste	21,8	21,9	23,8	23,7	22,4	30,4
Schifffahrt	17,3	24,8	29,8	–	–	–
Branche insgesamt	21,4	23,4	24,5	25,6	29,3	29,9
Alle Branchen	20,3	22,2	22,4	22,2	22,5	22,2

Fehlzeiten-Report 20

◻ **Tab. 22.13.7** Krankenstand in Prozent nach Ausbildungsabschluss in der Branche Verkehr und Transport im Jahr 201
AOK-Mitglieder

Wirtschaftsabteilung	Ausbildung						
	ohne Ausbildungsabschluss	mit Ausbildungsabschluss	Meister/ Techniker	Bachelor	Diplom/Magister/Master/ Staatsexamen	Promotion	unbe kann
Lagerei sowie Erbringung von sonstigen Dienstleistungen für den Verkehr	7,0	6,3	5,2	2,3	3,0	5,2	6,0
Landverkehr und Transport in Rohrfernleitungen	6,3	6,4	4,6	2,5	3,5	5,1	4,6
Luftfahrt	7,7	6,4	2,6	1,8	3,3	–	6,2
Post-, Kurier- und Expressdienste	5,3	5,6	4,2	2,7	4,3	5,1	6,2
Schifffahrt	5,6	5,0	3,1	0,8	2,0	–	3,1
Branche insgesamt	6,6	6,3	4,8	2,3	3,3	5,0	5,5
Alle Branchen	6,2	5,6	4,3	2,2	2,7	2,0	5,0

Fehlzeiten-Report 20

▣ **Tab. 31.13.8** Tage der Arbeitsunfähigkeit je AOK-Mitglied nach Ausbildung in der Branche Verkehr und Transport im Jahr 2015

Wirtschaftsabteilung	Ausbildung						
	ohne Aus-bildungs-abschluss	mit Aus-bildungs-abschluss	Meister/ Techniker	Bachelor	Diplom/Magis-ter/Master/ Staatsexamen	Promo-tion	unbe-kannt
Lagerei sowie Erbringung von sonstigen Dienstleis-tungen für den Verkehr	25,5	23,1	18,9	8,2	11,0	18,8	22,0
Landverkehr und Trans-port in Rohrfernleitungen	23,1	23,3	16,8	9,3	12,9	18,8	16,7
Luftfahrt	28,0	23,4	9,3	6,4	12,1	–	22,7
Post-, Kurier- und Expressdienste	19,4	20,6	15,4	9,9	15,6	18,7	22,8
Schifffahrt	20,6	18,2	11,2	3,0	7,1	–	11,4
Branche insgesamt	24,1	23,0	17,5	8,4	12,0	18,3	20,1
Alle Branchen	22,7	20,4	15,7	8,1	10,0	7,3	18,1

Fehlzeiten-Report 2016

▣ **Tab. 22.13.9** Anteil der Arbeitsunfälle an den AU-Fällen und -Tagen in Prozent nach Wirtschaftsabteilungen in der Branche Verkehr und Transport im Jahr 2015, AOK-Mitglieder

Wirtschaftsabteilung	AU-Fälle in %	AU-Tage in %
Lagerei sowie Erbringung von sonstigen Dienstleistungen für den Verkehr	4,1	8,6
Landverkehr und Transport in Rohrfernleitungen	4,4	8,6
Luftfahrt	1,3	2,7
Post-, Kurier- und Expressdienste	4,9	8,4
Schifffahrt	4,3	8,3
Branche insgesamt	4,2	8,5
Alle Branchen	3,0	5,8

Fehlzeiten-Report 2016

▣ **Tab. 22.13.10** Tage und Fälle der Arbeitsunfähigkeit durch Arbeitsunfälle nach Berufsgruppen in der Branche Transport und Verkehr im Jahr 2015, AOK-Mitglieder

Tätigkeit	Arbeitsunfähigkeit je 1.000 AOK-Mitglieder	
	AU-Tage	AU-Fälle
Berufskraftfahrer/innen (Güterverkehr/LKW)	2.764,0	79,4
Berufe für Post- u. Zustelldienste	2.171,9	91,7
Kranführer/innen, Aufzugsmaschinisten, Bedienung verwandter Hebeeinrichtungen	1.885,3	75,5
Berufe in der Lagerwirtschaft	1.793,4	82,1
Fahrzeugführer/innen im Straßenverkehr (sonstige spezifische Tätigkeitsangabe)	1.557,6	68,9
Bus- u. Straßenbahnfahrer/innen	1.377,4	38,7
Berufskraftfahrer/innen (Personentransport/PKW)	763,4	29,8
Kaufmännische u. technische Betriebswirtschaft (ohne Spez.)	441,3	17,1
Speditions- u. Logistikkaufleute	375,3	20,8
Büro- u. Sekretariatskräfte (ohne Spez.)	299,5	12,6
Branche insgesamt	1.843,7	66,9
Alle Branchen	1.137,2	51,0

Fehlzeiten-Report 2016

22

◘ Tab. 22.13.11 Tage und Fälle der Arbeitsunfähigkeit je 100 AOK-Mitglieder nach Krankheitsarten in der Branche Verkehr und Transport in den Jahren 1995 bis 2015

Jahr	Arbeitsunfähigkeiten je 100 AOK-Mitglieder											
	Psyche		Herz/Kreislauf		Atemwege		Verdauung		Muskel/Skelett		Verletzunge	
	Tage	Fälle	Tage	Fälle	Tage	Fälle	Tage	Fälle	Tage	Fälle	Tage	Fäl
1995	94,1	3,5	233,0	9,0	359,1	33,4	205,9	21,0	741,6	35,7	452,7	24,
1996	88,2	3,7	213,7	8,8	321,5	38,5	181,2	21,0	666,8	36,0	425,0	23,
1997	83,9	3,4	195,5	7,7	281,8	34,8	163,6	19,4	574,0	32,1	411,4	22,
1998	89,1	3,6	195,2	7,9	283,4	33,1	161,9	19,0	591,5	30,7	397,9	21,
1999	95,3	3,8	192,9	8,1	311,9	34,5	160,8	19,2	621,2	32,5	396,8	21,
2000	114,7	5,2	181,9	8,0	295,1	37,1	149,4	18,0	654,9	36,6	383,3	21,
2001	124,3	6,1	183,1	8,6	282,2	36,8	152,3	18,9	680,6	38,6	372,8	21,
2002	135,9	6,6	184,2	8,9	273,1	36,1	152,1	19,5	675,7	38,3	362,4	20,
2003	136,0	6,7	182,0	9,1	271,5	36,4	144,2	18,7	615,9	35,6	345,2	19,
2004	154,3	6,8	195,6	8,4	234,4	30,1	143,5	17,7	572,5	32,8	329,6	17,
2005	159,5	6,7	193,5	8,4	268,8	34,7	136,2	16,6	546,3	31,8	327,1	17,
2006	156,8	6,7	192,9	8,5	225,9	29,0	135,7	17,1	551,7	31,9	334,7	17,
2007	166,1	7,0	204,2	8,7	249,9	32,6	143,6	18,4	575,2	32,8	331,1	17,
2008 (WZ03)	172,5	7,3	205,5	9,1	260,0	34,6	149,0	19,2	584,3	34,3	332,0	17,
2008 (WZ08)*	171,8	7,2	210,2	9,2	259,5	34,0	150,6	18,7	597,5	34,3	339,8	17,
2009	190,8	7,8	223,2	9,3	297,4	38,1	149,0	18,7	607,7	34,3	341,0	17,
2010	205,3	8,4	218,6	9,5	268,0	34,3	143,7	17,8	659,8	36,9	373,2	19,
2011	215,5	8,9	209,0	9,4	272,0	35,7	141,8	17,9	625,3	36,6	350,1	18,
2012	243,2	9,3	233,9	9,6	275,0	35,2	149,8	18,0	654,4	36,7	354,5	17,
2013	246,7	9,4	228,9	9,1	334,0	43,1	150,4	18,5	656,9	37,4	356,3	17,
2014	269,3	10,4	236,8	9,5	278,3	36,8	155,9	19,1	698,3	39,3	355,6	17,
2015	277,4	10,5	232,5	9,4	338,6	44,5	154,5	19,1	686,4	39,2	355,5	17,

*aufgrund der Revision der Wirtschaftszweigklassifikation in 2008 ist eine Vergleichbarkeit mit den Vorjahren nur bedin möglich

◘ Tab. 22.13.12 Verteilung der Arbeitsunfähigkeitstage nach Krankheitsarten in Prozent in der Branche Verkehr und Transport im Jahr 2015, AOK-Mitglieder

Wirtschaftsabteilung	AU-Tage in %						
	Psyche	Herz/ Kreislauf	Atem- wege	Ver- dauung	Muskel/ Skelett	Verlet- zungen	Sonsti
Lagerei sowie Erbringung von sonstigen Dienstleistungen für den Verkehr	8,7	7,6	11,4	5,1	23,3	11,7	32,1
Landverkehr und Transport in Rohrfernleitungen	9,3	8,8	10,5	5,2	21,4	11,4	33,4
Luftfahrt	13,5	2,6	19,9	4,5	17,3	10,3	31,9
Post-, Kurier- und Expressdienste	10,2	5,3	11,7	4,8	25,6	13,3	29,0
Schifffahrt	10,0	8,3	13,4	5,6	16,7	12,8	33,3
Branche insgesamt	9,2	7,7	11,2	5,1	22,8	11,8	32,2
Alle Branchen	10,5	6,1	13,0	5,2	21,8	10,8	32,8

◻ **Tab. 22.13.13** Verteilung der Arbeitsunfähigkeitsfälle nach Krankheitsarten in Prozent in der Branche Verkehr und Transport im Jahr 2015, AOK-Mitglieder

Wirtschaftsabteilung	AU-Fälle in %						
	Psyche	Herz/Kreislauf	Atem-wege	Ver-dauung	Muskel/Skelett	Verlet-zungen	Sonstige
Lagerei sowie Erbringung von sonstigen Dienstleistungen für den Verkehr	4,7	4,3	21,6	9,2	19,0	7,9	33,3
Landverkehr und Transport in Rohrfernleitungen	5,3	5,3	19,9	9,3	17,8	8,1	34,3
Luftfahrt	6,6	2,2	31,5	6,8	12,6	5,5	34,7
Post-, Kurier- und Expressdienste	5,4	3,5	21,4	8,5	20,4	9,3	31,5
Schifffahrt	5,5	4,9	22,7	8,1	15,3	9,2	34,3
Branche insgesamt	**5,0**	**4,5**	**21,2**	**9,1**	**18,7**	**8,2**	**33,5**
Alle Branchen	**5,0**	**3,8**	**24,0**	**9,2**	**15,8**	**7,4**	**34,9**

Fehlzeiten-Report 2016

◻ **Tab. 22.13.14** Verteilung der Arbeitsunfähigkeitstage nach Krankheitsarten und ausgewählten Berufsgruppen in der Branche Verkehr und Transport im Jahr 2015, AOK-Mitglieder

Tätigkeit	AU-Tage in %						
	Psyche	Herz/Kreislauf	Atem-wege	Ver-dauung	Muskel/Skelett	Verlet-zungen	Sonstige
Berufe für Post- u. Zustelldienste	10,3	5,1	11,3	4,5	26,0	14,2	28,7
Berufe in der Lagerwirtschaft	8,8	5,8	12,9	5,3	26,1	11,5	29,5
Berufskraftfahrer/innen (Güterverkehr/LKW)	6,9	10,5	8,1	4,9	22,0	13,5	34,2
Berufskraftfahrer/innen (Personentransport/PKW)	10,0	9,6	10,3	5,4	17,7	9,4	37,5
Büro- u. Sekretariatskräfte (ohne Spez.)	14,7	5,3	14,4	5,5	16,6	8,4	35,0
Bus- u. Straßenbahnfahrer/innen	11,6	8,7	11,3	5,3	21,5	7,8	33,8
Fahrzeugführer/innen im Straßenverkehr (sonstige spezifische Tätigkeitsangabe)	7,2	7,8	9,7	5,0	24,8	14,0	31,6
Kaufmännische u. technische Betriebswirtschaft (ohne Spez.)	14,5	5,5	16,4	5,5	15,5	7,8	34,8
Kranführer/innen, Aufzugsmaschinisten, Bedienung verwandter Hebeeinrichtungen	9,3	7,1	11,1	5,1	26,0	11,2	30,3
Speditions- u. Logistikkaufleute	13,5	4,1	18,8	6,2	15,1	9,0	33,3
Branche gesamt	**9,2**	**7,7**	**11,2**	**5,1**	**22,8**	**11,8**	**32,2**
Alle Branchen	**10,5**	**6,1**	**13,0**	**5,2**	**21,8**	**10,8**	**32,8**

Fehlzeiten-Report 2016

◘ Tab. 22.13.15 Verteilung der Arbeitsunfähigkeitsfälle nach Krankheitsarten und ausgewählten Berufsgruppen in de Branche Verkehr und Transport im Jahr 2015, AOK-Mitglieder

Tätigkeit	AU-Fälle in %						
	Psyche	Herz/ Kreislauf	Atem- wege	Ver- dauung	Muskel/ Skelett	Verlet- zungen	Sonsti
Berufe für Post- u. Zustelldienste	5,6	3,4	21,0	8,0	20,4	10,2	31,5
Berufe in der Lagerwirtschaft	4,5	3,4	22,3	9,1	21,4	7,9	31,3
Berufskraftfahrer/innen (Güterverkehr/LKW)	4,5	6,4	16,1	9,2	19,4	9,8	34,6
Berufskraftfahrer/innen (Personentransport/PKW)	5,6	6,4	20,0	8,6	15,0	6,8	37,6
Büro- u. Sekretariatskräfte (ohne Spez.)	5,8	3,7	25,8	9,7	11,1	5,1	38,7
Bus- u. Straßenbahnfahrer/innen	6,4	5,4	20,8	9,5	18,0	5,7	34,2
Fahrzeugführer/innen im Straßen- verkehr (sonstige spezifische Tätigkeits- angabe)	4,8	4,4	17,9	9,1	21,4	10,5	31,8
Kaufmännische u. technische Betriebswirtschaft (ohne Spez.)	5,8	3,4	27,3	10,0	10,9	5,1	37,5
Kranführer/innen, Aufzugs- maschinisten, Bedienung verwandter Hebeeinrichtungen	4,6	4,2	20,9	9,1	22,0	7,6	31,6
Speditions- u. Logistikkaufleute	4,8	2,5	29,0	10,1	10,4	5,7	37,5
Branche gesamt	5,0	4,5	21,2	9,1	18,7	8,2	33,5
Alle Branchen	5,0	3,8	24,0	9,2	15,8	7,4	34,9

Fehlzeiten-Report 20

◨ **Tab. 22.13.16** Anteile der 40 häufigsten Einzeldiagnosen an den AU-Fällen und AU-Tagen in der Branche Verkehr und Transport im Jahr 2015, AOK-Mitglieder

ICD-10	Bezeichnung	AU-Fälle in %	AU-Tage in %
J06	Akute Infektionen an mehreren oder nicht näher bezeichneten Lokalisationen der oberen Atemwege	7,8	3,4
M54	Rückenschmerzen	7,6	6,6
A09	Sonstige und nicht näher bezeichnete Gastroenteritis und Kolitis infektiösen und nicht näher bezeichneten Ursprungs	3,4	1,1
J20	Akute Bronchitis	2,2	1,2
I10	Essentielle (primäre) Hypertonie	2,0	2,7
K08	Sonstige Krankheiten der Zähne und des Zahnhalteapparates	1,9	0,4
J40	Bronchitis, nicht als akut oder chronisch bezeichnet	1,8	0,9
K52	Sonstige nichtinfektiöse Gastroenteritis und Kolitis	1,6	0,6
B34	Viruskrankheit nicht näher bezeichneter Lokalisation	1,5	0,6
R10	Bauch- und Beckenschmerzen	1,4	0,6
K29	Gastritis und Duodenitis	1,3	0,6
T14	Verletzung an einer nicht näher bezeichneten Körperregion	1,2	1,1
F32	Depressive Episode	1,1	2,6
F43	Reaktionen auf schwere Belastungen und Anpassungsstörungen	1,1	1,7
M25	Sonstige Gelenkkrankheiten, anderenorts nicht klassifiziert	1,1	1,1
M51	Sonstige Bandscheibenschäden	1,0	2,1
R51	Kopfschmerz	1,0	0,4
M75	Schulterläsionen	0,9	1,6
M99	Biomechanische Funktionsstörungen, anderenorts nicht klassifiziert	0,9	0,7
J02	Akute Pharyngitis	0,9	0,4
J03	Akute Tonsillitis	0,9	0,4
M53	Sonstige Krankheiten der Wirbelsäule und des Rückens, anderenorts nicht klassifiziert	0,8	0,9
M79	Sonstige Krankheiten des Weichteilgewebes, anderenorts nicht klassifiziert	0,8	0,6
J01	Akute Sinusitis	0,8	0,4
J32	Chronische Sinusitis	0,8	0,4
M77	Sonstige Enthesopathien	0,7	0,8
S93	Luxation, Verstauchung und Zerrung der Gelenke und Bänder in Höhe des oberen Sprunggelenkes und des Fußes	0,7	0,8
J00	Akute Rhinopharyngitis [Erkältungsschnupfen]	0,7	0,3
R11	Übelkeit und Erbrechen	0,7	0,3
I25	Chronische ischämische Herzkrankheit	0,6	1,4
M23	Binnenschädigung des Kniegelenkes [internal derangement]	0,6	1,2
E11	Diabetes mellitus, Typ 2	0,6	1,0
F45	Somatoforme Störungen	0,6	0,9
F48	Andere neurotische Störungen	0,6	0,8
E66	Adipositas	0,6	0,8
G47	Schlafstörungen	0,6	0,8
R53	Unwohlsein und Ermüdung	0,6	0,5
R42	Schwindel und Taumel	0,6	0,5
J98	Sonstige Krankheiten der Atemwege	0,6	0,3
J11	Grippe, Viren nicht nachgewiesen	0,6	0,3
	Summe hier	**55,2**	**43,8**
	Restliche	44,8	56,2
	Gesamtsumme	**100,0**	**100,0**

Fehlzeiten-Report 2016

◻ **Tab. 22.13.17** Anteile der 40 häufigsten Diagnoseuntergruppen an den AU-Fällen und AU-Tagen in der Branche Verkehr und Transport im Jahr 2015, AOK-Mitglieder

ICD-10	Bezeichnung	AU-Fälle in %	AU-Tage in
J00–J06	Akute Infektionen der oberen Atemwege	11,8	5,1
M50–M54	Sonstige Krankheiten der Wirbelsäule und des Rückens	9,1	9,2
A00–A09	Infektiöse Darmkrankheiten	4,3	1,4
R50–R69	Allgemeinsymptome	3,3	2,6
J40–J47	Chronische Krankheiten der unteren Atemwege	3,1	2,1
M70–M79	Sonstige Krankheiten des Weichteilgewebes	2,8	3,6
F40–F48	Neurotische, Belastungs- und somatoforme Störungen	2,7	4,2
J20–J22	Sonstige akute Infektionen der unteren Atemwege	2,6	1,4
K00–K14	Krankheiten der Mundhöhle, der Speicheldrüsen und der Kiefer	2,4	0,5
I10–I15	Hypertonie [Hochdruckkrankheit]	2,3	3,2
R10–R19	Symptome, die das Verdauungssystem und das Abdomen betreffen	2,3	1,2
K20–K31	Krankheiten des Ösophagus, des Magens und des Duodenums	1,9	1,0
K50–K52	Nichtinfektiöse Enteritis und Kolitis	1,9	0,8
M20–M25	Sonstige Gelenkkrankheiten	1,8	2,5
B25–B34	Sonstige Viruskrankheiten	1,7	0,7
Z80–Z99	Personen mit potentiellen Gesundheitsrisiken aufgrund der Familien- oder Eigenanamnese und bestimmte Zustände, die den Gesundheitszustand beeinflussen	1,5	2,8
T08–T14	Verletzungen nicht näher bezeichneter Teile des Rumpfes, der Extremitäten oder anderer Körperregionen	1,5	1,4
R00–R09	Symptome, die das Kreislaufsystem und das Atmungssystem betreffen	1,5	1,0
F30–F39	Affektive Störungen	1,4	3,7
G40–G47	Episodische und paroxysmale Krankheiten des Nervensystems	1,4	1,4
J30–J39	Sonstige Krankheiten der oberen Atemwege	1,4	0,8
S90–S99	Verletzungen der Knöchelregion und des Fußes	1,3	1,7
S80–S89	Verletzungen des Knies und des Unterschenkels	1,1	2,0
K55–K64	Sonstige Krankheiten des Darmes	1,1	0,9
M95–M99	Sonstige Krankheiten des Muskel-Skelett-Systems und des Bindegewebes	1,1	0,9
E70–E90	Stoffwechselstörungen	1,0	1,4
S60–S69	Verletzungen des Handgelenkes und der Hand	1,0	1,3
J09–J18	Grippe und Pneumonie	1,0	0,7
M15–M19	Arthrose	0,9	2,0
R40–R46	Symptome, die das Erkennungs- und Wahrnehmungsvermögen, die Stimmung und das Verhalten betreffen	0,9	0,8
I20–I25	Ischämische Herzkrankheiten	0,8	1,9
E10–E14	Diabetes mellitus	0,8	1,3
J95–J99	Sonstige Krankheiten des Atmungssystems	0,8	0,5
I30–I52	Sonstige Formen der Herzkrankheit	0,7	1,3
F10–F19	Psychische und Verhaltensstörungen durch psychotrope Substanzen	0,7	0,9
Z00–Z13	Personen, die das Gesundheitswesen zur Untersuchung und Abklärung in Anspruch nehmen	0,7	0,6
G50–G59	Krankheiten von Nerven, Nervenwurzeln und Nervenplexus	0,6	1,0
E65–E68	Adipositas und sonstige Überernährung	0,6	0,9
L00–L08	Infektionen der Haut und der Unterhaut	0,6	0,6
B99–B99	Sonstige Infektionskrankheiten	0,6	0,3
	Summe hier	**79,0**	**71,6**
	Restliche	21,0	28,4
	Gesamtsumme	**100,0**	**100,0**

Fehlzeiten-Report 20

Die Arbeitsunfähigkeit in der Statistik der GKV

K. Busch

B. Badura et al. (Hrsg.) *Fehlzeiten-Report 2016,*
DOI 10.1007/978-3-662-49413-4_23, © Springer-Verlag Berlin Heidelberg 2016

Zusammenfassung *Der vorliegende Beitrag gibt anhand der Statistiken des Bundesministeriums für Gesundheit (BMG) einen Überblick über die Arbeitsunfähigkeitsdaten der gesetzlichen Krankenkassen (GKV). Zunächst werden die Arbeitsunfähigkeitsstatistiken der Krankenkassen und die Erfassung der Arbeitsunfähigkeit erläutert. Anschließend wird die Entwicklung der Fehlzeiten auf GKV-Ebene geschildert und Bezug auf die Unterschiede bei den Fehlzeiten zwischen den verschiedenen Kassen genommen. Zum Schluss sind Daten der Krankheitsartenstatistik 2014 enthalten.*

23.1 Arbeitsunfähigkeitsstatistiken der Krankenkassen

Die Krankenkassen sind nach § 79 SGB IV verpflichtet, Übersichten über ihre Rechnungs- und Geschäftsergebnisse sowie sonstige Statistiken zu erstellen und über den GKV-Spitzenverband an das Bundesministerium für Gesundheit zu liefern. Bis zur Gründung des GKV-Spitzenverbandes war dies Aufgabe der Bundesverbände der einzelnen Kassenarten. Näheres hierzu wird in der Allgemeinen Verwaltungsvorschrift über die Statistik in der gesetzlichen Krankenversicherung (KSVwV) geregelt. Bezüglich der Arbeitsunfähigkeitsfälle finden sich Regelungen zu drei Statistiken:

- Krankenstand: Bestandteil der monatlichen Mitgliederstatistik KM1
- Arbeitsunfähigkeitsfälle und -tage: Bestandteil der Jahresstatistik KG2
- Arbeitsunfähigkeitsfälle und -tage nach Krankheitsarten: Jahresstatistik KG8

Am häufigsten wird in der allgemeinen Diskussion mit dem Krankenstand argumentiert, wobei dieser Begriff unterschiedlich definiert wird. Der Krankenstand in der amtlichen Statistik wird über eine Stichtagserhebung gewonnen, die zu jedem Ersten eines Monats durchgeführt wird. Die Krankenkasse ermittelt im Rahmen ihrer Mitgliederstatistik die zu diesem Zeitpunkt arbeitsunfähig kranken Pflicht- und freiwilligen Mitglieder mit einem Krankengeldanspruch. Vor dem Jahr 2007 bezog sich der Krankenstand auf die Pflichtmitglieder. Dabei wurden Rentner, Studenten, Jugendliche und Behinderte, Künstler, Wehr-, Zivil- sowie Dienstleistende bei der Bundespolizei, landwirtschaftliche Unternehmer und Vorruhestandsgeldempfänger nicht berücksichtigt, da für diese Gruppen in der Regel keine Arbeitsunfähigkeitsbescheinigungen von einem Arzt ausgestellt wurden. Seit dem Jahr 2005 bleiben auch die Arbeitslosengeld-II-Empfänger unberücksichtigt, da sie im Gegensatz zu den früheren Arbeitslosenhilfeempfängern keinen Anspruch auf Krankengeld haben und somit für diesen Mitgliederkreis nicht unbedingt AU-Bescheinigungen ausgestellt und den Krankenkassen übermittelt werden.

Die AU-Bescheinigungen werden vom behandelnden Arzt ausgestellt und unmittelbar an die Krankenkasse gesandt, die sie zur Ermittlung des Krankenstandes auszählt. Die Erhebung des Krankenstandes erfolgt monatlich im Rahmen der Mitgliederstatistik KM1, die auch monatlich vom BMG im Internet veröffentlicht wird.[1] Aus den zwölf Stichtagswerten eines Jahres wird als arithmetisches Mittel ein jahresdurchschnittlicher Krankenstand errechnet. Dabei werden auch Korrekturen berücksichtigt, die z. B. wegen verspäteter Meldungen notwendig werden.

Eine Totalauszählung der Arbeitsunfähigkeitsfälle und -tage erfolgt in der Jahresstatistik KG2. Da in dieser Statistik nicht nur das AU-Geschehen an einem Stichtag erfasst, sondern jeder einzelne AU-Fall mit seinen dazugehörigen Tagen im Zeitraum eines Kalenderjahres berücksichtigt wird, ist die Aussagekraft höher. Allerdings können die Auswertungen der ein-

---

1 http://www.bmg.bund.de/themen/krankenversicherung/
zahlen-und-fakten-zur-krankenversicherung/mitglieder-
und-versicherte.html

23

zelnen Krankenkassen auch erst nach Abschluss des Berichtsjahres beginnen und die Ergebnisse daher nur mit einer zeitlichen Verzögerung von mehr als einem halben Jahr vorgelegt werden. Auch die Ergebnisse dieser Statistik werden vom BMG im Internet veröffentlicht.[2]

Zur weiteren Qualifizierung der Arbeitsunfähigkeitsfälle dient die Statistik KG8, die sogenannte Krankheitsartenstatistik. Im Rahmen dieser Statistik werden Einzeldatensätze mit Diagnosemerkmalen, Altersgruppenzugehörigkeit des Mitglieds, der Falldauer etc. gemeldet. Aufgrund der großen Datenmenge und des aufwendigen Auswertungsverfahrens liegt die Krankheitsartenstatistik erst am Ende des Folgejahres vor.

23.2 Erfassung von Arbeitsunfähigkeit

Informationsquelle für eine bestehende Arbeitsunfähigkeit der pflichtversicherten Arbeitnehmer bildet die Arbeitsunfähigkeitsbescheinigung des behandelnden Arztes. Nach § 5 EFZG bzw. § 3 LFZG ist der Arzt verpflichtet, dem Träger der gesetzlichen Krankenversicherung unverzüglich eine Bescheinigung über die Arbeitsunfähigkeit mit Angaben über den Befund und die voraussichtliche Dauer zuzuleiten; nach Ablauf der vermuteten Erkrankungsdauer stellt der Arzt bei Weiterbestehen der Arbeitsunfähigkeit eine Fortsetzungsbescheinigung aus. Das Vorliegen einer Krankheit allein ist für die statistische Erhebung nicht hinreichend – entscheidend ist die Feststellung des Arztes, dass der Arbeitnehmer aufgrund des konkret vorliegenden Krankheitsbildes daran gehindert ist, seine Arbeitsleistung zu erbringen (§ 3 EFZG). Der arbeitsunfähig schreibende Arzt einerseits und der ausgeübte Beruf andererseits spielen daher für Menge und Art der AU-Fälle eine nicht unbedeutende Rolle.

Voraussetzung für die statistische Erfassung eines AU-Falles ist somit im Normalfall, dass eine AU-Bescheinigung vorliegt. Zu berücksichtigen sind jedoch auch Fälle von Arbeitsunfähigkeit, die der Krankenkasse auf andere Weise als über die AU-Bescheinigung bekannt werden – beispielsweise Meldungen von Krankenhäusern über eine stationäre Behandlung oder die Auszahlung von Krankengeld nach Ablauf der Entgeltfortzahlungszeit. Nicht berücksichtigt werden solche AU-Fälle, für die die Krankenkasse nicht Kos-

tenträger ist, aber auch Fälle mit einem Arbeitsu oder einer Berufskrankheit, für die der Träger der fallversicherung das Heilverfahren nicht übernom hat. Ebenfalls nicht erfasst werden Fälle, bei denen andere Stelle wie z. B. die Rentenversicherung ein F verfahren ohne Kostenbeteiligung der Krankenk durchführt. Die Entgeltfortzahlung durch den Arl geber wird allerdings nicht als Fall mit anderem F tenträger gewertet, sodass AU-Fälle sowohl den Z raum der Entgeltfortzahlung als auch den Zeitra umfassen, in dem der betroffene Arbeitnehmer K kengeld bezogen hat.

Ein Fehlen am Arbeitsplatz während der Mu schutzfristen ist kein Arbeitsunfähigkeitsfall im Si der Statistik, da Mutterschaft keine Krankheit AU-Zeiten, die aus Komplikationen während e Schwangerschaft oder bei der Geburt entstehen, v den jedoch berücksichtigt, soweit sich dadurch Freistellungsphase um den Geburtstermin herum längert.

Der als »arbeitsunfähig« erfassbare Personenk ist begrenzt: In der Statistik werden nur die AU-F von Pflicht- und freiwilligen Mitgliedern mit ein Krankengeldanspruch berücksichtigt. Mitversich Familienangehörige und Rentner sind definition mäß nicht versicherungspflichtig beschäftigt, sie k nen somit im Sinne des Krankenversicherungsre nicht arbeitsunfähig krank sein.

Da die statistische Erfassung der Arbeitsunfä keit primär auf die AU-Bescheinigung des behand den Arztes abgestellt ist, können insbesondere bei Kurzzeitarbeitsunfähigkeiten Untererfassungen treten. Falls während der ersten drei Tage eines Fe bleibens von der Arbeitsstelle wegen Krankheit d Arbeitgeber (aufgrund gesetzlicher oder tarif traglicher Regelungen) keine AU-Bescheinigung v gelegt werden muss, erhält die Krankenkasse nu Ausnahmefällen Kenntnis von der Arbeitsunfäh keit. Andererseits bescheinigt der Arzt nur die vor sichtliche Dauer der Arbeitsunfähigkeit; tritt jed vorher Arbeitsfähigkeit ein, erhält die Krankenk auch in diesen Fällen nur selten eine Meldung, d das Mitglied die Arbeit wieder aufgenommen Gehen AU-Bescheinigungen bei den Krankenkas nicht zeitgerecht ein, kann die statistische Auswert und Meldung schon erfolgt sein; der betreffende wird dann zwar bei der Berechnung des monatlic Krankenstandes nicht berücksichtigt, fließt aber in Ermittlung des Jahresdurchschnitts mit ein und v in der Statistik KG2 – also der Totalauszählung AU-Fälle und Tage – berücksichtigt. Der Krank stand wird in der Regel eine Woche nach dem Stich ermittelt.

---

2 http://www.bmg.bund.de/themen/krankenversicherung/ zahlen-und-fakten-zur-krankenversicherung/geschaefts-ergebnisse.html

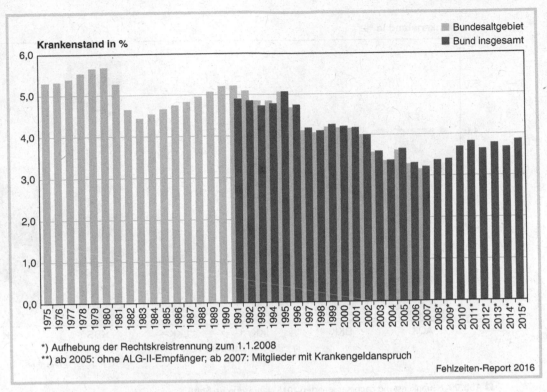

Abb. 23.1 Entwicklung des Krankenstandes** (Jahresdurchschnitte)

Der AU-Fall wird zeitlich in gleicher Weise abgegrenzt wie der Versicherungsfall im rechtlichen Sinn.

Demnach sind mehrere mit Arbeitsunfähigkeit verbundene Erkrankungen, die als ein Versicherungsfall gelten, auch als ein AU-Fall zu zählen. Der Fall wird abgeschlossen, wenn ein anderer Kostenträger (z. B. die Rentenversicherung) ein Heilverfahren durchführt; besteht anschließend weiter Arbeitsunfähigkeit, wird ein neuer Leistungsfall gezählt. Der AU-Fall wird statistisch in dem Jahr berücksichtigt, in dem er abgeschlossen wird, sodass diesem Jahr alle Tage des Falles zugeordnet werden, auch wenn sie kalendermäßig teilweise im Vorjahr lagen.

23.3 Entwicklung des Krankenstandes

Der Krankenstand liegt heute gegenüber den 1970er und 1980er Jahren deutlich niedriger. Er befindet sich derzeit auf einem Niveau, das sich seit Einführung der Lohnfortzahlung für Arbeiter im Jahr 1970 um fast ein Drittel reduziert hat. Zeiten vor 1970 sind nur bedingt vergleichbar, da durch eine andere Rechtsgrundlage bezüglich der Lohnfortzahlung (z. B. Karenztage) und

des Bezugs von Krankengeld auch andere Meldewege und Erfassungsmethoden angewandt wurden. Da der Krankenstand in Form der Stichtagsbetrachtung erhoben wird, kann er nur bedingt ein zutreffendes Ergebnis zur absoluten Höhe der Ausfallzeiten wegen Krankheit liefern. Die zwölf Monatsstichtage betrachten nur jeden 30. Kalendertag, sodass z. B. eine Grippewelle möglicherweise nur deswegen nicht erfasst wird, weil ihr Höhepunkt zufällig in den Zeitraum zwischen zwei Stichtagen fällt. Saisonale Schwankungen ergeben sich nicht nur aus den Jahreszeiten. Es ist auch zu berücksichtigen, dass Stichtage auf Sonn- und Feiertage fallen können, sodass eine beginnende Arbeitsunfähigkeit erst später, also zu Beginn des nächsten Arbeitstages festgestellt werden würde (◘ Abb. 23.1).

Die Krankenstände der einzelnen Kassenarten unterscheiden sich zum Teil erheblich. Die Ursachen dafür dürften in den unterschiedlichen Mitgliederkreisen bzw. deren Berufs- und Alters- sowie Geschlechtsstrukturen liegen. Ein anderes Berufsspektrum bei den Mitgliedern einer anderen Kassenart führt somit auch automatisch zu einem abweichenden Krankenstandniveau bei gleichem individuellem, berufsbedingtem

23

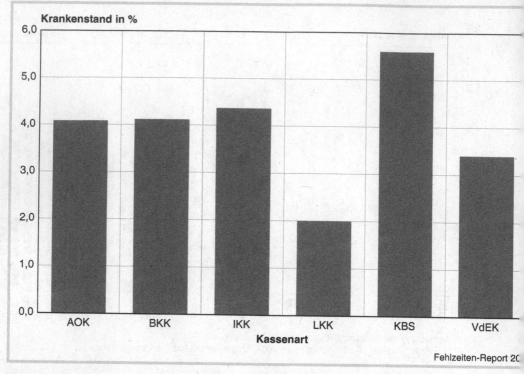

Krankenstand in %

Fehlzeiten-Report 20

◘ **Abb. 23.2** Krankenstand nach Kassenarten 2015 (Jahresdurchschnitt)

Krankheitsgeschehen der Mitglieder (◘ Abb. 23.2). Die weiteren Beiträge des vorliegenden Fehlzeiten-Reports gehen für die Mitglieder der AOKs ausführlich auf die unterschiedlichen Fehlzeitenniveaus der einzelnen Berufsgruppen und Branchen ein.

Durch Fusionen bei den Krankenkassen reduziert sich auch die Zahl der Verbände. So haben sich zuletzt die Verbände der Arbeiterersatzkassen und der Angestellten-Krankenkassen zum Verband der Ersatzkassen e. V. (VdEK) zusammengeschlossen. Fusionen finden auch über Kassenartengrenzen hinweg statt, wodurch sich das Berufsspektrum der Mitglieder verschiebt und sich auch der Krankenstand einer Kassenart verändert.

23.4 Entwicklung der Arbeitsunfähigkeitsfälle

Durch die Totalauszählungen der Arbeitsunfähigkeitsfälle im Rahmen der GKV-Statistik KG2 werden die o. a. Mängel einer Stichtagserhebung vermieden. Allerdings kann eine Totalauszählung erst nach Abschluss des Beobachtungszeitraums, d. h. nach dem Jahresende vorgenommen werden. Die Meldewege und die

Nachrangigkeit der statistischen Erhebung gegen dem Jahresrechnungsabschluss bringen es mit s dass der GKV-Spitzenverband die Ergebnisse GKV-Statistik KG2 erst im August zu einem Bun ergebnis zusammenführen und dem Bundesmin rium für Gesundheit übermitteln kann.

Ein Vergleich der Entwicklung von Krankenst und Arbeitsunfähigkeitstagen je 100 Pflichtmitgli zeigt, dass sich das Krankenstandniveau und Niveau der AU-Tage je 100 Pflichtmitglieder gle gerichtet entwickeln, es jedoch eine leichte Unterze nung beim Krankenstand gegenüber den AU-Ta gibt (◘ Abb. 23.3). Hieraus lässt sich schließen, dass Krankenstand als Frühindikator für die Entwickl des AU-Geschehens genutzt werden kann. Zeitrei für das gesamte Bundesgebiet liegen erst für den Z raum ab dem Jahr 1991 vor, da zu diesem Zeitpu auch in den neuen Bundesländern das Krankenve cherungsrecht aus den alten Bundesländern eingef wurde. Seit 1995 wird Berlin insgesamt den a Bundesländern zugeordnet, zuvor gehörte der Os Berlins zum Rechtskreis der neuen Bundesländer.

Der Vergleich der Entwicklung der Arbeits fähigkeitstage je 100 Pflichtmitglieder nach Kass arten zeigt, dass es bei den einzelnen Kassenarten r

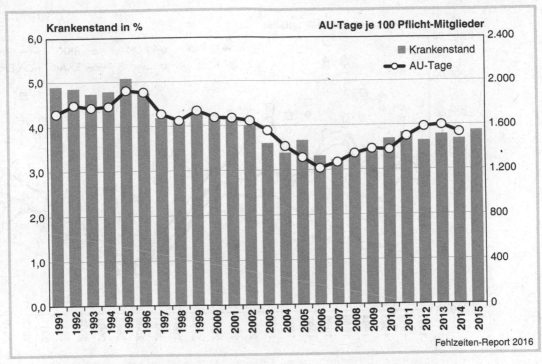

Abb. 23.3 Entwicklung von Krankenstand und AU-Tagen je 100 Pflichtmitglieder, 1991 bis 2015

unterschiedliche Entwicklungen gegeben hat. Am deutlichsten wird der Rückgang des Krankenstandes bei den Betriebskrankenkassen, die durch die Wahlfreiheit zwischen den Kassen und die Öffnung der meisten Betriebskrankenkassen auch für betriebsfremde Personen einen Zugang an Mitgliedern mit einer günstigeren Risikostruktur zu verzeichnen hatten. Die günstigere Risikostruktur dürfte insbesondere damit zusammenhängen, dass mobile, wechselbereite und gut verdienende jüngere Personen Mitglieder wurden, aber auch damit, dass andere, weniger gesundheitlich gefährdete Berufsgruppen jetzt die Möglichkeit haben, sich bei Betriebskrankenkassen mit einem günstigen Beitragssatz zu versichern. Durch die Einführung des Gesundheitsfonds mit einem einheitlichen Beitragssatz für die GKV ist der Anreiz zum Kassenwechsel reduziert worden. Kassen, die aufgrund ihrer wirtschaftlichen Situation gezwungen waren, einen Zusatzbeitrag zu erheben, hatten jedoch einen enormen Mitgliederschwund zu verzeichnen. Dies führte bei mehreren Kassen sogar zu einer Schließung.

Auch bei der IKK ging der Krankenstand zurück: Eine Innungskrankenkasse hatte aufgrund ihres günstigen Beitragssatzes in den Jahren von 2003 bis Ende 2008 einen Zuwachs von über 600.000 Mitgliedern zu verzeichnen, davon allein fast 511.000 Pflichtmitglieder mit einem Entgeltfortzahlungsanspruch von sechs Wochen. Diese Kasse wies im Zeitraum von 2004 bis 2008 stets einen jahresdurchschnittlichen Krankenstand von unter 2 Prozent aus. Da sie Ende 2008 in ihrer Kassenart über 17 Prozent der Pflichtmitglieder mit einem Entgeltfortzahlungsanspruch von sechs Wochen versicherte, reduzierte sich in diesem Zeitraum der Krankenstand der Innungskrankenkassen insgesamt deutlich. 2009 fusionierte diese Kasse in den Ersatzkassenbereich und der Krankenstand der Innungskrankenkassen nahm in der Folge wieder überproportional zu.

Am ungünstigsten verlief die Entwicklung bei den Angestellten-Ersatzkassen (EKAng), die jetzt nach der Fusion mit den Arbeiterersatzkassen den VdEK bilden. Nach einer Zwischenphase mit höheren AU-Tagen je 100 Pflichtmitglieder in den Jahren 2001 und 2002 reduzierte sich die Zahl der AU-Tage bis 2006, stieg dann aber wieder bis 2012 über das Niveau von 2002 hinaus; dieser Trend setzte sich in den Jahren 2013 und 2014 allerdings nicht fort (◘ Abb. 23.4), sodass der VdEK seit 2012 wieder die Kassenart mit den geringsten Zahlen bei den Arbeitsunfähigkeitstagen je 100 Pflichtmitglieder ist.

23

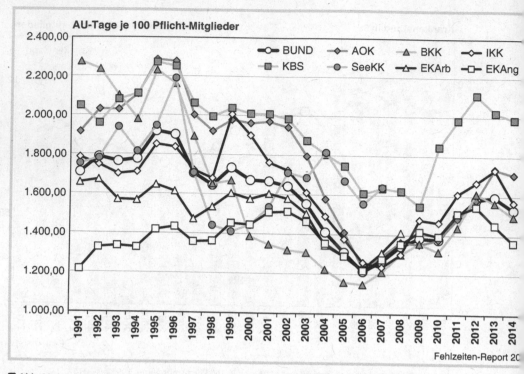

■ Abb. 23.4 Arbeitsunfähigkeitstage je 100 Pflichtmitglieder nach Kassenarten, 1991 bis 2014

Insgesamt hat sich die Bandbreite der gemeldeten AU-Tage je 100 Pflichtmitglieder zwischen den verschiedenen Kassenarten deutlich reduziert. Im Jahr 1991 wiesen die Betriebskrankenkassen noch 2.275 AU-Tage je 100 Pflichtmitglieder aus, während die Angestelltenersatzkassen nur 1.217 AU-Tage je 100 Pflichtmitglieder meldeten – dies ist eine Differenz von fast 1.100 AU-Tage je 100 Pflichtmitglieder. Im Jahr 2014 hat sich diese Differenz zwischen der ungünstigsten und der günstigsten Kassenart auf rund 623 AU-Tage je 100 Pflichtmitglieder reduziert. Lässt man das Sondersystem KBS (Knappschaft-Bahn-See) unberücksichtigt, so halbiert sich die Differenz im Jahr 2014 zwischen den Ersatzkassen mit 1.366 AU-Tagen je 100 Pflichtmitglieder und den Allgemeinen Ortskrankenkassen mit 1.710 AU-Tagen je 100 Pflichtmitglieder auf gerade 344 AU-Tage je 100 Pflichtmitglieder und damit auf rund 36 Prozent des Wertes von 1991.

23.5   Dauer der Arbeitsunfähigkeit

In der Statistik KG8 (Krankheitsartenstatistik) v auch die Dauer der einzelnen Arbeitsunfähigkeits: erfasst. Damit lässt sich aufzeigen, wie viele Arbeits fähigkeitsfälle und -tage im Lohnfortzahlungszeitra von den ersten sechs Wochen abgeschlossen wer Das Ergebnis vom Jahr 2014 wird in ■ Tab. 23.1 gestellt. 96,53 Prozent aller Arbeitsunfähigkeits: werden innerhalb von sechs Wochen abgeschlos kommen also nicht in den Zeitraum, für den die K kenkassen Krankengeld zahlen. Wie schwer das wicht der Langzeitfälle jedoch ist, wird dadurch d lich, dass die Arbeitsunfähigkeitsfälle mit einer Da von sechs Wochen und weniger nur 57,82 Prozent Arbeitsunfähigkeitstage insgesamt bilden. Gegenü dem Jahr 2013 hat damit der Anteil die Zahl der F und der Tage dieser Fälle abgenommen (96,68 Proz bzw. 59,42 Prozent).

⬛ Tab. 23.1 Arbeitsunfähigkeitsfälle und -tage der Pflichtmitglieder (ohne Rentner) nach Falldauer 2014

Dauer der Arbeits- unfähigkeit in Tagen	Fälle		Tage		
	absolut	in %	absolut	in %	
1 bis 7	23.951.899	68,52	80.080.659	19,88	
8 bis 14	5.838.506	16,70	60.290.713	14,97	
15 bis 21	2.005.446	5,74	34.847.551	8,65	
22 bis 28	974.521	2,79	23.866.470	5,93	
29 bis 35	562.315	1,61	17.762.135	4,41	
36 bis 42	410.426	1,17	16.026.785	3,98	
1 bis 42	33.743.113	96,53	232.874.313	57,82	Ende Lohnfortzahlung
43 bis 49	196.688	0,56	8.942.704	2,22	
50 bis 56	116.627	0,33	6.174.940	1,53	
57 bis 63	96.061	0,27	5.752.457	1,43	
64 bis 70	72.162	0,21	4.835.176	1,20	
71 bis 77	61.398	0,18	4.541.803	1,13	
78 bis 84	51.042	0,15	4.136.244	1,03	
1 bis 84	34.337.091	98,23	267.257.637	66,36	12 Wochen
85 bis 91	46.392	0,13	4.083.372	1,01	
92 bis 98	37.689	0,11	3.579.584	0,89	
99 bis 105	33.928	0,10	3.461.759	0,86	
106 bis 112	29.977	0,09	3.268.088	0,81	
113 bis 119	27.686	0,08	3.212.527	0,80	
120 bis 126	25.657	0,07	3.154.425	0,78	
1 bis 126	34.538.420	98,81	288.017.392	71,51	18 Wochen
127 bis 133	22.601	0,06	2.938.914	0,73	
134 bis 140	20.628	0,06	2.826.332	0,70	
141 bis 147	18.816	0,05	2.710.076	0,67	
148 bis 154	17.722	0,05	2.676.652	0,66	
155 bis 161	15.631	0,04	2.470.291	0,61	
162 bis 168	14.664	0,04	2.420.362	0,60	
1 bis 168	34.648.482	99,12	304.060.019	75,49	24 Wochen
1 bis 210	34.721.128	99,41	332.757.705	80,49	30 Wochen
1 bis 252	34.770.848	99,54	344.208.761	83,33	36 Wochen
1 bis 294	34.807.094	99,66	354.091.434	85,78	42 Wochen
1 bis 336	34.836.370	99,74	363.306.872	88,07	48 Wochen
1 bis 364	34.861.968	99,80	372.087.813	90,25	52 Wochen (1 Jahr)
Insgesamt	34.954.368	100,00	402.766.350	100,00	78 Wochen

Fehlzeiten-Report 2016

23.6 Altersabhängigkeit der Arbeitsunfähigkeit

Die Dauer der einzelnen Arbeitsunfähigkeitsfälle nach Altersgruppen wird ebenfalls erfasst. Damit lässt sich aufzeigen, wie viele Arbeitsunfähigkeitstage jede Altersgruppe jahresdurchschnittlich in Anspruch nimmt. Das Ergebnis wird in ⬛ Tab. 23.2 dargestellt. Die wenigsten Arbeitsunfähigkeitstage je 10 Tsd. Pflichtmitglieder hat die Altersgruppe der 25- bis unter 30-Jährigen, nämlich

fast 81 Tsd. AU-Tage im Jahr 2014. Die höchsten Werte sind bei der Altersgruppe 60 bis unter 65 Jahre zu beobachten, nämlich knapp unter 205 Tsd. AU-Tage im Jahr 2014. Im Vorjahr lag dieser Spitzenwert noch bei der Altersgruppe der 55- bis unter 60-Jährigen.

Auch wird in der Tabelle dargestellt, dass die Falldauer sukzessive mit dem Alter zunimmt. Den geringsten Wert weist hier die Altersgruppe bis unter 15 aus (3,19 Tage je Fall). Die Altersgruppe 65 bis unter 70 Jahre kommt hier auf 28,32 Tage je Fall, also auf fast

23

◻ Tab. 23.2 Arbeitsunfähigkeitsfälle und -tage je 10.000 Pflichtmitglieder o.R. nach Altersgruppen 2014

	Altersgruppen	Frauen			Männer			Frauen und Männer zusammen		
		Fälle	Tage	Tage je Fall	Fälle	Tage	Tage je Fall	Fälle	Tage	Tage je Fall
		je 10.000 Pflichtmitglieder o. R. der Altersgruppe			je 10.000 Pflichtmitglieder o. R. der Altersgruppe			je 10.000 Pflichtmitglieder o. R. der Altersgruppe		
GKV insgesamt	bis unter 15	192	643	3,35	47	128	2,72	116	369	3,
	15 bis unter 20	33.943	159.740	4,71	29.060	139.881	4,81	31.025	147.874	4,
	20 bis unter 25	17.126	106.935	6,24	15.789	100.313	6,35	16.416	103.419	6,
	25 bis unter 30	10.732	85.913	8,01	9.634	75.790	7,87	10.165	80.689	7,
	30 bis unter 35	10.603	97.668	9,21	9.845	86.946	8,83	10.209	92.093	9,
	35 bis unter 40	10.765	111.079	10,32	10.114	99.631	9,85	10.433	105.238	10,
	40 bis unter 45	11.147	130.761	11,73	10.429	118.467	11,36	10.788	124.616	11,
	45 bis unter 50	11.324	147.837	13,06	10.286	132.409	12,87	10.818	140.328	12,
	50 bis unter 55	11.688	170.746	14,61	10.463	154.032	14,72	11.093	162.637	14,
	55 bis unter 60	12.006	195.719	16,30	11.076	188.689	17,04	11.552	192.289	16,
	60 bis unter 65	9.592	199.952	20,85	9.266	209.398	22,60	9.424	204.827	21,
	65 bis unter 70	3.321	90.067	27,12	3.029	88.607	29,25	3.150	89.210	28,
	70 bis unter 75	989	13.593	13,74	889	12.507	14,07	922	12.861	13,
	75 bis unter 80	718	9.850	13,72	874	12.175	13,93	822	11.397	13,
	80 und älter	596	8.284	13,89	1.061	13.452	12,68	854	11.153	13,
	Insgesamt	**11.806**	**137.018**	**11,61**	**10.940**	**125.100**	**11,43**	**11.367**	**130.978**	**11,**
AOK Bund	bis unter 15	538	1.926	3,58	73	173	2,35	245	853	3,
	15 bis unter 20	39.638	184.640	4,66	35.539	169.366	4,77	37.256	175.765	4,
	20 bis unter 25	19.746	124.060	6,28	19.286	121.871	6,32	19.501	122.894	6,
	25 bis unter 30	11.919	97.527	8,18	12.150	95.083	7,83	12.043	96.214	7,
	30 bis unter 35	11.063	105.674	9,55	11.632	104.194	8,96	11.379	104.851	9,
	35 bis unter 40	11.216	122.882	10,96	11.370	118.582	10,43	11.303	120.456	10,
	40 bis unter 45	11.983	152.655	12,74	11.381	139.048	12,22	11.646	145.030	12,
	45 bis unter 50	12.059	174.848	14,50	10.977	156.002	14,21	11.458	164.384	14,
	50 bis unter 55	12.032	197.416	16,41	10.853	178.653	16,46	11.379	187.022	16,
	55 bis unter 60	11.898	216.971	18,24	11.187	217.097	19,41	11.504	217.041	18,
	60 bis unter 65	9.258	216.123	23,34	9.731	254.673	26,17	9.527	238.041	24,
	65 bis unter 70	1.516	67.384	44,44	1.577	78.944	50,07	1.554	74.656	48,
	70 bis unter 75	169	1.781	10,55	98	1.127	11,45	117	1.308	11,
	75 bis unter 80	120	1.069	8,92	85	1.060	12,40	89	1.016	11,
	80 und älter	138	1.720	12,46	221	2.710	12,26	164	2.170	13,
	Insgesamt	**12.794**	**154.265**	**12,06**	**12.316**	**149.912**	**12,17**	**12.529**	**151.852**	**12,**

◼ **Tab. 23.2** (Fortsetzung)

	Alters-gruppen	Frauen			Männer			Frauen und Männer zusammen		
		Fälle	Tage	Tage je Fall	Fälle	Tage	Tage je Fall	Fälle	Tage	Tage je Fall
		je 10.000 Pflicht-mitglieder o. R. der Altersgruppe			je 10.000 Pflicht-mitglieder o. R. der Altersgruppe			je 10.000 Pflicht-mitglieder o. R. der Altersgruppe		
BKK Bund	bis unter 15	80	159	2,00	0,00	0,00	0,00	41	81	2,00
	15 bis unter 20	27.723	116.271	4,19	23.082	97.481	4,22	24.875	104.741	4,21
	20 bis unter 25	15.542	80.785	5,20	13.710	72.387	5,28	14.541	76.197	5,24
	25 bis unter 30	10.304	64.520	6,26	8.649	55.205	6,38	9.445	59.685	6,32
	30 bis unter 35	10.190	70.389	6,91	9.153	62.963	6,88	9.673	66.685	6,89
	35 bis unter 40	10.220	74.946	7,33	9.850	75.016	7,62	10.041	74.980	7,47
	40 bis unter 45	10.385	83.025	7,99	10.398	87.345	8,40	10.391	85.154	8,19
	45 bis unter 50	10.787	92.792	8,60	10.548	96.495	9,15	10.668	94.643	8,87
	50 bis unter 55	11.450	106.340	9,29	11.152	111.062	9,96	11.299	108.739	9,62
	55 bis unter 60	12.034	119.549	9,93	12.248	132.496	10,82	12.147	126.345	10,40
	60 bis unter 65	9.686	110.678	11,43	8.997	113.867	12,66	9.295	112.487	12,10
	65 bis unter 70	4.329	54.694	12,63	4.431	63.507	14,33	4.390	59.971	13,66
	70 bis unter 75	494	4.691	9,50	354	3.810	10,77	399	4.141	10,38
	75 bis unter 80	358	4.066	11,35	194	1.695	8,72	310	3.331	10,76
	80 und älter	159	1.157	7,26	0,00	0,00	0,00	80	578	7,25
	Insgesamt	**11.271**	**87.871**	**7,80**	**10.722**	**88.514**	**8,26**	**10.989**	**88.201**	**8,03**
IKK Bund	bis unter 15	179	446	2,50	0,00	0,00	0,00	92	231	2,50
	15 bis unter 20	29.060	121.105	4,17	24.990	102.626	4,11	26.480	109.394	4,13
	20 bis unter 25	16.638	82.326	4,95	15.651	77.641	4,96	16.083	79.692	4,96
	25 bis unter 30	10.709	64.724	6,04	9.946	58.136	5,85	10.300	61.194	5,94
	30 bis unter 35	10.132	66.224	6,54	9.849	62.105	6,31	9.972	63.896	6,41
	35 bis unter 40	10.008	67.844	6,78	9.584	64.675	6,75	9.753	65.939	6,76
	40 bis unter 45	10.009	71.868	7,18	9.389	67.507	7,19	9.639	69.268	7,19
	45 bis unter 50	10.019	76.626	7,65	9.000	68.038	7,56	9.430	71.667	7,60
	50 bis unter 55	10.241	83.510	8,15	8.967	72.060	8,04	9.516	76.997	8,09
	55 bis unter 60	10.256	87.153	8,50	9.388	79.660	8,49	9.764	82.904	8,49
	60 bis unter 65	8.416	79.229	9,41	8.763	82.335	9,40	8.618	81.037	9,40
	65 bis unter 70	4.459	43.330	9,72	4.801	50.082	10,43	4.678	47.658	10,19
	70 bis unter 75	1.791	20.142	11,24	1.257	15.119	12,03	1.419	16.638	11,73
	75 bis unter 80	1.114	10.996	9,87	934	10.522	11,26	1.025	11.427	11,15
	80 und älter	1.033	12.067	11,69	485	6.454	13,32	718	9.168	12,77
	Insgesamt	**10.811**	**75.036**	**6,94**	**10.071**	**69.175**	**6,87**	**10.386**	**71.669**	**6,90**

23

◻ Tab. 23.2 (Fortsetzung)

	Altersgruppen	Frauen			Männer			Frauen und Männer zusammen		
		Fälle je 10.000 Pflichtmitglieder o. R. der Altersgruppe	Tage	Tage je Fall	Fälle je 10.000 Pflichtmitglieder o. R. der Altersgruppe	Tage	Tage je Fall	Fälle je 10.000 Pflichtmitglieder o. R. der Altersgruppe	Tage	Tage je Fall
LKK	bis unter 15	0,00	0,00	0,00	0,00	0,00	0,00	0,00	0,00	0,
	15 bis unter 20	5.604	32.442	5,79	2.220	21.024	9,47	2.759	22.884	8,
	20 bis unter 25	2.055	18.103	8,81	1.116	12.568	11,26	1.258	13.414	10,
	25 bis unter 30	1.137	15.099	13,28	765	11.797	15,42	845	12.507	14,
	30 bis unter 35	1.915	24.881	12,99	704	9.413	13,38	893	11.690	13,
	35 bis unter 40	1.531	16.894	11,03	713	6.632	9,30	833	8.123	9,
	40 bis unter 45	1.389	24.411	17,57	718	6.495	9,04	812	8.999	11,
	45 bis unter 50	1.544	23.953	15,51	947	7.300	7,71	1.027	9.551	9,
	50 bis unter 55	1.642	30.080	18,32	1.104	9.723	8,80	1.170	12.187	10,
	55 bis unter 60	1.759	34.421	19,57	1.554	13.573	8,73	1.580	16.005	10,
	60 bis unter 65	1.832	42.372	23,12	2.055	20.508	9,98	2.031	22.890	11,
	65 bis unter 70	2.338	33.554	14,35	2.248	22.250	9,90	2.292	23.785	10,
	70 bis unter 75	2.588	21.836	8,44	3.030	26.715	8,82	3.169	27.630	8,
	75 bis unter 80	3.548	36.767	10,36	4.388	46.071	10,50	4.224	44.509	10,
	80 und älter	6.156	67.162	10,91	5.841	54.461	9,32	5.961	58.986	9,
	Insgesamt	**1.706**	**27.838**	**16,32**	**1.309**	**12.448**	**9,51**	**1.362**	**14.501**	**10,**
KBS	bis unter 15	0,00	0,00	0,00	0,00	0,00	0,00	0,00	0,00	0,
	15 bis unter 20	31.221	163.870	5,25	26.440	135.630	5,13	28.301	146.622	5,
	20 bis unter 25	18.427	130.094	7,06	17.776	128.194	7,21	18.083	129.091	7,
	25 bis unter 30	12.415	116.568	9,39	10.897	102.852	9,44	11.616	109.348	9,
	30 bis unter 35	13.042	141.856	10,88	11.063	119.261	10,78	11.963	129.535	10,
	35 bis unter 40	13.119	168.065	12,81	11.184	144.469	12,92	12.055	155.088	12,
	40 bis unter 45	12.405	191.712	15,45	11.299	186.081	16,47	11.763	188.443	16,
	45 bis unter 50	12.609	218.200	17,31	10.662	197.035	18,48	11.444	205.533	17,
	50 bis unter 55	13.003	255.702	19,66	11.457	236.175	20,61	12.109	244.416	20,
	55 bis unter 60	13.371	287.936	21,53	12.600	286.780	22,76	12.929	287.274	22,
	60 bis unter 65	11.209	306.400	27,34	11.168	336.747	30,15	11.185	324.298	28,
	65 bis unter 70	6.051	206.933	34,20	6.599	259.270	39,29	6.424	242.202	37,
	70 bis unter 75	3.752	44.613	11,89	3.000	37.565	12,52	3.155	38.999	12,
	75 bis unter 80	2.014	25.880	12,85	2.561	29.467	11,50	2.714	33.882	12,
	80 und älter	9.476	16.185	1,71	1.662	10.020	6,03	3.509	14.294	4,
	Insgesamt	**13.402**	**202.198**	**15,09**	**11.953**	**197.241**	**16,50**	**12.580**	**199.385**	**15,**

◘ Tab. 23.2 (Fortsetzung)

	Alters-gruppen	Frauen			Männer			Frauen und Männer zusammen		
		Fälle	Tage	Tage je Fall	Fälle	Tage	Tage je Fall	Fälle	Tage	Tage je Fall
		je 10.000 Pflicht-mitglieder o. R. der Altersgruppe			je 10.000 Pflicht-mitglieder o. R. der Altersgruppe			je 10.000 Pflicht-mitglieder o. R. der Altersgruppe		
VdEK	bis unter 15	53	212	4,00	47	140	3,00	50	173	3,50
	15 bis unter 20	31.338	160.875	5,13	26.142	140.474	5,37	28.231	148.679	5,27
	20 bis unter 25	15.066	104.665	6,95	12.816	94.934	7,41	13.914	99.682	7,16
	25 bis unter 30	9.869	88.078	8,92	7.466	69.265	9,28	8.696	78.896	9,07
	30 bis unter 35	10.489	109.186	10,41	8.491	88.332	10,40	9.522	99.096	10,41
	35 bis unter 40	10.836	127.980	11,81	9.242	106.460	11,52	10.127	118.403	11,69
	40 bis unter 45	11.130	147.465	13,25	9.907	132.821	13,41	10.629	141.468	13,31
	45 bis unter 50	11.286	163.221	14,46	10.062	150.177	14,92	10.820	158.248	14,63
	50 bis unter 55	11.784	188.492	16,00	10.452	177.863	17,02	11.283	184.496	16,35
	55 bis unter 60	12.333	219.736	17,82	11.201	219.940	19,64	11.906	219.813	18,46
	60 bis unter 65	9.953	227.663	22,87	9.339	239.738	25,67	9.696	232.709	24,00
	65 bis unter 70	4.194	116.608	27,80	3.819	114.516	29,98	4.005	115.553	28,85
	70 bis unter 75	1.372	20.731	15,11	1.238	21.290	17,20	1.291	21.069	16,32
	75 bis unter 80	1.042	16.875	16,20	989	17.816	18,02	1.009	17.456	17,30
	80 und älter	585	11.040	18,87	1.010	16.604	16,44	816	14.060	17,23
	Insgesamt	**11.458**	**153.602**	**13,41**	**9.952**	**133.259**	**13,39**	**10.805**	**144.784**	**13,40**

Fehlzeiten-Report 2016

den neunfachen Wert. Die Altersgruppe 15 bis unter 20 Jahre verursacht trotz der geringen Dauer der AU-Fälle mehr AU-Tage je Pflichtmitglied als die Altersgruppe der 25- bis unter 30-Jährigen. Dies hängt damit zusammen, dass die unter 20-Jährigen zwar nicht so lange krank sind, dafür aber wesentlich häufiger.

Mit den Daten zur Altersabhängigkeit der Arbeitsunfähigkeit lässt sich modellhaft überprüfen, ob der kontinuierliche Anstieg des Krankenstandes seit dem Jahr 2007 seine Ursache in der demografischen Entwicklung hat. Durch die demografische Entwicklung einerseits und die Anhebung des Renteneintrittsalters andererseits werden die Altersgruppen 60 bis unter 65 Jahre und 65 bis unter 70 Jahre in Zukunft vermehrt erwerbstätig sein. Dies allein wird schon wegen der altersspezifischen Häufigkeit der Arbeitsunfähigkeitstage in diesen Gruppen den Krankenstand steigen lassen.

23.7 Arbeitsunfähigkeit nach Krankheitsarten

Abschließend soll noch ein Blick auf die Verteilung der Arbeitsunfähigkeitsfälle nach Krankheitsarten geworfen werden. Die Rasterung erfolgt zwar nur grob nach Krankheitsartengruppen, aber auch hier wird deutlich, dass die psychischen und Verhaltensstörungen durch ihre lange Dauer von mehr als 33 Tagen je Fall ein Arbeitsunfähigkeitsvolumen von mehr als 21 Tsd. Arbeitsunfähigkeitstagen je 10.000 Pflichtmitglieder bilden. Sie liegen damit aber noch deutlich hinter den Krankheiten des Muskel-Skelett-Systems und des Bindegewebes mit über 34 Tsd. Tagen, aber schon über den Krankheiten des Atmungssystems mit über 18 Tsd. Tagen. Die Zahlen sind der ◘ Tab. 23.3 zu entnehmen.

Frauen fehlten 2014 häufiger durch psychische und Verhaltensstörungen (27.714 AU-Tage je 10.000 Pflichtmitglieder) als Männer (15.590 AU-Tage je 10.000 Pflichtmitglieder). Umgekehrt war es bei den Krankheiten des Muskel-Skelett-Systems und des Bindegewebes: Hier verursachten 2014 Männer 37.466 AU-Tage je 10.000 Pflichtmitglieder, während für Frauen »nur« 31.890 AU-Tage je 10.000 Pflichtmitglieder ausgewiesen wurden.

23

◘ Tab. 23.3 Arbeitsunfähigkeitsfälle und -tage der Pflichtmitglieder o. R. nach Krankheitsartengruppen 2014

Krankheitsartengruppe	Frauen			Männer			Zusammen		
	Fälle	Tage	Tage je Fall	Fälle	Tage	Tage je Fall	Fälle	Tage	Tage je Fall
	je 10.000 Pflichtmitgl. o. R.			je 10.000 Pflichtmitgl. o. R.			je 10.000 Pflichtmitgl. o. R.		
I. Bestimmte infektiöse und parasitäre Krankheiten	1.156	6.121	5,29	1.170	5.970	5,10	1.163	6.045	5,
II. Neubildungen	196	6.804	34,74	141	4.032	28,57	168	5.399	32,
III. Krankheiten des Blutes und der blutbildenden Organe sowie bestimmte Störungen mit Beteiligung des Immunsystems	19	297	15,99	11	202	19,02	15	249	17,
IV. Endokrine, Ernährungs- und Stoffwechselkrankheiten	70	1.123	16,01	63	1.066	16,91	67	1.094	16,
V. Psychische und Verhaltensstörungen	819	27.714	33,83	478	15.590	32,60	646	21.569	33,
VI. Krankheiten des Nervensystems	358	4.153	11,61	230	3.278	14,24	293	3.710	12,
VII. Krankheiten des Auges und der Augenanhangsgebilde	145	979	6,75	142	1.036	7,28	144	1.008	7,
VIII. Krankheiten des Ohres und des Warzenfortsatzes	154	1.327	8,62	126	1.076	8,57	140	1.200	8,
IX. Krankheiten des Kreislaufsystems	305	4.603	15,09	324	7.268	22,45	314	5.954	18,
X. Krankheiten des Atmungssystems	3.265	20.443	6,26	2.774	17.165	6,19	3.016	18.781	6,
XI. Krankheiten des Verdauungssystems	1.282	7.116	5,55	1.315	8.144	6,19	1.299	7.637	5,
XII. Krankheiten der Haut und der Unterhaut	154	1.622	10,55	192	2.354	12,24	173	1.993	11,
XIII. Krankheiten des Muskel-Skelett-Systems und des Bindegewebes	1.746	31.890	18,26	2.306	37.466	16,25	2.030	34.716	17,
XIV. Krankheiten des Urogenitalsystems	445	3.499	7,87	141	1.518	10,80	291	2.495	8,
XV. Schwangerschaft, Geburt und Wochenbett	229	2.598	11,32	0	0	0,00	113	1.281	11,
XVI. Bestimmte Zustände, die ihren Ursprung in der Perinatalperiode haben	1	12	9,93	0	4	9,52	1	8	9,
XVII. Angeborene Fehlbildungen, Deformitäten und Chromosomenanomalien	16	316	19,53	13	232	17,51	15	273	18,
XVIII. Symptome und abnorme klinische und Laborbefunde, die anderenorts nicht klassifiziert sind	886	6.940	7,83	674	5.148	7,63	779	6.032	7,
XIX. Verletzungen, Vergiftungen und bestimmte andere Folgen äußerer Ursachen	559	9.459	16,93	841	13.552	16,12	702	11.533	16,
Insgesamt (I. bis XIX. zus.)	11.806	137.018	11,61	10.940	125.100	11,43	11.367	130.978	11,

Analyse im Betrieblichen Gesundheitsmanagement und krankheitsbedingte Fehlzeiten in der Bundesverwaltung

A. Schlipphak

B. Badura et al. (Hrsg.) *Fehlzeiten-Report 2016*,
DOI 10.1007/978-3-662-49413-4_24, © Springer-Verlag Berlin Heidelberg 2016

Zusammenfassung *Seit 1997 werden die krankheitsbedingten Abwesenheitszeiten in der Bundesverwaltung auf der Grundlage eines Kabinettsbeschlusses erhoben und veröffentlicht. Der nachfolgende Beitrag umfasst den Erhebungszeitraum 2014 und basiert auf dem im Dezember 2015 veröffentlichten Gesundheitsförderungsbericht 2014. Als Schwerpunktthema des Berichts wurde die Analyse im Betrieblichen Gesundheitsmanagement (BGM) gewählt. Im Jahr 2015 wurde unter Federführung des BMI durch die obersten Bundesbehörden ein Schwerpunktpapier »Analyse im betrieblichen Gesundheitsmanagement« entwickelt. Damit wird eine praxisorientierte Vertiefung des 2014 verabschiedeten Eckpunktepapiers zum Betrieblichen Gesundheitsmanagement vorgestellt, das wie schon das Eckpunktepapier durch die Unfallversicherung Bund und Bahn (UVB) fachlich getragen wurde und inhaltliche Beiträge der Gestaltungspartner DGB, dbb und ver.di aufgegriffen hat. Begleitet werden die Initiativen zum Betrieblichen Gesundheitsmanagement durch den Demografiedialog der Bundesregierung. Auf dieser Grundlage soll die Gesundheit der Beschäftigten des Bundes für einen leistungsfähigen öffentlichen Dienst langfristig erhalten und gefördert werden. Basis eines wirksamen Betrieblichen Gesundheitsmanagements bildet eine systematische und hypothesengeleitete Analyse. Mit dem Schwerpunktpapier Analyse wurde ein praxisorientierter Überblick über die wichtigsten Analysemethoden und -instrumente des BGM und deren Einsatz- und Kombinationsmöglichkeiten im behördlichen BGM entwickelt, der auch Fragen der Beteiligung der Personalvertretung und des Datenschutzes thematisiert. Darüber hinaus werden die krankheitsbedingten Abwesenheitszeiten in der Bundesverwaltung dargestellt und analysiert.*

24.1 Grundlagen des Betrieblichen Gesundheitsmanagements in der öffentlichen Verwaltung des Bundes

Das Durchschnittsalter der Beschäftigten der unmittelbaren Bundesverwaltung steigt kontinuierlich. Ältere Beschäftigte sind durchschnittlich bei vergleichbaren Krankheitsanlässen länger krank, damit steigen bei älteren Beschäftigten die Fehlzeiten. Um langfristig die Gesundheit der Beschäftigten des Bundes für einen leistungsfähigen öffentlichen Dienst zu erhalten, setzt der Bund auf ein systematisches Gesundheitsmanagement.

Im Rahmen des Demografiedialoges der Bundesregierung liegt ein Schwerpunkt auf dem Thema »Der öffentliche Dienst als attraktiver und moderner Arbeitgeber«. Auf dieser Grundlage veröffentlichte der Ressortarbeitskreis der obersten Bundesbehörden 2013 das »Eckpunktepapier für ein Rahmenkonzept zur Weiterentwicklung des betrieblichen Gesundheitsmanagements (BGM) in der Bundesverwaltung«. Das Eckpunktepapier basiert auf dem Modell Kompetenz. Gesundheit.Arbeit (KOGA) der Unfallversicherung Bund und Bahn (UVB), die das Projekt von Beginn an fachlich begleitet hat. Ebenfalls aktiv beteiligt waren die Gestaltungspartner sowie die Datenschutzbeauftragten.

Zur Umsetzung des Eckpunktepapiers werden praxisorientierte Handreichungen entwickelt, als erstes Dokument wurde im Herbst 2015 das Schwerpunktpapier zur Analyse im BGM veröffentlicht. Das Papier gibt einen praxisorientierten Überblick über die wichtigsten Analysemethoden und -instrumente des BGM, deren Einsatz- und Kombinationsmöglichkeiten im behördlichen BGM und thematisiert auch Fragen der Beteiligung der Personalvertretung und des Datenschutzes.

24

24.2 Analysemethoden im BGM

24.2.1 Grundlagen

Das Betriebliche Gesundheitsmanagement der Bundesverwaltung gründet auf dem 6-Schritte-Modell der Unfallversicherung Bund und Bahn (UVB). Durch die Verständigung auf das 2013 veröffentlichte Eckpunktepapier zum Betrieblichen Gesundheitsmanagement haben sich die Bundesressorts auf dieses Modell zur Umsetzung ihres BGM verständigt. Der Managementzirkel umfasst ausgehend von den Zielen, Strategien und Konzepten (Schritt 1), über die Schaffung von Strukturen (Schritt 2) hin zur Analyse der Situation (Schritt 3), das Festlegen von Handlungsfeldern und Feinzielen (Schritt 4), die Durchführung von Maßnahmen (Schritt 5), die Evaluation (Schritt 6) sowie den daraus abzuleitenden weiteren BGM-Prozess.

Die Konzeption der Analyse orientiert sich an den Gegebenheiten des jeweiligen Betriebes und seiner Ziele. Diese haben Einfluss darauf, welche Analyseinstrumente eingesetzt, kombiniert und nach welchen Variablen die Analyse ausgewertet werden soll. Dabei gilt: »So viel Informationen wie nötig – so wenig Information wie möglich.« Nicht alles, was möglich wäre, kann und sollte erhoben und ausgewertet werden. Folgende vier Thesen ermöglichen einen konstruktiven Umgang mit diesem Spannungsfeld:

- Handhabbare Ergebnisse werden dann gewonnen, wenn die Analyse mit ihren Fragestellungen solche Aspekte erfasst, die relevant für die Erreichung der festgelegten Ziele sein könnten (Hypothese).
- Eine zu umfassende Analyse weckt Erwartungen, die in der Folge zu Enttäuschungen führen und die Akzeptanz des BGM gefährden können. Wird dagegen umgekehrt die Analyse zu eng gefasst, können z. B. Belastungen ganzer Beschäftigtengruppen verdeckt bleiben.
- Wesentlichen Einfluss auf die Zielerreichung und die Akzeptanz des BGM-Prozesses hat die Wahl der Fragestellung. Die Formulierung der Fragestellung erfordert daher eine Balance zwischen den Erwartungen der Beschäftigten an mögliche Veränderungen einerseits und den Möglichkeiten der Organisation, diese Veränderungen zu initiieren und durchzuführen andererseits. Eine frühzeitige und alle Beteiligten und Beschäftigten einzubeziehende Kommunikation vermeidet Enttäuschungen und weckt keine falschen Erwartungen.

24.2.2 Analyse

Wahl der Analyseinstrumente

Die Wahl der Analyseinstrumente hängt sowohl der zugrundeliegenden Fragestellung als auch den zur Verfügung stehenden Ressourcen ab. Anal instrumente lassen sich unterscheiden nach der **der erhobenen Daten**, d. h. objektive Daten (Kennwerte oder Expertenmeinungen) oder subjek Daten (z. B. Innensicht der Betroffenen); wie a nach der **Art des Verfahrens**, d. h. qualitativ (besch bend) oder quantitativ (messbare) Datenerheb Aus diesen beiden Dimensionen lassen sich vier A lyseebenen ableiten:

- **Quantitativ-objektive Verfahren**: z. B. Fehlzeitenanalyse, Personalstrukturanalyse, Altersstrukturanalyse, Gesundheitsbericht der GKV
- **Qualitativ-objektive Verfahren**: z. B. Arbeitspl analysen, arbeitsmedizinische Untersuchungen
- **Quantitativ-subjektive Verfahren**: z. B. Mitar terbefragung
- **Qualitativ-subjektive Verfahren**: z. B. Gesun heitszirkel oder Experteninterviews

Als zusätzliche Datenquelle bieten sich die Ergebn einer Gefährdungsbeurteilung an.

Variablen der Analyse

Die Aussagekraft der Analyse kann durch die K bination mehrerer unterschiedlicher Analyseebe erhöht werden (multidimensionaler Analyseans Im Idealfall können so alle für die Fragestellung r vanten Daten gewonnen werden, ohne mehr Infor tionen als nötig zu erheben (Datensparsamkeit). der Entscheidung, welche Variablen für die Ana verwendet werden, ist darauf zu achten, dass sich meisten großen innerbetrieblichen Unterschiede Bezug auf die verschiedenen Arbeitsbereiche un Bezug auf die ausgeübten Tätigkeiten aufheben. G ches gilt auch für Variablen wie Geschlecht, Laufba gruppe oder Alter, bei denen sich die Untersch ebenfalls meist weitgehend gegenseitig aufheb Wenn sich eine Auswertung nur auf diese Asp konzentriert, können ggf. Besonderheiten nicht si bar werden. Um Grundlagen für ein handlungs- veränderungsorientiertes Vorgehen zu erhalten, bi sich folgende Auswertungslinien an:

- Auswertung orientiert an verschiedenen Arbei bereichen (Referate, Sachgebiete, o. ä.),
- Auswertung bezogen auf die Arbeitsplatzgestaltungen (mit/ohne Kundenkontakt, Präsenz Telearbeit und mobiles Arbeiten) oder

- Auswertung bezogen auf unterschiedliche Arbeitszeitmodelle (Schicht-, Voll- und Teilzeitarbeit) sowie
- Auswertung unter Einbeziehung außerdienstlicher (z. B. familiärer) Faktoren.

Bei der Auswahl und dem Umfang der Variablen besteht die Gefahr, mehr als nötig zu erheben und später aus dem Umfang der Daten keine eindeutigen Handlungsfelder ableiten zu können. Berücksichtigt werden sollte auch, ob der Betrieb in der Lage ist, geeignete Maßnahmen aus den Ergebnissen der Analyse abzuleiten.

Personelle und finanzielle Ressourcen

Zur Planung und Durchführung der Analyse wird empfohlen, ein kleines Projektteam einzurichten. Dies sollte an bestehende Strukturen, z. B. an den Steuerungskreis für das Gesundheitsmanagement, angebunden werden. Neben der für das BGM zuständigen Person sollten ein Vertreter der Leitung oder der Verwaltung sowie die Interessensvertretung in der Projektgruppe mitwirken. Hilfreich ist es auch, frühzeitig die Schwerbehindertenvertretung, die Gleichstellungs- und den Datenschutzbeauftragten sowie den Arbeitsschutz einzubeziehen.

Die Dauer der Analysephase steht in Abhängigkeit von den einzusetzenden Instrumenten und kann zwischen drei und zwölf Monate dauern. Sollen Daten, wie z. B. bei einer Mitarbeiterbefragung, extern ausgewertet werden, so sind auch die hierfür entstehenden Kosten zu berücksichtigen. Damit auch im nachgeordneten Bereich ausreichend Mittel für eine externe Betreuung der Analyse zur Verfügung stehen, sind die obersten Bundesbehörden aufgefordert, hierfür Sorge zu tragen.

Kombination von Analyseinstrumenten

Werden aufgrund von gezielten Fragestellungen unterschiedliche Analyseinstrumente kombiniert, so bedeutet mehrschichtig, dass Analysen zeitlich versetzt durchgeführt werden. Auf eine Mitarbeiterbefragung folgt z. B. ein Gesundheitszirkel. Damit werden vertiefte und zielgenauere Analysen möglich. Gleichzeitig können somit auch Ansätze für Veränderungen identifiziert werden.

Unter mehrdimensionaler Analyse wird die Kombination verschiedener Analyseebenen verstanden, so werden z. B. qualitative und quantitative Daten erhoben. Um zu aussagekräftigen Ergebnissen zu kommen, ist es unabdingbar, darauf zu achten, dass in allen Befragungsarten die gleichen Strukturvariablen (Organisationseinheiten, Altersgruppen etc.) einheitlich eingesetzt werden, um Vergleiche zu ermöglichen.

Erfahrungsgemäß ergeben sich aus der Kombination von Fehlzeitenanalysen, Personalstrukturanalysen, Gefährdungsbeurteilung und/oder Mitarbeiterbefragungen sinnvolle Ergebnisse. Diese können durch Arbeitsplatzanalysen, Gesundheitszirkel und/oder Experteninterviews vertieft werden. Am häufigsten werden Mitarbeiterbefragungen mit Gesundheitszirkeln und/oder Experteninterviews kombiniert.

Auf der Grundlage der gewonnenen Daten können Handlungsfelder identifiziert und konkrete Maßnahmen abgeleitet werden.

BGM ist ein fortlaufender Prozess, der nie abgeschlossen ist. Die Erfahrungen in der behördlichen Praxis haben gezeigt, dass eine umfassende Analysephase, insbesondere eine Mitarbeiterbefragung, etwa alle drei Jahre wiederholt werden kann, um ein sinnvolles Verhältnis zwischen eingesetztem Analyseinstrument und gewonnenen Informationen zu erreichen. Einzelne Analyseinstrumente, wie Mitarbeiterzirkel, Arbeitsplatzanalysen oder Fehlzeitenanalysen, können jährlich bzw. anlassbezogen eingesetzt werden.

Kommunikation im BGM

Die Gestaltung der Analysephase und des Folgeprozesses kann nur mit einer offenen und transparenten Kommunikation gelingen. Es ist daher sinnvoll, die Beschäftigten frühzeitig in den Informationsprozess einzubinden und mögliche Fragen bereits im Vorfeld zu beantworten. Bei der Vorbereitung der Analyse erwarten Beschäftigte eine Antwort darauf, mit welchem Ziel die Daten erhoben werden und welche Konsequenzen seitens der Dienststelle zu erwarten sind. Sehr wichtig sind alle Aspekte rund um den Datenschutz und die Sicherstellung der Anonymität der gewonnenen Daten. Ist die Analyse abgeschlossen, erwarten die Beschäftigten zeitnah eine Information, über die Ergebnisse, die nächsten Schritte, eingeleitete Maßnahmen und mögliche Konsequenzen sowie zum weiteren Vorgehen.

Beteiligung regeln

Für ein gutes Gelingen trägt eine frühzeitige Einbeziehung der Personalvertretung bei. Dies gilt für den gesamten BGM-Prozess. Eine gelungene Analyse bildet ein Kernstück des BGM-Prozesses. Um hier Handlungssicherheit für alle zu erreichen, kann es hilfreich sein, eine Dienstvereinbarung abzuschließen. Um innerhalb des Geschäftsbereichs einer obersten Bundesbehörde einen einheitlichen Standard zu schaffen, empfiehlt es sich, eine Rahmendienstvereinbarung zwischen der obersten Dienststelle und der Stufenvertretung abzuschließen. Inhaltlich sollte sich diese auf qualitätsorientierte Bestimmungen zu Prozessen,

24

Strukturen und der Evaluation des BGM konzentrieren. Die konkrete Ausgestaltung des jeweiligen BGM-Prozesses kann darauf aufbauend bezogen auf die jeweiligen Besonderheiten der Behörden entwickelt werden.

24.2.3 Analyse und Datenschutz

Bei der Durchführung von Analysen im BGM ist das informationelle Selbstbestimmungsrecht der Beschäftigten sicherzustellen. Hierzu liegen gesetzliche Regelungen vor, die im BGM-Prozess zu beachten sind. Hilfreich ist daher, ein transparentes, eindeutiges und verständliches Datenschutzkonzept zu erstellen und zu veröffentlichen. Nur wenn die Beschäftigten Vertrauen in die Datensicherheit haben, werden sie bereit sein, sich aktiv einzubringen.

Analysen im BGM sind stets nach den optimalen Datenschutzstandards zu konzipieren. Dazu gehört auch, dass die Teilnahme an z. B. Mitarbeiterbefragungen, Gesundheitszirkeln o. ä. immer auf freiwilliger Basis erfolgen muss. Hierauf sind die Beschäftigten hinzuweisen. Bei allen Auswertungen muss sichergestellt sein, dass diese anonym erfolgen und zu keinem Zeitpunkt Rückschlüsse auf einzelne Beschäftigte möglich sind.

Werden die Daten der Analyse, z. B. der Mitarbeiterbefragung, extern ausgewertet, so sind mit dem externen Anbieter geeignete Vereinbarungen zur Datenverarbeitung (in aller Regel nach § 11 BDGS) und zur Anonymisierung zu treffen. Hierzu ist der behördliche Datenschutzbeauftragte einzubeziehen. Die rechtliche Ausgestaltung des Auftrags ist vor Auftragserteilung aus datenschutzrechtlicher Sicht zu prüfen.

Um im Rahmen der Auswertung keine Rückschlüsse zu ermöglichen, müssen ausreichend große Vergleichsgruppen gebildet werden. Empfohlen wird eine Gruppe erst ab einer Rücklaufquote von fünf Personen auszuwerten (dies bezieht sich sowohl auf alle Variablen wie z. B. Arbeitseinheiten, Geschlecht, Alter oder Laufbahn). Sollte dies nicht möglich sein oder aus anderen Gründen eine Anonymisierung nicht durchführbar sein, so werden nur die zusammengefassten Ergebnisse der nächsthöheren Organisationseinheit dargestellt.

Das Verfahren ist von Beginn an transparent schriftlich zu dokumentieren, zwischen allen Beteiligten (Dienststelle, Interessensvertretung, Datenschutzbeauftragtem) abzustimmen und in der Behörde zu veröffentlichen. Dies umfasst auch eine Aussage darüber, wer welchen Zugriff auf welche Daten hat.

24.2.4 Beteiligung und vertrauensvo Zusammenarbeit mit den Interessensvertretungen

Das Bundespersonalvertretungsgesetz (BPers regelt die jeweiligen Mitbestimmungstatbänd Rahmen des BGM-Prozesses und insbesondere Rahmen der Analyse. Abhängig von dem jeweil Vorhaben ist zu prüfen, ob und ggf. welche Vorsc zum Tragen kommt.

Unabhängig davon trägt eine frühzeitige Ein dung der Interessensvertretungen (Personalrat Schwerbehindertenvertretung) sowie der Gleich lungsbeauftragten in den BGM-Prozess zu einem trauensvollen Klima bei. Deren Aufgabe ist es, aus Perspektive der Beschäftigten den Prozess zu begle und ihn mitzugestalten.

24.2.5 Fazit und Ausblick

Mit dem Schwerpunktpapier Analyse will der sortarbeitskreis Gesundheitsmanagement aufzei dass eine an abgestimmten Fragestellungen or tierte Analyse Kernelement jedes Betrieblichen sundheitsmanagements ist. Dabei soll deutlich den, dass es nicht *das* Verfahren des BGM und n *die* Analyse gibt. Nur durch ein Zusammenwir unterschiedlicher Analyseinstrumente und ei regelmäßigen Austausch im Steuerungskreis kann für die jeweilige Organisation stimmiges BGM wickelt werden.

Ein hypothesengeleitetes Vorgehen und eine k Formulierung der Ziele und Fragestellungen bi darüber hinaus eine geeignete Grundlage für die luation.

Die Analyse im BGM steht für Schritt 3 im Ma gementzirkel des Sechs-Schritte-Modells. Aus folgen die Identifikation von Handlungsfeldern die Ableitung von Maßnahmen. Der Ressortarbe kreis wird den Behörden auch für diese Schritte Schwerpunktpapier als Arbeitshilfe zur Verfüg stellen.

24.3   Überblick über die krankheits- bedingten Abwesenheitszeite im Jahr 2014

24.3.1 Methodik der Datenerfassung

Die krankheitsbedingten Abwesenheitszeiten der schäftigten in der unmittelbaren Bundesverwalt

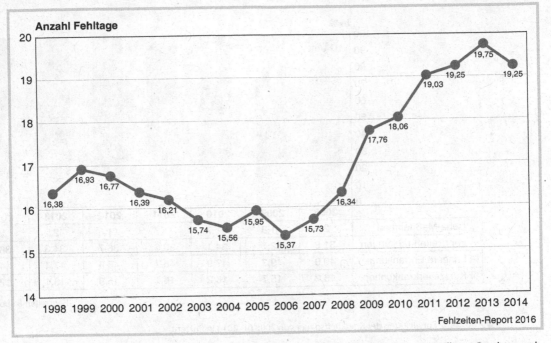

Fehlzeiten-Report 2016

◘ **Abb. 24.1** Entwicklung der krankheitsbedingten Abwesenheitstage je Beschäftigten in der unmittelbaren Bundesverwaltung von 1998 bis 2014

werden seit 1997 auf der Grundlage eines Kabinettbeschlusses vom Bundesministerium des Innern erhoben und veröffentlicht. In der Abwesenheitszeitenstatistik der unmittelbaren Bundesverwaltung werden sämtliche Tage erfasst, an denen die Beschäftigten des Bundes (Beamte einschließlich Richter, Anwärter sowie Tarifbeschäftigte einschließlich Auszubildende mit Dienstsitz in Deutschland) im Laufe eines Jahres aufgrund einer Erkrankung, eines Unfalls oder einer Rehabilitationsmaßnahme arbeitsunfähig waren. Krankheitstage, die auf Wochenenden oder Feiertage fallen, sowie Abwesenheiten durch Elternzeit, Fortbildungen oder Urlaub werden nicht berücksichtigt. Die Anzahl der Krankheitsfälle wird nicht erhoben. Ebenso können keine Aussagen über Krankheitsursachen gemacht werden, da die Diagnosen auf den Arbeitsunfähigkeitsbescheinigungen nur den Krankenkassen, nicht aber dem Arbeitgeber bzw. Dienstherrn zugänglich sind. Die Datensätze wurden nach den Merkmalen Dauer der Erkrankung (Kurzzeiterkrankungen bis zu drei Arbeitstagen, längere Erkrankungen von vier bis zu 30 Tagen, Langzeiterkrankungen über 30 Tage und Rehabilitationsmaßnahmen), Laufbahn-, Status- und Behördengruppen sowie Geschlecht und Alter systematisch aufbereitet.

24.3.2 Allgemeine Entwicklung der Abwesenheitszeiten

Im Jahr 2014 wurden die krankheitsbedingten Abwesenheitszeiten von insgesamt 249.587 Beschäftigten der unmittelbaren Bundesverwaltung gemeldet. Davon arbeiteten ca. 9,3 Prozent in den 22 obersten Bundesbehörden und 90,7 Prozent in den Geschäftsbereichsbehörden. Der Entwicklungstrend mit einer Steigerung der krankheitsbedingten Abwesenheitszeiten in der Bundesverwaltung wurde unterbrochen. Durchschnittlich fehlten die Beschäftigten an 19,25 Arbeitstagen. Gegenüber 2013 (19,75) sind die krankheitsbedingten Abwesenheitstage um 0,5 Arbeitstage zurückgegangen. ◘ Abb. 24.1 stellt die Entwicklung der Abwesenheitstage je Beschäftigten in der unmittelbaren Bundesverwaltung von 1998 bis 2014 dar. In diesem Zeitraum bewegt sich die Zahl der krankheitsbedingten Abwesenheitstage zwischen 16,93 und 19,75 Tagen. Von 1999 bis 2004 ging die Anzahl der krankheitsbedingten Abwesenheitstage kontinuierlich zurück. Nach einem leichten Anstieg im Jahr 2005 erreichte der Krankenstand 2006 seinen Tiefststand. Seitdem stiegen die Abwesenheitstage je Beschäftigten bis 2013 stetig an. 2014 sind diese erstmals wieder um 0,5 Tage gesunken. Gleichzeitig stieg seit 1994

24

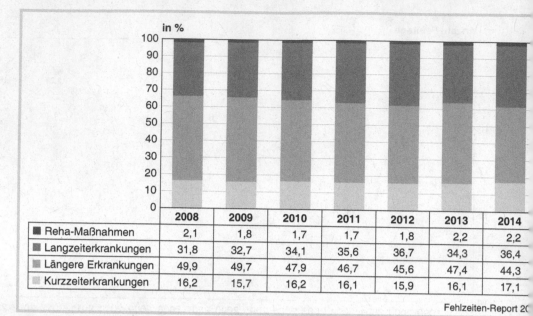

in %	2008	2009	2010	2011	2012	2013	2014
■ Reha-Maßnahmen	2,1	1,8	1,7	1,7	1,8	2,2	2,2
■ Langzeiterkrankungen	31,8	32,7	34,1	35,6	36,7	34,3	36,4
■ Längere Erkrankungen	49,9	49,7	47,9	46,7	45,6	47,4	44,3
■ Kurzzeiterkrankungen	16,2	15,7	16,2	16,1	15,9	16,1	17,1

Fehlzeiten-Report 20

◘ **Abb. 24.2** Entwicklung der Krankheitsdauer von 2008 bis 2014 in Prozent

das Durchschnittsalter der Beschäftigten der Bundesverwaltung um 3,69 Jahre. Die Beschäftigten der Bundesverwaltung waren 2014 im Durchschnitt 45,9 Jahre alt.

24.3.3 Dauer der Erkrankung

Obgleich die Abwesenheitszeiten in der unmittelbaren Bundesverwaltung insgesamt zurückgegangen sind, ist der Anteil der Abwesenheitstage bei Langzeiterkrankungen angestiegen. Sie haben einen Anteil von 36,42 Prozent an den gesamten krankheitsbedingten Abwesenheitszeiten und sind um 2,1 Tage gestiegen, was u. a. auf das zunehmende Alter der Beschäftigten zurückzuführen ist. Längere Erkrankungen haben einen Anteil von 44,33 Prozent und sind im Vergleich zum Vorjahr um 3,1 Tage gesunken. Den geringsten Anteil an den Abwesenheitszeiten haben Kurzzeiterkrankungen mit 17,1 Prozent sowie Rehabilitationsmaßnahmen (Kuren) mit 2,2 Prozent aller Abwesenheitstage im Jahr 2014 (◘ Abb. 24.2). Wie ◘ Abb. 24.2 zeigt, hat sich das Verhältnis zwischen Kurzzeiterkrankungen, längeren Erkrankungen, Langzeiterkrankungen und Rehabilitationsmaßnahmen im Zeitverlauf nicht wesentlich verändert.

24.3.4 Abwesenheitstage nach Laufbahngruppen

Bezogen auf die verschiedenen Laufbahngrup waren im Jahr 2014 9,9 Prozent aller Beschäftigter einfachen Dienst, 46,9 Prozent im mittleren Die 26,2 Prozent im gehobenen Dienst und 11,3 Pro im höheren Dienst tätig (◘ Abb. 24.3). Die Ta beschäftigten wurden hierzu den ihren Entgeltgr pen vergleichbaren Besoldungsgruppen und entsprechenden Laufbahngruppen zugeordnet. schon in den vergangenen Jahren sinkt die Anzahl krankheitsbedingten Abwesenheitstage mit zur mender beruflicher Qualifikation der Beschäftig Je höher die Laufbahngruppe, desto niedriger s die Abwesenheitszeiten. Zwischen den einzel Laufbahngruppen bestehen dabei erhebliche Un schiede. Durchschnittlich fehlten die Beschäftig der Bundesverwaltung im einfachen Dienst an 26 im mittleren Dienst an 22,74, im gehobenen Diens 16,47 und im höheren Dienst an 9,34 Arbeitsta Der Krankenstand im einfachen Dienst ist damit 2 mal so hoch wie im höheren Dienst. Diese Entw lung ist sowohl in den obersten Bundesbehörden auch in den Geschäftsbereichsbehörden zu be achten.

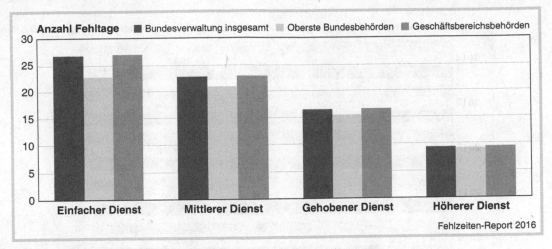

Abb. 24.3 Abwesenheitstage je Beschäftigten nach Laufbahngruppen im Jahr 2014

24.3.5 Abwesenheitstage nach Statusgruppen

In der Statistik wurden 249.587 (2013: 251.630) Beschäftigte erfasst. Das Personal der Bundesverwaltung unterteilt sich statusrechtlich in 126.718 Beamte, 108.662 Tarifbeschäftigte sowie 14.207 Auszubildende und Anwärter. Bei den Beamten der Bundesverwaltung ist der mittlere Dienst mit 45,1 Prozent am stärksten vertreten. Im einfachen Dienst sind 1,6 Prozent, im gehobenen Dienst 38,2 Prozent und im höheren Dienst 15,1 Prozent der Beamten tätig. Die größte Gruppe der Tarifbeschäftigten der Bundesverwaltung ist mit 55,1 Prozent im mittleren Dienst tätig. Im einfachen Dienst waren 20,9 Prozent, im gehobenen Dienst 16,6 Prozent und im höheren Dienst 8,4 Prozent der Tarifbeschäftigten beschäftigt. Mit Blick auf die Statusgruppen sind die Abwesenheitstage der Beamten mit 19,44 Tagen etwas geringer als die der Tarifbeschäftigten mit 20,23 Tagen. In den obersten Bundesbehörden haben Beamte sowie Tarifbeschäftigte durchschnittlich weniger Abwesenheitstage als in den Geschäftsbereichsbehörden. Im Gegensatz zu den Geschäftsbereichsbehörden, wo sich die Abwesenheitszeiten beider Statusgruppen ähnlich gestalten, sind in den obersten Bundesbehörden Tarifbeschäftigte im Durchschnitt 3,85 Tage länger krank als Beamte (◘ Abb. 24.4).

24.3.6 Abwesenheitstage nach Behördengruppen

Seit Beginn der Erhebung der Abwesenheitszeitenstatistik in der unmittelbaren Bundesverwaltung ist die

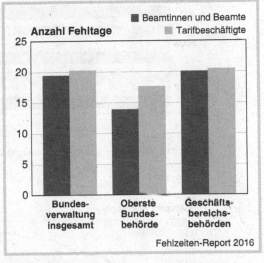

Abb. 24.4 Abwesenheitstage nach Statusgruppen in der Bundesverwaltung 2014

Zahl der durchschnittlichen Abwesenheitstage der Beschäftigten in den Geschäftsbereichsbehörden höher als in den obersten Bundesbehörden. Im Jahr 2014 ist diese Differenz erneut gestiegen. Die durchschnittliche Anzahl der krankheitsbedingten Abwesenheitstage je Beschäftigten in den obersten Bundesbehörden liegt bei 15,23 (2013: 15,94) und in den Geschäftsbereichsbehörden bei 19,65 (2013: 20,12) Abwesenheitstagen (◘ Abb. 24.5). Damit waren im Jahr 2014 die Beschäftigten in den Geschäftsbereichsbehörden 4,42 Tage länger arbeitsunfähig krankgeschrieben als die Beschäftigten der obersten Bundesbehörden.

24

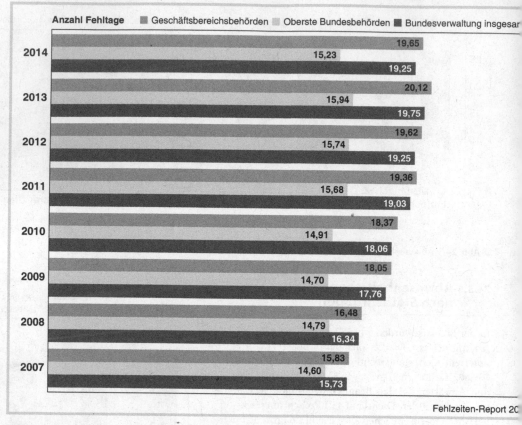

Anzahl Fehltage ■ Geschäftsbereichsbehörden ■ Oberste Bundesbehörden ■ Bundesverwaltung insgesar

2014 19,65 / 15,23 / 19,25

2013 20,12 / 15,94 / 19,75

2012 19,62 / 15,74 / 19,25

2011 19,36 / 15,68 / 19,03

2010 18,37 / 14,91 / 18,06

2009 18,05 / 14,70 / 17,76

2008 16,48 / 14,79 / 16,34

2007 15,83 / 14,60 / 15,73

Fehlzeiten-Report 20

◘ **Abb. 24.5** Abwesenheitstage je Beschäftigten nach Behördengruppen

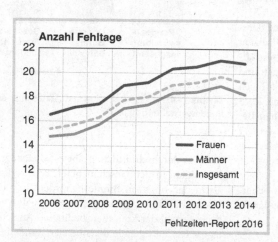

◘ **Abb. 24.6** Entwicklung der Abwesenheitszeiten nach Geschlecht von 2006 bis 2014

24.3.7 Abwesenheitstage nach Geschlecht

63 Prozent aller Beschäftigten waren Männer, 37 zent Frauen. Die krankheitsbedingten Abwesenh zeiten von Beschäftigten der Bundesverwaltung wa im Jahr 2014 bei den Frauen mit durchschnittlich 2 Abwesenheitstagen um 2,54 Tage höher als bei Männern mit 18,29 Abwesenheitstagen. Frauen fel im Krankheitsfall überwiegend zwischen 4 und Tagen, bei den Männern sind Langzeiterkrankur häufiger. ◘ Abb. 24.6 zeigt 2014 erstmals ein Rückg der krankheitsbedingten Abwesenheitszeiten für b Geschlechter.

24.3.8 Abwesenheitstage nach Alter

Die Beschäftigten der Bundesverwaltung waren Jahr 2014 im Durchschnitt 45,9 (2013: 45,7) Jahre Das durchschnittliche Alter lag bei den Beamten

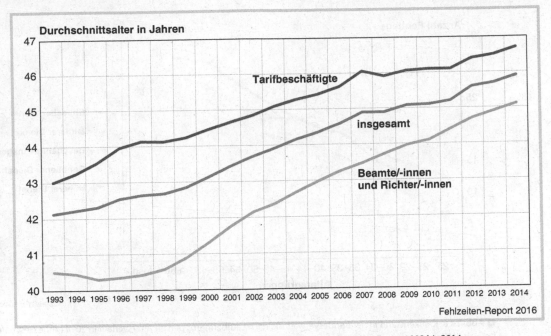

□ Abb. 24.7 Durchschnittsalter der Beschäftigten in der unmittelbaren Bundesverwaltung 1993 bis 2014

45,1 (2013: 44,9) Jahren und bei den Tarifbeschäftigten bei 46,7 (2013: 46,5) Jahren. Wie □ Abb. 24.7 zeigt, ist das Durchschnittsalter der Beschäftigten im Bundesdienst seit 1994 um 3,69 Jahre gestiegen.

Die Zahl der krankheitsbedingten Abwesenheitstage der Beschäftigten der unmittelbaren Bundesverwaltung steigt mit zunehmendem Alter an (□ Abb. 24.8). Der Anstieg ist bei Frauen und Männern in etwa gleich. Die Statistik zeigt, dass ältere Beschäftigte bei einer Erkrankung im Schnitt länger ausfallen als ihre jüngeren Kolleginnen und Kollegen. Der Anstieg der Krankheitsdauer hat zur Folge, dass der Krankenstand trotz der Abnahme der Krankmeldungen mit zunehmendem Alter deutlich ansteigt. Dieser Effekt wird dadurch verstärkt, dass ältere Beschäftigte häufiger von mehreren Erkrankungen gleichzeitig betroffen sind. Dieser Trend kehrt sich erst in der Altersgruppe der über 60-Jährigen um. Dieser Effekt wird in der Literatur als Healthy-Worker-Effekt beschrieben. Er besagt, dass gesundheitlich stark beeinträchtigte ältere Beschäftigte oftmals über Frühverrentungsangebote vorzeitig aus der analysierten Gruppe ausscheiden. Für die Bundesverwaltung sind dabei zusätzlich die besonderen Altersgrenzen beim Eintritt in den Ruhestand, z. B. bei der Bundespolizei, zu berücksichtigen. Im Jahr 2014 fehlten über 60-jährige Beschäftigte der unmittelbaren Bundesverwaltung durchschnitt-

lich an 26,20 Tagen. Damit liegt der Wert gegenüber den unter 25-jährigen Beschäftigten (10,67 Tage) um das 2,5-Fache höher. Die krankheitsbedingten Abwesenheiten steigen in fast allen Laufbahngruppen mit zunehmendem Alter kontinuierlich an (□ Abb. 24.8). Der größte Unterschied zwischen den einzelnen Laufbahngruppen besteht bei den 55- bis 59-Jährigen: In dieser Altersgruppe haben die Beschäftigten im höheren Dienst durchschnittlich 11,22 Abwesenheitstage und die Beschäftigten des einfachen Dienstes 31,35 Abwesenheitstage. Dies ergibt eine Differenz von 20,13 Tagen.

24.3.9 Gegenüberstellung mit den Abwesenheitszeiten der AOK-Statistik

Für eine Gegenüberstellung der krankheitsbedingten Abwesenheiten der unmittelbaren Bundesverwaltung mit dem Fehlzeiten-Report der AOK werden die Fehlzeiten der AOK gesamt und des AOK-Bereichs »Öffentliche Verwaltung« herangezogen. Vergleichswerte sind die Abwesenheitszeiten von über 11 Millionen erwerbstätigen AOK-Versicherten (Badura et al. 2015). Die krankheitsbedingten Abwesenheitszeiten der unmittelbaren Bundesverwaltung wurden ansatz-

24

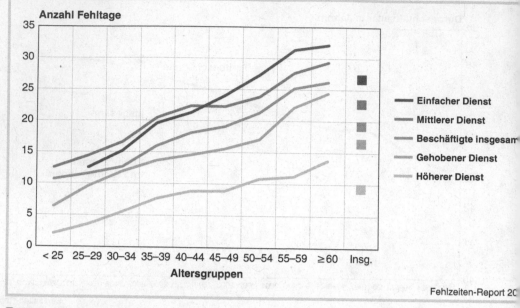

◘ **Abb. 24.8** Krankenstand in der Bundesverwaltung nach Laufbahngruppen im Altersverlauf in 2014 (ohne Geschäftsbereich BMVg)

weise bereinigt und standardisiert. Hierfür wurden die
unterschiedlichen Altersstrukturen der Bundesverwaltung und der Erwerbsbevölkerung soweit möglich
altersstandardisiert und die Parameter der Abwesen-
heitszeitenerhebung in Grundzügen angeglichen. Für
eine Gegenüberstellung der Daten der unmittelbaren
Bundesverwaltung mit denen der AOK wurde auch
berücksichtigt, dass die AOK Abwesenheitszeiten aufgrund von Rehabilitationsmaßnahmen nicht erfasst.
Zudem wurde ein Teil der Kurzzeiterkrankungen im
AOK-Fehlzeiten-Report nicht berücksichtigt. Um dies
statistisch anzugleichen, werden von den durchschnittlichen 19,25 Abwesenheitstagen der Beschäftigten der unmittelbaren Bundesverwaltung im Jahr 2014
Abwesenheitszeiten aufgrund von Rehabilitationsmaßnahmen (0,42 Abwesenheitstage für 2014) und
pauschal 50 Prozent der Kurzzeiterkrankungen (1,65
Abwesenheitstage für 2014) abgezogen. Die auf dieser
Basis bereinigte Abwesenheitszeitenquote des Bundes
beträgt 6,84 Prozent (17,18 Arbeitstage pro Beschäftigten). Daraus ergibt sich eine Abwesenheitszeitenquote
für den Bund in Höhe von 6,20 Prozent (15,57 Arbeitstage). Im Jahr 2014 lag die Abwesenheitszeitenquote
aller erwerbstätigen AOK-Versicherten bei 5,2 Prozent. Die Abwesenheitszeiten von AOK-versicherten
Erwerbstätigen in der öffentlichen Verwaltung und
Sozialversicherung lagen mit 5,9 Prozent höher. Damit
liegt der Bund noch 0,30 Prozentpunkte über der

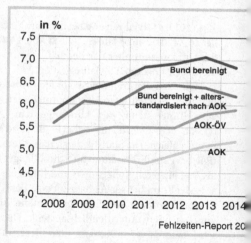

◘ **Abb. 24.9** Entwicklung der Abwesenheitszeitenquote
Beschäftigten der Bundesverwaltung und der erwerbstä
gen AOK-Versicherten (inkl. Bereich der öffentlichen Verw
tung/Sozialversicherung) von 2008 bis 2014 in Prozent

Abwesenheitszeitenquote der AOK im Bereich
öffentlichen Verwaltung und 1,0 Prozentpunkt ü
dem Krankenstand aller erwerbstätigen AOK-V
sicherten. ◘ Abb. 24.9 zeigt die Entwicklung der be
nigten und standardisierten Abwesenheitszeitenqu
der unmittelbaren Bundesverwaltung und des Kr

kenstands der erwerbstätigen AOK-Versicherten. Bei aller Unzulänglichkeit selbst der bereinigten und standardisierten Abwesenheitszeiten lässt sich feststellen, dass der Krankenstand der AOK-Versicherten in den letzten drei Jahren leicht angestiegen ist, während der Krankenstand der Beschäftigten in der unmittelbaren Bundesverwaltung dagegen seit drei Jahren rückläufig ist.

Bei einem Vergleich der Abwesenheitszeiten der Bundesverwaltung mit denen der Wirtschaft ist immer zu berücksichtigen, dass sich die Standards der Abwesenheitszeitenerhebungen systembedingt ganz erheblich voneinander unterscheiden. Die Krankenstandserhebungen unterliegen keinen einheitlichen Standards für die Ermittlung von Abwesenheitszeiten, deren Erfassungsmethodik sowie deren Auswertung. Ein weiterer erheblicher Unterschied liegt in den Strukturen der Beschäftigtengruppen, wodurch bekannte Einflussgrößen wie Alter, Geschlecht und Tätigkeit sich unterschiedlich auswirken und zu Verzerrungen führen. So ist der Anteil älterer Beschäftigter in der unmittelbaren Bundesverwaltung deutlich höher als in der gesamten Erwerbsbevölkerung. Im Jahr 2014 waren 61,1 Prozent der Beschäftigten der unmittelbaren Bundesverwaltung 45 Jahre und älter. In der übrigen Erwerbsbevölkerung in Deutschland liegt demgegenüber der Anteil der über 45-Jährigen bei 47,9 Prozent. Damit ist die Altersgruppe der über 45-Jährigen im Bundesdienst um ungefähr ein Viertel größer als in der Erwerbsbevölkerung. Die 25- bis 44-Jährigen, die in der gesamten Erwerbsbevölkerung mit 42,0 Prozent die stärkste Altersgruppe bilden, machen im Bundesdienst nur 32,4 Prozent aus (Statistisches Bundesamt; Mikrozensus 2014).

Literatur

Badura B, Ducki A, Schröder H, Klose J, Meyer M (Hrsg) Fehlzeiten-Report 2015. Neue Wege für mehr Gesundheit – Qualitätsstandards für ein zielgruppenspezifisches Gesundheitsmanagement. 1. Aufl, Berlin 2015

Statistisches Bundesamt, Fachserie 14 Reihe 6, Finanzen und Steuern, Personal des öffentlichen Dienstes, Wiesbaden 2014

Quelle für die demografischen Angaben zur Gesamtbevölkerung und zu den Beschäftigten des Bundes: Statistisches Bundesamt

Anhang

B. Badura et al. (Hrsg.) *Fehlzeiten-Report 2016*,
DOI 10.1007/978-3-662-49413-4, © Springer-Verlag Berlin Heidelberg 2016

Anhang 1

Internationale Statistische Klassifikation der Krankheiten und verwandter Gesundheitsprobleme (10. Revision, Version 2015, German Modification)

I. Bestimmte infektiöse und parasitäre Krankheiten (A00-B99)

A00-A09	Infektiöse Darmkrankheiten
A15-A19	Tuberkulose
A20-A28	Bestimmte bakterielle Zoonosen
A30-A49	Sonstige bakterielle Krankheiten
A50-A64	Infektionen, die vorwiegend durch Geschlechtsverkehr übertragen werden
A65-A69	Sonstige Spirochätenkrankheiten
A70-A74	Sonstige Krankheiten durch Chlamydien
A75-A79	Rickettsiosen
A80-A89	Virusinfektionen des Zentralnervensystems
A90-A99	Durch Arthropoden übertragene Viruskrankheiten und virale hämorrhagische Fieber
B00-B09	Virusinfektionen, die durch Haut- und Schleimhautläsionen gekennzeichnet sind
B15-B19	Virushepatitis
B20-B24	HIV-Krankheit [Humane Immundefizienz-Viruskrankheit]
B25-B34	Sonstige Viruskrankheiten
B35-B49	Mykosen
B50-B64	Protozoenkrankheiten
B65-B83	Helminthosen
B85-B89	Pedikulose [Läusebefall], Akarinose [Milbenbefall] und sonstiger Parasitenbefall der Haut
B90-B94	Folgezustände von infektiösen und parasitären Krankheiten
B95-B98	Bakterien, Viren und sonstige Infektionserreger als Ursache von Krankheiten, die in anderen Kapiteln klassifiziert sind
B99	Sonstige Infektionskrankheiten

II. Neubildungen (C00-D48)

C00-C75	Bösartige Neubildungen an genau bezeichneten Lokalisationen, als primär festgestellt oder vermutet, ausgenommen lymphatisches, blutbildendes und verwandtes Gewebe
C76-C80	Bösartige Neubildungen ungenau bezeichneter, sekundärer und nicht näher bezeichneter Lokalisationen
C81-C96	Bösartige Neubildungen des lymphatischen, blutbildenden und verwandten Gewebes, als primär festgestellt und vermutet
C97	Bösartige Neubildungen als Primärtumoren an mehreren Lokalisationen
D00-D09	In-situ-Neubildungen
D10-D36	Gutartige Neubildungen
D37-D48	Neubildungen unsicheren oder unbekannten Verhaltens

III.   Krankheiten des Blutes und der blutbildenden Organe sowie bestimmte Störungen mit Beteiligung des Immunsystems (D50-D90)

D50-D53	Alimentäre Anämien
D55-D59	Hämolytische Anämien
D60-D64	Aplastische und sonstige Anämien
D65-D69	Koagulopathien, Purpura und sonstige hämorrhagische Diathesen
D70-D77	Sonstige Krankheiten des Blutes und der blutbildenden Organe
D80-D90	Bestimmte Störungen mit Beteiligung des Immunsystems

IV.   Endokrine, Ernährungs- und Stoffwechselkrankheiten (E00-E90)

E00-E07	Krankheiten der Schilddrüse
E10-E14	Diabetes mellitus
E15-E16	Sonstige Störungen der Blutglukose-Regulation und der inneren Sekretion des Pankreas
E20-E35	Krankheiten sonstiger endokriner Drüsen
E40-E46	Mangelernährung
E50-E64	Sonstige alimentäre Mangelzustände
E65-E68	Adipositas und sonstige Überernährung
E70-E90	Stoffwechselstörungen

V.   Psychische und Verhaltensstörungen (F00-F99)

F00-F09	Organische, einschließlich symptomatischer psychischer Störungen
F10-F19	Psychische und Verhaltensstörungen durch psychotrope Substanzen
F20-F29	Schizophrenie, schizotype und wahnhafte Störungen
F30-F39	Affektive Störungen
F40-F48	Neurotische, Belastungs- und somatoforme Störungen
F50-F59	Verhaltensauffälligkeiten mit körperlichen Störungen und Faktoren
F60-F69	Persönlichkeits- und Verhaltensstörungen
F70-F79	Intelligenzstörung
F80-F89	Entwicklungsstörungen
F90-F98	Verhaltens- und emotionale Störungen mit Beginn in der Kindheit und Jugend
F99	Nicht näher bezeichnete psychische Störungen

VI.   Krankheiten des Nervensystems (G00-G99)

G00-G09	Entzündliche Krankheiten des Zentralnervensystems
G10-G14	Systematrophien, die vorwiegend das Zentralnervensystem betreffen
G20-G26	Extrapyramidale Krankheiten und Bewegungsstörungen
G30-G32	Sonstige degenerative Krankheiten des Nervensystems
G35-G37	Demyelinisierende Krankheiten des Zentralnervensystems
G40-G47	Episodische und paroxysmale Krankheiten des Nervensystems
G50-G59	Krankheiten von Nerven, Nervenwurzeln und Nervenplexus
G60-G64	Polyneuroapathien und sonstige Krankheiten des peripheren Nervensystems
G70-G73	Krankheiten im Bereich der neuromuskulären Synapse und des Muskels
G80-G83	Zerebrale Lähmung und sonstige Lähmungssyndrome
G90-G99	Sonstige Krankheiten des Nervensystems

VII. Krankheiten des Auges und der Augenanhangsgebilde (H00-H59)

H00-H06	Affektionen des Augenlides, des Tränenapparates und der Orbita
H10-H13	Affektionen der Konjunktiva
H15-H22	Affektionen der Sklera, der Hornhaut, der Iris und des Ziliarkörpers
H25-H28	Affektionen der Linse
H30-H36	Affektionen der Aderhaut und der Netzhaut
H40-H42	Glaukom
H43-H45	Affektionen des Glaskörpers und des Augapfels
H46-H48	Affektionen des N. opticus und der Sehbahn
H49-H52	Affektionen der Augenmuskeln, Störungen der Blickbewegungen sowie Akkommodationsstörungen und Refraktionsfehler
H53-H54	Sehstörungen und Blindheit
H55-H59	Sonstige Affektionen des Auges und Augenanhangsgebilde

VIII. Krankheiten des Ohres und des Warzenfortsatzes (H60-H95)

H60-H62	Krankheiten des äußeren Ohres
H65-H75	Krankheiten des Mittelohres und des Warzenfortsatzes
H80-H83	Krankheiten des Innenohres
H90-H95	Sonstige Krankheiten des Ohres

IX. Krankheiten des Kreislaufsystems (I00-I99)

I00-I02	Akutes rheumatisches Fieber
I05-I09	Chronische rheumatische Herzkrankheiten
I10-I15	Hypertonie [Hochdruckkrankheit]
I20-I25	Ischämische Herzkrankheiten
I26-I28	Pulmonale Herzkrankheit und Krankheiten des Lungenkreislaufs
I30-I52	Sonstige Formen der Herzkrankheit
I60-I69	Zerebrovaskuläre Krankheiten
I70-I79	Krankheiten der Arterien, Arteriolen, und Kapillaren
I80-I89	Krankheiten der Venen, der Lymphgefäße und de Lymphknoten, anderenorts nicht klassifiziert
I95-I99	Sonstige und nicht näher bezeichnete Krankheiten des Kreislaufsystems

X. Krankheiten des Atmungssystems (J00-J99)

J00-J06	Akute Infektionen der oberen Atemwege
J09-J18	Grippe und Pneumonie
J20-J22	Sonstige akute Infektionen der unteren Atemwege
J30-J39	Sonstige Krankheiten der oberen Atemwege
J40-J47	Chronische Krankheiten oder unteren Atemwege
J60-J70	Lungenkrankheiten durch exogene Substanzen
J80-J84	Sonstige Krankheiten der Atmungsorgane, die hauptsächlich das Interstitium betreffen
J85-J86	Purulente und nekrotisierende Krankheitszustände der unteren Atemwege
J90-J94	Sonstige Krankheiten der Pleura
J95-J99	Sonstige Krankheiten des Atmungssystems

XI.   Krankheiten des Verdauungssystems (K00-K93)

K00-K14	Krankheiten der Mundhöhle, der Speicheldrüsen und der Kiefer
K20-K31	Krankheiten des Ösophagus, des Magens und des Duodenums
K35-K38	Krankheiten des Appendix
K40-K46	Hernien
K50-K52	Nichtinfektiöse Enteritis und Kolitis
K55-K64	Sonstige Krankheiten des Darms
K65-K67	Krankheiten des Peritoneums
K70-K77	Krankheiten der Leber
K80-K87	Krankheiten der Gallenblase, der Gallenwege und des Pankreas
K90-K93	Sonstige Krankheiten des Verdauungssystems

XII.   Krankheiten der Haut und der Unterhaut (L00-L99)

L00-L08	Infektionen der Haut und der Unterhaut
L10-L14	Bullöse Dermatosen
L20-L30	Dermatitis und Ekzem
L40-L45	Papulosquamöse Hautkrankheiten
L50-L54	Urtikaria und Erythem
L55-L59	Krankheiten der Haut und der Unterhaut durch Strahleneinwirkung
L60-L75	Krankheiten der Hautanhangsgebilde
L80-L99	Sonstige Krankheiten der Haut und der Unterhaut

XIII.   Krankheiten des Muskel-Skelett-Systems und des Bindegewebes (M00-M99)

M00-M25	Arthropathien
M30-M36	Systemkrankheiten des Bindegewebes
M40-M54	Krankheiten der Wirbelsäule und des Rückens
M60-M79	Krankheiten der Weichteilgewebe
M80-M94	Osteopathien und Chondropathien
M95-M99	Sonstige Krankheiten des Muskel-Skelett-Systems und des Bindegewebes

XIV.   Krankheiten des Urogenitalsystems (N00-N99)

N00-N08	Glomeruläre Krankheiten
N10-N16	Tubulointerstitielle Nierenkrankheiten
N17-N19	Niereninsuffizienz
N20-N23	Urolithiasis
N25-N29	Sonstige Krankheiten der Niere und des Ureters
N30-N39	Sonstige Krankheiten des Harnsystems
N40-N51	Krankheiten der männlichen Genitalorgane
N60-N64	Krankheiten der Mamma [Brustdrüse]
N70-N77	Entzündliche Krankheiten der weiblichen Beckenorgane
N80-N98	Nichtentzündliche Krankheiten des weiblichen Genitaltraktes
N99	Sonstige Krankheiten des Urogenitalsystems

XV. Schwangerschaft, Geburt und Wochenbett (O00-O99)

O00-O08	Schwangerschaft mit abortivem Ausgang
O09	Schwangerschaftsdauer
O10-O16	Ödeme, Proteinurie und Hypertonie während der Schwangerschaft, der Geburt und des Wochenbettes
O20-O29	Sonstige Krankheiten der Mutter, die vorwiegend mit der Schwangerschaft verbunden sind
O30-O48	Betreuung der Mutter im Hinblick auf den Feten und die Amnionhöhle sowie mögliche Entbindungskomplikationen
O60-O75	Komplikation bei Wehentätigkeit und Entbindung
O80-O82	Entbindung
O85-O92	Komplikationen, die vorwiegend im Wochenbett auftreten
O95-O99	Sonstige Krankheitszustände während der Gestationsperiode, die anderenorts nicht klassifiziert sind.

XVI. Bestimmte Zustände, die ihren Ursprung in der Perinatalperiode haben (P00-P96)

P00-P04	Schädigung des Feten und Neugeborenen durch mütterliche Faktoren und durch Komplikationen bei Schwangerschaft, Wehentätigkeit und Entbindung
P05-P08	Störungen im Zusammenhang mit der Schwangerschaftsdauer und dem fetalen Wachstum
P10-P15	Geburtstrauma
P20-P29	Krankheiten des Atmungs- und Herz-Kreislaufsystems, die für die Perinatalperiode spezifisch sind
P35-P39	Infektionen, die für die Perinatalperiode spezifisch sind
P50-P61	Hämorrhagische und hämatologische Krankheiten beim Feten und Neugeborenen
P70-P74	Transitorische endokrine und Stoffwechselstörungen, die für Feten und das Neugeborene spezifisch sind
P75-P78	Krankheiten des Verdauungssystems beim Feten und Neugeborenen
P80-P83	Krankheitszustände mit Beteiligung der Haut und der Temperaturregulation beim Feten und Neugeborenen
P90-P96	Sonstige Störungen, die ihren Ursprung in der Perinatalperiode haben

XVII. Angeborene Fehlbildungen, Deformitäten und Chromosomenanomalien (Q00-Q99)

Q00-Q07	Angeborene Fehlbildungen des Nervensystems
Q10-Q18	Angeborene Fehlbildungen des Auges, des Ohres, des Gesichts und des Halses
Q20-Q28	Angeborene Fehlbildungen des Kreislaufsystems
Q30-Q34	Angeborene Fehlbildungen des Atmungssystems
Q35-Q37	Lippen-, Kiefer- und Gaumenspalte
Q38-Q45	Sonstige angeborene Fehlbildungen des Verdauungssystems
Q50-Q56	Angeborene Fehlbildungen der Genitalorgane
Q60-Q64	Angeboren Fehlbildungen des Harnsystems
Q65-Q79	Angeborene Fehlbildungen und Deformitäten des Muskel-Skelett-Systems
Q80-Q89	Sonstige angeborene Fehlbildungen
Q90-Q99	Chromosomenanomalien, anderenorts nicht klassifiziert

XVIII.   Symptome und abnorme klinische und Laborbefunde, die anderenorts nicht klassifiziert sind (R00-R99)

R00-R09	Symptome, die das Kreislaufsystem und Atmungssystem betreffen
R10-R19	Symptome, die das Verdauungssystem und das Abdomen betreffen
R20-R23	Symptome, die die Haut und das Unterhautgewebe betreffen
R25-R29	Symptome, die das Nervensystem und Muskel-Skelett-System betreffen
R30-R39	Symptome, die das Harnsystem betreffen
R40-R46	Symptome, die das Erkennungs- und Wahrnehmungsvermögen, die Stimmung und das Verhalten betreff
R47-R49	Symptome, die die Sprache und die Stimme betreffen
R50-R69	Allgemeinsymptome
R70-R79	Abnorme Blutuntersuchungsbefunde ohne Vorliegen einer Diagnose
R80-R82	Abnorme Urinuntersuchungsbefunde ohne Vorliegen einer Diagnose
R83-R89	Abnorme Befunde ohne Vorliegen einer Diagnose bei der Untersuchung anderer Körperflüssigkeiten, Substanzen und Gewebe
R90-R94	Abnorme Befunde ohne Vorliegen einer Diagnose bei bildgebender Diagnostik und Funktionsprüfungen
R95-R99	Ungenau bezeichnete und unbekannte Todesursachen

XIX.   Verletzungen, Vergiftungen und bestimmte andere Folgen äußerer Ursachen (S00-T98)

S00-S09	Verletzungen des Kopfes
S10-S19	Verletzungen des Halses
S20-S29	Verletzungen des Thorax
S30-S39	Verletzungen des Abdomens, der Lumbosakralgegend, der Lendenwirbelsäule und des Beckens
S40-S49	Verletzungen der Schulter und des Oberarms
S50-S59	Verletzungen des Ellenbogens und des Unterarms
S60-S69	Verletzungen des Handgelenks und der Hand
S70-S79	Verletzungen der Hüfte und des Oberschenkels
S80-S89	Verletzungen des Knies und des Unterschenkels
S90-S99	Verletzungen der Knöchelregion und des Fußes
T00-T07	Verletzung mit Beteiligung mehrerer Körperregionen
T08-T14	Verletzungen nicht näher bezeichneter Teile des Rumpfes, der Extremitäten oder anderer Körperregionen
T15-T19	Folgen des Eindringens eines Fremdkörpers durch eine natürliche Körperöffnung
T20-T32	Verbrennungen oder Verätzungen
T33-T35	Erfrierungen
T36-T50	Vergiftungen durch Arzneimittel, Drogen und biologisch aktive Substanzen
T51-T65	Toxische Wirkungen von vorwiegend nicht medizinisch verwendeten Substanzen
T66-T78	Sonstige nicht näher bezeichnete Schäden durch äußere Ursachen
T79	Bestimmte Frühkomplikationen eines Traumas
T80-T88	Komplikationen bei chirurgischen Eingriffen und medizinischer Behandlung, anderenorts nicht klassifizier
T89	Sonstige Komplikationen eines Traumas, anderenorts nicht klassifiziert
T90-T98	Folgen von Verletzung, Vergiftungen und sonstigen Auswirkungen äußerer Ursachen

XX.   Äußere Ursachen von Morbidität und Mortalität (V01-Y84)

V01-X59	Unfälle
X60-X84	Vorsätzliche Selbstbeschädigung
X85-Y09	Tätlicher Angriff
Y10-Y34	Ereignis, dessen nähere Umstände unbestimmt sind
Y35-Y36	Gesetzliche Maßnahmen und Kriegshandlungen
Y40-Y84	Komplikationen bei der medizinischen und chirurgischen Behandlung

XXI.	Faktoren, die den Gesundheitszustand beeinflussen und zur Inanspruchnahme des Gesundheitswesen führen (Z00-Z99)
Z00-Z13	Personen, die das Gesundheitswesen zur Untersuchung und Abklärung in Anspruch nehmen
Z20-Z29	Personen mit potentiellen Gesundheitsrisiken hinsichtlich übertragbarer Krankheiten
Z30-Z39	Personen, die das Gesundheitswesen im Zusammenhang mit Problemen der Reproduktion in Anspruch nehmen
Z40-Z54	Personen, die das Gesundheitswesen zum Zwecke spezifischer Maßnahmen und zur medizinischen Betreuung in Anspruch nehmen
Z55-Z65	Personen mit potenziellen Gesundheitsrisiken aufgrund sozioökonomischer oder psychosozialer Umstände
Z70-Z76	Personen, die das Gesundheitswesen aus sonstigen Gründen in Anspruch nehmen
Z80-Z99	Personen mit potenziellen Gesundheitsrisiken aufgrund der Familien- oder Eigenanamnese und bestimmte Zustände, die den Gesundheitszustand beeinflussen

XXII.	Schlüssel für besondere Zwecke (U00-U99)
U00-U49	Vorläufige Zuordnungen für Krankheiten mit unklarer Ätiologie
U50-U52	Funktionseinschränkung
U55	Erfolgte Registrierung zur Organtransplantation
U60-U61	Stadieneinteilung der HIV-Infektion
U69-U69	Sonstige sekundäre Schlüsselnummern für besondere Zwecke
U80-U85	Infektionserreger mit Resistenzen gegen bestimmte Antibiotika oder Chemotherapeutika
U99-U99	Nicht belegte Schlüsselnummern

Anhang 2

Branchen in der deutschen Wirtschaft basierend auf der Klassifikation der Wirtschaftszweige (Ausgabe 2008/NACE)

Banken und Versicherungen

K		Erbringung von Finanz- und Versicherungsdienstleistungen
	64	Erbringung von Finanzdienstleistungen
	65	Versicherungen, Rückversicherungen und Pensionskassen (ohne Sozialversicherung)
	66	Mit Finanz- und Versicherungsdienstleistungen verbundene Tätigkeiten

Baugewerbe

F		Baugewerbe
	41	Hochbau
	42	Tiefbau
	43	Vorbereitende Baustellenarbeiten, Bauinstallation und sonstiges Ausbaugewerbe

Dienstleistungen

I		Gastgewerbe
	55	Beherbergung
	56	Gastronomie
J		Information und Kommunikation
	58	Verlagswesen
	59	Herstellung, Verleih und Vertrieb von Filmen und Fernsehprogrammen; Kinos; Tonstudios und Verlegen von Musik
	60	Rundfunkveranstalter
	61	Telekommunikation
	62	Erbringung von Dienstleistungen der Informationstechnologie
	63	Informationsdienstleistungen
L		Grundstücks- und Wohnungswesen
	68	Grundstücks- und Wohnungswesen
M		Erbringung von freiberuflichen, wissenschaftlichen und technischen Dienstleistungen
	69	Rechts- und Steuerberatung, Wirtschaftsprüfung
	70	Verwaltung und Führung von Unternehmen und Betrieben; Unternehmensberatung
	71	Architektur- und Ingenieurbüros; technische, physikalische und chemische Untersuchung
	72	Forschung und Entwicklung
	73	Werbung und Marktforschung
	74	Sonstige freiberufliche, wissenschaftliche und technische Tätigkeiten
	75	Veterinärwesen
N		Erbringung von sonstigen wirtschaftlichen Dienstleistungen
	77	Vermietung von beweglichen Sachen
	78	Vermittlung und Überlassung von Arbeitskräften
	79	Reisebüros, Reiseveranstalter und Erbringung sonstiger Reservierungsdienstleistungen
	80	Wach- und Sicherheitsdienste sowie Detekteien
	81	Gebäudebetreuung; Garten- und Landschaftsbau
	82	Erbringung von wirtschaftlichen Dienstleistungen für Unternehmen und Privatpersonen a. n. g.

Q	Gesundheits- und Sozialwesen	
	86	Gesundheitswesen
	87	Heime (ohne Erholungs- und Ferienheime)
	88	Sozialwesen (ohne Heime)
R	Kunst, Unterhaltung und Erholung	
	90	Kreative, künstlerische und unterhaltende Tätigkeiten
	91	Bibliotheken, Archive, Museen, botanische und zoologische Gärten
	92	Spiel-, Wett- und Lotteriewesen
	93	Erbringung von Dienstleistungen des Sports, der Unterhaltung und der Erholung
S	Erbringung von sonstigen Dienstleistungen	
	94	Interessenvertretungen sowie kirchliche und sonstige religiöse Vereinigungen (ohne Sozialwesen und Sport)
	95	Reparatur von Datenverarbeitungsgeräten und Gebrauchsgütern
	96	Erbringung von sonstigen überwiegend persönlichen Dienstleistungen
T	Private Haushalte mit Hauspersonal; Herstellung von Waren und Erbringung von Dienstleistungen durch private Haushalte für den Eigenbedarf	
	97	Private Haushalte mit Hauspersonal
	98	Herstellung von Waren und Erbringung von Dienstleistungen durch private Haushalte für den Eigenbedarf ohne ausgeprägten Schwerpunkt

Energie, Wasser, Entsorgung und Bergbau

B	Bergbau und Gewinnung von Steinen und Erden	
	5	Kohlenbergbau
	6	Gewinnung von Erdöl und Erdgas
	7	Erzbergbau
	8	Gewinnung von Steinen und Erden, sonstiger Bergbau
	9	Erbringung von Dienstleistungen für den Bergbau und für die Gewinnung von Steinen und Erden
D	Energieversorgung	
	35	Energieversorgung
E	Wasserversorgung; Abwasser- und Abfallentsorgung und Beseitigung von Umweltverschmutzungen	
	36	Wasserversorgung
	37	Abwasserentsorgung
	38	Sammlung, Behandlung und Beseitigung von Abfällen; Rückgewinnung
	39	Beseitigung von Umweltverschmutzungen und sonstige Entsorgung

Erziehung und Unterricht

P	Erziehung und Unterricht	
	85	Erziehung und Unterricht

Handel

G	Handel; Instandhaltung und Reparatur von Kraftfahrzeugen	
	45	Handel mit Kraftfahrzeugen; Instandhaltung und Reparatur von Kraftfahrzeugen
	46	Großhandel (ohne Handel mit Kraftfahrzeugen)
	47	Einzelhandel (ohne Handel mit Kraftfahrzeugen)

Land- und Forstwirtschaft

A	Land- und Forstwirtschaft, Fischerei	
	1	Landwirtschaft, Jagd und damit verbundene Tätigkeiten
	2	Forstwirtschaft und Holzeinschlag
	3	Fischerei und Aquakultur

Metallindustrie

C **Verarbeitendes Gewerbe**

24	Metallerzeugung und -bearbeitung
25	Herstellung von Metallerzeugnissen
26	Herstellung von Datenverarbeitungsgeräten, elektronischen und optischen Erzeugnissen
27	Herstellung von elektrischen Ausrüstungen
28	Maschinenbau
29	Herstellung von Kraftwagen und Kraftwagenteilen
30	Sonstiger Fahrzeugbau

Öffentliche Verwaltung

O **Öffentliche Verwaltung, Verteidigung; Sozialversicherung**

84	Öffentliche Verwaltung, Verteidigung; Sozialversicherung

U **Exterritoriale Organisationen und Körperschaften**

99	Exterritoriale Organisationen und Körperschaften

Verarbeitendes Gewerbe

C **Verarbeitendes Gewerbe**

10	Herstellung von Nahrungs- und Futtermitteln
11	Getränkeherstellung
12	Tabakverarbeitung
13	Herstellung von Textilien
14	Herstellung von Bekleidung
15	Herstellung von Leder, Lederwaren und Schuhen
16	Herstellung von Holz-, Flecht-, Korb- und Korkwaren (ohne Möbel)
17	Herstellung von Papier, Pappe und Waren daraus
18	Herstellung von Druckerzeugnissen; Vervielfältigung von bespielten Ton-, Bild- und Datenträgern
19	Kokerei und Mineralölverarbeitung
20	Herstellung von chemischen Erzeugnissen
21	Herstellung von pharmazeutischen Erzeugnissen
22	Herstellung von Gummi- und Kunststoffwaren
23	Herstellung von Glas und Glaswaren, Keramik, Verarbeitung von Steinen und Erden
31	Herstellung von Möbeln
32	Herstellung von sonstigen Waren
33	Reparatur und Installation von Maschinen und Ausrüstungen

Verkehr und Transport

H **Verkehr und Lagerei**

49	Landverkehr und Transport in Rohrfernleitungen
50	Schifffahrt
51	Luftfahrt
52	Lagerei sowie Erbringung von sonstigen Dienstleistungen für den Verkehr
53	Post-, Kurier- und Expressdienste

Die Autorinnen und Autoren

Thomas Afflerbach

Universität Konstanz
Fachbereich Politik- und Verwaltungswissenschaften
Universitätsstraße 10
78464 Konstanz

2005–2010 Bachelor und Masterstudium der Betriebswirtschaftslehre in Berlin. 2005–2013 Berufstätigkeit bei Bombardier Transportation, u. a. in der Prozess- und Organisationsverbesserung der internationalen Finanzabteilung. Seit 2013 Doktorand an der Universität Konstanz im Fachbereich Politik- und Verwaltungswissenschaften und Stipendiat der Konrad-Adenauer-Stiftung. Neben der Promotion Tätigkeit als Design Thinking Coach an der HPI Academy am Hasso-Plattner-Institut der Universität Potsdam. Aktuelle Forschungs-/Arbeitsschwerpunkte: (Miss-)Vertrauen, Virtuelle Teams, Shared Service Center, Design Thinking, Qualitative Forschungsmethoden.

Dr. Regina Ahrens

Forschungszentrum
Familienbewusste Personalpolitik
Hittorfstraße 17
48149 Münster

Dr. Regina Ahrens studierte Politikwissenschaft und Kommunikationswissenschaft und promovierte zum Thema »Nachhaltigkeit in der deutschen Familienpolitik«. Sie führt seit Ende 2011 die Geschäfte des Forschungszentrums Familienbewusste Personalpolitik (FFP). Das FFP erforscht seit mehr als zehn Jahren an der Schnittstelle von Familien-, Sozial- und Wirtschaftspolitik die Potenziale und Effekte einer familienbewussten Personalpolitik. Daneben berät Frau Dr. Ahrens Arbeitgebende zu personalpolitischen Zukunftsthemen.

Prof. Dr. Bernhard Badura

Universität Bielefeld
Fakultät für Gesundheitswissenschaften
Postfach 10 01 31
33501 Bielefeld

Dr. rer. soc., Studium der Soziologie, Philosophie und Politikwissenschaften in Tübingen, Freiburg, Konstanz und Harvard/Mass. Seit März 2008 Emeritus der Fakultät für Gesundheitswissenschaften der Universität Bielefeld.

Prof. Dr. Eva Bamberg

Universität Hamburg
Fakultät für Psychologie und Bewegungswissenschaft
Arbeits- und Organisationspsychologie
Von-Melle-Park 11
20146 Hamburg

Studium der Psychologie an der Freien Universität Berlin. Diplom 1978, Promotion 1985 an der Technischen Universität Berlin, Habilitation 1992 an der Universität Osnabrück. Nach Tätigkeiten als wissenschaftliche Mitarbeiterin Vertretungsprofessur an der Uni Jena, dann Professuren an den Universitäten Flensburg und Innsbruck. Seit 1997 Leiterin des Arbeitsbereichs Arbeits- und Organisationspsychologie an der Universität Hamburg. Schwerpunkte: Arbeit und Gesundheit, Veränderungsprozesse in Organisationen, Innovation.

Olaf Beckmann

Wissenschaftliches Institut der AOK (WIdO)
Rosenthaler Straße 31
10178 Berlin

Studium der Soziol (M. A. und B. A.) Volkswirtschaftsle (B. A.) an der Tec schen Universität B und der Universität F dam mit den Sch punkten Organisati und Techniksoziolo 2012–2015 Werkstu bei der Wirtschafts fungsgesellschaft KP im Bereich Gesundh wirtschaft; Autor mehrerer Publikationen in der Fa zeitung KPMG Gesundheitsbarometer zu den Ther Betriebliches Gesundheitsmanagement und auslä sche Gesundheitssysteme. Seit April 2015 Trainee AOK-Bundesverband. Zunächst im Stab Vorstands gelegenheiten, seit Januar 2016 in der Geschäfts rungseinheit Versorgung. Parallel dazu für drei Mo Mitarbeiter im Wissenschaftlichen Institut der A (WIdO) im Forschungsbereich Betriebliche Gesu heitsförderung, Heilmittel und ambulante Beda planung.

Apl.-Prof. Dr. Ottmar L. Braun

Universität Koblenz-Landau
Campus Landau
Arbeitsbereich Sozial- und Wirtschaftspsychologie
Fortstraße 7
76829 Landau

Ottmar L. Braun Wirtschaftspsychol und lehrt und forsch der Universität Koble Landau zu den Ther Selbstmanagement, P tive Psychologie, Mi beitermotivation, Mi beiterzufriedenheit Führungskräfteentw lung. Darüber hinaus er als selbständiger rater, Trainer und Co in Wirtschaftsunternehmen für die Themen Mitarbeiterbefragungen, Gefährdungsanalyse, psychische Belastung und 360°-Feedback tätig.

Klaus Busch

Lohestraße 5
53359 Rheinbach

Studium der Elektrotechnik/Nachrichtentechnik an der FH Lippe, Abschluss: Diplom-Ingenieur. Studium der Volkswirtschaftslehre mit dem Schwerpunkt Sozialpolitik an der Universität Hamburg, Abschluss: Diplom-Volkswirt. Referent in der Grundsatz- und Planungsabteilung des Bundesministeriums für Arbeit und Sozialordnung (BMA) für das Rechnungswesen und die Statistik in der Sozialversicherung. Referent in der Abteilung »Krankenversicherung« des Bundesministeriums für Gesundheit (BMG) für ökonomische Fragen der zahnmedizinischen Versorgung und für Heil- und Hilfsmittel. Danach Referent in der Abteilung »Grundsatzfragen der Gesundheitspolitik, Pflegesicherung, Prävention« des BMG im Referat »Grundsatzfragen der Gesundheitspolitik, Gesamtwirtschaftliche und steuerliche Fragen, Statistik des Gesundheitswesens«. Vertreter des BMG im Statistischen Beirat des Statistischen Bundesamtes. Seit Mai 2014 im Ruhestand.

Prof. Dr. Jan Dettmers

Lehrstuhl für Arbeits-und Organisationspsychologie
MSH Medical School Hamburg
University of Applied Sciences and Medical University
Am Kaiserkai 1
20457 Hamburg

Studium der Psychologie, Informatik und Soziologie an der Universität Hamburg und »La Sapienza« in Rom. Promotion zum Thema »Das innovations- und kundenbezogene Aufgabenverständnis von Handwerkern«. 2011–2014 Juniorprofessur für Arbeits-und Organisationspsychologie an der Universität Hamburg. 2014–2015 Lehrstuhlvertretung an der Universität Leipzig. Seit 10/2015 Professur für Arbeits- und Organisationspsychologie an der Medical School Hamburg. Forschungsschwerpunkte: Arbeit und Gesundheit, Flexibilisierung, Innovation und Dienstleistungsarbeit.

Prof. Dr. Antje Ducki

Beuth Hochschule für Technik Berlin
Fachbereich I: Wirtschafts-
und Gesellschaftswissenschaften
Luxemburger Straße 10
13353 Berlin

Nach Abschluss des Studiums der Psychologie an der Freien Universität Berlin als wissenschaftliche Mitarbeiterin an der TU Berlin tätig. Betriebliche Gesundheitsförderung für die AOK Berlin über die Gesellschaft für Betriebliche Gesundheitsförderung, Mitarbeiterin am Bremer Institut für Präventionsforschung und Sozialmedizin, Hochschulassistentin an der Universität Hamburg. 1998 Promotion in Leipzig. Seit 2002 Professorin für Arbeits- und Organisationspsychologie an der Beuth Hochschule für Technik Berlin. Arbeitsschwerpunkte: Arbeit und Gesundheit, Gender und Gesundheit, Mobilität und Gesundheit, Stressmanagement, Betriebliche Gesundheitsförderung.

Cona Ehresmann

Fakultät für Gesundheitswissenschaften
Büro Prof. Dr. Bernhard Badura
Universität Bielefeld
Postfach 10 01 31
33501 Bielefeld

Studium der Gesundheitswissenschaften (M. Sc.) an der Universität Bielefeld. Seit 2012 wissenschaftliche Tätigkeit bei Prof. Dr. Bernhard Badura an der Fakultät für Gesundheitswissenschaften an der Universität Bielefeld. Arbeitsschwerpunkt: Betriebliches Gesundheitsmanagement, insbesondere Organisationsdiagnostik. Seit 2013 Promotion zum Thema Burnout.

Dr. Werner Eichhorst

Forschungsinstitut zur Zukunft der Arbeit GmbH (IZA)
Schaumburg-Lippe-Straße 5–9
53113 Bonn

Studium der Soziologie, Politikwissenschaft, Psychologie und Verwaltungswissenschaften in Tübingen und Konstanz. 1996–1999 Doktorand und Post-Doc-Stipendiat am Max-Planck-Institut für Gesellschaftsforschung in Köln. Ende 1998 Promotion an der Universität Konstanz. Bis 2004 Projektleiter bei der Bertelsmann Stif-

tung. 2004–2005 am Institut für Arbeitsmarkt-Berufsforschung (IAB) in Nürnberg tätig. Seit Juli ? am IZA tätig, zunächst als Research Associate Februar 2006 als Senior Research Associate und April 2007 als stv. Direktor Arbeitsmarktpolitik. Januar 2014 Direktor für Arbeitsmarktpolitik Eur am IZA. Arbeitsschwerpunkte: international ver-chende Analyse von Institutionen und Entwickl von Arbeitsmärkten, Vergleich von beschäftigu politischen Strategien und Reformprozessen, Pol beratung, Vernetzung des IZA im europäischen internationalen Kontext.

Silke Eilers

Institut für Beschäftigung
und Employability IBE
Ernst-Boehe-Straße 4
67059 Ludwigshafen

Silke Eilers ist wis schaftliche Mitarbeit und Projektleiterin Institut für Beschä gung und Employ lity IBE. Ihre Arbe schwerpunkte lieger der demografischen I wicklung, der Ge rationendiversität, Trendscanning so Employability und bensphasenorientie Personalpolitik.

Univ.-Prof. Dr. Eike Emrich

Universität des Saarlandes
Fakultät für empirische Humanwissenschaften
und Wirtschaftswissenschaft
Lehrstuhl für Sportökonomie und Sportsoziologie
66123 Saarbrücken

Studium der Sportwissenschaft, Soziologie und Volkswirtschaftslehre. Diplomabschlüsse 1980/1981 und 1984. Promotion an der Universität des Saarlandes 1988, Habilitation an der Johannes Gutenberg-Universität Mainz 1994/1995. 1988–1999 hauptberufliche Führungstätigkeit in Sportorganisationen. Seit 1999/2000 Professor für Sportentwicklung an der Johann Wolfgang Goethe-Universität Frankfurt am Main und seit 2005 Professor für Sportökonomie und Sportsoziologie an der Universität des Saarlandes. Hauptforschungsgebiete: Sportökonomik und Sportsoziologie, daneben Institutionenökonomik, Evaluationsforschung und Bildungsökonomik.

Prof. Dr. Jörg Felfe

Helmut-Schmidt-Universität
Holstenhofweg 85
22043 Hamburg

Prof. Dr. Jörg Felfe ist Professor für Arbeits- Organisations- und Wirtschaftspsychologie an der Helmut-Schmidt-Universität in Hamburg. Seine Forschungsschwerpunkte liegen in den Bereichen Mitarbeiterführung, Commitment, Diagnostik, Evaluation und Gesundheit. Er ist Verfasser zahlreicher Bücher, u. a. zu Mitarbeiterführung, Mitarbeiterbindung, Führungskräftetrainings und Organisationsdiagnostik und Mitherausgeber der Zeitschrift für Arbeits- & Organisationspsychologie. Seine Forschungsarbeiten sind in einschlägigen deutschsprachigen und internationalen Fachzeitschriften publiziert. Darüber hinaus hat er Diagnoseinstrumente für unterschiedliche Einsatzbereiche entwickelt.

Christiane Flüter-Hoffmann

Institut der deutschen Wirtschaft Köln e. V.
Konrad-Adenauer-Ufer 21
50668 Köln

Seit 1994 arbeitet Christiane Flüter-Hoffmann im Institut der deutschen Wirtschaft Köln und dort im Wissenschaftsbereich Kompetenzfeld »Arbeitsmarkt und Arbeitswelt«. Sie ist Senior Researcher und Projektleiterin für den Bereich »Betriebliche Personalpolitik«. Frau Flüter-Hoffmann hat zahlreiche Studien, Gutachten und anwendungsorientierte Unternehmensprojekte zu verschiedenen Themen der Personal- und Organisationsentwicklung durchgeführt. Seit 2002 ist sie Mitglied des Ausschusses »Betriebliche Personalpolitik« der Bundesvereinigung der Deutschen Arbeitgeberverbände (BDA) in Berlin. Seit 2007 nimmt sie die Aufgaben eines Jurymitglieds im Bereich »Wirtschaft« für die Prädikatsvergabe von »TOTAL E-QUALITY« wahr.

Prof. Dr. Michael Fröhlich

Technische Universität Kaiserslautern
Fachbereich Sozialwissenschaften/
Fachgebiet Sportwissenschaft
Lehrstuhl für Sportwissenschaft
mit dem Schwerpunkt Bewegungs-
und Trainingswissenschaft
Erwin-Schrödinger-Straße
67663 Kaiserslautern

Studium der Sportwissenschaft mit dem Abschluss als Diplomsportlehrer Schwerpunkt Präventions- und Rehabilitationssport. 2003 Promotion an der Johann Wolfgang Goethe-Universität Frankfurt/Main. 2010 Habilitation an der Universität des Saarlandes. 2000– 2006 wissenschaftlicher Mitarbeiter am Olympiastützpunkt Rheinland-Pfalz/ Saarland (ab 2003 stellvertretender Leiter). 2006–2015 akademischer Mitarbeiter und Ausbildungsleiter (2011–2015) am Sportwissenschaftlichen Institut der Universität des Saarlandes. Seit 2015 Professur für Sportwissenschaft an der TU Kaiserslautern. Hauptforschungsgebiete: Bewegungs- und Trainingswissenschaft, Gesundheitsthemen, Interventionsforschung.

Nadine Geißer

AOK Bayern – Die Gesundheitskasse
Bereich Gesundheitsförderung
Stromerstraße 5
90330 Nürnberg

Dipl.-Sozialpädago (FH), Systemische raterin und Coach. 2008 Beraterin für triebliches Gesundh management der A Bayern mit den Sch punkten Konzep und Durchführung Projekten zum Betr lichen Gesundheits nagement, betriebli Stressmanageme Führung und Gesundheit, Coaching von Führu kräften.

Katharina Marlen Gläsener

Waldowstraße 14a
13156 Berlin

Bachelor- und Mas studium der Betri wirtschaftslehre in Be 2005–2012 bei der H nover Rückversicher AG tätig. Seit 2012 movierend an der L versität Hamburg z Thema Macht und kropolitik in multiku rellen Teams und motionsstipendiatin Hochschule für W schaft und Recht Berlin. Seit 2014 Lehrbeauftragte Qualitative Forschungsmethoden an der Hochschule Wirtschaft und Recht Berlin. Seit 2015 Tätigkeit Design Thinking Coach an der HPI Academy des Has Plattner-Instituts in Potsdam. Seit 2016 Gastdozenti der Beuth Hochschule für Technik Berlin. Forschu und Arbeitsschwerpunkte: Teamarbeit, interkultu Zusammenarbeit, Macht und Mikropolitik, qualita Forschungsmethoden, Design Thinking, Coaching.

Carina Grünewald

AOK Bayern – Die Gesundheitskasse
Bereich Gesundheitsförderung
Stromerstraße 5
90330 Nürnberg

Studium der Integrativen Gesundheitsförderung (B. Sc.) und Sportwissenschaft/Gesundheitsförderung (M. A.) mit dem Schwerpunkt Arbeit und Gesundheit. Seit 2014 bei der AOK Bayern tätig im Betrieblichen Gesundheitsmanagement. Arbeitsschwerpunkte: BGM-Zertifizierung, Produktentwicklung, Life-Balance.

Frank Hauser

Great Place to Work® Deutschland
Hardefuststraße 7
50677 Köln

Leiter des Great Place to Work® Instituts Deutschland. Seine beruflichen Schwerpunkte liegen im Bereich der Organisationsforschung und Organisationsentwicklung sowie in der Forschung und Beratung zu den Themen Arbeitsplatzkultur, Arbeitgeberattraktivität und Mitarbeiterbindung. Great Place to Work® Deutschland führt jährlich den Benchmark-Wettbewerb »Deutschlands Beste Arbeitgeber« und zahlreiche Länder- und Branchenwettbewerbe durch. Die Ergebnisse der Forschungen des Instituts stellt Frank Hauser regelmäßig in Vorträgen und Fachpublikationen einem breiten Publikum vor.

Dr. Dennis John

AOK Bayern – Die Gesundheitskasse
Bereich Gesundheitsförderung
Stromerstraße 5
90330 Nürnberg

Diplom-Psychologe. Nach dem Studium der Psychologie und Gerontologie wissenschaftlicher Mitarbeiter an der Universität Erlangen-Nürnberg. 2014 Promotion mit einer Dissertation zum Thema Zeiterleben und Zeitmanagement. Seit 2014 Referent für allgemeine Gesundheitsförderung (Fachgebiet psychosoziale Angebote) bei der AOK Bayern. Arbeitsschwerpunkte: Entwicklung und Evaluation von Präsenz- und Onlineangeboten im Bereich multimodales Stressmanagement, Positive Psychologie und kognitive Leistungsfähigkeit.

Joachim Klose

Wissenschaftliches Institut der AOK (WIdO)
Rosenthaler Straße 31
10178 Berlin

Diplom-Soziologe. Nach Abschluss des Studiums der Soziologie an der Universität Bamberg (Schwerpunkt Sozialpolitik und Sozialplanung) wissenschaftlicher Mitarbeiter im Rahmen der Berufsbildungsforschung an der Universität Duisburg. Seit 1993 wissenschaftlicher Mitarbeiter im Wissenschaftlichen Institut der AOK (WIdO) im AOK-Bundesverband; Leiter des Forschungsbereichs Betriebliche Gesundheitsförderung, Heilmittel und ambulante Bedarfsplanung.

Dr. Birgit Köper

Bundesanstalt für Arbeitsschutz
und Arbeitsmedizin (BAuA)
Friedrich-Henkel-Weg 1–25
44149 Dortmund

Dr. Birgit Köper arbeitet als »senior scientist« bei der Bundesanstalt für Arbeitsschutz und Arbeitssicherheit (BAuA) in der Organisationseinheit »Wandel der Arbeit«. Sie studierte Wirtschaftswissenschaften in Bochum (Dipl.-Ökonomin) und Organisationspsychologie in Dortmund (Dr. phil). Ihre Arbeit fokussiert auf Fragen nach den Auswirkungen von Unternehmensrestrukturierungen auf die Beschäftigten, vermittelt durch Aspekte, wie etwa Arbeitsplatzunsicherheit und Arbeitsintensivierung. Sie entwickelt diese Themen konzeptionell in enger Vernetzung mit der nationalen und internationalen »community« weiter.

Dr. Nick Kratzer

Institut für Sozialwissenschaftliche Forschung Mü̈chen e. V. – ISF München
Jakob-Klar-Straße 9
80769 München

Ausbildung zum Verl kaufmann und Tätig als Werbemittelherste Im Anschluss bis Studium der Soziol an der Ludwigs-M milians-Universität München. Seit 1997 senschaftlicher Mitar ter am ISF Münch 2003 Promotion an Universität Augsb Arbeitsschwerpun Betriebliche Reorganisations- und Rationalisieru strategien und deren Folgen für Arbeit und Besc tigung; Entgrenzung von Arbeit und Leben; Flexi sierung und Subjektivierung von Arbeit; psychis Belastungen und Betriebliches Gesundheitsmana ment.

Udo Kratz

AOK Rheinland-Pfalz/Saarland
Die Gesundheitskasse
Betriebliches Gesundheitsmanagement
Kurfürstenstraße 11
67061 Ludwigshafen

Betrieblicher Gesundheitsmanager/SV (Uni Bielefeld). Einstieg bei der AOK im Jahre 1987 mit der klassischen Ausbildung zum Sozialversicherungsfachangestellten und der Fortbildungsprüfung. Seit 2002 verantwortlich für das Betriebliche Gesundheitsmanagement in der Bezirksdirektion Süd-Ost. Von der Analyse bis zur Zertifizierung »Gesundes Unternehmen« unterstützt Udo Kratz die Unternehmen in der Region bei der Etablierung eines nachhaltigen Betrieblichen Gesundheitsmanagements.

Franz Kühmayer

c/o Zukunftsinstitut GmbH
Rudolfsplatz 12
A-1010 Wien

Franz Kühmayer geh zu Europas einflu reichsten Vordenk der neuen Arbeitsw Er arbeitet als Trend scher am Zukunftsi titut, Frankfurt, und Geschäftsführender sellschafter des ös reichischen Consulti unternehmens KSPM diesen Rollen gesta er für bedeutende Un nehmen und öffentliche Verwaltungen die Zukunft Arbeit. Er lehrt an mehreren Hochschulen und pu ziert regelmäßig.

Dr. Lisa Mense

Stellv. Gleichstellungsbeauftragte
Universität Duisburg-Essen
Universitätsstraße 9
45117 Essen

Nach Ausbildung und Berufstätigkeit als Diätassistentin Studium der Sozialwissenschaften an der Ruhr-Universität Bochum. 2010 Promotion zum Thema »Hauptsache gesund? Subjektive Vorstellungen von Ernährung in der Kantine«, 2002–2004 Mitarbeiterin im RUB-Netzwerk Geschlechterforschung/Gender Studies sowie 2004 wiss. Mitarbeiterin im Frauenbüro an der Ruhr-Universität Bochum. Seit 2005 wiss. Mitarbeiterin im Gleichstellungsbüro der Universität Duisburg-Essen und seit 2007 Lehrbeauftragte an der Universität Duisburg-Essen mit dem Themenschwerpunkt Gender Studies, seit 2012 stv. Gleichstellungsbeauftragte der Universität Duisburg-Essen.

Markus Meyer

Wissenschaftliches Institut der AOK (WIdO)
AOK-Bundesverband
Rosenthaler Straße 31
10178 Berlin

Diplom-Sozialwissenschaftler. Nach dem Studium an der Universität Duisburg-Essen Mitarbeiter im Bereich Betriebliche Gesundheitsförderung beim Team Gesundheit der Gesellschaft für Gesundheitsmanagement mbH in Essen. 2001–2010 Tätigkeiten beim BKK Bundesverband und der spectrum|K GmbH in den Bereichen Datenanalyse, Datenmanagement und -organisation. Seit 2010 wissenschaftlicher Mitarbeiter im Wissenschaftlichen Institut der AOK (WIdO) im AOK-Bundesverband, Forschungsbereich Betriebliche Gesundheitsförderung, Heilmittel und ambulante Bedarfsplanung. Arbeitsschwerpunkte: Fehlzeitenanalysen, betriebliche und branchenbezogene Gesundheitsberichterstattung.

Miriam Meschede

Wissenschaftliches Institut der AOK (WIdO)
Rosenthaler Straße 31
10178 Berlin

Master of Arts, Prävention und Gesundheitsförderung. Zuvor Bachelorstudium der Vermittlungswissenschaften mit den Fachrichtungen Anglistik, Gesundheit und Ernährung an der Europauniversität Flensburg. Tätigkeit als Studienkoordinatorin und Lehrbeauftragte an der Alice-Salomon-Hochschule Berlin. Seit Januar 2016 Praktikantin im Wissenschaftlichen Institut der AOK (WIdO) im Forschungsbereich Betriebliche Gesundheitsförderung, Heilmittel und ambulante Bedarfsplanung.

Sandra Mihailović

Mihailović Consulting
Krämergasse 2
76829 Landau

Sandra Mihailović ist Diplom-Psychologin und arbeitet als selbständige Beraterin für Organisations- und Personalentwicklung sowie Coaching. Sie hat vielfältige Erfahrung in international agierenden Wirtschaftsunternehmen gesammelt und war auch im Ausland als Beraterin tätig. Neben dem Psychologiestudium absolvierte sie eine systemische Beraterausbildung und eine Ausbildung als Coach.

Martin Permantier

SHORT CUTS GmbH design + kommunikation
Mehringdamm 55
10961 Berlin

Seit 20 Jahren Geschäftsführer der SHORT CUTS design + kommunikation GmbH. Die Agentur unterstützt Unternehmen bei der Außendarstellung und Employer-Branding-Prozessen und berät beim Aufbau einer werteorientierten Unternehmenskultur. Er hält Vorträge und gibt Seminare und Workshops zum Thema »Wertekommunikation« und entwickelte Tests und Verfahren, wie Unternehmen ihre Werte identifizieren und strategisch aufbauen und so dem demografischen Wandel begegnen können: Seine Erfahrungen veröffentlichte Martin Permantier in dem Buch »smart TARGETING – Wertekommunikation für Unternehmen«.

Prof. Dr. Andrea Pieter

Deutsche Hochschule für Prävention
und Gesundheitsmanagement
Fachbereich Psychologie und Pädagogik
Hermann Neuberger Sportschule 3
66123 Saarbrücken

Studium der Erziehungswissenschaft, Soziologie und Sozialpsychologie mit dem Abschluss M. A. Anschließend wissenschaftliche Mitarbeiterin im Fachbereich Erziehungswissenschaft der Universität des Saarlandes. 2004 Promotion an der Universität des Saarlandes. Seit 2008 Professorin für Gesundheitsmanagement und Prorektorin für Forschung an der Deutschen Hochschule für Prävention und Gesundheitsmanagement Saarbrücken. Arbeitsschwerpunkte: Stressmanagement, psychische Belastungen am Arbeitsplatz, Betriebliche Gesundheitsförderung, sundheitsbildung und Gesundheitspädagogik.

Alexandra Pointner

AOK Rheinland-Pfalz/Saarland
Die Gesundheitskasse
Abteilungsleiterin Markt
Kurfürstenstr. 11
67061 Ludwigshafen

Jahrgang 1971. K› kenkassenfachwir Trainerausbildung der TAS der sächsisc Wirtschaft. Mentori› unternehmensinter Programmen. Seit 2 leitet Sie die Abteil Markt der Bezirksdi› tion Süd-Ost. Sie verwortet und koordin neben allen Vertrieb› tivitäten die Umsetz der individuellen Gesundheitsförderung und des trieblichen Gesundheitsmanagements.

Dr. Götz Richter

Bundesanstalt für Arbeitsschutz
und Arbeitsmedizin (BAuA)
Friedrich-Henkel-Weg 1–25
44149 Dortmund

Dr. Götz Richter, Γ lom-Sozialwissensch ler, führte ab 1989 an Universität Bremen wie in angeschlosse› Instituten arbeitssoz logische Forschungsp jekte durch. Promot zum Dr. rer. pol. im J 1998. Zudem war er Projektleiter bei › Arbeitsförderungs- u Wirtschaftsförderun gesellschaft tätig. Anschließend war er Berater Bereich Arbeitszeit und Personalrekrutierung. 200 2008 Projektleiter des deutschen Teams im EU-gef derten Forschungsprojekt »Social Pattern of Relati to Work« (http://www.ftu-namur.org/sprew/index. html). Seit 2008 wissenschaftlicher Mitarbeiter bei der Bundesanstalt für Arbeitsschutz und Arbeitsmedizin. 2012/13 forschte er am Jacobs Center on Lifelong Learning & Institutional Development an der Jacobs University Bremen zu Erwerbsverläufen und Tätigkeitswechseln in der Industrie. Seit Mai 2015 in der strategischen Geschäftsführung der »Initiative Neue Qualität der Arbeit« (www.inqa.de).

Saskia Ricker

Great Place to Work® Deutschland
Hardefuststraße 7
50677 Köln

Saskia Ricker, Teamleiterin bei Great Place to Work® Deutschland, ist Studienleiterin des renommierten Wettbewerbs »Deutschlands Beste Arbeitgeber«. Sie ist Expertin für mitarbeiterorientierte Arbeitsplatzkulturen und für Mitarbeiterbefragungen und begleitet Unternehmen in der Entwicklung ihrer Qualität als Arbeitgeber. Zudem hat Frau Ricker die Entwicklung eines neuen, bedarfsorientierten Verfahrens von Great Place to Work® zur Messung psychischer Belastungen am Arbeitsplatz maßgeblich vorangetrieben.

Prof. Dr. Jutta Rump

Institut für Beschäftigung und Employability IBE
Ernst-Boehe-Straße 4
67059 Ludwigshafen

Prof. Dr. Jutta Rump ist Professorin für Allgemeine Betriebswirtschaftslehre, insbesondere Internationales Personalmanagement und Organisationsentwicklung an der Hochschule Ludwigshafen. Daneben leitet sie das Institut für Beschäftigung und Employability (www.ibeludwigshafen.de), das den Schwerpunkt seiner Forschungsarbeit auf personalwirtschaftliche, arbeitsmarktpolitische und beschäftigungsrelevante Fragestellungen legt. Sie hat darüber hinaus zahlreiche Mandate auf regionaler und nationaler Ebene inne.

Dr. Martin Sauerland

Fortstraße 7
76829 Landau

Dr. Martin Sauerland ist Wirtschaftspsychologe und lehrt und forscht an der Universität Koblenz-Landau zu Themen der Mitarbeitermotivation sowie Führungskräfteentwicklung. Er erhielt bereits zahlreiche Auszeichnungen und Preise und publizierte in renommierten internationalen Fachzeitschriften. Darüber hinaus ist er als selbstständiger Berater, Trainer und Coach für internationale Wirtschaftsunternehmen tätig.

Dr. Annette Scheder

AOK Bayern – Die Gesundheitskasse
Bereich Gesundheitsförderung
Stromerstraße 5
90330 Nürnberg

Diplom-Gesundheits-wissenschaftlerin und Diplom-Oecotropholo-gin (FH). Für die AOK Bayern war sie einige Jahre als Leiterin des Dienstleistungszen-trums Versorgungsma-nagement tätig. Seit 2012 ist sie Leiterin des Bereichs Gesundheits-förderung und für die bayernweite Steuerung und Entwicklung der Gesundheitsangebote für Ver-sicherte und Arbeitgeber verantwortlich.

Melanie Schiedhelm

Institut für Beschäftigung und Employability IBE
Ernst-Boehe-Straße 4
7059 Ludwigshafen

Melanie Schiedhelm ist Wissenschaftliche Mit-arbeiterin am Institut für Beschäftigung und Employability IBE. Dort arbeitet sie schwer-punktmäßig an den The-menbereichen Diversi-tät und Zukunft der Arbeitswelt. In ihrem noch laufenden Disser-tationsprojekt beschäf-tigt sie sich mit dem »Vertrauen in Führungskräfte« im Rahmen einer geschlechtervergleichenden Studie.

Annette Schlipphak

Bundesministerium des Innern
Alt-Moabit 140
10557 Berlin

Studium der Psychol in Frankfurt am M Erfahrungen im Ber Unterricht, Training Beratung, Personal wicklung und -ausw Seit 2001 Referentin Bundesministerium Innern, heute tätig Ärztlichen und Sozia Dienst der obers Bundesbehörden, sundheitsmanagem Zuständig u. a. für die Koordination der Umsetz des Betrieblichen Gesundheitsmanagements in unmittelbaren Bundesverwaltung sowie die Erstell des Gesundheitsförderungsberichts.

Helmut Schröder

Wissenschaftliches Institut der AOK (WIdO)
Rosenthaler Straße 31
10178 Berlin

Nach dem Abschl als Diplom-Soziologe der Universität Ma heim als wissensch licher Mitarbeiter Wissenschaftszentr Berlin für Sozialf schung (WZB), d Zentrum für Umfrag Methoden und Analy e. V. (ZUMA) in Ma heim sowie dem Insti für Sozialforschung Universität Stuttgart tätig. Seit 1996 wissenschaftli Mitarbeiter im Wissenschaftlichen Institut der AC (WIdO) im AOK-Bundesverband und dort ins sondere in den Bereichen Arzneimittel, Heilmit Betriebliche Gesundheitsförderung sowie Evaluati tätig; stellvertretender Geschäftsführer des WIdO.

Susanne Sollmann

Wissenschaftliches Institut der AOK (WIdO)
Rosenthaler Straße 31
10178 Berlin

Studium der Anglistik und Kunsterziehung an der Rheinischen Friedrich-Wilhelms-Universität Bonn und am Goldsmiths College, University of London. 1986–1988 wissenschaftliche Hilfskraft am Institut für Informatik der Universität Bonn. Seit 1989 Mitarbeiterin des Wissenschaftlichen Instituts der AOK (WIdO) im AOK-Bundesverband, u. a. im Projekt Krankenhausbetriebsvergleich und im Forschungsbereich Krankenhaus. Verantwortlich für Übersetzungen und das Lektorat des Fehlzeiten-Report.

Grit Tanner

Universität Hamburg
Fakultät für Psychologie und Bewegungswissenschaft
Arbeits- und Organisationspsychologie
Von-Melle-Park 11
20146 Hamburg

Diplom-Psychologin. Studium der Psychologie an der Universität Leipzig. Seit 2011 wissenschaftliche Mitarbeiterin im Bereich Arbeits- und Organisationspsychologie der Universität Hamburg. Promotion zum Thema Arbeit und Gesundheit bei KlinikärztInnen. Arbeitsschwerpunkte: Betriebliche Gesundheitsförderung, organisationale Veränderungen, stressbezogene Arbeitsanalysen, interne Aktivitäten von Corporate Social Responsibility.

Dr. Verena Tobsch

INES Berlin, Institut für empirische Sozial- und Wirtschaftsforschung
Anklamer Straße 38
10115 Berlin

Verena Tobsch studierte Betriebswirtschaftslehre in Magdeburg und an der Freien Universität Berlin, Diplom 1998. 1998–2014 war sie wissenschaftliche Mitarbeiterin u. a. am DIW Berlin, am IZA, bei der CRIS International gGmbH, an der Helmut-Schmidt-Universität Hamburg, Universität Flensburg und Europa-Universität Viadrina Frankfurt (Oder). Als Stipendiatin des DAAK, DAAD und der Essex Summer School verbrachte sie mehrmonatige Forschungsaufenthalte in Großbritannien, den USA und Korea. 2005–2014 war sie zusätzlich freiberuflich tätig im Bereich der empirischen Arbeitsmarktforschung in Deutschland und Europa. 2014 schloss sie ihre Promotion (Dr. pol.) an der Universität Hamburg ab und gründete das Institut für empirische Sozial- und Wirtschaftsforschung (INES Berlin). Arbeitsschwerpunkte: international vergleichende Analysen von Institutionen und Entwicklung von Arbeitsmärkten, flexiblen Beschäftigungsformen, Arbeitsbedingungen, Arbeitszeiten, Work-Life-Balance und Arbeitskräftepotenzialen.

Caroline Wehner

Forschungsinstitut zur Zukunft
der Arbeit GmbH (IZA)
Schaumburg-Lippe-Straße 5–9
53113 Bonn

Caroline Wehner ist Doktorandin an der Maastricht Graduate School of Governance sowie Resident Research Affiliate am Institut zur Zukunft der Arbeit (IZA) in Bonn. Ihre Dissertation thematisiert den Zusammenhang zwischen der Persönlichkeit einer Person und ihrer Bildung sowie Gesundheit. Davor studierte sie Volkswirtschaftslehre und Soziologie mit dem Schwerpunkt Empirische Sozial- und Wirtschaftsforschung an den Universitäten Köln und Utrecht. Im Jahre 2011 schloss sie ihr Studium mit dem Titel »Diplom-Volkswirtin« ab. Forschungsschwerpunkte: Verhaltens-, Arbeits- und Gesundheitsökonomie sowie angewandte Mikroökonometrie und Analyse politischer Maßnahmen.

Werner Winter

AOK Bayern – Die Gesundheitskasse
Bereich Gesundheitsförderung
Stromerstraße 5
90330 Nürnberg

Studium der Sozialpädagogik und Betriebswirtschaft. Seit 1982 in unterschiedlichen Feldern der Gesundheitsförderung, insbesondere der Betrieblichen Gesundheitsförderung tätig. Seit 1989 Mitarbeiter der AOK Bayern. Leiter des Fachbereichs Betriebliches Gesundheitsmanagement. Arbeitsschwerpunkte: Organisationsentwicklung, Qualitätsmanagement, psychosoziale Belastungen, Sucht und Führung.

Jörg Wombacher

Universtity of Applied Sciences
and Arts Northwestern Switzerland
School of Business
Lecturer for Research Methodology
Peter-Merian-Straße 86
CH-4002 Basel

Jörg Wombacher ist Diplom-Betriebsökonom und besitzt einen Master in Business & Management Research Methodology. Er ist Dozent für Empirische Methoden und Statistik an der Hochschule für Wirtschaft der Fachhochschule Nordwestschweiz. Seine Forschungs- und Publikationsschwerpunkte liegen in den Bereichen Mitarbeiterbindung, Führung und Intergruppenkonflikte in Organisationen. Einige seiner Forschungsarbeiten sind bereits in einschlägigen deutschen und internationalen Fachzeitschriften und Buchbeiträgen publiziert. Darüber hinaus berät er Unternehmen in Fragen der Mitarbeiterbindung und -führung.

Klaus Zok

Wissenschaftliches Institut der AOK
Rosenthaler Straße 31
10178 Berlin

Diplom-Sozialwissenschaftler. Seit 19.. wissenschaftlicher Mitarbeiter im Wissenschaftlichen Institut der AOK im AOK-Bundesverband. Arbeitsschwerpunkt Sozialforschung: Erstellung von Transparenz-Studien in einzelnen Teilmärkten des Gesundheitssystems (z. B. Zahnersatz, Hörgeräte, IGeL). Arbeit an strategischen und unternehmensbezogenen Erhebungen und Analysen im GKV-Markt anhand von Versicherten- und Patientenbefragungen.

Stichwortverzeichnis

Printed in the United States
By Bookmasters